Franz Oppenheimer

Gesammelte Schriften

Franz Oppenheimer

Gesammelte Schriften

Schriften zur Demokratie und sozialen Marktwirtschaft

Im Auftrag des
Moses Mendelssohn Zentrum
für europäisch-jüdische Studien
Universität Potsdam

in Verbindung mit
Ludwig-Erhard-Stiftung e.V., Bonn
Hans-Böckler-Stiftung, Düsseldorf

herausgegeben von

Julius H. Schoeps
Alphons Silbermann
Hans Süssmuth

Franz Oppenheimer

Gesammelte Schriften

Band I

Herausgegeben von
Julius H. Schoeps, Alphons Silbermann, Hans Süssmuth
in Verbindung mit Bernhardt Vogt

Bearbeitet von
Elke-Vera Kotowski

Akademie Verlag

Der Druck dieses Bandes erfolgte mit freundlicher Unterstützung der Landesbank Berlin (LBB).

Die Deutsche Bibliothek – CIP-Einheitsaufnahme

Oppenheimer, Franz:
Gesammelte Schriften / Franz Oppenheimer. – Berlin :
Akad. Verl.
Schriften zur Demokratie und sozialen Marktwirtschaft / im
  Auftr. des Moses Mendelssohn Zentrum Europäisch-Jüdische
  Studien, Universität Potsdam, hrsg. von Julius H. Schoeps ...
  ISBN 3-05-002675-8
NE: Schoeps, Julius H. [Hrsg.]; Oppenheimer, Franz: [Sammlung]
Bd. 1. Theoretische Grundlegung. – 1995
  ISBN 3-05-002673-1

© Akademie Verlag GmbH, Berlin 1995
Der Akademie Verlag ist ein Unternehmen der VCH-Verlagsgruppe.

Gedruckt auf chlorfrei gebleichtem Papier.
Das eingesetzte Papier entspricht der amerikanischen Norm ANSI Z.39.48 – 1984
bzw. der europäischen Norm ISO TC 46.

Alle Rechte, insbesondere die der Übersetzung in andere Sprachen, vorbehalten. Kein Teil dieses Buches darf ohne schriftliche Genehmigung des Verlages in irgendeiner Form – durch Photokopie, Mikroverfilmung oder irgendein anderes Verfahren – reproduziert oder in eine von Maschinen, insbesondere von Datenverarbeitungsmaschinen, verwendbare Sprache übertragen oder übersetzt werden.
All rights reserved (including those of translation into other languages). No part of this book may be reproduced in any form – by photoprinting, microfilm, or any other means – nor transmitted or translated into a machine language without written permission from the publishers.

OCR-Texterfassung: Harald Lordick
Satz: Hagedorn-Satz, Berlin
Druck: GAM Media GmbH, Berlin
Bindung: Verlagsbuchbinderei Mikolai, Berlin

Printed in the Federal Republic of Germany

Inhalt

Vorwort VII

Editorische Vorbemerkung XII

Großgrundeigentum und soziale Frage

Versuch einer neuen Grundlegung der Gesellschaftswissenschaft [1922] 1

Das Bevölkerungsgesetz des T. R. Malthus und der neueren Nationalökonomie

Darstellung und Kritik [1901] 281

Das Grundgesetz der Marxschen Gesellschaftslehre

Darstellung und Kritik [1903] 385

David Ricardos Grundrententheorie

Darstellung und Kritik [1927] 469

Die soziale Frage und der Sozialismus

Eine kritische Auseinandersetzung mit der marxistischen Theorie [1913] 615

Quellenverzeichnis 721

Namenverzeichnis 731

Vorwort

Die Biographie Franz Oppenheimers war typisch für jene Generation deutsch-jüdischer Gelehrter, die das wissenschaftliche Leben in Deutschland bis zum Nationalsozialismus maßgeblich mitgestaltet hatten. Auf dem Höhepunkt seines Ansehens wurden seine Schriften nach 1933 verboten und eingezogen. Ende 1938 emigrierte Oppenheimer über Japan und Shanghai in die USA (1940).

Zu seinem 70. Geburtstag im Jahre 1934 erreichten ihn noch zahlreiche Glückwünsche u. a. von der London School of Economics, der New School for Social Research (New York) und von so bekannten Persönlichkeiten wie Max Horkheimer, Alfred Kantorowicz, Karl Mannheim, Wilhelm Röpke und Alexander Rüstow. Heute, mehr als 50 Jahre nach seinem Tod am 30. September 1943, sind Leben und Werk des ersten deutschen Ordinarius für Soziologie in Frankfurt (1919–1929) und Mitbegründers der deutschen Soziologie weitgehend in Vergessenheit geraten. Dies erstaunt umso mehr, als Oppenheimer Doktorvater von Ludwig Erhard war und die Soziale Marktwirtschaft in der Bundesrepublik Deutschland beeinflußte.

In der Nachkriegszeit wurde aus Anlaß seines 100. Geburtstages lediglich das Hauptwerk „System der Soziologie" (1964) und die Schrift „Weder Kapitalismus noch Kommunismus" (1964, inzwischen vergriffen) sowie sein berühmtestes Buch „Der Staat" im Jahre 1990 wiederaufgelegt. Letzteres ist ein Indiz für das allmählich wieder zunehmende Interesse am Werk Franz Oppenheimers. Die vorliegende Edition will das Zentrum seiner, mehr als 50 Buchpublikationen und 400 Aufsätze umfassenden, Lebensarbeit wieder zugänglich machen: seine ideengeschichtlichen, soziologischen, nationalökonomischen und politischen Schriften. Das achtbändige „System" bildet zwar zweifellos den Höhepunkt seiner wissenschaftlichen Arbeit, aber es ist mit seiner starken Betonung der Theorie und des umfangreichen, oft künstlich wirkenden, akademischen Beiwerks nur schwer verständlich. Die hier ausgewählten Texte sprechen jeweils für sich: Oppenheimer bleibt näher am Gegenstand, seine kritischen und konstruktiven Thesen bleiben überschaubar und nachvollziehbar. Sein Denken erschließt sich so Studierenden und einem interessierten Publikum in seiner zeitlichen und systematischen Entwicklung, die seine, im „System" dargelegte, umfassende Konzeption der Sozialwissenschaften ergänzt und transparenter macht. Der Leser sollte sich nicht vom Stil der Texte stören lassen, der nach heutigen Maßstäben gelegentlich „rechthaberisch" erscheint – Oppenheimer vertrat eine wissenschaftliche Diskurstradition, die trotz harter Auseinandersetzungen in Sachfragen Wert auf Nachvollziehbarkeit und Wahrung der persönlichen Würde legte. Er bemühte sich stets, zunächst die einzelnen Autoren zu Wort kommen zu lassen, ihre Vorstellungen darzustellen, sie immanent, aus sich heraus zu untersuchen, und anschließend mit seiner Meinung und Schlußfolgerung zu konfrontieren. Der Leser erhält auf diese Weise, sozusagen nebenbei, eine Einführung in historische, nationalökonomische und soziologische Theorien und Prozesse, die teilweise bis in die Gegenwart fortwirken. Im ersten Band sind fünf Schriften aufgenommen, die am Anfang seines Schaffens stehen. Hier entwickelte Oppenheimer in Auseinandersetzung mit zeitgeschichtlich wichtigen Theoretikern die Kerngedanken seiner Auffassung.

Die soziale Frage fesselte ihn als Problem von Landflucht, Pauperismus und Nationalismus bereits vor der Jahrhundertwende. Als Kind eines nationalliberalen, deutsch-jüdischen Elternhauses am 30. März 1864 in Berlin geboren, in der Phase der Begeisterung über die Reichsgründung aufgewachsen, fühlte Oppenheimer sich während seiner Kindheit und Jugend in die deutsche Kulturlandschaft integriert. Der moderne Rassenantisemitismus konfrontierte viele deutsche Juden erneut mit dem Identitätskonflikt, zugleich Deutscher und Jude zu sein. Oppenheimer erlebte dies drastisch während seiner Schulzeit am humanistischen Friedrichgymnasium in Berlin: Bernhard Förster, Mitinitiator der berüchtigten Antisemitenpetition, war Lehrer an seiner Schule. Der sechzehnjährige Abiturient, der eigentlich Geschichte studieren wollte, entschied sich angesichts der antisemitischen Tendenzen an der historischen Fakultät der Friedrich-Wilhelm-Universität für das Medizinstudium. Der Arztberuf versprach als freier Beruf bessere Perspektiven. Später löste Oppenheimer seinen deutsch-jüdischen Identitätskonflikt in seiner Unterscheidung zwischen legitimem Nationalgefühl und verurteilungswürdigem Chauvinismus auf. Als Humanist und Europäer war Oppenheimer damit seiner Zeit weit voraus.

Die Rolle des Außenseiters spielte bei seinem wissenschaftlichen Werdegang sicher eine wichtige Rolle – ebenso wie die Arbeit als Arzt in Posen und Berlin. Früh wurde ihm bewußt, daß die Medizin die Folgen sozialer Mißstände nur mildern, die Situation grundsätzlich aber nicht verändern kann. In dieser Zeit verkehrte Oppenheimer in zahlreichen literarischen, künstlerischen und philosophisch-politischen Zirkeln und Klubs. In diesem Milieu erhielt er einen ersten Zugang zu sozialistischen Ideen und begann, autodidaktisch Nationalökonomie und Geschichte zu studieren. Nach literarischen Versuchen, wie dem Reisebericht „Die Ferienwanderung" (1894) und einigen erfolglosen Gedichten und Theaterstücken wurde sein Bedürfnis immer stärker, sich wissenschaftlich mit der „Sozialen Frage" auseinanderzusetzen.

Oppenheimer sah sich in der Tradition von Ärzten wie Bernard de Mandeville, François Quesnay oder Viktor Aimé Huber, die sich im Laufe ihres Lebens sozioökonomischen Studien zuwandten. Die Auseinandersetzung mit der sozialen Frage führte ihn über die Grenzen der einzelnen Fachwissenschaften hinaus von der Nationalökonomie und Geschichtswissenschaft zur Soziologie. Oppenheimer war Vertreter einer Universalsoziologie, die einzelne sozialwissenschaftliche Fächer in einem System zusammenfassen und sozio-ökonomische Prozesse, Geschichte und Gesellschaft in ihrer Gesamtheit untersuchen wollte. Das Prinzip der sozialen Verantwortung übertrug er analog der naturwissenschaftlich-medizinischen Methode auf die „Menschenwissenschaften". Wissenschaft soll nicht um ihrer selbst willen betrieben werden, sie soll „dem Leben dienen". Nach fast zehn Jahren (1886–1895) gab Oppenheimer seine Arztpraxis auf, arbeitete fortan als Redakteur, freier Schriftsteller sowie seit seiner Habilitation (seine Habilitationschrift lautet: „David Ricardos Grundrententheorie", im vorliegenden Band aufgenommen) bei Adolf Wagner und Gustav Schmoller 1909 als Privatdozent in Berlin. In seiner ersten größeren Untersuchung „Die Siedlungsgenossenschaft" (1896) beschränkte er sich im wesentlichen auf Geschichte und Theorie des Genossenschaftswesens, die bis heute von Fachleuten zitiert wird. Bereits hier plante er die genaue Untersuchung der Wert-, Grundrenten- und Bevölkerungstheorie.

Die Theoriegeschichte der Nationalökonomie zwischen 1750 und 1900 läßt sich, wie Joseph Schumpeter einmal meinte, als Streit über die Verteilungslehre betrachten. Oppenheimer gehörte zu denjenigen Wissenschaftlern und Sozialreformern, die seit Mitte des 19. Jahrhunderts versuchten, die extremen Anschauungen des Marxismus und des „Laissez faire" unter dem Blickwinkel einer gerechten Verteilung zusammenzufassen. Im Zeitalter der Industrialisierung stand dabei oft die Bedeutung der Agrarverfassung für den sozialen Wandel im Mittelpunkt. Oppenheimer wurde deshalb häufig mit Henry George und Adolf Damaschke lediglich zu den Agrarsozialisten und Bodenreformern gezählt. Weitgehend unbeachtet blieb die Begründung seines „liberalen Sozialismus", wie Oppenheimer seine sozio-ökonomische Modellvorstellung mit politischem Gestaltungsanspruch nannte. Mit dem „Großgrundeigentum und soziale Frage. Versuch einer neuen Grundlegung der Gesellschaftswissenschaft" (1898) legte er eine erste theoretische Grundlegung seiner Auffassung vor. Diese ergänzte Oppenheimer mit den Monographien über Thomas R. Malthus (1901), Karl Marx (1903) und David Ricardo (1909) sowie der Schrift „Die soziale Frage und der Sozialismus. Eine kritische Auseinandersetzung mit der marxistischen Theorie" (1912), die sich kritisch mit zeitgenössischen sozialistischen Strömungen, insbesondere mit Karl Kautsky beschäftigte. Diese fünf Bände bilden den Korpus des vorliegenden Bandes, seiner „Theoretsichen Grundlegung".

Die zentrale These seines „liberalen Sozialismus" war, daß die politisch bedingte Existenz von Monopolen für die soziale Ungleichheit verantwortlich ist. Karl Marx betitelte „Das Kapital" noch als „Kritik der politischen Ökonomie". Oppenheimer faßte diesen Begriff nicht mehr als „National-"Ökonomie auf, sondern differenzierte zwischen „reiner" und „politischer" Ökonomie. In einer Zeit des Übergangs von der agrarischen zur industriellen Gesellschaft unterschied er den „friedlichen Wettbewerb" der idealen Marktwirtschaft, wo der Boden frei zugänglich ist, vom „feindlichen Wettkampf" der politischen Ökonomie, wo das Monopol der Großgrundbesitzer die Besiedlung versperrt. Im Gegensatz zu David Ricardo glaubte Oppenheimer, daß zu der klassischen Grundrente noch eine Monopolrente kommt, die aus der Machtstellung des Grundeigentümers resultiert. Oppenheimer rückte damit die Frage der außerökonomischen Macht in ihrer Bedeutung für das Wirtschaftsleben in den Vordergrund. Auch Vertreter der Historischen Schule wie Gustav Schmoller vertraten die Ansicht, daß die Einkommensverteilung von Machtfaktoren mitgestaltet werde. Hauptsächlich wurde diese These von Agrar-, Katheder- und Staatssozialisten sowie utopischen Sozialisten wie Lujo Brentano, Karl Rodbertus-Jagetzow, dem Italiener Achille Loria, Michael Tugan-Baranowsky aus Rußland oder Eugen Dühring vertreten.

Oppenheimer wollte jedoch nicht nur den Einfluß der sozialen oder politischen Macht auf das Wirtschaftsleben konstatieren und über geeignete Maßnahmen auf der Arbeiterseite zur Konstituierung etwa einer gewerkschaftlichen Gegenmacht reflektieren. Er versuchte, Macht sowohl als Faktor zur Schaffung der ökonomischen Rahmenbedingungen (etwa Besitz- und Rechtsverhältnisse), als auch mit seiner Monopoltheorie als ökonomische Größe zu beschreiben. Oppenheimer ging hier mit seiner Definition von „natürlichen" Monopolen, beschränkter Konkurrenz und Klassenmonopolverhältnissen, sowie seiner dialektischen Betrachtung des Verhältnissses von Macht und Markt neue Wege. Zur Erklärung des wichtigsten Axioms der Nationalökonomie, der sogenannten „ursprünglichen Akkumulation", dem Ausgangspunkt der späteren sozialen Ungleichheit, verwendete Oppenheimer die soziologische Überlagerungstheorie, die von Ludwig Gumplowicz begründet und in der bundesdeutschen Nachkriegssoziologie noch von Alexander Rüstow vertreten wurde. Er führte die Entstehung des Staates auf die Unterdrückung freier Bauern durch politische Gewalt zurück und wendete sich damit gleichmaßen gegen Marx und Ricardo.

Die Gültigkeit seiner Überlagerungstheorie sah Oppenheimer unter anderem durch den Nachweis bestätigt, daß der Boden keiner quantitativen Beschränkung unterlag, ein natürliches Monopol also nicht vorhanden war, denn dann wäre der behauptete „friedliche Wettbewerb" unmöglich und ein „feindlicher Wettkampf" um die knappen Ressourcen eingetreten. Die Diskussion um dieses Problem, der Begrenztheit natürlicher Ressourcen insbesondere des Bodens, wurde um die Jahrhundertwende von den Thesen Thomas Malthus' dominiert. Oppenheimer leitete diese Reduktion aus dem Bemühen der bürgerlichen Ökonomen ab, die sozialistische und marxistische Kapitalismuskritik auszuhebeln, ohne das Monopolproblem bei der Verteilung von Kapital, Boden und Einkommen berücksichtigen zu müssen. Er kritisierte die pessimistische Bevölkerungstheorie Malthus', daß das Bevölkerungswachstum die Nahrungsmittelproduktion überhole, für die Verelendung breiter Schichten verantwortlich sei und lediglich durch „moralisches Verhalten" gestoppt werden könne. Oppenheimer kam zu dem Ergebnis, daß Malthus das „Gesetz der sinkenden Erträge" zu Unrecht mit dem Bevölkerungswachstum in Beziehung gesetzt hatte. Er demonstrierte, im Rückgriff auf das epochemachende Werk Adam Smiths „An Inquiry into the Nature and Causes of the Wealth of Nations" (1776), den Zusammenhang zwischen Bevölkerungswachstum, zunehmender Arbeitsteilung, Produktivität und Nahrungsmittelproduktion. Er wies nach, daß in den europäischen und amerikanischen Staaten die Nahrungsmittelproduktion vor allem seit der Industrialisierung sehr viel stärker gewachsen war als die Bevölkerung. Diese Thesen wurden durch die spätere Forschung, etwa den bekannten französischen Wirtschafts- und Sozialhistoriker Fernand Braudel, im wesentlichen bestätigt, auch wenn jede Bevölkerungsvermehrung zunächst, vermehrt seit dem 18. Jahrhundert, Anpassungskrisen auslöste.

Die zyklischen Krisen der „politischen Ökonomie", Arbeitslosigkeit und industrielle „Reservearmee" resultierten, so Oppenheimer, in letzter Instanz aus der Fortführung der „Bodensperre" durch das Großgrundeigentum. Im Gegensatz zur marxistischen Forderung war er nicht der Ansicht, Landflucht, Arbeitslosigkeit und soziales Elend durch die „Expropiation der Expropriateure" lösen zu können. Im Gegenteil war der Produktivitätsfortschritt ohne das Privateigentum an Produktionsmitteln undenkbar. Die wirklich freie Konkurrenz würde, und auch hier bezog sich Oppenheimer auf Adam Smith, zur „Harmonie der Interessen" führen. Sein utopisches Modell zur Gründung von Siedlungsgenossenschaften beruhte auf dem marktwirtschaftlichen Konkurrenzprinzip. Die Produktivität der Siedlungsgenossenschaften sollte innerhalb ihrer Grenzen zu höheren Löhnen, zur permanenten Zuwanderung von Arbeitskräften, zu Neugründungen und schließlich zum Zusammenbruch monopolistischer Unternehmensstrukturen führen. Die Dynamik der freien Konkurrenz sollte den Kapitalismus ablösen, den Staat zurückdrängen und das menschliche Bedürfnis nach Wohlstand und „Freibürgerschaft" befriedigen. Eine „Wirtschaftsgesellschaft", die Prinzipien der Eigeninitiative und Selbstverantwortung lähmt, den Menschen aus dem Blick verliert, ist nach Oppenheimer zum Scheitern verurteilt. Er forderte, ethische Prinzipien zur Grundlage der Nationalökonomie zu erheben, wenn diese den Anspruch erfüllen will, eine Marktwirtschaft sozial gerecht zu gestalten. Das Scheitern der sozialistischen Planwirtschaft bestätigte nachträglich Oppenheimers Standpunkt, den er zwei Jahrzehnte vor der Oktoberrevolution formulierte.

Mit seinem Modell einer idealen Marktwirtschaft knüpfte Oppenheimer an die klassischen Nationalökonomie an, insbesondere an den Entwurf des „isolierten Staates" von Johann Heinrich von Thünen. Andererseits werden in seiner Vorgehensweise, die Geschichte der Deformation der „reinen" Ökonomie durch das „Gewalteigentum" zu beschreiben, Einflüsse der Historischen Schule sichtbar, die Oppenheimer aber wegen ihrer erklärten Theorielosigkeit ablehnte. Er erkannte sehr früh, daß die zusammenhängende Kritik von sozialistischer Theorie, liberaler Nationalökonomie, Kapitalismus und formaler Demokratie das Fundament für die Lösung der gravierenden sozialen Probleme und die Überwindung der wirtschaftspolitischen Konzeptlosigkeit der Weimarer Republik bildete. Oppenheimer forderte einen strukturellen Ausgleich zwischen Stadt und Land, West- und Ostdeutschland, Industrie und Landwirtschaft.

Seine Bedeutung liegt weniger in der teilweise sicherlich fragwürdigen Herleitung der Bodenmonopolrente, der starken Betonung des Verteilungsproblems oder der mangelnden Berücksichtigung der volkswirtschaftlichen Bedeutung des Spar- und Innovationsprozesses als im grundlegenden ordnungspolitischen Denkansatz. Trotz der positivistischen und teleologischen Diktion ist sein Werk nicht im doktrinären Sinne zu verstehen, obwohl Oppenheimer ganz im Zeichen des 19. Jahrhunderts glaubte, Voraussetzung von Wirtschaft und Politik sei ein umfassendes, wertfreies, wissenschaftliches System. Es ist der Rekurs auf die Prinzipien der Aufklärung, die Forderung Ideen und Handlungen ethisch zu rechtfertigen, der Aufruf zur kritischen Vernunft im Sinne des „dialogischen Prinzips" Martin Bubers, was Oppenheimer im Zeitalter postmoderner Krisenstimmung und der dramatischen Situation in Osteuropa nach wie vor diskussionswürdig erscheinen läßt.

Im Laufe des Editionsprojekts waren beteiligt: Dipl. Soz. Wiss. Elke-Vera Kotowski, Dipl. Soz. Wiss. Harald Lordick, Mario Riemann und Dipl. Soz. Wiss. Bernhard Vogt. Abschließend gilt es Personen und Institutionen zu danken, ohne deren großzüge Unterstützung die Edition nicht möglich gewesen wäre. An erster Stelle ist das Ministerium für Wissenschaft, Forschung und Kultur des Landes Brandenburg zu nennen, das dieses Vorhaben ermöglichte. Unser Dank gilt darüber hinaus den Sponsoren, die den Druck des vorliegenden Bandes finanzierten, namentlich die Landesbank Berlin, die Hans-Böckler-Stiftung (Düsseldorf) und die Ludwig-Erhard-Stiftung (Bonn). Weiterhin danken wir der Daimler-Benz AG (Stuttgart), der Mannesmann AG (Düsseldorf), der Norddeutschen Landesbank (Hannover) und der Siemens AG (München), die durch eine finanzielle Unterstützung an der Gewährleistung des Projektes beteiligt waren. Besonders verpflichtet sind wir Frau Renata Lenart für die uneigennützige Überlassung der Rechte an den Schriften ihres Vaters, Franz Oppenheimer. Stellvertretend für all jene, die zum Gelingen dieser Publikation beigetragen haben, sei gedankt: Herrn Hinrich Enderlein (Minister a.D., Potsdam) und Prof. Dr. Stéphane Mosès (Paris/Jerusalem).

März 1995   Die Herausgeber

Editorische Vorbemerkung

Die Texte des vorliegenden Bandes basieren auf den Erstausgaben der frühen Schriften Franz Oppenheimers. Sofern diese nicht mehr zugänglich waren, wurde auf die zweite, jedoch jeweils unveränderte Auflage zurückgegriffen. Dies gilt für die Schriften „Großgrundeigentum und soziale Frage" (Erstauflage 1898, zweite, unveränderte Auflage 1922), „David Ricardos Grundrententheorie" (Erstauflage 1909, zweite, lediglich neu eingeleitete Auflage 1927) sowie „Die soziale Frage und der Sozialismus" (Erstauflage 1912, zweite, unveränderte Auflage 1913).

Entgegen ersten Überlegungen, die Texte zu kürzen, entschlossen sich die Herausgeber, die vorliegenden Schriften vollständig zu edieren. Der Leser wird bei intensiver Lektüre an manchen Stellen vielleicht den Eindruck haben, gewisse Gedankengänge bereits in ähnlicher Form in anderen Textpassagen gelesen zu haben. Aber gerade diese miteinander korrespondierenden Texte stellen einen Gesamtzusammenhang in der Entwicklung des Oppenheimerschen Theoriegerüstes her. Oppenheimer meinte selbst, daß gerade seine frühen Schriften in gewissem Maße „überholt" erscheinen, so beispielsweise der erste Teil seiner Schrift „Großgrundeigentum und soziale Frage", aber, so schrieb er: „Ich halte es noch heute für brauchbar und in mancher Beziehung für grundlegend. Es enthält geschichtliche Beweise für meine theoretische Auffassung der ökonomischen Zusammenhänge und darüber hinaus, was mir weit mehr am Herzen liegt, die wichtigsten Grundlagen meiner Soziologie." [Großgrundeigentum und soziale Frage, Vorwort zur zweiten Auflage (1922); im vorliegenden Band S. 5]

Die Orthographie wurde, soweit es sich um die Texte Franz Oppenheimers handelt, weitestgehend der modernen Schreibweise angeglichen. Allerdings blieben Eigenheiten beibehalten, auch wenn diese von den heute gültigen Regeln abweichen. Oppenheimer neigte dazu, Wortzusammensetzungen unterschiedlich zu schreiben, so z. B. Monopol-Preis-Theorie, Monopol-Preistheorie oder Monopolpreistheorie, je nachdem welche Konnotation er in den Begriff legte. Dies gilt ebenso für die Groß- und Kleinschreibung. Grundsätzlich ist zu bemerken, daß Oppenheimers Schreibweise im Laufe seiner Schaffensperiode nicht einheitlich gewesen ist, daher wurde in Zweifelsfällen auf seine zuletzt benutzte zurückgegriffen. Auf die Interpunktion wurde allerdings redaktionell keinen Einfluß genommen, auch hier wurden Eigenheiten des Autors bewußt in der Originalform belassen, um die „Betonung" innerhalb seines Satzbaus zu erhalten. Erschien es darüber hinaus notwendig, Korrekturen vorzunehmen, so wurden diese durch den Zusatz [A.d.R.] = Anmerkung der Redaktion ergänzt.

Bei den von Oppenheimer benutzen Zitaten anderer Autoren wurde generell darauf verzichtet, redaktionell in die Texte einzugreifen, selbst dann, wenn orthographische Fehler vorlagen. Dieser Entschluß erwuchs aus der Tatsache, daß es der Redaktion nicht möglich war, alle Quellen zu beschaffen; dies galt besonders für im Ausland erschienene Erstausgaben. Innerhalb der deutschsprachigen Texte wurde lediglich das „ss" durch das „ß" ersetzt.

Nicht lösbar war das Problem der Vereinheitlichung der Quellen. Franz Oppenheimer war einer der wenigen Sozialwissenschaftler seiner Zeit, der den Stand der französischen, italienischen und angelsächsischen Forschung kannte und in seine Arbeit einbezog. Somit arbeitete Oppenheimer nicht nur mit den jeweiligen deutschen Übersetzungen – soweit diese überhaupt vorlagen –, sondern zitierte häufig die fremdsprachigen Erstausgaben, um dem Leser ein Urteil über die im Original oft präziseren Formulierungen zu ermöglichen. Vielfach nutzte Oppenheimer dieses Vorgehensweise auch, um einen Prozeß im Denken eines Autors oder seines Rezipienten deutlich zu machen. Dies gilt besonders für die Schriften von Thomas R. Malthus, David Ricardo und Adam Smith. Die Vereinheitlichung der Quellenangaben durch die Festlegung auf eine möglicherweise neueste Ausgabe eines Werkes hätte nicht nur einen unvertretbar hohen Aufwand, sondern auch einen unzulässigen, verfälschenden Eingriff in das Werk Franz Oppenheimers bedeutet.

Die von Oppenheimer häufig herangezogenen Zitate anderer Autoren wurden entsprechend abgesetzt. Hervorhebungen innerhalb dieser Zitate wurden – entgegen den Vorlagen, die Hervorhebungen gesperrt auszeichnen – durch ein *kursives* Schriftbild kenntlich gemacht. Die den Zitaten zugewiesenen Quellenangaben wurden in den Fußnoten vereinheitlicht, häufig wiederkehrende Quellen wurden mit einem Kurztitel versehen. Im Anhang dieser Ausgabe findet sich ein Verzeichnis der von Oppenheimer benutzen Quellen, in denen auch die in den Fußnoten benutzen Kurztitel [durch eckige Klammern] kenntlich gemacht wurden.

Sofern Franz Oppenheimer auf eigene, in diesem Band enthaltene Schriften verwies bzw. diese zitierte, so finden sich in den Fußnoten, neben den Seitenangaben der Originalausgaben, die Verweise auf die vorliegende Ausgabe.

Elke-Vera Kotowski

Großgrundeigentum und soziale Frage

Versuch einer neuen Grundlegung der
Gesellschaftswissenschaft
[1922]

Inhalt

Vorwort 4

Systematischer Teil: Grundlegung der Physiologie und der Pathologie des sozialen Körpers der Tauschwirtschaft 8

Einleitung 8
   I. Kapitel: Die Entstehung des Großgrundeigentums 11
  II. Kapitel: Grundlegung der Physiologie des sozialen Körpers der Tauschwirtschaft . . 29
     1. Die „ideale" Naturalwirtschaft 31
     2. Entwicklungsgeschichte des sozialen Körpers 34
     3. Physiologie des sozialen Körpers 37
 III. Kapitel: Grundlegung der Pathologie des sozialen Körpers der Tauschwirtschaft 56
Die Theorie des einseitigen Druckes 58
Schlußwort: Der soziale Staat und der Malthusianismus 107

Historischer Teil: Abriß einer systematischen Wirtschaftsgeschichte Deutschlands 122

Einleitung: Das Gesetz der geschichtlichen Bewegung 122
   I. Kapitel: Die Entstehung des Großgrundeigentums 127
  II. Kapitel: Physiologie des sozialen Körpers der Tauschwirtschaft 157
     1. Die Naturalwirtschaft unter Nomadenrecht 157
     2. Entwicklungsgeschichte des Tauschrechts und der Tauschwirtschaft 163
     3. Physiologie der Tauschwirtschaft 179
 III. Kapitel: Pathologie des sozialen Körpers der Tauschwirtschaft 218
 IV. Kapitel: Therapie der sozialen Krankheit. Die Siedlungsgenossenschaft 266
Schlußwort: Aphorismen zur Philosophie der Geschichte 273

Vorwort zur ersten Auflage
[1898]

Das Werk, das ich hiermit der Öffentlichkeit übergebe, zerfällt in zwei Teile, einen systematischen und einen wirtschaftsgeschichtlichen.

Der *systematische Teil* erbringt zunächst (I. Kap.) auf breiter Grundlage den Beweis für meine schon früher aufgestellte und mir bestrittene These, daß das agrarische Großgrundeigentum ein fremdes Gebilde im Körper der entwickelten Tauschwirtschaft ist. Es folgt dann in zwei Kapiteln eine rein logische Deduktion, die zum ersten Male angestellt ist. Da es sich hier um ein *volles, in sich geschlossenes System* handelt, sozusagen, um ein mathematisches Exempel, das Ziffer für Ziffer, nachgerechnet zu werden verlangt; – und da es einer derartigen Rechnung gegenüber nur zwei Möglichkeiten der Stellungnahme gibt, nämlich *Akzeptieren oder Widerlegen*!: so muß ich meine zukünftigen Herren Kritiker schon bitten, diese zwei Kapitel *Wort für Wort* zu prüfen.

Das auf diese Weise gewonnene System, wie es die gesamte soziale Lage der Gegenwart ohne Rest erklärt, wird dann im *historischen Teil* als ordnendes Prinzip angewendet und bewährt sich, wie ich glaube, auch hier vollkommen.

Ich erkläre offen, daß ich mich mit der wirtschaftsgeschichtlichen Darstellung auf ein Gebiet begeben habe, auf dem ich keine eigenen Einzeluntersuchungen als Legitimation anführen kann. Ich erhebe auch durchaus keinen Anspruch auf die Palmen des Historikers: nur als nationalökonomischer und soziologischer Theoretiker habe ich dies Gebiet betreten, nur, um eine neue paradoxe Theorie zu stützen und gleichzeitig zu illustrieren; und darum bitte ich, mich auch in diesem Teile nur als Theoretiker zu werten. Das soll sagen, daß man von mir nicht jene absolute Zuverlässigkeit in jedem Detail verlangen wird, die von dem *Historiker* mit Recht erwartet wird. Denn wenn ich auch tief in die Einzelheiten gegangen bin, um dem geschichtlichen Bilde ein möglichst farbiges Leben zu verleihen, so ist doch für meine Beweisführung das gesamte Beiwerk gänzlich ohne Bedeutung. Nur die *Hauptlinien*, nämlich *Einteilung* und *Charakterisierung* der von mir beschriebenen Wirtschaftsperioden sind für die systematische Auffassung von Wichtigkeit; und über diese Hauptlinien besteht eine absolute Übereinstimmung aller berufenen Forscher. Ich habe nichts fortgenommen und nichts hinzugefügt: neu ist nur die von mir gegebene nationalökonomische *Erklärung*.

Ich bin im Vorhinein davon überzeugt, daß Spezialforscher auf dem Gebiete der Wirtschaftsgeschichte mir in Einzelheiten hier und da die Benutzung unzuverlässiger Quellen, ja sogar grobe Mißverständnisse und Fehler nachweisen werden. Ich bitte selbstverständlich darum, Derartiges anzumerken, darf aber wiederholen, daß im Hinblick auf den Zweck des Ganzen derartige Mißgriffe nur die Bedeutung von Druckfehlern haben. Sie liegen innerhalb der *hier* erlaubten „Fehlergrenze".

Wer nicht von vornherein der Ansicht ist, daß Arbeiten überflüssig sind, die ein ganzes Hauptgebiet menschlichen Wissens zusammenfassen, der muß auf die Genauigkeit der exakten Kleinarbeit ebenso verzichten, wie auf die vollständige Benutzung der vorliegenden Literatur. Keine menschliche Arbeitskraft könnte derartigen Forderungen gerecht werden.

Man wird mir also auch keinen Vorwurf daraus machen dürfen, daß meine Literaturkenntnis keine sehr breite ist. Daß die *Hauptergebnisse* dieser Untersuchung neu und mir eigentümlich sind, wird mir niemand bestreiten wollen; wo Anschauungen, die ich hier über *Einzelfragen* entwickle, schon vor mir ausgesprochen worden sind, bin ich ebenso loyal bereit, jeden Prioritätsanspruch anzuerkennen, wie ich jede mir bekannt gewordene Ansicht loyal zitiert habe.

Möge dieses Buch zur Lösung der schweren Rätsel dieser Zeit sein Scherflein beitragen!

Grunewald bei Berlin,
Beymestrasse 7
Dr. Franz Oppenheimer

Vorwort zur zweiten Auflage

Dieses alte Buch ist seit mehreren Jahren vergriffen, wird aber noch immer verlangt. Ich bringe es unverändert in einem anastatischen Neudruck heraus. Die Dinge liegen hier gerade so wie bei meinem Erstlingswerke, der „Siedlungsgenossenschaft", die soeben in dritter Auflage, ebenfalls völlig unverändert, erschienen ist. Beide Bücher sind in dem Sinne veraltet, daß sie in ihrem Material nicht à jour, und daß sie durch meine eigenen Untersuchungen vielfach überholt sind. Wenn ich sie mit meinen heutigen Kenntnissen neu zu schreiben hätte, so würden sie in mancher, und nicht nur unbedeutenden Einzelheit anders ausfallen.

Dennoch habe ich mich auch hier entschlossen, von einer Neubearbeitung abzusehen. Sie erscheint mir als unnötig, weil das Buch, soviel ich sehen kann, nur von den zu meiner Freude immer zahlreicher werdenden Freunden meiner Gedanken in aller Welt verlangt wird, die sich in den Besitz aller meiner Schriften zu setzen suchen, die meisten in der Absicht, den Werdegang meiner Auffassung von der Gesellschaft und ihrer Zukunft genau kennenzulernen. Gerade diesen Lesern aber wäre mit starken Änderungen am wenigsten gedient gewesen.

Vor allem aber war bei dem eigentümlichen Charakter des Buches eine Neubearbeitung unmöglich. Es besteht aus zwei miteinander korrespondierenden Teilen, einem theoretischen und einem wirtschaftsgeschichtlichen. Der erste ist durch meine jetzt in vierter Auflage vorliegende „Theorie der reinen und politischen Ökonomie" vollkommen überholt. Er hat heute keinen anderen Wert mehr als den der ersten Skizze meiner Theorie, als der erste Versuch, mit den Mitteln der klassischen Doktrin, aber unter Ablehnung ihres Axioms, des „Gesetzes der ursprünglichen Akkumulation", die gesamte Ökonomik zu *deduzieren*. Er hat seine Aufgabe erfüllt, hat geholfen, den Despotismus der historischen Schule zu brechen, die zur Zeit der Abfassung des Buches Deutschland noch völlig beherrschte und heute zwar noch existiert, aber nur als ein Zweig der Historik, nicht aber mehr, wie sie damals prätendierte, als *die*, als die einzig mögliche, als die einzig seligmachende Nationalökonomie.

Unter diesen Umständen lag der Gedanke nahe, nur den zweiten, wirtschaftsgeschichtlichen Teil allein zum Neudruck zu bringen. Aber das wäre untunlich gewesen, weil er nicht verständlich ist, wenn der Leser die Terminologie nicht besitzt, die der erste Teil entwickelt. Und so blieb mir auch von diesen Erwägungen aus nur das Mittel des unveränderten Abdrucks übrig, wenn ich das Buch nicht gänzlich aufgeben sollte, und dazu sah und sehe ich keine Veranlassung. Ich halte es noch heute für brauchbar und in mancher Beziehung für grundlegend. Es enthält geschichtliche Beweise für meine theoretische Auffassung der ökonomischen Zusammenhänge und darüber hinaus, was mir weit mehr am Herzen liegt, die wichtigsten Grundlagen meiner Soziologie.

So mag es denn im alten Gewande zum zweiten Male hinausgehen, um sich zu den alten Freunden neue zu suchen. Es wird ihm dieses Mal etwas leichter werden als vor vierundzwanzig Jahren. Damals war ich ein unbekannter junger Arzt, der den Mut (oder die Keckheit) besaß, seinen ganz eigenen Weg zu gehen, einen Weg, der mitten zwischen den Doktrinen der bürgerlichen und der sozialistischen Schriftsteller hindurch führte: natürlich wurde ich von jenen als Sozialist, von diesen als bürgerlicher Utopist oder, von gröberen Seelen, sogar als bürgerlicher Sykophant betrachtet und mein Buch auf den Index gesetzt. Heute habe ich mir eine gewisse Anerkennung als Fachmann erworben; meine späteren Bücher haben ihren älteren, zuerst verworfenen Geschwistern den Weg gebahnt; und, wenn auch die alte Taktik des „Totschweigens" noch immer gegen mich geübt wird, so glaubt wohl nur noch selten ein Neophyt aus einem der beiden sonst so feindlichen, in diesem Betracht aber brüderlich einigen Lagern, daß „Schweigen" diese Gedanken „töten" kann.

Keinem meiner Bücher gegenüber ist diese edle Taktik so geschlossen geübt worden, wie diesem. Soviel ich weiß, ist in Fachorganen nur eine einzige Anzeige des theoretischen, und keine einzige des wirtschaftsgeschichtlichen Teiles erschienen. Und mir ist nur ein einziger Autor bekannt, der es jemals zitiert hat: *Werner Sombart* in der ersten Auflage seines „modernen Kapitalismus", freilich nur in einer Anmerkung, in der er es ohne jede weitere Begründung als unbefriedigend verwirft. Und doch hätten die Wirtschaftshistoriker alle Ursache gehabt, sich mit diesem Buche zu beschäftigen, in dem ich den Nachweis versucht habe, *daß sie den Hauptwendepunkt ihres Hauptarbeitsgebiets, der mittelalterlichen Gewerbegeschichte, um volle 180 Jahre zu spät angesetzt haben, weil sie weder von den politischen noch von den ökonomischen Ursachen des Umschwungs eine richtige Vorstellung hatten!*

Unter diesen Umständen halte ich es für geboten, meinen Lesern von einer privaten Kritik Kenntnis zu geben, die von keinem Geringeren als *Karl Lamprecht* herrührt. Man mag über seine Bedeutung als Universalhistoriker denken wie man will: daß er ein *Wirtschaftshistoriker* hohen Ranges war, wird so leicht nicht bestritten werden[1].

L.-Gohlis, 7. Juni 1898

„Hochgeehrter Herr Doktor!
Ich komme erst heute, nach der Lektüre der zweiten Hälfte Ihres ‚Großgrundeigentum' dazu, Ihnen für Ihr reiches Geschenk von Herzen zu danken. Ich brauche Ihnen nicht erst zu versichern, daß ich Ihren Ausführungen mit dem lebhaftesten Interesse gefolgt bin.

Was uns beide verbindet, das ist die gemeinsame Grundauffassung auf geschichtlichem Gebiete. Wie Ihnen bekannt sein wird, bin ich, wie Sie, ein Vertreter heroenloser Geschichtsauffassung. Vielleicht haben Sie auch von den Kämpfen, in die mich diese Auffassung mit der Zunft geführt hat, einige Kenntnis; jedenfalls gestatten Sie mir, Ihnen anbei einige in diese Kämpfe einschlagende Broschüren als ein freilich geringes Gegengeschenk zu überreichen.

Was uns trennt, ist die Tatsache, daß ich den geistigen Bewegungen doch eine größere selbständigere Bedeutung beilege als Sie. Sie scheinen mir keineswegs alle auf Superstition reduzierbar. Jedenfalls scheint mir nicht die reine soziale Bewegung als solche, sondern vielmehr die massenpsychologische Bewegung als Ganzes Substrat, ‚Stoff' der Geschichte zu sein: mithin auch als Substrat jeder geschichtlichen Disposition dienen zu müssen. Wie in diesem Falle m. E. der geschichtliche Verlauf in typischer nationaler Form zu disponieren ist, habe ich in meiner ‚Deutschen Geschichte' zu zeigen gesucht.

Bei der Lektüre Ihres Buches habe ich vielfach bedauert, daß Ihnen gerade diese Arbeit von mir entgangen ist: Sie würden die zahlreichsten Anklänge an Ihre Auffassung gefunden haben. Ich erwähne nur, daß ich den großen Umschwung in unserer Wirtschaftsgeschichte mit Ihnen um etwa 1370 setze.

Für die Erklärung dieses Umschwungs habe ich ganz außerordentlich viel von Ihnen gelernt. Der von Ihnen hergestellte Zusammenhang zwischen ländlicher und städtischer Bewegung in dieser Zeit scheint mit evident. Nur scheint die Begründung *nur* auf die von Ihren Siedlungsgenossenschaften aus entwickelten nat.-ök. Kategorien zu einseitig. Ich glaube, Sie sind hier doch zu stark nur von der Distribution ausgegangen und haben die Produktion zu sehr vernachlässigt. Mir sind die einschlägigen Dinge, die ich wiederholt in der ‚Deutschen Geschichte' ausgeführt habe, immer im folgenden Zusammenhang erschienen:

Drei Zeitalter immer intensiverer Naturaneignung und demgemäß Produktion: Okkupation, Ackerbau, Industrie.

In jedem Zeitalter anfangs eine Periode kommunistischer bzw. sozialistischer, kurz, genossenschaftlicher Aneignung der Naturkräfte (Ihre Käufer-Verkäuferzeit), da eine andere Aneignung aus

---

1 Das Original des Briefes befindet sich bei den Akten der Firma Gustav Fischer in Jena.

individueller Kraft nicht möglich: bis zur vollen Einnahme des Vorhandenen. Darauf eine Periode individualistischer Distribution. (Ihre Verkäuferzeit.)

Doch ich sehe, daß ein Briefbogen in keiner Weise reicht, um Ihnen Bedenken und Bewunderung gleich klar und umfangreich zum Ausdruck zu bringen. Nehmen Sie daher für die reiche Belehrung nur noch einmal meinen herzlichsten Dank: er wird praktisch werden, indem ich schon für ein Winterkolleg eine große Anzahl Ihrer Ideen annehmen und vortragen werde.

In ausgezeichneter Hochachtung
Ihr ergebener
Lamprecht"

Mancher meiner Leser wird meinen, es sei eine Merkwürdigkeit, daß ein von einem Sachkenner ersten Ranges derart beurteiltes Buch in vollen vierundzwanzig Jahren nicht eine einzige Kritik und kaum eine Erwähnung gefunden hat. Auch ich stand einmal auf diesem optimistischen Standpunkt, habe mich aber in dieser langen Zeit davon überzeugen müssen, daß es umgekehrt eine Merkwürdigkeit gewesen wäre, wenn ein solches Buch, geschrieben von einem krassen Außenseiter, der keiner Partei und keiner literarischen Clique zugeschworen war – wenn ein Buch mit so unparierbaren Angriffen gegen die mächtigste Schule der Zeit Beachtung gefunden hätte. „Vorsicht ist der Tapferkeit besserer Teil"; und „Sei im Besitze, und du wohnst im Recht". Und schließlich, mit Goethe: „Hand wird nur von Hand gewaschen, wenn du nehmen willst, so gib!"

Hier möchte ich nur noch sagen dürfen, daß ich mich in manchem von meiner damaligen in der Tat stark einseitigen Geschichtsauffassung entfernt und der Lamprechtschen etwas genähert habe. Darüber werde ich in meinem „System der Soziologie", dessen erster Halbband im Druck ist, Rechenschaft ablegen. Der erste Band, eine „Allgemeine Soziologie", wird u. a. eine kritische Ablehnung meiner eigenen früheren, der Marxschen verwandten, allzu „ökonomistischen" Geschichtsauffassung enthalten; der zweite wird eine Soziologie des Staates, der dritte, in Gestalt der völlig neubearbeiteten „Theorie der reinen und politischen Ökonomie", die der Volkswirtschaft bringen. Diese Teile des Systems sind praktisch fertig und werden hoffentlich in schnellster Folge erscheinen. Dann soll, wenn Leben und Kraft noch ausreichen, ein vierter Teil folgen, ein Abriß der Sozial- und Wirtschaftsgeschichte Europas von der Völkerwanderung bis auf die Gegenwart. Hier werde ich versuchen, zu ergründen, ob die gleichen „Gesetze" der Geschichte, die ich im kleineren Rahmen einer nationalen Gesellschaft nachgewiesen zu haben glaube, auch im größeren Rahmen der kontinentalen Gesellschaft ihre Gültigkeit bewahren; und, wenn das der Fall ist, ob sie bedeutenden Modifikationen unterliegen oder nicht. Soweit das bis jetzt gesammelte Material einen Schluß gestattet, glaube ich nicht, zu Widerrufen im großen gezwungen zu werden.

Meine Überzeugung, daß die Sperrung des Bodens gegen die Volksmasse in der Rechtsform des großen Grundeigentums die einzige Ursache der Klassenscheidung mit allen ihren Folgen auf den Gebieten der Volkswirtschaft, der Politik, der Moral usw. ist, ist durch alle Studien dieses Vierteljahrhunderts nur bestärkt und bestätigt worden. Und ebenso meine Überzeugung, daß nur von diesem Gesichtspunkte aus sich uns die Rätsel der Geschichte aufhellen, daß nur von hier aus Geschichte als Wissenschaft aufgebaut werden kann.

Frankfurt a. M.
April 1922
Franz Oppenheimer

Systematischer Teil:
Grundlegung der Physiologie und der Pathologie des sozialen Körpers der Tauschwirtschaft

Einleitung

Als ich in meiner „Siedlungsgenossenschaft" daran ging, durch Untersuchung und Ordnung des vorhandenen, namentlich des statistischen Materiales auf dem Wege der reinen Induktion die Wurzel der „sozialen Frage" bloßzulegen, diente mir eine Hypothese als „heuristisches Prinzip", diejenige des „*Organisismus*".

Die menschliche Gesellschaft ist ein organisches Wesen, das ist die Hypothese, von der ich ausging; sie ist ein „Wesen, welches *lebt*, d. h. fortwährend bemüht und in weiten Grenzen auch befähigt ist, sich veränderten Lebensbedingungen anzupassen",[1] oder, um mit Spencer zu reden, „durch Veränderung innerer Relationen sich veränderten äußeren Relationen gegenüber in seiner wesentlichen Form und seinem Bestande zu erhalten". Ich habe an der angezogenen Stelle einige Tatsachen des Volks*lebens* angeführt, die mir auch heute noch so starke Beweise für jene Hypothese zu sein scheinen, wie in einer nicht-mathematischen Wissenschaft nur möglich.

So sicher mir diese allgemeine Grundlage auch erscheint, so vorsichtig hat man dagegen in den Folgerungen zu sein. Speziell geht jeder durchgeführte Vergleich mit einem besonders ins Auge gefaßten *anderen* Organismus, z. B. dem menschlichen Körper, nach meiner Meinung über die Grenzen des wissenschaftlich Zulässigen hinaus, sobald er mehr sein will, als eben ein *Vergleich* zur besseren Illustration schwer verständlicher abstrakter Sätze.

Wissenschaftlich zulässig erscheint mir einzig und allein die Verwertung desjenigen konkreten Inhaltes, den der Begriff „Organismus" an sich einschließt, der einfache wie der verwickelte, der *individuale wie der kollektive*.

Diesen, jedem Organismus gemeinsamen Begriffsinhalt möchte ich folgendermaßen zusammenfassen:

Der Organismus ist zusammengesetzt aus verschiedenen *Organen,* die zu verschiedener Arbeitsleistung *differenziert* und gleichzeitig zu der einen übergeordneten Lebensfunktion *integriert* sind; die Organe bestehen wieder aus lebenden *Elementarteilchen*, die eine gewisse Selbständigkeit genießen und sich zu dem Organ verhalten, wie diese zum Organismus.

Ist diese weite Charakteristik des *Aufbaus* gültig für jeden Organismus, so ist es die folgende für seine *Leistung* (Funktion): Jeder Organismus hat die Fähigkeit, sich innerhalb gewisser Grenzen wechselnden Bedingungen der Umgebung anzupassen, d. h. eben zu *leben*. Der normalen Beanspruchungs- oder *Angriffsbreite* der Außennatur entspricht die „physiologische Anpassungsbreite" der Innennatur. Die Tätigkeit der Anpassung innerhalb dieser Breiten verläuft bei voller Harmonie der Einzelfunktionen; sie ist die „Physiologie" des Lebewesens.

Jeder Organismus hat also seine Physiologie. Und darin liegt logisch eingeschlossen, daß jeder Organismus auch seine *Pathologie* haben muß, wenn die Außennatur ihn mit einer Kraft angreift,

---

1 Oppenheimer, Siedlungsgenossenschaft, S. 2.

welcher die physiologische Breite nicht sofort Herr werden kann. Das Ergebnis ist eine Krankheit, d. h. eine Disharmonie der Einzelfunktionen, ein Vorgang, der in *Heilung* übergeht, wenn die Störung zuletzt überwunden wird, oder in *Tod*, wenn die Anpassungskraft dazu nicht ausreicht.

Jeder Organismus *kann* also *erkranken* und *kann* auch *sterben*.

Mehr an konkretem Inhalt enthält, wie mir scheint, der allgemeine Begriff des Organismus *nicht*. Darum ist es nicht zulässig, mehr als die hier festgestellten Charakteristika auf den Organismus der Tauschwirtschaft zu übertragen. So lange man sich in diesen Grenzen hält, ist die Darstellung *objektiv*; geht man darüber hinaus, so wird sie *bildlich* und sofort unzulässig, wenn man vergißt, daß man sich nur bildlich ausdrücken wollte.

Es scheint mir, als wenn alle Einwendungen gegen den Organisismus darauf zurückzuführen sind, daß seine Anhänger diese sehr feine Grenzlinie nicht immer respektiert haben. Sie haben sehr oft dadurch gesündigt, daß sie sich noch mitten in der objektiven Darstellung zu befinden glaubten, während sie tatsächlich schon im Vergleich steckten, nämlich einen bestimmten Organismus zum spezialisierten Vergleiche heranzogen.

Das verkehrteste von allem ist aber, einen *individualen* Organismus zum Vergleichsobjekt zu wählen. Die menschliche Gesellschaft ist ein *Kollektivorganismus*: will man einen anderen Organismus zu einem etwas spezialisierteren Vergleich heranziehen, so darf es nur auch ein anderer Kollektivorganismus sein, z. B. ein Wald, ein Korallenstock, ein Ameisen- oder Bienenstaat. Aber der Vergleich mit einem *Individuum* ist schlechthin unzulässig: er stellt zwei in jeder Beziehung (außer der *allgemein*-organischen Grundlage) inkommensurable Größen zusammen, das der Dauer Fähige mit dem Vergänglichen, die „Substanz" mit dem „Modus".

Die menschliche Gesellschaft erhält sich durch sich selbst in Raum und Zeit durch Ernährung und Fortpflanzung: das menschliche Individuum ist isoliert *nicht lebensfähig*; es kann sich weder selbst *ernähren* – denn der isoliert gedachte Säugling muß verhungern – noch sich *fortpflanzen*. Das Elementarteilchen der Gesellschaft, ihre „letzte Einheit", ihr „*Individuum*" im Sinne der Naturwissenschaft, ist nicht der Einzelmensch, sondern die *Familie*, ebenfalls ein Kollektivorganismus kleinsten Umfangs.

Gesellschaft und Einzelmensch sind also inkommensurabel.

Und darum ist namentlich die sehr gebräuchliche Sitte, historische und wirtschaftliche Veränderungen der Gesellschaft mittels der *Phasen des individualen Lebens* zu erklären, schlechthin Mißbrauch. Daß ein Mensch altern und sterben *muß*, wissen wir rein empirisch, als eine Regel, die unter Milliarden von Fällen keine Ausnahme litt; daß ein Volk sterben *kann*, wissen wir ebenfalls: und diese Möglichkeit liegt auch, wie wir sahen, in dem Allgemeinbegriff des organischen Lebens; daß aber ein Volk sterben *muß*, ist weder durch unser kleines empirisches Material zu beweisen, noch geht es aus dem Begriff des Organismus hervor.

Hier waltet ein ungeheurer Unterschied vor. *Jeder* Organismus stirbt, wenn die Fähigkeit der Anpassung dauernd kleiner ist, als die Veränderungen der äußeren Welt. Ein altersschwach gewordenes Individuum stirbt daran, daß die innere Anpassungskraft immer kleiner wird und schließlich auf Null sinkt; ein junges Individuum stirbt daran, daß die Veränderungen der Außenwelt stärker werden, als die normale Anpassungsfähigkeit (z. B. ein Sturz, eine Verletzung, eine bösartige Infektionskrankheit, ungesunde Lebensweise). Das erste ist Alterstod, das zweite Krankheitstod.

Nun kann niemand zweifeln, daß bei gleich bleibenden Verhältnissen der Außenwelt ein Volk niemals „sterben" würde, so wenig wie ein Wald, wenn Klima, Feuchtigkeitsverhältnisse usw. sich nicht änderten. Es ist also sehr unwahrscheinlich, daß ein Volk überhaupt altern kann; aber ganz unzulässig anzunehmen, daß es altern *muß*; und irgendwelche Erscheinungen eines bestimmten Volkslebens daraus zu erklären.

Damit hoffe ich den wissenschaftlich legitimen Organisismus genügend gegen seine Auswüchse abgegrenzt und verteidigt zu haben.

Innerhalb seiner Grenzen durfte er mir aber als „heuristisches Prinzip" dienen. Ich durfte mich berechtigt halten, die Soziologie als Wissenschaft von einem organischen Wesen aufzufassen und darum als ein Grenzgebiet zwischen Naturwissenschaft und Geisteswissenschaften zu behandeln; ich durfte die praktische Nationalökonomie als angewandte Wissenschaft von diesem lebendigen Wesen geradezu als Grenzgebiet zwischen Geisteswissenschaften und Medizin behandeln. Und ich gewann die Legitimation, die naturwissenschaftlich-medizinische Methode auf die Soziologie anzuwenden, gewann für mich persönlich den Anschluß an die Wissenschaft, von der ich ausgegangen bin, die Medizin.

Von diesem Standpunkt aus ergab sich als erste Folgerung, daß der physiologische Zustand des sozialen Körpers *unserer* zur Tauschwirtschaft entwickelten Gesellschaft sein müsse: „eine mit überwiegenden Lustgefühlen verknüpfte, harmonisch ineinandergreifende Funktion der Organe derart, daß sowohl das Ganze als auch die einzelnen Teile im Gleichgewicht der Kräfte bleiben".[1]

Verglichen an diesem, jedem Organismus gemeinsamen Bilde der *Gesundheit* ergab sich sofort, daß der gegenwärtige Zustand der Tauschgesellschaft derjenige einer *Krankheit* sei, nämlich „eine mit überwiegenden Unlustgefühlen verbundene, disharmonisch gegeneinander wirkende Tätigkeit der Organe, derart, daß das Gleichgewicht der Kräfte je länger je schwerer gestört wird."

Diese Feststellung, deren Begründung ich hier nicht wiederhole, stellte an den Volksarzt die Forderung der *Diagnose*. Es ist feststehende medizinische Methodik, grundsätzlich nur *eine* Ursache jeder Krankheit vorauszusetzen; die Diagnose gilt erst als gesichert, wenn diese „causa morbi" entdeckt und mit sämtlichen Symptomen in den richtigen Kausalzusammenhang gesetzt ist.

Ich suchte also nach dieser vorausgesetzten causa morbi auf dem Wege der *Induktion*. Ich untersuchte eine Tatsache, stellte sie als Folge einer Ursache fest, untersuchte diese wieder und mußte so ganz allmählich dem Mittelpunkt der Frage näher kommen.

Dieser Mittelpunkt konnte, das war klar, nur da sich befinden, wo für eine wirtschaftliche Wirkung keine *wirtschaftliche* Ursache mehr aufzudecken war. An irgendeiner Stelle mußte eine dem Organismus selbst fremde Macht in den harmonischen Ablauf seiner Funktionen eingreifen, sie zu stören oder zu zerstören. Da eine gewaltsame Störung sich der Entdeckung nicht lange hätte entziehen können, war es im höchsten Maße wahrscheinlich, daß es sich um einen Bestandteil des *Rechts* handele.

Ich untersuchte die *städtische Arbeiterfrage* und fand, daß die Ursache der niedrigen Löhne und der damit verbundenen wirtschaftlichen, moralischen und hygienischen Not nur darauf zurückzuführen war, daß ein Überangebot von Händen auf dem Markte, die „Reserve-Armee", den Preis der Arbeit drückte. Ich untersuchte den Ursprungsort dieser Reservearmee und fand, daß sie nicht, wie Marx fälschlich annahm, aus der Industriebevölkerung selbst stammte, sondern durch eine massenhafte *Abwanderung* vom Lande her in die gewerblichen Zentren strömte, welche sie massenhaft aufnehmen, ohne sie doch alle aufnehmen zu können. Ich untersuchte, aus welchen Teilen des Landes diese Massen stammten, und fand, daß sie so gut wie gänzlich der Tagelöhnerbevölkerung der *Großgutsbezirke* angehörten.

Ich untersuchte die *Agrarkrisis* und fand, daß sie durch den Preissturz der Urprodukte verursacht sei, diese wieder durch eine plötzliche und unerhörte Ausdehnung des landwirtschaftlichen Areales der Weltwirtschaft, diese wieder durch eine maßlose *Auswanderung*, und daß diese Auswanderermassen ebenfalls von der Tagelöhnerbevölkerung der europäischen *Großgutsbezirke* gestellt waren.

Ich untersuchte ferner das Mißverhältnis zwischen Produktiv- und Kaufkraft der Nationen, das ich als die Ursache der *Krisen* und des gefährlichen Exportindustrialismus erkannt hatte; ich fand, daß es durch eine Hypertrophie der Industrie und eine Atrophie des landwirtschaftlichen Marktes

---

1 Ebenda, S. 5.

hervorgerufen sei, und daß die erste wieder der Zuwanderung (Abwanderung) in die Städte, die letzte wieder der Ab- und Auswanderung zuzuschreiben sei.

Auch die von der *sozialen Massenpsychologie* ausgehende Untersuchung brachte mich zu demselben Ziele. (Diese Dinge werden in den folgenden Blättern noch einmal auf das genaueste behandelt werden; ich kann mir also hier die Begründung ersparen.)

Wo immer ich begann, immer kam ich auf den verschiedensten Wegen zu demselben Resultat. Das Großgrundeigentum erwies sich als ein Hochdruckgebiet, von dem endlos Menschenfluten herabströmten und die Niederungen verwüsteten. Diese wirtschaftliche Tatsache war tatsächlich der gesuchte Kernpunkt der sozialen Krankheit.

Die „Sedes mali", der „Sitz des Übels" war gefunden. Was aber war die „causa morbi"?

Es gab nur zwei Möglichkeiten. Die Entscheidung, welche von beiden Wirklichkeit war, entschied auch über die Wahrheit der dem ganzen Verfahren zu Grunde gelegten Hypothese, des „Organisismus".

War das Großgrundeigentum nämlich eine legitime Bildung, eine *notwendige Einrichtung* der Tauschwirtschaft, so war es unmöglich, sie noch länger als einen Organismus zu betrachten. Denn einem solchen ist die Harmonie immanent, wenn keine fremde Störung hineingreift. War also das Großgrundeigentum keine fremde Störung, so war die Tauschwirtschaft kein *Organismus*, sondern ein sehr fehlerhafter *Mechanismus*.

Wenn aber das Großgrundeigentum sich nicht als *tauschwirtschaftliche Bildung*, sondern als *Fremdkörper* erwies, dann war dem Organismus ein neuer Beweisgrund gewonnen.

Ich untersuchte also das Großgrundeigentum, jetzt mit Hilfe der *historischen Induktion*, und fand, daß es in der Tat ein Fremdkörper ist, die letzte überlebende Schöpfung eines der Tauschwirtschaft fremden, von ihr überall sonst überwundenen *Rechtes, des Nomadenrechtes*.

Diese Behauptung ist mir vielfach bestritten worden, durchaus auf Grund von Mißverständnissen. Die Bedeutung des Gegenstandes rechtfertigt es daher, wenn ich meinen Beweis auf erweiterter Grundlage noch einmal wiederhole, ehe ich an meine eigentliche Aufgabe gehe.

Die eigentliche Aufgabe, die dieses Buch lösen soll, ist folgende:

Drei Methoden dienen der Nationalökonomie: die *Induktion* der Tatsachen unserer Gegenwart, die *historische* Induktion und die abstrakte *Deduktion*.

Ich werde meine These, wie ich sie in meiner „Siedlungsgenossenschaft" mit der *ersten* Methode bewiesen habe, hier mit den *beiden anderen* beweisen.

Diese These lautet:

Das agrarische Großgrundeigentum ist der einzige Störenfried der entwickelten Tauschwirtschaft, das einzige Hindernis der „Gesellschaft der sozialen Gerechtigkeit".

I. Kapitel:
Die Entstehung des Großgrundeigentums

In meiner „Siedlungsgenossenschaft" habe ich darauf hingewiesen, daß der Großgrundbesitz der deutschen Urzeit nur auf der Grundlage einer dem damaligen Staatsrechte eigentümlichen „Rechtsinstitution, nämlich der auf politischer Vergewaltigung beruhenden *Unfreiheit* eines Teiles der Urbevölkerung"[1] entstehen konnte. Ich begründete diese Behauptung folgendermaßen: „Bei

---

[1] Oppenheimer, Siedlungsgenossenschaft, S. 175f.

dem enormen, unerschöpflich scheinenden Vorrat an nutzbarem Lande, das (. . .) jeder Gemeinde in ihrer ‚Mark' zur Verfügung stand, war der Maßstab, nach dem die Feldstücke vermessen wurden, ein sehr einfacher; jeder erhielt soviel Feldland, als ein Hausvater mit seiner Familie bebauen konnte (. . .). Wenn schon in diesem Stadium sich Verschiedenheiten in der Größe des Ackerbesitzes entwickeln konnten, indem den Häuptlingen hier und da größere Stücke überwiesen wurden, *so war das nur möglich durch die Existenz jener hörigen Klasse, zumeist Kriegsgefangener.* Ohne ihre Arbeitskraft hätte der Häuptling das Mehrmaß an Boden eben nicht bewirtschaften können, *es hätte für ihn nicht den geringsten Wert gehabt."*[1]

Ich habe dann verfolgt, wie aus diesem urwüchsigen Großbesitz der altgermanischen Zeit sich durch Rodung und königliche Verleihung die Großgrundherrschaft der Frankenzeit herausbildete: „Es ist auch hier wieder klar, daß beides, Erwerbung von Rottland und Landschenkungen, für den Besitzer keinen wirtschaftlichen Wert gehabt hätten, ohne die Arbeit unfreier Leute, die für ihn schaffen mußten."[2]

Ich habe dann bei einer späteren Gelegenheit[3] das Gesagte noch einmal folgendermaßen zusammengefaßt:

„Wir sahen, daß ursprünglich die Landnutzung aller Familienväter gleich war, mit anfangs wenigen Ausnahmen, dem etwas größeren Anteil der Häuptlinge. Wir sahen, daß die wirtschaftliche Ausbeutung dieser größeren Landstrecken von Anfang an nur möglich war mit unterworfenen Arbeitern, den Liten. Wir sahen, daß einzig und allein die Existenz dieser rechtlichen Institution der Sklaverei bzw. Hörigkeit auch die später sich herausbildenden Unterschiede des Bodenbesitzes erklären konnte, ob es sich um Neurodungen in der gemeinen Mark, oder um die großen Landbelehnungen handelte.

Unser geltendes Bodenrecht ist also eine Folge aus der Rechtsinstitution der Unfreiheit."

In seiner Besprechung meines Buches in „Schmollers Jahrbuch für Gesetzgebung", Bd. XXI, Heft 2, schreibt nun Herr Wiedenfeld über diesen Punkt folgendes (S. 382): „Die geschichtliche Begründung, die Oppenheimer seiner Ansicht von der fehlerhaften Organisation der Landwirtschaft und Verteilung des Grundbesitzes gibt, ist die alte; er wiederholt die Behauptung, daß die Unterschiede im Besitz nur auf Gewaltakten beruhen. Diese Anschauung ist so oft und so eingehend widerlegt und in ihrer Haltlosigkeit besonders für die gegenwärtigen Verhältnisse bloßgestellt worden, daß ich hier nicht darauf einzugehen habe."

Ich sehe mich zunächst genötigt, gegen die in dieser kurzen Abfertigung enthaltene Darstellung der von mir vertretenen Theorie Protest einzulegen. Ich habe die ursprüngliche Bodenbesitzverschiedenheit nirgend auf „Gewaltakte" zurückgeführt, sondern auf eine *Rechtsinstitution*, nämlich die Sklaverei, die freilich ihrerseits auf „Gewalt" beruht. Die Wurzel des Großgrundeigentums steckt also nach meiner Meinung nicht, wie es nach W[iedenfelds, A.d.R.] Worten den Anschein haben könnte, in ungesetzlichen, sondern in durchaus gesetzlichen Handlungen. Nur daß jene Rechtsinstitution einer Epoche angehört, in welcher die Wirtschaft auf einer der unseren durchaus entgegengesetzten Rechtsverfassung und Produktionsweise fußte: damals die Produktion durch Sklaven, heute die Produktion freier Arbeiter in der Tauschwirtschaft.

Da ich auf dem Standpunkte stehe, daß die Entwicklung der menschlichen Kultur durchaus nur so möglich war, daß sie durch das Stadium der Sklavenwirtschaft hindurchging, so verknüpft sich meine Meinung von der Entstehung des Großgrundeigentums aus der Sklaverei auch nicht einmal mit einem sittlichen Widerwillen gegen das Institut selbst und seine Wurzel. Wenn ich auf

---

1 Ebenda, S. 177.
2 Ebenda, S. 178.
3 Ebenda, S. 258.

den Ursprung des Großeigentums am Agrarlande überhaupt entscheidenden Wert lege, so geschieht es nicht, um *ethisch*, von der Empfindungssphäre aus, dagegen Stimmung zu machen, sondern lediglich, um *logisch*, von der Verstandessphäre aus, die Einsicht davon zu wecken, daß das Großgrundeigentum, als ein Rudiment aus einer in allem übrigen verschwundenen Geschichts- und Wirtschaftsperiode, der einzige Störenfried des zur Tauschwirtschaft entwickelten sozialen Körpers ist. Diese gesamte Auffassung kann man unmöglich schiefer und mißverständlicher darstellen, als wenn man sie als die Theorie von „Gewaltakten", d. h. *einzelnen, ungesetzlichen* Handlungen bezeichnet, während sie genau umgekehrt die Theorie von einer *allgemeinen, gesetzlichen* Handlungsweise ist.

Neben dieser Darstellung enthalten die zitierten Worte zwei Behauptungen, erstens, daß die Theorie *alt*, und zweitens, daß sie *falsch* sei. Die erste Behauptung ist richtig. Ich habe mich davon überzeugt, daß die von mir vertretene Anschauung z. B. in Dührings „Kursus der National- und Sozialökonomie" nicht nur implizit in seinen Gesamtanschauungen enthalten, sondern sogar auf das deutlichste in bezug auf den Einzelfall des Großgrundeigentums ausgesprochen ist.[1] Ob Dühring die Priorität des Gedankens zukommt, mögen Literarhistoriker entscheiden; schwerlich wird er großen Wert darauf legen, da diese Erkenntnis eine Binsenwahrheit ist, die sich einem jeden aufdrängen muß, der überhaupt mit Ernst volkswirtschaftliche Dinge untersucht.

Damit ist bereits ausgesprochen, was ich über die zweite Behauptung denke, diejenige, daß die von mir vertretene Theorie der Entstehung des Großgrundeigentums *falsch* sei. Sie ist nicht nur nicht falsch, sondern im Gegenteil so unzweifelhaft richtig, daß mir ein Zweifel daran ganz unmöglich erschien. Darum habe ich geglaubt, mich für ihre Begründung mit den wenigen oben abgedruckten Zeilen begnügen zu dürfen. Darin scheine ich mich getäuscht zu haben. Und so sehe ich mich veranlaßt, den Beweis auf einer breiteren Grundlage zu erbringen. Ich will aber von vornherein bemerken, daß ich nicht etwa beabsichtige, eine „Theorie" gegen andere zu empfehlen; sondern ich will ein für allemal die Fiktion zerstören, als sei eine andere Entstehung des Großgrundeigentums denkbar, als die von mir entwickelte. Hier handelt es sich nicht um ein Mehr oder Weniger an Wahrscheinlichkeit, sondern um soviel Gewißheit, als in einer nicht-mathematischen Wissenschaft irgend denkbar ist.

Der Gegenstand rechtfertigt die eingehendste Behandlung. Es handelt sich um die Ausrottung eines Irrtums, der wie kein anderer bisher die Wissenschaften der Geschichte und Nationalökonomie an der Erkenntnis der grundlegenden Zusammenhänge gehindert hat. Die schwersten Unklarheiten und Fehler beider Disziplinen führen auf diesen Irrtum als auf ihre Wurzel zurück. Herr Wiedenfeld hat ganz Recht, wenn er sich auf die „allgemeine Übereinstimmung" beruft. Er befindet sich mit seiner Ablehnung der von mir vertretenen – aber nicht etwa entdeckten – Theorie in Einklang mit der herrschenden Schulmeinung.

Daß die Verschiedenheit des Vermögens und die der Klassenlage in irgendeiner ursächlichen Beziehung zu einander stehen müssen, ist ein Schluß, der sich jedem Beobachter geschichtlicher Dinge aufdrängen muß. In unserer Zeit ist der Zusammenhang für die oberflächliche Betrachtung zweifellos der, daß die Verschiedenheit des Vermögens die *Ursache*, und diejenige der Klassenlage die *Folge* ist. Wenn eine Familie aus der untersten Schicht des Volkes sich zu Reichtum erhebt, so steigt sie auch in der Klasse, bis sie zuletzt auch gesellschaftlich die volle Ebenbürtigkeit erringt, wie zum Beispiel die Nachkommen der ersten großen Fabrikbesitzer und Bankiers in ganz Europa. Umgekehrt hat der Vermögensverfall einer vornehmen Familie auch den Verlust der Klasse zur Folge. „Deklassiert" ist ein treffender Ausdruck dafür.

---

[1] Dühring, Kursus der National- und Sozialökonomie, S. 20.

Es scheint, als wenn diese Erfahrung des täglichen Lebens die Geschichtsforscher verleitet hat, auch die *erste* geschichtliche Klassenbildung aus Verschiedenheiten des Vermögens abzuleiten. Am schärfsten ausgeprägt finde ich diese Auffassung bei Lorenz v. Stein. Er will die Zersetzung der alten deutschen Gauverfassung folgendermaßen erklären:

„Mit dem Auftreten des Eigentums fängt eine Neuordnung der Dinge an. Nicht darum, weil das Eigentum allerdings eine höhere Ordnung des Besitzes ist, sondern darum, weil durch das Eigentum das zweite Moment vernichtet wird, auf dem die Geschlechterordnung und Gauverfassung neben der Einheit beruhte. Das ist die *Gleichheit*. Der Besitz kann gleich sein, das Eigentum *muß* ungleich werden, und damit Ungleiches erzeugen. So wie daher diese Verteilung als die des Eigentums zur Ungleichheit des Besitzes führt, *muß* die Ungleichheit auch in das Recht der Verfassung hineintreten. Ungleichheit des Rechts ist aber Ungleichheit der Freiheit, das ist das Entstehen der Unterschiede von Freien und Unfreien. Und eben dieser Unterschied ist es, der aus der alten Gauverfassung eine neue bildet."[1]

An einer anderen Stelle faßt derselbe Autor, seiner guten Gewohnheit schärfer Prägung der Formeln getreu, seine Meinung noch einmal folgendermaßen zusammen:

„Wir sagen am kürzesten, daß auf diese Weise mit der Entstehung des Einzeleigentumes durch die wirtschaftliche Kraft des letzteren der Prozeß der *Klassenbildung* entsteht, den die alte Verfassung nicht kennt."[2]

Ich zitiere ferner Inama-Sternegg, welcher den Verfall der alten vollfreien Markgenossenschaft ebenfalls auf ursprünglich ökonomische Verschiedenheiten zurückführt: „Der verständige, tatkräftige, sparsame Wirt gewinnt Vermögen, welches der Unkluge, Lässige und Verschwender einbüßt; persönliches Ansehen, in friedlicher Beschäftigung erworben, gewinnt das Übergewicht über die bloß kriegerische Tüchtigkeit; organisatorische, spekulative Talente gelangen zu Einfluß und wirtschaftlicher Kraft, wo das ängstliche Verharren in isolierter und primitiver Wirtschaft unterliegt."[3]

Etwas weiter unten sagt er: „Wie hätte aber auch eine Gleichheit des Besitzes für die Dauer bestehen sollen, da der Veräußerung und Teilung kein Gesetz hindernd im Wege stand, und auch beides nach den Volksrechten und Urkunden fortwährend vorkam?"[4]

Daß die wirtschaftliche Begabung die Wurzel der Vermögensverschiedenheiten gewesen sei, wird dann später noch einmal mit folgenden Worten ausgedrückt: „Nicht, weil Eigentum verteilt wurde, sind dann auch die Deutschen so verschieden in ihrem Leben und ihren Gütern geworden; sondern weil verschiedener Bedarf verschiedenes Interesse an beschränkten Gütern erzeugte, ergriff der Mensch die Quelle dieser Güter mit innerer Notwendigkeit und machte sich das Land zu eigen, das doch nicht jedem gleich dienen konnte, sondern jedem anders, je nachdem der Herrscher war."[5]

Der Historiker Weber schreibt von den Germanen: „Die ganze bürgerliche und gesellschaftliche Lebensordnung der Folgezeit, die Scheidung in Freie und Unfreie, in Grundeigentümer und Gutshörige, beruht auf der Voraussetzung geschlossener Eigengüter von größerem oder geringerem Umfang."[6]

Selbst die Führer der Sozialdemokratie haben dieselbe Auffassung. Engels schreibt gegen Dühring: „Mit den Unterschieden der Verteilung treten die Klassenverschiedenheiten auf."[7]

---

1 Stein, Drei Fragen, S. 39.
2 Ebenda, S. 52.
3 Inama-Sternegg, Deutsche Wirtschaftsgeschichte, Bd. I, S. 53.
4 Ebenda, S. 80.
5 Ebenda, S. 487.
6 Weber, Weltgeschichte IV, S. 111.
7 Engels, Umwälzung, S. 123.

Es besteht hier überall dieselbe Auffassung, daß die wirtschaftlichen Verschiebungen die Ursache sind und die Klassenunterschiede die Folge. Überall liegt, ausgesprochen oder nicht, der Theorie der Gedanke zu Grunde, daß *von einem Zustande wirtschaftlicher Gleichheit aus* die Völker durch *ökonomische Differenzierung* zu tiefgreifenden Verschiedenheiten des Vermögens und dadurch zu Klassenunterschieden gekommen seien.

Daß diese Auffassung geschichtlich unhaltbar ist, werden wir unten beweisen können. Daß sie aber auch als Theorie, namentlich aber als nationalökonomische Theorie unhaltbar ist, soll das Thema probandum unserer jetzt folgenden Auseinandersetzung bilden. Auf der Grundlage einer ursprünglichen Gleichheit konnte die „ökonomische Differenzierung" zu klassenbildenden Verschiedenheiten des Vermögens durchaus nicht Platz greifen. *„Rein ökonomische" Verhältnisse können weder die Entstehung der Vermögens-, noch der Klassenverschiedenheiten erklären.*

Der Volkswirt und der Geschichtsschreiber, welche die Vorgänge bei der ersten Besitzergreifung eines Landes durch einen zum Ackerbau übergehenden Stamm begreifen will, hat sich vor einem Irrtum zu hüten, in welchen bisher fast alle Forscher verfallen sind, den Irrtum, mit unseren modernen Begriffen von Bodenwert und Bodenbegrenztheit an die Dinge der Vorzeit heranzugehen. Er muß sich klar machen, daß damals unmöglich eine Vorstellung davon vorhanden sein konnte, daß der Vorrat an Ackerland erschöpfbar sei, und daß aus diesem Grunde auch von einem *Werte* des Bodens durchaus keine Vorstellung bestehen konnte. So wenig wie die Luft trotz ihres unermeßlichen Gebrauchswertes jemals Privateigentum werden könnte, weil der Begriff des Vermögensstückes sich nur an Dinge knüpft, denen das wertbildende Kennzeichen der Arbeit oder der Seltenheit anhaftet, so wenig konnte damals der Naturboden irgendeinen haben.[1] Der Begriff des Naturbodens schließt einen Arbeitswert aus, und von „Seltenheit" konnte gar keine Rede sein.

Nun freilich gewinnt *geurbartes* Land einen Wert, den *Arbeitswert*, und wird damit Vermögensbestandteil, Privateigentum. Aber kann hier jemals eine bedeutende Verschiedenheit der Vermögensgröße resp. der Besitzgröße aus irgendwelchen *wirtschaftlichen* Motiven und Gesetzen entstehen? Es ist nicht zu erkennen, wie das geschehen sollte.

Versuchen wir, uns den Vorgang in einer ersten Ur-Ansiedelung, welcher Land im Überschuß zur Verfügung steht, vorzustellen. Wir haben beispielsweise nach der gebräuchlichen Vorstellung eine „Hundertschaft" von ca. 100 gleichen freien Bauern mit einem Markgebiet von ca. 4 Quadratmeilen. Wenn wir *heute* 100 Wirten 100.000 Morgen Land zuweisen, so teilen sie: jeder nimmt sich ca. 1.000 Morgen. Wir sind unwillkürlich geneigt, anzunehmen, daß der Verlauf damals ein ähnlicher gewesen ist. Nichts kann verkehrter sein! Heute hat Naturboden das Requisit der Seltenheit, also Wert, und jeder beeilt sich, soviel wie möglich davon für sein Privatvermögen zu sichern; damals hatte Naturboden keinen Wert, und es kam niemandem in den Sinn, sich das Wertlose zu sichern.

Was bestimmte also das Maß des Urbauernbesitzes? Offenbar nur eins: der *Nahrungsbedarf!* Der Bauer urbarte genau soviel Land, wie er brauchte, um bei der bestehenden Technik sein Kornbedürfnis hervorzubringen, eine verhältnismäßig große Fläche, da sie in extensivster Kultur genutzt wurde. Wenn heute eine bäuerliche Familie von drei Morgen mittleren Roggenlandes bei tüchtiger Düngung und sorgfältigem Anbau die 15 Zentner Korn zieht, welche sie jährlich für Brot braucht, so bestellte der altgermanische Hufner ca. 30 Morgen und mehr in wilder Feldgras-

---

[1] Vgl. Gierke, Genossenschaftsrecht, S. 53: „Nomadische Stämme kennen kein wahres Grundeigentum. Die Erde gilt ihnen, wie uns die Luft und (das) Meer, als herrenloses Gut. Ihre Erzeugnisse, ohne menschliche Bemühung in reicher Fülle gespendet, gehören dem, der sie ergreift. Der Boden an sich und sein ungewonnenes Produkt haben keinen Vermögenswert."

oder gar Brandwirtschaft, um denselben Ertrag zu erzielen. Er handelte durchaus ökonomisch, indem er derart extensiv wirtschaftete; denn nach dem Gesetz der sinkenden Erträge erzeugte er gerade auf diese Weise mit der geringsten Arbeitsleistung diejenige Menge Brotstoff, die er brauchte. Wer seinen Thünen kennt, weiß, daß unter den Bedingungen sehr dünner Bevölkerung und reiner Naturalwirtschaft eine intensivere Art der Bodennutzung gar nicht denkbar ist.

Also ca. 30 Morgen Ackerland war das ungefähre Durchschnittsmaß einer bäuerlichen Feldfläche, war die „Hufe", ein Wort, das kennzeichnender Weise mit „Behuf, *Bedarf*" verwandt sein soll. Konnte der Bauer irgendeinen Beweggrund haben, mehr als diese dreißig Morgen für sich mit Beschlag zu belegen? Um sie ungenutzt liegen zu lassen, sozusagen als „Spekulationsobjekt", hätte doch irgendein Seltenheits-Wertbegriff schon existieren müssen. Davon also kann keine Rede sein. Wollte er sie aber *nutzen*, d. h. eine größere Fläche bebauen, so entstehen die Fragen: 1. wie viel hätte er bebauen *können*? und 2. welches wirtschaftliche Motiv konnte ihn dazu führen?

Selbst die ausschweifendste Beantwortung der ersten Frage kann nie zu einer Vorstellung von bedeutenden Besitzverschiedenheiten berechtigen. Auch heutzutage wird höchst selten irgendwo in Deutschland ein Bauer ein Grundstück von mehr als sechzig Morgen nur mit den Kräften seiner eigenen Familie bewirtschaften; ein solcher Betrieb wird stets der Hilfe von Lohngesinde bedürfen. Und dabei ist der Bauer von heute nur Bauer; aber der Urhufner war gleichzeitig Krieger, Richter, Jäger, Hirt, Fischer, Holzfäller und Gesamthandwerker; keine lokale, nationale und internationale Arbeitsteilung verhalf ihm zu Haus, Kleidung, Nahrung und Werkzeugen; seine Zeit war durch unzählige Berufe in Anspruch genommen: und so konnte unmöglich auch eine ans Phantastische grenzende Arbeits-Kraft und -Lust irgendein Mitglied des Urdorfes befähigen, zu einer Art von Großgrundbesitz zu gelangen.

Selbst wenn aber die *physische Möglichkeit* vorgelegen hätte: welches *wirtschaftliche Motiv* konnte den Urhufner dazu treiben, die Möglichkeit zur Wirklichkeit zu machen? Wozu sollte er mehr Korn erzeugen? Man kann Korn nicht schatzbildend anlegen, es verzehrt sich schnell, namentlich unter primitiven Verhältnissen. Und der Urmensch denkt nicht viel an eine ferne Zukunft. *Man konnte Korn damals auch nicht verkaufen.* Es gab noch keinen Markt. Die paar Handelskarawanen, welche vielleicht durchs Land zogen, handelten in jenem Stadium noch kein Korn, sondern Pelze, Hörner, Elfenbein, Goldkörner und derartige Seltenheiten.

Es liegt also einerseits die physische Unmöglichkeit, anderseits die moralische Unmöglichkeit der Entstehung wesentlicher Verschiedenheiten des Bodenbesitzes bei der ersten Ansiedlung klar zu Tage, wenn man nur ökonomische Erwägungen anstellt. Es läßt sich gar nicht daran zweifeln, daß, wenn nur wirtschaftliche Gesetze gewaltet hätten, das Maß des Landbesitzes sämtlicher Eigentümer, die „Hufe", überall ungefähr gleich groß gewesen wäre, weil das Maß des Nahrungsbedarfes, Intensität des Anbaues, Arbeitskraft und Arbeitsantrieb überall gleich groß sein mußten.[1]

Aber vielleicht konnte bei weiterem Fortschreiten der Besiedelung und Volksvermehrung sich diese ursprünglich notwendige Gleichheit der Besitzgröße aus „ökonomischen" Ursachen nach und nach so stark verschieben, daß ein Großgrundbesitz auf der einen Seite zersplittertem Zwergbesitz auf der andern gegenüberstand!?

Auch hier wieder müssen wir uns davor hüten, mit modernen Begriffen an die Dinge heranzugehen. Wenn wir heute ein bestimmtes Gebiet zu gleichen Teilen an eine Bauernschaft verteilen, so werden wir nach drei Generationen gewaltige Verschiedenheiten der Besitzflächen finden. Der eine Hof wird unzersplittert und unverschuldet dem Enkel des ersten Besitzers gehören, der seinem einzigen Sohne mit dem Gute die Weisheit hinterließ, nur einen Erben in die Welt zu setzen; der andere wird in fünfzig, in hundert Parzellen zerfetzt sein, wenn zwei Generationen das Wort der

---

1 Vgl. Gierke, Genossenschaftsrecht, S. 74.

Schrift befolgt haben: Seid fruchtbar und mehret euch. Ein fleißiger, intelligenter Bauer, ein rücksichtsloser Wucherer wird seinen Besitz durch Auskauf und Zwangsversteigerung unglücklicher oder liederlicher Wirte vergrößert haben usw.

Kann von solchen Dingen im Urdorfe die Rede sein? Unter keinen Umständen! Wenn der Hufner zwanzig Söhne hat, so gehen neunzehn in die Gemeine Mark und roden sich neue Hufen; eine Zersplitterung des Stammgutes durch Erbteilung ist undenkbar, solange das Land noch Raum hat; und ebensowenig ist Verschuldung und Verpfändung denkbar. Der Boden hat keinen Wert, ist also kein Pfand- oder Kaufobjekt. Niemand zahlt für etwas, was keinen Wert hat. Man pflegt als Merkmal einer unentwickelten Gesellschaft zu betrachten, daß das älteste fränkische Gesetzbuch nichts von Immobiliarprozeß usw. weiß: wenn man sich klar macht, daß Boden damals keinerlei Wert haben konnte, so wundert man sich nicht darüber.[1] Irgendwelche rechtlichen Bestimmungen über Realverschuldung, Immobiliar-Erbrecht etc. etc. *können* ja erst von dem Augenblick an entstehen, in dem der Boden einen Tauschwert, einen Vermögenswert erhalten hat.

Ich glaube ausführlich genug gewesen zu sein, um jeden Zweifel auszuschließen. Unter der Wirkung rein ökonomischer Gesetze hätten starke Verschiedenheiten der landwirtschaftlichen Nutzflächen, hätte ein Großgrundeigentum nie und nimmer weder bei der ersten Okkupation des Bodens entstehen, noch sich später entwickeln können, solange noch ein Überschuß von Land vorhanden war.

Nun findet sich aber überall, wo ein Nomadenvolk zur Seßhaftigkeit gelangt, ein starker Großgrundbesitz sofort bei der Ansiedelung gegenüber dem mittleren und kleineren Besitz. Beispielsweise schildert uns Caesar noch die Sueven als Dreiviertels-Nomaden; Tacitus kennt die Germanen schon nur als seßhafte Ackerbauern; und er hebt schon ausdrücklich hervor, daß die Häuptlinge größere Güter haben, als die Gemein-Freien. Hier besteht also ein Großeigentum, das sich nach der herrschenden Schulmeinung in drei Generationen „ökonomisch" herausgebildet haben müßte, in einem Lande, dessen Reichtum an ungenutztem Boden noch den Zeitgenossen der *Staufer* als unerschöpflich galt:

„Dem rîchen Walt es lützel schadet,
Wenn sich ein Mann mit Holze ladet,"

sagt Vridancs Bescheidenheit.

Hier besteht also ein unlösbarer Widerspruch. Aus der Gleichheit der Rechte kann sich eine Ungleichheit der Rechte *nicht* entwickeln. Trotzdem ist sie vorhanden. Folglich ist die Voraussetzung falsch: die Entwicklung ist *nicht* von einer Gleichheit der Vermögen und Rechte ausgegangen, sondern von einer Ungleichheit! Die Klassenverschiedenheit ist nicht die Folge, sondern die Ursache, die Vermögensverschiedenheit nicht die Ursache, sondern die Folge! Es muß hier eine jener sozusagen kopernikanischen Umkehrungen des angenommenen Kausalverbandes vorgenommen werden, welche schon mehrfach in der Wissenschaftsgeschichte das Dunkel in plötzliches Licht verwandelt haben. Die Erkenntnis, daß sich die Erde um die Sonne dreht und nicht umgekehrt, daß die Vorstellungen aus dem Willen erwachsen sind und nicht umgekehrt, haben die schwierigsten Probleme spielend gelöst; und so lösen sich auch die schwierigsten Probleme der Geschichte und Nationalökonomie spielend, wenn man erst einmal erkannt hat, daß die Vermögensunterschiede aus den Klassenunterschieden entstanden sind, und nicht umgekehrt! Der Versuch, die wirtschaftliche und soziale Ungleichheit aus der Gleichheit abzuleiten, ist mißlungen; aber es ordnet sich alles glatt und leicht, wenn man sie aus der Ungleichheit ableitet.

---

1 Vgl. Inama-Sternegg, Deutsche Wirtschaftsgeschichte, Bd. I, S. 111.

Wäre diese Erkenntnis nur als reine Theorie aufgetreten, so könnte man sich nicht darüber wundern, daß sie nicht anerkannt ist.

Nach Julius Wolfs treffendem Worte ist die Geschichte der Nationalökonomie die Geschichte des Kampfes mit dem Vorurteil. Wenn also die schon längst z. B. von Eugen Dühring zur Grundlage seines gesamten Systems gemachte Theorie noch nicht Allgemeingeltung errungen hat, so teilt sie nur das Schicksal der anderen menschlichen Errungenschaften, den „Kampf ums Dasein der Idee".

Aber das merkwürdige ist, daß diese Theorie ebenso mit den Tatsachen der Geschichte übereinstimmt, wie die jetzt herrschende sie vernachlässigt. Und zwar handelt es sich nicht etwa um Tatsachen, welche eine noch nicht anerkannte Forschung ans Licht gefördert hat, sondern um Dinge, die jedermann kennt und anerkennt. Jedermann *weiß* mit absoluter Sicherheit, daß die modernen Völker mit *ausgeprägten Klassenunterschieden* in die Geschichte und die Seßhaftigkeit eingetreten sind. In jedem Lehrbuch der Geschichte sind die einschlägigen Tatsachen enthalten! Und dennoch vernachlässigt man diese gesicherte Grundlage ganz allgemein. Daß das wirklich *allgemein* geschieht, beweist die Polemik, die ich hier zu führen gezwungen bin, und beweist die Tatsache, daß die notwendigen und revolutionierenden Folgerungen, die sich daraus ergeben, noch nirgend gezogen sind.

Man stellt sich anstatt dessen auf die nicht tragfähige Grundlage der theoretisch wie historisch gleich unhaltbaren Geschichts-Konstruktion von der ursprünglichen Gleichheit der Klassen- und Vermögenslage, die vielleicht auf Jean-Jacques Rousseau zurückzuführen ist. Eine Erklärung dieser erstaunlichen Tatsache zu geben ist mit unmöglich.

Nehmen wir wieder das Beispiel unseres Volkes! Die ersten Schilderungen, die des Caesar und Tacitus, zeigen es uns bereits in scharfer Klassenteilung in die drei Stände der Edelinge (und der daraus erwachsenen Fürsten), der Freien und der *Sklaven*. Und genau das Gleiche findet sich bei jedem kulturtragenden Volke der Weltgeschichte. Überall treten sie noch als wandernde Nomaden mit scharf geprägter Klassengliederung in das Licht der Weltgeschichte.

Wenn also die Vermögensbildung die Ursache, und die Klassenbildung die Folge sein soll, dann ist es jedenfalls falsch, die Anfänge der Vermögensbildung in der Zeit der Seßhaftigkeit zu suchen. Man muß ihre Wurzeln mindestens in der Nomadenzeit, vielleicht noch weiter rückwärts, aufspüren.

Das aber ist nirgends geschehen, wenigstens nicht in der Weise, daß die gewonnenen Ergebnisse zur Grundlage einer neuen Grundlegung der gesamten Soziologie, d. h. Geschichte und Nationalökonomie gemacht worden wären, außer von Dühring, der es aber unterlassen hat, seine richtige Theorie aus der Geschichte unangreifbar zu beweisen.

Diese Aufgabe bleibt mir also jetzt zu erfüllen. Es handelt sich darum, in der *Vorgeschichte* der Kulturvölker die Anfänge der Klassen- und Vermögensunterschiede aufzusuchen; und festzustellen, was von beiden Ursache und was Folge ist. Das Material dazu wird uns selbstverständlich im wesentlichen die *Kulturgeschichte* und vergleichende Ethnographie liefern müssen; *historische* Quellen fließen uns hier nur spärlich.

Es liegt im Plane dieser Arbeit, die kulturhistorische Entwicklung etwas breiter zu halten, als für die historische und nationalökonomische Beweisführung unumgänglich erforderlich ist. Ich wünsche nämlich mit diesen Betrachtungen die vorgeschichtliche Grundlage für den Abriß der deutschen Wirtschaftsgeschichte zu geben, welche den zweiten Teil enthält. Dabei folge ich fast ausschließlich *einem* Autor, Julius Lippert, und erspare mir das Eingehen auf die zahlreichen Kontroversen, welche über viele kulturgeschichtliche Fragen, z. B. die Ehe, noch schweben. Ich darf das ohne Bedenken tun, weil diese sämtlichen Kontroversen die *eine* Tatsache nicht berühren, welche meine Beweisführung braucht. So weit ich zu sehen vermag, besteht darüber keine Meinungsverschiedenheit, daß die *Klassenunterschiede auf der Nomadenstufe aus politischen Ursachen entstehen und zur Ungleichheit der Vermögen führen.*

Versuchen wir also, die Entwicklung eines der jetzt kulturtragenden Völker von der ersten Stufe der Organisation bis zur Seßhaftigkeit mit wenigen großen Strichen zu zeichnen. Den Embryo des sozialen Körpers bildet das Stämmchen, das, vereint durch die Bande desselben *Blutes*, d. h. Abstammung von derselben Mutter, als eine etwas vergrößerte Familie durch die Öde schweift. Die Wirtschaft ist rein „okkupatorisch"; wilde Pflanzen werden gesammelt, Muscheln und Fische gefangen, Tiere erlegt. Alle Angehörigen des Stämmchens fühlen sich, je nach dem Alter der einzelnen, als Väter und Mütter, Brüder und Schwestern, Söhne und Töchter aller anderen. Die Fortpflanzung geschieht auf der niedersten Stufe vielleicht durch „Sumpfzeugung", d. h. wahllose Begattung beliebiger weiblicher durch beliebige männliche Individuen; später werden die Kinder *eines* Blutes, d. h. der gleichen *mütterlichen* Abstammung mehr und mehr von der Vermischung ausgeschlossen, bis die Organisation der „Punalua-Ehe" ausgebildet ist, wie sie uns die höchst entwickelten Jägervölker, die Nordindianer, zeigen. Hier besteht noch kein Sondervermögen außer Leibwaffe und Leibschmuck; selbst das Haus gehört vielfach dem „Blute", d. h. dem Geschlecht; dem fremden Schwiegersohn, der hineingeheiratet hat, kann die Schwiegermutter ausstoßen. *Von Klassenverschiedenheiten ist keine Rede*; der kriegsgefangene Feind wird entweder zu Tode gemartert oder mit allen Rechten in den Stamm als Blutsbruder adoptiert, selbst der Weiße.[1] „Dem Mutterrechte ist die Scheidung von Freien und Knechten unbekannt."[2]

Die Sitte der Nordindianer, ihre Gefangenen zu martern, ist anerkanntermaßen so gut ein Rest der Menschenfresserei, wie die mexikanischen und germanischen Menschenopfer und ihr hebräischer Kultrest, die Beschneidung. In der Tat ist auf der niedersten Stufe der Feind gleichzeitig Jagdwild. Noch heute sind die „Kriegszüge" zentralafrikanischer Negerstämme vielfach nichts als Treibjagden auf menschliches Wild. Die ungeschminkte „Konsumtion" war in dem ersten Stadium die einzige Form, in welcher der Mensch den unterworfenen Menschen nutzbar zu machen verstand: es ist der „Kampf ums Dasein", wie ihn das Tier führt.

Diese Epoche währt so lange, bis mit der Zähmung des Haustieres der Jägerstamm zum *Nomadenstamm* wird. Das ändert alle Verhältnisse: auf der einen Seite kann das Bedürfnis nach frischem Fleische aus den immer stärker anwachsenden Herden befriedigt werden; auf der anderen Seite erfordern diese Herden mit ihrem Wachstum immer vermehrte Arbeitskräfte. Damit ist die Anthropophagie wirtschaftlich überwunden; der Feind verliert seinen Wert als Wild und erhält einen neuen Wert als Arbeitskraft; er wird also nicht mehr ohne weiteres konsumiert, sondern lebend erhalten und zinstragend angelegt: er wird *Sklave*; die Bewirtschaftung des Menschen durch den Menschen hat ihren Anfang genommen.

Ein Umschwung von ungeheurer Tragweite! Wir halten es für richtig, die treffenden Worte hierherzusetzen, mit welchen Julius Lippert den Gegensatz gekennzeichnet hat:

„Der Indianer kannte wohl ein Anrecht der Gesamtheit auf die Nutzung bestimmter Jagdgründe; aber darüber hinaus gelangte auf diesem Gebiete sein Eigentumsbegriff nicht. Er schlummerte noch eingeschlossen in dem des Besitzes, und besitzen konnte er – mit wenigen Ausnahmen – nur das *erlegte* Tier. Der Nomade aber schuf sich ein Eigentum am *lebenden* Tiere, und dieses Tier ist ihm ein lebender Motor seiner Arbeit. Fortan *geht jedes mit Arbeitsverpflichtung verbundene Verhältnis in diesen* E i g e n t u m s b e g r i f f e n *auf. Indem der Stammfremde so wenig wie das Tier in irgendeinem Rechtsverhältnisse steht, greift der Nomade bei seinem Broterwerb auch nach diesem und bringt ihn, so oft es gelingt, als Arbeitsmotor in seinen Besitz.*

---

1 Vgl. Engels, Ursprung, S. 29.
2 Lippert, Kulturgeschichte, Bd. II, S. 84.

„Viele Beobachter haben den Kontrast in der Kriegführung dies- und jenseits des Ozeans hervorgehoben; hierin hat er seinen Grund. Dem Indianer ist der Feind nichts als vernichtenswert; *dem Nomaden wird er, in seinen Besitz gebracht, ein Arbeitsmotor.*"[1]

Erst mit dem Nomadentum entstand „das System der Beherrschung eines Volkes durch das andere"[2]; als die Irokesen 1651 die Eries und die neutrale Nation besiegt hatten, boten sie ihnen an, als Gleichberechtigte in ihren Bund zu treten; erst, als sie sich weigerten, wurden sie vertrieben.[3] Aber niemand dachte daran, noch konnte daran denken, sie zu unterjochen und wirtschaftlich auszubeuten. *Erst mit dem Nomadentum erstand das Institut, das Rechtsinstitut der Sklaverei.*[4]

Die politische Seite dieser radikalen Umgestaltung der Gesellschaftsordnung besteht also darin, daß innerhalb der bisher einheitlichen Demokratie des Jägerstammes zunächst eine Zweiteilung in Klassen auftritt: die Vollgenossen, der Waffenadel oben als herrschende, die Schutzgenossen, Sklaven unten als beherrschte Schicht. Aber das ist nur der Anfang einer viel einschneidenderen Gliederung, welche von jetzt an auch die herrschende Klasse zu teilen beginnt. Dieser Prozeß ist von einer so fundamentalen Wichtigkeit, daß wir ihn etwas näher betrachten müssen.

So lange die rohe Appropriation der wildwüchsigen Natur die Bedürfnisse decken mußte, konnten sich keine dauernden wirtschaftlichen Verschiedenheiten entwickeln. Gewiß hatte der stärkere und geschicktere Jäger und Krieger reichere Jagdbeute an Wild und menschlichen Gefangenen und darum mehr Aussicht, durch Auslese des Passendsten im Kampfe ums Dasein zu überdauern. Gewiß mochte sich auch hier und da schon eine gewisse Vererblichkeit des Führeramtes herausgebildet haben; jedoch diese beruhte stets noch auf der Voraussetzung größerer Tüchtigkeit resp. Amtserfahrung der Erben und war durchaus nicht dynastisch gefestigt. Aber Jagdbeute kann man nicht *kapitalisieren*, sondern muß sie so schnell als möglich *konsumieren*; und da Land noch keinen Wert hat, so besteht auch für den Tüchtigsten keine Möglichkeit, ein *Vermögen* zu erwerben, also auch keine Möglichkeit der Vermögens*verschiedenheit*.

All das ändert sich, wenn die Herdenhaltung, das Nomadentum fortschreitet. Hier besteht ein *Vermögen*, ein echtes *Kapitalvermögen*,[5] das dem Eigentümer durch seinen natürlichen Zuwachs Zinsen liefert, und das er mit unterworfener Arbeit ausnützt. Und darum *kann* sich nicht nur, sondern *muß* sich sogar eine Verschiedenheit der Vermögen ausbilden.

Den ersten Anfang macht der größere Beuteanteil der Kriegshäuptlinge. Fast überall erhalten sie – eine einfache Konsequenz ihrer hervorragenden „Leistungen" – eine größere Quote an erbeutetem Vieh und gefangenen Sklaven. Jetzt ist damit die Bahn zu dauernder ökonomischer Übermacht eröffnet. Neben ihnen schwingen sich friedlichere Naturen durch größeres Glück – der Anfang der Konjunkturen – und größere Geschicklichkeit und Sorgfalt der Aufzucht – der Anfang der ökonomischen Leistungsfähigkeit – zu Reichtum auf. Und jetzt entfaltet sich zum ersten Male das Gesetz des Reichtums, das bis auf unsere Zeit hinauf die Wirtschaft beherrscht: *die Aufhäufung der Vermögen um vorhandene Kristallisationskerne*. Wie im Urnebel des Weltenraumes die erste nähere Anlagerung zweier Molekeln den Kern ergab, um den sich allmählich der Zentralsonnenkörper häufte; wie in einer gesättigten Mutterlösung ein hineingeworfener Fremdkörper genügt, um als seine Schale den wachsenden und wachsenden Kristall aufschießen zu lassen: so sammelte sich der zuwachsende Teil des werdenden Volksreichtums zum größten Teile um die vorhandenen Vermögen der Herdenbesitzer.

---

1 Ebenda, S. 82ff.
2 Ebenda, S. 102.
3 Engels, Ursprung, S. 29.
4 Lippert, Kulturgeschichte, Bd. II, S. 182.
5 Kapital stammt charakterischerweise ab von Caput, Viehhaupt.

Während die Häuptlinge zu Fürsten gehoben wurden, sank mindestens relativ, häufig auch absolut Ansehen und Stellung der einfachen Freien. Waren sie doch äußeren und inneren Gefahren ungleich mehr ausgesetzt, als die Reichen. Ihre kleinen Herden wurden durch die häufigen Viehseuchen viel leichter gänzlich vernichtet, als die großen Bestände der Häupter; sie waren bei Fehden mit Nachbarstämmen viel mehr dem Raube unterworfen, als die durch ganze Scharen wohlbewaffneter und wohlgedrillter Sklaven gehüteten fürstlichen Herden; und schließlich war es nicht zu vermeiden, daß sich αἰχία und μοιχεία, die nach Aristoteles ewige Begleiter des Reichtums sind, auch gegen die kleinen Freien selbst wandten. Wir kennen aus den ältesten Gesetzbüchern Irlands einiges aus dem Zustande einer so gegliederten Gesellschaft.[1] Wir erkennen die Urform des Feudalsystems, das *beneficium*, das Lehen, welches den Beliehenen zu Diensten gegen den Lehnsgeber verpflichtet und seine Vollfreiheit mindert, hier schon in einer Gesellschaft, welche noch keinen Ackerbau treibt und keinen Sonderbesitz an Land kennt. Der an Vieh, dem einzigen Besitz jener Zeit, überreiche Häuptling belehnt verarmte Freie mit Herden und drängt sie dadurch in ein Abhängigkeitsverhältnis, in eine Art Schuldknechtschaft.[2] Bezeichnenderweise ist die etymologische Wurzel des Wortes feudum aus Vieh-eigen (fee-od) entstanden. So nehmen die Worte für die *beiden* Herrschaftsformen der Weltgeschichte, Feudalsystem und Kapitalismus, beide ihren Ursprung von dem Urvermögen der Menschheit, dem Viehbesitz.

Die Verfügung über einen Stamm überschüssiger Nahrungsmittel führte dem Häuptling noch aus anderen Quellen abhängige Elemente zu. Wer sollte friedlos gewordene Verbrecher anderer Stämme (die „Fuidhirs" der leges Brehon Irlands) aufnehmen und ernähren als er? Wem sollten sich die Reste vernichteter, benachbarter Clans „anempfehlen" (kommendieren) als ihm, dem einzigen, welcher sie erhalten konnte?

So kommt es schließlich zu tiefgreifenden Klassenverschiedenheiten innerhalb der vollentwickelten Nomadenvölker, zu einer Dreiteilung in ein durch Vermögen und bewaffnete Hausmacht übermächtiges Fürstentum bzw. Adeltum, eine breite Schicht rechtloser Sklaven.

Die geschilderte Art der Standesentwicklung aus der wirtschaftlichen Ausbeutung unterworfener Kriegsgefangener heraus ist für die Germanen typisch. Es darf aber nicht verkannt werden, daß vereinzelt auch bei den Germanen, namentlich aber bei Kelten und Slawen eine andere Art der Entwicklung einen breiten Raum eingenommen hat.

Es ist dies eng verknüpft mit dem Übergang vom Mutterrecht zum Vaterrecht, welcher seinerseits wieder mit dem Übergang vom Jägerleben zum Hirtenleben entwicklungsgeschichtlich zusammenhängt.

Das Jägerleben führt den Mann auf lange Zeit aus der Ansiedlung hinaus. So blieb den Frauen die Erhaltung des Hauses, die gewerbliche Beschäftigung: Flechten, Weben, Spinnen, der Landbau und die Küche. Als Frucht der weiblichen Arbeit war Haus und Gerät, Garten und Feld das Eigentum der weiblichen Linie. Der Jäger und Krieger ist nur geduldeter oder willkommener Gast in der Zeit seiner Ruhe, das Weib ist Herrin. Diese ihre Herrschaftsstellung wird gestützt durch die physiologische Urmenschenvorstellung, daß das Weib allein dem Kinde das Leben gebe, daß „das Blut" der Mutter das Prinzip der Zeugung sei.

Diese beherrschende Stellung der Frau wird in dem Augenblick erschüttert, in welchem der Hauptteil der Ernährung des Haushaltes nicht mehr von ihr, sondern von dem Manne geliefert wird, d. h. mit der Herdenhaltung. Denn die Herde ist Mannes Eigentum. Er hat sie mit der Waffe erworben, samt ihrer Hirten, er muß sie mit der Waffe schützen. Auf der anderen Seite wird

---

1 Laveleye, Ureigentum, S. 432; vgl. auch Meitzen, Agrarwesen, Bd. I, S. 188, 190, 228. – Charakteristisch ist, daß sich dieselbe Gesellschaftsordnung noch heute bei den Kafirn findet.
2 Vgl. Meitzen, Agrarwesen, Bd. I, S. 138, Bd. II, S. 228.

der geringe Grad von Seßhaftigkeit, welchen der Jäger besaß, zur Unmöglichkeit, sobald der nomadische Weidebetrieb sich ausbildet; Feld und Garten werden verlassen; und nun ist die Ernährung der Familie fast ausschließlich auf den Erwerb des Mannes angewiesen.

Diese gänzlich veränderte Art und Richtung der Produktion mußte, wenn auch langsam, schon an sich eine Umwälzung der sozusagen politischen Ordnung des Stammes herbeiführen. Aber es kamen noch manche andere Momente hinzu, um die alteingewurzelte Frauenherrschaft, das Mutterrecht, gänzlich zu entthronen und die Männerherrschaft, das *Patriarchat* an ihre Stelle zu setzen.

Zunächst war für den kriegsgefangenen Sklaven in der Blutsverwandtschaftsfamilie kein Platz. Man konnte einen Stammfremden durch die Zeremonie des Blutaustausches zum Blutsbruder machen und adoptierte ihn dadurch in alle Rechte des Stammesgenossen: der als Arbeitswerkzeug am Leben erhaltene Gefangene aber war ein rechtloser Sklave, man weigerte ihm die Blutsfreundschaft, weil man ihm die Bruderrechte weigerte: welche Stellung sollte er einnehmen in einer Herrschaftsorganisation, deren einziger Rechtsgrund die Abstammung vom Blut der einen Herrin – Mutter war? Die Sklaven standen zu ihr in keinerlei Beziehung der Pietät; sie gehörten den Männern zu Eigentum an, wie Leibwaffe und Leibschmuck.

Damit war die alte, uneingeschränkte Demokratie des Jägerstammes durchbrochen, in welcher die Frauen das gleiche Stimmrecht mit den Männern genossen, in welcher Chief und Capitaine („*König*" und „*Herzog*") nur konstitutionelle *Beamte* waren. Und es konnte nicht ausbleiben, daß die Gewohnheit, welche die Männer jetzt zum erstenmale annahmen, zu *herrschen*, sich auch auf das Innere der Familie erstreckte, auf Weiber und Kinder.

Diese Entwicklung wurde ferner dadurch beschleunigt, daß der Hirtenstamm naturgemäß zu einer weit höheren Volkszahl gelangt als die Jägernation, nicht bloß, weil die gesicherte Nahrungsversorgung aus dem Bestande der Herden den Spielraum der Bevölkerung mächtig erweitert hat, sondern namentlich auch aus dem Grunde, weil die Gewinnung tierischer Milch die Säugepflicht der Mutter auf ein Drittel bis ein Viertel der früher notwendigen Zeit verkürzt und darum eine schnellere Geburtenfolge ermöglicht.[1] Nach *Engels*[2] zählt ein Nordindianerstamm durchschnittlich 2.000 Köpfe, während Lamprecht[3] die germanischen Völkerstämme zur Zeit Caesars, also auf der Grenze zwischen Nomadentum und Seßhaftigkeit, auf durchschnittlich 20.000–25.000 Köpfe veranschlagt. Eine so beträchtlich größere Menschenmenge kann unmöglich noch in der Art von familienhaft engem Zusammenhalt bleiben, wie ihn die Mutterrechtsorganisation zeigt; sie bedurfte eines kräftigeren Kittes, um in sich Ordnung und nach außen hin Kraft zu entwickeln.

Zu alledem hatte die physiologische Auffassung des Urmenschen mit dem Übergang zur planmäßigen Herdenhaltung und Tierzucht eine grundstürzende Änderung erfahren. Dem Züchter konnte unmöglich lange verborgen bleiben, daß auch dem Vater eine Mitwirkung bei der Zeugung des Kindes zukommt; damit fiel die religiöse Scheu vor der „Mutter" zum Teil hinweg, und es war auch von dieser Seite her dem neuen Vaterrecht der Weg geebnet.

Es ist hier nicht der Ort, den Kampf der beiden Prinzipien näher zu betrachten, die Mischformen zu untersuchen, welche die Zwischenstufen zu dem allmählichen Siege des neuen Rechtes bildeten, von denen z. B. eine das dem Tacitus so auffällige, besonders enge Verhältnis von Mutterbruder und Neffe ist: genug, das Vaterrecht wird, wie die Sklaverei und der Adel, erst *möglich* mit dem Übergang zum Nomadentum, wird aber auch *nötig* damit.

---

1 Lippert, Kulturgeschichte, Bd. I, S. 74.
2 Engels, Ursprung, S. 52.
3 Lamprecht, Schicksal, S. 20.

Und nun bedingt das Vaterrecht seinerseits eine neuartige Form der *Ehe*. Sobald einerseits die Beteiligung des Vaters an der Zeugung des Kindes feststand, andererseits der Mann in Herden und Sklaven ein Sondervermögen erwerben konnte, mußte es sich für ihn auch darum handeln, sich echte, unzweifelhaft von ihm erzeugte *Erben* zu schaffen; damit war die Wurzel gelegt zur Forderung der Keuschheit des Weibes mindestens *in* der Ehe, bald auch *bis* zur Ehe. Auch das ist also ein unterscheidender Charakterzug des Nomadenrechtes vom Jägerrecht.

Und mit diesem neuentstandenen Eherecht war ein neues Moment der Standesbildung gegeben. „Vaterherrscher", Patriarch, konnte in einem ungetrennt lebenden Hirtenstamme nur *einer* sein – und starke Zersplitterung verbot sich aus Gründen der Selbsterhaltung. Ursprünglich mochte die ganze Gemeinschaft ihr Oberherrschaftsrecht in der *Wahl* des Vaters beweisen; doch wurde dies bald untunlich, weil das Stammeshaupt eine große Menge von Kenntnissen besitzen mußte, die sich mangels schriftlicher Aufzeichnungen nur von Person zu Person fortpflanzen konnten. Es waren dies einesteils diplomatisch-politische Überlieferungen: so verwahrt der Sachem der Nordindianer (entsprechend dem deutschen Kuning, von kuni = γένος, Sippe, der Friedensbewahrer) die sämtlichen „Friedensgürtel" des Stammes, urtümliche Dokumente, die er allein zu deuten weiß.[1] Anderseits aber – und das ist das wichtigere – ist der Patriarch überall der Opferpriester – man denke an Nestor – und, je komplizierter das Zeremoniell des Gottesdienstes wird, je peinlicher das abergläubische Geschlecht die Beobachtung aller Regeln des Kultus fordert, um so weniger werden Personen zur Nachfolge des Patriarchen geeignet, welche nicht seine persönliche Dienstanweisung erhalten haben.

So bildet sich naturgemäß eine *Erbfolge* im Führeramte aus – und damit ist die Grundlage eines neuen Adels gelegt. Ganz selbstverständlich erlischt nach einigen Generationen in den Nachkommen der von der Stammesherrschaft ausgeschlossenen Verwandten das Bewußtsein ihrer Abstammung, „die meisten Menschen verlernen ihr Geschlecht",[2] nur der Patriarchenstamm erhält es sich und bleibt als „Adel" übrig. Namentlich fallen die Nachkommen der „Kebsweiber", d. h. der nachfolgenden Gattinnen, leicht aus der stolzen Oberschicht der „echten" Kinder heraus und bilden einen Stand geminderter Ehre.[3] Da nun der „Vater" im Patriarchalverhältnis eine fast uneingeschränkte, nur durch seine religiösen Verpflichtungen begrenzte Verfügung über die Personen und das Vermögen des Stammes hat, so ist verständlich, namentlich wenn man bedenkt, wie leicht der Priesterherrscher den Aberglauben des Stammes mißbrauchen kann, wie schließlich das Verhältnis zwischen Oberhaupt und Stammgenossen so weit verschoben werden kann, daß jener als *Eigentümer*, absoluter Herrscher seiner „Untertanen" erscheint. Unzweifelhaft ist die Ausbildung der keltischen Clans und der slawischen Verfassung stark durch derartige Entwicklungen beeinflußt worden.

Um es zusammenzufassen: im Jägerstamm, im Mutterrecht sind Klassenverschiedenheiten gänzlich unbekannt. Aber beim Hirtenstamm drängen alle Verhältnisse von den verschiedensten Seiten darauf hin, Klassenverschiedenheiten, und zwar drei Stände zu schaffen, einen „geschlechtigen", an Vieh und Sklaven reichen Adel, eine Schicht nichtadliger, d. h. ohne Geschlechtsüberlieferung dastehender Freier mit geringerem Besitz – und die Sklaven selbst als rechtlose Sachen. „Adel und Sklaverei erheben sich erst auf dem Boden des Patriarchates tierzüchtender Völker."[4]

Wenn also ein Nomadenstamm zur Seßhaftigkeit des Ackerbaues übergeht, dann besteht er *nicht* aus lauter ökonomisch und politisch gleichen Genossen; sondern es ist die Klassengliederung

---

1 Lippert, Kulturgeschichte, Bd. II, S. 524.
2 Ebenda, S. 88.
3 Vgl. ebenda, S. 541.
4 Ebenda, S. 522; vgl. auch Engels, Ursprung, S. 104.

der späteren Zeit bereits voll ausgebildet vorhanden.¹ Darum ist die herrschende Ansicht falsch, welche die Klassenverschiedenheiten der Ackerbauvölker sich durch „ökonomische Differenzierung" aus einer ursprünglichen Gleichheit heraus entwickeln läßt. Die erste Anlage mindestens dieser politischen Unterschiede wächst nicht aus *wirtschaftlicher Überlegenheit*, sondern aus *politischer Vergewaltigung*; nicht aus dem Rechte der voll entwickelten, auf freier Arbeit beruhenden *Tauschwirtschaft*, sondern aus dem älteren Rechte der voll entwickelten, auf unterworfener Arbeit beruhenden *Sklavenwirtschaft*, nicht aus dem „*Menschenrecht*", sondern aus dem *Nomadenrecht*.

Freilich entwickeln sich diese politischen und darum auch wirtschaftlichen Klassenunterschiede erst zu ihrer *vollen Höhe* im Ackerbaustaate. Mit dem Übergang von der Viehzucht zum Ackerbau und Bodenbesitz verschärfen sie sich unermeßlich. Wir wollen auch diesen Übergang in seiner kulturgeschichtlichen Entwicklung verfolgen:

Auch hier hat man sich vor der Gefahr zu hüten, welche in den abstrakten Begriffen liegt. Jeder, dem die übliche Stufenleiter der Kulturgeschichte: „Jäger, Nomaden, Ackerbauer" geläufig ist, ist zunächst geneigt, sich die Dinge in der historischen Wirklichkeit so schroff geschieden vorzustellen, wie in den Begriffen. Das ist natürlich ganz irrig. Natura non facit saltum. So unmerkliche Übergänge führen von einem Zustande der Kultur zum anderen, wie von einer Farbe des Sonnenspektrums zur anderen. Wer die sonderbare Agrarverfassung der Urzeit *verstehen* will, d. h. sie erklären will nicht aus mystischen Spekulationen über den Charakter des Urmenschen, sondern aus dem Zwange der Tatsachen, der muß auch hier entwicklungsgeschichtlich vorgehen, muß mit der Kraft der Logik und so weit wie möglich anhand der Tatsachen zu ergründen wissen, wie sich aus der Nomadenwirtschaft die Ackerwirtschaft, aus dem unsteten Wanderleben die Seßhaftigkeit allmählich herausgebildet hat.

Die Anfänge des Ackerbaues liegen vor der Zähmung des Haustieres. Wir kennen eine ganze Anzahl von Rassen und Völkern, welche zum entwickelten Ackerbau gelangt sind, ohne jemals durch die Züchterstufe gegangen zu sein. Es ist nur nötig, an Japan zu erinnern. Auch hier findet sich die Kultur der korntragenden Gräser bei reinen Jägerstämmen als Frauenwerk, so z. B. bei den Nordindianern. Wir dürfen also annehmen, daß die Indogermanen die ersten rohen Kenntnisse der Feldwirtschaft schon mit auf ihre nomadischen Wanderzüge nahmen.² Wenn auch die stabilere Hütte im Dorfe des Jägerstammes dem Zelte des Wanderers weichen mußte, so war doch das Leben nicht so unstet, daß die Frauen nicht Zeit gehabt hätten, in der Nähe des sommerlichen Hauptquartiers ihre alte Kunst zu üben. Sie ritzten den Boden mit dem Grabstock und streuten die Körner einer schnell reifenden Sommerfrucht in die Furchen; die Ernte wurde abgewartet, und nach ihrer Einheimsung zog die Horde weiter. So rückten die Cimbern und Teutonen nicht mit einem Stoße vorwärts, sondern in Jahresrasten, die nur aus dem Anbau von Getreide erklärbar sind;³ gerade so stiegen die Meernomaden, die Phönizier, zur Sommerzeit an unbekannten Küsten aus ihren Schiffen, pflügten, säten und ernteten, um mit den neugewonnenen Vorräten weiter zu Handel und Seeraub in die Ferne zu dringen;⁴ und so säen und ernten noch heute nomadisierende Tataren den nach ihnen benannten Buchweizen (Polygonum tataricum) während ihrer Sommerrast.

Wenn wir uns nun die Fragen vorlegen, wie groß die mit Getreide bestellte Fläche war, und wer sie bestellte und erntete, so beantwortet sich die erste Frage auf das naturgemäßeste dahin, daß ausschließlich der *Bedarf* des Stammes an Brotkorn die Ausdehnung des Ackerlandes bestimmte.

---

1 Vgl. Meitzen, Agrarwesen, Bd. I, S. 139, 188.
2 Ebenda, S. 11.
3 Ebenda, S. 134f.
4 Lippert, Kulturgeschichte, Bd. I, S. 448.

So kleine Gruppen mit ihrem leicht zu übersehenden Bedarf müssen verhältnismäßig schnell zu ausreichenden Erfahrungen darüber gekommen sein.[1]

Die Art der Bearbeitung konnte unter den gegebenen Verhältnissen kaum eine andere sein, als die gemeinschaftliche. Für individualistische Strömungen war in dem Hirtenstamm so wenig Platz, wie in der Blutsverwandtschaftsfamilie. Gemeinsam war allen Wanderung und Weide, Angriff und Abwehr, Ratsversammlung und Gericht; demgemäß war denn auch der Ackerbetrieb *kommunistisch*, nach dem Satze: „Jedem nach seiner Fähigkeit, jedem nach seinen Bedürfnissen." So erklärt sich ohne weiteres, daß der Stamm den gemeinsamen Betrieb und Genuß des Feldbaues mit in die Seßhaftigkeit hinübernimmt, daß die erste Stufe der Ackerwirtschaft auf kommunistischem Betriebe beruht, wie es z. B. Hanssen für die Germanen[2] annimmt. Dasselbe wissen wir aus der Urzeit Rußlands,[3] der Italiker,[4] verschiedener griechischer[5] und slawischer[6] Völkerschaften, aus Indien[7] und von zahlreichen wilden Stämmen der alten und neuen Welt.[8] Gleiche Ursachen erzeugen gleiche Wirkungen!

Nun erzwingen die Verhältnisse je länger je mehr eine immer stärkere Beschäftigung mit dem Feldbau. Und zwar ist es die Nahrungsmittelversorgung, welche das Nomadenleben allmählich unmöglich macht. Der Stamm wächst aus schon geschilderten Ursachen stark an Menschen. Sehr bald ist die Zeit erreicht, in welcher die verfügbaren Weiden voll besetzt sind; eine weitere Vermehrung der Herden ist nicht mehr möglich, d. h. die weiter wachsende Bevölkerung würde empfindlich gegen ihren Nahrungsspielraum pressen, wenn es nicht gelänge, der Flächeneinheit mehr Nahrungsmittel zu entziehen, als das weidende Vieh in Fett und Muskeln aufzuspeichern vermag.

Diese Erweiterung des Nahrungsspielraumes schafft der Feldbau. Sie muß erkauft werden mit einem Opfer an freier Beweglichkeit. Von zwei Seiten her wird die Wanderbreite des Urnomaden eingeengt. Von außen durch die Nachbarn, seien es blutsverwandte Horden, selbständige Stammesteile, mit denen die Grenzen durch Vertrag festgelegt sind, oder seien es Feinde, welche ihre Weiden mit den Waffen umschanzen. Von innen her ist es der Zwang zu ausgedehnterer und sorgfältigerer Ackerwirtschaft, welcher den freien Hirten immer fester an eine bestimmte Scholle fesselt. So verlegt sich der Schwerpunkt der Wirtschaft und der Volksernährung allmählich immer mehr von der Viehzucht auf den Ackerbau; die Sueven zu Caesars Zeit sind in dem Augenblick auf die historische Platte gebracht, in welchem das eigentliche Hirtenleben noch im letzten Verflackern ist. Damit erlosch in Westeuropa das Nomadenleben; nur in den Almen- und Sjäter-Wirtschaften der Alpenweiden lebt es noch rudimentär fort.

Betrachten wir nun ein einzelnes Dorf agrargeschichtlich zur Zeit der völligen Seßhaftwerdung. Wie wir aus Caesars Schilderungen wissen, ist die „Nation" längst zu zahlreich geworden, um ihre Herden auf *einer* Weide zusammenzuhalten, wenigstens unter den geographischen Verhältnissen Westeuropas, wo die endlosen Steppen des Ostens fehlen. Ihr Gesamtgebiet ist nach außen hin von ebenso starken Nachbarn begrenzt, also nicht erweiterungsfähig. Dieses Gebiet hat die Gesamtnation längst an untergeordnete Organisationen aufteilen müssen, und diese wieder sahen sich im Laufe der Zeit mit dem Wachstum der Bevölkerung genötigt, ihr Teilgebiet an kleinere

---

1 Meitzen, Agrarwesen, Bd. I, S. 154.
2 Hanssen, Agrarpolitische Abhandlung, S. 30; vgl. auch Caesar, de bello gall. IV. S. 1.
3 Laveleye, Ureigentum, S. 11.
4 Ebenda, S. 317.
5 Ebenda, S. 325.
6 Ebenda, S. 289.
7 Ebenda, S. 61.
8 Ebenda, S. 273, 289, 294, 298, 299, 303.

Gruppen aufzulassen. So kommt es schließlich zur Ausscheidung der den einzelnen Sippen oder militärischen Unterabteilungen, in Altgermanien Hundertschaften, zugewiesenen „Marken".

In dem ihr zugewiesenen engen Gebiete, wenigen Quadratmeilen, treibt die Weidegenossenschaft ihre Herden. An solchen Stellen, wo der Boden leicht und möglichst baumfrei ist,[1] hat sie Stücke Feldland ausgesondert, groß genug, um den Kornbedarf der Dorfschaft zu befriedigen, „Kampe", „Gewannen"; das Land wird kommunistisch bestellt und genutzt.

Aber die Bevölkerung wächst weiter. Die Viehhaltung hat ihr Maximum erreicht, da die Weiden nicht vermehrt werden können. Der gesamte Bevölkerungszuwachs ist also auf Feldfrüchte angewiesen. Die Gemeinde sendet Tochteransiedlungen in die „Mark" oder sie legt neue „Kampe" aus.

So erklärt sich genetisch ohne weiteres die ursprüngliche Anlage der Ackerstücke, wie sie sich auf der ersten Stufe der Feldwirtschaft Germaniens ausgebildet hat, weil sie sich so ausbilden *mußte*. Die einzelnen „Gewannen" sind nicht gleichzeitig ausgelegt worden, sondern nach und nach, in dem Maße wie mit der Bevölkerung das Kornbedürfnis wuchs; und zwar finden sich die ältesten Felder auf dem leichtesten Boden, während die jüngeren Urbarungen sich, entsprechend dem Bedürfnis, der größeren Leistungsfähigkeit einer dichteren Bevölkerung und der durch Arbeitsteilung verbesserten Technik, auf schwereren Böden finden, bis schließlich Kraft und Geschicklichkeit ausreichte, die fruchtbaren Niederungen der Urwälder zu entstocken und zu entwässern.

Aber noch ehe diese höchste Leistungsfähigkeit erreicht war, mußte sich die Organisation des Betriebes ändern. Die kommunistische Produktion war die rechte Wirtschaftsform für den Nomadenbetrieb; für den Feldbau führte sie zu Unzuträglichkeiten. Dem lebhaften Gerechtigkeitsgefühl der Kinderseelen dieser Barbarenstämme mußte bald die Ungerechtigkeit einer Verteilung der gewonnenen Feldfrüchte auffallen, welche den fleißigen und starken Pflüger nicht besser lohnte, als den Tagedieb und Schwächling. Vielleicht war es auch das egoistische Sonderinteresse der sklavenhaltenden Adeligen, welches sich gegen die kommunistische Verteilung auflehnte; ist doch anzunehmen, daß ihre Sklaven einen Hauptteil der Arbeit für die durch Jagd, Krieg und Gericht behinderten und zur Feldarbeit zu stolzen kleinen Gemeinfreien mitleisten mußten. Es ist menschlich begreiflich, daß sie einer derartigen Ausnützung ihres Eigentums für die Privatzwecke der Genossen ein Ende machten.

Kurz und gut, gleichgültig aus welchen Gründen: überall sehen wir, daß in einem gewissen Stadium der Entwicklung der kommunistische Betrieb dem individualistischen Platz macht. Das Ackerland wird aufgeteilt, nicht zu Sonder*eigentum*, sondern zur Sonder*nutzung*; natürlich erhält jede Haushaltung in jedem Kamp einen gleich großen Anteil. Jetzt erst ist die Urform der Dörfer ausgebildet, welche im alten Germanien die „Hufenverfassung" kennzeichnet: Sonder*eigentum* im Dorf an Haus und Kohlgarten, die „terra salica", die „bina jugera" der Quiriten; Sonder*nutzung* am Feldland; *Gemein*nutzung in der „Mark" an Weide, Wald, Wasser, Wild und Wegen.

Nun stellt man sich die Teilung allgemein so vor, daß jeder Genosse der Dorfansiedlung ein gleiches Maß Landes erhielt. Das wird auch richtig sein für die kleinen Gemeinfreien, welche keine oder sehr wenige Sklaven besaßen. *Aber der „Adel", der große Sklavenbesitzer, mußte bei der Teilung genug Acker erhalten, um seine Sklaven ernähren zu können.* Nicht für sein Vieh wurde ihm aus dem Gemeineigentum eine größere Nutzfläche ausgesondert; das weidete noch Jahrhunderte lang mit den Herden der einfache Hufner in Wald und Ödung: *aber seine Hirten und Wächter brauchten Korn*; und da sie als rechtlose Sklaven nicht eigentumsfähig waren, so fiel ihrem Besitzer, dem „Herrn", das für ihren Unterhalt erforderliche Ackerland zu.[2]

---

[1] Careys Gesetz. Vgl. Inama-Sternegg, Deutsche Wirtschaftsgeschichte, Bd. I, S. 48, 218.
[2] Vgl. Meitzen, Agrarwesen, Bd. I, S. 156, 183; Bd. II, S. 535.

Auf diese Weise also entstand der erste Großgrundbesitz. Er hat sich nicht aus einer ursprünglichen Gleichheit der Besitzflächen durch die größere ökonomische Tüchtigkeit einzelner Bauern heraus entwickelt; er beruht auch nicht auf einem Verständnis für den ökonomischen Wert wilden Landes, ist nicht aus einer glücklichen Spekulation heraus entstanden: *sondern er bildet sich einzig und allein aus der im Nomadenrechte entstandenen, ihm eigentümlichen Klassenverschiedenheit der Angehörigen eines Stammes, aus dem Rechtsinstitut der Sklaverei.*

Ich fasse zusammen:

Erstens: Von der üblichen Voraussetzung aus, wonach die zur Seßhaftigkeit übergehenden Nomadenvölker eine Demokratie gleicher, gleichberechtigter Genossen dargestellt haben, ist die Entstehung einer irgendwie belangreichen Bodenbesitzverschiedenheit weder psychologisch noch wirtschaftlich zu verstehen.

Zweitens: Wenn man aber die Nomadenvölker in ihrer ethnologisch und geschichtlich verbürgten Klassengliederung begreift, dann erklärt sich die überall vorhandene Tatsache des primitiven Großgrundbesitzes ohne weiteres aus dem Nahrungsbedürfnis der Sklaven und der Notwendigkeit, ihrem Herrn, dem Edeling, eine genügende Bodenfläche für ihre Ernährung auszuwerfen.

Ich glaube damit meine Behauptung, daß der ursprüngliche Großgrundbesitz ein direkter Abkömmling der *Sklaverei*, also in letzter Linie der *Gewalt*, sei, sowohl direkt wie indirekt über jeden Zweifel hinaus bewiesen zu haben.

Der primitive Großgrundbesitz wurde nun seinerseits die Wurzel einer noch viel tiefer greifenden Verschiedenheit der Vermögen und damit der Klassen. Mit ihm nämlich entstand naturgemäß der Begriff vom *Werte* des rohen Naturbodens. Je mehr die Herdenhaltung gegen den Ackerbau zurücktrat, um so gewichtiger fielen die Zinse der jetzt als „mancipia casata" angesetzten Knechte in das Budget ihrer Herren; es zeigte sich, daß die Verfügung über viel Land die Möglichkeit gewähre, viel zinsende Unfreie anzusetzen: und damit war der wirtschaftlichen Ausbeutung des Menschen durch den Menschen eine neue, viel breitere Bahn eröffnet, als je im Nomadenzustande. Denn die Größe der Herden war immerhin, wenigstens unter den topographischen Bedingungen Westeuropas, durch Umfang und Nährkraft der Weiden auf ein vergleichsweise bescheidenes Maß beschränkt geblieben; und so war auch die Zahl von Knechten, welche ein Besitzer mit Vorteil halten konnte, beschränkt. Aber die Herrschaft über den Naturboden gab die Möglichkeit, fast unbegrenzte Mengen von Knechten wirtschaftlich auszunützen.

War auf diese Weise mit dem neugeschaffenen Rechte der Verfügung über große Landstrecken die Möglichkeit gegeben, die schon im Nomadenzustande vorhandene Verschiedenheit der Vermögen und damit der Klassenrechte auf ein bisher unerhörtes Maß zu steigern, so diente dieselbe Veränderung auch besonders dazu, diese Verschiedenheiten zu *festigen* und zu *verewigen*. Der größte Herdenbesitzer kann völlig verarmen – wir haben das jetzt erst bei dem reichsten Manne der schwedischen Lappen, dem „Renntierkönig" Grahus, erlebt,[1] der seinen ganzen Reichtum durch Mißwachs und Seuchen verlor und heute von der Armenunterstützung der Regierung leben muß. Derartige Unglücksfälle können den Grundbesitzer nicht treffen, dessen Vermögen unvernichtbar ist. Im Gegenteil, die Geschichte beweist, daß jedes große nationale Unglück, wie der „schwarze Tod", die Cholera-Epidemien, der dreißigjährige Krieg, während sie den Bauernstand dezimierten, den Grundbesitz des Adels nur vermehrt haben; denn *einer* wird von dem verzweigten Geschlechtsverband fast immer übrig bleiben, welcher nicht nur die Erbgüter der Familie, sondern auch noch so und soviele der erledigten Bauernhöfe an sich zu bringen vermag.

So erhielt der nomadische Herdenadel die eigentlich gefährliche Größe seines Reichtums und vor allem die Gewähr der *Dauer* erst durch das Großgrundeigentum, und wurde damit erst zum Adel im eigentlichen Sinne.

---

1 Deutsche Tageszeitung, Nr. 426, 1897.

Und nun zeigte sich zum zweitenmale das *Gesetz der Reichtumshäufung um vorhandene Kerne*. Der primitive Großgrundbesitz bescheidenen Umfangs, entstanden aus dem Bedürfnis der Ernährung der Sklaven, ward der Kern eines ungeheuren Großgrundeigentums, entstanden aus dem neu entstandenen Bewußtsein des *Bodenwertes*.

Wieder gingen, wie auf der Stufe des Jäger- und Nomadenlebens, Kriegszüge hinaus auf die Menschenjagd, aber nicht mehr, um Wild, nicht mehr, um Hirten, sondern um hörige Bauern zu erbeuten. *Aber es zog nicht mehr der ganze Stamm aus*; der kleine Gemeinfreie hatte keine Zeit mehr zu Raubzügen; er focht vorerst nur noch im Verteidigungskriege. Sondern der *Adel*, dessen wirtschaftliche Existenz durch die Arbeit seiner Knechte sicher gestellt war, zog hinaus zum „Beduinenerwerb". Junge, nachgeborene Söhne der Geschlechtshäupter namentlich waren es, gehärtet in der Jagd und der Fehde, welche auf eigene Faust mit geworbenem „Gefolge", teils bewaffneten Knechten, teils abenteuerlustigen Kameraden, in den Beutekrieg zogen. Sie kehrten zurück mit neuen kriegsgefangenen Knechten, und bei der Verteilung ging der daheim gebliebene gemeinfreie Bauer natürlich leer aus, während sich der glückliche Krieger einen neuen Großgrundbesitz aus dem Vorrat an Land nahm. So wuchs der Reichtum des Adels, bis schließlich der *eine Mann, gestützt auf seine bewaffnete Hausmacht* und seine erprobte Kriegstüchtigkeit, stärker wurde, als die geschlossene Masse der kampfentwöhnten Dorfgenossenschaft. Und von diesem Moment an wandte sich der Landhunger des Adels, der sich bis jetzt jenseits der Grenzen befriedigt hatte, angreifend nach innen. Nach altem Nomadenrecht hat der „Patriarch", der Edeling, der „Kuni" (vom Stamme dschanas, γένος, genus, cunnus, gan), das *Geschlechtsoberhaupt*, in Vertretung des Stammes das *Verfügungsrecht* über den Stammesbesitz an Grund und Boden. Der zum Fürsten gewordene Edeling macht daraus ein persönliches *Eigentumsrecht*. Er erwirbt Land zu Spekulationszwecken, „legt Terrains hin", d. h. er sperrt alles noch ungenutzte Land für die Gemeinfreien und gestattet die Bebauung nur gegen Abgaben. Damit erhält einerseits auch Bauernland das Requisit der Seltenheit und damit *Wert*; der Nachwuchs der Dorfschaften kann sich nicht mehr ohne weiteres neue Hufen schaffen, und so kommt es durch Zersplitterung und Rechtsgeschäfte auch innerhalb der Dorfschaften zu Vermögensverschiedenheiten; andererseits wird nach uralter Rechtsanschauung der Freie, der vom Fürsten gegen Abgabe Land empfängt, in seiner Freiheit gemindert. Indem so der Fürst immer mächtiger, die Dorfgenossenschaft immer schwächer und in sich gespaltener wird, dehnen sich die politischen Befugnisse des Herrn immer weiter. Er gewinnt bald das Recht, seine „Untertanen" auch zu *Angriffskriegen* aufzubieten, welche er im Interesse seiner persönlichen Machterweiterung führt. Dadurch wird der gemeinfreie Bauer wirtschaftlich zu Grunde gerichtet; er gerät in Schulden, in Knechtschaft, der germanische Bauer gerade so wie der römische Plebejer. Amtsmißbrauch, Rechtsbruch und brutale Gewalt vollenden den Sturz der Wankenden: und das Schlußergebnis ist überall eine Ordnung der Gesellschaft, in welcher eine kleine Zahl von Eigentümern ungeheurer Landstrecken über ein zur Hörigkeit herabgedrücktes Volk herrscht.

Es waren also auch auf späteren Stadien der Entwicklung nicht *ökonomische* Ursachen (verschiedenes Glück und verschiedene Leistungsfähigkeit), welche das Großgrundeigentum dieser Stufen erzeugten, erhielten und vergrößerten, sondern ausschließlich *politische* Ursachen: das Großgrundeigentum auch dieser Stufen ist nicht aus Tauschrecht, sondern aus Nomadenrecht gewachsen.

Wir werden in einem späteren Abschnitt verfolgen, wie sich speziell das moderne deutsche Großgrundeigentum aus diesem eben geschilderten Stadium der „Großgrundherrschaft" entwickelt hat. Es wird aber im übrigen nirgends bestritten, daß das moderne Großgrundeigentum, als aus der Lehnsverfassung entstanden, ein direkter Abkömmling der mittelalterlichen Großgrundherrschaft ist. Daß freilich seine heutige *Verteilung* und *Rechtsordnung* durch ökonomische Ursachen ganz wesentlich bedingt ist, kann nicht bestritten werden. Aber *entstanden* und *vorhanden* ist auch das moderne Großgrundeigentum nicht aus Tauschrecht, sondern aus *Nomadenrecht*.

Das Tauschrecht allein hätte es nie schaffen können, solange noch Naturboden ungenutzt war: und das ist noch jetzt der Fall.

Und ebenso konnte der Begriff des *Wertes* von Naturboden nie aus reinem Tauschrecht entstehen, so wenig wie die an diesen Wertbegriff geknüpfte Rechtsordnung des Bodeneigentums. Die einzige Rechtsform, welche in bezug auf den Boden das reine Tauschrecht entwickeln kann, ist das *Nutzungsrecht*: volles, vererbliches und veräußerliches Nießbrauchrecht an dem Boden, den der Besitzer nutzt, aber Heimfall des ungenutzten Bodens an die Gesamtheit.[1] Das Eigentumsrecht aber, welches, wie bei beweglichen Sachen, so auch beim Grundeigentum das Recht des „Usus et abusus" gewährt, welches das „Weglegen auf Spekulation", das *Sperren* ungenutzten Landes möglich macht, ist nur möglich in einer Gesellschaft, welche auf Nomadenrecht aufgebaut ist. Nur auf dieser Grundlage konnten sich also auch die Rechtsformen des Verkaufs, der Verpfändung, Realbelastung, der Pacht, Emphyteuse, Superfizies, des Métayage und des Großgutsbetriebes entwickeln.

Wir werden im nächsten Abschnitt die Entwicklung des Bodenrechtes nach reinem Tauschrecht zu zeichnen versuchen. Von diesem Untergrund wird sich das geltende Recht schärfer abheben, als es hier erreichbar war. Fürs erste kam es nur darauf an, festzustellen, daß das agrarische Großgrundeigentum tatsächlich als ein Rudiment aus einer in allem übrigen überwundenen Rechtsepoche im Körper der freien Tauschwirtschaft steckt.

II. Kapitel:
Grundlegung der Physiologie des sozialen Körpers der Tauschwirtschaft (Die reine Wirtschaft)

Um einen hochstehenden Organismus von entwickeltem Bau und gesteigerter Leistung zu begreifen, ist das beste – und meist das einzige – Mittel, ihn *entwicklungsgeschichtlich* zu betrachten. Denn die erste Anlage der Lebewesen ist verhältnismäßig einfach organisiert. Sie ist gekennzeichnet durch eine Nebeneinanderordnung einander sehr ähnlicher und in ihrer Funktion von einander sehr unabhängiger Elementarteilchen, die sich verhältnismäßig leicht auffassen lassen. Je höher die Organisation aufsteigt, um so mehr besondern (differenzieren) sich die einzelnen Teilchen zu Organen, die einander immer *unähnlicher* sind, deren Funktion in immer größere *Unter*ordnung, in immer straffere Wechselbeziehungen zu derjenigen aller anderen Organe tritt (Integration). Dadurch entsteht ein Wesen von äußerst schwer übersehbarem Bau und höchst verwickelter Funktion.

Der Organismus der entwickelten Tauschwirtschaft ist ein Wesen auf hoher Stufe der Arbeitsteilung und Arbeitsvereinigung. Der besondere Bau der von ihm entwickelten Organe, die Wechselbeziehungen der einzelnen Organfunktionen zueinander und ihre Unterordnung unter die Gesamtleistung sind von einer verwirrenden Mannigfaltigkeit, welche ein klares Bild seiner physiologischen Tätigkeit schwer gewinnen läßt. Es wird darum von Vorteil sein können, wenn man auch diesen Organismus entwicklungsgeschichtlich studiert, seine einfachen Anfänge zu verstehen sich bemüht und von der so gewonnenen sicheren Basis aus stufenweise sein Werden verfolgt bis zu dem Zustand, in welchem er heute vor uns dasteht.

---

1 Oppenheimer, Siedlungsgenossenschaft, S. 558.

Diese Unternehmung würde sehr leicht sein, wenn es angängig wäre, aus den kultur- und staatengeschichtlichen Überlieferungen von dem historischen Werden der modernen Völker ohne weiteres die Stufen der Entwicklung abzuleiten. Leider ist das aber nicht möglich. Und zwar aus folgendem Grunde: die moderne Tauschwirtschaft beruht auf dem Rechtssatze, daß kein Individuum für Zwecke eines anderen da sei. Ihre staatliche und wirtschaftliche Grundlage ist die *Gleichheit* und *Freiheit* der erwachsenen, männlichen Staatsangehörigen; zwischen ihnen anerkennt sie keine anderen wirtschaftlichen Beziehungen, als den freien Vertrag; sie kennt kein anderes Motiv zur Arbeit, als den eigenen Willen und Nutzen.

Geschichtlich aber hat sich die freie Tauschwirtschaft nicht ungestört entwickeln dürfen. Sie entstand, wuchs und reifte in steter Berührung und in stetem Kampfe mit einer auf ganz entgegengesetzten Rechtsgrundsätzen gegründeten älteren Ordnung des staatlichen und wirtschaftlichen Lebens, mit der auf *Nomadenrecht* gegründeten Patriarchal- und Feudalordnung. Diese beruhte gerade im Gegenteil auf der *Ungleichheit* und *Unfreiheit* der Staatsangehörigen; sie kannte kaum andere wirtschaftliche Beziehungen als die zwischen dem berechtigten Herrn und dem verpflichteten Knechte, kaum ein anderes Motiv zur Arbeit als den Zwang.

Von dem Augenblick an, wo die freie Tauschwirtschaft als schwacher Keim im „Frieden" der alten Märkte entstand, hat sie mit der Zwangswirtschaft gerungen. Dieser Kampf ist, wie sich herausstellen wird, noch heute nicht beendet. Und aus diesem Grunde lassen sich die *geschichtlich überlieferten* Stufen der Volksentwicklung nicht für eine Untersuchung der Entwicklung der *reinen* Tauschwirtschaft verwerten. Was in der Geschichte sich ausbildete, war die Diagonale aus dem Parallelogramm der beiden widerstreitenden Kräfte, waren *Mischformen*. Die Entwicklungsstufen der *reinen*, freien Tauschwirtschaft überliefert uns keine Geschichte; und darum sind alle Versuche, solche in ihr aufzufinden, so oft sie auch gemacht sind, als grundsätzlich verfehlt, gescheitert.

Wenn man also die Entwicklungsgeschichte des Organismus der freien Tauschwirtschaft schaffen will, kann man nicht auf umittelbarer Beobachtung fußen. Man kann sich nur der Methode der übrigen, rein deduktiven Wissenschaften bedienen, welche darin besteht, daß man mittels eines willkürlichen, logischen Aktes, indem man „störende" Nebeneinflüsse in Gedanken auszuschalten sich bemüht, nur aus dem allgemeinsten Gesetz der betreffenden Wissenschaft seine Schlüsse ableitet.

Solche Gesetze sind für die Mechanik die Gravitation, für die Chemie die Affinität. Es sind Abstraktionen, welche durch das Experiment an unzähligen Tatsachen sichergestellt sind und unbestrittene Geltung haben.

Anders in der Nationalökonomie! Das einzige umfassende „Gesetz" dieser Wissenschaft, das „Gesetz des wirtschaftlichen Selbstinteresses" der „Naturlehre" der Physiokraten und Liberalen, ist durch die angestellten Experimente eher erschüttert als bestätigt worden. Darum leugnen die heute maßgebenden Schulen überhaupt, daß es ein umfassendes Gesetz von allgemeiner Gültigkeit, ein *Grundgesetz* sei. Von diesem Standpunkte aus ist natürlich jede Deduktion unmöglich.

Wenn ich trotzdem, faute de mieux, aus den Gesetzen der „Naturlehre" rein logisch zu deduzieren unternehme, so bin ich mir der Gefährlichkeit dieses Weges wohl bewußt. Ich verkenne die Gefahr nicht, welche die von der Wirklichkeit absehende Spekulation in der Tat läuft, sich im Wesenlosen zu verlieren; und ich verkenne die weitere Gefahr nicht, daß meine Leser, in dem leider berechtigten Mißtrauen gegen die Methode, die folgenden Ausführungen überschlagen. Da ich aber die Aufmerksamkeit meiner Leser nicht entbehren kann, so sehe ich mich genötigt, hier vorgreifend zu bemerken, daß ich hoffe, im dritten Kapitel die Voraussetzung der Naturlehre dadurch wieder in ihre einstige Geltung als beherrschendes Gesetz der Volkswirtschaft einzusetzen, daß ich die Irrtümer aufweise, welche sie diskreditiert haben; und daß ich ferner im zweiten Buch die Sätze, welche ich jetzt *deduktiv* gewinnen werde, *historisch* belegen zu können hoffe.

Im übrigen ist ja die Methode an sich durchaus einwandfrei. Wenn uns die Deduktion aus einer gewählten Voraussetzung zu Schlußfolgerungen führt, welche augenscheinlich der Wirklichkeit widersprechen, so ist damit wissenschaftlich immerhin etwas gewonnen, nämlich die Gewißheit, daß die gewählte Voraussetzung *falsch* war. Ich werde also im folgenden ganz unbekümmert um die Tatsachen der wirklichen Welt meine Schlüsse ziehen dürfen. Mein Leser wird auch bei den krausesten Ergebnissen nur fragen dürfen, ob die Schlüsse logisch gewonnen sind. So lange ich nicht behaupte, daß sie auch *wahr* sind, kommt gar nichts anderes in Frage, als die formalen Gesetze des reinen Denkens. Und ich behaupte vorläufig nicht, daß meine Ergebnisse wahr, sondern nur, daß sie logisch sind.

Die Grundvoraussetzung der „Naturlehre", die ich also für jetzt akzeptiere, ist folgende: *Die Menschen sind vor dem Grundgesetz der Wirtschaft gleich.* Alle „individuellen Unterschiede" der Begabung und Leistungsfähigkeit, des Temperaments und der Moral verschwinden *vor* dem Gesetz, haben nur untergeordnete Bedeutung *innerhalb* des Gesetzes. Um ein Beispiel zu wählen: wie *alle* Gase, Elemente und Verbindungen, reine und gemischte, leichte und schwere, giftige und harmlose, den Gasgesetzen Avogadros und Gay-Lussacs unterliegen; wie ihre Elementarteilchen vor diesen Gesetzen trotz aller Verschiedenheit ihrer chemischen Natur als *gleich* betrachtet werden dürfen: so unterliegt nach der hier gewählten Voraussetzung *jede* menschliche Wirtschaft der Vergangenheit, Gegenwart und Zukunft, in jeder Rasse und jeder Verfassung dem Gesetz der Wirtschaft; – und so dürfen ihre Elementarteilchen, die wirtschaftenden Subjekte, vor diesem Gesetze trotz aller Verschiedenheit ihrer individuellen Natur als *gleich* betrachtet werden. Ich gehe also von dem aus, was *Schmoller* die „abstrakte Menschennatur" genannt hat.

Jenes Grundgesetz der Naturlehre, von dem ich ausgehe, formuliere ich folgendermaßen:
Die Menschen strömen vom Orte höheren wirtschaftlichen Druckes zum Orte geringeren wirtschaftlichen Druckes auf der Linie des geringsten Widerstandes.

Es ist leicht ersichtlich, daß in dieser Fassung das Gesetz des „Selbstinteresses" sich nur als eine besondere Ansicht des universalen Weltgesetzes der Bewegung darstellt, welches alles Bewegliche, lebloses, wie lebendes, Gase und Flüssigkeiten ebenso wie die Tier- und Pflanzenwelt beherrscht.

Ich sehe ferner, wie gesagt, für die Deduktion der Entwicklungsgeschichte des Tauschwirtschaftskörpers von jeder Einwirkung des „Nomadenrechtes" ab. Das heißt: ich stelle mir eine Gesellschaft vor, welche niemals die Sklaverei und darum auch nicht den Adel gekannt hat und welche trotzdem durch das Stadium der Viehzucht zur Seßhaftigkeit und zum Ackerbau gelangt ist.

Ich nehme also als Ausgangspunkt meiner logischen Ableitung dieselbe Konstruktion eines aus lauter gleichberechtigten und freien Genossen bestehenden Nomadenvolkes, welche sonderbarer Weise in der Mehrzahl der bisherigen Darstellungen zum Ausgangspunkt der *realen, geschichtlichen* Darstellung gemacht worden ist. Nur mit dem Unterschiede, daß ich mir bewußt bin, mich hier einer *Konstruktion* zu bedienen, welcher niemals ein geschichtliches Wesen entsprochen hat.

1. Die „ideale" Naturalwirtschaft

Dieser „ideale Nomadenstamm", der, um politische Einflüsse auszuschalten, keine feindlichen Nachbarn haben soll, kommt zur Seßhaftigkeit mit einer ziemlich weitgehenden Gleichheit des Viehbesitzes. Zwar verursachen Glück (Konjunktur) und Geschick (ökonomische Leistungsfähigkeit) Vermögensverschiedenheiten; jedoch können sie keine großen Differenzen bedingen, da die Kräfte einer Familie nur für Hütung und Schutz eines gewissen Maximalbestandes ausreichen, und da andererseits die freie Verfügung über die Weidegebiete es jedem Genossen gewährleistet, seine Herden nach Unglücksfällen allmählich wieder auf einen gewissen Minimalbestand zu bringen. Im

Wechsel der Generationen wird die verschiedene Fruchtbarkeit der Ehen auch diese kleinen Verschiedenheiten ausgleichen.

In ihrer sozusagen *politischen* Gliederung wird dieser ideale Nomadenstamm das Mutterrecht zwar überwunden haben, weil die Versorgungslast auf die Schulter des *Mannes* gewälzt ist, und die Erfahrungen des Züchters ihn gelehrt haben, daß auch der Vater an der Zeugung beteiligt ist. Jedoch wird sich das eigentliche *Patriarchat*, d. h. die uneingeschränkte Herrschaft des Vaters über die Gesamtfamilie, nicht entwickelt haben, weil der Begriff des *Eigentums* an Menschen und mit ihm der *Herrschaft* gar nicht aufkommen konnte. Der Bestand eines väterlichen *Vermögens* wird mit der Sorge um echte Erben eine Form der *Ehe* erzwungen haben, welche schon darum unserer Monogamie ähnlich sehen muß, weil die Zahl der geschlechtsreifen Männer, hier durch keine Fehdezüge vermindert, derjenigen der geschlechtsreifen Weiber überall gleich ist; und weil kein „Herr" seine aristokratische Begierde auf Kosten rechtloser Knechte an seinen Sklavinnen befriedigen kann. Die politische Organisation des Stammes kann nur ungefähr dieselbe sein, wie die des Jägerstammes: eine uneingeschränkte Demokratie mit Beamten zur Vertretung und Exekutive. Da kein Reichtum und keine Verfügung über Klienten und Knechte diesen Beamten eine Hausmacht verleiht, welche gegen die Majorität der Volksgenossen in Betracht kommt, so kann sich auch ein etwa *erblich* gewordenes Beamtentum unter keinen Umständen zum Adel oder zum Fürstentume auswachsen.

An dieser demokratischen Gleichheit der Rechte und des Vermögens – besser wohl: des Vermögens und darum der Rechte – ändert sich nichts in dem Stadium des Übergangs von der Weidewirtschaft zum Ackerbau. Auch unser Stamm legt Kamp nach Kamp aus, verlegt das Schwergewicht seiner Nahrungsversorgung allmählich von der Viehzucht auf den Körnerbau, den er zuerst kommunistisch betreibt, und kommt, so wollen wir annehmen, ebenfalls auf einer gewissen Höhe der Entwicklung zur Individual-Wirtschaft, zur Aufteilung des Feldlandes.

Da rohes Land keinen Wert hat, da das Maß der von jeder Familie beanspruchten Sondernutzung lediglich durch ihren Getreidebedarf bestimmt wird, da ein Kornverkauf nicht möglich, also kein Antrieb zur Mehrproduktion vorhanden ist, so wird die Hufe überall ungefähr gleiche Größe oder vielmehr gleiche Ertragsfähigkeit haben müssen; die Vermögensgleichheit bleibt erhalten und mit ihr notwendig die politische Ordnung der freien Demokratie.

In der Gleichmäßigkeit der Vermögen kann das Wachstum der Bevölkerung keine Änderung hervorbringen, *solange noch urbares Land vorhanden ist*. Es ist oben gezeigt worden, daß keine Erbteilung, kein „ökonomischer Vorgang" (Verkauf, Verpfändung) die anfängliche Hufenverfassung durchbrechen kann, solange die nachgeborenen Söhne Platz haben, sich eigene Hufen aus dem unverteilten Lande herauszuschneiden, und solange unbebauter Boden mangels des Requisites der „Seltenheit" keinen Vermögenswert erhalten hat.

Wäre das Land, wie in der Konstruktion des Thünenschen „isolierten Staates" durchweg von gleicher Beschaffenheit und Verkehrslage, so müßte sich die Bevölkerung in völlig gleichmäßiger Schichtung über das gesamte Gebiet verteilen. Da aber überall die geographische Lage Verschiedenheiten bedingt, so entsteht die Frage, nach welchen Gesetzen die Verteilung erfolgt?

Es sei hier gestattet, zum erleichterten Verständnis das Gesetz der Strömung zum Gleichgewicht an einem der Physik entnommenen Beispiel zu erläutern:

Eine Flüssigkeit strömt vom Orte des höchsten Druckes zum Orte des niedrigsten Druckes dadurch, daß jeder einzelne Tropfen so lange fällt, bis er im stabilen Gleichgewicht angelangt ist. Ist die neue Grundfläche eine mathematische, genau horizontal gestellte Ebene, so steht die Flüssigkeit überall gleich hoch; ist die Grundlage unregelmäßig, so steht die Flüssigkeit über den Vertiefungen am höchsten, über den Erhöhungen am niedrigsten: *aber unter allen Umständen stellt sich die Oberfläche in eine Ebene ein*: erst damit haben sämtliche Tropfen ihre Gleichgewichtslage erreicht.

Gerade so soll nach der von uns einmal als Voraussetzung gewählten Naturlehre die Menschenflut zum Orte des mindesten wirtschaftlichen Druckes strömen.

Wären also hier keine Druckunterschiede der geographischen Beschaffenheit vorhanden, eben im „isolierten Staate", so würde sich die Besiedelung in ganz gleichmäßiger Schichtung über das gesamte Gebiet verbreiten, wie Flüssigkeit auf einer horizontalen Ebene; da aber in der Wirklichkeit naturgegebene Druckunterschiede vorhanden sind, zunächst in der verschiedenen Fruchtbarkeit der verschiedenen Bezirke, so füllt der Menschenstrom sein Gebiet, wie die Flüssigkeit eine unregelmäßige Mulde: es häuft sich in den Orten des wirtschaftlichen Minderdrucks eine dichtere, in den Orten des Mehrdrucks eine spärlichere Bevölkerung an, als dem Durchschnitt entspricht. Aber nichtsdestoweniger kommt das Streben zum Gleichgewicht der einzelnen Tropfen auch hier erst zur Ruhe, wenn sich das Niveau in die Waage gestellt, d. h. wenn das Einkommen aller wirtschaftenden Subjekte gleich groß geworden ist.

Diese Nivellierung der Einkommen,[1] diese Einstellung zum stabilen Gleichgewicht der Volkswirtschaft ist, wie ohne weiteres ersichtlich, identisch mit der ebenso berühmten wie übel berufenen „Harmonie der Interessen" der Freihandelsschule, jener kühnen Prophezeiung, deren Nichteintreffen sie um ihren wissenschaftlichen Kredit gebracht hat. Wir haben hier nicht zu untersuchen, wie weit diese Hoffnung Wirklichkeitswert hat: uns muß genügen, daß sie tatsächlich aus der Voraussetzung der „Naturlehre" folgt, deren wir uns hier als Denkmittel bedienen.

Kommen wir also jetzt auf unsere Entwicklung zurück! Unsere Frage: nach welchen Gesetzen erfolgt die Verteilung der Bevölkerung? lautet in der schärferen Fassung: wo befinden sich die Maxima und Minima des wirtschaftlichen Druckes?

Da nach unserer Voraussetzung friedlicher Entwicklung keine militärisch-politischen Gründe die Wahl der Niederlassung beeinflussen, kommt für die Ansiedelung unseres Stammes nur die naturgegebene Bodenbeschaffenheit als Ursache von wirtschaftlichen Druckdifferenzen in Betracht. Und auch hier müssen wir uns vor trügerischen Analogieschlüssen aus modernen Erfahrungen hüten. In jenem Stadium ist nicht der fruchtbarste Boden der „beste".

Für eine dünne Bevölkerung im neuen, weitgedehnten Gebiet, namentlich aber für ein Barbarenvolk, das in seine neue Heimat keine entwickelten Geräte mitbringt, wie etwa der Squatter der nordamerikanischen Wälder, ist nach Careys unwiderleglicher Feststellung nicht der schwerste Boden der beste, sondern der leichteste. Nicht in dem fetten Marschboden der Flußtäler, nicht auf den unerschöpflichen Humuslagern des Waldbodens erheben sich in *allen* Kolonisationsgebieten der Welt die ersten festen Ansiedlungen, sondern im leichten Sandboden der Berghänge, wo der Pflug mühelos seine Furchen zieht, die Erdfeuchte ihrem natürlichen Eigengefälle folgt, und schlimmstenfalls ein lichter Waldbestand mit lockerem Wurzelwerk den Bauern hemmt. Hier wird das schon lang gezähmte Feuer des Menschen Arbeitsgehilfe, indem es den Wald rodet; und hier wachsen dem Menschen die ersten Ernten. Nicht vom besseren Boden zum schlechteren drängt der Gang der Wirtschaft den Menschen, wie Ricardo meinte, sondern umgekehrt vom weniger ertragreichen zum reicheren.

Je mehr die Bevölkerung wächst, je wirksamer die technische Ausrüstung und Erfahrung wird, je mehr genossenschaftliches Zusammenwirken möglich und erlernt wird, um so kräftiger wird die Herrschaft des Menschen über die wilde Natur. Der Urwald fällt unter den Hieben der Axt, Gräben entwässern die Sümpfe, reicher tragen die neuen Felder, dichter sammeln sich die Menschen an; um in unserem Bilde zu bleiben: der dünne Wasserfaden, welcher niedersickerte, hat zuerst eine flache Mulde gefüllt, die noch am Abhang liegt; erst als diese bis zu ihrem unteren Rande gefüllt war, gewann der neue Zufluß das weitere Gefälle in das tiefere Gebiet.

---

1 Vgl. Adam Smith, Volkswohlstand, S. 106.

Verfolgen wir diesen Vorgang bis zu seinem letzten, möglichen Ende, so finden wir das ganze Land bis an seine Grenzen erfüllt von Bauerngütern, und die Bevölkerung so verteilt, daß an den Orten des geringsten wirtschaftlichen Druckes, d. h. an den fruchtbarsten Orten, mehr Menschen sitzen, als an den Orten höheren wirtschaftlichen Druckes. Vielleicht sind die ersten Ansiedlungen jetzt ganz verlassen; aber wo die Menschen auch sitzen: ihr durchschnittliches Einkommen, d. h. *das gesamte Maß wirtschaftlicher und sozialer Annehmlichkeiten, dessen sie genießen*, muß überall gleich sein: im fruchtbaren Gebiet ist ja die Bevölkerung dichter, d. h. die Hufe kleiner; und ist auch der Körnerertrag der kleinen Hufe auf schwerem Boden vielleicht noch immer größer als derjenige der großen auf schlechterem Boden, so ersetzt doch hier Viehweide, Jagd und Holzschlag den Ausfall. Niemand wird bestreiten wollen, daß bis zu dem Augenblicke, in dem das ganze Land voll besiedelt ist, unter der Wirkung der Freizügigkeit und des unbeschränkten Okkupationsrechtes eine Verteilung der Bevölkerung erfolgen *muß*, welche ein durchschnittlich gleiches „Einkommen" bei gleicher Arbeitsleistung gewährleistet.

Sehen wir uns in diesem Augenblick die Wirtschaft dieser Bauern an. Sie steht noch sehr nahe jenem ersten Zustande völlig fehlender Differenzierung und Integrierung, die wir als Kennzeichen der Anfänge des organischen Lebens kennenlernten; die einzelnen „Zellen" des Wirtschaftskörpers sind noch fast unabhängig voneinander. Urproduktion und Stoffveredelung sind noch kaum irgendwie gesondert. Jede Familie genügt noch fast allen ihren Bedürfnissen selbsttätig, ohne Tausch. Bauer, Fischer, Jäger, Holzfäller, Züchter; Spinner, Weber, Schneider; Gerber, Kürschner und Schuster; Zimmermann, Maurer, Wagner; Metzger, Selcher, Müller, Bäcker; Töpfer und Büttner, Brauer, Brenner und Koch; Pfeilschnitzer und Schmied ist noch in einer Person, resp. einer Familie vereinigt.

Aber doch sind schon einige Züge der Arbeitsteilung und -Vereinigung angelegt, abgesehen von der Familie selbst, in welcher schon die Urarbeitsteilung zwischen Mann und Weib, Schutz und Fortpflanzung, einige Teilung der Lasten herbeiführen mußte. Darüber hinaus zeigen sich die ersten Spuren der *lokalen und nationalen Arbeitsteilung und -Vereinigung*.

2. Entwicklungsgeschichte des sozialen Körpers

Es haben sich in den Dorfschaften, deren Ausbildung der soziale Trieb und das Bedürfnis gegenseitigen Schutzes vor den natürlichen Feinden herbeiführen mußte, die ersten Spuren *lokaler Arbeitsteilung* natürlich herausgebildet. Der geschickte Schütze und Fischer tauscht gern einen Teil seines Fanges gegen Körner, welche der phlegmatischere Nachbar dem Acker entlockte. Beide finden ihren Vorteil dabei: der Jäger erhält mehr Korn, der Bauer mehr Wildbret, als er in der Nebenbeschäftigung erzielt hätte. Ebenso hat ein technisch begabter Bauernsohn das Zimmern der Blockhäuser, das Schnitzen von Pfeilen, das Weben von Garn zu einer Meisterschaft gebracht, welche ihn befähigt, für einen Tag Weberarbeit mehr Korn zu erhalten, als er in zwei Tagen dem Acker entrissen hätte; und seine Nachbarn, für einen Tag Ackerarbeit mehr Gewebe, als sie in zwei Tagen am Webstuhl hätten fertigen können.

Gleichzeitig hat sich die erste Anlage einer *nationalen Arbeitsteilung* angelegt, vergleichbar der ersten Spur eines gemeinsamen Zirkulationsapparates für die sonst selbständigen, aber seßhaften Elemente eines Korallenstocks. Es ist der erste Tausch zwischen den verschiedenen Zweigen der Urproduktion.

Wo die Metalle wachsen und die unentbehrliche Würze, das Salz, in Quellen zu Tage tritt, ist das Land meist rauh und steinig; wo am Meeresstrande der Fischer seine Beute macht, gibt meist der leichte Sand nur spärlichen Kornwuchs. So wird, sobald erst eine genügende Dichte der landbauenden Bevölkerung verfügbare Überschüsse und somit einen *Markt* geschaffen hat, in

Bergproduktion und Fischerei sich auch eine Produktion für den Markt ausbilden. Vielleicht hat der erste Handel mit Obsidianknollen zur Bereitung von Pfeil- und Lanzenspitzen und mit Salz stattgefunden; Korn und Gewebe brachten die Händler zurück in ihre Heimat.

Insofern ist der alte Satz richtig, daß der Handel älter ist als das Gewerbe, wenn man unter „Gewerbe" den zur Spezialität gewordenen Sonderberuf versteht.

Selten nur, auf rauhen, unwirtlichen Wegen, die noch kaum den Namen einer Straße verdienten, durchzogen diese Tauschhandelskarawanen das Land. Je dichter die Bevölkerung wurde, um so häufiger kamen sie, und um so dichter wurde auch die Bevölkerung der Produktionsstellen im Gebirge und an der See. Auch jetzt wieder verteilt das Gesetz der Freizügigkeit die Bevölkerung hier und dort so, daß gleiche Arbeitsleistung ungefähr gleiches Einkommen gewährt; auch hier wieder hebt die fortschreitende Arbeitsteilung die Bevölkerung auf ein höheres Niveau der Produktivität und des Einkommens jeder einzelnen Arbeitskraft. Schon hier legt sich die erste Scheidung getreideimportierender und -exportierender Bezirke an, schon hier beginnt die Absonderung der Thünenschen „Zonen".

Unmöglich kann es bei dem Handel mit dem rohen Naturprodukt bleiben. Die Sonderbeschäftigung mit einem Zweige der Urproduktion muß notwendig die technische Vertrautheit mit dem gewonnenen Material hoch steigern; andererseits braucht es keine Bekanntschaft mit den Gesetzen der theoretischen Nationalökonomie, um den Kaufmann zu belehren, daß verarbeitete Waren transportfähiger sind als Rohstoffe. Am Orte der Urproduktion entstehen Zentren spezialisierter Gewerbetätigkeit: statt roher Obsidianknollen führt der hausierende Händler von jetzt an zurechtgeschlagene, später polierte Pfeilspitzen durch das Kornland, führt er später Bronze-, noch später Eisenwaffen; er tauscht mehr Korn dafür ein oder bringt es in der transportfähigeren Gestalt von Herden oder Geweben in die Heimat zurück. Wieder haben beide Teile in ihrer Lebenshaltung gewonnen, wieder hat sich die Gleichheit des Niveaus in leichten Schwingungen um einen Gleichgewichtszustand erhalten, hat sich der Import von Korn und Vieh oder Viehprodukten in bestimmte Distrikte verstärkt.

Sehen wir uns in diesem Zustande der Gesellschaft wieder die Verteilung der Bevölkerung an:

Wir hatten im ersten Stadium eine Verteilung, welche ausschließlich von den *naturgegebenen* Druckverhältnissen bedingt war: dichtere Bevölkerung in fruchtbarer, weniger dichte in unergiebigerer Lage. Jetzt sehen wir die Bevölkerung in neu entstandenen Minimis stärker angehäuft, welche zwar auch naturgegebenen Bedingungen ihre Entstehung verdanken, aber doch erst unter Mitwirkung eines rein *gesellschaftlichen* Faktors. Zwei Zweige der Urproduktion konnten zum Sonderberufe ganzer Bevölkerungsteile werden auf einem Boden, der sie nach seinen natürlichen Bedingungen nicht ernähren könnte; Handel und eigentliches Gewerbe (Stoffveredelung) konnten anderen Teilen der Bevölkerung Aufnahme gewähren nur unter der einzigen Bedingung, daß die Nahrungsüberschüsse der Nahrungsproduzenten groß genug wurden, um sie mit zu ernähren.

So entstanden neue *Minima sekundärer Art*, wie man sie nennen kann, aus dem Zusammenwirken zweier Faktoren: ihr *Standort* ist durch die Bodenverhältnisse bedingt; ihre *Entstehung* wird erst möglich, wenn die bäuerliche Bevölkerung Nahrungsüberschüsse erzielt; ihr *Wachstum* geht genau parallel dem Wachstum dieser Überschüsse an Nahrung. D i e s e Ü b e r s c h ü s s e s i n d g e n a u d a s , w a s m a n h e u t e i n d e r W i s s e n s c h a f t d i e K a u f k r a f t d e s M a r k t e s n e n n t .

Betrachten wir zunächst den *Standort* dieser neuen sekundären Minima, der zukünftigen Städte und Industriebezirke.

Es sind, entstanden aus der Urproduktion, Bergorte mit Minenbetrieb und Salinen, ferner die Punkte der Seeküste, an welchen ein schiffbarer Strom ins Meer fällt. Hier wirkt der Handel bereits mit. Er *allein* bewirkt eine dichtere Ansiedelung da, wo zwei (naturgegebene) Karawanenwege sich kreuzen; die Entwicklung derartiger Knotenpunkte z. B. Biarma-Perm[1] reicht bis in die graueste Sagenzeit zurück; ferner an „Umschlagstellen" wo Wasser- und Landtransport sich ablösen, an Furten, die nicht bei jedem Wasserstande passierbar sind, an Gebirgspässen usw.; und schließlich, wenn ein Seehandel technisch möglich geworden ist, an natürlichen Häfen.

Andere „Städte" entwickeln sich aus der lokalen Arbeitsteilung. Wenn sich die oben geschilderte Aussonderung beruflicher Spezialitäten aus der gleichartigen Masse einer Bauernschaft einmal dauernd fixiert hat, so kann auch hier das „Gewerbe" in genau dem Maße wachsen, als die landbauende Bevölkerung Überschüsse erzielt, d. h. Kaufkraft hat, nur noch stärker, als bei der nationalen Arbeitsteilung, weil hier der Tauschverkehr ohne wesentliche Kosten für den Vermittler, d. h. Händler vonstatten geht.

Es sei gestattet, hier einzuflechten, daß unter den Verhältnissen einer nicht wirtschaftlich „reinen" Gesellschaft noch andere Minima, solche rein *politischer* Art vorhanden sein werden. Es sind das erstens *natürliche*, nämlich in Ländern mit beträchtlicher öffentlicher Unsicherheit verteidigungsfähige, von Natur feste Plätze, und zweitens *künstliche*, welche sich um den Wohnort eines politischen *Herrn* ausbilden, sei der Ort durch natürliche Vorzüge, sei er durch den Zufall des Sieges eines dort ansässigen Geschlechtes, sei er durch Laune oder politische Berechnung bestimmt. Sehr viele der europäischen Städte verdanken solchen politischen Bedingungen ihre Entstehung, von Nürnberg mit seiner starken Feste und fast allen Städten im Kolonisationsgebiet östlich der Elbe bis auf Karlsruhe und Karlshafen. Noch stärker vielleicht haben Einflüsse des Kultus mitgewirkt. Nach Lippert[2] haben sich bei allen überhaupt zur Seßhaftigkeit gelangten Völkern um die Stätten der Opfer und des Gerichtes, die *Malstätten*, Städte gebildet. Und Below schreibt von den deutschen Städten: „Die Kirchspielkirchen haben unendlich mehr gethan für das Aufkommen der Städte, als die Fronhöfe."[3]

Für die Naturlehre enthält das nichts Auffallendes: Wasser fließt gerade so in einen *Graben*, wie in eine *natürliche* Mulde.

Wir haben also in einem etwas vorgerückteren dritten Stadium der Entwicklung eine Verteilung der Bevölkerung über das gesamte Gebiet, welche, teils durch primäre, teils durch sekundäre Druckverschiedenheiten bedingt, eine nicht unbedeutende Ungleichartigkeit der Dichte aufweist. Aber die Menschenflut steht überall unter gleichem Druck, d. h. die Freizügigkeit hat sie so verteilt, daß das Einkommen gleicher Leistung überall, in Handel, Gewerbe und Urproduktion ungefähr und durchschnittlich das gleiche ist. Dieses Einkommen jedes einzelnen ist mit der lokalen und nationalen Arbeitsteilung ständig gewachsen; je mehr sich jeder seinem Sonderberufe allein zuwenden konnte, um so größere technische Erfahrung und Gewandtheit errang er sich, um so vollkommener wurden seine Werkzeuge, um so weniger wurde seine Zeit durch den Wechsel der Beschäftigung, durch Wege und Transportleistungen vergeudet, und darum wuchs seine Produktivität; da die Produktionskraft *jedes einzelnen* Mitgliedes der Gesamtheit aus demselben Grunde ebenso stark steigen mußte, so hat jetzt jeder mehr und bessere Bekleidung, Ernährung, Behausung, Waffen und Schmuck, als er sich jemals in isolierter Tätigkeit hätte schaffen können.

Hier ist also die Volkswirtschaft in ihrer Hauptorganisation fertig gebildet: Urproduktion, Stoffveredelung und Handel haben sich differenziert und integriert, Land und Städte, Nahrung exportierende und importierende Bezirke haben sich gesondert. Alle Organe sind vorhanden und untereinander verbunden; was jetzt noch folgen kann, ist lediglich sekundäre Differenzierung innerhalb

---

1 Lippert, Kulturgeschichte, Bd. I, S. 459.
2 Derselbe, Bd. II, S. 565.
3 Below, Zur Entstehung der deutschen Stadtverfassung, S. 224.

der Organe, Wachstum der Organe, straffere Integration aller Haupt- und Nebenfunktionen. All das enthält der Begriff des *Wachstums*. Betrachteten wir in der *Entwicklungsgeschichte* des Wirtschaftskörpers bis zu diesem Augenblick die Stadien des sich organisierenden Embryos, so haben wir jetzt den voll entwickelten Körper vor uns und haben nur noch sein ferneres Wachstum zu verfolgen.

3. Physiologie des sozialen Körpers

Ein organischer Körper wächst nicht durch einfache Multiplikation seiner Maße und Masse, wie ein lebloses Konglomerat. Ihm stellen sich in dem Grade, wie er wächst, neue Aufgaben der Anpassung an die umgebende Welt, denen er nur durch neue innere Regulierungen gerecht werden kann. Darum kann das Zahlenverhältnis, nach welchem die Summe seiner Elemente auf seine einzelnen Organe verteilt ist, unmöglich ein starres sein, sondern muß sich fortwährend verändern.

So auch im wachsenden Wirtschaftsorganismus! Seine Hauptorgane sind Urproduktion, Gewerbe und Handel. Wenn in einem bestimmten Stadium der Entwicklung diese drei Organe a, b und c Familien („Zellen") umschließen, so wird diese Proportion a:b:c durchaus nichts Dauerndes sein; wächst das Volk zu der doppelten Menschenzahl, so wird man gewiß nicht 2a, 2b und 2c Familien in denselben Beschäftigungen finden, sondern eine wesentlich veränderte Verhältniszahl.

Da sich die Volkswirtschaft von heute ganz wesentlich mit wachsenden Völkern zu beschäftigen hat, so ist es von der allergrößten Tragweite, sich über die Gesetze klar zu werden, welche die Verteilung der Bevölkerung auf diese drei Hauptgruppen der Berufsteilung regeln. Das fehlt noch zum allergrößten Teile. Eine mit Quantitäten rechnende, d. h. im Sinne der Naturwissenschaft wissenschaftliche Statik und Dynamik der inneren Bevölkerungsverteilung ist noch ein ungestilltes Bedürfnis.

Nur *ein* gewaltiger Baustein für das Fundament dieser Lehre liegt seit langen Jahren im Speicher der nationalökonomischen Schatzverwalter: Johann Heinrich v. Thünens „isolierter Staat". Hat dieses Ewigkeitswerk auch im wesentlichen die Aufgabe gelöst, die es sich gestellt hatte, so hatte es sich doch eben nur eine *Teilaufgabe* gestellt. Es schafft für künftige dynamische Untersuchungen erst die Unterlage, die *Statik*; und es behandelt auch die Statik nur zur einen Hälfte, nur insofern, als es die sekundäre Verteilung der Bevölkerung und die notwendige Art des Betriebes für die verschiedenen Zonen der *landwirtschaftlichen Urproduktion* ermittelt. Die Dynamik bei wachsender Volkszahl wird wesentlich nur in gelegentlichen Ausblicken entworfen.

Aber selbst in dieser Beschränkung ist es der einzige mögliche Ausgangspunkt für die Statik der *Gewerbebevölkerung* und für eine Dynamik des *gesamten wachsenden* Wirtschaftskörpers. Es muß jetzt versucht werden, eine flüchtige Skizze des Gegenstücks zum „isolierten Staate", der „isolierten Stadt" zu entwerfen; und wenigstens die gröbsten Züge der quantitativen Verschiebungen zu ermitteln, welche ein Wachstum der Bevölkerung mit sich bringen muß.

Thünen hat sich bekanntlich die Aufgabe gestellt, zu ermitteln, in welcher Weise die Entfernung vom Markte einerseits und die Kaufkraft des Marktes andererseits auf Standort und Betriebsart der Landwirtschaft einwirkt. Er konnte dabei nicht anders verfahren, als daß er den Markt in Größe und Kaufkraft als gegeben, fest bestimmt annahm. Nachdem er seine berühmten Leitsätze gefunden hatte, durfte er die Kaufkraft des Marktes als sinkend oder steigend annehmen und konnte zeigen, daß die Reihenfolge seiner „Zonen" dieselbe bleibt, nur ihre Radien und Flächengrößen sich verändern.

Daß die Nationalökonomie nicht schon längst den Versuch gemacht hat, das Verfahren einmal umzukehren, die Landbevölkerung und ihre Kaufkraft als den festen Ausgangspunkt zu wählen und nun Standort und Betriebsart der *Gewerbe* daraus zu entwickeln, das ist eins der sonderbarsten

Rätsel in der an Rätseln so reichen Geschichte dieser Wissenschaft. Schon das lebendige Gefühl der Symmetrie hätte es fordern müssen; schon die elementarste Betrachtung mußte den Gemeinplatz ergeben, *daß die Industrie nur ein sekundärer Trieb an dem Stamme der Urproduktion ist, daß ihr Wesen nur aus der Urproduktion zu begreifen ist, daß, wie ihr Wachsen und Werden, so auch ihr Blühen und Vergehen durchaus nur zu verstehen ist, wenn man Wachsen und Werden, Blühen und Vergehen ihres Mutterbodens, der Landwirtschaft, versteht.* Aber das Thünensche Buch blieb isoliert, wie sein Staat. Die großartige organische Auffassung, welche die Gestaltung und Leistung des einen Organs aus der des koordinierten begriff und schilderte, fand keine Nachfolger. Niemand wollte sehen, daß, wenn die Landwirtschaft mit den Gewerben organisch verknüpft ist, es auch die Gewerbe mit der Landwirtschaft sein müssen, da alle organische Verknüpfung Wechselbeziehung ist.

Aus diesem schweren Übersehen stammen alle Irrtümer der Nationalökonomie seit Smith; stammt sein eigener verhängnisvoller Schließfehler, der das agrarische Großeigentum für eine legitime ökonomische Bildung hielt, stammt der großartige Trugschlußbau des Marxschen Kommunismus, stammt der Irrtum der Proudhonschen Zirkulationstheorie, die Ratlosigkeit des modernen Staatssozialismus und die fehlerhafte Geschichtsschreibung, nicht nur der Wirtschafts-, sondern auch der politischen Geschichte. Sie alle gingen oder gehen mit verschlossenem Auge an der Binsenwahrheit vorbei, *daß die gewerbliche Entwicklung nur aus derjenigen der Urproduktion zu begreifen, nur von hier aus zu beeinflussen ist.*

Um die „isolierte Stadt" zu schreiben, müßte man ein zugleich volkswirtschaftliches und mathematisches Genie vom Range Thünens sein. Einem Kommenden sei die gewaltige Aufgabe überlassen. Nur die größten Züge logisch zu entwickeln, sei hier versucht.

Auch das wäre unmöglich, dürfte man sich nicht des Thünenschen Schemas bedienen, welches alle zufälligen Verhältnisse auf gewisse einfache Grundtatsachen „reduziert". Glücklicherweise herrscht ja über den unermeßlichen, auch praktischen Wert *dieser* Abstraktion nur eine Stimme, ist es anerkannt, daß es unschwer möglich ist, den Reibungskoeffizienten des Einzelfalls richtig in die abstrakten Allgemeinformeln einzuführen.[1]

Wir machen also jetzt eine neue Abstraktion. Aus unserer ersten, der Annahme freier gleicher Bevölkerung, konnten wir ein ungefähres Bild davon gewinnen, wie sich in einem Gebiete realer, geographischer Beschaffenheit die Bevölkerung nach dem Gesetze der Strömung verteilt, wie zuerst primäre, rein naturbedingte, dann sekundäre, natur- *und* kulturbedingte Minima einer dichteren Bevölkerung Raum gewähren.

Jetzt entfernen wir uns wieder einen gewaltigen Schritt von der Wirklichkeit. Wir nehmen ein „ideales" Niederlassungsgebiet an, eine endlose Ebene von durchweg gleichem Klima und gleicher Bodengüte. Kein schiffbarer Fluß durchzieht sie, nur Landwege. Alle Gewerbetätigkeit und den Sitz allen Handels denken wir uns zusammengedrängt auf *eine* Stelle, die *Stadt.*

Da die Ebene als endlos gedacht, freier Boden also noch verfügbar ist, so ist nach den obigen Ausführungen die Bevölkerung so verteilt, daß überall für gleiche Arbeitsleistung gleiches Einkommen gewonnen wird.

Wo ist die Stadt entstanden? Nach Thünens fernerer Voraussetzung in einem sekundären (natur- und kulturbedingten) Minimum, dem Orte nämlich, an dem allein im ganzen Gebiete Mineralschätze gewonnen werden. Würde ein solches naturgegebenes Minimum fehlen, so würde ein *primäres* der Standort der Stadt sein, nämlich der zufällige Ort der ersten Ansiedlung. Die lokale Arbeitsteilung hat eingesetzt, hat sich entwickelt in dem Maße, als die Landwirtschaft der Nachbarschaft höhere Überschüsse zeitigte, d. h. Kaufkraft entwickelte, und ist so immer in voller Abhängigkeit von diesem Versorgungsgebiet geblieben. „Stadt" ist das ursprüngliche Dorf von dem

---

[1] Vgl. Conradin, sein Artikel: Getreidepreise, in: Handbuch der Staatswissenschaften, Bd. III, S. 889.

Augenblick an geworden, in welchem der regelmäßige Bedarf seiner Einwohner die Produktionskraft an Nahrungsstoffen seines eigenen landwirtschaftlichen Areales überstieg, in welchem die Ansiedlung also anfing, regelmäßig Nahrung zu importieren, einen *Markt* für Urprodukte darzustellen.

Was zahlt der Städter für die Nahrungsstoffe, als deren Vertreter wir von jetzt an das Getreide wählen wollen? Wie hoch stellt sich der Getreidepreis auf dem Markte?

Offenbar so hoch, daß dem entferntesten Bauern, dessen Zufuhr noch für die Ernährung der Stadt nötig ist, seine Gestehungskosten am Orte der Produktion und die Kosten der Zufuhr und der Rückfuhr der Tauschwaren vergütet werden. Wir bezeichnen diesen Preis in Zukunft als den „*natürlichen Marktpreis*". Die Transportkosten wollen wir zunächst als eine fest bestimmte Summe annehmen, da es sich nur um Landtransport handelt bei durchaus gleicher Beschaffenheit der Straßen. Es fragt sich also, wie hoch ist der Gestehungspreis am Orte?

Dieser Gestehungspreis muß erstens die Selbstkosten – Produktionsauslagen – decken, und zweitens dem Bebauer das, wie wir wissen, für alle Familien des Landes gleiche Einkommen sichern.

Nun erhält jeder den gleichen „natürlichen Marktpreis" für seine Zufuhren. Wer dem Markte näher wohnt, hat also größeren Nutzen an der Einheit, weil er geringere Transportkosten zu tragen hat, als sein entfernterer Nachbar. Wie gleicht sich also das Einkommen aus?

Dadurch, daß die dem Markte näher belegenen Kreisringe dichter besiedelt werden. Wohin die Kaufkraft der Stadt reicht, dort entsteht ein Ort wirtschaftlichen Minderdrucks, den die nachströmende Bevölkerung sofort und stets in dem Maße wieder bis zum Durchschnittsniveau füllt, als er sich vertieft. Mit einem Worte: wo der Bauer A von dem Morgen Acker einen doppelt so hohen Reinertrag hat, als der Bauer B, weil er dem Markte um so viel näher sitzt, da hat er doch nur denselben Gesamtreinertrag, weil sein Besitz nur halb so groß ist, als der des B.

Um diese Entwicklung richtig zu verstehen, muß man sich daran erinnern, daß im Stadium der reinen Naturalwirtschaft die „Gemeinen Marken" der Dorfschaften außerordentlich viel größer sind, als das eigentliche Ackerland. Es haben also überall noch sehr viel Bauernhöfe Platz. Sobald die Nachfrage nach Korn seitens der Stadt wirksam wird, gleichen sich die Druckunterschiede dadurch aus, daß den Dorfschaften um so mehr Neubauern zuwachsen oder zuwandern, je geringer die Entfernung von der Stadt ist. Im Anfang wird hier noch die Hufengröße und Intensität der Feldwirtschaft ungefähr die gewohnte der Naturalwirtschaft sein; so lange wird das noch geringe *Plus* am Preisgewinn der näher sitzenden Bauern durch das *Minus* an Viehweide, Holzschlag und Jagdbeute ausgeglichen. Das heißt: die „Hufe" im weiteren Sinne, als *Gesamtanteil* am Gesamtboden betrachtet, ist schon kleiner geworden, während die *Ackerhufe* noch ihren alten Umfang bewahrt hat.

Wenn dann aber die Gemeine Mark der marktnahen Dorfschaften immer dichter besiedelt wird, dann zeigt sich das von mir formulierte Gesetz der Fassungskraft des Bodens für Menschen auf das klarste:

„Der Satz, daß die Bodenfläche eines Landes eine gegebene Größe ist, ist ein lediglich *geometrischer* Gemeinplatz.

Wirtschaftlich besagt er äußerst wenig. Man kann im Gegenteil sagen, daß innerhalb gewisser, sehr weiter Grenzen *die Bodenfläche eines Landes anwächst proportional seiner Bevölkerung*.

Damit soll gesagt sein: entsprechend dem Wachstum eines Volkes wächst auch die Zahl der selbständigen Landwirte, welche sein Boden ernähren kann.

Je mehr nämlich ein Volk an Zahl zunimmt, um so größer wird die Arbeitsteilung, um so vollkommener die Werkzeuge, mit welchen der Landwirt produziert, um so freier von Nebenberufen seine Zeit für seinen Hauptberuf; und darum wächst der *Rohertrag* seines Ackerstückes.

Und gleichzeitig wird die Nachfrage nach landwirtschaftlichen Produkten und das Angebot von Gewerbeerzeugnissen seitens der industriellen Bevölkerung immer größer: und darum wächst in gleichem Maße, von zwei Seiten her, die Kaufkraft der Produkte der Landwirtschaft, also ihr *Reinertrag*.

Diese Fortschritte der Technik und diese Wertsteigerung der Erzeugnisse *intensivieren* nun den Ackerbau. Und das Merkmal der Intensität ist, daß mehr menschliche Arbeitskräfte auf der Bodeneinheit tätig sind.

Insofern kann man also aussprechen, daß der Boden proportional der Bevölkerungszunahme wächst."[1]

Wir haben dieses Gesetz schon zweimal in seiner Wirkung kennengelernt; wir sahen, daß der Übergang zur Viehzucht die Fassungskraft des einstigen Jagdgebietes für neue Einwohner stark vermehrte; wir sahen ferner, daß dasselbe „relative Wachstum" der Bodenfläche der Bevölkerung einen neuen, ungeheuer erweiterten Spielraum gewährte beim Übergang vom Nomadenleben zum Ackerbau. Jetzt zeigt es sich zum dritten Male beim Übergang von der ungegliederten Natural- zur gegliederten Tauschwirtschaft; wir sehen mehr Bauern in der ehemaligen Mark in besserem Einkommen, als die geringere Zahl ihrer naturalwirtschaftlichen Vorfahren. Daß dasselbe Gesetz auch in alle Zukunft weiterbesteht, werden wir noch entwickeln.

Hier sei vorerst nur auf die nächsten Stadien hingewiesen. Nach unserer Voraussetzung bestellte der naturalwirtschaftliche Hufner etwa 30 Morgen bestenfalls in Dreifelderwirtschaft, d. h. ließ mindestens je ein Drittel brach liegen. Wenn die Stadt Korn einführt, und seine Mark sich dichter besiedelt, wenn ihn also einerseits die Beschränkung von Holzschlag, Viehweide und Jagd, andererseits die steigenden Kornpreise darauf hindrängen, dem eigentlichen Kornbau mehr Aufmerksamkeit zuzuwenden; wenn der Bezug verbesserter Werkzeuge und vor allem der Bezug von *Dünger* aus der Stadt ihm gleichzeitig die *Möglichkeit* zu intensiverem Feldbau geben: dann kommt eine Zeit heran, wo Stallfütterung und Düngerbezug die Brache entbehrlich machen; dann wird die Dreifelderwirtschaft verlassen und ein volles Drittel des bisherigen Feldlandes wird für neue Bauern frei. – Wenn dann nach einer gewissen Zeit die Stadt und ihr Nahrungsbedarf weiter so stark gewachsen ist, daß das bisherige Bauernland in die Zone des *Gartenbaues* rückt, dann kann der einzelne Bauer nur etwa noch ein Viertel seines auf 20 Morgen verkleinerten Feldlandes bestellen, und es werden wieder drei Viertel freigesetzt, welche entweder die eigene Deszendenz oder Zuwanderung aus den entfernteren Kreisen besetzt.

Es ist klar, daß, *solange die Gemeine Mark noch nicht vollständig unter Pflug und Spaten genommen ist*, keine „ökonomische Verschiebung" innerhalb der Dorfschaft beträchtliche Besitzverschiedenheiten hervorrufen kann. Der Nachwuchs, so weit er nicht auf der väterlichen Hufe selbst Raum hat, resp. in die Stadt wandert, nimmt sich seinen Bedarf aus dem gemeinsamen Vorrat an Land. Dieser Vorrat, wenn er sich auch *absolut* verringert, wächst doch *relativ* fortwährend.

Wenn nun aber die Gemeine Mark einmal *doch* voll besetzt ist? Was dann?

Wir wollen uns folgenden Einwand machen: wir haben einen Bauernhof von der ursprünglichen Hufengröße, ca. 30 Morgen, der so glücklich gelegen ist, daß er, wenn die Stadt zum Markte geworden ist, sich in der Zone des Gartenbaus findet. Was veranlaßt den Eigentümer, andere Leute in den Mitgenuß seines Eigentums zuzulassen? Was erzwingt die Verkleinerung der Einheiten in der Nähe des Marktes?

Nehmen wir an, der Fall sei möglich; es sei eine Hufe in der Gartenbauzone wirklich im Wechsel der Geschlechter dadurch unzersplittert geblieben, daß stets nur *ein* Sohn vorhanden war,

---

[1] Oppenheimer, Siedlungsgenossenschaft, S. 259.

der sie übernahm. Will der Bauer sein Grundstück allein bewirtschaften, so reicht die Arbeitskraft seiner Familie gerade hin für einen äußerst extensiven Betrieb mit geringer Ergiebigkeit; er kann sein Vieh nicht im Stalle füttern, kann, da die Gemeinweide längst in Gartenland verwandelt ist, überhaupt nur sehr wenig Vieh halten; er kann seine Felder nicht gehörig düngen, weil ihm Zeit und Arbeitskräfte fehlen, um den Dünger aus der Stadt holen zu lassen. Er kann seinen gesamten Acker also, wenn er ihn ohne gemietete Arbeitskräfte bestellen will, nur unter Verzicht auf sämtliche Vorteile seiner Marktnähe bewirtschaften: und so wird sein Reinertrag von dreißig Morgen – von denen zehn in der Brache liegen und zwanzig spärlich tragen – eher geringer sein, als der seines Nachbarn Gärtner von fünf Morgen.

Ja, aber wer hindert ihn, Arbeitskräfte zu mieten? Niemand natürlich! Es fragt sich nur, wie viel Lohn er ihnen zu zahlen hat. So lange freies Land verfügbar ist, wie in unserer Voraussetzung, hat jedes erwachsene Mitglied der Bevölkerung die Möglichkeit, an der Grenze eine eigene Hufe zu besetzen. Es ist also kein Lohnarbeiter für weniger zu haben, als das Einkommen des freien Hufners beträgt; ja, er wird noch eine Entschädigung für den Verzicht auf seine Selbständigkeit verlangen und erhalten.

Wenn also unser Bauer in der Gartenbauzone zum Gartenbau übergehen will, so muß er 5–6 Gehilfen mieten. Dann wird ihm an Reinertrag nach Abzug der Produktionskosten, d. h. namentlich der *Löhne*, nicht mehr übrig bleiben, als seinem Nachbar von vier Morgen, und sein Einkommen wird nicht höher sein, als das seiner Gehilfen (wenn nicht etwa seine Arbeitskraft höher qualifiziert und *darum* sein Ertrag, sein *Lohn* größer ist). Aber der bloße *Eigentumstitel* kann ihm unter diesen Umständen keinen Gewinn bringen. Die Gewinnverteilung dieser „Unternehmung" unter Verhältnissen einer „reinen" Wirtschaft ist die der *echten Produktivgenossenschaft*[1]: jeder Beschäftigte erhält den vollen Gegenwert seiner Arbeitsleistung; und damit ist unsere Behauptung bewiesen, daß in der Nähe des Marktes die Bevölkerung entsprechend dichter gehäuft und trotz der Vorteile der Marktnähe die Einkommen von gleicher Höhe sind.

Diese Betrachtungen geben uns zugleich Aufschluß über die Art der Verteilung der Bevölkerung. Es ist nämlich die landwirtschaftliche Bevölkerung auf einer Kreisfläche ansässig, deren Mittelpunkt die Stadt einnimmt; und es nehmen von der Peripherie zum Zentrum ganz gleichmäßig *ab*: die Transportkosten der Landwirte und die Größe ihrer Nutzfläche; dagegen nimmt ganz gleichmäßig *zu*: die Dichte der Bevölkerung. Die Bevölkerung ist in Gestalt eines Kegels aufgeschichtet, dessen Spitze der Mittelpunkt der Stadt ist, dessen Basis die äußere Grenze derjenigen Äcker umzirkt, deren Zufuhren noch zur Ernährung der Stadt erforderlich sind.

Legt man also um die Spitze verschiedene konzentrische Kreise, so zerlegt man das Gebiet in eine Anzahl Ringe, in deren jedem die Bevölkerungsdichte um so größer ist, je näher er dem Markte liegt. Eine dichtere Bevölkerung auf der agrarischen Flächeneinheit ermöglicht und erzwingt zugleich intensivere Wirtschaft; die Art der Bewirtschaftung muß also um so intensiver sein, je näher wir dem Markte kommen; wir werden demgemäß vor den Toren der Stadt die intensivste Bodennutzung in Gestalt des Gartenbaus haben, werden nach der Peripherie hin durch die Zonen der freien Wirtschaft, Fruchtwechsel-, Koppel-, Dreifelderwirtschaft kommen, bis wir an der letzten Grenze der Kultur die wilde Feldgraswirtschaft und reine Weidewirtschaft antreffen. Darüber hinaus kann nur noch der auf reine Naturalwirtschaft gestellte Squatter existieren: er gehört als *Landwirt* nicht mehr zur Volkswirtschaft, weil ihn die Höhe der Transportkosten vom Markte ausschließt. Nur als Jäger, Pflanzensammler und Fallensteller kann er in einer lockeren Verbindung mit dem Markte stehen, weil Arzneipflanzen, Pelzwerk und andere tierische Produkte, z. B. Elfenbein, bei niederem Eigengewicht im Verhältnis zum hohen Tauschwert sehr transportfähig sind.

---

1 Vgl. ebenda, S. 511 ff.

Wo der Wald seine Stelle in der Bodennutzung finden wird, hängt von dem Grad der Holzverwertung, d. h. dem Holzpreise ab. Daß immer und unter allen Umständen die forstmäßige Holzkultur und -Nutzung die zweite innere Zone einnehmen muß, wie im Thünenschen Schema, ist wohl nicht gesagt. Wenn die Transportkosten, z. B. durch Eisenbahnbau, sehr stark sinken, dann kann diese Zone wohl beträchtlich nach außen rücken.

Jedenfalls zeigt sich, daß unsere nur auf die „natürliche" Tendenz der Bevölkerung, zum Gleichgewicht zu strömen, gebaute Deduktion zu vollkommen demselben Endergebnis gelangt, wie die aus ganz anderen rechnerischen Grundlagen gewonnene Thünensche. Thünen untersuchte bekanntlich, welche Art von Betrieb dem Landwirte der höchste *privatwirtschaftliche* Vorteil je nach seiner Marktlage vorschreibe; und fand ebenso, daß die Intensität der Wirtschaft nach außen zu radiär abnehmen müsse. Dieses Ergebnis ist für uns deswegen besonders wertvoll, weil es uns den ersten Beweis für unsere Grundanschauung liefert, *daß in einer ungestört, „rein" physiologisch funktionierenden Volkswirtschaft das allgemein-wirtschaftlich Nötige auch das privatwirtschaftlich Nützliche ist: der Ausdruck der gewachsenen Harmonie des Organismus und aller seiner Teile.*

Dieser Aufriß der *Statik* der Gesellschaft genügt für eine allgemeine Betrachtung. Versuchen wir jetzt, uns über die *Dynamik* klar zu werden, über die Verschiebungen, welche eine Bevölkerungsvermehrung herbeiführt.

Nehmen wir eine gleiche natürliche Vermehrung der Bevölkerung in Stadt und Land, d. h. den gleichen Geburtenüberschuß an! Das Getreidebedürfnis der Stadt wird wachsen. Dann wird also auch die Entfernung des letzten Ackerstückes, das zur regelmäßigen Versorgung der Stadt erforderlich ist, wachsen müssen, und damit die Transportkosten und der „natürliche Marktpreis".

Jedoch ist wohl zu beachten, daß die Vermehrung der städtischen Bevölkerung um gleiche Menschenmengen nicht auch eine Vermehrung des Preises um gleiche Höhe bedingt, sondern, *daß der Zuwachs des Preises immer kleiner wird.* Denn, um eine gleiche Zahl neuer städtischer Konsumenten zu ernähren, muß stets ein neuer äußerer Ring von *gleichem Flächeninhalt* in die Bebauung gezogen werden. Wächst bei einer Vermehrung der Stadt um a Einwohner der Radius r um x Kilometer, so ist der Flächeninhalt des neu in die Bebauung gezogenen Ringes $= \pi(r + x)^2 - \pi r^2 = 2rx\pi + \pi x^2$. Wächst jetzt die Stadt wieder um a Einwohner, so wächst wieder ein Ring von demselben Flächeninhalte hinzu, dessen Höhe aber geringer ist, als die des vorigen, da er von größeren Kreisen begrenzt ist. Dem Höhenzuwachs entsprechen die Transportkosten und der Preiszuschlag; folglich steigt der „natürliche Marktpreis" nicht in einer geraden Linie mit der Bevölkerungsvermehrung, sondern in einer Kurve, die, wenn r = unendlich würde, mit der Abszisse parallel verlaufen würde, d. h. bei r + z = π würde der Preis nicht mehr steigen.

Jedenfalls aber *steigt* vorerst der natürliche Marktpreis in der Stadt. Damit würde dieselbe einen Ort höheren sozialen Druckes darstellen, von dem die Bevölkerung abströmen müßte, um sich mit der Landbevölkerung ins Gleichgewicht zu setzen, wenn nicht eine Gegenwirkung anderer Art die Preiserhöhung überkompensierte, nämlich die *sekundäre, innergewerbliche Arbeitsteilung.* Jeder neue gewerbetreibende Einwohner der Stadt ist nicht nur *Konsument,* sondern auch *Produzent.* Zur Produktion steuert er *zwei* Arme, zur Konsumtion *einen* Mund. Als Konsument erweitert er den Radius des bebauten Kreises, vermehrt den „natürlichen" Marktpreis, *erhöht* also den wirtschaftlichen Druck; als Produzent vermehrt er die Arbeitsteilung, erhöht die Produktivität jeder Arbeitskraft, *vermindert* also den wirtschaftlichen Druck.

Es fragt sich also, welcher Faktor überwiegt? Denn davon hängt es ab, ob die Stadt wachsen wird oder nicht. Überwiegt die Druckzunahme, so wird die Stadt nur dadurch sich im Gleichgewicht mit dem Lande halten können, daß sie einen Teil ihres Nachwuchses dahin abstößt. Dieser Bevölkerungszuwachs und ein Teil desjenigen der ländlichen Bevölkerung selbst würden also im „isolierten Staate" keinen Platz finden, sie müßten zu Grunde gehen oder jenseits der Grenze des Kulturkreises eine neue Heimat als Squatter suchen müssen.

Wir stehen hier vor einer Frage von der ungeheuersten Bedeutung. Von ihrer Beantwortung wird es abhängen, ob in dem Schema des „isolierten Staates", d. h. unter der Voraussetzung eines unendlichen Agrargebietes, *jemals von einer irgendwie gearteten Übervölkerung, von einem Malthusschen Gesetze in irgend einer Fassung die Rede sein kann*? Und das wieder entscheidet ganz allein die Stellung, welche der Volkswirt gegenüber den „sozialen Fragen" einzunehmen hat: ist eine „Übervölkerung" möglich, kann das Drängen der Bevölkerung gegen den Nahrungsspielraum Wirklichkeit werden, auch unter „reinen" Verhältnissen der Wirtschaft, dann freilich kann der praktische Volkswirt nur – vielleicht? – lindern, aber nicht heilen.

Was überwiegt also? Die Steigerung des „natürlichen Getreidepreises", d. h. die Existenz*erschwerung*, oder die Steigerung der Produktionskraft, d. h. die Existenz*erleichterung*?

Es erscheint sofort wahrscheinlich, daß das letztere der Fall ist. Zehntausend vereinigte Menschen essen zehntausendmal soviel, als ein isolierter Mensch, aber zehntausend vereinigte Menschen produzieren viel mal zehntausendmal soviel, wie ein isolierter Mensch. Das Konsumtionsbedürfnis wächst um ganze Zahlen, die Produktivität um unechte Brüche, jenes arithmetisch, durch einfache Addition, dieses geometrisch, durch Multiplikation.

Unsere Zeit steht staunend vor der ungeheuren Vermehrung der Produktionskraft, welche die Arbeitsteilung und -Vereinigung erzeugt haben. Aber um zu zeigen, daß die Druckverminderung in der Stadt (durch Arbeitsteilung) die Druckvermehrung (durch den höheren Marktpreis) überwiegt, braucht man kein moderneres Beispiel zu wählen, als das berühmte Paradigma Adam Smith' von der Nadelfabrikation. Er schildert eine kleine Fabrik mit nur zehn Arbeitern, unzureichendem Kapital und ungenügenden Maschinen; trotzdem stellte sie an einem Tage über 48.000 Nadeln her, also 4.800 pro Kopf. Da ein einzelner Arbeiter sicher nicht 20 herstellen könnte, hat die Produktivität der einzelnen Arbeitskraft sich um mindestens das 240fache, vielleicht um mehr als das 4.800fache vermehrt.[1]

Es ist unnötig, zu betonen, daß niemals und nirgends der Preis des Getreides auf das 240fache oder gar 4.800fache desjenigen Preises gestiegen ist, welchen es bei fast reiner Naturalwirtschaft gekostet hat.

Aber man könnte uns einwenden, daß die überwiegende Steigerung der Produktivität in einem vereinzelten Gewerbe nichts für das allgemeine Gesetz beweise. Wir ziehen deshalb vor, die Allgemeingültigkeit des Gesetzes auf eine andere und, wie wir glauben, unwiderlegliche Weise zu erhärten:

Alle Arbeitsteilung, und zwar nicht nur die zwischen Mensch und Mensch, sondern auch die zwischen Mensch und Werkzeug, namentlich Maschine, ist nur möglich bei einer gewissen Größe des Marktes. Wenn nicht so und so viel Menschen Stecknadeln kaufen, kann sich kein Gewerbe der Stecknadelherstellung in *sekundärer* Arbeitsteilung als Sonderberuf ausbilden; wenn die Bevölkerung und ihr kaufkräftiger Konsum nicht auf ein neues, höheres Mindeste gewachsen sind, kann sich unmöglich in der Stecknadelfabrikation eine neue, *tertiäre* Arbeitsteilung ausbilden, ist unmöglich die Herstellung von Spezialmaschinen rentabel. Um ein Bild von Henry George anzuführen, so ist unzweifelhaft das Dampfschiff dem Ruderboot als Transportmittel überlegen: dennoch ist an einem Flußübergang zwischen zwei kleinen Dörfern die gewöhnliche Ruderfähre wirtschaftlich allein möglich.

Es ist also klar, daß die sekundäre Arbeitsteilung *zwischen* den Gewerben und die tertiäre Arbeitsteilung *innerhalb* der Gewerbe die Produktivität der einzelnen Arbeitskraft um so stärker erhöht, je größer der Markt, d. h. die Volkszahl ist; oder umgekehrt, daß die Zunahme der Produktivität durch Bevölkerungsvermehrung am geringsten ist, wenn der Markt am kleinsten ist,

---

1 Smith, Volkswohlstand, S. 6.

wenn er also eben anfängt, *Markt* zu sein. Das tritt ein, wie wir sahen, sobald ein bestimmter Ort anfängt, Getreide zu importieren. Wäre also in diesem Stadium die Vermehrung der Produktivität nicht größer gewesen als die Verteuerung der Nahrung, so hätte niemals aus dem Dorfe eine Stadt werden können.

Da aber von diesem Punkte an die Produktivität jeder einzelnen Arbeitskraft mit der Größe des Marktes und der Arbeitsteilung immer *stärker* zunehmen muß; da auf der andern Seite, wie wir mathematisch gezeigt haben, die Erhöhung des natürlichen Marktpreises immer *schwächer* zunehmen muß, so wird der Überschuß der Produktionskraft über das Konsumtionsbedürfnis immer größer. Das heißt, es bleibt dem Städter nach Befriedigung seiner bloßen Existenzbedürfnisse eine immer beträchtlichere Menge von Erzeugnissen in der Hand, gegen welche er seine Komfortbedürfnisse eintauschen kann. Ich nenne diesen Überschuß die „Komfortbreite". Diese muß regelmäßig stärker wachsen, als die Bevölkerung. Wenn es erlaubt ist, einen exakt mathematischen Ausdruck als bloßes Symbol eines Zahlenverhältnisses anzuwenden, so wird man nicht allzufern von der Wahrheit sein, wenn man den Satz formuliert: „Die Komfortbreite wächst proportional dem Quadrate der Bevölkerung."

Die Stadt stellt also bei wachsender Bevölkerung nicht ein Maximum des sozialen Druckes dar, sondern im Gegenteil ein Minimum, *welches Bevölkerung ansaugt.*

Wie wirkt das auf die Landbevölkerung zurück?

Wenn die Stadt sich vergrößert, schiebt sich die Grenze des Anbaukreises hinaus, wächst die Intensität des Landbaues in allen Zonen. Dazu gehören neue Arbeitskräfte. Diese stellt der Nachwuchs der Bauernschaft. Ein Teil strömt in die Stadt, ein anderer Teil bleibt auf der väterlichen Scholle, aber derart, daß die Bevölkerungsdichte in allen Zonen regelmäßig steigt, ein dritter wandert in die unendliche Ebene, um neues Land dem Pfluge zu unterwerfen.

Wir finden also, daß *Abwanderung* in die Stadt und *Auswanderung* in neue Kolonialgebiete im „isolierten Staate" *notwendige* Lebenstätigkeiten des wachsenden wirtschaftlichen Körpers sind.

Welche Kraft verteilt nun den Zuwachs der ländlichen Bevölkerung derart auf seine drei Standorte, daß überall für gleiche Arbeitsleistung gleiches „Einkommen" erzielt wird? *Der Getreidepreis!*

Nehmen wir nämlich an, daß in irgendeinem Zeitraume der Zustrom ländlichen Nachwuchses in die Stadt stärker gewesen wäre, als dem Gleichgewicht dienlich ist, so wächst die Nachfrage nach Getreide über das Angebot, steigt also der Getreidepreis über den „natürlichen Marktpreis". Damit ist die Stadt ein Maximum, das Land ein Minimum wirtschaftlichen Druckes geworden, und die Strömung kehrt sich um: es wandern Städter zurück; oder wenigstens wendet sich der Nachwuchs der Landbevölkerung nicht mehr in die Stadt, so lange, bis das Gleichgewicht des Druckes wiederhergestellt, der Preis auf sein natürliches Niveau herabgegangen ist. Ebenso wirkt umgekehrt eine zu starke Seßhaftigkeit der Landbewohner oder zu starke Auswanderung erniedrigend auf den Marktpreis und stachelnd zur Abwanderung in die Stadt.

Es muß also mit leichten Pendelschwingungen um einen sich stets erhöhenden Gleichgewichtspunkt das „Einkommen" aller Berufe stets im Durchschnitt das gleiche sein. Je stärker der natürliche Bevölkerungszuwachs ist, um so schneller wächst die „Komfortbreite". So lange noch unkultiviertes Agrarland zur Verfügung steht, d. h. in einer Entfernung vom Markte vorhanden ist, welche den Transport dahin gestattet, kann von einer „Übervölkerung" im Sinne Malthus' und seiner Anhänger gar keine Rede sein. Im Gegenteil! Die Existenzmittel wachsen immer weit stärker als die Bevölkerung. Wir wollen sofort hier bemerken, daß nicht nur in dem Schema des „isolierten Staates", sondern auch in der Wirklichkeit, in der wir leben, kulturfähiges Land in marktfähiger Entfernung immer noch im Überfluß vorhanden ist, daß also nach dem Ergebnis der „reinen" Theorie eine „Übervölkerung" die sozialen Leiden *unserer* Zeit nicht erklären kann. Eine Übervölkerung könnte erst eintreten, wenn alles kulturfähige Land dieses Planeten in der, seiner Bodenklasse und Marktlage zukommenden, höchsten Intensität bewirtschaftet würde; wie viel Jahrtausende dieser Zeitpunkt selbst bei der stärksten Natalität noch vor uns liegt, mag ein Statistiker schätzen: jedenfalls ist diese Zukunftsmöglichkeit kein Faktor, der in Gegenwartsrechnungen hineingehört – wenn nämlich unsere Schlüsse und die Voraussetzungen, aus denen wir schlossen, richtig sind. Das mag die weitere Untersuchung entscheiden.

Es muß also die primäre Arbeitsteilung zwischen Urproduktion und Gewerbe bei wachsender Bevölkerung das durchschnittliche Einkommen dauernd im Gleichgewicht halten, während sich gleichzeitig das allgemeine Niveau andauernd erhöht. Um dieses Gleichgewicht deutlicher zu erklären, wollen wir die Gewerbeerzeugnisse durch einen Wagen, die landwirtschaftlichen Erzeugnisse durch einen Zentner Korn bezeichnen:

Als der Markt noch sehr klein, kaum über das Dorf zum Anfang einer getreideimportierenden Stadt herangewachsen war, war der Handwerker noch Holzfäller, Stellmacher und Schmied in einer Person. Er mußte mit primitiven Werkzeugen den Baum fällen, die Bretter schneiden, Leitern und Räder zimmern, Sprossen und Speichen schnitzen, Nägel und Radkranz, Achse und Nabe schmieden. Der fertige Wagen kostete ihn einen Monat Arbeit: und eines Monats Arbeit, einen Zentner Korn, erhielt er als Gegenleistung.

Nach so und so vielen Generationen ist der Markt eine große Stadt geworden. Tausende von Wagen finden Absatz. Die sekundäre Arbeitsteilung hat sich mächtig entfaltet. Der Holzfäller legt den Baum nieder, der Fuhrmann bringt ihn zur Sägemühle, der Müller teilt ihn in Bretter. Der Drechsler dreht Sprossen und Speichen, der Nagelschmied liefert die Nägel, der Radschmied den Spurkranz, der Schlosser die Nabe und Achse. Innerhalb der einzelnen Gewerbe hat die tertiäre Arbeitsteilung die Produktivität jeder einzelnen Arbeitskraft noch einmal gewaltig vermehrt: zehn vereinigte Nagelschmiede, mit den besten Werkzeugen ausgestattet, liefern mehr als hundertmal so viel Nägel, als vorher ein einzelner hatte liefern können.

Im ganzen arbeiten, so nehmen wir an, in sekundärer und tertiärer Arbeitsteilung tausend Handwerker in der Wagenproduktion. Sie stellen täglich tausend Wagen her, also jeder täglich einen.

Inzwischen ist auch die Produktivität des einzelnen Bauern stark gestiegen. Er hat fast alle Nebenbeschäftigungen aufgeben können, und in seinem Hauptberufe arbeitet er mit vollkommeneren Werkzeugen und im Durchschnitt auf schwereren Böden: an Stelle des Holzpfluges ist der Eisenpflug, vielleicht der Dampfpflug, die Drillmaschine, die Walze; an Stelle des Flegels die Dreschmaschine, an Stelle des Messers die Sense und die Mähmaschine getreten. Die allgemeine Arbeitsteilung der Volkswirtschaft hat die Möglichkeit gegeben, einzelne Arbeitskräfte in wissenschaftlicher Tätigkeit zu erhalten: und der Landmann hat gelernt, die Bodenkraft seiner Felder zu verbessern, ihren Ertrag zu steigern. Natürlich hat das seine Grenze, denn nach dem Gesetz der fallenden Erträge steigt der Rohertrag eines Ackers nicht so stark wie die darauf verwandte Arbeit. Aber immerhin repräsentiert jetzt ein Zentner Korn nur mehr 1/4 Monat = 6 Tage Arbeitsleistung.

Auch jetzt tauscht sich wieder Arbeitstag gegen Arbeitstag, d. h. der Stellmacher zahlt für einen Zentner Korn (6 Arbeitstage) auch 6 Arbeitstage, d. h. 6 Wagen. Der Preis des Getreides hat sich also, ausgedrückt in Gewerbeerzeugnissen, versechsfacht, der Bauer erhält jetzt sechsmal so viel für seine Arbeit, als im Anfangsstadium. Der Städter zahlt jetzt 6 mal soviel für seine Nahrung als zuvor. Aber im Anfang war der Wert seines Jahresproduktes gleich 12 Zentnern Korn; jetzt ist er gleich 48 Zentnern Korn.

Nehmen wir an, daß die Produktivität des Anfangsstadiums noch keine Komfortbreite ließ, sondern gerade die Existenzbedürfnisse an Nahrung und Gewerbeerzeugnissen deckte, so werden diese durch den Wert von 12 Zentner Korn oder 12 Wagen jährlich dargestellt. Jetzt stellt der Bauer 48 Zentner Korn her, hat also eine Komfortbreite von 36 Zentner = 216 Wagen. Der Städter stellt jetzt 12 × 24 = 288 Wagen im Jahre her; davon zahlt er mit 6 × 12 = 72 seine Existenzbedürfnisse an Nahrung, behält also ebenfalls 216 Wagen = 36 Zentner Korn Wert als

Komfortbreite übrig. Es haben also beide genau gleiches Einkommen, nur wesentlich mehr, als früher, in Korn ausgedrückt 4 mal, in Wagen ausgedrückt 24 mal mehr.

Genau wie zwischen den beiden Abteilungen der primären Arbeitsteilung muß nun auch in den Unterabteilungen der sekundären und tertiären Arbeitsteilung durch das Wirken der Freizügigkeit, der „freien Konkurrenz", das Einkommen gleicher Arbeitsleistung gleich hoch gehalten werden, resp. bei wachsender Bevölkerung um gleiche Werte wachsen. Die menschliche Arbeitskraft unterliegt als Ware genau den gleichen Gesetzen, wie jede andere Ware: das in einem bestimmten Zeitpunkt vorhandene Verhältnis von Angebot und Nachfrage bestimmt den Preis; *und jetzt bestimmt der Preis das zukünftige Verhältnis von Angebot und Nachfrage*, indem niedrige Preise Arbeitskräfte abstoßen, hohe aber anziehen. Und so pendeln alle Preise in kleinen Ausschlägen um ihr „natürliches" Gleichgewicht.

Gehen wir noch einmal ein Stück zurück. Wir sind bei der Betrachtung der Dynamik einer wachsenden Bevölkerung von der Stadt ausgegangen. Machen wir die Probe auf das Exempel und betrachten der Sicherheit halber, ob eine von der Landwirtschaft ausgehende Untersuchung zu demselben Ergebnis kommt.

Die erste Zone, diejenige intensivsten Gartenbaues in der unmittelbaren Umgebung der Stadt, ist in ihren innersten Abschnitten mit Menschen gesättigt. Die Wirtschaftsart hat die letzte, technisch erreichbare Höhe erklommen, und der überschüssige Nachwuchs der sehr dichten Bevölkerung findet hier keinen Platz. Hier würde eine Stauung der Bevölkerung die Betriebseinheiten um sehr viel mehr zersplittern, als – Gesetz der fallenden Erträge – der Rohertrag steigen kann. Nun wächst ja freilich auch ohne Zuwanderung die Stadt durch den eigenen Geburtenüberschuß, und die Preise für Gartenerzeugnisse werden etwas steigen. Da aber diese Erzeugnisse keine absoluten Lebensbedürfnisse sind, wie Korn; da ihr Konsum, an sich schon ein beschränkter, bei stark steigenden Preisen stark absinken würde; da drittens schon eine kleine Erhöhung des Preises für derartige Erzeugnisse relativ sehr große neue Flächen in die Gartenproduktion ziehen und das Angebot steigern würde: so kann die schließlich zurückbleibende kleine Preiserhöhung unmöglich ausreichen, um die einzelne Arbeitskraft in der alten Höhe zu entschädigen.

Dort mindestens müßte also ein Maximum wirtschaftlichen Druckes entstehen; und, da in der Stadt die sekundäre Arbeitsteilung der durch eigenen Nachwuchs steigenden Bevölkerung die Produktivität vermehrt, so steht ihm hier ein Minimum entgegen, welches Zuwanderer ansaugt. Ganz entsprechend, nur gemäß der geringeren Bevölkerungsdichte schwächer, wirkt dann in den mehr peripherisch gelegenen Zonen dasselbe Gesetz stark sinkender Erträge bei gering steigenden Getreidepreisen bis zu *dem* Punkte, wo die Aspiration des außerhalb der bebauten Zone gelegenen Minimums mit dem Wachstum des Marktes stärker wird, als die Ansaugung in die Stadt; wo, gleichsam an der Wasserscheide, der Abfluß zur Auswanderung an die Stelle der Abwanderung tritt.

Wir finden also auch von diesem Ausgangspunkte aus, daß Ab- und Auswanderung „physiologisch" notwendige Erscheinungen sind. Alles folgende ist oben abgehandelt.

Wie verhält sich nun im wachsenden Volke die Zahl der Städter zu derjenigen der Bauern?

Offenbar können nicht *mehr* Gewerbetreibende existieren, als von den Nahrungsüberschüssen der Bauern leben können; es können aber auch nicht *weniger* existieren; denn, wenn einmal weniger existierten, würde der „natürliche Marktpreis" sinken, die Stadt ein Ort wirtschaftlichen Minderdrucks werden und so lange Bevölkerung ansaugen, bis das Gleichgewicht hergestellt, d. h. aller Kornüberschuß der vorhandenen Bauern auch gebraucht wird. Wenn also die Menge Korn wächst, welche jeder Bauer auf den Markt bringen kann, seine „Kaufkraft", dann wächst auch die Anzahl der Gewerbetreibenden, welche auf jeden Bauern entfallen.

Um dieses Verhältnis rechnungsmäßig klar zu legen, wollen wir annehmen, das nackte Nahrungsbedürfnis bleibe stets dasselbe, 12 Zentner Korn pro Jahr und Familie. Wenn dann – im Urdorf – jeder Bauer 13 Zentner Korn herstellt, dann existiert auf je 12 Bauern *ein* Gewerbetreibender. Wenn, wie in unserem oben angenommenen Beispiele, jeder Bauer 48 Zentner Korn herstellt, von denen er nur 12 selbst verbraucht, so existieren je drei Gewerbetreibende auf einen Bauern.

[Es ist hierbei im übrigen zu bemerken, daß im Sinne der Nationalökonomie jeder Berufstätige, *welcher mehr Nahrungsmittel verbraucht, als er herstellt,* auch dann zu den „Gewerbetreibenden" gerechnet werden muß, wenn er „Urproduzent" ist. Dahin gehören alle Blumengärtner und Winzer; alle, welche Korn, Kartoffeln, Gerste und Hopfen für die Herstellung geistiger Getränke bauen, usw. Die Zone des Gartenbaus gehört daher mindestens so sehr der Stadt, wie dem Lande an; hier vollzieht sich der Übergang von dem einen zum andern ohne Sprung. Die Sache ist nicht eine bloße Wortklauberei, sondern hat ihre große Wichtigkeit; denn der „natürliche Marktpreis" des Kornes steigt nicht nur mit dem Wachstum der eigentlichen Stadt, sondern auch mit dem entsprechenden Wachstum der inneren Zonen, d. h. stärker, als die Nachfrage der Industriellen im engeren Sinne bedingen würde.]

Jedenfalls finden wir also als Eigentümlichkeit eines wachsenden Volkes, daß sich die Zahl der Gewerbetreibenden im Verhältnis stärker vermehrt, als die der Bauern, und zwar genau entsprechend den Überschüssen des platten Landes, d. h. der *Kaufkraft des Marktes.*

Für Thünens Deduktion genügte es vollkommen, nur *eine* zentrale Stadt anzunehmen, da er nichts weiter studieren wollte, als die Einwirkung des Marktpreises auf Standort und Betriebsart der Landwirtschaft. Für uns ist es nötig, die Entstehung und Stellung der *sekundären* Städte zu erkunden.

Nehmen wir die unendliche, überall gleiche Ebene zur Voraussetzung, so hat sich die Zentralstadt entwickelt an der Stelle der ersten Niederlassung. Die einzelnen Zonen haben sich herumgelegt, erst winzig schmal, dann stetig sich verbreiternd, während mit den Überschüssen der gesamten Landwirtschaft (der Kaufkraft des Marktes) die relative Zahl der Städter, und noch viel stärker ihre Produktivität stieg. Dabei stieg auch der Transportpreis der Landerzeugnisse *bis zu* dem Markt und der Gewerbeerzeugnisse *von* dem Markt mit der Entfernung.

Stellen wir uns nun vor, daß ein Gewerbetreibender, sagen wir ein Schmied, nicht in die Zentralstadt ziehe, sondern sich in irgendeinem Dorfe niederlasse. Kann er bestehen? Ziehen wir seine Bilanz!

Er hat einen Vorteil von Bedeutung vor dem städtischen Schmiede: er hat sein Korn (welches seine Nahrung repräsentieren soll) billiger. Denn der „natürliche Marktpreis" jedes Punktes im Anbaukreise ist gleich dem *städtischen* Marktpreis *abzüglich der Transportkosten bis zur Stadt.* Steht der Marktpreis in der Stadt hundert Geldstücke, und ist der Transportpreis von dem zur Niederlassung gewählten Dorfe bis zur Stadt zwanzig Geldstücke, so bekommt der Dorfschmied sein Getreide für achtzig, während der Stadtschmied hundert zahlen muß.

Ein ebenso großer Vorteil erwächst dem Dorfschmied aus Gewinn am Transportpreise von der Stadt bis zu seinem Dorfe. Wenn ein Pflug in der Stadt achtzig kostet, so kostet er dem Bauer in seinem Dorfe durch Transportkosten hundert; hundert zahlt dieser also auch dem Dorfschmiede, der wieder zwanzig gewonnen hat.

Diesen Vorteilen steht ein Nachteil gegenüber: der Stadtschmied ist Mitversorger eines großen Marktes und genießt deshalb aller Vorteile einer weitgehenden Arbeitsteilung, d. h. einer hoch gesteigerten Produktivität. Er stellt in der Zeiteinheit sehr viel mehr Waren her als der Dorfschmied, der auf einen kleinen Markt angewiesen ist und deshalb isoliert arbeitet.

Nun gibt es aber in jedem Gewerbe eine Anzahl von Erzeugnissen, bei deren Herstellung die Arbeitsteilung wenig oder gar keine Vorteile gewährt, Erzeugnisse, deren Eigenheit es bedingt, daß sie von einer isolierten Person fast oder ganz so schnell vollendet werden, wie von vielen arbeitsteilig verbundenen. Dahin gehört von Schmiedearbeiten außer Reparaturen z. B. der Hufbeschlag, das Anbringen eiserner Beschläge an Fenstern und Türen usw.

In dieser Art von Arbeiten wird der Dorfschmied zunächst die Konkurrenz der Stadtschmiede schlagen, sobald überhaupt erst einmal ein *Markt* sich für ihn gebildet hat, kaufkräftig genug, ihn zu erhalten, d. h. bis die Dichte der umgebenden Landbevölkerung, ihr Bedürfnis nach seinen Erzeugnissen und ihre Überschußproduktion groß genug ist, um einen eigenen Schmied zu ernähren.

Kurz und gut, es ist hier ein neues kleines Minimum wirtschaftlichen Drucks entstanden, in welches die Bevölkerung in dem Maße einströmt, wie die für *dieses* Minimum verfügbaren Nahrungsüberschüsse mit der steigenden Dichte der umgebenden Bevölkerung wachsen; in welchem die Produktivität dementsprechend zunimmt, und um welches sich sekundäre, Thünensche Zonen herumlegen. Der Kornpreis wird hier zwar ebenfalls steigen, aber immer schwächer als in der zentralen Stadt, weil er immer mit geringeren Transportkosten beschwert ist; die Gewerbeerzeugnisse werden hier zwar ebenfalls im Preise sinken, aber immer noch mehr gelten, als in der zentralen Stadt, weil weniger Transportkosten davon abgezogen werden müssen: und, gestützt auf diese Vorteile, wird die kleinere sekundäre Stadt die Konkurrenz der Zentralstadt in der Herstellung aller derjenigen Waren schlagen, bei denen nicht eine hochentwickelte Arbeitsteilung die Erzeugung noch mehr verbilligt, als die hohen Frachten sie verteuern.

Es tritt also eine Arbeitsteilung zwischen den einzelnen Städten ein. Die Zentralstadt stellt die Erzeugnisse einer schwach entwickelten Arbeitsteilung nur noch für ihre nächste Umgebung her, deren „sekundärer Markt" sozusagen sie immer bleibt und die sie, eine Konsequenz der geringen Transportkosten, dauernd beherrschen wird; sie bleibt aber die Werkstatt des *ganzen Kreises* nur für die Erzeugnisse einer hoch entwickelten, arbeitsteiligen Industrie, für welche die gesamte Bevölkerung als Markt nötig ist.

Bei einem regelmäßigen Verlaufe der Entwicklung in der „reinen" Wirtschaft würde also eine Abstufung der produktiven Tätigkeit sich herausbilden, derart, daß die Zentralstadt den *ganzen* Binnenmarkt mit den Produkten einer sehr hoch gesteigerten Arbeitsteilung versorgt, daß jede sekundäre Stadt *ihren* Sondermarkt mit den Produkten einer weniger hoch gesteigerten Produktivität ausfüllt, und daß in tertiären Kleinstädten und Dörfern kleine Produktionsgemeinschaften oder einzelne Meister ihren kleinen Markt befriedigen. Es ist sehr interessant, daß gerade jetzt die deutsche Handwerkerstatistik in 7 Bänden den Beweis erbringt, daß das historische Handwerk, so weit es durch die Maschine revolutioniert ist, in den Großstädten zu Grunde geht, aber in kleinen Städten und auf dem platten Lande noch fröhlich blüht: es ist ein erster Beweis für die Schärfe des Bildes, welches die reine Deduktion entwirft.

Die Entwicklung der sekundären Städte ist aus vielen Gründen für die gesamte Volkswirtschaft sehr heilsam. Es springt in die Augen, daß um so mehr Transportkosten erspart, d. h. Arbeitskräfte für die Erzeugung materieller Werte frei werden, je näher sich Landmann und Handwerker wohnen. Carey würde sagen: Der „Verkehr" wächst und der „Handel" nimmt ab. Ferner gestattet und erzwingt die Bildung der Thünenschen Zonen um die sekundären Städte herum eine größere Volksdichte: es wird also der gesamte Anbaukreis durchschnittlich dichter besiedelt, und die Zentralstadt weniger dicht bevölkert sein, so daß der entfernteste Bauer, dessen Korn noch für ihre Ernährung nötig ist, aus beiden Gründen näher heran sitzt; es werden also auch hier Transportkosten gespart und produktive Kräfte frei. Schließlich verfügt der Landmann, wenn zahlreiche Gewerbetreibende in seiner Nähe sitzen, über Hilfskräfte in drängender Zeit, die ihn wenig kosten, weil er sie nur wenige Tage im Jahre zu erhalten braucht; er kann selbst seine freie Zeit, im Winter z. B., als gewerblicher Hilfsarbeiter nutzbringend verwerten; und, last not least, er erhält ohne viel Transportkosten und Verluste im Dünger die Kraft zurück, welche er seinem Boden mit jedem in die Ferne gesandten Korn Getreide und Pfund Fleisch hätte entziehen müssen.

So werden sich also, in strenger Abhängigkeit vom Preise des Korns und der Waren in der Zentralstadt, erst sekundäre, dann tertiäre usw. städtische Zentren ganz regelmäßig über die unendliche Ebene verbreiten, jede im Besitze eines eigenen, stetig wachsenden Marktes, den sie monopolistisch gegen die Konkurrenz jeder größeren Stadt beherrscht, während sie die gröbere Produktion stetig an neu entstehende, kleinere Zentren wieder abgibt; jede umgeben von den Thünenschen Zonen in einer ihrer Bevölkerungszahl entsprechenden Breite und Volksdichte. Und nach dem Gesetz der Strömung wird sich auch hier in Stadt und Land, in primären und sekundären Gewerbezentren und Ackerbauzonen, das Einkommen jeder gleichqualifizierten Arbeitskraft jederzeit auf gleiches Niveau *stellen* und mit der wachsenden Produktivität stets auf immer höherer Stufe auf gleichem Niveau *halten*. Es ist nicht mehr erforderlich, das im einzelnen durchzuführen.

Nach dieser allgemeinen Betrachtung der Statik und Dynamik ist es vorteilhaft, noch einige ökonomische Begriffe zu betrachten, die uns aus der *uns jetzt umgebenden* Wirtschaft geläufig sind.

Wir haben bis jetzt stets so geschlossen, als gäbe es in allen Berufen nur selbständige *Unternehmer*. Gibt es hier nur solche? Oder gibt es auch unselbständige, *erwachsene Arbeiter*? – Gewiß wird es solche geben. Es wird immer eine Anzahl Gewerbe geben, in welchen statt der *zerstreuten* Arbeitsteilung und -vereinigung, wie sie die Volkswirtschaft als ganzes ist, die *geschlossene* („tertiäre") Arbeitsteilung und Vereinigung Platz greifen muß. Bei einem Dombau z. B., in einem Bergwerk usw. wird immer ein Arbeitsstratege über eine subordinierte Armee von Gehilfen befehlen müssen, welche in stark geminderter oder aufgehobener Selbständigkeit ihre Teilarbeit vereinigen. Und je weiter die Beherrschung der Natur vorschreitet, je größere mechanische Kräfte an einer Stelle dienstbar gemacht werden können, desto mehr wird das Gesetz vom geringsten wirtschaftlichen Widerstande oder mit anderen Worten das Gesetz der höchsten Rentabilität die Vereinigung arbeitsgeteilter Gehilfenscharen erzwingen. Eine solche Vereinigung *kann* in der Organisationsform der Produktivgenossenschaft mit der freiwilligen Unterordnung unter einen selbst erkorenen Arbeitsgeneral Platz greifen, *muß* es aber nicht. Es kann die Organisationsform sehr wohl die uns wohlbekannte der *gewerblichen Unternehmung* sein.

Aber diese Scheidung der Berufe in Unternehmer und Arbeiter ist durchaus nichts, was im mindesten den oben aufgestellten Behauptungen widerspräche. Denn wir haben nirgends von der *Organisation* der Gewerbe gesprochen, sondern ausschließlich von dem *Einkommen* der Berufstätigen. Und wir wagen die für den modernen Sozialpolitiker allerdings paradoxe Behauptung, daß die Form der Organisation an sich nichts mit dem Einkommen, mit der *Verteilung* der produzierten Güter zu tun hat.

Wir haben die Unmöglichkeit, aus der Beschäftigung unselbständiger Arbeiter ein Einkommen („Mehrwert") zu ziehen, welches größer ist, als der Ertrag der eigenen Arbeitskraft, schon oben für ländliche Verhältnisse dargetan, indem wir zeigten, daß kein ländlicher „Unternehmer" hier einen „Arbeiter" erhalten kann, wenn er ihm nicht *mindestens* den „gesellschaftlich festgestellten Gegenwert seiner Arbeitskraft" als Lohn bezahlt. Es war dort jede arbeitsteilige Produktionsgemeinschaft, wenn auch vielleicht der *Form* nach Unternehmergeschäft, so doch dem *Wesen* nach Produktivgenossenschaft.

Genau so muß sich auch die städtische Unternehmung verhalten. Das Bestreben eines Arbeitsleiters, von unselbständigen Arbeitern „Mehrwert" herauszudrücken, wird zweifellos jederzeit als latente Energie vorhanden sein: das ist nur menschlich! Aber es wird sich niemals in manifeste Energie umsetzen können; denn es wird unmöglich sein, einen Arbeiter zu finden, der mit weniger zufrieden ist, als dem seiner Leistungsfähigkeit entsprechenden „Lohn", der niemals niedriger sein kann, als das Einkommen eines *selbständigen* Bauern oder Handwerkers.

Nach dem Gesetz der Strömung würde dies folgendermaßen auszudrücken sein: es entsteht in den Städten fortwährend ein Ort minderen wirtschaftlichen Druckes, den die Zuwanderung fortwährend, sozusagen in statu nascendi auszugleichen bestrebt ist; es ist also in jedem gegebenen Zeitpunkte der Druckunterschied zwischen Stadt und Land äußerst klein; der kleinste Zuwachs würde genügen, um den Druckunterschied aufzuheben und die Zuwanderung zu verhindern. Ein „Unternehmergewinn" im modernen Sinne wäre ein solcher Druckzuwachs; es würde also der einzelne Handwerker, oder die einzelne Stadt, oder die Gruppe von Städten, welche ihre „Arbeiter" auszubeuten versuchen wollten, keine Zuwanderung mehr erhalten und ihre guten Absichten aus Mangel an Material nicht ausführen können. Andererseits verlangt aber die gestiegene Kaufkraft des ländlichen Marktes gebieterisch nach neuen Gewerbeerzeugnissen; die für die Versorgung dieses Marktes nötigen Handwerker sind also des Absatzes ihrer Erzeugnisse sicher und lassen sich da nieder, wo man die Mehrwert-Steuer nicht von ihnen beansprucht, d. h. als selbständige Konkurrenten der mehrwertlüsternen Einzelmeister, oder in anderen Städten, oder, wenn *alle* Städte zu dem merkwürdigen Beschluß gelangt wären, den „Mehrwert" einzuziehen, auf dem platten Lande. Es könnte also nur die allgemeine Produktivität der Arbeit zurückgehalten und das allgemeine Wirtschaftsbudget mit unnützen Transportkosten belastet werden: aber Mehrwert wird hier niemand jemals erhalten können! Und darum kann auch der Begriff davon gar nicht erst entstehen. Es wird also auch im Gewerbe die der *Form* nach als Unternehmergeschäft bestehende Produktionsgemeinschaft dem *Wesen*, der *Verteilung* nach, eine echte Produktivgenossenschaft sein müssen.

Ich bin mir wohl bewußt, mit dieser Behauptung Unglaubliches zu wagen. Ich will deshalb lieber hier vorgreifend versprechen, im nächsten Abschnitt die Störung zu zeigen, welche diese Verhältnisse in unserer Zeit von Grund aus umstürzt; und weiter versprechen, genau den geschilderten Zustand der Gesellschaft als geschichtliche Tatsache nachzuweisen. Hier möchte ich nur in Anlehnung an einen Ausdruck Careys vorwegnehmend darauf hinweisen, *welcher ungeheure Unterschied zwischen einer Gesellschaft bestehen muß, in welcher „zwei Meister einem Arbeiter nachlaufen", und einer solchen, in welcher „zwei Arbeiter einem Meister nachlaufen".* In der ersten *über*bieten sich die *Meister* und zahlen dem Arbeiter den höchsten Lohn, bei welchem ein Unternehmergewinn übrig bleibt: in der letzten *unter*bieten sich die *Arbeiter* und akzeptieren den niedrigsten Lohn, bei welchem sie eben noch existieren können. Die „*reine*" Gesellschaft ist die erste: hier steigt der „Lohn" subordinierter Arbeiter in voller Parallelität mit der Produktivität der Arbeit. Die zweite Form der Gesellschaft ist die uns umgebende *kapitalistische*. Ihre Ursachen werden wir im nächsten Kapitel kennenlernen.

Es war von *Unternehmergewinn* die Rede. „Ja", höre ich fragen, „gibt es denn so etwas in einer ‚reinen' Wirtschaft?" Gewiß! Der Unternehmergewinn ist das Entgelt für *qualifizierte* Arbeit. Ein genialer Arbeitsleiter kann durch geschickte Verteilung der Arbeitskräfte, durch Einkauf an der besten Quelle und Verkauf an den besten Zahler, durch verständnisvolle schnelle Anpassung an den Geschmack und das Bedürfnis der Kundschaft den Reinertrag einer Unternehmung enorm steigern. Dieser Reinertrag, d. h. der Ertrag nach Abzug der sachlichen Produktionskosten und des vollen gesellschaftlich festgestellten Arbeitswertes der untergeordneten Arbeitskräfte, *ist sein ehrlich erworbenes Eigentum*, weil er es geschaffen hat. Wir haben oben stets von gleichem Einkommen für gleiche Leistung gesprochen; das schließt nicht im mindesten aus, daß ein Gigant des Leibes oder des Hirns für Riesenleistungen auch Riseneinkommen genießt. Ein solcher „Unternehmergewinn" ist genau dasselbe, wie das Gehalt, das eine Produktivgenossenschaft ihrem genialen Leiter wird zahlen müssen, wenn sie ihn im Kampfe der Konkurrenz um solche Kräfte behalten will.

Freilich wird das *Einkommen* eines Unternehmers, der mit *eigenem Kapital arbeitet*, noch andere Bestandteile enthalten, nämlich den Zins und die Risikoprämie. Der Unternehmer haftet mit seinem Vermögen für die Richtigkeit seiner Berechnungen. Die Gefahr ist um so größer, da gerade solche Zweige zum Unternehmergeschäft besonders geeignet sind, welche größere Anlagekapitalien erfordern. Diese Kapitalien sinken an Wert oder sind verloren, wenn Nachfrage *über-*, oder das konkurrierende Angebot *unter*schätzt wurde. Für diese Gefahr muß eine Risikoprämie bewilligt werden, welche der Konsument im Preise bezahlen muß.

Aber dieser Teil des „Einkommens" ist nicht „Unternehmergewinn". Denn gerade so viel müßte der kapital*lose* Unternehmer seinem Darleiher bewilligen. Zins und Risikoprämie müssen zu den Produktionskosten geschlagen werden.

Nur freilich ist jene Gefahr und darum die Risikoprämie hier verschwindend klein. Denn hier hat die „Konkurrenz" einen Charakter, der von dem des uns bekannten Wirtschaftskampfes durchaus verschieden ist; und ferner ist ein plötzliches gewaltsames Absinken der kaufkräftigen Nachfrage, d. h. sind *Krisen* unmöglich.

Ich ziehe es vor, um mir Wiederholungen zu ersparen, die erste Behauptung erst im nächsten Kapitel zu beweisen. Dort wird sich die Auseinandersetzung von dem kontrastierenden Hintergrunde der pathologischen Wirtschaft um so klarer abheben. Es liegt ja auch kein innerer Grund vor, Erscheinungen, welche der Physiologie ganz fremd sind, hier abzuhandeln, nur weil sie uns aus pathologischen Verhältnissen geläufig sind.

Dagegen ist es zweckmäßig, die Frage der Krisen hier vorläufig zu streifen. Es ist ohne weiteres klar, daß die reine Konkurrenzlehre allgemeine Krisen nicht kennen kann. Wenn ein Sinken der Preise sofort Arbeitskräfte abstößt und somit das Angebot vermindert, ein Steigen der Preise Arbeitskräfte anzieht und somit das Angebot vermehrt, *dann muß sich die Produktion stets auf das genaueste der Nachfrage anpassen*. Dann ist also wohl eine beschränkte Krise möglich, wenn ein Gewerbeerzeugnis ganz aus der Mode kommt, wie z. B. Perücken oder Harnische; oder wenn sich die Bedingungen eines Gewerbes durch neue Produktionsquellen vollständig umwälzen, wie es z. B. der Fall war, als der deutsche Silberbergbau durch die Konkurrenz der amerikanischen Minen sein Monopol und seine Rentabilität verlor: aber eine *allgemeine* Krise ist unmöglich. Es können große fixierte Kapitalien verlorengehen, z. B. gerade im Bergbau; aber unter den Verhältnissen reiner Wirtschaft wird die Verbilligung eines wertvollen Bedarfsartikels eine allgemeine Druckverminderung, eine allgemeine Vergrößerung der Komfortbreite hervorrufen, und die frei werdenden Arbeitskräfte werden darum um so mehr begehrt sein.

Wie einen Unternehmergewinn kann es, wie wir sahen, auch einen *Kapitalzins* geben. Jedoch wird bei dem ungemein schnell anwachsenden Reichtum das Angebot von Leihkapitalien bald sehr groß sein; der Zins wird also niedrig stehen, was natürlich auf die *absolute* Zinshöhe keinen Rückschluß gestattet; wir erleben ja Zeiten, wo ein Zins von 1 und 1 1/2% noch zu hoch ist, weil niemand hofft, mit dem Kapital mehr erwerben zu können; es kann also unter Umständen ein Zins von 15% niedrig sein, wenn sich 30% damit erwerben lassen. Jedoch wird sich zeigen lassen, daß von einem gewissen Stadium ab der Zinsfuß auch absolut, bis auf den Nullpunkt, wird sinken müssen.

Dieser Zeitpunkt wird nämlich dann eintreten, wenn an Stelle der uns geläufigen und für die Anfänge der Wirtschaft auch natürlichen *privaten* Kapitalbildung die *gesellschaftliche* treten wird. Überall, wo unter „reinen" Verhältnissen der Wirtschaft volle Freizügigkeit besteht, kann die Gesamtheit auf dem Wege der Steuern Produktionsmittel von dem einzelnen erheben und sie zinslos, aber gegen Bürgschaft der Rückzahlung, an privatwirtschaftliche Subjekte ausleihen, ohne diesen doch einen Sondervorteil zu gewähren. Es entsteht dann nur neben dem natürlichen ein künstliches Minimum, das sich nach den bereits entwickelten Gesetzen bis zum Gleichgewicht mit Menschen füllt. Eine derartige Gewerbepolitik der „Regierung" erhöht also Produktivität und Einkommen *aller* Einwohner ganz gleichmäßig, ohne irgend jemandem einen besonderen Vorteil zu gewähren. Nehmen wir z. B. den Fall an, daß die Regierung eine Anzahl von Bauern, welche eine große Sumpffläche nutzen, die Mittel zur Entwässerung durch einen sehr kostspieligen Kanal zur Verfügung stelle. Dann gewinnt jeder, sagen wir tausend Hektar fettesten Landes in beträchtlicher Marktnähe, nehmen wir an in der Zone der Fruchtwechselwirtschaft. Um diese zu nutzen, braucht er Arbeitskräfte. Diese muß er genauso zum vollen durchschnittlichen Einkommen entlohnen, wie der städtische Unternehmer seine Gehilfen. Das heißt, es bleibt ihm kein Gewinn, den er nicht etwa seiner qualifizierten Arbeitskraft verdankt. Andererseits aber ist jetzt eine große Fläche in Marktnähe urbar gemacht, welche bis dahin fast nichts in die Stadt lieferte. Darum sinkt der Marktpreis für Korn etwas, nicht auf Kosten der Urproduzenten oder Händler, sondern auf Kosten der sachlichen Transportlasten; folglich sinkt in der Stadt die Ernährungslast und steigt die Komfortbreite, und dieser Vorteil verteilt sich auf alle Mitglieder der Gesellschaft. Um ein *technisches* Beispiel zu wählen, so mag die Regierung eine Anzahl bedeutender Eisenhütten errichten und Unternehmern zinsfrei, aber gegen Bürgschaft überlassen. Dann wird einerseits der Preis für Eisenfabrikate durch vermehrtes Angebot bei verminderten Reproduktionskosten stark sinken: ein Vorteil für alle Konsumenten; und es wird andererseits durch die Lücken, welche der neue Produktionszweig in den Bestand der verfügbaren Arbeitskräfte reißt, überall der Lohn resp. das Einkommen steigen: ein Vorteil für alle Produzenten, d. h. für die Gesellschaft als Ganzes.

Alle diese Beispiele sind, wie wir immer und immer wiederholen müssen, nichts als Illustrationen zu dem Gesetze, daß jede Bevölkerungsvermehrung und die durch sie erst ermöglichte Verbesserung der Bodenkultur und Technik das Durchschnittseinkommen vermehrt, und daß die volle Freizügigkeit in der „reinen" Wirtschaft alle natürlichen und künstlichen Druckunterschiede durch die verschiedene Dichte der Bevölkerung ausgleicht und dadurch mittels Angebot und Nachfrage die Einkommen auch entsprechend der Leistung verteilt.

Darf also der „isolierte" Staat öffentliche Mittel zu privatwirtschaftlichen Zwecken zinslos herleihen, weil hier volkswirtschaftliche und privatwirtschaftliche Interessen durchaus identisch sind – die Überzeugung der Naturlehre – so *wird* er es schließlich auch tun. Und damit ist der Kapitalzins dauernd beseitigt, der ja nichts ist, als zugleich Belohnung und Anreizung der *privaten* Kapitalbildung.

Unter solchen Umständen ist eine entstehende Vermögensungleichheit wohl möglich, und, wenigstens solange noch Zins gezahlt wird, nicht unwahrscheinlich. Aber *große* Vermögensunterschiede sind nicht denkbar. Das Angebot von Kapital wird immer sehr stark sein und äußerst stark zunehmen. Das Lockmittel privaten Sparens wird also schwach sein, und ebenso schwach das Schreckmittel, das heute so viele Tausende drängt, ihre spärliche Komfortbreite noch zu schmälern, nämlich die Angst vor der sozialen Not. Diese entfällt völlig in einer Gesellschaft, in welcher es keine Armen geben *kann*. Darum werden sich bedeutende Vermögensunterschiede kaum herausbilden können, auch nicht, solange noch Zins verdient wird. Und selbst solche Unterschiede werden sich in einigen Generationen durch Erbteilung und Temperamentswechsel ausgleichen müssen.

Auch über diesen Punkt werden wir die letzte Klarheit erst im nächsten Kapitel geben können, wenn wir über die private Kapitalbildung der „pathologischen" Gesellschaft handeln werden, soweit sie aus dem erwächst, was in *dieser* „Unternehmergewinn" genannt wird.

Dagegen muß hier bereits eine andere Quelle der historischen großen Vermögen als im „isolierten Staate" fortfallend nachgewiesen werden: die Vermögensbildung durch Landerwerb. Man muß sich klar machen, *daß Boden hier niemals Tauschwert haben kann*. Nicht als ob nicht ein *Grundstück* seinen Preis haben würde; aber dieser Preis wird ausschließlich den *Arbeitswert* ersetzen, der darin steckt. Ehe jemand daran geht, ein Stück Urwald zu roden, zu reinigen und zu bessern, wird er selbstverständlich bereit sein, wenn es seine verfügbaren Mittel ihm gestatten, so viel für die Überlassung einer schon geklärten Ackerfläche zu zahlen, als ihm an Arbeitszeit erspart wird. Aber dieser Kaufpreis ist nur die Vergütung des dem Naturboden durch menschliche Arbeit Zugewachsenen, ist nicht anders zu betrachten, wie der Kaufpreis für Gebäude, Umwehrungen, Brunnen und Inventar eines besetzten Bauerngutes. Dagegen wird niemand einen Heller für Überlassung des bloßen Eigentumsrechtes an einem bestimmten Bodenstücke zahlen, solange noch unkultiviertes Land in marktfähiger Entfernung vorhanden ist, wie im Schema des isolierten Staates vorgesehen. Niemand wird Land zu spekulativen Zwecken aufkaufen; denn nach dem

Gesagten liefern ihm Quadratmeilen nicht mehr Ertrag als Morgen; niemand wird Geld auf Hypotheken ausleihen oder erhalten auf den nackten Eigentumstitel hin, sondern höchstens bis zur Höhe des in Grundstück und Zubehör steckenden Arbeitswertes. Man stelle sich, um diese seltsam klingende Behauptung zu begreifen, vor, daß ein Bauer jemanden gefunden habe, der ihm auf seinen Hof eine Summe lieh, welche nicht nur den Arbeitswert von Bodenverbesserung, Gebäuden und Inventar bezahlte, sondern auch darüber hinaus einen beträchtlichen Teil des kapitalisierten Ertragswertes. Der Geldgeber soll eine moderne Hypothek erhalten haben, welche die Last der Verzinsung und Abzahlung auf das Grundstück selbst einträgt. Jetzt stirbt der Bauer oder wandert fort. Was macht der Hypothekeninhaber mit seinem Anspruch? Er findet leicht einen Käufer, der die Schuld übernimmt resp. auszahlt, soweit sie den vorhandenen Arbeitswert deckt, aber nie wird es ihm gelingen, jemanden zu finden, der ihm den Rest ersetzt! Findet doch jeder Ansiedelungslustige überall, im Kreise selbst und jenseits seiner Grenze Land genug umsonst! Dem Darleiher bleibt nichts übrig, als das Geld verloren zu geben; denn, selbst wenn er das Grundstück selbst bewirtschaftet, hat er es verloren, weil er für ein Objekt gezahlt hat, das er umsonst erhalten hätte; und, wenn er es bewirtschaften läßt, trägt ihm sein Grundstück keine Zinsen, da der Lohn den Arbeitsertrag völlig verzehrt. Er könnte es also rachsüchtig brach liegen lassen – wenn eben unter solchen Voraussetzungen die ganze Annahme einer Hypothekenschuld auf einen Rechtstitel hin mit ihren Folgen nicht völlig hinfällig wäre.

Es hat also *Agrarboden* keinen „Wert" im isolierten Staat. Wie aber verhält es sich mit *städtischem* Boden?

Das Wohnhaus mit dem Garten, in welchem es steht, nimmt, wie oben gezeigt, in der wirtschaftlichen Ordnung des eben vom Nomadentum zum Ackerbau und zur Seßhaftigkeit übergegangenen Volkes eine Ausnahmestellung ein. Überall, nicht nur in Hellas, Rom und Altgermanien, sondern bei allen Rassen und in allen Zonen findet sich der Kohlgarten am Hause, die „bina jugera" des römischen Patriziers, das Salland des deutschen Gemeinfreien schon als Sonder*eigentum*, wenn das Feldland noch nicht einmal in Sonder*besitz* übergegangen ist, sondern noch der periodischen Aufteilung unterliegt. Das Salland ist die dingliche Radizierung des auf „eigenem Tun" beruhenden *Arbeitseigentums* des Jägers an seinem Wigwam, des Hirten an seinem Zeltwagen; wenn überhaupt im reinen Tauschrecht ein Eigentumsbegriff an Land entstehen konnte, so entstand er hier: hat sich doch der Rechtsbegriff des „echten Eigen", des Allod (Eigentum ist nach Grimm *Einzel*tum) erst von diesem Punkte aus entwickelt.

Wenn aus dem Dorfe eine Stadt entsteht, so ist also hier schon ein festerer Zusammenhang zwischen Mensch und Boden vorhanden, als irgendwo in der Ebene, wo die Gemeinde ihr Obereigentum in Näherrecht, Flurzwang und unter Umständen Neuvermessung der Anteile („Reebning") noch Jahrhunderte lang bewahrt, nachdem die regelmäßige periodische Teilung der Kampe außer Übung gekommen ist.

Und trotzdem kann sich hier nichts entwickeln, was dem nutzbaren Bodenmonopol unserer großstädtischen Hausagrarier im entferntesten ähnlich sieht. Auch in der Stadt erhält der nackte Boden weder das Requisit der Seltenheit, d. h. „Wert" im allgemeinen, noch einen ziffermäßig ausdrückbaren Verkehrswert im besonderen. Das heißt: es gibt unter „reinen" Verhältnissen in den Städten vielleicht Mietshäuser; die Miete wird aber niemals mehr betragen, als den üblichen Zins für das Baukapital und eine angemessene Amortisations-Quote. Eine „Baustelle" wird niemals mehr „Wert" haben, als den der darauf stehenden Arbeitswerte: Abrißbauten, Bäume etc.; aber ein nackter Eigentumstitel wird nie Wert haben. Es wird auch hier kein „Bodenmonopol", und infolgedessen keine „Ausbeutung", keine Spekulation, keinen Bodenwucher geben können.

Auch diese unglaubliche Behauptung werde ich erst in dem historischen Teil dieser Arbeit beweisen können. Hier fragt es sich ja nur, ob sie sich als Schluß aus dem „Gesetz der Strömung" ergibt.

Und das ist in der Tat der Fall. Hier gelten genau dieselben Erwägungen, die wir oben bei Besprechung des „Mehrwertes" angestellt haben: Die Städte wachsen durch Zuwanderung, weil sie Orte minderen Druckes sind. Da die Strömung die entstehenden Druckunterschiede immer sofort, gleichsam in statu nascendi, ausgleicht, so sind sie in jedem gegebenen Zeitpunkt äußerst klein. Würde also in einem gegebenen Zeitpunkt das Minderdruckgebiet der Stadt mit einem von außen stammenden noch so kleinen Druckzuwachs belastet werden, so würde die Strömung augenblicklich aufhören, d. h. die Stadt würde zu wachsen aufhören. Die Erhebung einer Steuer für die Benutzung nackten Bodens wäre eine solche Druckerhöhung; wenn also eine Stadt auf gemeinsame Verabredung ihrer Bürger Bodenleihe erheben wollte, so würde sie von demselben Augenblicke an für die Abwanderung Hochdruckgebiet sein und nur noch durch ihren eigenen Geburtenüberschuß wachsen.

Eine solche gemeinsame Verabredung ist aber gar nicht denkbar, weil der Gedanke niemals bei einem einzelnen auftauchen könnte. Es könnte jemand sehr gern einen Teil seiner terra salica vermieten oder verkaufen wollen: er findet nur weder einen Mieter noch einen Käufer. Der Zuwanderer beansprucht aus dem Gemeinlande der Stadt Land für Wohnhaus und Werkstatt ohne Entschädigung. Weigert es ihm die Stadt, so geht er in eine andere.

Es ist die Konkurrenz der Städte um die Arbeitskräfte neuer Bürger, welche einen städtischen Bodenwucher unmöglich macht. Wenn auch keine besonderen *wirtschaftlichen* Vorteile mit der größeren Bevölkerung verbunden sind, weil die Erschwerung der Nahrungsbeschaffung die Vorteile größerer Produktivität wettmacht, so sind es doch selbst im tiefsten ewigen Frieden gewisse *politische* Vorteile, welche der Ehrgeiz des Städters erstrebt. Ganz naturgemäß wird der größte Markt der politische Vorort der Landschaft.

Aus diesem Grunde öffnet jede Stadt der Zuwanderung ihre Pforten so weit wie nur möglich, erleichtert die Ansiedlung so sehr wie nur denkbar, indem sie die neuen Bürger sofort in alle Rechte der Altbürger auch in wirtschaftlicher Beziehung einsetzt, d. h. ihnen den Nutzbesitz einer „terra salica" gewährleistet. Wollte eine Stadt es anders halten, so würde sie keinen Zuwanderer mehr erhalten; und der Zuwachs an Bürgern und politischer Bedeutung würde ihren Nachbarn zufließen.

Wenn aber – was selbstverständlich unter solchen Umständen undenkbar ist, es mag aber angenommen werden, um das Prinzip zu beleuchten – wenn aber alle Städte des ganzen Landes gleichzeitig auf den Einfall kämen, eine Bodenmiete zu erheben, dann würde eben *keine* mehr Zuwanderer erhalten; dann würden überall im Plattlande selbst die nötigen neuen Gewerbetreibenden sich niederlassen, und neue kleine Zentren x-ten Grades würden wie Pilze aus der Erde schießen. Denn die wachsende Kaufkraft der Landbevölkerung verlangt nach neuen Waren; und die für deren Herstellung nötigen Gewerbetreibenden werden sich genau da niederlassen, wo unter den gegebenen Verhältnissen für sie der Ort des geringsten Druckes ist; ist es nicht in der Stadt, so ist es *außer* der Stadt.

Wenn nun jemand einwenden würde, unter solchen Umständen würde das Gemeindeland der Stadt bald besetzt sein, so ist zu erwidern, erstens, daß der „reinen Wirtschaft" die Formation der ungeheuren Millionenstädte fremd sein muß, wie sich im nächsten Kapitel zeigen wird; zweitens, daß die ursprüngliche Mark eines Urdorfes für eine Stadt wie London oder New York ausreicht; drittens, daß, wenn sie wirklich besetzt sein sollte, die Stadt eben die Nachbardörfer verschlingen und deren Marken für den gleichen Zweck nutzbar machen würde; es würde dann nur wieder ein Stück der ersten Zone aus Gartenland zu Stadtland geworden sein, wie das vom ersten Anfang an Jahr für Jahr geschehen ist; und es wäre die Nutzung dieses Landes von der intensivsten landwirtschaftlichen eben nur zu der noch intensiveren industriellen vorgeschritten.

Boden an sich hat also keinen Wert im isolierten Staate, weder städtischer noch ländlicher. Da das römische Bodeneigentumsrecht sich aber gerade durch Verschuldbarkeit und Realbelastung des

Bodens charakterisiert, so kann man sagen, daß unter den Verhältnissen des isolierten Staates das „römische" Boden*eigentum* nie hätte entstehen können. Selbst wenn es aber *formell* bestände, so würde es *praktisch* nur alle Eigenschaften des bloßen *Nutzungsbesitzes* deutschen Rechtes haben, das dem Besitzer alle Verfügungsfreiheit läßt, soweit es sich um „Usus" handelt, aber kraft eines Obereigentumsrechtes der Gesamtheit alles Land wieder einzieht, wenn der Usus zum „Abusus" wird, d. h. wenn es nicht mehr wirtschaftlich genutzt wird.

Es sei hier ein für alle Male bemerkt, daß juristische Formeln niemals für „reine" wirtschaftliche Verhältnisse genau passen können; sie sind der Niederschlag von Eigentumsrechten, wie sie sich in der Mischung von Nomadenrecht und Tauschrecht gebildet haben, sind also wirtschaftlich betrachtet „unrein". Darum dürfte das Bodeneigentumsrecht im isolierten Staat *formell* dem geltenden, uns bekannten völlig gleich sein und dennoch einen wirtschaftlich durchaus differenten Inhalt haben, könnte also z. B. das *Recht* zur Realverschuldung unverkürzt enthalten, ohne daß doch dem Eigentümer die *Möglichkeit* dazu gegeben wäre. Es könnte dem Eigentümer das *Recht* zur Zersplitterung durch Verkauf oder Erbteilung oder zur Kommassation geben, während doch die allgemeinen wirtschaftlichen Verhältnisse ihm das unmöglich machen. Natürlich würde unter solchen Umständen kein Volk darauf verfallen, ein entsprechendes „Recht" erst ausdrücklich zu *entwickeln;* es könnte nur implizite in den allgemeinen Rechtsanschauungen mit enthalten sein.

Unser geltendes Bodeneigentumsrecht ist ein Bastard von Nomadenrecht und Tauschwirtschaftsrecht.[1] Es hätte unter den Verhältnissen „reiner" Wirtschaftsentwicklung nicht entstehen können; und darum sind seine Begriffe für die Konstruktion des „isolierten Staates" wertlos. Hier kann sich nie der Rechtsbegriff des römischen Eigentums entwickeln; hier kann die dem Anfang jeder Kultur natürliche Vorstellung nie verschwinden, daß der Grund und Boden, wie Luft und Wasser, der Gesamtheit gehöre, daß jedem, solange er ihn nützt, das *Besitzrecht* an seinem Anteil zustehe, daß er aber kraft des Obereigentums der Gesamtheit an diese zurückfalle, sobald die Nutzung aufgegeben werde. Das war der Inhalt des „deutschen Rechtes", wie man es heute gern nennt, eines Rechts, welches aber in der Tat das Recht der gesamten Menschheit war, ehe es ein durch die Herrschaft über unterworfene Sklaven übermächtiger Adel in seinem Klasseninteresse durch das heute geltende *Eigentumsrecht* ersetzte.

Ich fasse das Ergebnis der Untersuchung zusammen:

Solange noch nicht alles verfügbare Land unter den Pflug genommen ist, kann im isolierten Staate von einer Übervölkerung durchaus keine Rede sein. Im Gegenteil nimmt die Komfortbreite zu „proportional dem Quadrate der Bevölkerungsvermehrung". Die Freizügigkeit muß die Verteilung der Bevölkerung jederzeit derart bewirken, daß für gleiche Arbeit gleiches Einkommen gewonnen wird.

Die logische Deduktion führt uns also zu demselben Ergebnis wie den Schöpfer der Naturlehre: steigender Volksreichtum und volles Gleichgewicht der Kräfte, d. h. die „Harmonie aller Einzelinteressen". Volle Identität zwischen den privatwirtschaftlichen Interessen und dem allgemeinwirtschaftlichen Nutzen, zwischen Produktivität und Rentabilität ergibt sich auch uns aus der Voraussetzung, daß das Gesetz der Strömung die wirtschaftliche Welt beherrscht, wie das Gesetz der Schwere die kosmische.

Nun steht in der Wirklichkeit die Sache so, daß in der Tat noch ungeheure Strecken Bodens der Kulturmenschheit zur Verfügung stehen.

Trotzdem ist weder die Harmonie der Interessen, noch die stärker als die Bevölkerung wachsende Komfortbreite vorhanden. Der Reichtum der einzelnen ist nicht entsprechend der Produktivität gestiegen. Die Verteilung der Güter ist äußerst ungleich.

Wie ist dieser Widerspruch zu erklären?

---

1 Vgl. Oppenheimer, Siedlungsgenossenschaft, S. 258.

Nur zwei Möglichkeiten gibt es:

Entweder war die *Voraussetzung* falsch, d. h. die Welt der Wirtschaft wird *nicht* von dem Gesetze der Strömung beherrscht; die Menschen sind *nicht* wie die Tropfen einer Flüssigkeit, wie die Moleküle einer Gasmasse als gleichartig anzunehmen, sondern von einer so großen Verschiedenheit der Begabung und Leistungsfähigkeit, des Temperaments und Charakters, daß ihr wirtschaftliches Handeln unter gleichen Einwirkungen ganz verschiedene Richtungen einschlägt. Und darum ist die Hoffnung, ein *allgemeines Grundgesetz* der wirtschaftlichen Bewegung aufzufinden, aussichtslos. Es gibt weder ein solches, noch eine daraus resultierende Harmonie der Interessen.

So argumentieren die Schulen, welche heute, in Deutschland wenigstens, die volkswirtschaftliche Wissenschaft beherrschen. Aus diesem Standpunkte folgt logisch nach der negative Seite hin der Haß gegen die „freie Konkurrenz", nach der positiven Seite hin die Neigung, aktiv in das Wirtschaftsgetriebe einzugreifen: Kommunismus und Staatssozialismus, der in der praktischen Politik zu allerlei Experimenten am corpus vile der Wirtschaft führt.

Aber die sämtlichen Vertreter dieser Schulen haben eine Kleinigkeit übersehen. Wenn aus einer Voraussetzung ein falsches Ergebnis folgt, so *kann* die Ursache freilich darin stecken, daß die Voraussetzung falsch war. Es gibt aber noch eine zweite Möglichkeit: man kann auch aus einer *richtigen Voraussetzung* durch fehlerhafte Schlüsse *zu einem falschen Resultat gekommen sein*.

Und diese letzte Möglichkeit liegt hier in der Tat vor. Es läßt sich leicht zeigen, daß Adam Smith das wichtigste der Hindernisse, welche der Wirkung der „freien Konkurrenz" im Wege stehen, nicht als solches erkannt hat, das *agrarische Großgrundeigentum*. Es läßt sich leicht zeigen, daß gerade nach den Gesetzen der Naturlehre in einer Gesellschaft, welche ein bedeutendes Großgrundeigentum enthält, nicht die „Harmonie der Interessen" das Ergebnis des freien Wettbewerbs sein muß, sondern im Gegenteil genau diejenige Disharmonie der Interessen, welche wir heute als „soziale Frage" beklagen.

Hätte Adam Smith es versucht, das Bild der harmonischen Gesellschaft, wie er sie von der Entfesselung des freien Wettbewerbes erwartete, bis in die Einzelheiten hinein gedanklich auszugestalten, so hätte er ohne weiteres die Erkenntnis gewinnen müssen, daß das Großgrundeigentum nicht, wie er annahm, ein legitimes Kind des „Tauschrechtes", sondern ein Bastard des Gewaltrechtes ist, und daß es die Entfaltung des Völkerwohlstandes und die Ausgleichung der Interessen viel schwerer stört, als alle Prämien und Schutzzölle, Privilegien und Monopole, Beschränkungen der Freizügigkeit und Zunftrechte.

Von seinen Nachfolgern hat niemand seinen Schließfehler entdeckt.

Ich werde diesen Beweis jetzt *deduktiv* führen, aus nichts, als den Voraussetzungen der „Naturlehre".

III. Kapitel:
Grundlegung der Pathologie des sozialen Körpers der Tauschwirtschaft (Die kapitalistische Wirtschaft)

Voraussetzung unserer Deduktion bleibt hier, wie im vorigen Kapitel, das Gesetz der wirtschaftlichen Strömung, nämlich:

Die Menschen strömen vom Orte höheren wirtschaftlichen Druckes zum Orte geringeren wirtschaftlichen Druckes auf der Linie des geringsten Widerstandes.

Aus diesem grundlegenden Axiom hat die Naturlehre, der wir folgen, jene zwei Gesetze abgeleitet, welche die beiden Hauptabteilungen der Tauschwirtschaft, *Erzeugung* und *Verteilung*, beherrschen, und deren Illustration im einzelnen das vorige Kapitel gewidmet war:

I. Das *Gesetz der Verteilung* lautet in der Fassung, welche A. Smith selbst ihm gegeben hat, folgendermaßen: „Wenn in derselben Gegend irgendeine Beschäftigung augenscheinlich entweder vorteilhafter oder weniger vorteilhaft wäre, als die übrigen, so würden in dem einen Falle so viele herzuströmen und in dem anderen so viele sich von ihr abwenden, daß ihre Vorteile bald wieder mit denen anderer *in eine Linie kämen*. Dies würde wenigstens in einer Gesellschaft stattfinden, wo man den Dingen ihren natürlichen Lauf ließe, wo vollständige Freiheit herrschte, und wo jedermann durchaus frei wäre, die ihm passend scheinende Beschäftigung zu wählen und dieselbe beliebig oft wieder zu wechseln."[1] Dieser Satz ist bekanntlich die Quintessenz der „Harmonielehre": Abstoßung von Arbeitskräften aus Berufen, in welchen ein *unter*durchschnittlicher Gewinn erzielt wird; Folge: verringertes Angebot, steigende Nachfrage, *vermehrte* Preise und Gewinne. Umgekehrt: Anziehung von Arbeitskräften in Berufe, in welchen ein *über*durchschnittlicher Gewinn erzielt wird; Folge: vermehrtes Angebot, sinkende Nachfrage, *verminderte* Preise und Gewinne. Gesamtergebnis: *Ausgleichung der Einkommen für gleiche Arbeitsleistung in allen Erwerbszweigen*.

[In Parenthese sei auch hier wieder[2] ausdrücklich bemerkt, daß die Richtung auf eine äußerst weitgehende Ausgleichung sämtlicher Einkommen eines Wirtschaftskreises die Naturlehre des A. Smith als erstes wissenschaftliches Denkmal des *Sozialismus* kennzeichnet. *Der ursprüngliche wirtschaftliche Liberalismus ist mit dem ursprünglichen Sozialismus schlechthin identisch*. Gegensätze sind nur die beiderseitigen Zerrbilder, der Fabrikfeudalismus dort, der das Löwenfell des Liberalismus über seine Eselshaut gezogen hat; und der Kommunismus hier, welcher sich für den einzigen möglichen Vertreter der sozialistischen Richtung ausgibt.]

II. *Das Gesetz der Erzeugung* lautet folgendermaßen: Bei Völkern, welche an Zahl zunehmen, wächst mit der Volksdichte der *Markt*, mit ihm die Arbeitsteilung, mit ihr die *Produktivität jeder* einzelnen Arbeitskraft; d. h. es wächst die Masse der pro Kopf *hergestellten*, also auch der pro Kopf *verteilbaren* Güter; folglich wächst nach dem Gesetze der Verteilung der Wohlstand jedes einzelnen schneller als die Bevölkerung.

[In Parenthese: Dieser Satz besagt also genau das Gegenteil des sog. Malthusschen Gesetzes. Danach wächst nämlich die Bevölkerung schneller als ihr Nahrungsspielraum; d. h. die für jeden einzelnen verfügbare Menge von Unterhaltsmitteln wird bei steigender Zahl immer *geringer*; nach dem Erzeugungsgesetz der Naturlehre wächst umgekehrt der Nahrungsspielraum schneller als die Bevölkerung, d. h. die für jeden einzelnen verfügbare Menge von Unterhaltsmitteln wird bei steigender Bevölkerung immer *größer*, so lange mindestens, als nicht alles fruchtbare Land des Planeten unter dem Pfluge ist.]

Wir haben im vorigen Abschnitt die Mechanik der Bevölkerungsverteilung in ihren einzelnen Stadien entwicklungsgeschichtlich betrachtet. Aus einem Anfangsstadium voller Gleichartigkeit der einzelnen wirtschaftlichen Subjekte, d. h. fehlender Differenzierung und Integrierung, entwickelte sich zuerst die *primäre* Arbeitsteilung zwischen Nahrungsmittelerzeugung (Urproduktion) und Gewerbe (Stoffveredlung). Ein zweites Stadium entwickelte die *sekundäre* Arbeitsteilung innerhalb dieser Hauptabteilungen; es sonderten sich die einzelnen Gewerbe ebenso von einander wie die einzelnen Zweige der Urproduktion (Feld-, Gartenbau, Vieh-, Geflügelzucht, Jagd, Fischfang etc.). Schließlich brachte ein weiteres Stadium die *tertiäre* Arbeitsteilung, als welche wir die Differenzierung einzelner Teilarbeiten desselben Erzeugungsprozesses innerhalb derselben Werkstatt bezeichneten.

---

1 Smith, Volkswohlstand, S. 106.
2 Vgl. Oppenheimer, Siedlungsgenossenschaft, S. 550.

Wir konnten weiterhin klarlegen, daß die ausschlaggebende Bedeutung für die Erhaltung des gesamten Strömungsgleichgewichts der *primären* Arbeitsteilung (zwischen Urproduktion und Gewerbe) zukommt. Das Gleichgewicht der Einkommen *innerhalb* der primären Abteilungen der Erzeugung kann sich natürlich nur einstellen, nachdem es *zwischen* ihnen eingestellt ist.

Wir haben im vorigen Kapitel Statik und Dynamik einer in solchem Gleichgewicht befindlichen Gesellschaft untersucht, und zwar unter Ausschaltung jeglicher von außen hereingetragenen Störung.

Jetzt werden wir die – sozusagen – Versuchsbedingungen ändern. Wir werden Störungen durch das Nomadenrecht in die Rechnung einführen und untersuchen, wie das Gesetz der Strömung unter diesen Umständen auf Verteilung und Einkommen der Bevölkerung wirkt.

Die Theorie des einseitigen Druckes

Was würde z. B. eintreten, wenn ein Kriegervolk an den Grenzen unseres „isolierten Staates" erschiene und dem – nehmen wir an – kampfungewohnten oder besiegten Volke einen Jahrestribut von zehn Prozent jedes Einkommens in Stadt und Land auferlegte?

Dann würde offenbar zwar der soziale Druck um zehn Prozent *zu*-, das Einkommen um zehn Prozent *ab*nehmen; aber es würde keine Druckdifferenz zwischen Stadt und Land eintreten, keine Gleichgewichtsstörung, keine Veränderung der Aus- und Abwanderung in Zahl und Richtung.

Ich wünsche hier ein Bild einzuführen, welches auch die folgenden Auseinandersetzungen erleichtern wird. Stadt und Land gleichen zwei kommunizierenden Röhren, in welchen sich die Flüssigkeit (nach dem Gesetz der Strömung zum Orte des geringsten Widerstandes) stets auf gleiches Niveau einstellt. Im ungestörten „isolierten Staate" stehen sie unter einfachem Atmosphärendruck. Die auf das ganze Volk gleichmäßig gelegte Tributzahlung wirkt, wie eine auf beide Röhren gleichmäßig wirkende Erhöhung des atmosphärischen Druckes; sie senkt in beiden das Niveau (Einkommen), aber sie senkt es *gleichmäßig*; es tritt keine Strömung von einer in die andere Röhre ein.

Betrachten wir jetzt weiterschreitend ein Beispiel *einseitig* wirkenden Druckes, wie etwa eine dem Landvolke isoliert auferlegte Steuer, eine Maßnahme, die zur Zeit der Bildung der Territorialfürstentümer zu den gewöhnlichsten Akten der Staatskunst zählte, wählen wir eine Grundsteuer von 10% des Jahresreinertrages.

Damit ist das Land ein Ort sozialen Mehrdrucks geworden, von dem die Bevölkerung abströmt. Ein Teil zieht in die Stadt und ergreift Gewerbe; dadurch steigt der „natürliche Marktpreis" und macht an der Peripherie neue landwirtschaftliche Betriebe nötig und möglich; diese besetzt ein anderer Teil der abströmenden Landbevölkerung. Das setzt sich so lange fort, bis das Gleichgewicht hergestellt ist. Und zwar verläuft das im einzelnen folgendermaßen:

Vor der Besteuerung tauschte sich der Reinertrag eines Arbeitstages in der Stadt gegen den eines Arbeitstages auf dem Lande, 1/6 Zentner Korn gegen 1 Wagen. 50 Zentner seien des Bauern, 300 Wagen des Städters Jahresreinertrag gewesen. Vom Moment der Steuerbelastung an hat der Bauer 5 Zentner an seinen Landesherrn abzutragen; es entsteht eine Druckdifferenz von 5 Zentnern = 30 Wagen. Jetzt beginnt die Abwanderung. Es vermindert sich die Nachfrage nach Wagen, weil der ländlichen Abnehmer weniger geworden sind, es vermehrt sich das Angebot von Wagen, weil der Erzeuger mehr geworden sind. Umgekehrt steigt die Nachfrage nach Korn, weil der Verbraucher mehr, und sinkt sein Angebot, weil der Erzeuger weniger geworden sind. Es treffen also alle Umstände zusammen, um eine Werterhöhung der Urprodukte, eine Wertverminderung der Gewerbeerzeugnisse herbeizuführen. Korn gewinnt, Ware verliert an Kaufkraft.

Das muß sich so lange fortsetzen, bis der Druck auf beiden Seiten wieder gleich geworden ist. Dies ist der Fall, wenn die beiderseitige Komfortbreite sich wieder gleich hoch gestellt hat. Der Bauer behält von seinem Rohertrage jetzt nur noch 45 Zentner, der Städter, als nicht besteuert, seine vollen 300 Wagen. Das Gleichgewicht ist erreicht, wenn Jahresreinertrag sich wieder mit Jahresreinertrag tauscht, also 45 Zentner mit 300 Wagen. Der Wagenpreis muß fallen von 3/18 auf 3/20 Zentner, der Zentner steigen von 18/3 auf 20/3 Wagen. Vorher behielt der Bauer nach Befriedigung seiner Existenzbedürfnisse 50 – 12 = 38 Zentner à 6 Wagen = 228 Wagen zur Verfügung, jetzt nur noch 45 – 12 = 33 Zentner à 6 2/3 Wagen = 220 Wagen. Früher zahlte der Städter für seine Existenzbedürfnisse (12 Zentner à 6 Wagen) = 72 Wagen und behielt 228 Wagen zur Verfügung; jetzt zahlt er für 12 Zentner à 6 2/3 Wagen = 80 Wagen und behält nur noch 220 Wagen Komfortbreite. Das Niveau steht also wieder gleich, nur beiderseits tiefer, um 8 Wagen oder 24/20 Zentner.[1]

Um ganz exakt zu sein, sei bemerkt, daß in Wirklichkeit die relative Verschiebung von Warenpreis und Kornpreis noch größer sein muß, als wir hier berechnet haben. Wir haben nämlich, um die Rechnung nicht zu verwirren, außer acht gelassen, daß die Produktivität des Städters durch die Zuwanderung etwas steigt, die des Bauern durch die Abwanderung etwas sinkt, so daß auch dadurch die Druckdifferenz noch erhöht, die Strömung in die Stadt verstärkt und die Kaufkraft des Kornes für Waren vermehrt wird.

Um den Vorgang an unserem Beispiel von den kommunizierenden Röhren klarzumachen, so gleicht die einseitige Steuer einem in die eine Röhre hineingepaßten und mit einem bestimmten Gewicht belasteten Stempel. Dieser treibt die Flüssigkeit so lange in die offene Röhre, bis der Druck der Flüssigkeit hier dem Druck der Flüssigkeit des Stempels und des Gewichtes dort wieder die Waage hält.

Fassen wir die Folgen der einseitigen Steigerung des sozialen Druckes noch einmal kurz zusammen:

Wir haben eine unternormale Dichte der Bevölkerung des platten Landes und dementsprechend eine übernormale Dichte derjenigen der Stadt; haben eine übergroße Ausdehnung des angebauten Kreises, einen unter dem natürlichen Preise stehenden Waren- und einen darüber stehenden Kornpreis, und als Endergebnis ein unternormales Niveau der Einkommen: alles gemessen am Normalpegel des „isolierten Staates".

Wir heben den gewaltigen Unterschied hervor, welcher zwischen der allseitigen und der einseitigen Belastung besteht. Dort gleichfalls ein Sinken des Wohlstands-Niveaus, aber ohne Verschiebung der Bevölkerungsverteilung, ohne Störung des Gleichgewichtes der Organe der Volkswirtschaft. Bei allseitigem Druck einer auf alle Organe gleichmäßig verteilten Last, welche den Körper belästigen, vielleicht erdrücken, aber nicht *krank* machen kann. Bei der einseitigen Belastung aber nicht nur Sinken des Wohlstands-Niveaus, sondern das Gleichgewicht, nur künstlich erhalten durch eine Verschiebung der Bevölkerung, welche das eine Organ, das Gewerbe, zur Hypertrophie, das andere, die Landwirtschaft, zur Atrophie führt. Der Verlust eines Teils der Landbevölkerung erzwingt nämlich eine weniger intensive Bewirtschaftung, einen geringeren Nahrungsüberschuß der bebauten Flächeneinheit; es dehnt sich daher der Anbaukreis übermäßig; und das

---

[1] Man sollte glauben, daß Städter und Bauer je 5% von ihrem Einkommen einbüßen müßten, um 10% Grundsteuer zusammen aufzubringen; das ist aber natürlich nur dann der Fall, wenn die Zahl beider gleich groß ist. In unserem Beispiel aber, wo jeder Bauer 38 Zentner Korn Überschuß hat, ernährt er 3 1/6 Gewerbtreibende. Das Verhältnis steht also 6:19. Die Steuer beträgt 5 Zentner pro Bauer. Diese verteilt sich so, daß 6 Bauern und 19 Städter je 24/20, zusammen also 25 x 24/20 = 30 Zentner aufbringen, d. i. die Steuer der 6 Bauern.

erzwingt eine Belastung der Volksbilanz mit reinen Transportspesen, eine Vergeudung von Arbeitskraft, welche für die Herstellung von materiellen Gütern hätte eingesetzt werden können.

[Die allseitige Belastung wird sozusagen auf dem Kopfe oder dem Rücken der Volkswirtschaft getragen und läßt sie gesund; die einseitige Belastung wirkt wie ein, vielleicht an sich leichteres, Gewicht, das unter einem Arme getragen wird. Es ruft auf die Dauer Rückgratverkrümmung und noch ernstere Komplikationen hervor.]

So lange jedoch die einseitige Belastung nicht wächst, wird der Wirtschaftskörper sich ihr nach einer gewissen Zeit angepaßt haben, namentlich bei wachsender Volkszahl. Hier wächst die Komfortbreite unaufhörlich; sie wird ihren alten Stand nach einer gewissen Zeit erreicht haben und dann überschreiten. Zwar wird die relative Übervölkerung der Gewerbe und Untervölkerung des platten Landes, die Überdehnung des Anbaukreises und die Vergeudung von Arbeitskraft für unnötige Transporte, der relative Tiefstand des Preises der Gewerbeerzeugnisse und der relative Hochstand der Urprodukte bestehenbleiben: aber es ist, um medizinisch zu reden, eine *Kompensation* eingetreten, eine volle Anpassung an die Störung hat sich vollzogen, es ist eine neue Harmonie der einzelnen Organfunktionen, eine Art neuer Physiologie geschaffen.

Ganz anders aber, *wenn die einseitige Belastung sich regelmäßig steigert*; um bei unserem Bilde zu bleiben, wenn das den Stempel in der Ackerbauröhre niederpressende Gewicht ohne Aufhören vermehrt wird. Dann kann das Überströmen in die kommunizierende Gewerberöhre natürlich kein Ende finden, der Druck muß sich beiderseitig stetig vermehren, oder, was dasselbe ist, das durchschnittliche Einkommen stetig vermindern.

Betrachten wir der Einfachheit halber zuerst den weniger verwickelten Fall einer wachsenden einseitigen Drucksteigerung in einer Gesellschaft, welche an Volkszahl als nicht steigend angenommen wird. Nehmen wir z. B., um alle menschliche Verschuldung auszuschließen, den Fall an, daß eine neue Vergletscherung, eine dritte Eiszeit, vom Nordpol her über Europa herziehe und in langsamem, aber unaufhaltsamem Vorrücken das Klima von Jahr zu Jahr verschlechtere, die Roherträge der Landwirtschaft verringere. Dann entsteht von Jahr zu Jahr eine neue Druckdifferenz zwischen Stadt und Land, welche Jahr für Jahr die Hypertrophie der Gewerbe, die Atrophie der Landwirtschaft, die Überdehnung des Anbaukreises, die unproduktiven Transportkosten, die Verzerrung der natürlichen Preisbildung, die wir entwickelten, steigert. Hier kann keinerlei Anpassung stattfinden, und der Schluß der Tragödie muß schließlich der wirtschaftliche Tod des ganzen Gemeinwesens sein. Zuerst sinkt die Komfortbreite der Bauern ab, welche zwar immer höhere Preise für ihr Korn erzielen, aber doch nicht hoch genug, um die Verringerung der Ernten auszugleichen: mit ihnen parallel sinkt die Komfortbreite der Gewerbetreibenden, die einen immer größeren Teil ihres Jahresproduktes auf die Beschaffung der Existenzbedürfnisse verwenden müssen. Zeigte sich das Kennzeichen der fortschreitenden Volkswirtschaft darin, daß immer mehr Gewerbetreibende auf einen Bauern kamen, d. h. daß die Abwanderung immer stärker war, als die Auswanderung, so kehrt sich hier das Verhältnis um. Je weniger Überschüsse der einzelne Bauer an Nahrungsmitteln in die Stadt liefern kann, um so mehr Bauern sind notwendig, um jeden einzelnen Städter zu ernähren. Die Anbauzone dehnt sich also reißend, der „natürliche Marktpreis" des Kornes nimmt immer schneller zu, während die Steigerung der Arbeitsteilung und die Produktivität der Arbeit in der Stadt immer langsamer wächst. Schließlich wird der Punkt erreicht, wo die Druckzunahme die Druckabnahme überwiegt. Jetzt kehrt sich die Strömung um, die Stadt entvölkert sich; und von jetzt an verläuft der ganze Prozeß durch alle Stadien rückwärts, bis er wieder auf der ersten Stufe der mangelnden Organisation angelangt ist. Die „Auflösung" erfolgt genau wie beim eigentlichen individualen Organismus: statt daß die Teile des Organismus einander immer unähnlicher werden, werden sie sich ähnlicher; statt daß sie immer straffer in Arbeitsvereinigung zusammentreten, wird ihre Verbindung immer lockerer; den Schluß bildet ein unorganisches Haufwerk ganz gleicher Stoffteilchen, unverbundener, von roher Beraubung der Natur lebender

Systematischer Teil

Familiengruppen oder gar einzelner Wilder. – So ungefähr muß man sich das Ende der irdischen Kultur vorstellen, wie es eintreten wird, wenn dereinst die strahlende Wärme der Sonne abnimmt und die Eispanzer der beiden Pole sich über die Erde hinschieben, bis auf dem Äquator der letzte Eskimo erfriert, wie es *Madatsch* in seiner „Tragödie des Menschen" dargestellt hat.

Kehren wir jetzt zu unserer Untersuchung zurück. Wir haben soeben den Fall untersucht einer andauernd wachsenden, einseitigen Drucksteigerung unter der Voraussetzung einer stabilen Volkszahl. Wir gehen jetzt weiter zur Betrachtung des verwickelteren Falles *einer einseitigen, wachsenden Drucksteigerung bei zunehmender Volkszahl.*

Hier sind drei Fälle denkbar. *Erstens:* die Zunahme des Druckes ist *geringer*, als die nach dem Gesetz der Erzeugung mit zunehmender Volkszahl notwendig eintretende Druckverminderung. Dann wird augenscheinlich eine Kompensation eintreten können, ganz wie in dem Falle von stabilem Druck bei zunehmender Volkszahl, den wir oben abgehandelt haben, nur mit einer entsprechend größeren Verzerrung der „reinen" Verhältnisse.

Oder *zweitens:* die Zunahme des Druckes ist *größer* als die Verminderung: dann entsprechen offenbar die Verhältnisse ganz dem eben abgehandelten Falle von zunehmendem Druck bei stabiler Volkszahl: und der Tod des Wirtschaftskörpers muß eintreten, wenn auch langsamer als dort.

Oder *drittens:* die einseitige Druckvermehrung ist *genau so groß*, wie die durch die Volksvermehrung erfolgende Druckverminderung.

Diesen Fall müssen wir besonders ins Auge fassen. *Er hat eine weit größere Bedeutung, als alle anderen, denn es ist der Fall des modernen Organismus der Weltwirtschaft. Genau so, wie in der Hypothese unserer Versuchsanordnung,* wirkt *das agrarische Großgrundeigentum: es vermehrt den einseitigen Druck auf die Landbevölkerung genau in demselben Maße, wie die Zunahme der Volksdichte ihn vermindert.*

Unter „agrarischem Großgrundeigentum" verstehe ich jedes landwirtschaftlich genutzte Stück Boden, dessen Ertrag derart geteilt wird, daß die darauf wirtschaftlich arbeitenden Subjekte ein *unveränderliches*, oder doch nur wenig veränderliches *Fixum*, der Inhaber des juristischen Eigentumstitels aber den ganzen Rest erhält.

Diese Definition schließt die mittlere und kleine Bauernwirtschaft aus, sofern sie im regelmäßigen Betriebe keine gemieteten Hilfsarbeiter beschäftigt: denn hier ist wirtschaftendes Subjekt und juristischer Eigentümer *eine* Person – *sie schließt ferner das mittelalterliche Feudal-Obereigentum, die „Großgrundherrschaft" aus:* denn hier war im Gegenteil der Titulareigentümer mit einem unveränderlichen oder nur wenig veränderlichen Fixum am Ertrage beteiligt, während die wirtschaftenden Subjekte den Rest erhielten. Dagegen fällt unter den Begriff nicht nur das „Großgrundeigentum" engeren Sinnes unserer geltenden Statistik, sondern auch mittleres und sogar kleines Grundeigen, wenn zu seinem regelmäßigen Betriebe Lohnarbeiter verwendet werden, wie in Weinbergen, Handelsgärten usw. Jedoch geht schon aus dem in den vorigen Kapiteln Gesagten hervor und wird später noch genauere Erörterung finden, daß dieses „Großgrundeigentum" kleinen Umfangs ebenso wie das nahe verwandte großstädtische Bodeneigentum seine Fähigkeit, fremde Arbeit auszubeuten, nur da erhalten kann, wo ein bedeutendes agrarisches Großeigentum in seinem engeren Sinne in *demselben Wirtschaftskreise* (also nicht etwa in denselben politischen Grenzen) vorhanden ist. Darum richtet sich unsere Anklage nur gegen dieses letztere.

Unter den Verhältnissen „reiner" Wirtschaft erhöht sich, wie wir oben gezeigt haben, nach dem „Gesetz der Erzeugung" das Einkommen jedes wirtschaftenden Subjektes mit steigender Volksdichte. Wo aber Großgrundeigentum existiert, da kommt dieser Zuwachs an Einkommen nicht den dasselbe bewirtschaftenden Subjekten zugute, sondern ausschließlich dem Titulareigentümer. Der Tagelöhner des Großgutsbetriebes erhält seinen Standard of life; und auch der Pächter der nach englischem Brauch als Pachtungen vergebenen Latifundien erhält auf die Dauer und im Durchschnitt nicht mehr als den Standard of life seiner Klasse: alles aber, was dem Ertrage – und mithin dem Werte des Bodens aus allgemein-wirtschaftlichen Verhältnissen zuwächst: durch Vergrößerung der Kaufkraft des wachsenden Marktes, Absinken der vom Produzenten zu tragenden Transportkosten, speziell Eisenbahnbau, Kanalbauten, Handelsverkehr, Sinken des Zinsfußes, wissenschaftliche Fortschritte usw. usw., alles das wächst dem *Eigentümer* zu. Ich werde diesen Zuwachs, der *ohne Zutun* des Eigentümers aus der wachsenden Arbeitsteilung der ganzen Gesellschaft folgt, in Zukunft als „*Zuwachsrente*" bezeichnen; und bemerke ausdrücklich, daß diejenige Vermehrung eines Gutsertrages, welche aus der Tüchtigkeit des selbstwirtschaftenden Besitzers oder aus glücklichen Kapitalinvestitionen stammt, *nicht* unter den Begriff der „Zuwachsrente" fällt, sondern unter die Kategorien: „Arbeitslohn" und „Unternehmergewinn" der *reinen* Ökonomie. Dagegen gehört jeder Zuwachs, welcher aus besonderen gesetzlichen Begünstigungen der Grundbesitzer stammt – einseitige Steuerentlastung und Zuschüsse aus dem Steuersäckel, Schutzzölle, Prämien und Kontingente – zur „Zuwachsrente".

Da die „Zuwachsrente" *alle* Vorteile der fortschreitenden Volksdichte an sich nimmt, so haben wir hier tatsächlich die Verhältnisse, wie in unserer Versuchsanordnung: dauernde einseitige Verminderung des auf der Stadtbevölkerung lastenden relativen Druckes; oder, was ganz das gleiche ist: *dauernde einseitige Vermehrung des auf der Stadtbevölkerung lastenden relativen Druckes* genau um den Betrag der durch die fortschreitende Arbeitsteilung jeweilig verursachten Druckverminderung.

Versuchen wir, auch diesen „Fall" zu analysieren!

Wir schreiten auch hier vom Einfacheren zum Verwickelteren vor.

Der einfachste Fall, der sich konstruieren läßt, scheint folgender zu sein:

Der „isolierte Staat" hat in ungestörter Entwicklung ein Stadium erreicht, in welchem das Einkommen jedes einzelnen Familienvaters durchschnittlich 1.000 Geldstücke ausmacht. Jetzt kommt ein fremder Eroberer aus einem Lande, welches in keinerlei Wirtschaftsbeziehungen zu dem isolierten Staat steht, besiegt ihn und erklärt die gesamte unendliche Ebene für sein Eigentum, bebautes und unbebautes Land. Er läßt den Bauern ihre Komfortbreite unverkürzt, beansprucht und erhält aber von jedem Landmann den vollen Überschuß dessen, was er von jetzt an über 1.000 Geldstücke einnehmen wird, d. h. die volle Zuwachsrente; oder was ganz dasselbe ist, er zahlt fortan jedem seiner Bauern 1.000 Geldstücke jährlich und zieht die ganze Ernte an sich. Das erste System entspricht der englischen Verpachtung, das zweite dem ostdeutschen Großgutsbetrieb. Die Stadt bleibt steuerfrei, die Freizügigkeit unangetastet. Um die Rechnung nicht mit Nur-Konsumenten zu belasten, nehmen wir vorläufig an, der Eroberer residiere und verbrauche die gesamte Steuer in seinem Stammlande, halte auch keine Soldaten oder Beamte in dem eroberten Lande. Es sind hier nach wie vor ausschließlich Produzenten mit ihren Versorgten.

Im Augenblick, wo er auferlegt wird, ist dieser milde Tribut gleich Null, ändert also auch nichts an der gewöhnlichen Strömung zum Gleichgewicht. Aber auch nur einen Augenblick! Denn sofort, wie sich die Bevölkerung vermehrt, wird ja (durch die gesteigerte Produktivität) die Stadt dem Lande gegenüber ein Ort wirtschaftlichen Minderdrucks. *Und da jetzt die „Zuwachsrente" verhindert, daß das Gleichgewicht sich herstellt durch Vermehrung des Druckes über der Stadt und gleichzeitige Verminderung über dem Lande, so stellt sich das Gleichgewicht her allein durch Druckvermehrung über der Stadt.* Die Abwanderung wird stets so stark sein, daß des Städters Einkommen nicht höher steigen kann, als das des Bauern, nicht über die „konzessionierte Komfortbreite", wie ich es nennen will, von 1.000 Geldstücken. [Auch hier wieder soll die Ziffer nur die Gesamtsumme aller materiellen und sozialen Annehmlichkeiten bedeuten, nicht etwa eine für alle gleiche Geldsumme.] Das heißt also: die Produktivität der städtischen Arbeit kann sich von jetzt an noch so sehr vermehren: die Städter müssen doch immer das ganze Mehr ihrer Jahresproduktion hingeben, um ihr Korn einzutauschen, ihre Komfortbreite bleibt trotz aller Zunahme ihrer Leistungsfähigkeit unveränderlich auf tausend Geldstücken stehen, wie die der Bauern. *Alle Fortschritte der Arbeitsteilung kommen nicht dem Produzenten in Stadt und Land zugute, sondern ausschließlich dem Nutznießer der „Zuwachsrente."* [1]

Das ist das Schlußergebnis, der Ausgleich. Er kommt zustande wie bei jeder einseitigen Druckvermehrung: Übernormale Aus- und Abwanderung, Verschiebung des Preisniveaus zuungunsten der Industrieerzeugnisse und zugunsten der Ackererzeugnisse, Überdehnung des Anbaukreises, Vergeudung von Transportkosten. Aber es besteht der große Unterschied zwischen einer festen Belastung (z. B. der zehnprozentigen Grundsteuer unseres ersten „Versuches") und der dauernd zunehmenden Belastung: dort wird der künstliche Druckunterschied im Verhältnis immer *kleiner,* je mehr die Komfortbreite aller wächst: hier wird er immer *größer,* je mehr die Zuwachsrente wächst. Darum finden wir die pathologischen Erscheinungen, die wir dort als kompensierbar erkannt haben, hier zu einer immer furchtbareren Intensität gesteigert.

Die Bevölkerung ist selbstverständlich jederzeit so verteilt, daß der entfernteste Bauer, dessen Zufuhren für die Stadt noch erforderlich sind, nach Abzug der Transportkosten gerade noch 1.000 Geldstücke Einkommen hat, *also steuerfrei ist.* Denn bis dahin reicht das Gebiet gleichen sozialen Drucks, reguliert durch den städtischen Marktpreis und seine Wirkung auf Aus- und Abwanderung.

Aus dieser Betrachtung ergibt sich eine interessante Folgerung. Offenbar ist nämlich die Steuer, welche der Herrscher von der *Flächeneinheit* zieht, am größten in der Umgebung der Stadt, weil dort die meisten Steuerzahler sitzen, fällt nach außen hin und wird, wie eben gezeigt, an der Grenze des Anbaukreises gleich Null. Diese Steuer unterliegt genau denselben Gesetzen, wie Thünens Landrente,[2] und ist auch in der Tat mit ihr identisch. Wächst mit der Stadt der Anbaukreis, so entsteht an der ehemaligen Peripherie, gerade so, wie nach Thünen die Landrente, unsere „Zuwachsrente".

In welcher Weise *wächst* nun dieser Tribut der „Zuwachsrente"?

Bei Erlaß der Verfügung ist er, wie schon gesagt, gleich Null. Dann wächst er stärker als die Bevölkerung, weil ja auch die Produktivität der Arbeit, d. h. das Einkommen der einzelnen, nach dem „Gesetz der Erzeugung", stärker wächst als die Bevölkerung. Waren also beispielsweise im Augenblick der Eroberung 100.000 Bauern vorhanden, die nichts zahlten, so sind nach x Jahren 200.000 vorhanden, welche jeder a, und nach 2x Jahren 400.000, welche jeder a mal b Geldstücke steuern. Es wächst nicht nur die *Zahl* der Steuerzahler ganz regelmäßig, sondern auch ebenso regelmäßig, nur weit stärker, die *einzelne Steuerleistung.*

Es wird also das gesamte Volkseinkommen derart zwischen Volk und Herrscher geteilt, daß diesem ein Jahr für Jahr wachsender Prozentsatz des wachsenden Gesamtreinertrages zufällt; oder mit anderen Worten: der ausschließlich für die Beschaffung der „Zuwachsrente" tätig gedachte Prozentsatz der Bevölkerung wächst fortwährend, während der für die Beschaffung der „konzessionierten Komfortbreite" tätig gedachte Prozentsatz fortwährend sinkt. Ich nenne jenen ersten Teil die „Zuwachsbevölkerung".

Was wird nun aus der Zuwachsrente?

Diese Frage ist, auf ihre abstrakteste Fassung zurückgeführt, die berühmte Frage nach der Bedeutung der *Luxus*-Konsumtion der Nur-Konsumenten.

Wir haben angenommen, daß der Herrscher seine Zuwachsrente gänzlich außerhalb des „isolierten Staates" verzehre.

---

1 Der „Zuwachsrente", nicht aber dem Eroberer. Es wird erst später nachgewiesen werden können, daß nun auch in den Städten „Zuwachsrente" entsteht, welche anderen zufließt.
2 Thünen, Der Isolierte Staat, S. 227 und passim.

Dann sind drei extreme Fälle möglich:
Erstens: er nimmt die Steuer in Form von *Getreide* aus dem Lande.
Zweitens: er nimmt sie in Form von *Gold* aus dem Lande.
Drittens: er nimmt sie in Form von *Waren* aus dem Lande.

Erster Fall: Nehmen wir der Bequemlichkeit halber an, die Steuer sei in dem Augenblicke auferlegt worden, wo die Komfortbreite des Bauern genau doppelt so groß war, wie seine Existenzbreite, d. h. wo jeder Bauer die Lebensmittel für je einen Gewerbetreibenden verkaufen konnte.

Wird von diesem Augenblick an alles Korn, das der Bauer *mehr* herstellt, in natura exportiert, so muß augenscheinlich das Verhältnis der Bauernzahl zu dem der Städterzahl in alle Ewigkeit wie 1:1 bleiben, während es sich in der reinen Wirtschaft fortwährend zugunsten der städtischen Bevölkerung verschiebt. Die Stadt kann nicht mehr durch Abwanderung zunehmen, sondern nur durch ihren eigenen Geburtenüberschuß. Folglich bleibt der „natürliche Marktpreis" für Korn hinter der Norm zurück. Folglich kann sich auch der Anbaukreis nicht so weit durch Auswanderung strecken, wie in der Norm. Das heißt: der größte Teil des Nachwuchses der Bauernschaft hat weder in der Stadt noch in der bisher unbebauten Ebene Raum: *er ist „überzählig"* – und es muß entweder die pro Kopf der Bevölkerung verteilbare Unterhaltsquote sich so lange vermindern bis „vice and misery" als apokalyptische Todesreiter die Unterhaltsmittel mit der Bevölkerung dadurch im Gleichgewicht halten, daß sie die Überzähligen vernichten; oder es muß ein „moral restraint" das Entstehen der Überzähligen verhindern; oder schließlich: der Überschuß muß aus dem „isolierten Staate" durch Auswanderung im eigentlichen Sinne verschwinden. Bei der Voraussetzung voller Freizügigkeit wird hier der letzte Fall eintreten. Denn es besteht ein Ort starken sozialen Minderdrucks da, wo das als Tribut exportierte Getreide auf Abnehmer wartet, welche Gewerbeerzeugnisse dagegen tauschen wollen.

Das heißt also: wenn der Herrscher die Zuwachsrente in Gestalt von Getreide exportiert, so exportiert er eben dadurch auch die „Zuwachsbevölkerung". Sie geht dem „isolierten Staate" und seinem produzierenden Volke verloren.

Zweitens: Der Herrscher fordert die Steuer in *Gold*. Dann deckt der Bauer aus seiner Ernte zuerst seine eigenen Existenzbedürfnisse. Den Überschuß tauscht er zu *einem* Teil gegen diejenigen Waren, welche seine konzessionierte Komfortbreite ausfüllen, und den *Rest*, die „Zuwachsrente", gegen soviel Gold, wie er Steuern zu zahlen hat.

Der Städter deckt aus seiner Warenproduktion zuerst seine eigene Komfortbreite an Waren, die ebenso groß ist, wie die des Bauern. Den ganzen Rest seiner Produktion muß er hingeben, um seine Existenzbedürfnisse beim Bauern zu kaufen und zwar zum einen Teil direkt, Ware gegen Korn, zum anderen Teil indirekt, indem er vom Goldproduzenten Gold gegen Ware eintauscht und dieses Gold dem Bauern gegen Korn zur Steuerzahlung überläßt.

Oder aber: der Bauer tauscht den Betrag seiner Steuer in Korn direkt gegen das Gold des Goldproduzenten; dieser gibt den Überschuß an Korn über seine Existenzbedürfnisse dem Gewerbetreibenden, Korn gegen Ware, und kommt so zu seinem Deputat an Nahrung und Komfort.

Dieses ganze Gold wird nun exportiert. Was wird daraus?

Der Herrscher kann das Gold in seinem Stammlande gegen Waren eintauschen, kann es aber auch im „isolierten Staat" ausgeben.

Im ersten Fall wird augenscheinlich die ganze Zuwachsbevölkerung gezwungen sein, für Herbeischaffung des nötigen Steuergoldes zu arbeiten. Ob sie es direkt aus Minen gewinnt, oder ob sie es für Korn oder Waren aus dem Auslande importiert, macht dabei keinen Unterschied. Exportiert sie *Korn* für Gold, so muß, wie in Fall eins, die gesamte Zuwachsbevölkerung *auswandern*; exportiert sie *Waren* für Gold, so haben wir Fall drei.

Dritter Fall: Es ist nämlich genau das gleiche, ob die Waren in Substanz an den Fiskus oder im Handelswege gegen Gold des Auslandes exportiert werden, welches der Fiskus erhält. Wenn also der Herrscher seinen Tribut in *Waren* aus dem „isolierten Staate" nimmt, so bleibt zwar die „Zuwachsbevölkerung" demselben erhalten; aber der für die konzessionierte Komfortbreite produzierende Rest des Volkes wird in seinem Einkommen davon so wenig berührt, wie wenn sie ausgewandert wäre. Zwar ist die Produktivität der einzelnen Arbeitskraft bei Anwesenheit der Zuwachsbevölkerung größer als bei Abwesenheit; aber der Vorteil davon fließt lediglich als höhere Rente in die Kasse des Fiskus.

Daran ändert sich, wie wir sofort bemerken wollen, aber auch nichts, wenn der Nutznießer der Zuwachsrente seine Residenz im Lande selbst hat. Er selbst hat einen Vorteil, da er die Transportkosten spart; aber für das Einkommen des Produzenten ist sein Nur-Konsumentenverbrauch ohne jede Bedeutung. (Wir reden hier selbstverständlich von *bloßen* Drohnen, deren Einkommen keinerlei notwendige politische und militärische Leistung gegenübersteht.) Ob die Zuwachsrente im Lande oder außer Landes aufgezehrt wird, ob sie in Gold, Waren oder Korn erhoben wird, oder ob sie in einer dieser Formen pur *vernichtet* wird, ist für den Tauschwirtschaftskörper völlig gleichgültig. *Die Luxuskonsumtion der Nur-Konsumenten erhöht den Wohlstand des arbeitenden Volkes nicht um einen Deut, die Anwesenheit der für die Nur-Konsumenten tätigen Bevölkerung erleichtert weder ihre eigene noch der andern Produzenten Last um das Geringste.*

Nach dieser Feststellung fassen wir den Fall noch näher ins Auge, daß der Nutznießer seine Zuwachsrente in Form von *Waren* erhebt, resp. das Steuergold im Lande selbst gegen Waren umtauscht.

In diesem Falle ist also die gesamte Zuwachsbevölkerung für die private Konsumtion des Herrschers tätig. Es ist klar, daß sich damit die *Art* und *Richtung* der Erzeugung einschneidend ändern muß. Denn diese paßt sich jederzeit der kaufkräftigen Nachfrage an. Bis zu dem Augenblick der Eroberung wuchs die kaufkräftige Nachfrage der *Masse* auf zweierlei Weise: durch Addition und gleichzeitige Potenzierung, d. h. es wuchs die *Zahl* der Landleute, und noch stärker die Kaufkraft jedes einzelnen. Darum richtete sich die Erzeugung naturgemäß auf Massenprodukte des täglichen Gebrauchs und bürgerlichen Wohllebens.

Jetzt wächst, vom Augenblicke der Eroberung an, die Kaufkraft des bäuerlichen Binnenmarktes nur noch durch Addition. Da die Produktivität der Stadt wächst, so sinkt also die Zahl der Städter, welche diese Kaufkraft (die konzessionierte Komfortbreite) mit ihrer Produktion ausfüllen, relativ zu der der versorgten Bauern. Diese, durch die steigende Produktivität der Arbeit freigesetzte Gewerbebevölkerung zusammen mit der überschüssigen Zuwanderung in die Stadt, eben die „Zuwachsbevölkerung", ist für den Absatz ihrer Erzeugnisse auf die kaufkräftige Nachfrage *eines* Mannes angewiesen. Dieser hat einen sehr geringen Bedarf an Massengütern des täglichen Gebrauchs und des bürgerlichen Wohllebens. Der ganz überwiegende Teil der ihm zufließenden „Zuwachsrente" wird also verwendet für *Luxus*-Konsumtion. Ob er dabei den ganzen Betrag der Rente in *materielle* Werte umsetzt (Bauten, Geschmeide, Kleider, Geräte) – oder ob er den ganzen Betrag in *Dienste* umsetzt (Diener, Harem, Soldaten, Leibwächter, Theater), d. h. ob er die von ihm aus seiner Zuwachsrente ernährten Menschen produktiv oder unproduktiv beschäftigt, ist wieder für die Gesundheit der Volkswirtschaft und das Einkommen der produzierenden Arbeiter von keiner anderen Bedeutung, als wenn er die ganze Zuwachsrente ins Meer versenkte oder in Flammen aufgehen ließe.

Jedenfalls aber werden wir als weitere Folge des Bestehens der „Zuwachsrente" festzuhalten haben: *zunehmende Luxusproduktion und zunehmende Beschäftigung von Arbeitskräften in unproduktiven Berufen: Dienerschaft und Schmarotzertum aller Art.*

Zum Schluße dieser ersten grundlegenden Betrachtung wollen wir der rein-mathematischen noch eine psychologische Feststellung folgen lassen:

Da jeder Bauer den vollen Überschuß seines Einkommens über 1.000 Geldstücke abzugeben hat, resp. nur diese Summe für seine Arbeit erhält, so hat niemand ein Interesse daran, aus seiner

Ackerfläche mehr als diesen Betrag zu erarbeiten. Er wird also so schlecht und liederlich wie nur möglich arbeiten, wird keine arbeitfordernden Verbesserungen des Betriebes und des Bodens vornehmen, zu denen er nicht durch äußere Gewalt veranlaßt wird. Es wird also die Ergiebigkeit des Bodens, d. h. der Überschuß von Nahrungsmitteln über den Selbstverbrauch, d. h. die *Kaufkraft des Marktes* tief unter dem nach Maßgabe der „reinen" Verhältnisse möglichen Stande gehalten, eine Tatsache, welche jedoch lediglich die „Zuwachsrente" niedriger hält, der Komfortbreite des Volkes jedoch keinen Abbruch tut. Dagegen wird dadurch die *Volksdichte* beeinflußt, da natürlich bei gleichbleibendem Geburtenüberschuß und gleichbleibender Komfortbreite die bebaute Fläche einen viel größeren Kreis einnehmen muß bei schlechter, als bei sorgfältiger Wirtschaft. Und so steigert die „Zuwachsrente" auch noch aus dieser psychologischen Ursache die Überdehnung des Anbaukreises und somit – zu ihren eigenen Lasten die Vergeudung von Transportkosten.

Wir nähern uns jetzt durch Einführung neuer Bedingungen in das Experiment Schritt für Schritt den Verhältnissen der Wirklichkeit.

Wir ersetzen zunächst den *einen* Nutznießer der „Zuwachsrente" durch eine ganze Klasse, einen *grundbesitzenden Adel*, dem das *gesamte* Gebiet gehört. Dadurch werden die *allgemeinen* Erscheinungen des einseitigen, dauernd zunehmenden Druckes augenscheinlich nicht verändert. Nur die „Zuwachsrente" wird geteilt. Dadurch wird die Richtung der Erzeugung der Zuwachsbevölkerung etwas modifiziert: je zahlreicher die Rentenbezieher, um so mehr Massenproduktion, je weniger zahlreich, um so mehr Luxusproduktion!

Während aber das Volk, trotz aller Zunahme seiner Zahl, Arbeitsteilung und Leistungsfähigkeit ewig verdammt ist, mit Sieben in das Faß der Danaiden zu schöpfen, kann es nicht ausbleiben, daß *innerhalb* der Klasse der Rentennutznießer es durch *rein-ökonomische* Ursachen zu großen Verschiedenheiten des Einkommens und der Vermögen kommt.

Nehmen wir an, nicht *ein* Eroberer, sondern ein Eroberer*stamm* habe den isolierten Staat unterworfen und nach gleichem Maße geteilt.

Jedem sind gleich viel Hufen mit ihren Bauern zugewiesen worden, deren Überschüsse er als „Zuwachsrente" empfängt, resp. die er gegen festen Lohn beschäftigt. Jeder hat also ein auf eine bestimmte Fläche radiziertes nutzbares Recht. Ein solches kann nach dem, nach der Voraussetzung in allem übrigen geltenden freien Tauschrecht vererbt und veräußert werden. Wir haben also die Rechtsform, wie sie unsere, von allen Feudalservituten befreiten, modernen Rittergüter darstellen.

Unter solchen Verhältnissen muß das *Gesetz der Anhäufung des Reichtums* in Kraft treten. Die eine adlige Familie, welche die Kunst begriffen hat, jederzeit nur *einen* Erben zu produzieren, ist nach wenigen Generationen reicher, als zuvor, weil die Zuwachsrente stark gestiegen ist, die andere ist weitverzweigt, aber verarmt. Dort sind die Güter in einer Hand geblieben, hier in Fetzen zerrissen oder enorm mit Pfandverschreibungen belastet. Denn die Erbteilung kann gerade so gut, wie durch Realteilung, durch Anweisungen der weichenden Erben auf einen genau umschriebenen Teil der Zuwachsrente erfolgen.

Gerade so gut wie bei der Erbteilung kann aber auch unter Lebenden der Gutsherr Rentensubstrat oder Rente veräußern, d. h. das Gut ganz oder teilweise verkaufen oder Schulden aufnehmen, für welche das Gut selbst haftet: Hypotheken.

Diese Rechtsbildung muß unter allen Umständen zu einer stetig wachsenden *Hypothekarverschuldung* des Großgrundeigentums führen. Auf der einen Seite haben große Eigentümer, welche sparsam und geschäftsklug sind, Überschüsse aus ihrer Zuwachsrente, welche sie weder gegen Ware noch gegen Dienste umzusetzen gesonnen sind; auf der anderen Seite haben kleine Eigentümer nicht mehr die Möglichkeit, aus dem ihnen zufließenden Rententeil den adligen Standard aufrecht zu erhalten. Wir haben also einerseits Angebot von Geld, andererseits Nachfrage danach;

aus dem Verhältnis dieser beiden Kräfte ergibt sich rein ökonomisch die Höhe der Leihgebühr, des reinen Hypothekenzinses.

Wenn ein regelmäßiger Hypothekenmarkt entstanden und der Zinsfuß fixiert ist, dann erst erhält das „Rittergut", d. h. der darauf radizierte Rentennießbrauch einen ziffernmäßig auszudrückenden Verkehrswert. Dieser Wert ist etwas *höher*, als die kapitalisierte Rente. Um ein Beispiel zu wählen: wenn bei einem Zinsfuß von 5% ein Gut 5.000 Geldstücke Rente trägt, so ist es nicht 100.000, sondern etwa 120.000 Geldstücke wert.

Dieser Mehrwert über den kapitalisierten Rentenertrag ist die *„Spekulationsrate"*. Da nämlich die „Zuwachsrente" unter normalen Verhältnissen regelmäßig wachsen muß, so muß der Kauflustige einen Zuschlag anbieten, welcher einen Teil des zukünftigen Rentenzuwachses kapitalisiert.

Das heißt: *der Verkehrswert der Güter steht immer höher als ihr Ertragswert.*

Bei Vererbungen, Käufen und Luxusverschuldung wird der Gutsherr jederzeit gedrängt werden, die Pfandbelastung bis an die Grenze des *Verkehrswertes* vorzuschieben; dieser steigt sprungweise mit jeder Zinsfußherabsetzung: und so wächst nicht nur die Höhe der Hypothekensumme, sondern auch die Belastung mit Zinsen andauernd. Unter gewöhnlichen Umständen wird also derjenige, welcher ein Gut neu erwirbt, nur dann bestehen können, wenn die Getreidepreise regelmäßig weiter steigen, und kann erst lukrieren, wenn der Ertragswert den von ihm bezahlten Verkehrswert überholt hat. Er ist ruiniert, wenn die Preise fallen.

Ehe wir in die Untersuchung eintreten, ob und wann es zu einer solchen Preiskrisis kommen wird, wollen wir die Bedingungen des Experimentes noch mehr der Wirklichkeit annähern.

Wir stellen uns vor, daß nur ein Teil des Gebietes des „isolierten Staates" in das Privateigentum des Eroberer-Adels übergegangen sei. Nehmen wir zunächst, um übersichtliche Verhältnisse zu schaffen, an, der Anbaukreis sei genau halbiert worden, die östliche Kreishälfte dem Tribut unterworfen, die westliche freigelassen worden.

Dann stehen, sobald die Steuer anfängt zu wirken, dem Hochdruckgebiet der östlichen Hälfte nicht mehr zwei, sondern drei Tiefdruckgebiete gegenüber: die Stadt, die unbebaute Ebene und die westliche Hälfte des Anbaukreises.

Wenn wir uns vorstellen, daß jeder Zuwanderer im westlichen Kreise Zugang zu Land und Arbeit erhalten würde, so würde sich offenbar die Bevölkerung auch hier dauernd auf die konzessionierte Komfortbreite beschränkt sehen. Die Zuwanderung aus der besteuerten Hälfte würde sich dauernd fortsetzen, die Größe der einzelnen Bauernstelle fortwährend zusammenschrumpfen, so daß auch hier wieder, wie in der Stadt, die Komfortbreite von 1.000 Geldstücken das Maß eines durchschnittlichen Einkommens bilden würde. Im einzelnen würde das Ergebnis so zustande kommen, daß das dicht besiedelte und daher äußerst intensiv bearbeitete Land dieses steuerfreien Gebietes mehr Nahrungsmittel in die Stadt liefern würde; daß infolgedessen – geringere Transportkosten – die Ernährung der Stadt leichter, ihre Einwohnerzahl größer sein würde, als in dem vorhin abgehandelten Falle ausschließlichen Großgrundeigentums; die Produktivität des Städters würde also größer sein; und da die gesamte Zuwachsproduktivität der Zuwachsrente zufließt, so würde also auch der steuerfreie Landmann für die „Zuwachsrente" arbeiten.

Diese Entwicklung verbietet sich aber aus dem Charakter des dem Tauschrecht eigentümlichen bäuerlichen *Besitzrechtes*. Dieses gewährleistet dem Bauer die Nutzung, solange diese dauert; und zieht sein Land erst wieder ein, wenn es ungenutzt liegt. Der Bauer hat also keine Veranlassung, zusammenzurücken, um neuen Ankömmlingen Platz zu machen. So ist zwar das steuerfreie Bauernland Ort eines wirtschaftlichen Minderdrucks; aber die aus der östlichen Hälfte Abströmenden finden den Weg gesperrt; das Minimum ist auf der „Linie des geringsten Widerstandes" nicht erreichbar. Die Bauern der westlichen Hälfte bleiben somit im Genuß des bei steigender Volkszahl wachsenden Einkommens.

Oder besser: die westliche Bauernschaft als *Gesamtheit* bleibt im Genuß der auf ihr Gebiet entfallenden Einkommensvermehrung. Aber es kommt doch auch hier zu verhängnisvollen Verschiebungen:

Erinnern wir uns der Verhältnisse bei „reiner Wirtschaft". Der Geburtenüberschuß der Bauernschaft verteilte sich auf drei Gebiete: Stadt (Abwanderung), unbebautes Land (Auswanderung) und den schon angebauten Kreis selbst, der in allen seinen Teilen von Jahr zu Jahr intensiver bewirtschaftet wurde und darum mehr Arbeitskräfte erforderte. Der steigende Getreidepreis gewährleistete dem Bauern, die noch höher steigende Produktivität dem Städter eine höhere Komfortbreite, als die vorherige Generation sie gehabt hatte.

Jetzt sind dem Nachwuchs der westlichen Hälfte die beiden Gebiete der Ab- und Auswanderung gesperrt, wenn er nicht in der Komfortbreite sinken will. Denn in der *Stadt* ist es unmöglich, über tausend Geldstücke zu kommen; und die überströmende Auswanderung aus dem Großgrundeigentumsbezirk hat *die ganze Ebene ringsum, auch um den steuerfreien Halbkreis* natürlich, soweit mit Landleuten gefüllt, daß es auch durch Auswanderung nicht möglich ist, die konzessionierte Komfortbreite zu überschreiten, da schon jetzt die entferntesten Bauern ringsum darauf beschränkt sind.

Die Bevölkerung der steuerfreien Hälfte *staut* sich also. Sie findet sich in einem Gebiete wirtschaftlichen Minderdrucks, welches ringsum von Hochdruckgebieten umgeben ist, kann also nicht abfließen; und, da Zuwanderung ausgeschlossen, werden ihre eigenen Geburtenüberschüsse schließlich das Gebiet so ausfüllen müssen, daß es mit der Umgebung ins gleiche Niveau kommt, gerade, als wenn die Zuwanderung möglich wäre.

Bis das erreicht ist, *kann sich aber die bisher notwendig erhalten gebliebene wirtschaftliche Gleichheit nicht bewahren.* Denn auch hier treten jetzt *rein ökonomische* Faktoren ins Spiel. Bisher war die Kinderzahl sehr gleichgültig. Was nicht Platz hatte im Kreise, fand seine ebenso gute Nahrungsstelle in der Stadt oder im Kolonisationsgebiet; jetzt aber treten genau dieselben Veränderungen ein, wie wir sie oben beim Großgrundeigentum schilderten. Der Boden erhält einen *Wert*, bald auch einen *bezifferbaren Verkehrswert*, [der sogar, auf das Flächenmaß bezogen, größer sein wird als beim Rittergut; denn hier arbeitet ein lustloser Mann ohne Interesse am Werk, dort ein Nutznießer alles dessen, was sein Boden trägt;] also wird auch hier die *hypothekarische Belastung* mit Erb-, Kauf- und Verschwenderschulden, wird auch hier die Zersplitterung in Bodenfetzen auf der einen Seite, die Akkumulation von großen Höfen auf der anderen Seite durch Heirat, Kauf und Wucher sich einstellen müssen. *Auch hier die Häufung des Reichtums um einzelne Kerne!*

In der „reinen Wirtschaft" hatten wir es für wirtschaftlich nutzlos erkannt, einen größeren Besitz in einer Hand zu vereinigen. Denn der größere Besitz forderte gemietete Arbeitskräfte – und diese kosteten so viel als sie einbrachten, solange freies Land jedem zur Verfügung stand. Jetzt ist das anders geworden: das Land ist so weit hinaus besiedelt, daß es dem neuen Ansiedler höchstens 1.000 Geldstücke Einkommen bringt, wenn er auswandert; freies Land ist also „wohl vorhanden, aber nicht verfügbar", wie ich es einmal bezeichnet habe[1], es ist vorhanden, aber zu weit vom Markte, ist ein Ort wirtschaftlichen Überdrucks, in den die Bevölkerung nicht strömen kann.

Jetzt sind aber in der westlichen Hälfte für 1.000 Geldstücke jährlich so viel Arbeitskräfte erhältlich, als man will. Es stellt sie die durch Erbzersplitterung oder durch Erbverschuldung, durch Leichtsinn, Unwirtschaftlichkeit oder böse Konjunkturen verarmte Urbevölkerung des Kreises selbst, oder, wenn diese nicht ausreicht, die Abwanderung aus der östlichen Hälfte. Nun entfällt aber mit steigender Stadtbevölkerung auf die Flächeneinheit des Bauernlandes von Jahr zu Jahr *mehr* an Reineinkommen, weil der Getreidepreis dauernd wächst. Folglich lohnt es, Arbeiter zu mieten, die nur tausend Geldstücke erhalten, aber mehr als tausend erarbeiten: Es entsteht also

---

1 Siehe: Oppenheimer, Freiland in Deutschland, S. 58; vgl. Thünen, Der Isolierte Staat, S. 128.

auch hier, wo ein Bauernhof durch Zusammenlegung oder durch Eintritt in eine Stufe intensiverer Wirtschaft in die Verfassung kommt, im regelmäßigen Betriebe Lohnarbeiter beschäftigen zu können, „Zuwachsrente"; der Bauernhof wird Großgrundeigentum.

Es hat sich also hier tatsächlich aus „rein ökonomischen" Ursachen erstlich eine tiefgreifende Verschiedenheit der Besitzgröße und der Einkommen gebildet; neben großen Bauernhöfen steht die armselige Zwergwirtschaft, neben dem Dorfkrösus der Bettler. Es hat sich ebenso aus „rein ökonomischen Ursachen" dasjenige entwickelt, was man im modernen Sprachgebrauch als „wirtschaftliche Ausbeutung" des Schwachen bezeichnet: *aber diese rein ökonomischen Faktoren konnten ihre Wirkung nur entfalten auf der Grundlage einer Einrichtung, welche aus „rein ökonomischen Gründen" nicht entstehen kann, des Großgrundeigentums.*

Wir werden diese Erscheinung noch einmal feststellen (und dann noch genauer untersuchen), wenn wir die ganz analoge Entwicklung in der *Stadt* betrachten werden. Für jetzt wollen wir den Vergleich der beiden Halbkreise, des östlichen und des westlichen, noch etwas weiterführen.

Wie verhält sich die Quantität der Aus- und Abwanderung der besteuerten zur steuerfreien Hälfte, oder modern ausgedrückt, des Großgrundbesitzbezirkes zum Bauernbezirke?

Wir wissen, daß der Großgrundbesitz-Halbkreis einen Ort konstanten wirtschaftlichen Druckes darstellt, weil seinen Bewohnern die Zuwachsrente dauernd entzogen wird. Im Bauernhalbkreis wächst aber der Betrag den Produzenten selbst zu; er stellt also ein Gebiet konstant sinkenden Druckes dar. Wenn nun auch hier durch die Stauung des Geburtenüberschusses und die Zuwanderung aus dem Großgutsbezirk das allgemeine Niveau immer wieder ausgeglichen wird, so daß jede Arbeitskraft, welche *nicht mit dem jetzt zum Monopol gewordenen größeren Landbesitz ausgestattet ist*, auf die konzessionierte Komfortbreite beschränkt ist, so bleibt doch die Tatsache bestehen, daß immer im Bauernhalbkreis ein größerer Teil des Geburtenüberschusses Platz hat, als im Großgutsbezirk. *Aus- und Abwanderung werden also aus dem Großgutsbezirk immer stärker sein, als aus dem Bauernbezirk.*

Diese Differenz wird noch aus einigen anderen Gründen gesteigert werden. Die erste, weniger wichtige, wird bedingt werden durch den, wie es scheint, konstant geringeren Geburtenüberschuß relativ wohlhabender Bauernschaften. Mag es durch spätere Eheschließung, durch geringere Fruchtbarkeit üppig ernährter Frauen, mag es durch self-restraint oder künstliche Mittel verursacht sein: wir finden fast durchweg in Bauernschaften nicht nur geringere Kinderfrequenz, sondern auch trotz wesentlich geringerer Sterblichkeit einen geringeren Überschuß der Geburten. Für den Naturforscher, welcher die Gesellschaft als ein organisches Wesen ansieht, hat die Tatsache nichts auffälliges: er weiß, daß besonders stark abgenutzte Organe des Leibes sich schneller reproduzieren als andere; (auch sie „proliferieren" stark, ganz wie der „Proletarier"); und er findet darin nur das Gesetz bestätigt, daß solche Spezies, welche der Kampf ums Dasein besonders bedroht, auch eine besonders starke Fruchtbarkeit aufweisen. Wenn dieses empirische Gesetz auch hier gilt, wird Ab- und Auswanderung aus dem Bauernbezirk im Verhältnis noch schwächer sein, als es der Druckunterschied der Zuwachsrente *allein* bedingen würde. Ich will jedoch auf diesen Punkt keinen Wert legen. Viel wichtiger ist für die relativ kleinere Zahl der Wanderung aus dem Bauernbezirke eine andere Tatsache, und zwar die verschiedene Entwicklung der *städtischen Ansiedelungen* hier und dort.

Wir nähern uns mit dieser Frage wieder um einen Schritt den Verhältnissen der Wirklichkeit. Bisher haben wir an der Konstruktion der *einen* zentralen Stadt festgehalten; wir lassen diese jetzt fallen.

Wir nehmen also zunächst an, wir hätten neben der zentralen Stadt in jedem der beiden Halbkreise mehrere sekundäre, tertiäre usw. Städte, deren Entwicklung wir in der „reinen Wirtschaft" kennengelernt haben.

Zur Zeit der Eroberung standen diese Zentren naturgemäß bei den ganz gleichen Verhältnissen des Thünenschen Schemas auf genau derselben Stufe der Entwicklung, d. h. ihre Volkszahl war die gleiche, ebenso ihre Produktivität, die Erstreckung ihrer sekundären Zonen und ihre Preisgestaltung.

Betrachten wir je eins dieser sekundären Gewerbezentren in dem östlichen Großgutsbezirk und dem westlichen Bauernbezirk in ihrer Entwicklung vom Zeitpunkt der Eroberung an.

Wir erinnern uns der Feststellung, daß eine Stadt nur wachsen kann proportional der Kaufkraft, d. h. den Nahrungsüberschüssen ihres Marktgebietes. Wie wächst also die Kaufkraft?

Zunächst sind die Nahrungsüberschüsse des Großgutsbezirks kleiner als die des Bauernbezirks, weil erstens die Arbeitsleistung aus schon erörterten psychologischen Ursachen minderwertiger ist, und weil zweitens die Bevölkerung durch Ab- und Auswanderung dünner ist, als drüben. Es ist aus beiden Gründen der Boden weniger intensiv genutzt, als im Bauerngebiete, d. h. die Überschüsse kleiner, und die gesamte Kaufkraft geringer.

Es muß also schon aus diesem Grunde die Stadt im Osten an Einwohnerschaft hinter der im Westen zurückbleiben. Aber sie wird das noch viel stärker aus einem anderen Grunde:

Der sekundären Stadt im Osten geht nämlich von der an sich schon im Verhältnis stark verringerten Kaufkraft ihres Marktgebietes noch ein großer Teil verloren, und zwar fast die ganze „Zuwachsrente". Wir haben oben gezeigt, daß sich die Nachfrage der großen Renten-Nutznießer vorwiegend auf Luxuserzeugnisse richten muß, weil sie die ihnen zufließenden Einnahmen unmöglich gegen Massenartikel umtauschen können. Luxusartikel erfordern aber eine sehr große Arbeitsteilung zu ihrer Herstellung: der Handel muß die seltensten Rohstoffe von aller Herren Ländern heranschaffen, viele verschiedene Künstler und Handwerker müssen sich zu ihrer Herstellung vereinigen. Eine derartige Arbeitsteilung gibt es im Lande *nur in der Zentralstadt*; dort befriedigt also der „Adel" seine Nachfrage, und die sekundären Städte im Osten verlieren diesen Teil der Kaufkraft ihres Marktgebietes.

Anders in der Stadt im Westen! Hier hausen überwiegend *Bauern*; nur einzelne kleine „Großgrundbesitzer" entwickeln sich, deren Nachfrage nach Luxusartikeln aus der Zentralstadt verschwindend klein ist. Die große Masse der Nachfrage richtet sich nach wie vor auf Massenartikel des täglichen Gebrauchs und des bürgerlichen Wohllebens; und wenn auch die Überschüsse der Bevölkerung an Nahrung kleiner geworden sind, weil sie gestaut ist, d. h. mehr Landleute von der Rohernte ernährt werden müssen, so sind doch in dem Marktgebiet erstlich viel *mehr* Menschen, die den größten Teil ihrer Komfortbreite aus der Stadt beziehen, als im Osten; und es wird zweitens fast der gesamte Zuwachs dort gegen Waren umgesetzt.

Die Städte im Westen werden also viel schneller wachsen als die im Osten, die Thünenschen Zonen um sie herum werden mit ihnen wachsen und einer stets vermehrten bäuerlichen Bevölkerung Aufnahme gewähren.

Das ist die letzte und vielleicht wichtigste Ursache, welche es verschuldet, daß Aus- und Abwanderung aus dem Großgutsbezirk sehr viel stärker sein muß, als aus dem Bauernbezirk. Aber es resultiert aus der verschiedenen Entwicklung der sekundären Städte noch einmal eine Ursache für eine stärkere Wanderung im Osten.

Wo man nämlich kauft, muß man auch *verkaufen*. Da sich die Luxusnachfrage der Nutznießer der Zuwachsrente in der Zentralstadt befriedigt, so wohnen dort auch die Verzehrer des für die Luxuswaren getauschten Kornes. Je größer die Entfernung zwischen dem Gute und der Zentralstadt wird, um so geringer wird die Möglichkeit, die dem Boden entzogene Kraft durch Rücktransport von Dünger ihm wiederzuerstatten. Der kostbare Stoff – nach Macqueens Statistics, p 12[1], wurde 1850 auf den britischen Ackerboden für 103.369.139 Pfund Sterling = 2 Milliarden

---

1 Zitiert nach Carey, Grundlagen der Sozialwissenschaft, S. 351.

und 67 Millionen Mark Dünger gebracht – wird in die Flüsse oder das Meer vergeudet: nach Prof. Johnston[1] beträgt der Wert des in die See geleiteten Düngers nordamerikanischer Städte pro Kopf und Jahr 13 Dollar! – Oder er vergiftet den Boden der Zentralstadt und macht ihn zu einer unerschöpflichen Brutstätte bösartiger Seuchen.

Der Agrarboden des Großgutsbezirkes verarmt also allmählich durch Export seiner Pflanzen-Nährstoffe; er wir unergiebiger, d. h. ein Ort höheren Drucks: und die Auswanderung und Abwanderung wird auch dadurch noch vermehrt.

Nähern wir uns nun noch mehr der Wirklichkeit, indem wir uns die Gebiete des Großgrundeigentums und der Bauernwirtschaft nicht mehr streng geschieden, sondern in Gemengelage vorstellen und zwar durchaus unregelmäßig, so daß in dem einen Verwaltungsbezirke das eine, im andern die andere vorwiege.

Dann wird zwar unter sonst gleichen Verhältnissen die Wanderung von der Flächeneinheit jedes einzelnen Großgutes gleich stark sein: aber sie wird in den Zahlen der Gesamtwanderungsbewegung des betreffenden Verwaltungsbezirkes in außerordentlich verschiedener Stärke zur Erscheinung kommen, je nach dem Prozentgehalt des Bezirkes an Großgütern. Wenn wir einen Bezirk, dessen Grundfläche zu 10% von Großgütern eingenommen ist, vergleichen mit einem solchen, der 90% Großgrundeigentum enthält, dann wird die Zahl der Tagelöhner im ersten sich zu derjenigen der Bauern nicht wie 10:90, sondern wie weniger als zehn zu mehr als neunzig verhalten, weil das Großgrundeigentum unterdurchschnittlich bevölkert ist; es befinden sich z. B., wenn Bauernland doppelt so stark bevölkert ist, nicht 10%, sondern nur 5,26% der Bewohner des Bezirkes im Gebiete des wirtschaftlichen Überdrucks: und ihre Wanderungsziffer kann das Gesamtresultat nur wenig beeinflussen. Da zudem hier sekundäre und tertiäre Städte mit ihren Zonen stark entwickelt sind, so findet auch noch ein Teil dieser Wanderung im Verwaltungsbezirk selbst Unterkunft und erscheint nicht in der Gesamtziffer der Wanderung.

Wo aber das Großgrundeigentum 90% der Fläche einnimmt, da finden sich, wenn das Bauernland auch hier doppelt so stark bevölkert angenommen wird, fast 82% der Bevölkerung auf dem Orte des wirtschaftlichen Überdrucks: [Auf jedem Quadratkilometer des Großgutsbezirkes sitzen x Menschen, also im Bauernbezirk 2x, also durchschnittlich auf 10 Quadratkilometern 11x Menschen. Von diesen sind 9 = 81,81% im Überdruckgebiet.] Diese geringe Differenz macht sich im Gesamtresultat der Wanderung um so weniger bemerkbar, als die sekundären und tertiären Städte des betr. Verwaltungsbezirkes und ihre Zonen wenig Aufnahmefähigkeit besitzen.

Wenn man also die Verwaltungsbezirke in einer Tabelle nach dem Prozentsatz ihres Großgrundeigentums ordnet, so werden die Ziffern für Aus- und Abwanderung mit dem Prozentgehalt und zwar wesentlich stärker, als dieser, steigen. Wenn es wieder erlaubt ist, einen exakt mathematischen Ausdruck als das Symbol einer ungefähr so verlaufenden Zahlenbewegung zu gebrauchen, so wird man der Wahrheit mit folgender Fassung sehr nahe kommen: *die Wanderung wächst proportional dem Quadrate des Großgrundbesitzes.*

Ich dürfte meine Aufgabe hier als gelöst ansehen. Denn ich habe hier mit dem *deduktiven* Verfahren denselben Punkt erreicht, von welchem aus ich die gesamte weitere pathologische Entwicklung der modernen Wirtschaft ableiten konnte, nachdem ich ihn auf dem Wege der *Induktion*, namentlich der Statistik, erreicht hatte. Ich konnte im ersten Kapitel des zweiten Buches meiner „Siedlungsgenossenschaft" zeigen, daß es möglich ist, die gesamte soziale Not von der *einen* zentralen Tatsache aus zu erklären, daß das Großgrundeigentum seine Bevölkerung auf die Wanderung treibt; und zwar ließ sich aus der *Auswanderung* die *Agrarfrage* in allen ihren

---

[1] Zitiert nach Carey, ebenda, S. 253.

Verzweigungen, aus der *Abwanderung* die *Industriefrage* in allen ihren Verzweigungen ohne weiteres als notwendige Konsequenz ableiten.[1]

Es ist mir jetzt gelungen, die schon seit langer Zeit feststehende, international bestätigte und nirgend mehr bestrittene Tatsache, daß die Bevölkerung des Großgrundeigentums massenhaft ab- und auswandert, zu *erklären*. Es hat sich gezeigt, daß es nicht Ursachen *außerhalb* dieser Rechtsinstitution sind, welche die Bevölkerung entwurzeln, sondern eine Ursache, die in ihrer eigensten Natur begründet ist: *die konstante Vermehrung des einseitigen wirtschaftlichen Druckes*.

Damit ist alles erreicht, was ich aus dem deduktiven Verfahren zu erreichen hoffen konnte:

Erstens die Bestätigung meiner induktiv gewonnenen Auffassung, daß das Großgrundeigentum unmittelbar [und mittelbar das *Recht*, auf dem es beruht, das geltende Bodeneigentumsrecht der Kulturvölker] die Ursache der Erkrankung des modernen Wirtschaftskörpers ist.

Zweitens. Folgende Feststellung: wenn man aus den Gesetzen der „Naturlehre" richtig, d. h. *logisch* deduziert, so ergibt sich bei Vorhandensein von Großgrundeigentum neben Freizügigkeit durchaus *nicht* die „Harmonie der Interessen", sondern es folgen ganz im Gegenteil Schlüsse, welche mit der Wirklichkeit durchaus übereinstimmen. Daraus darf man entnehmen, *daß die Voraussetzung der Deduktion richtig war*. Ich hoffe also, damit der Naturlehre den verlorenen Kredit wiedergeschaffen zu haben und darf weiter hoffen, daß nunmehr auch die im vorigen Kapitel gemachte Deduktion eines *reinen*, d. h. von Nomadenrecht und Großgrundeigentum freien Wirtschaftskörpers mit seiner „Harmonie der Interessen" auf weniger Unglauben stoßen wird, als bisher.

Ich dürfte also hier abbrechen, um meine Meinung nun auch mittels der dritten und letzten Methode der Nationalökonomie, der *historischen*, zu beweisen. Ich ziehe es jedoch vor, die reine Deduktion bis zu Ende zu führen, schon um zu beweisen, welchen Wert diese jetzt so verachtete Methode hat, wenn sie richtig gehandhabt wird.

Nach zwei Richtungen hin haben wir die deduktive Betrachtung noch zu führen: es fehlt uns noch die Entwicklung der *Industrie* und die Ursache der *agrarischen Preiskrisis*.

Wir haben bis jetzt, um die Untersuchung nicht unnütz zu verwirren, die Stadt resp. die Städte als Orte betrachtet, deren sämtliche Einwohner unter gleichem wirtschaftlichen Drucke stehen. Wir sahen, daß die durchschnittliche Komfortbreite der Städter nicht höher stehen konnte, als die der Bauern, daß auch sie die „Zuwachsrente" steuern mußten.

Eine genauere Betrachtung zeigt jedoch, daß auch innerhalb der städtischen Bevölkerung von dem Augenblicke der Eroberung an eine Differenzierung *der* Art Platz greifen muß, wie wir sie schon beim Großgrundeigentümerstand und steuerfreien Bauernstand entwickelt haben.

Diese Differenzierung geht auch hier aus vom *Bodenbesitz*.

Wir haben oben gezeigt, wie in den von der Zuwachsrente freien Bauerndistrikten der Verkehrswert des Bodens mit der Möglichkeit, von unselbständigen Arbeitskräften „Mehrwert" zu ziehen, entstand. Indem auf der einen Seite der Betrag des auf die Flächeneinheit entfallenden Durchschnittseinkommens andauernd stieg, während andererseits die Abwanderung aus dem Großgutsbezirk und die innere Differenzierung der Vermögen der Bauernschaft beliebig viele Arbeitskräfte auf den „Arbeitsmarkt" warf, bereit, für den Betrag der konzessionierten Komfortbreite zu arbeiten: blieb dem *Eigentümer* einer bestimmten Nutzfläche, auf welcher gemietete Arbeitskräfte regelmäßig tätig waren, ein arbeitsfreies, stetig wachsendes Einkommen, eine „Zuwachsrente" sekundärer Art, weil sich sein Besitz in ein „Großgrundeigentum" sekundärer Art verwandelt hatte.

Genau dasselbe geschieht aber auch in den Städten! Auch hier war in der reinen Wirtschaft eine Ausbeutung nicht möglich, weil die für gewerbliche Betätigung frei werdenden Arbeitskräfte

---

1 Vgl. Oppenheimer, Siedlungsgenossenschaft, S. 213–262 und die Einleitung dieses Buches.

mühelos ausweichen konnten, solange Land noch verfügbar war. Das ist jetzt, wie oben geschildert, nicht mehr der Fall; die unendliche Ebene ist so weit besiedelt, daß der äußerste Bauer auch nur die konzessionierte Komfortbreite erwirbt; und in dem schon besiedelten Ring, insofern er Bauernschaften gehört, ist Zugang zu Land nicht mehr möglich. Wenn die Bauerngemeinden überhaupt noch Zuwandernden Aufnahme gewähren, so nehmen sie sie nicht mehr als Genossen, sondern als *Arbeiter* auf; sie geben ihnen einen Fetzen Land, groß genug, um ihnen einschließlich des Tagelohns die konzessionierte Komfortbreite zu gewährleisten, aber schließen sie von dem Genuß des Gemeindevermögens aus: *die politische Gemeinde trennt sich von der „Real- oder Gerechtsamegemeinde", der Patrizier vom Plebejer.*

Die vom Lande abwandernde Bevölkerung kann also jetzt nicht mehr ausweichen. Ihr bleibt im ganzen Gebiete der Volkswirtschaft nur *ein* Ort, zu dem sie „Gefälle" hat, ein Ort minderen wirtschaftlichen Druckes: die *Stadt*. Und jetzt entsteht auch in der Stadt „Großgrundeigentum" und „Zuwachsrente".

Auch hier wird mit der wachsenden Volksdichte und der noch stärker wachsenden Produktivität das auf die *Flächeneinheit* fallende Durchschnittseinkommen immer größer, auch hier finden sich Arbeiter in beliebiger Menge auf dem „Arbeitsmarkt", bereit, für den Betrag der konzessionierten Komfortbreite zu arbeiten, auch hier entsteht also ein arbeitsloses Einkommen, zunächst in der Gestalt der *Bodenmiete*. Die Gesamtmiete, welche die Hausbesitzer einer Stadt erhalten, ist ökonomisch genau dasselbe, wie das Einkommen sämtlicher Großgrundbesitzer: nämlich das gesamte Einkommen der auf ihrem „Eigentum" tätigen Bevölkerung nach Abzug des ihrer Leistungsfähigkeit entsprechenden Lohnes (im Durchschnitt der konzessionierten Komfortbreite) und der gesellschaftlich festgestellten Vergütung für den Einsatz ihres eigenen Kapitals. Der industrielle Unternehmer, der zur Miete wohnt, befindet sich in keiner anderen Lage als der große englische Pächter; auch er wird von Miestermin zu Miestermin „gesteigert", so daß der ganze gesellschaftliche Zuwachs seines Einkommens als „Zuwachsrente" in die Taschen des „Hausagrariers" fließt: ihm selbst bleibt außer dem Gegenwert seiner hochqualifizierten Arbeit nur Zins und Risikoprämie für sein eigenes Kapital.

Je mehr Menschen auf einer gegebenen Fläche tätig sind, um so höher steigt natürlich die „Zuwachsrente". Sie ist deshalb, ganz wie Thünens „Landrente" in den inneren Zonen größer als in den äußeren, in großen Städten höher als in kleinen, im Zentrum der Städte, wo sich alle Produktion zusammendrängt, größer als an der Peripherie.

Daraus ergibt sich, daß es falsch ist, die Rente vom städtischen Hausbesitz aus anderen Ursachen erklären zu wollen, als die „Landrente". Eine Feldfläche steigt unter den Verhältnissen pathologischer Wirtschaft ganz allmählich im Werte von dem Augenblicke an, in welchem sie zu einem Markte in Beziehungen tritt, bis zu dem Augenblicke, wo sie als höchst intensiv bebautes Gartenland vor den Stadttoren liegt; und diese Wertsteigerung erfolgt ebenso allmählich weiter, wenn sie als Bau- und Wohnland in die Stadt selbst einbezogen ist. Der wirtschaftliche Erklärungsgrund ist immer derselbe: es nimmt die Zahl und Abgabe der zuwachssteuerpflichtigen Arbeiter zu, welche gerade *dieses* Grundstückes zu ihrer Produktion bedürfen, resp. es nimmt der Anteil des allgemeinen Volkseinkommens zu, welcher gerade auf *dieses* Grundstück entfällt. Es besteht also kein Unterschied der Qualität zwischen Landrente und Hausrente; die scheinbar plötzlichen ungeheuren Wertsteigerungen der letzteren bezeichnen nur die Differenz zwischen zwei Punkten einer sehr schnellen Aufwärtsbewegung des Bodenwertes in rapide wachsenden Großstädten; und werden außerdem noch durch sehr hoch bewilligte „Spekulationsraten" vergrößert, welche einen Teil der in Zukunft sicher zu erwartenden weiteren Wertsteigerung vergüten.

Jedenfalls wird mit Entstehen der Bodenleihe in den Städten die Zahl der Zuwanderung vom Lande die Resultante vier verschiedener Kräfte: die Druckdifferenz zwischen Stadt und Land (d. h. das Gefälle, mit welchem die Landbevölkerung einströmt) wird *vermehrt* von seiten der Stadt durch die Steigerung der Produktivität und von seiten des Landes durch die „Zuwachsrente"; und diese Druckdifferenz wird immer sofort in statu nascendi ausgeglichen von seiten des Landes durch die Steigerung des natürlichen Marktpreises für Korn und von seiten der Stadt durch die Bodenmiete.

Da die Ausgleichung der, aus der wachsenden Produktivität der Stadt entstandenen, Druckdifferenz durch die Steigerung des natürlichen Marktpreises den Gesetzen der „reinen Ökonomie" unterworfen und daher schon erörtert ist, so interessiert uns hier nur, inwiefern das Verhältnis der beiden *pathologischen* Faktoren die Richtung und Masse der Wanderung beeinflußt.

Es sind drei Fälle mathematisch denkbar:

I. Die Drucksteigerung in der Stadt ist größer, als auf dem Lande. Dann würde sich offenbar die Wanderung umkehren müssen; und die städtischen Bodeneigentümer erhielten nicht nur überhaupt keine Mieter, sondern würden auch noch durch das Absinken der allgemeinen Produktivität geschädigt. Eine so hohe Stadtmiete ist also undenkbar.

II. Die Drucksteigerung in der Stadt wäre genau so groß, wie die auf dem Lande. In diesem Falle hätten wir nicht den Fall *einseitiger* dauernder, sondern *gleichseitiger* dauernder Drucksteigerung über beiden Abteilungen der Volkswirtschaft. Dann würde das Gleichgewicht der Organe und ihrer Funktionen nicht gestört; die Verteilung der Bevölkerung auf Stadt und Land, die Preisgestaltung usw. würden den Verhältnissen der „reinen Wirtschaft" sehr ähnlich sein, nur daß auch hier die bevorrechtete Klasse der Nur-Konsumenten vorhanden wäre, die dort fehlte. Die *gesamte* Ab- und Auswanderung würde sich in den Grenzen halten, wie sie der Physiologie zukommen; nur, daß die Luxusnachfrage der Nutznießer sie mehr in die primären und weniger in die sekundären Städte treiben würde, als unter reinen Verhältnissen.

Kurz und gut: unsere ganze Deduktion, welche auf der Annahme eines *einseitigen*, dauernd wachsenden Druckes beruht, würde in sich zusammenfallen, wenn die städtische Bodenmiete den Druck auf die Stadt immer um genau ebensoviel vermehren würde, als die Zuwachsrente den auf dem ländlichen Großgrundeigentum lastenden Druck.

Eine einfache Überlegung zeigt aber, daß das ganz unmöglich ist, daß der *dritte* Fall Wirklichkeit ist, wonach der Druck in der Stadt *geringer* ist, als auf dem Lande; und zwar, weil selbst bei der dichtesten Bevölkerung, die irgendein Land ernähren könnte, das Angebot von Land zu *Wohn*zwecken immer die Nachfrage ganz ungeheuer übersteigen muß, während umgekehrt aus den geschilderten Gründen die Nachfrage nach Land zu landwirtschaftlichen Produktionszwecken ungeheuer hinter dem Angebot zurückbleibt. Es konkurrieren nicht nur die vielen Einzeleigentümer einer Stadt, sondern auch die Städte untereinander, und zuletzt noch die in der Nähe der Städte begüterten Landeigentümer um den kostbaren Menschenstrom, welcher allein den Wert ihres Eigentums vermehren kann. Sie unterbieten sich so weit, daß ihnen eben nur noch ein Vorteil bleibt. Die dem produzierenden *Volke* auferlegte städtische Zuwachsrente ist infolgedessen verhältnismäßig gering.

Es sei hier sofort bemerkt, daß die enormen Mieten, welche *vorübergehend* bei überstarker Zuwanderung gezahlt werden, keine „Zuwachsrente" darstellen, sondern eine *rein ökonomische* Bildung sind, und zwar eine hohe Preissteigerung von Wohnräumen, (*nicht* von baufähigem Lande), weil die Nachfrage das Angebot plötzlich sehr stark übersteigt. Solche Wohnungsnot verschwindet denn auch sehr schnell durch Herstellung von Neubauten; wir aber sprechen hier nur von *dauernden* Erscheinungen; und wenn freilich der Bodeneigentümer auch in diesem Falle den Vorteil hat, so ist doch dieser Gewinn Konjunktur- und nicht Monopolgewinn.

Und ferner sei hier vorweggenommen, daß die enormen Mietgewinne, welche in den bevorzugten Gegenden einer Großstadt erzielt werden, nicht unmittelbar von der *produktiven Arbeit* erhoben werden, sondern nur mittelbar: es ist der Anteil, welchen sich das Bodeneigentum an dem pathologischen *Unternehmergewinn* sichert; er wird ermöglicht durch den Charakter des patholo-

Systematischer Teil

gischen Wettbewerbs, der entarteten Konkurrenz. Wir werden an der geeigneten Stelle auseinandersetzen, daß in der reinen Gesellschaft nicht nur die Bildung der hypertrophischen Riesenstädte, sondern auch die Ausgestaltung einer auf Reklame und begünstigte Läden etc. angewiesenen *Konkurrenz* unmöglich ist.

Kehren wir jetzt zu unserer Untersuchung zurück, so hat sich also ergeben, daß die städtische Bodenrente den wirtschaftlichen Druck *nicht* um so viel vermehren kann, daß die Druckdifferenz gegen das Land aufgehoben würde. Es besteht also in der Tat ein *einseitiger*, dauernd wachsender Druck: und so bleiben unsere Schlüsse bestehen. *Qualitativ* ist alles, wie oben geschildert: nur *quantitativ* wird die Bevölkerungsverschiebung geringer sein, als bei der Annahme mietfreien Zugangs zum Stadtboden, die wir oben gemacht hatten: es stellt sich die städtische Bodenrente heraus als eine an sich zwar krankhafte, aber im Sinne der Kompensation einer primären Krankheit heilsame, sekundäre (reaktive) Veränderung eines korrespondierenden Organs, eine in der menschlichen Pathologie überaus häufige Erscheinung.

Die Ausbildung eines Wertes an sich und bald auch eines *bezifferbaren* Verkehrswertes des städtischen Baulandes ruft nun aus den schon zweimal geschilderten, rein ökonomischen Ursachen ebenso wie bei dem adligen Großgrundeigentum und dem bäuerlichen Gutseigentum eine fortwährend an Schuldsummen und Zinslast wachsende Hypothekarverschuldung hervor; ebenso wie dort entwickelt sich eine weitgehende Differenzierung der Vermögen und Einkommen, deren Extreme auf der einen Seite ein verarmtes Stadtproletariat, und auf der anderen eine im Genuß mächtig aufgehäuften Besitzes üppige patrizische Aristokratie darstellen. Auch hier entstehen reine Rentner, die ihr arbeitsloses Einkommen aus dem Zinsgenuß abgezweigter Teile der Zuwachsrente, aus Hypotheken, beziehen.

Hier nun liegt die Hauptwurzel einer zwar auf dem Boden der Allgemeinkrankheit, aber doch aus tatsächlich physiologischen, d. h. rein tauschrechtlichen Ursachen wachsenden ökonomischen Übermacht, des *Kapitalismus*, des *Unternehmertums*.

Wir haben im vorigen Kapitel gezeigt, daß Unternehmertum und Unternehmergewinn an sich der reinen Tauschwirtschaft angehören. Wir fanden, daß die Form der geschäftlichen Einzelunternehmung überall da neben der Produktivgenossenschaft ihre Berechtigung hat, wo die Natur eines Betriebes die Ko- und Subordination einer Anzahl arbeitsteilig verbundener Kräfte erfordert. Wir fanden weiter, daß diejenige Steigerung der geschäftlichen Rentabilität und Produktivität, welche der verantwortliche Leiter durch *Einkauf* an der besten Quelle, *Leitung* des Produktionsprozesses auf der Linie der geringsten Reibung und *Verkauf* auf dem besten Markte erzielt, daß dieser „Unternehmergewinn" in der Tat nur *Arbeitsertrag* einer hoch qualifizierten Kraft und darum nach reinem Tauschrecht legitim ist, da er verbleibt nach einer Entlohnung der Hilfskräfte, welche keinerlei „Mehrwert" abzieht.

Außer aus diesem „Unternehmer-Arbeitslohn" besteht, solange die private Kapitalbildung noch nicht durch die gesellschaftliche ersetzt ist, das Einkommen des Unternehmers der reinen Wirtschaft noch aus dem Zinse und der Risikoprämie für sein eingesetztes Kapital. Aber dieses Einkommen ist nicht „Unternehmergewinn"; wenn der Unternehmer mit Leihkapital arbeitet, so erhält ja diesen Teil der Darleiher.

Erinnern wir uns nun der Wirkung, welche eine starke Vermehrung der Produktivität in einer einzelnen Unternehmung in der „reinen Wirtschaft" hatte. Es war z. B. der Markt einer Stadt so weit gewachsen, daß in einem Gewerbe, sagen wir der Weberei, die tertiäre Arbeitsteilung vereinigter Handwerker in einer Werkstatt unter Leitung eines Unternehmers Platz greifen konnte, die *Manufaktur*. Schon dadurch wurde die Produktivität jeder einzelnen Arbeitskraft stark gesteigert, einmal, weil an den Bau- und Unterhaltskosten (Licht, Heizung, Amortisation, Versicherung etc.) der *einen* Werkstatt viel weniger an Produktionskosten in Abzug zu bringen war, als bei vielen getrennten Werkstätten; weil ferner der Einkauf der Rohstoffe en gros und der Vertrieb unter günstigeren Bedingungen und mit weniger Verlust an nutzbarer Arbeitszeit geschehen konnte; und schließlich, weil die spezialisierte Beschäftigung der einzelnen Arbeiter mit einfacheren Handgriffen, weil die Ersparung der Zeit, welche mit dem Wechsel der Arbeit und des Werkzeugs, mit der Willensanpassung an den neuen Handgriff verbunden ist, auch eine auf die Zeiteinheit des *eigentlichen* Fabrikationsprozesses entfallende größere Leistung ermöglichte.

Damit war die erste Stufe der Großindustrie erreicht. Die vielgestaltige Tätigkeit des Urhandwerkers konnte von einer mechanischen Vorrichtung unmöglich übernommen werden, aber der stets wiederholte *eine* Handgriff des spezialisierten Manufakturarbeiters konnte von der Maschine ausgeführt werden, und die Maschine, erst jetzt möglich geworden, trat als gewaltiger revolutionierender Gehilfe in die Produktion ein. Die Produktivität der mit dem neuen Werkzeug bewaffneten Arbeitskraft schnellte mächtig in die Höhe.

Wie verteilt sich in der „reinen Wirtschaft" der Produktionsertrag? Nun, genau wie in der pathologischen! Der Besitzer der Maschine zahlt seinen Arbeitern ihren „Lohn" und behält den ganzen Überschuß über Löhne und Produktionskosten für sich. Nur ist der Lohn dort identisch mit dem Ertrage der Arbeit, während er in der kranken Wirtschaft identisch ist mit der „konzessionierten Komfortbreite." Was der Unternehmer dem Erfinder und Erbauer der Maschine zahlt, gehört gleichfalls zu den „Löhnen," was er übrig behält, ist reiner, legitimer Arbeitsertrag.

Wie wirkt die technische Revolution nun auf die Gesamtwirtschaft zurück? Es sind zwei extreme Fälle denkbar: entweder handelt es sich um einen Artikel, dessen Verbrauch nicht steigerungsfähig ist, oder um einen solchen, dessen Verbrauch beliebig steigerungsfähig ist.

Im ersten Falle, wenn also eine Steigerung des Verbrauches pro Kopf nicht eintreten kann, vernichtet die Fabrik schnell die älteren Produktionsformen dieses Gebietes. Sie kann, um in unserem Beispiel zu bleiben, den Handweber unterbieten. Das heißt mit anderen Worten: der Verbraucher zahlt für einen Teil der Bedürfnisse seiner Komfortbreite weniger, als zuvor; ein entsprechender Teil seiner eigenen Produktion wird frei und *kommt als Nachfrage auf den Markt* als Nachfrage nach Waren anderer Art. Derselbe Prozeß, der diese Nachfrage freigesetzt hat, hat aber auch die zu ihrer Befriedigung erforderlichen Arbeiter freigesetzt; sind diese Arbeiter durch die plötzliche Verbilligung ihres Produktes einen Augenblick auf einen Ort gesteigerten wirtschaftlichen Druckes geraten, so öffnet sich in demselben Augenblick neben ihnen ein neues Minimum, in welches sie einströmen können. Allmählich werden nun durch die zugreifende Konkurrenz die Konjunkturgewinne des ersten Unternehmers auf das durchschnittliche Niveau gedrückt, während gleichzeitig die Komfortbreite der sämtlichen Verbraucher und ihre freigesetzte Nachfrage nach anderen Waren entsprechend wächst: und das Resultat ist schließlich wieder das volle Gleichgewicht, *aber auf höherem Niveau jedes Einkommens.* Das heißt, es ist während dieser ganzen Entwicklung die Komfortbreite aller „Arbeiter" fortwährend gewachsen. Jede neue Vermehrung der Produktivität durch technische Fortschritte hat das gleiche Ergebnis: und so wächst der Lohn unselbständiger Arbeiter in voller Parallelität mit der Ergiebigkeit ihrer Leistungen.

Im zweiten Falle, wenn der Verbrauch steigerungsfähig ist, wird die ganze, bisher mit minderwertigen Werkzeugen bewaffnete Arbeiterschaft des betreffenden Gewerbes allmählich mit dem vervollkommneten Werkzeuge ausgestattet, vielleicht werden sogar noch anderen Gewerben Arbeitskräfte entzogen. Auch dadurch wächst die Komfortbreite sämtlicher Verbraucher und mit ihr nach dem Gesetze der Strömung diejenige der in der neuen Produktion tätigen Arbeiter, so daß auch hier ihr Lohn mitsteigt. Da keine Arbeiter freigesetzt sind, so brauchen sich in diesem Falle keine neuen Gewerbe zu eröffnen, können es auch nicht, weil die freigewordene Nachfrage der Verbraucher sich an Waren *derselben* Art sättigt.

Unter den pathologischen Verhältnissen wachsenden, einseitigen Druckes wird nun aber dieser gesunde und heilsame Entwicklungsprozeß unheilbar gestört.

Es sind nämlich als Folge der übermäßigen Abwanderung vom Lande jederzeit Arbeitskräfte auf dem Markte zu haben, die für ein ganz bestimmtes, niemals steigerungsfähiges Fixum von 1.000 Geldstücken zum Arbeitsdienst bereit sind. Wenn jetzt in der Manufaktur oder Fabrik die Produktivität der einzelnen Arbeitskraft stark vermehrt wird, so fließt, genau wie in der „reinen Wirtschaft", der gesamte Überschuß dem Unternehmer zu, der sich mit Ingenieur und Kapitalisten abzufinden hat: *aber, und das ist das entscheidende, das Einkommen des Arbeiters wächst nicht mit der Produktivität mit, sondern bleibt ewig bei seinem Fixum, der „konzessionierten Komfortbreite".*

Zwar wird auch hier das Bedürfnis des Verbrauchers, zunächst des Tagelöhners im Großgutsbezirk, billiger befriedigt, als zuvor; aber darum wächst nicht *seine* kaufkräftige Nachfrage, sondern lediglich die „Zuwachsrente" des Großgrundeigentümers. Und so wächst auch freilich die Luxusnachfrage dieses Rentners, aber die neu entstandene Druckdifferenz treibt so viel Landbewohner in die Stadt, daß in der Konkurrenz um die Arbeitsgelegenheit der städtische Lohnarbeiter doch nur immer die konzessionierte Komfortbreite erlangen kann, während der Vorteil der gewachsenen Nachfrage zunächst dem Unternehmer zufließt.

Das ist der Unternehmergewinn der pathologischen Gesellschaft. Er enthält neben dem legitimen Bestandteil der reinen Wirtschaft, dem Lohn qualifizierter Arbeit, noch einen Anteil aus der Zuwachsrente, den „Mehrwert".

Jedoch ist dieser Mehrwert flüchtiger Natur. Er geht schnell verloren. Wir sprechen hier nicht von der Ermäßigung der Gewinne, welche durch die einsetzende Konkurrenz erfolgt, wenn eine technische Verbesserung eingeführt worden ist; denn die ersten Gewinne aus einer siegreichen neuen Organisation resp. einem neuen Werkzeug sind nicht Mehrwert, sondern Arbeitsgewinn resp. Konjunkturengewinn, Risikoprämie. Aber der eigentliche Mehrwert, d. h. die Differenz zwischen dem Arbeitsertrage und dem Lohne der Arbeiter, wird bald ganz verschlungen von der *Bodenrente.*

Diese Tatsache wird dadurch verschleiert, daß die Unternehmer, wenigstens die großen, meistens selbst Eigentümer des Bodens sind, auf dem sie produzieren lassen. Sie wird es noch mehr durch den kaufmännisch vielleicht richtigen, nationalökonomisch aber unsinnigen Gebrauch großer Werke, ihre Grundschuld ganz oder fast ganz abzuschreiben. So erscheint in den Einnahmen als Mehrwert, was im Grunde Bodenmiete ist. Wenn die Kruppschen Werke einmal als Debetposten in ihre Bilanz einstellen wollten, was sie an Miete zahlen müßten, wenn der Grund und Boden einem fremden Eigentümer gehörte; wenn sie ferner den Zins des wirklich noch nicht amortisierten, nicht bloß des noch zu Buch stehenden Anlagekapitals einsetzen würden: wieviel „Mehrwert" würde dann wohl übrigbleiben, trotz der Monopolstellung, welche das Rieseninstitut besitzt?!

Wo aber der Unternehmer *Mieter* ist, da zeigt es sich klar, daß das Bodeneigentum ihm gerade so wie dem britischen Großpächter sein gesamtes Einkommen aus Mehrwert abnimmt und ihm nur seine „legitimen" Einnahmeposten der reinen Wirtschaft läßt, indem es ihn von Periode zu Periode durch „Steigerung" der Zuwachsrente beraubt. Es ist eine der wunderlichsten Verirrungen des menschlichen Geistes, daß Marx und seine ganze Schule diese Tatsache so wenig erkannt haben, wie alle ihre Vorgänger.

Nachdem wir so den Begriff und das Schicksal des „Unternehmers" in der pathologischen Wirtschaft gezeichnet haben, wollen wir uns der näheren Betrachtung der Frage zuwenden: *woher stammt der Unternehmer?*

Wir sollten besser fragen: woher stammt das Unternehmerkapital? Denn je mehr die Wirtschaft vorschreitet, je kostspieliger die technische Ausstattung konkurrenzfähiger Betriebe wird, um so mehr treten die *persönlichen* Eigenschaften, welche den Unternehmer ausmachen, d. h. eine durch kaufmännische Geschicklichkeit oder organisatorische Strategenbegabung oder technische

Leistungsfähigkeit hoch qualifizierte Arbeitskraft – zurück gegen das Akzidens der *Kapitalausstattung*.

In der „reinen Wirtschaft", namentlich auf niederer Stufe der Arbeitsteilung und technischen Ausstattung, kam dieses Akzidens kaum in Betracht. Fast jeder Bürgersohn, der selbständiger Meister werden wollte, jeder Bauernsohn, der der Stadt zuwanderte, brachte wohl aus den Ersparnissen seines Elternhauses oder den eigenen der Gesellenzeit genug „Kapital" zur Selbständigkeit mit. Denn man darf nicht vergessen, daß die Zeit einer durchschnittlich noch schmalen Komfortbreite auch die Zeit geringer technischer Ausstattung ist, so daß, wenn wenig Kapital erspart werden kann, auch wenig Kapital genügt. Wenn sich später bei steigender Technik die Größe des nötigen Anlagekapitals stark vermehrt hätte, so wäre vielleicht in diesem Stadium schon die gesellschaftliche Kapitalbildung an Stelle der privaten getreten, und somit alle Schwierigkeiten aus dem Wege geräumt gewesen.

Aber selbst, wenn das noch nicht der Fall gewesen wäre: in der reinen Gesellschaft wäre auch der private Kredit für jeden leicht zugänglich gewesen. Die Unmöglichkeit von Krisen, die Sicherheit, daß jeder fleißige und ordentliche Arbeiter bei immer steigendem Niveau sein Einkommen haben muß, hätte die privaten Kapitalien leicht in den Dienst jedes Mannes gestellt, der die persönliche Kreditfähigkeit durch seine Kenntnisse und seinen Charakter besaß, zumal mit steigender Komfortbreite jedes einzelnen die Produktion von Kapital stets mit dem Bedarf mindestens gleichen Schritt halten mußte.

Von alledem ist in der pathologischen Wirtschaft keine Rede. Die ungeheure Mehrzahl derjenigen, welche zum Alter der Selbständigkeit gelangen, haben weder vom Elternhause her eine Mitgift, noch haben sie während der eigenen Lehrzeit aus der schmalen Komfortbreite nennenswerte Ersparnisse zurücklegen können. Je höher die Anlagekapitalien werden, um so mehr bleibt die Kapitalbewaffnung der Masse zurück: und so wird die Unternehmung nahezu zum Monopol einer bestimmten Schicht der Bevölkerung.

Es sind das zunächst die sämtlichen Nutznießer der „Zuwachsrente" in Stadt und Land, und zwar sowohl die Inhaber des juristischen Eigentumstitels selbst, als auch die mit festen Anteilen an der Zuwachsrente versehenen Inhaber der realen Schuldverschreibungen. *Diese* Kapitalien verdanken also ihr Dasein dem „*Nomadenrecht*", dem, was Karl Marx „die ursprüngliche Accumulation" nennt. *Damit aber mischen sich, juristisch davon nicht zu trennen, andere Kapitalien, welche aus dem legitimen Tauschrecht entstanden sind*: es sind dies die Ersparnisse, welche „Arbeiter" jeder Art aus ihrer Komfortbreite gemacht haben, seien es leichte Ersparnisse aus der mächtigen Komfortbreite einer hoch qualifizierten Kraft, eines Ingenieurs, Künstlers, freien Gelehrten, seien es die mühseligen Ersparnisse aus der schmalen Komfortbreite eines durchschnittlichen, „konzessionierten" Einkommens. Dazu kommen die Ersparnisse aus der Komfortbreite der halb im Tauschrecht, halb im Nomadenrecht stehenden unproduktiven Berufe: Höflinge, Diener, Mätressen etc. Da nun legitime Ersparnisse sehr häufig zum Erwerb von Großgrundeigentum und städtischem Hausbesitz verwandt werden, da städtische Zuwachsrente in Gemeinschaft mit den Konjunkturen und Arbeitsgewinn städtischer Unternehmer ländliche Hypotheken oder die Güter selbst erwirbt, und ländliches Rentenkapital sich wieder in städtische Unternehmungen einsetzt: so entsteht eine so innige Verflechtung von im Sinne der reinen Wirtschaft legitimem und illegitimem Kapital und Grundvermögen, daß kein Mensch mehr im Einzelfalle das eine vom anderen scheiden kann. Und so wird es begreiflich, daß die eine Schule der Nationalökonomie im Kapital das Werkzeug des Segens, die andere den Urquell allen Fluches erblickt – und daß beide Recht haben, der eine mit seinem „Entbehrungslohn", und der andere mit seinem bitteren Spott über die Millionäre, die bei Sekt und Austern Entbehrungsersparnisse machen.

Die Schicht der Kapitalisten-Unternehmer ist also nach unten hin nicht hermetisch geschlossen.

Es *kann* eine sehr hoch qualifizierte Kraft immer einmal hineindringen; nur wird es immer schwerer, je höher die für eine erfolgreiche Selbstständigkeit erforderlichen Mittel mit der fortschreitenden Technik werden. Nur wird es ferner immer schwerer, je mehr Kapital schon die *Vorbildung* eines künftigen Unternehmers erfordert; mit dem Steigen der Ansprüche an Wissen und erprobte vielseitige Erfahrung, welche heute im Kampfe um die wirtschaftliche Existenz gestellt werden müssen, geht der kapitallosen Arbeiterschaft fast auch noch die letzte geringe Aussicht verloren, sich emporzuarbeiten. Der Wettkampf zwischen dem armen ungebildeten Sohne des Volkes und dem vortrefflich vorgebildeten, mit Kapital reich ausgestatteten Sohne der oberen Klassen wird mehr und mehr zum Wettlauf zwischen einem Fußgänger und dem Reiter eines Vollblutpferdes; der Läufer *kann* immer noch einmal siegen: aber die Zahl der mit *solchen* Lungen und Schenkeln Ausgestatteten ist doch äußerst klein.

Es hebt sich also höher und höher über die Arbeiterschaft eine durch Bildung und Kapitalbesitz nach unten hin immer schärfer abgegrenzte *Herrenschicht*, ein *neuer Adel*, das Unternehmertum, die „Schlotbaronie". Und gleichzeitig nimmt der wirtschaftliche Wettbewerb einen Charakter an, welcher aus dem legitimen Wettbewerb der reinen Wirtschaft eine Karikatur macht und die furchtbarsten Erscheinungen der modernen Wirtschaft hervorruft: nach der rein *ökonomischen* Seite die „Krisen" mit ihrem entsetzlichen Gefolge, dem Arbeiterelend und dem verzweifelten Kampf um die wirtschaftliche Existenz innerhalb der Unternehmerklasse; nach der *ethischen* Seite hin die unlautere Konkurrenz, die Schwindelmanöver, die betrügerischen Bankrotte, die Börsenexzesse, die Preßskandale der modernen Unternehmerklasse und das Verbrechen, die Prostitution der modernen Arbeiterklasse; nach der *hygienischen* Seite hin die furchtbare Steigerung der Wahnsinnsstatistik bei der herrschenden Schicht, die grauenhafte Kinder- und Arbeitersterblichkeit bei der beherrschten.

Mit dieser Entwicklung werden wir die reine Deduktion der städtischen Verhältnisse beenden dürfen.

Das Wesen der *entarteten* (pathologischen) *Konkurrenz* und ihr Wesensgegensatz gegen den „reinen Wettbewerb" ist, soweit ich sehen kann, zum erstenmale begrifflich klar in einer systematischen Unterscheidung erkannt worden, welche von mir in die Theorie eingeführt worden ist.

Ich denke, die schwierige Materie am klarsten darstellen zu können, wenn ich die Entwicklung des Gedankens *historisch* berichte:

Als ich in meiner „Siedlungsgenossenschaft" daran ging, das Genossenschaftswesen systematisch neu zu fundamentieren, fand ich die bekannte Einteilung in distributive und produktive Genossenschaften vor. Man rechnete zu der ersten Form den Konsumverein, die Kredit-, Rohstoff-, Werk-, Magazin- und Baugenossenschaft, zu der letzten die Produktivgenossenschaft. Diese Einteilung erwies sich als unhaltbar. Denn es war ohne weiteres klar, daß die Magazingenossenschaft in *eine* Gruppe mit der Produktivgenossenschaft gehöre, weil sie derselben Verwandlung in eine „parasitäre", kapitalistische Unternehmungsform unterliegt, welche ich als „Transformation" bezeichnet habe.

Dadurch aufmerksam geworden, fand ich weiter, daß die geltende Einteilung auf einer wissenschaftlich unhaltbaren Deutung der Worte: Produktion und Distribution beruhte. Man hatte den logischen Schnitzer der „quaternio terminorum" begangen. Das Wort „Distribution" hat zwei verschiedene Bedeutungen: „In seiner einen Bedeutung steht es der Produktion scharf gegenüber. Bezeichnet hier das Wort: *Produktion* das Zu-Markt-Bringen der Erzeugnisse eines ganzen Kulturkreises, so erschöpft das Wort *Distribution* hier den ganzen Rest wirtschaftlicher Beziehungen, indem es die *Gesetze* umschließt, nach welchen sich die Verteilung dieser Erzeugnisse auf die Einzelnen vollzieht. Diese Gesetze haben nicht das geringste zu tun mit jenen Einrichtungen, die man nun ebenfalls als ‚Distribution' bezeichnet und welche nicht mehr umfassen, als den Akt der *Aushändigung* jener durch die Gesetze der *anderen* ‚Distribution' bestimmten Anteile."[1]

Dieser Akt der „Aushändigung" gehört nun aber nach dem übereinstimmenden und zweifellos richtigen Urteil aller Systematiker zur „Produktion", welche alle Tätigkeiten der Bearbeitung und Bewegung des Stoffes umfaßt, bis das Produkt in den Besitz des *letzten wirklichen Verzehrers* gelangt ist. Dazu gehört auch der Verkauf im Laden usw.

Es sind also „Distribution" in diesem mißbräuchlichen Sinne und „Produktion" nur Teile derselben wirtschaftlichen Tätigkeit; es existiert kein Gegensatz, und so läßt sich auch darauf keine systematische Einteilung gründen.

Als richtige Einteilung ergab sich mir: Genossenschaften solcher wirtschaftenden Subjekte, welche Waren *durch Kauf* vom Markte nehmen, um sie innerhalb ihres Kreises weiter zu verteilen; – und Genossenschaften solcher wirtschaftenden Subjekte, welche innerhalb ihres Kreises Waren herstellen, um sie *zum Verkauf* auf den Markt zu bringen. Kurz: Genossenschaften von *Käufern* und von *Verkäufern*.[2] Zu den letzteren zählen Produktiv- und Magazingenossenschaft, zu den ersteren die übrigen fünf Formen.

Indem ich nun den Ursachen nachging, welche es verschulden, daß nur die *Verkäufer*genossenschaften der „Transformation" unterliegen, kam ich darauf, den Unterschied zwischen „Käufer" und „Verkäufer" begrifflich schärfer zu fassen, als bisher in der nationalökonomischen Systematik geschehen ist; *und ich glaube in der Tat, damit den Schlüssel der letzten systematischen Rätsel gefunden zu haben.*

Ich werde ziemlich wörtlich zitieren:

„Der Unterschied (zwischen Käufer und Verkäufer) bedingt einen tiefen *Gegensatz*. Denn nichts in der Wirtschaft steht sich schroffer gegenüber als das Interesse des Käufers und des Verkäufers. Ist doch das Widerspiel dieser beiden Interessen die bewegende Kraft, die durch Angebot und Nachfrage die Preise bestimmt, die Produktion regelt und die Verteilung der Produkte ausführt.

Der erste Gegensatz liegt auf der Hand. Vulgär ausgedrückt: der *Käufer* will möglichst *billig ein*kaufen, der *Verkäufer* möglichst *teuer ver*kaufen. Wissenschaftlich ausgedrückt: der Käufer will dem Verkäufer einen möglichst geringen Profit *bewilligen*; der Verkäufer vom Käufer einen möglichst hohen Profit *erhalten*.

Damit aber ist der Gegensatz nicht erschöpft:

Des Käufers Interesse ist mit dem Preise einer *sehr großen* Anzahl von Warenarten verknüpft, die er zur Befriedigung seiner verschiedenen Bedürfnisse eintauschen muß.

Des Verkäufers Interesse ist mit dem Preise nur einer *einzigen* Warenart verknüpft, derjenigen, welche er herstellt, um sie gegen die Befriedigungsmittel seiner Bedürfnisse zu vertauschen.

Weil des Käufers Interesse mit sehr viel verschiedenen Waren verknüpft ist, ist es mit dem Preise der *einzelnen* Ware nur sehr lose verknüpft. Ja, brauchte der Käufer gleiche Wertmengen von *allen* Warenarten, so würde ihm der Preis der *einzelnen* Ware sehr gleichgültig sein; denn ein Steigen des Preises der einen Ware, weil die Nachfrage das Angebot übersteigt, kann nur möglich sein, weil in einer anderen Ware das Angebot überwiegt, also dort der Preis sinkt. – Da aber der einzelne Käufer nicht von allen Warenarten und nicht gleiche Wertmengen braucht, so kann ihn ein starkes Sinken der Preise für *seine* hauptsächlichen Befriedigungsmittel in einen höheren Komfort, das Steigen derselben in einen niedrigeren Komfort versetzen. Sinkt der Preis

---

[1] Oppenheimer, Siedlungsgenossenschaft, S. 123.
[2] Ebenda, S. 42 und 126.

für unentbehrliche Befriedigungsmittel, so wird er sekundäre Bedürfnisse befriedigen, steigt der Preis, so wird er sekundäre unbefriedigt lassen. Steigt Wolle im Preise, so wird er sich in Leinwand oder Baumwolle kleiden; steigt Korn im Preise, so wird er sich mit Kartoffeln sättigen. So kann er entbehren, vielleicht hart entbehren, wenn er gewohnte Bedürfnisse gar nicht oder nur mit ungewohnten Mitteln befriedigen kann; aber er beherrscht, so weit seine Kaufkraft reicht, den ganzen Warenmarkt, und seine Existenz ist unter gewöhnlichen Umständen nicht bedroht, solange es noch ein *Ersatzmittel* für die, ihm durch die Preissteigerung unzugänglich gewordenen, Befriedigungsmittel gibt.

Des Verkäufers Interesse ist ein ganz verschiedenes. Es ist mit dem Preise einer *einzigen* Ware und darum unlösbar verknüpft. Steigt dieser Preis, so vermindert kein Sinken eines anderen Warenpreises seinen Vorteil, denn er ist mit den anderen Preisen durch sein Interesse als Verkäufer nicht verknüpft. Im Gegenteil! Dieser Preissturz der anderen Waren kommt ihm in doppelter Beziehung zugute, in seiner Eigenschaft als *Verkäufer*, weil dadurch die allgemeine Kaufkraft für seine eigenen Waren größer wird; und als *Käufer*, weil er sein eigenes Bedürfnis nach jenen anderen Waren billiger decken kann.

Fällt aber der Preis seiner eigenen Ware, so ist nicht sein *Komfort*, sondern seine *Existenz* in Frage. Für ihn gibt es kein Ersatzmittel. Er beherrscht den Warenmarkt einzig und allein mit seinem Produkt, das seine Kaufkraft bedingt.

Und der dritte Gegensatz ist folgender:

Der Profit, den der Käufer möglichst vermindern, und der Profit, den der Verkäufer möglichst vermehren will, sind zwei ganz verschiedene Dinge.

Dem Käufer liegt nur daran, die auf die Wareneinheit entfallende *Rate des Profits* herabzudrücken. Damit ist sein Vorteil erschöpft. Er kann nicht mehr Einheiten einer bestimmten Ware verzehren, als das Verhältnis seiner Bedürfnisse zu seiner Kaufkraft bestimmt. Beides ist *individuell* eng begrenzt, und damit der Vorteil, den er am Einkauf einer bestimmten Ware erringen kann.

Dem Verkäufer aber liegt am *Gesamtprofit*, d. h. es liegt ihm nicht nur daran, die auf die Wareneinheit entfallende Rate des Profits zu erhöhen: damit ist sein Vorteil nicht erschöpft. Sondern er will auch *soviel wie möglich von diesen Profitraten* für sich gewinnen. Er strebt danach, so viel Einheiten seiner Ware zu verkaufen, als die *gesamten* Käufer aufnehmen können. Das ist zwar auch eine Begrenzung, aber eine *gesellschaftliche* und ungeheuer weite, ist für den einzelnen praktisch unbegrenzt."[1]

Wenn man diese Charakteristik des Verkäufers in der heutigen *kapitalistischen* Wirtschaft mit derjenigen des Verkäufers in der „reinen Wirtschaft" vergleicht, so stellt sich heraus, daß sie nur in einem einzigen Punkte übereinstimmen, nämlich darin, daß der Käufer möglichst billig einkaufen, der Verkäufer möglichst teuer verkaufen will. Den Ausgleich zwischen diesen anscheinend unvereinbaren Ansprüchen vollzieht die „Strömung zum Gleichgewicht", indem bei überwiegendem Angebot die Verkäufer sich unterbieten, bei überwiegender Nachfrage die Käufer sich überbieten; weil dadurch dort Arbeitskräfte abgestoßen, hier angezogen werden, stellt sich das Niveau zwischen Nachfrage und Angebot, zwischen den Einkommen der gesamten Wirtschaft ins Gleichgewicht.

Dieser Gegensatz gehört also der „reinen Wirtschaft" an.

In allem übrigen aber gleicht der *Verkäufer* der reinen Wirtschaft dem *Käufer* der kapitalistischen (und der reinen) Wirtschaft:

---

[1] Ebenda, S. 126f.

In der „reinen Wirtschaft" ist auch des *Verkäufers* Interesse nicht unlösbar mit dem Preise einer *einzigen* Ware verknüpft. Sinkt der Preis *seiner* Erzeugung dauernd unter das allgemeine Niveau, so gerät er zwar, wie oben gezeigt, für einen Augenblick auf einen Ort wirtschaftlichen Überdrucks; aber es eröffnet sich durch denselben Prozeß unmittelbar ein Ort minderen Drucks, das Minimum eines neuen Gewerbes, das ihn aufnimmt: und der ganze Verlauf endet schließlich mit einer *Erhöhung* seines Einkommens, weil die Gesamt-Komfortbreite gewachsen ist. Er hat also jederzeit *Ersatzmittel*, wie der Käufer, und seine *Existenz* ist nicht bedroht. [In Parenthese sei bemerkt, daß ein solcher Wechsel der Beschäftigung nicht damit als unmöglich nachgewiesen wird, daß ein Violinist nicht Grobschmied und ein Goldarbeiter nicht Gärtner werden kann. Erstens wird der Preissturz nicht sofort die sämtlichen Erzeugnisse einer großen Gewerbeabteilung ergreifen, sondern nur einzelne Branchen, so daß der Bandweber z. B. zur Tuchweberei, der Knopfdrechsler zur Möbeldrechslerei übergehen kann usw. Zweitens ist zu erwägen, daß, je mehr *Maschinen* verwendet werden, der Übergang sogar von einer großen Gewerbeabteilung zur anderen verhältnismäßig immer leichter wird, da die Handgriffe schnell zu erlernen sind; und drittens, daß die Ausgleichung selbst sehr grober und durch Beschäftigungswechsel nicht ohne weiteres auszugleichender Druckunterschiede in den einzelnen Gewerben sehr schnell dadurch erfolgt, daß der *Nachwuchs* sich den begünstigteren Branchen mehr zuwendet, als den daniederliegenden. Die häufige Gepflogenheit, die Smithsche Theorie des Ausgleichs durch Strömung mit der Schwierigkeit des Berufswechsels ad absurdum zu führen, ist einer der schlagendsten Belege für die hilflose Verlegenheit der Gegner dieser grandiosen Lehre.]

Und ebenso gleicht der Verkäufer der reinen Wirtschaft dem Käufer der kapitalistischen Wirtschaft in seinem Verhältnis zum *Profit*.

Auch ihm liegt nur an *der auf die Wareneinheit entfallenden Rate des Profits* und *nicht am „Gesamtprofit"*.

Die Profitrate ist der Unterschied zwischen den Herstellungskosten der Wareneinheit und dem Verkaufspreise. Dieser Unterschied ist in der „reinen Gesellschaft", wie wir gesehen haben, nichts als *Arbeitslohn*, selbst in denjenigen Produktionsgemeinschaften, welche die Form der Unternehmung haben. Der „Unternehmergewinn" ist dort lediglich Arbeitslohn für eine hoch qualifizierte Kraft. Wir haben also die Verteilung der reinen Produktivgenossenschaft: „Unternehmer" wie „Arbeiter" beziehen nur *Arbeitslohn*. Dem Verkäufer liegt also hier nur daran, möglichst viel *Arbeitslohn* zu erhalten, d. h. die Rate des Profits, auf die Wareneinheit berechnet, möglichst hoch zu halten. Dagegen kann er unmöglich danach streben, „möglichst viel Profitraten für sich zu gewinnen", d. h. so viel Einheiten seiner Ware zu verkaufen, als die *gesamten* Käufer aufnehmen können". Denn seine Produktionskraft ist genau so „individuell eng begrenzt", wie die Konsumtionskraft des Käufers.

In der pathologischen Gesellschaft ist aber der Unternehmergewinn ganz anders zusammengesetzt. Er enthält neben dem legitimen Bestandteil des Arbeitslohnes ein Stück „Zuwachsrente" in Gestalt des „Mehrwertes". An jeder Wareneinheit gewinnt hier der Unternehmer nicht nur Arbeitslohn, sondern auch Mehrwert. Je mehr Waren er also verkauft, um so mehr „Gesamtprofit" fließt ihm zu.

Der Unternehmer der „reinen Gesellschaft", welcher bei sinkenden Preisen seine Produktion noch ausdehnen würde, würde ganz unsinnig handeln. Er würde die Preise *noch* tiefer drücken und, da er seinen Arbeitern den vollen *durchschnittlichen* Arbeitsertrag zahlen muß, obgleich der Wert ihrer speziellen Erzeugung bei sinkenden Preisen *unter* dem Durchschnitt bleibt, so müßte er den Lohn jedes einzelnen aus seinem eigenen „Arbeitslohn" zur Durchschnittshöhe ergänzen, würde also sein eigenes Einkommen schmälern und sein eigenes Vermögen schädigen.

Der „kapitalistische Unternehmer" aber, welcher bei sinkenden Preisen seine Produktion noch ausdehnt, handelt durchaus richtig.

Jeder seiner Arbeiter schafft ihm täglich „Mehrwert", und diesen Mehrwert zieht er täglich von den Konsumenten als „Profitrate" ein. Er kann also besser fahren, wenn er von *vielen* Arbeitern und an *vielen* Wareneinheiten *niedere* Profitraten, als wenn er von *wenig* Arbeitern und Einheiten *hohe* Profitraten einzieht. Belief sich die Profitrate z. B. auf 1.000 Geldstücke pro Arbeiter und Jahr, und beschäftigte er hundert Arbeiter, so war sein *Gesamtprofit* bei hoher Konjunktur 100.000 Geldstücke. Sinkt die Profitrate auf 600 Geldstücke, und stellt er jetzt 100 neue Arbeitskräfte ein, so beträgt sein Gesamtprofit bei niederer Konjunktur 120.000 Geldstücke, ist also noch gestiegen.

Wir entsinnen uns, daß der „Unternehmer" nur dadurch zum „kapitalistischen Unternehmer" wurde, daß ihm die Zuwachsrente Arbeiter auf den Markt trieb, die für das unveränderliche Fixum der konzessionierten Komfortbreite in Dienst zu treten gezwungen waren. Nur so konnte dem legitimen „Unternehmergewinn" der reinen Wirtschaft „Mehrwert" zuwachsen. Jetzt sehen wir, daß auch das Streben nach dem „Gesamtprofit" nur möglich ist in einer Gesellschaft, in welcher der einseitige Druck die Landarbeiter in die Städte treibt; denn nur hier ist es möglich, beliebig viel Arbeitskräfte in den Betrieb einzustellen, welche auch noch bei sinkenden Preisen „Mehrwert" schaffen.

Der Gegensatz zwischen Käufer und Verkäufer, wie er oben geschildert ist, ist also auch der Gegensatz zwischen dem „Verkäufer" der reinen und dem der pathologischen Wirtschaft. Und eine ganz einfache fernere Deduktion aus den gewonnenen Begriffen gibt nun ohne weiteres zum erstenmale *eine genügende Erklärung des Charakters der entarteten Konkurrenz nach ihrer ökonomischen und ethischen Seite*, und fernerhin zum erstenmale eine genügende Erklärung der vom Standpunkte einer organischen Wirtschaftsauffassung ganz unverständlichen „*antisozialen*" Massenpsychologie.

Diese Erklärung ist in den folgenden Worten enthalten, welche ich fortfahrend aus meinem ersten Werke zitiere.

„Dieser Gegensatz bedingt einen anderen von größter Bedeutung:

Die Stellung des *einzelnen Käufers* (einer Ware) zu der *Gesamtheit* der Käufer (dieser Ware) ist himmelweit verschieden von der Stellung des *einzelnen (kapitalistischen) Verkäufers* zu der *Gesamtheit* der Verkäufer.

Wenn der Preis der Ware *steigt*, so ist es das solidarische Interesse der Gesamtheit der *Käufer* (dieser Ware), den Preis zu drücken. Dazu verfügen sie nur über *ein* Mittel: Verminderung der *Nachfrage*.

Und genau zu der *entsprechenden* Handlungsweise führt den einzelnen Käufer sein eigenes Interesse: seine eigene, individuelle Nachfrage einzuschränken, indem er seine Bedürfnisse nach Möglichkeit durch Ersatzmittel deckt.

Wenn der Preis der Ware aber *sinkt*, so ist es das solidarische Interesse der Gesamtheit der *Verkäufer* (dieser Ware), den Preis zu treiben. Dazu verfügen sie nur über *ein* Mittel: Verminderung des *Angebotes*.

Aber genau zu der *entgegengesetzten* Handlungsweise führt den einzelnen Verkäufer sein eigenes Interesse: *Vermehrung* des Angebotes. Der Profit, den er erstrebt, ist nicht die Profitrate an der Wareneinheit, sondern die Summe von vielen möglichst hohen Profitraten an möglichst vielen Wareneinheiten (resp. Mehrwert von möglichst vielen Arbeitern); und er muß danach streben, den durch das Sinken des Preises bedrohten Gesamtprofit dadurch auf der Höhe zu erhalten, daß er von mehr Einheiten als bisher die verkürzte Profitrate einzieht.

So ist also der Vorteil des einzelnen Käufers mit dem der Käufergesamtheit identisch.

Und so ist auf der anderen Seite der Vorteil des einzelnen Verkäufers dem der Verkäufergesamtheit gerade entgegengesetzt.

Die ganze Größe dieses Gegensatzes wird in dem Augenblicke klar, wo man sich einen der seltenen Fälle vergegenwärtigt, in welchen das Interesse der Menschen, insoweit sie *Konsumenten* sind, mit einer *einzigen* Art von Waren unlösbar verknüpft ist, so daß von dem Preise dieser Waren ihre *Existenz* abhängt.

Das am meisten einleuchtende Beispiel ist das Verhalten der Einwohner einer Stadt, der im Laufe einer Belagerung die Lebensmittel zu fehlen beginnen.

Sobald hier der Preis der Lebensmittel eine Höhe erreicht, welche die Existenz der Käufer bedroht, ändert sich das Aussehen des Marktes durchaus. An Stelle des leidenschaftslosen Einkaufs tritt der leidenschaftliche Wettkampf um das Unentbehrliche: das Angebot, die Ware.

Und weil die V e r k ä u f e r *sich schon unter gewöhnlichen Umständen in derselben Lage befinden, daß ihre Existenz voll der Preisbildung einer einzigen Ware zu Glück und Unglück bestimmt wird, deshalb herrscht unter ihnen auch unter gewöhnlichen Umständen nicht der leidenschaftslose Verkauf, sondern der leidenschaftliche Wettkampf um das Unentbehrliche: die Nachfrage, die Kundschaft.*"[1]

Hier ist die Psychologie der entarteten Konkurrenz in ihrer knappsten Formulierung gewonnen; und gleichzeitig gezeigt, wie sehr sie sich von dem Wettbewerb der „reinen Wirtschaft" unterscheidet.

Denn jener Interessengegensatz besteht nicht zwischen dem einzelnen Verkäufer und der Gesamtheit der Verkäufer in der „reinen Wirtschaft". Hier, wie in der kapitalistischen Gesellschaft hat die *Gesamtheit* aller Verkäufer einer Ware allerdings auch das solidarische Interesse, den Preis zu treiben, wenn er sinkt. Hier, wie dort, verfügt sie nur über *ein* Mittel; die Verminderung des Angebotes.

Aber in der reinen Wirtschaft führt auch den *einzelnen* Verkäufer sein eigenes Interesse zu einer genau entsprechenden Handlungsweise: nämlich *sein eigenes, individuelles Angebot einzuschränken.* Denn er erstrebt nicht einen Gesamtprofit aus Mehrwert, sondern den Profit an seiner eigenen Arbeitseinheit; und diesen kann er nur verringern, wenn er bei sinkenden Preisen sein Angebot erhöht. (Genau in dieselbe Richtung drängt ihn übrigens auf der anderen Seite die allgemeine Lage des Arbeitsmarktes. Denn sinkende Preise *einer* Ware sind hier ja nur möglich, wenn *andere* Waren im Preise steigen. Diese Zweige saugen die wenigen verfügbaren Arbeitskräfte auf: und unser Unternehmer hätte also gar nicht die Möglichkeit, seine Erzeugung zu vermehren, selbst wenn er diese unsinnige Absicht hätte. Das psychologische Motiv und die äußere ökonomische Lage wirken hier eben durchaus in einer Richtung und erzwingen überall die gleiche Handlungsweise trotz aller Verschiedenheit der „empirischen Menschennatur".) Es wird also der „Unternehmer" bei sinkender Konjunktur „Arbeiter" entlassen resp. es werden Mitglieder einer Produktivgenossenschaft sich lohnenderen Gewerben zuwenden.

In der reinen Wirtschaft ist also auch des einzelnen *Verkäufers* Interesse mit dem der Gesamtheit identisch. Da diese Interessenidentität aber sogar in der entarteten Gesellschaft zwischen den „Käufern" vorhanden ist; – und da die Menschen im reinen Tauschrecht nur als Käufer und Verkäufer zueinander wirtschaftliche Beziehungen haben, *so ergibt sich hier auch aus der psychologischen Betrachtung wie aus der mechanischen die volle „Harmonie der Interessen". In der reinen Wirtschaft ist das privatwirtschaftliche Interesse identisch mit dem volkswirtschaftlichen.*

Diese Entdeckung ist nicht nur *theoretisch* von der größten Tragweite, wie die weitere Deduktion zeigen wird, sondern vor allem *praktisch.* Sie gestattet zum erstenmale, die Frage mit Sicherheit zu beantworten, ob und unter welchen Umständen ein „sozialer Staat" psychologisch möglich ist.

Bisher kannten wir nur die Massenpsyche der „kapitalistisch-entarteten" Tauschgesellschaft und mußten die Frage *verneinen.* Jetzt haben wir die Ursache der allgemeinen „Antisozialität" entdeckt, und dürfen sagen, *daß die „soziale Gesellschaft" massenpsychologisch durchaus gesichert ist,* wenn es

---

[1] Oppenheimer, Siedlungsgenossenschaft, S. 129f.

gelingt, die reine Wirtschaft herzustellen und zu erhalten. Bedingte dort ein mächtiger *Interessengegensatz* die Disharmonie, so muß hier die absolute *Interessenidentität* die Harmonie bedingen. Der Mensch handelt antisozial oder sozial, je nachdem es sein Vorteil bedingt. – Wir kommen auf diesen Punkt noch ausführlich zurück.

Ehe ich in der Deduktion fortfahre, möchte ich einiges zur Terminologie bemerken.

Der Entwicklungsgang meiner „Siedlungsgenossenschaft" brachte es mit sich, daß ich die Ausdrücke „Käufer" und „Verkäufer" einführte und beibehielt. Sie sind nicht sehr glücklich gewählt. Denn sie geben wohl den Wesensgegensatz wieder, welcher zwischen „Käufer" und „Verkäufer" in der „entarteten Wirtschaft" besteht, aber sie enthalten nichts von dem gleichen Wesensgegensatz, welcher zwischen dem „Verkäufer" der *reinen*, und dem der *pathologischen* Ökonomie vorhanden ist. Aus diesem Grunde sind sie auch vielfach mißverstanden – und, so viel ich sehen kann, – nirgends ganz verstanden worden. Zwar war meine Definition der beiden Begriffe so scharf gefaßt, wie es mir nur möglich war, zwar habe ich in der späteren Entwicklung ausgeführt, daß der Bauer „Käufer",[1] die landwirtschaftliche Produktivgenossenschaft[2] und die Siedlungsgenossenschaft[3] „Käufergenossenschaften" seien, daß sogar die *industriellen Produktivgenossenschaften* innerhalb der Siedlung ebenfalls Genossenschaften von „Käufern" seien;[4] daß es in „Vineland"[5] und *im ganzen Mittelalter*[6] nur „Käufer" gegeben habe, obgleich alle diese Wirtschaftssubjekte Waren zum Verkauf auf den Markt brachten. Denn sie alle waren nicht mit ihrer Existenz, sondern nur mit ihrem Komfort an die Preisbildung einer *einzelnen* Ware geknüpft, sie alle erstrebten nicht Gesamtprofit, sondern die Profitrate an ihrer eigenen Arbeitsleistung. Meine Kritiker haben dennoch vielfach, soweit sie sich zu dieser Sache äußerten, ihren eigenen, durch Gewohnheit geheiligten Begriff von „Verkäufer" meinem scharf begrenzten untergeschoben; und einer der Herren hat ihn sogar dem „Unternehmer" gleichgesetzt, obgleich natürlich auch jede meiner „Käufergenossenschaften", z. B. ein Konsumverein, Unternehmerin ist.

Um solche Mißverständnisse auszuschließen, muß ich die Terminologie ändern. Ich habe dafür in der „Siedlungsgenossenschaft"[7] selbst die Ausdrücke „Selbstwirt" und „Marktwirt" gewählt; sie sind womöglich noch unglücklicher. Dagegen habe ich an anderer Stelle[8] die Termini „Käufer-Verkäufer" und „kapitalistischer Verkäufer" gebraucht. Diese Worte sagen ungefähr, was sie sagen sollen: das erste enthält die Identität der Interessen in der reinen Wirtschaft, das andere zeigt wenigstens an, daß nicht der „Verkäufer" schlechthin gemeint ist, sondern eine spezifische Abart der kapitalistischen Ära. Wollte man genetisch benennen, so wären die Ausdrücke: „Nomadenrechts- oder Gewaltrechts-Verkäufer" und „Tauschrechtsverkäufer" zu erwägen; ich werde jedoch in dieser Schrift bei den oben genannten Ausdrücken stehenbleiben und hoffe, jetzt vor Mißverständnissen sicher zu sein.

Ich fahre jetzt in der Deduktion fort:

Der Gegensatz der Interessen zwischen dem einzelnen kapitalistischen Unternehmer und seinen sämtlichen Konkurrenten zeigt sich zunächst in dem Charakter der Konkurrenz. In der „reinen Wirtschaft" äußert sich der Wettbewerb nur darin, daß der Produzent sich bemüht, durch Vervollkommnung seiner Werkzeuge und seiner technischen Ausbildung erstlich mehr und zweitens bes-

---

1 Ebenda, S. 318.
2 Ebenda, S. 368.
3 Ebenda, S. 490ff.
4 Ebenda, S. 512ff.
5 Ebenda, S. 572.
6 Ebenda, S. 198.
7 Ebenda, Fußnote auf S. 519.
8 Oppenheimer, Siedlungsgenossenschaft, Separatabzug aus „Neuland", 1897.

sere Erzeugnisse zu Markte zu bringen, als seine Nebenbuhler. Er erstrebt also, durch geschickten Einkauf und vollkommenste Ausnutzung des Rohstoffes mit geringeren Produktionskosten auszukommen; durch Anwendung der besten Werkzeuge und Einsatz aller Kraft eine höhere Produktivität zu erzielen; und durch zweckmäßige, geschmackvolle Formengebung und Einsatz aller Kunst und Sorgfalt einen Kaufpreis zu erzielen, der *über* dem Durchschnittspreise liegt: kurz, er erstrebt den höchsten *Arbeitslohn* für seine Zeiteinheit. Mehr kann er nicht erstreben; denn seine Produktionskraft reicht immer nur aus, um einen kleinen Teil der gesamten Nachfrage des Marktes nach den Erzeugnissen seines Gewerbes zu befriedigen; alle seine Konkurrenten sind dazu gerade so unentbehrlich wie er selbst; er hat das Interesse, besser bezahlt zu werden, als sie; aber er hätte keinen Vorteil davon, wenn sie aufhörten, zu produzieren, weil er ihre Stelle nicht besetzen kann.

Aber der „kapitalistische Verkäufer" hat neben dem „legitimen" Interesse, seinen *Arbeitslohn* so hoch wie möglich zu halten, das viel größere „illegitime" Interesse, seinen *Gesamtprofit* so hoch wie möglich zu halten. Sein Wunsch ist erst erfüllt, wenn er die Nachfrage *aller* Abnehmer *allein* befriedigt, wenn er das Monopol des Marktes hat. Und das kann er nur erlangen durch die *wirtschaftliche Vernichtung* seiner Konkurrenten. Erst, wenn kein anderer selbständiger Unternehmer auf seinem Gebiete mehr Mehrwert zieht, kann er ruhen; dann erst sind nicht nur alle erreichbaren Profitraten sein eigen, sondern er kann auch die *Höhe* der einzelnen Profitrate bestimmen, d. h. nicht nur seine Arbeiter, sondern auch den Konsumenten ausbeuten.

Dieses notwendige Streben nach dem *Monopol*, notwendig, weil es gleichzeitig der einzige Weg der Selbsterhaltung gegen das gleichgerichtete Streben der Konkurrenten ist, führt zu zwei verschiedenen Erscheinungen, welche aber schließlich zu demselben Resultat führen: es sind dies der *wirtschaftliche Vernichtungskampf* und das *monopolistische Bündnis*.

Das Häufigere und Primäre ist der Kampf auf Tod und Leben. Ist der Wettbewerb in der „reinen Wirtschaft" dem friedlichen Wettspiel zu vergleichen, in welchem man um Kostbarkeiten und häufig genug nur um eine gesteigerte bürgerliche Ehre seine besten Kräfte einsetzt, so gleicht die Konkurrenz der entarteten Gesellschaft dem tollen Morden der Drachensaat Jasons, jenem wahnwitzigen Gemetzel, in dem jeder des anderen Todfeind ist; nur mit dem Unterschied, daß jener Kampf mit ehrlichen Waffen geführt wurde, während der Wirtschaftskampf mit allem Haß und aller Grausamkeit, welche der struggle for life erfordert, und gleichzeitig mit aller Hinterlist, Feigheit, Schamlosigkeit und Gemeinheit geführt wird, welche die Auri sacra fames leider in der Menschenbestie entfesselt.

In diesem Kampfe ist kein Mittel zu schlecht. Man reißt sich die Kundschaft fort, nicht, wie in der „reinen Wirtschaft" durch bessere Waren, sondern durch Lug und Trug und Kunststücke aller Art. Man täuscht die ungewandte Menge in ihrem Vertrauen, indem man ihr Schundware für gute Ware unterschiebt, man spekuliert auf dieselbe Unerfahrenheit, indem man sie durch äußerst niedrige Preise verführt, unbrauchbares Zeug zu kaufen. Man erfindet gute Appreturen für schlechte Stoffe, glänzende Verpackungen für jämmerlichen Schund; man mietet Läden in den Hauptstraßen und stattet sie mit blendendem Prunk aus und treibt dadurch die großstädtischen Bodenpreise ins Sinnlose; man verausgabt Millionen für Zeitungsreklame und züchtet dadurch eine kranke, das Volk demoralisierende Presse, welche die nacktesten Ausbeuterinteressen vertritt, weil sie von den Inseraten allein lebt. Auf diesem Umwege dient der „Mehrwert", in „öffentliche Meinung" verwandelt, wie Armee, Polizei und Justiz zur Festigung der Stellung der relativ immer kleiner werdenden Herrenklasse.

Doch wozu alle diese Dinge aufzählen? Sie sind bekannt genug.

In diesem wilden Kampfe unterliegt natürlich der Schwächere. Das ist fast immer der kapitalsärmere. Die Werkstatt schwindet vor der Manufaktur, diese vor der kleinen Fabrik, die kleine vor der großen; die große vor dem Riesen.

Diese Entwicklung wird durch die schändlichen Mittel des Kampfes jedoch nur *beschleunigt*: *entschieden* wird sie durch rein ökonomische Verhältnisse.

Erstens nämlich produziert der größere Unternehmer ceteris paribus billiger als der kleinere. Er kauft den Rohstoff, die Werkzeuge und den Kredit billiger, er gewinnt der tertiären Arbeitslung eine höhere Produktivität des einzelnen Arbeiters ab, streicht also von jedem mehr an Mehrwert ein und hat auch noch beim Aufsuchen des besten Marktes Vorteile, z. B. die Spedition en gros. Außerdem ist sein *Gesamtprofit* bedeutend größer, da er mehr Arbeiter beschäftigt.

Er kann also den Kleinen unterbieten, ihm den Markt entreißen, weil er bei niedrigen Preisen noch mehr an der Einheit verdient, als jener bei hohen; er kann sogar zu Preisen verkaufen, die jenem weder Mehrwert, noch Arbeitslohn lassen, ja, ihm nicht die Produktionskosten ersetzen: und sein Gesamtprofit ist immer noch groß genug, um im Komfort zu leben. Wenn aber der nur etwas schwächere Feind doch widersteht, dann bleiben dem ganz großen Unternehmer noch Reserven, deren frische Kraft die Schlacht entscheidet: er zieht sein Privat-Vermögen ins Gefecht und verkauft so lange *unter* den Produktionspreisen, bis der schwächere Gegner zerschmettert am Boden liegt, und der Sieger seine Kriegsentschädigung auf Grund seines teuer erkauften Monopols vom Publikum einzieht.

Diese Art des Kampfes gleicht der Kriegsführung eines Herrschers im Stadium der ersten Bildung der Reiche, wenn die „natürlichen Grenzen" noch nicht gefestigt sind, und die Naturalwirtschaft noch nicht von der Geldwirtschaft abgelöst ist. Hier ist jeder des anderen Feind und überfällt ihn, um seinerseits nicht überfallen zu werden: denn *einer* allein kann die „Welt" beherrschen. Und hier tritt dieser Ausbreitung keine Erwägung ökonomischer Natur in den Weg: denn noch vernichtet ein Krieg nur Menschen, aber kaum Güter und wirtschaftlich wertvolle Beziehungen. Was konnten die Hunnen oder Tataren verlieren?! – Wenn aber ein gewisser Wohlstand des Volkes erreicht ist, beginnen die Herrscher vor der Kriegserklärung eine Wahrscheinlichkeitsbilanz von Gewinn und Verlust aufzustellen; sie gewöhnen sich daran, gewisse Grenzen anzuerkennen und mächtige Nachbarn als ihresgleichen zu betrachten: die Diplomatie beginnt. Der ersten Periode gehören jene Sendschreiben voll überströmenden Hochmutes an, wie sie z. B. noch vor wenigen Jahrhunderten der Sultan an den deutschen Kaiser richtete: „Ich, der Kaiser aller Kaiser, Beherrscher aller Gläubigen, dein Herr, befehle dir, du Hund eines Hundes, niedrigster meiner Knechte, binnen drei Monaten nach meiner Residenzstadt Stambul zu kommen, um dir deinen Kopf abschlagen zu lassen." In der zweiten Periode ist dann die Anrede: „Freundwilliger Vetter und Bruder", und an Stelle des Mordkrieges tritt das *Bündnis* und das „europäische Gleichgewicht".

Genau so in der Großindustrie, und zwar nach dem Grundsatze: gleiche Ursachen haben gleiche Wirkungen! Es wird gezeigt werden, daß das politische Leben genau denselben pathologischen Gang nimmt, wie das wirtschaftliche; und wir haben den Vergleich nur aus diesem Grunde so weit ausgesponnen. Auch in der Industrie werden die Werte, die in dem wirtschaftlichen Kriege bedroht sind, immer größer; auch hier ergibt jeder Friedensschluß die größere Wahrscheinlichkeit, daß ein magerer Vergleich einem fetten Prozeß vorzuziehen ist: und so tritt denn das *wirtschaftliche Bündnis* der Machthaber, die Erhaltung des ökonomischen Gleichgewichtes, neben den Kampf: Trusts, Syndikate, Ringe etc. schießen zusammen, mit der dreifachen Absicht, an Kriegskosten zu sparen, schwächere selbständige Dynasten des Industriegebietes gemeinsam zu unterwerfen und vor allem die „Untertanen", d. h. das Publikum, durch das Marktmonopol zu besteuern. Jedoch pflegen solche Bündnisse auch nur so kurze Zeit zu dauern, wie die „ewigen Friedensbündnisse" der Politik, weil jede Verschiebung der relativen Macht den absoluten Herrscher gerade so wie den industriellen „Verkäufer" *zwingt*, auch sein Gebiet entsprechend zu erweitern.

Aus diesem Grunde sind denn auch die wirtschaftlichen Bündnisse vorerst nur einige schnell wieder versinkende Inseln in dem stürmischen Meere des allgemeinen Wettkampfes und kommen für seine allgemeinen Konsequenzen so wenig in Betracht, daß wir sie in der weiteren Rechnung als quantité négligeable betrachten dürfen.

Welches nun sind die Folgen des Wirtschaftskampfes, die wir nach ihrer *ethischen* Seite hin schon beleuchtet haben, nach ihrer *wirtschaftlichen* Seite hin?

Die nächste Folge sind, kurz gesagt, die K r i s e n , aus denen dann wieder andere Erscheinungen folgen.

In der reinen Wirtschaft erkannten wir eine allgemeine Krise als unmöglich. Sinkende Preise mußten sofort Arbeitskräfte anderen Gewerbezweigen zuführen, das Angebot der betreffenden Ware sich vermindern, die Nachfrage und die Preise wieder steigen. Oder, wenn ein Gewerbe durch eine völlig veränderte Richtung der Nachfrage ganz in Verfall geriet, (Perrückenmacher, Harnischschmiede, Silberbergbau), dann konnten wohl stehende Kapitalien verloren werden, aber kein Notstand der Produzenten entstehen. Entweder starben sie allmählich mit der sinkenden Nachfrage aus oder sie wandten sich der Erzeugung begehrterer Waren zu.

„Es tritt also das ein, was nötig ist, um das Angebot jederzeit der Nachfrage anzupassen: sobald die Preise einer Ware steigen, wächst die Erzeugung derselben – doch das geschieht auch in der kranken Wirtschaft; – sobald aber die Preise fallen, wenden sich Produzenten von dieser Art der Erzeugung ab und das Angebot vermindert sich – *und das eben geschieht in der kranken Wirtschaft nicht, wenigstens nicht sofort und sehr selten freiwillig.*"[1]

Nämlich „in der kranken Wirtschaft setzt sich die Konkurrenz nicht unmittelbar durch, sondern erst auf Umwegen, mittelbar". Die „kapitalistischen Verkäufer" produzieren gerade bei fallenden Preisen um so toller darauf los, weil dies das einzige Mittel ist, den *Gesamtprofit* auf der Höhe zu halten. „Und da das Alle gleichzeitig tun, *galoppiert die Erzeugung selbstmörderisch dem Verbrauch voran;* der Verbrauch hinkt der immer schneller galoppierenden Produktion in immer weiterem Abstande nach, bis diese, die nur gedeihen kann, wenn der Verbrauch mit ihr Schritt hält, plötzlich wie ein niedergerittenes Pferd gelähmt zusammenbricht. Allmählich kommt der Verbrauch heran, haucht der Produktion mit einiger Nachfrage neuen Lebensodem ein: und ‚hurre, hurre, hopp, hopp, hopp!' nach wenigen vorsichtigen Schritten geht's wieder ‚fort im sausenden Galopp', bis Kraft und Atem wieder versagen."[2]

Ich darf an dieser Stelle ferner folgende Worte aus dem ersten Werke wieder herstellen: „[Der, A.d.R.] Verfasser ist sich wohl bewußt, hier eine *ganz neue Krisentheorie* zu geben. Der Rahmen dieser Arbeit verbietet ihm, kritisch zu den vorhandenen Stellung zu nehmen. Es sei nur soviel gesagt, daß ihm die vorhandenen lediglich die *Veranlassungen* aufzudecken scheinen, nicht aber die *Ursache*. Sie zeigen den Ursprungsort der Funken auf, die in das Pulverfaß fliegen, sind aber außerstande, zu erklären, woher die latente Energie stammt, die sich in der Explosion plötzlich entladet. Diese Erkenntnis scheint uns zum ersten Male durch die Aufdeckung des Zwiespaltes der Interessen ermöglicht, welcher den ‚kapitalistischen Verkäufer' zwingt, in seinem Privatinteresse gegen das Interesse seines gesamten Gewerbes zu handeln und so den Ast abzusägen, auf dem er selber sitzt."[3]

Diese Betrachtung erklärt vollkommen das *Entstehen* der Krisen, und ihre *Periodizität*. Dagegen verlangen noch einige Züge ihres allgemeinen Charakters, ihrer Erscheinung und Wirkung eine genauere Betrachtung:

Es ist klar, daß die Entwicklung der Industrie nur in denjenigen Gewerben zur höchsten Ausbildung im gesunden und kranken erfolgen kann, welche für den großen Markt arbeiten.

---

1 Oppenheimer, Siedlungsgenossenschaft, S. 519.
2 Ebenda, S. 517.
3 Ebenda, S. 519 Anm.

Nur hier kann die tertiäre Arbeitsteilung und Maschinenverwendung im großen Stile möglich sein. Es sind also im wesentlichen die Gewerbe der Produktion für die Bedürfnisse der *großen Volksmasse*.

Da jedes einzelne Mitglied dieser großen Volksmasse dauernd auf seine konzessionierte Komfortbreite angewiesen bleibt, so wächst ihre *Kaufkraft* nur durch *Addition*: 200.000 konzessionierte Komfortbreiten haben genau doppelt so viel Aufnahmefähigkeit als 100.000. Aber die *Produktivität* in der Industrie wächst durch *Potenzierung*: 200.000 Arbeitskräfte haben viel mehr als doppelt so viel Erzeugungsfähigkeit als 100.000.

Je dichter also die Städte bevölkert sind, um so schneller ist das Tempo, in welchem die Erzeugung dem Gebrauche vorangaloppiert, um so länger dauert es, bis der Verbrauch die niedergebrochene wieder einholt, *um so kürzer sind also die Zwischenräume zwischen zwei Krisen, und um so länger und schwerer diese selbst*.

Auf diese Weise erklärt sich auf das einfachste der gefährlichste und auffälligste Charakterzug der Krisen.

Noch aber bleibt zu erklären, wie es kommt, daß eine *beschränkte* Krisis in *einem* der großen Gewerbezweige zur *allgemeinen* Krisis werden kann, die alle oder fast alle ergreift.

Betrachten wir einen „Zyklus" dieser merkwürdigen Erscheinung. Die Zeit des Daniederliegens der Gewerbe nähert sich dadurch ihrem Ende, daß für *einen* Zweig der Großindustrie sich wieder etwas Nachfrage zeigt, ein Zeichen, daß der Marktmagen endlich diesen Teil der in ihn hineingestopften „Ingesta" verdaut hat. Damit lebt die Kaufkraft der in diesem ersten Zweige beschäftigten Arbeiter und Unternehmer wieder auf und nimmt die Waren anderer Zweige um so schneller aus dem Markte, weil die Entbehrungen der toten Zeit ihr Bedürfnis nach diesen anderen Waren auf eine überdurchschnittliche Höhe gebracht haben. Sie haben „Hunger" gehabt und nehmen jetzt, wo der Tisch sich deckt, eine doppelte Mahlzeit. Auf diese Weise teilt sich die Belebung einem Gewerbe nach dem anderen mit, und zwar in immer schnellerem Tempo, weil die Nachfrage jedes neu belebten Gewerbes vorwärts und rückwärts wirkt, bis alle in vollem Flor, in angestrengter Tätigkeit sind: die „Blüte" ist eingetreten.

Aber wieder wächst für die große Industrie die Kaufkraft des Marktes nur durch Addition, aber die erzeugenden Kräfte durch Potenzierung. Die Preise sinken für irgendeine Hauptware des Marktes, und damit sinkt die Kaufkraft ihrer Erzeuger. Die Unternehmer aber produzieren nur immer um so toller, um den Gesamtprofit zu erhalten und den Konkurrenten niederzuwerfen; das glückt schließlich, die schwächeren decken als wirtschaftliche Kadaver die Wahlstatt, und sie selbst so gut wie ihre Arbeiter stehen ohne Beschäftigung und Einkommen da.

Damit sinkt die Kaufkraft des Gesamtmarktes um die gesamte Nachfrage dieser Brotlosen. Sofort wird das Angebot des nächsten Gewerbes, welches bis dahin gerade der Nachfrage genügt hatte und normale Preise hatte, um diesen Betrag der fortgefallenen Kaufkraft zu groß, und die Preise sinken auch hier. Derselbe Prozeß setzt sich weiter durch, und so teilt sich der Niedergang einem Gewerbe nach dem anderen mit, und zwar in immer schnellerem Tempo, weil die sinkende Kaufkraft jedes Gewerbes vor- und rückwärts wirkt. Überall brechen die schwächeren Betriebe nieder und Menschen stehen mittellos und beschäftigungslos da. Ungeheure stehende Kapitalien gehen verloren, verfallen mit Baulichkeiten, verrosten in Maschinen, verderben als fertige Waren in den Speichern, werden verwüstet in dem Verfall häuslicher Gebrauchsgegenstände. Und vielleicht noch größer ist der Verlust, welcher der Volkswirtschaft dadurch erwächst, daß Hunderttausende produktiver Kräfte brachliegen und, statt durch ihre Mitarbeit das Einkommen aller zu erhöhen, durch ihre erzwungene Nur-Konsumtion das Einkommen aller vermindern.

Aber die Schwere dieser Verheerung wird noch gesteigert durch einen anderen Faktor, welcher allein der kranken Wirtschaft angehört und den wir jetzt zum erstenmale näher ins Auge fassen müssen, nämlich durch den pathologischen Prozeß, welcher die *Zirkulation* ergriffen hat.

Die wirtschaftliche Zirkulation ist an sich, genau wie der Umlauf des Blutes, ein rein mechanischer Vorgang. Er kann nur gestört sein, wenn die *Organe* krank sind, sei es das „flüssige Organ" (im Körper das Blut, im Wirtschaftskörper das Geld) selbst, oder eines der festen Organe, welche das flüssige bilden, bewegen und reinigen. So kann es nicht ausbleiben, daß die schwere Erkrankung der gesamten Organe der Volkswirtschaft auch Störungen der Zirkulation verursacht: wir haben eine Anämie der atrophischen Organe (breite Volksmasse, Landwirtschaft im allgemeinen und absterbende Gewerbezweige) und Hyperämie (Plethora) der hypertrophischen Organe (Zuwachsrentner und Großindustrie). So lange das Gleichgewicht auf der pathologischen Grundlage („Stadium der Kompensation") anhält, also in der Zeit der „Blüte", so lange macht sich die Störung der Zirkulation nicht sonderlich bemerkbar; aber jedes Abschwanken vom Gleichgewicht bringt hier Umwälzungen hervor, welche, gerade wie bei menschlichen Krankheiten, nun ihrerseits auf die Organe störend und zerstörend zurückwirken.

Orientieren wir uns vorerst wieder an den physiologischen Verhältnissen der „reinen Wirtschaft".

Von einer gewissen Höhe seiner Entwicklung an braucht der Markt ein *Maß*, an dem die Wertverschiebungen der Waren gemessen werden können. Es muß dies ein bestimmtes Gewicht einer relativ seltenen und darum hochwertigen Ware sein, deren Erzeugung also nicht ohne weiteres beliebig gesteigert werden kann; es muß der vorhandene Vorrat stets ungeheuer viel größer sein, als der in der Zeiteinheit mögliche Zuwachs; denn nur dadurch erhält die Ware einen von der wechselnden Höhe der Erzeugung ziemlich unabhängigen inneren Wert, d. h. einen im Verhältnis zu anderen Waren ungefähr konstanten Preis. Um dieser Forderung zu genügen, muß die Ware sehr beständig sein, unvernichtbar, und schließlich aus klaren Gründen genau und leicht in gleiche Teile teilbar.

Diesen Anforderungen entsprechen von allen Waren nur die edlen Metalle, als deren Repräsentanten wir von jetzt an das *Gold* wählen. Es ist selten, fast unvernichtbar, so daß die Ausbeute von Jahrtausenden noch wenig verkürzt vorhanden ist, und selbst der stärkste Zuwachs einer kurzen Zeit den sichtbaren Vorrat nicht so stark vermehrt, um einen bedeutenden Preisfall herbeizuführen; und es ist sehr genau und leicht teilbar.

Diese Ware hat von dem Augenblick an, wo sie Wertmesser wird, einen Doppelcharakter, als *Ware* und als *Maß*.

Als *Ware* folgt sie den Gesetzen aller Waren. Sie hat ihren „natürlichen Preis", d. h. den Preis, welcher den Goldproduzenten die Produktionskosten ersetzt und den gesellschaftlichen Durchschnitt des Einkommens gewährt. Steigt der Preis, in Waren ausgedrückt, höher, dann wenden sich der Erzeugung dieser Ware mehr Produzenten zu, im entgegengesetzten Falle aber von ihr ab, und so stellt sich der „natürliche Marktpreis" jederzeit wieder ins Niveau.

Nebenher geht die Allgemeinfunktion des Goldes als *Wertmesser*, als *Zirkulationsmittel*. Hier ist es ausschließlich *Maß*, unentbehrlich für den Marktverkehr wie Meter, Liter und Kilogramm, und doch gerade wie diese nicht eigentlich *Gegenstand* des Marktverkehrs. Genau so, wie der Weinhändler fortwährend mit Litern, der Kornhändler mit Kilogrammen zu tun hat, ohne doch mit Litergefäßen oder Kilogrammgewichten zu *handeln*, genau so hat jedes wirtschaftende Subjekt auf dem Markte fortwährend mit Maßgoldeinheiten zu tun, ohne doch mit Gold zu handeln. Es gibt Goldproduzenten und Goldkonsumenten (Juweliere, Münzstätten), wie es Gewichtsgießer, Literdrechsler und Eichämter gibt; für diese allein ist das Gold *Ware*, *Gegenstand* des Marktverkehrs, für alle anderen nur *Mittel* des Marktverkehrs. Und für diese andern tritt es gar nicht mit Notwendigkeit in den Geschäftsgang ein. Es mißt jeder Produzent lediglich sein Produkt an der Goldelle und tauscht 100 Goldmaßeinheiten Korn gegen 100 Goldmaßeinheiten Tuch, Ware gegen Ware.

Technisch wird dieser Tausch in der entwickelten Geldwirtschaft vollzogen durch den sogenannten „Kreditverkehr". Die „Kaufkraft des Marktes", d. h. der Überschuß der Landwirtschaft wandert in die Stadt gegen Anweisungen auf ebenso viel Goldmaßeinheiten in Waren. Der Überschuß der Warenproduzenten tauscht sich zuerst untereinander, bis jeder seine Komfortbreite gefüllt hat; was übrigbleibt, wandert auf das Land, genau so viel Goldmaßeinheiten, wie von Korn hinausgegangen sind. Die Zirkulation ist vollendet, ohne daß ein Goldstück in den Verkehr eingetreten zu sein braucht.

Dieser Prozeß kann in der reinen Wirtschaft nirgend gestört werden. Angebot und Nachfrage müssen sich jederzeit genau ausgleichen, jede Ware, ebenso wie die Goldware selbst, jederzeit ihren „natürlichen Marktpreis" haben. Es kann eine *einzelne* Ware durch Absinken der Reproduktionskosten (d. h. größere Produktivität des Gewerbes), durch Minderung der Nachfrage (Harnische) oder Vermehrung des Angebots (Silber) im Preise sinken; dann verliert sie aber nicht nur an Kaufkraft für Gold, sondern auch genau ebenso an Kaufkraft für alle anderen Waren, d. h. es stellt sich ein neuer natürlicher Marktpreis her. *Daß Gold im Verhältnis zu allen anderen Waren plötzlich an Kaufkraft gewinnt, ist in der reinen Wirtschaft unmöglich.*

In der kranken Wirtschaft liegen die Dinge anders. Freilich – im Stadium der Kompensation, d. h. in der Zeit der Blüte, geht der Tausch: Ware gegen Ware, gemessen an der Goldelle, fast ebenso ungehindert vor sich, wie in der reinen Wirtschaft. Denn auch hier wie dort ist (oder scheint doch wenigstens) jeder kreditfähig, solange die Blüte währt. So vollzieht sich der Austausch Ware gegen Ware glatt: Gold ist nur Wertmesser, Geld nur Rechengeld. Der Bauer gibt sein Korn für eine Anweisung auf ebenso viele Goldmaßeinheiten der Ware des Gewerbetreibenden usw.

Wenn aber die Kompensation durch die Krise gestört wird, wenn das Mißverhältnis zwischen erzeugtem Vorrat und kaufkräftiger Nachfrage offenbar wird, wenn der Tausch gestört wird, weil die konzessionierte Komfortbreite der Masse gesättigt ist; und wenn die Erzeugung dann stockt, weil sie in ihrem eigenen Vorrat erstickt, dann stürzen alle Warenpreise und es gibt in der ganzen Volkswirtschaft nur *eine* Ware von universaler Bedeutung, deren Nachfrage ebenso enorm steigt wie die aller anderen fällt, nämlich *das Gold*. Diese Ware konnte ja nur Wertmaß werden, weil eine Überproduktion unmöglich war; und darum tritt jetzt eine fortwährend wachsende Verschiebung des Tauschwertes von Gold einerseits und Ware andererseits ein: *Gold ist in seinen Warencharakter umgeschlagen* und zeigt dem erschreckten Produzenten statt des Wertmessergesichtes seines Januskopfes das drohende Medusenantlitz der Ware. Gold wird immer teurer und Ware immer billiger.

Hier ist ein klassischer Circulus vitiosus, in welchem sich Ursache und Wirkung fortwährend verstärken. Weil alle anderen Waren im Überangebot vorhanden sind, hat Gold an Kaufkraft gewonnen; weil es an Kaufkraft gewonnen hat, wird es mehr begehrt; darum sinken die Preise weiter und erhöhen die Kaufkraft des Goldes noch mehr, so daß die Preise wieder sinken; und dieser Prozeß setzt sich so lange fort, bis fast der gesamte Tauschverkehr mit einem „Krach" auseinanderbricht.

Hier liegt der Schlüssel des letzten Geheimnisses der Krisen, welches die Verfechter der altliberalen Wirtschaftstheorie nicht lösen konnten, von Tucker und Quesnay bis auf die neueste Zeit.[1] Sie sahen in einer eigentümlichen optischen Täuschung die kranke Wirtschaft mit ihrer Spaltung der Interessen der „kapitalistischen Verkäufer" für die gesunde Wirtschaft mit ihrer Interessenidentität der „Käufer-Verkäufer" an. Infolgedessen leugneten sie die Möglichkeit von Krisen überhaupt. Jedes Angebot von Waren sei gleichzeitig Nachfrage nach anderen Waren; jeder, der verkaufe, wolle auch kaufen. Das Geld sei ausschließlich Rechengeld, Tauschvermittler und könne keine Störung verursachen: „Zu beachten ist, daß, sobald ein Produkt erzeugt ist, dasselbe sofort für den ganzen Betrag seines Wertes anderen Produkten einen Absatzweg eröffnet", sagt *Say*.

---

1 Vgl. Bergmann, Geschichte der nationalökonomischen Krisentheorien, Kap. II.

All das ist für die „reine Wirtschaft" durchaus richtig, aber nicht für die pathologische. Denn hier hat das Produkt durch die sinnlos gesteigerte Produktion bei sinkenden Preisen überhaupt jeden „Wert" verloren, weil es keiner Nachfrage mehr begegnet, soviel „geronnene Arbeit" es auch enthält; es „eröffnet zwar immer noch für den ganzen Betrag seines Wertes anderen Produkten einen Absatzweg", aber dieser ganze Betrag *ist gleich Null* und darum der „débouché" gesperrt. – Und auch hier ist freilich jedes Angebot von Waren gleichzeitig eine Nachfrage, aber nicht nach anderen Waren, sondern immer nur eine Nachfrage nach *Gold*, der einzigen Ware des großen Marktes, welche nicht übermäßig produziert werden konnte und daher aus Rechengold in Warengold umschlägt.

In diesen zerstörenden Prozeß werden nun alle Produzenten hineingezogen; denn alle stehen durch den sog. „Kreditverkehr", d. h. den an Rechengold geregelten Austausch von Ware gegen Ware, in Verbindung. Wenn Rechengold in Warengold umschlägt, schlagen auch die Anweisungen auf Rechengold in solche auf Warengold um. Und damit schließt sich die Kreditkrise an die Warenkrise an. Jeder soll mit Gold zahlen, denn Anweisungen auf Waren verlieren Tag für Tag an Wert; Gold aber kann nicht so schnell durch die Kanäle laufen, wie Kreditgeld; es muß gezählt und gewogen und transportiert werden, es läßt sich nicht telegraphisch anweisen usw. So steigt die Nachfrage nach Gold, und steigt sein Preis noch einmal auch aus diesem rein mechanischen Grunde, und so wälzt sich die Lawine der Krise immer vernichtender und schneller über die gesamte Wirtschaft. *Eine* große Zahlungseinstellung reißt die ganze Kette gegenseitiger Verpflichtungen auseinander, *ein* Fallissement zieht zehn andere nach sich, das Gold zieht sich aus dem Industriemarkte in Strümpfe, Hypotheken und Staatsanleihen zurück, der Zinsfuß und Bankdiskont wachsen sprungweise; wer noch fest stand, aber mit fremden Kapitalien arbeitete, fängt an zu wanken und viele stürzen.

Jedoch wir wollten die Krise nicht schildern. Wir können hinsichtlich der näheren Charakterzüge auf vorhandene Studien verweisen und ebenso hinsichtlich der *Veranlassungen*, welche die Lawine ins Rollen bringen, wie Erntekrisen, Kriege und Zollkämpfe usw. Wir wollten die *Ursache* der Krise zeigen; zeigen, wie sich die latente Energie aufhäuft, die sich dann auf irgendeinen äußeren Anstoß hin (vielleicht etwas früher) entlädt, als sie es aus inneren Verschiebungen getan hätte. Wir haben diese Ursache in dem Interessenzwiespalt des „kapitalistischen Verkäufers" gefunden, dem das Großgrundeigentum „freie Arbeiter" zur Ausbeutung auf den Markt wirft, und damit ist unsere Aufgabe gelöst.

Aus derselben Wurzel wächst die *Spekulation*.

Was wir heute „Konjunktur" nennen, kann offenbar in der reinen Wirtschaft nur andeutungsweise existieren, wenn es keinen Mehrwert, keine Überproduktion, keine Krisen, kein Umschlagen des Rechengoldes in Warengold geben kann. Die Warenpreise schwanken in ganz kleinen Ausschlägen stets um ihren „natürlichen Preis"; der Arbeitslohn der „Unternehmer" und ihrer „Arbeiter" ist bald eine Kleinigkeit höher, bald ein wenig tiefer, als der gesellschaftliche Durchschnitt. Es sind dies die leisen Wellen, welche eine regelmäßige Niveauerhöhung in einem stehenden Wasserbecken hervorruft.

Auch in der reinen Wirtschaft wird die fortschreitende Entwicklung *Börsen* hervorrufen, Märkte fungibler Waren, große Regulatoren für die großen Massenprodukte, die keine oder unwesentliche Unterschiede der Qualität aufweisen. Hier wird das Angebot eines ganzen Kulturkreises auf die Nachfrage desselben Kreises stoßen; die Preise werden dadurch für den ganzen Kreis reguliert, und es ist Gelegenheit gegeben, das Risiko, welches im Handel mit Waren liegt, deren Angebot stark wechselt, namentlich landwirtschaftlichen Produkten und deren Abkömmlingen (Korn, Kaffee, Zucker, Spiritus etc.), durch eine Art von Versicherung auf Gegenseitigkeit zu verteilen: Terminhandel und Zeitgeschäft. Der Konsument wie der Produzent, Bauer wie Müller und Händler sichern sich dadurch Durchschnittspreise und entgehen den Schwankungen

Systematischer Teil 93

der Konjunktur, den Schlägen der „orphischen Kette" Lassalles. Solche Zeitgeschäfte sind der Windkessel der Spritze: sie verwandeln den unregelmäßigen Zufluß in einen ununterbrochenen Strom. Nur so ist es möglich, daß der Verkehr in Nahrungsmitteln Verträge auf längere Zeitabschnitte abschließt. Die *Produktenbörse* ist das wirtschaftliche Mittel des Ausgleichs der wechselnden Naturergiebigkeit.

Dagegen ist eine *Effektenbörse* undenkbar. Es gibt keinen „Mehrwert", daher keine Kursgewinne, daher keine Effekten und Kurse. Was es einzig geben kann, ist ein *Geldmarkt*, auf welchem sich Angebot und Nachfrage von Kapital ausgleicht. Der Zinsfuß wird einmal höher und einmal tiefer stehen; aber wie er auch stehe, das Kapital wird niemals auf die Dauer einen Anteil am Ertrage eines Unternehmens haben können, welcher den Zins samt der Risikoprämie übersteigt. Und für den Zweck des Kapitalmarktes genügt *eine* oder wenige große Zentralbanken, welche durch ihren Diskont Angebot und Nachfrage regulieren.

All das entartet in der kranken Wirtschaft. Hier besteht nicht das Gleichmaß einer organischen Höherentwicklung, das jede Wette unmöglich macht, weil für gleiche Kräfte alle Chancen gleich sind, sondern eine Menge von Zufälligkeiten, die zum Wetten geradezu herausfordern. Der Konkurrenzkampf der einzelnen Industriellen unter sich ist so reich an Wechselfällen, wie ein Pferderennen; jeder Renner bekommt seinen Wettkurs, die Effektenbörse ist der Totalisator, und der Gewinn ist groß, wenn ein Outsider durchs Ziel geht. Es wird gewettet, wie lange die Blüte oder die Krise noch dauern wird: Haussiers und Baissiers setzen am Totalisator; es wird gewettet, ob eines der Ungewitter, welche zu Krisen führen können, eine Kriegserklärung, eine Kampfzollmaßnahme, eine schlechte Ernte eintreten wird oder nicht: und die Börse wird zum nervösen Manometer der politischen Lage. Ein ungeheures Hazardspiel begleitet das Auf und Ab der wirtschaftlichen Kräfte.

Daß sich bei diesem Spiel auch massenhaft Falschspieler finden, ist notwendige Begleiterscheinung jedes Spieles überhaupt. Daher die gefälschten Telegramme, die Sensationsnachrichten, die bestochenen Börsenreferenten, die Schwindelgründungen, welche gar keinen ernsten Absichten zu produzieren ihre Entstehung verdanken, sondern nur der Absicht, an künstlich getriebenen und gedrückten Kursen Spielgewinne auf Kosten derjenigen zu machen, welche nicht aussterben. Auch diese Dinge wollten wir nicht schildern, sondern erklären.

Wenn wir schließlich fragen, wer denn in diesem Spiele der Gewinner ist, so stoßen wir auch hier wieder auf jenes *Gesetz der Häufung des Reichtums* um vorhandene Kerne, welches wir auf der Stufe der Nomadenwirtschaft zuerst als Häufung des *Herden*eigentums in einer Hand, auf der ersten Stufe des historischen Ackerbaus als Häufung des *Land*eigentums in einer Hand kennengelernt haben, hier als Häufung des *Kapital*eigentums in einer Hand. Die großen Unternehmer vernichten die kleinen, die großen Kapitalisten saugen die kleinen auf, weil sie auf der ersten Stufe der Konjunktur besser gewachsen sind, auf der zweiten Stufe die Konjunktur beherrschen, auf der letzten Stufe sie *machen*. Wie sie die „öffentliche Meinung" mittels der Presse beherrschen, so beherrschen sie zuletzt auch die Regierungen. Davon werden wir in der Skizze der *politischen* Organisation reden müssen, welche der kranken Wirtschaft eigentümlich ist.

Der Goldbesitzer bleibt als Sieger auf der Wahlstatt des industriellen Kampfes und entschädigt sich für seine Kriegskosten mit dem Monopol; der Goldbesitzer heimst die Ernten der Krisen ein, weil er mit seinem enorm im Werte gestiegenen Eigentum die enorm im Werte gefallenen Waren, Genußgüter *und Kapitalgüter*, an sich bringen kann. Der Goldbesitzer setzt sich in Besitz des städtischen Wohn- und des ländlichen Feldbodens und zieht den Ertrag der stetig steigenden Zuwachsrente. So geschieht es, daß in Handel, Industrie und Grundbesitz der *selbständige* Mittelstand mehr und mehr zusammenschmilzt, daß die Zahl der Nutznießer der Zuwachsrente im Verhältnis immer kleiner, und ihr Einkommen immer ungeheuerlicher wird, so daß der Druckunterschied zwischen Reich und Arm immer größer und die Zwischenglieder immer spärlicher werden. In der Sprache der Meteorologie: der „Gradient" zwischen dem Orte des sozialen Meist- und Mindestdruckes wird immer größer, d. h. die Trichterwand immer höher *und steiler.*

Wir haben noch einer Folge der „Krisen" zu gedenken, nämlich ihrer Rückwirkung auf die *industrielle Arbeiterklasse.*

Es ist klar, daß, wenn die Unternehmer bei sinkenden Preisen ihre Produktion zum Galopp spornen, sie das ceteris paribus nur tun können, indem sie neue Arbeiter ans Werk setzen. Während in der „reinen Wirtschaft" jedes Sinken der Preise in der Stadt sofort die Abwanderung so lange zurückhalten und die Auswanderung vermehren würde, bis das Gleichgewicht wiederhergestellt ist, werden in der „kranken Wirtschaft" gerade dann Arbeiter im Überschuß vom Lande in die Stadt gezogen, wenn die Krise bereits einsetzt. Der Zusammenbruch wirft darum noch viel mehr Arbeiter brotlos aufs Pflaster, als die Tollheit der Überproduktion an sich notwendig gemacht hätte: und um so furchtbarer ist natürlich das Schicksal dieser Elenden, die durchaus nirgend hin ausweichen können. Sie sind gezwungen, sich selbst und ihre Frauen und Kinder auf dem Sklavenmarkte der Industrie zu jedem Preise loszuschlagen, sind gezwungen, ihre Frauen und erwachsenen Töchter auf dem Fleischmarkt der Prostitution stückweise zu verkaufen; die Versuchung, d. h. die *Strömung zum Gleichgewicht,* welche sie vom Orte des höchsten, *unerträglich* gewordenen wirtschaftlichen Druckes ins Minimum reißt, zum Orte des mindesten Druckes, an welchem sie ihre Herren sehen, zerreißt die für normale Wirtschaftsverhältnisse ausreichenden *sozialen Regulationen,* die inneren des Gewissens so gut wie die äußeren des Gesetzes,[1] und treibt sie in Unsittlichkeit und Verbrechen.

Ohne die Krisen würde wenigstens der gesunde junge Industriearbeiter immer die „konzessionierte Komfortbreite" genießen. Nur der kranke oder altersschwache Proletarier würde darunter gepreßt werden, d. h. ins Elend. Denn die konzessionierte Komfortbreite wird natürlich im Lauf der Zeit zum standard of life, zur *notwendigen Existenzbreite.* An sich schon steht sich der Industriearbeiter *materiell* schlechter als der Landtagelöhner; denn er bezahlt natürlich die größere soziale Freiheit, den Anschluß an seinesgleichen und vor allem die noch so schwache Aussicht, durch Tüchtigkeit und Glück in die Unternehmerklasse aufzusteigen, mit einem gewissen Maß materieller Güter: darum ist die bloße Futterversorgung des Fabrikarbeiters durchschnittlich schlechter als die des Tagelöhners.

Aber die Krisen werfen ihn tief unter seinen Standard. Der Industriearbeiter ist „der Letzte, den die Wölfe fressen".[2] Ohne die Möglichkeit, auszuweichen, empfängt er die Schläge der „orphischen Kette" mit gedücktem Nacken. Er ist der Unglückliche aus Edgar [Allan, A.d.R.] Poes furchtbarer Nachtphantasie, der Gefesselte im unterirdischen Kerker der Inquisition, über dem eine ungeheure scharf geschliffene Sichel hin- und herschwingt, die sich ihm bei jeder Schwingung etwas nähert. Die Sichel ist die Krise, die immer näher und näher schwankt, unaufhaltsam, um ihn wirtschaftlich, physisch und moralisch zugrunde zu richten. Hier liegen die Wurzeln der grauenhaften Arbeiter- und Kindersterblichkeit, der rachitischen Degeneration ganzer Völker, der psychischen Entartung, welche uns neue, schauerliche Verbrecher- und Narrentypen mitten in die geordnete Rechtsgesellschaft hineingebiert, hier die Wurzeln der Massenverbrechen und der Massenprostitution.

Daß sich die Arbeiter *wehren,* ist selbstverständlich. Auch hier waltet das Gesetz der Strömung! Wenn eine Masse unter Druck gesetzt wird, ohne daß sie ausweichen kann, so treten zwei Erscheinungen ein, die man kurz als „Schweißung" und „Gegendruck" bezeichnen kann. *Schweißung,* weil die inneren Gegensätze um so mehr überwunden werden, die gegenseitige Abstoßung der ein-

---

1 Vgl. Oppenheimer, Siedlungsgenossenschaft, S. 608ff.
2 Vgl. ebenda, S. 103.

Systematischer Teil

zelnen Elementarteile um so mehr vermindert wird, je mehr der äußere Druck wächst; *Gegendruck*, weil jede strömende Masse *elastisch* ist. Die Schweißung zeigt sich als *Koalition*, der Gegendruck als *Revolutionen und Strikes*.

Ebenso selbstverständlich ist, daß sich die Unternehmer dagegen auflehnen. Nirgend so klar wie hier zeigt sich, wie wertlos *juristische* Formeln gegen *wirtschaftliche* Gesetze sind. *Juristisch* steht der Arbeitnehmer dem Arbeitgeber nach Tauschrecht gleich; *wirtschaftlich* ist er so gut sein Sklave nach Nomadenrecht, wie das Mancipium des Römers: das scheinbar überwundene Urrecht schlägt das scheinbar siegreiche Kulturrecht. Der „Staat", d. h. der Ausschuß der herrschenden Klasse oder Klassen, stellt seine Machtmittel in den Dienst des Nomadenrechtes; wie der Grundadel des Karolingerreiches in den Kapitularien Karls des Großen die geschworenen Fraternitates und Gilden, wie der Feudaladel unter den Staufern die Bürgerzünfte und Städtebünde, wie später die Zunftmeister die Gesellenladen: so verbieten und verfolgen heute die Unternehmer durch ihren Ausschuß, den „Staat", d. h. den *Klassenstaat*, die ebenso durch Schweißung entstandene Koalition der Fabrikarbeiter.

Der *Gegendruck* durch die Streik-Organisationen (Gewerkschaften, Gewerbekammern, Einigungsämter usw.) kann natürlich keinen Erfolg haben! Er richtet sich lediglich gegen die Unternehmer, als wären sie die Drängenden, während sie doch selbst die von dem Bodenmonopol Gedrängten sind. Der einzige Erfolg ist der, die „konzessionierte Komfortbreite" anders zu verteilen und zwar so, daß der bessergestellte (höher qualifizierte) Arbeiter noch besser, und eben dadurch der geringer qualifizierte Arbeiter noch schlechter gestellt wird. Indem die Gewerkvereine einen Teil des Arbeitsmarktes für ihre Mitglieder monopolisieren, schließen sie alle, welche wegen geringerer Leistungsfähigkeit nicht ihre Mitglieder werden können, ganz aus und drücken sie noch tiefer unter die Existenzbreite. Gewerkvereine und Strikes wirken auf die Arbeiterschaft, wie die sozialen Gesetze überhaupt nach Henry Georges prachtvollem Bilde auf die Kulturvölker wirken: sie dringen wie ein riesiger Keil in die gleichartige Masse und heben, was darüber, pressen nieder, was darunter gelangte. Vor der Organisation der Londoner Dockers fanden hunderttausend Arbeitslose in den Docks unregelmäßige Beschäftigung; jetzt haben 20.000 Mann regelmäßige, und 80.000 gar keine Arbeit, gar kein Einkommen mehr.

Es wird also durch die Gewerkvereine etc. der „vierte Stand" in einen vierten und fünften Stand geschieden, in eine Arbeiteraristokratie und ein trostloses Proletariat, welches die Verkommenen und Unglücklichen, das Laster und das Verbrechen umschließt. Die Schwärmer für den englischen Trade-Unionism übersehen zweierlei; erstens, daß dieser fünfte Stand von den Heilmitteln: Gewerkschaft und Genossenschaft höchstens zum Schlimmeren beeinflußt wird, und zweitens, daß in England ganz ausnahmsweise Verhältnisse bestehen. Dort ist nämlich die Abwanderung *absolut* äußerst schwach, weil das platte Land schon so gut wie verblutet ist, und *relativ* noch viel schwächer, weil auf einen Landbewohner jetzt schon vier Städter kommen. Die Hungerkonkurrenz ist hier natürlich viel schwächer, als da, wo umgekehrt vier Landbewohner auf einen Städter kommen.

Englands Exportindustrie verliert Markt auf Markt. Wenn erst die Einschränkung der Produktion fühlbar werden wird, dann werden wir ja sehen, was aus der Arbeiteraristokratie der Gewerkschaften und dem „sozialen Frieden" werden wird. Augenblicklich haben wir schon eine Vorprobe des kommenden in dem Verzweiflungskampf des ältesten, reichsten und konservativsten Gewerkvereins, der „amalgamated engineers", erlebt.

Wie weit diese Kampforganisationen in Wahrheit davon entfernt sind, den sozialen Staate der Zukunft näher zu führen, erhellt daraus, daß sie in letzter Instanz den *Kapitalismus stärken*. Ein Strike wirft, wie Konkurrenz, Krise und Spekulation, die schwächeren Unternehmer nieder, ohne die starken zu gefährden. Er wirkt also mit zur Aufhäufung der Kapitalvermögen um immer wenigere Kerne. Und darum ist jeder siegreiche Strike ein Pyrrhussieg für die organisierte Arbeiterschaft. Sie verlieren immer mehr die Möglichkeit, das „divide et impera" gegen ihre Feinde anzuwenden, sehen sich immer mehr nur solchen Gegnern gegenüber, deren Gold sie wie ein sturmsicherer Panzer umgibt.

Wenn Arbeiterorganisationen überhaupt einen Erfolg in dem wirtschaftlichen Kampfe erringen wollen, dann müssen sie endlich lernen, die Überschwemmung sozusagen mit der Wasserbautechnik zu überwinden. Gewerkschaften und Strikes sind Deiche in den Inundationsgebieten; sie erhöhen nur die Gefahr, weil sie bewirken, daß das Strombett sich fortwährend erhöht, so daß jeder Deichbruch – und jeder Deich bricht einmal – nur um so größere Zerstörungen erzeugt. Zweckmäßig ist es allein, *den Strom an seinen Quellen zu fangen und zu verbauen.* D i e I n d u s t r i e a r b e i t e r f r a g e i s t n u r v o m L a n d e h e r z u l ö s e n. Das haben die britischen Gewerkvereine schon vor 20 Jahren eingesehen, als sie den Versuch aufgeben mußten, die „unskilled labour" zu organisieren. „So lange die Zuwanderung nicht aufhört, wird es immer sehr schwer und meist ganz unmöglich sein, die Lage der unqualifizierten Arbeiter zu heben." Hoffentlich wird auch die deutsche Arbeiterschaft bald weit genug vorangeschritten sein, um sich aus dem Netz der Marxschen Dialektik zu befreien und den Weg zu betreten, der zur Rettung führt.

Aber es wäre schlimm, wenn die große Entwicklung des organischen Lebens durch Irrtümer aufgehalten und nur durch richtige Erkenntnis gefördert werden könnte. Sie schreitet vor, unaufhaltsam und unaufgehalten, mit der majestätischen Folgerichtigkeit eines kosmischen Vorgangs.

Wir haben den Symptomen-Komplex der sozialen Krankheit, ihre Ursache, ihren Aufstieg zur Höhe (Akme) und ihre Höhe selbst aus dem Gesetz der Strömung abgeleitet. Aber jede Krankheit hat ihr Ende, Tod oder Genesung. *Diese* Krankheit endet in Genesung! Auch das läßt sich noch aus dem Gesetze der Strömung deduzieren. Bekanntlich ist jedes *Stadium* der Krankheit zugleich Fortschritt zur *Heilung.* Die ganze Entwicklung läuft darauf hinaus, den Fremdkörper (fremden Rechtes), das agrarische Großgrundeigentum, aus dem Organismus der freien Tauschwirtschaft auszustoßen. Damit hat der einseitige, dauernd wachsende Druck sein Ende erreicht, und der pathologische Prozeß mündet in den der Gesundheit wieder ein.

Das letzte Symptom der sozialen Krankheit, das wir noch zu betrachten, resp. aus dem Gesetz der Strömung abzuleiten haben, ist auch der letzte Fortschritt der Heilung, es leitet die „*Krisis*" ein. Es ist die durch einen unheilbaren Preissturz des Kornes verursachte *Agrarkrisis.*

Wir orientieren uns wieder am Thünenschen „isolierten Staate", um diesen Verlauf abzuleiten:

Den „natürlichen Marktpreis" des Korns fanden wir zusammengesetzt aus Selbstkosten, Durchschnittseinkommen und Transportkosten des letzten Bauern, welcher für die Versorgung der Stadt nötig ist. *Die Transportkosten waren bisher als feste Größe angenommen.* Wir lassen auch diese letzte Abstraktion noch fallen und betrachten die Folgen einer Veränderung dieses Faktors.

Es sei zu irgendeinem Zeitpunkte das Durchschnittseinkommen wieder 1.000 Geldstücke. Der entfernteste Bauer, dessen Zufuhren der Markt noch braucht, sei hundert Kilometer entfernt; er stelle zwanzig Tonnen Korn zum Verkauf her unter Aufwand von 200 Geldstücken Produktionskosten. Die Transportkosten betragen pro Tonne und Kilometer je ein Geldstück. Dann müssen die zwanzig Tonnen bringen: 1.000 + 200 + 2.000 = 3.200. Der natürliche Marktpreis pro Tonne ist also 160 Geldstücke, und 60 der Bruttogewinn des Bauern. Dann hat ein Wirt, der nur zehn Kilometer von der Stadt sitzt, also pro Tonne nur 10 Geldstücke Transportkosten hat, von der Tonne einen Bruttogewinn von 150 Geldstücken, 90 mehr als der entfernteste Bauer, oder, wenn man seine Produktionskosten mit 20 Geldstücken pro Tonne doppelt so hoch veranschlagt, weil er intensiver wirtschaftet (Gesetz der sinkenden Erträge), 130 Geldstücke pro Tonne Reingewinn. Er stellt also nicht 20, sondern nur schätzungsweise 7,7 Tonnen her, um auf das gleiche Reineinkommen zu gelangen.

Stellen wir uns nun ein plötzliches Sinken der Transportpreise vor, auf die Hälfte. Dann ist der Preis für 20 Tonnen 1.000 + 200 + 1.000 = 2.200, der natürliche Marktpreis 110 Geldstücke. Der

Systematischer Teil 97

entfernteste Bauer behält seinen Reingewinn unverkürzt, 50 pro Tonne, 1.000 pro Jahr. Der nahe Bauer spart pro Tonne 5 Geldstücke am Transport, büßt aber am Marktpreise 50 ein, verliert also $45 \times 7{,}7 = 346{,}5$ Geldstücke, das ist mehr als ein Drittel seines Reineinkommens.

In der reinen Wirtschaft kann aus dieser Ursache keine nachhaltige Störung des Gleichgewichtes entstehen. Erstlich spielen hier die Transportkosten aus den verschiedensten Gründen eine verhältnismäßig untergeordnete Rolle. Der Anbaukreis ist nicht durch eine übermäßige Wanderung überdehnt, das Land viel dichter besiedelt und besser angebaut, als in der kranken Gesellschaft, die Industrie viel gleichmäßiger über das gesamte Gebiet verteilt, d. h. die großen Städte kleiner, die kleinen größer und zahlreicher. Es kommt also einerseits von der Flächeneinheit viel mehr Nahrungsüberschuß heraus; und andererseits ist der Weg vom Urproduzenten nach seinem gewerblichen Markt nicht so krankhaft weit gestreckt. Trotzdem erfolgt ja auch hier eine Erstreckung des Anbaukreises, und es werden auch hier die Transportkosten sinken müssen, da eine Verbesserung der Produktivität der Transportmittel nach dem „Gesetz der Erzeugung" mit dem steigenden Markte, d. h. der wachsenden Zufuhr erfolgen *muß* (vgl. unten). Aber diese Erstreckung und Verbesserung erfolgt hier ganz allmählich, so daß das Absinken der Transportkosten von *Anfang an als wirkende Kraft in das Kräftespiel eintritt, welches die Bevölkerung verteilt*. Es wird dadurch keine *qualitative* Verschiedenheit hervorgerufen; denn es bleibt dem näher wohnenden Landmanne ja unter allen Umständen noch ein Vorteil; die Bevölkerung schichtet sich also auch hier in Form eines Kegels auf, dessen Spitze und höchste Erhebung die Stadt, dessen Peripherie und Nullhöhe der Ring der äußersten Bauern ist. Aber der Kegel ist weniger steil, d. h. die Bevölkerung ist gleichmäßiger geschichtet, die Besitzgrößen von geringerer Verschiedenheit, die Zonen breiter.

Wenn wir uns aber selbst ein *plötzliches* Sinken der Transportpreise in der reinen Gesellschaft vorstellen wollen, so kann dennoch keine dauernde Verschiebung der Einkommen entstehen. Der Preissturz bedeutet eine starke Druckverminderung über der Stadt, weil der Gewerbetreibende jetzt seinen Kornbedarf für einen geringeren Teil seiner Jahresproduktion eintauscht. Es setzt also eine verstärkte Strömung in die Stadt ein, das Nahrungsbedürfnis steigt, der Kornpreis entsprechend, die Zone des Gartenbaus verbreitert sich, der Kornpreis steigt auch aus diesem Grunde. Dadurch entsteht ein neues Minimum jenseits der Grenze in der noch nicht angebauten Ebene, und der Abstrom der ländlichen Bevölkerung in diese beiden neu aufgerissenen Niederdruckgebiete ist so stark, daß sich in kurzer Zeit auch hier wieder das Gleichgewicht des Einkommens und der Besitzgrößen herstellt.

Anders in der *kranken* Gesellschaft. Hier ist der Anbaukreis überdehnt, der Anbau noch außerdem, eine Folge der Interessenlosigkeit der Tagelöhner, unter dem Niveau, die Transportkosten infolgedessen hoch. Ferner hat die Luxusnachfrage der Zuwachsrentner die Gewerbe in wenige große Zentren zusammengedrängt, während sekundäre und tertiäre Städte selten, klein und kaufschwach sind: auch dadurch ist der Weg vom Urproduzenten zum Industriellen überdehnt. Hier ist die Bilanz der Volkswirtschaft also äußerst schwer mit Transportkosten belastet. Hier *kann* nicht nur, hier *muß* eine *rapide* Ermäßigung dieser Ausgabe eintreten.

Denn die Kornzufuhren in die großen Städte steigen reißend an Masse. Die Stadt ist also für Transportdienste ein gewaltiger Markt. Darum setzt auch hier die Arbeitsteilung ein, die Produktivität der Transporteure steigt, d. h. ihre Leistung verbilligt sich ebenso rapide. Es kommt ein erstes Stadium, wo eine Chaussee besser rentiert als Feldwege; ihm folgt ein zweites, in welchem die Massentransporte ausreichen, um einen Kanal zu verzinsen und zu unterhalten, und schließlich treten Eisenbahn und Dampfschiff auf den Plan. Und alle diese Verbesserungen der Technik haben noch eine Eigenschaft, welche für die Landwirte um so verderblicher ist, je näher sie dem Markte wohnen: sie senken den Preis nicht nur im ganzen, sondern sie senken ihn auch noch ungleichmäßig; je ferner der Produzent dem Markte wohnt, um so mehr, je näher er wohnt, um so weniger spart er an seinen Transportkosten; denn diese setzen sich zusammen aus den Kosten des Ein- und Ausladens, welche zwar für alle gleich groß sind, aber bei kleinen Strecken ganz anders ins Gewicht fallen, als bei großen; und den Kosten des eigentlichen Transportes, welche aus natürlichen Gründen nach Art des Zonentarifes mit der Entfernung fallen.

Auf diese Weise sinkt also das Reineinkommen des Landwirtes um so mehr, je näher er dem Markte sitzt.

Aber es ist nicht die *Auswanderung* allein, welche durch ihre massenhaften Zufuhren auf ihren Urheber, das agrarische Großgrundeigentum, vernichtend zurückwirkt, sondern auch die *Abwanderung*, und zwar in ihren beiden Folgen, der *Überproduktion* und der *Spekulation*.

Aus der Überproduktion entwickelt sich folgerecht der *Exportindustrialismus*. Wenn der gesamte Binnenmarkt des Wirtschaftskreises, den wir bisher als „isoliert" angenommen haben, in Krisenzeiten mit Waren gesättigt ist, sucht der Kaufmann *neue Märkte* für sie und findet sie bei Völkern mit Naturalwirtschaft. Er vertauscht sie gegen Korn und lädt dieses Korn als Ballast in seine Schiffe. Er kann es fast zu jedem Preise auf den Markt bringen; denn er hat für wenig Gold viel Waren exportiert, die hier ihre Kaufkraft verloren hatten, sie aber dort noch besaßen, und hat für die Rückfracht keine oder sehr wenig Kosten gehabt, weil er das Korn nur als Ballast rechnen kann.

Der *Konkurrenzkampf* steigert diese Verheerung der Preise noch, indem er die Preise der Lokomotiven, Dampfer und Kohlen, die Versicherungssätze etc. immer tiefer drückt und dadurch, sowie durch die gleiche Konkurrenz der Spediteure unter sich die Frachten immer mehr ermäßigt. All das wird wieder durch die *Spekulation* in Industrie- und Handelsunternehmungen in Blütezeiten übertrieben; und schließlich kann die Spekulation in Getreide auch *vorübergehend* und *lokal* die Preise durch Überangebot reeller oder fiktiver Ware noch tiefer werfen.

Jedenfalls aber bleibt ein dauernder Nachteil für den marktnahen Landwirt, ein Verlust am Einkommen. *Und das ist sein Ruin*, wenn er bloß Landwirt und nicht noch nebenher Kapitalbesitzer ist. Denn er ist verschuldet nach dem Ertragswerte des Gutes zur Zeit der hohen Preise und darüber: Spekulationsrate. Von dem Augenblicke des Preissturzes an ist sein Untergang entschieden. Er verliert zuerst den kleinen Teil sekundärer „Zuwachsrente" („Mehrwert"), welchen ihm sein eigenes Kapital vielleicht abwarf, dann Stück für Stück seinen „Arbeitslohn", und schließlich sinkt sein Ertrag unter die „Produktionskosten", d. h. sachlichen Selbstkosten, Arbeitslöhne und Hypothekenzinsen.

Bis es soweit kommt, spart er an den Produktionskosten, wo er irgend kann. Er läßt festes und bewegliches Inventar, Gebäude, Maschinen und Herden verfallen, er saugt seinen Boden bis auf das letzte aus und entläßt Arbeiter, d. h. extensiviert den Betrieb. Damit schmiedet er aber nur neue Nägel zu seinem Sarge; denn die Ersparung an den nötigen Kapitalaufwendungen wird sich nach kurzer Zeit in einer empfindlichen Verminderung der Roherträge rächen; und seine ausgetriebenen Tagelöhner vermehren nur noch die Auswanderung und das Angebot von Getreide aus der Ferne.

Eine Besserung aus der Entwicklung selbst heraus ist nicht abzusehen. Denn jede kleine Erhöhung der Preise, wenn die Stadt wächst, zieht sofort wieder neue Korngebiete im Auslande in den Markt hinein und wirft die Preise so tief, daß der entfernteste Produzent nicht mehr Einkommen hat, als der Tagelöhner des Großgutsbezirkes.[1] Und durch Vermehrung der Transportkosten von diesem entferntesten Bauern her wird der Marktpreis auch nicht mehr bedeutend wachsen. *Denn der Radius r des Anbaukreises ist schon so enorm groß, daß der Zuwachs z (Höhe des hinzukommenden Ringes) äußerst klein ist;* und dieser kleine Zuwachs wird meist noch überkompensiert durch das anhaltende Sinken der Frachten.

---

1 Daher die Not der nordamerikanischen Farmer!

Künstliche Maßregeln, wie Schutzzölle, Prämien etc. können nichts helfen; denn sie steigern zwar den Preis des Korns für kurze Zeit, rufen aber sofort eine Mehrproduktion durch erweiterten und intensiveren Anbau hervor, welche den Preis noch tiefer wirft, als zuvor; und die kurze Periode trügerischen Wohlstandes läßt nur einen bitteren Rückstand in Gestalt gesteigerter Schuldlasten und Schuldzinsen zurück, welche in der Periode des Niedergangs die dann im Besitze befindlichen Eigentümer um so sicherer vernichten.[1]

So bleibt also schließlich nichts als die Zwangsversteigerung; und den Erstehern kein anderer Ausweg, als der, die Güter an selbstwirtschaftende Bauern aufzuteilen, welche im eigenen Interesse, also fleißiger, sorgfältiger und sparsamer wirtschaften, welche am Preise der Weltmarktprodukte nicht interessiert sind, weil sie nur so viel Korn herstellen, als sie selbst verbrauchen, und ihre Komfortbreite durch Erzeugung und Verkauf solcher Dinge ausfüllen, welche der Weltmarktskonkurrenz *nicht* unterliegen, weil sie nicht hoch transportfähig sind, kurz an Bauern, welche nicht „kapitalistische Verkäufer", sondern „Käufer-Verkäufer" sind. Damit ist das agrarische Großgrundeigentum ausgestoßen, und der Wirtschaftskörper gesundet.

Und so behält die Smithsche Naturlehre selbst in ihrem Irrtum Recht. *Die Strömung zum Gleichgewicht führt schließlich doch zur Harmonie der Interessen*, freilich auf dem langen und schmerzlichen Umwege einer Krankheit, die den ganzen Organismus mit Vernichtung bedroht, *aber doch durch die Krankheit zur Gesundung*. Das Gesetz erweist sich als *Grundgesetz* der ganzen Wirtschaft: es läßt sich stören, aber nicht aufheben und setzt sich zuletzt gegen die Störung siegreich durch.

Stellen wir uns vor, es würde durch die natürliche Entwicklung der Dinge selbst oder durch staatliche Eingriffe auf einmal ein beträchtlicher Teil des Großgrundeigentums Bauern zur Verfügung gestellt, dann würde sofort die Abwanderung und Auswanderung vom Großgrundbesitz aufhören, denn jetzt ist *hier* ein Minimum entstanden. Es wäre also in kurzer Zeit die „Reserve-Armee" in den Städten aufgesaugt. Die neuen Bauern würden dem Lande höhere Nahrungsüberschüsse entreißen, als der Großgrundbesitz, also höhere Kaufkraft haben und eine starke Nachfrage in den Städten ausüben. Dagegen würde in den Städten das Angebot von Arbeitskräften stark vermindert sein, und bei hoher Nachfrage *nach* und geringem Angebot *von* Arbeitern würden bald „zwei Meister einem Gesellen nachlaufen", um sich zu überbieten, und die Löhne würden riesenhaft steigen. Der Nachwuchs der Bauernschaften, der sich jetzt in der Heimat staut, um auf zerfetzten Zwergwirtschaften sein Leben zu fristen, würde in die Städte und das ehemalige Großgrundeigentumsgebiet Vorflut erhalten und abströmen (Max Webers „Bevölkerungsklystier"), die bäuerliche Zersplitterung resp. Erbverschuldung könnte nicht mehr wachsen. Und so würde sich schnell genug das Gleichgewicht herstellen.

Diese eine, wie mir scheint, unanfechtbare Erwägung wirft m. E. das gesamte Gedankengebäude des Marxismus, wonach die Ursache der sozialen Krankheit lediglich in der „Anarchie" der riesenhaft gewachsenen Produktion zu suchen sein soll, wie ein Kartenhaus zusammen. Denn in dem doch schließlich realisierbaren Falle, daß ein verfassungsmäßiger oder revolutionärer Akt das Großgrundeigentum auskaufte oder enteignete, würde die soziale Not verschwinden, während die Ordnung der Produktion die gleiche bliebe.[2]

---

1 Vgl. Oppenheimer, Siedlungsgenossenschaft, S. 228f.
2 Ich habe dieselbe Betrachtung schon in meiner Siedlungsgenossenschaft, S. 255f. angestellt. Die sozialdemokratische Presse hat mein Buch nicht besprochen bis auf eine sogenannte „Kritik" in einem kleinen fast unabhängigen Blatte, in welcher ein grober Ignorant aus seinen eigenen Mißverständnissen einen Popanz zusammenschusterte, auf den er dann lustig einhieb. Auf meine grundsätzlichen Feststellungen ist er nicht eingegangen.

Damit ist unsere Deduktion aus dem Gesetze der Strömung beendet. Wir lassen jetzt jeden Rest der Abstraktion fallen und tragen die gewonnenen Ergebnisse in ein reales, geographisches Gebiet ein. Aus erklärlichen Gründen wählen wir Westeuropa.

Hätte hier von Anfang an reines Tauschrecht bestanden, so hätte sich die Bevölkerung nach dem Drucke ins Gleichgewicht gesetzt, derart, daß in natürlichen Minimis die Bevölkerung dichter war, als in Maximis. In der Ebene, auf fruchtbarem Boden, in mildem Klima hätten die Menschen dichter gesessen als auf leichtem Boden, im Gebirge, in rauhem Klima. In primären (naturgegebenen) und sekundären (natur- und kulturgegebenen), später in noch mehr untergeordneten Orten besonders niederen Druckes hätten sich gewerbliche Zentren, *Städte*, entwickelt.

Nun sei in irgendeinem Stadium der Grund und Boden in derjenigen Ausdehnung und geographischen Lage in die Hand eines großgrundbesitzenden Adels gefallen, wie es die heutige Karte von Westeuropa zeigt, *ohne Beschränkung der Freizügigkeit*. Wie wird sich nach einigen Generationen das Bild gestaltet haben?

Wir haben, alles beherrschend, eine Anzahl von Riesenstädten, welche durch eine enorme Abwanderung von Jahr zu Jahr gewaltiger anschwellen; und auf der anderen Seite eine ebenso enorme Auswanderung, welche das nächst zugängliche, noch nicht bebaute kulturfähige Land, für Westeuropa also *Amerika*, in ungeheurer Überdehnung des Anbaukreises unter den Pflug gebracht hat. Der weitaus größte Teil dieser Völkerwanderung strömt von den Großgrundeigentumsbezirken aus; die Wanderung aus den einzelnen Ländern resp. Landesteilen ist (cum grano salis) proportional dem Quadrate ihres Gehaltes an Großgrundeigentum.

Die Bevölkerung ist äußerst ungleich verteilt. Wo das Großgrundeigen vorherrscht, ist sie dünn, wo Bauernbesitz vorherrscht, dicht gesät. Die Städte dort sind klein, wachsen wenig, haben eine wenig entwickelte Industrie und geringe Kaufkraft; hier sind sie groß, wachsen stark, haben hoch entwickelte Industrie und große Kaufkraft.

Weil das Land dichter besiedelt ist, stärkere Eigenmärkte in der Nähe hat und schließlich von Eigentümern im Selbstinteresse bewirtschaftet wird, ist der Stand der Landeskultur im Bauernbezirke viel höher, als im Großgrundbezirke.

Überall, im ganzen Binnenlande und im Auswanderungsgebiet ist der nicht landbesitzende, weitaus größte Teil der Bevölkerung auf das Einkommen der ländlichen Tagelöhnerklasse reduziert (wobei das Einkommen in materiellen Gütern da noch niedriger ist, wo die immateriellen Güter der *Freiheit* und *Hoffnung* mitgewogen werden, also in der Stadt und im Auswanderungsgebiet); jede *unter*durchschnittliche Arbeitskraft bleibt auch *unter* dem Durchschnittseinkommen und lebt also im Elend, wenn die konzessionierte Komfortbreite zum *notwendigen* Standard geworden ist, wie das natürlich der Fall ist. Die landbesitzende Bevölkerung zieht den gesamten Zuwachs der Produktivität, die *Zuwachsrente*, und zwar in dem Großgrundbesitz die Gutsherren, im Bauernbezirk die Großbauern resp. Mitglieder der Realgemeinden, in den Städten die Hausbesitzer. Fast aller Grundbesitz ist infolge rein ökonomischer Vorgänge bis an und über die Ertragsgrenze verschuldet und durch die „Spekulationsrate" überbewertet.

Aus den Nutznießern und Anteilsberechtigten der Zuwachsrente hat sich in den Städten der Stand der kapitalistischen Unternehmer gebildet, welche als Mehrwertbezieher zu einem verzerrten Wettbewerbe, zum *Konkurrenzkampf* getrieben werden; die Folgen sind die Krisen, die Spekulation und der Exportindustrialismus. Die Krisen drücken den freien Arbeiter noch unter die konzessionierte Komfortbreite und zermalmen den produktiven Mittelstand; sie treten um so häufiger und schwerer auf, je mehr die produktiven Kräfte mit der Bevölkerung wachsen; und wirken mit zu dem Ziele der Anhäufung des Kapitalreichtums um immer wenigere vorhandene Kerne: Pauperismus, Kriminalität, Prostitution, schwere hygienische Mißstände, Kinder- und Arbeitersterblichkeit, Anschwellen der Wahnsinnsstatistik sind die Folgen.

Das ist das Bild Westeuropas, wie es sich aus dem Gesetz der Strömung ergibt, wenn die

Gesellschaft Großgrundeigentum bei voller Freizügigkeit enthält. Dieser Zustand, *und nicht die Harmonie der Interessen*, folgt aus den Voraussetzungen der Naturlehre. A. Smith und seine sämtlichen Nachfolger haben falsch deduziert; hier ist durch ein richtiges Schlußverfahren ein Ergebnis gewonnen, welches Punkt für Punkt mit der Wirklichkeit übereinstimmt: *folglich ist die Voraussetzung richtig. Die Menschen unterliegen, wie Gase und Flüssigkeiten, dem Gesetze der Strömung.* Vor dem Gesetze der Strömung verschwinden alle Verschiedenheiten ihrer individuellen Begabung und Leistungsfähigkeit als quantité négligeable. Die Menschen sind, wirtschaftlich betrachtet, so gleich, wie Tropfen eines Stromes oder Moleküle einer Gasmasse. Wie es für das Fließen eines Stromes ohne Bedeutung ist, daß einer seiner Tropfen Eisen, der andere Kalk enthält, dieser mit Amoeben, jener mit Bakterien, der dritte mit Schlamm erfüllt ist: so wenig wird der majestätische Strom der Wirtschaft dadurch in seinem Laufe und seiner Wirkung verändert, daß seine Menschentropfen ein wenig innere Verschiedenheiten haben. Sie alle haben bei aller Verschiedenheit doch *ein* gemeinsames: das Strömen zum Gleichgewicht; und dieses Gemeinsame entscheidet allein: weil sich alle Verschiedenheiten gegenseitig aufheben, erscheint als Diagonale aus dem Parallelogramm der Millionen einzelner Kräfte nur die *eine* gemeinsame Richtung, bergab ins Minimum! Die „abstrakte Menschennatur" ist trotz alledem der Ausgangspunkt der Nationalökonomie.

Und diese *eine* Strömung führt dann auch die Heilung herbei, indem sie den Fremdkörper, den Körper fremden Rechtes, ausstößt, das Großgrundeigentum. Auch diese Deduktion entspricht vollkommen dem Bilde der Wirklichkeit. In der Tat sind die ganzen Kämpfe der Gegenwart nichts als die Krämpfe und Fieberschauer, welche die „Krisis" im Sinne der Pathologie, die Überwindung und Ausstoßung des Krankheitserregers aus dem Wirtschaftsorganismus begleiten. Von diesem Standpunkte aus ist die sonnigste Prognose der Zukunft, der höchste Optimismus, gerechtfertigt.

Man wird mir hier einen Einwurf machen können: ich habe die reine wie die gestörte Wirtschaft herzuleiten versucht aus einem *ausschließlich mechanischen* Gesetze, dem Gesetz der Strömung. Hier aber ist fortwährend von einem *Organismus* die Rede. Man betrachtet im allgemeinen die Begriffe: „Mechanismus" und „Organismus" als Gegensätze. Wie ist dieser Zwiespalt zu versöhnen?

Die Lösung liegt im Begriff der organischen Naturwissenschaft. Denn deren Aufgabe ist gerade, das Organische mechanisch zu erklären! Die Naturwissenschaft hat die prähistorischen Konjekturen von einer mystischen „Lebenskraft", d. h. einer dem Leben allein eigentümlichen, mit keiner der anorganischen Kräfte auch nur verwandten übernatürlichen Potenz, fallenlassen. Sie steht und fällt mit der Kausalität des Geschehens; sie bemüht sich mit Erfolg, das Leben auf einfache mechanische, d. h. chemische und physikalische Kräfte zurückzuführen.

Auch die von der „Naturlehre" begründete Auffassung der menschlichen Wirtschaft ist eine echte Naturwissenschaft von organischem Leben. Auch ihr ganzer Inhalt ist, *ein als organisch Erkanntes mechanisch zu begreifen*. Genau, wie die Physiologie des lebenden Einzelwesens sich die Aufgabe stellt, die Harmonie der organischen Funktion als das zweckmässig geordnete Ineinandergreifen einfachster Kräfte zu verstehen, genau so bemüht sich die nationalökonomische Naturlehre, die organische „Harmonie der Interessen" aus dem einfachen Gesetze der Strömung zu begreifen. Hier ist eine der großen Synthesen, welche Gegensätze in einer Einheit höherer Ordnung versöhnen.

Aus dieser Erkenntnis geht aber gleichzeitig hervor, wie falsch die Angriffe sind, welche man gegen die heute so viel verlästerte Theorie richtet. Man wirft ihr vor, alle organischen Zusammenhänge der Menschheit auseinanderzureißen, die Völker zu „atomisieren", den nacktesten „Individualismus" zu predigen, d. h. alle antisozialen Triebe für souverän zu erklären, den einen Menschen im wüstesten Interessenstreit auf den anderen zu hetzen.

Nun ist es in einem gewissen Sinne auch richtig, die Naturlehre „individualistisch" zu nennen. Denn sie geht tatsächlich aus von dem „Individuum" und seinem wirtschaftlichen Eigennutz, als dem Substrat und der treibenden Kraft der ökonomischen Verknüpfungen. Nur hat dieser „Individualismus" durchaus nicht diejenige Bedeutung, welche ihm die „sozialethische" Schule beizulegen pflegt.

Auch hier wieder begeht man, verleitet durch den Doppelsinn eines Wortes, den logischen Fehler der „Quaternio terminorum". Das Wort „Individuum" hat nämlich zwei polar entgegengesetzte Bedeutungen.

In dem einen Sinne bedeutet es den „Einzigen" Stirners, den „Übermenschen", die „prachtvolle blonde Bestie" Nietzsches, den „Renaissancemenschen", welcher sein „individuelles" Gesetz ohne Rücksicht für seine Nebenmenschen auf neue Gesetzestafeln schreibt, nachdem er als „Brecher, als Verbrecher" die „Tafeln der alten Werte" zerbrochen hat. In *diesem* Sinne ist die Naturlehre, trotz allen Sozialethikern, *nicht* individualistisch. Denn, weil sie *organisch* ist, kennt sie die großen Gesetze, welche es wirksam und dauernd verhindern, daß des einen Organteiles Sondernutzen zum Anderschaden ausartet. Wie jede Zelle im Organismus nur für sich sorgt, ohne Rücksicht auf andere; und wie gerade dadurch die Gesundheit und Kraft des Gesamtwesens am sichersten gewährleistet ist: so will die Naturlehre alle Kräfte entfesseln, weil sie von der unerschütterlichen organischen Identität des wirtschaftlichen Sondervorteils mit dem Gesamtvorteil, des privatwirtschaftlichen mit dem volkswirtschaftlichen Interesse überzeugt sein darf. Für sie wie für die Physiologie ist das Wachstum eines Organes auf Kosten anderer eine Krankheit, ein pathologisches Abirren von der Norm.

Nur im zweiten Sinne, soweit sie auf das Individuum und seinen Eigennutz als Ausgangspunkt ihrer Beobachtung zurückgreift, soweit sie *mechanistisch* ist, ist sie wirklich „individualistisch" zu nennen. Aber hier faßt sie das Individuum im Sinne der *Naturwissenschaft*. Es ist hier lediglich die *letzte Einheit*, mit welcher die exakte Forschung zu tun hat, wie der Chemiker mit dem Atom, der Physiker mit dem Molekül; es ist das *Massenteilchen*, dessen „individuelle" Eigenschaften vor dem Grundgesetz der betreffenden Disziplin als quantité négligeable verschwinden, es ist, kurz gesagt, das *Individuum ohne Individualität*, eben die „abstrakte Menschennatur" Schmollers. Wie das Gesetz der Gravitation für Urnebel, Zentralsonnen, Sonnen, Planeten, Trabanten, Kometen und Sonnenstäubchen ganz die gleiche Geltung hat, mögen sie aus *einem* oder aus hundert Urstoffen bestehen, mögen sie in Weißglut strahlen oder im Eispanzer als erloschene Welten kreisen: so beherrscht das Gesetz der Strömung alle wirtschaftenden Menschen, Starke und Schwache, Kluge und Dumme, Gute und Böse. Vor diesem *Grundgesetz* sind sie gleiche „Individuen", einfache Massenteilchen; nur *innerhalb* der Geltung dieses Gesetzes wird ihre wirtschaftliche (und politische) Lebensstellung durch ihre „Individualität" bestimmt, und innerhalb der Geltung dieses Gesetzes rechnet dann auch die Naturlehre damit. Beruht doch die ganze Grundlage ihrer praktischen Anwendung, *das Gesetz der Arbeitsteilung*, auf der Verschiedenheit der menschlichen Neigung, Kraft und Begabung.

Jenes Grundgesetz gewann das Genie A. Smith in *einem* Sprunge durch die gewaltigste Kraft, welche dem Menschengeiste verliehen ist, durch die *Synthese*, das intuitiv sichere Zufassen des von einer weltumspannenden Phantasie beflügelten Geistes. Man verachtet diese Kraft heute vielfach im Hochmut des spezialistisch entarteten Banausentums. Dafür ist es interessant, daß Smith *selbst* bei der kontrollierenden Analyse in der Sackgasse eines logischen Fehlers steckenblieb, und daß alle seine Nachfolger diesen Fehler ihm nachgemacht haben, obgleich sie die Wirkungen der Freizügigkeit schon kannten und die Wanderungsstatistik in der Hand hatten. Man sieht, daß eine richtige Synthese weiterbringt, als die vielgepriesene Analyse, – wenn man sie falsch anwendet.

Jedenfalls stehe ich aber fest auf dem Boden der Naturlehre, wenn ich den sozialen Körper als einen *echten Organismus* ansehe. Ich kann es wohl begreifen, daß die beweglichen Zellen des Riesenorganismus sich sträuben, diese demütigende Tatsache anzuerkennen: es würde auch so leicht keines der freibeweglichen, fressenden und verdauenden Leukozyten des Tierkörpers sich von der Tatsache überzeugen lassen, daß es lediglich ein winziges Elementarteilchen eines übergeordneten Wesens ist.

Ich meine, dieses ganze Kapitel ist eine einzige Kette von Beweisen für diese Auffassung. Wie charakteristisch ist es, daß, genau wie in der Pathologie überhaupt, die Krankheit keine einzige *qualitativ neue* Erscheinung zeigt, sondern lediglich eine *quantitative Verzerrung* solcher Erscheinungen, welche aus der Physiologie bekannt sind. Sind doch gerade die Haupttatsachen, Ab- und Auswanderung, auch der reinen Wirtschaft eigentümlich; nicht daß sie *da* sind, sondern daß sie *übertrieben* sind, macht sie zu Symptomen einer Krankheit. Wenn ich also von Organismus, Krankheit, Heilung, Gesundheit, von Organen, Organteilen und Funktionen spreche, so ist das für meine Auffassung kein *Vergleich*, sondern *objektive Darstellung*. Und eine solche läßt sich nicht umgehen. Wenn einer meiner Kritiker, Herr Wiedenfeld, sich darüber beklagt, daß die Lektüre meiner „Siedlungsgenossenschaft" durch häufige medizinische und naturwissenschaftliche „Vergleiche" gestört werde, so ist der Schluß nicht von der Hand zu weisen, daß seine diesbezügliche Vorbildung nicht ausreicht. Es liegt eine gewisse Härte darin, dem *Autor* daraus einen Vorwurf zu machen.

Um nun die „soziale Krankheit" in ihre richtige Kategorie zu bringen, so sei gesagt, daß ein Volk von mancherlei Leiden befallen werden kann. Ein Krieg gleicht völlig einer traumatischen Erkrankung, und die Sprache, die viel weiser ist, als die meisten Weisen, spricht sehr richtig von den „Wunden, die er dem Volke schlägt." Eine schwere Seuche, wie z. B. der schwarze Tod, oder eine geistige Massenverirrung, wie die Flagellantenseuchen, die spanische Inquisition, die Judenhetzen, kann man als Infektionskrankheit resp. Geisteskrankheit des Volkes bezeichnen.

Die soziale Krankheit, von der wir handelten, gehört in die Kategorie der *Entwicklungskrankheiten*. Es scheint, als sei das Stadium erzwungener Sklavenarbeit nötig gewesen, um die Menschen überhaupt zur systematischen Lebensfürsorge zu erziehen. Die unter Nomadenrecht geordnete Gesellschaft war demnach eine notwendige Entwicklungsstufe der heranwachsenden Menschheit. Sonach ist die ganze soziale Krankheit nichts als die unter abnormen Erscheinungen mancher Art im Körper sich vollziehende Umwandlung aus einem Stadium in das andere. Wer Analogien aus der menschlichen Pathologie sucht, mag sich der schweren Erscheinungen erinnern, welche häufig der Eintritt der Pubertät bei beiden Geschlechtern erzeugt; und ein noch viel schlagenderes Analogon ist das *notwendige Werkzeug* der Kindheit, das Milchgebiß, welches für den reifen Körper zum echten *Fremdkörper* wird, wie das Großgrundeigentum für den Körper der Tauschwirtschaft; und welches, gerade wie das Großgrundeigentum, aus dem erwachsenen Körper unter Schmerzen und zuweilen schweren Allgemeinerscheinungen dadurch ausgestoßen wird, daß das bleibende Gebiß schon fertig vorgebildet unter ihm versteckt liegt und es wachsend heraushebt.

Diese gesamte Auffassung gewährt statt des Bildes einer zwecklosen und grausamen Unordnung den Anblick eines grandiosen, majestätischen Entwicklungsvorganges, dessen Ende ein gesteigertes Glück aller Erdgeborenen, eine kraftstrotzende Gesundheit der reifen Jugend sein wird. Ich wenigstens kenne neben der Harmonie der Sphären kein Bild von so wundervoller Größe und Klarheit, wie diese Aufwärtsentwicklung, welche durch den Kampf ums Dasein die organische Materie von dem farblosen Schleimklumpen bis zum *sozialen Staate* leitet, zu der Gesellschaftsordnung, *in welcher der Kampf ums Dasein sich selbst überwindet* und zur bloßen Erinnerung wird.

Zum Schluß noch ein Wort über die *politische* Organisation der kranken Wirtschaftsgesellschaft.

Wir haben gesehen, daß die äußere Organisation des staatlichen Lebens völlig der inneren Gliederung der wirtschaftlichen Lage entspricht, wie diese dem *Recht*. Beim *Jägerstamme* fehlt eine solche Klassengliederung durchaus; er kann kein Kapitalvermögen und daher weder Adel noch Sklaventum entwickeln: alle seine Mitglieder sind ökonomisch und daher auch politisch durchaus gleich, d. h. es ist die politische Gliederung diejenige der freiesten Demokratie. Es gibt Ämter, sogar hier und da *erbliche* Ämter, aber keine Fürsten. Das Verhältnis zu den Nachbarstämmen ist der Regel nach ein feindliches, weil die noch rein okkupatorische Wirtschaft mit steigender Volksdichte eine gewaltsame Ausdehnung der Jagdgründe fordert; die Kriege werden geführt auf der Stufe des Kannibalismus als Jagden auf Menschenwild, später als Eroberungszüge zur Gewinnung neuer Jagdgründe, beides im Interesse der Ernährung des *ganzen* Stammes.

Der *Nomadenstamm* entwickelt Kapitalvermögen und damit die Sklaverei. Er enthält eine ökonomisch und darum auch politisch rechtlose Schicht. Seine Organisation ist daher die *Herrschaft*, das *Patriarchat*, das Eigentum des Geschlechtsoberhauptes nicht nur an Sklaven und Herden, sondern auch an den freigeborenen Geschlechtsangehörigen. Es gibt hier schon einen Blutsadel mit politischen und wirtschaftlichen Vorzugsrechten, die Sprößlinge „echter Ehen". Das Verhältnis zu den Nachbarstämmen ist ebenfalls feindlich; denn auch der Hirte lebt fast nur von der Okkupation der Natur, es verengt sich also sein Nahrungsspielraum mit der Vermehrung der Bevölkerung; und er muß sich gewaltsam auf Kosten der Nachbarn ausdehnen, um neue Weiden zu erringen. Hier ist bereits eine Schicht – die Sklaven – gänzlich vom Ertrage der Beute ausgeschlossen, welche sie vielfach mitkämpfen muß; und den Löwenanteil erhält hier bereits die *oberste Schicht*, welcher mehr Sklaven und Viehhäupter zugewiesen werden. Aber die politische Tätigkeit nach außen hin geschieht doch immer noch *mit* im Interesse des eigentlichen berechtigten „Volkes", der Gemeinfreien; und noch ist ihre vereinigte Macht stärker, als die des einzelnen Adligen: wir haben eine wirtschaftlich auf Sklavenarbeit aufgebaute Republik mit einer vorwiegend amtsberechtigten Aristokratie, welche zuweilen in eine monarchische Spitze ausläuft; es liegt jedoch die eigentliche Souveränität noch bei der Versammlung der waffenfähigen Vollfreien. In dieser Form erscheinen die wandernden Germanen; die gotischen Heerversammlungen entthronen und erkiesen ihre Könige souverän, ja, verurteilen sie gegebenenfalls zum Opfertode.

In dieser Verfassung kommt der Hirtenstamm zur *Seßhaftigkeit*. Der sklavenhaltende Adel erhält große Landstrecken. Dadurch wird er allmählich aus einer bevorrechteten zur alleinherrschenden Klasse; diese Entwicklung ist entschieden, wenn seine bewaffnete Hausmacht, aus seinen Blutsfreunden, Sklaven, Klienten (Fuidhirs) und Schuldknechten bestehend, stärker geworden ist, als die Heeresversammlung der Vollfreien; ein Prozeß, der dadurch beschleunigt wird, daß der zum Bauer gewordene Freie seine Waffentüchtigkeit verloren, der durch seine Sklaven ernährte Adlige sie sich in Jagd und Fehde erhalten hat. Von diesem Augenblicke an wendet sich der Land- und Sklavenhunger des Adels gegen die Genossen des eigenen Gaus; sie werden durch Gewalt und Rechtsmißbrauch in den Stand der Hörigen hinuntergepreßt, bis nur noch eine einzige Herrscherklasse vorhanden ist, der grundbesitzende Adel. Und in dessen ausschließlichem Interesse wird fortan der „Staat" verwaltet, nach innen durch eine Rechtsausbildung, welche die faktischen Vorrechte gesetzlich heiligt und polizeilich schützt, und durch eine Verteilung der Staatslasten, welche den Adel eximiert; nach außen durch eine Politik, welche nur dem Adel zugute kommt, d. h. durch *Beutekriege*, deren Vorteil ihm zufließt, während die Wehrpflicht die „Plebejer" in Ruin und Schuldknechtschaft wirft, so gut in Rom wie im Reiche Karls des Großen.

Da die Wurzel, der Existenzgrund dieser Grundaristokratie die Herrschaft über Land und Leute ist, so ist fortwährende Erweiterung der Machtsphäre ihr natürliches Bestreben. *Einer* nur kann über alle herrschen. Daher die fortwährenden Grenzfehden aller lokalen Machthaber miteinander. Da keiner in Ruhe leben kann, solange noch ein unabhängiger Nachbar vorhanden ist, so liegen Edelinge, Grafen, Herzoge, Könige und Kaiser, Bischöfe und Äbte fortwährend im Kampfe. Diese Fehden und Kriege werden ausschließlich im dynastischen Interesse geführt, aber das „Volk" blutet und zahlt.

Das Zeitalter der Naturalwirtschaft ist also charakterisiert durch eine streng aristokratische Verfassung, die Herrschaft eines grundbesitzenden Adels mit dem Stärksten als Adelshaupt an der Spitze bei fast voller Rechtlosigkeit der Beherrschten; nach innen Ausbeutung und Fehdewesen, nach außen dynastische Kriege.

In selteneren Fällen, welche aber als Parallelen einer späteren typischen Gestaltung wichtig sind, entwickelt sich der Nomadenstamm nicht zum Ackerbau-, sondern zum *Handelsvolke*. Er gelangt an die Seeküste, lernt die Schiffahrt und geht von jetzt an, statt auf dem Lande, auf der See auf den Beutekrieg, das, was Lippert charakteristisch den „beduinischen Erwerb" nennt. Der Land-Beduine wird Wiking, der Tuareg „Riffpirat" und treibt Seeraub statt Landraub. Daraus entwickelt sich ein Handel und aus dem Handel Gewerbe und Städte. Hier herrscht der ehemalige Hirtenadel als städtisches Patriziat über eine Schicht halbberechtigter Beisassen, Metöken oder Plebejer, und ganz rechtloser Sklaven; die innere Verfassung, Rechtsentwicklung usw. gleichen dem naturalwirtschaftlichen Ackerbaustaate sehr, nur das Interesse des Patriziats ist ein anderes: es braucht nicht Land und Sklaven als Selbstzweck, sondern es braucht das Monopol des Handels und der Seefahrt; es führt die Kriege gegen seine *Konkurrenten*, es erobert Produktionsgebiete und Absatzgebiete. Ein klassisches Beispiel dieser Kaufmannsaristokratie ist Karthago, später Venedig, Genua, die Hansa. Beide Interessen verschmelzen sich in der Grundeigentümeraristokratie von Athen und Rom. Auch hier ist das „Staatsinteresse" identisch mit dem Interesse der herrschenden Klassen, das Recht ein Klassenrecht, die Justiz eine Klassenjustiz, die äußere Politik Klassenpolitik.

Was diese Staaten einzig und allein von den späteren „Industrie- und Handelsstaaten" der neueren Geschichte unterscheidet, ist die Tatsache, daß Grundbesitz und Handel in der Hand einer ungeteilten Klasse liegen. Es besteht also kein Interessengegensatz.

Wenn aber in dem naturalwirtschaftlichen Ackerstaat mit der Entwicklung der aus dem freien Tauschrecht erwachsenden Städte das kapitalistische Unternehmertum sich bildet, dann entsteht eine zweite herrschende Klasse, welche über „freie" Arbeiterscharen kommandiert. Sie gerät natürlich in Interessengegensatz zu dem Grundadel; denn sie braucht niedrige, jener hohe Kornpreise; sie braucht Frieden, jener Krieg; sie braucht eine starke Polizei, dieser gar keine; sie braucht vor allem ein Recht, welches die Klassenvorrechte des Adels nicht enthält. Da der neue Unternehmeradel auf keine ererbten Vorrechte übernatürlichen Ursprungs als Rechtsgrund seiner Ansprüche fußen kann, so kleidet sich sein Kampf ganz naturgemäß in die Formen des Streites für allgemeine Menschenrechte gegen Klassenrechte, für Freidenkerei gegen Gottesgnadentum. Der L i b e r a l i s m u s erhebt den Kampfschild.

Von jetzt an zeigt der Stand der Politik nach außen und innen, des Rechtes, der Justiz und Verwaltung lediglich an, wie das Verhältnis der beiden Kräfte zueinander steht. Die jeweilige Regierung und ihre Richtung ist fortan jederzeit das Ergebnis eines Kompromisses der beiden Gegner. Da die Gewerbe (Handel immer einbegriffen) bei wachsender Volksdichte fortwährend an Zahl und Reichtum im Verhältnis zum Grundadel wachsen, wird ihr spezifisches Klasseninteresse immer mehr der maßgebende Faktor. Das heißt: es treten die dynastischen Kriege immer mehr gegen solche Kriege zurück, welche um Produktionsgebiete und Märkte geführt werden, namentlich also Kolonialkriege. Die Steuerpolitik eximiert mehr und mehr auch die Unternehmerklasse und wälzt alle Lasten auf die Beherrschten, städtisches und ländliches Proletariat; das Recht beseitigt die Klassenvorrechte formell und spricht die Gleichheit aller Staatsbürger vor dem Gesetze aus; aber die Justiz und Verwaltung erkennen diese Gleichheit nur an, soweit es sich um Mitglieder der beiden herrschenden Klassen handelt. Alle innere wie äußere Staatstätigkeit erfolgt zugunsten der beiden Herrscherklassen und zu Lasten der Beherrschten. Die charakteristische Staatsform dieses Kompromisses ist der Konstitutionalismus, kein dauernder Frieden, sondern ein Waffenstillstand im Staatsleben; der Kriegszustand ist in Permanenz erklärt, und die Feindseligkeiten beginnen immer wieder, sobald eine Partei wieder stärker zu sein glaubt, als die andere.

Das ist das innere Wesen. Die im übrigen gänzlich belanglose äußere Form des Staatswesens kann dabei verschieden sein. Solange der Adel das Übergewicht hat, wird im allgemeinen sein Ausschuß, das Königtum, seine sichtbare Spitze bilden. Je schwächer der Adel wird, um so mehr wird er sich um das Königtum drängen, um von der historischen und religiösen Sanktion, die es umgibt, zu profitieren. Wenn das Unternehmertum endgültig das Übergewicht errungen hat, kann das Königtum überhaupt fallen, namentlich, wenn der Sieg gewaltsam, durch eine Revolution, entschieden wurde. Verläuft aber der Prozeß friedlich, so kann es der Unternehmeradel nützlicher finden, das Königtum als sichtbare Spitze zu reinen Repräsentativzwecken zu erhalten, um es seinerseits als deckenden Schild gegen die Empörungsversuche der Beherrschten zu gebrauchen. Aber ob die Firma laute: „Demokratische Republik" oder „Konstitutionelle Monarchie": sie deckt dasselbe Wesen: Ausbeutung des „Staates", d. h. seines Menscheninhaltes und Gütergehaltes, seiner Machtmittel, zugunsten einer oder zweier Herrscherklassen.

Der charakteristische Ausdruck dieser Kompromißwirtschaft im Übergangsstadium vom reinen Nomadenrecht zum reinen Tauschrecht ist die *Handelspolitik*. Es sei gestattet, an zwei Beispielen zu beweisen, wie scharf sich die von uns gegebene Theorie jeder Politik als einer *Klassenpolitik* mit der Wirklichkeit deckt:

So lange der englische Grundadel Korn exportierte, war er freihändlerisch. Als die englische Industrie mit dem Handel erstarkte und die Kornimporte nach England begannen, wurde der Grundadel schutzzöllnerisch; und sein Ausschuß, der „Staat" schützte die „nationale Produktion" mit Importzöllen und Exportprämien, welche die beherrschte Masse dem Adel steuern mußte. Als die Industrie stark genug geworden war, um ihrerseits zu exportieren, brauchte sie billiges Brot daheim für ihre Arbeiter und offene Märkte im Ausland: der Kampf des Freihandels gegen den Schutzzoll begann mit A. Smith und währte bis zu Cobden; und als endlich das Unternehmertum endgültig stärker geworden war als der Grundadel, fiel jeder Zoll, und der englische Exportindustrialismus richtete vorurteilsfrei durch seine Korneinfuhren die englische Landwirtschaft zugrunde. Fünfzig Jahre lang, solange England unbeschränkte Herrin des Weltmarktes war, war free-trade ein Dogma, ein Axiom, das in Großbritannien kein anständiger Mensch bezweifeln durfte. Aber England verlor allmählich sein Monopol als „the worlds workshop": seine ehemaligen *Abnehmer* wurden selbst Produzenten und deckten nicht nur ihren eigenen Bedarf, sondern fingen an, auch ihrerseits zu exportieren, wurden empfindliche *Konkurrenten* Englands: und die Folge ist, daß die Wissenschaft umkehrt, daß das Unternehmertum Englands dem Freihandel abschwört und sich daranbegibt, seine Kolonien durch einen Zollbund von dem auswärtigen Wettbewerb abzusperren – während der Cobden-Club Beifall klatscht. Vorher war das Klasseninteresse der Unternehmer Freihandel, jetzt das Protektionssystem: das ist das Motiv des Umschwungs, den man natürlich mit der Fürsorge für das Wohl des „Volkes" wissenschaftlich zu erklären versucht.

Ein zweites Beispiel: Preußen war vor 1870 ein Getreide ausführender Staat, seine herrschende Klasse der Grundadel. Der Frankfurter Frieden gliederte ihm Süd- und Westdeutschland an, welches Getreide einführte. Hier herrschte bereits der Unternehmeradel. Vorher war der preußische Adel freihändlerisch, weil er Getreide ausführte, jetzt wurde er schutzzöllnerisch, weil er das Monopol eines kaufkräftigen Marktes begehrte. Die westdeutsche Industrie war ebenfalls schutzzöllnerisch, weil sie noch nicht exportfähig war und das Monopol eines kaufkräftigen Marktes durch Zölle gegen die westlichen Industriestaaten, namentlich England und Belgien, schützen wollte. Die Interessen waren also die gleichen; die Herrscherklassen einigten sich auf landwirtschaftliche *und* industrielle Schutzzölle: das „Kartell" trat zusammen.

Aber die Interessen gingen sehr bald auseinander. Denn der Binnenmarkt, den die Landwirtschaft in der Industrie besaß, wurde immer kaufkräftiger und wichtiger, je mehr jene erstarkte; aber eben dadurch hatte die deutsche Industrie bereits das *faktische* Monopol des deutschen Binnenmarktes erkämpft und brauchte keinen Schutz mehr, hatte aber ein sehr gesteigertes Interesse an billigem Korn und offenen Grenzen im Ausland, weil sie exportfähig geworden war. Die Unternehmerklasse brach also in ihrem Interesse das Kartell und setzte die Handelsverträge durch; und der ganze politische Kampf der Gegenwart dreht sich nur um die eine Frage, welche

Klasse stärker ist und ihr Sonderinteresse durchsetzen wird. Daß in diesem Kampf die eine Partei die „Menschenrechte" und die andere das „Gottesgnadentum" auf ihr Banner schreibt; und daß beide versuchen, die urteilslose Menge, welche den Kampf schließlich entscheiden wird, durch allerhand „wissenschaftliche" Darlegungen einerseits und Schreckgespenster andererseits auf ihre Seite zu ziehen, ist Charakteristikum jedes politischen Kampfes überhaupt. Man versucht von jeher, durch Massensuggestionen religiöser, patriotischer, moralischer Art Kämpfer in seine Reihen zu ziehen: daher die Schlagworte „feudales Junkertum", „mittelalterliche Rechtsbegriffe" auf der einen; – und „soziale Revolution", „Umsturz von Religion, Sitte und Ordnung" auf der andern Seite! Das Motiv des Kampfes ist auch hier ausschließlich Klasseninteresse; und, wie er auch ende, das „Volk" wird die Kriegsentschädigung zahlen müssen.

Schlußwort:
Der soziale Staat und der Malthusianismus

Der soziale Staat, die Sehnsucht der einen, der Spott der anderen Hälfte der Kulturmenschheit, ist er möglich, kann er Wirklichkeit werden?

Die Frage ist in letzter Instanz eine solche der *Massenpsychologie*.

A. Smith hatte noch keinen Zweifel daran, daß die zivilisierten Völker fähig seien, im Sozialismus zu leben: denn das Zukunftsbild, welches er entwirft, die Gesellschaft mit sehr weitgehender Ausgleichung der Einkommen und der „Harmonie aller Interessen", *ist der soziale Staat*.

Seine Nachfolger haben diesen Glauben sämtlich verloren. Für sie hat sich aus den bittern Erfahrungen eines Jahrhunderts die Meinung zum *Dogma* erhoben, *daß der Staat der sozialen Gerechtigkeit unvereinbar sei mit der „freien Konkurrenz"*. Manchestertum, Staatssozialismus und Marxismus stimmen in der Überzeugung durchaus überein, daß in dem wirtschaftlichen Wettbewerbe jederzeit der Begabtere und Stärkere den Untüchtigeren unterdrücken und „ausbeuten" wird und muß.

Das Manchestertum und der Staatssozialismus stimmen weiterhin darin überein, daß sie die „freie Konkurrenz" für unentbehrlich und darum jeden sozialen Staat für unmöglich erklären. Sie *unterscheiden* sich darin, daß das erstere trotz alledem die Konkurrenz so frei wie möglich halten will; es beruft sich auf das „Interesse der *Produktion*" und hält, was die *Distribution* anlangt, an der Behauptung fest, daß sich auch das Einkommen der „ausgebeuteten Klasse" ziemlich schnell hebe – eine nicht zu leugnende Behauptung! – Im Gegensatz dazu will der *Staatssozialismus* die „freie Konkurrenz" *grundsätzlich* zwar bestehen lassen, aber durch allerhand behördliche Kunstmittel „in ihren Auswüchsen beschneiden". Er beruft sich mit den Sozialisten auf das wirtschaftliche, moralische und hygienische Elend der Arbeiterklasse und konstatiert mit ihnen, daß die Kluft zwischen Produktionskraft und Konsumtionskraft der Völker immer weiter klafft.[1]

Der *Marxismus* hält zwar ebenfalls den sozialen Staat für unvereinbar mit der „freien Konkurrenz", glaubt aber dennoch an seine Möglichkeit. Er kommt konsequenterweise zu dem Schluß, daß der wirtschaftliche Wettbewerb mitsamt dem Markte abgeschafft und durch die behördlich organisierte Erzeugung und Verteilung ersetzt werden müsse.

---

1 Die beiden Ansichten enthalten keinen Widerspruch: Die *absolute* Menge der auf den einzelnen Arbeiter entfallenden wirtschaftlichen Güter *steigt*, während die *relative* Menge (im Verhältnis zur Gesamterzeugung) *fällt*. [Ein Drittel von sechs ist mehr als die Hälfte von drei.]

Damit aber hat das eigentliche Problem keine Lösung, sondern nur eine Verschiebung erfahren. Denn die Gegner behaupten *nach wie vor, daß der Staat der „sozialen Gerechtigkeit" eine massenpsychologische Unmöglichkeit sei*. Ja, von diesem Gesichtspunkt aus ist die Stellung des Marxismus eher noch ungünstiger geworden. Denn wenn die Gegner bisher der Meinung gewesen sind, daß nur der *„soziale Staat"* mit der empirischen Menschennatur unvereinbar sei, so sind sie jetzt überzeugt, daß mit dem Kollektivismus *überhaupt kein* vorgeschrittenes Staats- und Wirtschaftswesen vereinbar ist, weder ein gerechtes noch ein ungerechtes. Ich teile diese Meinung durchaus.

Eine Versöhnung der einander ausschließenden Meinungen der Sozialisten und „Bourgeois-Ökonomen", um die beiden anderen Schulen zusammenzufassen, war bisher unmöglich. Denn eine Einigung über eine Frage kann erst dann erfolgen, wenn dieselbe einer *objektiven Untersuchung* zugänglich gemacht und dadurch dem bloßen subjektiven „Fürwahrhalten" der *Temperamente* entzogen ist. Bisher entschied sich einfach der Optimist *für*, der Pessimist *gegen* die Möglichkeit eines Staates der sozialen Gerechtigkeit. Alle „Gründe", mit denen sie ihre Überzeugung zu stützen suchten, waren entweder nur Scheingründe oder entbehrten der durchschlagenden Beweiskraft.

In meiner „Siedlungsgenossenschaft" ist es mir zum ersten Male gelungen, den archimedischen Punkt aufzufinden, von dem aus dieses gewaltige Problem bewegt werden kann.

Ich konnte zeigen, daß es *zwei* ganz verschiedene Organisationen der Wirtschaftsgesellschaft gibt, eine, in welcher „freie", d. h. kapitallose Arbeiter auf dem Markte zu haben sind, und eine, in welcher dies nicht der Fall ist. In der ersten, der uns geläufigen „kapitalistischen", „laufen stets zwei Arbeiter einem Meister nach" und *unterbieten* sich: dadurch stehen sich die Warenproduzenten als „kapitalistische Verkäufer" feindlich gegenüber und werden durch ihr Sonderinteresse in den Wett*kampf* gehetzt. – In der zweiten, der wissenschaftlich bisher unbekannten „reinen Wirtschaft", „laufen stets zwei Meister einem Arbeiter nach" und *überbieten* sich: dadurch stehen die Warenproduzenten als „Käufer-Verkäufer" friedlich zusammen in voller Solidarität aller Interessen und stehen nur im genossenschaftlichen Wett*bewerb* um die Palme der höchsten Leistungsfähigkeit.

In der ersten Organisation macht die massenpsychologische Grundlage den „sozialen Staat" unmöglich; in der zweiten Organisation verhindert gerade die massenpsychologische Grundlage jede „Ausbeutung" und *erzwingt* die „soziale Gerechtigkeit".

Pessimist und Optimist haben beide Recht und beide Unrecht. Die empirische Menschennatur *verhindert* die soziale Gerechtigkeit in einer durch Reste des Nomadenrechtes verzerrten Tauschwirtschaft; aber dieselbe empirische Menschennatur *erzwingt* die soziale Gerechtigkeit in der *reinen* Tauschwirtschaft. Diese Menschennatur braucht nicht eine Umwandlung in den Charakter von „Engeln" zu erfahren, um die „soziale Gerechtigkeit" zu verkörpern, sondern es muß nur die *Organisation der Gesellschaft* eine Änderung erfahren: dann *muß* derselbe Eigennutz, der heute die Disharmonie erzeugt, die *Harmonie* erzeugen. In der kapitalistischen Gesellschaft handelt der Mensch antisozial, weil es fast unmöglich ist, sozial zu handeln: in der reinen Gesellschaft wird er sozial handeln, weil es ihm unmöglich sein wird, antisozial zu handeln. Dort bringt ihm das soziale Verhalten Nachteil, das antisoziale Vorteil, hier umgekehrt das soziale Verhalten Vorteil, das antisoziale Nachteil. Wer nach dem Dargelegten noch daran festhält, daß der Mensch auch in der „reinen Gesellschaft" antisozial handeln wird, der behauptet, daß er aus purer Bosheit sich selbst schädigen und vernichten wird. In der reinen Gesellschaft ist es gerade so unmöglich, fremde Arbeit auf gesetzlichem Wege „auszubeuten", wie es dem schweifenden Beduinen Zentralarabiens unmöglich ist, Wechsel zu fälschen.[1] Fehlt hier der Geldmarkt, so fehlt dort der Menschenmarkt.

---

1 Vgl. Oppenheimer, Siedlungsgenossenschaft, S. 610.

Aus dieser Erkenntnis geht klar hervor, daß die gemeinsame Grundauffassung der drei heute herrschenden nationalökonomischen Lehren, des Manchestertums, des Staatssozialismus und des Marxismus falsch ist: die „soziale Gerechtigkeit" ist durchaus vereinbar mit der „freien Konkurrenz", ja, ist ohne sie unmöglich, freilich nur in der „reinen Gesellschaft".

Ich habe nun ferner zeigen können, daß jede Tauschgesellschaft, in welcher das Nomadenrecht weder unmittelbar, noch – durch seinen Abkömmling, das Großgrundeigentum, – mittelbar störend in die Wirtschaft eingreift, eine solche Gesellschaft ist, in welcher immer „zwei Meister einem Arbeiter nachlaufen", und daher eine Gesellschaft der sozialen Gerechtigkeit darstellt.

Um diese Behauptung zu sichern, muß ich mich noch mit der bekannten Lehre abfinden, welche behauptet, daß in jeder denkbaren Organisation der Gesellschaft die natürliche Volksvermehrung immer „freie", d. h. kapitallose Arbeiter auf den Markt werfen muß, weil die Bevölkerung stets stärker zu wachsen bestrebt ist, als die Subsistenzmittel, mit dem *Malthusianismus*.

Ich habe in den obigen Blättern diese Lehrmeinung des öfteren gestreift. Der reinen Theorie ist sie nicht nur fremd, sondern läuft ihr schnurstracks entgegen. Für die reine Theorie ist eine dichte Bevölkerung Quelle des Reichtums, nicht aber der Not. Nachdem es mir gelungen ist, die sämtlichen Erscheinungen des sozialen Elends ohne Zuhilfenahme des malthusianischen Gedankenkreises vollständig befriedigend von einem ganz anderen Ausgangspunkte aus abzuleiten, dürfte ich eigentlich die damit ganz haltlos gewordene Theorie ihrem Schicksal überlassen, zumal hoffentlich ein Teil meiner Leser jetzt schon wieder ein genügendes Vertrauen zu dem deduktiven Verfahren gewonnen haben dürfte.

Aber Irrtümer haben ein zähes Leben. Ich will nicht der Gefahr ausgesetzt sein, daß man mir den folgenden Einwand macht: „Die Bevölkerungsvermehrung wirft unaufhörlich neue ‚freie Arbeiter' auf den Markt und macht eben dadurch jede Tauschgesellschaft zu einer solchen, in welcher ‚stets zwei Arbeiter einem Meister nachlaufen', in welcher also die soziale Gerechtigkeit undenkbar ist."

Um diesem Einwande zuvorzukommen, der natürlich ein Unsinn ist, solange man das oben entwickelte System nicht in seiner Totalität als falsch nachweist, der aber trotz alledem mit astronomischer Sicherheit erhoben werden würde, darf ich es mir nicht verdrießen lassen, die berühmte und berüchtigte Theorie auch noch in der Front anzugreifen. Hier werde ich sie *theoretisch* abzutun versuchen; im folgenden Teile werde ich dann an schlagenden Beispielen zeigen können, daß sie auch *historisch* überflüssig und falsch ist.

Es ist eine heikle Aufgabe, die zu verrichten ist. Denn der Malthusianismus ist schon lange nicht mehr Hypothese oder sogar Theorie, sondern *Dogma*. Elster erklärt in seinem Referat, „daß die meisten Volkswirte in unseren Tagen die Malthussche Lehre als im wesentlichen richtig anerkennen, zwar nicht in ihren einzelnen Sätzen, wohl aber in ihrem Kern, *daß nämlich die Bevölkerung die Tendenz habe, sich schneller zu vermehren, als die Unterhaltsmittel anwachsen können*"[1]. Eine Opposition gegen die so gefaßte Theorie hat also die gesamte zünftige Wissenschaft zu Gegnern.

Machen wir uns darum den Inhalt dieses modernen Malthusianismus auf das sorgfältigste klar:

Wenn der Lehrsatz überhaupt einen Sinn haben soll, so kann es nur folgender sein: die Bevölkerung kann natürlich unter keinen Umständen stärker wachsen, als ihre Unterhaltsmittel: aber sie hat jederzeit die *Tendenz*, stärker zu wachsen, d. h. der natürliche Bevölkerungszuwachs ist jederzeit größer, als der natürliche Nahrungszuwachs, so daß immer ein Teil der ins Leben getretenen Bevölkerung wieder vernichtet werden muß, um dem Rest das Existenzminimum zu lassen.

---

1 Elster, Art. Bevölkerungswesen, in: Handbuch der Staatswissenschaften, Bd. II, S. 515f.

Diese Vernichtung geschieht durch Laster und Not (vice and misery) so lange, bis die „moralische Selbstbeherrschung" die *Tendenz* beseitigt haben wird.

Das Wort „Tendenz" bezeichnet hier also nicht ein beliebiges „Streben", das man so oder so fassen kann, wie es gerade dialektisch bequem ist, sondern es ist ein *exakt mathematischer* Ausdruck: der einzig mögliche Ausdruck für die Anschauung, daß die Masse der Bevölkerung mindestens von dem Zeitpunkte an, wo sie ihr Gebiet voll besiedelt hat, immer und unter allen Umständen auf ein unveränderliches Lebensminimum an Unterhaltsmitteln angewiesen ist, und daß trotzdem immer und unter allen Umständen ein beträchtlicher Teil des natürlichen Zuwachses vernichtet werden muß, weil „an der Tafel des Lebens für sie kein Couvert gedeckt ist". Es ist der exakt mathematische Ausdruck für die deutlichere bildliche Darstellung, daß die Bevölkerung jederzeit und unter allen Umständen „gegen ihren Nahrungsspielraum pressen muß". Jede andere Deutung des Wortes „Tendenz" ist mißbräuchlich.

Nach dieser Theorie kann das „Pressen gegen den Spielraum" augenscheinlich nur durch besondere Ereignisse einmal für kurze Zeit aufhören, und zwar, wenn die Bevölkerung plötzlich sehr stark vermindert oder die Unterhaltsmittel plötzlich sehr stark vermehrt werden. In beiden Fällen wird eine gewisse Zeit erforderlich sein, um den relativ weit gewordenen Spielraum wieder auszufüllen.

Mit diesen Einschränkungen aber beansprucht die Theorie Allgemeingültigkeit, d. h. sie tritt nicht als Zukunftsprophezeiung auf, sondern als *Gesetz jeder Gesellschaft*, nicht nur der Zukunft, sondern auch der Vergangenheit und der Gegenwart. Die soziale Not der Vergangenheit, die soziale Not der Gegenwart beruhen danach auf dem Pressen der Völker gegen ihren Spielraum; auch die Zukunft wird keine Gesellschaft des sozialen Glücks und sozialen Friedens zeitigen können, weil das unerbittliche Gesetz der Bevölkerung immer mehr Menschen ins Leben setzen wird, als die Lebensweide ernähren kann.

Worauf stützt sich diese verzweiflungsvolle Theorie?

Auf das sicherste, was es in der Welt gibt – sagen die Anhänger –, auf ein international erhobenes, *statistisches Material*. Wir sehen alle Völker, deren Zahl wir statistisch fassen können, zwar in sehr verschiedenem Maße, aber ausnahmslos im Wachstum begriffen. Nach der Tabelle I, die Elster gibt,[1] schwankt der jährliche Geburtenzuwachs von 3,1 Promille (in Frankreich), bis zu 21 Promille (in den USA, A.d.R.).

Aber, ob schwach, ob stark, überall wachse die Bevölkerung gegenwärtig durch den eigenen Geburtenüberschuß. Wir wollen die Behauptung als Tatsache akzeptieren, ohne ihre Grundlagen weiter zu prüfen. Wir wollen diesen Beweis als erbracht betrachten.

Diesem dauernden Wachstum der Konsumenten steht nun auf der anderen Seite das „*Gesetz der sinkenden Erträge*" gegenüber. Es ist das ein agrar-ökonomisches Gesetz, welches folgendes besagt: Wird auf ein Ackerstück ein Mehr von Arbeit oder Kapital verwendet, so wächst zwar auch der Rohertrag, aber in einer kleineren Proportion. Wenn z. B. 1 Arbeit und Kapital 1 Rohertrag liefern, so liefern 4 Arbeit und Kapital 4 minus x Rohertrag (wobei x eine rationale positive Zahl darstellt).

Auch dieses Gesetz geben wir zu, betrachten es als bewiesen.

Damit ist alles zugegeben, was der Malthusianismus beansprucht. Von hier aus kommt er zu folgenden, durchaus einleuchtenden Schlüssen:

1. Würde der Ertrag des Ackers stärker wachsen, als die darauf verwendete Arbeit (Kapital im folgenden immer mitverstanden), so würde der „Nahrungsspielraum" immer größer werden, weil

---

1 Ebenda, S. 523.

Systematischer Teil

die pro Kopf verteilbare Quote immer größer würde. – 2. Würde der Ertrag gerade so stark wachsen, wie die Arbeit, so würde die Quote immer die gleiche bleiben. – 3. Da aber der Ertrag immer weniger wächst als die Arbeit, so muß die *Quote dauernd sinken*, wenn die Bevölkerung wächst. Da aber die menschliche Existenz an ein bestimmtes Nahrungsminimum geknüpft ist, so muß immer ein Teil der in jedem Augenblick vorhandenen Volksmasse zugrunde gehen, um dem Rest die Minimalquote zu belassen, und zwar durch Not oder Laster (misery and vice) so lange, bis die „moralische Selbstbeherrschung" die Tendenz selbst vernichtet.

Das ist so ungemein plausibel, daß es nicht wundernehmen kann, wenn die ganze Wissenschaft zu dem „Bevölkerungsgesetz" schwört.

Und dennoch ist es ein Trugschluß. Das läßt sich nicht nur behaupten, sondern auch *beweisen*.

Ich werde erst die *Tatsachen* feststellen, welche mit der Theorie durchaus unvereinbar sind; und dann die *Erklärung* folgen lassen, welche den Trugschluß auflöst.

Eine Prüfung der Tatsachen aus Geschichte und Gegenwart beweist mit absoluter Sicherheit, daß bei wachsenden Völkern die Unterhaltsmittel immer stärker wachsen, und bei abnehmenden Völkern immer stärker abnehmen, als die Bevölkerung.

Für die vorgeschichtliche Zeit bezweifelt niemand, daß das von mir formulierte „Gesetz der Bodenkapazität" Geltung hat, wonach „die Bodenfläche eines Landes anwächst proportional seiner Bevölkerung". Damit sollte gesagt sein: „Entsprechend dem Wachstum eines Volkes wächst auch die Zahl der selbständigen Wirte, welche sein Boden ernähren kann."[1] Niemand zweifelt, daß die zweitausend Angehörigen eines Jägerstammes einen kleineren und unsichereren Nahrungsspielraum haben, als die zwanzigtausend Hirten, und diese wieder, als die zweihunderttausend Naturalbauern, die auf demselben Areal leben.

Sobald aber einmal dieser Zustand der dauernden Seßhaftigkeit erreicht ist, soll das Gesetz sich umkehren.[2] So sagt die *Theorie*! Die *Geschichte* sagt das Gegenteil. Sie zeigt uns, daß bei Völkern mit Naturalwirtschaft die Hungersnöte um so seltener werden, je dichter sie ihr Land besetzt halten. Ein paar Beispiele! Unter den Karolingern, namentlich den späteren, entvölkerte sich das Frankenreich auf eine furchtbare Weise; und diese außerordentlich verdünnte Bevölkerung hatte in den 247 Jahren zwischen 779 und 1026 nicht weniger als 144 Hungerjahre durchzumachen.[3] Dann stieg die Volkszahl ganz ungeheuer – und die Hungersnöte verschwanden. – Als Philipp II. den spanischen Thron bestieg (1556), hatte Spanien 10 1/2 Millionen Einwohner und deckte seinen Brotbedarf mit Leichtigkeit; am Ende der Regierung Karls II. († 1700) war die Volkszahl auf 5,7 Millionen gesunken,[4] und jetzt konnte Spanien „trotz seines unvergleichlichen Bodens" diese fast auf die Hälfte zusammengeschrumpfte Bevölkerung nicht mehr ernähren, sondern mußte einen beträchtlichen Teil seines Kornbedarfs aus dem Auslande beziehen. „Es ist ermittelt worden, daß Spanien noch zu einer Zeit, wo bereits eine, wenn auch nicht bedeutende Wendung zur Besserung eingetreten war, in den 18 Jahren 1756 bis einschließlich 1773 für mehr als 115 Millionen Frcs. Brotfrucht aus der Fremde bezogen hat."[5]

Wenden wir uns von der *Geschichte* zur Gegenwart, zur *Statistik*. Deutschland hat 96,7 Einwohner pro Quadratkilometer: und wenn es eine Klage gibt, ist es die, daß das Getreide zu *billig* ist. Es klingt uns wie ein Märchen aus uralter Zeit, daß 1771/72 in Kursachsen 150.000, in Böhmen 180.000 Menschen von einer Hungersnot dahingerafft worden sind, daß noch 1847/48

---

1 Oppenheimer, Siedlungsgenossenschaft, S. 259, Vgl. oben S. 62 [im vorliegenden Band S. 39].
2 Vgl. Wolf, Wirtschaftsordnung, S. 366.
3 Sugenheim, Leibeigenschaft, S. 88.
4 Ebenda, S. 48.
5 Ebenda, S. 63.

10% der Bevölkerung der Kreise Pless und Rybnik am Hungertyphus starben. Wir wissen, daß das heute nicht mehr möglich ist. Aber unser Nachbar Rußland hat in seinen europäischen Besitzungen nur 19,7 Einwohner auf dem Quadratkilometer, also fast genau den fünften Teil der Dichte Deutschlands, und es vergeht kein Jahrzehnt, in welchem Rußland nicht seine Hungersnot hätte, trotz seiner schwarzen Erde und der unglaublichen Genügsamkeit seiner Einwohner.

Wir können diese großen Allgemeintatsachen auf das befriedigendste durch die spezielle Statistik belegen. Sie ergibt als erste Tatsache, *daß die Nahrungsproduktion pro Kopf der Bevölkerung um so größer ist, je dichter das Land besetzt ist.*

Die Bevölkerung Frankreichs betrug 1760 21 Millionen und der Gesamtertrag an Getreide 94.500.000 hl: es kamen also auf den Kopf der Bevölkerung *4,5 hl.* – 1840 erzeugten 34.000.000 Einwohner Frankreichs 182.516.000 hl: es kamen also auf den Kopf *5,37 hl.*[1] 1876/85 wurden im Durchschnitt 252.065.000 hl geerntet[2]: bei einer durchschnittlichen Bevölkerungszahl dieser Periode von 37,5 Millionen Einwohner kamen also pro Kopf der Bevölkerung: *6,72 hl.*

Während also die Bevölkerung von 1760–1885 um 78,57% wuchs, wuchs die pro Kopf im Inlande hergestellte Unterhaltsquote *allein an Getreide* um 166,66%.

Allein an Getreide! Dazu kommen aber andere Feldfrüchte, welche 1760 fast ganz unbekannt waren, namentlich die *Kartoffel.*

Carey führt folgende Statistik von M. de Jonnès (Statistique de l'Agriculture de France) an.[3] Es entfielen *pro Kopf* der französischen Bevölkerung an Litern:

	1760	1840
Weizen	150	208
Geringeres Getreide	300	393
Kartoffeln und Gemüse	–	291
Summa:	450	832

Seitdem ist der Verbrauch an *Weizen* wieder um mehr als 30%, nämlich bis auf 275 Liter pro Kopf gestiegen.[4] Es wird nicht aller dieser Weizen im Lande selbst hergestellt, das ist richtig: Frankreich importiert seit einer Reihe von Jahren. Aber es zahlt diese Importe doch zum allergrößten Teile mit *landwirtschaftlichen* Produkten, mit Wein, Obst, Gemüsen, Parfüms etc.

Rußland dagegen *exportiert* Getreide. Es hat 19,7 Einwohner pro Quadratkilometer, während Frankreich 72 hat. Stellt Rußland darum *mehr* Getreide her, als Frankreich? Im Gegenteil! Es produzierte im Durchschnitt der Jahre 1883/87 rund 600 Millionen hl (ohne Polen und Finnland).[5] Diese Gebiete hatten 1885 rund 82 Millionen Einwohner. Es kommt also auf den Kopf 7,3 hl Herstellung, ein bedeutendes Minus gegen Frankreich, das viel mehr von dem nährstoffreicheren und schwereren Weizen baut, als von irgendeiner anderen Frucht, während Rußland 2 1/2 mal so viel Roggen und beträchtlich mehr von der viel leichteren Gerste baut, als Weizen, von Obst, Wein, Gemüse etc. ganz zu schweigen. Nun *exportierte* Rußland aber 1887 von den vier Hauptfrüchten fast genau 82 Millionen hl; es sank also das pro Kopf verfügbare Quantum auf 6,3 hl.

---

1 Carey, Grundlagen der Sozialwissenschaft, S. 102.
2 Wirminghaus, Art.: Getreideproduktion, in: Handbuch der Staatswissenschaften, Bd. III, S. 895.
3 Carey, Grundlagen der Sozialwissenschaft, S. 102.
4 Wirminghaus, Art.: Getreideproduktion, in: Handbuch der Staatswissenschaften, Bd. III, S. 895.
5 Ebenda, 896.

1889 belief sich die gesamte Ernte inkl. Polen auf rund 541 Millionen hl; exportiert wurden 97,5 Millionen hl. Es blieben also 443,5 Millionen hl für eine Bevölkerung von rund 96 Millionen: pro Kopf 4,62 hl.

Eine überraschende Tatsache! Wie ist sie zu erklären? Aus der höheren Intensität des Anbaus! Der französische Bauer zog 1815 8,59; 1879/88 aber 15,04 hl Weizen vom Hektar; in derselben Zeit stieg der Ertrag des Roggens von 7,65 auf 13,95, des Hafers von 14,58 auf 23,36, der Gerste von 12,12 auf 18,21 hl pro Hektar. Rußland aber zog 1883/87 von Weizen nur 6,7 hl, Roggen 9,0 hl, Hafer 13,2 hl, Gerste 9,4 hl pro Hektar:

Ertrag pro Hektar in Hektolitern

	Frankreich 1879/88	Rußland 1883/87	Frankreich 1815
Weizen	15,04	6,7	8,59
Roggen	13,95	9,0	7,65
Hafer	23,36	13,2	14,58
Gerste	18,21	9,4	12,12

Diese Statistik beweist zum mindesten, daß hier keine natürlichen Unterschiede des Klimas den Ausschlag geben; denn Frankreich hatte vor hundert Jahren dasselbe Klima wie heute und doch fast so geringe Ernten wie das heutige Rußland. Mehr *beweist* die Statistik nicht; aber wir dürfen doch konstatieren, daß diese sämtlichen Daten und Zahlen durchaus nicht mit dem Malthusianismus [überein]stimmen, aber auf das allergenaueste mit der „reinen Deduktion", welche ihm, wie wir wissen, schnurstracks entgegengesetzt ist, indem sie behauptet, *daß die Komfortbreite stärker wächst als die Bevölkerung.*

Ich möchte diesen Exkurs nicht mit weiterem statistischen Material überhäufen. Es liegt jedermann vor, und jedermann kann sich überzeugen, daß ceteris paribus jeder Vergleich dasselbe Resultat ergibt.

Soweit also die *Tatsachen*! Wie steht es mit ihrer *Erklärung*?

Der Trugschluß löst sich dahin auf, daß das „Gesetz der sinkenden Erträge" *überkompensiert* wird durch das „Gesetz der Bodenkapazität".

Das „Gesetz der sinkenden Erträge" beruht nämlich auf einem Vergleiche, der angestellt ist zwischen dem Ertrage desselben Ackers einmal bei intensiverem, einmal bei extensiverem Anbau, in *derselben* Gesellschaft von gegebener Volksdichte, Arbeitsteilung und Kapitalbewaffnung. Es beruht auf der Voraussetzung, daß der mechanische Nutzeffekt der Arbeitseinheit (d. h. der Leistung einer durchschnittlichen Kraft in der Zeiteinheit) und der Kapitalseinheit beide Male *gleich groß* ist.

Das „Gesetz der Bodenkapazität" beruht aber auf einem Vergleiche, der angestellt ist zwischen dem Rohertrage desselben Ackers in zwei sehr *verschiedenen* Gesellschaften von sehr verschiedener Volksdichte, Arbeitsteilung und Kapitalbewaffnung. Es beruht auf der Voraussetzung, daß der mechanische Nutzeffekt der Arbeits- und Kapitalseinheit in jedem der Fälle *sehr verschieden groß* ist.

Das Gesetz der sinkenden Erträge vergleicht die Leistung und den Nutzeffekt zweier gleich ernährter, gleich interessierter und mit denselben Werkzeugen (Kapital) bewaffneter Arbeitskräfte: das Gesetz der Bodenkapazität aber vergleicht die Ergiebigkeit der Arbeit eines Wilden, der mit dem Grabstocke ein paar Furchen in den Sand zieht, mit derjenigen des Urhufners, der seinen Holzpflug führt, mit derjenigen ferner des Bauern, dem kräftige Stiere den Stahlpflug durch die geklärte Ackerkrume ziehen, und zuletzt mit derjenigen des Maschinisten auf dem Dampfpfluge von vielen Pferdekräften. Sie vergleicht den Nutzeffekt der Arbeit des Urhufners, der zwanzig verschiedene Beschäftigungen hat, mit derjenigen des heutigen Landwirtes, der nur *eine* Beschäftigung hat; und schließlich dem Mann, der seinen Boden mit seinem Korn auf Nimmerwiedersehen exportieren muß, mit dem anderen, der im Dünger die eigene Bodenkraft zurück erhält und darüber hinaus die Kraft ferner fremder Äcker; sie vergleicht den Mann, der eines Jahres Arbeit für einen Pflug zahlen mußte, mit dem Mann, der eines Monats Arbeit dafür opfert.

„Je mehr nämlich ein Volk an Zahl zunimmt, um so größer wird die Arbeitsteilung, um so vollkommener die Werkzeuge, mit welchen der Landwirt produziert, um so freier von Nebenberufen seine Zeit für seinen Hauptberuf: und darum wächst der *Rohertrag* seines Ackerstückes. Und gleichzeitig wird die Nachfrage nach landwirtschaftlichen Produkten seitens der industriellen Bevölkerung, und das Angebot von Gewerbeerzeugnissen immer größer: und darum wächst in gleichem Maße, von zwei Seiten her, die Kaufkraft der Produkte der Landwirtschaft, also ihr *Reinertrag*."[1]

Das ist die Begründung meines „Gesetzes der Bodenkapazität". An anderen Stellen habe ich ausgeführt, daß die Nähe eines starken Marktes dem Landwirt inmitten einer dichten Bevölkerung noch andere bedeutende Vorteile gewährt, welche derjenige in einer dünnen Bevölkerung nicht hat: Schutz vor vollen Mißernten durch den Anbau und die Zucht der verschiedensten Urprodukte, Verfügung über billige Hilfskräfte zur Erntezeit, billigen Düngerbezug usw.[2]

Daß ich damit das „Gesetz der sinkenden Erträge" nicht antasten wollte, habe ich mehrfach[3] ausdrücklich erklärt. Trotzdem bin ich natürlich dem öffentlichen Vorwurf nicht entgangen, es nicht zu kennen.

Ich wiederhole also, daß ich es anerkenne; ich leugne nur die ihm zugeschriebene Bedeutung für die „Bevölkerungsfrage".

Der Trugschluß beruht darauf, daß man zwei ganz verschiedene Größen als gleich angenommen hat, nämlich die „Arbeitseinheit" (durchschnittliche Leistung einer durchschnittlichen Arbeitskraft in der Zeiteinheit) in der unentwickelteren Gesellschaft – und diejenige in der entwickelteren Gesellschaft, während tatsächlich die letztere unvergleichlich größer ist.

Bisher hat man geschlossen, als sei die in der „Arbeitseinheit" steckende „Arbeit" jederzeit die *gleiche*. Aus dieser Voraussetzung folgt der Malthusianismus mit Notwendigkeit: eine verdoppelte Bevölkerung würde doppelt soviel Arbeit auf den gesamten Boden verwenden und damit nur *weniger als doppelt* soviel Ernten erwirtschaften.

Aber die Voraussetzung ist falsch. Die „Arbeitseinheit" in der dichteren Gesellschaft ergibt eine sehr viel größere „durchschnittliche Leistung" als in der dünner gesäten.

Mit dieser Feststellung ist jene einfache Relation zweier wachsender Zahlen, des Menschenwachstums und des notwendig geringeren Erntenwachstums, auf welche der Malthusianismus sein System baute, hinfällig. Die Frage läßt sich jetzt nicht mehr durch eine einfache abstrakte Kalkulation lösen, sondern es sind offenbar drei Fälle theoretisch möglich, wenn man ein früheres mit einem späteren Stadium vergleicht.

1. Die auf den gesamten Boden gewandte Arbeit ist trotz der höheren Leistung der durchschnittlichen „Einheit" *nicht* ausreichend, um die verteilbare Quote auf der alten Höhe zu halten.

2. Sie ist ausreichend, um die Quote gerade auf der alten Höhe zu halten.

3. Sie ist ausreichend, um die Quote zu *erhöhen*.

---

1 Oppenheimer, Siedlungsgenossenschaft, S. 259.
2 Ebenda, S. 490f.
3 Ebenda, z. B. S. 369, 491.

Ist der erste Fall Wirklichkeit, so bleibt der Malthusianismus bestehen, nur quantitativ gemildert; im zweiten Fall ist das „Gesetz der sinkenden Erträge" kompensiert; im dritten überkompensiert.

Welcher Fall nun Wirklichkeit ist, läßt sich nicht mit unbestimmten, sondern nur mit bestimmten Zahlen entscheiden, d. h. nur mit der *Statistik*. Und die Statistik zeigt, daß der *dritte* Fall der Wirklichkeit entspricht:

Das „Gesetz der sinkenden Erträge" wird tatsächlich überkompensiert. Die Quote sinkt nicht, sondern wächst.

Auf den einzelnen Stufen verläuft die Überkompensation folgendermaßen.

Zuerst geht der Anbau von immer leichterem zu immer schwererem Boden (Careys Gesetz): also steigt die Quote.

Wenn das Land in seinen fruchtbarsten Teilen einigermaßen besiedelt ist, ist die Leistung einer Arbeitseinheit und die Kapitalkraft des dichter sitzenden Volkes bereits so gewachsen, daß nunmehr noch auf sehr lange hinaus der Anbau ungünstigerer Böden größere Roh- und Reinerträge gewährt, als vorher der Anbau günstigerer Böden. Es unterliegt kaum einem Zweifel, daß unter ungestörten Verhältnissen selbst heute noch sehr viel Raum für neue Urbarungen in allen alten Ländern wäre. Eine Gesellschaft, die für ihre wirtschaftlichen Zwecke die Arme frei hätte, könnte z. B. in Deutschland noch Tausende von Quadratkilometern Unland in fruchtbarste Äcker umwandeln durch Wasserwerke und Wasserverbauungen, die durchaus nicht großartiger zu sein brauchten, als diejenigen, mit denen uns Ägypten, Assyrien und der Inkastaat beschämen. Nur die unselige Bodenbesitzerplitterung und die unproduktive Steuervergeudung verhindert diese Entwicklung, welche uns auf lange Zeit von den Ernten des Auslandes unabhängig machen würde, ohne daß die Ernährungsquote pro Kopf einer noch so stark wachsenden Bevölkerung zu sinken brauchte. *Diese Werke würden eben den Nutzeffekt der Arbeitseinheit viel stärker vermehren, als die Verkleinerung der pro Kopf entfallenden Nutzfläche ihn nach dem Gesetz der sinkenden Erträge vermindert.*

In derselben Richtung ist bisher die Kultur gegangen.

Mit diesem Nachweis ist der *eigentliche Malthusianismus* widerlegt: derjenige, den ich als die ernste „nationalökonomische Theorie" bezeichnen will. Diese Theorie wollte aus dem „Bevölkerungsgesetz" den größten Teil der Not der Geschichte und fast alle Not der Gegenwart erklären. Mit dem Nachweis, daß sich von Urbeginn an der Nahrungsspielraum der Menschheit immer stärker vermehrt hat, als ihre Kopfzahl, ist diese Theorie erledigt, und fallen die daraus von der Geschichte und Nationalökonomie gezogenen Folgerungen in sich zusammen.

Nun gibt es aber noch einen *zweiten* Malthusianismus, den ich zum Unterschiede den „*prophetischen*" nennen will. Er zerfällt in zwei Unterarten, einen, der immerhin noch eine gewisse Grundlage hat, die wir aber als starken Rechenfehler werden nachweisen können; und einen, der nichts ist als eine ganz grund-, zweck- und haltlose Zahlenspielerei.

Die erste Abart des „prophetischen Malthusianismus" stellt folgende ganz richtige Erwägung an: Die Volkszahl der Kulturländer ist gegenwärtig zum großen Teil in einem so gewaltigen Wachstum begriffen, daß selbst bei der vorsichtigsten Schätzung bald eine Zahl vorhanden sein wird, die in ihrer Lebenshaltung sinken müßte, wenn sie von der Bodenkraft der Heimat ernährt werden müßte. Es würde schließlich ein Zeitpunkt eintreten müssen, wo der Anbau auf so geringen Boden gedrängt werden würde, daß trotz aller Vorteile der Marktnähe und der Arbeitsteilung der Reinertrag pro Bauer und der Rohertrag pro Kopf der Gesamtzahl sinken, und das Bevölkerungsgesetz in Kraft treten würde.

Zugegeben! Aber der Malthusianismus sieht nicht, daß die Schlußfolgerung, zu der er soeben gelangt ist, eine solche aus einem „casus hypotheticus irrealis", *aus einer unmöglichen Voraussetzung* ist. „*Wenn* der Zuwachs von der Bodenkraft der Heimat ernährt werden müßte", war die Voraussetzung – *und diese Voraussetzung ist falsch.*

Es ist eine grobe optische Täuschung, wenn die malthusianischen Statistiker annehmen, daß z. B. der deutsche Boden jetzt 52 Millionen Einwohner mit Nahrungsmitteln versehen muß, daß „England heute Pflichten gegen 30 Millionen Menschen hat"[1] usw. Ihre Rechnung macht ganz unmotiviert an den Grenzen der *Nationalwirtschaft* halt, obgleich wir uns längst mitten in der *Weltwirtschaft* befinden.

Wir importieren in immer steigendem Maße Nahrungsmittel. *Das heißt nichts anderes, als daß wir diejenigen Flächen, auf welchen sie erzeugt werden, in unseren Wirtschaftskreis einbezogen haben.* Und da diese Nahrungsmittel uns aus Ländern zukommen, die bei sehr dünner Bevölkerung noch sehr extensiv wirtschaften, *so heißt das nichts anderes, als daß die Zahl der Hektare, welche unserem Produktionsgebiete zugewachsen sind, viel größer ist, als die Zahl der Münder, welche unserem Konsumtionsbedürfnis zugewachsen sind.*

Machen wir einen kleinen Überschlag:

Deutschland führte 1875 noch etwas Getreide aus. Es hatte damals eine Bevölkerung von rund 43 Millionen Einwohnern bei einem Getreideareal von 13,3 Millionen ha.[2] Ergibt pro Kopf 0,309 ha.

1896 führten wir rund 4.900.000 Tonnen Getreide mehr ein, als aus.[3] Deutschland erntet durchschnittlich etwas über eine Tonne Korn vom ha. (17,4 Millionen Tonnen[4] auf 13,9 Millionen ha.[5]) Diese 4,9 Millionen Tonnen wären in Deutschland also auf ca. 3,9 Millionen ha gewachsen. Zuzüglich der 13,9 Millionen ha binnenländischen Ackerlandes wären also auf jeden Kopf der mittlerweile auf 52,7 Millionen angewachsenen Bevölkerung entfallen: 0,338 ha.

Das wäre ein Zuwachs von 9,38 % der pro Kopf entfallenden Ackerfläche binnen 21 Jahren.

Nun muß aber in Rechnung gezogen werden, daß der größte Teil der uns versorgenden Gebiete nicht wie Deutschland vorwiegend in Fruchtwechselwirtschaft, sondern in Dreifelderwirtschaft, wilder Feldgraswirtschaft, ja sogar Brandwirtschaft tätig ist, und daher von der Flächeneinheit ungleich kleinere Ernten zieht, wie Deutschland. Die Flächen, welche uns zugewachsen sind, sind in der Tat also viel größer, als angenommen. Man bleibt ohne Zweifel stark hinter der Wirklichkeit zurück, wenn man annimmt, daß jene 4,9 Millionen Tonnen auf 8 Millionen ha. gewachsen sind, namentlich wenn man, wie nötig, die *Brache* mit zum Ackerlande rechnet. Bei dieser bescheidenen Annahme würde sich die Rechnung für 1896 folgendermaßen gestalten:

52,7 Millionen Deutsche wurden ernährt von 21,9 Millionen Hektaren. Das macht pro Kopf 0,41 ha und binnen zwanzig Jahren einen Zuwachs der pro Kopf verfügbaren Ackerfläche von 32,7 %.

Diese Zahlen beweisen zum mindesten, daß für die Gegenwart und nächste Zukunft das „Gesetz der sinkenden Erträge" für uns kein Pressen gegen unseren Spielraum zur Folge hat. Denn das Nahrungsareal der Völker ist nicht in dem Maße *geschrumpft*, wie sie gewachsen sind, sondern hat sich im Gegenteil in einem viel stärkeren Maße *erweitert*: die größere Volkszahl versorgt sich also *leichter*, mit *weniger Arbeit* mit Nahrung, als früher die kleinere.

Um diese erste Abart des „*prophetischen Malthusianismus*" ganz zu beseitigen, fehlt nun nur noch *eine* Entscheidung:

Es ist festgestellt, daß in unserer Gegenwart die Zahl der Hektare, von welchen die Völker ihre Nahrung ziehen, beträchtlich schneller wächst, als die der Menschen. Ist das ein Zufall oder eine

---

1 Vgl. z. B. Wolf, Wirtschaftsordnung, S. 357.
2 Sering, Konkurrenz, S. 60.
3 Statist. Jahrb. f. d. deutsche Reich 1897, S. 89.
4 Ebenda, S. 30.
5 Ebenda, S. 29.

notwendige kausale Verbindung? Wenn es kein Zufall ist, wenn die stark zunehmende Volksdichte die *Ursache* ist noch stärker zunehmenden Ackerareales, dann ist auch diese Anwendung der Bevölkerungstheorie nicht mehr haltbar.

Und dieser letzte Nachweis läßt sich führen.

Um Getreide in unsere Speicher zu schaffen, haben wir nur zweierlei nötig: wir müssen es beim Landwirt *kaufen* und bis an unsere Tür *transportieren*. Je mehr Waren jeder von uns herstellt, und je mehr Kräfte die Gesellschaft für die Herstellung und Bedienung der Transportmittel unterhalten kann, um so mehr Getreide können wir auch heranschaffen. Die Produktivität der Warenerzeugung und die „Produktivität", d. h. die Leistungsfähigkeit der Transportmittel ist aber um so größer, je größer der Markt, je dichter die Bevölkerung. Wir essen tatsächlich „Garn und Nägel",[1] wenn wir das Brot und Fleisch essen, das wir dafür eingetauscht haben; oder man sagt vielleicht besser: wir produciren Brot und Fleisch, während wir Garn und Nägel herstellen. Denn der Bauer in Argentinien könnte so wenig Korn herstellen, wenn wir ihm nicht Garn lieferten, wie wir Garn herstellen könnten ohne sein Korn.

Um die Frage mit einem Worte zu umfassen: unser ganzes Westeuropa ist seit dem Erblühen der jungen *Weltwirtschaft* in diejenige Stellung eingerückt, welche im Thünenschen Schema und der *Volkswirtschaft* der Vergangenheit die *Stadt* eingenommen hat. Wir definierten oben die „Stadt" als Gebiet der *Korneinfuhr*: und ein solches Gebiet ist ganz Westeuropa heute. Wer es nicht verstehen kann, durch welchen geheimnisvollen Mechanismus es der Bewohner dieser ins Ungeheure erweiterten „Stadt" fertigbringt, immer mehr Nahrungsmittel gegen den Ertrag einer immer kleineren Anstrengung einzutauschen, *der hat noch niemals verstanden, wie ein „Städter" im gewöhnlichen Sinne das fertigbringt.*

Ich leugne also auch hier nicht das „Gesetz der sinkenden Erträge", aber ich habe bewiesen, daß es selbst dann durch das „Gesetz der Erzeugung" (resp. seinen Spezialfall, das Gesetz der „Bodenkapazität") überkompensiert werden wird, wenn der Boden einmal voll besiedelt und in der höchsten Intensität bestellt ist. Denn in diesem Stadium ist das ganze alte Land längst zur „Stadt und ersten Zone" eines *Weltwirtschaftskreises* geworden und bezieht als solche immer mehr Nahrungsmittel gegen Hingabe eines immer kleineren Teiles ihrer eigenen Jahresproduktion.

[Ich bemerke übrigens, daß Carey, Henry George, Dühring, Hertzka und andere mehr den Malthusianismus mit ganz ähnlichen Argumenten bekämpft haben. Ich darf kaum auf mehr Anspruch erheben als auf möglichst scharfe Erfassung und möglichst klare Formulierung der Gegensätze.]

Auf diesem Standpunkte stehen wir heute. Wir können unsere Erzeugung an „Garn und Nägeln" fast ins Grenzenlose steigern und ebenso unsere Erzeugung an Schienenstraßen, Lokomotiven, Kanälen und Dampfschiffen. Diese Werke unserer je dichteren, um so produktiveren Bevölkerung werden uns bald erlauben, jeden auf dem Planeten vorhandenen fruchtbaren Fleck Erde unter Pflug und Egge zu bringen und seine Ernten mit einer Belastung an Transportkosten auf unseren Markt zu führen, welche im Verhältnis zu ihrem „Werte" und unserer „Kaufkraft" ohne Bedeutung ist. Auf Jahrhunderte hinaus kann und wird noch das für unsere Ernährung verfügbare (d. h. in Transportnähe gebrachte) Areal um Milliarden von Aren wachsen, während die Bevölkerung um Millionen von Köpfen wächst. Behauptet doch Atkinson, daß erst ein Zwanzigstel des für Weizenanbau fähigen Landes besetzt sei.[2]

Für Vergangenheit, Gegenwart und übersehbare Zukunft hat nichts gewirkt, wirkt, und wird nichts wirken, was dem malthusianischen Gesetze irgendwie verwandt ist. Im Gegenteil, sämt-

---

1 Vgl. Wolf, Wirtschaftsordnung, S. 368.
2 Nach Wolf, ebenda, S. 372.

liche Daten entsprechen der ihm schnurstracks entgegengesetzten „reinen Theorie" auf das genaueste.

Trotz dieser Feststellung sind wir noch immer nicht mit dem Malthusianismus fertig. Der Proteus erscheint uns jetzt in seiner dritten Gestalt als *„prophetischer Malthusianismus, der mit Zahlen jongliert"*.

Die nicht seltenen Anhänger dieser Theorie sind nicht allzuschwer davon zu überzeugen, daß das Bevölkerungsgesetz in Vergangenheit und Gegenwart nicht in Wirksamkeit getreten ist. Aber sie halten unerschütterlich daran fest, daß es in irgendeiner Zukunft in Wirksamkeit treten *wird*.

Sie stützen sich dabei einzig und allein auf die uns bekannten statistischen Zahlen, welche beweisen, daß gegenwärtig alle Völker in irgendeinem Maße wachsen.

Sie bestehen darauf, diese Zahlen als Ausschnitt *aus einer regelmäßigen Reihe* anzusehen, und machen kurzweg den Schluß, daß die Völker in alle Zukunft hinein in irgendeinem Tempo weiter wachsen werden, bis die *ganze Erde* im höchsten denkbaren Masse der Intensität bestellt sein, und dann doch die Ernährungsquote sinken wird.

Die Berechnung, die Elster in der oben angeführten Tabelle gibt, wonach durch den Geburtenüberschuß im Jahre 2000 Deutschland 207 und die Nordamerikanische Union gar 581 Millionen Einwohner haben würde, *wenn* sie in dem augenblicklichen Tempo weiter wüchsen, soll natürlich, wie er sagt, nicht wörtlich genommen werden, aber doch eine „Tendenz" veranschaulichen, die unleugbar sei.

Es kann natürlich niemandem entgehen, daß man durch genau dieselbe mathematische Berechnung, wenn man sie, statt vorwärts, *rückwärts* richtet, zu den unsinnigsten Anfangszahlen kommt. „Man wird natürlich mit demselben Rechte und in der gleichen Weise (...) die Bevölkerungszahl dieses oder jenes Landes in einem früheren Jahrhundert berechnen können. Allein ein solches Exempel, welches zu einer sehr niedrigen Volkszahl führen müßte, hat wenig Wert. Denn man vergesse nicht, daß in den früheren Jahrhunderten die Sterblichkeitsziffer eine bedeutend größere war."[1]

Es muß gesagt werden, daß die vorwärts gerichtete Rechnung gerade so wenig Wert hat, wie die rückwärts gerichtete. Es ist eine ganz unzulässige Willkür, aus den kurzen Zahlenreihen, welche uns zur Verfügung stehen, irgendeinen Schluß zu ziehen. Wir wissen nichts Zuverlässiges über den Geburtenüberschuß der Vergangenheit, und ebenso wenig etwas über den Geburtenüberschuß der Zukunft. Wir wissen nichts darüber, ob die Periode, aus welcher unsere Zahlen stammen, *einen regelmäßigen oder einen Ausnahmecharakter hat*. Wir wissen durchaus nichts weiter, als daß sich die zivilisierten Völker seit ungefähr einem Jahrhundert vermehren.

Die *Wissenschaft*, d. h. die sicher schreitende, nicht die phantastisch schwärmende, kann hier unmöglich zu einer Voraussage kommen. Ihr Verdikt kann nur sein: Non liquet! Ignoramus!

Will man durchaus Konjekturen in die Zukunft hinein tun, so *kann* man ja unter anderem auch annehmen, daß tatsächlich die Bevölkerung immer weiter und weiter wachsen wird, bis schließlich der Planet wimmelt wie ein Ameisenhaufen, und nur Krieg, Pest, Not oder weise Selbstbeschränkung die Menschen vor dem Hungertode retten kann. Man *kann* das annehmen: aber man soll sich klar sein, daß das *Dichtung* ist und keine *Wissenschaft*.

Und man soll sich klar sein, daß irgendeine andere Konjektur genausoviel Wert hat, wie diese. Mit demselben Rechte mag sich jemand vorstellen, daß bis dahin die Chemie Stein in Brot zu verwandeln gelernt hat, daß die Menschheit die Mittel gefunden hat, neue Weltkörper zu besiedeln etc.

Man braucht aber durchaus nicht zu derartigen Phantastereien zu greifen. Man kann dem Malthusianismus eine andere Hypothese gegenüberstellen, welche mindestens so viel inneren

---

1 Elster, in: Handbuch der Staatswissenschaften.

Wahrscheinlichkeitswert hat. Man braucht sich nur auf den uns allen geläufigen Begriff des *Wachstums* zu stellen. Wir wissen, daß ein Körper um so schneller wächst, je jünger er ist; daß die Zunahme seiner Masse und Maße absolut und relativ in einer Kurve verläuft, die schnell vom Maximalpunkt bis zum Nullpunkt fällt, und daß der Nullpunkt erreicht ist, wenn der wachsende Organismus diejenige Größe erreicht hat, *welche sein Nahrungsspielraum erlaubt*. Wir finden heute keine großen Dickhäuter mehr in Sibirien, weil sie dort ihren Nahrungsspielraum nicht mehr haben; und die Riesensaurier sind mit den Riesenwäldern der Kohlenperiode ausgestorben, welche allein den Nahrungsspielraum für solche ungeheuren organischen Massen gewähren konnten.

Diese Auffassung ist die einzige, welche der „Organismus" haben kann, jene recht gut begründete Hypothese, die die menschliche Gesellschaft für einen echten Organismus hält. Die gegenteilige Annahme eines Wachstums ohne Ende hat „genau so viel Wert, als wenn man aus dem Umstande, daß einem jungen Hunde der Schwanz doppelt so lang wuchs, während er gleichzeitig so und so viele Pfunde an Gewicht zunahm. (...) die ‚sehr auffallende Konsequenz' herleiten wollte, daß der Schwanz über eine Meile lang und äusserst schwer zu bewegen sein werde, wenn der Hund fünfzig Pfund wiegen werde, weshalb man die *vorbauende Hemmung* einer Bandage als einzige Alternative gegen die *positive Hemmung* fortwährender Amputationen empfehlen müsse."[1]

Nun steht nichts im Wege, die Industrievölker dieses Jahrhunderts als Körper im Stadium des ersten, stürmischen Wachstums zu betrachten. Die Statistik, auf welche sich der Malthusianismus stützt, ist ungefähr gleich alt mit Eisenbahn und Dampfschiff. Ist es nicht klar, daß die Möglichkeit, sich aus einem durch diese Erfindungen ungeheuer erweiterten Kreise mit Unterhaltsmitteln zu versorgen, den Nahrungsspielraum der alten Völker plötzlich ungeheuer erweitert hat? Ist es nicht möglich, daraus den Schluß zu ziehen, daß die modernen Völker mit einer Vermehrung, die gerade jetzt weit über den Durchschnitt hinausreicht, in diesen erweiterten Nahrungsspielraum hineinwachsen? (Auch eine Kuh wird ja schwerer, wenn sie mit einem zwanzig Meter langen Strick an ihren Pfahl gebunden ist, als mit einem zehn Meter langen. Im letzteren Falle ist ihr Nahrungsspielraum $100\pi = 314$ Quadratmeter, im ersteren aber $400\pi = 1.256$ Quadratmeter. Da hat sie nicht nur *mehr* Futter, sondern kann sich auch das *beste* aussuchen, und wird darum schwerer.)

Wie gesagt, auch diese Auffassung ist nicht zu *beweisen*: aber ist sie an sich unwahrscheinlicher, als die malthusische, *die auch nicht zu beweisen ist*? Stimmt sie zu der Tatsache, daß jetzt, nach mindestens 7000 Jahren verbürgten geschichtlichen Bestehens, die Menschheit diesen Planeten noch lange nicht zu einem Ameisenhaufen gemacht hat, nicht mindestens so gut, wie der Malthusianismus?

Dabei spricht gegen den letzteren noch die bekannte Erfahrung, daß wohlhabende Menschen weniger Nachwuchs haben, als arme. Ob sich darin eine „moralische" oder anderweite „Selbstbeschränkung" ausdrückt, kann man nicht wissen; wahrscheinlich ist es der Ausdruck des universalen Gesetzes, daß solche Spezies sehr fruchtbar sind, deren Existenz im Kampfe ums Leben besonders stark bedroht ist, und daß solche Organe sich durch „Proliferation" ihrer Elementarteile sehr schnell erneuern, welche einer besonders starken Abnutzung ausgesetzt sind. So „proliferieren" auch die „Proletarier", die den Namen ja von ihrer Kindermenge tragen. Es ist dies eine sehr verbreitete Art der „Anpassung". Derartige Anpassungen verschwinden aber regelmäßig mit der äußeren Beanspruchung, deren Ergebnis sie waren. Gerade wie die Augen der Höhlentiere mit dem Licht verschwanden, dem sie angepaßt waren, so verschwindet die übermäßige Fruchtbarkeit mit der Verminderung der Lebensbedrohung, vielleicht durch spätere Verehelichung, vielleicht durch Verfettung der weiblichen Eierstöcke, vielleicht durch ein mit dem Wohlstande immer stärkeres Überwiegen des Verstandespoles über den Willenspol, d. h. des Gehirns über den Sexus.

---

1 George, Fortschritt und Armut, S. 90f.

Aber der Mechanismus ist ganz gleichgültig; jedenfalls sprechen Erfahrung und Statistik schon heute dafür, daß eine solche Entwicklung wahrscheinlicher ist, als der „Ameisenhaufen".

Der „prophetische Malthusianismus" der zweiten Abart, der mit Zahlen jongliert, hat keine logische und materielle Grundlage, er kann deshalb auch mit logischen und materiellen Gründen nicht widerlegt werden. Er gehört in die Klasse der Glaubensartikel: credo quia absurdum!

Aber selbst, wenn man daran festhalten will, ist dieses Dogma für den Historiker und Nationalökonomen durchaus ohne Bedeutung. Es hat bestenfalls einen Zukunftswert für das Jahr 3000 oder 4000. So wenig wie der Einzelmensch sich dadurch von seiner Arbeit für morgen zurückhalten läßt, daß er einmal wird sterben müssen; so wenig wie die Menschheit sich um die verwandten pessimistischen Ausblicke kümmert (Erkaltung der Sonne, Rückkehr der Erde zur Sonne in einer Spiralbahn, Zusammenstoß mit einem Weltkörper etc.): so wenig hat uns der prophetische Malthusianismus zu kümmern.

Zwei Einwände werden der Möglichkeit des „sozialen Staates" gemacht, derjenige der antisozialen Massenpsyche und derjenige des Malthusianismus. Ich hoffe, beide widerlegt zu haben.

Dennoch würde ich wenig Hoffnung haben, meine Gegner zu überzeugen, wenn ich mich nur auf Logik und Induktion stützen müßte. Logik und Induktion sind sehr willkommen, wenn sie Dogmen *beweisen*: aber nicht, wenn, sie Dogmen *widerlegen* wollen.

Gegen Dogmen beweisen nicht einmal *Tatsachen*.

Ich habe in meiner „Siedlungsgenossenschaft" die Möglichkeit der „sozialen Gesellschaft" mit mindestens *einer* Tatsache, einer *verbürgten,* beweisen können. Es ist der Fall V i n c l a n d.[1]

Hier sammelte sich in zwölf Jahren eine Bevölkerung von *elftausend* Menschen; ganz gewöhnliche Menschen, durch nichts gesiebt, keine Sektierer, keine Schwärmer, einfache Ansiedler, wie überall sonst auch. Und diese 11.000 Menschen lebten *in voller Sozialität*, ohne Verbrechen, ohne Armut, ohne „Ausbeutung" in einem stets steigenden Wohlstande, in „reiner" Wirtschaft! Die Organisation unterschied sich nur in einem einzigen Punkte von allen anderen Orten der Welt: *es war der Bezug von Zuwachsrente dadurch ausgeschlossen*, daß der Grundeigentümer Landis den letzten Acre wie den ersten für 25 Dollar verkaufte.

Wenn in den Naturwissenschaften *eine einzige Tatsache* nicht mit einer anerkannten Theorie vereinbar ist, dann fällt die Theorie ohne viel Umschweife. So z. B. hat die *eine* Tatsache der Interferenzerscheinungen die Newtonsche „Emanationstheorie" des Lichtes umgestürzt und durch die Huyghenssche „Undulationstheorie" ersetzt, trotzdem Newton ein wissenschaftlicher Halbgott war.

Wenn aber in den „Geisteswissenschaften" eine neue Tatsache bekannt wird, welche mit einer anerkannten Theorie unvereinbar ist, dann fällt im allgemeinen nicht die Theorie, sondern die *Tatsache*. Sie wird systematisch totgeschwiegen.

Ich habe die Tatsache Vineland noch einmal auf S. 571 meiner „Siedlungsgenossenschaft" der allgemein anerkannten Theorie von der Unmöglichkeit einer reinen Wirtschaft entgegengestellt, und auf der folgenden Seite, Absatz 3 noch einmal nach meiner Theorie erklärt: „Wir haben entwickelt, daß es eine Form der wirtschaftlichen Eignung gibt, in welcher das Interesse des einzelnen mit dem der Gesamtheit in einer Richtung geht, so daß jeder Konflikt ausgeschlossen ist, nämlich die *Käufergenossenschaft*. Und wir hoffen, gezeigt zu haben, daß da, wo das Monopol des Privateigentums an Grund und Boden durch irgendwelche Maßregeln auch nur zeitweilig beseitigt ist, für diese Zeit jede menschliche Gemeinschaft eine Käufergenossenschaft darstellt." Man hat die Tatsache totgeschwiegen.

Diesen *einen* Fall Vineland etabliere ich hiermit zum zweiten Male als einen „rocher de bronze" gegen jeden künftigen Versuch, die „soziale Gesellschaft" für eine Utopie zu erklären. Wer die

---

1 Oppenheimer, Siedlungsgenossenschaft, S. 477 ff.

Tatsache nicht als falsch nachweisen oder auf andere Weise erklären kann, wird die Möglichkeit der sozialen Gesellschaft nicht mehr leugnen dürfen.

Um aber jeden Einwand, der aus der Vereinzelung des Falles, aus mangelhafter Berichterstattung, aus der Kleinheit der Verhältnisse usw. abgeleitet werden könnte, unmöglich zu machen, werde ich im zweiten Kapitel des nächsten Buches den Nachweis führen, daß die deutsche Wirtschaftsgesellschaft während der *vier Jahrhunderte* vom Ausgang des 10. bis zum Ausgang des 14. Jahrhunderts eine Gesellschaft war, in welcher „stets zwei Meister einem Arbeiter nachliefen"; daß infolgedessen die Massenpsychologie vollkommen dem Bilde entsprach, welches die „reine Theorie" entwirft, d. h., daß von einem feindlichen Wettkampfe keine Rede war, ebensowenig von „Ausbeutung", Krisen, Arbeitslosigkeit, *wirtschaftlich* bedingter Armut und dergleichen; daß trotz enormer Zunahme der Bevölkerung von einem Pressen derselben gegen ihren Spielraum nichts zum Vorschein kam, daß im Gegenteil alle produzierenden Menschen in Gewerbe und Ackerbau sich einer immer größeren „Komfortbreite" erfreuten. Ich werde ferner nachweisen, daß der Anfang der Periode damit zusammenfällt, daß das Großgrundeigentum „latent" wird, d. h. die *Zuwachsrente verschwindet*, und daß die Periode ihr Ende findet, während gleichzeitig das Großgrundeigentum wieder „manifest" wird, d. h. die *Zuwachsrente wieder erhoben wird*. Ich werde schließlich zeigen, daß keine andere Erklärung der Tatsachen vor der Kritik stichhält, als diejenige, welche der „reinen Theorie" entspricht, welche also das Vergehen und Wiederauftauchen des Großgrundeigentums *kausal* verantwortlich macht für Entstehung und Zusammenbruch der „reinen Wirtschaft". Mit dem Fall Vineland zusammen dürfte *diese* Tatsache für den Beweis genügen, daß weder die Massenpsyche noch ein „Bevölkerungsgesetz" den „Staat der sozialen Gerechtigkeit" unmöglich machen.

Historischer Teil:
Abriß einer systematischen Wirtschaftsgeschichte Deutschlands

Einleitung:
Das Gesetz der geschichtlichen Bewegung

Im ersten Teile dieses Werkes habe ich, wie ich hoffe, nachgewiesen, daß die Welt der Wirtschaft von dem Gesetz der Strömung beherrscht wird, daß vor diesem Gesetze alle Menschen als gleich zu betrachten sind, und daß ihre „individuellen" Verschiedenheiten nur *innerhalb* des Geltungsbereiches dieses Gesetzes Verschiedenheiten ihrer wirtschaftlichen Stellung und sozialen Lage bedingen.

Wenn die Wirtschaft einer Epoche sozusagen einen Querschnitt des sozialen Körpers zeigt, so zeigt die Geschichte einen Längsschnitt. In der Wirtschaft einer bestimmten Epoche projiziert sich das soziale Gesetz im *Raume*, in der Geschichte eines Volkes in der *Zeit*. Geschichte und Wirtschaftslehre sind nur verschiedene Ansichten vom Leben desselben Organismus. Also muß unabweislich das Gesetz der Strömung auch die geschichtliche Kausalität beherrschen, wenn es die ökonomische beherrscht.

Diese historische Auffassung tritt in den schärfsten denkbaren Gegensatz gegen die heute noch fast allgemein geltende, wonach es gerade „Individuen" sind, welche die *Ursachen* der großen geschichtlichen Entwicklung sind. Ihr zufolge ist die Menschenmasse rein passiv, eine rudis indigestaque moles, die nur in Bewegung kommt, wenn eine „Individualität", ein *„Heros"* im Sinne Carlyles, ihr sein Leben einhaucht. Die Masse ist ihr das Chaos, und der starke schöpferische Wille des „Einzigen" ihr der Gott, der über den Wassern schwebt und sein: „Es werde Licht!" spricht. „Und siehe, es ward Licht!"

Ich habe in meinem ersten Werke[1] folgendermaßen zu dieser heroistischen Geschichtsauffassung Stellung genommen: „Sie steht heute verdientermaßen auf dem Aussterbe-Etat. Sie besagt im Grunde nichts anderes, als daß der Einzelne stärker sei als die Gesamtheit, die Minorität stärker als die Majorität. Der ‚common sense', der den Fortschritten der Erkenntnis immer um mindestens ein Menschenalter nachhinkt, sollte sich ernstlich bemühen, sich dieser Auffassung zu entledigen. Die tiefen Grundströmungen des Ozeans der Menschheit sind ihre Geschichte: das mächtigste Individuum, und vereinte es Alexanders Heldenmut, Bonapartes Ehrgeiz und Richards Arglist, kann nie mehr, als vorhandene latente Energie in lebendige Energie umsetzen. Es kann geschichtliche Kräfte *auslösen,* aber niemals *erzeugen*."

Diese ganz beiläufige Bemerkung, die sich in einem *Anhang* zu der eigentlichen Abhandlung findet, hat merkwürdigerweise einem beträchtlichen Teile meiner Kritiker Stoff zu längeren Entgegnungen geboten, denen es im übrigen die bekannte „Rücksicht auf den gewährten Raum" verbot, auf *wesentliche* Punkte meiner streng fachlichen Auseinandersetzung einzugehen.

---

1 Oppenheimer, Siedlungsgenossenschaft, S. 622.

Herr Wiedenfeld z. B. bekennt sich zu der heroistischen Auffassung: „Das Individuum kann zwar – darin hat Oppenheimer recht – geschichtliche Kräfte nicht erzeugen, aber – und das stempelt eben das Individuum zum Führer – es kann sie auslösen und – muß man hinzusetzen – in bestimmte Bahnen leiten. Die Kraft des Dampfers war vorhanden, ehe Watt sie entdeckte. Als elementare Kräfte sind auch im Volke Anschauungen und Energiemomente vorhanden; aber sie bedürfen des Entdeckers, um zum Bewußtsein und zur Kraftentfaltung zu kommen. Schlummernder Energie kann man wohl kaum die bestimmende Rolle in den geschichtlichen Vorgängen zuschreiben, ‚Männer machen die Geschichte'."

Bevor ich diese Sätze zergliedere, möchte ich die Gründe auseinandersetzen, welche die tiefe Abneigung der Welt gegen die heroenlose Geschichtsauffassung erklären. Sie gehört zu der langen Kette der *Demütigungstatsachen,* welche die fortschreitende Wissenschaft dem Menschengeschlechte als bittere Heil- und Erziehungsmittel gebracht hat.

Wie stolz war nicht der Barbar! Sein Stammesfetisch war der „Gott aller Götter", sein Stamm das „auserwählte Volk Gottes", er selbst nach „Gottes Ebenbilde geschaffen". Ihm war die Erde der Mittelpunkt der Welt, um welche Sonne und Sterne dienend kreisten. – Man nahm ihm den Gott seiner Väter und gab ihm dafür einen Universalgott, der seinen Feinden ebenso gnädig ist, wie ihm selbst; man machte ihn zum Kosmopoliten und lehrte ihn, den Bruder in jedem Menschen zu sehen; seine Heimaterde schrumpfte zu einem Sonnenstäubchen zusammen, das als Mond eines Planeten um eine unsichtbare Zentralsonne kreist; die Entwicklungslehre wies ihm seinen Platz als jüngstem Sohne eines Lebenswerdens an, welches ihn nicht anders hat erstehen lassen, als Nessel und Affe, die er als Blutsverwandte anerkennen soll: und jetzt will man ihm auch das letzte nehmen?! Seine Helden, seine Könige, Priester, Feldherren, Staatsmänner und Denker sollen nicht *Werkmeister* gewesen sein, sondern *Werkzeuge,* nicht Schöpfer, sondern Geschöpfe?! Nicht Zentren eigener, ausstrahlender Kraft, sondern nur dienende Organe eines in blinder Entwicklung sich ausgestaltenden Weltwillens?!

Das ist das bitterste! Und aller instinktive Widerwille, welcher sich in Haß und Verfolgung auf die Kühnen entlud, die zum ersten Male eine solche Demütigungstatsache aussprachen, welcher Jesus ans Kreuz schlug, Giordano Bruno verbrannte, Galilei im Kerker folterte, Kopernikus und Darwin am liebsten auf dem Holzstoße vernichtet hätte, dieser instinktive Widerwille richtet sich auch gegen die heroenlose Geschichtsauffassung. Nach Schopenhauer ist der Verstand Organ und Diener des „Willens zum Leben" und versagt daher, wenn der „Wille" in Frage kommt.

Und trotzdem wird der „Wille" sich auch hier beugen müssen. Er muß sich erniedrigen, um erhöht zu werden. Denn die *heroistische Weltauffassung ist das letzte Hindernis der politischen Emanzipation der Menschheit.* Solange der allgemeine Glaube besteht, daß gewaltige Herrenmenschen die Geschichte gemacht *haben,* als „aus sich selbst rollende Ringe", so lange ist es nur menschlich, wenn starke Naturen es sich zutrauen, daß auch sie Geschichte machen *werden.* Und so lange wird das sinnlose Bemühen hochgestellter Männer nicht aufhören, den großen Strom des Geschehens mit ihren Pygmäenarmen aufhalten, den Orkan mit dem Hauche ihres Mundes wenden zu wollen. Nur, wenn unsere Fürsten und Staatsmänner die Bescheidenheit gelernt haben werden, nichts sein zu wollen, als Diener und Förderer einer als notwendig erkannten Entwicklung, nur dann kann die ungeheure Umwälzung, die im Kommen ist, als *Reform* ins Leben treten. Die heroistische Geschichtsauffassung aber treibt uns in die Greuel einer unerhörten *Revolution.*

Sie muß also fallen. Und sie fällt, sobald man ihre logischen Fundamente ernsthaft untersucht. Es handelt sich auch hier nicht um eine Theorie, die man gegen eine andere empfiehlt, sondern um so viel Gewißheit, als in einer nicht-mathematischen Wissenschaft irgend denkbar ist.

„Was ist die Ursache des Geschichtsgeschehens?", diese Frage steht allein zur Diskussion.

Da ein Teil meiner Leser keine spezielle naturwissenschaftliche Vorbildung hat, so ist es nicht überflüssig zu bemerken, daß der Begriff der „Ursache" heute nicht mehr ein Kautschukbegriff ist, den jeder in seine Lieblingsform bringen kann, wie es ihm gefällt und in seine übrigen Theorien paßt, sondern ein in seinem Umfang durch Waage und Maß *genau umschriebener* Wechselbegriff zu „Wirkung". Die ganze Naturwissenschaft steht und fällt mit dem Gesetze von der Erhaltung der Kraft und seiner siegreichen Formel: c a u s a   a e q u a t   e f f e c t u m. Causa est quod effectui aequale est, d. h., es muß sich in der Ursache die gesamte Kraft wiederfinden, welche in der Wirkung zu Tage trat, oder: *es kann nur dasjenige als Ursache einer Erscheinung bezeichnet werden, was die gesamte Kraft der Wirkung enthielt.*

Messen wir einen der gewaltigsten „Helden" der Weltgeschichte an diesem Maße, einen Moses, Mahomed, einen Attila, Dschinghis-Khan oder Bonaparte! An jeden dieser Namen knüpft sich eine Bewegung, die jahrhundertelang Millionen von Menschen in Atem setzte und in Atem hielt, ganze Reiche erschütterte und zusammenwetterte. Könnte man die Kraft abschätzen, welche die „Wirkung" entfaltete, so käme man auf viele Milliarden von Menschenkräften. Nach der heroistischen Geschichtsauffassung ist die *Ursache*, d. h., das *Äquivalent* der Milliarden Menschenkräfte die *eine* Menschenkraft des „Heros"! Man braucht die Frage nur in dieser schärfsten Fassung hinzustellen, und sie ist gegen die heroistische Auffassung entschieden. Denn, mag man auch die Schätzung der relativen Seelenkraft des Genies bis auf jene Grenze treiben, wo das Erhabene ins Lächerliche umschlägt, so bleibt doch immer noch ein ungeheuerlicher Fehlbetrag in der Bilanz der Kräfte zwischen Wirkung und vermeintlicher „Ursache". Kann man wirklich glauben, das Genie enthalte Milliarden mal soviel Willens- und Geisteskraft, als der Durchschnittsmensch?!

Wie leicht aber gleicht sich die Bilanz der Kräfte aus, wenn man eine jener großen Epochen nach dem Gesetz der Strömung begreift! Wählen wir wieder den Arabersturm! Da lebt ein Volk von *Herren*, denn sie halten als Nomaden Sklaven, auf einer ungeheuren Hochebene als Hirten vom Raube an der Natur. Mächtig schwillt die Bevölkerung ihrer Zeltlager an, der Nahrungsspielraum wird mehr und mehr erfüllt; der soziale Druck nimmt *zu*. An ihren Grenzen leben Völker von Ackerbau und Gewerben; weil sie die Natur planmäßig nutzen, wird ihr Nahrungsspielraum weiter und weiter: der soziale Druck nimmt *ab*. Zwar haben die Völker der wirtschaftlichen Niederung Deiche aus Wehr und Waffen um ihren Reichtum gezogen, um sie vor den Wildwassern der wirtschaftlichen Hochdruckgebiete zu schützen, deren furchtbare Kraft sie schon oft kennengelernt haben; aber was helfen alle Deiche und Schutzwehren, wenn der „Gradient" des Druckunterschiedes immer wächst und wächst?! Zuletzt wird doch einmal der Druck von oben stärker als der Gegendruck von unten – und zerstörend, nur um so zerstörender, weil er so lange gestaut war, braust der Strom zu Tal. Ganz ebenso erklärt sich ohne weiteres der Zusammenbruch des Römerreiches: Die Massen der Beherrschten fanden sich auf einem Orte außerordentlich hohen und immer noch wachsenden sozialen und wirtschaftlichen Druckes; die winzige Minorität der Herrscher an einem Orte außerordentlich geringen und immer noch abnehmenden sozialen und wirtschaftlichen Druckes, d. h. der „Gradient" wurde immer größer (die Wandung des sozialen Trichters immer höher und steiler). Eine frevelhafte Politik vernichtete dazu noch den Mittelstand, welcher wie die Bannwälder der Schweiz die Täler vor Bergrutsch und Lawinenschlag schützt: und so zerbrach die Masse zuletzt die schwachen Fangdämme von Polizei, Justiz und Armee und stürzte vernichtend in die Niederung: der Krater der sozialen Unvernunft stürzte ein. Wenn man die Dinge so begreift, dann stimmt die Bilanz der Kräfte: latente Massenenergie setzt sich um in lebendige Massenenergie! Und wenn man die Dinge so *begreift*, dann wird man nicht mehr die ungeheure Torheit begehen, den drohenden Bergsturz unserer Kultur durch den Stachelzaun einiger Polizeiverordnungen aufhalten zu wollen.

Welche Rolle spielt denn nun das „Individuum" in der Geschichte? In seiner einen Bedeutung als „Individuum ohne Individualität" die beherrschende: hier ist es eins der Massenteilchen, deren Kraft und Richtung die Massenkraft und Massenrichtung zusammensetzt, genau wie in der Wirtschaft. Und in seiner zweiten Bedeutung, als besonders begabtem Menschen, kommt ihm eine *besondere* Bedeutung, genau wie in der Wirtschaft, nur zu *innerhalb der Geltung des Gesetzes der Strömung.* Hier kann es sich zum Führer, *zum sichtbaren Symbol* der Massenströmung machen; hier kann es die vorhandenen Kräfte in eine Richtung sammeln und dadurch dem Vorstoß eine größere Gewalt verleihen; es kann – vielleicht – den Losbruch etwas beschleunigen oder verlangsamen.

Hier bleibt also für den „Heros" noch Raum genug für Verdienst, Ehre und Bewunderung. Aber, man mag sich wenden, wie man will: er ist doch nicht *Ursache*, sondern bestenfalls *Veranlassung* historischer Vorgänge. Er kann, um in unserem Gleichnis zu bleiben, wohl Dämme ziehen, welche alle Kraft des Stromes in eine Richtung zwängen und drängen: aber er kann niemals der Masse und Kraft, dem Gefälle des Stromes ein Atom zusetzen, er kann niemals bewirken, daß der Strom bergauf fließt, daß der Orkan aus dem Minimum herausbläst, statt hinein. Selbst ein Bernhard von Clairvaux, dessen feurige Beredsamkeit die Hunderttausende in den Kreuzzug predigte, war nur *Veranlassung* und nicht *Ursache*; wäre nicht die schwärmerische Frömmigkeit in den Herzen seiner Hörer als latente Energie vorhanden gewesen, nie hätte er sie zu manifester Energie entbinden können. Man stelle sich den gewaltigen Apostel vor einer aus modernen französischen Bourgeois und Arbeitern zusammengesetzten Hörerschaft vor!

Kurz und gut, es handelt sich bei der „hero-worship" um eine der überaus häufigen Verwirrungen der einfachsten Grundbegriffe, um eine Verwechslung zwischen *Ursache* und *Veranlassung*. Wessen Denken so wenig diszipliniert ist, daß er den Funken, der ins Pulverfaß fällt, für die „Ursache" der Explosion, den Krähenflügel, der die Lawine ins Rollen bringt, für die „Ursache" der Zerstörung hält, der mag auch einen Mahomed für die „Ursache" des Arabersturms halten. Man kann gegenüber einer solchen geistigen Verfassung, welche ich in meinem ersten Werke als den „common sense" zu belehren versucht habe, wirklich nicht mehr tun, als das Selbstverständliche in seiner knappsten Fassung hinstellen, um die sogenannte und vom Gegner bestrittene „Behauptung" als einen simplen Gemeinplatz festzunageln, der überhaupt nicht bestritten werden kann.

Die heroistische Geschichtsauffassung vermag nicht einmal die allergrößten und allergröbsten Ereignisse zu erklären. Die grundlegende Tatsache des äußeren Erlebens der Menschheit sind die *Völkerwanderungen*. Von dem Augenblicke an, wo wie durch einen Nebel die Geschichtsanfänge sichtbar werden, bis auf unsere Zeit hinauf kann man die Geschichte fast als die Lehre von den Wanderungen bezeichnen. Ein Nomadenvolk nach dem andern strömt aus den unerschöpflichen Menschheitswiegen in den Weidesteppen Zentralasiens und Arabiens hinab in die Niederungen und macht sich seßhaft. Seine ganze Geschichte wird erfüllt von dem Kampf mit nachrückenden Verwandten, die ins Minimum vordrängen.

So braust der Nomadenstrom der Hyksos über das Nilland, die Babylonier, Meder, Perser und Parther über das Zweistromland, die Mandschu über China, die Landnomaden Dorier und Römer über das Land der Pelasger und Italiker, die Seenomaden Phönizier und Jonier über die weiten Küsten des Mittelmeeres. – Das ganze Mittelalter erfüllen die Wanderungen neuer Hirtenstämme, der Kelten, Germanen, Finnen, Slawen, Avaren, Magyaren, Tataren im Norden und der Araber im Süden des mittelländischen Meeres; erst nach dem Zusammenprall der beiden Wogen bei Tours und Poitiers kommen sie zur Ruhe und zu geordneten staatlichen Verhältnissen; auch ihre ganze Geschichte ist die der Abwehr und des Rückstaus neuer Nomaden, die vom Maximum unerschöpflich herabströmen: Wikinger, Normannen dort, Seldschucken, Chazaren, Türken hier. – Der größte Teil der Neuzeit wird erfüllt von dem Kampfe gegen den türkischen Herrenstamm, der noch bis zum heutigen Tage fortwährt; und es ist in allerneuester Zeit die ungeheure Wanderbewegung nach Nordamerika, welche eine neue gewaltige Großmacht und eine ganz andere Verteilung der politischen Kräfte erzeugt hat; und die noch stärkere binnenländische *Abwanderung* vom Lande in die Stadt, vom Ackerbau zu Handel und Gewerbe, welche die Staaten Westeuropas von Grund aus verwandelt hat. Eine neue Massenpsychologie ist dadurch entstanden, welche neue politische Formen brauchte und durchsetzte. Kein „Heros" konnte die Strömung aufhalten oder ihre Folgen verhindern; selbst eine Persönlichkeit wie Bismarck konnte nicht mehr tun, als sie benutzen, indem er sich ihr anbequemte. Der genialste Staatenlenker ist in keiner besseren Lage als der Kapitän eines Segelschiffes: er kann den Wind nicht machen, sondern nur benützen; der bessere Nautiker wird schneller und sicherer gegen ungünstigen Wind vorwärts kommen, als der Stümper: aber auch das Genie vermag nicht gegen Nordsturm nach Norden zu segeln.

Diese unaufhörlichen Wanderungen der Menschenmassen vom Orte höheren zum Orte minderen Druckes bilden den gewaltigen Rahmen, in welchem sich die Einzelschicksale der Kulturnationen vollzogen haben, stets von der großen Hauptströmung beeinflußt, wenn nicht an ihr beteiligt. Und doch knüpft sich nur ein kleiner Teil dieser Überschwemmungen an Heroen-Namen. Denn den betroffenen Zeitgenossen, welche dem Anprall unterlagen oder widerstanden, kam gar kein Zweifel über die „Ursache" ihrer Bedrängnis. Sie wußten sehr genau, daß die Hyksos oder die Kelten oder die Cimbern und Teutonen über die Grenzen brachen, weil sie nichts zu verlieren und viel zu gewinnen hatten, *weil sie ärmer waren,* als das Bauern- und Handwerkervolk in der Ebene. Deshalb ist der Name der Führer oft gar nicht und oft nur ganz nebenher erwähnt. Nur, wenn eine durch Herrsch- oder Feldherrntalent, durch Grausamkeit oder Prachtliebe ganz besonders markante Figur an der Spitze solcher „Beduinen" steht, dann hält ihn der Griffel der Klio, und noch mehr die sagenspinnende Phantasie der Völker fest, dann knüpfen sich die Wanderungen an Namen wie Attila, Dietrich von Bern, Mahomed, Omar, Tamerlan. Aber wir wissen kaum etwas von den Führern der Horden, welche die normannischen Wikinger, die Avaren und Magyaren Jahrhunderte lang durch das wehrlose Westeuropa entsandten, so wenig wie heute von den Führern der mongolischen „Rebellen", welche unaufhörlich Chinas Westgrenze, oder von den „Schwarzflaggen", welche die Nordgrenze von Französisch-Hinterindien berennen. Und doch ist der Arabersturm und der Mongolentaifun ihr genaues Gegenstück! Ganz zu schweigen von den friedlichen Massenwanderungen der Neuzeit!

Es ist ein erlaubter Schluß, ein Moment aus einer Kausalitätskette für unwesentlich zu erklären, wenn es in anderen, gleichlaufenden Kausalitätsketten fehlt. Da gewaltige Wander- und Eroberungszüge ohne „Heroen" geschehen sind und noch geschehen, so können die bei anderen als Führer erscheinenden „Heroen" nicht die „Ursache" derselben gewesen sein. Also erklärt die heroistische Geschichtsauffassung nicht einmal die allergröbsten Ereignisse.

Es bleibt dabei: *„Die tiefen Strömungen des Ozeans der Menschheit sind ihre Geschichte".*

Friedrich Engels[1] definiert die „materialistische Geschichtsauffassung" folgendermaßen: „Für sie ist das bestimmende Moment in der Geschichte: die Produktion und Reproduktion des unmittelbaren Lebens. Diese ist aber selbst wieder doppelter Art. Einerseits die Erzeugung von Lebensmitteln, von Gegenständen der Kleidung, Nahrung, Wohnung und den dazu erforderlichen Werkzeugen; andererseits die Erzeugung von Menschen selbst, die Fortpflanzung der Gattung. Die gesellschaftlichen Einrichtungen, unter denen die Menschen einer bestimmten Geschichtsepoche und eines bestimmten Landes leben, werden bedingt durch beide Arten der Produktion: durch die Entwicklungsstufe einerseits der Arbeit, andererseits der Familie."

Diese Auffassung, obgleich sie die zweifellos wichtigste und für die vorgeschrittenen Gesellschaften (welche den religiösen Aberglauben überwunden haben) fast einzige Ursache des geschichtlichen Geschehens feststellt, scheint mir doch zu *eng*. Ich werde meine Anschauung am Schluß dieser Arbeit näher zu begründen versuchen. Für jetzt möchte ich meine Meinung dahin kurz zusammenfassen:

„Das bestimmende Moment in der Geschichte sind die Massenströmungen vom Orte höheren Druckes zum Orte niederen Druckes." Diese Definition umfaßt das Strömen von der Armut zum

---

1 Engels, Ursprung, S. IV.

Wohlstand, von der Knechtschaft zur Freiheit; also politische, wie ökonomische Massenbewegung, und sie schließt rein geistige Strömungen nicht aus. Denn auch eine *Massensuggestion* wie der religiöse Fanatismus der ersten Muselmanen oder der ersten Kreuzfahrer bedeutet eine „Druckerhöhung". Auch das religiöse Bedürfnis ist gleichzeitig Gefühl eines Mangels und Trieb zur Befriedigung, wie Hunger und Unfreiheit; und dieser Trieb drängt die strömende Masse an den Ort, wo das Bedürfnis Befriedigung findet. Für die Helden des ersten Kreuzzuges – von den späteren gelten meist sehr materielle Beweggründe – war buchstäblich das Heilige Grab der Ort des Mindestdruckes, der sie ansaugte; nur hier konnte ihre schwärmerische Frömmigkeit sich sättigen. Es ist der Stolz der Menschheit, daß nicht bloß die reine Futterversorgung, sondern auch immaterielle Güter – Freiheit, Hoffnung, Menschenliebe, Frömmigkeit – als Faktoren gewogen werden, welche den Gesamtdruck herabsetzen. Hier liegt die Hoffnung unserer Zukunft; und darum ist der Ausdruck „materialistische Geschichtsauffassung" mit seinem geflissentlichen Anklang an die platteste Karikatur der Philosophie, die je existiert hat, wenig glücklich. Vielleicht gelingt es diesem Buche, die beiden Ausdrücke „Naturlehre" für die Volkswirtschaft und „materialistische Geschichtsauffassung" für die Historie durch das beiden gemeinsame *„Gesetz der Strömung"* zu ersetzen.

Nach dieser theoretischen Auseinandersetzung hoffe ich im folgenden zeigen zu können, daß das Gesetz der Strömung nicht nur für die Wirtschaft, sondern auch für die Geschichte den Schlüssel zu der krausen Chiffreschrift der Wirklichkeit darstellt. Ich hoffe zeigen zu können, daß die heroenlose Geschichtsauffassung das Erklärte besser und das Unerklärte zuerst erklärlich macht. Nur in ganz groben Zügen will ich das wirtschaftliche und politische Leben unseres Volkes umreißen. Die farbige Ausfüllung der großen Linien sei anderen, berufeneren Kräften überlassen.

I. Kapitel:
Die Entstehung des Großgrundeigentums

Daß die Germanen als ein Nomadenvolk in die Geschichte eintreten, ist selbst dann sicher,[1] wenn man die neuerdings z. B. von Lippert mit Geschick und Wärme verteidigte Annahme[2] abweist, daß sie mit den „Skythen" Herodots identisch sind, jenem echten Steppenvolke, welches nach seinem berühmten Kampfe mit Darius plötzlich und spurlos aus der Geschichte verschwindet, um den „Sarmaten" Platz zu machen. Posidonius schildert bei Strabo die Germanen als Nomaden;[3] die Cimbern und Teutonen sind „Hamaxoeken", Wagenbewohner, wie die Steppenvölker Herodots; die Sueven bei Cäsar ziehen noch nomadisierend im Stammgebiete umher, die Herden weidend, mit einem primitiven Ackerbau, wie ihn auch die wandernden Tataren kennen; erst im vierten und fünften Jahrhundert wurden die Germanen zwischen Elbe, Donau und Rhein wie in den linksrheinischen Römerlanden völlig und endgültig seßhaft.[4] Noch in der Merowingerperiode stützte sich die deutsche Wirtschaft vornehmlich auf die Viehzucht[5] und dementsprechend handeln auch die Volksrechte wiederholt von den Herden, deren Hirten sie unter den besonderen

---

1 Meitzen, Agrarwesen, Bd. I, S. 134 und passim.
2 Lippert, Kulturgeschichte, Bd. I, S. 469ff.
3 Lamprecht, Wirtschaftsleben, Bd. II, S. 1489; Meitzen, Agrarwesen, Bd. I, S. 131.
4 Lamprecht, Schicksal, S. 174.
5 Inama-Sternegg, Deutsche Wirtschaftsgeschichte, Bd. I, S. 187.

Schutz des Volksrechtes stellen.¹ Wie bei den skythischen Nomaden überwiegt auch hier die Zucht des Pferdes und des Schweines.²

Daß die Germanen zu diesem Zustande auf dem gewöhnlichen Wege durch die Jägerstufe gelangt sind, dafür sprechen mancherlei Reste. Die Menschenopfer am Runenstein erinnern an Zeiten, in welchen der Kriegsgefangene noch nicht zinstragend angelegt, sondern sofort konsumiert wurde; ist uns auch in historischen Quellen nichts von Menschenfresserei bei germanischen Völkern bekannt, so haben doch prähistorische Grabfunde im ganzen Mitteleuropa die Existenz der blutigen Sitte sichergestellt: wie in Belgien, Frankreich, der pyrenäischen Halbinsel, Italien, England, Schweden, Dänemark, Mähren, so haben sich auch im germanischen Kernlande Böhmen³ und im heutigen Deutschland zerschlagene und angebrannte Menschenknochen zwischen Asche, Scherben und Tierknochen gefunden. Kennt doch auch Herodot ein Volk der „Androphagen" als Nachbarn der Skythen.

An die Familienordnung des Mutterrechtes erinnert noch das besonders enge Verwandtschaftsverhältnis zwischen Oheim und Neffen, welches Tacitus so sehr auffiel. Es kann kaum ein Zweifel darüber bestehen, daß auch die Germanen einmal durch jene Stufe gegangen sind, welche zur Zeit des heiligen Hieronymus die Skoten einnahmen: Gesamteigentum, „Weibergemeinschaft" und Kannibalismus: „Scotorum natio uxores proprias non habet, sed ut cuique libitum fuerit, pecudum more lasciviunt. Ipse adolescentulus vidi Atticottos, gentem britannicam, humanis vesci carnibus."⁴

Beim Eintritt in die helle Geschichte aber sind die Germanen ein Nomadenvolk auf hoher Stufe der Entwicklung mit ausgeprägtem *Nomadenrecht*. Die Form der Familienorganisation ist das *Patriarchat*, die Herrschaft über das Weib, das dem Gatten Treue gewährt, ohne sie zu verlangen; nur sie bringt ihm „echte Kinder" und „Erben"; seine Nebenweiber unechte Kinder; die Herrschaft ferner über die Kinder selbst und die *Sklaven*, deren Anwesenheit verbürgt ist.⁵ Herden und unfreie Hirten sind *Privateigentum, Leibeigentum* des Herrn, wie seine Waffe, sein Schmuck und sein Zeltwagen.

Die Dreiteilung der Stände ist vollzogen. Schon Tacitus⁶ bezeugt erblichen *Adel*. Er hebt sich nicht nur durch Vermögen, sondern auch durch *Blutsrechte* von den Vollfreien ab; schon haben die „Geschlechtigen" ihren eigenen Konnubialverband;⁷ sie allein „stammen von den Göttern ab", die Gemeinfreien haben „ihr Geschlecht verlernt". Wahrscheinlich hat sich auch hier schon die Minderung der Freiheit solcher verarmter Genossen vollzogen, welche ein primitivstes Lehen in Viehhäuptern, ein echtes „fee-od" annehmen mußten. Es wäre nicht unmöglich, hier *eine* Wurzel der halbfreien Klasse der „Liti" zu suchen, deren anderer Bestandteil durch Freilassung oder halbe Adoption unterworfener Siedlerschichten hinzugekommen sein mag. Diese Schicht hatte bei den ribuarischen, chamavischen und Salfranken, sowie bei Friesen und Sachsen die Hälfte des Wergeldes der Freien, bei den Alamannen zwischen 1/3 und 2/3; die Bayern kennen nur Freigelassene, die Thüringer gar keine Liten.⁸

Dagegen spricht sich die höhere Stellung des Adels deutlich in den Wergeldsätzen aus. Des Edelings Tod wurde bei den Bajuwaren mit der doppelten, den Thüringern mit der dreifachen, den

---

1 Ebenda, S. 86.
2 Lamprecht, Wirtschaftsleben, Bd. I, S. 11.
3 Matiezka, Mitteilungen der Anthropol. Gesellschaft in Wien, 1896, Heft 3.
4 Laveleye, Ureigentum, S. 408.
5 Tacitus, Germania, Kap. 25.
6 Ebenda, Kap. 13, 18; zitiert nach Inama-Sternegg, Deutsche Wirtschaftsgeschichte, Bd. I, S. 58.
7 Ebenda, S. 59.
8 Ebenda, S. 62.

Sachsen sogar mit der sechsfachen Buße des Vollfreien gesühnt, während die Friesen ihn nur um die Hälfte höher schätzten.

Der Sklave aber war rechtlos. Der „Herr" durfte ihn straflos schlagen und erschlagen; der fremde Totschläger zahlte dem Herrn kein Wergeld, sondern Schadenersatz wie für ein Viehhaupt oder eine tote Sache.

Die *Verfassung* steht noch der freien Demokratie des Jägerstammes nahe. Die Heeresversammlung der Vollfreien hat noch die Souveränität, auch da, wo durch friedlichen Vertrag oder kriegerische Unterwerfung eine größere Gruppe von Patriarchalfamilien in einen staatlichen Körper zusammengeschmolzen ist, welchen ein „König" beherrscht. Dieser ist im wesentlichen Vermittler zwischen dem Volke und der Gottheit, die Fortsetzung des indianischen Sachem oder Chief; jedoch kommen auch Organisationen unter „Herzögen" (Capitaine, Häuptling) vor, welchen die göttliche Weihe fehlt. Daraus erklärt sich die große Bedeutung, welche für die thronräuberischen Karolinger die „Salbung" durch den Stellvertreter der Gottheit, den Papst, nachmals gewann. Sie mußten die Stellung als Sachem, als Kuni, welche dem rex crinitus aus dem Göttergeschlecht der Merowinger durch Geburt und *Blut* eigen war, durch besonderen Akt erst erlangen.

Hatten aber die Karolinger zur Zeit ihres Staatsstreiches schon die gewaltige Hausmacht, welche sie zu *faktischen* Herren der Masse machte, so war davon in der Hirtenzeit noch keine Rede. Hier ist der „König" lediglich *Beamter*; er wird abgesetzt, wenn Viehseuchen oder kriegerische Unglücksfälle beweisen, daß er seiner Aufgabe, den Gott des Stammes gnädig zu stimmen, nicht gerecht werden kann; ja, er kann der zürnenden Gottheit sogar als Sühnopfer dargebracht werden.[1] Zwar hat der Blutsadel eine höhere Anwartschaft auf das königliche Priester- und Herzogsamt, aber doch kein Monopol darauf; die Ostgoten wählten 535 den Gemeinfreien Vitiges zu ihrem König. Noch zur Zeit der vollen Seßhaftigkeit ist die Souveränität der Heeresversammlung theoretisches Recht; im salischen Rechte ist der König lediglich Oberanführer. „Er ist noch nicht Träger der Staatsgewalt, noch nicht im Besitze der Gerichtsbarkeit, noch nicht Herr der Rechtsbildung – noch ist das Volk souverän. Aber die oberste Entscheidung des Volkes in der Stammesversammlung wie der Rechtsspruch der Hundertschaft entbehrt der zwingenden Gewalt; das Volk hat die Exekutive an den König verloren."[2]

Die *äußere Politik* ist die des „beduinischen Erwerbs". Was nicht durch Verwandtschaft im natürlichen oder durch Vertrag im künstlichen Friedensverbande ist, ist vogelfrei, Mann und Gut. Krieg und Beutezug, Handel und Seeraub sind ganz oder nahezu identisch. Bildete doch z. B. für den schwedischen König die „Sommerheerfahrt" eine der wichtigsten Einnahmequellen, die ihm geradezu vom Stamme gewährleistet war, so daß er das Recht hatte, sie durch eine auf die Schiffseigner umgelegte Steuer, die „Ledungslama", ablösen zu lassen.[3]

Der *Wirtschaftsbetrieb* war wohl anfänglich im wesentlichen *kommunistisch*, wie dem Gesellschaftszustande angemessen. Die Beschreibung, wie sie Herodot von der Wirtschaft der Skythen gibt, wird im wesentlichen auch noch auf die Germanen gepaßt haben. Und in neuerer Zeit ist es möglich, aus der Schilderung, welche Le Play von den Nomaden auf der asiatischen Abdachung des Ural gibt, ein lebensvolles Bild dieser Stufe zu gewinnen:

„Bei diesen Nomaden vereinigen die Glieder derselben Gruppe ihre Werkzeuge und nutzen das unbewegliche Eigentum wie das Kapital (d. h. das Vieh), welches dazu dient, jenes nutzbar zu machen, in gemeinsamer Wirtschaft. Hier ist die Herrschaft des Gesamteigentums eine unmittelbare Folge des Hirtenlebens und der Familienorganisation. Eine Gruppe von Zelten hat hier

---

1 Meitzen, Agrarwesen, Bd. II, S. 510.
2 Lamprecht, Wirtschaftsleben, Bd. I, S. 59.
3 Lippert, Kulturgeschichte, Bd. II, S. 536.

immer den Charakter einer kommunistischen Hirtengesellschaft, mag die Herde einem großen Eigentümer gehören oder gemeinsames Eigentum sein. Jedes dieser Gruppe angehörige Individuum ist fortwährend an dem Ertrage der Wirtschaft beteiligt, es hat unter allen Umständen das Recht auf einen Teil des Ertrages, dessen Maximum einfach durch die Natur seiner Bedürfnisse bestimmt wird.

Bei den Nomaden bleiben die direkten Abkömmlinge desselben Vaters gewöhnlich zusammen, sie leben als kommunistische Genossenschaft unter der unbeschränkten Gewalt des Familienoberhauptes. Man kann sagen, daß unter ihnen *alles* Gemeingut ist, mit Ausnahme der Waffen und der Kleider. Wenn das Anwachsen der Familie nicht mehr gestattet, daß alle Glieder derselben beisammen bleiben, so bewirkt der Häuptling eine gütliche Trennung und bestimmt den Anteil an den gemeinsamen Besitztümern, welcher dem Zweige zufallen soll, der sich von dem Stamme absondert."[1]

Das ist in großen Zügen das Bild der Organisation, welches wir uns nach historischen Zeugnissen und kulturgeschichtlichen Analogien von den germanischen Stämmen zu machen haben, bevor sie zur Seßhaftigkeit übergingen.

Dieser Übergang selbst erfolgt nun genau nach der Art, wie es im ersten Kapitel aus inneren Gründen entwickelt wurde. Der Ackerbau wird zuerst kommunistisch betrieben,[2] Kamp nach Kamp vermessen, zuerst auf leichterem, dann auf immer schwererem Boden; dem Stadium eines flüchtigen Ackerbaues um das Sommerquartier herum folgt das Stadium einer mehr sekundären Weidewirtschaft um feste Winterquartiere herum, und schließlich die volle Seßhaftigkeit mit Körnerbau als Hauptsache und Weidewirtschaft im Anhang. Das gemeine Ackerland wird zuletzt zur Sondernutzung, aber im Flurzwang, mit Triftrecht und Näherrecht vergeben; und der Adel erhält zur Ernährung seiner Sklaven mehr Land zugemessen, als der kleine Vollfreie.[3] Je mehr der Weidebetrieb zurücktritt, um so mehr Hirten werden überflüssig und werden als „servi casati", meist auf Halbhufen, gegen Zinszahlung angesetzt, während ein anderer Teil noch Jahrhunderte lang als Haus- und Wirtschaftsknechte, als Jäger, Zeidler, Fischer, Wächter, Handwerker usw. im Salhofe selbst zur „familia" im engeren Sinne gehörte, die späteren haïstaldi etc.

Zwischen Vollfreie und Sklaven schob sich bei einzelnen Stämmen noch die halbberechtigte Schicht der Liten oder Lassen. Sie waren nicht *Sachen*, sondern standen als *Personen* im Volksrecht, mit Wergeld, Eherecht und Erbrecht. Bei den Sachsen hatten sie nach der Vita St. Lebuini sogar politische Rechte: „Ex iisdem ordinibus tripartiti, edelingi, frilingi, lassi exercebant generale consilium."[4]

Nun wird man sich den Verlauf nicht so vorstellen dürfen, als sei sofort nach der Seßhaftigkeit das Übergewicht des adligen Markoberhauptes so groß geworden, daß er die freien Genossen unterdrücken konnte. So bedeutend wird kaum jemals das aus dem Nomadenzustande mitgebrachte Vermögen des Häuptlings an Vieh und Sklaven gewesen sein. Noch überwog wohl überall die Majorität der Hundertschaft bei weitem die Hausmacht des Gauhäuptlings, die Majorität der Heeresversammlung die Hausmacht des „Königs", noch war also die Demokratie die Verfassungsform, die Genossenschaft souverän. Die Seßhaftmachung *allein* hat den Adel nicht übermächtig gemacht, sondern seine schon erworbene Machtstellung nur mehr gegen Erschütterungen gesichert, da ihre Basis, der Grundbesitz, nicht solchen Katastrophen ausgesetzt ist, wie der Herdenbesitz.

---

1 Laveleye, Ureigentum, S. 7.
2 Hanssen, Agrarpolitische Abhandlungen, S. 90; Laveleye, Ureigentum, S. 73; Caesar, d. b. g., IV, 1.
3 Meitzen, Agrarwesen, Bd. I, S. 156, Bd. II, S. 535.
4 Inama-Sternegg, Deutsche Wirtschaftsgeschichte, Bd. I, S. 59.

So hätte sich der Prozeß der Vermögenshäufung nach der Seßhaftwerdung nur langsam fortgesetzt, hätte nur sehr allmählich die Herrschaft der Markgenossenschaft in die Adelsherrschaft überführen können, wenn die Germanen sich ohne Berührung mit fremden Kulturen weiter entwickelt hätten. Das aber war nicht der Fall. Die ungeheure Völkersäule, die sich vom Kaspimeer bis zum Rheine und darüber hinaus erstreckte, kam früh an der östlichen Basis und der westlichen Spitze in friedliche und kriegerische Berührung mit der mittelländischen Kultur und stand bald genug auf ihrer ganzen südwestlichen Grenze dem Römerreiche gegenüber. Und diese Tatsache beschleunigte die Entwicklung zum Feudalwesen ungemein. Während die Slawen, durch die Germanen fast überall von der Berührung mit der mittelländischen Kultur des Altertums abgedrängt, ganz langsam sich weiter differenzierten und noch heute in Hausgemeinschaft, Bodengemeinschaft und Patriarchalfamilie ein treues Bild ältester Vergangenheit aufweisen, haben die Germanen mit ihrem Eindringen in die altweltliche Kultursphäre den Raum der Entwicklung zwischen Patriarchal- und Feudalverfassung wie mit *einem* ungeheuren Sprunge durchmessen. Sie traten die Erbschaft Roms zu einer Zeit an, wo dort jener Verwandlungsprozeß nach tausendjähriger Dauer bereits abgeschlossen war.

Auch der Römer kannte ursprünglich kein anderes Bodenrecht, als das Obereigentum der Gens und die Sondernutzung der Familie. Dieser Besitzstand hat sich nicht nur in den Erinnerungen an das „Goldene Zeitalter" mit einer Deutlichkeit erhalten, welche jeden Zweifel verbannt, sondern hat sogar noch in den Zeiten der beiden Gracchen formell zu Recht bestanden. Erst durch Revolutionen gewannen die Patrizier das unbeschränkte, jetzt erst voll entwickelte *Privateigentum* an den Teilen des Ager publicus, die sie bis dahin nur als Nießbraucher besessen hatten.[1] Dieses römisch rechtliche, sogenannte „quiritische" Eigentum greift von da an ungeheuer um sich. Die Römer sind das erste große Volk der Weltgeschichte, das sich nicht damit begnügt, die besiegten Stämme tributpflichtig zu machen oder kaufmännisch auszubeuten, sondern das seinen bevorrechteten Bürgern große Domänen im eroberten Lande als freies Eigentum und die ehemaligen Besitzer als Sklaven oder Hörige überweist, ohne daß sie ihren Wohnsitz aufgeben müßten.

Damit war zum zweiten Male der Agglomerationskern in der gleichartigen Masse des Volksreichtums entstanden. Wie die Herden einer Familie nur über eine gewisse Größe wachsen konnten, weil in unterworfenen Arbeitern, Sklaven, das nötige Hirten- und Wächtermaterial vorhanden war: so konnte auch der Landbesitz einer Familie nur deswegen über eine bestimmte Größe hinauswachsen, weil unterworfene Arbeiter für sie den Pflug führen mußten; und wie unter der Voraussetzung der Sklaverei die Herden des Nomadenfürsten so weit wachsen konnten und mußten, als das Land ihnen irgend Nahrung gewährte, so konnten und mußten sich unter derselben Voraussetzung die Landgüter der Mächtigen so weit ausdehnen, als das Land kulturfähig war. Die Schwächeren verschwinden vor ihnen, der Bauernstand Italiens und der Provinzen wird vernichtet, teilweise durch die Heerbannpflicht, die den ärmeren Vollfreien in Rom gerade so zugrunde gerichtet hat, wie ein Jahrtausend später im Frankenreiche Karls des Großen, teils durch Schuldknechtschaft, teils durch brutale Vergewaltigung. Um den Anfang unserer Zeitrechnung ist die Provinz Afrika das Privateigentum von drei oder fünf Latifundienbesitzern, ist Italien fast durchweg in Viehweide, Jagdgrund und Parkanlagen verwandelt.

In der späteren Kaiserzeit hatte die Logik der Dinge sogar schon ganz ähnliche Verhältnisse in den Provinzen herbeigeführt, wie wir sie im späteren Feudalsysteme der Karolingerzeit vorfinden. Wir haben statt der großen Lehnsträger die großen Erbpächter provinzieller Latifundien, „Possessoren", denen die niedere Gerichtsbarkeit und die Polizeiverwaltung auf ihren Gütern übertragen ist, ähnlich wie in den fränkischen Immunitäten. Sie haben ihre „Hintersassen, auch wenn sie

---

1 Laveleye, Ureigentum, S. 351.

ursprünglich freie Eigentümer von ager privatus vectigalis waren, in eine hofrechtliche Stellung gebracht", sind frohndienst- und zinsberechtigt, ja haben eine Art faktischer Glebae adscriptio der Kolonen durchgesetzt. Schon hier war der ehemals so ungeheure Unterschied zwischen Sklaven und freien Kolonen völlig verwischt, in der wirtschaftlichen Lage zuerst und natürlich bald auch in der Rechtsverfassung.[1]

Namentlich in Gallien war bereits in der spätrömischen Kaiserzeit die Vernichtung der freien Bauernschaft durch „Kommendation" und Übergabe der Liegenschaften an weltliche Große und Kirche, durch Gewalttat und Erpressung so gut wie vollendet. Das ganze Land ist in dem Eigentum adliger Absentee- Besitzer, welche in den festen Städten ihre Renten verzehren.[2]

Es ist bekannt, wie dieser ökonomische Prozeß das politische Schicksal der römischen Weltmacht entschieden hat. Latifundia Romam perdidere![3] Es waren die ewigen Folgen der Latifundienwirtschaft: Verödung des platten Landes, unnatürliches Wachstum der Städte, kolossales Anwachsen der Armenlast,[4] eine korrupte Politik, welche im privatwirtschaftlichen Interesse der Millionäre durch Stimmenkauf der Proletarier betrieben wird, um ihnen im Innern die letzten Reste eines unabhängigen Bauern- und Bürgerstandes aus dem Wege zu räumen, um ihnen nach außen durch frivole Eroberungs- und Kolonisationskriege immer neue Latifundien, immer neue Sklaven zu schaffen.

Uns interessiert hier vor allem, inwiefern diese verderbliche Entwicklung die Geschichte der westeuropäischen Keltogermanen beeinflußt hat.

Solange die Römer östlich des Rheines ihre Kriege führten, solange beschränkte sich ihre Einwirkung auf die Germanen wesentlich auf eine zivilisatorische, die ja leider, wie bei einer privatwirtschaftlich betriebenen Kolonisationspolitik stets (auch heute noch) der Fall, nebenbei auch stark demoralisierende Strömungen enthielt. Aber das wirtschaftlich- politische Gleichgewicht wurde dadurch nicht so verändert, daß starke Verschiebungen eintreten konnten. Das heißt: der Häuptling war durch Reichtum, Landbesitz und Hausmacht wohl stärker, als jeder einzelne Vollfreie: aber die Gesamtheit der Vollfreien, die Markgenossenschaft, war immer noch stärker, als der Häuptling. So blieb seine Stellung zur Gemeinde noch immer die eines Primus inter pares; noch war die Gemeinde souverän, der Fürst ihr Beamter.

Als aber die Franken in Gallien einbrachen, nicht zu flüchtigen Raubzügen, wie Ariovist, nicht als ein kolonisierendes Wandervolk, wie die Cimbern und Teutonen, sondern als erobernde Abenteurer, die weder Beute noch Heimstätten suchten, sondern *Herrschaft,* da verschob sich der Schwerpunkt fast mit einem Schlage zuungunsten der souveränen Volksgemeinde und zugunsten des neuen Kriegsadels. Die Gefolgen Merovechs nehmen die gewaltigen Domänen in Beschlag, welche die römischen Reichen zusammengebracht hatten, und mit ihnen die hörigen Kolonen, welche sie bewirtschafteten; es bestanden damals 2/3 der Einwohner Galliens aus Sklaven.[5] Merowinger und Karolinger wetteifern darin, ihren Paladinen und Bischöfen „Land und Leute" im Unmaß zu verleihen – und nun wirkt dieser plötzlich erraffte koloniale Reichtum mit unerhörter Kraft auf die einfachen, noch kaum differenzierten Verhältnisse der ostrheinischen Heimat zurück. Die ausgewanderten jüngeren Söhne kehren, mit Ruhm und Beute beladen, gewaltige Kämpfer, skrupellose, hart gewordene Politiker, in ihre Heimat zurück; das Gold, welches ihre gallischen Kolonen für sie erwerben, schafft ihnen freie Gefolgsmänner und neue Sklaven, mit deren Arbeit

---

1 Meitzen, Agrarwesen, Bd. I, S. 362.
2 Ebenda, S. 375–377.
3 Plinius, Nat.-hist., XVIII, S. 7.
4 Vgl. Stein, Drei Fragen, S. 125.
5 Sugenheim, Leibeigenschaft, S. 5.

sie in den Marken und Urwäldern große Güter roden und bebauen lassen: und so beginnt auch hier der Prozeß der Aufhäufung des Reichtums, der unaufhaltsam um sich greift. Bald ist der Punkt überschritten, auf dem sich die Macht des Edlen und diejenige der Gemeinde noch gerade die Waage hielten, und von da an geht es reißend bergab mit der alten Gemeinfreiheit.

W. Sickel[1] hat durchaus das richtige erkannt, wenn er den gewaltigen Umschwung in der Verfassung Deutschlands von der souveränen Republik der Urzeit zur fast absoluten Monarchie der Merowinger nur aus der *einen* Tatsache erklärt, daß *ein Adel bestand*. Nur über die Entstehungsursachen des Adels hat er ganz schiefe Vorstellungen: „Seine Stellung beruht auf öffentlichem Verdienst; wer der Nützlichste ist, ist auch der Beste, und niemand hat in diesen Jahrhunderten mehr getan, was zum Wohle des Volkes dient, als der Adel."[2]

Ich hoffe, den Nachweis geführt zu haben, daß der Adel auf *Vermögen*, namentlich Sklavenvermögen,[3] und auf dem patriarchalischen *Priesteramt*, nicht aber auf *Verdienst* beruht. Es kann und soll nicht geleugnet werden, daß irgendein Urahn infolge seiner Tüchtigkeit einmal zum Patriarchen gewählt wurde; daß aber aus dem Verdienstbeamtentum sich der *erbliche* Adel ausbildete, ist jenen anderen Ursachen zuzuschreiben. Auch dieser romantische Traum muß aufhören. Keine anderen Kräfte, als diejenigen, welche wir auch heute noch in der sozialen Differenzierung am Werke sehen, haben in jener fernen Vorzeit die Klassen aus der einheitlichen Menge gehoben. Und diese Kräfte, die auch heute noch nur *auf der Grundlage des „Nomadenrechtes" wirken*, sind nur zum kleineren Teile „adlige", sondern zum größten Teile sehr *unadlige* Eigenschaften. Hatten wir bei der Entstehung des primitiven Hirtenadels Tapferkeit und Heldenmut am Werke gesehen, so sahen wir doch auch Grausamkeit und Wucher beteiligt; den Patriarchaladel sahen wir durch den Mißbrauch des Priesteramtes gestützt und gefördert. Und die Klasse des *Dienstadels*, welcher wir im Merowingerreiche zuerst in voller Ausbildung begegnen, verdankt ihre Stellung nicht nur dem Adel der Geburt, der Tapferkeit des Arms und der Treue, gegen ihren Herrn, sondern auch allen schändlichen Eigenschaften, welche einen Höfling zum Liebling eines rohen Gewaltherrschers machen können.

Dieser „Dienstadel" erscheint als Embryo seiner späteren Bedeutung schon in der ersten Schilderung deutschen Wesens. Der scharfäugige Tacitus (Cap. XXV der Germania) bemerkt, daß die Freigelassenen nirgends eine bemerkenswerte Rolle spielen, außer da, wo schon ein monarchisch gefestigtes Königtum besteht. Hier „schwingen sich die Freigelassenen über die Freien empor". Das ist der Keim der mit so viel Romantik verklärten „Gefolgschaften". Es sind die Tafel- und Fehdekumpane des adligen Räubers, der, genau wie der Häuptling der Sioux und Apachen, auf eigene Faust und Verantwortung, ohne Gewähr und Schutz des Gaus, zum „Beduinenerwerb" über die Grenzen bricht. Es sind Sklaven, halbhörige Liten, abenteuerlustige Bauernsöhne, denen der Schwertdienst süßer ist als das Ackerwerk, Flüchtlinge fremder Stämme, Schuldner und vogelfreie Verbrecher, alles Elemente, welche der eigene Vorteil auf das engste mit ihrem „Herzog" verknüpft: *nur, wenn er über die Häupter der Gemeinfreien hinüberwächst, können sie das Los ihrer niederen Geburt abstreifen, sein Fall ist ihre Vernichtung*. Daher die Gefolgentreue, der im übrigen der große heroische Zug nicht bestritten werden kann noch soll. Sie ist die starke Lichtseite dieses Bildes und gewinnt tatsächlich mit dem Wachstum der Kultur eine herrliche Färbung ins Groß-Epische; die Vasallentreue eines Hagen ist ihr klares Spiegelbild.

Aber es gehörte der Romantik an, wollte man darüber die Schattenseiten vergessen. Es ist eine traurige Tatsache, daß, solange das Nomadenrecht und sein Bastard, das Großgrundeigentum, die

---

[1] Sickel, Die Entstehung der fränkischen Monarchie.
[2] Ebenda, S. 242.
[3] Vgl. Meitzen, Agrarwesen, Bd. I, S. 188, 190, 228.

Aufhäufung von Macht und Reichtum in wenigen Händen möglich machen, gerade die verachtetsten Klassen, und aus diesen Klassen die niedrigsten Seelen emporsteigen. In dem Kampf um das soziale Dasein in der Klassengesellschaft entscheiden nicht die adligen, sondern umgekehrt meist die unadligen Eigenschaften. Dafür zeugt schon der „hohe Adel", der Dienstadel der Merowinger- und Karolingerzeit. Der Uradel und freie Bauer sah verachtend auf ihn, die Gasindi und Antrustiones, deren Freiheit durch Königsdienst gemindert war, in denen sich strebsame Abkömmlinge des germanischen Ur- und Patriarchaladels und Geiseln von unterworfenen Fürstenhöfen[1] mit Provinzialen, Römern, Freigelassenen aller Stämme mischten: und nach wenigen Generationen war der Uradel vernichtet oder aufgesogen; schon bei Erlaß der Lex salica hatte der *hörige* Beamte höheres Wergeld als der gemeinfreie Franke;[2] der Bauer lag zerbrochen am Boden, und der Beamtenadel war zur Fürstenmacht emporgestiegen. Einige Menschenalter später entwickelte sich der Ministerialenadel *wieder* aus der unfreiesten Klasse der Bevölkerung; der weiße Schwertgurt hob den verachteten Auswurf der Bauernschaften zur höheren Ehre. So ist es weiter gegangen bis heute: wer mutig und stolz auf seinem eigenen Gesetze steht und seiner eigenen Ehre dient, wird zumeist niedergerissen und zertreten; und die gierigen Gesellen, welche ohne Ballast von Grundsätzen die Jagd nach dem Glück mitmachen, heben sich über die Niedergebrochenen in den neuen Adel des Unternehmer- und Kapitalistentums. Die Schlüssel zum goldenen Tore des Erfolges sind und waren nur sehr selten Stolz, Kraft und Tugend, aber um so häufiger Demut, Feigheit und Skrupellosigkeit. Das gilt vom Antrustionenadel der fränkischen Monarchie so gut wie von unserer Zeit.

Aber: wie immer der Adel entstanden ist, sicher ist jedenfalls Sickels Ansicht richtig, daß nur seine Anwesenheit in der damaligen Gesellschaft die politische und wirtschaftliche Entwicklung Westeuropas erklären kann.

Denn zwei Folgen mußte die plötzliche riesenhafte Erweiterung der Machtsphäre des fränkischen Adels haben. *Nach außen hin* die Tendenz zur Ausgestaltung eines Weltreiches. Wir haben oben gezeigt, daß die gewaltsame Ausdehnung auf Kosten der selbständigen Nachbarn geradezu der Existenzgrund eines naturalwirtschaftlichen, auf Adelsrechten aufgebauten Staatswesens ist; – und nach *innen* hin mußte erfolgen eine reißend schnelle Anhäufung des einzigen Vermögens jener Zeit, des Grundeigentums, und damit die Ausbildung einer allein besitzenden Grundaristokratie auf Kosten der Gemeinfreiheit.

Dieser Prozeß ist verwickelt, wie jedes organische Geschehen, wo es sich höchst selten um eine einfache Kausalkette handelt, sondern zumeist um einen Zirkel, je nachdem einen Circulus vitiosus oder saluber; um eine Kette von Wechselwirkungen, deren Glieder vor- und rückwärts kausal zusammenhängen und sich fortwährend gegenseitig verstärken.

Folgendes sind die Hauptzüge dieser Entwicklung: *Verfall der Zentralgewalt und Vernichtung des freien Mittelstandes; Emporkommen der Grundaristokratie, und Hebung der hörigen Unterschicht; schließlich Zerfall der wirtschaftlichen Seite des Großgrundeigentums, und alleinige Ausgestaltung ihrer politischen Machtsphäre zum Territorialfürstentum.*

Die Eroberung Römisch-Galliens mit seinen riesigen Domänen und seiner bereits tief versklavten Bevölkerung steigerte die Hausmacht der Merowinger so, daß ihnen ohne weiteres auch die Herrschaft in der Heimat zufiel. Das anfänglich kleine Reich dehnte sich, seiner Grundlage als naturalwirtschaftlicher Gewaltstaat entsprechend, sehr schnell über einen großen Teil des heutigen Frank-

---

1 Vgl. Walthari-Lied.
2 Inama-Sternegg, Deutsche Wirtschaftsgeschichte, Bd. I, S. 27, 54, 61, 232; Meitzen, Agrarwesen, Bd. I, S. 579, 616; Bd. II, S. 275.g

reich, der Niederlande und Deutschlands aus und streckte den jungen Riesenleib immer gewaltiger.

Damit aber hatte es sich die Grube selbst gegraben. Ein naturalwirtschaftlicher Staat kann nur einen dauernden Bestand haben, solange er verhältnismäßig sehr klein ist. Nur, wenn der Herrscher selbst mittels eines Beamtenpersonals, das er am eigenen Hofe unter seiner dauernden Aufsicht hat, die Geschäfte führen kann, kann der Staat sich halten. Sobald er über dieses bescheidene Maß fortwächst, verfällt er mit eherner Notwendigkeit in die Entwicklung, welche alle naturalwirtschaftlichen Adelsstaaten der Weltgeschichte zerbrochen hat, in Westeuropa so gut wie in Japan.

Folgendes ist der Zusammenhang: jeder größere Staat braucht *lokale Beamte* für Verwaltung, Gericht und Wehrdienst. Jeder Staat muß seine Beamten irgendwie *besolden*. Da aber der naturalwirtschaftliche Staat mangels einer geregelten Steuerwirtschaft keine flüssigen Mittel haben kann, so bleibt ihm nichts übrig, als den Beamten statt der Rente das *Steuersubstrat selbst in die Hand zu geben*, nämlich den Boden und seine Bewohner.

Diese Vergabung ist überall ursprünglich *gedacht* als Dienstlehen lediglich für die *Person* des Beamten und für seine Dienstzeit. Aber diese Vergabung führt *in der Tat* überall zur Ausbildung lokaler Machthaber, lokaler Halbfürsten, welche der Krone entwachsen und ihre Macht an sich reißen.

Denn einerseits ist die Krone gezwungen, die Grundlage ihrer *wirtschaftlichen* Macht aus der Hand zu geben, nämlich den Grund und Boden, und wird geschwächt, während sie den Beamtenadel stärkt; und zweitens ist sie gezwungen, die Grundlage ihrer *politischen* Macht aus der Hand zu geben, nämlich die nicht-adlige Bevölkerungsmasse. Denn es ist selbstverständlich, daß in einem weitgedehnten naturalwirtschaftlichen Staatswesen „der Himmel hoch und der Zar weit ist"; daß die unmittelbare Einwirkung des mit Großgrundbesitz ausgestatteten lokalen Beamten leicht die mittelbare des fernen Herrschers überwiegt, und daß der Beamte seine öffentliche Amtsgewalt für die Erweiterung seiner privaten Machtsphäre ausnützt.

Eine merkwürdige Verkettung! Denselben Naturalstaat, den seine Natur zwingt, *außerhalb* seiner Grenzen jede selbständige Macht niederzuwerfen, zwingt dieselbe Natur, in dem Maße, wie er durch Eroberung wächst, *innerhalb* seiner Grenzen lokale Machthaber großzuziehen, die dann zur Selbständigkeit erstarken und des Reiches Zerfall herbeiführen!

Das ist der fehlerhafte Zirkel, in welchem sich die westeuropäische Geschichte durch das ganze Mittelalter bis zu dem Punkte bewegt, wo die endlich entwickelte *Geldwirtschaft* eine *Besteuerung* nach moderner Art und ein aus der Staatskasse *besoldetes Beamtentum* ermöglicht. Immer schwingt sich die stärkste lokale Hausmacht[1] zur Herrin aller anderen auf; immer verblutet sie wieder durch Erbteilungen und namentlich Verlehnungen an die nötigen Beamten; immer bricht sie dann zusammen und macht der nunmehr stärksten Macht Platz. So haben die Merowinger, die Karolinger und die Staufer geendet; so sind die Stammesherzöge und später die Territorialfürsten und ihre „Stände" emporgekommen. Und es ist bezeichnend, daß die beiden Ahnen der größten heutigen deutschen Dynastien Beamte in reichen Städten gewesen sind, in welchen sich die Geldwirtschaft früher entwickelte, als in den Territorien selbst: die *Hohenzollern Burggrafen* von Nürnberg, und die *Habsburger* Stadthauptleute von Straßburg.[2]

Im einzelnen betrachtet, wuchs das adlige Großgrundeigentum von zwei Seiten her, durch ökonomische und politische Faktoren und auf Kosten zweier anderer Kräfte des staatlichen Haushaltes, der *Krone* und der *Gemeinfreien*.

---

1 Meitzen, Agrarwesen, Bd. II, S. 633.
2 Maurer, Städteverfassung, Bd. III, S. 126.

Nach altem Nomadenrecht hat der „Kuni", das Oberhaupt des Geschlechtes, die Funktion der Bodenzuteilung, die Verfügung über das noch unbesetzte Gaugebiet. Der „König", als Erbe aller abhängig gewordenen Gauhäupter, hat die Verfügung über das *Staats*gebiet.[1] Dieses besteht aus zwei grundsätzlich zu unterscheidenden Teilen, den „Marken" der einzelnen Dorfgenossenschaften und den noch gar nicht in Sonder-Kollektivbesitz übergegangenen Urwäldern. In beide dringt der Beamtenadel ein.

Zuerst setzt er sich in den „Marken" fest. Soweit es sich um eingeborenen Adel handelt, der mit Beamtenqualität versehen ist, ist er bereits Mitberechtigter an der Mark; soweit er gaufremd ist, wird er es durch königliches Privileg. Er rodet anfänglich vielleicht noch aufgrund des jedem Genossen zustehenden freien und unbeschränkten Okkupationsrechtes, später nur noch aufgrund königlicher Landanweisungen.[2] Aber dieses Recht, ganz ungefährlich für einen Zustand, in welchem die wirtschaftliche Kraft und das wirtschaftliche Bedürfnis für jeden ungefähr gleich groß war, wird ein Mittel der ungeheuersten Bereicherung des einzelnen in einem Zustand, in welchem die wirtschaftliche Macht schon äußerst ungleich verteilt ist. Mit den Kräften seiner Sklaven und wahrscheinlich auch mit den ihm als Beamten zustehenden Rottfrohnden der freien Bezirkseingesessenen urbart und verschlingt der adlige Beamte das Gemeinland seines Amtsbezirkes. „Wo der gemeine Mann einen Fuß breit durch Rodung aufgewann, da wuchs der Gewinn der Grundherrschaft infolge der Rottfrohnden auf Morgen."[3]

So gewann innerhalb der alten Marken die Grundherrschaft, wie man sie jetzt schon nennen kann, schnell genug das Übergewicht über den Besitz der Gemeinfreien. Dieser Umschlag muß im Westen um die Wende des 5. und 6. Jahrhunderts entschieden gewesen sein, denn nach Lamprecht[4] war noch im 5. Jahrhundert *Salland* Land besseren Rechtes, während im 6. Jahrhundert königliches *Briefland* an seine Stelle getreten ist. Es sind schon aus der Zeit Chlotars I. (558–561) massenhafte Ansiedlungen in den Marken aufgrund königlicher Briefe bekannt, die natürlich im wesentlichen den Mächtigen zugute kamen.[5]

Diese „gesetzliche Usurpation" der Marken machte natürlich die Dorfgenossenschaften um so schwächer, je stärker die Grundherrschaft wurde, und zwar nicht nur relativ, sondern auch absolut. Daß ihr ein großer Teil des Markgebietes verlorenging, konnte sie einigermaßen verschmerzen, solange ihr Nachwuchs noch außerhalb der Marken im freien Urwalde Raum hatte; aber sie verlor ihren alten Zusammenhalt völlig. Auf Blutsverwandtschaft und ungefährer Gleichheit aufgebaut, mußte sie zerfallen, wenn fremde Elemente in ihr Gebiet eindringen durften, und wenn sich so gewaltige Vermögensverschiedenheiten entwickelten. Und sie zerfiel! Schon unter den Merowingern ist das Gesamteigentum der Markgenossen verschwunden;[6] der Boden, der durch Aussperrung immer seltener wird, erhält einen „Wert": im 7. Jahrhundert bildet sich der Immobiliarprozeß aus; die Zwangsvollstreckung in den Grundbesitz wird freilich erst unter den Karolingern möglich.[7] Das Grundeigentum wird mehr und mehr aus den Fesseln der alten kommunistischen Ordnung gelöst, mobilisiert, der Bauer wird wirtschaftlich freier. „Die Folge des Herausfallens von Rott- und Briefland aus der Genossenschaft ist Veräußerungsfreiheit, Immobiliarerbfolge der Wei-

---

1 Meitzen, Agrarwesen, Bd. I, S. 469.
2 Ebenda, Bd. II, S. 615.
3 Lamprecht, Wirtschaftsleben, Bd. I, S. 397.
4 Ebenda, S. 47.
5 Ebenda, S. 45; Meitzen, Agrarwesen, Bd. II, S. 576.
6 Lamprecht, Wirtschaftsleben, Bd. I, S. 47.
7 Derselbe, Art. Grundbesitz, in: Handbuch der Staatswissenschaften, S. 141.

ber, Verfall des Vicinenerbrechts, Lockerung der Markgenossenschaft und Entstehung eines Grundeigentums außer der wirtschaftlichen Normalgröße der Markenlose."[1]

Mit der alten Bindung zerfiel auch die alte Kraft. Der wirtschaftlich immer mächtiger ausgestattete Grundherr hatte es fortan leicht, jeden einzelnen Pfeil des Bündels zu zerbrechen.

Betrachten wir in diesem Augenblicke die wirtschaftliche und politische Gesamtlage.

Wir haben die Entwicklung bis zu dem Punkte verfolgt, in welchem innerhalb der Mark die Grundherrschaft durch Besitzgröße und hörige Hausmacht stärker geworden ist, als die in sich zerfallene, von einem teils heilsamen, teils verderblichen Mobilisierungsprozeß zersetzte Markgenossenschaft.

Sobald das im ganzen Reiche geschehen ist, ist eine ganz neue Verteilung der politischen Kräfte entstanden. Die Zentralgewalt hat ihre Stütze bisher in der eigenen Hausmacht und den Gemeinfreien gehabt. *Die belehnten Beamten gehörten so lange ihrer Hausmacht an, als die Krone sie mittels der Gemeinfreien in Schach halten konnte.*

Das ist jetzt zu Ende. Der Beamte ist stärker geworden, als die Gemeinfreien seines Bezirks. Und in diesem Augenblick tritt er sozusagen aus der Hausmacht der Krone heraus und wird selbständiger Faktor des politischen Lebens.

Die Zentralgewalt ist wie mit einem Zauberschlage ihrer beiden Stützen beraubt. Ihre Hausmacht, ihr Domänenbesitz, stellt sich plötzlich als selbständige Macht ihr gegenüber, und den Gemeinfreien sieht sie, wenn nicht sich entzogen, so doch in seiner Kraft durch einen überkräftigen Bezirksgrundadel lahmgelegt.

Fortan ist die Kaisermacht faktisch depossediert, und der Grundadel verfügt über das Reich als herrschende Klasse. *Sein Klasseninteresse wird "Staatsinteresse".*

Dies Interesse ist der Landbesitz. Der Grundbesitzer kann ja erst gesättigt sein, wenn *alles* Land in erreichbarer Nähe sein eigen, wenn alle Bebauer desselben von ihm abhängig sind. Diesem Landhunger ist die heimische „Mark" schon zum Opfer gefallen, so weit sie frei war; jetzt greift er darüber hinaus auf das fiskalische Land und den Besitz der Gemeinfreien. Neben den Ausbau der Rodungen in der Mark tritt jetzt die Beraubung der Krone und der Markgenossenschaften.

Das erste, was die Grundherren zu erstreben haben und jetzt sofort durchsetzen, ist das Aufhören ihrer *Beamten*eigenschaft durch die Verleihung der *Erblichkeit* der Lehen. Mochte diese faktisch schon lange bestanden haben, weil man tatsächlich kaum jemand anders zum ersten Bezirksbeamten eines Naturalstaats machen kann, als den größten Grundbesitzer, so setzten sie im Capitulare von Cadisiacum Karls des Kahlen von 877[2] die Erblichkeit als ihr Klassenrecht durch und werden recht eigentlich erst damit zum „Adel".

Jetzt werden die erblich gewordenen Lehen durch Erbgang zersplittert, veräußert, verkauft. Der Gedanke, daß eine amtliche *Pflicht* auf dem Feudum ruhe, geht ganz oder fast ganz verloren, und die Besitzer entsinnen sich nur noch der *Rechte*, welche ihnen das Amt einst verlieh. Die Krone sieht sich genötigt, um die Funktionen des Staates wenigstens notdürftig zusammenzuhalten, immer neue Teile ihres Domänenbesitzes als Amtslehen zu vergeben; und sie erreicht nur, daß sich immer mehr lokale Machthaber auf ihre Kosten entwickeln.

So werden die Grundherren immer mächtiger, und die Zentralgewalt immer schwächer. Sie muß zuletzt jeden Dienst, jede militärische Hilfe mit dem einzigen Besitz erkaufen, den sie ihr eigen nennt, dem fiskalischen Boden; und dieser Prozeß setzt sich so lange fort, bis die Krongewalt verblutet am Boden liegt, und ein fast souveräner Grundadel das in unzählige kleine Territorien zerfallene Reich beherrscht. „Ecce pauper remansit fiscus noster, ecce divitiae nostrae ad

---

1 Derselbe, Wirtschaftsleben, Bd. I, S. 51.
2 Meitzen, Agrarwesen, Bd. II, S. 279.

ecclesias sunt translatae", klagte schon König Chilperich († 584).[1] Den Karolingern konnte es nicht besser ergehen: Ludwig der Fromme allein schenkte der Kirche 600 Güter, darunter 12 ganze Villen, ungerechnet die bloßen Bestätigungen.[2] Trotz mancher Säkularisationen, welche Karlmann und Pippin angefangen und ihre Nachfolger fortgesetzt hatten, war der Besitz der Kirche zu Ende der Karolinger mächtiger als zu ihrem Anfang.[3] Mit dem weltlichen Adel verhielt es sich entsprechend.

Dieser Verlauf wirkte nun von zwei Seiten her wieder vernichtend auf die gemeinfreien Bauernschaften zurück.

Auf der einen Seite sahen sie sich *wirtschaftlich* schwer bedrängt. Zuerst machte die Krone von ihrem, aus dem patriarchalischen Verfügungsrecht des Kuni und dem römischen Imperium gemischten, Obereigentum am Boden Gebrauch, indem sie die noch unbebauten Wälder „bannte". Das geschah, um den durch das Aufkommen der Grundherrschaften enorm zusammengeschmolzenen Domänenbesitz zu ergänzen, von Anfang des 9. Jahrhunderts an. „Sie erklärte jetzt feierlich und formell ihr Eigentumsrecht über alle noch vorhandenen Urwälder, vornehmlich der Gebirgsgegenden. So wurden Spessart und Frankenwald, Ardennen und Soonwald, Hagenauer Wald und Dreieich zu Reichsforsten; nur mit besonderer königlicher Erlaubnis sollte in ihnen noch gerodet werden."[4]

Von diesem Augenblicke an sah sich der gemeinfreie Bauer auf seine Mark zurückgeworfen, die ohnehin schon durch die Rodungen und mehr noch durch die Ansprüche des übermächtigen Obermärkers eingeengt war. Sein überschüssiger Nachwuchs, der jahrhundertelang, zuerst in genossenschaftlichem Verbande, später, nach der geschilderten Lockerung der Genossenschaft, im Ausbau einzelner Squatter, sich in den Urwäldern seine Heimstätten gerodet hatte, sah sich plötzlich *gestaut*. Das verfügbare Land war mit Beschlag belegt; und von jetzt an wirkten innerhalb der Markgenossenschaft auch „rein ökonomische" Verhältnisse auf eine Differenzierung hin.[5] Kinderreiche Familien sahen ihr Erbgut zersplittern, während andere durch weise Enthaltsamkeit und kluge Geschäftsheiraten – war doch die Weibererbfolge jetzt eingeführt – ihr Eigentum vergrößerten. Der Nachkomme der proletarisierten Familie mußte auf Zwerghufen sein Leben fristen oder stand als landloser Freier wirtschaftlich nackt da; in einer Gesellschaft, in der „Freiheit" und Landeigentum unzertrennlich waren, eine merkwürdige und unhaltbare Bildung!

Solange die Bannwälder noch dem Könige gehörten, war die Lage der Bauernschaften nicht gerade verzweifelt, wenn auch beengt genug. Denn die Zentralgewalt hatte immer ein starkes Interesse daran, neue freie Dörfer anzusetzen, die ihr gegen die übermächtigen Großen Stützpunkte gewährten. Darum ging noch eine kurze Zeit der Ausbau königlicher Bannwälder gegen geringe Abgabe in der neuen Besiedlungsform der „Königshufe" weiter, und die Stauung der freien Bauernschaften blieb einigermaßen erträglich.

Aber der Verblutungsprozeß des Fiskus war unaufhaltsam. Nachdem er eine Zeit lang die Dienste der Magnaten mit der Preisgabe seiner Villa und hörigen Hufen bezahlt hatte, mußte er Stück für Stück seine Bannforste verlehnen. Schon Ende der Karolinger hatten alle Grundherrschaften ihre großen Bannforste, die sie teils selbst bewirtschafteten, teils zur Bildung von Hofmarkgemeinden oder zur Ausstattung solcher verwendeten.[6] „Schon mit der ersten Hälfte des 11. Jahrhunderts

---

1 Inama-Sternegg, Deutsche Wirtschaftsgeschichte, Bd. I, S. 119.
2 Ebenda, S. 284.
3 Ebenda, S. 291.
4 Lamprecht, Art. Grundbesitz, in: Handbuch der Staatswissenschaften, S. 144.
5 Ebenda, S. 141.
6 Inama-Sternegg, Deutsche Wirtschaftsgeschichte, Bd. I, S. 416.

hören die Einforstungen zu Gunsten des Reiches auf, königliche Wildbannprivilegien für die Großen in immer abgeschwächter Form reichen noch bis zum Ende dieses Jahrhunderts. Seitdem gilt das Einforstungsrecht großer Wälder wesentlich als Recht der Großen, lahmgelegt ist die Initiative des Königs."[1]

Gleichzeitig hatte die Krone ihre eigenen Bannwälder fast völlig vergabt. „Zwanzig mehr oder minder große Reichsforsten sind im Laufe des 11.–12. Jahrhunderts durch Schenkung oder Verleihung dem Reiche entfremdet worden."[2]

Das heißt also, es trat schließlich ein Stadium ein, in welchem alles noch rohe Land, ob ausdrücklich gebannt, oder nicht, Regal der Grundherrschaft geworden war. Und von diesem Augenblicke an war der Nachwuchs der gemeinfreien Bauernschaften widerstandslos der Grundherrschaft ausgeliefert. Sie verfügte über das einzige Produktionsmittel jener Zeit, den Grund und Boden, und konnte den Produzenten davon absperren, wenn er nicht ihre Bedingung akzeptierte. Und diese Bedingung hieß: Ergebung in die Unfreiheit in irgendeiner ihrer Formen! „Schon unter den Karolingern, noch weit mehr aber später ist die Teilnahme am Ausbau nur noch durch grundherrliche Vermittlung möglich."[3]

Das sind also die mehr ökonomischen Faktoren, welche den Niedergang der kleinen Gemeinfreien bewirkten. Nicht, weil ihr Nahrungsspielraum durch *natürliche* Bedingungen, sondern weil er durch *künstliche* Bedingungen verengt war, trat eine Stauung der Bevölkerung, trat wirtschaftliche Differenzierung in Arm und Reich ein, bildete sich, nach der Terminologie unseres ersten Buches, „sekundäres Großgrundeigentum kleinen Umfangs" aus. Deshalb kam es im Laufe der ferneren Entwicklung zu Allmend-Streitigkeiten, und je nachdem zur Teilung der Marken oder zur Bildung von Real- und Gerechtsamegemeinden innerhalb der politischen Kommunen, zur Ausbildung eines ländlichen Patriziats gegenüber einer Plebejerbevölkerung von Kossäthen, Beisassen und Tagelöhnern.

Hier wirkten also die politischen Kräfte nur *mittelbar* auf die Verschlechterung der Gesamtlage der gemeinfreien Bauerschaften ein, indem sie sie *wirtschaftlich* von ihrer Produktionsgrundlage ablösten. Aber gleichzeitig wirkten sie *unmittelbar* auf rein politischem Gebiete, auf dasselbe Ziel hin, und hier mit einer noch ganz anderen Gewalt, mit viel vernichtenderem Erfolge.

Und zwar ist es einerseits die Verblutung der Krongewalt, andererseits die Klassenherrschaft des Grundadels, welche die Vollfreiheit der Urzeit reißend schnell zerstören.

Je mehr die Zentralmacht verfiel, um so weniger konnte sie ihre staatlichen Rechte über die Reste der in die Grundherrschaften eingesprengten Bauernschaften noch selbst ausüben und mußte sie delegieren. Das ist der Ursprung der „Immunitäten", welche die Grundherren zu mehr als halbstaatsrechtlichen Subjekten machten. Und es war nur eine Notwendigkeit, zu welcher sich die Nachfolger Karls d. Gr. widerwillig gedrängt sahen, wenn sie die in die Grundherrschaften eingesprengten Vollfreien durch Gesetz zwangen, das *Seniorat* der Magnaten anzuerkennen. Seit dem 8. Jahrhundert vielfach Usus,[4] wird es durch gemeinsames Kapitular der 3 Erben Ludwigs des Frommen i. J. 847 geltendes *Recht*: „Volumus ut unusquisque liber homo in nostro regno seniorem, qualem voluerit, in nobis et nostris fidelibus accipiat."[5]

---

1 Lamprecht, Art. Grundbesitz, in: Handbuch der Staatswissenschaften, S. 144; Meitzen, Agrarwesen, Bd. II, S. 623.
2 Inama-Sternegg, Deutsche Wirtschaftsgeschichte, Bd. II, S. 146.
3 Lamprecht, Wirtschaftsleben, Bd. I, S. 132.
4 Inama-Sternegg, Deutsche Wirtschaftsgeschichte, Bd. I, S. 67 (Anm.).
5 Ebenda, S. 278.

Seniorat und Immunität machten die Behauptung der Freiheit fast unmöglich.¹
Denn mit der Resignation der Krone waren die Gemeinfreien auch *formell* der neu entstandenen Klassenherrschaft preisgegeben. Wirtschaftlich enterbt, in ihrem Zusammenhang zerfallen, von der Krone verlassen, verfielen sie fortan ohne wirksamen Widerstand der politischen Ausbeutung durch die Klasse, welche die faktische Staatsgewalt errungen hatte, die Grundaristokratie.

Der Kern des späteren Deutschland ist erst durch Karl den Großen endgültig an das Frankenreich angegliedert worden, Bayern und Sachsen; und es ist kennzeichnend, wie sofort damit die echten Charakterzüge der Klassenherrschaft, die wir oben gezeichnet haben, in Politik, Justiz und Verwaltung zutage treten.

In der *Politik* zeigt sich das darin, daß von Karl dem Großen auch die freien Markgenossenschaften zu rein dynastischen Kriegen herangezogen werden. Bis zu seiner Regierung hatte die Heeresfolge, wie Hüllmann² sagt, vornehmlich auf der *Grundsässigkeit* beruht; die Heeresfolge der Vollfreien durfte im wesentlichen nur zur Verteidigung gefordert werden. Jetzt dehnte er sie auf die *Landsässigkeit* aus. „Auch alle Selbsteigentümer wurden ihr unterworfen." Das heißt, bis dahin führte der Frankenkönig die Eroberungskriege im dynastischen Interesse mit seiner Hausmacht, den Hintersassen seiner Domänen, seinen Vasallen und ihrer Macht: jetzt war die Klassenherrschaft so weit erstarkt, daß sie auch die Freien dazu mißbrauchen durfte.

In der *Justiz* tritt um dieselbe Zeit das unverkennbarste Kennzeichen jeder Klassenherrschaft zum ersten Male auf, nämlich das *Koalitionsverbot*, das man geradezu als Charakterpflanze der Klassenherrschaft bezeichnen kann. Karl der Große und seine Nachfolger verboten nicht nur bloß diejenigen, kennzeichnender Weise jetzt auftauchenden³ Verbände, und namentlich Schwurgenossenschaften (Gilden), welche geradezu ungesetzliche Zwecke verfolgen, bedrohten sie mit Geißelhieben, Aufschlitzen der Nase, Verbannung und ähnlichen Strafen, sondern auch diejenigen, deren Aufgabe der Schutz gegen Raub und andere Gewalttätigkeiten war. Nur zu gegenseitiger Unterstützung bei Brand und Schiffbruch und dergl. wurden sie geduldet, und auch da nicht mit eidlicher Verpflichtung der Mitglieder.⁴

In der *Verwaltung* zeigt sich der Charakter der Klassenherrschaft darin, daß alle Gesetze, soweit sie die herrschenden Klassen betreffen, auf dem Papier oder Pergament stehenbleiben, während sie gegen die beherrschten Klassen mit drakonischer Strenge angewendet werden. Das Mittel dazu ist das gewöhnliche: es sind *alle* Ämter von Einfluß Monopol der herrschenden Klasse, d. h. des weltlichen und geistlichen Grundadels.

Aus dieser Verteilung der Kräfte und der ihr entsprechenden Verfassung ergab sich alles Folgende von selbst. Von Chlodwig an durch fünf Jahrhunderte wütete der innere Kampf zur Vernichtung der Vollfreien.⁵

Die Mittel, durch welche sie entwurzelt wurden, waren im einzelnen folgende:⁶

Der kostspielige Heeresdienst in den unzähligen Kriegen Karls des Großen richtete die kleineren Freien ökonomisch zugrunde, mochten sie selbst gewaffnet ausziehen oder die hohen Kriegssteuern für den von ihnen gestellten Mann zahlen müssen. Schulden, Exekution, Schuldknechtschaft waren die Glieder der Kette, welche sie dann zu Boden riß. Hier gab es nur einen Nothafen:

---

1 Ebenda, S. 233; Meitzen, Agrarwesen, Bd. II, S. 293.
2 Hüllmann, Stände, S. 211.
3 Inama-Sternegg, Deutsche Wirtschaftsgeschichte, Bd. I, S. 262.
4 Brentano, Arbeitergilden, S. 10; Inama-Sternegg, Deutsche Wirtschaftsgeschichte, Bd. I, S. 263.
5 Arndt, Geschichte der Leibeigenschaft, S. 14.
6 Sugenheim, Leibeigenschaft, S. 5ff.

der Bischof durfte zwei, der Graf sogar vier kriegsfähige Männer an seinem Hofe behalten[1] und erwies diesen Dienst natürlich nur solchen, welche ihm verpflichtet waren, seinen Klienten. Das war ein starkes Motiv zur freiwilligen Ergebung in ein Abhängigkeitsverhältnis, zur Kommendation echten Eigens in das Lehen des Herrn.[2]

Andere Tausende wurden durch einen Mißbrauch der geistlichen Gewalt in die Abhängigkeit geängstigt. Der Klerus schloß sich von der allgemeinen Jagd nach Grundbesitz, d. h. Macht, damals so wenig aus, wie zu irgendeiner anderen Zeit. Er stellte seine Pfarrhufen, die natürlich von Hörigen bewirtschaftet wurden, unter kanonisches Recht, welches römischen Ursprungs war, und durchbrach von diesem Punkte aus zuerst mit Glück das germanische Prinzip der Unteilbarkeit und des Familienobereigentums am Grundbesitz.[3] Er setzte das „Recht" der Grundeigentümer durch, zugunsten der Kirche über Immobilien zu testieren. Wie weit der Mißbrauch ging, geht aus der Bestimmung des bayrischen Volksrechts hervor, welches den Söhnen des Erblassers wenigstens ein Pflichtteil sicherte.[4] Juristisch blieb das Eigentumsrecht der Kirche bis zum Ende des 13. Jahrhunderts anfechtbar;[5] bis dahin bestand theoretisch ein Einspruchsrecht der Verwandten, das aber praktisch dadurch unwirksam gemacht wurde, daß die Geistlichkeit jedes gewonnene Landgut unter den Schutz der *Exkommunikation* stellte.[6]

Besonders verhängnisvoll für die Freiheit der unabhängigen Markgenossenschaften war, daß mit diesen Schenkungen *hörige* Elemente in die Mark eindrangen. Damit wurde die Dorfschaft und Markgenossenschaft nicht nur an Zahl geschwächt, sondern noch stärker an Widerstandskraft. Es waren aus dem Gewölbe, in dem ein Stein den anderen stützte, Glieder entfernt und seine Tragkraft verschwand, es brach zusammen.[7] Elemente fremder Ehre und fremden Rechtes saßen der freien Gemeinde wie ein Pfahl im Fleische. Auf diese Weise war die Kirche mit ihren Immunitäten am frühesten für die Bildung von Höferecht und Hofgemeinden tätig und überwand so die Exklusivität der alten Mark.[8]

Jedoch nicht nur auf dem Wege der Schenkung und des Erbrechts sog die Kirche viele Vollfreie auf. Sie verstand sich auf die Ausdehnung ihrer Machtsphäre so gut nach deutschem, wie nach römischem Recht. Geängstigte Seelen kommendierten sich und ihren Besitz den Heiligen für die ewige Seligkeit; wir haben zahlreiche urkundliche Beispiele, daß sogar unmündige *Kinder* „zur Buße ihrer Sünden" sich in Hörigkeit ergaben.[9] Der kluge Klerus machte es den Reuigen leicht, indem er von ihnen selbst und, wenn nötig, von einer verabredeten Reihe von Generationen nur einen winzigen Rekognitionszins forderte; erst nach Ablauf der bestimmten Zeit fiel dann das Gut an die Kirche, und fielen seine Bewohner in Hörigkeit. Auch durch Pensionsgeschäfte wuchs schon damals das Kirchengut.[10]

Andere Gemeinfreie erlagen durch *ökonomischen* Ruin. Auch dieser war bedingt durch die Klassenherrschaft. Die herrschenden Stände hatten die gesamte *Steuerlast* auf die beherrschten abge-

---

1 Ebenda, S. 8ff.
2 Polyptique de l'abbé Irmion: „Jene Leute waren frei und edelgeboren; weil sie aber der Heerbannpflicht nicht genügen konnten, übergaben sie ihre Erbgüter dem heiligen Germanus."
3 Hüllmann, Stände, S. 9; vgl. Inama-Sternegg, Deutsche Wirtschaftsgeschichte, Bd. I, S. 122; Meitzen, Agrarwesen, Bd. II, S. 303.
4 Hüllmann, Stände, S. 118.
5 Lamprecht, Wirtschaftsleben, Bd. I, S. 637.
6 Ebenda, S. 639; Meitzen, Agrarwesen, Bd. II, S. 301.
7 Meitzen, Agrarwesen, Bd. II, S. 304.
8 Gierke, Genossenschaftsrecht, S. 146; Meitzen, Agrarwesen, Bd. II, S. 286.
9 Sugenheim, Leibeigenschaft, S. 5ff.
10 Inama-Sternegg, Deutsche Wirtschaftsgeschichte, Bd. I, S. 254.

wälzt; namentlich die Kirche hat sich von allen Lasten, Grundsteuern, Lieferungen, Vorspann und Einlager bald zu befreien verstanden. Dagegen erhob sie seit Karl dem Großen[1] den Zehnten vom rohen Ertrage, eine ungeheure Belastung. Dazu kamen die Blut- und Wehrsteuer, die Bede, welche der Graf oder Vogt für den König erhob, und später eine Unmenge Erpressungen aller der halb unabhängigen Beamten, welche die Pyramide des primitiven Feudalstaates zusammensetzten: Friedensgeld, Wergeld, Strafgeld, Bannbuße.[2]

Ferner aber wurde das Frankenreich seit dem Tode des großen Karl fortwährend durch verheerende Kriege verwüstet. Es war nicht nur der, wie wir gezeigt haben, für den Feudalstaat notwendig nie zur Ruhe kommende Kampf aller lokalen Machthaber um die Vorherrschaft im engeren oder weiteren Kreise, der Grafen, Barone, Herzöge, Pfalz- und Markgrafen, Könige und Kaiser, Äbte und Bischöfe mit- und gegeneinander; sondern es kamen noch äußere Verheerungen hinzu. Das Land entvölkerte sich zusehends unter diesen Gräueln der inneren Unsicherheit und Friedlosigkeit; Hungersnöte traten um so zahlreicher und furchtbarer auf, je dünner die Bevölkerung wurde. Man zählte von 779–1026 144 Hungerjahre.[3] Wo Krieg und Hunger wüten, fehlt der dritte Todesreiter der Apokalypse selten; so waren denn verheerende Seuchen sehr gewöhnlich.

Die Folge war, daß das Reich nicht nur die Angriffskraft seiner großen Zeiten, sondern auch die Abwehrkraft gegen die Beduinenstämme an der Grenze verlor, welche die Hand Karls des Großen wie Hasen gescheucht hatte. „Frankreich war im 8. und 9. Jahrhundert so entvölkert, daß die Normannen in ganz kleinen Haufen bis tief ins Land dringen konnten."[4] Dasselbe war der Fall mit Mauren, Langobarden, Avaren, Magyaren, Serben, Wenden, Obotriten, Mähren, Böhmen und Dänen: überall rauchten die Höfe und verdarben die Ernten; und in dieser ungeheuren Not blieb den verarmten Freien kein anderer Ausweg, als sich einem der Herren in Hörigkeit zu ergeben, die als harte Wucherer die Freiheit für Lebensmittel forderten. E. M. Arndt[5] berichtet, daß Flüchtlinge aus den Normannenkriegen zur Zeit Karls des Kahlen zu Leibeigenen gemacht wurden, wenn sie das Gebiet großer Herren auch nur *betraten*.

Die Gesetzgebung unterstützt diesen Prozeß, indem sie jeden landlosen Freien zwingt, sich in das Mundium großer Magnaten zu begeben.[6] Jedoch ist zu bemerken, daß diese Vorschrift nichts weiter darstellt, als die Kodifizierung des bestehenden Zustandes, weil der landlose Freie eben auf keine andere Weise mehr zu seinem Produktionsmittel kommen kann, als durch Ergebung an einen der Grundherren, welche alles Land in Beschlag genommen haben.

Es können sich also auf der einen Seite die Gemeinfreien nicht mehr *vermehren*: aller Überschuß der Bevölkerung verfällt in eine der zahllosen verschiedenen Abstufungen der Abhängigkeit: Mancipia, servi casati, liti, fiscalini, coloni, franci,[7] precarii[8] etc., von der persönlichen Sklaverei bis zu einer kaum durch einen Zins geminderten Freiheit. Dagegen dauerten alle Gründe fort, welche von jeher die Zahl der Freien *vermindert* hatten: Kriegsgefangenschaft, Heirat mit Unfreien, gerichtliche Strafen (z. B. wegen Sonntagsentheiligung, Verwandtenheirat), Insolvenz[9] und Schuldnexus, übermäßige Besteuerung durch Heerbann und Zehnt.

---

1 Ebenda, S. 154.
2 Ebenda.
3 Sugenheim, Leibeigenschaft, S. 88.
4 Ebenda, S. 85.
5 Arndt, Geschichte der Leibeigenschaft, S. 23.
6 Gierke, Genossenschaftsrecht, S. 120.
7 Inama-Sternegg, Deutsche Wirtschaftsgeschichte, Bd. I, S. 373.
8 Ebenda, S. 124.
9 Ebenda, S. 71.

Was trotz alledem noch aufrecht stand, wurde einfach durch Vergewaltigung und Mißbrauch der Amtsgewalt zur Ergebung gebracht. Das Charakteristikum des naturalwirtschaftlichen Feudalstaates, daß niemand einen selbständigen Nachbarn dulden kann, zeigt sich aufs deutlichste. Thegan schreibt in der Vita Ludovici, Kap. XIII: „Die Sendboten fanden (814) eine unzählige Menge Unterdrückter, welchen ihr Erbgut oder ihre Freiheit geraubt war; das taten die Beamten, Grafen und Amtsvorsteher aus Bosheit."[1] Wie furchtbar der Druck bald nach Caroli Magni Tode war, geht aus nichts deutlicher hervor, als daß die stolzen frilingi Sachsens sich mit den verachteten lazzi schon 842 gemeinsam empörten. Und offiziell wird die Verwilderung zugestanden im Capitulare de 850, c. 5: „Viele Klagen sind uns zu Ohren gekommen, daß die Machthaber und der Adel in ihren Bezirken die kleineren Leute unterdrücken, ihnen ihre Marken beweiden, ihren Hörigen im Privateigentum der Dorfschaften Hufen anweisen und den Leuten gewaltsam das ihrige nehmen."[2]

Was die brutale, widerrechtliche Gewalt nicht zerbrechen konnte, zerbrachen Klassenrecht und Klassenjustiz. Wir haben schon erwähnt, wie der König sein Verfügungsrecht über das Stammland zum Eigentumsrecht erweiterte, wie die Heerbannpflicht auf Angriffskriege ausgedehnt wurde, wie der Klerus sein Kolonatsrecht und seine Schenkungen mit Durchbrechung des deutschen Rechtes durchsetzte, wie Seniorat und Immunität sich zwischen den Vollfreien und den König schoben, wie der landlose Freie in das Mundium eines Magnaten hineingezwungen wurde. All diese neuen Errungenschaften des Grundadels wurden, sobald erst die Zentralgewalt genügend geschwächt war, mit schonungsloser Härte und Gewissenlosigkeit gegen die noch übrigen Freien angewendet. Schon Karl der Große kämpfte fruchtlos gegen diese Beamtenmißbräuche. Im Capitul. Langob. von 803 klagt er: „Wir haben auch vernommen, daß Grafen und andere Staatsbeamte, ja sogar mächtige Vasallen der Grafen dem Volke durch allerlei Tücken willkürliche Steuern und Schatzungen auferlegen. An manchen Orten ist das Volk dadurch so sehr bedrückt worden, daß sie es nicht länger ertragen konnten und flüchtig wurden, so daß ihre Äcker zur Wüstenei wurden." Und im Capitul. de Exped. Exercit. spricht er es deutlich aus, daß die Beamten den widerspenstigen Freien, der sich nicht „dem Bischof, Abt, Grafen, Richter oder Hunnen" ergeben wolle, mit Prozessen und Strafen verfolgen und mit Heerbanndiensten überlasten, bis er „pauper factus nolens volens proprium suum tradat aut vendat", während die Hörigen frei von jeder Sorge zu Hause bleiben dürfen.

Der Schutz der Schwachen, welcher Karls gewaltiger Macht und unvergleichlicher Staatskunst mißlang, konnte seinen viel weniger begabten Nachfolgern um so weniger glücken. So ging es denn mit der Vollfreiheit reißend bergab.

Wenn irgendwo, so zeigt sich die heroenlose Geschichtsauffassung in dieser Periode in all ihrer Berechtigung. Wir haben eins der wirklichen politischen Genies der Weltgeschichte an der Spitze eines Reiches, welches die gesamte Kulturwelt überstrahlt, einen Herrscher, der als Staatsmann, Feldherr, Verwaltungskünstler und Volkserzieher die höchste Palme verdient, im Besitze einer nie bestrittenen Macht riesigsten Umfanges. Und dennoch sehen wir ihn nicht nur außerstande, den Prozeß der Anhäufung aller Machtmittel, d. h. des Bodens, in immer wenigeren Händen aufzuhalten, sondern sehen ihn auch noch widerstandslos dazu gedrängt, selbst die letzte der schwachen Schutzwehren aus dem Wege zu räumen, welche den Strom noch verhindert hatten, seine eigene Schöpfung zu überfluten und zu vernichten. Hätte er selbst – und nicht seine schwächeren Nachkommen – in ungebrochener Kraft bis zum Jahre 911 sein Zepter führen können: die unwiderstehliche Logik der Verhältnisse hätte das Karolingerreich dennoch an denselben Abgrund führen müs-

---

1 Ebenda, S. 233.
2 Ebenda, S. 269.

sen, an dem es Ludwig das Kind hinterließ. Jeder Versuch, ein großes Reich auf der Basis der Naturalwirtschaft zu gründen und zu erhalten, *muß* zum Zerfall der Zentralgewalt und zur Aufrichtung übermächtiger Vasallen führen, und *hat* überall dazu geführt, in Japan so gut wie in Westeuropa.

Im Lichte dieser heroenlosen, ausschließlich mit Massenkräften rechnenden Geschichtsauffassung zeigt sich namentlich auch die Sickelsche Auffassung als ein Stück chauvinistischer Romantik. Er schreibt: „Was veranlaßte die Beteiligten, die tatsächlich geübte Königsmacht anzuerkennen? Wie vermochte der Eine den Gehorsam von Tausenden tapferer Männer zu gewinnen? Dadurch, daß er seine Macht in den Dienst ihrer Interessen stellte, daß er sie auf die Gegenstände richtete, die dem damaligen Gemeinwesen am nützlichsten waren, daß sein Gebieten und Zwingen mit der Wirkung allgemeiner Vorteile geschah."[1]

Auch dieser holde Traum muß verrinnen. Die „Tausende tapferer Männer" gehorchten dem „Einen" nicht, weil es in ihrem Vorteil war, sondern weil er tatsächlich *stärker* war, als sie; aber nicht er *allein*, wie die heroistische Geschichtsauffassung so gern glauben machen möchte, sondern er an der *Spitze seiner Hausmacht*, deren Interesse demjenigen der freien Volksmasse durchaus entgegengesetzt war, wie oben gezeigt. Durch sie wuchs zuerst das einzelne adlige Gauhaupt über die einzelne Hundertschaft, und dann der Sieger über alle lokalen Machthaber, der Frankenkönig, schließlich über die Heerversammlung hinaus. Das ist, nüchtern gesehen, die Bilanz der Kräfte: Massenkraft und nicht Einzelkraft siegte über Massenkraft.

Und nur so erklärt es sich, daß der Gehorsam der Massen noch fortdauerte, als längst dem blödesten Auge klar sein mußte, daß das Königtum nicht zum Vorteil, sondern zum Nachteil der Volksmasse regierte. Eine Zeit lang mag die religiöse Sanktion, welche dem alten Blutskönige anhaftete, mag der glänzende Erfolg der auswärtigen Eroberungspolitik der großen Merowinger das Volk in der Verblendung gehalten haben, als geschehe zu *seinem* Vorteil, was geschah. Als aber das Reich zerfiel, als die grauenhaften Erbschaftskriege wüteten, als eitel Fehde, Brand und Blut die Lande erfüllten, warum brauchte da das Frankenvolk nicht seine Kraft, wenn es sie wirklich hatte? Die Sickelsche Auffassung kann das nicht erklären; sie leitet den Gehorsam aus einer Interessensolidarität ab, die damals jedenfalls nicht mehr bestand. Die Wahrheit ist, daß damals das Volk schon unterworfen und machtlos war.

Das also ist der Schlüssel des Geheimnisses, „warum das Germanentum so schnell von der souveränen Demokratie der Urzeit zur fast absoluten Merowingermonarchie sich entwickelt hat". Auch jene Demokratie war eine Form des *Klassenstaates* gewesen, weil sie sich auf einer Unterlage von Sklaven aufschichtete; und so konnte es nicht ausbleiben, daß die Vermögenshäufung sich verschärfte, und die ganze ökonomische und politische Macht in den Händen weniger sich vereinte, welche jetzt eine Klassenherrschaft im engeren Sinne begründeten, die Anfänge der feudalen Grundaristokratie.

War der gewaltige Vorgang des Unterganges der Vollfreiheit zur Zeit Karls schon *entschieden*, so wurde er unter seinen Nachfolgern *vollendet*. Ende der Karolinger waren von den besseren Vollfreien nur wenige noch vorhanden.[2] In größeren Massen hatten sie sich nur hinter natürlichen Schutzwehren: den Alpen, den Deichen der friesischen Marschen und hier und da in Westfalen erhalten.[3] Eine letzte große Nachblüte der freiwilligen Ergebung zeitigte der schwärmerische Enthusiasmus – und die Finanznot der zum heiligen Grabe ausziehenden Kreuzfahrer. Sie nahmen Vorschüsse für den heiligen Zweck und verkauften dafür ihre Freiheit.[4]

---

1 Sickel, Die Entstehung der fränkischen Monarchie, S. 323.
2 Inama-Sternegg, Deutsche Wirtschaftsgeschichte, Bd. I, S. 260.
3 Ebenda, S. 226.
4 Ebenda, Bd. II, S. 48.

In allen anderen Landesteilen waren sie so weit verschwunden, daß sie als *Klasse* nicht mehr in Betracht kamen. „Echtes Eigen" wird auf dem Lande immer seltener, kommt im 13. Jahrh. kaum noch vor, und im 14. Jahrh. fehlt sogar der sichere Ausdruck dafür.[1] Die Gemeinfreiheit ist vernichtet; indem ein Vorgang aus derselben Wurzel, den wir sofort würdigen werden, die ehemals untersten Schichten der Landbevölkerung um eben so viel hebt, wie er die ehemals oberste Schicht, die Gemeinfreien, herabdrückt, vereinigen sich alle die verschiedenen Abstufungen ganzer Unfreiheit, halber, teilweiser und voller Freiheit, die Mancipia, servi casati, homines, liti, fiscalini, censuales, precarii, coloni, beneficiarii, franci, ingenui etc. zu dem Stande der *Grundholden*,[2] der im Laufe der Zeit eine immer einheitlichere Masse wird. Im 10. Jahrh. ist die Verschmelzung wesentlich vollendet und besteht im 11. als vollzogene Tatsache.[3]

Damit ist der Prozeß der *Ausbildung des Großgrundeigentums* in seinen großen Zügen vollendet. Alles, was jetzt noch folgt, betrifft nicht mehr die *Bildung*, sondern die *Verteilung* des entstandenen Großbesitzes und die Form seiner *wirtschaftlichen Nutzung*. Uns lag wesentlich daran, nachzuweisen, daß der ganze riesenhafte Entwicklungsvorgang durchaus auf der *Grundlage des Nomadenrechts* sich abspielt; den winzigen *Kern* bildet die ursprüngliche Vermögensverschiedenheit, welche die Germanen in die Seßhaftigkeit mitbringen; das ungeheure und reißende *Wachstum* ist der Aufnahme der gewaltigen, gleichfalls auf Grundlage des Nomadenrechts entstandenen Vermögen zu verdanken, welche Alt-Rom in seinen Provinzen entwickelt hatte. *Ökonomische* Gründe haben in dem ganzen Verlauf so gut wie gar nicht mitgespielt.

Wir halten dies Ergebnis als Bestätigung der rein deduktiven Erörterung zunächst fest.

Wenn wir nun die Gesamtlage des Reiches betrachten, so fällt eine sehr große Ähnlichkeit der äußeren Lage mit derjenigen des römischen Reiches in der späteren Kaiserzeit auf. Hier wie dort eine zu Hörigen herabgedrückte Landbevölkerung unter einer schmalen, durch Klassenrecht, Klassenjustiz und Klassenreligion in ihrer Stellung gestützten, unermeßlich reichen Herrenschicht bei Fehlen fast jeden Mittelstandes. Die nächsten Folgen sind denn auch hier wie dort die gleichen: entsetzliche Entvölkerung und Verödung des platten Landes, Hungersnöte und Seuchen, Absinken der Wehrkraft, und darum Einbruch der Grenzbarbaren von allen Seiten, Räuberwesen im Lande, maßlose öffentliche Unsicherheit und Verarmung.

Und trotzdem ein so grundverschiedener Ausgang! Alt-Rom geht an seinen Latifundien zugrunde, wie vor ihm Sparta und Athen; die germanischen Feudalstaaten aber erheben sich vom tiefsten Falle zu einem Aufschwung sondergleichen! Wie ist das zu erklären?

Die übliche Geschichtsschreibung ist mit „Ursachen" schnell bei der Hand. Es ist einerseits die besondere, bei manchen sogar die „göttliche Mission" des Germanentums, ein besonderer, kulturfähiger „Volkscharakter", andererseits das Christentum.

Die erste „Erklärung" verdunstet vor dem Gesetz der Strömung, welches nur Individuen ohne Individualität kennt und innerhalb derselben Rasse, zwischen Römern und Germanen also, nur dann *wesentliche* Charakterverschiedenheiten, eine *höhere* Ausbildung des empirischen Nationalcharakters des jüngeren Zweiges anerkennen dürfte, wenn jede andere Möglichkeit einer Erklärung mangelte. Da das, wie sich zeigen wird, nicht der Fall ist, da sich der ganze Verlauf ohne jeden Zwang aus dem Gesetz der Strömung verstehen läßt, so können wir diese Auffassung für nichts besseres halten, als den Ausdruck des urtümlichen, naiven Chauvinismus, den auszumerzen die Aufgabe der Zeit ist. Sicher dagegen ist, daß derjenige Teil dieser Erklärung Richtiges einschließt, welcher besagt, daß hier ein starkes, junges, zwar rohes, aber edles, begabtes und bildungsfähiges

---

1 Lamprecht, Wirtschaftsleben, Bd. I, S. 627.
2 Vgl. Inama-Sternegg, Deutsche Wirtschaftsgeschichte, Bd. I, S. 373.
3 Ebenda, S. 386.

Volk in breite Berührung mit einer älteren, starken Kultur gekommen war. Hatte der Leidensgang, in welchem die ersten Kulturträger unter den Völkern ihr Ziel erreicht hatten, in ihnen die Tugenden und Kräfte vernichtet, welche nötig waren, um das Werk zum neuen Ziele zu führen, so fanden sie in den Germanen und den germanischen Mischvölkern West- und Südwesteuropas einen Erben, der noch genug Wildlingskraft in sich hatte, um das Gift der Kultur zu überdauern und ihre Segnungen weiter zu entwickeln. Wenn ein Vergleich erlaubt ist, so okuliert man heute die Triebe der Edelreben auf wilde Weinstöcke und erhält so den Adel der Zucht, während man gleichzeitig die Kulturen vor ihren Feinden rettet, welche die altersentarteten Rebstöcke unaufhaltsam vernichten. Genauso pfropfte das frühe Mittelalter die antike Kultur auf den kräftigen Wildstamm des Germanentums und bewahrte sie so vor den Todfeinden, welche ihre alten Träger unrettbar vernichteten.

Was nun das *Christentum* anlangt, so ist es zweifellos richtig, daß das Altertum dem Mittelalter zwei gewaltige Fermente, zwei Weltgedanken seiner Vollreife, seines Herbstes hinterließ; beide nur möglich in einem Reiche, das die verschiedensten Rassen und Klassen als Glieder eines Staatskörpers umschloß; beide nur möglich in einem Wirtschaftsorganismus, in welchem die Aufhäufung des auf Sklavenarbeit aufgebauten Reichtums und der politischen Macht bis zur höchsten Stufe gediehen war; zwei kosmopolitischen Gedanken, das *Christentum* und den wissenschaftlichen *Humanismus*, die beiden Gesichter des *einen* großen, neuen, im höchsten Sinne revolutionären Gedankens (des Tauschrechtes) von der rechtlichen *Gleichheit* aller Menschen, die sich dadurch widersprechen und ergänzen, daß das Christentum diese Welt verneint, während der Humanismus sie bejaht. Das Christentum, früher entstanden und kräftiger in seiner Wirkung auf die Massen, hat das Mittelalter im wesentlichen als eine Geschichtsepoche geschaffen, die sich vom Altertum in einem Hauptzuge grundsätzlich unterscheidet; der Humanismus, später entstanden, exklusiver, hat im frühen Mittelalter kaum Wurzel fassen können; die ottonische Renaissance, die Epoche Friedrichs II. sind Importware, kein heimisches Gewächs; erst das spätere Mittelalter hat sich damit wirksam befruchtet, und der Humanismus der Renaissance ist dann die Macht, welche als Geburtshelfer die Neuzeit entbinden half.

In der Schreckenszeit, welche dem Tode des Großen Karl folgte, war es sicherlich das Christentum, welches dem schrankenlosen Wüten des Agglomerationstriebes gewisse Grenzen setzte. So sehr der Klerus jener Zeit an Raffgier und Unterdrückungskunst mit den weltlichen Großen wetteiferte, so wenig sollte je geleugnet werden, daß er die ungeheure Macht seines moralischen Einflusses jederzeit in die Waagschale warf, um die schlimmsten Formen der Ausbeutung des Menschen durch den Menschen zu dämmen. Ihm ist es mit zu danken, daß im Laufe der Zeit aus der rein privatwirtschaftlichen Stellung des Sklaven als einer Vermögenssache seines Eigentümers das immer mehr staatsrechtlich gefaßte Verhältnis des politischen Machthabers zu seinem Untertanen herauswuchs. Und darüber hinaus erhielt der unversiegbare weltbürgerlich-demokratische, ja sogar sozialistische Kern des Christentums auch in den schlimmsten Zeiten in den Unterdrückten das Gefühl einer höhergeordneten Gleichberechtigung aufrecht, das in den Sklavenscharen des Spartakus niemals bestanden haben konnte.

Aber das alles anerkannt, so ist doch nicht minder sicher, daß aus der staatlichen und wirtschaftlichen Organisation der frühmittelalterlichen Gesellschaft mit Notwendigkeit dieselbe Entwicklung hätte erwachsen müssen auch ohne jenen importierten Weltgedanken des Christentums. Ja, es läßt sich sogar behaupten, daß der Klerus, der bis dahin in bezug auf das Streben nach Macht und Vermögen und auf die Wahl seiner Mittel sich so weit wie möglich von seiner religiösen Grundlage entfernt hatte, sich erst von dem Augenblicke an und nur insofern auf die christliche Bruderliebe besann, als der Strom der Geschichtsbewegung sich nach dieser Richtung hinwandte.

Folgendes nämlich ist klar: dieselbe Grundorganisation der damaligen Gesellschaft, welche verhinderte, daß Karl der Große ein dauerndes Weltreich nach dem Muster des römischen aufrichtete, die *geldlose Naturalwirtschaft*, verhinderte auf der andern Seite, daß die fränkischen Teilreiche völlig zugrunde gingen, wie Alt-Rom. Oder umgekehrt, dieselbe Geld- und Steuerwirtschaft, welche Rom befähigt hatte, ein dauerndes Weltreich zu errichten, welche das byzantinische Reich nur durch das feste Gerüst seiner besoldeten Bürokratie noch Jahrhunderte lang am Leben erhielt, nachdem seine eigentliche politische Kraft schon längst entwichen war, dieselbe Geldwirtschaft hat Alt-Rom dann auch ganz zugrunde gerichtet.

Um das im einzelnen zu erklären: der römische Patrizier, der ein Amt in der Provinz annahm, hatte nur einen Wunsch: so schnell als möglich Reichtum zu häufen, um dann in den Kabalen und Wollüsten der Hauptstadt zu genießen. So blieb Rom in allen Wirren und Revolutionen Hauptstadt und Zentrum des Reiches; und so blieb das Reich allezeit ein von einem Zentralpunkt aus verwaltetes und beherrschtes Staatswesen. Aber der rohe und kriegerische Dreiviertelbarbar, der als karolingischer Beamter, Graf oder Herzog, in den Provinzen saß, hatte keinen anderen Wunsch, als zu *herrschen*. Und darum war das karolingische Reich nicht ein *Staat*, wie Rom, sondern ein *Kaiserreich*, das Reich, die persönliche Schöpfung eines gewaltigen Mannes; und als es auseinanderbrach, da hinterließ es nicht, wie Rom, in seinen Provinzen übermäßig reiche *Privatleute*, deren politische Macht mit dem Reiche dahin war, sondern kleine *Selbstherrscher*, wehrhafte trotzige Politiker, die ihre Macht in sich selber trugen, in ihrem Landbesitz, ihrem riesigen Gefolge, ihren kriegerischen Hintersassen. Rom hatte wie eine Riesenspinne den Weltkreis ausgesogen; alle Kämpfe der sinkenden Republik und der Kaiserzeit drehten sich nur darum, wer über Rom und durch Rom über sein Reich herrschen sollte; alle politischen Begünstigungen waren dem stehenden Heere, also einer beweglichen Macht, und dem stimmberechtigten Lumpenproletariat der Hauptstadt zugefallen, und so konnte sich bis zur Völkerwanderung niemals eine Opposition gegen das Fundament der politischen Ordnung, Roms Herrschaft selbst, richten. In den germanischen Reichen aber bildet sich die Nebenbuhlerschaft einer reichen Anzahl von einander bekämpfenden *lokalen* Zentren aus, von landschaftlichen Dynastien, deren jede nach der Herrschaft im weiteren Kreise, schließlich nach der Alleinherrschaft ringt. Dieser Gegensatz und Kampf, wie er das Unglück der Gegenwart bedingte, legte den Keim zum Fortschritt und Glück der Zukunft.

„Wenn die Könige streiten, klagen die Achäer", dieser Satz hatte für das neunte und zehnte Jahrhundert zunächst seine furchtbare Wahrheit. Wir haben schon gesehen, wie entsetzlich die Bevölkerung des ehemaligen Karolingerreiches zusammenschmolz. Aber das Übermaß führte die Heilung herbei. Es wurde den sich leidenschaftlich befehdenden Dynasten bald klar, daß ihre beste Macht in der Zahl und dem Reichtum ihrer Untertanen bestehe, und daß es das beste Mittel sei, ihre Gegner zu übermögen, wenn sie den Reichtum und das Wohlergehen ihrer Hintersassen so viel wie möglich förderten. Es kamen, kurz gesagt, *staatsmännische Erwägungen* zum Durchbruch; und hier zeigt sich der ungeheure Unterschied zwischen dem rein privatwirtschaftlichen Latifundienbesitz der römischen Magnaten und dem dynastischen Besitz der mittelalterlichen Großen auf das schärfste. Ein Trimalchio, ein Crassus konnte keine Schädigung seiner Interessen darin finden, so wenig wie heute ein englischer Absentee-Lord, wenn sie ihre Bauern vertrieben und Quadratmeilen des fruchtbarsten Landes in Viehweiden niederlegten; denn ihre Einnahmen wuchsen, wenn sie statt Korn Vieh auf den römischen Markt warfen, und die zahlreichste Bauernschaft ihrer Domänen wäre eine Spreu vor dem Anprall der Legionen gewesen. Sie handelten also im wohlverstandensten Eigeninteresse, wenn sie ihre Bauern „legten", und ihre Einkünfte verwendeten, um die Regierung und mit ihr die Legionen zu *kaufen*. Der kleine Dynast des zehnten Jahrhunderts aber hatte keinen Markt, um Bestechungsgelder einzutauschen; seine Wirtschaft war keine kapitalistische Wirtschaft für einen Markt, sondern reine Naturalwirtschaft für den eigenen Gebrauch. Gab dem Crassus wie noch heute dem Duke of Sutherland sein Reichtum die politische Macht, *so gab dem germanischen Grafen seine politische Macht den Reichtum*. Und so kam es, daß in Rom die rein privatwirtschaftliche Handhabung öffentlicher Dinge das Reich zugrunde richtete, und daß umgekehrt im Karolingerreiche der Zwang, privatwirtschaftliche Dinge von einem *Standpunkt des Staats* aus zu betrachten, eine Umkehr und Gesundung herbeiführte.

In der furchtbaren Verödung und Schwäche, welche das Latifundienunwesen, die inneren Wirren und äußeren Kriege über die Reiche gebracht hatten, war der Bauer selten geworden – und seltene Dinge haben Wert. Es entstand ein *Wettlauf um den Bauern*; man machte sich ihn streitig, nicht mehr durch das Schwert, eine Methode, bei der der Bauer zumeist halbiert und so für beide Teile wertlos wurde,[1] sondern durch Privilegien. Wie alle großen entscheidenden Wendungen der europäischen Geschichte paneuropäisch ablaufen, d. h. wie eine Riesenwelle über den ganzen Erdteil dahinziehen, so auch diese Wendung zum Bauernschutz. Von der Westküste der iberischen Halbinsel bis tief in die slawischen Gebiete hinein machen sich die Grundherren die kostbaren Steuerzahler und Kriegsmannschaften streitig; die zertretene Masse erkennt zu ihrer freudigsten Verwunderung, daß sie noch eine andere Bestimmung hat, als beraubt und erschlagen zu werden, und versteigert sich selbst als Zuschlagender bei einer Auktion, bei welcher derjenige Grundherr den Zuschlag erhält, der das Meistgebot an politischen und wirtschaftlichen Rechten gewährt.

Um diesen Vorgang genau zu verstehen, muß man die Entwicklung betrachten, welche die Grundherrschaft aus einem vorwiegend *privatwirtschaftlichen* in ein *staatliches* Gebilde, welche den Grundherrn aus einem *Großgrundbesitzer* in den *Territorialfürsten* umwandelt.

Nicht als ob jemals die Großgrundherrschaft einen rein privatwirtschaftlichen Anfang gehabt hätte, ähnlich dem Latifundiensystem des späteren Rom oder der Gutswirtschaft der Neuzeit. Eine solche Form der Wirtschaft ist im Zeitalter der Naturalwirtschaft unmöglich. Solche *Guts*herrschaft braucht einen Markt, d. h. eine städtische Entwicklung mit Geldverkehr, welche beide in der Naturalwirtschaft mangeln. In *diesem* Sinne war die Großgrundherrschaft niemals privatwirtschaftlich. Aus politischer Herrschaft erwachsen, trug sie von vornherein den Keim kleinstaatlichen Lebens in sich, den sie später entfaltete.[2]

Aber sie war doch insofern privatwirtschaftlich, als sie eine *ökonomische* Betriebseinheit zugunsten eines privaten Wirtschaftssubjektes darstellte. Sie diente der ausgiebigen Versorgung einer Hofhaltung mit Naturalprodukten und wurde als solche zu dem Zwecke verwaltet, nicht nur den Grundherrn selbst mit allem Komfort seiner Zeit zu versehen, sondern ihm auch die Unterhaltung einer möglichst großen Zahl von Dienern und Kriegern zu gestatten.

Dieser Aufgabe dient die Organisation der Grundherrschaft in ihrer ersten Periode.

Sie ist wesentlich Streubesitz. Denn die sinkenden Freien haben ihre Hufen bald dem, bald jenem lokalen Machthaber aufgetragen; die Güter sind durch sekundäre „rein ökonomische" Verschiebungen, durch Erbgang, Kauf, Verpfändung, Konfiskation, Heimfall an die Krone in die verschiedensten Hände gekommen. Namentlich die kirchlichen Grundherrschaften sind enorm zersplittert. 9.000–18.000 Morgen umfaßt nach Lamprecht im 11. und 12. Jahrhundert der durchschnittliche Besitz der kirchlichen Grundherrschaften, 30.000–60.000 Morgen sind keine Seltenheit. Kleine Laiengrundherrschaften umfassen immerhin 3.000 Morgen, während der Besitz der Fürsten weit über die Norm geistlichen Besitzes hinausragt. Und all dieser Besitz ist weithin verteilt und zersplittert.

Man kann nicht daran denken, einen solchen ungeheuer weit verteilten Streubesitz in eigene Regie zu nehmen. Dazu gehören wirtschaftliche Betriebseinheiten. Es bleibt nur übrig, die hörigen

---

1 In Catalonien und Aragonien durfte nach Sugenheim, S. 34, die Erbteilung tatsächlich anf diese Weise vollzogen werden.
2 Lamprecht, Art. Grundbesitz, in: Handbuch der Staatswissenschaften, S. 143: „Schon in der zweiten Hälfte des 7. Jahrhunderts erschienen die Grundherrschaften wie embryonale Bildungen künftiger Kleinstaaten in der allgemeinen Auflösung staatlichen Lebens."

Hufen an hörige Pächter aufzuteilen und diese mit ihren Leistungen an Zinsen und Frohnden auf zweckmäßig verteilte Selbstverwaltungsstellen anzuweisen, die *Meierhöfe*. Diese werden durch einen vortrefflich organisierten Nachrichten- und Transportdienst mit der Domänenkammer der Zentralstelle in straffer Verbindung und Verrechnung gehalten.

Die Meierhöfe sind jedoch nicht bloß Renteien und Hebestellen, sondern werden mehr und mehr Zentren eines ackerwirtschaftlichen Betriebes eigener Regie, solange die Grundherrschaft noch überwiegend privatwirtschaftliches Gebilde ist. Von dem Meierhofe aus werden in der Mark, in welcher er liegt, jene großen Rodungen geschaffen, die wir oben erwähnten, die „Beunden", bedeutende, unseren Rittergütern ähnliche Ackerwirtschaften außerhalb der Flurgemeinschaft der Mark; sie werden bewirtschaftet von dem Meier als Administrator mittels der Frohnden der hörigen Pächter. Der Meier ist auch der Vertreter der Grundherrschaft in Ausübung der niederen Gerichtsbarkeit. Mit dieser Organisation beherrscht der große grundherrliche Eigenbetrieb die wirtschaftliche Entwicklung Deutschlands während des ganzen 10. Jahrhunderts.[1]

Wir haben oben die einzelnen naturalwirtschaftlichen Bauernhöfe den „Zellen" eines organischen Wesens auf sehr niederer Stufe der Organisation verglichen, wo Differenzierung und Integrierung noch mangelt. Die Großgrundherrschaft dieses Stadiums kann man dementsprechend mit den sog. „Riesenzellen" vergleichen, die ebenfalls eine Menge von Zellkernen vereinigen und vielleicht auch eine gewisse innere Arbeitsteilung aufweisen.

Dieses Stadium erreicht jedoch notwendig sein Ende, wenn die Zentralgewalt und die Vollfreiheit an Kraft absinken. Je mehr vom fiskalischen Kronbesitz in das erbliche Eigentum der Magnaten übergeht, je mehr die landsässigen Freien zusammenschmelzen, desto geringer wird das Interesse der Krone, ihre staatlichen Rechte über die reichsunmittelbar gebliebenen Reste der Bauernschaften auszuüben, und um so geringer ihre Macht, diesem Interesse Ausdruck zu geben. Je mehr sich andererseits die Großgrundherrschaft nach außen (durch Rodung und Belehnung) abrundet und nach innen (durch Zertrümmerung der Vollfreiheit) konsolidiert, um so mehr sieht sich die Krone *gezwungen*, ihre staatlichen Hoheitsrechte abzutreten, zu delegieren. Den ersten Schritt bildet das Seniorat, welches schon 847 Gesetz wird; um 1000 geht die königliche Gerichtsbarkeit auf die Kirchenfürsten über; damit wurde die grundherrliche Immunität zur landesherrlichen umgeprägt.[2] Allmählich folgte diese Verleihung überall, an weltliche und geistliche Grundherren: Gerichtshoheit, Recht auf Schatz und Bede, Aufgebot zur Landfolge, Recht auf Markt, Zoll, Münze, Forst und Wildbann, Strandregal, Fundregal, Bergregal, das Heimfallsrecht und der Judenschutz, das Geleitsrecht und das Befestigungsrecht mit dem sog. Burgwerk, die Baufrohnden der nicht gefreiten Grundbesitzer.[3] Im 12. Jahrhundert ist nach Below[4] der Ausdruck „Landesherr" schon gebräuchlich.

So wuchsen also der Großgrundherrschaft ganz regelmäßig staatliche Aufgaben zu. Und damit begann auch hier die für naturalwirtschaftliche Zustände kennzeichnende Zersetzung. Sie brauchte *Beamte* und mußte sie *besolden*, und mußte ihnen gerade wie der karolingische Staat mangels einer Steuerwirtschaft das steuerliche Substrat selbst, d. h. Land und hörige Leute, durch Verlehnung in Dienstlehen überweisen. Und nun wurden im Laufe der Zeit auch diese Lehen wieder erblich und teilbar, die Zentralgewalt der neuentstandenen Fürstentümer verblutete wirtschaftlich genauso wie die der Merowinger und Karolinger; und genau wie dort entwickelte sich aus den Beamten und Soldaten der neuen Landesherrschaft ein neuer *Adel*, die Ministerialen. Sie sind im 10. Jahrhun-

---

1 Ebenda, S. 147.
2 Hüllmann, Stände, S. 277; Meitzen, Agrarwesen, Bd. II, S. 644.
3 Inama-Sternegg, Deutsche Wirtschaftsgeschichte, Bd. II, S. 117.
4 Below, Zur Entstehung, S. 222.

dert noch grundhörig,¹ werden noch 1085 zwischen servi und litones genannt, 100 Jahre später schon bei den liberi et nobiles.²

Noch 949 erscheint die Erblichkeit eines Dienstlehens als Ausnahme, Ende des folgenden Jahrhunderts ist sie bereits gewohnheitsrechtlich ausgebildet, Anfang des 12. Jahrhunderts wird das Dienstlehen als erblich schon in Gegensatz zur zeitweiligen Verleihung zu Besoldungszwecken gestellt: „Non ratione feodali, sed pro beneficio temporali."³ Um die Mitte dieses Jahrhunderts ist die Ministerialität mit Lehen gesättigt, tritt (zur Stauferzeit) in den gewöhnlichen Lehensverband ein, ist Ende des Jahrhunderts der Grundherrschaft so völlig entwachsen wie seiner Zeit der hohe Adel dem fränkischen Könige⁴ und verwächst dann allmählich mit der freien Vasallität zum ritterschaftlichen Adel.

Diese Entwicklung war, wie gesagt, identisch mit dem Verfall der *wirtschaftlichen* Seite der Großgrundherrschaft. Eins der Güter nach dem anderen wurde vergeben, die Zusammenhänge auseinandergerissen. Der eine Komplex von Hufen fiel diesem Vasallen, der andere jenem Ministerialen zu; die Rott- und Ackerfrohnden, welche dinglich auf den Hufen hafteten, gingen auf diese Weise dem eigentlichen herrschaftlichen Sallandbetriebe, den „Beunden" verloren; es war nicht mehr möglich, diese Äcker genügend zu bewirtschaften, weil die Menschenkräfte vergabt waren: und so blieb nichts übrig, als die Beunden zu zerschlagen und an hörige Pächter auszuleihen oder sie an Genossenschaften „Gehöferschaften" im Ganzen zu vererbpachten. Damit verfiel auch der grundherrliche Transport- und Nachrichtendienst (ab dem 11. Jahrhundert). Und so ist die Grundherrschaft seit dem 12. Jahrhundert, wirtschaftlich betrachtet, nur noch ein „Renteninstitut".⁵ Die Frohnden, Dienste und Leistungen verfallen oder werden ausdrücklich abgeschafft, und die wirtschaftlichen Verpflichtungen der hörigen Landbevölkerung werden beschränkt auf gewisse Zinse, die zunächst in Naturalien festgesetzt sind und sich allmählich in Geldzinse verwandeln.

Dieser *wirtschaftliche Zerfall* der Großgrundherrschaft war aber, wie festzuhalten ist, verursacht durch einen *politischen Aufschwung*. Sie nähert sich, politisch betrachtet, immer mehr dem Territorialfürstentum. Daraus mußte eine weitgehende Hebung der tiefsten Klasse hervorgehen. Je weniger privatwirtschaftliche Interessen der Grundherr hatte, um so weniger war er geneigt, rücksichtslos dem Gesetz der Rentabilität das Opfer des Wohlstandes und des Glücks seiner Hintersassen zu bringen; je mehr staatswirtschaftliche Interessen ihm zuwuchsen, um so mehr entschied über seine Entschlüsse die weitgehende Interessensolidarität zwischen dem Fürsten und seinen Untertanen. „Ein wohlverstandenes Bedürfnis, wenn auch einseitigem, wirtschaftlichem und gesellschaftlichem Sonderinteresse entsprungen, hatte die Grundherren auf das Gebiet der sozialen Organisation geführt. Durch hervorragende Macht wollten sie zu hervorragender Stellung kommen. In einem möglichst weit umfassenden Verbande abhängiger Leute, dessen Haupt und Herrscher sie waren, suchten und fanden sie die Elemente einer Machtstellung, die sie von dem maßgebenden Einfluß der Reichsregierung und der Einmischung der Amtsgewalt immer mehr befreien sollte. In beiden Richtungen konnte dies Bestreben auf die Dauer aber nur Erfolg haben, wenn auch die Interessen der Unterworfenen dabei ihre Förderung fanden."⁶

---

1 Lamprecht, Art. Grundbesitz, in: Handbuch der Staatswissenschaften, S. 149.
2 Inama-Sternegg, Deutsche Wirtschaftsgeschichte, Bd. II, S. 61.
3 Ebenda, S. 89.
4 Lamprecht, Art. Grundbesitz, in: Handbuch der Staatswissenschaften, Bd. II, S. 149; Inama-Sternegg, Deutsche Wirtschaftsgeschichte, Bd. II, S. 61.
5 Lamprecht, Art. Grundbesitz, S. 148.
6 Inama-Sternegg, Deutsche Wirtschaftsgeschichte, Bd. I, S. 347.

Diese staatsmännischen Erwägungen erklären also, daß der grundhörige Bauer gehoben wurde. Aber sie erklären nicht, warum er so plötzlich gehoben wurde, wie das tatsächlich der Fall gewesen ist.

Das erklärt sich nur aus sozusagen wirtschaftlichen Erwägungen: das Verhältnis von Angebot und Nachfrage stand jahrhundertelang zugunsten des Bauern und zuungunsten des Grundherren.

Das karolingische Weltreich war schließlich an der Naturalwirtschaft und den Verlehnungen zugrunde gegangen und in eine ganze Menge von Teilreichen zerborsten. Die Regierung der letzten Karolinger und des ersten Frankenkönigs maskieren im Grunde nur ein langes Interregnum, das von greuelvollen inneren Kriegen und entsetzlichen Verheerungen durch die Grenzbeduinen ausgefüllt ist. In den verselbständigten Teilen des ehemaligen Großreiches gelangte zuletzt überall die stärkste Hausmacht, in Deutschland die der sächsischen Liudolfinger, zur Herrschaft. Sie war stark genug, die anderen Magnaten, die durch ihre inneren Gegensätze geschwächt waren, einigermaßen niederzuhalten und die äußeren Feinde zurückzudrängen. Damit trat Ruhe im Inneren ein. Die Machthaber, durch die neu entstandene Zentralgewalt gehindert, die Erweiterung ihrer Machtsphäre jenseits ihrer Grenzen im Bürgerkriege zu erstreben, sahen sich darauf angewiesen, ihre Macht statt durch Extensivierung durch *Intensivierung* zu vergrößern.

Daß auf ihrem weiten Großbesitz ungeheuer viel mehr Menschen Steuer zahlen und Rekruten produzieren konnten, als die Schreckenszeit des Interregnum übriggelassen hatte, war sehr klar. Es war nur kein Menschenmaterial vorhanden, aus dem diese Lücken gefüllt werden konnten. Der Bauer war selten geworden; seltene Dinge haben hohen Wert. Da das Land zur Besiedelung im Übermaß angeboten und der Bauer, der dazu nötig war, sehr selten war, so erhielt das Land sehr niederen und der Bauer sehr hohen Preis, d. h. die Grundherren mußten sich mit einem sehr geringen Maß politischer und wirtschaftlicher Herrenrechte begnügen, und der Bauer erhielt ein sehr hohes Maß politischer Bewegungsfreiheit bei sehr bescheidenen wirtschaftlichen Verpflichtungen.

Es war zuerst die Konkurrenz der Grundherren untereinander, welche bei dieser welthistorischen Versteigerung den Preis der Bauern schnell in die Höhe schraubte. Ein jeder sah sich gezwungen, das kostbare Menschenmaterial sich dadurch zu sichern, daß er ein wenig mehr an Rechten und Erleichterungen gewährte als der letzte Bieter. Denn das persönliche Eigentum an den Hörigen hatte wenig Wert in einer Zeit, welche keine polizeilichen Einwohnerlisten und keinen Meldezwang kannte. Der Herr konnte seinen Hörigen nicht verhindern, zu entweichen, konnte kaum daran denken, ihn wiederzufinden, wenn er entwichen war, und konnte gar nicht darauf rechnen, daß sein neuer Herr ihn gutwillig herausgeben würde, wenn er ihn wirklich gefunden hatte. Es blieb also nichts anderes möglich, als jede Grundherrschaft durch Konzessionen aller Art zu einem Orte so tiefen Druckes zu machen, wie sich mit dem Bestande des Staatswesens irgend vereinen ließ, um die eigenen Hörigen zu erhalten und womöglich fremde anzusaugen.

Ferner war es die Konkurrenz der verschiedenen Machthaber, welche an *einer* Mark, in *einem* Dorfe berechtigt waren, durch welche die Grundhörigen in die Höhe kamen. Namentlich zeigten sich die geistlichen Würdenträger geneigt, die Rechte ihrer Hintersassen zu vermehren, um zu verhindern, daß ihre Vögte und Immunitätsvögte ihnen selbst über den Kopf wüchsen.[1] Vielleicht aus diesem Grunde wohnte es sich im allgemeinen besser unter dem Krummstabe als unter dem Schwerte.

Als die Grundherrschaft vom elften Jahrhundert an wirtschaftlich zerfiel, und die Ministerialen sie beerbten, trat ein neues Motiv bei den Grundherren auf, welches auf eine Besserstellung der

---

1 Lamprecht, Wirtschaftsleben, Bd. II, 654f.; Inama-Sternegg, Deutsche Wirtschaftsgeschichte, Bd. II, S. 63.

Hörigen hinwirkte: sie hatten wohl ein Interesse, ihre Beamten und Offiziere zu besolden, und waren in der Naturalwirtschaft auch gezwungen, ihnen das Steuersubstrat, Hufen und Hörige selbst, als Dienstlehen zu überlassen. Aber sie hatten gar kein Interesse daran, ihnen die Möglichkeit zur Verselbständigung zu geben.[1] Darum wurden den Ministerialen wohl die Zinse der hörigen Hufen überwiesen, aber sehr selten die Acker- und Rottfrohnden. Die Grundherren lösten lieber die Sallandbetriebe auf und entzogen die Bauern so weit wie möglich dem Einflusse der Ministerialen, indem sie ihre Rechte vermehrten und ihre Pflichten in eine einfache, direkt an die Zentrale zu zahlende Zinslast verwandelten, die in Naturalien und sehr bald in Geld geleistet wurde. Damit rückten die ehemals aller Menschenrechte entbehrenden Mancipia der Urzeit in den Stand der *Censualen* auf, von dem man streiten kann, ob er überhaupt zur Unfreiheit gerechnet werden darf; Below bestreitet das auf das energischste. Es handelt sich hier freilich um eine rein juristisch-formale Frage: *faktisch* war das Verhältnis des Censualen zu seinem Grundherrn, sobald dieser aufgehört hatte, privatwirtschaftliches Subjekt zu sein, und Landesfürst geworden war, das Verhältnis eines freien, steuerzahlenden Untertanen zu seiner Obrigkeit. Wie sich dieses Verhältnis in den *Rechtsanschauungen dargestellt hat*, ist für die Geschichtsentwicklung ziemlich gleichgültig.

Lange, ehe die Lücken des Personalbestandes der alten Grundherrschaften im Stammlande ausgefüllt waren, traten zwei neue Konkurrenten auf den Plan, das *Kolonisationsgebiet*[2] im Osten und die *Städte*.[3] Sie steigerten mit und boten so weit, bis von der feudalen Abhängigkeit des Bauern nur noch ein verblaßtes Symbol übrigblieb. Dem Einfluß dieser beiden Faktoren ist es zu danken, daß das Verhältnis von Angebot und Nachfrage noch Jahrhunderte lang, bis zum Ausgang des 14. Jahrhunderts, für die Bauern günstig stand.

Das erste Recht, welches die Hörigen bei diesem Wettlauf der Magnaten um ihren Besitz erhielten, war, in Deutschland zu Anfang des 11. Jahrhunderts,[4] die *Glebae adscriptio*. Zeigte sich vorher das Verhältnis des Herrn zum Hörigen als das eines Privatbesitzers zu seiner Sache, so schlug es damit, entsprechend der Wandlung der Grundherrschaft, in das Verhältnis eines Landesherrn zu seinem Untertanen um. Fortan durfte der Grundherr nur noch Gebietsteile, Land und Leute, abtreten; aber nicht mehr den Bauern ohne sein Land oder das Land ohne den Bauern veräußern.

Fast gleichzeitig wurde die *Erblichkeit* der Hufe zugestanden,[5] und er wurde dem Bauern öffentliches Rechtssubjekt, indem er das Recht erhielt, im Fronhofsding sein eigener Richter zu sein. Hier entstand das *Hofrecht*, das, schon unter den Karolingern im Keim vorhanden,[6] seine eigentliche Ausbildung erst später erhielt,[7] nachdem die großen Grundherrschaften durch allmähliche Ausdehnung ihres Hufenbestandes, durch Belehnung, Tausch, Kauf, Rodung, Ergebung von Freien usw. zu einer gewissen räumlichen Abgrenzung gekommen und gleichzeitig durch Immunität, Vogtei, Obermärkertum usw. zu staatlichen Gebilden geworden waren.[8]

In den Fronhofgenossenschaften verschmolzen allmählich die verschiedenen Elemente der in den Grundherrschaften vertretenen Hintersassen. Sie umfaßten zuerst nur die Hörigen besseren Rechtes, die Censualen, welche zu keinen Fronden an die Meier, sondern nur zu Zinsleistungen an

---

1 Inama-Sternegg, Deutsche Wirtschaftsgeschichte, Bd. II, S. 63.
2 Vgl. ebenda, S. 10, 12, 15, 18, 26ff., usw.
3 Stieda, Zunftwesen, S. 63; Inama-Sternegg, Deutsche Wirtschaftsgeschichte, Bd. II, S. 205. Hegel. II. S. 83, 197, 415.
4 Lamprecht, Art. Grundbesitz, S. 148.
5 Inama-Sternegg, Deutsche Wirtschaftsgeschichte, Bd. II, S. 70.
6 Ebenda, Bd. I, S. 298.
7 Ebenda, S. 331.
8 Ebenda, Bd. II, S. 80.

den Grundherrn selbst verpflichtet sind.[1] Mit dem Verfall der Salland- und Beundenwirtschaft werden aber auch die servi casati zu Censualen gehoben und treten den Fronhofsgenossenschaften und ihrem „Bauding" bei.[2] Ebenso die Precarii, persönlich Freie, aber Schutzzinsverpflichtete[3] und schließlich die durch Seniorat und Immunität der staatlichen Selbstvertretung beraubten, aber unabhängigen Freien, die „Schatzleute".

Juristisch scheint hier noch manches nicht aufgehellt zu sein. Wir sind nicht in der Lage, klärend in den Meinungsstreit über die Frage der bäuerlichen Freiheit im späteren Mittelalter einzugreifen. Below mag im Rechte sein, wenn er behauptet, daß die große Masse der Censualen *frei* gewesen ist. Er sagt, daß die Vogteibede nicht der Zins höriger Leute an ihren Grundherrn gewesen sei, sondern die Staatssteuer, welche die Vollfreien von jeher an den Fiskus zu Händen der Grafen gezahlt hätten; sie sei identisch mit dem schon unter den Karolingern von den Grafen erhobenen „ ‚Schatz' (Schaff, Bede, Tallia, Steura, Petitio, Precaria)". „Wer die volle gräfliche Gewalt besitzt, ist befugt, den Schatz zu erheben, also stets der Landesherr, in geistlichen Herrschaften also auch der Vogt, als Inhaber der gräflichen Gewalt."[4] Der „Schatz" sei nichts als die Ablösung des Reiterdienstes; die Ritterbürtigen und Geistlichen mit einem Teil ihrer Hörigen blieben schatzfrei. „Wer den Dienst zu Roß leistet, ist schatzfrei; wer den Schatz zahlt, ist frei vom Reiterdienst."[5] Er zieht daraus den Schluß, daß die Schatzleute im vollen Besitz ihrer Freiheit gewesen sind, und daß die herrschende Vorstellung von der Verbreitung der Hörigkeit im Mittelalter damit widerlegt sei.

Wie schon gesagt, ist die Frage wohl juristisch hochinteressant, aber wirtschaftlich und geschichtlich ist sie kaum von Bedeutung. Mag der Schatzmann persönlich ganz frei geblieben und auf echtem Eigen ansässig gewesen sein: er war dennoch tief gesunken, *politisch* von dem führenden Waffenadel der Nation zu der äußersten Bedeutungslosigkeit, vom reichsunmittelbaren Krieger zum Hintersassen, Gerichtsuntergebenen und Steuerzahler eines belehnten Teilfürsten; *wirtschaftlich* von der Gleichheit des Urstaats zur vergleichsweisen Armut der entwickelten aristokratischen Gesellschaft. Seine ungeminderte Freiheit mochte ihm Stolz und Haltung geben und ihm innerhalb der Bauernschaft gewisse gesellschaftliche Vorrechte gewährleisten: aber auf seine wirtschaftliche und politische Stellung blieb sie ohne Einfluß.

War der „Schatz" wirklich nur eine Staatssteuer, welche die echte Freiheit nicht minderte, so war sie doch nicht mehr an den Kaiser oder seinen Beamten, sondern an einen Grundherrn zu zahlen, nur nicht in seiner Eigenschaft als Grundherr, sondern in der als Landesherr. Sie war zu zahlen an dasselbe Rentamt, welches die Zinse der wirklich hörigen Landleute entgegennahm, an den Meierhof. Bei solcher Sachlage mußten die Unterschiede zwischen wirklich Freien und Unfreien sich schnell verwischen.

Und das war in der Tat der Fall. Dieselbe Entwicklung, welche die Grundherrschaft in ein staatliches Gebilde umwandelte und die Schatzleute zu Untertanen der Grundherren machte, hob ja die Hörigen immer höher. Die Kluft zwischen Freiheit und Unfreiheit ward immer kleiner, von beiden Seiten her. Im Anfang war der Sturz von der Freiheit zur Hörigkeit der vom Brahminen zum Pariah, vom Herrscheradel zum rechtlosen Sklaven gewesen. Aber die Freiheit verlor ihre staatliche Bedeutung und die Unfreiheit ihre Schrecken. Mußte der Vollfreie im 8. und 9. Jahrhundert seinen Landbesitz dem Grundherrn „auftragen", so erwarb er vom 10. Jahrhundert ab den

---

1 Ebenda, S. 68.
2 Ebenda, S. 71.
3 Ebenda, Bd. I, S. 124.
4 Below, Zur Entstehung, Bd. I, S. 196.
5 Ebenda, S. 197.

Schutz des Grundherrn durch die bloße Verpflichtung zu einem Zinse.[1] Schließlich waren seit Verfall der Krongewalt Rechte und Pflichten der Freien und Unfreien fast dieselben geworden und die Verschmelzung konnte nicht ausbleiben.

So traten denn auch die Schatzleute in die Fronhofsgenossenschaften ein.[2] Ihr Beitritt war für die Hörigen gewiß ein großer Gewinn. Denn es waren Männer, welche ihre Wehrkraft und ihr Rechtsbewußtsein noch in weitem Umfange erhalten hatten. Sicher hat das der bäuerlichen Gesellschaft Selbstbewußtsein und Kraft gestärkt. Aber es wäre doch verfehlt, daraus die glanzvolle Geschichte des Hofrechts abzuleiten; es ist freilich Tatsache, daß die Fronhofsgenossenschaften sich ihrer Haut mit Zähigkeit und Erfolg wehren, daß ihre Weistümer, die Anfang des 12. Jahrhunderts an die Stelle der mündlichen Überlieferung treten,[3] ihr Standesbewußtsein und ihre Kraft gegenüber der Grundherrschaft an den Tag legen,[4] so sehr, daß sich die Grundherrschaften ihre Rechte sicherstellen lassen müssen.[5] Es ist Tatsache, daß das Hofrecht jahrhundertelang ein starkes Bollwerk der Bevölkerung des platten Landes gegen jeden Versuch eines Übergriffes der Grundherrschaft war: aber das hat seine Ursache nicht in der Kraft der Bauern, sondern in ihrer *günstigen Lage*.

Solange die Kolonisation im Osten und die Städte den Zuwanderern vom Lande die günstigsten Bedingungen bieten konnten und boten, die Kolonisatoren volle bürgerliche Freiheit nach dem Rechte des jus teutonicum[6] der Landsiedelleihe, die Städte ebenso nach dem jus burgense; solange sie den Boden fast ohne jede Abgabe anboten, sowohl Fürsten[7] als Städte:[8] so lange stand sozusagen der Wechselkurs zugunsten des Bauern; so lange erhielt er ein Agio, und kein Grundherr konnte daran denken, seine Grundholden zu drücken. Sie wären ihm einfach davongegangen! Das den Grundholden so günstige Hofrecht ist weiter nichts, als was *jedes* Recht ist: der Ausdruck einer bestimmten Verteilung der politischen Kräfte; es bleibt genau so lange in Kraft, wie diese Konstellation. Mit dem Augenblicke, wo die Ansaugung der Kolonisationsgebiete und der Städte aufhörte, stellte sich der Kurs gegen die Bauern, und das Hofrecht zerbrach wie ein Rohr, obgleich die voraufgegangenen Jahrhunderte die Bauern frei, reich, wehrhaft und trotzig gemacht hatten. Und in der Unterdrückung, welche dann folgte, sanken nicht nur die ehemaligen Grundholden, sondern auch die Zins- und Schatzleute und sogar die von jedem Feudalnexus durch römisch-rechtlichen Pachtvertrag befreiten Erb-, Vital- und Zeitpächter in die halbhörige Klasse der „armen Leute", ja die vollfreien Siedler der Kolonisationsgebiete in die fast volle Rechtlosigkeit der Erbuntertanen, selbst der persönlichen Sklaven herab. Dieser Umschwung und seine Ursachen werden uns in dem dritten Kapitel dieses Buches beschäftigen; hier wurde nur vorgegriffen, um zu zeigen, wie wertlos für die geschichtlich-ökonomische Entwicklung die formale Freiheit der „Schatzleute" gewesen sein muß, wenn sie bestand.

Solange aber der Kurs für die Landbevölkerung stand, konnte nichts ihre Emanzipation aufhalten. Die Sklaverei des Altertums war bis spätestens zum 13. und 14. Jahrhundert in den germanischen und skandinavischen Ländern verschwunden.[9] „Die ungeheure Mehrzahl der Bevölkerung

---

1 Lamprecht, Entwicklung, S. 21.
2 Inama-Sternegg, Deutsche Wirtschaftsgeschichte, Bd. II, S. 84.
3 Ebenda, S. 213.
4 Ebenda, S. 72.
5 Ebenda, S. 214.
6 Ebenda, S. 27, 29.
7 Ebenda, S. 26.
8 Ebenda, S. 205; Below, Zur Entstehung, S. 234; Rietschel, Markt und Stadt, S. 131; Sohm, Städtewesen, S. 60.
9 Hanssen, Aufhebung, S. 4; Meitzen, Agrarwesen, Bd. II, S. 512.

bestand damals aus freien, selbstwirtschaftenden Bauern, durch welch feudales Aushängeschild ihr Eigentum immer versteckt sein mochte."[1] Es blieb von feudalen Lasten eigentlich nichts übrig, als die kleine Leistung des Besthauptes oder der Kurmede im Falle des Besitzwechsels durch Todesfall[2] und geringe Beschränkungen der Freizügigkeit,[3] welche aber kaum mehr darstellten, als die heutigen Sicherungen gegen Kontraktbruch.

Aber alle diese *politischen* Errungenschaften bleiben doch an Bedeutung weit zurück gegen eine *wirtschaftliche* Errungenschaft, welche geradezu die Entwicklung der nächsten Jahrhunderte entschied und beherrschte. Das war die Festlegung der Zinsverpflichtungen der hörigen Hintersassen.

Solange der Wettlauf um den bäuerlichen Siedler währte, konnte die Grundherrschaft nicht daran denken, die Zinse der Bauern zu erhöhen. Die Kolonisatoren gaben Land für einen bloßen Rekognitionszins: so z. B. erhielten holländische Siedler vom Erzbistum Bremen die große Marschhufe von 48 Hektar tragbarem Baulande zu erblichem Rechte für einen Denar jährlich![4] Die Abtei Fulda gewährt 12 Jahre Steuerfreiheit.[5] Dasselbe tun die Städte.[6] Den Grundherren im Stammlande bleibt nichts übrig, als diesem Beispiele zu folgen.

Die Zinslasten der hofhörigen Bauern im alten Stammgebiete wuchsen also nicht mehr von dem Augenblicke des großen Umschwungs an, den wir gezeichnet haben. Daß sie fortan Mitinhalt des „Hofrechts" wurden,[7] ist für die Rechtsphilosophie interessant; aber sie wurden nicht durch das Hofrecht festgehalten, sondern durch *die Fortdauer der günstigen Konjunktur*. Sobald die Konjunktur umschlug, zerbrach das Hofrecht, und die bäuerlichen Lasten wuchsen reißend.

Wir haben im theoretischen Teile auseinandergesetzt, daß ein „Großgrundeigentum" undenkbar ist in einer Gesellschaft, in der freier Zugang zum Boden gewährleistet ist. Denn niemand würde für weniger im Tagelohn arbeiten wollen, als der selbstwirtschaftende Bauer verdient. Großbetriebe seien nur denkbar als *produktivgenossenschaftliche*, mit der Teilung des Ertrages gemäß der Leistung.

Hier ist der historische Beweis für unsere Behauptung. Trotz der feudalen Gebundenheit des Hörigen an seinen Herrn, trotz Gerichtsherrlichkeit und Steuerrecht zerbricht das Großgrundeigentum der Kaiserzeit in dem Augenblicke, wo der Bevölkerung Siedelland im Übermaß unter sehr leichten Bedingungen zur Verfügung gestellt wird. Die Gutsbetriebe (Salland, Beunden) müssen notwendigerweise aufgehoben werden; und werden entweder zerschlagen oder an *Produktivgenossenschaften* (Gehöferschaften) vergeben.[8]

Wir hatten ferner ausgeführt, daß, solange freier Boden der Bevölkerung zugänglich sei, niemand in der Lage sei, *Zuwachsrente* zu ziehen. *Hier ist der historische Beweis für diese Behauptung*. Von dem Momente des Umschwungs an steht die sehr niedrige Rente fest, *und der ganze Zuwachs der Produktivität des Volkes fließt den produzierenden Subjekten zu, nicht aber dem Inhaber des juristischen Eigentumstitels.*

---

1 Marx, Das Kapital, Bd. I, S. 682.
2 Lamprecht, Art. Grundbesitz, S. 148.
3 Lamprecht, Wirtschaftsleben, Bd. I, S. 870, 1210, 1212.
4 Inama-Sternegg, Deutsche Wirtschaftsgeschichte, Bd. II, S. 12; nach Meitzen, Agrarwesen, Bd. II, S. 346 und Lamprecht, Wirtschaftsleben, Bd. II, S. 476 etwa 1,2 Gramm 14 lötiges Silber, also noch nicht 20 Reichspfennige.
5 Inama-Sternegg, Deutsche Wirtschaftsgeschichte, Bd. II, S. 26.
6 Ebenda, S. 205.
7 Ebenda, S. 433; Lamprecht, Art. Grundbesitz, S. 148.
8 Vgl. Wittich, Grundherrschaft, S. 326.

Die Zinse werden nach Lamprecht im 8.–9., wohl auch noch im 9.–10. Jahrhundert fixiert.[1] „Ursprünglich einmal, im 9. oder auch 10. Jahrhundert, hatten freilich ihre Zinsen der Höhe nach etwa die Bedeutung einer Pachtsumme für das bewirtschaftete Gut gehabt. Jetzt war das die Auffassung längst vergangener Zeiten. Außerordentlich war die Bodenrente überall vom 9.–11. und 12. Jahrhundert gestiegen, die Abgaben der Grundholden dagegen waren die alten geblieben. (...) Die Folge war, daß schon seit Beginn des 12. Jahrhunderts die Grundherren sich keineswegs noch im Besitze der Grundrente ihres Bodeneigens befanden: sie waren wirtschaftlich enterbt, während der grundholde Bauer in Fülle lebte."[2]

Mitte des 12. Jahrhunderts wird dann auch die *staatliche Bede* konsolidiert,[3] und ebenso nach einer, zu Anfang des 13. Jahrhunderts erfolgten, durchgehenden Erhöhung die *vogteiliche Bede*[4] um 1250 herum. Um dieselbe Zeit sind alle „auf Jahres- oder Generationswechsel periodisierten Lasten" fixiert.[5] Nach Inama-Sternegg[6] war dieser Prozeß sogar schon im 12. Jahrhundert beendet.

Damit war die Wirtschaft des deutschen Volkes den Wirkungen des *einseitigen wachsenden Druckes* des Großgrundeigentums auf die Landbevölkerung entzogen. Dieser Druck verwandelte sich von dem Augenblicke an, wo freies Land zur Verfügung der Bevölkerung stand, in einen einseitigen *konstanten*, ja, sogar in einen einseitigen *sinkenden* Druck. Denn die Zinse usw. waren bald vielfach in *Geldeinheiten* fixiert: und diese Geldeinheiten verloren durch die großartig betriebene Falschmünzerei der Landesherren enorm an Wert und Kaufkraft.[7]

Unter diesen Umständen konnte sich eine volle „Kompensation" leicht einstellen. Das Gleichgewicht der Volkswirtschaft stellte sich her; und nun *erblühte der soziale Körper der Tauschwirtschaft mit einer Kraft und in einer Gesundheit, der in der ganzen Weltgeschichte nichts Ähnliches an die Seite zu stellen ist.*[8]

Das Großgrundeigentum war wirtschaftlich „latent" geworden; die Zuwachsrente war verschwunden. Das Großgrundeigentum hatte sich in die wirtschaftlich-harmlose Großgrundherrschaft der zweiten Periode, die *reine Rentenanstalt*, umgewandelt.

Die folgenden Jahrhunderte entrollen mithin die Geschichte eines großgrundeigentumsfreien Wirtschaftskörpers und daher das Bild einer kaum durch äußere Gewalt gestörten, r e i n e n W i r t s c h a f t, *eine Zeit des ungeheuersten Aufschwungs zu Glück, Glanz und Reichtum.*

Diese Periode währt vom Verschwinden des Großgrundeigentums (im Sinne unserer Definition) im 10. Jahrhundert – bis zum Wiederauftauchen des Großgrundeigentums im 14. Jahrhundert.

---

1 Lamprecht, Wirtschaftsleben, Bd. I, S. 326.
2 Derselbe, Art. Grundbesitz, S. 148.
3 Derselbe, Wirtschaftsleben, Bd. II, S. 1028.
4 Ebenda, S. 606.
5 Ebenda, S. 1189.
6 Inama-Sternegg, Deutsche Wirtschaftsgeschichte, Bd. II, S. 433.
7 Ebenda; Wittich, Grundherrschaft, S. 321.
8 Vgl. Schmoller, Straßburgs Blüte, S. 16.

II. Kapitel:
Physiologie des sozialen Körpers der Tauschwirtschaft

Deutschland tritt in die Periode, die wir jetzt schildern wollen, hinein als ein Land, dessen Wirtschaftskörper noch außerordentlich wenig differenziert und integriert ist. Es tritt heraus als eine Wirtschaftsgesellschaft mit hochentwickelter primärer und sekundärer Arbeitsteilung, mit Ansätzen sogar zur tertiären, zur Großindustrie; mit all den Organen der Arbeitsvereinigung, die erforderlich sind für den entwickelten Tauschwirtschaftskörper, namentlich mit ausgebildeter Geldwirtschaft und kräftigen Ansätzen zur Kreditwirtschaft. Diese gewaltige, beispiellose Entwicklung drängt sich zusammen in 350, recht eigentlich sogar in nur 150 Jahre. Dann folgt ein schneller Niedergang und ein dreihundertjähriger Barbarossaschlaf, den erst das letzte Säculum beendet hat.

Um den wirtschaftlichen Charakter der *entwickelten* Tauschwirtschaft am Schlusse der uns hier beschäftigenden Epoche genau zu verstehen, haben wir uns zunächst den *Anfangszustand*, aus dem heraus sie sich entwickelte, in seiner wirtschaftlichen Gesamterscheinung zu vergegenwärtigen, die voll entwickelte Naturalwirtschaft am Schlusse des 10. Jahrhunderts; und haben dann den Kampf und Sieg des neuen Rechtes und der neuen Wirtschaftsweise zu verfolgen. Auf diesem Grunde erst wird sich dann unsere eigentliche Schilderung einer fast „reinen Tauschwirtschaft" errichten lassen.

1. Die Naturalwirtschaft unter Nomadenrecht

Der Zustand, in welchem der deutsche Volkskörper in die neue Periode eintritt, ist derjenige der *Naturalwirtschaft*, jedoch nicht der „ökonomisch reinen Naturalwirtschaft", deren Bild wir oben zu zeichnen versucht haben. Diese letztere beruhte auf der irrealen Voraussetzung, daß ein seßhaft werdendes Nomadenvolk sich bereits im Besitze des „Menschenrechtes" befunden habe, das die Gleichheit aller erwachsenen Staatsbürger in Rechten und Pflichten statuiert.

Die Voraussetzung war aus dem Grunde irreal, weil das „Menschenrecht" durchaus mit dem Rechte der Tauschwirtschaft identisch ist und daher nur da erst in voller Reinheit vorhanden sein kann, wo die freie Produktion für den Markt das Übergewicht über die älteren Produktionsformen erhalten hat. Davon kann in der Nomadenwirtschaft keine Rede sein: sie muß im wesentlichen kommunistisch, d. h. marktlos sein und kann daher kein Tauschrecht entwickeln.

Darum ist, wie wir schon oben ausführten, keine der bisherigen Gestaltungen der Wirtschaftsgeschichte ohne eine isolierende Trennung für die Entwicklung der reinen Tauschwirtschaft zu verwerten. Es sind *Mischformen*, deren aus den beiden Rechten stammende Bestandteile immer erst ein logischer Akt voneinander scheiden muß.

Die Weltgeschichte stellt sich uns dar als der Kampf des jüngeren Tauschrechtes mit dem älteren Nomadenrechte (des „Menschenrechtes" mit dem Herren-Sklavenrechte). Es ist darum klar, daß, je mehr wir uns den Anfängen der Geschichte nähern, um so mehr das Nomadenrecht überwiegt.

Darum enthält es nichts Wunderbares, daß die *geschichtliche Naturalwirtschaft*, deren Charakter schon unter reinen Verhältnissen einen bedeutenden Marktverkehr ausschließt, fast durchaus unter *Nomadenrecht* steht.

Fast durchaus! Aber doch nicht gänzlich. Omne vivum e vivo! Wäre nicht der Keim des Tauschrechts schon, wenn auch noch so klein und schwach, mit der Menschheit geboren worden: nie hätte er sich entwickeln können. Als winziger Keim ist es auch tatsächlich schon im Rechte der Naturvölker bis einschließlich der Nomadenstufe und in der Naturalwirtschaft vorhanden.

Tauschrecht und Frieden sind so untrennbare Wechselbegriffe, wie Nomadenrecht und Kampf. Wir finden das Tauschrecht kulturgeschichtlich überall da, wo ein *Friedensverband* die Menschen umschließt; also auf der ersten Stufe innerhalb des Friedensverbandes der Urfamilie, dann des Stämmchens, der „Gens", der „Nation". Man kann hier überall schon von einer „Tauschwirtschaft" im weitesten Sinne reden,[1] da die Produktion schon auf der frühesten Stufe arbeitsteilig ist. Jeder sorgte „nach seinen Fähigkeiten" für den allgemeinen Unterhalt mit, der Mann als Krieger und Jäger, das Weib in Kindererziehung und Haus- und Feldarbeit. Innerhalb dieser naturwüchsigen Friedensverbände gilt denn auch das Menschenrecht der Gleichheit.

Knüpfte sich schon an diesen Tausch *innerhalb* des kommunistischen Friedensverbandes das Tauschrecht an, so errang es seinen ersten Sieg über das Recht der Gewalt im Anschluß an den Tausch *zwischen* den einzelnen Gruppen. Vielleicht den ersten Schritt bildete der Austausch des *Feuers*, welches vor Erfindung der Feuerzeuge ein ängstlich und mühselig bewahrter Schatz der Urfamilie war. Erlosch es einmal, so war die Möglichkeit, es von einem Nachbarstämmchen zu erhalten, außerordentlich wertvoll. Zahlreiche Sitten und Kultreste machen es wahrscheinlich, daß der Feuertausch zuerst die starre Exklusivität der Blutsgruppen durchbrach und einen *Friedensverband* über ihnen bildete.[2]

Von hier aus war es nur noch ein Schritt zu der Aufrichtung von Friedensverbänden zu Tauschzwecken im eigentlich ökonomischen Sinne, zu *Handelszwecken*. War der erste Gegenstand des Handels Waffenmaterial und später fertige Waffen,[3] so traten bald genug andere Waren in seinen Bereich ein; von dem ersten Tauschhandel mit rohen Obsidianknollen von Gruppe zu Gruppe bis zum Karawanen- und Markthandel der Naturalwirtschaft, bis schließlich zum Welthandel der Gegenwart führt dann eine ununterbrochene Stufenreihe.

Für unsere Betrachtung ist entscheidend, daß dieser Handel von vornherein unter *Tauschrecht* stand, d. h. einen *Friedensverband* begründete. Herodot berichtet von den Argippäern[4]: „Kein Mensch tut diesen ein Leid an, denn sie gelten für *heilig*; auch haben sie gar keine kriegerische Waffe; dabei sind sie es, welche die Streitigkeiten der Nachbarn schlichten; und wer zu ihnen als Flüchtling entkommen ist, dem tut niemand etwas zu leide." Damit zeichnet er ein „treues Bild eines neutralen Verkehrsgebietes ältester Art. Diese ‚Befriedung' des Landes, in das sich alle sonst fremd und feindlich einander gegenüberstehenden Männer des Tausches wegen wagten, diese ‚Heiligung' des Stammes, in dessen Schutze das Land stand, die Waffenlosigkeit des letzteren, sein Schiedsamt und Asylrecht, das alles steht in der natürlichsten Verbindung zu einander."[5] Es handelt sich hier höchst wahrscheinlich um das sagenhafte Bjarma (Perm), den Vorläufer Nowgorods als Umschlagplatz des uralten Handels zwischen Ostseegebiet und Orient. Ähnliche Märkte suchen noch heute die Eskimos in Nordamerika und die Tschuktschen auf,[6] um ihren Überschuß an Pelzwerk in andere Befriedigungsmittel umzusetzen.

Ganz parallel mit der Entwicklung des Tausch*verkehrs* entfaltete sich auch das Tausch*recht*, der „Frieden". „Zuerst gewährten nur die Festzeiten, an denen sich der gewöhnliche Handel abwickelte, ihm einen selbstverständlichen Frieden; – weshalb auch noch unsere Jahrmärkte und Messen so oft mit kirchlichen Festen zusammenfallen oder doch nach diesen sich richten –; wer außer der Zeit aus der Fremde erschien, um Handel zu treiben, mußte erst Frieden bieten und

---

1 Vgl. Lippert, Kulturgeschichte, Bd. II, S. 163.
2 Ebenda, Bd. I, S. 266ff.
3 Ebenda, S. 297.
4 Herodot, IV, S. 23.
5 Lippert, Kulturgeschichte, Bd. I, S. 459.
6 Ebenda, S. 460.

erwirken. Da dieser deshalb nur seine gemessene Zeit hatte, so gingen Handel und Raub als ein ganz ehrliches Brüderpaar Hand in Hand."[1] So vereinigten sich z. B. die drei Wikinger Karli, Gunstein und Thorer zu einer Expedition: nach dem „Gesellschaftsvertrage" sollte jeder den Ertrag seines Handels für sich behalten, die Beute aber gleichgeteilt werden. Sie boten und erhielten erst Frieden und trieben ehrlichen Handel; dann kündigten sie in aller Form den Frieden und begannen den ebenso ehrlichen Raub.

Man kann diesen Zustand des Tauschrechtes von Fall zu Fall als „fakultatives Tauschrecht" bezeichnen. Daraus entwickelte sich mit dem Vorschreiten des Handels das obligatorische Tauschrecht für alles, was mit ihm in Verbindung stand: die *Person* der Kaufleute, der *Ort* des Handels, die *Straßen* zuletzt, die zu den Handelsmärkten führten.

In dieser Gestalt ist das Tauschrecht in der Naturalwirtschaft vorhanden. Die „königlichen Kaufleute" und die Händler par excellence, die Juden, stehen unmittelbar unter dem Schutze des Königs, in seiner Eigenschaft als Friedensbewahrer der Gesamtheit (Kuni). Die Handelsplätze und Handelsstraßen stehen ebenso unter „Königsfrieden". „Dieser Marktfrieden schließt Feindseligkeit und Selbsthilfe aus und an deren Stelle waltet das Marktgericht, unantastbar und geheiligt durch des ‚*Königs Bann*'."[2]

Der *Marktfrieden* ist die Wurzel des *Stadtrechtes* des Kaufmanns, „Reichsunmittelbarkeit" die Wurzel des modernen Staatsbürgerrechtes; beide zusammen die Wurzel des modernen *Menschenrechtes*: eine ununterbrochene Verbindung knüpft diese höchste Blüte der sozialen Entwicklung an den ersten „Frieden" zum Zwecke des ersten „Tausches".[3]

Von der *ökonomischen* Seite betrachtet ist der *Markt* der Embryo der *Stadt*. „Der Tauschverkehr vor aller Augen, der Abschluß unter aller Zeugenschaft, die Zusammenkunft zu Beurteilung und Schutzmaßnahmen setzt einen bestimmten räumlichen Mittelpunkt des Verkehrs der Vertragsgenossen voraus."[4] Dieser Mittelpunkt ist der *Markt*.

Er steht regelmäßig unter dem rächenden Schutze eines Gottes. Daher ist bei den späteren hanseatischen Marktgründungen im Slawenlande die Marktkirche fast wichtiger als Waage, Schauhaus und Wohnräume. Waren es auf der vorigen Stufe die Gräber vergöttlichter „Ahnen", in deren Schutz die „heilige" Stätte gestellt wurde,[5] so bildete im Mittelalter der Reliquienschrein eines Heiligen den Mittelpunkt des Marktes: „Wie (hier) eine Gemeinde von Wächtern und Dienern sich bildete, wie diese den Zureisenden das zur wirksamen Verehrung Nötige gegen Eintausch mitgebrachter Güter boten, kurz, wie hier eine Gemeinde von Handeltreibenden entstand, und wie diese durch Streitschlichtungen den Frieden des Ortes wahrten, und wie sich an alles das eine Menge untergeordneter Hantierungen schloß; oder mit anderen Worten: wie um einen ‚Dom' sich die Ansiedlung der Kultpfleger (Domherren und Priester) anreihte, an diese die Stadt der Handels- und Schöffengeschlechter sich anschloß, umlagert von den Vierteln der Handwerker und Arbeiter – das alles ist immer wieder dieselbe Argippäergeschichte, die Geschichte von dem ‚heiligen', ‚gerechten', ‚waffenlosen', handeltreibenden und streitschlichtenden Stämmchen inmitten einer beduinenhaft *nomadischen* Bevölkerung."[6]

Mit der einzigen Ausnahme aber dieser noch keimhaften tauschrechtlichen Bildungen herrscht das Nomadenrecht durchaus in der Naturalwirtschaft, deren letztes Stadium wir jetzt zu betrachten haben.

---

1 Ebenda, Bd. II, S. 537.
2 Ebenda, Bd. I, S. 459.
3 Vgl. Maurer, Städteverfassung, Bd. I, S. V.
4 Lippert, Kulturgeschichte, Bd. II, S. 134.
5 Ebenda, S. 169.
6 Ebenda, S. 170.

Kaum, daß man um das Jahr 1000 von einer „Volkswirtschaft" selbst in dem weitesten Sinne sprechen darf. Die einzelnen „Zellen", d. h. Familienwirtschaften stehen kaum in einer losesten Verbindung miteinander, soweit es sich um *wirtschaftliche* Beziehungen handelt. Der Bauer ist nicht nur undifferenzierter Urproduzent, d. h. Ackerer, Viehzüchter Holzfäller, Gärtner, Jäger und Fischer, sondern auch noch Gesamthandwerker: er zimmert sich Haus, Gerät und Webstuhl, seine Frauen spinnen und weben die Woll- und Flachsfaser – die Leineweberei blieb bis ins 14. Jahrhundert hinein in der Hauptsache ländliche, von den Weibern betriebene Hausindustrie[1] –, auch das Schmiedewerk, so viel bei den hohen Eisenpreisen[2] und den unentwickelten Geräten davon gebraucht wurde, war noch vielfach Hausindustrie.[3] Ebenso wurde die Lederverarbeitung (Bundschuh, Riemen- und Sattelzeug) im Hause betrieben;[4] ja selbst eine grobe Tonwarenindustrie scheint bäuerliche Heimarbeit gewesen zu sein; denn in den Handwerkerverzeichnissen der großen Fronhöfe erscheint nie der Töpfer.[5] Zur eigentlichen Hauswirtschaft gehörte außer Küche, Wäsche und Weberei jedenfalls auch jetzt noch, wie in der Zeit des Tacitus, die Bereitung der Seife und des Beleuchtungsmaterials.

So war jede Wirtschaft unabhängig. Und nur der *Handel* stellte eine schwache, wirtschaftliche Verbindung zwischen ihnen dar, bestimmt, einerseits die Verschiedenheiten der *natürlichen Lage*, andererseits diejenigen der *kulturlichen Entwicklung* der einzelnen geographischen und politischen Bezirke auszugleichen.

Jedoch überwiegt der erste Faktor noch sehr stark, die Ausgleichung der verschiedenen Gebiete der Urproduktion: Ackerbau, Bergbau und Seefischerei. Namentlich ist es das Bedürfnis nach dem unentbehrlichen *Salz* (und gesalzenen Heringen) und nach *Eisen*, welches einen regelmäßigen Verkehr herbeiführt. Sobald die Naturalwirtschaften genügend erstarkt sind, um Nahrungsüberschüsse abzugeben, d. h. *sobald sie Kaufkraft entwickeln*, entstehen an den durch die Natur besonders begabten Produktionsstätten *sekundäre*, natur- und kulturbedingte Minima, welche sich bis zum Gleichgewicht mit Menschen auffüllen, an den Salinen,[6] an den Erzstätten und an der Seeküste.

Wie das nur natürlich ist, entsteht mit der wachsenden Kaufkraft des Marktes um diese Produktionsstätten herum auch eine spezialisierte *Industrie*. Schon in der vorgeschichtlichen Zeit müssen hier wirkliche Handwerkerbevölkerungen existiert haben, wie die Gräberfunde beweisen.[7] Wir kennen solche urtümlichen „Industriedistrikte" für Eisenwaren, namentlich in der Umgebung der norischen Bergwerke,[8] die später den Langobarden und dann den Bajuwaren zufielen,[9] für Tonwaren und besonders für Textilwaren. Namentlich war es die *friesische Wollwarenindustrie*, welche sehr früh zu einem exportfähigen Sonderzweig der Volkswirtschaft wurde. Die natürliche Grundlage dieses Gewerbes war die günstige Handelslage und die Nährkraft der durch die Seefeuchte fruchtbaren Weiden und Marschen, welche eine reiche und veredelte Schafzucht ermöglichte.[10] Schon das friesische Volksrecht kennt den Weber als Handwerker,[11] und die Handelspolitik Karls d. Gr. begünstigte den Export feiner friesischer Gewebe in den Orient.[12]

---

1 Schmoller, Tucher und Weber, S. 362, 409.
2 Lamprecht, Wirtschaftsleben, Bd. I, S. 9.
3 Inama-Sternegg, Deutsche Wirtschaftsgeschichte, Bd. I, S. 143.
4 Lamprecht, Wirtschaftsleben, Bd. I, S. 16.
5 Inama-Sternegg, Deutsche Wirtschaftsgeschichte, Bd. I, S. 425.
6 Z. B. Westera; Inama-Sternegg, Deutsche Wirtschaftsgeschichte, Bd. I, S. 431 Anm.
7 Inama-Sternegg, Deutsche Wirtschaftsgeschichte, Bd. I, S. 138ff.
8 Ebenda, S. 145.
9 Ebenda, S. 174.
10 Ebenda, S. 142.
11 Ebenda.
12 Ebenda, S. 435ff.

Die Wollwarenindustrie bildet schon den Übergang zur *Luxusproduktion*. Denn für die Bekleidung der *Volksmasse* kommt das feinere Wollengewebe erst sehr spät in Betracht;[1] Pelz, Hausleinen und grober Home-spun sind die Stoffe, in welche sich der Bauer kleidet. Für den Bedarf der oberen Klassen kam feines Pelzwerk aus dem Norden und Osten auf den uralten Handelswegen, teils von Nishny-Nowgorod,[2] teils noch weiter über den Kaspisee und durch das Chazarenland bis aus China.[3] Schon zur Zeit Karls d. Gr. brachten venezianische Kaufleute die kostbare *Seide* aus dem Orient nach Pavia.[4] Weitere Handelsartikel für die Vornehmen waren Schmuck, feine Kleidung, kostbare Geräte, Waffen und namentlich Sklaven.

In die Masse dieser kaum differenzierten und ebenso wenig integrierten „Zellen" sind nun zu Anfang der Periode, die wir schildern, die wirtschaftlich noch blühenden *Großgrundherrschaften* wie *Riesenzellen* eingesprengt, welche auf Kosten der normalen Zellen zu besonders großem Umfang und besonderer wirtschaftlicher Kraft gewachsen sind. Hier findet sich schon eine beträchtliche innere Arbeitsteilung; aber trotzdem ist es nicht möglich, hier von einer Tauschwirtschaft zu reden: denn das Motiv der Arbeit und ihrer Einteilung ist nicht das Eigenbedürfnis der Produzenten, sondern das des „Herrn"; ihr Regulator nicht Angebot und Nachfrage, sondern der *Zwang*.

Aber wie der Zwang überhaupt nötig gewesen zu sein scheint, um das Menschengeschlecht zur Arbeit zu erziehen, und darum die Erfindung der Sklaverei als ein gewaltiger Kulturfortschritt zu bezeichnen ist, so hat auch die herrschaftliche Arbeitsteilung innerhalb der Großgrundherrschaft eine mächtige Rolle als zivilisatorisches Erziehungsmittel gespielt. Hier zuerst wurden handwerkliche Spezialitäten ausgebildet und hoch gesteigert, hier für Westeuropa zum ersten Male sogar die tertiäre Arbeitsteilung und -vereinigung entwickelt.

Kennt die Lex salica von Handwerkern nur erst Schmied und Goldschmied,[5] so finden wir auf den großen Fronhöfen zu Beginn unserer Periode schon Müller, Bäcker, Schneider, Schuster, Grob- und Waffenschmied, Bierbrauer und Winzer, und im „Frauenhause" Textil- und Bekleidungsindustrie.[6] In den kaiserlichen Fisci war die Arbeit noch mehr spezialisiert. Das Capitulare de villis führt auf: Eisen-, Gold- und Silberschmiede, Schuster, Schneider, Sattler, Schreiner, Drechsler, Zimmerleute, Schild- und Harnischmacher, Fischer, Vogelfänger, Bierbrauer und Branntweinbrenner (oder Mostsieder), Bäcker und Netzmacher.[7] Töpfer sind, wie gesagt, nirgends erwähnt, dagegen finden sich Ansätze zum Baugewerbe.[8]

Auf bedeutenden Fronhöfen bildeten diese Handwerker unter ihren ministerialischen Magistri große Werkstätten, zuweilen geradezu Manufakturen, namentlich in den Frauenhäusern. Technische Traditionen wurden hier entwickelt und überliefert, die *Ehre* der *Arbeit* zum ersten Male empfunden, namentlich in den höher geschätzten Handwerken. Es kam bald auch vor, daß Freie sich ihnen anschlossen;[9] das zeigt, daß das Handwerk schon stark in der sozialen Achtung gestiegen war und läßt den Schluß zu, daß dieser Aufschwung durch den Beitritt der höheren Elemente noch befördert wurde.

---

1 Lamprecht, Wirtschaftsleben, Bd. I, S. 563.
2 Inama-Sternegg, Deutsche Wirtschaftsgeschichte, Bd. I, S. 178.
3 Ebenda, S. 435.
4 Broglio d'Ajano, Venetianische Seidenindustrie, S. 6.
5 Inama-Sternegg, Deutsche Wirtschaftsgeschichte, Bd. I, S. 162.
6 Ebenda, S. 363.
7 Ebenda, S. 422.
8 Ebenda, S. 425.
9 Ebenda, S. 165.

Wie für das Handwerk, so haben die Grundherrschaften in ihrer großen Zeit auch für den Handel und die Zirkulation gewirkt. Sie exportierten und importierten, unterhielten mittels ihrer hörigen Boten, Frachtfuhrleute und Schiffer[1] einen ausgedehnten Handelsverkehr, namentlich mit Salz, Wein und wohl auch Getreide; sie hielten sogar einige Waagen und Hallen an fremden Märkten.[2] Schließlich sind die Grundherren die ersten Kreditgeber[3] gewesen, geistliche wie weltliche. Die geistlichen Herren gehen damit zuerst voran, schon im 10. Jahrhundert. Diese Art der Kreditgewährung, vermehrt durch Versicherungsgeschäfte, währt bis zum Anfang des 13. Jahrhunderts. Dann werden die geistlichen Stifter im wesentlichen abgelöst durch Juden und Lombarden;[4] 1213 findet sich im oberen Rheingebiet die erste Nachricht von einem jüdischen Darlehen, zwanzig Jahre später haben die Juden das ganze Kreditgeschäft in der Hand,[5] um 1250 sind sie in allen alten Fisci vorhanden. Im Westen müssen sie schon früher eine Rolle gespielt haben, da Bernh. v. Clairvaux schon 1148 von judaizare im Sinne von wuchern spricht.[6]

Bei einer solchen Beschaffenheit der Volkswirtschaft, in welcher die einzelnen Wirtschaften sich fast gänzlich aus eigenen Kräften versorgen, konnten *Gewerbestädte* im eigentlichen Sinne nicht existieren und existierten auch nicht, ausgenommen die friesischen Märkte, z. B. Dorstadt und Stavern[7] für die dort früh entwickelte Wollindustrie. Die anderen Städte waren, von der wirtschaftlichen Seite her betrachtet, fast ausschließlich *Märkte*, Kaufstädte. Um eine Pfalz, namentlich aber um eine Kathedralkirche herum,[8] überall, wo gewisse Ursachen zu gewissen wiederkehrenden Zeiten einen großen Zusammenfluß von Menschen zur Folge hatten,[9] auch um feste Zufluchtsorte, Burgen, zumal in den Grenzländern, entstand der Keim der Städte, größere, zum Teile früh umwehrte Ansiedelungen, die, wirtschaftlich betrachtet, noch auf der Grenze zwischen Dorf und Stadt standen; denn der größte Teil ihrer Einwohner sorgte noch durch eigene Urproduktion für seinen Nahrungsbedarf. Ruhte doch noch im hohen Mittelalter in kleineren rheinischen Städten alle Gewerbearbeit zur Zeit der Weinlese (Lamprecht), existierten doch um 1500 noch 11–1200 Mastschweine in der freien Reichsstadt Frankfurt;[10] ebenda befanden sich ein Jahrhundert zuvor noch 299 Scheunen[11], und hatte fast jeder Handwerker und Krämer seinen Kappusgarten oder Weinberg,[12] erschienen sogar Knechte und Mägde als Viehbesitzer.[13]

Wenn eine solche innige Mischung von Stadt und Land noch zu einer Zeit bestand, in welcher eine hochentwickelte, auf freier Arbeitsteilung beruhende Volkswirtschaft schon jahrhundertelang differenzierend gewirkt hatte, so müssen wir uns die Stadtwirtschaft zu Anfang unserer Periode als der Dorfwirtschaft noch äußerst nahe vorstellen. Die Masse der freien Bevölkerung wird aus Landwirten bestanden haben, welche im Nebenberuf einen Kram, einen Schank hielten, vielleicht auch schon ein Handwerk trieben; hat es doch jederzeit einige freie Handwerker gegeben, namentlich

---

1 Ebenda, S. 442.
2 Ebenda, S. 440.
3 Ebenda, Bd. II, S. 444.
4 Lamprecht, Wirtschaftsleben, Bd. II, S. 1446.
5 Ebenda, S. 1453.
6 Inama-Sternegg, Deutsche Wirtschaftsgeschichte, Bd. II, S. 444.
7 Ebenda, Bd. I, S. 178.
8 Below, Zur Entstehung, S. 224.
9 Ebenda, S. 197.
10 Bücher, Die Bevölkerung von Frankfurt a.M., S. 284.
11 Ebenda, S. 261.
12 Ebenda, S. 262.
13 Ebenda, S. 280.

Schmiede,[1] die bei allen Naturvölkern von hoher Achtung und einer gewissen abergläubischen Scheu umgeben sind.[2] Dazu traten die Fronhöfe der Großgrundherrschaften, in größeren Plätzen eine ganze Anzahl, verschiedenen Herren gehörig, mit ihren Hausklaven und Hörigen, ihren ministerialischen Beamten und Kriegern; ferner die Organe der Staatsverwaltung, Graf, Vogt etc., die Geistlichkeit, einzelne Großhändler, die nach Nitzsch zum Teil aus den Scaramanni entstanden sind, und fahrendes Volk.[3] All das lebte miteinander in einer losen politischen Verbindung, aber wirtschaftlich kaum verschmolzen. Der Marktverkehr beruhte, wie Inama-Sternegg[4] vortrefflich sagt, „meist auf Angebot, nicht auf Nachfrage, bevor auswärtige Käufer durch die Eigenproduktion der Märkte angezogen wurden"; es war wesentlich der Handel, der *Käufer* lockte, nicht aber das *Gewerbe*, welches durch ländliche *Verkäufer* herangezogen war. Dementsprechend waren die Städte jener Zeit durchweg sehr klein und volksarm.[5]

Wenn man diese Art der Wirtschaft kurz bezeichnen soll, so muß man sagen: solange die Großgrundherrschaft noch Großgrundeigentum im engeren Sinne war, hatte der ländliche Markt überhaupt so gut wie keine Kaufkraft, so daß er auch kaum Gewerbetreibende ernähren konnte. Die an die Titulareigentümer des Bodens fallende „Zuwachsrente" wurde zum allergrößten Teile auf die Ernährung einer stark erweiterten Naturalwirtschaft höherer Ordnung verwendet, zum Unterhalt von Hausdienerschaft, hörigen Gewerbeleuten und kriegerischem Gefolge. Es kam für eine Tauschwirtschaft also nur in Betracht der Rest der Herrenrente, der nach Versorgung der eigenen „familia" noch übrigblieb, und der winzige Überschuß, der den hörigen Bauern vielleicht über die Existenzbreite verblieb. Diese kleinen Beträge reichten, soweit die Volksmasse in Betracht kam, eben hin für einen *Großhandel*, der sich damit genügen mußte, die Erzeugnisse der Gebiete der verschiedenen Urproduktion gleichmäßiger zu verteilen, und für einen schwachen Kramhandel und Schankbetrieb an Kirchen- und Gerichtsstätte. Soweit aber die schmale Herrenschicht in Betracht kam, für einen Handel und eine dünne, weit verstreute gewerbliche Tätigkeit, die beide auf die Beschaffung von Luxusartikeln gerichtet waren.

Das ungefähr ist der Umriß des wirtschaftlichen Lebens zum Schluß jener Epoche, welche das Großgrundeigentum in Westeuropa ausbildete, die Zentralgewalt und die Vollfreiheit vernichtete, die Territorialgewalt emporbrachte und den Sklaven der alten Zeit zum Grundholden hob.

2. Entwicklungsgeschichte des Tauschrechts und der Tauschwirtschaft

Von dem Augenblicke an, wo der im vorigen Kapitel geschilderte, grundstürzende Umschwung in der Lage der Bauerschaften dadurch eintrat, daß den Grundherren *staatliche* Rechte zuwuchsen, staatliche Gesichtspunkte maßgebend wurden, änderte sich auch die wirtschaftliche Verteilung des Volkseinkommens durchaus.

Wir hatten gezeigt, daß etwa vom Jahre 1000 an die grundhörigen Zinse und Lasten fixiert sind und nicht mehr wesentlich erhöht werden; daß bis 1250 auch die vogteiliche Bede und sämtliche anderen auf Jahres- oder Generationswechsel periodisierten Lasten endgültig fixiert und sozusagen als unkündbare Hypotheken auf die Hufen eingetragen sind. Von ca. 1000 an wächst also die „Zuwachsrente" nur noch ganz unbedeutend und von der Mitte des 13. Jahrhunderts an gar nicht

---

1 Beer, Allgemeine Geschichte des Welthandels, S. 225.
2 Vgl. Lippert, Kulturgeschichte, Bd. II, S. 215, 221.
3 Inama-Sternegg, Deutsche Wirtschaftsgeschichte, Bd. I, S. 94.
4 Ebenda, Bd. I, S. 431.
5 Maurer, Städteverfassung, Bd. II, S. 114ff.

mehr. Der weitaus überwiegende Teil des zunehmenden Volkseinkommens fällt von jetzt an in die Hände der wirtschaftenden Subjekte. Betrug der Grundzins zur Zeit der Festlegung ca. 9,5% des Bodenwertes, so sank er bis auf 2,4% in der zweiten Hälfte des 13. Jahrhunderts, während damals schon für freie Pachten 6,5% gezahlt wurden.[1] Seit dem 12. Jahrhundert haben die Bauern mindestens vier Fünftel ihrer Erträge für sich.[2] Sogar der kirchliche Zehnt, der von allen Lasten noch am längsten mit dem Einkommen Schritt gehalten hatte,[3] verfiel mit der Zeit, eine enorme Erleichterung, da der Zehnt vom *rohen* Ertrage gegeben werden mußte. Schon 1154 erschallen die Klagen der Geistlichkeit darüber, 1238 müssen es die Synoden rügen; dann verstummen die Klagen bis 1551, wo der Landtag feststellt, daß die Berechtigten nur 1/20–1/40 erhalten.[4]

Wenn so auf der einen Seite die Kaufkraft der Bauern stetig und schnell stieg, so verlor auf der anderen Seite die Kaufkraft der Grundherrschaften relativ und absolut an Gewicht. Zwar wuchs die Zahl der unter dem juristischen Obereigentum der Territorialherren stehenden zinspflichtigen Hufen stark an, als der letzte große Ausbau von 1000–1200 das Stammland endgültig unter den Pflug und unter die grundherrliche Organisation brachte. Aber wir haben gesehen, daß die Bezüge, welche die hintersässigen Bauern zu zahlen übernahmen, bei dem Wettlaufe um das kostbare Menschenmaterial immer mehr den Charakter von bloßen Rekognitionsgebühren annahmen: und, was trotzdem den Einnahmen der Grundherren zuwuchs, das wurde tausendfach überwogen durch die Ausgaben, welche ihnen die Ausübung der ihnen zugefallenen staatlichen Pflichten, die Besoldung ihrer Beamten, und namentlich, welche ihnen die Ausbreitung ihrer staatlichen Machtsphäre auferlegten. Der Prunk ihrer Höfe, der barbarische Luxus ihres Gefolgswesens, der Sold der für ihre Grenzfehden erforderlichen Krieger, die Bestechungsgelder für kaiserliche Richter und Beamte, die Lasten für Römer- und Kreuzzüge, für auswärtige Kriege usw. verschlangen ihre Einnahmen mit reißender Geschwindigkeit. Sie behielten die Hülse in der Hand, den leeren Obereigentumstitel an den hörigen Hufen; die Frucht aber, die Zinse, fiel Unterlehnsträgern, den Vasallen und Ministerialen, zu. Was namentlich die geistlichen Grundherrschaften für Soldzwecke aufzuwenden hatten, geht z. B. daraus hervor, daß der Abt von Moyenmoutier dem Herzog von Lothringen für 30 Ritter mit der entsprechenden Zahl von Knappen nicht weniger als 1515 Mansen verlehnen mußte.[5] Die Folge davon war eine ungeheure Verschuldung der Grundherren erst bei ihresgleichen, namentlich Stiftern und Klöstern, später bei Juden, Lombarden und Städten; und die Folge der massenhaften Verlehnungen war die Auflösung des erweiterten Naturalbetriebes der Fronhöfe, die Freigabe der hörigen Handwerker, für die es an Nahrung gefehlt hätte, wenn man sie hätte behalten wollen.

Wenn man sich den volkswirtschaftlichen Inhalt dieser Entwicklung klarmacht, so liegt er darin, daß von beiden Seiten her die Auflösung der Naturalwirtschaft und ihr Ersatz durch die Tauschwirtschaft nötig wurde. Einmal verlangte der steigende Überschuß der Bauernwirtschaften gebieterisch nach Gewerbewaren; und auf der anderen Seite sah sich der Bedarf der Rentenherren immer mehr auf den freien Markt angewiesen, in dem Maße, wie sie notgedrungen auf die Eigenproduktion verzichten mußten.

Es mußte sich also zuerst die primäre Arbeitsteilung zwischen Urproduktion und Gewerbe vollziehen, d. h. es mußten sich die Marktstädte der vorigen Periode in *Gewerbestädte* umwandeln. Und das geschah sofort.

---

1 Lamprecht, Wirtschaftsleben, Bd. II, S. 621.
2 Ebenda, S. 622.
3 Inama-Sternegg, Deutsche Wirtschaftsgeschichte, Bd. II, S. 41.
4 Lamprecht, Wirtschaftsleben, Bd. I, S. 613.
5 Inama-Sternegg, Deutsche Wirtschaftsgeschichte, Bd. II, S. 184.

Mit dem zehnten Jahrhundert wurden die Zinse fixiert: und mit dem zehnten Jahrhundert beginnen sich die Anfänge spezifischen Stadtbürgertums zu zeigen.[1] Schmoller setzt den Anfang erst ins 11. Jahrhundert,[2] nach ihm waren die Deutschen noch gegen 1100 ein Krieger- und Bauernvolk, ohne große und zahlreiche Städte, ohne bedeutenden Handel.[3] Die Differenz ist nicht bedeutend; jedenfalls ist um das Jahr 1000 herum der Anfang der eigentlichen städtischen Entwicklung zu setzen.

Diese Entwicklung mußte schnell voranschreiten, und zwar nach dem „Gesetz der Erzeugung", weil die Bevölkerung immer dichter und immer kaufkräftiger wurde. Sie wurde immer *dichter*, weil sie in einen plötzlich ungeheuer erweiterten Nahrungsspielraum hineinzuwachsen hatte; denn die neu ausgebauten Wälder des Stammlandes, bald auch die Kolonisationsgebiete, und jetzt die Städte waren Orte sich fortwährend vertiefenden wirtschaftlichen Druckes. Und dieser Prozeß wurde verhältnismäßig wenig gestört: die Grundherren konnten ihre Machtsphäre auf friedlichem Wege, durch innere und äußere Kolonisation sicherer und angenehmer erweitern, als durch Grenzkriege; eine verhältnismäßig übermächtige Hausmacht hielt unter den Liudolfingern und den ersten Saliern die kleineren Dynasten außerdem in Schach; und schließlich konnte der alte Beduinenmut und -trieb sich auf Römer- und Kreuzzügen auf Kosten fremder Völker und der eigenen Haut austoben. So wuchs die Bevölkerung fabelhaft schnell.

Das beste Zeichen dafür ist die wiedergewonnene Abwehr- und Angriffskraft des Reiches. Wie zur Zeit Karls des Großen werden die Kriege nicht mehr vorwiegend in Deutschland, sondern im Gebiete der Grenzvölker ausgefochten; der größte Teil des slawischen Ostens und germanischen Nordens muß die Oberhoheit der deutschen Könige anerkennen. Der Bevölkerungszuwachs dieser dreihundert Jahre bringt das Stammland unter den Pflug, kolonisiert den Osten und Südosten, bevölkert die alten und zahlreiche neue Städte und ist noch stark genug, Hunderttausende in den Kreuzzügen zu opfern, ohne es daheim besonders zu empfinden.

Und diese Bevölkerung wurde in dem Maße, wie sie dichter wurde, auch kaufkräftiger. Schon der „psychologische Faktor" steigerte Fleiß, Sorgfalt und Ertrag des Bauern auf das stärkste; arbeitete er doch von jetzt an für sich und seit Erringung des Erbrechtes für seine Familie! Gesellschaftlich und politisch durch den genossenschaftlichen Verband des Fronhofs mächtig gehoben, in seiner wirtschaftlichen Stellung gesichert, schwang er den „Zauberstab des kleinen Eigentümers, der Gold aus dem Acker zieht", wie Arthur Young das einmal ausgedrückt hat.

Vor allem aber wuchs die bäuerliche Kaufkraft durch jenes glückliche organische Wechselverhältnis, das wir deduktiv entwickelt haben, und das tatsächlich diese ganze Periode hindurch zwischen Stadt und Land bestand. Je mehr Überschüsse der Bauer erwirtschaftete, um so mehr blühte das Gewerbe auf; je mehr das Gewerbe erblühte, um so mehr intensivierte sich die Landwirtschaft, um so mehr verkleinerten sich die Einheiten, um so dichter saß also die Bevölkerung, um so kaufkräftiger wurde der Markt, um so größer die Arbeitsteilung, um so höher die Produktivität jeder einzelnen Arbeitskraft, um so größer der Wohlstand jedes einzelnen.

Dies also ist die *Ursache* der Städte-Entstehung.[4] Nicht die Weisheit der Kaiser, Bischöfe und Grundherren und namentlich der Kolonisatoren war die Ursache der Städtegründungen, sondern das Angebot von Urprodukten. Alles, was man der heroistischen Geschichtsauffassung und ihren „Heroen" zugestehen kann, ist, daß sie meistens die Strömung in ein von ihnen gegrabenes Bett leiteten, und zwar, indem sie durch Privilegien aller Art Orte eines künstlichen sozialen und wirt-

---

1 Ebenda, S. 92; Kuntze, Die deutschen Städtegründungen, S. 2; Sohm, Städtewesen, S. 65.
2 Schmoller, Tucher und Weber, S. 362.
3 Ebenda, S. 375.
4 Vgl. Sohm, Städtewesen, S. 10.

schaftlichen Minderdrucks herstellten, in welche die Massen einströmten. Wie wenig der „Heros" leisten kann, wenn die allgemeine Strömung nicht für ihn ist, beweist gerade hier Karl der Große. Er machte alle seine Palatien zu Märkten ersten Ranges, konzentrierte hier das Münzwesen und den Handel,[1] er veranlaßte die Bischöfe zur Anlage von Märkten und verlieh den Grundherren Markt-, Zoll- und Münzrecht;[2] er stellte die Kaufleute unter besonderen Königsschutz[3]: und dennoch kam unter ihm und seinen Nachfolgern das Städtewesen nicht einen Fuß breit über die „Kaufstadt" hinaus und der „Gewerbsstadt" näher. Das konnte erst geschehen, als der ländliche Markt Urprodukte anbot und Gewerbwaren nachfragte.

Rietschel macht die feine Bemerkung, daß sich aus *Jahrmärkten*, wie sie der Karawanenhandel und die Kirmessen[4] naturwüchsig hervorrufen, eine dauernde Handelsansiedlung nur ausnahmsweise bilden kann. Das eigentlich städtegründende Prinzip sei der *Wochenmarkt*.[5] Das ist zweifellos richtig. Auf dem Wochenmarkt bietet der Bauer seine Überschüsse an und übt er seine Nachfrage aus. Er hatte „Kaufkraft" erst vom Ende des 10. Jahrhunderts an: und Ende des 10. Jahrhunderts werden die ersten Wochenmärkte privilegiert: Allensbach 998, Wasserbillig und Weinsheim ca. 1000, Andlau 1004 usw.[6]

Dem erwachten staatsmännischen Bewußtsein der Territorialherren konnte es unmöglich entgehen, daß die Begründung möglichst vieler und möglichst volkreicher Städte in jedem Territorium für die politische Macht des Fürsten ein unschätzbarer Faktor sei, als feste militärische Stützpunkte, als Versorger der Hofhaltung mit Gewerbwaren, als Märkte für die untertänigen Bauern, namentlich aber als Zentren der immer stärker vordringenden und immer mehr zur Staatsnotwendigkeit werdenden *Geld–* und *Steuerwirtschaft*.[7] Da die zu Ansiedlungszwecken verfügbaren Menschen sehr knapp waren, so begann auch hier wieder jene denkwürdige Versteigerung, bei der sich die einzelnen Grundherren mit wirtschaftlichen, politischen und sozialen Gewährungen so lange überboten, bis ihnen „zu tun fast nichts mehr übrigblieb".

Derselbe Prozeß, der den Grundholden hob, hob auch, nur noch energischer, den Stadtbürger. Denn, sollte die Stadt dem platten Lande gegenüber einen Ort minderen Druckes darstellen, so mußte die rechtliche und wirtschaftliche Emanzipation des Städters immer noch derjenigen des Bauern etwas voran sein. So erhielten die Städte als *Gesamtheiten* sehr schnell die Exemtion aus dem Gerichte der umgebenden Grafschaft, eigenes Stadtgericht[8], vor dem alle Stadtbürger ohne Ausnahme nach Landrecht zu stehen hatten,[9] finanzielle Autonomie,[10] sehr weitgehende Selbstverwaltung; den *einzelnen* Zuwanderern bot man (meist erst nach Jahr und Tag) die volle Freiheit, Gewerberecht, Erbrecht; und Hausland entweder ganz umsonst oder gegen einen äußerst mäßigen Erbzins.[11] Diese städtischen Erbleihegüter waren, ein charakteristisches Zeichen des Tauschrechtes, schon im 13. Jahrhundert völlig mobilisiert, sie können völlig frei veräußert werden, nur daß der Obereigentümer ein Vorkaufsrecht behält.[12]

---

1 Inama-Sternegg, Deutsche Wirtschaftsgeschichte, Bd. I, S. 430.
2 Ebenda, S. 433.
3 Ebenda, Bd. II, S. 376.
4 Rietschel, Markt und Stadt, S. 38f.
5 Ebenda, S. 45.
6 Ebenda, S. 46.
7 Vgl. Inama-Sternegg, Deutsche Wirtschaftsgeschichte, Bd. II, S. 320.
8 Ebenda, S. 28f., Privileg für Havelberg; Hegel, Städte und Gilden, Bd. II, S. 506.
9 Below, Zur Entstehung, Bd. II, S. 221.
10 Ebenda, S. 224.
11 Ebenda, S. 234; Hegel, Städte und Gilden, Bd. II, S. 80.
12 Below, Zur Entstehung, Bd. II, S. 233.

Auch hier wieder ist es *juristisch* ebenso interessant wie es schwierig ist, die allmähliche Loslösung der Stadt aus dem Gau, der Grafschaft, die Entwicklung ihrer einzelnen Institutionen teils aus dem öffentlichen Landrecht (Gerichtsrecht), teils aus dem Marktrecht[1], teils aus dem Korporationsrecht (Burding[2]) zu verfolgen. *Wirtschaftsgeschichtlich* aber interessiert nur die Kräfteverteilung, als deren Diagonale das Stadtrecht zutage trat; und dieses Spiel der Kräfte war zunächst das rein *wirtschaftliche* von Angebot und Nachfrage, bei dem Jahrhunderte lang der Vorteil auf seiten der Städte lag, und die Grundherren alles bewilligen mußten, was ihnen auch nur den Schein eines Oberrechtes übrigließ. Später wußten sich viele Städte teils durch Kampf, teils durch Kauf (z. B. der Grafengerichtsbarkeit) von den tief verschuldeten Dynasten, auch der letzten Reste der ehemaligen Grund-, Gemeinde- und sogar Territorialherrlichkeit zu entledigen und standen im letzten Falle als freie Reichsstädte auf der Höhe ihrer politischen Stellung. Bis zu der vollen, politischen und namentlich gerichtlichen Souveränität der lombardischen und einiger flandrischer Städte sind die deutschen Stadtrepubliken freilich niemals emporgedrungen.[3]

Vom 10. bis zum 12. Jahrhundert sind die Grundherrschaften unermüdlich in neuen Städtegründungen[4]; und vermehren damit unaufhörlich die Konkurrenz und treiben den „Preis" neuer Ansiedler. Es wird ein Teil des Fronhofsgebietes als eigenes Marktgebiet eingeräumt, entweder zu freiem Allod (so z. B. in Radolfszell 1100), oder Grund und Boden wird in Erbzins gegeben, Allmendrechte verliehen, der Markt von der lokalen Obrigkeit befreit, und eine gewisse Selbstverwaltung zugestanden, alles im Interesse der Grundherrschaft selbst.[5] Was auch kleine Städte im 12. und 13. Jahrhundert neuen Ankömmlingen boten, zeigen die Beispiele von Dieburg und Münstereifel: Befreiung von der Dingpflicht, volle Befreiung nach Jahr und Tag von dem Grundherrn, Stadtgerichtsbarkeit, Erbrecht usw.[6]

Was bei dieser Art der politischen Kräfteverteilung entstehen mußte, war, kurz gesagt, *das Recht der freien Tauschwirtschaft*. Zum ersten Male in der Geschichte Westeuropas wurde die Ehre der freien Gewerbearbeit öffentlich anerkannt, zum ersten Male die Gleichheit sämtlicher Bürger vor *einem* Gesetze und *einem* Gerichtshofe geltendes Recht, zum ersten Male die Wirtschaft durchaus auf *freie* Arbeit aufgebaut, durch Angebot und Nachfrage reguliert; jeder Rest des alten Nomadenrechtes verschwindet zunächst aus den *wirtschaftlichen* Beziehungen zwischen Mensch und Mensch: die Luft macht frei, kein Bürger ist fortan noch für Zwecke eines anderen Bürgers vorhanden. Below trifft ins Schwarze, wenn er sagt: „Stadtrecht ist das Recht freieren Verkehrs."[7] „Sie brauchten Richter, welche städtisches Leben und Handel kannten. So setzten sie neben das Landrecht das Stadtrecht."[8] *Stadtrecht und Tauschrecht sind schlechthin identisch*. In genau dem Maße, wie die Tauschwirtschaft die Naturalwirtschaft ersetzte, ersetzte auch Tausch- resp. Stadtrecht das Nomadenrecht.

Begann dieser Prozeß um 1000 v. Chr., so war er im wesentlichen um 1200 abgeschlossen.[9] Namentlich das zweite dieser beiden Jahrhunderte zeitigte eine mächtige Entwicklung der städtischen Institutionen.[10] Im 13. Jahrhundert erreichen zahlreiche Städte schon eine Einwohnerzahl

---

1 Sohm, Städtewesen, S. 79; Rietschel, Markt und Stadt, S. 173f.
2 Below, Zur Entstehung, S. 232.
3 Ebenda, S. 206.
4 Inama-Sternegg, Deutsche Wirtschaftsgeschichte, Bd. II, S. 320; Schmoller, Tucher und Weber, S. 362.
5 Lamprecht, Wirtschaftsleben, Bd. I, S. 869.
6 Ebenda.
7 Below, Zur Entstehung, S. 207.
8 Ebenda, S. 208.
9 Inama-Sternegg, Deutsche Wirtschaftsgeschichte, Bd. II, S. 92.
10 Ebenda, S. 327.

von mehreren tausend, einzelne von zehn- und mehr tausend Einwohnern[1] und greifen schon mächtig in die politischen Ereignisse ein.[2] So falsch es wäre, das Stadtrecht als *Quelle* der städtischen Entwicklung anzusehen, mit so viel Recht darf man es als den Gradmesser der fortschreitenden Entwicklung betrachten: und da stimmt es vortrefflich zu der gewonnenen Datierung, daß Stieda[3] die Ausgestaltung der Stadtrechte in den Anfang des 13. Jahrhunderts setzt, wenn sie auch erst um die Mitte desselben aufgezeichnet worden seien. Im 12. Jahrhundert bestand ein allgemeines deutsches Stadtrecht noch *nicht*.[4]

Natürlich sprang das junge, neue Tausch- oder Menschenrecht nicht fertig und gewappnet, wie Pallas Athena aus dem Haupte des Zeus, in Erscheinung. Es gewann, wie jedes werdende Recht, nur langsam gegen das ältere an Boden. In genau dem Maße, wie die Tausch*wirtschaft* sich in den Städten entfaltet, entfaltet sich auch das der Tauschwirtschaft eigentümliche *Recht*. Und zwar hat es namentlich nach zwei Richtungen hin erst Altes abzubauen, ehe es Neues aufbauen kann. Die beiden Institutionen, denen die Entwicklung den Garaus machen mußte, waren die *hörigen Handwerkergenossenschaften* der Fronhöfe und das *städtische Patriziat*.

Wir hatten gefunden, daß in der vorhergegangenen Epoche reiner Naturalwirtschaft von einem freien, für den Markt produzierenden Handwerk kaum die Rede sein konnte. Um 1000 erschloß sich die Kaufkraft der Grundholden, um 1000 begann das eigentlich städtische Leben, und um 1000 begannen auch die hofhörigen Handwerker der alten Pfalz- und Bischofsstädte neben dem Dienst für den Fronhof für den Markt zu arbeiten.[5] Von jetzt an schreitet die Emanzipation der hörigen Handwerker mächtig voran, zuerst durch Zahlung von Geld statt der Rohstoffe seitens der Herrschaft, dann durch Fixierung der Leistung und schließlich durch Ablösung derselben durch einen Geldzins. Zuletzt, gegen 1200, ist die volle Freiheit vorhanden.[6] So z. B. finden sich im ältesten Straßburger Stadtrecht vom Anfang des 12. Jh. noch vielerlei hofrechtliche Beziehungen des Handwerkers zum Bischof. Der Charakter derselben ist aber ein derartiger, daß die Handwerker auf der Scheide zwischen völliger Freiheit und letzter Periode der Knechtschaft gestanden zu haben scheinen. Ein Jahrhundert später, im Stadtrecht von 1214, ist von derartigen Abgaben nicht mehr die Rede.[7] Ganz dieselbe Datierung ergibt sich aus den schönen Untersuchungen von Eberstadt über die Entwicklung der freien Zunft aus dem grundhörigen Handwerkeramt durch die Vermittlungsstufe des Magisterium. Um die Mitte des 12. Jahrhunderts geht das „rein grundherrliche Handwerk, das aller Organisation und Selbstverwaltung entbehrt",[8] in das Magisterium über, das „Amt eigenen Rechtes",[9] mit „eigener Gerichtsbarkeit, eigenen Abgaben und, mit Bezug auf diese beiden Momente, völliger Exemtion von der allgemeinen und öffentlichen Verwaltung".[10] „Mit Ablauf des 12. Jahrhunderts können wir diese innere Umbildung allseitig und durchaus als vollendet betrachten."[11] Das Magisterium hat die Organisation der „Zunft" geschaffen, welche „mit dem Anbruch des 13. Jahrhunderts uns als eine völlig ausgebildete Institution entgegentritt"[12].

---

1 Schmoller, Tucher und Weber, S. 362.
2 Inama-Sternegg, Deutsche Wirtschaftsgeschichte, Bd. II, S. 92.
3 Stieda, Zunftwesen, S. 64.
4 Inama-Sternegg, Deutsche Wirtschaftsgeschichte, Bd. II, S. 315; vgl. Below, Ursprung, S. 85.
5 Schmoller, Tucher und Weber, S. 362.
6 Inama-Sternegg, Deutsche Wirtschaftsgeschichte, Bd. II, S. 314.
7 Stieda, Zunftwesen, S. 30.
8 Eberstadt, Entstehung des Zunftwesens, S. 25.
9 Ebenda, S. 9.
10 Ebenda, S. 6.
11 Ebenda, S. 158.
12 Ebenda, S. 1.

Historischer Teil

Ganz gleichlaufend ist die Entwicklung der Fraternitates, der ursprünglich rein religiösen Bruderschaften, welche die zweite Wurzel des Zunftwesens bildeten. Um die Wende des 11. und 12. Jahrhunderts sind sie noch ungegliederte, „von außen geleitete"[1] Vereine ohne eigenes Recht; so die Weber von Worms (Urkunde von 1099)[2] und die Schuhmacher von Würzburg (Urkunde von 1128).[3] Aber sie treten mit der Verleihung des Zunftzwangs, also eines öffentlichen Rechtes, schon Mitte des 12. Jahrhunderts „aus dem Kreise des privaten Rechtes heraus"[4] (Urkunde der Kölner Bettziechenweber von 1147). Damit war der entscheidende Schritt getan, der die Fraternitas zur Zunft entwickelte; hier erlangte der Handwerkerstand die *eigene Gerichtsbarkeit*, das Recht der *Selbstsatzung* und *Selbstverwaltung*.[5] „Der Bürger entzieht sich einer Leitung, die mit der Mündigkeit eines vorgeschrittenen Standes unverträglich geworden war."[6]

Das äußere Kennzeichen dafür ist der Fortfall aller Leistungen, welche grund- oder gemeindeherrlicher[7] Natur sind. Derartige Befreiungen tauchen schon früh auf; Speyer erhält von Heinrich V. schon 1111 die Befreiung vom Buteil;[8] und Below sagt ganz allgemein, daß die Naturalleistungen und persönlichen Dienste, die der Handwerker eingeschlossen, aufgehoben oder gemindert, wenigstens aber auf ein festes Maß gebracht oder auch aus Dienstleistungen für den Stadtherren in Dienste für die Stadt verwandelt wurden. Die Befreiung oder Reduktion der persönlichen Dienste erscheine in den Quellen als eine der städtischen Freiheiten.[9] Damit waren alle einst hofhörigen Lasten in die dem reinen Tauschrecht angehörigen *Steuern* für Staats- und Kommunalzwecke umgewandelt.

So stand also von etwa 1200 an der städtische Handwerker auch in den alten Pfalz- und Bischofsstädten als *wirtschaftendes* Subjekt so vollkommen unter Tauschrecht, wie seine Kollegen in den neugegründeten Städten; das Motiv seiner wirtschaftlichen Tätigkeit war fortan nur sein eigener Wille und Nutzen. Aber als *politisches* Subjekt hatte er noch gegen das im Stadtregiment Gestalt gewordene Nomadenrecht anzukämpfen, um die Gleichheit aller Bürger auch in der Teilnahme an der öffentlichen Verwaltung durchzusetzen. Dieser Kampf beginnt sofort nach der wirtschaftlichen Emanzipation: das Zeitalter der Zunftkämpfe bricht herein.

Die Anfänge des *städtischen Patriziats* reichen in eine Zeit hinauf, in welcher schriftliche Aufzeichnungen nur sparsam gemacht wurden. Wenn schon aus diesem Grunde es sehr schwierig ist, sein Werden und Wesen zu erkennen, so wird es noch aus dem anderen Grunde erschwert, weil seine Ausbildung je nach Ort und Zeit sehr verschieden erfolgt sein muß, anders in den königlichen, als in den bischöflichen Städten, anders in Handelsstädten, als in Gewerbestädten,[10] anders im 12. und 13. als im 10. und 11. Jahrhundert. Man kann sagen, daß sich die spezielle Geschichte jeder Stadt in der Zusammensetzung ihres Patriziats spiegelt.

Solange die *alten* Städte noch bloße *Kaufstädte*, nicht aber Gewerbestädte waren, beruhte die wirtschaftliche Existenz ihre Einwohner auf Ackerbau, Handel und „Gehalt", nämlich der Besoldung der ministerialischen Zivilbeamten und Offiziere.[11] Da diese „Besoldung" zum allergrößten

---

1 Ebenda, S. 168.
2 Ebenda, S. 161.
3 Ebenda, S. 164.
4 Ebenda, S. 168, 201.
5 Ebenda, S. 194.
6 Ebenda, S. 196.
7 Below, Die Entstehung der deutschen Stadtgemeinde, S. 20, 73.
8 Below, Zur Entstehung, Bd. I, S. 212.
9 Ebenda, Bd. II, S. 241f.
10 Vgl. Inama-Sternegg, Deutsche Wirtschaftsgeschichte, Bd. I, S. 103.
11 Vgl. Arnold, Aufkommen des Handwerkerstandes, S. 16.

Teile in Lehen, also in Grundbesitz bestand, da es ferner sehr wahrscheinlich ist, daß in königlichen und grundherrlichen Städten der Handel ebenso gut von ministerialischen Händlern (Scaramanni) im Auftrage ihrer Herren, wie von freien Kaufleuten für eigene Rechnung betrieben wurde, so waren die wirtschaftlichen Interessen der freien und hörigen Elemente identisch[1] und mußten um so eher und in dem Maße zu einer vollen Verschmelzung in ein einheitliches Bürgertum führen, als die ministerialische Abart der Unfreiheit überall sich zu einem Stande besonders erhöhter Ehre entwickelte. Sahen sich doch die Grundherren gezwungen, ihre leibeigenen Ministerialen immer mehr vor den freien Vasallen zu bevorzugen, weil diese, seit sie die Erblichkeit der Lehen durchgesetzt hatten, sich in drohender Selbständigkeit gegen die Lehnsherren wendeten. Diese Gefahr schien bei der Rechtlosigkeit der „servi" nicht vorzuliegen; und so stattete man sie massenhaft mit Beamten- und Offiziersstellungen aus.[2] Erreicht wurde damit freilich auch nur, daß der Ministerial dem Vasallen *wirtschaftlich* und demzufolge auch bald *politisch* ebenbürtig wurde. Auch er setzte die Erblichkeit der Lehen durch und verschmolz dann mit der freien Vasallität zum Ritterstande. Diese Entwicklung mußte natürlich auf die ständische Gliederung in der Kaufstadt zurückwirken; unmöglich konnte sich das altfreie Mitglied des Burding noch sträuben, den *städtischen* „Ritter" als seinesgleichen anzuerkennen, sobald der *ländliche* Ritter zum Edelmann, sein hofhöriger Grundbesitz zum *Lehen* geworden war. Im Gegenteil! Der freie Bürger nahm die Anschauungen des Ritterstandes an.[3]

Es war also die „Bürgerschaft" der ersten Periode bald ein im wesentlichen durch Gleichheit der sozialen und wirtschaftlichen Interessen solidarischer Stand. Als solcher tritt er von dem 12. Jahrhundert an in den Stadtchroniken hervor.[4]

Anders haben wir uns die Entstehung des Patriziats in den aus „frischer Wurzel gegründeten" Städten des rechtsrheinischen Deutschland vorzustellen. Hier wurde so gut wie überall von einem Grundherrn, dem das Marktregal vom Kaiser verliehen war, oder – in späterer Zeit – als Landesherrn zustand, auf einem ihm gehörigen Grundstücke ein *Markt* (forum) gegründet[5] und an Kolonisten ausgetan, welche ihr Hausland nach „Weichbildrecht" entweder gegen einen geringen Zins (Wortzins) oder umsonst erhielten. Dieses „jus fori", welches Rietschel nicht wie Sohm als Recht des Markt*verkehrs*, sondern als Recht der Markt*ansiedelung* deutet,[6] ist aus doppelter Wurzel entstanden: aus dem Recht der Landgemeinde[7], welches sich dem Verkehr entsprechend umwandelte, und aus dem Standesrecht der Kaufleute, einem Personalrecht, von dem schon Notker in seinem Boethius-Kommentar Kenntnis hat,[8] dem „jus aequum" der Kaufleute anstatt des „jus strictum" des Volks- und Landrechtes. Dieses personale Recht wurde ebenso wie das personale Volksrecht territorial; wie jenes zum Landrecht, wurde dieses zum *Marktrecht*.

Wir dürfen hier vielleicht mit Kloeden (Berlin und Köln) die Vermutung aussprechen, daß sich dieses Standesrecht der Kaufleute an den uralten Handelsplätzen ausgebildet haben mag, wo die Kaufleute der verschiedensten Nationen in eigenen Quartieren nach eigenem Rechte saßen. Wir kennen solche kaufmännischen Genossenschaften, die nachmaligen Hansen, von fast allen Handelsplätzen der Welt. Herodot weiß außer von den Argippäern von der griechischen Handelskolo-

---

1 Vgl. Inama-Sternegg, Deutsche Wirtschaftsgeschichte, Bd. II, S. 104.
2 Below, Zur Entstehung, Bd. II, S. 225.
3 Derselbe, Ursprung, S. 115.
4 Arnold, Geschichte des Eigentums, S. 23, 28.
5 Rietschel, Markt und Stadt, S. 40f.
6 Ebenda, S. 174.
7 Ebenda, S. 173.
8 Ebenda, S. 191.

nie Gelonos im Lande der Budinen am oberen Don zu erzählen, wo die Kaufleute ebenso in „Nationen" saßen, wie ein Jahrtausend später in den großen slawischen Handelsstädten, wie ferner in Nishni-Nowgorod, Brügge, Bergen, London und Venedig. Wie im Londoner Stahlhof und im Venezianer Fondaco saßen die deutschen Kaufleute überall als gern gesehene Gäste unter dem Schutze des Geleits- und Marktherrn in dessen besonderem „Königsfrieden".

Es ist sehr wahrscheinlich, daß sie ihr daselbst ausgebildetes Gewohnheitsrecht, jus institorum, negotiatorum, mercatorum, das jus fori etc. sich haben gewährleisten lassen, als sie im deutschen Lande sich ansässig machten. Wenn das richtig wäre, so wäre die Kontinuität des jetzt allgemeingültigen „Tauschrechtes" mit dem Recht der uralten, befriedeten Handelsmärkte hergestellt.

Jedenfalls gewährte dieses jus „quali ceterarum regalium institores urbium fruuntur" (Urk. für Bremen von 965) eigenes Stadtgericht, volle persönliche Freiheit, weitgehende Selbstverwaltung besonders des Marktverkehrs, d. h. zunächst die Aufsicht über Maß, Gewicht, „Meinkauf" und Lebensmittelpolizei.[1]

Diese Privilegien kamen jedoch nur solchen Ansiedlern zu, welche erstens mercatores waren, d. h. Händler *oder* Handwerker[2], und welche zweitens nach „Weichbildrecht" („Stadtrecht", „Burgrecht" oder „Marktrecht") saßen, d. h. ein Grundstück zu Weichbildleihe vom Marktherrn unmittelbar empfangen hatten.[3] Die Stadtgemeinde war insofern eine *Realgemeinde*, als der Besitz von Haus und Hof nach Weichbildrecht Bedingung der Mitgliedschaft war.[4] Eine solche „Area" galt als proprium non obligatum, sed liberum (Freiburger Stadtrecht) und gab das volle Bürgerrecht. Ebenso heißt es im Speyerer Stadtrecht von 1347, Bürger sei, wer „buliche und hebeliche" in der Stadt sitze.

Die eigentliche „Bürgerschaft" dieser aus frischer Wurzel gegründeten Städte bildeten also die Besitzer der ursprünglich ausgegebenen Hausplätze. Als eine spätere starke Einwanderung von Gewerbetreibenden dazutrat, war kein Land mehr verfügbar, als allenfalls auf der Allmende; die Zuzügler wurden Aftermieter der ersten Ansiedler, welche ihnen auf ihren großen Worthen kleine Hausplätze gegen Zins und „Ehrschatz" überließen und damit ihrerseits zum *Patriziat* wurden, während die Aftermieter vom „Bürgerrecht" ausgeschlossen waren, weil sie eben nicht auf „echtem Eigen" saßen.

Also auch hier, trotz des ganz verschiedenen Ursprungs, fand sich, wie in den alten Römerstädten, eine ältere Schicht politisch allein- und wirtschaftlich vorberechtigter Einwohner vor, welche sich als „Real- und Gerechtsamegemeinde" schroff von den zuziehenden Neubürgern abschloß, und deren Interesse hier wie dort auf Handel und Grundbesitz beruhte. Auch in den jungen Städten tritt dieses Patriziat im 12. Jahrhundert scharfgeprägt hervor, und so ist es selbstverständlich, daß die fernere Entwicklung in allen Gemeinwesen des Reiches ziemlich gleichmäßig verlaufen mußte.

Daß gerade im 12. Jahrhundert das Patriziat als erhöhter Geburtsstand hervortritt, ist kennzeichnend für die Standesbildung überhaupt. Um diese Zeit nämlich tritt das neue Element des Handwerkers zum ersten Male energisch und zahlreich genug auf, um einen eigenen Stand mit eigenen Ansprüchen zu bilden, und dadurch wird der Stadtbürger, der „Bürger" schlechthin von ehedem, zum „Altbürger", zum Patrizier.

Daß sich die Klassen nur langsam schieden, läßt sich vielleicht daraus schließen, daß gewisse Handwerke an vielen Orten eine Art niederen städtischen Adels bilden und zwar gerade diejeni-

---

1 Below, Die Entstehung der deutschen Stadtgemeinde, S. 59.
2 Rietschel, Markt und Stadt, S. 55f., 140; Below, Die Entstehung der deutschen Stadtgemeinde, S. 30.
3 Sohm, Städtewesen, S. 67.
4 Below, Die Entstehung der deutschen Stadtgemeinde, S. 52.

gen, *welche in der Zeit des Übergangs von der Kaufstadt zur Gewerbestadt* vielleicht die einzigen, jedenfalls die einzig wichtigen und zahlreich besetzten gewesen waren, die Handwerke des täglichen Bedarfs, vor allem Bäcker, Fleischer, Schuhmacher und Weber,[1] auch Kürschner, Schmiede, Krämer.[2] Wie alt die Vorrechte dieses „tribunizischen Patriziats" sind, geht z. B. daraus hervor, daß in einzelnen Städten die Schuhmacher noch mit den Gerbern zusammen eine einzige privilegierte Korporation bildeten.[3] Das führt in eine Zeit noch sehr schwacher gewerblicher Differenzierung zurück und spricht sehr für die Auffassung, daß das spätere Patriziat tatsächlich alle „Bürger" der alten Kaufstadt der Naturalwirtschaft umfaßt.

Ob die Entstehung dieses niederen städtischen Adels so zu erklären ist, daß seine Mitglieder schon einer Einwandererschicht angehörten, etwa des 11. Jahrhunderts, welche noch keinen so schroff nach unten hin abgeschlossenen Geschlechterstand und noch abhängigere Städte vorfand und daher mit einem gewissen Anteil an den erst unter ihrer Mitwirkung erworbenen politischen Rechten ausgestattet wurde; oder ob es sich um Teile der alten Bürgerschaft selbst handelt, welche bei der allmählichen Sonderung zwischen Handwerk und Handel sich für das erstere allein entschieden; ob es sich schließlich in allen Fällen um ehemalige Magisterien handelt, „gefestete Ämter", wie Eberstadt[4] meint, läßt sich wohl nicht mit Sicherheit feststellen und ist auch wohl lokal verschieden gewesen. Man muß sich sehr hüten, die Standes- und Berufsunterschiede einer späteren Zeit rückwärts zu projizieren: Handel und Handwerk sind ursprünglich vielfach in einer Hand gewesen, negotiator und mercator bedeuten ursprünglich sowohl Kaufmann wie Handwerker[5]: noch zur Zeit Eduards III. waren die Londoner Schneider die großen Importeure von Tuch, und noch im 16. Jahrhundert die Bierbrauer in Hamburg die vorzüglichsten Kornhändler,[6] wie auch noch heute vielfach der Fleischer Viehhändler ist: und wie unsere neueste Zeit aus ganz anderen Ursachen wieder viele Handwerker in der Hauptsache zu Krämern umwandelt.

Jedenfalls ist in der ersten Periode der Stadtwirtschaft, derjenigen des Übergangs von der Kauf- zur Gewerbestadt, noch keine sehr scharfe Scheidung zwischen Alt- und Neubürgern vorhanden. „Die soziale und rechtliche Nivellierung, welche sich in den Städten (...) vollzog, brachte es bis gegen das Ende des 12. Jahrhunderts doch nicht weiter als bis zur Ausbildung eines Begriffs der Stadtbürger im Gegensatz zu den unfreien Knechten der verschiedenen Klassen der besitzenden Gesellschaft einerseits, und zur ungefähren Abgrenzung eines teils grundbesitzenden ritterschaftlichen, teils kapitalkräftigen handeltreibenden Patriziats im Gegensatz zu allen gewerblichen und dienenden Klassen andererseits."[7]

Von ca. 1200 an aber, mit dem glänzenden Aufschwung der Technik und Arbeitsteilung, mit der Zunahme der Bevölkerung der Städte, bildete sich der letztgenannte Gegensatz um so schärfer heraus, je mehr sich der erste verwischte. Immer schroffer schloß sich das Altbürgertum gegen das Neubürgertum nach unten hin ab, bildete sich immer mehr zur *herrschenden* Klasse aus, je mehr zu beherrschende Zuwanderer in der Stadt ihren Wohnsitz nahmen. Eine charakteristische *Klassenherrschaft* entsteht, wie jede der Art gekennzeichnet durch die Usurpation der *politischen* Gewalt zur Aufrechterhaltung *wirtschaftlicher* Vorteile. Das *politische* Kennzeichen ist, daß in den Städten,

---

1 Stieda, Zunftwesen, S. 28; Below, Die Entstehung der deutschen Stadtgemeinde, S. 107.
2 Eberstadt, Entstehung des Zunftwesens, S. 202.
3 Kloeden, Geschichte des Oderhandels, Bd. I, S. 62, Bd. III, S. 1; vgl. auch Schmoller, Innungswesen, S. 63.
4 Eberstadt, Entstehung des Zunftwesens, S. 202.
5 S.o.; vgl. z. B. auch Rietschel, Markt und Stadt, S. 55f.
6 Brentano, Arbeitergilden, Bd. I, S. 29.
7 Inama-Sternegg, Deutsche Wirtschaftsgeschichte, Bd. I, S. 106.

Historischer Teil

namentlich den rheinischen, von ca. 1200 an der Stadtrat in den Vordergrund tritt,[1] das *wirtschaftliche*, daß die Aufnahmebedingungen der patrizischen Gilden immer härter und strenger werden, aus je späterer Zeit die Statuten stammen.[2]

Die wirtschaftliche Existenz der alten Burgensen beruhte außer auf dem Grundbesitz, der ihnen ja unter allen Umständen verblieb, auf dem *Handel*. Und das ganze Bestreben dieser Klassenherrschaft der städtischen Geschlechter gipfelt darin, das alte *faktische* Monopol des Handels zu einem *rechtlichen* Monopol auszugestalten.

In den kleineren Binnenstädten überwog in der Naturalzeit der Tuchhandel jeden anderen sehr stark.[3] Darum finden wir fast überall die Wandschneider im Norden, die Tucher im Süden wie die drapiers in Frankreich als Mitglieder des Patriziats; sie sind mit Erfolg bemüht, ihren einträglichen Zwischenhandel zwischen dem Weber und dem Publikum (der ganz berechtigt war, solange die Weberei ausschließlich ländliche Hausindustrie war) auch dann noch durch rechtliche Privilegien zu halten, nachdem die Webermeister bereits städtische Handwerker geworden sind.[4] Die Wandschneidergilde in Stendal z. B. vereinigt alle patrizischen Elemente und regiert die Stadt.[5] Deswegen finden wir die ausgebeuteten Weber überall an der Spitze der Zunftaufstände[6], und die Sprache bewahrt nach Schmoller heute noch die Erinnerung daran in dem Worte: eine Verschwörung „anzetteln".

Wo Naturalschätze den vorwiegenden Handelsartikel bilden, sind es diese, deren Vertrieb durch die in ihren Gilden klubmäßig abgeschlossene Altbürgerschaft monopolisiert wird: die Teilhaber der Salinen in Salzstädten,[7] die Anteiler der Bergwerke und Wälder in Bergstädten[8] sind die Patrizier.

Wo aber der *Großhandel* den zeitlich ersten Nahrungszweig einer Stadt gebildet hat, da sind es die Großhändler, welche als Patriziat die später eingewanderten Schichten davon abzusperren bemüht sind. Es ist kennzeichnend, daß in Lübeck die sonst überall im Norden patrizischen Gewandschneider von der Ratsfähigkeit ausgeschlossen sind.[9]

Entsprechend hat eine Stadt wie Köln, in der sich Großhandel und Zwischenhandel die Waage halten, auch eine gemischte Verfassung; die „Herren unter den Gademen" umschließen Großhändler und Gewandschneider; und auch der uralte Weinhandel Kölns spiegelt sich in den drückenden Vorrechten der Weinbruderschaft.[10] Anderswo sind es nutzbare Privilegien, so z. B. das Prägerecht der Münzerhausgenossenschaften, welche zur Bildung eines Patriziats Veranlassung geben.[11]

Kurz und gut: das städtische Patriziat ist überall die ständisch abgeschlossene Altbürgergemeinde; überall ist ihr Streben, die Konkurrenz der Neubürger von denjenigen Erwerbszweigen auszuschließen, mit welchen sie sich ernährt hat, solange die Stadt noch ganz oder wesentlich Kaufstadt war. Die ganze bunte Verschiedenheit der erstrebten bzw. verteidigten Privilegien rührt nur daher, daß in den verschiedenen Städten, je nach Größe, Entwicklungsstand und Verkehrslage,

---

1 Schmoller, Tucher und Weber, S. 380.
2 Brentano, Arbeitergilden, Bd. I, S. 30.
3 Vgl. Schmoller, Tucher und Weber, S. 375.
4 Ebenda, S. 462.
5 Ebenda, S. 459.
6 Brentano, Arbeitergilden, S. 38.
7 Vgl. Inama-Sternegg, Deutsche Wirtschaftsgeschichte, Bd. II, S. 361 Anm.
8 Hegel, Städte und Gilden, Bd. II, S. 400.
9 Vgl. ebenda, S. 413, über die Marchands de l'Eau de Paris.
10 Schmoller, Tucher und Weber, S. 462.
11 Inama-Sternegg, Deutsche Wirtschaftsgeschichte, Bd. II, S. 422.

verschiedene wirtschaftliche Interessen den Altbürgerstand beherrschen. Wie kennzeichnend ist es, daß sich in dem auf den Nord- und Osthandel angewiesenen Norden patrizische Kaufmannsgilden schon im 11. Jahrhundert finden, während sie im gewerbereichen Rheinland erst später und viel weniger ausgeprägt erscheinen; und daß unter den wenigen Beispielen in Süddeutschland sich gerade *Regensburg* befindet[1], das jahrhundertelang den Osthandel nach Polen und Rußland beherrschte, bis es von Wien und Lübeck abgelöst wurde! Hier allein findet sich eine „Hansa" mit einem Hansgrafen an der Spitze!

Es ist nun zweifellos, und das eben ist für unsere Betrachtung wichtiger, als alles noch so interessante historische Detail, daß die Machtmittel, auf welche sich die Altbürger stützten, um die Neubürger von ihrem Erwerbe auszuschließen, dem *Nomadenrecht* angehörten und daher von dem sich entwickelnden Tauschrecht beseitigt werden mußten.

Es handelt sich um zweierlei, um formelle Rechtstitel und um materielle Machtmittel, auf welche sich das Patriziat berief oder stützte. Jene waren verliehene *Privilegien*, diese ihr städtischer und ländlicher *Großgrundbesitz*.

Die vom Kaiser oder Landesherrn verliehenen Privilegien entstammen dem in der politischen Organisation Gestalt gewordenen Nomadenrecht: das bedarf keines weiteren Beweises. Das reine Tauschrecht kann derartige Monopole gar nicht entwickeln. Es muß jedoch gesagt werden, daß alle die Rechte, welche das spätere Patriziat für sich in Anspruch nahm, ursprünglich gar nicht als Monopole gedacht, sondern als Rechte der Stadt, als gemeine Bürgerrechte vorhanden oder verliehen waren; nur dadurch, daß sich die Altbürgergemeinde gegen den Neubürger abschloß, machte sie die von den Förderern der Städte diesen verliehenen Bürgerrechte zu Monopolen einer Klasse.[2] Das konnte nur da gelingen, wo eine starke Zentralgewalt im Staatsleben fehlte, in Deutschland, Belgien, Italien; wo eine solche, wie in England, Dänemark[3] und Skandinavien[4] vorhanden war, hat sich das Altbürgertum niemals zum Patriziat entwickelt. In Deutschland aber nahm die Altbürgerschaft das städtische Aufsichtsrecht über den Münzverkehr, über Waage und Gewicht[5], über den Markt und das Gewerbe, nahm sie die Zoll- und Handelsprivilegien als Vorrechte ihrer Klasse in Anspruch, ungehindert durch irgend eine Staatsgewalt, welche die Interessen der Allgemeinheit, das *Staatsprinzip*, gegen diese Eigensucht verteidigt hätte.

War *formell* so alles in Ordnung, so war auch das Mittel, durch welches das Patriziat seine Vorrechte schützte, formell ebenso unangreifbar: die Ausschließung nämlich der Neubürgerschaft von der politischen Selbstverwaltung und Stadtregierung. Denn nach der Auffassung jener Zeit war nur der Mann politisch berechtigt, der auf *echtem Eigen*, d. h. auf einem von keiner Feudallast beschwerten Eigentum an Grund und Boden saß. Auch dieses Recht ist echtes *Nomadenrecht*. Wir haben nachgewiesen, daß das ganze Feudalsystem nur auf Grundlage des Nomadenrechts entstehen konnte, und so auch jene feudale Umwälzung, die Gierke dahin definiert, daß im Anfang das Genossenrecht Anspruch auf Grundeigen, aber zuletzt das Grundeigen Anspruch auf die Genossenrechte gab.[6] Nirgend konnte, nachdem dieser Umschwung einmal vollzogen war, nachdem das *persönliche* Genossenrecht in ein *dingliches*, am Boden haftendes Recht auf die Genossenschaft verwandelt war, der Nichtshäbige Mitglied der voll berechtigten Genossenschaft sein[7]: er war von den politischen Rechten ausgeschlossen.

---

1 Ebenda, S. 99.
2 Brentano, Arbeitergilden, Bd. I, S. 17f.
3 Ebenda, S. 30; Hegel, Städte und Gilden, Bd. I, S. 114, 118.
4 Hegel, Städte und Gilden, Bd. II, S. 514.
5 Inama-Sternegg, Deutsche Wirtschaftsgeschichte, Bd. II, S. 391.
6 Gierke, Genossenschaftsrecht, S. 75.
7 Ebenda, S. 85.

Und die Handwerker waren in diesem Sinne nichtshäbig. Sie hatten wohl Land umsonst oder gegen billigen Erbzins von den städtischen Grundbesitzern erhalten, aber nicht zu *Eigentum*, sondern zu *Erbe*. Es blieb im *Eigentum* der Altbürger, es war mit einem Zins und meistens mit einem bei Handwechsel zu zahlenden „Ehrschatz" usw. belastet: und das schloß den Besitzer von den politischen Rechten aus, ganz „zu Recht" nach der Auffassung der Zeit!

Nun haben wir schon an verschiedenen Stellen gezeigt, daß ein formelles Recht jederzeit nur der Gradmesser der herrschenden Kräfteverteilung ist. Wenn diese sich ändert, so ändert sich auch das Recht; es setzt dem neuen Rechte wohl eine kleine Weile einen *eigenen*, in seiner Natur als heiliger Überlieferung begründeten Widerstand entgegen; das kann aber den Sieg des neuen „Rechtes" höchstens ein wenig *verzögern, nie aber verhindern*. Wir haben also zu fragen, welche *materiellen Machtmittel* dem Patriziat zur Verfügung gestanden haben, um die Neubürgerschaft niederzuhalten?

Diese Machtmittel waren: die Überzahl, der Reichtum und die Hausmacht. Die *Überzahl*! denn die Altbürger bildeten in der ganzen Übergangszeit eine geschlossene Majorität gegen die Handwerker, deren wohlhabendste Schichten sie sich ja lange angliederten. Der *Reichtum*! denn sie befanden sich nicht nur im Besitz des privilegierten Handels, sondern zogen auch von dem städtischen Bauland, das sie allein besaßen,[1] Zinse, und hatten vielfach in der Nachbarschaft ländlichen Grundbesitz, kleinere Grundherrschaften,[2] von denen ihnen gleichfalls Zinse zuflossen. Und schließlich die *Hausmacht*! denn ihre Dienerschaft, ihre Kontoristen, Fuhrleute, reisigen Frachtführer und Schiffer, ihre hörigen Grundholden hatten Fäuste, über welche sie verfügten.

Auf diese Machtmittel gestützt, übten sie über die Neubürger eine echte Klassenherrschaft aus. Nicht nur, daß sie sie von Handel und Verkehr absperrten: sie beanspruchten auch vielfach das Gemeindeland, die Allmende, für sich allein, d. h. sie konstituierten sich als Real-, als Gerechtsamegemeinde gegenüber den Beisassen.[3] So z. B. in Straßburg.[4] Daß sie überall die öffentlichen Lasten auf die beherrschte Klasse abwälzten, ist selbstverständliches Kennzeichen jeder Klassenherrschaft.[5] Über Steuer- und Dienstdruck, Ungerechtigkeit der patrizischen Verwaltung, welche die Steuern auf die Gewerke legte, über die Verschuldung der Städte haben die Handwerker überall zu klagen.[6]

Und echtes Zeichen einer Klassenherrschaft ist die *Verachtung* der unteren Klasse. Sie tritt besonders charakteristisch in den Statuten der vornehmen Gilden zutage, insofern sie überhaupt Handwerker zulassen, in den Bestimmungen, daß niemand mit „schmutzigen Händen" oder „blauen Nägeln", oder „der seine Ware auf der Straße ausschreie" zur Gilde zugelassen werden solle, und daß der Handwerker, um der Aufnahme würdig zu sein, zuvor seit Jahr und Tag seinem Handwerk abgeschworen haben müsse.[7] Ja, der Übermut geht so weit, daß hier und da dem Patrizier das Recht zusteht, den „Mann ohne Herd und Ehre, der von der Arbeit lebt", zu ohrfeigen, wenn er ihm nicht Ehrfurcht erweist.[8]

---

1 Below, Zur Entstehung, Bd. I, S. 232.
2 Hegel, Städte und Gilden, Bd. II, S. 442.
3 Arnold, Aufkommen des Handwerkerstandes, S. 41.
4 Schmoller, Straßburg zur Zeit der Zunftkämpfe, S. 21.
5 Brentano, Arbeitergilden, Bd. 1, S. 31; Schmoller, Straßburg zur Zeit der Zunftkämpfe, S. 41; Arnold, Aufkommen des Handwerkerstandes, S. 43.
6 Schmoller, Straßburg zur Zeit der Zunftkämpfe, S. 21f.
7 Brentano, Arbeitergilden, Bd. 1, S. 29; Hegel, Städte und Gilden, Bd. II, S. 187 (Brügge), 208 (Brüssel), 262 (Middelburg), 469 (Bremen), 480 (Stendal).
8 Brentano, Arbeitergilden, Bd. 1, S. 31; Arnold, Aufkommen des Handwerkerstandes, S. 41; Maurer, Städteverfassung, Bd. II, S. 540.

Diese Klassenherrschaft nun währte, wie jede Klassenherrschaft, genau solange, wie die Massenkraft der Herrschenden die der Beherrschten überwog. Und das einmal in rascher Entwicklung begriffene freie Tauschrecht sorgte dafür, daß die Kräfteverteilung sich schnell zugunsten der Handwerker, zuungunsten des Patriziats verschob.

Hatte man jenen schon so viel an formalem Recht der Tauschwirtschaft zugestehen müssen, daß sie auf ihrem „Erbe" trotz seiner dinglichen Zinslast als persönlich freie Männer wohnten; hatte man ihnen das wichtigere Zugeständnis gemacht, mit den Altbürgern gleichen Gerichtsstand vor dem Stadtgericht zu haben, ein Recht, das Below geradezu als die Wurzel des modernen Staatsbürgertums bezeichnet[1], so untergrub die fortschreitende Entwicklung der Tauschwirtschaft sowohl das *formale Recht* als auch die *materielle* Macht des Patriziats von Tag zu Tage mehr.

Das *formale* Recht, indem die Entwicklung, welche den Anspruch auf politisch-genossenschaftliche Beteiligung dinglich auf das „echte Eigen" radiziert hatte, weiterschreitend das Bürgerrecht vom Grundbesitz überhaupt loslöste: der Bodenwert stieg reißend schnell in den Städten, ohne *daß der Obereigentümer davon wirtschaftlichen Nutzen gehabt hätte*. Der Besitzer im Untereigentum gewann das Recht, auf sein „Erbe" neue Grundschulden aufzunehmen, Leibrenten, „Gülten". War zuerst die Auflassung seitens des Zinsherrn erforderlich, so mußte sich dieser in einem zweiten Stadium mit der bloßen formellen Erlaubnis genügen lassen, um im dritten und letzten Stadium ganz übergangen zu werden.[2] Die ursprünglich feudale, mindestens marktherrliche Last wurde zu einer reinen Hypothek; verlor ihren feudalen Charakter ganz, wurde ablösbar; so konnte es kommen, daß sich ein Handwerker im Besitz von freiem und ledigem „echten Eigen" befand, wenn er Zins und Ehrschatz mit Kapital abgelöst hatte, während auf der anderen Seite unter der Wirkung „rein ökonomischer Verhältnisse" das ehemals echte Eigen der Patrizier sich mit Gülten belastet fand, die etwa noch gar in dem Eigentum reich gewordener Plebejer standen; oder man findet Patrizier sogar auf geliehenem Besitz.[3] „Gewöhnlich sagt man, der Eintritt der Handwerker in den Rat habe die Alleinherrschaft des Grundeigentums gebrochen und das bewegliche Vermögen demselben gleich gestellt (...) das ist vollkommen richtig. Wir können es aber auch umkehren: nicht der Eintritt der Handwerker in den Rat hat die Alleinherrschaft des Grundeigentums, sondern der Erwerb desselben durch die Handwerker hat die Alleinherrschaft der Geschlechter gebrochen. Denn als die Handwerker Anteil am Stadtregiment erlangten, waren sie bereits in den Besitz von Grundeigentum gekommen, oder es stand ihnen wenigstens die Möglichkeit des Besitzes offen."[4]

Bestand schon in der zweiten Hälfte des 12. Jahrhunderts eine rasche und tiefgreifende Mobilisierung des städtischen Bodens[5], so finden wir schon seit Ende des 13. Jahrhunderts in den meisten Städten Angehörige des emporgekommenen dritten Standes im Besitz von Zinsen, Leiherechten und ungeteiltem Eigen, und das 14. Jahrhundert zeigt uns die Besitzverhältnisse nirgend mehr in ihrer Reinheit. Dienstmannen und Geschlechter haben ihr Vorrecht, Eigentum zu besitzen, verloren, ohne daß man eigentlich sagen kann, wie?[6]

Eine solche, im wahrsten Sinne grundstürzende, Revolution im Bodenbesitz konnte unmöglich ohne Einfluß auf den Charakter des Rechtes bleiben. Die nomadenrechtliche Verknüpfung politischer Rechte mit unbeschwertem echten Eigen war zu einer Antiquität geworden, welche mit der wirtschaftlichen Lage nicht mehr übereinstimmte: mit der wirtschaftlichen Institution hatte das junge Tauschrecht auch ihr Recht beseitigt.

---

1 Below, Zur Entstehung, Bd. II, S. 221.
2 Arnold, Geschichte des Eigentums, S. 106.
3 Ebenda, S. 249f.
4 Ebenda, S. 250.
5 Inama-Sternegg, Deutsche Wirtschaftsgeschichte, Bd. II, S. 446.
6 Arnold, Geschichte des Eigentums, S. 139.

Während so den Patriziern der formale Rechtsboden unter den Füßen wich, auf den sie ihre Standesansprüche gestellt hatten, sahen sie auch ihre *materiellen Machtmittel* absolut und relativ schwinden. Ihre *Überzahl* verwandelte sich mit dem Wachstum der Städte in eine Minderheit; denn fast die ganze Zuwanderung kam den Handwerkern zugute, besonders seitdem sich die Altbürgerverbände immer exklusiver nach unten hin abschlossen; ja, die inneren Fehden zwischen den einzelnen Nobili, den Overstolzen und Weißen in Köln, den Zornen und Mülnheimern in Straßburg, den Sternträgern und Papageien in Basel, den Auern mit den übrigen Geschlechtern in Augsburg[1] schwächten sie außerordentlich, nicht nur durch die innere Reibung, sondern auch durch die Auswanderung vieler Rittergeschlechter aus den Städten, die diese Fehden häufig im Gefolge hatten. Um so gewaltiger schwoll die Zahl und Macht der Gewerke an; wenn in Frankfurt a. M., das stets aristokratisch regiert blieb, weil seine Ernährung mehr auf seinem Wein- und Messehandel, seiner Geldwirtschaft und seinem Oberhof, dem Reichsgericht, beruhte, Ende des 14. Jahrhunderts 50–60% der Bevölkerung vom Gewerbe lebten,[2] dann kann man sich eine Vorstellung davon machen, was die Zahl und Kraft der Handwerker in Köln, Nürnberg, Augsburg usw. zu bedeuten hatte.

Ebenso wie sie an Zahl zurücktraten, so verloren die Patrizier aber auch an Reichtum, wenigstens relativ, und an Hausmacht. Was nützten ihnen Handelsgewinne und Hauszinse, wenn sie damit keine starken Fäuste kaufen konnten: und die gab es damals noch nicht auf dem Markte der freien Arbeit; und ihre Grundherrschaften und häuslichen „Familien" hatten sie ebenso auflösen müssen, wie die *großen* Grundherren des platten Landes. So vermorschte *eine* Stütze des Patriziats nach der anderen, während der Ansturm des neuen Rechtes immer gewaltiger wurde.

Der Kampf beginnt, wie bei jeder Klassenherrschaft, von seiten der herrschenden Klasse. Sie fühlte den Boden unter ihren Füßen wanken und versuchte das uralte Mittel, das wir schon einmal als Charakterpflanze der Klassenherrschaft bezeichnet haben, das *Koalitionsverbot*. Die Handwerker hatten sich zu Verbänden der verschiedensten Art, religiöser, geselliger, wirtschaftsgenossenschaftlicher Natur zusammengeschlossen; vielleicht trugen sie das Haupt im Bewußtsein ihrer durch Einigkeit erworbenen Macht schon höher, vielleicht flogen einmal trotzige Worte: jedenfalls wurde das Patriziat nervös und suchte sich für polizeiliche Unterdrückung einen neuen Rechtsboden zu schaffen, indem es sich an die Reichsgewalt wendete.

Schon 1131 und 1157 richteten sich kaiserliche Edikte gegen die conjurationes und Zusammenkünfte;[3] 1161 schärft Pfalzgraf Heinrich als Obervogt der Trierschen Kirche das Verbot wieder ein. 1219 verbietet Friedrich II. die Zünfte in Goslar, und 1232 für das ganze Reich; nach dem Interregnum ist es eine der ersten Maßregeln Rudolfs von Habsburg (1278), die Zunftverbote zu erneuern. Die Landesherren bleiben nicht zurück: so z. B. vernichtet Bischof Heinrich von Worms 1233 die Zünfte mit Gewalt.[4]

Die Koalitionsverbote, die Kämpfe und Siege der Zunft sind für den Historiker, der mit Massenkräften rechnet, ein ausgezeichnetes Hilfsmittel, um festzustellen, wann ungefähr die gewerbetreibende Bevölkerung anfing, eine Macht zu werden, wann diese Macht sich stark genug glaubte, und wann sie es endgültig war. Wir sehen also, daß schon ungefähr 130 Jahre nach dem ersten schwachen Anfang einer spezifischen Gewerbebevölkerung dieselbe zu einer Zahl und ökonomischen Macht angewachsen war, welche den herrschenden Klassen unheimlich wurde; wir sehen, daß alle Repressivmaßregeln nutzlos blieben. Ende des 12. Jahrhunderts war, wie wir hörten, der

---

1 Brentano, Arbeitergilden, S. 32; Arnold, Aufkommen des Handwerkerstandes, S. 49.
2 Bücher, Die Bevölkerung von Frankfurt a.M., S. 148.
3 Stieda, Art. Zunft, in: Handbuch der Staatswissenschaften, Bd. VI, S. 882.
4 Hüllmann, Stände, S. 589; Stieda, Art. Zunft, in: Handbuch der Staatswissenschaften, Bd. VI, S. 882.

Charakter der Stadt als einer Gewerbestadt deutlich ausgesprochen, hatte sich der Begriff „Bürger" von dem des „Bauern" deutlich differenziert.¹ Um diese Zeit muß also der relative Anteil der Gewerbebevölkerung an der Einwohnerzahl schon recht beträchtlich gewesen sein; und so ist es kein Wunder, daß unmittelbar darauf in einigen besonders entwickelten Städten der Rheingegend die Gegensätze explodieren. Wir haben schon 1259 einen blutigen Aufstand der Gewerke gegen das Patriziat in *Köln*; ähnliche Bewegungen müssen sich in Freiburg i. B., in Ulm, in Worms abgespielt haben, wo wir im 13. Jahrhundert die Handwerker bereits in hervorragendem Maße am Stadtregiment beteiligt finden. Ebenso kommt es in Rostock, in Braunschweig zu Reibungen, die teilweise zur politischen Anerkennung der „Plebejer" führen.

Aber erst von 1300 an haben die Gewerbetreibenden fast überall die Übermacht erlangt, und das ganze 14. Jahrhundert ist erfüllt von den Kämpfen und meistens Siegen der Gewerke.² In allen eigentlichen Gewerbestädten werfen bis zum Schlusse des Jahrhunderts³ die Handwerker das Patriziat nieder; charakteristischerweise unterliegen sie überall da, wo das Schwergewicht einer Stadtwirtschaft nicht auf dem Handwerk, sondern nach wie vor auf dem *Großhandel* beruht,⁴ also namentlich in den Seestädten der Hansa, dem streng aristokratischen Lübeck voran, und in Frankfurt a. M.

Es ist gerade so falsch, zu sagen, daß die Patrizier ihren Sturz verschuldet haben, wie daß die Plebejer des Sieges nicht würdig gewesen seien. Hier kann von Schuld und Verdienst durchaus keine Rede sein.⁵ Daß die patrizische Herrschaft eine *Klassenherrschaft* war, bedingte ihren Charakter: die Abwälzung aller Lasten auf die Beherrschten, die Ausbeutung nach der politischen und wirtschaftlichen Seite, die Verschuldung der Stadtkassen für Klassenzwecke, die Auswucherung der Handwerker.⁶ Noch niemals ist es geschehen, daß eine herrschende Klasse ihre Rechte *nicht* mißbraucht hätte; und es ist noch niemals geschehen, daß sich eine herrschende Klasse *nicht* als eine von Natur bessere Menschengattung betrachtet hätte; so auch die städtischen Patrizier, welche mit dem Stolze der alten Beduinen jedes Handwerk für „schalkisch"⁷ und den Gewerbetreibenden mit den „blauen Nägeln" für einen Paria ansahen. Auf der anderen Seite hat jede beherrschte Klasse, welche erstarkte, im Drängen nach dem Orte des politischen Mindestdruckes nicht nur im Kampfe für das werdende Recht das gewordene Recht gebrochen – das mußte sie, denn es war ein Klassenrecht, durch welches sie *ent*rechtet wurde –; sondern sie hat regelmäßig auch die „Grenzen der berechtigten Notwehr" überschritten. Darum ist es verfehlt, von Schuld und Nichtschuld zu reden: man hat einfach zu konstatieren, daß das Gleichgewicht der politischen Kräfte sich verschob, daß der Schwerpunkt mehr und mehr auf die Seite der Handwerker übertrat, und daß da, *wo* das geschah und *sobald* das geschah, auch das geltende Recht und die äußere Verfassung sich änderten, die Gradmesser der inneren Kräfte und ihrer Diagonale. „Die Erhebung des dritten Standes tritt als eine notwendige Folge einer inneren Umbildung der Lebensverhältnisse auf."⁸ Auch hier kämpften und siegten nicht Heroen, sondern kämpfte und siegte Massenkraft über Massenkraft.

Wir können den wechselvollen Kampf der Gewerke mit dem Patriziat hier nicht ins einzelne verfolgen, zumal in seinen Schluß und seine Folgen schon neue ökonomische Kräfte hineinspielen,

---

1 Lamprecht, Wirtschaftsleben, Bd. I, S. 1142.
2 Vgl. Brentano, Arbeitergilden, S. 32.
3 Schanz, Zur Geschichte der deutschen Gesellenverbände, S. 19.
4 Hegel, Städte und Gilden, Bd. II, S. 515.
5 Arnold, Aufkommen des Handwerkerstandes, S. 39.
6 Vgl. Schmoller, Straßburg zur Zeit der Zunftkämpfe, S. 22.
7 Hegel, Städte und Gilden, Bd. II, S. 209.
8 Arnold, Geschichte des Eigentums, S. 251.

welche nicht mehr der „reinen Wirtschaft" angehören. Wir lassen uns an dem Ergebnis genügen, daß es sich hier im wesentlichen nicht um *ökonomische*, sondern um *politische* Strebungen handelte, *um die Überwindung des Nomadenrechtes in der Verfassung der Städte, um die Durchsetzung des in der Wirtschaft schon anerkannten freien und gleichen Tauschrechtes auch in der Politik und dem sozialen Leben.* Der Sieg der Zunft war der Sieg des modernen Staatsbürgerrechtes über das barbarische Hordenrecht: „Mit der Zunftbewegung war die genossenschaftliche Entwicklung der Stadt und die Durchbildung der neuen Rechtsidee vollendet. Eine große, durch gleiches Recht und gleiche Pflicht verbundene Genossenschaft von Bürgern, die zugleich Gemeinde und auf freier Übereinstimmung Aller beruhende Einung war, und so die älteste germanische Vorstellung in verjüngter Gestalt reproduzierte, war Inhaberin der Stadt. Was in der ältesten Gesellschaft nur geahnt war, kam hier zum klaren Bewußtsein: die Einheit in der Vielheit, das in allen lebende und doch über allen stehende Gemeinwesen."[1]

Das äußere Bild dieses Kampfes der beiden Rechtsanschauungen, der jüngeren mit der älteren, ist die Zunftbewegung; das äußere Bild des Erfolges ist die Verfassung der von den Zünften beherrschten Stadt. Sie ist der Rahmen, in welchem sich das innere Leben der Wirtschaft abspielt.

3. Physiologie der Tauschwirtschaft

Dieses innere Leben der Wirtschaft läßt sich mit einem kurzen Worte bezeichnen:

Die deutsche Wirtschaftsgesellschaft ist vom Ende des 10. bis zum Ende des 14. Jahrhunderts eine solche, „in welcher stets zwei Meister einem Arbeiter nachlaufen".

Diese Tatsache steht durchaus fest. Ich werde durch zahlreiche Belege aus den Schriften der Wirtschaftshistoriker die allgemeine Übereinstimmung der Wissenschaft über diesen entscheidenden Punkt unten an der gehörigen Stelle nachweisen können.

Folgerecht ist natürlich die Wirtschaft dieser ganzen Epoche in allen großen und kleinen Zügen das genaue Ebenbild der oben deduktiv entwickelten „reinen Wirtschaft". Auch diese Behauptung werde ich Punkt für Punkt belegen können.

Sie klingt viel kühner, als sie ist. Denn wenn es wahr ist, daß in dieser Zeit niemals kapitallose Arbeiter im Überangebot auf dem Arbeitsmarkte zu finden waren, so ergibt sich alles andere von selbst. Auf dieser Grundlage *muß* ja unter allen Umständen eine „ausbeutungsfreie" Wirtschaft stehen, die ein ungestörtes Gleichgewicht zwischen Produktion und Konsumtion aufweist, und in welcher die Massenpsyche durch eine vollkommene Interessensolidarität zur wirtschaftlichen „Sozialität" geführt wird.

Wenn trotzdem die Folgerung aus der Voraussetzung als eine kecke Paradoxie erscheint, so liegt das nur daran, daß sie hier zum ersten Male gezogen wird. Nur das ist auffallend, hat aber seinen zureichenden Grund: die einzige Schule der Nationalökonomie, die durch ihre *Untersuchungen* hätte dahin gelangen können, die Folgerung zu machen, ist nämlich durch ihre *Methode* daran verhindert worden. Ich meine die „historische Schule". Sie ist erstens der Überzeugung, daß die Anwendung des deduktiven Denkens auf die Wirtschafts*wissenschaft* mindestens verfrüht sei, weil das wissenschaftliche Material noch nicht genüge. Nach dem herkömmlichen Sprachgebrauch gibt sie damit zu, daß die Nationalökonomie noch keine Wissenschaft ist; denn ein Wissen wird erst dadurch zur Wissenschaft, daß es gelingt, das gesamte Material unter beherrschende Gesetze zu ordnen.

Zweitens hält die historische Schule eine „reine", d. h. ausbeutungsfreie Wirtschaft mit weitgehender Ausgleichung der Einkommen und voller Harmonie der Interessen a priori für un-

---

1 Gierke, Genossenschaftsrecht, S. 327.

möglich. Der Alt-Liberalismus und jede andere Spielart des Sozialismus sind ihr nur verächtliche Utopien.

Da nun kein anderer Zweig der Wirtschaftswissenschaft die in Frage stehende Periode genau kennt, als eben die historische Schule, so war es unmöglich, daß sie in ihrer Wesenheit erkannt wurde. Denn alles „Erkennen" ist ein *Identifizieren*, ist ein Vergleich zwischen einem realen *Objekt* und einer lebendigen Vorstellung im Geiste des erkennenden *Subjekts*.

Diese lebendige Vorstellung scheine ich zuerst gehabt zu haben. Ich habe, zuerst in meiner „Siedlungsgenossenschaft" im kleinen Rahmen einer Erwerbsgenossenschaft, dann hier im großen Rahmen der Volkswirtschaft, als erster das Bild der „reinen Tauschwirtschaft" im einzelnen durchgeführt, „in welcher stets zwei Meister einem Arbeiter nachlaufen", das Bild, zu dem A. Smith nur den Umriß entworfen hatte; und so bin ich anscheinend der Erste, der das Schema in der Hand hat, sozusagen das Normalmaß, an dem diese glückliche Epoche geeicht werden kann.

Trotz der weitgehenden Übereinstimmung zwischen Deduktion und Wirklichkeit, welche die folgende Darstellung nachweisen wird, weiß ich, daß gerade diese Behauptung auf das entschiedenste Mißtrauen und den entschlossensten Widerstand stoßen wird. Ich halte es darum für nützlich, hier mitzuteilen, was mich zu der Entdeckung geführt hat; man versteht leichter, was man sich hat entwickeln sehen:

Als ich das moderne Genossenschaftswesen untersuchte, hatte ich keinerlei Kenntnisse von den Wirtschaftsverhältnissen des Mittelalters. Ganz allein auf die eigentliche Fachliteratur von Owen und Buchcz an bis B. Webb Potter fußend, hatte ich bereits den grundlegenden Unterschied zwischen den in ihren Interessen solidarischen Käufergenossenschaften und den in ihren Interessen disharmonischen Verkäufergenossenschaften entdeckt; und hatte gefunden, daß der „genossenschaftliche Geist" sich ebenso regelmäßig in der ersten Organisation vorfindet, wie er in der zweiten regelmäßig mangelt.

Erst, als diese Ergebnisse gewonnen und im ersten Entwurfe festgelegt waren, kam mir Gierkes „Genossenschaftsrecht" in die Hand, aus dem ich die erste Kenntnis von der mir bisher völlig unbekannten Wirtschaftsentwicklung der deutschen Vorzeit erhielt. Vor allem mußte mich der bekannte Gegensatz in dem Charakter der *Zunft* interessieren, von deren Wesen ich bis dahin nur die ungenügenden Vorstellungen des gymnasialen Geschichtsunterrichts besaß, der Gegensatz zwischen der freien, flüssigen Einung der ersten und der starren, privilegienwütigen Korporation der zweiten Periode.

Die Ähnlichkeit mit den modernen Genossenschaftsformen war schlagend. Wer den Gegensatz einmal in der Hand hatte, erkannte sofort in der freien Genossenschaft der ersten Zunftperiode die vom „genossenschaftlichen Geiste" beherrschte *Käufergenossenschaft* mit ihrem typischen Bestreben nach Angliederung möglichst aller Interessenten; und erkannte ebenso in der erstarrten Korporation der zweiten Zunftperiode die dem „Gesetz der Transformation" verfallene *Verkäufergenossenschaft* mit ihrem Verlust der echt genossenschaftlichen Organe und ihrem typischen Bestreben, sich gegen neue Mitglieder abzusperren.

Wie war dieser Umschlag aus der Käufergenossenschaft in die Verkäufergenossenschaft erklärlich?

Ich hatte mich bemüht, zu zeigen, daß da, wo das Monopol des Privateigentums an Grund und Boden durch irgendwelche Maßnahmen auch nur zeitweilig beseitigt ist, für diese Zeit *jede* menschliche Gemeinschaft eine Käufergenossenschaft darstellt.[1]

So bot mir die mittelalterliche Zunft die unschätzbare Möglichkeit, die Probe auf mein Exempel zu machen. Wenn meine Deduktion richtig war, mußte sich finden, daß bis Ende des 14. Jahr-

---

1 Oppenheimer, Siedlungsgenossenschaft, S. 572.

Historischer Teil

hunderts kein „Großgrundeigentum" in dem Sinne existierte, daß es „Zuwachsrente" bezog; daß von diesem Zeitpunkt an aber „Zuwachsrente" an Großgrundeigentum fiel.

Hätte die Untersuchung der geschichtlichen Wirklichkeit ein anderes Bild ergeben, so wäre daraus hervorgegangen, daß meine Deduktion fehlerhaft gewesen war. Mindestens hätte sich dann ergeben, daß das „Großgrundeigentum" nicht, wie ich annahm, der *einzige* Störenfried der Wirtschaft sei; die Untersuchung hätte in anderer Richtung fortgesetzt werden müssen.

Aber die Probe bestätigte das Exempel. Tatsächlich ist, wie oben ausführlich gezeigt, bis zum Schlusse des 14. Jahrhunderts in Deutschland keine „Zuwachsrente" erhoben worden; tatsächlich entsteht um diese Zeit in Deutschland das moderne „Großgrundeigentum".

Von diesen Tatsachen hatte ich damals keine Ahnung. – Man pflegt zu sagen, daß eine Wissenschaft erst dann so recht diesen stolzen Namen verdiene, wenn sie in der Lage ist, aus ihren Gesetzen unbekannte Tatsachen abzuleiten, welche dann die Induktion bestätigt. Die Astronomie rechnet zu ihren größten Triumphen, daß Leverrier seinen neuen Planeten zuerst berechnet hat, ehe das Teleskop den lichtschwachen Weltkörper an der durch die Berechnung genau angegebenen Stelle des Himmels nachweisen konnte. – Es gilt für einen der schlagendsten Beweise der Evolutionstheorie, daß sie als Gast einer madagassischen Blüte mit fußlangem Kelch einen Schmetterling mit fußlangem Saugrüssel „postulierte" und dann wirklich fand; und die theoretische Chemie betrachtet es als einen ihrer stolzesten Siege, daß sie einige in den Mendelejewschen Elementreihen klaffende Lücken zuerst theoretisch, durch Bestimmung der noch unbekannten Elemente Gallium, Scandium und Germanium, und dann erst praktisch durch ihre Entdeckung füllte. Si parva licet componere magnis, so glaube auch ich in der Entwicklungsgeschichte der Zunft einen nicht minder schlagenden Beweis für die Wahrheit meiner gesamten Theorie aufgefunden zu haben.

Die *Wirtschaft* der Periode von ca. 1000–ca. 1400 ist also tatsächlich das reale Ebenbild der Gedankenkonstruktion der „reinen Wirtschaft".

Um aber wahrscheinlichen Mißverständnissen sofort den Weg zu sperren, erkläre ich ausdrücklich, daß ich nicht etwa behaupte, *die Gesellschaft* jener Zeit sei die in die Geschichte reprojizierte „soziale Gesellschaft" der *Zukunft* gewesen.

Denn diese Zukunftsgesellschaft wird nicht nur in der Wirtschaft, sondern auch im Recht und der Staatsverfassung durchaus frei sein von jedem Reste des *Nomadenrechtes*, wird durchaus beherrscht sein von reinem *Tauschrecht*, nachdem wir das Prinzip der politischen Gleichheit aller Menschen einmal unverlierbar errungen haben. Davon war hier keine Rede. Die aus dem Nomadenrechte erwachsene Klassengliederung und Staatsordnung bestand noch in voller Kraft; diesem Umstande allein ist es auch zur Last zu legen, daß die Epoche reiner Wirtschaft wieder vernichtet werden konnte.

Aber das merkwürdigste an dieser merkwürdigen Zeit ist gerade, daß die beiden Sphären des älteren und des jüngeren Rechtes, die Politik und die Wirtschaft, fast durchaus gesondert blieben. Dafür ist der schlagendste Beweis, daß gerade zur Zeit der vollsten *politischen* Anarchie, der „kaiserlosen, der schrecklichen Zeit" des Interregnum, der *wirtschaftliche* Aufschwung gewaltiger war, als je vor- und nachher. Nie hat sich das aristotelische Wort von den „zwei Völkern", in welche die Klassengliederung die Angehörigen derselben Nation spaltet, schlagender bewährt, als hier. Die beiden Sphären berührten sich natürlich fortwährend, mischten sich aber kaum an ihren Grenzen; die beiden „Völker" lebten wie durch ein Gebirge getrennt, über das nur wenige, schmale Pässe führen.

Jedoch ist auch das Wort von der „reinen *Wirtschaft*" nur cum grano salis zu verstehen. Gerade so, wie rein tauschrechtliche Beziehungen das Vermögen und die Macht der Herrenklasse differenzierten, so griff doch auch das Nomadenrecht mit häufigen und gar nicht schüchternen Störungen in die Sphäre der Wirtschaft hinüber.

Um mir freie Bahn für die spätere Darstellung zu schaffen, ziehe ich es vor, die wichtigsten dieser Störungen hier einleitend vorweg zu nehmen.

Es waren nicht nur die *Zinse* von den bäuerlichen und städtischen Erbgütern, so gering sie zuletzt auch waren, welche eine Belastung der Wirtschaft durch das Feudalsystem bedeuteten; es waren nicht nur die Kriegssteuern, die Rekrutenaushebungen, die Brandschatzungen und Verwüstungen, welche die Nebenbuhlerschaft der vielen kleinen und großen „Herren" und ihre Fehdelust dem Volke auferlegten; sondern es waren auch oft genug aktive Eingriffe in die *wirtschaftliche* Sphäre selbst, welche die ruhige Entwicklung der Wirtschaft störten und den Aufschwung des Wohlstandes zurückhielten.

Da ist vor allem die verderbliche Wirtschaftspolitik der Territorial-Fürsten zu nennen, namentlich nach zwei Richtungen hin, in der Münz- und Zollpolitik. Die Jahrhunderte lang betriebene Falschmünzerei der Inhaber des Münzregals, welche es bewirkte, daß die Münzen immer leichter und immer schlechterer Legierung wurden, hat die Entwicklung der Geldwirtschaft außerordentlich verzögert und den spekulativen Kaufmannsstand, der jederzeit in der Lage war, den inneren Wert der Münze zu kontrollieren, auf Kosten der produktiven Stände im engeren Sinne, des Handwerkers und namentlich des Bauern übermäßig bereichert; und sie hat gerade diejenige Art des Kaufmannsgewerbes besonders begünstigt, welche man heute mit Vorliebe als den „unsoliden Kaufmann" bezeichnet, den Spekulanten.

Auf der anderen Seite hat der „solide Handel", der volkswirtschaftlich unentbehrliche, gerade in dieser Zeit mehr als je vorher und nachher zu leiden gehabt unter der Zollpolitik der Territorialgewalten. Sie hat zeitweise den Rhein- und Donauhandel ganz lahmgelegt und den Transporteur zu allgemeinwirtschaftlich ganz unsinnigen Umwegen gezwungen. In diese Rubrik gehören auch das „Strandrecht" und das „Grundruhrrecht" und eine große Anzahl von Beschränkungen des *Marktverkehrs*, welche teils der fürstliche Steuerhunger, teils der kurzsichtige Egoismus des die Städte beherrschenden Patriziats verschuldet hat: Stapelrecht, Zölle und Akzisen, Fremdensteuer, Handelsbeschränkungen (z. B. Verbot des Detailhandels für Fremde), der Marktzwang, die Bannmeile usw.

Dazu treten als Störungen des freien Tauschverkehrs wirkliche Privilegien aller Art: Mühlen-, Brau- und Backofenzwang, die Vorrechte der „königlichen Kaufleute", der Gewandschneidergilden, der Hanse-Korporationen. Und zu allerletzt eines der merkwürdigsten „Privilegien" der Geschichte, das *Leihemonopol der Judenschaft*.

Das Christentum verbietet bekanntlich, Darlehen gegen Zins zu geben, eine einfache Folge der Tatsache, daß die Zeit seiner Entstehung kaum Produktivkredite kannte, sondern nur Notkredite. Da nun die christliche Gesinnung jener Zeit nicht so weit ging, um Darlehen *ohne* Zins auszugeben, so blieben nur die Nichtchristen als geborene Geldhändler übrig. Sie hatten ein Monopol, ein Privilegium odiosum. Dies hatte zwei Folgen: Einerseits war der Trieb zur Kapitalbildung wenig entwickelt, andererseits stand aus diesem Grunde, und mehr noch darum der Zinsfuß der Judenkredite ungeheuer hoch (gegen 50%), weil der Zins eine Entschädigung für die politische Rechtlosigkeit der Juden und eine ungeheuerliche Risikoprämie enthalten mußte; ist es doch bekannt, wie groß die Unsicherheit für Gut und Blut der „Kaiserlichen Kammerknechte" gerade um diese Zeit war. Ein so enormer Zinsfuß lähmte natürlich den Fortschritt von der kleinen zur großen Industrie. Wir werden übrigens die Zinsfrage unten noch unter einem anderen Gesichtswinkel zu betrachten haben.

All diese Tatsachen machen es unmöglich, die Gesellschaft des hohen Mittelalters auch wirtschaftlich als absolut „rein" aufzufassen.

Und dennoch hoffe ich zeigen zu können, daß das von mir im entsprechenden Kapitel des ersten Buches *errechnete* Gleichgewicht der Volkswirtschaft *in dieser geschichtlichen* Wirklichkeit so wenig gestört war, daß in allen *wesentlichen* Punkten eine volle Übereinstimmung festzustellen ist.

Daraus werde ich wieder meinen Schluß ziehen dürfen, daß das von A. Smith fälschlich für ein legitimes Kind des Tauschrechtes gehaltene *Großgrundeigentum* ein größeres Hindernis der Wirtschaft ist, als alle die von ihm als solche erkannten und denunzierten Hindernisse: Zölle, Monopolien, Beschränkungen usw. Wenn ein Bild gestattet ist, so glich die Schädigung, welche das Nomadenrecht in seiner *politischen* Ausgestaltung zum Feudalsystem dem sozialen Körper hat zufügen können, den leicht erträglichen Schädigungen durch einen *äußeren* Parasiten; aber das *ökonomisch* vermummte Kind des Nomadenrechtes, das Großgrundeigentum, stört und zerstört den sozialen Körper wie ein *innerer* Parasit, wie massenhaft in einen Organismus eingedrungene, pathogene Bakterien.

Damit gehe ich zur Sache selbst über:

Mit Ausnahme dieser verhältnismäßig harmlosen Störungen aber steht die Wirtschaft dieser Periode durchaus unter freiem Tauschrecht, und zwar, um es zu wiederholen, als eine Gesellschaft, „in welcher immer zwei Meister einem Arbeiter nachlaufen". Und da eine solche Gesellschaft keine wirtschaftlichen Interessengegensätze kennt, so steht sie durchaus unter dem Zeichen der *Genossenschaft*. Der genossenschaftliche Zusammenschluß ist das charakteristische Kennzeichen der ganzen Zeit, von der wir handeln. Er bildet ihr Wahrzeichen und ihr bisher ungelöstes Rätsel. Warum taucht plötzlich aus dem Chaos des zerfallenden Karolingerreiches die mit den freien Markgenossenschaften zerstampfte Idee der Assoziation wieder auf? Warum beherrscht sie vier Jahrhunderte lang das staatliche, gesellschaftliche und wirtschaftliche Leben? Warum erstarrt sie auf einmal und wird ein Zerrbild ihrer selbst?

Die Wissenschaft hat bisher keine Antwort auf diese Fragen gehabt. Sie hat die Bildung der Fronhofs- Ministerialen-, Vasallen- und schließlich Adelsgenossenschaften, der Gilden, Fraternitäten, Zünfte und Innungen, der Städtebünde und Hansen „erklärt" aus dem Vorhandensein eines „genossenschaftlichen Geistes";[1] sie hat die Erstarrung von Ende des 14. Jahrhunderts an „erklärt" mit einer „Erstarrung" der alt gewordenen Kultur.[2] Sie hat in der Freude, daß sich ein Wort zur rechten Zeit eingestellt hat, wo die Begriffe fehlten, gar nicht bemerkt, daß diese „Erklärungen" Tautologien sind, die gar nichts sagen.

Die Aufklärung konnte nur kommen aus einer scharfen Erfassung des begrifflichen Inhalts der Genossenschaft und der in ihr verborgenen Gegensätze. Diese Aufgabe hat erst meine „Siedlungsgenossenschaft" gelöst. Mit der Aufdeckung des Gegensatzes zwischen dem Käufer-Verkäufer der „reinen" und dem kapitalistischen Verkäufer der „kranken" Wirtschaft ist das begriffliche, nicht das bildliche, ist das klare Verständnis gewonnen für die soziale Psychologie des hohen Mittelalters so gut wie unserer Zeit.

Wir haben im zweiten Kapitel des ersten Buches deduktiv gezeigt, daß überall da, wo keine „freien Arbeiter" durch einen einseitigen, wachsenden Druck (bei Vorhandensein von Großgrundeigentum), auf den Arbeitsmarkt geworfen werden, die wirtschaftenden Subjekte sowohl als Warenkäufer wie als Warenverkäufer in ihren Interessen solidarisch sind.

In der uns geläufigen Gesellschaft besteht diese Solidarität nur zwischen „Käufern", nicht aber zwischen „Verkäufern".

Aus der Solidarität der „kapitalistischen Käufer" konnte ich den bei ihren Verbänden so auffälligen „genossenschaftlichen Geist" erklären, während ich aus der Disharmonie der „kapitalistischen Verkäufer" das „Gesetz der Transformation" ableiten konnte, das uns noch beschäftigen wird.

Da die Solidarität nun, wie nachgewiesen, für die Verkäufer der reinen Wirtschaft eine ebenso absolute ist, wie für die Käufer der kapitalistischen, so gilt die folgende Deduktion für die ersteren so gut, wie für die letzteren, an denen sie entwickelt worden ist.

Ich zitiere fast wörtlich:

---

1 Vgl. z. B. Gierke, Genossenschaftsrecht, S. 406.
2 Vgl. Schmoller, Tucher und Weber, S. 471.

"Weil die Interessen des einzelnen Käufers einer Ware mit denen aller anderen Käufer derselben Ware identisch sind, lassen sich Menschen, soweit sie nur Käufer sind, auf das leichteste zusammenschließen und im Zusammenhang erhalten.

Deswegen gedeihen Käufergenossenschaften unter allen Völkern der Kulturwelt, romanischen, germanischen, slawischen, unter allen Regierungsformen, bei jeder zufälligen, nationalen Gestaltung des Arbeitsmarktes: Konsumverein, Kreditgenossenschaften, land and building societies. (...) Weil die einmal bestehende Käufergenossenschaft nur Gemeinsamkeit der Interessen, aber nicht den geringsten Gegensatz zu allen anderen Käufern derselben Ware hat, ist sie überall bestrebt, möglichst alle anderen Käufer sich anzugliedern. (...) Weil alle Interessen solidarisch sind, stellt sich die Eintracht und Brüderlichkeit, der sogenannte ‚genossenschaftliche Geist' hier überall, selbst bei einer Bevölkerung ein, welche sonst keine derartigen Tugenden besitzt."[1]

Ich wiederhole nun, daß die Handwerker des Mittelalters nicht „kapitalistische Verkäufer" sondern „Käufer-Verkäufer" gewesen sind; daß aus diesem Grunde keine „entartete Konkurrenz", sondern lediglich der berechtigte und gesunde wirtschaftliche Wettkampf zwischen ihnen bestanden hat; und daß der rätselhafte „genossenschaftliche Geist" des Zunftwesens erster Periode darauf beruht hat, daß sie sämtlich als „Käufer-Verkäufer" in ihren wirtschaftlichen Interessen solidarisch waren; während die plötzliche „Erstarrung" der zweiten Periode darauf beruhte, daß das Großgrundeigentum nach langer wirtschaftlicher „Latenz" wieder manifest wurde, Arbeiter auf den Markt warf und die Handwerker damit zu „kapitalistischen Unternehmern" ummodelte, die am „Gesamtprofit" interessiert waren, weil sie „Mehrwert" ziehen konnten. Dadurch wurden ihre Genossenschaften in „Verkäufergenossenschaften" verwandelt und unterlagen als solche dem „Gesetz der Transformation", wie ich es in meinem ersten Werk entwickelt habe: der berüchtigte „Zunftgeist" bildete sich aus. Diese Auseinandersetzung wird uns im nächsten Kapitel beschäftigen. Für jetzt haben wir uns nur mit der *ersten Periode* zu beschäftigen.

Daß kein „Großgrundeigentum" im strengen Sinne der Ökonomie vorhanden war, ist ausführlich gezeigt worden. Wir haben auch schon gesehen, daß in der *Landwirtschaft* keine, oder doch fast keine freien Arbeiter vorhanden waren, und daß die Löhne der wenigen verfügbaren bis zum Ende unserer Periode andauernd stiegen. Dasselbe läßt sich mit aller Sicherheit von den *Städten* nachweisen. Auch hier gab es keine oder fast keine „freien Arbeiter" und daher keine Möglichkeit, Mehrwert zu ziehen, kein Interesse am Gesamtprofit, keinen Interessengegensatz zwischen dem einzelnen Meister und seinen Kollegen, keinen entarteten Wettbewerb – und daher den genossenschaftlichen Geist, welcher die Zunft groß und blühend gemacht hat.

Wir werden jede einzelne dieser Behauptungen quellenmäßig belegen:

Die wichtigste Feststellung ist die, daß tatsächlich damals von „freien Arbeitermassen" im heutigen Sinne nichts vorhanden war: „Von einem eigentlichen Arbeiterstande mit besonderen Interessen und Anschauungen war damals (bis zur Mitte des 14. Jahrhunderts) gar nicht die Rede."[2] Nach Stieda[3] bilden die Gesellen bis 1300 noch keinen besonderen Stand. Es war bis dahin auch gar keine Zeit für die Ausbildung als Lehrling und Geselle vorgeschrieben; die jüngeren Leute lernten so lange, bis sie ihr Handwerk verstanden: dann stand ihrer selbständigen Niederlassung nichts im Wege.

Infolgedessen war in dieser Zeit die Zahl der Gesellen jederzeit sehr gering. Noch für 1440, also schon nach Schluß unserer Periode, kann dies Bücher in seiner prächtigen Bevölkerungsstatistik von Frankfurt a. M. feststellen.[4] Das ist die Ursache einer Bestimmung, welche schon der von uns

---

1 Oppenheimer, Siedlungsgenossenschaft, S. 133.
2 Brentano, Arbeitergilden, S. 58; vgl. Schmoller, Tucher und Weber, S. 415, 451.
3 Stieda, Zunftwesen, S. 123.
4 Bücher, Die Bevölkerung von Frankfurt a.M., S. 236.

betrachteten Periode angehört, aber häufig ganz falsch aufgefaßt wird. Es findet sich nämlich früh die Vorschrift, daß ein Meister nur eine begrenzte Zahl Lehrlinge und Knechte halten darf. Die übliche Geschichtsdarstellung, die jene Zeit unter demselben Gesichtswinkel sieht, wie die unsere, will darin eine Maßregel sehen, welche die Entwicklung zum *großindustriellen Unternehmertum* aufhalten will.[1] Davon ist durchaus keine Rede. Wenn unsere Zunftfanatiker *heute*, wo der Arbeitsmarkt von überschüssigen Arbeitskräften überfließt, eine derartige Bestimmung durchsetzen wollten, dann wären diese Beweggründe maßgebend: damals aber waren die Hilfskräfte gerade so *selten*, wie sie heute *überhäufig* sind; und darum hatte damals die Bestimmung nur *den* Zweck, nicht einen Genossen auf Kosten der anderen bevorzugen zu lassen. Die Bestimmungen über die Zahl der Instrumente, an denen gearbeitet werden darf, über die Menge der Produkte, die erzeugt werden dürfen, welche sich z. B. schon 1233 und 1251 bei den Wollenwebern in Stendal und 1295 bei denen in Berlin finden, enthalten materiell denselben Inhalt, die Beschränkung der Gesellenzahl.[2] Nicht, um den Mächtigeren zurückzuhalten, aus Konkurrenzneid, sondern, um niemanden ganz leer ausgehen zu lassen, aus Gerechtigkeitsgefühl, ward die Bestimmung getroffen; sie ist kein Symptom der zünftlerischen Entartung, sondern im Gegenteil gerade so echt genossenschaftlich, wie die allgemeine Vorschrift, daß jeder Zunftmeister gehalten war, den Genossen zum Selbstkostenpreise von erworbenen Rohstoffen abzulassen.[3] Man sieht, wie sich die Dinge anders anschauen, wenn man sie unter die rechte Beleuchtung bringt.

Wie die Gesellen knapp waren, so war auch gar keine Bevölkerungsschicht vorhanden, aus welcher sie hätten ergänzt werden können. Noch 1440, als der Umschwung schon eingetreten war, fanden sich nach Bücher[4] in Frankfurt unter 1.498 männlichen Erwachsenen: 37 Arbeiter, 4 Diener, 11 Knechte, davon 3 Spitalknechte, 2 Stobenknechte und 1 Meisterknecht. Unter den „Arbeitern" sind nach Büchers Meinung[5] wahrscheinlich baugewerbliche Tagelöhner zu verstehen, dieselben Berufstätigen, die früher als Opperknechte gezählt wurden. Die „Diener" sind Handlungskommis; von den „Knechten" fällt die Hälfte unter die Rubrik der Aufwartediener.

War also noch im Anfang der folgenden Periode der Anteil der „freien Arbeiter" an der Gesamtbevölkerung ein winziger, so winzig, daß unsere Behauptung, es seien kaum „Arbeiter" vorhanden gewesen, und habe keine Möglichkeit bestanden, Mehrwert zu ziehen, für Frankfurt wenigstens noch 1440 als bewiesen gelten darf, so war das Verhältnis zu Ende der von uns betrachteten Periode ein noch günstigeres. In den Perioden von 1311–1350 und 1350–1400 kann Bücher im ganzen nur 8 resp. 7 Personen in Frankfurt nachweisen, welche von „Lohnarbeit unbestimmter Art" ihren Unterhalt erwerben.[6]

Da man nicht wird behaupten wollen, daß die Gliederung der Frankfurter Stadtbevölkerung eine, von der in anderen deutschen Städten bestehenden, grundsätzlich verschiedene gewesen sei; und da zudem das Gewerbe und seine Organisation im ganzen Reiche überall denselben Entwicklungsgang genommen hat, wie niemand bestreitet, so dürfen wir unsere erste Behauptung, daß die mittelalterlichen Städte in jener Epoche keine „freien Arbeiter" besessen haben, als bewiesen betrachten.

Die gleiche Übereinstimmung herrscht bei allen Forschern auf diesem Geschichtsfelde darüber, daß auch unsere zweite Behauptung richtig ist, daß nämlich eine „Ausbeutung" nicht existierte.

---

1 Vgl. Stieda, Zunftwesen, S. 84f.
2 Vgl. Gierke, Genossenschaftsrecht, S. 393.
3 Ebenda, S. 392.
4 Bücher, Die Bevölkerung von Frankfurt a.M., S. 223.
5 Ebenda, S. 256.
6 Ebenda, S. 407.

„Was auch Böses dem Mittelalter nachgesagt werden mag, *einen* Vorwurf darf man ihm nicht machen: das Mittelalter kennt weder im städtischen Gewerbe noch in der Landwirtschaft die wirtschaftliche Ausbeutung des Nebenmenschen. Der Erwerbstrieb, die gebildete Form der Habsucht, ist dem Gewerbe und der Landwirtschaft fremd."[1]

Die Erklärung dieser bisher rätselhaften Erscheinung liegt natürlich nicht darin, daß die Menschen seit 1400 böser geworden sind, sondern ganz einfach darin, daß ihnen vor jenem Zeitpunkt eine gesunde Organisation der Gesamtwirtschaft es *unmöglich* machte, kapitallose Arbeiter auszubeuten. Wie die Bestimmungen über die Gesellenzahl beweisen, „liefen damals eben immer zwei Meister einem Arbeiter nach und *über*boten sich, statt daß, wie heute, immer zwei Arbeiter einem Meister nachlaufen und sich *unter*bieten". Den Beweis dafür liefert die Entlohnung der Gesellen. Wo sie einfach juniores waren, die sich jeden Augenblick, wenn sie ausgelernt zu haben meinten, selbständig machen konnten, solange sie also wirkliche *Lernende* waren, war es keine Ausbeutung, daß der Meister einseitig den Lohn bestimmte.[2] Sie aßen an seinem Tische, wohnten in seinem Hause, standen als Unmündige unter seiner väterlichen Gewalt und erhielten ein „Taschengeld". Die eigentliche Entschädigung für ihre Arbeit war die Unterweisung des Meisters. Noch war der „Knecht" nur ein etwas höher geförderter *Lehrling*.[3]

Dort aber, wo die Natur eines Gewerbes oder die besondere Entwicklung eines Marktes die „tertiäre Arbeitsteilung" nötig machte, in Bergwerken,[4] Salinen,[5] im Baugewerbe, in der Textilbranche, hier und da im Schiffbau: da wurde sehr häufig in dieser Zeit kein Lohn gezahlt, sondern es teilten sich Meister und ausgelernte Hilfskraft *genau derart den Ertrag, wie wir es als Charakteristikum der „reinen" Wirtschaft deduziert haben, produktivgenossenschaftlich!* Die Weberknechte in Speyer haben 1362 bei den Gebinden den gleichen Stücklohn wie die Meister. Bei den besten Tuchsorten erhalten sie einen Lohn, der zu dem für den Meister sich wie 3:2 verhält, während noch 1351 das Verhältnis wie 3:1 war.[6] Im Baugewerbe zu Nürnberg (1464–1475) hatten Meister und Knechte noch fast gleiche Löhnung.[7] Wollte man hier einwenden, daß es sich um Gewerbe handle, in welchen Meister und Knechte gleichmäßig durch kapitalistische Unternehmer, Gewandschneider (Tucher) resp. Baumeister „ausgebeutet" wurden, so läßt sich doch damit nicht erklären, daß das Arbeiten „auf den halben oder dritten Pfennig" in der ganzen Epoche überall da gang und gäbe war, wo überhaupt regelmäßig Gesellen beschäftigt wurden. So außer bei den Webern in Straßburg[8] auch bei den Goldschmieden in Ulm.[9] Die Lübecker Maler und Glasewerter verbieten vor 1425: „vortmer so en schall neen meistere mit synen Knechten to halven arbeyden".[10] Dasselbe Verbot findet sich bei den Hamburger Barbieren 1519.[11] Wir machen darauf aufmerksam, daß die Verbote *nach* Schluß unserer Periode erfolgen.

Auch ohne diese Daten würde der Nationalökonom die Sicherheit haben, daß die produktivgenossenschaftliche Arbeitsteilung in jener ganzen Zeit wenigstens in *dem* Sinne die Regel war, daß der wirklich ausgelernte Geselle einen Lohn erhielt, welcher seinem Arbeitsertrage ungefähr gleich-

---

1 Knapp, Landarbeiter, S. 46.
2 Schanz, Zur Geschichte der deutschen Gesellenverbände, S. 109.
3 Stieda, Zunftwesen, S. 125.
4 Gierke, Genossenschaftsrecht, S. 444; Inama-Sternegg, Deutsche Wirtschaftsgeschichte, Bd. II, S. 332.
5 Inama-Sternegg, Deutsche Wirtschaftsgeschichte, Bd. II, S. 358.
6 Schanz, Zur Geschichte der deutschen Gesellenverbände, S. 47.
7 Ebenda, S. 67.
8 Schmoller, Tucher und Weber, S. 415, 528.
9 Stahl, Das deutsche Handwerk, S. 332.
10 Schanz, Zur Geschichte der deutschen Gesellenverbände, S. 111.
11 Ebenda, S. 130.

kam. Denn solange kein Hindernis für den ausgelernten Gesellen bestand, sich selbständig zu machen, war das Einkommen des Alleinmeisters das Minimum, für das als „Knecht" zu arbeiten er sich bereit fand – und wir wissen nichts von Hindernissen in dieser Richtung: die erscheinen erst nach Schluß unserer Periode. Wäre aber in den Gewerben, in welchen „tertiäre Arbeitsteilung" notwendig war, der Lohn unter das Einkommen der selbständigen Alleinmeister anderer Zweige gedrückt worden, so hätte es den Bergwerksherren und Dombaumeistern sehr bald an Lehrknechten und Gehilfen fehlen müssen. Das wenigstens ist unbestritten, daß die Einkommen *derselben Klasse* einer Wirtschaftsgesellschaft, hier also qualifizierter Handarbeiter, immer und überall das ungefähr gleiche Niveau einhalten.

Es konnte also in keinem Gewerbe von qualifizierten Arbeitern „Mehrwert" gezogen werden mangels eines auszubeutenden Menschenmaterials, so wenig, wie es möglich ist, in Zentralafrika an der Börse zu spekulieren; und darum waren die Gewerbetreibenden jener Zeit nicht an dem „Gesamtprofit" interessiert, sondern ausschließlich an dem auf die eigene Wareneinheit oder, was dasselbe ist, Zeiteinheit entfallenden *Einzelprofit*. Sie waren also nicht „kapitalistische Verkäufer", sondern „Käufer-Verkäufer".

Diese ihre Stellung machte zunächst jede „Krise" unmöglich. Denn sie hatten bei sinkenden Preisen dasselbe Interesse, wie die Gesamtheit, nämlich ihr individuelles Angebot einzuschränken; und darum standen Produktion und Konsumtion jederzeit in vollem Gleichgewicht, schwache Oszillationen nicht gerechnet.

Vor allem aber erklärt diese ihre Stellung die außerordentliche Solidität, die Sorgfalt und Schönheit ihrer gewerblichen Arbeit auf der einen Seite und ihr Verhältnis zur „Konkurrenz" auf der anderen Seite.

Wir haben oben entwickelt, daß der Meister der „reinen" Wirtschaft, weil er nur am Einzelprofit interessiert ist, das Bestreben haben muß, diesen Profit so hoch wie möglich zu halten, indem er beim Einkauf die größte Warenkenntnis und Aufmerksamkeit entwickelt; indem er im technischen Prozeß durch höchstmögliche Ausnützung des Rohstoffes, Verwendung der besten Werkzeuge und Einsetzung aller Kraft, Sorgfalt und Kunst seine Produktivität zu steigern und dem einzelnen Produkt einen möglichst hohen Verkehrswert zu schaffen sucht.[1] Daß diese Charakteristik für die gute Zeit des deutschen Handwerks zutrifft, wird von niemandem bestritten. Im Gegenteil! Noch unsere technisch so viel höher entwickelte Zeit blickt neidisch auf jenes Handwerk, das sich binnen zwei Jahrhunderten zu einer Kunst entfaltete, der wir noch heute kein Gegenstück zu bieten imstande sind.[2]

Genau ebenso entspricht der theoretischen Deduktion die Stellung des mittelalterlichen Handwerkers zur „Konkurrenz". Ein Meister ist des anderen „Nebenbuhler", gewiß! Er versucht, durch Güte, Schönheit und Preiswürdigkeit seiner Ware der Erste seines Handwerks zu werden. Aber er hat nicht das geringste Interesse daran, einen seiner Kollegen oder gar alle aus dem Markte zu drängen. Denn er kann seine Produktivität nicht höher steigern, als seine eigene, einzelne Arbeitskraft es gestattet: und damit kann er *nie* den Markt ausfüllen. Jeder seiner Kollegen ist für den Markt gerade so notwendig, wie er selbst; wenn einer ausscheidet, so tritt ein neuer Mann in die Lücke, welche die vorhandenen Meister nicht schließen können.

Es besteht also keine „entartete Konkurrenz", sondern der gesunde Wettkampf der „reinen" Wirtschaft. „Nicht Ausschließung anderer vom Nutzen des Handwerks, sondern Unterwerfung des gesamten Handwerks unter die Zunft war somit das Ziel dieses Strebens nach Ausschließlichkeit des Zunftgewerbes."[3] „Erfüllte jemand alle Erfordernisse, so wurde ihm die Aufnahme nicht

---

1 Vgl. darüber die sehr interessante Bemerkung Stiedas (Zunftwesen, S. 98).
2 Vgl. Gierke, Genossenschaftsrecht, S. 391.
3 Ebenda, S. 362.

verweigert. Der hohe Gemeinsinn des mittelalterlichen Handwerkers sah in der hohen Genossenzahl, in welcher der spätere Zunftgeist allein die Minderung des Genossenanteils erblickte, weit mehr noch die Mehrung der Genossenschaft. In der Tat finden wir denn, – und nichts kann charakteristischer sein für Blüte und Verfall der deutschen Genossenschaft – daß dieselbe Schließung, welche später alle Korporationen eifrig als vornehmstes Privileg erstrebten, ursprünglich ein gefürchtetes Verbot war, welches die Feinde des Vereins ihm aufdrängen."[1]

Was in diesen Sätzen für unsere Beweisführung von Wert ist, ist die scharfe Gegenüberstellung der Organisation des städtischen Gewerbes *unserer* Periode gegen die *folgende*. Der durchaus freie, jede entartete Konkurrenz ausschließende Charakter der Zunft bis Ende des 14. Jahrhunderts wird nun nicht nur von Gierke behauptet, sondern ebenso von der gesamten historischen Wissenschaft.[2] Wir dürfen also darauf, als auf einer absolut gesicherten Tatsache, fußen. Wenn es gestattet ist, noch eine besonders charakteristische Notiz dafür anzuführen, so teilt Schmoller mit, daß die Weberzünfte im 14. Jahrhundert nicht die Übersetzung und Konkurrenz fürchteten, sondern das Gegenteil! In Schweidnitz, (1369, Art. 6) und Striegau (1358, Art. 1) ließen sich die Tuchmacher Bürgschaft vom neuen Genossen stellen, daß er wenigstens Jahr und Tag in der Stadt und beim Handwerk bleibe.[3]

Die *Tatsache* nehmen wir also als gegeben. Wenn aber Gierke und alle anderen die Tatsache erklären aus „Gemeinsinn" und „genossenschaftlichem Geiste", so müssen wir dabei bleiben, daß das eine einfache Tautologie ist, die nichts erklärt. *Der genossenschaftliche Geist ist überall da vorhanden, wo die Menschen als Käufer-Verkäufer organisiert sind.* Solange kein einseitiger, wachsender Druck freie Arbeiter auf den Markt warf, weil das Großgrundeigentum latent war, waren die Handwerker Käufer-Verkäufer. Deshalb „ließen sie sich auf das leichteste zusammenschließen und im Zusammenhang erhalten". Deshalb, „weil alle Interessen solidarisch waren, stellte sich die Eintracht und Brüderlichkeit, der sog. ‚genossenschaftliche Geist', überall ein"[4].

Gierke, dessen messerscharfe Juristenlogik überhaupt tiefer in das Wesen der Dinge eindringt, als die mit Symbolen spielende Betrachtung der meisten anderen Forscher auf diesem Gebiete, hat an wenigstens *einer* Stelle an den richtigen Zusammenhang gerührt. Er sagt: „So lange Städte- und Gewerbewesen sich in jener wunderbar aufsteigenden Richtung entwickelten, *hatten die Zünfte keinen Grund, die Konkurrenz zu fürchten*."[5] Das ist ins Schwarze geschossen! Nur die Ursache, *warum* die Zünfte die Konkurrenz nicht zu fürchten hatten, hat auch dieser Klassiker der Genossenschaftstheorie nicht erkannt. Er sucht sie in dem „Aufschwung" und stellt sich augenscheinlich vor, daß die *Gesamtnachfrage* jederzeit das *Gesamtangebot* von Gewerbewaren überschritten habe. Er übersieht aber dabei, *daß der technische Aufschwung die Entartung um mindestens 180 Jahre überdauert hat.* Nein! Die Konkurrenz wurde *so lange* nicht gefürchtet, als der Einzelmeister der Gesamtnachfrage nur ein eng begrenztes *Einzelangebot* entgegenzusetzen hatte.

Wenn die von mir gewonnenen neuen Begriffe überhaupt einen Wert haben, so haben sie den, *daß nicht die Organisation der Gesellschaft abhängig ist von den seelischen Strömungen, sondern die seelischen Strömungen abhängig von der Organisation der Gesellschaft.* Dieses Ergebnis ist zwar in voller Übereinstimmung mit der Philosophie, welche auch nicht umhin kann, den „freien Willen"

---

1 Ebenda, S. 366.
2 Vgl. z. B. Stieda, Zunftwesen, S. 84, 112, 114, 118; Gierke, Genossenschaftsrecht, S. 359, 404, 440; Bücher, Die Bevölkerung von Frankfurt a.M., S. 100; Schmoller, Straßburg zur Zeit der Zunftkämpfe, S. 16; derselbe, Tucher und Weber, S. 385; Eberstadt, Entstehung des Zunftwesens, S. 191 etc.
3 Schmoller, Tucher und Weber, S. 450.
4 Vgl. Oppenheimer, Siedlungsgenossenschaft, S. 133.
5 Gierke, Genossenschaftsrecht, S. 367.

zu leugnen; aber es ist doch von einer grausamen Starrheit, welche zuerst das Gefühl verletzt, eine „Demütigungstatsache"! Aber nichtsdestoweniger ist es *Fortschritt der Erkenntnis*. Es setzt an Stelle von Konjekturen, Phrasen und Tautologien das klare, logische *Verständnis* der sozialen Massenpsychologie. Standen sich bisher Optimisten und Pessimisten gegenüber, von denen die einen den Menschen ohne weiteres für „sozial", die anderen ihn ohne weiteres für „antisozial" hielten, so können sich jetzt beide Teile dahin vereinigen, daß er in der Käufer-Verkäufergenossenschaft ohne weiteres „sozial", in der kapitalistischen Verkäufergenossenschaft ohne weiteres „antisozial" ist. Da ich im Schlußkapitel meiner „Siedlungsgenossenschaft" diese Dinge sehr ausführlich behandelt habe, gehe ich hier nicht näher darauf ein.

Da die Handwerker des hohen Mittelalters „Käufer-Verkäufer" waren, so waren sie jederzeit geneigt, sich genossenschaftlich zusammenzuschließen. Diese Genossenschaften hießen *Zunft* oder *Innung*.

Man streitet heute noch vielfach über die „Entstehung der Zunft". Hat man auch die älteren Theorien fallenlassen, welche sie aus den römischen Officia herleiten wollten, ebenso die Hüllmannsche Theorie[1], wonach die Zünfte sich aus den monopolistischen Inhabern der „Bänke" und „Hallen" an Marktstätte zum Zwecke des Ausschlusses der Konkurrenz gebildet haben, so stehen doch neuere Theorien immer noch im Gefecht. Die wenigsten Anhänger hat – und nach dem, was wir auseinandergesetzt haben, mit Recht! – die Schoenbergsche Auffassung, *wonach die Zunft ein Ausdruck der Reaktion gegen die Gewerbefreiheit gewesen sei*; Brentano und Wilda leiten sie von den „Gilden" der Kaiserzeit ab, eine Ansicht, die neuerdings durch Hegels Untersuchungen noch mehr an Kredit verloren hat; nach Nitzsch soll sie ausschließlich aus dem Hofrecht entstanden sein; nach Eberstadt ist die gesamte Organisation in den „Magisterien" ausgebildet und dann auf freie Verbände fertig übertragen worden; nach v. Below entstand sie ausschließlich aus freien Elementen; Arnold, Maurer und Gierke nehmen eine vermittelnde Stellung ein. Nach Schmoller ist die Bildung der Zunft zurückzuführen auf das Streben der Handwerker nach selbständiger Ausübung der Gewerbepolizei.

Vom Standpunkte des Wirtschaftshistorikers schließen wir uns vollkommen der Ansicht *Stiedas* an, wonach die Zunft rein wirtschaftlichen Bedürfnissen zu entsprechen bestimmt war. Die Handwerker waren Käufer-Verkäufer mit voller Solidarität der Interessen, deshalb schlossen sie sich nicht nur auf das leichteste zusammen, sondern hatten auch, wie jede Käufergenossenschaft, „das Bestreben, sich alle Angehörigen desselben Gewerbezweiges anzugliedern"[2]. Und darum ist charakteristisch, daß in allen *alten* Zunftstatuten die „politischen, militärischen, kirchlichen und geselligen Interessen völlig zurücktreten" gegen die *eine* Bestimmung, deren Durchsetzung geradezu der Wesensinhalt der Zunft gewesen ist, gegen den *Zunftzwang*,[3] d. h. das Recht, nicht etwa jemanden vom Gewerbe auszuschließen, der die Zunft nicht erhält, sondern jeden zu zwingen, in die Zunft einzutreten, der das Handwerk ausübt. „Der Zweck der Zunft", sagt Below, „ist die Ausübung des Zunftzwanges."[4] Wir haben nach ihm aus dem 12. Jahrhundert mindestens 6 volle Zunftbriefe: Fischerinnung zu Worms (1106), Schuhmacher in Würzburg (1128), Bettziechenweber in Köln (1149), Schuhmacher in Magdeburg (1158), Gewandschneider in Magdeburg (1183), Lakenmacher in Hagen (Braunschweig) aus der Zeit Heinrichs des Löwen. Davon sprechen 5 in bestimmter Weise den Zunftzwang als Zweck der Innung aus; einer, der Würzburger von 1128, erwähnt keinen Zweck. Nur einer, der Braunschweiger, erwähnt daneben noch die Ausübung der

---

1 Hüllmann, Stände, S. 547.
2 Oppenheimer, Siedlungsgenossenschaft, S. 133.
3 Stieda, Zunftwesen, S. 76.
4 Below, Zur Entstehung, Bd. I, S. 225.

selbständigen Gerichtsbarkeit und Gewerbefreiheit als Zweck. In Bremen bestanden sogar noch bis 1273 Zünfte ohne jede Gerichtsbarkeit.[1]

Zeigte uns also die theoretische Deduktion das Streben nach Angliederung aller Berufsgenossen als Charakteristikum der Käufer-Verkäufergenossenschaft, so zeigt die Geschichte, daß ihre ersten Bestrebungen tatsächlich auf Angliederung der Berufsgenossen gegangen sind, ein neuer Beweis für die Richtigkeit der Theorie!

Was nun die spätere Entwicklung der Zunft anlangt, so entspricht auch sie der theoretischen Konstruktion vollkommen. Ich habe in meiner „Siedlungsgenossenschaft" an verschiedenen Stellen ausführlich nachgewiesen, daß die einfache *Wirtschaftsgenossenschaft* der Käufer-Verkäufer überall die Tendenz hat, zur komplexen *Genossenschaftswirtschaft* sich zu entwickeln. [So sollte sich aus der landwirtschaftlichen Arbeiter-Produktivgenossenschaft, einer einfachen „Genossenschaft zur Förderung des Erwerbs und Einkommens ihrer Mitglieder", die komplexe Genossenschaftswirtschaft der „Siedlung" entwickeln, welche gleichzeitig wirtschaftliche, politische und administrative Einheit ist.] Die ganze Geschichte der Zunft ist ein einziger Beweis für die Richtigkeit dieser Anschauung. Schon mit der Erteilung des Zunftzwanges wird die freie Einung öffentlich-rechtliche Korporation[2]; und nun entwindet sie in dem Maße, wie das Gewerbe und die in ihm beschäftigte Bevölkerung im Verhältnis zu dem Patriziat der Großhändler und Bodenbesitzer an Zahl und Kraft gewinnt, dem „Rat" ein politisches Recht nach dem anderen, zuerst die Gewerbepolizei, dann die Regierung selbst. Sie wird aus einem rein wirtschaftlichen Kollektivsubjekt Schritt vor Schritt ein wirtschaftlich-politisches Kollektivsubjekt, sie gewinnt immer mehr den Charakter einer öffentlich-rechtlichen Institution,[3] ohne den Charakter der wirtschaftlichen Genossenschaft einzubüßen. Als *öffentlich-rechtliche* Einheit wird sie geradezu zur niederen Verwaltungsinstanz, zur „politischen Teilgemeinde"[4] für alle öffentlichen Zwecke: Wehr- und Feuerdienst, Gesundheits-, Sittlichkeits- und Gewerbepolizei; für die kirchliche Organisation und die Steuerwirtschaft. Als Wirtschaftsgenossenschaft vereinigt sie die Funktionen der Rohstoff-,[5] Werk-,[6] Produktiv-, Magazin- und Kreditgenossenschaft mit denen der Versicherung.[7] Der Kampf der Zünfte gegen die Geschlechter ist also in letzter Linie ein Kampf für die Umwandlung des gesamten städtischen Lebens in eine einzige, übergeordnete Genossenschaftswirtschaft.

Man sagt oft, daß die Zünfte in ihrer Blütezeit sich deshalb so bereitwillig neuen Genossen, auch Berufsfremden[8] geöffnet haben, weil jedes neue Mitglied einen Kämpfer mehr für ihre Sache gegen die Geschlechter bedeutete. Es soll nicht geleugnet werden, daß dieses Motiv mitwirkte, aber eben nur so lange, als das wirtschaftliche Interesse dem politischen parallel lief! Solange der neue Genosse den Markt der alten Zunftbrüder nicht verengte, war er als politischer Mitkämpfer gewiß doppelt willkommen. Als aber die „Transformation" eingetreten war, verschwand das politische Interesse spurlos neben dem wirtschaftlichen: die Städte und Zünfte sperrten sich ab,

---

1 Ebenda, S. 227. Eberstadt bestreitet diese sämtlichen Behauptungen (Entstehung des Zunftwesens, 190ff). Mir geht jede Kompetenz ab, um in diese Frage einzugreifen. An dem mich hier einzig und allein interessierenden *nationalökonomischen* Urteil würde auch nichts geändert werden, wenn E. im Rechte wäre, wie meine unmaßgebliche Meinung allerdings ist.
2 Kruse [ohne Titelangabe], S. 174.
3 Vgl. z. B. Bücher, Die Bevölkerung von Frankfurt a.M., S. 68; Schmoller, Straßburg zur Zeit der Zunftkämpfe, S. 16; derselbe, Tucher und Weber, S. 375, 383, 483, 487; Stahl, Das deutsche Handwerk, S. 26.
4 Schmoller, Tucher und Weber, S. 483.
5 Gierke, Genossenschaftsrecht, S. 392.
6 Ebenda, S. 393.
7 Ebenda, S. 909.
8 Bücher, Die Bevölkerung von Frankfurt a.M., S. 99; Schmoller, Tucher und Weber, S. 483 etc.

obgleich sie gerade damals einen harten und für die meisten Gemeinwesen sieglosen Kampf gegen das erstarkte Territorialfürstentum zu führen hatten.

Daß aber zu dem Ausgang der Zeit, die wir hier behandeln, die Integration der Wirtschaftsgenossenschaften (Zünfte) in *eine* große, die ganze Stadt umfassende Genossenschaftswirtschaft schon so gut wie vollendet war, das beweist die Liberalität der Städte in der Erteilung des *Bürgerrechtes*. Ganz wie die Zunft den Zunftzwang, so handhabt die Stadt den *Bürgerzwang*. Sie will alle Einwohner in den Bürgerverband bringen, und sucht das teils durch direkten polizeilichen Zwang durchzusetzen, teils durch fortwährende Ermäßigung der Aufnahmegebühren und Vermehrung der nutzbaren Bürgerrechte.[1] Das Büchersche Werk enrollt ein äußerst lebensvolles Bild dieser Bestrebungen in bezug auf Frankfurt a. M.

Mitte des 14. Jahrhunderts ist in Deutschland der Sieg des Zunftgedankens so ziemlich überall entschieden: und von Mitte des 14. Jahrhunderts an sehen wir in Frankfurt, obgleich es immer formell eine aristokratische Regierung behielt, den Rat bemüht, alle Angesessenen zur Erlangung des Bürgerrechtes zu veranlassen. Bei der allgemeinen Eidesleistung von 1387 wird ein Unterschied zwischen Bürgern und Beisassen nicht mehr anerkannt. Trotzdem glaubte man offenbar damals noch nicht an die Möglichkeit, das Verhältnis der Beisassen ganz zu beseitigen, da man 1398 einen besonderen Huldigungseid für dieselben einführte. Dagegen suchte man einem zu starken Anwachsen derselben durch das ganze erste Drittel des 15. Jahrhunderts dadurch zu begegnen, daß man das Bürgerrecht als Vorbedingung für die Aufnahme in eine Zunft verlangte. Erst als auch auf diesem Wege das Ziel nicht zu erreichen war, wurden von 1432 an alle ansässigen Leute zur Erwerbung des Bürgerrechtes *gezwungen*. Der Grundsatz, keinen Einwohner zu dulden, der nicht Bürger sei, hat sich demnach erst allmählich entwickelt und durchgesetzt.[2]

Zu dem Zwecke läßt der Rat förmliche Razzias auf Eidflüchtige ausführen. So findet sich z. B. im Jahre 1432 fast ein Viertel der Bevölkerung, nämlich 501 über 14 Jahre alte Ansässige männlichen Geschlechtes, welche den Eid noch nicht geleistet haben.[3] Acht Jahre später wird die Verordnung wiederholt. Es soll keine Beisassen mehr geben.[4]

Neben dieser direkten polizeilichen Einwirkung auf die Einwohner war der Rat auch durch Gewährung von Vorteilen und Ermäßigung des Bürgergeldes bemüht, die Ansässigen zu Bürgern zu machen.

Die nutzbaren Rechte, welche die Aufnahme in die Bürgerschaft gewährte, waren mancherlei. Außer dem ihnen vorbehaltenen Rechte, in eine Zunft einzutreten, genossen die Bürger vor Beisassen und „Gästen" Vergünstigungen bei Kauf und Verkauf, Rabatte an Zoll und Wegegeld, Unterkauf und Wägegebühren. „Und ersichtlich ist der Rat darauf bedacht, diese privatwirtschaftlich nutzbare Seite des Bürgerrechtes fortwährend zu verstärken."[5]

Gleichzeitig sinken die Aufnahmegebühren fortwährend. Hatte man anfangs von dem Bewerber den Nachweis einer „hereditas", d. h. eines Grundstückes in der Stadt gefordert, so begnügte man sich schon am Anfang des 14. Jahrhunderts mit dem Nachweis einer Rente (Hypothek), 1332 sogar mit einer von der Stadt selbst erworbenen Leibrente von einer halben Mark Ertrag.[6]

Aber selbst diese Bestimmung wurde schließlich im wesentlichen zu einer bloßen Formalität. Man war im Prinzip streng, um in der Praxis äußerst milde zu sein. Die große Mehrzahl der

---

1 Vgl. Maurer, Städteverfassung, Bd. II, S. 760 für Bern.
2 Bücher, Die Bevölkerung von Frankfurt a.M., S. 324.
3 Ebenda, S. 181.
4 Ebenda, S. 183.
5 Ebenda, S. 326.
6 Ebenda, S. 342.

Neubürger erlangte das Frankfurter Bürgerrecht auf bloße Versprechungen hin, deren Erfüllung kaum erwartet wurde.[1] Nach einer von Bücher beigebrachten Statistik sinkt von 1371–1500 fortwährend die Zahl der Bürger, welche das hohe Geld zahlen, während die Zahler der niedrigen Aufnahmegebühren ebenso zunehmen, wie die ohne Geld Zugelassenen.[2] Der Rat ist also in seinen Forderungen immer mehr zurückgewichen.[3]

Dieses Bestreben nach Angliederung aller Ortsansässigen war so überaus stark, daß es im Inneren selbst und nach außen hin fast ohne Grenzen wirkte. Das zeigt sich im Inneren darin, daß man *alles* aufnahm, was vorhanden war: so z. B. finden sich unter den in Frankfurt aufgenommenen Frauen einmal 8 Dirnen, eine fahrende Frau, eine Bordellwirtin,[4] unter den Männern auch Krüppel und Bettler.[5] Selbst die *Juden* hatten ein kaum beschränktes Bürgerrecht,[6] freien Wohnsitz und Grunderwerbsrecht; erst 1462 sperrte man sie in das Ghetto[7]: auch ein Zeichen der Transformation, welche damals die Zunft und die städtische Genossenschaftswirtschaft ergriffen hatte.

Nach außen hin zeigte sich die Stadt als echte Käufer-Verkäufergenossenschaft durch die Bereitwilligkeit, auswärtigen Dorfleuten das „Ausbürgerrecht" zu verleihen. Noch im 14. Jahrhundert waren viele Bürger Landwirte, und hatten ebenso viele Bauern Frankfurter Stadtrecht als Aus- oder Pfahlbürger.[8] Auch diese Einrichtung, auf deren Bestand ein guter Teil der selbständigen politischen Kraft der Stadt beruht hatte[9] und die darum gegen den entschlossenen Widerstand der Landesherren und der Zentralgewalt aufrecht erhalten wurde,[10] findet charakteristischerweise am Schlusse des 14. Jahrhunderts ihr Ende.[11] Die ökonomischen Grundlagen der ganzen Gesellschaft haben sich geändert, die Zünfte und mit ihnen die Zunftstädte sind „Verkäufergenossenschaften" geworden und der Transformation verfallen: und sie stoßen ihre Ausbürger ab, obgleich sie damit die eigene politische Kraft vermindern und diejenige ihrer Todfeinde, der Territorialfürsten, vermehren.[12] So sehr überwiegen die wirtschaftlichen die politischen Interessen!

In der Blütezeit aber war der Inhalt des Bürgerrechts ein echt *genossenschaftlicher*. „Die gewöhnliche Annahme genügt nicht, nach welcher in der Teilnahme an den politischen Rechten und den nutzbaren Genossenrechten einerseits, andererseits in der Verpflichtung, der Stadt zu dienen, der Inhalt des Bürgerrechtes sich erschöpft. Von jenen politischen Rechten ist überhaupt an den entscheidenden Stellen nicht die Rede; und was diese Pflichten betrifft, so sind dieselben ausdrücklich als für den Bürger und Beisassen gleich bezeichnet."[13] Der wahre Inhalt des Bürgerrechtes ist, wenn man sich modern ausdrücken darf, der einer „Genossenschaft mit unbeschränkter Haftung", in welcher aber nicht nur der Bürger für die Stadt mit seinem Gut und Blut haftet,[14] sondern auch die Stadt für ihren Bürger.[15] Sie „verantwortet ihn", und zwar mit gewaffneter Hand gegen

---

1 Ebenda, S. 346.
2 Ebenda, S. 353.
3 Ebenda, S. 354.
4 Ebenda, S. 390.
5 Ebenda, S. 355.
6 Vgl. Maurer, Städteverfassung, Bd. II, S. 744.
7 Bücher, Die Bevölkerung von Frankfurt a.M., S. 528.
8 Ebenda, S. 680; vgl. Maurer, Städteverfassung, Bd. II, S. 245.
9 Bücher, Die Bevölkerung von Frankfurt a.M., S. 387.
10 Maurer, Städteverfassung, Bd. II, S. 249.
11 Bücher, Die Bevölkerung von Frankfurt a.M., S. 681.
12 Ebenda, S. 387.
13 Ebenda, S. 320.
14 Ebenda, S. 323.
15 Ebenda, S. 322.

Angriffe auf Leib und Leben wie vor fremden Gerichten und Obrigkeiten. Die Stadt ersetzte jedem Bürger, was er auf Kriegszügen verlor, und löste ihn aus der Gefangenschaft.

Man sieht, wie groß die *Pflichten* waren, welche die Stadt dem Bürger gegenüber übernahm, während die *Rechte*, welche sie an den Bürger hatte, kaum größer waren, als die ihr über den Beisassen zustehenden, namentlich in bezug auf die Steuerleistung. Eher hatte der Beisasse mehr zu zahlen als der Bürger! Und trotzdem sehen wir den Charakter der Käufer-Verkäufergenossenschaft so mächtig vorherrschen, daß die Stadt die Beisassen geradezu *zwingt*, ihr jene Pflichten aufzuerlegen.

Es ist übrigens nicht etwa eine neue Behauptung, daß die mittelalterliche Stadt eine Genossenschaftswirtschaft gewesen sei. Gierke bezeichnet sie überall als solche,[1] und auch Bücher nennt das Bürgerverhältnis „den getreuen Ausdruck des Grundsatzes der altdeutschen Genossenschaft: Einer für Alle und Alle für Einen".[2] Sie umfaßte die *ganze* Persönlichkeit: darum verträgt sich auch mit der Bürgerschaft kein anderes genossenschaftliches Band außer ihr oder neben ihr,[3] wie z. B. die Bürgerschaft in einer anderen Stadt; und ebensowenig irgendeine Verpflichtung zum Herrendienst.[4]

Wir behaupten also keine neue Tatsache, wenn wir die Stadt jener Periode als Genossenschaftswirtschaft bezeichnen, sondern wir beanspruchen nur, die ökonomische Grundlage aufgezeigt zu haben, auf welcher die längst versunkene „altdeutsche Genossenschaft" sich hier wieder entfalten konnte. So gut wie der alte Markgenosse „Käufer-Verkäufer" war,[5] so gut konnten wir zeigen, daß auf der weit höheren Stufe der entwickelten Tauschwirtschaft diese Organisation der Gesellschaft sich wiederhergestellt hat. Nicht aus einer sehr chimärischen Kontinuität zwischen Markgenossenschaft und Stadtgenossenschaft, sondern nach dem Grundsatze, daß *gleiche Ursachen gleiche Folgen haben*, hat sich die genössische Organisation hier wieder eingefunden; daraus scheint uns der Schluß erlaubt, daß es auch jetzt genügen würde, jene ökonomischen Grundlagen wiederherzustellen, (was gar keine Schwierigkeiten machen kann, wenn man, d. h. das Volk, erst durch Erkenntnis zu einem gerichteten Willen gekommen ist), um auch die Genossenschaftswirtschaft auf der höchsten Stufe der Arbeitsteilung wiederherzustellen.

Doch davon am Schlusse dieser Abhandlung! Wir lassen auch hier die juristischen und rein-historischen Fragen über das Zunftwesen, Stadtbürgertum usw. als für wirtschaftsgeschichtliche Zwecke unerheblich beiseite und lassen uns an dem Ergebnis genügen, daß tatsächlich das Bild der uns interessierenden Periode, so wie es in den unschätzbaren Untersuchungen der deutschen historischen Schule vorliegt, in *allen* Zügen, nicht nur den hauptsächlichen, mit der theoretischen Konstruktion der „reinen Wirtschaft" übereinstimmt, soweit es die Organisation der Landwirtschaft und der Gewerbe anbelangt. Ich bin natürlich auf den Vorwurf der „Geschichtskonstruktion und -klitterung" vorbereitet, sehe ihm aber mit Ruhe entgegen. Ich glaube nirgend den Tatsachen die geringste Gewalt angetan zu haben; ich habe in keiner der Einzelheiten an Stelle der geltenden Auffassung eine andere gesetzt; sondern ich habe die Tatsachen ehrlich genommen, wie ich sie gefunden habe, und an der Hand eines logischen, in sich, wie ich hoffe, unanfechtbaren Kanons so geordnet, daß *zum ersten Male* ein organischer Zusammenhang zutage tritt. Wenn man meine Theorie für falsch hält, soll man eine bessere beibringen oder wenigstens Tatsachen aufzeigen, welche ihr widerstreiten: die bloße Behauptung, daß die Theorie, nur weil Theorie, „unwissenschaftlich" sei, wird mir nicht als Beweis zu gelten haben.

---

1 Gierke, Genossenschaftsrecht, z. B. S. 327.
2 Bücher, Die Bevölkerung von Frankfurt a.M., S. 323.
3 Ebenda, S. 323.
4 Ebenda, S. 321.
5 Vgl. Oppenheimer, Siedlungsgenossenschaft, S. 521f.

Es erübrigt noch, die allgemeine Entwicklung des Volkseinkommens zu betrachten und einen schnellen Blick auf das Wachstum der Organe des Tauschwirtschaftskörpers zu werfen. Es wird sich herausstellen, daß die Tatsachen auch hier mit der theoretischen Deduktion völlig übereinstimmen; jedoch wird es nicht möglich sein, diese Tatsachen als neue Beweismittel für die Theorie heranzuziehen; denn ein Aufschwung der Technik ist auch unter den pathologischen Verhältnissen einseitig wachsenden Druckes möglich, wie das spätere Mittelalter und namentlich unsere Zeit beweisen; das Fehlen von Krisen läßt sich aus der unentwickelten Technik der Gewerbe ebenso gut begreifen, wie aus den Verhältnissen „reiner Wirtschaft"; und eine *quantitative* Erfassung der Unterschiede zwischen einer solchen und einer pathologischen Wirtschaft durch das Mittel der Statistik ist uns ja nicht möglich. Vollgültige Beweise für die Richtigkeit unserer Theorie können wir erst wieder bei der Darstellung des verhängnisvollen Umschwungs erbringen, welcher die reine Tauschwirtschaft zerstörte.

Was die allgemeine Verteilung des Einkommens anlangt, so läßt sich mit aller Sicherheit behaupten, daß sie insofern der theoretischen Deduktion entsprach, als das Einkommen mit zunehmender Volksdichte in beiden Hauptabteilungen der Volkswirtschaft schnell und stark anwuchs. Das ist für den Bauernstand vielfach bezeugt: „Die Grundherren waren teilweise enterbt, die Bauern im Genuß rasch steigender Einnahmen. Es nahten die Zeiten bäuerlichen Übermutes und ritterlichen Neides gegenüber stolz zur Schau getragenen bäuerlichen Reichtümern (Meier Helmbrecht, Neidhard von Reuental)."[1] Aus Pommern berichtet Kantzow, daß um diese Zeit häufig verarmte Ritter um reiche Bauerntöchter warben, ohne sie immer zu erhalten.

Ganz dasselbe gilt für die Städte! Wenn es nicht die herrlichen Dome und Rathäuser bewiesen, die um jene Zeit sich selbst in kleineren Städten erhoben, Gebäude von einer Pracht und Kostbarkeit, daß heute noch nicht einmal das große, reiche *Deutsche Reich* imstande ist, einen den alten Münstern von Nürnberg, Lübeck, Köln, Straßburg, Ulm etc. auch nur ähnlichen Prachtbau aufzustellen, so wird es durch die Chroniken bewiesen. Man darf sagen, daß es keinen aus allgemein-*wirtschaftlichen* Gründen armen Menschen gab. Arme gab es natürlich, die Krüppel, die zahllosen Blinden, die geistig Unfähigen, denen die Intelligenz oder die Energie zur Betätigung fehlten, die zahllosen, ihrer Ernährer beraubten Frauen (Bücher, Frauenfrage im MA, S. 41). Die ewigen Fehden vernichteten manches bäuerliche Gehöft, die Städter verloren manches kostbare Gut an die Herren vom Stegreif, Seuchen dezimierten das Volk. Aber es gab kein *wirtschaftlich bedingtes* Proletariat, keine Arbeitsfähigen und Arbeitswilligen, welche durch den Mangel an Produktionsmitteln niedergehalten wurden. Sein Auskommen war jedem, und jedem tüchtigen und fleißigen Manne die *Selbständigkeit* bei *steigender Komfortbreite* gesichert. Vor 1350 ist von einem Arbeiterproletariat in den Städten keine Rede.[2] Wir haben das bereits oben gezeigt, als wir nachwiesen, daß ein „vierter Stand" unterhalb der Handwerker nicht existierte. Und daß die Handwerker in dieser ganzen Zeit in immer höherem Komfort lebten, ist eine Behauptung, die man der allgemeinen Übereinstimmung gegenüber nicht erst zu belegen braucht. Führen doch die „Ausschreitungen" des Luxus in den deutschen Städten schon um 1350 herum zu den Kleiderordnungen.[3] Den besten Beweis für diese Anschauung aber bildet der gemeine Tagelohn: er steigt bis zur Höhe des 14. Jahrhunderts, um dann langsam zu sinken,[4] auch ein Symptom der „Transformation".

---

1 Lamprecht, Art. Bauer, in: Handbuch der Staatswissenschaften, S. 180.
2 Brentano, Arbeitergilden, S. 58.
3 Schmoller, Tucher und Weber, S. 408.
4 Lamprecht, Wirtschaftsleben, Bd. I, S. 1526; vgl. auch Rogers, Six Centuries of work and wages, zit. nach Wolf, Wirtschaftsordnung, S. 188ff.

Lamprecht[1] ist übrigens der Meinung, daß der Lohn gemeiner Arbeit ein besseres Vergleichsmittel der Preise sei, als Edelmetall oder selbst Korn, weil, selbst wenn man das „eherne Lohngesetz" leugne, dennoch immer der Ertrag unqualifizierter Arbeit in engen Grenzen fixiert sei. Das hat für eine pathologische Wirtschaft mit gewissen Einschränkungen seine Berechtigung, weil die „konzessionierte Komfortbreite" hier, wenn überhaupt, so doch nur sehr langsam wachsen kann. Aber für die Wirtschaft des hohen Mittelalters ist dieses Maß sicher nicht anwendbar, weil hier der Lohn immer ungefähr gleich dem *Ertrage* der Arbeit gewesen ist, der seinerseits andauernd wuchs.

Die Kaufkraft des gemeinen Arbeitslohnes stieg nach einer Statistik, welche Lamprecht aufgestellt hat, auf Korn bezogen, vom 8. Jahrhundert bis zur ersten Hälfte des 14. Jahrhunderts auf fast genau das Doppelte.[2] Der Tagelohn war von 100 auf 313,4, der Kornpreis von 100 : 156,3 gestiegen.

Welches Einkommens sich die Arbeiter noch Ende des 15. Jahrhunderts erfreuten, obgleich sich ihre Lage damals schon „bedenklich verschlimmert" hatte,[3] geht aus einer Verfügung der „Landesordnung" hervor, welche die Herzöge Ernst und Albert 1482 für Sachsen erließen.[4] Sie war ausdrücklich bestimmt, den „unmäßigen Gesinde- und Handwerkslohn" herabzudrücken. Sie verbietet zunächst die Verwendung ausländischer Stoffe für das Gesinde, „ausgenommen Hosen-, Kogeln-, Brustlatz- und Kollertuch; das möchte ein jeder kaufen und geben wie gut er wolle". Dann kommt eine Lohntaxe: „Einem Handarbeiter mit Kost wöchentlich 9 neue Groschen, ohne Kost 16 Groschen. Denen Werkleuten sollte zu ihrem Mittag- und Abendmahle nur 4 Essen, an einem Fleischtag eine Suppe, zwei Fleisch und ein Gemüse; auf einen Freitag und einen andern Tag, da man nicht Fleisch isset, eine Suppe, ein Essen grüne oder dörre Fische, zwei Zugemüse; so man fasten müsse, fünf Essen, eine Suppe, zweierlei Fisch und zwei Zugemüse und hierüber 18 Groschen, den gemeinen Werkleuten aber 14 Groschen wöchentlicher Lohn gegeben werden; so aber dieselben Werkleute bei eigener Kost arbeiteten, so solle man dem Pollierer über 27 Groschen und dem gemeinen Maurer u. s. w. über 23 Groschen nicht geben."

Diese sich als eine *Herabsetzung* des Arbeitereinkommens einführende Bestimmung der Obrigkeit zu einer Zeit, in welcher die „Transformation" schon ein ganzes Jahrhundert tätig war, erlaubt einen Rückschluß auf die Zeit, in welcher der „Arbeiter" noch keinerlei Mehrwert zinste, und erlaubt auch einen ungefähren Rückschluß auf den Geldwert der Zeit. Ein so reichliches Essen ist, wie jede Hausfrau bestätigen wird, heute nicht unter 9 Mark die Woche herzustellen, während es damals das Äquivalent von ebensoviel Groschen ausmachte. Man kann daraus, sowie aus den Bestimmungen über den Kleiderluxus schließen, daß selbst damals noch die Kaufkraft des Arbeitslohnes sehr hoch, die Komfortbreite verhältnismäßig mächtig war.

Mindestens so breit, wahrscheinlich wesentlich breiter, haben wir uns die durchschnittliche Komfortbreite gegen Ende der Periode „reiner" Wirtschaft vorzustellen.

Dabei war aber, wie schon bemerkt, der Geldwert des Korns ganz regelmäßig gestiegen. Auch das gehört zu den Kennzeichen der „reinen Wirtschaft", wie wir sie entwickelt haben. Er steigt unbeirrt bis zum Ende unserer Periode; Mitte des 14. Jahrhunderts ist der Kulminationspunkt der Produktenpreise erreicht, und erst Anfang des 15. Jahrhunderts fallen sie rapide, auf Silber bezogen. Wir werden auch diese Erscheinung im nächsten Kapitel zu würdigen haben. Hier genügt es uns festzustellen, daß die historische Entwicklung völlig der Deduktion entspricht: Steigen des bäuerlichen Einkommens durch Vermehrung der Kaufkraft des Korns für Gewerbswaren; und

---

1 Lamprecht, Wirtschaftsleben, Bd. II, S. 604.
2 Ebenda, S. 617; vgl. Wolf, Wirtschaftsordnung, S. 188–192 für England.
3 Lamprecht, Wirtschaftsleben, Bd. I, S. 1526.
4 Hunger, Geschichte der Abgaben, S. 22.

damit parallel Steigen des städtischen Einkommens, trotzdem die *Wareneinheit* an Kaufkraft für Korn verliert, weil der Handwerker den Ausfall vervielfacht durch die Steigerung seiner Produktivität hereinbringt.

Sollen wir noch einen Beweis für die gleiche wirtschaftliche Lage der beiden Haupt-Produktivstände bis zum Ende unserer Periode erbringen, so ist derselbe in der gleichen sozialen Wertschätzung zu finden. Obgleich, wie oben gesagt, der *wirtschaftliche* Unterschied zwischen Bauer und Bürger schon um 1200 feststeht, ist ein *gesellschaftlicher* Unterschied erst um 1400 entstanden. Das beweist die große Organisation der „Ausbürger". Bücher sagt ausdrücklich, daß noch im 15. Jahrhundert keine scharfe (soziale) Scheidung zwischen Bauer und Städter bestand.[1] Und erst um diese Zeit begann das Ausbürgertum zu verfallen.

Nun bedarf es keines Beweises, daß jene technisch verhältnismäßig wenig entwickelte Zeit keine auch nur annähernd so große durchschnittliche Produktivität gehabt hat, wie die unsere, die neben jeden arbeitenden Menschen schon Dutzende von „Stahlsklaven" gestellt hat und in *weltwirtschaftlicher* Arbeitsteilung produziert. Die pro Kopf verfügbare Masse der Produkte war also bedeutend geringer als bei uns. Da aber jeder Produzierende mit einer selbst für unsere Begriffe überraschenden Komfortbreite ausgestattet war, so konnte für die Nichtproduzenten nur sehr wenig übrigbleiben. Und das war in der Tat der Fall! Die Ober- und Untergrenze der Einkommen entfernte sich in einem für unseren Vorstellungskreis winzigen Maße von dem Durchschnitt: der *„wirtschaftliche Gradient"* war äußerst klein. Wir haben nur wenig Notizen über diesen Punkt; eine davon finde hier ihren Platz: „Nach einer Notiz über eine Vermögenssteuer in Basel gab es damals überhaupt nur 12 reiche Leute, meist Kaufleute, welche über 10.000 Gulden Vermögen hatten, dreißig, meist Ritter und Patrizier, deren Vermögen zwischen 5.000–10.000, und 93 Bürger, deren Vermögen etwa zwischen 1.000 und 5.000 Gulden gelegen haben muß. Noch gegen 1500 schätzte man das Einkommen eines mittleren Bürgers zu 40 Gulden; 2.000 Gulden waren also ein Vermögen, von dem bei 5% Rente eine Familie bereits leben konnte."[2]

Selbst wenn man also die Kaufkraft des Guldens zu 60 Mark unseres heutigen Geldes ansetzt,[3] sind die reichsten Leute der reichen freien Stadt Basel nur ungefähr Mark-Millionäre gewesen! Der Gradient war also äußerst klein.

Dieser optimistischen Auffassung scheint es zu widersprechen, daß mehrere Autoren das „Auftauchen der sozialen Frage" auf der Höhe dieser Zeit konstatieren. So sagt Lamprecht[4], daß um 1250 die Frage nach dem Ausgleich zwischen reich und arm auftaucht; Schmoller äußert sich folgendermaßen: „Es ist charakteristisch für die Zustände in den Städten zu Anfang des 14. Jahrhunderts, daß soviel von dem Gegensatz zwischen arm und reich die Rede ist. Fast in allen Urkunden der Zeit wiederholt sich die Wendung, man solle die Dinge so ordnen, daß reich und arm zu ihrem Rechte kämen."[5]

Der Einwand gegen unsere Auffassung, wenn ihn jemand aus diesen Daten herleiten wollte, ist auf das einfachste damit zu widerlegen, daß „arm und reich" damals eine ganz andere Bedeutung hatte, als diejenige, die wir den Worten heute beilegen. Sind es heute *wirtschaftliche*, so waren es damals *politische* Begriffe; beziehen sie sich heute auf Unterschiede von Vermögen und Einkommen, so bezogen sie sich damals auf Unterschiede des *Standes*. Der „Reiche" ist der Patrizier, auch wenn er verarmt ist (Richerzeche), der „Arme" der Handwerker, auch wenn er reich ist.

---

1 Bücher, Die Bevölkerung von Frankfurt a.M., S. 680.
2 Schmoller, Tucher und Weber, S. 433.
3 Nach einer Schätzung von Ehrenberg, Das Zeitalter der Fugger, S. 386.
4 Lamprecht, Wirtschaftsleben, Bd. I, S. 1163.
5 Schmoller, Straßburg zur Zeit der Zunftkämpfe, S. 22.

Das Auftauchen dieser „sozialen Frage" bedeutet also nichts weiter, als daß sich das Tausch- oder Menschenrecht ebensogut schon psychologisch wie materiell Bahn gebrochen hatte. Zum ersten Male in der Weltgeschichte rüttelt das Volksbewußtsein an den altheiligen *Institutionen* des Rechts, an der „gottgewollten" Ungleichheit der Klassen. Wenn die empörten Sklaven des Altertums noch gar nicht auf den Gedanken kamen, daß die Sklaverei als solche eine verdammenswürdige Einrichtung sei, wenn sie nur für ihre *persönliche* Emanzipation, nicht für den Gedanken *allgemeiner* Freiheit stritten, so lag das daran, daß ihre Zeit wirtschaftlich noch nicht von der Sklavenarbeit gelöst war; aber auf der Höhe des Mittelalters war mit der Ausbildung der freien Tauschwirtschaft die ökonomische Grundlage der Standesrechte fortgefegt: und jetzt schuf sich die Tauschwirtschaft mit dem Tausch*recht* auch die ihr eigentümliche *Moral*, welche in der ständischen Bevorzugung einer Klasse vor der andern ein Unrecht erblickt.

In dem ökonomisch früher gereiften Italien hatte Arnold von Brescia schon im Anfang des 12. Jahrhunderts dieser erst jetzt denkbaren Anschauung beredte Worte verliehen. Er lehrte, daß Hörigkeit und Leibeigenschaft mit den Grundsätzen des Christentums unvereinbar seien.[1] Er büßte seinen „Frevel" 1154 auf dem Scheiterhaufen. Er war achthundert Jahre zu früh erschienen; seinem großen Vorbilde Jesus von Nazareth gleich starb er für die Ideale, die eine ferne Zukunft erst erfüllen konnte.

Der Gleichmäßigkeit der Verteilung des Einkommens entsprach durchaus die Verteilung der *Bevölkerung* zwischen Stadt und Land, ganz wie in der Konstruktion der „reinen Wirtschaft". Wir haben gar keine Großstädte im heutigen Sinne. Im 14. Jahrhundert hatte Straßburg 50.000 Einwohner (Schmoller), 1415 Danzig 40.000, 1448 Nürnberg 20.219 (Hegel) – nach Bücher 20.165[2] –, Konstanz im Mittelalter nie über 10.000 (Marmor), 1450 Basel 25.000 (Häusler), im Mittelalter Erfurt höchstens 32.000 Einwohner (Kirchhoff)[3]. Nach Bücher[4] zählte Frankfurt noch 1440 nicht unerheblich unter 9.000 Köpfe, nach J. Wolf[5] London 1377: 32.500 Einwohner.

Dagegen haben wir uns das platte Land außerordentlich stark bevölkert vorzustellen. Wenn es nicht die große Kostspieligkeit der Kathedralkirchen, Rathäuser etc. der für unsere Begriffe winzigen „Großstädte" bewiese, daß eine sehr starke und reiche Diözese sie umgab, so beweist es die einfache Rechnung, welche ergibt, daß so viele Steinmetze, Zimmerleute, Maurer etc., wie zu ihrer Ausführung erforderlich waren, unmöglich in den Städten allein seßhaft gewesen sein können.

Leider hat sich die Bevölkerung des platten Landes im Mittelalter der Statistik gegenüber noch sehr spröde erwiesen. Immerhin finde eine Schätzung hier Raum, welche vorsichtig genug scheint, um wenigstens einen Begriff von dem Reichtum jener Zeit an bäuerlichen Elementen zu geben: Brederlow teilt mit,[6] daß in der Tannenberger Schlacht (1410) für den deutschen Orden 83.000 Kämpfer fochten; das Land selbst hatte davon gestellt 50.000 Mann, davon Danzig 1200. Daraus berechnet er die Einwohnerzahl des ganzen Landes auf *drei Millionen*, „eine Seelenzahl, welche gerade noch einmal so groß ist als die jetzige" (1820), „deren Bestehen aber angenommen werden muß, wenn man die Werke, die unter der Ordensherrschaft angelegt wurden, alle die Schlösser, Kirchen und Wälle nicht durch ein Wunder nach Preußen hinversetzt, sondern durch Menschenhände errichtet annehmen will".

---

1 Stieda, Zunftwesen, S. 58.
2 Bücher, Die Bevölkerung von Frankfurt a.M., S. 9.
3 Schanz, Zur Geschichte der deutschen Gesellenverbände, S. 8.
4 Bücher, Die Bevölkerung von Frankfurt a.M., S. 196.
5 Wolf, Wirtschaftsordnung, S. 527.
6 Brederlow, Geschichte des Handels, S. 90.

Wir glauben nicht, daß es sich hier um phantastische Schätzungen handelt, sondern sind aus schon angeführten inneren Gründen der Anschauung, daß damals das Verhältnis der Einwohnerzahl des platten Landes zu derjenigen der Großstädte ein ganz anderes, für Verkehr, Hygiene, Sittlichkeit und politische Ordnung günstigeres war als heute, wo z. B. in den beiden Provinzen Preußens allein die Hauptstädte Danzig und Königsberg nahezu 10% aller Einwohner beherbergen.

Dagegen blühten überall sekundäre und tertiäre Gewerbezentren und solche noch niedrigerer Ordnung auf, eine außerordentlich gesunde Verteilung der Bevölkerung, die den Verkehr zwischen Urproduktion und Gewerbe mit den geringsten Transportkosten belastete. Darum ist auch in dieser ganzen Zeit von einem regelmäßigen Kornhandel en gros nach deutschen Städten noch keine Rede[1]; zwar hatte er schon seit 1225 hingereicht, um bei lokalen Teuerungen mildernd zu wirken, aber er erstarkte erst seit Schluß des 14. Jahrhunderts so, daß er auch in gewöhnlichen Zeiten die Preisausgleichung bewirken konnte.

Dem Neuerstehen von Städten machte erst der große Umschwung ein Ende. Und darum war in der ganzen Periode von einer städtischen „Zuwachsrente" nichts oder doch kaum etwas zu bemerken, gerade wie in unserer theoretischen Deduktion. Es blieben einerseits die größten Städte so klein, daß die Nachfrage nach Bauland immer tief unter dem Angebot stand; darf man doch nicht vergessen, daß die Umwallung der Städte für die Aufnahme der „Ausbürger" mit Vieh und Habe nach „Burgrecht" in Kriegszeiten ausreichen mußte[2] und daher große Gärten, sogar Ackerstücke, Scheunen usw. mit umfaßte[3], die mit dem Zurücktreten des städtischen Ackerbaus als Bauland verfügbar wurden und die Preise drückten; ebensowenig war von einer Konkurrenz um bevorzugte Auslagestellen die Rede, da der Handwerker bei dem „reinen" Wettbewerb durchaus nicht auf den Gedanken irgendeiner Reklame kommen konnte. Und zu dem allen kam die Konkurrenz der anderen Städte, Märkte, Flecken und Dörfer um das kostbare Menschenmaterial; der Versuch, das städtische Bauland mit höheren Abgaben zu belasten, hätte die Zuwanderung glatt gesperrt.

Nicht, als ob städtisches Bauland überhaupt keine Rente gebracht hätte. Das war nur in einzelnen Städten der Fall,[4] wo den Zuwanderern Hausland gratis angewiesen wurde. Aber meistens wurde Rente, Worthzins gezahlt. Nur *wuchs* diese Rente nicht; jedenfalls nicht entfernt im Verhältnis zur wachsenden Produktivität.

Der Bodenzins war überall niedrig,[5] konnte ja auch nicht höher sein, als der Hufenzins des Grundholden: sonst wäre dieser nicht zugewandert. Trotzdem konnte das Einkommen aus den zu Stadtrecht verliehenen Hausstellen sehr beträchtlich sein: „Der Besitz von Grund und Boden war in der Zeit der starken Einwanderung so lukrativ, daß der Eigentümer im allgemeinen nicht nötig hatte, ein Handwerk zu ergreifen."[6]

Aber diese Rente *wuchs* nicht,[7] und das ist das Entscheidende! Sie blieb fixiert und sank daher im Verhältnis zum Arbeitseinkommen der Zinsverpflichteten immer mehr, bis auf eine Bagatelle herab. Sie konnte nicht die Vorteile des Wachstums der gesellschaftlichen Produktivität an sich

---

1 Lamprecht, Wirtschaftsleben, Bd. I, S. 623.
2 Bücher, Die Bevölkerung von Frankfurt a.M., S. 465.
3 Vgl. ebenda, S. 17, 201, 261, 262.
4 Z. B. in Naumburg durch Bischof Cadaloh; nach Below, Zur Entstehung, Bd. II, S. 234; Sohm, Städtewesen, S. 65.
5 Hegel, Städte und Gilden, Bd. II, S. 80; Inama-Sternegg, Deutsche Wirtschaftsgeschichte, Bd. I, S. 205; Below, Zur Entstehung, Bd. II, S. 234; Arnold, Geschichte des Eigentums, S. 13.
6 Below, Zur Entstehung, Bd. I, S. 232.
7 Arnold, Geschichte des Eigentums, S. 63, 101, 200.

reißen, war keine „Zuwachsrente". Auch hier entspricht also das geschichtliche Faktum der theoretischen Konstruktion vollkommen; selbst die kleine feste Rente der städtischen Bodeneigentümer bestätigt die Deduktion, wonach die städtische Bodenrente ein *sekundäres* Symptom des einseitigen wachsenden Druckes ist. Wo die agrarische Rente wächst, wächst auch die städtische, wo jene festgelegt ist, kann auch diese nicht wachsen.

Haben wir bis jetzt die Verteilung der Bevölkerung und die entsprechende des Einkommens in unserer Periode betrachtet und besonderen Wert auf den Nachweis gelegt, daß entsprechend der Theorie tatsächlich das Einzeleinkommen sich so nahe an das Durchschnittseinkommen hielt, wie das von einer vernünftigen Wirtschaftsordnung zu erwarten ist, trotz aller Störungen durch das in der politischen Staatsform Gestalt gewordene und unaufhörlich auf die Wirtschaft zurückwirkende *Nomadenrecht*: so haben wir jetzt das Bild dieser Epoche der Wirtschaftsgesundheit zu vervollständigen durch eine kurze Betrachtung der Entwicklung der *Organe* des erwachsenden Körpers der Tauschwirtschaft.

Was die *Urproduktion* anlangt, so charakterisierte sich uns die Völkerschaftszeit als eine überwiegende Viehwirtschaft mit dem Ackerbau in wilder Feldgraswirtschaft sozusagen als Anhang. Die Lex salica älterer Fassung weiß noch nichts von Gärten und Obstbäumen, die Lex Alamann noch nichts von Gärten und Weinbergen; dagegen kennt die Lex salica des Rheinlandes die Weinkultur als altes Institut;[1] sie wurde von Römern und Kelten übernommen. Erst von Anfang der Karolinger an bildete sich die Dreifelderwirtschaft aus.[2] Jedoch kennt die Karolingerzeit noch nicht den Wert des Eigeninteresses an der Arbeit: sie hat weder Pacht noch Teilbau entwickelt.[3]

Die erste Periode der Großgrundherrschaft hat auch hier bedeutende Fortschritte gezeitigt. Sie entwickelte den Wiesenbau, vermehrte das Arbeitsvieh usw.[4] In der zweiten Hälfte des 9. Jahrhunderts beginnt sie dem Weinbau erhöhte Aufmerksamkeit zuzuwenden; die Weinberge werden in ministerialischen Lehen ausgegeben. Auf ihren großen Sallandbetrieben und Beunden bildet sie zuerst die Arbeitsteilung und -vereinigung des Großbetriebes in der Landwirtschaft aus.

Sie war aber bald an der Grenze ihrer Leistungsfähigkeit angelangt; ihre eigentümliche Organisation verhinderte von einem gewissen Stadium an weitere technische Fortschritte. Die großen Rind- und Schafzüchtereien schwinden, ebenso der Flachsbau; es blieb nur der Körnerbau; und auch dieser war nicht weiter auszubilden, einmal weil die hörigen Hufen anderweit verlehnt, oder ihre Besitzer zu Censualen gemacht waren, die keinerlei Fronden mehr, sondern nur noch Zinse leisteten, und namentlich, weil die Pflichten der noch übrigen fronpflichtigen Grundholden Inhalt des Hofrechtes geworden waren.[5] Solange der Kurs für den Grundholden stand, war also keine Mehrleistung zu erreichen. Man half sich eine Zeit lang durch Aussonderung der intensiveren Kulturen, namentlich der Weinberge als Winzerlehen; aber auch das verfiel bald und sie wurden schon im ersten Viertel des 12. Jahrhunderts[6] in Pacht, Weinbaulehen besonders in Halfenpacht ausgetan.

Mächtig aber hob sich die Landwirtschaft seit der Festlegung der Zinse. Schon um 1100 beginnt der Terrassenbau in den Weingegenden, gegen Ende des Jahrhunderts ist die vierte Pflugarbeit zu den drei bisher im Ackerbau üblichen getreten; Wiesen werden häufig und rationell

---

1 Inama-Sternegg, Deutsche Wirtschaftsgeschichte, Bd. I, S. 171.
2 Ebenda, S. 403.
3 Ebenda, S. 366.
4 Ebenda, S. 403.
5 Lamprecht, Wirtschaftsleben, Bd. I, S. 709.
6 Derselbe, Art. Bauerngut, in: Handbuch der Staatswissenschaften, S. 264.

bewässert (Lamprecht); die individualistische Wirtschaft zeigt ihre Kraft in dem neu erstehenden Ausbau von Einzelhöfen in der Mark und auf den Beunden, welche dem hemmenden Flurzwang nicht unterworfen sind;[1] noch im 8. und 9. Jahrhundert hat die Hufe wegen ihres Überschusses an markgenössischen Kompetenzen einen höheren Verkehrswert gehabt, als dreißig Morgen Ackerland; aber schon im 12. Jahrhundert hat sich wegen Verfalls der Hufenverfassung das Verhältnis umgekehrt: die Hufe bleibt um 33,6% hinter dem Wert von 30 Morgen zurück, und diese Differenz steigert sich im Laufe des 13. Jahrhunderts auf 72,2%.[2] Man muß hierin die Kapitalisation des höheren Ertrages sehen, welchen die entfesselte Individualwirtschaft gegenüber der alten gebundenen Genossenwirtschaft zu erzielen vermochte.

Die alte Hufenverfassung zerfällt seit Mitte des 12. Jahrhunderts;[3] ihr Verfall ist Ende des 13. Jahrhunderts nahezu völlig entschieden[4] und um 1350 vollendet.[5]

Während die Spezialkulturen, Obst- und Weinbau, zu immer höherer Intensität ausgebildet werden – wir haben um 1225 Einführung des „Rührens" und um 1300 des „Laubens und Heftens" in den Weinbergen –, während der Wiesenbau rationell betrieben und der genutzte Acker kräftiger bestellt wird, schreitet auch die eigentliche Ackerwirtschaft zu einer neuen Intensitätsstufe vor. Lamprecht konstatiert an der Mosel um 1230 *herum den Anbau von Futterkräutern auf der Brache* und um 1275 eine allgemeine *Besömmerung der Brache*. Gleichzeitig wird auch die Forstwirtschaft auf rationellere Grundlagen gestellt.

Wir haben hier die *eine* Seite der aufkommenden Stadt-, Markt- und Geldwirtschaft. Die Städte umgeben sich mit den *Thünenschen Zonen* und zwingen den Naturalbauer der Urzeit, den seiner Marktlage und der Bonität seines Grundstücks entsprechenden *Intensitätsgrad* zu ersteigen. Die *andere* Seite dieser „Integration" von Stadt und Land ist die notwendige *Verkleinerung der Einheiten*.

Schon Anfang des 12. Jahrhunderts haben wir nach Lamprecht den Beginn stärkerer Parzellierung an der Mosel zu verzeichnen. Ein Jahrhundert später notiert er die erste große Periode der Güterteilung und Parzellierung in Altdeutschland.[6] Um dieselbe Zeit sprengt der individualistische Betrieb vielfach auch noch den letzten Rest der alten Markgenossenschaft: seit ca. 1175 beginnen die Markstreitigkeiten, um 1250 die Gemeinheitsteilungen[7], wenig später die Verkoppelungen, und dieser Vorgang setzt sich bis zum Ende des folgenden Jahrhunderts fort.

Im 12. Jahrhundert findet Lamprecht 14 Hufen von St. Maximin noch vollständig erhalten; um 1484 bestanden nur noch 3 im alten Umfange, sieben waren in vier 3/4, sechs 1/2, zwei 1/4, eine 1/8 und eine 3/8 Hufe geteilt, die übrigen in noch kleinere Stücke zerfetzt.

Der Endtermin (1484) liegt schon hundert Jahre nach dem Umschwung, den wir im nächsten Kapitel zu schildern haben werden; und augenscheinlich ist hier die Verkleinerung der Einheiten schon Zeichen einer krankhaften Entwicklung; das zeigt schon die außerordentlich große Verschiedenheit der Besitzgrößen. Wenn aber im Mosellande schon in der Ottonen- und Salierzeit die halben Hufen immer häufiger wurden, und mit dem 12. Jahrhundert eine weitere Teilung eintrat[8], wenn im 13. Jahrhundert die Viertelhufe in einzelnen Gegenden (Rheinhessen, Schwaben: Schup-

---

1 Derselbe, Wirtschaftsleben, Bd. II, S. 690.
2 Ebenda, Bd. I, S. 602.
3 Ebenda, S. 864.
4 Ebenda, S. 369.
5 Ebenda, S. 333.
6 Derselbe, Art. Bauerngut, in: Handbuch der Staatswissenschaften, S. 264.
7 Derselbe, Wirtschaftsleben, Bd. I, S. 270.
8 Inama-Sternegg, Deutsche Wirtschaftsgeschichte, Bd. II, S. 197.

posen) das typische Gut darstellt,[1] so haben wir darin nicht das Symptom einer Stauung der Bevölkerung zu erblicken. Denn gerade um diese Zeit saugte die Kolonisation im Osten die Arbeitskräfte „gierig" an, wie der chemische Terminus lautet, und die Städte rissen sich um Zuwanderer. Es ist also die Hufenteilung hier als der Ausdruck der steigenden Intensität der Landwirtschaft zu betrachten, als der Ausdruck voller Gesundheit einer „reinen Wirtschaft", welche auf der einen Seite das vorhandene Grundkapital immer sorgfältiger nutzt und auf der anderen Seite keine Möglichkeit hat, die größeren Einheiten der älteren Zeit zusammenzuhalten, weil „freie Arbeiter" fast ganz fehlen, und die wenigen vorhandenen zu teuer sind. Lamprecht konstatiert um diese Zeit einen Mangel an ländlichen Hilfskräften bei sehr günstiger Lage der arbeitenden Klasse. Der gemeine Tagelohn stieg, wie schon gesagt, bis zur Höhe des 14. Jahrhunderts.[2]

Zunehmende Intensität der Landwirtschaft, Verkleinerung der Einheiten, Unmöglichkeit der Aufrechterhaltung großer Privatbetriebe durch Lohnarbeiter: das war der Inhalt unserer Deduktion für die „reine Wirtschaft". Wir können hier nur wieder die volle Übereinstimmung der historischen Wirklichkeit mit der „Deduktion" feststellen.

Dasselbe kann von dem *Gewerbe* behauptet werden; hier fließen uns die Quellen sogar viel reicher, dank dem Fleiß und der Gründlichkeit der deutschen historischen Schule, welche dieses Gebiet zu ihrem Hauptarbeitsfelde gemacht hat.

Wir kehren zum Anfang unserer Periode zurück. In dieser Zeit sind die Städte, um einen modernen charakteristischen Ausdruck zu brauchen, *Ackerbürgerstädte* sehr kleinen Umfangs. Die ersten Gewerbe, welche hier erscheinen, sind naturgemäß diejenigen für den täglichen Bedarf: Bäcker, Knochenhauer, Gerber und Schuster, Kürschner, Schmiede und Krämer. Diese verschmolzen, wie schon gezeigt, mit dem städtischen Patriziat früher und leichter, weil sie schon zu einer Zeit vorhanden waren, in welcher die Geschlechter sich noch nicht zu einem eigentlichen Adel differenziert hatten.[3]

Die ältesten und vornehmsten Handwerke bleiben darum immer die Nahrungsgewerbe: Bäcker, Fleischer,[4] Brauer und Bierhändler. Sie emanzipieren sich früh vom Hofrecht und treten, namentlich in den Städten, selbständig auf.[5] Daneben findet sich, naturgemäß bei so starker Einwanderung, früh ein entwickeltes Baugewerbe mit deutlicher innerer Arbeitsteilung: cementarius, calcifex, latomus, lapicida werden genannt.[6] „Ganz bedeutend ist der Unterschied in der Stellung der Leder- und Pelzarbeiter; während sie in der Fronhofsverwaltung doch nur vereinzelt als eigene Handwerker vorkommen, treten sie in reichlichster Gliederung und offenbar auch großer Zahl alsbald in der Stadtwirtschaft auf. Und das gleiche gilt denn auch im wesentlichen von den Gewerben der Holz- und Tonverarbeitung. Insbesondere die letzteren, die Töpfer, kommen überhaupt nur als städtische Handwerker vor, während in der Fronhofswirtschaft feine Tonwaren offenbar ganz fehlen, gemeine aber als Produkte des gewerblichen Hausfleisses und dementsprechend als Abgabe der Hufen dem herrschaftlichen wie dem bäuerlichen Bedarf entsprechen mußten. Nicht minder reichlich ist endlich auch die Gliederung der Metallarbeit, besonders der Waffenarbeit; ja die Städte zogen alsbald alle Arten derselben fast ausschließlich an sich, so daß selbst der Bedarf der auf dem Lande umherwohnenden Ritter vornehmlich in den Städten gedeckt werden mußte."[7]

---

1 Lamprecht. Art. Bauerngut, in: Handbuch der Staatswissenschaften, S. 263f.
2 Derselbe, Wirtschaftsleben, Bd. I, S. 1526.
3 Hegel, Städte und Gilden, Bd. II, S. 496.
4 Inama-Sternegg, Deutsche Wirtschaftsgeschichte, Bd. II, S. 317.
5 Ebenda, S. 295.
6 Ebenda, S. 300.
7 Ebenda, S. 318.

Diese Schilderung der Entwicklung des Handwerks bis zum Ende des 12. Jahrhunderts ist ein getreues Spiegelbild der allgemeinen wirtschaftlichen Entwicklung. Wir sehen mit der schärferen Scheidung der *Arbeitsteilung* zwischen Stadt und Land zunächst die Nahrungsmittelgewerbe sich mächtig entfalten in dem Maße, wie der Städter die Urproduktion aufgibt; und wir sehen andererseits, wie auf dem Lande der Naturalproduzent der Vorperiode *einen* Zweig der gewerblichen Hauswirtschaft nach dem andern fallenläßt, um seinen Bedarf an „Komfortbreite" auf immer höherer Stufenleiter einzutauschen gegen Hingabe seines eigenen Überschusses, der immer größer wird, je mehr er seine ganze Zeit und Kraft dem immer ausschließlicher geübten landwirtschaftlichen Berufe zuwenden kann.[1] Alle die oben genannten Berufe hat der Naturalwirt vorher selbst betrieben; in dem Maße, wie seine Überschüsse, d. h. *die Kaufkraft des Marktes*, wachsen, kann einer der Nebenberufe nach dem andern zum Hauptberufe einer eigenen Abteilung werden. Hauswirtschaftliches Gewerbe bleibt zuletzt eigentlich nur die *Textilindustrie*,[2] dem Charakter der Landwirtschaft entsprechend, welche monatelang den Nichts-als-Landwirt brachlegen würde, wenn er nicht eine mit einfachen Mitteln zu betreibende, stets marktfähige, lagerbare Ware im hausindustriellen Nebenberufe herstellte. Ziehen doch heute noch die westfälischen Heuerlinge trotz Spinn- und Webmaschine reichen Vorteil aus der im Hause betriebenen Spinnerei und Weberei für den eigenen Bedarf (Kärger, Arbeiterpacht).

Ebenso natürlich ergibt sich aus den gegebenen Verhältnissen, daß der Schmied sehr lange hofhörig bleibt.[3] Wie die modernen Gutsverwaltungen größeren Umfanges meistens eines eigenen Schmiedes nicht entraten können, so entließ auch die Großgrundherrschaft ihren hörigen Schmied nicht eher, als bis sie ihre Eigenbetriebe gänzlich auflösen mußte. Dann trat auch er ins Stadtrecht und differenzierte sich schnell in den eigentlichen Schmied, den Schlosser und den Zeugschmied.[4]

Neben der fortschreitenden Arbeitsteilung kommt aber auch das steigende durchschnittliche Einkommen in jener Schilderung zum deutlichen Ausdruck; namentlich sind es die Kürschner, deren Zahl und Gliederung einen beträchtlichen Wohlstand kennzeichnet. Sie werden mit dem steigenden Luxus immer häufiger und wichtiger,[5] bis einerseits der Import feiner Tuche namentlich aus Flandern, von Seide und Sammet aus Italien und Frankreich, andererseits die mit der Lichtung der Wälder verbundene Preissteigerung des Pelzwerks den immer noch etwas barbarischen Pelzluxus einschränkt.

Diese Skizze der Gewerbeentwicklung in der ersten Hälfte unserer Periode gilt natürlich nur im großen ganzen. Man wird nie vergessen, daß zwischen Stadt und Stadt, je nach ihrer Größe und ihrem Marktgebiete, bedeutende Unterschiede bestehen mußten. Ein Hauptort wie Nürnberg kam viel früher auf eine hohe Stufe der Arbeitsteilung, als eine Provinzial- oder Landstadt. In dem Vororte des wesentlich agrarischen und vom Großwirtschaftsgebiete Deutschlands topographisch und politisch scharf geschiedenen Mosellandes, Trier, wird das Hauptgewerbe, das der Kürschner und Gerber, z. B. erst 1248 genannt, zu einer Zeit also, wo es sonst schon überall blühte; und dabei war es doch 150 Jahre später schon so weit entwickelt, daß es seine Rohstoffe von weit her importieren mußte.[6] Wenn ebendort im Mosellande der Schuster noch im 16. Jahrhundert Kummete fertigte, also Sattlerarbeit herstellte, so haben wir darin den weniger differenzierten Charakter

---

1 Vgl. Bücher, Die Bevölkerung von Frankfurt a.M., S. 500.
2 Inama-Sternegg, Deutsche Wirtschaftsgeschichte, Bd. II, S. 304; vgl. auch Schmoller, Tucher und Weber, S. 362.
3 Inama-Sternegg, Deutsche Wirtschaftsgeschichte, Bd. II, S. 302
4 Ebenda, S. 317.
5 Ebenda, S. 306.
6 Lamprecht, Wirtschaftsleben, Bd. II, S. 327.

eines *provinziellen* Gewerbes zu erblicken. Es läßt keinen Rückschluß auf den Stand der *allgemeinen* Technik zu, die sich, wie im theoretischen Teile gezeigt, eben nur in den „primären Städten" zu der größten Höhe erheben kann. Von hier bis zu den Dörfern hinab führte eine Stufenleiter der Arbeitsteilung. Wie nach dem biogenetischen Grundgesetz jedes werdende Einzelwesen dieselben Stadien der Entwicklung durchlaufen muß, die die Art durchlief, und wie darum die organisierten Überreste der geologischen Schichten dieselbe Stufenleiter darstellen, wie der wachsende Embryo: so zeigt der Zustand des Gewerbes in Dorf, Landstadt, Provinzialstadt und Hauptstadt jederzeit in *räumlichem Nebeneinander* die Stadien auf, durch welche die Hauptstadt in *zeitlichem Nacheinander* gegangen ist. Wenn Bücher[1] im 16. Jahrhundert in den Dörfern um Frankfurt a. M. konstatiert, daß hier kaum andere Handwerker vorkommen als solche, deren Zurhandsein das dringendste Bedürfnis der Landbewohner fordert, überall Bäcker und Schneider, meistens auch Schmied und Wagner, öfter Zimmerleute, bisweilen ein Schuster und Böttcher (Bender), so zeichnet er damit gleichzeitig ein annäherndes Bild von Frankfurt selbst, wie es 6 Jahrhunderte zuvor begann, natürlich nur ein annäherndes, da sich ja das Dorf von Frankfurt her mit manchem versorgt, wofür das Dorf Frankfurt seinerzeit noch selbst sorgen mußte.

Wir müssen also die Technik in den großen Gewerbsstädten studieren, wenn wir ein Bild des am Schlusse der Periode Erreichten erhalten wollen, in Köln, Nürnberg, Augsburg usw.

Das wichtigste Kennzeichen des Standes der Technik ist für uns die *Arbeitsteilung*. Es wäre aber verfehlt, diese Arbeitsteilung etwa nach der Zahl der *Zünfte* beurteilen zu wollen. Denn die Zunft folgt der Arbeitsteilung durchaus nicht immer und überall. Sie ist am Schlusse der Periode schon so stark aus der Wirtschaftsgenossenschaft zum politischen Körper herangewachsen, daß sie kein Bild der gewerblichen Gliederung gewährt. Sie umfaßt weder *alle* Angehörigen des Handwerks, noch ist sie auf die Berufsgenossen *beschränkt*; auch haben nicht *alle* Handwerke Zunftrecht, sondern ihre Mitglieder gehören nur der „Gemeinde", „Bürgerschaft" an.[2] Schließlich haben sich an dem einen Orte die verschiedenen Branchen eines Hauptzweiges schon getrennt, an anderen nicht. Während z. B. in Nürnberg schon 1363 die Metallhandwerker in 18 verschiedene Zünfte zerfallen (Platener, Nadler, Blechhandschuher, Messingschmiede, Gürtler, Zinngießer, Spengler u. a. m.), sind noch im ganzen 15. Jahrhundert *alle* Feuerarbeiter Frankfurts in der *einen* Altzunft der Schmiede vereinigt. Das lag nicht nur an der höheren gewerblichen Entwicklung Nürnbergs, denn die meisten Spezialitäten finden sich auch in der Mainstadt (schon 1387: 22); es lag wesentlich an der Verschiedenheit des Stadtregimentes, das dort zünftlerisch war, hier patrizisch blieb.[3]

Wie wenig die Zünfte einen Maßstab für die Arbeitsteilung abgeben können, beweist Bücher für Frankfurt. 1367 waren 20 Zünfte vorhanden: aber, wie gesagt, 1387 schon 22 verschiedene Spezialitäten der Feuerarbeiter allein. Hier kann nur eine direkte Auszählung Klarheit bringen.

In Paris zählte Etienne Boileau schon 1292 und 1300 448 verschiedene Gewerbezweige auf;[4] damals konnte im Osten des Rheins von einem derartigen Reichtum der sekundären Differenzierung noch keine Rede sein; aber schon 1387 und 1440 findet Bücher in Frankfurt nicht weniger als 229 Benennungen verschiedener Berufsarten, und zwar 1440 schon 43 mehr als im ersteren Jahre (38 frühere Namen fehlen im Jahre 1440, dafür sind 81 neue aufgeführt). „Das übertrifft alles, was bisher aus irgendeiner mittelalterlichen Stadt ähnliches bekannt geworden ist. Koppmann für Hamburg zählt 34, Hirsch für Danzig 60, Mettig für Riga 75."[5] Aber dieser Reichtum

---

1 Bücher, Die Bevölkerung von Frankfurt a.M., S. 700.
2 Ebenda, S. 68, 116.
3 Ebenda, S. 20f.
4 Hegel, Städte und Gilden, Bd. II, S. 94.
5 Bücher, Die Bevölkerung von Frankfurt a.M., S. 227.

ist nicht etwa auf eine besonders hohe industrielle Entwicklung Frankfurts zu beziehen; es war mit seinen knapp 9.000 Einwohnern doch nur eine Gewerbestadt geringeren Ranges, woraus sich auch der Umstand erklärt, daß es immer patrizisch regiert blieb; seine Bedeutung beruhte mehr auf seinem Gericht und seiner Messe, also seinem Handel, als auf seinem Gewerbe. Der Reichtum der Arbeitsteilung, wie er in den Bürgerlisten etc. zutage tritt, ist lediglich einer genaueren Registrierung zuzuschreiben. „In Nürnberg, Augsburg, Köln dürfte sich noch ein größerer Reichtum (an Branchen) finden; hat doch Schoenberg in 2 Kirchspielen Basels 120 verschiedene Berufe der männlichen Steuerzahler ohne Knechte nachgewiesen."[1] Man wird also annehmen dürfen, daß in den Hauptzentren der deutschen Industrie eine, jener Pariser Zählung sich annähernde, Spezifizierung der Arbeit zum Schlusse unserer Periode schon vorhanden gewesen ist.

Gerade die letzten Jahrzehnte der von uns betrachteten Epoche haben nun diese Arbeitsteilung mächtig gefördert. Dafür gibt uns wieder die Büchersche Arbeit einen sprechenden Beleg: In der ersten Hälfte des 14. Jahrhunderts sind fast nur die mit der Landwirtschaft in Beziehung stehenden Gewerbe durch eine größere Zahl von Personen vertreten: Grobschmiede, Bender, Wagner, Korbmacher, Müller und Ölschläger, ferner die Handwerke des häuslichen Bedarfs; feinere Handwerke sind noch selten, schon stark entwickelt Kleinhandel und das mit der Messe in Verbindung stehende Verkehrsgewerbe.[2] „Von 1351–1400 müssen die Gewerbe rasch an Bedeutung und Vielseitigkeit gewonnen haben. Die Metallindustrie tritt bereits in einer erheblichen Anzahl von Spezialitäten auf, in der Textilindustrie hat dagegen nur die eigentliche Woll- und Leinenweberei eine bedeutende Zahl von Meistern angezogen. Dagegen zeigt sich die Lederfabrikation bereits auf der Höhe ihrer Entwicklung. Auch die Lederverarbeitung macht Fortschritte, während auf dem Gebiete der Holz- und Hornbearbeitung, sowie im Nahrungsmittelgewerbe erst schwache Ansätze zur Weiterentwicklung bemerklich sind, und die Baugewerbe fast ganz auf dem alten Stande beharren. Eine ganz hervorragende Stelle nehmen die Bekleidungsgewerbe ein. (...) Fortschritte zeigen sich auf den meisten Gebieten, und zwar ebensowohl in der Zahl der Spezialitäten als auch in der stärkeren Besetzung der einzelnen Berufsarten."[3] Die folgende Zählungsperiode von 1401–1450 hat zwar den technischen Aufschwung noch mächtiger gefördert, gehört aber nicht mehr zu unserem augenblicklichen Thema.

Eine solche Spezialisierung der Arbeit mußte beiden zugute kommen, der Produktivität und dem Produkt. Sie gibt, soweit das letztere in Frage kommt, dem Handwerkserzeugnis jener Zeit die technische Vollendung und künstlerische Gestaltung. Der „Spezialist" wählte sein Sonderfach, nachdem er sich eine breite Grundlage des Könnens erworben hatte; keinesfalls war die Verkrüppelung aller technischen Fähigkeiten, welche heute den „Arbeiter" zu einem Maschinenteile entwürdigt, irgendwo vorhanden.

Die Produktivität wuchs dementsprechend und vermehrte den Wohlstand des Meisters. Freilich konnte jene Zeit die ungeheure Produktivität der unseren nicht erreichen: es handelte sich, worauf Bücher[4] mit vollem Rechte hinweist, fast immer nur um sekundäre, nur sehr selten um tertiäre Arbeitsteilung. Es war *Berufsteilung*, Ausbildung selbständiger Spezialitäten, während sich die moderne Technik durch Arbeits*zerlegung* und *-vereinigung* charakterisiert. Dort differenzierten sich die Produkte und ihnen folgend die selbständigen Erwerbsarten; hier werden an *einem* Produkt immer mehr unselbständige Arbeiter mit Teilprozessen beschäftigt. Dieser Gegensatz bedingt den Unterschied, daß dort der Kleinbetrieb, hier der Großbetrieb vorherrscht.

---

1 Ebenda, S. 228.
2 Ebenda, S. 413.
3 Ebenda, S. 414.
4 Ebenda, S. 228f.

Es wäre jedoch unrichtig, anzunehmen, wie das z. B. von dem Marxismus geschieht und auch von der historischen Schule in den Vordergrund gerückt wird, daß mit dem Großbetriebe die „Ausbeutung" untrennbar verbunden sei. Wir haben gezeigt, daß da, wo Betriebe schon um diese Zeit viele Menschen an einem Werke subordinieren mußten, die Verteilung des Arbeitsertrages allgemein die *produktivgenossenschaftliche* war, bei großen Bauten, in Bergwerken, in der Textilbranche. Es ist durchaus kein Grund vorhanden, weswegen nicht auch im modernen Großbetriebe die *äußere* Form des Unternehmergeschäftes neben der produktivgenossenschaftlichen Verteilung nach der Leistung sollte bestehen können – wenn keine „freien Arbeiter" mehr im Überschuß vorhanden sein würden.

Jedenfalls aber darf man sagen, daß die Ausbildung der höchsten und reifsten Form menschlicher Technik, eben der tertiären Arbeitsteilung, gerade durch die Entfesselung des Sonderegoismus in der „kapitalistischen Wirtschaft" ungeheuer gefördert worden ist, vielleicht mehr, als eine ungestörte Weiterentwicklung der „reinen Wirtschaft" des hohen Mittelalters hätte reifen können. Das ist die oft überschätzte Glanzseite ihres Wesens. Wer in der Weltgeschichte kein zweckloses Spiel der Kräfte, sondern einen grandiosen Entwicklungsgang zum Höheren zu sehen veranlagt ist, mag es aussprechen, daß das Elend der Anfänge der kapitalistischen Wirtschaft ebenso notwendig war, um die Unterwerfung der Naturkräfte zu vollenden, wie der Jammer der Sklaverei notwendig war, um die *Arbeit* überhaupt zu erfinden. Als Optimist und Harmonist bekenne ich mich persönlich zu dieser Auffassung, ohne damit sagen zu wollen, daß ich auch in diesem Punkte etwas Gewisses ausspreche. Hier, wie in so manchen Dingen von sekundärer – *nicht* aber von primärer – Wichtigkeit entscheidet das Temperament mit nur subjektiver Berechtigung.

Was nun den *Handel* anlangt, so fanden wir in Deutschland zu Anfang unserer Periode ihn noch wesentlich unabhängig vom *Gewerbe*. Abgesehen von dem Kleinhandel an Kirchen- und Gerichtsstätte für die Volksmasse war es im wesentlichen ein Handel zum Ausgleich der verschiedenen Ergiebigkeit der *Urproduktion* verschiedener Bezirke, aber nur in geringem Maße ein Handel, der als Werkzeug *industrieller* interlokaler oder internationaler *Arbeitsteilung* diente. Dafür kam eigentlich nur die friesische Wollenwarenindustrie in Betracht. Da mit dem Wachsen des Marktes die Arbeitsteilung und Produktivität wächst, so kann man den Stand der Kultur eines Volkes abschätzen nach dem Verhältnis, in welchem der Handel zum Ausgleich von Naturprodukten zu dem Gewerbswarenhandel steht.

Nun ist sofort zu sagen, daß in unserer Periode dieser letzte und wichtigere Teil des Handels keine sehr bedeutende Entwicklung genommen hat. Diese gehört im wesentlichen erst der Neuzeit an. Im Mittelalter vollzog sich der Austausch zwischen Urproduktion und Gewerbe hauptsächlich im Wege dessen, was Carey den „Verkehr" im Gegensatze zum „Handel" nennt; die Bauern der Umgebung kamen in Person auf den Markt, um ihre Produkte zu veräußern und für den Erlös von den Handwerkern ihre Erzeugnisse zu erwerben. Eine Vermittlung war kaum nötig und wurde durch einen schwachen Kramhandel und einen kleinen Stand von Hausierhändlern erledigt.

Es ist also auch zum Schlusse unserer Periode von einer „Volkswirtschaft" nur in einem sehr beschränkten Sinne die Rede. Der Fortschritt stellt sich so dar, daß die undifferenzierte Masse der Naturalwirtschaften, als welche das Volk in diese Epoche eintrat, sich zwar noch nicht zu einem einzigen übergeordneten Organismus integriert hat, aber doch zu einer ganzen Anzahl einander nebengeordneter, gleichartiger Organismen, den „*Stadtwirtschaften*", oder besser „Kantonswirtschaften",[1] die jede für sich eine weitgehende *innere* Arbeitsteilung, sowohl primäre, wie sekundäre entwickelt haben, die aber *miteinander* nur so schwach integriert sind, wie sie *voneinander* schwach differenziert sind. Es existiert für nur äußerst wenige Gewerbserzeugnisse ein größerer Markt als

---

1 Barth, Philosophie der Geschichte, S. 285.

die zur Stadt gehörige Bauerschaft; und das ist auch der innere, wirtschaftliche Grund, weshalb die *tertiäre* Arbeitsteilung mit ihrer ungeheuer gesteigerten Produktivität noch nicht recht Platz greifen konnte; der Markt wäre noch zu klein gewesen.

Immerhin aber ist die wirtschaftliche Verknüpfung dieser fast selbständigen Organismen durch den Handel am Schlusse der Periode eine wesentlich straffere und reichere, als an ihrem Anfang, so daß die Tendenz zur Reifung einer Volkswirtschaft im strengeren Sinne deutlich erkennbar ist. Und zwar ist ein quantitatives Wachstum sowohl wie eine qualitative Ausdehnung bei dem internationalen wie dem interlokalen Handel nachweisbar.

Glänzender und für den Chronisten auffallender, deshalb in den zeitgenössischen Berichten stärker hervorgehoben, tritt der *internationale Handel* hervor.[1]

Um die Stellung Deutschlands zum mittelalterlichen Welthandel richtig zu verstehen, muß man sich zunächst klarmachen, daß die „Zentralstadt" des Weltverkehrs im Thünenschen Sinne weder damals noch später zu irgendeiner Zeit im eigentlichen Deutschland gelegen war. Wie heute England, so war zu jener Zeit „das gegen den Ärmelkanal und die Nordsee gekehrte Land zwischen Seine und Maas, nämlich die Isle de France, die Brie, die Champagne, Flandern und Brabant",[2] der Zentralpunkt, zu welchem der gesamte Handel der damaligen Welt gravitierte. Dieser Schwerpunkt verschob sich langsam nach Norden, von Troyes und Provins nach Brügge, dann nach Antwerpen,[3] dann nach Amsterdam, um schließlich den Kanal zu überschreiten und sich bis zur Gegenwart in London zu halten.

Die ökonomische Grundlage dieser Handelsvorherrschaft bildete die uralte, schon im Anfang unserer Periode überraschend entwickelte *Textil-Industrie* dieser Landschaften. Wir lernten neben Juden und Römern schon im Reiche Karls des Großen Friesen als hausierende Kaufleute kennen. Zuerst von allen Deutschen befuhren sie die Nordsee.[4] Der Markt von Troyes hatte schon im 5. Jahrhundert Bedeutung gehabt.[5]

„Vom 12. Jahrhundert an konzentrieren die Messen der Brie und Champagne in Troyes, Provins, Lagny, Bar sur Aube den nord- und südeuropäischen Waren-, Geld- und Kreditverkehr."[6] Sie währen, sechs Messen von je mehr als sechs Wochen, das ganze Jahr hindurch, und ihre Bedeutung geht erst seit Beginn des hundertjährigen Krieges zwischen Frankreich und England verloren; ihre Erben sind, wie schon erwähnt, im Norden Brügge, später Antwerpen, Amsterdam und London, im Süden Beaucaire und Nîmes, später, vom 15. Jahrhundert an, Lyon.

Das Verhältnis Deutschlands zu diesem ungeheuren und äußerst kaufkräftigen Markte ist nun ein doppeltes: es ist einerseits selbst als Produzent und Konsument an dem Handelsverkehr beteiligt, andererseits spielt es eine außerordentlich bedeutende Rolle im *Zwischenhandel* und *Durchgangsverkehr*.

Das nordfranzösisch-niederländische Industriegebiet war nämlich sehr lange nur von Frankreich und England aus direkt erreichbar. Alle anderen großen Handelsgebiete der damaligen Welt waren auf deutsche Vermittlung angewiesen, nämlich der ganze *Mittelmeerverkehr*, der über die Alpenpässe und das Rheintal hinab geführt wurde, bis die Italiener, Südfranzosen und Spanier es lernten, den Seeweg durch die Straße von Gibraltar und die Bay von Biskaya zu benutzen.[7] Ebenso war am

---

1 Inama-Sternegg, Deutsche Wirtschaftsgeschichte, Bd. II, S. 382.
2 Meyer, Lehrbuch der Handelsgeschichte, S. 110.
3 Beer, Allgemeine Geschichte des Welthandels, S. 223.
4 Ebenda, S. 228.
5 Ebenda, S. 221.
6 Meyer, Lehrbuch der Handelsgeschichte, S. 110.
7 Ebenda.

Historischer Teil

Schlusse unserer Periode der ganze Handel des gewaltigen *Ostseebeckens* und seines Hinterlandes in deutschen Händen. Da nun der bedeutende Warenverkehr aus dem fernen asiatischen Osten von jeher entweder am Schwarzen Meere in den Mittelmeerhandel, oder in den Donauhandel, oder in Nowgorod etc. in den Ostseehandel einmündete, so monopolisierte oder beeinflußte wenigstens der deutsche Kaufmann auch den Durchgangsverkehr mit den Waren Persiens, Indiens, Chinas und der Levante.

Für Deutschland der wichtigste Handel war Jahrhunderte lang derjenige des baltischen Beckens und seiner Hinterländer. Die deutschen Kaufleute hatten sich schon aktiv daran beteiligt, als noch die Elbe und Nordsee die Reichsgrenze bildete, und die Ostsee von Slawen und Dänen beherrscht wurde. „Als Handelsplätze waren berühmt: Julin (die Jomsburg der Normannen, das Vineta der Sage), Danzig, Björkö am Mälarsee, allen voran Wisby auf Gotland. Auch Nowgorod, Pskow, Smolensk gravitierten schon in der vordeutschen Periode nach der Ostsee; ja über Kiew reichte die kommerzielle Verbindung der baltischen Region bis an das Schwarze Meer, wo der byzantinische, der islamitische und der innerasiatische Handel zusammenstießen."[1] Es ist dies der uralte Handelsverkehr durch die sarmatische Steppe, den schon Herodot kennt (Argippäer), und der bis Ende des Mittelalters in Nowgorod seine Umschlagstelle hat, bis Iwan III. die blühende Handelsrepublik 1478 unterwirft.

Solange der Osten slawisch war, hatten die deutschen Kaufleute sich friedlich an dem Handel beteiligt, und zwar nicht nur derart, daß sie ihren slawischen Geschäftsfreunden in den schon von Karl dem Großen für den Grenzverkehr eingerichteten Märkten die Ware abhandelten und weiterführten (es waren dies Bardowiek,[2] Goslar, Magdeburg, Forchheim, Pfreimd, Regensburg und Enns[3] sondern auch durch Entsendung eigener Handelskarawanen, und namentlich durch Unterhaltung ständiger Comptoirs in den fremden Handelsplätzen. Die alte, dem primitiven Tauschrecht angehörige Sitte, daß hier die fremden Kaufleute als ständige „Gäste" ihre eigenen Quartiere haben, in denen sie nach eigenem Recht unter eigener Gerichtsbarkeit sitzen, haben wir schon mehrfach gestreift. Wir erinnern an die Argippäer-Schilderung Herodots, an die Griechenstadt Gelonos im Budinenlande[4]. In Vineta bestand zur Slawenzeit ein deutsches Comptoir, das zu Magdeburg in enger Beziehung stand;[5] in Kulm bestand eine Griechenkolonie.[6] Wir erinnern ferner an den Fondaco dei Tedeschi in Venedig, der im 13. Jahrhundert zuerst erwähnt wird,[7] an den Stahlhof in London, den Petershof in Nowgorod, die Kolonien der Russen, Armenier und Tataren in Lemberg,[8] die Faktoreien der verschiedenen Nationen in Wisby, auf Schonen, in Wilno[9] usw. Kloeden will aus der regelmäßigen, genossenschaftlich organisierten Handels- und Schutzverbindung dieser deutschen Kaufmannschaften in den fremden Herrschaftsgebieten sogar die Entstehung der *Hansa* erklären, wie mir scheint, mit sehr guten Gründen.[10]

Als die slawischen Landschaften der germanischen Herrschaft unterworfen waren, „ließen sich die Deutschen dünken, viel geschickter und besser zu sein, als die Wenden, begannen sie zu ver-

---

1 Ebenda, S. 97.
2 Nach der Zerstörung Bardowieks übernahm Lübeck seine Stelle; Frensdorff, Die Stadt- und Gerichtsverfassung Lübecks, S. 9.
3 Kloeden, Berlin und Kölln, S. 253.
4 Meitzen, Agrarwesen, Bd. I, S. 498.
5 Kloeden, Berlin und Kölln, S. 257.
6 Ebenda, S. 253.
7 Meyer, Lehrbuch der Handelsgeschichte, S. 91.
8 Roepell-Caro, Geschichte Polens, Bd. III, S. 59.
9 Ebenda, S. 28.
10 Kloeden, Berlin und Kölln, S. 257ff., 278f.g

achten und machten Gesetze, daß kein Wende zu ihren Gilden und Gewerken in den Städten sollte zugelassen werden", wie der alte Kantzow berichtet.[1] Sie rissen die Kirchen der Wenden ein, versagten ihnen den Zutritt zu den deutschen Stadtkirchen und drängten sie in die Vorstädte (Kietze[2]). In jener Zeit wurde der Haß zwischen den beiden Rassen begründet, der zwei Jahrhunderte später dazu mitwirkte, Polen, Böhmen und Mähren gegen die deutsche Einwanderung zu sperren, und der namentlich in den Hussitenkriegen in blutigen Greueln ausbrach.[3]

Auf ihre faktische Macht und ihre rechtlichen Privilegien gestützt, rissen die deutschen „Hansen", wie sie jetzt bald genannt wurden, das Handelsmonopol im ganzen Ostseebecken in überraschend kurzer Zeit an sich. Die politischen Wirren in den eben damals sich konsolidierenden skandinavischen Reichen förderten ihre Bestrebungen auf das glücklichste. Das aufblühende Wisby wurde seiner drei gefährlichsten Nebenbuhler entledigt, indem 1157 Schleswig von dem Dänenkönig Svend, 1185 Julin von dem Dänen Knud, und 1189 Sigtune von Seeräubern zerstört und geplündert wurde.[4] Dadurch wurden die deutschen Kaufleute die Herren der Ostsee, Lübeck voran, welches sich z. B. schon im 13. Jahrhundert zur Vormacht im Petershofe zu Nowgorod aufschwang.[5]

Mit der gewaltigen Extensivierung der deutschen Handelsmacht ging eine ebenso kräftige Intensivierung Hand in Hand. Wohl nach dem Vorbilde der flämischen und Londoner Hansa,[6] die schon im 12. Jahrhundert entstanden war,[7] bildete sich aus den patrizischen Handelsstädten des ganzen nordischen Tieflandes jener mächtige Bund, der jahrhundertelang die Ostsee und ihre Küsten beherrschte. Schon seit 1210 finden sich Verträge zwischen Lübeck und Hamburg,[8] 1241 legt der berühmte Land- und Seefriedensbund der beiden Städte den Grund zur *deutschen Hansa*, die 1280–82 zuerst in Brügge erscheint und sich 1294 als Bund fast aller niederdeutschen Städte von Amsterdam bis Reval mit Lübeck als Vorort konstituiert. Sie erklimmt im folgenden Jahrhundert mit den Siegen über Waldemar IV. (1361–62, 1367–70) den Gipfel ihrer Macht und hält, glücklicher als die gleichzeitigen Städtebünde Süddeutschlands, noch bis ins 16. Jahrhundert hinein zusammen, bis der Verfall des Reiches und der gleichzeitige Aufschwung der Nord- und Ostseestaaten, Englands, Polens, der skandinavischen Reiche und Rußlands, ihre Macht und ihr Monopol zerbrachen.[9]

In der Periode aber, von der wir hier handeln, ist von einem Verfall noch keine Rede. Die Hansa beherrscht die Nordreiche durch ihren Handel; denn, wenn sie die Getreidesperre verhängt, entsteht in Norwegen eine Hungersnot.[10] Die Verbindung des kornarmen Nordens mit den Getreideländern des Südens ist sehr alt: schon 1167–1179 wird durch Vertrag Heinrichs des Löwen mit König Kanut den Lübeckern Zollfreiheit und das Recht der Ansiedlung in Schweden gewährt.[11] Sie machen von diesem Rechte so ausgiebigen Gebrauch, das der Konunxbalkr von

---

1 Ebenda, S. 245.
2 Ebenda, S. 270.
3 Meyer, Lehrbuch der Handelsgeschichte, S. 98, 106; Roepell-Caro, Geschichte Polens, Bd. II, S. 556, Bd. III, S. 13.
4 Beer, Allgemeine Geschichte des Welthandels, S. 246.
5 Meyer, Lehrbuch der Handelsgeschichte, S. 105.
6 Hegel, Städte und Gilden, Bd. I, S. 286; vgl. Brederlow, Geschichte des Handels, S. XVI.
7 Meyer, Lehrbuch der Handelsgeschichte, S. 112.
8 Beer, Allgemeine Geschichte des Welthandels, S. 248.
9 Meyer, Lehrbuch der Handelsgeschichte, S. 103, 106.
10 Ebenda, S. 103; Hegel, Städte und Gilden, Bd. I, S. 391.
11 Inama-Sternegg, Deutsche Wirtschaftsgeschichte, Bd. II, S. 385.

1347 bestimmen kann, es sollen von den 6 Bürgermeistern und 30 Ratmannen der schwedischen „Kaufstädte" die Hälfte Deutsche sein.[1]

Die Gegenstände dieses Handelsverkehrs waren hauptsächlich folgende. *Deutscher Haupt-Exportartikel* war immer noch *Mosel-* und *Rheinwein*, wie zur Zeit des mittels scara und angaria betriebenen grundherrschaftlichen Handels.[2] Der Weinhandel, der in Köln konzentriert war,[3] überwog noch an der Wende des 13. und 14. Jahrhunderts allen anderen so sehr, daß auf dem Rhein das „Zollfuder Wein" vom 13. Jahrhundert an als Zolleinheit diente.[4] Der zweite Hauptartikel des großgrundherrschaftlichen Handels trat dagegen stark zurück, das *Salz*. Der ehemals sehr bedeutende Salzhandel namentlich aus dem Salzkammergut nach dem slawischen Osten verliert sein Monopol durch die Erschließung der Bergwerke von Wielicka und Bochnia (1136 und 1145).[5] *Korn* wird aus dem dicht bevölkerten Stammlande kaum je ausgeführt, um so mehr aus dem Kolonisationsgebiet, und namentlich aus Polen und Rußland. Es geht, wie wir schon sahen, nach Skandinavien, später, als in England die Weidewirtschaft für die Wollproduktion den Ackerbau zurückdrängte, auch nach England[6], und namentlich nach Flandern und Brabant, für dessen starke Bevölkerung es geradezu eine Lebensbedingung war;[7] bei Mißwachs in Rußland wurde Korn auch nach Nowgorod verfrachtet.[8] Wir werden die ungeheure weltgeschichtliche Bedeutung, welche dieser Getreidehandel gewann, im nächsten Kapitel noch zu würdigen haben und dabei noch mehr in die Einzelheiten desselben eingehen müssen.

Von anderen Urprodukten sind es namentlich *Metalle*, welche als Eigenproduktion Deutschlands in den Handel eintreten, vor allem *Edelmetall*, *Silber*, welches in gemünztem und ungemünztem Zustande ausgeführt wird. Die Regensburger Währung spielt im 12. Jahrhundert in Polen und Rußland etwa dieselbe Rolle, wie heute der Maria-Theresienthaler in Abessinien.[9] Der deutsche Silberbergbau beherrschte ja den Metallmarkt bis zur Erschließung der amerikanischen Minen. Das edle Erz wurde, außer in Steiermark und Böhmen,[10] namentlich im Harz[11] schon im 10. Jahrhundert gegraben.[12] Der kolossale Aufschwung der Tiroler Bergwerke gehört freilich erst der kapitalistischen Ära der nächsten Periode an und wird unten gewürdigt werden. – Andere Metalle, namentlich Eisen, Blei und Zinn werden erst im Laufe des 12. Jahrhunderts Handelsartikel, was sich daraus schließen läßt, daß erst um diese Zeit die Gewichtsverzollung im Rheinhandel auftritt.[13]

Eine große Rolle spielte von Urprodukten schließlich der *Bernstein* im Handel, mit dem sich z. B. die eine große Handelsabteilung des Deutschordens, die Großschäfferei in Königsberg, fast ausschließlich beschäftigen konnte.[14]

Von deutschen *Gewerbewaren* sind und bleiben die wichtigsten in dieser ganzen Periode die *Gewebe*, sowohl Leinen- wie Wollgewebe, namentlich gröbere Tuche. In den Handelsstädten an

---

1 Hegel, Städte und Gilden, Bd. I, S. 186.
2 Lamprecht, Wirtschaftsleben, Bd. I, S. 815; Meyer, Lehrbuch der Handelsgeschichte, S. 102.
3 Lamprecht, Wirtschaftsleben, Bd. II, S. 325.
4 Ebenda, S. 305.
5 Inama-Sternegg, Deutsche Wirtschaftsgeschichte, Bd. II, S. 341.
6 Meyer, Lehrbuch der Handelsgeschichte, S. 102.
7 Ebenda, S. 103.
8 Beer, Allgemeine Geschichte des Welthandels, S. 255; Brederlow, Geschichte des Handels, S. 24.
9 Inama-Sternegg, Deutsche Wirtschaftsgeschichte, Bd. II, S. 407.
10 Ebenda, S. 330.
11 Weber, Weltgeschichte, Bd. VI, S. 177.
12 Inama-Sternegg, Deutsche Wirtschaftsgeschichte, Bd. II, S. 330, 430.
13 Lamprecht, Wirtschaftsleben, Bd. II, S. 304.
14 Sattler, Handelsrechnungen des deutschen Ordens, S. XIII.

der Seeküste bestanden vereinzelt auch andere Exportindustrien, so z. B. schon vor 1300 ein starker Schuhwarenexport aus Bremen[1] und der Export der damals schon weltberühmten Solinger Klingen über Köln.[2] Aber das sind Ausnahmen. Natürlich werden gelegentlich auch Waren anderer Art exportiert: Waffen, Geräte usw. Aber sie werden doch nicht geradezu *für den Export hergestellt*: der eigentliche Exportindustrialismus gehört durchaus der nächsten Periode an.

Dagegen bestand ein ausgedehnter Veredelungsverkehr. So z. B. erhält Danzig aus Skandinavien „Osemund" (Eisenerz) und sendet Fabrikate zurück, erhält aus den ostbaltischen Küstenländern Korn und sendet Mehl, Malz und Met zurück.[3] Soll doch nach Brederlow sich aus den magistratualischen Verhandlungen Danzigs nach dem Frieden von Oliva ergeben, daß noch zu jener Zeit (1660–1666) es in Dänemark, Schleswig und Holstein keine Mühlen gab.[4] Halb Exportindustrie, halb Veredelungsverkehr ist die starke Fabrikation von Böttcherwaren, welche für die Bedürfnisse des Schonenschen Heringsfanges, z. B. in Lübeck betrieben wurde.[5]

Skandinavien und Dänemark gaben in diesen Handel: Eisenerz, Teer und Kiefernholz, Bären- und Rentierfelle,[6] Talg, Tran, Walfischspeck, Asche und Harz.[7] Polen lieferte namentlich Blei von Slawkowo und Olkusz, Salz von Bochnia, Korn (mehr Roggen als Weizen) und Walderzeugnisse. Schon damals wurden die Stämme der polnischen Waldungen durch Flößer die Weichsel hinabgeführt, um in Thorn oder Danzig verarbeitet zu werden; dazu kam Asche, Pech und Teer, Bogenholz (Eiben) aus den Karpaten und der hohen Tatra, Pelzwaren (namentlich „Kleinfell"); ferner eine Art beliebter Tuche, die „polenschen Laken", die zum Teil durch ländlichen Hausfleiß hergestellt wurden,[8] und Landwein.[9]

Die Zollrolle Herzog Johanns von Brabant führt von Waren aus dem Ostseegebiete noch an: Wolle, Schaffelle, Käse, Butter, Fett, Talg, Honig, Wachs, Wildhäute, Wildfelle, Bier, Fleisch, Leder[10]: der charakteristische Handel einer Naturalwirtschaft. Dazu treten gedörrte Fische, und fast der wichtigste Artikel von allen, der als Fastenspeise unentbehrliche *Hering*, der damals bei Schonen gefangen wurde. Der Fang gab zu einem sehr umfangreichen Handel Gelegenheit, bei dem sich die Nord- und Ostseekaufleute begegneten.[11] Fügen wir hinzu, daß im Anfang der Periode noch ein äußerst schwungvoller Sklavenhandel hinüber und herüber stattfand[12] – von daher datiert der Name Sklavus –, so haben wir die wichtigsten Handelsartikel des Ostseehandels erschöpft.

Diesen groben Waren eines noch wesentlich okkupatorisch-nomadischen Wirtschaftskreises gesellten sich nun durch Vermittlung der Krakauer Händler ungarische Metalle, namentlich Kupfer[13], und die kostbaren Artikel, welche der Überlandverkehr aus den alten Kulturländern des Orients in die baltischen Häfen führte: chinesische Seide, indische Perlen und Edelsteine, Glaskoral-

---

1 Brentano, Arbeitergilden, Bd. I, S. 59.
2 Meyer, Lehrbuch der Handelsgeschichte, S. 110.
3 Brederlow, Geschichte des Handels, S. 76.
4 Ebenda, S. 79 Anm.
5 Schäfer, Das Buch des Lübeckschen Vogts auf Schonen, S. LX.
6 Brederlow, Geschichte des Handels, S. 19.
7 Ebenda, S. 76.
8 Ebenda, S. 73; Roepell-Caro, Geschichte Polens, Bd. II, S. 548.
9 Roepell-Caro, Geschichte Polens, Bd. II, S. 552.
10 Brederlow, Geschichte des Handels, S. 21.
11 Schäfer, Das Buch des Lübeckschen Vogts auf Schonen, S. 65.
12 Vgl. Kloeden, Berlin und Kölln, S. 249.
13 Roepell-Caro, Geschichte Polens, Bd. II S. 548.

len, Gewürze, Arzneipflanzen, Schmuck und Waffen, namentlich Säbelklingen, kunstreiche Gewebe und Teppiche.[1]

All das wurde nun teils für den Bedarf Deutschlands zurückgehalten und durch den sehr bedeutend entwickelten Messe- und Marktverkehr[2] an den letzten Verzehrer geleitet, teils unmittelbar weiter nach England, Frankreich und Spanien verschifft, zum größten Teile aber auf die großen niederländischen Märkte gebracht und dort gegen die kostbaren Gewebe der Flandrer und Brabanter selbst oder gegen die Tauschwaren verhandelt, welche Italiener, Spanier, Franzosen, Engländer und Deutsche dorthin geführt hatten: englische Wolle, Tuche und Zinn,[3] französische Weine und Gewerbewaren, spanisches Salz[4] und Metalle, italienische Seide, Südfrüchte, Gewebe, Wein und Geld, deutschen Wein und Silber, levantinische Gewürze (Pfeffer), die nun teilweise wieder ostwärts verschifft und bis nach China versandt wurden.

Diesen äußerst einträglichen Zwischenhandel teilen sich die norddeutschen Kaufleute mit ihren Geschäftsfreunden in Südostdeutschland und Ober- und Westdeutschland. Ein Teil des Orienthandels ging von jeher donauaufwärts. Oft durch Kriegsstürme vernichtet, lebt er doch immer aus natürlich-geographischen Gründen wieder auf und gewinnt seit der Schlacht auf dem Lechfelde eine stetig wachsende Bedeutung. Die Eingangspforte für diesen Handel ins Deutsche Reich ist seit Karl dem Großen Regensburg; hier finden sich schon früh (1192) Rußlandfahrer; seine Münze ist in Polen und Rußland Courant[5]; hier besteht auch schon eine Hansa mit einem Hansgrafen an der Spitze.[6] 1231 wird das alte Emporium von dem aufstrebenden Wien entthront, das ihm den Donauweg sperrt.[7]

Ein dritter Teil des Orienthandels, namentlich aus der Levante, ging seit den Kreuzzügen von Italien[8] über die Alpenpässe, teils durch die Klause über den Brenner, teils über den Comosee und den Splügen, teils über den Gotthard, Luzern und Basel.[9] Auch an diesem Handel, der natürlich auch die eigenen Produkte Italiens nordwärts führte, waren deutsche Kaufleute gegen Ende unserer Periode als Selbsthändler und Zwischenhändler interessiert. Sie waren seit dem 14. Jahrhundert auf den Märkten von Venedig und Genua häufige Gäste;[10] daß der Fondaco dei Tedeschi in Venedig schon im 13. Jahrhundert erwähnt wird, haben wir bereits angeführt.[11]

Dieser internationale Handel ist wesentlich älter, als die eigentliche Tauschwirtschaft im engeren Sinne. Wir wissen aus früheren Erörterungen, daß er schon dem Stadium der reinen Naturalwirtschaft zukommt. So deutet es auf sehr alte Verbindungen mit den Niederlanden, wenn Köln schon 1171 mit Dinant und 1178 mit Virten förmliche Handels- und Kreditverträge abschließt.[12] Aus dem Koblenzer Zolltarif Anfang des 12. Jahrhunderts geht hervor, daß Waren aus Huy, Dinant, Namur, Lüttich, Antwerpen, Bommel, Heerwarden, Tiel, Utrecht, Deventer, Trier,

---

1 Ebenda, Bd. I, S. 137; vgl. auch Bd. I, S. 486 Zollmandat Herzog Heinr. VI. von Breslau aus d. Anf. d. 14. Jhrh.
2 Vgl. Rathgen, Art. Märkte und Messen, in: Handbuch der Staatswissenschaften, Bd. IV, S. 1124ff.
3 Brederlow, Geschichte des Handels, S. 76.
4 Ebenda, S. 20.
5 Inama-Sternegg, Deutsche Wirtschaftsgeschichte, Bd. II, S. 407.
6 Ebenda, S. 98.
7 Ebenda, S. 386.
8 Ebenda, S. 388.
9 Sommerlad, Art. Verkehrswesen im Mittelalter, in: Handbuch der Staatswissenschaften, Bd. II, S. 939.
10 Beer, Allgemeine Geschichte des Welthandels, S. 236.
11 Meyer, Lehrbuch der Handelsgeschichte, S. 91.
12 Lamprecht, Wirtschaftsleben, Bd. II, S. 337; Inama-Sternegg, Deutsche Wirtschaftsgeschichte, Bd. II, S. 384.

Metz und Toul die Mauth passierten.[1] Ebenso alt sind die Handelsbeziehungen zu England. Bereits unter König Aethelred (978–1016) erhielten Kaufleute aus dem Deutschen Reiche Rechte auf dem Markte von London.[2] Namentlich die Kölner hatten besondere Privilegien schon vor Wilhelm dem Eroberer; und seine Nachfolger, besonders Heinrich II. und Richard (1154–1189, 1189–1199) bestätigten und vermehrten dieselben.[3] Die Kölner Münze wurde das Vorbild der englischen; sie trägt den Namen noch heute nach den Ostkaufleuten, den O-E-Sterlingen (Noël-Worms); der Handelsverkehr war so mächtig, daß in den Zeiten der schlimmsten Münzfälschung der Kölner Denar sein Schrot und Korn behielt, um gegen den vollwichtigen englischen Sterling kein Agio zu verlieren.[4]

Mit der wachsenden Volkszahl und dem noch stärker wachsenden Volkswohlstande gewann aber dieser Handel fortwährend an Bedeutung und Umfang, hob den Wohlstand der Städte mächtig und wurde wieder durch ihre wachsende Kaufkraft gefördert. Auch hier ist ein riesenhaftes, gesündestes Wachstum der Volkswirtschaft festzustellen.

Ebenso erfreulich ist das durch unsere ganze Periode fortwährend zunehmende Wachstum des *interlokalen Handels*. Dieser war zum einen Teil von dem internationalen Großhandel unabhängig, indem er die Produktionsunterschiede innerhalb Deutschlands selbst ausglich (z. B. durch Kornhandel); zum anderen Teil bildete er seine Ergänzung, indem er auf den großen Messen und in den großen Handelsplätzen die fremden Rohprodukte und Luxuswaren übernahm und durch ein weitverbreitetes System kleinerer Jahr- und Wochenmärkte[5] über das Land verteilte, um ebenda die deutschen Produkte zu sammeln und dem Großverkehr zuzuführen. Der erste Teil vermittelte also zwischen Stadtwirtschaft und Stadtwirtschaft, der letzte Teil zwischen Stadtwirtschaft und Weltwirtschaft.

Dieser interlokale Handel, obgleich in seinem Charakter dem internationalen noch äußerst ähnlich, hat doch mancherlei Besonderheiten vor ihm voraus. Namentlich war es ein zuerst gelegentlicher *Kornhandel*, welcher schon früh, im Rheinland von 1225 an, bei Teuerungen ausgleichend wirken konnte; am Ende unserer Periode ist er bereits so weit erstarkt, daß er auch in gewöhnlichen Zeiten preisausgleichend wirkt.[6] Dazu kommt seit dem 13. Jahrhundert ein *Holzhandel*, zuerst mit Stickholz für die Weinkultur, später mit Bauholz, durch Flößer vermittelt, dessen Vorort Mainz war, das auch verarbeitete Hölzer versandte.[7] Ein Großhandel in Vieh hat im ganzen Mittelalter kaum bestanden,[8] nur natürlich für eine Zeit, in welcher sogar die meisten Großstädter noch Schweine und Rinder hielten. Steinkohlen treten erst 1370 in den Zolltarifen der Rheinstationen auf.[9] Dagegen bestand in einigen Gebieten ein ausgedehnter *Bier*handel.[10]

Blieb also der Handel in unserer Periode auch noch im wesentlichen agrarisch, selbst auf dem Rhein,[11] so ist er doch mächtig gewachsen. Der Wert des Rheinverkehrs betrug nach Lamprecht im Jahre 1267: 9.350–18.700 Kilogramm reinen Silbers. 1368 berechnet er ihn dagegen schon auf 44.000 Kilogramm; dann folgt eine Zeit glänzendsten Aufschwungs: 1464/65 rechnet er

---

1 Inama-Sternegg, Deutsche Wirtschaftsgeschichte, Bd. II, S. 385.
2 Ebenda, S. 383.
3 Ebenda, S. 384.
4 Lamprecht, Wirtschaftsleben, Bd. II, S. 423.
5 Inama-Sternegg, Deutsche Wirtschaftsgeschichte, Bd. II, S. 388.
6 Lamprecht, Wirtschaftsleben, Bd. I, S. 623.
7 Ebenda, Bd. II, S. 326.
8 Ebenda, Bd. I, S. 815.
9 Ebenda, Bd. II, S. 330.
10 Inama-Sternegg, Deutsche Wirtschaftsgeschichte, Bd. II, S. 296.
11 Lamprecht, Wirtschaftsleben, Bd. II, S. 335.

186.000–217.000 Kilogramm Silber. Er fällt zum größten Teil schon in den Anfang der folgenden Periode.

Ein größerer Handel ist nicht denkbar ohne einen Wertmesser, ohne *Geld*, und ein entwickelter Handel auf die Dauer nicht ohne Geld engeren Sinnes, ohne Metallgeld. Metallgeld, und zwar eine vorzügliche Goldwährung, hatte nun freilich das Karolingerreich von den Römern übernommen; und namentlich Karl der Große tat alles Erdenkliche, um der Geldwirtschaft, deren ungeheuren Wert als Staatenkitt sein staatsmännischer Blick scharf erkannte, zum Durchbruch zu verhelfen.

Aber wieder zeigte es sich, daß kein „Heros" Entwicklungen herbeiführen kann, für welche die wirtschaftlichen Bedingungen noch fehlen. So wenig wie Karl ein dem römischen ähnliches *Beamtentum*, so wenig, wie er eigentliche *Städte* schaffen konnte, so wenig konnte er die *Geldwirtschaft* durchsetzen, trotzdem er in allen seinen Pfalzen Münzstätten errichtete[1] und den Paladinen, welche Märkte gründeten, bereitwillig Zoll- und Münzrecht verlieh.[2] Für einen Zustand reiner Naturalwirtschaft, wie er zur Karolingerzeit bestand, ist Metallgeld ein nutzloses Ding. Die schönen, vollwichtigen römischen Kaiserdenare waren wohl geschätzt, die „Sägen", saigae, mit ihrem gezackten Rande, aber nur für Schatzzwecke;[3] für *wirtschaftliche Z*wecke kamen sie gar nicht in Betracht. Dafür mußte erst eine *Tauschwirtschaft* entwickelt sein!

Darum stimmt es vollkommen zu dem Gesamtbilde der Naturalwirtschaft, wenn Inama-Sternegg den Charakter der Preise an der Wende der beiden Epochen folgendermaßen zeichnet: „Weder die Legalwerte der Volksrechte, noch die Wertbestimmungen der Urkunden, Kapitularien und Urbarien, noch jene Taxen für einzelne Warenkategorien, welche die karolingische Gesetzgebung enthält, können im strengen Sinne des Wortes als Preise, d. h. als das tatsächliche Resultat von Angebot und Nachfrage auf bestimmtem Markte gelten, denn überall fehlt die Beziehung auf die Quantität der vorhandenen Güter und die Stärke des Begehrs nach ihnen. (. . .) Wo aber bei notorisch sehr differenten Geldmengen die Warenwerte jahrhundertelang und in den verschiedensten Gegenden sich auf gleichem Stande halten können, da fehlt eben noch jener lebendige Einfluß des Geldes auf die Volkswirtschaft, der die unerläßliche Voraussetzung dafür bildet, daß sich die Kaufkraft des Geldes in der Preisbestimmung der Ware abspiegle."[4]

Es wäre vielleicht deutlicher zu sagen, daß die *Vorbedingung* für diesen Einfluß des Geldes noch fast ganz fehlte, die Tauschwirtschaft, das Zusammentreffen von Angebot und Nachfrage, welches Edelmetall erst zu „Geld" machen kann. So ist es denn kein Wunder, daß die Volkswirtschaft sich das aus den Beutezügen und dem alten Handel noch vorhandene Römergold widerstandslos entziehen ließ; es konnte ihr nichts nützen! Es floß in die Levante ab, solange der Handelsweg dahin offen war, von den Merowingerzeiten bis unter die Karolinger; erst als die Eroberung Alexandrias durch die Araber (638) und die Sperrung des Mittelmeerhandels durch die mohammedanischen Piraten den Seeweg, und der Einbruch der Avaren und Magyaren den Landweg nach dem Orient verlegte und den Levantehandel unterband, hörte der Abfluß auf, und die eigene Edelmetallproduktion, namentlich der Silberbergbau, der schon im 9. Jahrhundert im Val de Lièvre (Elsaß), am Fichtelgebirge und in Böhmen blühte, vermochte den Vorrat wieder zu heben.[5] Unter den Ottonen trat dann der Harzer Bergbau auf den Plan, und 1237 wurden die Kuttenberger Gruben erschlossen.

Aber nicht nur das Ausland entzog das Römergold dem Verkehr, sondern auch die Schatzbildung. Als gemünztes Gold und namentlich als Geräte bildete es den Kirchenschatz und den

---

1 Inama-Sternegg, Deutsche Wirtschaftsgeschichte, Bd. I, S. 430.
2 Ebenda, S. 433.
3 Ebenda, S. 184.
4 Ebenda, S. 482.
5 Ebenda, S. 465.

„Kriegsschatz" der großen Territorialherren, die ihre Krieger noch unter den letzten Liudolfingern nach alter Sitte mit Armringen (Baugen) ehrten. Wie stark diese Zurückziehung des Römergoldes aus dem Verkehr war, beweist die Tatsache, daß die Relation Gold zu Silber im 14. Jahrhundert auf 1 : 10 sank, während sie im 12. Jahrhundert noch 1 : 12 gewesen war. Das ist nur so zu erklären, daß zur Zeit der wiedererstehenden Goldwährung das namentlich in den Kirchenschätzen massenhaft aufgehäufte Gold plötzlich in starkem Maße in den Umlauf zurückkehrte.[1]

Zu Anfang der Periode bestanden auch nur wenig Münzstätten in Austrasien; der Bedarf an Courant wurde aus dem Westreich befriedigt.[2] Aber der Bedarf war äußerst gering. Das Viehhaupt war noch zumeist die „pecunia"; an die Naturalwirtschaft der alten Spartiaten unter Lykurg wird man erinnert, wenn man erfährt, daß im Lande der Eisengruben, Rhätien, Anfang des 9. Jahrhunderts eine Eisenwährung bestand,[3] die freilich auf die Goldwährung bezogen war: 70 Pfund Eisen galten 1 Solidus; der reiche Erzbischof von Salzburg zahlte um 900 einen Ungarntribut in Leinwand. Es war eine Zeit der Naturalwirtschaft, die mit der Münze der von ihr zerstörten älteren Kultur nichts anzufangen verstand, und die uns kennzeichnender Weise auch nur wenige Exemplare gemünzten Geldes hinterlassen hat.[4]

Es ist darum im strengen Sinne nicht richtig, zu sagen, daß man unter den späteren Karolingern „zur Silberwährung übergegangen sei".[5] Denn die Goldwährung der voraufgegangenen Epoche war kein Organ der Volkswirtschaft, sondern ein aufgepfropfter Importartikel, den sie sobald als möglich abstieß. Richtig ist, zu sagen, daß mit dem Entstehen der Tauschwirtschaft auch Geldwirtschaft *entstand*, und zwar die einzige für so primitive Verhältnisse passende, die *Silberwährung*. Eine Goldprägung ist in Deutschland so wenig wie unter den Karolingern bis ca. 1300 vorgekommen.[6]

Da nun der Anfang der Tauschwirtschaft zusammenfällt mit der Emanzipation der Grundherrschaften als halbstaatlicher Gebilde; da sie zu allen anderen Rechten auch längst das Münzregal erworben hatten, so ist es klar, daß ein allgemeiner deutscher Münzfuß nicht existieren konnte.[7] Es bestanden soviel Münzsysteme wie Großgrundherrschaften; später soviel Münzsysteme wie Stadtwirtschaften. Noch um 1100 bildeten die Umlaufskreise der einzelnen Münzsysteme abgeschlossene Verkehrskreise.[8] Auf den größeren Märkten mußte daher neben die Münze der Geldwechsel treten,[9] um die verschiedenen Währungen auf einen Generalnenner zu bringen.

Leider griff das „Nomadenrecht" fortwährend störend in diesen Entwicklungsprozess ein, indem die Münzherren in der schamlosesten Weise Falschmünzerei trieben; zuerst wurden die Denare immer leichter;[10] von der Mitte des 13. Jahrhunderts an wurden sie auch im Korn, durch Legierung, gefälscht. Die Erzbischöfe Bruno und Adalbero von Trier (1102–1151) ließen freilich den Denar schon nicht mehr 15 1/2lötig, sondern jener nur 14-, dieser gar nur 12lötig ausbringen.[11] Hatten die späteren Karolinger noch auf volles Schrot und Korn gehalten, so beteiligten sich später

---

1 Lamprecht, Wirtschaftsleben, Bd. II, S. 376.
2 Inama-Sternegg, Deutsche Wirtschaftsgeschichte, Bd. II, S. 394.
3 Ebenda, Bd. I, S. 464.
4 Ebenda, S. 466.
5 Ebenda, S. 450.
6 Ebenda, Bd. II, S. 417.
7 Ebenda, S. 409.
8 Lamprecht, Wirtschaftsleben, Bd. II, S. 302.
9 Inama-Sternegg, Deutsche Wirtschaftsgeschichte, Bd. II, S. 380.
10 Ebenda, S. 399. Der Denar sank von Karl d. Kahlen an, wo er 1,70 Gramm wog, auf 1,40 unter Ludwig dem Kinde, später noch viel tiefer.
11 Lamprecht, Wirtschaftsleben, Bd. II, S. 422.

auch die Kaiser selbst an der schwunghaft betriebenen Falschmünzerei,[1] die in späterer Zeit auch die Goldmünze nicht verschonte.[2]

Trotz dieser fortwährenden Störungen, unter denen natürlich die Bauern am meisten litten, soweit ihr Tauschverkehr in Frage kam, die ihnen aber auf der anderen Seite Vorteil brachten, weil ihre Zinse, soweit sie schon in Geld fixiert waren, immer weniger Silber enthielten, erzwang die Tauschwirtschaft eine immer weitere Verbreitung des Geldgebrauches. Von den Gewerbsstädten aus verbreitete sich die Geldwirtschaft in immer weiteren Kreisen auf das Land hinaus, trotz dem sehr berechtigten Mißtrauen der Bauern. Den allgemeinen Durchbruch der Geldwirtschaft kann man auf die Wende des 12. und 13. Jahrhunderts fixieren.[3] Natürlich muß das so verstanden werden, daß in abgeschlossenen Agrargebieten die Naturalwirtschaft noch sehr lange fortbestand, so z. B. noch um 1250 an der Mosel.[4] Hat doch noch unser Jahrhundert in abgeschlossenen Tälern der Schweiz und Hochschottlands eine fast ungebrochene Naturalwirtschaft gesehen![5] Aber im allgemeinen war der Sieg der Geldwirtschaft entschieden. Seit der Mitte des 13. Jahrhunderts wird die Bede ziemlich allgemein in Geld erhoben;[6] allmählich geht erst bei Pachten,[7] dann auch bei grundhörigen Hufen der Naturalzins in Geldzins über.[8]

Noch ehe die Naturalwirtschaft überall ganz zurückgedrängt ist, ist die Tauschwirtschaft in den Zentren so weit erstarkt, daß sie erstens die *Goldwährung* erfordert: von 1335 an wird der seit 1252 geprägte[9] Florentiner Goldgulden am Rheine häufig, 1350 war die Rezeption der Goldmünze entschieden;[10] und daß sie zweitens eine gemeinsame Währung für größere Kreise verlangt: 1386 führen die rheinischen Kurfürsten durch einen Münzvertrag die Goldmünze im rheinischen Verkehrsgebiet gesetzlich ein. Leider wurde die segensreiche Maßregel durch die unerschütterliche Falschmünzerei[11] zum Teil illusorisch gemacht.

Wir sehen also, daß von einem Stadium geldloser Naturalwirtschaft aus die deutsche Wirtschaft in dieser Periode die Höhe der Geldwirtschaft mit der Goldwährung ersteigt, ein Fortschritt von ungeheurer Bedeutung und Schnelligkeit.

Dagegen hat diese Periode, in Deutschland wenigstens[12], eine eigentliche *Kreditwirtschaft* nicht entwickelt, oder vielmehr: die vorhandene Kreditwirtschaft hat mit der eigentlichen Volkswirtschaft nichts zu tun.

Damit soll gesagt sein, daß es einen eigentlichen *Produktivkredit* nicht gab. Es gab nur Kreditgeschäfte mit der „Herrenrente" und *Notkredite*. Ganz der theoretischen Konstruktion entsprechend

---

1 Ebenda, S. 393.
2 Ebenda, S. 473.
3 Ebenda, Bd. I, S. 1145; Inama-Sternegg, Deutsche Wirtschaftsgeschichte, Bd. II, S. 363.
4 Ebenda, S. 1445.
5 Müller, Die schweizerischen Konsumgenossenschaften, S. 3f.; vgl. Arnold, Aufkommen des Handwerkerstandes, S. 8.
6 Lamprecht, Wirtschaftsleben, Bd. I, S. 1335.
7 Ebenda, S. 1445.
8 Inama-Sternegg, Deutsche Wirtschaftsgeschichte, Bd. II, S. 373.
9 Meyer, Lehrbuch der Handelsgeschichte, S. 93.
10 Lamprecht, Wirtschaftsleben, Bd. II, S. 391.
11 Ebenda, S. 473.
12 Auf den Märkten der Champagne haben die Italiener sehr früh, schon vor der ersten Hälfte des 14. Jh. ihre Überlegenheit im Bankgeschäfte zur Geltung gebracht. Ein großer Teil Europas brachte hier seine Geldangelegenheiten mittels *Wechsel* in Ordnung. Wechselkurs und Zeitgeschäfte gehörten zu den bekannten Dingen. (Meyer, Lehrbuch der Handelsgeschichte, S. 111f.). Von den deutschen Kaufleuten wird aber ausdrücklich berichtet, daß sie hartnäckig an dem altmodischen Warenhandel festhielten. – Vgl. Ehrenberg, Das Zeitalter der Fugger, Bd. I, S. 67 § 4.

wurden die auf den hörigen Hufen und den städtischen Erbzinsstellen ruhenden nutzbaren Rechte schnell fungibel und verteilten sich nach „rein ökonomischen Gesetzen" innerhalb der herrschenden Klasse. Die Rentenrechte werden verkauft, verpfändet; dadurch häuft sich in den Händen der einen Grundherrschaft ein riesiges Vermögen an, während sich andere tief verschulden. Schon in der Karolingerzeit ist der Brauch dieser Art von Kreditgewährung so weit verbreitet, daß die Kapitularien über ihren zulässigen Umfang, über Zins und Sicherstellung Vorschriften erlassen müssen.[1] Die Darlehengeber sind zuerst die geistlichen Verwaltungen;[2] das beginnt im 10. Jahrhundert, hat seine Blütezeit bis zum Anfang des 13. und verfällt dann; nur die Zisterzienser und der deutsche Orden pflegen diese Seite der Geschäfte noch.[3] Weltliche Herren folgen ihnen bald; als großer Bankier sind z. B. ein Graf v. Würtemberg, und ein Graf von Berg genannt, der in 6 Posten 1.426 Mark verleihen konnte![4] Wir haben schon erwähnt, wie nützlich das Burggrafenamt, resp. die Stadthauptmannschaft in reichen Städten und die Möglichkeit, die Konjunktur der erwachenden Geldwirtschaft durch Darlehensgeschäfte zur Vergrößerung der Hausmacht auszunutzen, für die Stammväter der beiden größten deutschen Dynastien, Hohenzollern und Habsburger, geworden ist. Wir haben auch schon gesehen, daß im weiteren Verlaufe sich die Grundherren, namentlich im 12. Jahrhundert,[5] heillos verschuldeten;[6] die Darleiher in diesem Stadium waren die städtischen Patrizier und die Juden, die „Erben der Phönizier",[7] welche längst die Großhändler der ganzen Welt waren und namentlich den Geldhandel, die Agiotage, neben den Lombarden und Kawerzinern[8] im großen Stile betrieben haben. Ihre Geldmacht war, gestützt auf ihre internationalen Beziehungen, so groß, daß eine Zeitlang jüdische Finanzminister die Einkünfte des Erzbistums Trier verwalteten, ein frühes Vorbild von „Jud Süß". Erst 1353 wurden sie entthront, wohl infolge der allgemeinen Judenschlächtereien, welche der „schwarze Tod" im Gefolge hatte. Später verschwinden sie als Bankiers beinahe ganz aus der Wirtschaft und behalten nur noch hier und da das Pfandleihergewerbe.[9] Die großen oberdeutschen Kaufleute lösen sie ab.

Diese ganze Kreditwirtschaft spielte sich also im Rahmen des „Nomadenrechtes" ab. Es war meistens eine Art von Realverpfändung, die sich zuletzt dadurch der modernen Hypothek stark annäherte, daß der Kreditgeber das als „Satzung" verpfändete Gut dem Schuldner sofort sub forma beneficium zurückgab.[10]

War das Hypothekengeschäft erlaubt und galt es bis ca. 1200 sogar für geistliche Anstalten für unanstößig, so war dem Christen die Zinsnahme für einfache Darlehen verboten, und damit dem Nichtchristen ein Monopol gegeben. Aus Gründen, die wir schon angeführt haben, war der Zinsfuß ungeheuerlich hoch. Er stand 1255 für Wochendarlehen auf maximal 43,3%, für Jahresdarlehen auf 33,3%[11]; 1338–50 stand der Wochenzins auf 31,25%, 1394 in einem Falle sogar auf 75,2%.

Dieses auffällige Verhalten währt also bis zum Schlusse der uns beschäftigenden Periode. Es änderte sich aber sofort mit der neuen Ära der „Transformation". Allmählich wurde das freie

---

1 Inama-Sternegg, Deutsche Wirtschaftsgeschichte, Bd. II, S. 441.
2 Ebenda, S. 444.
3 Lamprecht, Wirtschaftsleben, Bd. I, S. 1446.
4 Inama-Sternegg, Deutsche Wirtschaftsgeschichte, Bd. II, S. 444.
5 Lamprecht, Wirtschaftsleben, Bd. I, S. 1446.
6 Inama-Sternegg, Deutsche Wirtschaftsgeschichte, Bd. II, S. 442.
7 Ebenda, Bd. I, S. 447.
8 Meyer, Lehrbuch der Handelsgeschichte, S. 93. Nach dem südfranzösischen Orte Cahors.
9 Ehrenberg, Das Zeitalter der Fugger, S. 42, 64, 68, 242 usw.
10 Inama-Sternegg, Deutsche Wirtschaftsgeschichte, Bd. II, S. 448.
11 Lamprecht, Wirtschaftsleben, Bd. I, S. 1453, Bd. II, S. 608.

Darlehen auch den Christen zugänglich und fiel durch diese Konkurrenz sowie die des Rentenkaufs im Jahre 1565 auf 5–8%, in 1572 auf 6 und auch 5%, um 1592 gesetzlich auf 6% fixiert zu werden.[1]

Uns will scheinen, als präge sich hier mehr aus, als die Verschiebung des Geldnutzungspreises durch Wachsen des konkurrierenden Angebotes. Solange nämlich keine „freien Arbeiter" im Überschusse auf dem Markte vorhanden sind, solange also der Gewinn von „Mehrwert" nicht möglich ist, ist sowohl die *Bildung* als auch die *„produktive Anlage"* von Kapitalien nur in sehr beschränktem Maße denkbar, eigentlich nur im Handel, solange Konjunkturengewinne zu machen sind. Zum Gewerbebetrieb gehört wenig Kapital, und selbst der Handel wird im wesentlichen produktivgenossenschaftlich betrieben. Kredit ist also fast durchweg *Notkredit*, und dieser ist bei der hohen Risikoprämie und der dringenden Nachfrage immer sehr teuer.

Sobald aber eine Änderung der Druckverhältnisse „freie Arbeiter" auf den Markt wirft, ermöglicht einerseits der Gewinn von „Mehrwert" die *Bildung* größerer Kapitalien – die großen Vermögen des Mittelalters sind erst in der nächsten Epoche entstanden[2] – und entsteht andererseits eine Nachfrage nach Produktivkrediten, welche natürlich nur so viel Zins bewilligt, daß außer der eigenen Risikoprämie noch ein Mehrwert, ein Gesamtprofit übrigbleiben muß. Damit wird auch das Leihegeschäft für Christen zulässig. In dem Maße, wie sich die Kapitalbildung verstärkt, wird dann der Zins allmählich sinken müssen.

Wenn diese Deutung der Tatsachen richtig ist, fällt ein scharfes Schlaglicht auf die Natur des Zinses überhaupt; er erscheint dann als Bastard des Nomadenrechtes so gut wie Grundrente und Mehrwert; und die Annahme der Deduktion, daß in der „reinen Wirtschaft" die private Kapitalbildung schnell durch die öffentliche abgelöst werden wird, gewinnt an Gewicht.

Wir haben jetzt die Wirtschaft am Ende unserer Epoche in den Hauptzügen gezeichnet. Aus dem bunten Detail hat sich uns als Gesamtresultat ein ungeheurer Fortschritt ergeben. Aus dem Nebeneinander der fast undifferenzierten und unintegrierten Naturalwirtschaften wuchs in weniger als vier Jahrhunderten ein reich gegliederter, in voller Harmonie der einzelnen Organe und ihrer Funktionen bestehender, vollreifer Wirtschaftskörper heran. Schneller und schneller ward vor unseren Augen die Entwicklung, immer höher der Wohlstand, trotz aller politischen Störungen. Wenn es einen Beweis dafür gibt, wie wenig die „Regierung" dem Volke nützen kann, so ist es die „kaiserlose, die schreckliche Zeit" des Interregnum, in welcher sich trotz Raub und Fehde, Unsicherheit und Zerstörung, trotz Zollplackereien und Münzfälschungen die Tauschwirtschaft wie ein junger starker Eichbaum entfaltete.

„Die volkswirtschaftliche Veränderung, welche das deutsche Volk im 13. und 14. Jahrhundert erlebte, ist wohl, abgesehen von der Gegenwart, die größte historisch nachweisbare. Erst im 13. Jahrhundert gewann das städtische Leben einen beherrschenden Einfluß auf die ganze Volkswirtschaft: die Landwirtschaft, der Verkehr auf den kleinen Märkten, wie der Handel im großen, die Gewerbe wurden mit anderen Mitteln und anderem Erfolge als früher betrieben, die Technik und Arbeitsteilung schritt außerordentlich rasch vorwärts, die soziale Gliederung und Klassenbildung nahm andere Formen an. Das städtische Haus schied erst im 13. Jahrhundert sich vom ländlichen Bauernhaus; die Bedürfnisse an Haus und Hof, an Tisch und Bett wurden größere, künstlichere und künstlerischere, wurden jetzt erst die eines Kulturvolkes. Aus der kirchlichen Baukunst und der ritterlichen Dichtkunst erblühte ein verklärtes höheres Kulturleben auf allen Gebieten des Lebens. Und was im 13. Jahrhundert in engeren Kreisen begann, das setzte sich im 14. und 15. in

---

[1] Ebenda, Bd. II, S. 609.
[2] Meyer, Lehrbuch der Handelsgeschichte, S. 108; vgl. auch nächstes Kapitel.

weiteren fort, vom Süden nach Norden, vom Westen nach Osten, von den großen Städten nach den kleinen, von den kleinen aufs platte Land, von den Fürstenhöfen in die bürgerlichen und zuletzt in die bäuerlichen Kreise. Der idealen Blüte deutscher Poesie war gegen 1300 die materielle Lust an Besitz und Genuß gefolgt. Vor allem in den Städten erwachte ein Luxus, eine Üppigkeit, eine Verschwendung, die, einerseits von vielen beklagt, doch andererseits der unentbehrliche Begleiter des höheren Wohlstandes, der notwendige Vorgänger jenes Gleichgewichts der Gesittung war, das dann in der deutschen Malerei, in der deutschen Kunst, in dem Wohlstand und dem Geistesleben der Reformationszeit von 1450–1550 sich in so schöner Weise zeigt."

Diese begeisterte Schilderung einer wachsenden „reinen Wirtschaft" rührt von dem vorsichtigsten Wirtschaftshistoriker Deutschlands her, von G. Schmoller.[1] Wir haben ihr kein Wort hinzuzufügen.

Wir nehmen jetzt von diesem schönen Bilde Abschied, um die Wurzeln der Kräfte bloßzulegen, welche in kürzester Zeit alle diese Schönheit in den Staub warfen.

III. Kapitel:
Pathologie des sozialen Körpers der Tauschwirtschaft

Wir haben im vorigen Kapitel wiederholt auf die politische und wirtschaftliche Revolution vorausgewiesen, welche der Periode der annähernd „reinen Wirtschaft" ein Ende machte, und haben ihren Eintritt auf den Beginn des letzten Drittels oder Viertels des 14. Jahrhunderts bestimmt. Da diese Datierung sehr stark von der bisher üblichen abweicht, so haben wir die Pflicht, sie eingehend zu begründen und kritisch gegen die geltende Meinung zu verteidigen.

Die deutsche historische Schule setzt den Umschwung erst auf ca. 1550 an, also fast zwei Jahrhunderte später. Schmoller sagt z. B.,[2] das mittelalterliche Gewerberecht, die soziale Gliederung der städtischen Gesellschaft sei bis gegen 1400 in offenem Flusse begriffen; sie konsolidiere sich von 1400–1550; die alternde Erstarrung beginne etwa von 1550 an. „Die Zunftkämpfe des 14. Jahrhunderts dürfen nicht als eine beginnende Entartung des Zunftrechts aufgefaßt werden, sie können eher als die Flegel- oder Jugendjahre der Institution bezeichnet werden, die nach dem Austoben der überschüssigen Leidenschaft gegen 1400 in ihr Mannesalter eintritt."

Die gesamte „historische Schule" folgt, so weit ich sehe, in dieser Datierung ihrem Führer. Die Auffassung ist also von einem Schwergewicht, welches eine direkte Stellungnahme erzwingt.

Die beiden Datierungen können nicht nebeneinander bestehen; sie schließen sich aus: eine von beiden muß falsch sein. Es handelt sich ja beide Male um die Datierung und Erklärung *derselben* wirtschaftlichen Erscheinung, der Vernichtung des deutschen Gewerbes.

Und weil die *Erklärung* von der Datierung abhängt, handelt es sich um eine Frage von der tiefsten wissenschaftlichen Bedeutung. Wenn ich im Rechte bin, ist die von der historischen Schule gegebene geschichtliche Erklärung der Revolution notwendig falsch, da sie an Erscheinungen anknüpft, die der Zeit kurz vor 1550 angehören, die also unmöglich auf einen Umschwung wirken konnten, der bereits 1370 begonnen hat; wenn ich im Rechte bin, ist nicht nur für die *Geschichtswissenschaft* viel an Erkenntnis gewonnen, weil die Zusammenhänge in ein neues Licht rücken, sondern auch für die *Wirtschaftswissenschaft*, weil die von mir für falsch gehaltene geschichtliche

---

1 Schmoller, Tucher und Weber, S. 407.
2 Schmoller, Tucher und Weber, S. 471.

Auffassung wieder vielfach als Beweis nationalökonomischer Lehrsätze herangezogen wird, die ich ebenfalls für falsch halten muß, namentlich für den Malthusianismus und die Auffassung des Charakters des „Kapitals".

Der Gegenstand ist also von einer Wichtigkeit, die es rechtfertigen wird, daß ich den Gang der Untersuchung hier unterbreche, um folgende These zu beweisen: *Die Datierung der Krisis des deutschen mittelalterlichen Gewerbes auf die Mitte des 16. Jahrhunderts ist falsch, und ihre Erklärung historisch und nationalökonomisch unzureichend.*

Männer von so tiefem, sachlichem Wissen und so großer wissenschaftlicher Besonnenheit wie die Vertreter der historischen Schule sind wohl Irrtümern unterworfen, wie jeder Strebende, aber sie haben selbst für den Irrtum jederzeit einen „zureichenden Grund". Wer sie widerlegen will, muß sich klarmachen, welche Überlegungen sie zu ihren Schlußfolgerungen geführt haben. Diese Überlegungen sind folgende:

Es nimmt nach 1370 die Arbeitsteilung, die Technik, der Reichtum und Glanz der Städte noch über ein Jahrhundert lang bedeutend zu; es erblüht die deutsche Renaissance erst nach der Mitte des 15. Jahrhunderts: Veit Stoss lebt 1447–1533, Adam Kraft 1437–1507, Albrecht Dürer 1471–1528, Holbein d. Ä. 1460–1524, Holbein d. J. 1497–1543. Die herrschenden Klassen in den Städten werden um diese Zeit ungeheuer reich, wie z. B. die Fugger und Wälser, und entfalten in Wohnung, Einrichtung, Lebenshaltung und Tracht einen bis dahin unerhörten Luxus. Erst um 1550 herum tritt ein deutlicher Verfall zutage.

Prüfen wir das Gewicht dieser Gründe!

Zunächst ist zu bemerken, daß eine so auffällige Wendung zur Luxusproduktion, wie sie das deutsche Gewerbe im 15. Jahrhundert genommen hat, nach dem Zeugnis der Universalgeschichte regelmäßig nicht Symptom einer allgemeinen Blüte, sondern Vorbote der nahenden Auflösung ist. Wir verweisen auf Athen, Karthago, Rom und Paris. Die Worte, welche einst Demosthenes den Athenern zurief, geben die Symptomatologie einer Volkserkrankung, welche viele blühende Gemeinwesen zugrunde gerichtet hat:

„In früherer Zeit war es anders als jetzt. Damals war alles, was dem Staate gehörte, reich und glänzend, unter den einzelnen Bürgern aber zeichnete sich äußerlich keiner vor dem andern aus. Noch jetzt kann jeder von euch sich mit eigenen Augen überzeugen, daß die Wohnungen eines Themistokles, eines Miltiades, und aller übrigen großen Männer der Vorzeit durchaus nicht schöner und ansehnlicher waren als die ihrer Mitbürger. Dagegen sind die zu ihrer Zeit errichteten öffentlichen Gebäude und Denkmale so großartig und prachtvoll, daß sie ewig unübertroffen bleiben werden; ich meine die Propyläen, die Arsenale, die Säulengänge, die Hafenbauten des Piräus und andere öffentliche Werke unserer Stadt. Jetzt aber gibt es Staatsmänner, deren Privatwohnungen viele öffentliche Gebäude an Pracht überbieten, und *welche so große Landgüter zusammengekauft haben, daß die Felder von euch allen, die ihr hier als Richter versammelt seid, an Ausdehnung denselben nicht gleich kommen.* Was dagegen jetzt von Staatswegen gebaut wird, das ist so unbedeutend und ärmlich, daß man sich schämen muß, davon zu reden."

Hier ist Ursache und Wirkung gegeben! Latifundien dort, und ausschweifender Luxus der Bürger, Verfall der Staatsmacht hier. Will die historische Schule eine deutsche Parallele? 1248 legte Erzbischof Konrad von Hostaden das Fundament zu dem Riesenbau des Kölner Domes; er wuchs trotz Interregnum und Fehden, trotz Pest und Handelsstockungen bis gegen Ende des 14. Jahrhunderts rüstig empor; von da an wurde er kaum noch weiter fortgeführt und ca. 1500 ganz aufgegeben, trotzdem die Stadt ungleich volkreicher und ihre reichen Leute unglaublich viel reicher waren, als 1248. Sieht das nach „Aufschwung" aus, nach „Konsolidation", oder nach Niedergang?

Viel schwerer als die Überschätzung der Entwicklung von Luxusgewerben wiegt aber, daß die historische Schule ihre Datierung des Umschwungs der Gewerbeentwicklung in ganz unmethodischer Einseitigkeit auf *eine*, freilich die auffälligste, aber doch auf *eine* willkürlich aus dem Zusammenhang gerissene Seite *eines* Teiles des Volkslebens gestützt hat, nämlich den technischen Aufschwung des Gewerbes und den Reichtum einer beschränkten Klasse der Stadtbürger. Sie hat nicht in Betracht gezogen, daß das Tempo der technischen Entwicklung von 1200–1400 ein verhältnismäßig viel schnelleres war, als 1400–1550; sie ist also auch nicht auf den Gedanken gekommen, daß es sich bei dieser Glanzseite der ganzen Entwicklung vielleicht nur um ein nach dem Gesetze der Trägheit erfolgendes und allmählich ersterbendes Weiterrollen eines der eigenen Kraft schon beraubten Körpers handeln könne; sie ist aber vor allem blind gewesen gegen die viel schwerer wiegenden Schattenseiten derselben gewerblichen Entwicklung, *welche ein massenhaftes Proletariat in den Großstädten voraussetzte und erzeugte, und die Kleinstädte ruinierte*.

Es beruhen also die Gründe für diese Datierung auf *einer* isoliert betrachteten Seite *einer* isoliert betrachteten Abteilung der Volkswirtschaft. Es ist weder auf die anderen Seiten der gewerblichen Entwicklung, noch auf die andere Abteilung der *Volkswirtschaft*, nämlich die Landwirtschaft, noch auf die zweite große Abteilung der *Soziologie, auf Politik und Standesbildung*, Rücksicht genommen. Und schließlich ist die als Ausgangspunkt gewählte Erscheinung eine solche, welche viel mehr für den Verfall als für die Blüte beweist, die sie beweisen soll.

Ich stelle diesen Gründen jetzt diejenigen entgegen, welche mich dazu veranlassen, den Zeitpunkt der großen Völkerwende auf ca. 1370 zu bestimmen:

Um diese Zeit herum treten folgende Erscheinungen im deutschen Volksleben scharf ausgeprägt hervor:

In der allgemein-politischen Gestaltung: das Aus- und Pfahlbürgerrecht verfällt, der Bauer stürzt in seiner sozialen Stellung tief unter den Bürger; der Siegesgang der Handwerker gegen die Geschlechter hat ein plötzliches Ende, selbst in den Zunftstädten dringt die Reaktion siegreich vor; die süddeutschen Städtebünde erliegen und zerfallen, während die Hansa jetzt erst den glänzenden Aufschwung nimmt. Die Territorialfürsten gewinnen die Obmacht, die adligen „Stände" erringen in den Fürstentümern den hauptsächlichen Einfluß, das römische Recht dringt siegreich vor.

Auf dem platten Lande: Verfall der bäuerlichen Standesfreiheit und des Hoferechts, Häufung eines landlosen Proletariats, Auftauchen von Beisassen und Kossäten in Gerechtsamegemeinden, Verschuldung der Bauern, Zersplitterung der Betriebseinheiten in Zwergwirtschaften, Untergang neuangelegter Dorfschaften, die sich als „unrentabel" herausstellen, Usurpation der Allmenden, Entstehung von Großgütern oder wenigstens einer Großherdenhaltung der Grundherren auf den Allmenden.

In den Städten: Entstehung eines vierten Standes, bestehend 1. aus Gesellen, die sich als Klasse gegen die Meister stellen und mit *Koalitionsverboten* beschränkt werden, 2. aus einem massenhaften nichtshäbigen Proletariat unqualifizierter „Arbeiter"; Vernichtung der Zünfte der ungelernten Arbeit; Entartung der Zünfte der gelernten Arbeit: Anfänge des „Zunftgeistes" (Meisterstück, Meisteressen, Wanderzwang, Lehrzwang, Mutjahre, Bannmeile etc.); Lohnregulierungen, Gewerkvereine und Streiks erscheinen; Akkordlohn und Heimindustrie nehmen ausbeuterischen Charakter an; die Produktionsrichtung macht eine deutliche Schwenkung zur Luxusproduktion und zum Exportindustrialismus; die Kleinstädte bleiben stehen oder verfallen, die Großstädte wachsen ungesund. Große Kapitalvermögen bilden sich, die Kreditwirtschaft im eigentlichen Sinne beginnt mit „produktiven Anlagen" und Spekulation; der Zinsfuß fällt und wird bald stationär, großindustrielle Anlagen entstehen, der „Gradient" wächst enorm.

In der Tat, eine Umwälzung, welche *alle* Klassen des Volkes, *alle* Organe der Volkswirtschaft mit gleicher Wucht und Kraft ergreift.

Ich hoffe, daß diese auf einer umfassenden Gesamtbetrachtung beruhende Datierung der volkswirtschaftlichen Revolution schon a priori mehr Kredit erwarten darf, als die bisherige, auf stark einseitigem Material aufgebaute.

Die gegnerische Meinung wird jedoch erst dann als gänzlich überwunden gelten können, wenn auch die Ursachen als unzureichend nachgewiesen sind, aus denen sie den auf ca. 1550 angesetzten Umschwung *erklärt*.

Die oben angeführten Sätze des Altmeisters der historischen Schule enthalten in den Worten: „Mannesjahre", „alternde Erstarrung" usw. eine Art von Erklärung, welche dem „organisistischen" Gedankenkreise angehört. Ich habe schon in der Einleitung die Gründe auseinandergesetzt, aus welchen ich eine solche Auffassung nicht für gerechtfertigt ansehen kann. Ist es schon unmöglich, den *Kollektivorganismus*: Volk mit einem „*Individuum*" in spezielle Parallele zu setzen, so ist es ganz und gar unzulässig, die Phasen des individuellen Lebens (Jugend, Alter etc.) zur Erklärung von Veränderungen heranzuziehen, welche einzelne *Institutionen* des Rechts- und Wirtschaftslebens betreffen. Diese kann man allenfalls als *Organe* des gesellschaftlichen Organismus ansehen; und Organe altern nicht, wenn der Gesamtorganismus nicht altert. Davon aber kann hier gar keine Rede sein. Denn unser Volk befindet sich seit einem Jahrhundert wieder in glänzendem Aufschwung der Zahl und des Reichtums; da altgewordene Organismen nur im Märchen wieder jung werden können, so kann es sich im Mittelalter keinesfalls um eine „alternde Erstarrung" des gesamten Wirtschaftskörpers und mithin auch nicht um eine solche der Gewerbe und der Zunft gehandelt haben.

Wenn ich auf diese Feststellungen ein großes Gewicht lege, obgleich es sich bei den Worten Schmollers vielleicht nur um einen Vergleich handelt, so geschieht dies gerade aus meiner „organisistischen" Überzeugung heraus. Die Gefahr liegt nahe, daß ein weniger geschulter Geist den Vergleich wörtlich nimmt; das ist geeignet, erstens die ganze organisistische Auffassung in Mißkredit zu bringen und zweitens, die Frage nach den wirklichen Ursachen, welche die Zunft verwandelt und schließlich zerstört haben, durch eine Scheinantwort zum Schweigen zu bringen, durch die plumpe Tautologie: die Zunft ist erstarrt, weil sie in Erstarrung verfallen ist.

Als *eigentliche* Erklärung dient nun zweierlei. Es soll *erstens* eine „Übervölkerung" vorhanden gewesen sein; und *zweitens* soll der wachsende Reichtum der Volkswirtschaft einen Stand von „Kapitalisten" geschaffen, und der Charakter des „Kapitals" als einer fremde Arbeit ausnutzenden Bildung sich entfaltet haben.

Die historische Schule legt aber auf den ersten Punkt durchaus das Hauptgewicht. Ich zitiere einige Sätze von Schanz:

> „Schmoller kommt zu dem Resultat, daß schon die Zeiten des 13. Jahrhunderts, besonders die erste Hälfte desselben, für viele Städte und Gegenden Mittel- und Süddeutschlands, der Anfang des 14. Jahrhunderts für die deutschen Hansastädte und Preußen eine Art Höhepunkt der Volkszahl darstelle, daß im Anfang des 15. Jahrhunderts ein Stillstand, ja in manchen Gegenden ein Rückgang der Bevölkerung (infolge verheerender Krankheiten und Kriege) eingetreten sei, von 1450 an wieder ein stärkeres Anwachsen Platz griff, das in der zweiten Hälfte des 16. Jahrhunderts und bis zum dreißigjährigen Kriege kulminieren mochte. (...) Bedenkt man, daß die Einwohner unmittelbar oder mittelbar fast alle dem Gewerbestande angehörten, so kann man, trotzdem die Technik damals viele Hände verlangte, die Möglichkeit einer relativen Übersetztheit der Gewerbe leicht begreifen. Sie ist aber nicht eine bloße Vermutung, sondern der positive Beweis dafür liegt in der Erschwerung der Bürgeraufnahme seit dem 15. Jahrhundert und in den Maßregeln gegen die Überfüllung der Zünfte."[1]

Dieser Haupterklärung gegenüber – alles andere sind nur unterstützende Momente, wie aus einer weiter unten zu zitierenden Auslassung desselben Autors hervorgeht – stellen wir einfach fol-

---

[1] Schanz, Zur Geschichte der deutschen Gesellenverbände, S. 7ff.

gende Tatsache fest: 1347 erreicht die Pest, der „schwarze Tod", zum ersten Male Europa und 1348/49 Deutschland; er rafft im ersten Ansturm nach zuverlässigen Schätzungen ca. 50% der Einwohnerzahl dahin. Noch von 1357–1360, besonders auch noch in den Jahren 1379–1383 erneuern sich an den verschiedensten Stellen Europas die wütendsten Pestausbrüche. Bedeutende Ausbrüche folgen dann in Deutschland noch 1449, 1460 und 1473.[1]

Deutschland hat in unserem Jahrhundert unter sehr viel günstigeren Verhältnissen politischer und hygienischer Sicherheit fast achtzig Jahre gebraucht, um seine Bevölkerung zu verdoppeln. Man wird keineswegs zu dunkel färben, wenn man annimmt, daß die Bevölkerung Deutschlands frühestens 1450 den Stand von 1348 wieder erreicht haben kann, wahrscheinlich noch bedeutend später. Aber die ersten „Erschwerungen der Bürgeraufnahme und Maßregeln gegen die Überfüllung der Zünfte" finden sich schon *vor* 1400, also zu einer Zeit, wo unter keinen Umständen die Bevölkerung den Stand von 1348 wieder erreicht haben kann. Vor der großen Pest ist aber von Sperrmaßregeln nirgends die Rede, obgleich die Volkzahl größer war als 1400: folglich kann man die Sperrung auch nicht auf eine „Übervölkerung" zurückführen.

Wie konnte gegenüber so sicheren Tatsachen die Theorie von der „Übervölkerung" überhaupt auftauchen und Boden gewinnen?

Eine rein logische Zergliederung der oben angezogenen Stelle von Schanz gibt die Erklärung. Er hat *eine* sichere Tatsache, auf der er fußt, daß nämlich Städte und Zünfte von der Wende des 14. und 15. Jahrhunderts an mit Sperrmaßregeln vorzugehen beginnen. Das ist tatsächlich ein Beweis für eine „relative Übersetztheit der Gewerbe". Wenn er aber aus der Tatsache, daß damals eine „Übervölkerung" der *Gewerbe* sich fühlbar machte, eine *allgemeine* Übervölkerung beweisen will, so macht er sich einer *petitio principii* schuldig: das zu Beweisende (die allgemeine Übervölkerung) wird schon vorausgesetzt.

Wir haben uns oben ausführlich mit dem theoretischen Malthusianismus auseinandergesetzt. Hier stoßen wir auf das erste Beispiel der schweren Irrtümer, die er in der historischen Betrachtung verschuldet hat. Es ist, als wenn die merkwürdige Theorie die besten Köpfe geradezu hypnotisierte. Sie allein verschuldet es, daß der richtige Zusammenhang, der sonnenklar auf der Hand liegt, übersehen worden ist, ein Zusammenhang, der, einmal ausgesprochen, schlechthin beweisfrei ist.

Wir haben eine „relative Übersetztheit der Gewerbe". Das ist eine Tatsache, die durch die Sperrmaßregeln der Städte und Zünfte gesichert ist. „Relativ" heißt: „in Beziehung zu". Also muß gefragt werden: in Beziehung zu welcher anderen Größe waren die Gewerbe übersetzt?

Der Malthusianismus vergleicht zwei wachsende Größen: die Volkzahl und den Gesamt-Ernteertrag; und behauptet, daß die erstere stets schneller wachsen müsse als der letztere, so daß die pro Kopf verfügbare Ernährungsquote sinken müsse. Selbst wenn wir die (oben als irrtümlich nachgewiesene) Berechnung einmal gelten lassen wollen, so ist sie hier sicherlich nicht heranzuziehen. Denn einmal steht fest, daß die Bevölkerungsverluste damals noch nicht ersetzt sein konnten, welche die Pest verursacht hatte; und dann hat Deutschland seine nach allen Schätzungen ungeheuer vermehrte Bevölkerung ja noch bis ca. 1875 mit seinen eigenen Ernten erhalten können. Erst von diesem Jahre an beginnt es mehr Nahrungsmittel ein- als auszuführen.

Von einer Übervölkerung im allgemein-*volkswirtschaftlichen* Sinne kann also damals keine Rede gewesen sein. Aber vielleicht von einer Übervölkerung im *stadtwirtschaftlichen* Sinne?

---

1 Real-Encyclopaedie der gesamten Heilkunde, Bd. XV, S. 444; nach Bücher (Frauenfrage im Mittelalter, Tübingen 1882, S. 35) zählte man von 1326–1400 32 Pestjahre, von 1400–1500 41, von 1500–1600 30. „Kriege, Mißernten, Hungersnöte, der jähe Tod rafften alle paar Jahre ein Viertel, ein Drittel, manchmal gar die Hälfte der vorhandenen Menschen dahin."

In der Tat wäre es denkbar, daß bei gegebener Beschaffenheit der Straßen und Leistungsfähigkeit der Transportmittel eine Stadt nicht über eine gewisse Größe hinauswachsen kann. Es könnte einmal ein Zeitpunkt eintreten, wo die Verteuerung der Nahrung durch die Transportlast die Erleichterung der Ernährung durch die Arbeitsteilung überwöge. Die mittelalterlichen Städte waren, soweit sie nicht an schiffbaren Wasserstraßen lagen, auf die Zufuhr mittels Frachtwagen auf verhältnismäßig schlechten Wegen angewiesen. Es scheint, als wenn derartige Erwägungen der Überzeugung von einer Übervölkerung der Städte um die kritische Zeit mit zugrunde liegen.

Der Gedanke hat auch für den ersten Blick etwas Bestechendes. Dennoch ist diese Erwägung selbst dann nicht zur Erklärung des vorliegenden Falles heranzuziehen, wenn man sich prinzipiell mit der Voraussetzung einverstanden erklärt. Denn es ließe sich daraus immer nur ableiten, daß Binnenstädte ohne Wasserverbindung nach Erreichung einer bestimmten Volkszahl stabil bleiben mußten. Aber eine „Übersetzung der Gewerbe" kann man daraus *nicht* ableiten. Denn niemand zwang damals einen Handwerker, sich in einem bestimmten Orte niederzulassen; wurde die Ernährung in Stadt A. zu schwierig, so konnte er nach Stadt B. gehen, die entweder die verhängnisvolle Zahl noch nicht erreicht hatte, oder dem Bevölkerungsgesetze nicht unterlag, weil sie Wasserstraßen besaß. Die ganze vorhergehende Periode hatte sich auf diese Weise geholfen, indem sie fortwährend neue Städte gründete oder kleinere Ortschaften zu Städten entwickelte. Das Problem ist gerade, warum diese Entwicklung plötzlich ein Ende fand.

Es ist aber auch kaum möglich, die *Voraussetzung* jener Erwägung zuzugeben. Die Stadtwirtschaft hatte tatsächlich schlechte Landwege gehabt. Die Ursache ist, daß sie keine Massentransporte brauchte. Produzent und Konsument saßen sich äußerst nahe. Der interlokale Handel hatte fast nur mit hochwertigen Produkten zu tun, welche hohe Transportkosten tragen konnten. Darum läßt die Volkswirtschaft jener Zeit die alten prachtvollen Römerstraßen verfallen;[1] darum werden selbst die Wasserstraßen des Westens für den Getreidehandel erst sehr spät und in sehr geringem Umfange nutzbar gemacht, wie oben gezeigt. *Wenn* aber das Wachstum der Bevölkerung so weit gediehen wäre, um die Versorgung der Städte ernstlich zu erschweren, so kann man wirklich nicht daran zweifeln, daß ihre Finanzkraft ausgereicht hätte, um Chausseen und Kanäle von genügender Leistungsfähigkeit zu erbauen. Ist doch die Zeit vor der Krisis dieselbe, in welcher selbst kleine Städte ihren großen öffentlichen Reichtum durch Errichtung luxuriöser Befestigungsbauten und der kostspieligsten Münster und Rathäuser beweisen konnten! Wenn selbst der dünnbevölkerte slawische Osten in den folgenden Jahrhunderten für seinen Getreide*export* ein bedeutendes Netz guter Straßen schaffen konnte, so konnte gewiß dem dicht bevölkerten, reich bemittelten deutschen Westen für seinen *Import* keine Versorgungsschwierigkeit entstehen.

Kurz, man kann die Frage drehen, wie man will, man findet keine Tatsache, welche die Heranziehung des malthusianischen Gedankenkreises zur Erklärung des Umschwungs rechtfertige. Und man sieht sich zu dem Schluße gedrängt, daß die Übervölkerungstheorie hier rein *dogmatisch* angezogen worden ist. Es ist ein für die Schule feststehender unantastbarer Satz, daß unter normalen Verhältnissen die Bevölkerung gegen ihren Nahrungsspielraum pressen muß: und so wird die zweifellos vorhandene Stauung der mittelalterlichen Gewerbebevölkerung zu der kritischen Zeit ohne weiteres aus einer „Übervölkerung" abgeleitet.

Nur so, wenn man den Malthusianismus als ein *Dogma* auffaßt, als einen für beweisfrei gehaltenen Erklärungsgrund, ist es, glaube ich, zu begreifen, daß die gesamte Wissenschaft alle verbürgten *historischen* Tatsachen vernachlässigt hat, welche es verbieten, die Theorie hier heranzuziehen; und daß sie die gewaltigen Tatsachenreihen übersehen hat, welche vom Standpunkt des *Nationalökonomen* hier hätten herangezogen werden müssen.

---

[1] Lamprecht, Wirtschaftsleben, Bd. II, S. 242.

Die *historischen* Tatsachen beweisen, daß die Bevölkerung während eines halben Jahrtausends äußerst stark gewachsen ist, ohne daß sich eine Spur von einem Pressen gegen den Spielraum gezeigt hätte; dann fegt die furchtbarste Seuche der Geschichte in wiederholtem Ansturm über das Land, vernichtet einen ungeheuren Bruchteil der Bevölkerung: und sofort setzen die Symptome der Stauung ein, lange bevor die frühere Zahl wieder erreicht sein kann.

Das hätte den *Historiker* stutzig machen müssen. Der *Nationalökonom* aber, welcher eine „relative Übersetztheit der Gewerbe" in den mittelalterlichen Städten vorfand, hatte wohl die Pflicht, zu fragen, *ob nicht etwa die Zahl oder die Kaufkraft der Abnehmer von Gewerbewaren zurückgegangen sei?*

Ich habe im theoretischen Teile die Formel gewonnen, daß die „Kaufkraft des Marktes" für Gewerbewaren identisch ist mit den Überschüssen, welche die ländlichen Produzenten desselben Wirtschaftskreises herausstellen. Aber selbst wenn man diese präzise Formel nicht in der Hand hat, gehört es doch zu den Binsenwahrheiten, geradezu zu dem ABC der Nationalökonomie, daß das Gewerbe wächst, lebt, blüht und verfällt mit der Kaufkraft des ländlichen Marktes. Es ist ein sekundärer Trieb am Baume der Wirtschaft; niemals können mehr Gewerbe- und Handeltreibende existieren, als die Bauern desselben Kreises ernähren können; wenn ihre Überschüsse zurückgehen, müssen die Gewerbe als „relativ übersetzt" erscheinen.

Dieser Zusammenhang ist so klar, daß eigentlich jede Untersuchung eines mit dem Gewerbe in Zusammenhang stehenden wirtschaftlichen Gegenstandes von dem *Markte* desselben ausgehen müßte. Daß das wohl bei Spezialuntersuchungen geschehen ist, aber m. W. nie bei Untersuchungen der Gesamtentwicklung der Industrie, ist sehr merkwürdig. Überall wird die Industrie als ein Ding betrachtet, das aus sich selbst begriffen werden müsse. So geht z. B. Marx vor und kommt nur dadurch zu seinen Trugschlüssen; so ist auch die historische Schule vorgegangen und ist darum bei der Untersuchung des Hauptwendepunktes ihres Hauptarbeitsgebietes zu ganz falschen Ergebnissen gekommen. War Marx durch sein Dogma von der Natur des „Kapitals" hypnotisiert, so war es die historische Schule durch das Dogma von der „Übervölkerung".

Sobald hier die eigentlich selbstverständliche Frage auch nur gestellt wurde, ob die Zahl oder die Kaufkraft der ländlichen Abnehmer von Gewerbewaren absolut oder auch nur relativ zur Zahl der Gewerbetreibenden abgenommen habe, war sie nämlich bereits in positivem Sinne durch Tatsachen beantwortet, welche in jedermanns Besitz sind. Jedermann weiß, daß von Ende des 14. Jahrhunderts an der deutsche Bauer abwärts sinkt, und daß der auf ihn ausgeübte *wirtschaftliche* und politische Druck sich fortwährend steigert, bis die eingezwängte Not und der unerträglich gespannte Haß sich in der grauenhaften Explosion der Bauernkriege entladet.

Der Volkswirt hätte aus diesen allbekannten Tatsachen die einfache Folgerung entnommen, daß in dem Maße, wie dieser wirtschaftliche Niedergang der bäuerlichen Kaufkraft sich verstärkte, das Angebot der Gewerbebevölkerung an Waren relativ zu stark werden mußte, und daß sich die Sperrmaßregeln der Städte und Zünfte ohne weiteres daraus erklären lassen.

Die Frage ist aber nicht gestellt worden. Ich habe sie, trotzdem ich natürlich danach gefahndet habe, in der ziemlich umfangreichen Literatur über das mittelalterliche Gewerbewesen, die ich durchgesehen habe, nirgend an entscheidender Stelle aufgeworfen gefunden. Nur einmal finde ich bei Schanz[1] ganz am Schluße einer langen Aufzählung (s. u.) aller möglichen Ursachen beiläufig erwähnt, daß der Bauer im 16. Jahrhundert keine Kaufkraft für Gewerbeerzeugnisse besaß; ganz abgesehen davon, daß er gar keinen entscheidenden Wert auf die Tatsache legt, fehlt auch hier die Erkenntnis, daß die Kaufkraft der Bauern bis ca. 1400 vorhanden war und *ganz allein* die wundervolle Entwicklung der deutschen Gewerbe bedingte; es fehlt die Erkenntnis von dem Zusammen-

---

[1] Schanz, Zur Geschichte der deutschen Gesellenverbände, S. 132.

hang zwischen dem Niedergang der Gewerbe und demjenigen der Landwirtschaft. Eine zweite gleichfalls beiläufige Andeutung finde ich bei Wiebe,[1] der freilich von allen mir bekannt gewordenen Autoren am tiefsten zu dem richtigen Kern der Dinge vorgedrungen ist. Ähnliche beiläufige Bemerkungen mögen sich noch hier und da finden; daß der Zusammenhang aber nirgend in seiner Bedeutung erkannt ist, geht unwiderleglich daraus hervor, daß er in den Artikeln „Gewerbe" von Bücher und „Zunft" von Stieda im Handwörterbuch der Staatswissenschaften nicht erwähnt ist. Denn dessen glaube ich sicher zu sein, daß diese Erklärung von dem Augenblicke an, wo sie erst einmal gefunden worden ist, nicht wieder verschwinden kann. Sie ist schlechthin beweisfrei.

Und ferner hätte die Datierung geändert werden müssen, wenn die Bedeutung jenes Zusammenhanges erkannt worden wäre. Es wäre nicht länger möglich gewesen, die Revolution ein Menschenalter später als den Bauernkrieg anzusetzen, der doch nur die blutige Schlußrechnung einhundertundfünfzigjähriger Leiden war.

Meine Datierung des Umschwungs auf ca. 1370 hatte vor der geltenden den Vorzug, statt auf einseitigem auf allseitigem Material zu fußen. Sie hat den weiteren Vorzug, den historischen *Zusammenhang* klar zu enthalten. Von der Betrachtung aus, die wir soeben gemacht haben, ist es klar, daß die gleichzeitigen Erscheinungen auf den drei Gebieten des Volkslebens: Aufkommen der Territorialfürsten und der adligen Stände; Niedergang der Bauern; und „Transformation" der Städte und Zünfte einen Kausalverband darstellen: *weil* die adligen Machthaber des platten Landes die Macht erhielten, den Bauern zu unterdrücken, sank seine Kaufkraft; und darum erwiesen sich die Gewerbe als „relativ übersetzt" und griffen zu Sperrungsmaßregeln.

Damit halte ich meine Datierung für gesichert und die bisher geltende Datierung der historischen Schule für widerlegt, sowohl aus historischen als aus nationalökonomischen Gründen. Daraus folgt weiter, daß die Blüte der deutschen Städte vom Ende des 14. bis zur Mitte des 16. Jahrhunderts nur scheinbar eine solche war. Wir werden unten aus den Quellen nachweisen, daß der Verlauf vollkommen der „reinen Deduktion" entsprach: mit dem Übergang der Kaufmittel aus den Händen der Bauerschaft in diejenigen des Grundadels änderte sich *Richtung* und *Standort* der gewerblichen Produktion. Die *Richtung* machte eine Schwenkung zur Luxusproduktion; der *Standort* verlegte sich mehr und mehr in die größeren Städte. Gleichzeitig setzte die *Abwanderung* ein, warf kapitallose Arbeiter auf den Markt; dadurch entstand einerseits ein Mißverhältnis zwischen Produktion und Kaufkraft, welches die Gewerbe zwang, sich im Exportindustrialismus Luft zu schaffen und anderseits wurde Vermögen zu „Kapital", einzelne Bürger gewannen die Möglichkeit, Mehrwert aus ausgebeuteten Arbeitern zu ziehen, sammelten große Reichtümer und entfalteten ungeheuren Luxus. Kurz, alle Verhältnisse der Volkswirtschaft wurden denjenigen ähnlich, unter denen wir leben; und so ist es begreiflich, daß Schmoller diese verhängnisvolle Umwälzung als eine „Konsolidation aller Verhältnisse" bezeichnet. Hielt doch die gesamte Wissenschaft bis jetzt die von Ausbeutung freie Wirtschaft, in „welcher immer zwei Meister einem Arbeiter nachlaufen", für unmöglich.

Es wurde also das Gewerbe immer mehr von der sicheren Basis seiner Existenz abgedrängt, von dem, was Carey den „Verkehr" nennt, nämlich dem unmittelbaren Austausch zwischen Urproduktion und Stoffveredelung; und immer mehr auf die unsichere Basis des Exportindustrialismus hingedrängt, auf das, was Carey den „Handel" nennt. Solange das deutsche Gewerbe seinen auswärtigen Markt zu beherrschen und zu erweitern vermochte, gewährte das wirtschaftliche Leben der Städte dem oberflächlichen Blicke noch den Anschein einer „Blüte". Als aber die Konsolidation der westlichen und nördlichen Staaten, als die Absperrung von den Kolonialmärkten, als die Entwertung des deutschen Silberbergbaues durch die amerikanische Konkurrenz und andere Gründe

---

1 Wiebe, Preisrevolution im 16. Jahrhundert, S. 246f.

plötzlich den Exportmarkt sperrten, da wurde das deutsche Gewerbe fast mit einem Schlage erdrosselt, und das ganze Volk sank in jene Lethargie, die das Reichsgebiet wenig später zum Tummelplatz sämtlicher europäischer Armeen machte.

Ich könnte es mir nach diesen Feststellungen wohl ersparen, diejenigen Momente zu besprechen, welche nach der bisherigen Anschauung den durch die Übervölkerung *verursachten* Umschwung der Volkswirtschaft noch *befördert* haben. Sie geben aber Gelegenheit zu wertvollen Ausblicken; und so ziehe ich es vor, den Rest der noch nötigen systematischen Auseinandersetzungen an sie zu knüpfen:

Schanz schreibt: „Diese (unterstützenden) Momente waren politischer und wirtschaftlicher Art. Durch Einführung des allgemeinen Landfriedens (1495) verfiel die Wehrhaftigkeit der Städte und ihre Macht. Mit der wachsenden politischen Bedeutungslosigkeit verengte sich ihr Gesichtskreis, und es entstand jener kleinliche, spießbürgerliche, egoistische Geist, der in den Zünften den richtigen Boden für sein Tun und Treiben fand. Das Eindringen des römischen Rechts machte Städte und Zünfte für Findung des Rechts unfähig und führte sie bei ihrer Ohnmacht ganz der emporsteigenden Kraft der Landesherren zu. Die Zersetzung endlich, welche durch die Reformation auf allen Gebieten hervorgerufen wurde, beförderte nicht minder den Zerfall der Genossenschaften, die vielfach mit religiösen Einrichtungen verwebt waren. Noch schwerer fällt ins Gewicht der wirtschaftliche Rückschritt im 16. Jahrhundert. Die Renaissance, welche in Italien und Frankreich eine bedeutende wirtschaftliche Blüte erzeugte, vermochte bei uns nicht eine gleiche, tiefgreifende Wirkung zu haben, wenigstens lange nicht die, welche die Arbeitsteilung im 13. Jahrhundert im Gefolge hatte; der in dieser Periode erzielte Gewinn fiel im Gegenteil den Meistern zu und war auch nur von geringer Dauer. Die Verschiebung des Handels nach Westen infolge der Entdeckung der neuen Welt, die Verschließung des Orients seit 1453 führte eine wirtschaftliche Krisis herbei, welche wohl zu den bedeutendsten gehört, welche die deutsche Wirtschaftsgeschichte zu verzeichnen hat. Der Faktor, der dem Gewerbe das Leben einhaucht, der Handel, war verloren, die Versendung deutscher Produkte an fremde Märkte durch die vielen Territorialzölle geradezu unmöglich. Die deutsche Industrie war somit fast ganz auf den einheimischen Markt angewiesen, mit anderen Worten: auf das platte Land. Die ganz verkümmerte Landwirtschaft aber lieferte nur wenig Grundherren ein beträchtlicheres Einkommen, nicht der großen Masse der Bauern. Letztere waren vielmehr für die große Mehrzahl der (für Export geeigneten) Artikel kaufunfähig, und die ungleichmäßige Einkommensverteilung traf darum mit harten Schlägen die einheimische gewerbliche Produktion."[1]

Es ist leicht ersichtlich, daß die sämtlichen Erscheinungen, welche den Umschwung verursacht haben sollen, erst 100 Jahre und später nach dem Umschwung eingetreten sind. Aber wir wollen die gewählte Datierung gelten lassen und nur fragen, ob sie in sich genügend begründet ist.

Was den Landfrieden anbelangt, so hatte die ganze militärische Machtentfaltung der Städte in der vorangegangenen Zeit ja wesentlich dem Zwecke gedient, den für die Tauschwirtschaft unentbehrlichen inneren Frieden, die Sicherheit des Verkehrs, den aus Nomadenrecht Gewaltigen aufzuzwingen. Die Einführung einer wirksamen Sicherheitspolizei von staatswegen kann demnach unmöglich als Ursache des Verfalls der Gewerbe genannt werden. Das Gegenteil ist richtig: die Stadt braucht nur so lange die eigene Wehrhaftigkeit, als keine übergeordnete Staatsgewalt für den inneren Frieden sorgt. Es ist für diese Auffassung unterstützend, daß viele nordfranzösische „Kommunen" sich freiwillig ihrer halben Souveränität entkleideten, als eine kräftige Königsmacht in Frankreich emporkam.[2]

---

1 Schanz, Zur Geschichte der deutschen Gesellenverbände, S. 132ff.
2 Hegel, Städte und Gilden, Bd. II, S. 76.

Ebenso wenig ist abzusehen, weshalb das Emporkommen der Territorialfürsten an sich das Gewerbe geschädigt haben sollte? Die Zollplackereien freilich waren ein schlimmes Hindernis für den *Handel*; aber erstens beruht das *Gewerbe* noch bis zum Ende des 15. Jahrhunderts fast ausschließlich auf dem *Nahverkehr* innerhalb derselben Stadt- oder Territorialwirtschaft, den kein fremder Zoll traf; und dann entsteht eben die große Frage: was gab den Territorialfürsten plötzlich die Macht, gegen das Interesse der Städte solche Zollgrenzen aufzurichten? Auch diese Frage führt wieder auf den Kern der Übel, auf die politische Vergewaltigung des Bauernstandes: denn dadurch erst schufen sich die Territorialherren ihre Fürstenmacht; und dadurch erst gewannen sie weiterhin die Macht, das ihnen günstige römische Recht durchzudrücken. Die Reformation schließlich fällt doch gar zu spät, um herangezogen zu werden; und selbst, wenn man das noch für zulässig hält, so ist doch nicht zu übersehen, daß die Kraft, welche in der Reformation zutage brach, nicht aus den dogmatischen Meinungsverschiedenheiten einiger Gottesgelehrten, sondern aus einer ungeheuren sozialen Spannung stammte, die schon ein ganzes Jahrhundert und mehr angehäuft hatte, und deren Ursprung *wieder* zurückführt auf das zu Erklärende: den Rückgang der Gewerbe und der Bauernschaft!

Was die Verschiebung und den Verlust des Exporthandels anlangt, so hat freilich diese Erscheinung, wie schon gesagt, die letzte Katastrophe herbeigeführt. Aber es mußte gefragt werden, wie denn das deutsche Gewerbe ganz plötzlich dazu gekommen ist, seine Ernährung in einem so verhängnisvollen Maße auf die schwankende Basis eines Exportindustrialismus zu stellen, den jede auswärtige Krisis erwürgen mußte. Es fehlt hier die Erkenntnis, daß und warum von einem derartigen Export 150 Jahre früher keine Rede war, es fehlt das Verständnis für die Faktoren, die diese radikale Änderung der „Absatzwege" herbeigeführt haben und die wieder ausschließlich in dem allmählichen Verluste des eigenen Binnenmarktes begründet sind, seit der Bauer verfiel; und es fehlt das Verständnis dafür, daß jeder Exportindustrialismus, der für fremde Märkte arbeitet, ehe der eigene Markt gesättigt ist, das Symptom einer ernsten volkswirtschaftlichen Erkrankung darstellt.

Schmoller hebt außer der Übervölkerung noch ganz besonders den Einfluß der Technik hervor,[1] die Erfindung von „Buchdruckerei, Schießpulver und Kompaß", ferner die Auflösung der Stadtwirtschaften zugunsten größerer Wirtschaftsgebiete, die weiter geförderte Arbeitsteilung.[2]

Was die *Technik* anlangt, so ist zu bemerken, daß selbst bis 1550 von einer Revolution derselben keine Rede sein kann. Die *Maschine* taucht nur ganz vereinzelt und mit winziger Kraft auf. Wenn Jürgens zu Watenmül 1530 das Tretspinnrad erfindet,[3] so ist davon doch wahrlich keine Krise der gesamten Volkswirtschaft zwanzig Jahre später herzuleiten; und die Erfindung William Lees, der 1589 den Strumpfwirkerstuhl herstellte,[4] fällt lange sogar nach Schluß der von der historischen Schule angenommenen Periode. Erst 230 Jahre später leitete die erste Dampfmaschine die folgenschwere Revolution der Technik ein.

Es kann also nicht zugegeben werden, daß der Umschwung der Technik überhaupt so groß gewesen sei, um bedeutende Wirkungen auf die Produktion zu erzielen, ebensowenig die *Arbeitsteilung*. Es ist nicht abzusehen, warum die viel tiefer greifende Teilung der Berufe *vor* 1400 keinen Harm getan haben soll, wohl aber die spätere Spezifizierung *nach* 1400. Oder wird man behaupten können, daß der Fortschritt der Technik und Arbeitsteilung, der von 1100 bis 1370 die wenigen

---

1 Schmoller, Straßburg zur Zeit der Zunftkämpfe, S. 66.
2 Derselbe, Tucher und Weber, S. 533.
3 Ebenda, S. 503.
4 Ebenda, S. 548.

Gesamthandwerker der Karolingerzeit in Hunderte spezialisierter Berufe spalteten, weniger stark den Produktionsprozeß beeinflußt haben, als der Dazutritt von ein paar Dutzend Luxus- und Exportgewerben? Vor allen Dingen aber fehlt jede Erklärung, warum denn nun auf einmal die Änderung im Prozeß der *Produktion* eine Änderung der *Distribution* bedingt habe?

Es wird freilich gesagt, der *Kapitalbesitz* sei entscheidend in den wirtschaftlichen Gesamtprozeß eingetreten und habe namentlich im Verlagsgeschäft Organisationen geschaffen, welche dem alten Einzelhandwerk technisch überlegen gewesen seien. Das kann auch nicht geleugnet werden. Aber die Frage ist ja gerade 1. wo kam das Kapital auf einmal her? und 2. wodurch war Vermögen auf einmal „Kapital" geworden, d. h. wo kamen die Arbeitskräfte her, aus denen sich Mehrwert ziehen ließ? Vor 1370 hätte ein Handwerksmeister alle Goldminen Perus besitzen können, ohne daß er aus einer „Manufaktur" oder Fabrik hätte Mehrwert ziehen können, aus Mangel an „freien" Arbeitern.

Hier ist überall Ursache und Wirkung verwechselt, bestenfalls sind Momente, welche fördernd in den Verlauf eingriffen, als Ursachen gedeutet. Alle diese Erklärungsversuche sind Folgen der falschen Datierung, und diese die Folge einer nationalökonomisch unbegreiflichen Verkennung des Wechselverhältnisses zwischen dem Gewerbe und seinem ländlichen Markt; und einer historisch unbegreiflichen Vernachlässigung *der* Tatsache, welche politisch und wirtschaftlich die ganze Entwicklung der kritischen Zeit beherrscht, der Vernichtung der bäuerlichen Freiheit und des bäuerlichen Reichtums.

Wir brechen unsere Kritik hier ab. Unsere eigene Darstellung wird, indem sie den gesamten, in der Erstarrung der Zunft gipfelnden Prozeß entwicklungsgeschichtlich darstellt, die Kritik der gegnerischen Anschauung vollenden.

Um nicht rückwärts schreiten zu müssen, werden wir erst in einem schnellen Überblick von dem Ausgangspunkt, den Gewerben der Städte, auf die Wurzel der Übel zurückgehen, und dann methodisch Punkt für Punkt die historisch-wirtschaftliche Kausalverknüpfung bloßzulegen.

Warum entartet die Zunft? Weil ihr Konkurrenten zuwachsen, während ihr Markt an Zahl und Kaufkraft der Konsumenten abnimmt! – Woher diese Verengung des Marktes? Weil der Territorialfürst und die ländlichen Stände sich in Besitz der „Zuwachsrente" setzen. – Was gibt ihnen die Macht zu dieser Usurpation? Der „Kurs hat sich gegen den Bauern gestellt". – Warum? Weil er nicht mehr nach dem Osten hin ausweichen kann. – Was sperrt ihm das Kolonisationsgebiet? Die Entstehung des modernen Großgrundeigentums! – Woraus entsteht das Großgrundeigentum? Aus den Ritterhufen. – Was macht den Ritter zum Rittergutsbesitzer? Der Getreidehandel! – Wohin? Nach den westlichen Industriedistrikten.

Das ist die Kausalkette bis zu ihrer Causa movens verfolgt. Wir steigen nun langsam von hier aus die Stufenleiter der Geschehnisse herab.

Wir haben im vorigen Kapitel die Stellung kennengelernt, welche das Land an den Mündungen des Rheins und der Maas im hohen Mittelalter einnahm. Durch seine Schafzucht und seine beispiellos vorteilhafte Handelslage begünstigt, nahm es damals, wie noch viele Jahrhunderte später, die Stellung ein, welche bis vor ca. zwanzig Jahren England in dem modernen Weltverkehr behauptete, als „the world's workshop". Seine Textilindustrie beherrschte die Welt, seine Messen waren die großen Herzen des Welthandels; die Kostbarkeiten des Ostens, Nordens und Südens strömten hier zusammen, um von hier aus an die letzten Abnehmer zu gelangen.

Die Städte in Nordfrankreich, Brabant, Flandern und den Niederlanden gelangten infolgedessen schnell zu einer für damalige Verhältnisse sehr bedeutenden Einwohnerzahl. Wenn man weiß, daß in Breslau schon 1333 die Weber mit 900 wohlbewaffneten Männern aufmarschieren konnten, daß nach dem großen Weberaufstand 1.800 Weber aus Köln vertrieben wurden: dann klingt es nicht mehr so ganz unwahrscheinlich, daß 1350 in Löwen, Ypern und Mecheln zusammen über

11.000 Webstühle gezählt wurden, daß 1326 3.000 Weber aus Gent vertrieben wurden, daß in dem gewaltigen Brügge 50.000 Menschen vom Wollengewerbe lebten.[1]

Solche Menschenmassen konnten unmöglich von den Ernten des kleinen Gebietes leben, auf dem sie dicht zusammengedrängt saßen; und so findet sich denn schon früh ein ausgiebiger *Getreidehandel*.

Als Versorgungsgebiete für die Länder im Rheindelta kommen geographisch in Betracht: das Rheingebiet selbst, Großbritannien und die Ostseeländer. In der Tat sind sie auch von allen diesen Stellen her mit Getreide versehen worden. Jedoch war die Rheinebene selbst so dicht bevölkert, daß ihr nicht viel Überschüsse verblieben; darum hat der Getreidehandel auf dem Rhein erst sehr spät eine etwas größere Bedeutung erlangt. Die Überschüsse der reichen Wetterau, die von Mainz und später von Frankfurt aus gehandelt wurden,[2] sind wohl nie in bedeutenderen Mengen über Köln hinausgelangt.

Wichtiger war England, das ja noch bis zum Anfang dieses Jahrhunderts sich durch Ausfuhrprämien und Einfuhrzölle auf Korn als ein Land charakterisierte, dessen ausschlaggebender Stand der Kornproduzent war. Jedoch hat es sehr früh angefangen, seine Flächen statt für die Kornproduktion für die rentablere Erzeugung feiner Schafwolle auszunützen, mit denen es die flandrische Industrie versorgte,[3] eine Produktionsrichtung, zu welcher das englische Seeklima mit seiner wundervollen Graswüchsigkeit hindrängte.

So wurde denn in immer steigendem Maße das Tiefland, das die Ostsee südlich begrenzt, zum Versorgungsgebiete der Industriedistrikte an der Nordsee. Hier war eine fruchtbare Ebene, deren natürliche Bedingungen auf reinen Ackerbau hindrängten, durchschnitten von zahlreichen Flüssen, Kanälen, Seen, die tief und breit genug waren, um fast allen Gebietsteilen den damals beinahe allein möglichen Wassertransport zu gestatten; und hier bestanden, anknüpfend an den alten Ostseehandel, zwischen den beiden Gebieten uralte Handelsverbindungen, deren Erweiterung auf den Kornhandel hin um so weniger Schwierigkeiten machen konnte, als die Ostseegebiete von jeher Skandinavien mit Getreide versorgt hatten.[4]

Schon 1236 schloß Graf Adolf von Holstein zu Hamburg einen Vertrag mit den märkischen Kaufleuten über die Abgabe, welche sie in Hamburg zu erlegen hatten und welche damals den Namen Ungeld führte. Unter den Waren, welche sie nach Hamburg führten, befand sich *Roggen*; es ergibt sich ferner, daß sie viele ihrer Waren über Hamburg nach Flandern führten.[5]

Am 5. April 1317 gibt Markgraf Waldemar von Brandenburg den Bürgern von Berlin die Erlaubnis, Getreide auszuführen, wie es vormals gewesen ist, *ohne daß einer vor dem anderen einen Vorzug haben soll*.[6] Hier ist also der Handel mit Getreide schon bedeutend genug, um einen Zankapfel zwischen der hansischen Geschlechterschaft und dem Neubürgertum zu bilden. Zwei Jahre später bestätigte Markgräfin Agnes das Privileg, welches das Handelsmonopol der hansischen Patrizier in Berlin brach.[7] Den Rittern und Vasallen wurde gleichzeitig die Beteiligung am Handel untersagt.[8]

Wie auf der Elbe, so ist auch auf den anderen Flüssen, welche das Hinterland der Ostsee entwässern, früh ein Handelsverkehr mit Getreide nachzuweisen. Für Pommern haben wir ein Privileg Herzog Barnim I. für Garz schon von 1271, welches seinen Bürgern das Monopol des Einkaufs

---

1 Geschichte des Sozialismus, S. 103, nach Hildebrandt.
2 Lamprecht, Wirtschaftsleben, Bd. II, S. 325.
3 Meyer, Lehrbuch der Handelsgeschichte, S. 102.
4 Vgl. Beer, Allgemeine Geschichte des Welthandels, S. 259.
5 Kloeden, Berlin und Kölln, S. 281.
6 Ebenda, S. 282.
7 Ebenda, S. 283.
8 Ebenda, S. 285.

und Exports von Korn gewährt.[1] Das Frankfurter Zollverzeichnis weist 1324 oder 1336 einen Getreidehandel auf der Oder nach;[2] Müncheberg erhält 1348 das Recht der freien Kornschiffahrt auf der Oder, und Kaiser Karl IV. bewilligt den Korntransporten 1378 Zollfreiheit auf allen Straßen der Mark.[3]

Das polnische Tiefland führte schon früh auf der Weichsel und über Danzig seine Überschüsse aus.[4] Der Danziger Kornhandel gelangte früh zu Bedeutung. Die polnischen Kornhändler arbeiten vielfach mit Danziger Kapital.[5] Schon Anfang des 14. Jahrhunderts findet sich in der Zollrolle Herzog Johanns von Brabant das Ostseegetreide erwähnt.[6] Als 1392 in England, Frankreich und Niederland eine Hungersnot herrschte, kamen mehr als 300 Schiffe nach Danzig, um Getreide zu holen.[7]

Gleichzeitig betrieb der deutsche Orden schon einen großartigen Getreidehandel. Schon 1360 ist derselbe voll entwickelt;[8] er ist in Marienburg konzentriert.[9] Wir erfahren aus den Handelsrechnungen von großartigen Getreidespeichern in Marienburg im Jahre 1404, – damals lagerten in sieben Burgen des Ordens allein an Roggen 6.000 Last[10] –, von dem Export von Weizen und Mehl nach England und Schottland in demselben Jahre, von Weizen, Roggen und Mehl nach Flandern im Jahre 1410. Wir erfahren, daß durch Vermittlung des Ordens in Danzig kujavischer Weizen an englische Kaufleute gehandelt wird;[11] die Großschäfferei Marienburg arbeitet mit einem Kapital von 100.000 Mark und 18 Comptoiristen;[12] selbst die Großschäfferei Königsberg, die sich im wesentlichen mit dem Bernsteinhandel zu beschäftigen hat, wird als Großkäufer kujavischen Getreides (Weizen, Roggen, Gerste) aus den Weichselgebieten genannt.[13]

Dieser Kornexport aus dem Osten nahm von Jahrzehnt zu Jahrzehnt zu. Noël[14] gibt an, daß Holland in den 5 1/2 Jahren von 1441–1447 an Danziger Reeder 12 Mill. Taler gezahlt habe und daß 1481 an 11.000 seiner Schiffe jeder Größe damit beschäftigt gewesen seien, Getreide in seine Häfen zu bringen.

Die Daten genügen, um zu zeigen, daß bereits im Anfang des 13. Jh. ein beträchtlicher Kornhandel aus dem ostelbischen Gebiete nach Westen ging und daß er sich mit dem Wachstum der dortigen Industriegebiete regelmäßig verstärkte.

Diese Handelsbeziehung wurde das Verhängnis der europäischen Menschheit. Sie bildete den Ausgangspunkt für eine Entwicklung, welche das schon fast völlig errungene Tauschrecht wieder zerstörte und dem fast schon überwundenen Nomadenrecht vier Jahrhunderte lang das Feld überließ. Diejenige Institution, in welcher sich der ganze Umschwung ausprägt, ist das moderne *Großgrundeigentum*, die erste Bildung der hereinbrechenden kapitalistischen Ära.[15]

---

1 Derselbe, Geschichte des Oderhandels, Bd. I, S. 65.
2 Ebenda, S. 51.
3 Ebenda, Bd. III, S. 7f.
4 Roepell-Caro, Geschichte Polens, Bd. II, S. 548f.
5 Beer, Allgemeine Geschichte des Welthandels, S. 270.
6 Brederlow, Geschichte des Handels, S. 21f.
7 Ebenda, S. 49.
8 Sattler, Handelsrechnungen des deutschen Ordens, S. VIII.
9 Ebenda, S. XIII, XVIII.
10 Roepell-Caro, Geschichte Polens, Bd. III, S. 336.
11 Sattler, Handelsrechnungen des deutschen Ordens, S. XXV.
12 Ebenda, S. XXI.
13 Ebenda, S. XXXIII.
14 Noël, L'Histoire du Commerce, S. 264.
15 Vgl. Oppenheimer, Siedlungsgenossenschaft, S. 197; Knapp, Landarbeiter, S. 46.

Wir haben im ersten Abschnitt dieser historischen Übersicht gezeigt, daß das Nomadenrecht des alten Naturalstaates der Karolinger überwunden, und das traurige Schicksal des Bauernstandes gehoben wurde von dem Augenblicke an, wo für die Privatbesitzer der Großgrundherrschaften *staatswirtschaftliche* Gesichtspunkte maßgebend wurden. Der Getreideexport nach den westlichen Industriebezirken bewirkte für die Grundherren des ostelbischen Kolonisationsgebietes und der slawischen Reiche das genaue Gegenteil: es wurden *privatwirtschaftliche* Gesichtspunkte für sie maßgebend; und in dem Grade, wie das geschah, wich das Tauschrecht wieder vor dem Nomadenrecht zurück, und verschlimmerte sich der Zustand der ländlichen Bevölkerung, bis ihre Leiden einen Grad erreichten, den kaum die Zeiten Arnulfs und des Kindes Ludwig erlebt hatten.

Mit dem Kornhandel begann jene Sonderentwicklung der ostelbischen Getreidegebiete, die dem östlichen Deutschland eine von dem westlichen so grundverschiedene Verfassung und Geschichte gegeben hat, und die mehr als irgendeine andere Ursache an der trostlosen politischen und wirtschaftlichen Ohnmacht des Reiches während der folgenden Jahrhunderte die Schuld getragen hat.

Der Verlauf dieser Entwicklung ist ganz ähnlich derjenigen, welche das Reich Karls des Großen in eine Reihe halbstaatlicher Großgrundherrschaften zerspellte. Auch hier entstehen mangels einer Steuerwirtschaft und eines besoldeten Beamtentums Grundherrschaften auf der allgemeinen Rechtsgrundlage des Nomadenrechts; auch hier wird *der noch ungenutzte Boden gesperrt* und dem Zuwachs der Bevölkerung entzogen; aber der Unterschied der *Motive* bedingte eine völlig andere Weiterentwicklung. Denn der Grundherr der Karolingerzeit wollte *herrschen* und richtete seine Angriffe deshalb nur gegen die noch freien Bauern seines Gebietes, während er diejenigen, die sich ihm schon unterworfen hatten, aus staatsmännischen Gründen schonte; aber der Grundherr dieser späteren Zeit wollte vor allem *verdienen*; deshalb mißbrauchte er, solange es ging, seine hintersässigen Bauern und griff auf seine freien Nachbarn erst dann über, als er *noch* mehr Land und Arbeitskräfte als Marktlieferant gebrauchen konnte, als er schon besaß. Kurz gesagt: es entstand jetzt aus *privatwirtschaftlichen Gründen* die Tendenz zur Bildung von *Großgutsbetrieben*, während damals mangels eines Marktes die *staatswirtschaftlichen* Gründe überwogen, und die Tendenz zur Bildung von halb- oder ganzstaatlichen Fürstentümern vorhanden gewesen war.

Im Westen konnte diese Tendenz, obgleich sie ebenso gut vorhanden war, wie sich zeigen wird, nur in ganz seltenen Fällen zur Schaffung von technisch leistungsfähigen Großgütern führen. Denn hier lagen, wie schon geschildert, die einzelnen zinspflichtigen Hufen in einer so bunten Gemengelage, waren ihre Pflichten so verschieden,[1] daß es nur ein Zufall war, wenn ein Grundherr durch Tausch, Kauf, Erbschaft etc. eine betriebstechnische Einheit zusammenlegen konnte.

Anders im Kolonisationsgebiet! Hier hatte sich die feudale Staffelung nicht langsam herausgebildet, sondern war fertig importiert worden und zwar in einer besonderen Form, welche die Marken mehr und früher als irgendeine andere gleichzeitige Territorienbildung dem modernen Staatswesen annäherte. Diese Sonderstellung, welche viel dazu beigetragen hat, in der Mark Brandenburg den Kern des neuen Deutschen Reiches aufzubauen, beruhte darauf, daß diese Gebiete, mit einem modernen Ausdrucke, Militärgrenzen waren. Der Markgraf regierte als Militärgouverneur mit diktatorischer Gewalt, sozusagen unter einem ewigen Belagerungszustand. Der kaiserliche Oberherr hatte ihm als seinem Stellvertreter von vornherein seine sämtlichen Rechte delegiert: er war für Heer, Verwaltung und Gericht der einzige uneingeschränkte Machthaber, namentlich Richter letzter Instanz.[2] Selbst die Kirchenfürsten haben es innerhalb der Marken nie zu einer solchen Bedeutung bringen können, wie im Westen; es ist bekannt, daß Heinrich der

---

[1] Vgl. z. B. Wittich, Grundherrschaft, S. 154, 155, 175, 180, 265.
[2] Kloeden, Berlin und Kölln, S. 132; Merklinghaus, Die Bedeverfassung, S. 64.

Löwe die Investitur seiner Bischöfe für sich in Anspruch nahm, und daß die ersten Askanier dem Magdeburger Erzbischof lange das Recht streitig machten, die Pfarrer zu ernennen. Namentlich hat diejenige Einrichtung, welche zur Zersplitterung der Grundherrschaften und zur Staffelung des Feudalsystems im Westen besonders viel beigetragen hat, die *Vogtei*, im Osten kaum eine Rolle gespielt.

Der Bau des Staates war also hier ein verhältnismäßig einfacher. Alle staatlichen Rechte eines vollkommen geschlossenen Gebietes waren bei dem Markgrafen; und zwischen ihn und seine bäuerlichen Untertanen schob sich nur *eine*, im wesentlichen damals schon standesgleiche Schicht ritterlicher kleiner Grundherren. Deren Eigentumsgebiete lagen nun nicht unscheidbar durch- und übereinander geknäult, sondern es hatte jeder seinen Stützpunkt eigenen Besitzes, seine „Ritterhufe", um welche herum er seine, wenn man so sagen darf „Interessensphäre" so weit ausdehnen konnte, bis das gleiche Bestreben seiner Nachbarn ihm die Grenze setzte. Es lag also die *Möglichkeit*, sozusagen die *geographische* Möglichkeit vor, die Interessensphäre allmählich durch Expropriation der Bauerschaften zu einer technischen Einheit, dem Großgutsbetriebe und -bezirke, auszugestalten.

War das Motiv und die materielle Möglichkeit dazu gegeben, so fehlte, und das ist schließlich das Entscheidende, auch die *rechtliche* Möglichkeit nicht. Ein Großgutsbetrieb ist, wie wir wissen, immer nur möglich, *wenn entweder ein schon bestehendes ausgedehntes Großgrundeigentum freie Arbeiter auf den Markt wirft;* oder, wo das fehlt, da, wo *unfreie* Arbeiter nach *Nomadenrecht* zur Feldarbeit gezwungen werden können. „Freie Arbeiter" existierten damals kaum oder gar nicht, wie wir wissen, da ein Großgrundeigentum ja noch nicht (oder nicht mehr) bestand; seine *Entstehung* in den Marken und den slawischen Grenzländern ist also nur zu verstehen, wenn eine *unfreie*, nach Nomadenrecht fronpflichtige Bevölkerungsschicht nachgewiesen werden kann.

Und das ist in der Tat der Fall! Die *deutschen* Einwanderer freilich standen unter dem voll entwickelten Tauschrecht des Westens. Sozusagen reichsunmittelbar, d. h. unmittelbare Unterthanen des Markgrafen, im Genuß des Jus teutonicum der Landsiedelleihe, waren sie nur dem Markgrafen zu Steuer (Bede), zu Gerichts- und Heerdienst und zu denjenigen öffentlichen Leistungen verpflichtet, welche die damalige Zeit noch nicht aus Steuermitteln erfüllen konnte: Burg-, Weg-, Brückenbaufronden und Botendienste,[1] die natürlich ihrem Umfang nach, „ungemessen" waren, weil ihr Maß nur das wechselnde Bedürfnis des Staates war; die aber gerade darum nur eine geringfügige Last, wenige Tage im Jahre, darstellen konnten. Zu dem benachbarten Ritter stand das deutsche Dorf in der Regel in keinem Verhältnis feudaler Verpflichtungen, mit Ausnahme der Fälle, in welchen ein mächtiger Vasall auf den ihm vom Markgrafen verliehenen größeren Lehen Dörfer angesetzt und ausgestattet hatte. Aber auch in diesem Falle handelte es sich regelmäßig um streng fixierte Leistungen, um Verträge nach Tauschrecht, welche die einseitige Steigerung der Lasten ausschlossen.

Aber es fand sich neben der *deutschen* Bauernbevölkerung hier eine andere, welche nicht unter Tauschrecht, sondern unter Nomadenrecht stand, nämlich die Aborigines, die *Wenden* und die anderen slawischen Stämme. Und diese Bevölkerung lieferte die unfreien Arbeitskräfte, die für die erste Ausbildung des modern-kapitalistischen Großgutsbesitzes unumgänglich waren.

Man ist leicht geneigt, die Zahl der deutschen Einwanderer in den slawischen Osten stark zu überschätzen. Das liegt wesentlich daran, daß den Chronisten die Gründung neuer *deutscher* Ansiedelungen natürlich wichtiger war, als die Erwähnung alter slawischer. Aus den Berichten der Zeitgenossen geht deutlich hervor, daß vor der deutschen Eroberung die Wendenländer mindestens zwischen Elbe und Oder relativ stark bevölkert und gut angebaut gewesen sind.[2] Es bestan-

---

1 Brünneck, Pommern, S. 120; Urkunde von 1228, „servitium, quod borchwerk dicitur, vectura et aratura."
2 Vgl. Kloeden, Berlin und Kölln, S. 36, 41.

den zahlreiche Städte mit einem entwickelten Handel, dem großen Zwischenhandel der Ostseegebiete, und einem, wie es scheint, noch sehr primitiven Handwerk. Wir werden uns das Slawenland gegen 1200 unter dem Bilde des Deutschland von ca. 900 vorzustellen haben: eine Naturalwirtschaft auf ziemlich hoher Stufe mit ersten Ansätzen zur Tauschwirtschaft. Dafür spricht die den Reisenden des 10. und 11. Jahrhunderts auffällige Gastfreundschaft der Wenden gegen Reisende, die ein Charakteristikum der Zeiten ist, in denen Nahrungsmittel noch keinen Markt und daher keinen „Wert" haben. Diesem Zustande der Naturalwirtschaft entspricht notwendig die auf Nomadenrecht beruhende Gliederung der Gesellschaft in grundbesitzende Herren und dienende, zinsende Grundholde. Die ewigen Grenzkriege lieferten ein unerschöpfliches Sklavenmaterial; wie es in Westdeutschland, namentlich in Sachsen,[1] derart von slawischen Servi wimmelte, daß der „Sklavus" geradezu mit Servus identisch wurde, so zinsten und fronten massenhaft gefangene Sachsen auf den Höfen der wendischen Fürsten und Edelleute.

Als die Deutschen die Slawenlande eroberten, kamen sie gar nicht auf den Gedanken, den Unterworfenen die gleichen Rechte zuzugestehen, die sie selbst sich schon erworben hatten. Die junge Tauschwirtschaft hatte wohl *innerhalb* desselben Volkes das Menschenrecht weitgehend zur Anerkennung gebracht: daß aber Stammfremde, unkultivierte „Barbaren", daß *Heiden* auch „Menschen" in diesem Sinne seien, dieser kosmopolitische Gedanke konnte erst seine Entwicklung mit derjenigen der *Weltwirtschaft* finden; und davon war noch gar keine Rede. So stand der Deutsche dem Wenden mit dem noch ungebrochenen, naiven Egoismus des Urvolks gegenüber, welches den Fremden als rechtlos und sich allein als das „auserwählte Volk" betrachtet. Es war ein Verhalten, das um so weniger auffallen kann, als man augenscheinlich dem Wendenvolke sein „Recht" ließ, wie man es vorfand. Die hintersässigen Bauern wechselten entweder den Herrn, wenn ihre Edelleute die Unversöhnlichkeit so weit trieben, vor den deutschen Eroberern über die Grenze zu weichen; oder sie blieben sogar im alten Dienstverhältnis, wenn, was gewiß vielfach geschah, der alle Wendenadel sich germanisierte und christianisierte und mit der deutschen Ritterschaft verschmolz.[2]

Solange wir von deutschen Ansiedelungen im Slawengebiete wissen, wissen wir auch von der Zins- und Robotpflicht hintersässiger Wendenbauern. Die alte „Burgwartverfassung" der sächsischen Kaiser schon gibt den ministerialen Burgmannen Lehen in der Nachbarschaft der Vesten, welche die unterjochten Wenden bebauen müssen.[3]

Nicht anders wird man sich die Verfassung bei der späteren Kolonisation der Askanier, Welfen, Schauenburger usw. vorzustellen haben. Wenn „zahlreich an einzelne Einwandernde, Freie wie Ministerialen, die des Dienstes zu Roß mächtig waren, Landstrecken in der Ausdehnung von mindestens 4 oder 6 Hufen verliehen"[4] wurden, so wäre dieses Lehen trotz der Bedefreiheit, die der Reiterdienst jederzeit gewährte, kein Äquivalent für die Verpflichtung gewesen, sich selbst mit Roß und Rüstung und (wenn Knappe) mit zwei bis drei Spießjungen oder (wenn Ritter) mit drei bis vier reisigen Knechten zur Verfügung des Markgrafen zu halten; denn das nackte Land hatte keinen Wert, da der Ritter niemals den Pflug führte. Es wurden ihm also die nötigen Arbeitskräfte, und zwar Slawen, mitverlehnt, die das Land bestellten.[5]

Wir finden dementsprechend in allen Slawenländern einen scharfen Unterschied gemacht zwischen Bauern, die nach Jus teutonicum, und solchen, welche nach Slawenrecht ihre, meist klei-

---

[1] Vgl. Inama-Sternegg, Deutsche Wirtschaftsgeschichte, Bd. II, S. 76; Bd. II, S. 258: der Erzbischof von Salzburg verkauft 1165/66 für 15 Talente Sklaven.
[2] Kloeden, Berlin und Kölln, S. 140, 270.
[3] Ebenda, S. 132; Meitzen, Agrarwesen, Bd. II, S. 434, 439, 462, 464, 472, 671.
[4] Lamprecht, Art. Grundbesitz, in: Handbuch der Staatswissenschaften.
[5] Meitzen, Agrarwesen, Bd. II, S. 426.

nere Hufe besitzen.[1] Thomas Kantzow hält sie in seiner Chronik (1532–1541) für Pommern noch scharf auseinander, diejenigen nach Slawenrecht mit ungemessenen Diensten, ohne Besitzrecht und schollengebunden; diejenigen nach deutschem Recht im erblichen oder doch wenigstens auf eine Reihe von Jahren gesicherten Besitz, mit fixierten Zinsen und Leistungen und persönlicher Freiheit, die sich namentlich in einer kaum beschränkten Freizügigkeit ausdrückt.[2] Spärliche Reste dieser letzten Klasse haben sich in der späteren preußischen Monarchie bekanntlich überall, namentlich in der Provinz Preußen, als „Kölmer", d. h. Besitzer von Kulmer Recht, erhalten.

Das Recht der wendischen Bauern in den Ostmarken und seine Entwicklung versteht man am besten, wenn man die wirtschaftlich-politischen Verschiebungen im slawischen Kernlande *Polen* verfolgt, zu dem ja bis zu der deutschen Eroberung und darüber hinaus die westlichen Slawenreiche von jeher in einer gewissen Abhängigkeitsbeziehung gestanden hatten, die Mark so gut wie Pommern, Preußen und namentlich Schlesien, das noch unter piastischen Herzögen ein deutsches Land geworden ist.

Die Geschichte der polnischen Verfassung ist die typische eines kriegerischen Nomadenvolkes. Sie entspricht der allgemeinen Schilderung, die wir von einer solchen gegeben haben, auf das genaueste und ist im besonderen der deutschen außerordentlich ähnlich, wenn sie auch abgekürzt verläuft.

Bei Prokop, dem Zeitgenossen Belisars und Justinians, erscheinen die Slawen noch als frei von der Herrschaft eines Mannes in einfacher Gemeindeverfassung,[3] ähnlich den Germanen. Im 8. Jahrhundert ist die Drei- resp. Vierteilung der Stände voll ausgebildet: Häuptlinge, Freie (Szlachta), Kmeten (entsprechend den deutschen Liten) und Sklaven, welche für die Herren das Feld bauen. Die Städte oder stadtähnlichen Orte sind fast reine „Kaufstädte" mit spärlichem Gewerbe und einer etwas größeren Freiheit ihrer Einwohner.[4]

Über die einzelnen Gauhäuptlinge hebt sich von Mitte des 10. Jahrhunderts an das Fürstengeschlecht der Piasten gleich den fränkischen Merowingern; nach zwei bis drei Menschenaltern legt einer von ihnen, Boleslaw der Rote (Chrobry) den Grund zu dem nationalpolnischen Reiche, als Feldherr, Verwaltungskünstler und Staatsmann Karl dem Großen wohl vergleichbar. Wie dieser in der Comitatsverfassung, so organisiert Boleslaw in der Kastellaneiverfassung das Reich zum *Staate*. Aber Erbteilungen und die notwendige Veräußerung des Domänenbesitzes an Beamte und Offiziere treiben das Land nach seinem Tode in ganz die gleiche Anarchie und Verwüstung, wie Deutschland unter den späteren Karolingern. *Eine* Hausmacht nach der anderen kommt empor: man fühlt sich versucht, zeitliche Parallelen mit Deutschland zu suchen, den gewaltigen Boleslaw Krzywousti beispielsweise mit Otto dem Großen, Kasimir den Großen mit Friedrich II. in Vergleich zu stellen – und jede Hausmacht zersplittert wieder, und neue Anarchie bricht herein, durch die ewigen Grenzkriege des Naturalstaates noch verschlimmert.[5]

Ganz wie Carolus Magnus ist auch Boleslaw der Rote noch fast unbeschränkter Herr der Szlachta und ihrer Knechte.[6] Aber auch hier gewinnt ein Hofadel Vorrechte,[7] und auch hier wird die fürstliche Gewalt allmählich mehr und mehr an ritterliche Immunitätsherren, geistliche und weltliche, delegiert von Mitte des 12. Jahrhunderts an.[8] Denn auch hier unterdrückt der Reiche

---

1 Ebenda, S. 672.
2 Brünneck, Pommern, S. 104.
3 Roepell-Caro, Geschichte Polens, Bd. I, S. 23.
4 Ebenda, S. 35.
5 Ebenda, S. 586.
6 Ebenda, S. 151f.
7 Ebenda, S. 155, 331.
8 Ebenda, S. 175, 326.

den Armen, der große Grund- und Sklavenbesitzer den kleinen, auch hier werden die Vollfreien massenhaft in die Hörigkeit gepreßt. Auch Polen hat seinen Stellinga-Aufstand unmittelbar nach dem Tode seines großen Gesetzgebers;[1] auch hier wütet der adlige Übermut und der adlige Landhunger gegen die Freien. Auch hier gewinnt der Klerus die politische Stellung und die Immunitäten wie im Abendlande.[2] Der Fürst wird auch hier ganz abhängig von dem Adel.[3]

Soweit ist die Parallele mit Deutschland vollkommen. Aber Polen hat den Zustand der völligen Auflösung der Zentralgewalt später erreicht, als sein westlicher Nachbar, zu einer Zeit, wo die niederländischen Märkte schon mit lockendem Golde Getreidesendungen bezahlen konnten. Und darum entwickeln sich die polnischen Magnaten *nicht* zu Teilfürsten, darum wird ihre hörige Hintersassenschaft *nicht* in dem Maße gehoben, wie die Vollfreien tiefer sinken; darum treten staatliche Gesichtspunkte *nicht* in Wirksamkeit; darum entfaltet sich hier das Feudalsystem *nicht* zu seiner entwickelten Staffelung wie im Westen.[4]

Im Gegenteil wurden *privatwirtschaftliche* Gesichtspunkte immer maßgebender, je mehr die westlichen Märkte anwuchsen. Die Kmetonen, die noch im 13. Jahrhundert dinglich unfrei, aber persönlich frei gewesen waren, „liberi haeredes" sinken von dieser Zeit an reißend abwärts. Im 14. Jahrhundert werden sie kaum noch von den ehemaligen Sklaven unterschieden.[5] Die Abgaben und Fronden, die sie zu leisten hatten, wuchsen fortwährend[6], und ihre Stellung sank allmählich zur Leibeigenschaft herab. Noch Kasimir der Große (1333–1370) versuchte, ihnen einen Rest von Freizügigkeit zu retten;[7] aber mit der steigenden Macht des Adels gestaltete sich ihr Schicksal immer trüber; namentlich unter der Herrschaft Ludwigs von Ungarn (1370–1382).[8] Von da an war ihr Recht vernichtet. Die schwache Kreatur des Adels, Jagello von Litauen, hatte weder den Willen noch die Kraft, den Unterdrückten zu helfen. Sie wurden von da an geradezu unter römisches Sklavenrecht gestellt. Schon im Jahre 1420 verweist das Statut des Königs Wladislaus Jagello, um die in der Regel zu statuierende Unlösbarkeit der Leibeigenschaft zu rechtfertigen, ausdrücklich auf das römische Recht (Lex imperialis). Die unfreien Knechte und Mägde sollen danach ihre Befreiung aus den Händen ihrer Herren nicht anders denn durch Manumission der letzteren . . . erlangen.[9]

Diese im slawischen Kernlande Polen sicher nachzuweisende Unfreiheit[10] der „Kmetonen", soweit sie nicht deutschen Rechtes genossen[11], verhinderte, daß sich ihre Stellung im gemischten Sprach- und Rassengebiete hob, da sie nicht ausweichen konnten. Der „Kurs" stand dauernd gegen die Slawen, und es blieb ihnen nichts übrig, als sich zu unterwerfen. Jede Verschlimmerung ihrer rechtlichen Lage in Polen wirkte auf die in den deutschen Landen angesessenen zurück. Das wird von Brünneck ausdrücklich für Ostpreußen[12] und für Pommern[13] festgestellt, ist aber in sich so klar, daß es keiner ausdrücklichen Feststellung bedurft hätte.

---

1 Ebenda, S. 338.
2 Ebenda, S. 344.
3 Ebenda, S. 586.
4 Ebenda, Bd. II, S. 416.
5 Ebenda, Bd. I, S. 308f.
6 Ebenda, Bd. II, S. 532.
7 Ebenda, S. 420, 532.
8 Ebenda, S. 534f.
9 Brünneck, Ostpreußen, S. 47.
10 Derselbe, Pommern, S. 112.
11 Ebenda, S. 108, 115.
12 Derselbe, Ostpreußen, S. 47.
13 Derselbe, Pommern, S. 108, 127.

Und diese Lage verschlimmerte sich von Jahrhundert zu Jahrhundert. Das *Motiv* war der Getreideexport nach dem Westen und das *Mittel* dazu die Schaffung von Großgutsbetrieben.

Die Ritter begannen in kriegsfreien Zeiten über den ursprünglichen Besitz hinaus zu roden. Schon in der zweiten Hälfte des 13. Jahrhunderts sind Rittergüter von 20 Hufen (600 Morgen) im Osten keine Seltenheit mehr.[1]

Nach einer Urkunde von 1285 verkauft Fürst Wizlaw II. von Hinterpommern dem Kloster Neuencamp das Dorf Camnitz nebst einzelnen Hufen in den Dörfern und räumt dem Abt die Befugnis ein, diese in Vorwerke zu verwandeln,[2] das heißt mit anderen Worten, die Bauern zu „legen". Der wirtschaftliche Inhalt dieser Urkunde ist ganz einfach der, daß das urbare Land dieser Gegend schon damals vollkommen durch den Großgrundbesitz besetzt war, und daß der noch nicht gestillte Landhunger der Stände bereits anfing, sich auf Kosten der Hintersassen, zunächst wohl nur der slawischen, zu „arrondieren".

Man pflegt sich gewöhnlich vorzustellen, daß die Kolonisation des Ostens im 14. Jahrhundert deswegen zum Stocken kam, weil das „Land voll besetzt war". Wenn man damit sagen will, daß es bei der damals dort zur Geltung gelangten wirtschaftlichen und rechtlichen Verfassung keinen Raum mehr für Zuwanderer bot, so ist das ganz richtig, nur ein sehr unglücklicher Ausdruck. Denn dann hat eben die Zuwanderung aus dem Reich nicht aufgehört, weil das Land *voll* war, sondern weil es durch die Landgier des exportwütigen Adels *gesperrt* wurde. Wenn man das meint, soll man es sagen: der gewählte Ausdruck läßt aber der Vermutung Raum, daß man sich wieder der unglückseligen Malthusianischen Theorie unterwirft und der Vorstellung unterliegt, als sei damals die Grenze der Volkszahl erreicht worden, welche ein gegebenes Gebiet von bestimmter geographischer und klimatischer Beschaffenheit *überhaupt* im Ackerbau ernähren konnte.

Eine solche Vorstellung ist ganz und gar gegenstandslos. Jede Parzellierung eines heutigen Rittergutes im Gebiete östlich der Elbe beweist, daß nicht die natürliche Beschaffenheit, sondern die rechtliche Verfassung die Bevölkerungsdichtigkeit jener Gegenden sogar für reinen Ackerbau bestimmt hat und noch bestimmt. Sering[3] bringt eine kleine Statistik bei, in welcher ein im Kreise Kolberg angesessener Großgrundbesitzer die Verhältnisse seines in alter Kultur befindlichen und wegen vorzüglicher Bewirtschaftung weit bekannten Gutes mit denen eines benachbarten Dorfes vergleicht, welches ziemlich die gleiche Bodenklasse aufweist. Auf je 200 ha entfallen auf dem Gute fünf Haushaltungen mit 31 Einwohnern, im Dorfe aber 21 Haushaltungen mit 108 Einwohnern!

Diese Statistik enthält keine vereinzelte Erscheinung, sondern einen *Typus*. Es unterliegt keinem Zweifel, daß heute noch im rein agrarischen Betriebe Millionen von Menschen im preußischen Osten Platz finden würden, wenn der Großgutsbesitz verschwände, ganz abgesehen davon, daß der Übergang des Landes in Bauernhände die jämmerlichen Zwergstädte des Ostens zu neuem Aufblühen bringen, und in ihnen selbst, sowie in den Zonen höherer Intensität um sie herum neuen Hunderttausenden Platz schaffen würde.

Ebenso wenig unterliegt es einem Zweifel, daß es der Übergang der Ritter zur Kornproduktion für den Markt war, und nicht eine absolute Übervölkerung, welche im 14. Jahrhundert der westlichen Zuwanderung das Land sperrte. Denn, wäre es nur der Landmangel gewesen: bis zum Ural und kaspischen Meere, ja darüber hinaus, bis ins südliche Sibirien hinein, hätte der deutsche Pflug unendliche Ackerbreiten erschließen können. Die Wanderlust und der Wandermut, welcher die Schwaben und Sachsen bis nach Siebenbürgen und Rotrußland[4] führte, hätte Franken, Sachsen

---

1 Lamprecht, Art. Grundbesitz, in: Handbuch der Staatswissenschaften.
2 Brünneck, Pommern, S. 119.
3 Sering, Innere Kolonisation, S. 197.
4 Roepell-Caro, Geschichte Polens, Bd. II, S. 357.

und Westfalen bis in die Gebiete der schwarzen Erde führen können, ohne daß ein Hindernis *natürlicher* Art vorhanden war.

Ganz unsinnig aber wird die Vorstellung, als sei der natürliche Bevölkerungsspielraum damals randvoll aufgefüllt gewesen, wenn man sich klarmacht, daß der Umschwung hier im Osten gerade mit den *furchtbaren Verlusten durch den schwarzen Tod zusammenfällt*. Nicht die Übervölkerung, sondern der Mangel an Bevölkerung war es, welcher die Gutsherrn dazu führte, das Recht ihrer Hintersassen zu verkürzen. Denn einerseits waren ihnen viele durch den Tod erledigte Hufen zugefallen, so daß das unter ihrer eigenen Regie stehende Ackerland stark angewachsen war, andererseits hatte sich die Zahl der zu Ackerfronden verpflichteten Bauern enorm vermindert, so daß zur Aufrechthaltung des Betriebes die übriggebliebenen in einer vorher ganz unerhörten Weise herangezogen werden mußten.

So wurde die große Pest zu einer fördernden Ursache des gewaltigen Umschwungs der gesamten Volkswirtschaft. Wie jedes nationale Unglück, z. B. der dreißigjährige und der siebenjährige Krieg, hat sie den Adel und das Großgrundeigentum auf Kosten der Bauern und des gesamten Kleinbesitzes gestärkt, das Nomadenrecht gegen das Tauschrecht gefördert.

Aber die grauenhafte Seuche war doch nur eine fördernde Ursache und nicht die Causa movens der großen Revolution; diese liegt einzig und allein im *Nomadenrecht*. Das beweist z. B. eine Urkunde, welche zwei Jahre zuvor, 1348, abgefaßt ist. Hier verkauft Graf Johann von Gützkow an den Bürgermeister von Greifswald 10 Höfe bei dem Dorf Monsowe. Sie sind im Besitz von *deutschen* Bauern – und diese deutschen Bauern sind bereits zu ungemessenen Diensten verpflichtet (quotiens per ipsos fuerint requisiti).[1]

Hier, in Pommern, begann die Entrechtung der Bauern und die Sperrung des Landes durch das Großgrundeigentum kennzeichnenderweise früher als in Brandenburg und Polen.[2] Kennzeichnenderweise! Denn das lang an der Ostseeküste hingestreckte Land mit seiner mächtigen Oderschifffahrt, seinem Haff und seinen zahlreichen Wasserverbindungen hat augenscheinlich viel eher und ausgiebiger Gelegenheit gehabt, seine sämtlichen Teile für den Getreideexport nutzbar zu machen, als die mehr landeinwärts, mit weniger günstigen Verbindungen und vor allem *marktferner* gelegenen Teile des Ostens. Das erklärt, daß wir, wie oben gezeigt, schon Ende des 13. Jahrhunderts hier deutliche Spuren eines „Bauernlegens" finden.

Aber je mehr die westlichen Industriestädte an Volkszahl und Kornbedarf wuchsen, um so mehr verbreitete sich die hier zum ersten Male in der westeuropäischen Geschichte auftretende Form eines *kapitalistischen Großbetriebes für einen Markt*[3] von den Küsten und Stromufern landeinwärts. Schon in der Mitte des 14. Jahrhunderts ist sie im Herzen des polnischen Reiches eine so bekannte Institution, wie die ihr entsprechende römisch-rechtliche servitus der Kmeten. Wir besitzen eine Ordinatio des Erzbischofs Bodzanta von Krakau von 1359. Sie sagt im Kapitel V: „Decrevimus quod ubicunque aliquis nobilis alteri nobili haereditatem suam obligaverit, et creditor agros coluerit in ea, decimam frugum de agris suis solvat ille ecclesiae, cui is, qui obligavit, solvere consueverat ab antiquo; sed, si forte labores suos dictus creditor voluerit ampliare, repellendo kmethones et excollendo agros eorum, de agris kmethonum quos colit, decimam solvere tenetur."[4]

Hier besteht also nicht nur ein ausgedehnter Großgutsbetrieb, sondern das Legungsrecht der Grundherren ist schon soweit gefestigt, daß sogar der *Pfandhaber* berechtigt ist, die hintersässigen

---

1 Brünneck, Pommern, S. 121; vgl. Merklinghaus, Die Bedeverfassung, S. 80 für das Jahr 1280.
2 Brünneck, Pommern, S. 108.
3 „Die Anfänge der kapitalistischen Wirtschaft liegen in der Landwirtschaft, (...) im landwirtschaftlichen Großbetriebe", Knapp, Landarbeiter, S. 46.
4 Brünneck, Pommern, S. 119.

Kmethen zu legen. Die öffentlichen Gewalten interessiert dieser Vorgang nur insofern, als sie sich den Fortbezug der auf die eingezogenen Hufen radizierten Steuern sichern. Und das geschieht neun Jahre nach der furchtbaren Pest – *aus Übervölkerung!*

Es ist hier nicht der Ort, zu verfolgen, wie dieser Prozeß zuletzt, seit ungefähr dem 16. Jahrhundert, auch die Freiheit der *deutschen* Bauern im Kolonisationsgebiet zerstörte; die markgräfliche und landesherrliche Zentralgewalt ward überall durch Erbzersplitterung und Verschuldung vernichtet; die „Stände" kamen überall empor, erwarben die staatlichen Rechte durch Kauf oder Pfand oder Trotz: die Bede, die staatlichen ungemessenen Fronden, die Gerichtsbarkeit.[1] Alle diese einst staatlichen Rechte wurden nun für privatwirtschaftliche Zwecke mißbraucht, namentlich die Fronden, die von einigen Tagen im Jahre bis auf 6 Tage in der Woche anwuchsen in dem Maße, wie durch „Legung" sich der Ritteracker vermehrte und die bäuerlichen Arbeitskräfte verminderten. Je schwächer die Zentralgewalt war, also namentlich in den Adelsrepubliken Holstein, Schwedisch-Pommern, Ostpreußen, Livland, Polen und Litauen, und Ungarn, um so mehr näherte sich die „Erbuntertänigkeit" der vollen Sklaverei des römischen Rechtes. Ich habe diesen Vorgang an anderer Stelle[2] verfolgt und kann darum hier abbrechen.

Für unsere Betrachtung ist auch nur entscheidend, daß die Auswanderung in den slawischen Osten zum Stocken kam, nicht weil das Land besetzt war, *sondern weil das Großgrundeigentum es sperrte*;[3] *und daß das Großgrundeigentum sich entwickelte und ausdehnte durchaus auf Grundlage des Nomadenrechtes*, nämlich einerseits des aus diesem erwachsenen und in den Osten verpflanzten Feudalsystems; und andererseits und *namentlich* auf Grund der nomadenrechtlichen Unterwerfung der slawischen Bauerschaften.

Auf diesen, dem Tauschrechte fremden Ursprung des europäischen Großgrundeigentums muß ich besonderen Nachdruck legen. Nur seine späteren *Schicksale* (Besitzwechsel, Verschuldung) sind bedingt durch „rein ökonomische Ursachen", d. h. durch Dinge, die *formell* auf dem Rechtsboden des Tauschrechts verlaufen. Aber der *Ursprung* ist rein nomadenrechtlich. Und selbst der Nachweis, wenn er möglich wäre, daß irgendwo ein Großgut ohne jede Unterdrückung, rein durch Auskauf *freier* Bauerngüter entstanden sei, würde nichts gegen diese Behauptung beweisen; denn die *Voraussetzung* für eine solche Bildung war dann auch hier die Anwesenheit unfreier Bauern oder „freier", d. h. von ihrem Produktionsmittel getrennter Arbeiter, welche im ersten Falle nur nach Nomadenrecht vorhanden sein konnten, im zweiten Falle nur da, wo ein mächtiges Großgrundeigentum im gleichen Wirtschaftgebiete Arbeiter freigesetzt hatte. Auf diese Weise ist z. B. das modernste Großgrundeigentum der französischen und nordamerikanischen Großkapitalisten entstanden.

Indem wir dies festhalten, gehen wir jetzt daran, die Rückwirkung dieser Verhältnisse auf das westliche Mutterland zu untersuchen.

„Mit dem 13. Jahrhundert schloß die Epoche der Ansiedelung im Heimatlande (...) und im Laufe des 14. Jahrhunderts erlahmte die Besiedelung des Ostens. Jede Möglichkeit des bisher gewöhnten Bevölkerungsabflusses verschwand somit spätestens im Laufe des 14. Jahrhunderts. – Jetzt mußte man lernen, sich auf unabänderlich gegebenem Raum einzurichten."[4]

---

1 Böhlau, [ohne Titelangabe] S. 378; Lamprecht, Art. Grundbesitz, in: Handbuch der Staatswissenschaften; Merklinghaus, Die Bedeverfassung, S. 69.
2 Oppenheimer, Siedlungsgenossenschaft, S. 196ff.
3 Lamprecht, Art. Grundbesitz, in: Handbuch der Staatswissenschaften, S. 158: „Das Land war noch schwach bevölkert". Die Zuwanderung in die Mark währt bis ca. 1575 (ebenda S. 159).
4 Lamprecht, Schicksal, S. 33.

In der Ausdrucksweise unseres ersten Buches würde dieser ganze Vorgang folgendermaßen zu bezeichnen sein: mit der Entwicklung des Großgrundeigentums und der Sperrung des Landes hörte der Osten auf, ein Gebiet geringeren wirtschaftlichen und sozialen Drucks zu sein – und die Auswanderung stockte.

In diesem Augenblicke stellte sich der „Kurs" gegen den Bauern der Stammgebiete. Und jetzt mußte er zu seinem Staunen und Schrecken erfahren, daß seine feudale Abhängigkeit von den Titular- und Obereigentümern seiner Hufen denn doch mehr war, als ein gemütlicher, kaum noch verstandener historischer Überrest schlimmerer Zeiten. Die feudalen Formen waren, soweit das platte Land in Betracht kam, noch nicht zerschlagen worden, wie in den Städten. Sie lagen wie eine offene Schlinge um den Hals des hintersässigen Bauern; seit vier Jahrhunderten, solange der Kurs *für* ihn stand, hatte das allmächtige Gesetz von Angebot und Nachfrage die Oberherrn verhindert, die Schlinge zuzuziehen: aber mit dem Augenblicke, wo der Kurs umschlug, zogen sie zu, fester und fester, bis die bäuerliche Freiheit, der bäuerliche Reichtum und die gesamte Tauschwirtschaft mit ihrem Recht erdrosselt waren: *Das so lange „latent" gewesene Großgrundeigentum wurde wieder „manifest".*

Es ist nicht zu leugnen, daß die Grundherren, die fürstlichen wie die ritterlichen, einen starken Beweggrund hatten, ihre „Untertanen" kräftiger zu Leistungen heranzuziehen: ihre Armut. Sie waren *absolut* verarmt durch Verschuldung und die Rache, welche ihre eigene Falschmünzerei an ihnen genommen hatte, die Entwertung ihrer Geldzinse; und sie waren vor allem *relativ* verarmt, weil sie keine Möglichkeit mehr hatten, ihre Stellung als führender Stand der Nation gegen den Aufwand der immer reicher werdenden Bürger und Bauern aufrechtzuerhalten.

Im einzelnen waren die *Fürsten* notleidend, weil sie sich in den Kämpfen zur Aufrichtung ihrer Territorialmacht tief in Schulden gestürzt und ihren eigenen Domanialbesitz an die Lehnsträger vergabt hatten, so daß sie sich außerstande sahen, den Ansprüchen zu genügen, welche ein modernes, auf *besoldeten* Beamten aufgebautes Staatswesen an sie stellte. Sie *mußten* um jeden Preis zu einer Vermehrung der Steuern kommen.

Auf der anderen Seite verloren die *Ritter* durch die Fortschritte der Technik das Einkommen aus ihrem Berufe. Die Vervollkommnung der Waffentechnik und namentlich die Erfindung des Schießpulvers revolutionierte die Taktik. Das Fußvolk wurde allmählich wieder zur Hauptwaffe. Schon 1302 erschlugen die Brügger Zünfte 6 französische Edle in der „Sporenschlacht" von Kortryk, 1315 schlugen die schweizerischen Fußtruppen die Habsburger Ritterschaft bei Morgarten, 1346 wurde die Schlacht bei Crécy durch die junge Artillerie entschieden, 1377 unterlag der Württemberger, des Greiners Sohn, bei Reutlingen den Zünften, 1386 machte die furchtbare Niederlage von Sempach den habsburgischen Ansprüchen auf die deutsche Schweiz endgültig ein Ende. Die Reisläufer und Lanzknechte, die sich schon Ende des 13. Jahrhunderts in Italien finden, werden allmählich zum Kern der Heere; es wird von dieser Zeit an immer mehr die Regel, stehende Heere zu unterhalten (welche aus den jetzt erst vorhandenen „freien" Arbeitern rekrutiert werden), und die staunenswerten Erfolge der neuen Taktik in den schweren Kämpfen mit den Hussiten 1419–1436 brechen dem Rittertum vollends das Rückgrat. Es verliert immer mehr sein Einkommen aus Sold und Beute und sinkt materiell unter die produzierenden Klassen. Das äußere Kennzeichen dieser Verarmung ist die immer weiter greifende Ausbreitung des Raubrittertums, das seit den Zeiten des Interregnums sich stark fühlbar macht.

Beide, Fürsten wie Ritter, hatten keine Möglichkeit, sich zu helfen, wenn sie den Bauer nicht zu höheren Leistungen heranzogen; denn die Städte waren noch zu wehrhaft und mächtig, als daß man sie ungestraft hätte anfassen können. Es fand also eine Art Geschäft statt des Inhalts, daß der Fürst dem Ritter den Bauer auslieferte, wogegen der Ritter dem Fürsten den Bauer preisgab. Jedenfalls wetteiferten beide Teile darin, die bäuerliche Freiheit zu beschneiden, um das bäuerliche Einkommen zu verkürzen. Es handelte sich darum, in den Besitz der „Zuwachsrente" zu gelangen;

und zwar nicht nur des in Zukunft erwachsenden, sondern auch eines möglichst großen Teiles des in der Vergangenheit schon von den Bauern errungenen Einkommens.

Teilweise wurde das auf friedlichem und rechtlichem Wege erreicht, auf dem Boden des Tauschrechts, durch *Vertrag*. Von Mitte des 14. Jahrhunderts an fangen die freien Pachten an sich zu verbreiten: der Zinsbauer gibt sein Besitzrecht hin für die formelle Anerkennung seiner Vollfreiheit und setzt damit den Grundherrn wieder in den Genuß einer wachsenden Rente. „Die Grundrente verschlingt das Kapital."[1]

Dieser Prozeß war, solange der Kurs für den Bauern stand, harmlos gewesen. Der Übergang grundhöriger Nutzung in freiere Pachtformen hatte bereits im 12. Jahrhundert begonnen;[2] zuerst überwiegt die Erbpacht, deren Vorbild die freie Waldleihe ist,[3] wie diese wieder aus dem erblich gewordenen Rechte auf die Hufe erwachsen ist.[4] Von diesem vertragsmäßigen, *dauernden* Nutzungsbesitz eines in fremdem Eigentum stehenden Bodenstückes war es dann nur ein kleiner Schritt zur Ausbildung der *Zeitpacht*. Wenn sich Zeitpachtverträge auch erst verhältnismäßig spät in den Akten finden, so waren sie darum doch schon recht früh vorhanden, spätestens in voller juristischer Ausbildung von Schluß der Stauferzeit an;[5] Urkunden darüber finden sich aus der älteren Zeit deshalb nur wenig, weil man damals, in einer wenig schreibseligen Zeit, wohl „Perpetualien", aber nicht „Temporalien" zu archivieren pflegte.[6]

Dieser Übergang von grundhörigem, erblichem Besitzrecht in freie Pachtung enthält *juristisch*, wie ohne weiteres klar, den Übergang der Grund*herrschaft* in Grund*eigentum* des „Herrn". Aber wieder zeigt es sich, daß die *juristische Form* bedeutungslos ist, daß allein der wirtschaftliche Inhalt entscheidet. Denn, solange der Osten offen war, und Land angeboten, Bauern aber gefragt waren, gab auch das formell wiederhergestellte Eigentumsrecht dem Grundherrn nicht die Möglichkeit, eine Zuwachsrente einzuziehen. Der Pächter zahlte wohl, wie wir oben sahen, fast dreimal soviel Pacht, als der Grundholde Zins; aber er zahlte sie für die höhere soziale Stellung, welche ihm die verliehene Vollfreiheit gewährte, namentlich aber für die größere wirtschaftliche Freiheit, welche ihm die Loslösung aus der gebundenen Gemeinwirtschaft einräumte, eine Ausgabe, welche sich in entsprechend höheren Einnahmen verzinste.

Als aber der Osten sich schloß, hatten die Grundherren ihren Zeitpächtern gegenüber die Möglichkeit gewonnen, die Zuwachsrente in periodischen Steigerungen der Lasten an sich zu ziehen und machten von dieser Möglichkeit skrupellosen Gebrauch.

Um aber auch die noch nach Feudalrecht hintersässigen, grundhörigen Bauern schärfer heranziehen zu können, mußte das Hofrecht zerbrochen werden, welches ihre Pflichten und Rechte bis ins kleinste festsetzte und regelte. Wir haben schon oben auch an diesem Beispiele gezeigt, daß ein „Recht" immer nur Ausdruck einer gegebenen Kräfteverteilung ist, und daß es zerbricht, wenn die Verteilung der Kräfte sich ändert. Sobald der Kurs sich gegen die Bauern des Westens stellte, zerbrach das schirmende Hofrecht wie ein Schilfrohr.

Schon seit Mitte des 13. Jahrhunderts bricht sich bei der Rechtsweisung neben dem bis dahin allein entscheidenden Kollektivzeugnis des „Umstandes" das Einzelzeugnis, namentlich dasjenige der grundherrlichen Beamten, Bahn; es ist vereinzelt seit dem 14. Jahrhundert durchgeführt und

---

1 Derselbe, Wirtschaftsleben, Bd. I, S. 1239.
2 Ebenda, S. 938.
3 Inama-Sternegg, Deutsche Wirtschaftsgeschichte, Bd. II, S. 27.
4 Ebenda, S. 70.
5 Lamprecht, Wirtschaftsleben, Bd. I, S. 972.
6 Ebenda, S. 935.

wird im 15. Jahrhundert immer gewöhnlicher.[1] Dieser Vorgang war sicherlich für den Grundherrn günstig, und nicht minder die *schriftliche Fixierung* der bis dahin mündlich überlieferten Weisungen, deren erste Spuren sich an der Mosel um 1330 finden.[2] Dieser Brauch griff mit der Ausbildung einer bürokratischen Verwaltung in Stadt und Land immer mehr um sich. Er hatte für die Bauern zweierlei schwere Übelstände. Einerseits nämlich setzten die Grundherren allmählich das Recht durch, die Urkunden in ihren eigenen Archiven aufzubewahren[3]: damit war der Fälschung und Urkundenvernichtung freiestes Feld gegeben. Ist es doch bekannt, daß in England das Archivrecht der Grundherren zu unglaublichen Mißbräuchen geführt hat; die Urkunden wurden vernichtet und daraufhin die Yeomen gelegt, oder mindestens ihre Gemeindeländereien eingezogen, deren Eigentum sie nun durch keine Besitztitel mehr nachweisen konnten.[4] Derartige Praktiken sind auch in Deutschland nichts Ungewöhnliches gewesen.[5]

Der zweite große Nachteil für die Bauernschaften lag darin, daß das Hofrecht in dem Augenblicke seinen feierlichen, durch das Alter geheiligten Charakter verlor, als es schriftlich aufgezeichnet wurde. Es war von da an ein Vertrag wie ein anderer auch; so finden sich denn auch schon früh Spuren, daß das Weistum durch Vertrag ersetzt wird.[6] Es werden allmählich den Weistümern Auszüge untergeschoben, Urkunden-Urbar und Budget-Urbar,[7] welche einseitig in der herrschaftlichen Kanzlei bearbeitet und gewiß nicht zugunsten der Bauern redigiert sind.

Kurz und gut, es verschiebt sich das formelle Recht ganz allmählich zugunsten der Herren und zuungunsten der Grundholden. Derartige Verschiebungen werden ja allezeit so weit wie möglich auf formell unantastbare Weise vollzogen; nur da, wo das nicht möglich ist, hilft Gewalt und Rechtsverdrehung nach. Das Entscheidende ist eben nur das, daß die wirtschaftlichen Dinge sich grundstürzend verschoben hatten, und daß das neue Recht sich der neuen Konstellation anpaßte.

Daß man sich in einem immer steigenden Maße zur formellen Begründung dieser Vergewaltigung des importierten römischen Rechts bediente, welches für die deutsch-rechtlichen Besitzverhältnisse keinerlei Kategorien besaß und den Titulareigentümer außerordentlich begünstigte, wächst aus der gleichen Wurzel. Der Bauer verfiel nicht, weil man sein Recht auf dem Prokrustesbett der Emphyteuse und Superfizies streckte und knickte, sondern man konnte den Bauern mit dem fremden Recht vergewaltigen, weil er bereits gefallen *war*. Dem entspricht es vollkommen, wenn Lamprecht noch für das ganze 15. Jahrhundert, mit Ausnahme vielleicht des Schlußjahrzehntes, die Bedeutung des römischen Rechtes für die agrarische Entwicklung an der Mosel bestreiten kann.[8] Es gab dem Bauern nur den Genickfang, aber es hatte ihn nicht niedergestreckt.

Sein Ruin war auch nicht eine „Übervölkerung". Denn auch hier traf der hauptsächliche Umschwung mit der Pest zusammen. Nicht, weil die Bevölkerung zu einer Zahl anwuchs, welche das Land nicht mehr fassen konnte, sondern weil das Land sozusagen noch stärker zusammenschrumpfte, als die durch die Pest dezimierte Bevölkerung, deshalb traten die Erscheinungen einer akuten Stauung ein. Es war genau, wie im Osten: das Land wurde plötzlich durch das wieder manifest gewordene Großgrundeigentum gesperrt. Der einzige Unterschied war der, daß dort der

---

1 Ebenda, S. 639.
2 Ebenda, S. 641.
3 Ebenda, S. 647.
4 Laveleye, Ureigentum, S. 259.
5 Vgl. Sugenheim, Leibeigenschaft, S. 364, über die Fälschungen des Abtes Friedrich VII, von Kempten.
6 Lamprecht, Wirtschaftsleben, Bd. I, S. 651.
7 Ebenda, S. 675.
8 Ebenda, S. 1242; vgl. auch Gothein, Lage des Bauernstandes, S. 12.

Großgutsbetrieb überall möglich war und ausgebildet wurde, während er hier nur in sehr beschränktem Maße möglich war; hier blieb der Grundherr Rentenbezieher. Aber, dasjenige, was national-ökonomisch entscheidet, der Bezug der *Zuwachsrente* trat hier wie dort in die Erscheinung.[1]

Wo die Verhältnisse es gestatteten, entstanden übrigens auch im Westen Eigenbetriebe. Namentlich sind es die Meiergüter, welche in dem Verfall der alten Grundherrschaft am längsten ökonomisch lebensfähig geblieben waren, deren Inhaber sich im 13. Jahrhundert wie alle anderen Ministerialen vom Lehnsnexus befreiten.[2] „Kräftige Meier erweiterten den Hufenumfang ihres Fronhofs auf das Doppelte und Dreifache; sie brachten die altgerodeten herrschaftlichen Beunden sowohl durch gesetzliche Mittel als durch Gewalt an sich, sie erblickten in den Zinsbauern ihre Grundholden. So erweiterten sich die alten Meierhöfe zu den Rittergütern des westlichen Deutschlands, wie sie seit dem 14. Jahrhundert vielfach wie aus der Erde gestampft sich finden, und um das Rittergut legte sich die Fronhofsgenossenschaft der Zinsleute als grundholdes Zubehör des neuen Betriebes; nicht selten erscheinen die Grundherrschaften, namentlich diejenigen kirchlichen Charakters, nunmehr zum Entsetzen ihrer Inhaber in kleine ritterschaftliche Grundherrschaften zersprengt."[3]

Diese kleinen Rittergüter mit ihrer eigenen Regie waren der Ausgangspunkt der jetzt neu auftretenden bäuerlichen Unfreiheit; denn die Bauern dieser Güter hatten ihre Fronden nie mit Geld abgelöst, weil sie dem Eigenbetriebe unentbehrlich waren, und waren darum nicht in die freiere Klasse der Censualen aufgestiegen, deren Freiheit kaum gemindert war.[4]

Jedoch gibt *diese* Art geschlossenen Gutsbetriebes der agrarischen Entwicklung im Stammlande ihr charakteristisches Gepräge nicht; aus schon mehrfach erwähnten Gründen war es hier selten möglich, durch Legung der Bauern größere Güter zu bilden, und so sind denn derartige Ereignisse hier kaum je vorgekommen.[5] Aber wenn man den *Sonderbesitz* des Bauern nicht antastete, sondern nur so sehr mit Lasten, d. h. Steuern und Fronden, beschwerte, namentlich durch Einführung des Teilbaus (der Halbscheidpacht) an Stelle des festen Zinses, daß der Besitzer schließlich auf das Existenzminimum beschränkt wurde, so griff man um so rücksichtsloser auf *den noch ungeteilten Gemeindebesitz über.*

1291 hatte das Reich den Territorialherren die Allmenden preisgegeben.[6] Sobald sich der Kurs gegen die Gemeinden stellte, wurde das staatliche Obermärkertum von den Fürsten zu einem privatlichen Domanialeigentum erweitert; ja sie wurden eigentlich erst dadurch zu Fürsten[7] in den Territorien. Der Grundherr eximierte seine Meier von den agrarischen Lasten und gab ihnen das Recht, andere zu eximieren. Er hielt größere Herden, namentlich Schafherden, unter Sonderhirten, verlieh auch das Recht vermehrter Sondernutzung an andere, usurpierte das Beholzigungsrecht, die Schweinemast, Bienenfang, Zeidelweide, Jagd, Fischerei und Wasserkraft und das Recht der Einweisung Fremder in die Allmende. Dazu kommen seit dem 13. Jahrhundert voll ausgebildet: die Bänne für Mühle, Brauhaus, Backöfen, Keltern, Steinbrüche, Leiengruben, die Mono-

---

1 Gothein, Lage des Bauernstandes, S. 6: „Eine Grundrente wurde bezogen, für die auch nicht die geringste wirtschaftliche Leistung erfolgte."
2 Inama-Sternegg, Deutsche Wirtschaftsgeschichte, Bd. II, S. 271; Lamprecht, Art. Grundbesitz, in: Handbuch der Staatswissenschaften, S. 150.
3 Lamprecht, Art. Grundbesitz, in: Handbuch der Staatswissenschaften, Bd. S. 150; vgl. Wittich, Grundherrschaft, S. 324.
4 Inama-Sternegg, Deutsche Wirtschaftsgeschichte, Bd. II, S. 201.
5 Gothein, Lage des Bauernstandes, S. 12.
6 Lamprecht, Wirtschaftsleben, Bd. I, S. 108, 288.
7 Ebenda, S. 1015.

pole auf Brückengelder, Fährgelder, Grundzölle, Maß und Gewicht, deren Gebrauch obligatorisch war, aber bezahlt werden mußte, und Markthaltung.[1]

Namentlich war es auch hier die großlandwirtschaftliche Produktion für den Markt, und zwar ebenfalls für den *flandrischen* Markt, welche den Bauernstand schwer bedrückte; nur handelte es sich hier nicht um den Export von Korn, sondern um den von *Wolle* für die Webstühle der flandrischen und brabantischen Industriellen. Gerade wie in England nach dem traurigen Worte des Thomas Morus „fraßen auch hier die Schafe die Menschen". Die grundherrlichen Herden wuchsen zusehends. Bestanden sie im 13. Jahrhundert aus nicht mehr als 250 Stück, so stiegen sie im 14. und 15. auf 500 und mehr; natürlich mußte, um sie ernähren zu können, die Weideberechtigung der Markgenossen beschränkt werden.[2] Und wurde ihre eigene Wirtschaft durch die Verminderung der Viehhaltung beengt und geschädigt, so wurden sie auf der anderen Seite bedrängt durch das Weiderecht der grundherrlichen Herden auf ihren Feldern, das droit de parcours.[3] Dieses Recht ist in Westdeutschland niemals zu der furchtbaren, zermalmenden Last geworden, wie die „Mesta" in Spanien, aber es lastete doch schwer genug auf den Schultern der Bauern.

Noch viel rücksichtsloser, als auf die Allmenden, machten die Fürsten ihr Recht auf den *Wald* geltend. Haben sie schon lange das Recht auf den *Wildbann*, so machen sie von der kritischen Zeit, Mitte des 14. Jahrhunderts an, das *Eigentumsrecht* am Walde selbst daraus und entwickeln es immer kräftiger;[4] die hohe Jagd wird jetzt erst zum eigentlich adligen Vergnügen; von Ausgang des 15. Jahrhunderts an usurpieren die Grundherren die Jagdfronden, die bald unerträglich werden.[5]

Über den ungeheuren Wert der Allmenden für bäuerliche Gemeinden herrscht heute wohl nur noch eine Meinung. Wenn man die von einem ganz verrannten Doktrinarismus veranlaßte Aufteilung der „Gemeinheiten" heute wieder rückgängig machen könnte, würde es sicher geschehen. Laveleye/Bücher haben unschätzbare Materialien zu dieser Frage zusammengetragen, welche ergeben haben, daß nirgend ein nennenswertes Proletariat dort existiert, wo Gemeindeland zur Verfügung steht;[6] daß umgekehrt die Teilung der Gemeinheiten überall dahin gewirkt hat, die Gemeinden in eine übermächtige Schicht von Großbauern und ein massenhaftes, nichtshäbiges Proletariat zu verwandeln.[7] Noch unser Jahrhundert hat z. B. in der Provinz Posen das Gesetz traurig bestätigt.[8]

Ich glaube daher, daß es unnötig ist, eine sehr starke Vermehrung der Bevölkerung in der kritischen Zeit anzunehmen, um die deutliche Stauung der Bevölkerung im Westen zu erklären, eine Annahme, die überdies wegen der Verheerungen der Pest unzulässig ist. Es genügt vollkommen für die Erklärung der Stauung, daß die bäuerliche Wirtschaft einerseits durch die Sperrung der Allmenden und Wälder eingeengt, andererseits durch Steuern und Pachtzinse überlastet wurde. Von jetzt an mußten die „rein ökonomischen Verhältnisse" der ehelichen Fruchtbarkeit, der wirtschaftlichen Begabung, der Konjunkturen etc. stark differenzierend wirken.

Wo der Grundherr die Realteilung der Bauernhöfe in infinitum zuließ, (und das geschah zuweilen, um Kurmede und Besthaupt vervielfacht von den kleinen Fetzen zu erhalten[9]) entstanden Zwergwirtschaften jämmerlichster Art, die ihren Inhaber nicht ernährten und ihn zwangen, im

---

1 Ebenda, S. 957; vgl. auch Gothein, Lage des Bauernstandes, S. 10.
2 Lamprecht, Wirtschaftsleben, Bd. I, S. 537.
3 Ebenda, S. 527; vgl. auch Bücher, Die Bevölkerung von Frankfurt a.M., S. 282.
4 Lamprecht, Wirtschaftsleben, Bd. I, S. 476.
5 Ebenda, S. 786; Gothein, Lage des Bauernstandes, S. 11.
6 Laveleye, Ureigentum, S. 147, 175, 225, 378.
7 Ebenda, S. 175, 176, 180–184.
8 Sering, Innere Kolonisation, S. 87.
9 Lamprecht, Wirtschaftsleben, Bd. I, S. 625.

Tagelohn zu scharwerken; wo der Grundherr die Teilung einschränkte, (mehr als Viertelung wurde meist nicht zugelassen[1]), sahen sich die nachgeborenen Söhne des Hufners ganz und gar von ihrem Produktionsmittel abgedrängt und auf Lohnarbeit angewiesen. Das ermöglichte glücklicheren Besitzern, ihren Betrieb zu intensivieren, ohne seinen Umfang zu verkleinern, und so entstanden Großbauern mit vollem Rechte an den Resten der Gemeinen Mark neben landlosen Knechten, deren Lohn von jetzt an schneller und schneller fällt,[2] und jämmerlichen Kossäten und Beisassen ohne oder mit geringeren Markrechten; und es schlossen sich die Großbauern zur Real- oder Gerechtsamegemeinde zusammen, zu einem Patriziat, einer Dorfaristokratie,[3] welche alle anderen Mitglieder der *politischen* Gemeinde entrechtete.

Die Erscheinungen einer akuten Stauung wurden dadurch auf die Spitze getrieben, daß die Städte, namentlich die kleinen, welche bis dahin in einer fortwährend aufsteigenden Bewegung gewesen waren, plötzlich stille standen und sogar zurückgingen, als mit der Kaufkraft ihrer ländlichen Konsumenten ihre Lebenswurzel zu verdorren begann. Waren bis dahin die Thünenschen Zonen intensiverer Wirtschaft um jedes gewerbliche Zentrum herum immer breiter geworden und hatten einer stets vermehrten agrarischen Bevölkerung Platz gewährt, so schrumpften diese Zonen jetzt plötzlich zusammen und setzten agrarische Bevölkerung frei.

Auf diesen Vorgang und nicht auf unzweckmäßige Anlage an sich glaube ich, daß die von Lamprecht mehrfach hervorgehobene Tatsache zu beziehen ist, daß im 14. Jahrhundert massenhaft unproduktive, später wieder eingegangene Höfe und Dörfer angelegt worden sind, namentlich in Süddeutschland.[4] Sie waren gegründet unter Voraussetzung unbeschränkten Allmendgenusses und einer starken, städtischen Nachfrage, und sie mußten fallen, als die Allmend usurpiert wurde und die Kaufkraft der Städte verfiel. Wenn man sieht, wie stark seit dem Wiederaufblühen der Gewerbestädte in diesem Jahrhundert die Zahl der rein agrarischen Bevölkerung in jenen Gegenden hat anwachsen können, ohne daß eine Beschränkung ihrer Lebenshaltung eingetreten ist, im Gegenteil![5] – so wird diese Deutung der Tatsache wohl berechtigt erscheinen.

Die innere Differenzierung der Dorfgemeinden in „Patrizier und Plebejer" nahm ihnen natürlich auch noch den letzten Rest genossenschaftlichen Zusammenhalts, der ihnen aus dem Verfall der Mark- und Hofgenossenschaft verblieben war und gab sie den Vergewaltigungen der oberen, herrschenden Klassen wehrlos preis. Die Stände: Klerus, Ritterschaft und landsässige Städte, die

---

1 Derselbe, Art. Grundbesitz, in: Handbuch der Staatswissenschaften, S. 155f.; derselbe, Entwicklung, S. 34.
2 Derselbe, Wirtschaftsleben, Bd. I, S. 1526.
3 Derselbe, Art. Grundbesitz, in: Handbuch der Staatswissenschaften, S. 155.
4 Ebenda, S. 154.
5 Vgl. Herkner, Drei Dorfgemeinden. – Nach Steffen (Streifzüge durch Großbritannien, S. 294) leben auf Guernsey 33.000 Menschen auf 5.000 ha, auf Jersey 52.000 Menschen auf 11.500 ha Bodenfläche, *500 Seelen auf den Quadratkilometer!* ausschließlich von Gartenbau und Viehzucht und sind in der Lage, „eine erstaunliche Nahrungsmittelausfuhr" zu erzielen, z. B. Jersey allein an Kartoffeln 60.000 Tonnen (1889) im Werte von fast 5 1/2 Millionen Mark. Guernsey exportierte 1887 40.000 Tonnen feine Gemüse, Weintrauben und Tomaten, beide Inseln jährlich mehrere tausend edelster Rinder (S. 295.). Dabei ist das Land gebirgig, enthält „viel Haiden, kahle Höhen und romantische Felsenpartien" (S. 285), und der Boden ist von Natur aus mager, „im Norden sogar erbärmlich, denn da besteht er fast ausschließlich aus Meersand." (S. 286.) Und dennoch eine Dichtigkeit der Bevölkerung, die 2 1/2 Mal so groß ist, wie der englische Durchschnitt, und ein außerordentlicher Komfort der gesamten Bevölkerung! Es sei hier auch an eine alte Angabe Careys (Grundlagen der Sozialwissenschaft, S. 351) erinnert, wonach Belgien mit einer Bevölkerungsdichtigkeit *von einer Seele pro Morgen* Land nach Mc. Cullochs Berechnung mehr als das doppelte des zur Ernährung seiner Einwohner nötigen *Korns* und einen ungeheuren Überschuß an Vieh und Viehprodukten hervorbringt.

seit Anfang des 14. Jahrhunderts mit Steuerbewilligungen an die Territorialherrn ihre Privilegien erkaufen, bewilligen diese Steuern von ihren hintersässigen Bauern. Sie selbst bedienen sich der Autorität und der Polizeigewalt der Fürsten, um die Bezahlung für ihre Opferwilligkeit durch Steigerung ihrer eigenen Einnahmen von denselben Bauern einzuziehen. „So bedrückt eine Steuerabwälzung schlimmster Art in immer steigenden Progressionen den ländlichen Grundbesitz, der sich zumeist schon nicht mehr des Genusses der Grundrente erfreute; es entwickelten sich unerträgliche Zustände."[1]

Dieses Unglück wurde noch gesteigert durch ein Ereignis, das, aller Erfahrung widersprechend, um dieselbe Zeit eintrat: die Produktpreise waren bis ca. 1350 andauernd gestiegen, seit Getreide und Vieh überhaupt einen regelmäßigen Markt gehabt hatten. Von diesem Höhepunkt an begannen sie zu sinken und erreichten bald einen für die Bauern verderblichen Stand.[2]

Ich glaube, daß auch diese Erscheinung nur aus dem Entstehen des Großgrundbesitzes, namentlich im Osten, zu erklären ist. Die Rittergutsbesitzer der Ostseeländer hatten den Anbau neuer Felder so übertrieben, daß das Überangebot von Getreide auf den Börsen von Brügge, Antwerpen usw. den Preis warf. Dazu kam, daß im Westen und Osten der Selbstverbrauch der Bauern an Fleisch und Korn reißend absank, je mehr sie in ihrer Behäbigkeit und sozialen Stellung verfielen; es wurden also jedenfalls mehr Produkte für den Export verfügbar als vorher, und der Preis mußte auch aus diesem Grunde fallen. Es darf hier daran erinnert werden, daß auch heute noch das so stark exportierende Rußland pro Kopf seiner Bevölkerung weniger Getreide herstellt, als das ebenso stark importierende Frankreich. Eine vom Großgrundbesitz ausgebeutete Bevölkerung balanciert eben immer auf der Grenze zwischen Hunger und Sättigung und ist hauptsächlich deshalb exportfähig.

Dieses Unglück gab dem Bauern den Rest. Außerstande, seinen steuerlichen Verpflichtungen nachzukommen, versank er in Schulden. Die bäuerlichen Güter wurden durch die damalige Form der Hypotheken, den Rentenkauf, überlastet und fingen an, der in den Städten jetzt entstehenden Kapitalistenklasse zinsbar zu werden. Auch das geschieht von Ende des 14. Jahrhunderts an[3] und bildet eines der hauptsächlichen Motive der Bauernaufstände.

Es ist mir gestattet, hier darauf hinzuweisen, daß die ganze hier an der Hand der geschichtlichen Tatsachen geschilderte Entwicklung, von der Differenzierung der vorher homogenen Dorfgemeinde in Großbauern, Zwergwirte und ländliche Tagelöhner an bis zur Realverschuldung und dem Fall der Produktenpreise wieder Punkt für Punkt der „reinen Deduktion" entspricht, wie sie im ersten Teile gegeben ist.

Es ist bei der Schilderung der Verhältnisse der ländlichen Bevölkerung im Stammlande nur noch nachzuholen, wie sich die *Standesverhältnisse* gestalteten.

Entsprechend der untrennbaren Mischung privatrechtlicher und öffentlich-rechtlicher Beziehungen, wie sie das Feudalwesen überhaupt enthält, sinkt die soziale Stellung des Bauern von der Völkerwende an ebenso schnell, wie sie sich bis dahin gehoben hatte. Die vergilbten und scheinbar obsolet gewordenen feudalen Abhängigkeitsverhältnisse leben mit der Zuwachsrente wieder auf und dienen zur Legitimation des auf die Bauern ausgeübten Druckes. Sie sind durchaus nicht Ursache, sondern Folge der stattgehabten wirtschaftlichen Verschiebung. Nur, daß die soziale Niederwerfung jetzt viel weiter ging als je zuvor. Gerade wie im Osten die vollfreien Siedler allmählich durch Rechtsbruch und Rechtsverdrehung auf und unter das Besitzrecht der hörigen Slawen herabgedrückt wurden, so geschah es im Westen mit den Censualen, die keiner anderen feudalen Abhängigkeit unterworfen gewesen waren, als der rein staatlichen Immunitätsvogtei; und sogar

---

1 Lamprecht, Art. Grundbesitz, in: Handbuch der Staatswissenschaften, S. 156.
2 Derselbe, Wirtschaftsleben, Bd. I, S. 1240.
3 Ebenda, S. 1241.

mit der Mehrzahl der nach Tauschrecht freien Pächter. War die grundhörige Hufe mit der Entwicklung der Tauschwirtschaft in der Zeit des Aufschwungs allmählich dem nur vogteibede-pflichtigen vollfreien Allod des Censualen gleichberechtigt an die Seite getreten, so daß der einst so scharf betonte Unterschied gegen Mitte des 13. Jahrhunderts völlig verschwunden war,[1] so teilte jetzt bei dem Umschwung zum schlimmen auch der Censuale das Schicksal seines jetzigen Standesgenossen, des einstigen Grundholden. Zum ersten Male wird das Wort „Leibeigenschaft" im deutschen Westen laut.[2]

Diese soziale Herabdrückung, ausgehend von den noch von altersher fronpflichtigen Grundholden der Meiergüter und namentlich von den nachgeborenen Söhnen der Gehöfer, welche keine zinspflichtige Hufe erhielten und deshalb ganz folgerichtig zu *persönlichen* Diensten verpflichtet blieben,[3] verschlang schließlich mit Ausnahme weniger frei bleibender Pächter den gesamten Bauernstand des deutschen Stammlandes.[4] Als „arme Leute"[5] stehen sie bald als die sozial tiefste Schicht, als Parias, den Ständen und den persönlich frei bleibenden Städtern gegenüber: die soziale Scheidung zwischen Bauer und Bürger tritt mit Schluß des 14. Jahrhunderts ein.[6]

Der wirtschaftliche Inhalt dieser Entwicklung ist nun der, daß der Bauer die Kaufkraft für städtische Produkte fast völlig verliert, während die Zuwachsrente fast voll in die Hände des Adels und der Fürsten fällt.

Wie wirkte diese Entwicklung auf Städte und Gewerbe ein?

Nehmen wir einmal an, die *Gesamtkaufkraft* des platten Landes habe nicht wesentlich gelitten, obgleich es zweifellos ist, daß eine so tiefgreifende Verelendung des Bauernstandes auf den Ertrag der Felder nicht ohne störende Wirkung geblieben sein kann. Aber die *Richtung der Nachfrage* mußte sich auch in diesem Falle grundstürzend ändern, sobald die Mittel zu kaufen aus den Händen der Massenbevölkerung des platten Landes in die der wenigen ständischen Herren überging. Jene hatten Nachfrage nach Massenprodukten, diese nach Luxusprodukten.

Daraus erklärt sich ohne weiteres die auffällige und von den Schriftstellern bisher als Zeichen einer hohen Blüte gedeutete Wendung zur Luxusproduktion. In dem Maße, wie die Überschüsse des platten Landes in die Hände der Grundherren und Fürsten übergehen, verdorrt die gewerbliche Produktion für Massenprodukte und wird durch die Produktion kostbarer Luxuswaren verdrängt. Jetzt erst werden jene Wunderwerke der handwerksmäßigen Technik in den Städten hergestellt, welche den Stolz der deutschen Renaissance bilden; die Ursache ist nicht, daß das Handwerk so viel leistungsfähiger geworden ist, sondern daß jetzt Käufer vorhanden sind, deren Einkünfte ihnen die Anschaffung so kostbarer Stücke gestatten. Jetzt erst werden jene wundervollen Geschmeide, Geräte, Möbel, Waffen und Gewänder möglich, jene edlen Profanbauten in den Städten, jene Meisterwerke der Glaser-, Töpfer-, Maler- und Bildhauerkunst: denn jetzt erst sind Käufer dafür entstanden.

An und für sich hätte die veränderte Richtung der Nachfrage den Handwerkerstand nicht allzuschwer zu drücken brauchen, wenn die Gesamtkaufkraft des platten Landes die gleiche blieb. Er mußte nur allmählich die Richtung seiner Produktion in demselben Sinne verschieben. Aber eine so tiefgreifende Änderung in der *Richtung der Nachfrage* konnte sich nicht vollziehen, ohne auch

---

1 Ebenda, S. 1086.
2 Derselbe, Art. Grundbesitz, in: Handbuch der Staatswissenschaften, S. 156.
3 Derselbe, Entwicklung, S. 34.
4 Derselbe, Wirtschaftsleben, Bd. I, S. 1226.
5 Ebenda, S. 1241.
6 Bücher, Die Bevölkerung von Frankfurt a.M., S. 611; Lamprecht, Entwicklung, S. 38.

die *Orte der Nachfrage* zu verschieben. Für die Herstellung der Gebrauchsartikel für die Massen waren die kleinen Städte so günstig wie die großen; was ihnen an Arbeitsteilung abging, ersetzte die größere Billigkeit der Lebensmittel und Rohstoffe. Aber zur Herstellung hochwertiger Luxusprodukte gehört die Möglichkeit der Auswahl aus sehr vielen Rohstoffen, gehört eine weitgehende Arbeitsteilung zwischen Kunsthandwerkern verschiedener Branchen, gehört vor allem ein größerer Absatzmarkt, als die Umgebung der Landstädte selbst gewährt. Ganz naturgemäß zog sich also die Nachfrage von hier fort und in die Städte höherer Ordnung; diese blühten wundervoll auf – und darauf gerade beruht die Täuschung der Geschichtschreiber, welche in ihrer Betrachtung wesentlich von diesen Hauptstädten – Köln, Nürnberg, Augsburg, Straßburg usw. – ausgehen. Aber es war keine Blüte, wie sie sich als Zeichen der Reife auf einem durch und durch gesunden Stamm entfaltet, sondern die prächtige Blüte eines den Stamm erwürgenden Parasiten; denn die großen Städte wuchsen auf Kosten der kleineren, welche schon im 15. Jahrhundert stark zu leiden anfingen.[1]

Wie mehrfach erwähnt, war die „Stadt" erster Ordnung jener Zeit das große Industriegebiet des Rheindeltas. Es ist also nur Ausdruck derselben Veränderung des Ortes der Nachfrage, wenn die unerreichbaren feinen Luxusgewebe der Niederlande die deutschen Webewaren in einem immer steigenden Maße aus dem Markte werfen, wenn seit Ende des 15. Jahrhunderts die deutsche Weberei unter dem flandrischen Wettbewerb schwer zu leiden anfängt.[2] Gerade so haben wir uns vorzustellen, daß das Handwerk der kleinen deutschen Städte durch den Wettbewerb des Nürnberger und Augsburger Kunstfleisses geschädigt und seines Marktes beraubt wurde. Wir werden unten dafür noch Belege beibringen.

Lassen sich sehr auffällige Veränderungen in der Entwicklung der mittelalterlichen Stadtwirtschaft und der Gewerbe schon auf diese Weise erklären, ohne daß man zu den Hilfsmitteln des malthusianischen Vorstellungskreises oder den mit den Worten „Geld- und Kreditwirtschaft" und „Kapitalismus" verbundenen, ebenso mystischen, wie inhaltsleeren Gedankenverknüpfungen seine Zuflucht nimmt, so erklären sich *alle* anderen Erscheinungen dieser gewaltigen Umwälzung auf das einfachste, wenn man die Verhältnisse der *relativen Druckverschiebung, der einseitig auf das Landvolk gelegten Druckerhöhung,* in Betracht zieht.

Die Usurpation der Zuwachsrente und die zu ihrer Durchsetzung vollzogene soziale Herabdrückung des Bauern stellen einen enormen, einseitigen Druck dar. Nach der Theorie mußte eine starke Überwanderung vom Lande in die Stadt die Folge der Strömung zum Gleichgewicht sein: und in der Tat bestätigt die Induktion auch hier wieder die Deduktion vollkommen.

Mit dem Moment, wie das Großgrundeigentum auf dem Lande wieder „manifest" wird, nimmt die Zuwanderung von dort in die Städte krankhafte Dimensionen an. Brentano[3] konstatiert ausdrücklich, daß diese starke Zuwanderung mit der Sperrung der Zünfte gegen Schluß des 14. Jahrhunderts zusammentrifft, ohne jedoch die beiden Erscheinungen in den richtigen kausalen Zusammenhang zu bringen.

Besonders waren es natürlich die Landhandwerker, welche dem Drucke am leichtesten Folge leisteten; handelte es sich doch für sie nicht um einen Wechsel des Berufs, sondern nur um einen solchen des Standortes. Es waren also namentlich die *Landweber,* das stärkste ländliche Gewerbe, welche zuerst in die Städte zogen: „Im 15. Jahrhundert wanderten Leineweber massenhaft in die Städte. Im Jahre 1488 z. B. wanderten 400 Landweber aus Schwaben in Ulm ein."[4]

---

1 Vgl. Schmoller, Tucher und Weber, S. 499; Bücher, Die Bevölkerung von Frankfurt a.M., S. 452f.
2 Vgl. Schmoller, Tucher und Weber, S. 506f.
3 Brentano, Arbeitergilden, S. 59.
4 Geschichte des Sozialismus, S. 53 Anm.; vgl. Stahl, Das deutsche Handwerk, S. 123.

Sehr deutlich geht die Zunahme der Abwanderung aus der Statistik hervor, welche Bücher aus den Frankfurter Akten gezogen hat. Es wurden zugewanderte Fremde in Frankfurt als Bürger aufgenommen:

Periode	Gesamtzahl	jährl Durchschnitt
1311–1350:	1.093	32
1351–1400:	1.535	31
1401–1450:	2.506	50
1451–1500:	2.537	51[1]

Es handelt sich also um eine Verstärkung der Zuwanderung um ca. 70% gegen die Periode der reinen Wirtschaft, und das in einer Stadt, die als Gewerbezentrum einer relativ niederen Ordnung angehörte.

Die Städte wuchsen mächtig an Einwohnerzahl, Schmoller[2] stellt folgende Daten zusammen. Danzig hatte 1415 40.000 Einwohner (Hirsch), 1620: 64.000 (Süssmilch); Lübeck stieg von 50.000 (in 1400) auf 90.000 (in 1600) (Grautoff); Augsburg von 1535, wo es 36.400 Einwohner hatte, auf 42.000 in 1627; Nürnberg zwischen 1448 und 1600 von 20.000 auf 40.000 Einwohner; London nach Wolf[3] zwischen 1377 und 1688 von 35.200 auf 530.000 Einwohner. Schmoller betrachtet diese Volksvermehrung als Zeichen eines „wirtschaftlichen Fortschrittes". Er glaubt augenscheinlich, daß die städtischen Zahlen beweisen, es sei die *Gesamtzahl* des deutschen Volkes entsprechend gewachsen. Uns scheinen die vorhandenen Daten vielmehr zu beweisen, daß es sich nicht um ein gesundes, allseitiges Wachstum handelte, sondern um ein krankhaftes, einseitiges Wachstum der Städte bei gleichzeitiger Atrophie des platten Landes. Zu welchen Vorstellungen würde ein Statistiker gelangen, der aus dem Wachstum der deutschen *Städte* in diesem Jahrhundert auf das Wachstum der *Gesamtbevölkerung* schließen wollte?!

Entsprechend dem wirtschaftlichen Verfall der Bauernschaft rekrutieren sich die Zuwanderer je später je mehr aus minder wohlhabenden Klassen. Die Zahl derjenigen, welche in Frankfurt a. M. das hohe Bürgergeld zahlen, sinkt, die Zahl der „Frauenbürger" steigt, d. h. derjenigen, welche durch Verehelichung mit einer Bürgerin das Stadtrecht gratis erhalten.[4]

Auch der Herkunftsort der Neubürger verschiebt sich: „Es waltet zwischen dem 14. und 15. Jahrhundert ein bemerkenswerter Unterschied ob, der sich kurz dahin zusammenfassen läßt, daß im letzteren die ländliche Zuwanderung *ab*-, die städtische *zu*nimmt. Man darf daraus schließen, daß die massenhafte Ansaugung von Landbewohnern, welche die Geburt und Jugendzeit des mittelalterlichen Städtewesens kennzeichnet und den bekannten Widerstand der Territorialherren hervorgerufen hatte, sich mit dem Augenblicke verlangsamte, wo die Städte ein gewisses Wachstum erreicht hatten und im Begriff waren, dabei zu erstarren. Gewiß mußten auch die bindenden Verträge, welche sie allerwärts wegen der Aufnahme von Hörigen hatten eingehen müssen, den Zuzug vom Lande einschränken; aber es bleibt doch auch zu beachten, daß das Städtewesen als durchgehende Organisation der spätmittelalterlichen Wirtschaft eben aus ökonomischen Ursachen ein Anwachsen der Bevölkerung über ein bestimmtes Maß nicht duldete. Als dieses Maß erreicht war, machte die ganze Entwicklung halt, um fast drei Jahrhunderte auf demselben Standpunkt zu verharren; und eben der Umstand, daß schon im 15. Jahrhundert über 2/5 des äußeren Zuwachses

---

1 Bücher, Die Bevölkerung von Frankfurt a.M., S. 394.
2 Schmoller, Tucher und Weber, S. 498.
3 Wolf, Wirtschaftsordnung, S. 527.
4 Bücher, Die Bevölkerung von Frankfurt a.M., S. 351.

zur bürgerlichen Bevölkerung von Frankfurt anderen Städten entnommen wurde, während dies im 14. nur bei etwa 2/7 der Fall war, deutet darauf hin, daß man sich jenem Zeitpunkt näherte."[1]

Wir haben hier wieder den gesamten Gedankenkreis der historischen Schule, den wir schon mehrfach bekämpfen mußten: die Vorstellung, daß es „ein gewisses Wachstum", eine bestimmte, fatale Ziffer der Bevölkerung war, bei deren Erreichung die mittelalterlichen Städte „erstarren" mußten; auch hier fehlt wieder die Beziehung des Sekundären, der Gewerbeentwicklung, auf das Primäre, die ländliche Kaufkraft. Sogar hier, wo doch den ländlichen Verhältnissen der Nachbarschaft die größte Aufmerksamkeit geschenkt ist, erstickt die Fragestellung in den Schlingen der Übervölkerungstheorie.

Wie leicht und selbstverständlich lassen sich von unserem Standpunkte aus die beiden korrespondierenden Erscheinungen erklären, welche Bücher am Schluß der angeführten Stelle als Stützen der Übervölkerungstheorie herangezogen hat! Die bäuerliche Einwanderung nimmt *ab*, weil die Territorialherren sie mehr und mehr verbieten, und die Städte selbst sie aus guten Gründen mehr und mehr abwehren; und die Einwanderung aus anderen Städten nimmt *zu*, weil die kleinen Städte aus den oben angeführten Ursachen mehr leiden, als die großen, und deshalb ihren gewerblichen Nachwuchs dahin senden müssen, wohin sich die Nachfrage gewendet hat, seitdem die Mittel zu kaufen aus den Händen der Masse in diejenigen einer schmalen Herrenschicht übergegangen sind. Die Annahme einer starken allgemeinen Volksvermehrung ist dabei ganz unnötig.

Jedenfalls aber haben wir eine starke Volksvermehrung in den *Städten*. Und damit mußte zwischen der Produktionskraft der Gewerbe und der Kaufkraft des platten Landes eine Kluft entstehen, die sich immer mehr erweiterte.

Machen wir uns den Vorgang noch einmal klar! Solange die Grundrente in den Händen der Bauerschaften verblieb, hatte die Produktivkraft der relativ noch kleinen Städte gerade ausgereicht, ihren Markt zu befriedigen. Jetzt wirft das Großgrundeigentum Massen neuer Arbeitskräfte in die Städte und steigert damit nicht nur die Gesamtproduktivität, sondern nach dem „Gesetz der Erzeugung" auch die Produktivität jeder einzelnen Arbeitskraft. Auf der anderen Seite vermehrt sich die Kaufkraft des ländlichen Marktes nicht mehr, sinkt im Gegenteil sehr wahrscheinlich durch den „psychologischen Faktor": es ist also plötzlich eine absolute gewerbliche Überproduktion vorhanden, entstanden nicht nur aus einer Unterkonsumtion des Marktes, sondern vor allem durch eine plötzliche Verschiebung des Gleichgewichtes in der Zahl der Arbeiter der beiden großen Produktionsabteilungen.

Wäre keine Möglichkeit gewesen, den Markt zu erweitern, so hätten sich die Gewerbetreibenden dabei beruhigen müssen, daß ihre Erzeugnisse an Kaufkraft für Urprodukte verloren; der Markt *war* aber erweiterungsfähig, wenn nicht im Inlande, so doch im Auslande; und darum tritt das deutsche Gewerbe jetzt zum ersten Male auf die gefährliche Bahn des *Exportindustrialismus*.

Wir haben im vorigen Kapitel gezeigt, daß in der Periode der „reinen Wirtschaft" wohl hier und da von einem Export von Industriewaren die Rede sein konnte, aber nie von einem echten Exportindustrialismus. Man hatte früher hauptsächlich Rohstoffe (Bauholz, Pech, Heringe, Zinn, Kupfer etc.) und einige feinere Waren gegen einheimische Gewerbeprodukte getauscht; aber das Schwergewicht der Gewerbe beruht auf dem einheimischen Binnenmarkt, der Export diente wesentlich nur der Beschaffung fremder Naturschätze.

Jetzt aber wird das Gewerbe gezwungen, immer mehr und mehr auf Lager und Spekulation für die Versorgung fremder Märkte zu produzieren; der Export dient nicht mehr der Versorgung des Binnenmarktes mit fremden Produkten, sondern der Versorgung des Außenmarktes mit den eigenen Produkten. Jetzt wird es nötig, fremde Märkte zu monopolisieren, neue Märkte zu

---

[1] Ebenda, S. 452f.

erschließen: es beginnt in Süddeutschland der große Exporthandel, welcher die Kaufherren zu Millionären macht; und es beginnt in Norddeutschland der *Kampf* um die fremden Märkte. Wenn gerade um die kritische Zeit die Hansa, bis dahin mehr eine kaufmännische Genossenschaft, sich zu einer Art von staatlicher Handelskompagnie umwandelt und (1361–1370) sich das Monopol ihres dänischen Marktes in opferreichen Kriegen sichert, so haben wir hierin eine Wirkung der stattgehabten Verschiebung im Verhältnis von Produktion und Konsumtion zu erblicken. Diese jetzt einsetzenden Kämpfe der Hansa sind ein genaues Gegenbild der modernen britischen Bestrebungen nach Kolonialmonopolen: denn auch in England hat das Großgrundeigentum den Binnenmarkt verödet und die Gewerbe gezwungen, für ihre Produktionsmasse im Exportindustrialismus Absatzwege zu schaffen.

Da die Vernichtung der bäuerlichen Kaufkraft in dem nächsten Jahrhundert andauernd zunahm und die Strömung zum Gleichgewicht die Produktivität der Städte fortwährend vermehrte, so war schließlich die Entdeckung des Seewegs nach Ostindien und Amerika eine *Notwendigkeit* geworden, wie sie andererseits durch die mit dem Exporthandel verbundene Ausbildung der Schiffahrt erst technisch möglich geworden war. Die Periode vorher *suchte* keine neuen Märkte, weil sie keine brauchte.

So wurde also das deutsche Gewerbe immer mehr dazu gedrängt, seinen Kopf durch die Schlinge des Exportindustrialismus zu stecken. Und es dauerte denn auch keine zweihundert Jahre, bis die national erstarkten Grenzstaaten zu einer bewußten Handelspolitik übergingen, ihren eigenen Markt und den der neuerschlossenen Kolonialgebiete den Deutschen sperrten und mit dem deutschen Gewerbe den letzten Rest der stolzen Kraft des Reiches erdrosselten.[1]

Dies ist in kurzen Zügen das Bild der *äußeren Schicksale* der deutschen Gewerbe seit der wirtschaftlichen Revolution. Es ist klar, daß so bedeutende Veränderungen sich nicht vollziehen konnten, ohne auch ihre *innere Gliederung* auf das stärkste zu beeinflussen.

Wir hatten gesehen, daß mit dem Siege der Zunft der Charakter der Städte im allgemeinen, und derjenige der Gewerbe im besonderen ausgebildet war zu echten Genossenschaften von Käufer-Verkäufern, d. h. solchen Genossenschaften, in welchen das Interesse jedes einzelnen in allen wirtschaftlichen Beziehungen (in Kauf und Verkauf) identisch ist mit dem jedes anderen und dem der Gesamtheit.

Mit dem Augenblicke, von welchem an nunmehr der einseitige wachsende, durch das wieder „manifest gewordene" Großgrundeigentum ausgeübte Druck kapitallose Arbeitskräfte auf den Arbeitsmarkt der Städte warf, schlug diese glückliche „Harmonie der Interessen" in eine ebenso unglückliche Disharmonie um. Fortan war jeder Handwerksmeister in der Lage, von kapitallosen Gehilfen „Mehrwert" zu ziehen; er war also nicht mehr bloß am Einzelprofit, sondern am Gesamtprofit interessiert; und damit wurde sein Interesse dem der anderen Meister entgegengesetzt; denn er hatte nun bei fallenden Preisen das Interesse, seine Produktion zu *vermehren*, um durch den Gesamtgewinn den Verlust am Einzelgewinn zu kompensieren und womöglich seine Konkurrenten aus dem Markte zu werfen. Jetzt war der friedliche Wettbewerb der reinen Wirtschaft in den feindlichen Konkurrenzkampf der kapitalistischen Wirtschaft umgeschlagen.

Kurz und gut: von dem Augenblicke an, wo die Abwanderung in die Städte sich pathologisch verstärkte, hörte die Stadt und die Zunft auf, eine Genossenschaft von Käufer-Verkäufern zu sein und wurde eine solche *von kapitalistischen Verkäufern*. Und als solche unterlag sie dem von mir entwickelten „*Gesetz der Transformation*".[2]

---

1 Vgl. Ehrenberg, Das Zeitalter der Fugger, Bd. I, S. 373.
2 Oppenheimer, Siedlungsgenossenschaft, S. 44–147.

Ganz wesentlich aus Gewerbetreibenden zusammengesetzt war die Stadt selbst mit ihrem umgebenden Marktgebiete, demselben durch das „Burgrecht" ebenso innig *politisch*, wie durch den Marktverkehr *wirtschaftlich* verbunden, eine große übergeordnete Wirtschaftsgenossenschaft gewesen. Mit dem Verfall der bäuerlichen Kaufkraft zerfiel zunächst das genossenschaftliche Verhältnis zwischen Stadt und Stadtgebiet: das „Burgrecht"[1] der Dörfer und das persönliche Recht der „Pfahl- und Ausbürger" hörte am Schluße des 14. und im 15. Jahrhundert auf.[2] Dem Bauern war damit seine letzte Stütze geraubt. Er sank sozial tief unter den Bürger, und die Städte begannen bald im Einverständnis mit den Leibherren die bäuerliche Zuwanderung zu erschweren. Fortan war es dem Bauern nur noch in *einer* Form möglich, in ein Verhältnis zur Stadt zu kommen: er mußte sich in ein Abhängigkeitsverhältnis zum Rate begeben,[3] sich ihm „verherren" wie irgendeinem anderen Landstande. Und die Städte standen auch fortan den anderen Ständen in verblendeter egoistischer Ausbeutung ihrer eigenen Bauern nicht nach; namentlich gilt das von den souveränen Stadtrepubliken Italiens, aber auch von den deutschen und schweizerischen Städten. Jetzt erst entartet das alte Bannmeilenrecht, welches einen hauptsächlichen Bestandteil der ersten Stadtprivilegien gebildet hatte; ursprünglich ein Mittel, um die Handwerker des Stadtgebietes zu zwingen, in die Stadt zu ziehen und ihre politische und finanzielle Macht zu verstärken, verwandelt es sich jetzt in ein Mittel, lästige Konkurrenz niederzuschlagen.[4] Ende des dreißigjährigen Krieges findet Bücher keine Spur mehr von Gewerbebetrieben in den Landgemeinden um Frankfurt; er hält es nicht für unmöglich, daß diese Entwicklung einer Ausdehnung des Bannrechtes der Frankfurter Zünfte auf die Dorfschaften zuzuschreiben sei. Wenigstens wußte noch im vorigen Jahrhundert die Frankfurter Metzgerzunft es als ihr Vorrecht geltend zu machen, daß kein Metzger sich in Oberrad niederlassen dürfe.[5]

Von derselben Zeit ab entarten auch die Bestimmungen, welche den Bauern zwingen, seine Produkte auf dem städtischen Markte feilzuhalten, zu ausbeuterischen.[6] Auch diese ganze Rechtsentwicklung ist wieder nur die Außenseite der wirtschaftlichen Umgestaltung, die sich vollzogen hat. Die alte Interessensolidarität zwischen dem Bauer und dem Bürger ist durch das Großgrundeigentum zersprengt, das jenen seiner Kaufkraft beraubt hat; die Grundlagen der geschlossenen *Stadtwirtschaft* sind untergraben; sie sinkt zusammen; und wie die Verkehrs*wirtschaft* zerbricht, um dem Exportindustrialismus zu weichen, so zerbricht nach der *politischen* Seite hin die alte genossenschaftliche Einung zwischen Stadt und Stadtgebiet. Die Städte werden isoliert, während der Bauer den Ständen zum Opfer fällt.

Damit zerfallen auch die mächtigen Städtebünde Süddeutschlands, die ein Jahrhundert lang das politische Leben des Reiches mächtig beeinflußt hatten. Solange sie, jede für sich, gerade Kraft genug hatten, den *eigenen Stadtwirtschaftsmarkt* zu versorgen, solange hatte keine Konkurrenz sie getrennt; jetzt, wo sie alle zusammen trachten müssen, den gleichen Außenmarkt zu gewinnen, überwiegen die trennenden Momente der Wirtschaft die einenden der Politik, und die Bündnisse brechen auseinander. Damit räumen die Städte der emporkommenden Macht der Territorialfürsten das Feld und vollziehen ihr eigenes, politisches Todesurteil. Nur im Norden, wo es sich darum handelt, einen *faktisch* schon lange monopolisierten Markt gegen die Unabhängigkeitsbestrebungen der skandinavischen Fürsten zu halten, entfaltet sich die Hansa jetzt erst zu

---

1 Bücher, Die Bevölkerung von Frankfurt a.M., S. 506.
2 Ebenda, S. 681.
3 Ebenda.
4 Vgl. Schmoller, Tucher und Weber, S. 386f.
5 Bücher, Die Bevölkerung von Frankfurt a.M., S. 701.
6 Vgl. hierzu Schmoller, Getreidehandelsverfassung, S. 25.

ihrer vollen Macht; und selbst das wäre nicht möglich gewesen, wenn dort nicht das Stadtregiment noch patrizisch gewesen wäre. Die wenigen Kaufmannsgilden, welche die Hansestädte beherrschten, ließen sich leichter zu einer Art von Trust zusammenschließen, der den vorhandenen Markt friedlich unter seine Mitglieder verteilte, als die vielhäuptigen Gewerbegenossenschaften der Zunftstädte.

Wie diese größeren Verbände über den einzelnen Städten entarteten, so erging es auch den kleineren innerhalb der Städte. Sie unterlagen dem „Gesetz der Transformation".

Ich habe in meiner „Siedlungsgenossenschaft" den Unterschied der Entwicklung zwischen „Käufergenossenschaften" und „Verkäufergenossenschaften" aufgedeckt. Jene (Konsumverein, Kredit-, Rohstoff-, Werk- und Baugenossenschaft) sind, solange sie Käufergenossenschaften bleiben, jedem Beitrittslustigen *offen* und haben eine durchaus demokratische Verfassung; diese (Produktiv- und Magazingenossenschaft) werden durch ein „ehernes Gesetz der Transformation", das jede individuelle Verschuldung ausschließt, aus freien Genossenschaften umgewandelt in Ausbeutergenossenschaften mit aristokratischer Verfassung, welche sich gegen Beitrittslustige *sperren*. Die *Ursache* dieser Verschiedenheit liegt darin, daß dort eine Interessensolidarität, hier ein Interessengegensatz besteht; das *Motiv* darin, daß der Beitritt neuer Mitglieder zu einer Käufergenossenschaft den Dividendus des Gewinnes stärker vermehrt als den Divisor, während umgekehrt der Beitritt neuer Mitglieder zu einer Verkäufergenossenschaft den Divisor des Gewinnes immer stärker vermehrt als den Dividendus: dort *steigt* mit der Genossenzahl der Einzelgewinn bis auf Unendlich, hier *sinkt* er bis auf Null und darunter.

Deshalb machen alle in der kapitalistischen Gesellschaft neu begründeten gewerblichen Produktivgenossenschaften die Entwicklung jener Organismen durch, welche die Naturwissenschaft als Parasiten bezeichnet. Sie treten ins Leben ein in einer *Jugendform*, welche dem genossenschaftlichen Ideale demokratischer Verfassung, freien Beitritts und gerechter Gewinnverteilung gänzlich entspricht; und sie werden im Kampfe ums Dasein, der nur die „Passendsten" ausliest, verwandelt in die *Altersform*, welche alle Organe der viel höher gegliederten Jugendform verloren hat, mit Ausnahme derjenigen der Haftung und Ernährung (und Fortpflanzung); und welche nicht mehr von eigener, sondern von ausgebeuteter fremder Arbeit ihre Existenz fristet.

In einer vergleichenden Untersuchung, welche ich über die Produktivgenossenschaften sämtlicher Kulturländer angestellt habe, konnte ich den Beweis erbringen, daß dieser Entwicklung kein einziges Exemplar entgangen ist, und konnte sodann den theoretisch-deduktiven Beweis dafür liefern, daß hier kein Zufall waltet, sondern *ein Gesetz*, das „Gesetz der Transformation". Diese Untersuchung gipfelte in folgenden Sätzen:

„Weil die Produktivgenossenschaften durch Aufnahme neuer Mitglieder (. . .) nicht nur ihre Vorteile wesentlich beschränken, sondern auch ihr Gedeihen ernstlich in Frage stellen würden, ja sogar mit absoluter Notwendigkeit zugrunde gehen müßten, (. . .) ist ihre Sperrung kein sittliches Verschulden, sondern eine ‚eherne' Notwendigkeit. (. . .) Das Gesetz der Transformation sperrt jede gedeihende Genossenschaft. Jede gesperrte Genossenschaft hat aufgehört, Genossenschaft zu sein. Folglich gibt es keine industrielle Verkäufergenossenschaft und kann es keine geben."[1]

Wie schon mehrfach entwickelt, war die Zunft während der Periode der „reinen Wirtschaft" eine Genossenschaft von Käufer-Verkäufern. Sie verharrte in ihrer Jugendform, behielt ihre demokratische Verfassung, blieb Beitrittslustigen nicht nur offen, sondern tat sogar alles mögliche, um neue Mitglieder zu erlangen (Zunftzwang), und verteilte den Gewinn auf das gerechteste unter ihre Genossen. Aber von dem Augenblicke an, wo das wieder manifest werdende Großgrundeigentum überschüssige Arbeitskräfte in die Gewerbe preßt, schlägt der Charakter der Zünfte um: sie

---

1 Oppenheimer, Siedlungsgenossenschaft, S. 145 ff.

werden zu kapitalistischen Verkäufergenossenschaften, und sofort setzt das Gesetz der Transformation ein und verändert ihre äußere Organisation und ihr inneres Wesen.

Die *Desorganisation* zeigt sich in der allmählichen Verdrängung der souveränen Genossenschaftsversammlung in Rechtsbildung und Verwaltung durch eine neu entstehende, zünftlerische Aristokratie. Die Zunftgemeinde verliert gegenüber ihren Organen, dem Gericht und den Zunftschöffen, an Bedeutung.[1] Schon 1551 hat die Straßburger Tucherzunft sogar das aktive Wahlrecht eingebüßt.[2] Die Schöffen werden zuletzt autokratische Machthaber.[3]

Der *Parasitismus*, das innere Wesen einer transformierten Genossenschaft, zeigt sich in den Maßnahmen der Sperrung gegen Beitrittslustige und in der wirtschaftlichen Ausbeutung der Gesellen.[4] Bis Ende des 14. Jahrhunderts gänzlich unbekannt, setzen die darauf bezüglichen Bestimmungen mit dem Augenblicke ein, in dem die Abwanderung sich krankhaft verstärkt. Genau wie bei den industriellen Produktivgenossenschaften, werden die Bedingungen für die Aufnahme immer schwerer: eine feste Lehrzeit wird eingeführt und immer länger ausgedehnt; ebenso wird die Gesellenzeit verlängert, der Wanderzwang erst jetzt eingeführt, und die Wanderzeit fortwährend verlängert; die „Mutjahre" treten dazu; das Meisterstück und das Meisteressen werden immer kostspieliger bis zur Unerschwinglichkeit, die Eintrittsgelder und das nachzuweisende Vermögen immer bedeutender; immer enger wird der Kreis, aus dem das Gewerbe sich ergänzen will; „echte, rechte und freie Geburt" wird verlangt, ganze Kategorien von Berufen, *namentlich ländliche*, werden statutarisch ausgeschlossen, Bauern und Leineweber voran,[5] förmliche Ahnenproben veranstaltet. Wessen Mutter nicht in Schappel und Band zur Trauung gegangen ist, kann das Amt nicht erhalten;[6] die lächerlichsten Dinge, zufälliges Berühren eines Tierkadavers, machen „unehrlich" etc. etc.

Ich kann mir in diesem Falle Belegstellen ersparen. Die sämtlichen Forscher auf dem Gebiete sind darüber einig, daß diese Erscheinungen der Transformation um 1370 herum einsetzten, während vorher noch gar keine Rede davon sein konnte; daß sie sich von Jahrhundert zu Jahrhundert verschärften, bis von der einstigen Genossenschaft nur noch ein, durch ein lächerliches Zeremoniell zusammengehaltenes Zerrbild übrig war, dem nichts mehr Leben verlieh, als ein mit Zähigkeit und Brutalität aufrecht erhaltenes, nutzbares Privileg, das Monopol des Gewerbebetriebes. Die Zünftler bildeten ein neues städtisches Patriziat, das recht eigentlich nur noch für die Sonderzwecke dieser neu-adligen Familien sorgte: denn alle jene Beschränkungen, wenn auch im angeblichen Interesse der „Ehre der Arbeit" erlassen, hatten nie Geltung für die Söhne und Schwiegersöhne der privilegierten Meister. Die Schließung der Meisterzahl, das, was ich bei den modernen Genossenschaften, im Gegensatz zur „versteckten Transformation" durch Erschwerung der Aufnahme, als „offene Transformation" bezeichnet habe, war das letzte Ziel jeder Zunft.

Es wurde also je länger, je schwerer für Außenstehende, überhaupt zur Erlernung der Gewerbe zugelassen zu werden; und je länger, je schwerer für gelernte Handwerker, eine Meisterstelle zu erhalten. Das heißt: es entstand jetzt unterhalb des dritten Standes, der (aus den allein produzierenden Ständen, Bauern und Handwerkern, bestehend) in der Periode der „reinen Wirtschaft" die Grundlage der Bevölkerungspyramide gebildet hatte, ein *vierter Stand*, man kann auch sagen, ein *vierter und fünfter Stand*, nämlich gelernte und ungelernte Arbeiter.

---

1 Schmoller, Tucher und Weber, S. 488.
2 Ebenda, S. 489.
3 Ebenda, S. 496.
4 Schanz, Zur Geschichte der deutschen Gesellenverbände, S. 21 (Anm.).
5 Stahl, Das deutsche Handwerk, S. 105, 141, 144.
6 Ebenda, S. 100.

Historiker, welche die demokratische Selbstverwaltung eines Kulturvolkes für ewig unmöglich, ihre Anhänger für hoffnungslose, „unhistorische" Utopisten halten, verweisen gern auf die politische Geschichte der deutschen Städte, um ihren Satz zu beweisen, daß der Sieg einer Klasse immer nur die Bildung einer neuen Aristokratie bedeute, daß nur die *Personen* der Herrschenden wechseln, aber nicht das *System*. Stets sollen die nach heißen Kämpfen in die Hochburg der politischen Herrschaft eingedrungenen Vorfechter der Masse sofort die Waffen rückwärts wenden und als trotzige Überläufer die kaum gebrochene Bresche gegen ihre bisherigen Kampfgenossen sperren. Die Menschheit sei zu der Sisyphusarbeit verdammt, den Stein der politischen Kämpfe immer wieder aufwärts zu wälzen, von der Aristokratie zur Demokratie, von hier aus zur Ochlokratie, um ihn: αὖτις ἔπειτα πέδονδε κυλίνδετο λᾶας ἀναιδής von da wieder abwärts rollen zu sehen zur Tyrannis.

In der Tat scheint die politische Geschichte der Zunftstädte diese traurige Meinung zu bestätigen. Kaum ist die Klassenherrschaft der Geschlechter gebrochen, so beginnt die Klassenherrschaft der Zünfte, und man kann nicht sagen, daß sie vorteilhaft von jener abstäche: „Eine unstäte, äußere Politik, eine schlechte, unlautere Finanzverwaltung, eine schlimmere Korruption der Verwaltung als zur Zeit der Geschlechterherrschaft, eine häßliche Stellenjägerei, ein gewissenloses Plündern der öffentlichen Mittel, ein ewig vergebliches Anlaufen zu nicht gelingenden Reformen, – in den Zünften selbst Parteilichkeit, Unsicherheit der Justiz und Verwaltung, Unfähigkeit, die Zunftrollen und das Gewerberecht entsprechend zu reformieren, das war da, wo Extrem und Leidenschaft gesiegt, unzweifelhaft der Charakter der Zunftherrschaft"[1], so schildert einer der besten Kenner der Zeit die wenig erfreuliche Veränderung der Dinge. „All das ist Produkt desselben zynischen Erwerbstriebes, wie er in und außerhalb der Zünfte damals sich geltend machte."[2]

Solange man annahm, daß es sich hier um eine rein *innere* Entwicklung der Städte handelte, sei ihre treibende Kraft nun das „Bevölkerungsgesetz", jener ewige Fluch der strebenden Menschheit, sei es die seelische Verderbtheit des Geschlechtes, welche den Lockungen des „Kapitals" unterlag, so lange waren jene pessimistischen Schlüsse gerechtfertigt. Unsere Darlegung hat gezeigt, daß davon keine Rede sein kann; es handelte sich um eine *neue Kraft*, welche von *außen* her auf die Städte wirkte; es handelte sich nicht um Veränderungen, welche aus *tauschrechtlichen* Organisationen stammten, sondern um solche, welche aus *nomadenrechtlichen* Organisationen sich ergaben. Unglücklicherweise traf der Sieg der Zünfte im Westen mit dem Siege des Großgrundeigentums im Osten zeitlich fast genau zusammen: und so konnte der Irrtum entstehen, als sei die Entartung der Zunftherrschaft eine Folge der *Zunftsiege*, während sie in der Tat eine Folge des Sieges des *Großgrundeigens* war.

Während der ganzen Periode der Zunftkämpfe stritten die Gewerke für die politische Emanzipation der *ganzen Volksmasse*; denn es gab keine tiefere Schicht in den Städten, als die Handwerker. Aber in demselben Augenblicke, wo sie den Sieg errungen hatten, erzeugte die Ironie der Weltgeschichte *einen neuen Stand* unter ihnen, den Arbeiterstand; dadurch wurden sie zur *herrschenden Klasse* gemacht und verfielen ganz selbstverständlich in all die Sünden, welche einer Klassenherrschaft natürlich sind: Cliquenwirtschaft, Steuerabwälzung, Unterdrückung der tieferen Schicht und Ausbeutung des „Staates". Darum ist die Entwicklung der mittelalterlichen Zunftstadt nicht für das Dogma von den „ewig Blinden" zu fruktifizieren.

Die gelernten Arbeiter, die *Gesellen*, hatten, wie im zweiten Kapitel nachgewiesen, in der vorigen Epoche keinen besonderen Stand gebildet. Mit dem Augenblicke, wo die Transformation

---

1 Schmoller, Tucher und Weber, S. 465, vgl. S. 472.
2 Derselbe, Straßburg zur Zeit der Zunftkämpfe, S. 41.

beginnt, sind sie als ein solcher fertig. Der Name „Knecht" wird von dieser Zeit an immer mehr zum Schimpfwort und macht dem Namen „Geselle" Platz.[1] Die ersten Streiks brechen los. Wenn schon 1329 die Breslauer Gürtlergesellen ausständig werden, so ist darin wahrscheinlich die frühere Ausbildung des Großgrundeigentums an der Slawengrenze schuld. Im Stammlande setzen die Streiks erst Ende des 14. Jahrhundert ein,[2] genau zur kritischen Zeit, und dauern von da an fort.

Von dem Augenblicke an, wo die Gesellen einen eigenen Stand unter den Meistern bildeten, trat natürlich auch das Verlangen nach genossenschaftlicher Vereinigung auf, und ebenso natürlich diejenige Erscheinung, welche jederzeit das Aufkommen eines neuen Standes anzeigt, das *Koalitionsverbot*. Schon 1400 fangen die Elsässer Schmiede ihre Gesellen ein und zwingen sie, ihrer Brüderschaft abzuschwören.[3] 1407 wird die Organisation der Schuhknechte in Konstanz, 1426 die der Kürschner in Straßburg verboten, und diese polizeilichen Maßnahmen werden später noch von der Reichs- und Staatspolizei übernommen, jahrhundertelang ohne jeden Erfolg,[4] solange das deutsche Gewerbe überhaupt noch einen nennenswerten Markt hatte. Erst der dreißigjährige Krieg zerbrach die Verbände.

Diese Gesellenverbände charakterisieren sich als *Gewerkvereine qualifizierter Arbeiter*. Sie haben nur insofern Ähnlichkeit mit den Zünften der Blütezeit, als sie genossenschaftliche Organisationen einer *Klasse* sind; aber die Zunft war nur insofern und so lange Kampforganisation, als noch politische Rechte zu erringen waren; sie war in der Hauptsache *Wirtschaftsgenossenschaft*. Der Gesellengewerkverein dagegen war nichts weiter als wirtschaftliche Kampforganisation. Sein Existenzgrund war die Einwirkung auf den Lohn und das Arbeitsverhältnis. Die Zunft gehört in ihrem Hauptwesen der „reinen Wirtschaft" an, als Genossenschaft; der Gesellenverband als bloße Kampforganisation durchaus der kapitalistischen Wirtschaft, die jetzt herrsche.

Es waren echte „trade-unions" gelernter Arbeiter. Sie erhielten sich, wie die englischen Gewerkvereine, in ihrer Stellung als Arbeiteraristokratie nur durch eine starre Exklusivität, welche jeden Minderwertigen ausschloß. Sie standen zwar als Stand feindlich gegen die Meister, aber noch viel feindlicher gegen die Masse der Ungelernten, von der sie sich durch die besondere „Ehre" und ein krauses Zeremoniell ebenso wirksam abgrenzten, wie die heutigen Gewerkvereine in modernerer Nüchternheit durch die Forderung eines Mindestverdienstes. Selbst diese moderne Form findet sich übrigens schon früh: die Kürschnergesellen in Freiburg erzwingen 1486 den Beitritt jedes Gesellen, der die Woche drei Plappart verdient.[5] Nur aus dieser Exklusivität nach unten hin, die schon damals den vierten Stand in eine Arbeiteraristokratie und ein elendes Proletariat zerklüftete, erklären sich auch die Erfolge der Gesellenverbände, die sogar die reichsgesetzliche Anerkennung durchzusetzen wußten, gerade wie die modernen englischen Gewerkvereine die Aufhebung der Koalitionsverbote.

Aber gerade ihre Erfolge drückten nun das eigentliche Proletariat in den Städten in hoffnungsloses Elend hinab. Die Masse der unqualifizierten Arbeiter schwoll bedenklich an, ein besitzloses Proletariat häufte sich in den Städten. Schon 1520 finden sich in Augsburg 3.000 Nichtshäbige; das Proletariat greift in die spätmittelalterlichen Städterevolutionen ein: Rotenburg 1450, Wien 1462 und 1500, Köln 1482 und 1513, Augsburg 1491, Erfurt 1509, Konstanz 1511, Speyer und

---

1 Schanz, Zur Geschichte der deutschen Gesellenverbände, S. 111; Bücher, Die Bevölkerung von Frankfurt a.M., S. 624.
2 Brentano, Arbeitergilden, Bd. I, S. 37; Schönlank, Soziale Kämpfe, S. 13, 71.
3 Vgl. Schönlank, Soziale Kämpfe, S. 13.
4 Vgl. Ebenda.
5 Stahl, Das deutsche Handwerk, S. 409.

Worms 1512.¹ In Hamburg sollen 1451 bis 1538: 16–24% Arme gewesen sein.² Schmoller, für den ja die Zeit von 1400–1550 diejenige der Mannesreife und Konsolidation ist, muß doch feststellen, daß um 1500 Straßburg voll wirtschaftlicher Klagen im ganzen, voll wirtschaftlicher *Krisen* im einzelnen ist. „Die wachsende Bevölkerung drückte wie ein Bleigewicht auf die immer stabiler und konservativer werdenden Städte und Territorien. Sebastian Frank schildert nicht nur den Reichtum des Elsaß, sondern auch die vielen Müßiggänger und starken Bettler."³ „Von da an wird die Luft immer schwüler; die Nahrung stockte; in den Ratsgutachten spielt die Rücksicht auf die arme Bürgerschaft, von der eine so große Zahl aus dem gemeinen Almosen erhalten werde, deren Kinder gleichsam zum Betteln aufgezogen würden, eine steigende Rolle."⁴ Um 1600, also noch lange vor dem großen Kriege, zeigt sich die Armut eines großen Teils der städtischen Bevölkerung in erschreckender Weise; die Elsässer Bettler genossen fast eines europäischen Rufes; das Londoner Bettlerquartier hieß nach ihnen Alsatia.⁵

Bevor dieses Proletariat unqualifizierter Arbeiter massenhaft in die Städte drang, hatten die wenigen Ungelernten, die sich dort fanden, Zünfte gebildet, wie jedes gelernte Gewerk. Es ist charakteristisch für die Verschiebung, daß diese Zünfte jetzt sofort auseinanderbrachen,⁶ wie das z. B. auch Bücher für Frankfurt festgestellt hat. Bei allen Versuchen, die zahlreich in England und anderwärts gemacht worden sind, diese tiefste Schicht der Bevölkerung durch genossenschaftlichen oder gewerkschaftlichen Zusammenschluß zu heben, ist niemals ein nennenswerter Erfolg erzielt worden.⁷ Die englischen Gewerkvereinler haben die Ursache dieser Mißerfolge klar erkannt, wenn sie die lapidaren Sätze prägten, „daß, solange die Einwanderung vom Lande andauere, es immer äußerst schwierig und meistens ganz unmöglich sein werde, die ungelernten Arbeiter zu organisieren"⁸. Hier ist der indirekte Beweis für diese Auffassung; die Organisation bestand, solange keine krankhaft gesteigerte Zuwanderung Platz griff, und brach sofort auseinander, als dieselbe eintrat.

Diese Unqualifizierten wurden natürlich nach dem Gesetze des Ausgleichs durch Strömung noch tief unter die fortwährend sinkende „konzessionierte Komfortbreite" der leibeig gewordenen Bauern gedrückt; denn sie mußten ihre sozial freiere Stellung mit materiellen Opfern bezahlen. Deshalb liegen sie überall auf dem öffentlichen Beutel, als Almosenempfänger, Paupers. Die Mildtätigkeit muß das Defizit decken und ihr Einkommen auf die ungefähre Existenzbreite bringen, welche ihnen das durch das Großgrundeigentum durchaus zerrüttete Spiel von Angebot und Nachfrage auf dem Arbeitsmarkte versagt.

Aber sie *arbeiten* doch meistens, gelerntes und ungelerntes Proletariat; und da die dichtere städtische Bevölkerung eine höhere Produktivität pro Kopf ermöglicht, während der Arbeitslohn immer tiefer fällt, so fließt dem Arbeitgeber ein immer größerer Mehrwert von jeder Arbeitskraft zu. Die Meister werden reich, bauen sich prächtige Häuser mit den Gewinnen, die sie durch Ausbeutung⁹ ihrer Gesellen aufhäufen, und werden zu *Kapitalisten; und von jetzt an wird das Kapital*

---

1 Lamprecht, Wirtschaftsleben, Bd. I, S. 1236.
2 Geschichte des Sozialismus, S. 51.
3 Schmoller, Tucher und Weber, S. 499.
4 Ebenda, S. 536.
5 Ebenda, S. 541.
6 Geschichte des Sozialismus, S. 70.
7 Vgl. z. B. Webb-Potter, Die britische Genossenschaftsbewegung, S. 197.
8 Vgl. Oppenheimer, Siedlungsgenossenschaft, S. 254.
9 „Dieser Wohlstand der Meister war zum großen Teile nur der unvollständig gelohnten Arbeit und dem Schweisse der sorgenvoll in die Zukunft blickenden Gesellen zu verdanken" (Schanz, Zur Geschichte der deutschen Gesellenverbände, S. 21).

zum allgewaltigen Faktor der Wirtschaftsentwicklung, zum Hebel der Differenzierung der Stände: d i e k a p i t a l i s t i s c h e   W i r t s c h a f t   e n t f a l t e t   s i c h   i n   V o l l e n d u n g.

Die gewöhnliche wirtschaftliche Auffassung geht dahin, daß ein Stamm von Produktionsmitteln, ein „Kapital" in Privatbesitz, immer und unter allen Umständen „Mehrwert hecken" müsse; und dementsprechend gilt die Ansicht, daß von dem Augenblicke an, wo die Reichtum schaffenden Kräfte des Volkes so stark entwickelt waren, daß einer Anzahl besonders energischer, tüchtiger oder glücklicher Meister ein bedeutender Stamm von Produktionsmitteln nach Befriedigung der Existenzbedürfnisse in der Hand blieb, die fatale kapitalistische Entwicklung eintreten mußte.[1]

Diese Vorstellung, der auch Marx unterlegen ist, beruht einfach darauf, daß wir nur eine Gesellschaft kennen, „in welcher immer zwei Arbeiter einem Meister nachlaufen", und gar nicht erwägen, wie eine Gesellschaft beschaffen sein würde, „in welcher immer zwei Meister einem Arbeiter nachlaufen". Die erstere ist die kapitalistische, die letztere die „reine Wirtschaft", deren uns so fremdartig anmutende Züge ich im ersten Teile deduktiv zu enträtseln mich bemüht habe, und die ich hier historisch nachzuweisen versuche.

In der „reinen Wirtschaft" ist erstlich die Möglichkeit, ein großes Vermögen zu *erwerben*, sehr gering; wir haben gesehen, wie klein der „Gradient" war, und werden dafür noch weitere Belege bringen. Ebenso gering ist die Möglichkeit, Vermögen zu *„Kapital" zu machen*; wir haben gesehen, daß von Produktivkrediten in der ganzen Zeit kaum eine Rede sein konnte, abgesehen von Hausbauhypotheken (Gülten), und daß es daher keinen eigentlichen Geldmarkt und keinen eigentlichen Zinsfuß gab.

Jetzt aber, seit die Verhältnisse sich so verschoben haben, daß immer zwei Arbeiter einem Meister nachlaufen, jetzt ist die Möglichkeit gegeben, große Vermögen zu erwerben: denn jeder Arbeiter liefert seinem „Exploiteur" *Mehrwert*; – und es ist ferner die Möglichkeit gegeben, diese großen Vermögen „produktiv" anzulegen: denn jeder neu kapitalisierte Betrag gestattet die Einstellung neuer Arbeiter, die neuen Mehrwert produzieren. So wachsen die Vermögen lawinengleich, nicht durch Addition, sondern durch Potenzierung; „Vermögen" schlägt jetzt erst um in „Kapital", und unter seiner Einwirkung differenzieren sich Einkommen und Vermögen in einem bis dahin unerhörten Maße: der „Gradient" wächst enorm.

Diese verhängnisvolle Entwicklung erwies sich als ein echter Circulus vitiosus, als eine in sich zurückkehrende Kette von Ursachen und Wirkungen, die sich gegenseitig immer mehr verstärkten. Je mehr nämlich die Kaufkraft der Bauernschaft zerstört wurde, um so mehr sah sich die hypertrophische Industrie auf Export angewiesen, und um so *notwendiger* wurde das Kapital im Zirkulationsprozeß. Denn jetzt handelte es sich nicht mehr um einen direkten Verkehr zwischen Urproduzenten und Gewerbetreibenden, um einen eben nur an der Geldelle gemessenen direkten Warentausch, sondern um eine Produktion auf Lager und auf Spekulation, für einen ungewissen und gefahrenreichen Absatz. Das damit verbundene Risiko konnten nur die kapitalkräftigsten Elemente auf sich nehmen; je weiter mit der fortschreitenden Verödung des Binnenmarktes der Weg zwischen dem Produzenten und dem letzten Abnehmer wurde, um so größer wurde auch das für diesen Betrieb erforderliche Kapital, um so kleiner der Kreis derjenigen, welche kapitalstark genug waren, ihn zu lenken.[2] So trat eine Schicht selbständiger Handwerker nach der anderen zurück aus dem Markte; der Meister sah sich auf die Werkstätte beschränkt, sah seinen Kundenkreis immer mehr und mehr zusammenschrumpfen, bis ihm schließlich nur noch ein Abnehmer übrigblieb, der mächtige exportierende Handelsherr; d. h. dieser war *Verleger*, und der Handwerksmeister *Hausindustrieller* geworden.

---

1 Vgl. Brentano, Arbeitergilden, Bd. I, S. 59.
2 Vgl. Ehrenberg, Das Zeitalter der Fugger, S. 408.

Damit wurden in allen Gewerben, die für den *Export* arbeiteten, d. h. in immer steigender Zahl, die Meister ebenso abhängig von den Verlegern, wie in den Kunsthandwerken und Gewerben für den *Nahmarkt* die Gesellen von den Meistern. Namentlich sind es die Weber und Wollschläger, die fast überall in eine drückende Abhängigkeit von ihren Verlegern kommen, von den Tuchern im Südwesten, den Tuchmachern im Norden und Nordosten, den Drapiers in Frankreich;[1] es entstehen hier schon von Ende des 14. Jahrhunderts ab[2] hausindustrielle Manufakturen mit weitgehender tertiärer Arbeitsteilung;[3] schon 1434 ist der Stand der Wollschlägermeister und -knechte völlig unterdrückt; und es ist charakteristisch, daß hier, wo Meister *und* Gesellen ausgebeutet werden, der Unterschied zwischen beiden sich eher verwischt, als verschärft. Die Gesellen waren vielfach verheiratet,[4] durften eigenen Rauch und eigenes Feuer führen,[5] ja sogar Lehrlinge halten. In die Brüderschaft der Webergesellen zu Ulm ließen sich im Jahre 1404 auswärtige Meister aufnehmen, um Arbeit zu finden[6], und in Iglau mußte 1574 der Rat den Meistern erlauben, bei einem anderen Meister Knappendienste zu tun, damit sie nicht verhungerten.[7]

Dieses Verlagssystem fand sich außer in der Textilindustrie hauptsächlich noch bei Gerbern und Buchdruckern, hier und da bei den Kürschnern.[8] Es verdrängte von jetzt an in steigendem Maße das historische Handwerk und errang im 17. und 18. Jahrhundert die Vorherrschaft gänzlich.[9]

Je mehr die, von der Konkurrenz ihrer außer Brot gesetzten Kollegen, der hungernden Gesellen und des kapitallosen Proletariats zur gegenseitigen Unterbietung gezwungenen Meister in Abhängigkeit von dem Verleger kamen, um so weniger fanden sie sich in dem Besitze der Mittel, ihre Rohstoffe noch selbst einzukaufen. Sie kamen daher bald so weit, nur noch fremde Rohstoffe in ihren Häusern zu verarbeiten; und damit waren alle Bedingungen für ein *Schwitzsystem* gegeben: ihre Abhängigkeit und der Grad ihrer Ausbeutung stieg auf den höchsten denkbaren Grad. Die Profitrate, welche der Kapitalist an der einzelnen Arbeitskraft zog, sein „Mehrwert" wurde immer bedeutender.

Hier, und nicht, wie Lassalle meinte,[10] in den Handelsgewinnen, ist die Quelle der Riesenvermögen zu suchen, welche in jener Zeit plötzlich, wie aus dem Boden gestampft, erstehen, jener fürstlichen Vermögen der Fugger und Wälser, der Zwickauer Römer usw. Es sind nicht Handelsgewinne: die Hanseaten handelten schon jahrhundertelang, ohne zu so bedeutenden Reichtümern zu gelangen, trotz der großen Risikoprämien, welche der Kaufmann damals für gelungene Unternehmungen einstrich. Denn im Handel drückte die Konkurrenz den eigentlichen Zwischenhändlerprofit immer wieder auf den „natürlichen Preis" herab.

Wenn aber die süddeutschen Handelsherren Millionengewinne von einzelnen Expeditionen einsteckten, so war das nicht Handelsgewinn, sondern *Unternehmergewinn*. Sie hatten die Exportwaren tief unter dem natürlichen Preise von den durch die Hungerkonkurrenz gedrückten Hausindustriellen oder Gesellen erhalten und konnten sie jetzt zum natürlichen Preise auf den fremden Märkten verkaufen, d. h., sie hatten den Mehrwert im Produktionsprozesse bereits gewonnen und

---

1 Schmoller, Tucher und Weber, S. 432.
2 Ebenda, S. 419, 420, 432, 438f.
3 Geschichte des Sozialismus, S. 100.
4 Schanz, Zur Geschichte der deutschen Gesellenverbände, S. 45.
5 Vgl. Bücher, Die Bevölkerung von Frankfurt a.M., S. 420; Schanz, Zur Geschichte der deutschen Gesellenverbände, S. 49.
6 Schanz, Zur Geschichte der deutschen Gesellenverbände, S. 126.
7 Ebenda, S. 138 Anm.
8 Ebenda, S. 130.
9 Schmoller, Tucher und Weber, S. 520.
10 Bastiat-Schulze, zit. nach Schäffle, Kapitalismus und Sozialismus, S. 151.

realisierten ihn jetzt nur im Handel, so daß ihnen der Gesamtgewinn vermöge einer optischen Täuschung als Handelsgewinn erscheinen mußte.

Es war aber in der Tat nichts als „*Mehrwert*". Die Löhne der „Arbeiter" waren reißend gefallen. Schanz[1] zitiert eine Berechnung von Falke (Hildebrandts Jahrbücher XVI, S. 62–71), derzufolge in Sachsen die Löhne der Gesellen von der Mitte des 15. Jahrhunderts bis Ende des 16. *um die Hälfte sanken*. Während der Tagelöhner 1455–1485 einen Dresdener Scheffel Korn schon in 10 Tagen verdienen konnte, so war das 1520–1557 erst in 13 Tagen und 1558–1590 sogar erst in 19 Tagen der Fall. Bei den gelernten Arbeitern scheint der Rückgang der Löhne noch stärker gewesen zu sein, wenn man die Maurer- und Zimmergesellen als Typus gelten läßt. Zu denselben Ergebnissen kommt Wolf[2] nach Rogers für England.

Die Ursache dieses Lohnsturzes ist nicht, wie eine merkwürdige Verblendung annimmt, in besonders verderblichen Eigenschaften des „Kapitals" zu suchen, sondern sehr einfach in dem Überangebot von Arbeitern, die der Druck der „Zuwachsrente" in die Städte wirft. Die ganze Größe des stattgehabten Umschwungs auf dem Arbeitsmarkte wird klar, wenn man sich der ängstlichen Fürsorge erinnert, die das 13. und 14. Jahrhundert dafür gehabt hatte, die wenigen vorhandenen Hilfskräfte mit genossenschaftlicher Gerechtigkeit auf die Zunftmeister zu verteilen – und ihr die folgende naiv-kapitalistische Äußerung der Nürnberger Leineweberlmeister vom Jahre 1601 entgegensetzt, die sich in einem Gegenbericht auf eine Beschwerde ihrer Gesellen findet: „wern andre arme frembte Dropfen oft fro die weit im Land herumb laufen und nit arbeit finden mögen das sie alhie arbeit heten".[3]

Es liegt eine wahre Weltenwende dazwischen, eine Revolution, welche ganze Bevölkerungsmassen in „Streusand" verwandelt hatte, um einen Ausdruck Max Webers anzuwenden. Darum sanken die Löhne und stiegen die Kapitalgewinne; darum war ein unerschöpfliches Material für die jetzt immer allgemeiner werdenden stehenden Heere vorhanden; darum konnte sich ein irgendwo neu aufgerissenes Minimum mit fast kalifornischer Geschwindigkeit mit Menschen auffüllen: „1471, als auf dem Schneeberg in Sachsen reiche Silberadern findig wurden, entstand dort, wie durch einen Zauber, eine ganze Stadt. Als 1516 das Bergwerk zu Joachimsthal zur Ausbeute gelangte, sollen mehr als 8.000 Bergleute dort zusammengeströmt sein. *Luthers Vater, ein Bergmann im Mansfeldischen Bergwerk, war auch ein zu Grunde gegangener Bauer.*"[4]

Je mehr der „Gradient" wuchs, um so schwächer leisteten die sozialen Regulationen dem Zuge ins Minimum, der *Versuchung*, Widerstand. Die „Mutterlauge des Verbrechertums", die Vagabondage und Bettelei, nahm reißend überhand; viele Wandergesellen und Fechtbrüder machten namentlich im 16. und 17. Jahrhundert die Straßen unsicher.[5]

In England war noch Mitte des 14. Jahrhunderts die Sicherheit auf den Straßen groß; seit der agrarischen Usurpation, die auch dort nach der großen Pest eingesetzt und sich seitdem bis fast auf unsere Tage fortgesponnen hat, seit der „Schaffung eines Massenproletariats, das zahllose Landstreicher und Straßenräuber lieferte, wurde das Reisen über Land ein mühsames und gefahrvolles Unternehmen und blieb es bis ins 18. Jahrhundert".[6] Unter der Regierung Heinrichs VIII. (1509–47) wurden 72.000 große und kleine Diebe hingerichtet.[7] Und wie das Verbrechen, so

---

1 Schanz, Zur Geschichte der deutschen Gesellenverbände, S. 134.
2 Wolf, Wirtschaftsordnung, S. 188–192.
3 Schönlank, Soziale Kämpfe, S. 142.
4 Geschichte des Sozialismus, S. 90.
5 Stahl, Das deutsche Handwerk, S. 354.
6 Rogers, A History of Agriculture, Bd. I, S. 95ff., zit. nach Geschichte des Sozialismus, S. 185.
7 Marx, Kapital, Bd. I, S. 702 Anm.

scheint auch die *Prostitution als Massenerscheinung* erst dieser Zeit anzugehören, obgleich es natürlich vorher schon so gut einzelne Dirnen gegeben hat wie einzelne Diebe und Räuber. Wenigstens datieren die städtischen Verordnungen über die Prostitution ganz überwiegend aus der Zeit nach 1400. Auch Bücher (Frauenfrage im Mittelalter, S. 48) kommt zu dem Ergebnis, daß „nach allen Schilderungen die Prostitution in den deutschen Städten im 15. Jahrhundert eine furchtbare Ausdehnung gewonnen haben muß". Da die Frauen, die bis dahin gewerblich fast überall gleichberechtigt gewesen waren,[1] von dieser Zeit (15. Jahrhundert) an immer mehr von den Handwerken ausgeschlossen wurden,[2] wäre der Zusammenhang klar.

Der ganze, gewaltige Prozeß läßt sich dahin zusammenfassen, daß das Nomadenrecht in der Wirtschaft wieder den ausschlaggebenden Einfluß gewonnen hatte, und daß das mit dem Nomadenrechte untrennbar verbundene „Gesetz des Reichtums" sich sofort wieder in Wirksamkeit setzte, *die Anhäufung der Vermögen um vorhandene Kristallisationskerne*. Wie im Nomadenstamm der Herdenbesitz, wie im Naturalstaat der Landbesitz, so häuft sich jetzt in der kranken Tauschwirtschaft der Kapitalbesitz derart um vorhandene Kerne an, daß nicht nur der gesamte Zuwachs diesen zugute kommt, sondern auch noch die kleineren Massen von den größeren angezogen und aufgesogen werden. Denn immer größer wird das zum Exportbetrieb erforderliche Kapital, und immer massenhafter erliegen die kleinen Besitzer in dem jetzt kapitalistisch entarteten Konkurrenzkampf den großen.

Mit reißender Gewalt dringt das Kapital vor. Es zieht in den Gewerben für den Export Mehrwert von Meistern, Gesellen und unzünftigen Arbeitern, es zieht in eigenen Unternehmungen Mehrwert von unselbständigen Gehilfen, voran von den Bergleuten, die bei immer sinkenden Löhnen in immer großartigeren kapitalistischen Betrieben von immer wenigeren und immer reicheren Bergherren ausgebeutet werden; der Reichtum der Fugger usw. stammt zu einem ebenso großen Teile aus ihren Bergwerken,[3] an deren Ausbeutung sich die deutschen Kaufleute seit Mitte des 15. Jahrhunderts beteiligten,[4] wie aus ihren Manufakturen und Verlagsunternehmungen, Webereien und Eisenhämmern.[5] Sie leihen das ihnen stets reichlicher zuströmende Kapital an Bauern und Bürger als Hypotheken aus und machen sich damit die produktive Arbeit zinspflichtig; sie werden die Bankiers der Fürsten (die Fugger z. B. kaufen Karl V. die deutsche Kaiserkrone von den Kurfürsten[6]) und hier und da (Medici) selbst Fürsten; sie erwerben großen Grundbesitz[7] und setzen sich dadurch in den Genuß der „Zuwachsrente" in Stadt und Land.

Unerhörte Vermögen schießen auf diese Weise zusammen, wie sie die Vorzeit nicht gekannt hat. Hatte Averardo, genannt Bicci de Medici, der in der zweiten Hälfte des 14. Jahrhunderts lebende Begründer des Welthauses, jedenfalls noch kein großes Vermögen besessen,[8] so war dasjenige von Cosimo und Lorenzo im Jahre 1440 bereits auf ca. 30 Millionen Mark heutigen Wertes gestiegen – und die Fugger besaßen an *Geschäftskapital* (abgesehen von dem Privatvermögen der Inhaber) 1546 mindestens 160 Millionen Mark heutigen Wertes.[9] Vom 14. Februar 1511 bis Ende 1527

---

1 Schmoller, Tucher und Weber, S. 521; Stieda, Zunftwesen, S. 116; Stahl, Das deutsche Handwerk, S. 46–50, 66f., 71, 74, 80.
2 Stahl, Das deutsche Handwerk, S. 74, 83, 89, 91, 93.
3 Ehrenberg, Das Zeitalter der Fugger, Bd. I, S. 89, 90, 114, 189, 198.
4 Ebenda, S. 374.
5 Ebenda, S. 86, 189; vgl. Geschichte des Sozialismus, S. 261.
6 Ebenda, S. 101–112.
7 Ebenda, S. 114.
8 Ebenda, S. 46.
9 Ebenda, S. 386.

gewannen die Fugger mit einem Grundkapitale von rund 200.000 Gulden nicht weniger als eine Million 824.000 Gulden, 927% *in 17 Jahren oder durchschnittlich 54 1/2% jährlich.*[1]

Die Geld- und Kreditwirtschaft entartet zur wüstesten Spekulation. Das alte, solide Warengeschäft wird als zu mühsam und zu wenig lohnend[2] verlassen, und eine wilde Wechselreiterei geht durch die Kaufwelt; die Bankspekulation, im modernen Sinne die *Jobberei*, beherrscht das Feld. Der Übergang war noch vor 1550 entschieden.[3] Die Fürsten und Staaten borgen, unbekümmert um die Rückzahlung, drauf los und erklären ein Mal über das andere den Staatsbankrott, Spanien und Portugal schon damals an der Spitze; die Produktion, namentlich der Edelmetalle, und die spekulative Einfuhr von indischen Gewürzen wird ebenso überspannt wie die Fabrikation von Geweben und anderen Waren, wie die unsolide Kreditgewährung; großartige Versuche, durch Konsortien, Syndikate, Trusts,[4] oder wie man sie sonst nennen will, Corners durchzuführen, „Schwänzen" in Kupfer, Quecksilber, Pfeffer[5] oder gar Geld[6] werden unternommen; schwere *Krisen* fegen durch die Geschäftswelt; schon das Jahr 1472 sah den ersten großen deutschen Bankkrach in dem Zusammenbruch des „Wissel" in Lübeck.[7] Die Jahre um 1528, dann die um 1562, um 1575 usw. sind *Krisenjahre*. Das 16. Jahrhundert war von großen Krisen fast ebenso stark heimgesucht wie das neunzehnte.[8]

Die Kreditwirtschaft war durchaus entartet, der Kredit unsinnig überspannt; – „in Krisenzeiten trat das blanke Metall wieder an die Stelle des Kredits, und am letzten Ende erfolgte ein Zusammensturz des (...) auf unsicherem Grunde errichteten Papiergebäudes"[9]: *Rechengold schlug um in Warengold!*

Daß die Kapitalisten in die Reihen der staatsbeherrschenden und staatsausbeutenden Klassen aufgenommen wurden, auch formell durch Verleihung des Adels oder gar noch höherer Titel, wie die Fugger, vervollständigt nur die Charakteristik der aufkommenden Plutokratie. Die natürliche Reaktion der ausgebeuteten Klassen blieb nicht aus; die harten Worte Luthers über die Fucker und Fockerei[10] waren der Ausdruck einer echten „Mittelstandsbewegung" gleich der heutigen, die sich ebenfalls gegen das große, bewegliche Kapital richtet. Wie die christlich-soziale Bewegung der Gegenwart wurde sie von Adligen und Theologen beider christlicher Konfessionen geleitet und rekrutierte sich aus Bauern und Handwerkern, denen sich kleine Kaufleute zugesellten. Wie diese, „war sie ein trübes Gemisch eigennütziger und idealer Bestrebungen". Wie heute „beschuldigte man die Geldmächte, daß sie gutes Geld aus- und schlechtes einführten, daß sie Wucher trieben, daß sie sich auf solche Weise widerrechtlich auf Kosten des Volkes bereicherten, (...) daß sie überhaupt nicht besser als Räuber und Diebe seien".[11] Der einzige Unterschied ist, daß es damals noch keine *jüdische* Haute-Finance neben der „arischen" gab[12], und daß deshalb keine Anklagen gegen die „goldene Internationale" erhoben werden konnten.

---

1 Ebenda, S. 119.
2 Ebenda, Bd. II, S. 18.
3 Ebenda, Bd. I, S. 378.
4 Ebenda, S. 396f.
5 Ebenda, S. 396ff.
6 Ebenda, Bd. II, S. 22.
7 Nasse, Art. Banken, in: Handbuch der Staatswissenschaften, Bd. II, S. 50.
8 Ehrenberg, Das Zeitalter der Fugger, Bd. I, S. 385.
9 Ebenda, S. 410.
10 Ebenda, S. 117 Anm.
11 Ebenda, S. 403.
12 Ebenda, S. 242.

Aber es blieb nicht bei den bloßen Anklagen. Zu dem großen Aufstande von 1524/25 waren die Beschwerden über das Groß-Kapital ein starker Beweggrund, namentlich für das städtische Proletariat und die Bergleute. Ein Aufstand ihrer ungarischen Bergknappen kostete die Fugger ein Vermögen.[1]

Der ganze Aufstand von 1524 war, wie seine Vorläufer, nichts als der Ausgleich der ungeheuren Kräftespannung, welche sich angehäuft hatte. Während das Einkommen der Zuwachsrentner auf dem Lande und der Kapitalisten in den Städten in jenem unsinnigen Tempo wuchs, sank das Einkommen der eigentlich produktiven Klassen dort wie hier und verschlechterte sich ihre soziale Lage entsprechend.

Alle Charakterzüge des *kapitalistischen Arbeitsverhältnisses* erscheinen. Wie stark der *Lohn* sank, haben wir schon gesehen. Die *Arbeitszeit* wurde dabei verlängert, die noch am Anfang des 16. Jahrhunderts für Bergleute in der Regel sieben Stunden, am Harz und in Kuttenberg sogar nur sechs Stunden dauerte.[2] Dem Sweating-System in der Heimindustrie tritt würdig das Trucksystem zur Seite.[3] Schon im 15. Jahrhundert müssen sich die Gesellen, die Weber natürlich voran, gegen den Truck wehren;[4] die Behörden gehen, selbstverständlich vergeblich, mit Verboten dagegen vor, z. B. in Nürnberg 1540 und 1581 bezüglich der Rotschmiede.[5] Von Warenzahlung und Lotterkredit weiß Schanz[6] zu erzählen; ähnliche Praktiken werden aus Venedig,[7] vom hansischen Heringshandel auf Schonen[8] und vom Tiroler Bergbau berichtet.[9] Der *Stücklohn* tritt neben den Zeitlohn,[10] gleichfalls um die kritische Zeit, seit Ende des 14. Jahrhunderts, und erreicht eine ungemeine Spezialisierung.[11] Die eigentliche *Großindustrie* entfaltet ihre Schwingen und tritt in Wettbewerb mit dem alten Handwerk, das von ihr erwürgt wird. So z. B. fühlen sich die Nürnberger Blechschmiede schon 1533 durch die Werke von Wunsiedel und Amberg bedrängt, deren letzteres eine von Nürnberger Patriziern errichtete Fabrik darstellt. 1543 ist das alte blühende Gewerbe in Nürnberg ausgestorben.[12]

Es ist nicht meine Absicht, in der Schilderung der folgenden Periode weiter ins einzelne zu gehen. Sie ist bekannt und von berufeneren Federn besser dargestellt, als meine Kenntnisse und der mir zur Verfügung stehende Raum es gestatten. Meine Absicht ging nur dahin, die *Ursachen* der wirtschaftlichen Revolution aufzudecken.

Ich hoffe, daß es mir gelungen ist, die stattgehabte Umwälzung besser und in sich widerspruchsfreier zu erklären, als es die bisherigen Untersucher vermocht haben. Die von der historischen Schule ausschließlich herangezogene Übervölkerungstheorie kann als Erklärung vor einer unbefangenen Kritik ebenso wenig stichhalten, wie die von Marx und unter anderen von Brentano in den Vordergrund gerückten angeblich verhängnisvollen Eigenschaften des Kapitals an sich. Hier war überall das *Symptom* für die *Krankheit* genommen, während es sich doch einzig darum handelte,

---

1 Ebenda, S. 404.
2 Geschichte des Sozialismus, S. 89.
3 Schönlank, Soziale Kämpfe, S. 46.
4 Ebenda, S. 71.
5 Ebenda, S. 46.
6 Schanz, Zur Geschichte der deutschen Gesellenverbände, S. 20.
7 Broglio d'Ajano, Venetianische Seidenindustrie, S. 47.
8 Schäfer, Das Buch des Lübeckschen Vogts auf Schonen, S. LVI.
9 Geschichte des Sozialismus, S. 91.
10 Schönlank, Soziale Kämpfe, S. 70.
11 Schanz, Zur Geschichte der deutschen Gesellenverbände, S. 109.
12 Schönlank, Soziale Kämpfe, S. 43.

festzustellen, aus welchen Ursachen einerseits eine „relative Übervölkerung" entstehen konnte, andererseits, welche Bedingungen plötzlich Vermögen in „Kapital" verwandelten, Kapital akkumulierten und Kapital zum wichtigsten Faktor des Tauschverkehrs machten.

Diese Ursachen und Bedingungen glaube ich in dem einseitig auf das Landvolk ausgeübten wachsenden Drucke aufgedeckt zu haben. Der Verlust der Kaufkraft der Bauernschaften und die überstarke Abwanderung erzeugen die relative Übervölkerung; die relative Übervölkerung gibt den Geldbesitzern die Möglichkeit, Mehrwert zu ziehen, d. h. verwandelt Geld in „Kapital"; das Vorhandensein kapitalloser Arbeitskräfte entfesselt den Konkurrenzkampf, und dieser in Verbindung mit dem durch das übermäßige Wachstum der Gewerbebevölkerung notwendig gewordenen Exportindustrialismus führt die Akkumulation des Reichtums herbei.

Die letzte Ursache dieser Veränderung ist das Entstehen des modern- kapitalistischen Großgrundeigentums – und das ist nur möglich auf Grund des noch in Kraft befindlichen *Nomadenrechtes*.

Gierke hat in seinem nicht hoch genug zu schätzenden „Genossenschaftsrecht" die Weltgeschichte aufgefaßt als den Kampf zwischen zwei Prinzipien, dem der *Herrschaft* und dem der *Genossenschaft*.

Der geistvolle Gedanke ist zweifellos richtig, nur schwebt er in der Luft, weil eine seltsame Verblendung bisher die Fundamente, auf denen die beiden Prinzipien stehen, unsichtbar gehalten hat. Die *Herrschaft* ist die äußere Organisation, in welcher sich das Nomadenrecht Körper schafft, die *Genossenschaft* diejenige, in welcher sich das Tausch- oder Menschenrecht Körper schafft. Der Kampf der beiden „Ideen", der sich bisher in gar zu abstrakter Weise im Reiche des Geistes abspielte, wird damit aufgeklärt als der Kampf zweier *Rechte*, eines älteren, das die Arbeit auf Zwang, und eines jüngeren, das sie auf den wirtschaftlichen Eigennutz aufbaut. Ein solcher Kampf hat durchaus nicht seine Wahlstatt im abstrakten Reiche der „Ideen", sondern sehr konkret im Reiche der Erscheinungen: denn mit jedem Rechte sind unzählige Menschen verknüpft, welche den Kampf mit den materiellsten Mitteln auszutragen gesonnen sind.

Dieser Kampf der beiden Rechte oder besser der Träger dieser beiden Rechte dauert noch fort. Es ist eine Täuschung schlimmster Art, wenn wir geglaubt haben, seit dem Jahre 1810 oder wenigstens 1848 unter reinem Tauschrecht zu stehen. Ein tauschrechtlich verkappter Bastard des Nomadenrechtes ist unter uns und zerstört durch seine Gegenwart das Gleichgewicht und die genossenschaftliche Harmonie der Wirtschaft.

Dieser Störenfried ist das *Großgrundeigentum*. Es ist rein nomadenrechtlichen Ursprungs. Diesen Nachweis betrachte ich als unwiderleglich geführt: er stimmt mit Theorie und Geschichte.

Drei Methoden besitzt die Nationalökonomie, die induktive, die deduktive und die historische.

Ich habe in meiner „Siedlungsgenossenschaft" *induktiv* den Nachweis geführt, daß das Großgrundeigentum der einzige Störenfried unserer Wirtschaft ist. Bei der Durchforschung der von der Statistik gesicherten Daten fand ich, von wo ich auch ausging, immer nur *einen* und immer den gleichen Kausalzusammenhang, der auf keine weitere Ursache zurückführte, denjenigen zwischen dem Großgrundeigentum und der massenhaften Wanderungsbewegung; und wie sich dieser Zusammenhang als ein *primärer* herausstellte, so stellte er sich auch als ein solcher *ersten Ranges* heraus: denn er bildet meines Wissens die einzige wichtige Verbindung zwischen den beiden Gebieten des formellen Rechtes und der Wirtschaft. Ich konnte denn auch von dem einmal gewonnenen festen Punkte aus die soziale Krankheit bis in ihre feinsten Ausläufer hinein ableiten.

Ich habe jetzt in dieser Schrift den *deduktiven* Beweis für dieselbe These erbracht und habe, wie ich hoffe, auch zeigen können, daß die *historischen* Tatsachen mindestens besser mit dieser Theorie vereinbar sind, als mit den bisher geltenden, die ich als unrichtig nachweisen konnte.

Damit kann ich meine Aufgabe als gelöst ansehen. Ich bin mit allen vorhandenen Methoden zum gleichen Endziele gelangt, und das beweist die Richtigkeit der These.

Es sind also jedenfalls zwei Dinge unvereinbar: *Großgrundeigentum und Freizügigkeit*. Wenn sich der Kapitalismus am Ausgang des Mittelalters nicht zu einem so großartigen Arbeitssystem entwickelte wie in diesem Jahrhundert, so liegt die Erklärung einfach darin, daß die mittelalterlichen Staatslenker *die Freizügigkeit unterbanden*. Sie folgten ganz naiv ihrem einseitigen Klasseninteresse: der Großgrundbesitzer sah sehr wohl, daß er seinen Betrieb nicht aufrechterhalten könne, ohne den Bauern an die Scholle zu fesseln; der Zunftmeister sah sehr wohl, daß er keine Konkurrenz gebrauchen konnte, und sperrte dem Zuziehenden das Gewerbe; der Stadtrat sah sehr wohl, daß er genug Arme aus dem öffentlichen Säckel zu ernähren hatte, und sperrte dem Bauern die Tore. So wurde der Hahn zwischen den beiden kommunizierenden Röhren geschlossen, die Tauschwirtschaft war so gut wie vernichtet, und das wirtschaftliche Leben verfiel in einen Bärenschlaf, in dem es zwar auf das elendeste herunterkam, aber doch am Leben blieb. Die politische Projektion nach außen dieser Wirtschaftslethargie war die Ohnmacht und tragikomische Zerfahrenheit des Reiches. Der dreißigjährige Krieg verwüstete das Land und dezimierte die Bevölkerung stärker, als 300 Jahre zuvor der schwarze Tod; und dennoch, merkwürdig fürwahr für die malthusianische Geschichtsauffassung, blühte das Gewerbe nach diesem furchtbaren „Bevölkerungsklistier" nicht wieder auf, sondern sank in noch tieferen Verfall.

Das dauerte so lange, bis in den Westreichen der mit dem Handel nach den neu erschlossenen Kolonien immer gewaltiger aufblühende „dritte Stand" der Kapitalisten im Bunde mit der Fürstenmacht den Einfluß der Stände unterhöhlte und schließlich zerbrach. Wurde der dritte Stand durch die Privilegien von Adel und Klerus auf Schritt und Tritt *wirtschaftlich* beengt, so fühlte sich das Fürstentum durch seine Stände *politisch* beengt. So wurden die beiden natürlichen Gegner eine Zeitlang Bundesgenossen. Der absolute Staat setzte sich durch, um so leichter, als sich die kleineren Dynasten längst ihrer kostspieligen Feudalgefolge entledigt hatten, um sich ganz der privatwirtschaftlichen Seite ihrer Stellung hinzugeben – *und dieser Staat war der erste, der haltbar war*. Denn mittlerweile war die Geld- und Steuerwirtschaft überall genügend entwickelt worden, um die notwendigen *Beamten* statt mit dem Steuersubstrat, d. h. mit Lehen, mit *Gehalt* auszustatten. Die Bürokratie, in den Städten des Mittelalters zuerst entwickelt, dann in Territorien und Staaten eingedrungen, wurde mehr und mehr zum maßgebenden Faktor der Verwaltung und Gesetzgebung; sie beschränkte nach Kräften – und das ist ihr ewiges Verdienst – den brutalen Egoismus der staatsbeherrschenden Klassen und begann das Wohl der Allgemeinheit mehr und mehr in den Vordergrund zu stellen.

England öffnete zuerst wieder den Hahn zwischen den kommunizierenden Röhren, indem es die Freizügigkeit wiederherstellte, oder im Anfang wenigstens erleichterte. Es gewann damit einen Vorsprung von einigen Jahrzehnten in der wirtschaftlichen Entwicklung. Diesem Vorsprung allein dankt es seine industrielle Vorherrschaft in diesem Jahrhundert, nicht seiner Handelslage, seinen Häfen und seinen Kohlen- und Erzminen. Denn, wenn es diese Faktoren gewesen wären, welche seine Vormacht bedingten, so wäre die neuerdings eingetretene Bedrängung der britischen Industrie auf dem Weltmarkte nicht erklärlich, weil sich die Handelslage Englands so wenig geändert hat, wie sein Reichtum an Naturschätzen. Aber der *Vorsprung* gestattete ihm, den Markt der ganzen Kulturwelt mit den Erzeugnissen seiner Industrie zu monopolisieren. Hier zuerst setzte die *Abwanderung* ein, schuf die Millionenstädte und erlaubte jene tertiäre Arbeitsteilung, welche es schließlich ermöglichte, die immer einfacher gewordenen Handgriffe durch maschinelle Vorrichtungen zu ersetzen; – hier zuerst entstand jenes massenhafte, elende Proletariat, jene „Reserve-Armee" Arbeitsloser, und mit ihr der massenhafte Pauperismus und die Kriminalität; und hier zuerst jene ungeheure überseeische *Auswanderung*, welche die, ohnehin schon durch Abfluß der Arbeitskräfte in die Städte geschwächte, heimische Landwirtschaft immer mehr entblößte, um sie schließlich durch den Massenimport von Korn zu erwürgen.

Aber die glänzenden Seiten dieser riesenhaften Entwicklung waren so stark, daß sie aller Augen blendeten. Wie das Manchestertum es fertigbrachte, jahrzehntelang das damals entsetzliche Elend der englischen Arbeiterschaft zu übersehen, so weigert sich die Mehrzahl der heutigen Volkswirte noch immer, einzusehen, daß die englische Entwicklung kein Typus, sondern eine *Ausnahmeerscheinung* ist, einzig zu danken jenem riesigen Vorsprung, den sie hatte.

Denn von dem Augenblicke an, wo die anderen Völker gleichfalls den Hahn der Freizügigkeit und Gewerbefreiheit öffneten, setzte dieselbe Entwicklung in allen den Staaten mit gleicher Kraft ein, welche einen namhaften Großgrundbesitz hatten[1], mit überall denselben Erscheinungen; in Preußen z. B. erst nach 1816. Und überall setzte diese Industrie es durch, daß ihr der innere Markt durch Schutzzölle gesichert wurde, an denen sie so lange festhielt, bis sie ihrerseits exportfähig wurde. So verlor England einen Markt nach dem anderen; und eine fortwährend steigende Konkurrenz der Nationalindustrien ringt in immer erbitterteren Kämpfen um den Vorrang auf den Märkten, die noch überwiegend fremder Importe bedürfen. Schon sieht sich England genötigt, seinen starren Freihandelsstandpunkt zu verlassen, schon zwingt der nimmersatte Exportindustrialismus die westeuropäischen Völker zu immer gewagteren Kolonialabenteuern.

Die Zeit kann nicht mehr fern sein, in welcher auch dem Voreingenommensten klar sein wird, daß die Aufgabe der Kulturvölker nicht sein kann, rastlos neue Märkte zu erobern, sondern darin besteht, den ältesten und sichersten Markt zu erweitern und zur höchsten Kaufkraft zu entwickeln, den *heimischen Binnenmarkt*. Das ist nur möglich durch eine planvolle *innere Kolonisation* im großen Stil; und deren Voraussetzung wieder ist, daß man den Auflösungsprozeß des todkranken Großgrundeigentums nicht künstlich aufhält, sondern nach Kräften beschleunigt. Mag man das Bodenmonopol ablösen: es kann auch finanziell kein besseres Geschäft für die Staaten geben, die sich Millionen neuer Steuerzahler schaffen werden.

Wir stehen an der Weltenwende. Das Nomadenrecht kämpft seine letzte Schlacht um sein letztes Bollwerk, das Großgrundeigentum. Noch ist eine friedliche Lösung sehr wohl möglich. Wenn sie aber verhindert wird, dann wird das längst überstark gewordene Tauschrecht, sobald es erst einmal den Weg kennt, der zu seinem Ziele führt, in einem Erdbeben sondergleichen sich durchsetzen. Und dann: vae victis!

---

1 Frankreich hatte 1789 mit den Freizügigkeitsbeschränkungen auch den Großgrundbesitz abgeschafft, so weit er bestand. Hieraus erklärt sich ohne weiteres, warum es trotz dem Vorsprunge, den es durch Kultur und Gewerbefleiß vor Deutschland hatte, so ungeheuer hinter unserer Industrieentwicklung zurückgeblieben ist. Seine „Abwanderung" reichte nicht aus, um eine mächtige Großindustrie zu schaffen. Es leidet heute unter den Sünden seiner Nachbarn, d. h. einerseits unter der Steuerlast, welche ihm der nomadische Militarismus auferlegt; und vor allem durch die Preisbildung, welche ja an seinen politischen Grenzen nicht Halt macht. Es kann seine Industriearbeiter nicht wesentlich höher bezahlen, als die Arbeiter der Gesellschaften mit kranker Wirtschaft entlohnt werden; und seine zahlreichste Klasse, der Bauernstand, leidet ebenso unter den Wirkungen der Auswanderung, nämlich unter dem Preissturz der Urprodukte, wie der Bauernstand seiner östlichen und seines südlichen Nachbarn. Frankreich büßt also schuldlos; denn es hat zum Heere der Auswanderung kaum Mannschaften gestellt. Es wanderten in die Vereinigten Staaten von Nordamerika von 1821–1892 ein rund 6 1/2 Millionen Briten, rund 4,8 Millionen Deutsche und nur rund 383.000 Franzosen. (Die anderen Kolonialgebiete kamen bis heute kaum für die Preisbildung in Betracht.) Italien aber, Österreich-Ungarn und Spanien sind bei der Teilung der Welt zu spät gekommen: es gibt keine Märkte mehr, die sie erobern könnten, so daß trotz ihrem massigen Großgrundeigentum der eigentliche Industrialismus hier nicht gedeihen kann. Dagegen hat in *Japan* fast augenblicklich mit der Lösung der feudalen Fesseln des Verkehrs die kapitalistische und großindustrielle Entwicklung eingesetzt, da es auf den östlichen Märkten durch billige Arbeitslöhne und geringe Transportkosten eine starke Avance hat. Man sieht, daß zu der Erklärung dieser sämtlichen Tatsachen keine völkerpsychologischen Erwägungen erforderlich sind.

IV. Kapitel:
Therapie der sozialen Krankheit. Die Siedlungsgenossenschaft

Professor Max Weber hat im Herbst 1896 in einem Vortrage in der „internationalen Gesellschaft für vergleichende Rechts- und Staatswissenschaft" Anschauungen entwickelt, die denjenigen sehr nahe kamen, die ich in meiner eben damals erschienenen, ihm unbekannten „Siedlungsgenossenschaft" niedergelegt hatte. Auf der Grundlage eines viel reicheren statistischen Materials fußend, als ich hatte zusammenbringen können, bewies er die zwei Sätze, zu denen auch ich auf demselben Wege der Induktion gekommen war, *erstens*: das Großgrundeigentum ist *unrettbar* krank; keine Maßregel privater oder staatlicher Fürsorge kann es erhalten; es geht zugrunde an dem Sturz der Marktpreise für seine Erzeugnisse und an seiner Verschuldung. *Zweitens*: das Großgrundeigentum ist wirtschaftlich und politisch verderblich, denn es verwandelt die Bevölkerung seiner Bezirke in „Streusand", der jedem Windhauche folgt.

Ich möchte das Bild weiterführen. Jedermann kennt die Wanderdünen unserer Ostseeküsten. Auch sie bestehen aus Streusand, der jeder Luftbewegung folgt. Der von der See herwehende Wind treibt Sandkorn nach Sandkorn den seewärts gelegenen Abhang hinauf und den landwärts gelegenen Abhang hinunter. Dadurch schiebt sich die Düne langsam, aber unaufhaltsam landeinwärts und begräbt alles Leben unter sich, auf das sie stößt, Waldung, Felder, Dörfer.

Gerade so wälzt sich die in Streusand verwandelte Bevölkerung unserer Großgrundbesitzbezirke über das Kulturleben des Volkes und erstickt es in langsamem Vorrücken. Da hilft nur ein Mittel: *den Sand bewurzeln*! Man muß auf dem Wege der inneren Kolonisation die fluktuierende Tagelöhnerbevölkerung in seßhafte Eigentümer verwandeln.

Den *einen* Weg, der zum Ziele führt, hat der Staat beschritten. Mit Aufwendung gewaltiger Mittel hat er Güter angekauft, parzelliert und als Rentengüter an kleine Wirte aufgeteilt.

Dieser Weg führt durch ungeheure Schwierigkeiten zu einem zweifelhaften Ziele. Zunächst ist das Gefürchtete eingetreten, daß die Maßregel der inneren Kolonisation in einer wirtschaftlich nicht zu rechtfertigenden Weise mit einer Hilfsaktion zur Rettung adliger Vermögen verquickt worden ist, derart, daß die staatlichen Kommissionen die Güter viel zu hoch bezahlt haben und den Rentengutskäufern natürlich viel zu teuer verkaufen mußten. Dieses Stückchen der Klassenwirtschaft hat die wirtschaftlichen Erfolge der Maßnahme stark getrübt.

Davon aber abzusehen, ist die Durchführung einer solchen Parzellierung juristisch und namentlich landwirtschaftlich-technisch eine der denkbar schwierigsten Aufgaben. Die Zerlegung der Gesamtfläche in wirtschaftlich lebensfähige Einheiten, die Zuweisung der verschiedenen Bodenarten, der erforderlichen Wiesenstücke etc. an die einzelnen Höfe, die Ausscheidung von Schul-, Kirchen- und Gemeindeland für die neue Kommune, die beste Verwendung der vorhandenen Baulichkeiten, und das alles in Anpassung an die so verschiedenen Wünsche und das so verschiedene Kapital der Bewerber: das sind Aufgaben, die nur schwer genügend und wohl nie vollkommen zu lösen sind.

Selbst wenn aber alles möglichst gut gelungen ist, was ist erreicht? Es ist eine bedeutende Menge nutzbaren Landes für Anlegung der nötigen Feldwege und Raine verlorengegangen, es ist ein kostbares Kapital in der Anlage einer großen Menge gesonderter Wirtschaftsgebäude festgelegt, es hat das vorhandene fixe Baukapital weit unter dem wirklichen Werte an den Erwerber des Restgutes verschleudert werden müssen. Und was ist positiv erreicht? Die Ansetzung einiger kleiner Bauern, die, wenn alles gut geht, sich in kümmerlichem Behagen durchbringen werden.

Der ganze Prozeß aber hat Jahre hindurch gedauert und unzählige besoldete und unbesoldete Kräfte in Atem gehalten.

Wäre der Weg der Parzellierung der einzige gangbare, so müßte man ihn geduldig weiter wandern, um wenigstens seine Pflicht gegen den Augenblick zu tun. Freilich, wer sieht, wie wenig die beiden staatlichen Behörden für innere Kolonisation bisher haben leisten können, trotzdem sie mit Hingebung und zeitweise sogar mit hastiger Unvorsichtigkeit gearbeitet haben,[1] der hat keine Hoffnung, daß die großen Probleme der Zeit auf *diesem* Wege eine friedliche Lösung finden können.

Ist denn nun die Parzellierung die *einzige* Möglichkeit, um Tagelöhner in Eigentümer zu verwandeln? Nein, es gibt noch eine andere. Man kann auch die Tagelöhner in ein juristisches Kollektivsubjekt zusammenfassen, in eine *landwirtschaftliche Arbeiterproduktivgenossenschaft*; auch dadurch werden sie Eigentümer.

Diese Form der Genossenschaft ist für Deutschland praktisch und theoretisch neu. Ich habe sie zuerst theoretisch untersucht und auch die Geschichte der Versuche geschrieben, die im Auslande damit angestellt worden sind. Im folgenden will ich die Ergebnisse kurz rekapitulieren:

Keiner der Schriftsteller, welche die *landwirtschaftliche* Arbeiterproduktivgenossenschaft bisher betrachtet haben, hat den tiefen Wesensgegensatz erkannt, der zwischen ihr und der *industriellen* Arbeiterproduktivgenossenschaft besteht. Sie sind nicht mit demselben Maße zu messen, sondern absolute Antipoden, in jeder Hinsicht.

An drei Klippen scheitern fast alle *industriellen* Produktivgenossenschaften im Kampf ums Dasein. Es sind dies: der Kampf um den *Kredit*, der *Absatz* und die *Disziplin*.[2] Diese drei Klippen sind für die landwirtschaftliche Genossenschaft nicht vorhanden: denn die industrielle Genossenschaft braucht *ungedeckten Personalkredit*, die landwirtschaftliche *gedeckten Realkredit*; je mehr Mitglieder ihr beitreten, um so mehr wächst jene in den Konkurrenzkampf des Weltmarktes um den *Absatz hinein*, diese aber *heraus*; um so schwieriger wird dort die *Disziplin*, weil die Arbeiter immer mehr *subordiniert* werden müssen, aber um so leichter hier, weil sie immer mehr *koordiniert* werden können. Schließlich ist *jene* eine Genossenschaft von „kapitalistischen Verkäufern", *diese* aber von „Käufer-Verkäufern" und unterliegt deshalb nicht dem „Gesetz der Transformation". Der Beweis dieser Thesen findet sich auf den Seiten 362–371 meiner „Siedlungsgenossenschaft".

Ergab sich mir so die *theoretische* Möglichkeit dieser Bildung, so konnte ich auch ihre *praktische* Lebensfähigkeit aus ihrer Geschichte erhärten. Mit derselben mathematischen Sicherheit, mit der jede, auch die best fundierte industrielle Genossenschaft zugrunde gegangen ist (mindestens als „Genossenschaft"), ist jede, auch die schlechtest fundierte landwirtschaftliche Genossenschaft geglückt. Das einschlägige Material findet sich im 4. Kapitel des zweiten und im 1. Kapitel des dritten Buches meines angezogenen Werkes.

Daß die Genossenschaft *möglich* ist, unterliegt also keinem Zweifel, es fragt sich nur, ob sie auch wünschenswert ist, d. h. ob sie der Parzellierung *technisch* vorzuziehen ist. Ich bin der Ansicht und bin darin von der fachmännischen Kritik bestärkt worden, die sich zum Teil mit wahrem Enthusiasmus auf meine Seite gestellt hat: Landwirte, Genossenschaftler und Nationalökonomen.

Es kann m. E. keinem Zweifel unterliegen, daß der Großbetrieb auch in der Landwirtschaft dem Kleinbetriebe *ceteris paribus* an technischer Leistungsfähigkeit sehr überlegen ist. Er spart Land an Wegen und Grenzen, Gebäudekapital – denn eine große Scheune ist viel billiger als dreißig kleine; – er hat eine ganz andere Möglichkeit, Maschinen zu verwenden als der Kleinbetrieb selbst in der Werkgenossenschaft; er ist zu größeren Meliorationsarbeiten ganz anders geeignet, und, last not least, er kann intelligente Leitung bezahlen. Bei angenommener Gleichheit der Grundbedingungen („ceteris paribus") wäre der landwirtschaftliche Großbetrieb dem kleinen gerade so überlegen wie die Dampfweberei dem Webstuhl, wäre also der Kleinbauer weltwirtschaftlich gerade so rückständig wie der Webermeister.

---

[1] Vgl. Oppenheimer, Siedlungsgenossenschaft, S. 293ff.
[2] Ebenda, S. 52ff.

Diese gewaltigen Vorteile des landwirtschaftlichen Großbetriebes werden aber heute paralysiert, vielleicht schon überkompensiert durch *einen* Nachteil: die minderwertige Arbeitsleistung der Tagelöhner! *Die „Gleichheit der Grundbedingungen" ist eben nicht herstellbar.* Der Bauer ist fleißig, sorgsam und geschickt, der Tagelöhner faul, nachlässig und plump.

Die interesselose Arbeit der Lohnwerker hält zwar auch in der Industrie die Leistung unter dem erreichbaren Niveau, aber doch nicht entfernt in dem Maße, um den Kleinbetrieb konkurrenzfähig zu erhalten. Denn über dem Industriearbeiter hängt das Damoklesschwert der Arbeitslosigkeit, wenn er vor der scharfen Kontrolle der Arbeitsleiter nicht bestehen kann; d. h. es schwingen Hunger und Not die Hetzpeitsche. Aber dieselbe Abwanderung, die dem *Großindustriellen* die städtische Reservearmee und durch sie die unbedingte Herrschaft über seine Arbeiter gibt, raubt sie dem *Großlandwirt*. Herrscht in der Stadt ein Über*angebot* an Arbeit, so herrscht auf dem Lande eine Über*nachfrage*: der Landwirt wird auch den schlechten Arbeiter nicht leicht entlassen, weil er fürchten muß, keinen besseren zu erhalten; und selbst den entlassenen hält das wunderbare Ortsarmenrecht Ostelbiens mit Hilfe von einigen Wald- und Felddiebstählen in fast gleichem Komfort wie den arbeitenden.

Dieser Mangel an Arbeitern und namentlich an *guten* Arbeitern ist der letzte Nagel zum Sarge des europäischen Großgrundeigentums. Es müßte, plötzlich in die innerste Zone des Weltwirtschaftskreises gerückt, intensivste Wirtschaft treiben, um der Konkurrenz der überseeischen Außenzonen zu entwachsen – und sieht sich im Gegenteil zu immer extensiverer Wirtschaft gezwungen, mangels an Arbeitern – und freilich auch mangels an genügend kaufkräftigen Konsumenten für die Erzeugnisse intensivster Landwirtschaft.

Gibt man aber dem Landarbeiter das Interesse an seiner Arbeit, indem man ihn zum Mit-Eigentümer eines genossenschaftlich betriebenen Gutes macht, dann vereinigt diese Genossenschaft alle Vorteile des Großbetriebes mit allen jenen des Kleinbetriebes und unterliegt keinem der Schäden der beiden Formen, die uns geläufig sind. *Erst mit dieser Vereinigung wird die gewaltige technische Revolution, welche der Großbetrieb in der Wirtschaft hervorgebracht hat, auch auf die Urproduktion erstreckt und damit vollendet sein.*

Bessere Arbeit bedeutet höhere Roherträge, größere Sorgfalt bedeutet geringere Produktionskosten. Als Differenz zwischen beiden bleibt ein beträchtlich höherer Reinertrag übrig. Der kapitalisierte Betrag dieses Reinertrages ergibt einen höheren Wert des Gutes. Man darf also aussprechen – und auch darin haben fachverständige Kritiker meine Berechnungen bestätigt –, daß ein Gut schon durch die bloße Tatsache einen bedeutend höheren Wert erlangt, daß es aus Einzel-Eigentum in genossenschaftliches Eigentum übergeht. Man darf diesen Mehrwert ruhig auf mindestens 25% veranschlagen. Wenn also der Staat bei seiner inneren Kolonisation es für erforderlich hält, notleidende adlige Vermögen zu sanieren, so könnte er es auf diesem Wege erreichen, ohne die neugeschaffenen Bauern in eine unhaltbare Wirtschaftslage zu versetzen.

Und er könnte sein eigentliches Ziel, in den östlichen Provinzen *möglichst schnell* eine möglichst dichte bäuerliche Bevölkerung zu schaffen, viel vollkommener erreichen, als auf dem Wege der Parzellierung. Es sind keinerlei technische Manipulationen erforderlich: der Staat faßt die Tagelöhner des aus seinen Mitteln erkauften Gutes als Genossenschaft zusammen, läßt diesem juristischen Subjekt das mit Restkaufgeld und Meliorationskapital hypothekarisch belastete Objekt auf, setzt einen tüchtigen Fachmann als Leiter ein, dem die Genossenschaft so lange folgen muß, bis sie die eingetragenen Vorschüsse amortisiert hat – und die ganze Operation ist beendet. Die Genossenschaft ist gleichzeitig *Gemeinde* und hat es durchaus (auch nach dem Gesetz vom 1. Mai 1889) in der Hand, ihre Mitglieder für die öffentlichen Zwecke zu besteuern.

Hier ist nichts nötig, als ein weitherzig ausgestatteter und von bürokratischer Engherzigkeit nicht gefesselter erster Versuch. Er würde zeigen, daß die Kreditbasis einer solchen Genossenschaft geradezu unerschütterlich ist; und der Staat würde keine Schwierigkeiten haben, auf Rentenbriefe, die er gewährleistet, zu den günstigsten Bedingungen Kapital genug zu erhalten, um in kurzer Zeit die Mehrzahl der ca. 20.000 Großgutsbesitzer abzulösen, die er in seinen Grenzen hat. Da die meisten dieser Güter bis über den Wert bereits verschuldet sind, so handelt es sich gar nicht um Beschaffung großer *neuer*, sondern fast nur um Umschreibung *alter* Kapitalien.

So einfach das ist, so unwahrscheinlich ist es dennoch, daß die preußische Bürokratie diesen Weg einschlägt. Einer der höchsten Beamten des Staates hat mir mit köstlicher Unbefangenheit erklärt, „man könne von einem Bürokraten doch nicht verlangen, daß er mit neuen Ideen experimentiere, wenn die Idee auch noch so gut sei". Der Mann hat leider recht! Solange Schema F der eigentliche Herrscher des Staates ist, kann man das nicht verlangen.

Man kann also nur hoffen, daß bald ein notleidender Grundbesitzer selbst oder ein kluger Kapitalist einsehen werden, daß hier bei verschwindendem Risiko ein relativ glänzendes Geschäft zu machen ist. Der Versuch wird glücken und wird nachgeahmt werden.

Bis hierher bin ich, wie fast alle meine Kritiker lobend hervorgehoben haben, „auf dem Boden der Tatsachen geblieben" und habe „verdienstvolle Anregungen gegeben". Leider habe ich mich dann von meinem Temperament dazu hinreißen lassen, mich ganz in „wesenlose Utopien", in „schwärmerische Phantasien" zu verlieren.

Ich bin in der Tat schuldig! Ich habe den Frevel begangen, mittels dieser neuartigen Genossenschaft „die soziale Frage lösen zu wollen".

Proh pudor! Nachdem die gesamte Professorenschaft der Welt die soziale Frage für unlösbar erklärt hat, nachdem Marx und Kautsky sie zwar für lösbar, aber nur durch den Kommunismus lösbar, erklärt haben, wagt es ein homo novissimus, sie für lösbar zu erklären und zwar auf nichtkommunistischem Wege! In dem Meere der Entrüstung, welche diese Anmaßung hervorgerufen hat, ertrank das bißchen Anerkennung, die das vorhergegangene sich erworben hatte.

Ich erlaube mir, den Fall kurz vorzutragen:

Ich mache einen *praktischen Vorschlag*, und zwar die Begründung *einer* nach dem Gesetze vom 1. Mai 1889 zu konstituierenden, freien, auf Selbsthilfe beruhenden Genossenschaft, *einer* landwirtschaftlichen Arbeiterproduktivgenossenschaft. Durchaus im Sinne Schulze-Delitzsch'! Denn auch für ihn war der Anfang der Selbsthilfe die Beschaffung einer ausreichenden Kreditbasis durch die solidarische Haftung der Mitglieder: und diese Kreditbasis ist hier gegeben, wie ich nachgewiesen habe.¹ Zudem hat Schulze selbst gelegentlich die Arbeiter-Produktivgenossenschaft für Landbau empfohlen. Also freihändlerisch-liberale Orthodoxie!

Dieser Vorschlag begegnet zudem der allgemeinen fachmännischen Billigung.

Trotzdem greift mich die liberal-freihändlerische Presse mit Fanatismus an, die Vossische Zeitung mit Goetheversen, und das „nationaloekonomische Organ" der Partei, die „Nation" in einem kostbaren Aufsatz von „sachverständiger Feder", in welchem Dinge bewiesen werden, die ich nie bestritten habe, und Dinge widerlegt werden, die ich nie behauptet habe.

Der Grund? Weil ich mich nicht damit begnügt habe, einen praktischen Vorschlag zu machen, sondern es unternommen habe, die Konsequenzen aus seiner Verwirklichung zu ziehen. Also wohlgemerkt: ich mache erstens einen *Vorschlag* und knüpfe zweitens an seine Ausführung gewisse *Hoffnungen*. Ich versuche zu zeigen, wie gerade diese Form der Genossenschaft mir berufen erscheint, aus *eigener Kraft*, durch ein *organisches Wachstum*, *ohne jede Fremdhilfe* die kapitalistische Wirtschaft aufzulösen. Ich sage schließlich damit gar nichts Neues; denn jeder Volkswirt, der sich mit dem Genossenschaftswesen beschäftigt hat, hat genau dasselbe gehofft und gar nichts anderes hoffen können: *die Aufsaugung der „freien" Arbeitskräfte durch die Produktivgenossenschaft*, wenn nicht

---

1 Ebenda, S. 352ff.

die landwirtschaftliche, so die industrielle, und als Folge davon eine Entlastung des Arbeitsmarktes, ein Steigen der Löhne, *d. h. eine Verminderung des Unternehmergewinns.*

Trotzdem sich also jeder praktische Schritt, den zu tun ich vorschlage, lediglich und ausschließlich darauf beschränkt, eine nach den Gesetzen des Landes und dem Kodex des Liberalismus legitimste Genossenschaftsbildung ins Leben zu rufen: trotzdem macht man mich zu einer Spielart des Kommunisten, der eine ganz neue, in seinem verrenkten Schädel ausgeheckte Mißgeburt eines Staatswesens fix und fertig auf die Menschheit pfropfen will. Nach der getreuen Berichterstattung des Fachmanns in der „Nation" habe ich die Absicht, die „Unzufriedenheit" und den „Kapitalzins abzuschaffen". Und trotzdem ich durch alle Instanzen gehe, ist es mir nicht möglich, eine Berichtigung dieser geradezu unsinnigen Verkehrung meiner Gedanken in das „liberale" Blatt aufgenommen zu erhalten.

Das erheiterndste an dieser ganzen Kritikasterei ist, daß es gerade liberale Zeitungen sind, welche mich für einen „Utopisten" erklären. Es hilft nichts, daß in dem Buche selbst der Nachweis enthalten ist, daß meine ganze „Utopie" nichts ist, als die „Harmonie der Interessen" ihres eigenen Kirchenvaters A. Smith. Diese unentwegten Wirtschaftsliberalen sind so tief ins Manchestertum versunken, daß sie überhaupt nicht mehr wissen, auf welcher Gedankengrundlage ursprünglich ihr eigenes System aufgebaut ist. Der Nachweis, daß A. Smith der erste *Sozialist* war, weil er durch Beseitigung aller wirtschaftlichen Hemmnisse eine *äußerst weitgehende Ausgleichung der wirtschaftlichen Einkommen* und eine „Harmonie aller Interessen" herbeizuführen glaubte, prallt natürlich trotz aller Evidenz an dem Panzer ihrer Parteidisziplin ab.

Herr Anwalt Crüger, der zweite Nachfolger Schulze-Delitzsch', erkennt mit dem geschulten Blicke des praktischen Genossenschafters den Wert meines positiven Vorschlages und empfiehlt ihn in herzlicher und eingehender Weise. Aber er verwahrt seinen verstorbenen Meister sowohl in den „Genossenschaftlichen Blättern" als in der Wiener „Zeit" pietätvoll gegen meine Behauptung, er habe jemals mittels der Genossenschaft die „soziale Frage" lösen wollen. Ich fasse einige Stellen in Schulzes Werken anders auf als Crüger. Aber gleichviel! Wenn er in diesem Punkte gegen mich recht hat, so hat er einen Pyrrhussieg errungen; dann hat er nur bewiesen, daß Lassalle mit jedem Worte seines furchtbaren „Bastiat-Schulze" recht, und der erste Genossenschaftsanwalt gerade so wenig eine Ahnung von den Grundlagen des wirtschaftlichen Liberalismus, nämlich von Smith' ökonomischem System, gehabt hat wie der dritte.

Ich konstatiere hier also noch einmal, daß es mir niemals eingefallen ist, etwas anderes zu wollen, als die Begründung einer einzigen, nach meinen detailliert niedergelegten Plänen eingerichteten landwirtschaftlichen Arbeiterproduktivgenossenschaft. Alles aber, was ich in dem dritten Buche meines Werkes entwickelt habe, das will ich nicht *machen*, nicht *einführen*, nicht *dekretieren*: sondern das soll, so ist meine Hoffnung, sich selbst machen durch das, was man gemeinhin eine „organische Entwicklung" nennt, dieselbe Entwicklung, auf welche meine Herren Kritiker nach ihrem eigenen Bekenntnis so herrliche Hoffnungen setzen.

Sind denn nun meine Hoffnungen so durchaus unsubstantiiert? Wir wollen sehen!

Ich behaupte erstens, daß der erste Versuch, *wenn er glückt*, massenhafte Nachahmung finden wird. Niemand wird das bestreiten können. Wir haben heute eine Überzahl verzweifelter Menschen als Nominaleigentümer von Gütern, die sich keinen Moment besinnen würden, ihr Gut zu verkaufen, wenn sie mit Ehren und einem kleinen Kapital davonkämen; wir haben noch mehr Banken und Privatkapitalisten, die keinerlei berufliches oder gemütliches Interesse an einem von ihnen beliehenen Objekte nehmen, und die sofort in dessen Veräußerung willigen würden, wenn sie eine Aussicht erhielten, damit ihr Geld zu retten, das ihnen heute so gut wie verloren ist. Wenn der Versuch glückt – und die Wahrscheinlichkeit hat mir kein Fachmann bestritten –, dann ist die Umwandlung eines Gutes in eine Genossenschaft als *„gutes Geschäft"* klargestellt, und man braucht die heutigen Menschen wahrhaftig nicht für „Engel" zu halten, um ihnen zuzutrauen, daß sie ein gutes Geschäft machen, wenn sie dazu in der Lage sind.

Ich darf also annehmen, daß, wenn erst einmal durch einen Versuch die Richtigkeit meiner Kalkulationen bestätigt ist, sich das dadurch ermutigte, heute nach sicheren Anlagen lechzende „vagabundierende" Kapital des Marktes mit Enthusiasmus auf das neue Feld der Tätigkeit werfen wird. Wenn wir heute schon „Landbanken" haben, welche das Geschäft der Güterschlächterei im großen betreiben, obgleich es schwierig, langwierig und nicht ganz ohne Risiko ist, dann werden sich für dieses risikofreie, glatte und nicht unlohnende Geschäft Aktiengesellschaften in Hülle und Fülle bilden.

Nun ist bekannt, daß auf einem parzellierten Gute viel mehr Menschen Platz haben, als auf einem Einzelbesitz. Ich habe oben schon eine diesbezügliche Statistik angeführt. Dasselbe ist auf einem genossenschaftlich verwalteten Gute mit Sicherheit anzunehmen. Denn in *jeder* Genossenschaft ist anfangs das Bestreben sehr stark, neue Mitglieder zu gewinnen, welche die Lasten der Schuldzinsen und der Solidarhaft mittragen sollen. *Diese* Genossenschaft speziell muß das Bestreben haben, schnell durch höhere Intensität der Bewirtschaftung zu größerer Sicherheit des Absatzes und höheren Einnahmen zu kommen; dazu braucht sie neue Arbeitskräfte; und schließlich ist sie eine Genossenschaft von Käufer-Verkäufern, also offen für Zuzügler. In der Tat hat die einzige, ganz reine Genossenschaft dieser Art, Rahaline, ihre Genossenzahl binnen zwei Jahren fast verdoppelt.[4]

Andererseits ist sehr wahrscheinlich, daß die Mitglieder der Genossenschaft *materiell*, – und absolut sicher, daß sie *sozial* in einer weit besseren Lage sein werden als die benachbarten Tagelöhner. *Materiell*, denn sie werden bei verminderten Produktionskosten vermehrte Erträge haben; und darüber hinaus muß die von mir entworfene Organisation dem Areale ganz neue Produktionsquellen erschließen, indem sie die bisher fast ertraglose Peripherie des Gutes aufs höchste ausnützt. *Sozial* aber wird sich die genossenschaftliche Gemeinde in der Lage einer *fast souveränen Republik* befinden; denn die Gutsverfassung Ostelbiens räumt dem Gutsherrn so extravagante Rechte ein, daß eine Genossenschaft, die gleichzeitig Gutsherr ist, fast unabhängig ist. Dazu kommen die Bestimmungen des Genossenschaftsgesetzes, welche einer Genossenschaft, die gleichzeitig *Gemeinde* ist, die Souveränität der alten „Mark" gewährleisten.[5]

Diese soziale Minderbelastung allein würde schon genügen, um neue Arbeiter anzusaugen. Sie würden natürlich aus dem Hochdruckgebiete kommen, von den Großgütern im Einzelbesitz. Das will sagen: je höher die sozialen Annehmlichkeiten und materiellen Vorteile in der Genossenschaft wachsen, um so höhere Löhne muß der Privatbesitzer bewilligen; höhere Löhne sind erhöhte Produktionskosten, d. h. verringerte Erträge. Da der Gutswert nichts ist, als die kapitalisierte Rente, so **sinkt also in der Nachbarschaft der Genossenschaften die Grundrente.** Die Mehrzahl der Besitzer kann das nicht lange aushalten, und ihre Güter werden entweder durch sie selbst oder ihre Gläubiger nolens volens in Genossenschaften umgewandelt. Um so stärker ist dadurch natürlich die Ansaugung von Arbeitskräften aus den noch übrigen Großgütern. Sobald das Kapital ferner erst einmal merkt, daß es mit der „Rente" bergab geht, werden die Hypotheken massenhaft gekündigt, um zu retten, was noch zu retten ist; es kann in diesem Zusammenbruch ein nennenswerter Großgrundbesitz nicht übrigbleiben, außer in der Hand unsinnig reicher Milliardäre, die sich den Luxus leisten können, große Flächen brachliegen zu lassen.

Auf diese Weise wird, dessen glaube ich sicher sein zu dürfen, in verhältnismäßig kurzer Zeit der gesamte deutsche Großgrundbesitz in die Hände von selbstwirtschaftenden Bauern übergegangen sein: und dann ist der nationalökonomische Störenfried ausgemerzt; es existiert keine „Zuwachsrente" mehr, die durch ihre einseitige, wachsende Drucksteigerung die Landbevölkerung in die Städte treibt.

---

4 Ebenda, S. 410.
5 Vgl. ebenda, S. 484ff.

Vom ersten Augenblicke der Bewegung an muß sich die Abwanderung in die Städte verringern, erstens, weil jedes genossenschaftliche Areal ein Niederdruckgebiet wird, von dem keine Bevölkerung mehr abströmt, zweitens, weil es selbst Fortwanderer anderer Bezirke aufnimmt. Gleichzeitig wird jede Genossenschaft ein Zentrum steigender Nachfrage nach Gewerbeprodukten: es steigt also die Nachfrage nach Arbeitskräften in den Städten, während gleichzeitig das Angebot solcher Kräfte sinkt. Nach den Gesetzen der bösen „freien Konkurrenz" muß unter diesen Umständen der Arbeitslohn steigen, steigen und immer weiter steigen; und wenn die „Zuwachsrente" auf dem Lande auf Null gesunken ist, dann ist auch die Hausrente in den Städten auf demselben Punkte angelangt, und der ausbeuterische Unternehmergewinn ist ihm gefolgt.

Ich habe nun weiter entwickelt, daß sich Handwerker an die rein landwirtschaftlichen Genossenschaften angliedern würden, und daß diese dadurch aus Wirtschaftsgenossenschaften zu Genossenschaftswirtschaften, zu dem werden würden, was ich als „Siedlungsgenossenschaften" bezeichnet habe; einzelne dieser Bildungen würden sich zu *Städten* auswachsen, und hier würde auch die gesamte *gewerbliche* Arbeit dann produktivgenossenschaftlich organisiert sein.

Besonders die letzte Behauptung ist vielen meiner Kritiker als der Gipfel des blühenden Unsinns erschienen. Es hat auch da an heiteren Dingen nicht gefehlt. Ich habe auf Grund des Thünenschen Schemas, so viel ich sehe zum ersten Male, verfolgt, *wie sich eine Stadt aus der Urproduktion entwickelt*. Diese Schilderung enthält durchaus nichts anderes, als den auf nationalökonomische Weise ausgedrückten Vorgang bei der Entstehung *jeder* gemischten Ansiedlung der ganzen Welt: diese nationalökonomische Darstellung eines ganz alltäglichen Geschehens haben meine Rhadamantysse – für unmöglich erklärt! Einer der Weisesten erklärte es für unmöglich, Käufer und Verkäufer derselben Ware in *einer* Organisation zu vereinen: der Wackere muß wunderbare nationalökonomische Vorstellungen von der Natur eines Marktes oder einer Börse haben!! Difficile est, satiram non scribere!

Schmerzlicherweise muß ich nun mitteilen, daß der ganze, von mir theoretisch aus den Gesetzen der systematischen Nationalökonomie deduzierte Vorgang sich *geschichtlich* in genau der von mir dargestellten Weise schon einmal in unserem Vaterlande abgespielt hat.

Als einige deutsche Grundherren im zehnten Jahrhundert das von ihnen mit Beschlag belegte Land gegen mäßige Bedingungen Ansiedlern zur Verfügung stellten, liefen den anderen die damaligen landwirtschaftlichen „Arbeiter" davon. Um sie zu halten, mußte man ihren „Lohn" erhöhen, immer mehr erhöhen, ihre soziale Stellung heben, immer mehr heben, bis von der alten Knechtschaft und der alten „Zuwachsrente" kaum eine Spur mehr übrig war. Das Großgrundeigentum war wirtschaftlich vernichtet durch den Verlust seiner Arbeitskräfte. Genau wie in meiner Prophezeiung! Überall waren blühende, reiche Dorfschaften entstanden, in denen keine Armut existierte; der Ertrag der Felder stieg enorm, und die gestiegene Kaufkraft der Bauern ließ überall neue, blühende Gewerbezentren entstehen. Und hier war auch die *gewerbliche* Arbeit produktivgenossenschaftlich organisiert, in der freien Zunft ihrer Blütezeit! Es gab keine Reserve-Armee, keine Lohnarbeiter, keine Proletarier, keinen „Unternehmergewinn" und Kapitalzins, keine Krisen und keine „Übervölkerung", genau wie in meiner Prophezeiung!

Es ist ein herrliches Zeugnis für meine Herren Kritiker, daß sie das geschichtlich verbürgte für einen nationalökonomisch-historischen Unsinn erklärt haben.

Wir haben nur dasselbe zu tun, was die Grundherren der späten Karolingerzeit taten; aus staatswirtschaftlichen Rücksichten schufen sie auf dem Lande viele Orte sozialen und wirtschaftlichen Niederdrucks; die ganze gedrückte und ausgebeutete Klasse strömte hinein, stellte sich ins Gleichgewicht: und Knechtschaft und Armut waren verschwunden. Tun wir dasselbe, ebenfalls aus Gründen des Staatswohles!

Dazu könnte die landwirtschaftliche Arbeiterproduktivgenossenschaft helfen, als das bequemste und schnellste Mittel zum Zwecke. *Nötig ist sie nicht!* Es brauchte kein glücklicher Entdecker zu kommen, um die „soziale Frage zu lösen". Sie ist kein Problem für einen „Heros" des Witzes, sondern die Krankheit eines gewaltigen Körpers. Der heilt sich selbst, ohne Arzt, ohne „Heros". Wenn der faule Zahn „Großgrundeigentum" nicht bald von selbst ausfällt, dann wird das Volk mit ruhiger Kraft zur Zange greifen und ihn sich ausziehen, wenn es auch etwas schmerzt und ein bißchen Blut kostet. Wenn erst das *ganze* Volk, *Landtagelöhner und Industrie-Arbeiter, wissen,* wo der kranke Zahn sitzt: wer will es hindern?

Schlußwort:
Aphorismen zur Philosophie der Geschichte

Wenn die in den voraufgegangenen Blättern enthaltenen Gedanken die Feuerprobe der Kritik aushalten, dann wird nicht nur die Nationalökonomie auf diese Basis treten müssen, sondern auch die anderen Wissenschaften, welche sich um die *Soziologie* scharen. Ich habe, soweit das im Rahmen einer wesentlich nationalökonomischen und historischen Arbeit möglich war, oben die Stellung skizziert, welche nach meiner Meinung Rechtsphilosophie und Rechtsgeschichte, Massenpsychologie, Geschichtswissenschaft, Geschichtsphilosophie und Politik zu der neuen Erkenntnis zu nehmen haben werden. In einer künftigen Arbeit hoffe ich, diese Andeutungen zum vollen System der Soziologie erweitern zu können.

Nur über *einen* Punkt bin ich verpflichtet, hier noch kurz meine Anschauungen zu entwickeln, über die *„materialistische Geschichtsauffassung".* Ich bezeichnete dieselbe oben [Historischer Teil, Einleitung, A.d.R.] als zu *eng,* und habe die Aufgabe, dieses Urteil zu begründen.

Ich darf damit beginnen, die *einigenden* Momente vor den trennenden hervorzuheben.

Die „materialistische Geschichtsauffassung" sowohl wie die von mir hier vertretene[1] haben zunächst das eine wichtige Gemeinsame, daß sie den geschichtlichen Prozeß als *gesetzliche Erscheinung* zu begreifen streben, und zwar als einen Prozeß der Evolution.

Wenn man, wie bei anderen Naturerscheinungen, auch hier „Kraft und Stoff" unterscheidet, so sind beide Auffassungen ferner darin einig, daß sie für den *„Stoff"* der Geschichte die *Gesellschaften* erklären, die Gesamtkomplexe gleichzeitig lebender, durch politische und namentlich *wirtschaftliche* Bande verknüpfter Menschen.

Auch in bezug auf die den Stoff der Geschichte bewegende *Kraft* bestehen noch wichtige Übereinstimmungen mindestens nach der negativen Seite. Beide weisen die geschichtliche Einwirkung *übernatürlicher* Kräfte ab; beide bestreiten, daß einzelnen hervorragenden Menschen ursächliche Bedeutung für den Geschichtsprozeß zukomme, d. h. beide sind „*heroenlose* Geschichtsauffassung".

Nach der positiven Seite hin stimmen beide ferner noch darin überein, daß sie gemeinsam *wirtschaftlichen* Dingen die weitaus überwiegende Bedeutung als bewegende Kraft der Geschichte zuschreiben. Denn alle *politischen* Massenbewegungen lassen sich ja auf wirtschaftliche „reduzieren": *Das eigentliche Wesen jeder politischen Herrschaft ist ökonomische Ausbeutung;* und alles Streben der Völker nach politischer Freiheit war in letzter Instanz das Streben nach Abwälzung *wirtschaftlicher Lasten,* welche ein Herr oder eine Herrenklasse auf sie gehäuft hatte.

---

[1] Um Mißverständnissen vorzubeugen, erkläre ich ausdrücklich, daß ich nicht etwa beanspruche, diese Geschichtsauffassung entdeckt zu haben.

Diese Gemeinsamkeit der Grundauffassung ist nach meiner Meinung von so viel größerem Gewicht als alle jetzt anzuführenden unterscheidenden Momente, daß ich kein Bedenken trage, mich als einen dankbaren Schüler des *Historikers* Marx zu bekennen.

Der erste Unterschied folgt dagegen aus der Stellung, welche ich zu dem *Nationalökonomen* Marx einnehme. Er mißt bekanntlich der *Produktion* das ausschlaggebende Gewicht bei. Dies ganze Buch ist der Widerlegung dieser Anschauung gewidmet. Es kann mir natürlich nicht beifallen, die ungeheure Bedeutung verkleinern zu wollen, welche der erreichten Stufe der Produktion zukommt, aber ich leugne, daß eine bestimmte *Produktionsstufe* naturnotwendig mit einer bestimmten *Distributionsstufe* verbunden sei, wie Marx annimmt. Es kommt daher auch der Distribution eine selbständige, wahrscheinlich sogar die stärkste Rolle zu unter den Kräften, welche Druckunterschiede erzeugen und dadurch die Menschenmassen in Bewegung setzen.

Der wichtigste Gegensatz aber ist der, daß ich außer den ökonomisch- politischen Kräften auch den *rein-geistigen Kräften* eine Mitwirkung zuerkennen muß. Soweit wir bis jetzt die kulturgeschichtlichen und ethnographischen Tatsachen zu überschauen vermögen, wird das Handeln des primitiven Menschen motiviert durch *zwei Kräfte*, die ganz verschiedenen Ursprung haben. Die eine ist der Trieb der *Selbsterhaltung*, der ihn politisch zur Organisation, wirtschaftlich zur Lebensfürsorge treibt; der andere ist die abergläubische Furcht vor unsichtbaren Gewalten, die ihn bedrohen und vernichten, die „*Superstition*" im Sinne Dührings.

Diese beiden Triebe wirken sich zuweilen entgegen, zuweilen wirken sie in gleicher Richtung. Im Laufe der Entwicklung wurde die „Superstition" immer ohnmächtiger und der Selbsterhaltungstrieb immer mächtiger; schon *heute* überwiegt die Strömung zum wirtschaftlichen Gleichgewicht sehr stark; und es ist das Ideal der Zukunft, ein Menschengeschlecht zu erziehen, dessen Handlungen durch jenes Grauen vor dem Jenseits gar nicht mehr mitbedingt werden. Wenn das erreicht ist, dann freilich wird der ökonomische Faktor allein die „Kraft" der Geschichte sein.

Eine Geschichtsauffassung soll aber vor allem die vergangene und gegenwärtige Gestaltung der geschichtlichen Dinge erklären, wenn sie freilich für eine sicher zu erwartende künftige Gestaltung Raum gewähren muß. Und es ist mir nicht möglich, die Begeisterung der Kreuzfahrer oder den Fanatismus der ersten Mohammedaner aus dem Stande ihrer „Produktion" zu begreifen.

Nun weiß ich sehr wohl, das Marx und Engels diesen Teil der geschichtlichen Kräfte dadurch in ihre Formel aufzunehmen versucht haben, daß sie der Entwicklungsstufe der *Arbeit* diejenige der *Familie* zur Seite setzten.

Ich kann aber nicht finden, daß diese Formel sehr glücklich ist. Soweit wir schon heute sehen können, ist eine bestimmte Entwicklungsstufe der Familie nicht notwendig immer mit einer bestimmten geistigen Beschaffenheit, staatlichen Verwaltung, technischen Bildung usw. verbunden. Es scheint, als wenn die berühmte Formel ihre Entstehung dem Wunsche verdankt, die ganze bunte Vielfältigkeit des geschichtlichen Lebens mit dem *einen* Worte: Produktion (und Reproduktion) zu treffen. Dieser Teil der Auffassung steht und fällt mit dem gesamten nationalökonomischen System; da ich das System für irrig halten muß, so kann ich die Geschichtsformel nicht für richtig halten. Ganz einverstanden mit dem Grundprinzip, verwahre ich mich nur gegen die Einseitigkeit der besonderen Zuspitzung.

Die von mir vertretene Auffassung scheint mir dagegen jede Einseitigkeit zu vermeiden.
Für sie ist die Geschichte die Strömung der Massen vom Orte höheren Drucks zum Orte geringeren Drucks auf der Linie des geringsten Widerstandes. Und die bewegende Kraft der Geschichte ist für sie jede Veränderung im Gleichgewicht der Kräfte, die der Massenseele als Druckunterschied zum Bewußtsein kommt. Die Strömung zum Ausgleich, die daraufhin einsetzt, stellt sich geschichtlich verschieden dar, je nachdem ältere erworbene Rechte mit den neu werdenden Ansprüchen in Konflikt geraten oder nicht. Im letzten Falle sprechen wir von friedlicher Kolonisation *nach außen*, von wirtschaftlicher und entsprechender politischer und geistiger Aufwärtsentwicklung im *Innern*; im

ersten Falle wird die Strömung zum Ausgleich sichtbar als Nationalitäten- und *Rassenkampf* nach außen, als *Klassenkampf* im Inneren derselben politischen Gruppe.

Natürlich wird man dabei nicht vergessen, daß das Gesetz der Strömung wie jede letzte Abstraktion viel zu allgemein ist, um einen gegebenen Einzelfall ohne Kenntnis der mitwirkenden Umstände erklären zu können. Wenn ein Vergleich erlaubt ist, so wissen wir, daß die Erdschwere auf jeden Körper gleichmäßig wirkt: und dennoch ist das sichtbare Ergebnis dieser Einwirkung ein durchaus verschiedenes, je nachdem der Körper frei fällt, oder auf einer schiefen Ebene herabgleitet oder auf fester Unterlage unbeweglich ruht. Gerade so wirkt der Zug ins Minimum auf jede menschliche Gesellschaft mit gleicher Kraft: und dennoch ist das sichtbare Ergebnis der Einwirkung je nach den mitwirkenden Umständen sehr verschieden. Alle Völker sind selbstverständlich geneigt, dem Zuge von der Armut zum Wohlstande, von der Knechtschaft zur Freiheit zu folgen: aber die sichtbare Bewegung wird je nach den Umständen eine sehr verschiedene Richtung und Kraft haben.

Es wird in jedem einzelnen Falle zu untersuchen sein, ob zu den rein wirtschaftlichen Kräften, welche eine Menschenmasse ins Minimum zu drängen suchen, andere nachweisbare Massenkräfte treten, seien sie materieller Natur, wie z. B. die Zahl und Streitmacht einer beherrschenden Klasse oder Rasse, seien sie Massensuggestionen religiöser Natur, zu denen auch (mindestens auf niederen Kulturstufen) nationalistische und dynastische Massenüberzeugungen zu rechnen sind, die ja wesentlich durch Kultvorstellungen gestützt werden. Es wird ferner zu untersuchen sein, ob diese gemeinsam auf die Masse wirkenden Kräfte sich in dem einzelnen Falle verstärken oder entgegenwirken; und das letzte Ziel der Untersuchung muß immer sein, die geschichtliche Bewegung, d. h. die *Massenhandlung*, zu begreifen als die Diagonale aus dem Parallelogramm der ins Spiel gekommenen *Massenkräfte*.

Dabei wird sich gewiß eine *Konstante* und eine *Variable* der einzelnen Massenseelen feststellen lassen. Die Konstante ist der empirische Charakter einer Rasse im Gegensatze zu anderen Rassen; die Variable ist die Veränderung, welche der Charakter derselben Rasse im Laufe des geschichtlichen Evolutionsprozesses durchmacht.

Mit der Feststellung jener *konstanten* Charakterunterschiede zwischen den einzelnen Rassen hat sich die *vergleichende Völkerpsychologie* zu beschäftigen; und hat ferner die Aufgabe, diese Unterschiede soweit wie möglich aus der physischen Beschaffenheit der Rasse selbst, und aus den Bedingungen ihres Monde ambiant (Klima, Tierwelt, Nachbarschaft etc.) abzuleiten und zu erklären.

Daß derartige konstante Rassenunterschiede bestehen, wird man, wie ich glaube, kaum bezweifeln dürfen. Ich halte es nicht für möglich, die Verschiedenheiten des geschichtlichen Verhaltens zwischen einem Negerstamm und einem Kaukasierstamm lediglich aus *Kulturunterschieden* zu begreifen. Wir müssen annehmen, daß auch die menschliche Rasse durch Auswahl des Passendsten im Kampfe ums Dasein zu immer höheren Organisationsstufen geführt worden ist, und daß, wie die leiblichen, so auch die seelischen Eigenschaften fest, artbildend geworden sind.

Und so wird man diesen Faktor bei der geschichtswissenschaftlichen Erklärung nicht ungestraft vernachlässigen dürfen. Eine *passive*, naturverhätschelte Rasse wird unter ganz gleichen Einwirkungen anders handeln, als eine aktive, naturgestählte! Für jene sind Freiheit, Glauben, Nationalität, ererbtes Recht gewiß auch Güter, aber die Ruhe und die Erhaltung ihres Lebens sind ihr *sehr große* Güter. Darum kann sie das Minimum des geringsten sozialen Druckes nicht erreichen, weil ihr die Linie des kleinsten Widerstandes durch die Trägheit ihres empirischen Charakters gesperrt ist; sie ruht unbeweglich. Für die *aktive* Rasse aber sind Knechtschaft und Armut der Übel größte, während sie den Tod nicht fürchtet und Ruhe und tatenloses Leben kaum als Güter anerkennt: und darum stürzt sie vom Maximum ins Minimum, wie ein frei fallender Stein.

So sicher ich gerade von meinem Standpunkt als Evolutionist von dem Vorhandensein solcher konstanter Unterschiede des Rassencharakters überzeugt bin, so sehr bin ich aber auf der anderen

Seite überzeugt, daß kaum mit einer guten Sache ein so ungeheuerlicher Mißbrauch getrieben wird als mit dieser. Die Erklärung geschichtlicher Handlungen aus dem „Nationalcharakter" muß unter allen Umständen das Ultimum refugium, das auch im äußersten Notfalle nur mit mißtrauischer Reserve benutzte letzte Hilfsmittel der Untersuchung bleiben. Statt dessen wird es überhäufig ganz kritiklos da angewendet, „wo Begriffe fehlen", und dient fast noch häufiger, selbstverständlich in *allen* Ländern, einem albernen Chauvinismus als Eselsbrücke. Man sollte sich doch endlich klarmachen, daß wohl eine nationale *Dichtung* Berechtigung hat, daß aber eine „nationale" *Geschichtswissenschaft* ein gerade so lächerliches Ding ist, wie etwa eine französische Astronomie oder eine europäische Chemie. Der Gelehrte darf Patriot sein, die Wissenschaft nicht. Es darf hier daran erinnert werden, daß wir in dem geschichtlichen Überblick des zweiten Teiles dieser Arbeit nicht ein einziges Mal genötigt gewesen sind, zu diesem stets verdächtigen Mittel unsere Zuflucht zu nehmen.

Auf viel festerem Boden stehen wir bereits, soweit die Würdigung der *Variation* desselben empirischen Rassencharakters als geschichtlichen Faktors in Frage kommt. Wir sehen ganz deutlich, daß dasselbe Volk in seinem Verhalten nach außen immer mehr von *friedlichen* Massenströmungen geleitet wird, je weiter es in der Beherrschung der Natur fortschreitet, und wir erkennen aus der eigenen Selbstbeobachtung auch das subjektive Motiv zu dieser Wandlung. Denn das Leben wird immer lebenswerter, weil immer sicherer und behaglicher, und wird deshalb immer mehr geschätzt, immer weniger leicht aufs Spiel gesetzt; und ein Krieg bedroht immer größere wirtschaftliche Güter mit Vernichtung. Ferner eröffnen sich dem eingebornen Drange des Menschen, sich auszuzeichnen, mit dem Erblühen von Kunst, Wissenschaft und Technik, mit der Entfaltung eines vielgestaltigen bürgerlichen Lebens immer neue Schauplätze des *friedlichen* Wettkampfes: und so verliert die einzige Tugend des Barbaren, die Kriegstüchtigkeit, an Wert.

Zu der Variation *derselben* Rasse im Geschichtsprozeße gehört auch das schon oben angeführte Zurücktreten des Faktors der Superstition im Verhältnis zum Selbsterhaltungstriebe.

Die genaue Feststellung und Erklärung dieser Umformung eines gegebenen Rassencharakters, seiner Wechselbeziehungen zu der erreichten Wirtschaftsstufe und zu dem Charakter wie der Wirtschaftsstufe seiner Nachbarn ist das Arbeitsgebiet der *historischen, entwickelnden Massenpsychologie*.

Zu diesen inneren Determinanten des geschichtlichen Handelns treten nun die äußeren der Produktionsstufe, des Klimas, der Ausdehnung und Nährkraft des Landes, der Volksvermehrung, der Grenznachbarschaft usw. Sie schaffen Hochdruckgebiete und erzeugen die Strömung in Niederdruckgebiete, friedliche Wanderung in leere, feindliche in bevölkerte: Massenkraft stürzt auf Massenkraft: und die Diagonale aus dem Spiel der Kräfte ist die Geschichte, Verfassung, das Recht und die Wirtschaftsorganisation des Volkes.

Aber, so bunt und vielfältig auch die einzelnen Erscheinungen sich darstellen mögen: sie folgen doch immer dem *einen* großen Gesetze der historischen Gravitation, dem „Gesetz der Strömung".

Es verbietet sich aus Gründen des Raumes, noch zu anderen wichtigen Fragen Stellung zu nehmen, die hierher gehören, wie das Verhältnis der Individualpsychologie zur Massenpsychologie (die soziologische Erkenntnistheorie), wie die historische Bedeutung der rein geistigen Faktoren, der Kunst, der Wissenschaft. Von so großer Wichtigkeit diese Dinge auch sind, so sind sie doch für unser augenblickliches Thema nicht von *primärer* Bedeutung. Nur noch eins gehört notwendig zum Umfang unserer Betrachtung: *Inhalt und Begriff der Philosophie der Geschichte!*

„Was sind die *Faktoren* und was ist das *Wertresultat* des geschichtlichen Verlaufes?"[1] Das sind die beiden Fragen, die Bernheim der Geschichtsphilosophie zu beantworten aufgibt.

---

1 Bernheim, Geschichtsforschung und Geschichtsphilosophie, S. 10.

Die *Faktoren*, d. h. „Kraft und Stoff" der geschichtlichen Erscheinung, haben wir soeben zu bestimmen versucht, den *Stoff* als die menschlichen Gesellschaften, die *Kraft* als die Gleichgewichtsstörungen, welche die Massenströmung auszugleichen bestrebt ist.

Das *Wertresultat* der Geschichte nun ist: *die Überwindung des Urrechts (Nomadenrechts) durch das Kulturrecht (Tauschrecht).*

Dieses Ergebnis, a posteriori aus der geschichtlichen Induktion gewonnen, vereinigt eine ganze Anzahl aprioristischer Meinungen über das Wertresultat der Geschichte. St. Simon sieht im Gange der Entwicklung des menschlichen Geistes eine feste Richtung, die von kriegerischer Tätigkeit zu der *friedlichen Arbeit* führt.[1] Nach Hegel „ist die Weltgeschichte die Entwicklung *zur Freiheit*: von der Unfreiheit der Asiaten durch die halbe Freiheit der Griechen und Römer zur vollen Freiheit der modernen Welt"[2]. Nach Herder ist es die Entwicklung zur *Humanität*, nach Schleiermacher das „Hindurchdringen der *Vernunft* durch die Natur"[3].

All das ist implizit in der Formel enthalten, daß der Sieg des Kulturrechtes über das Urrecht das Wertresultat der Geschichte darstellt. Denn jenes bedeutet, wie wir sahen, *Arbeit*, dieses *Raub*; jenes *Frieden*, dieses *Kampf*; jenes *Freiheit*, dieses *Sklaverei*; jenes *Humanität*, dieses *Eigennutz* im schlimmen Sinne; jenes die soziale *Vernunft*, dieses den antisozialen *Trieb*.

Unsere Formel hat aber nicht nur den einen Vorteil, alle jene Tendenzen zu vereinigen, sondern auch darüber hinaus den weiteren unschätzbaren Vorteil, statt eines *Bildes* aus dem Nebelreich der *Ideen* eine *Tatsachenmasse* aus dem Reiche des *Realen* zu geben. Wie wir schon oben gegen Gierke bemerkten: nichts in der Welt ist realer, als der „Kampf zweier Rechte". Denn für das gewordene wie für das werdende Recht kämpfen Tausende und Millionen von Menschen von Fleisch und Blut. Der weltgeschichtliche Kampf zwischen „Nomadenrecht und Tauschrecht" ist genau so Wirklichkeit, wie ein Krieg zwischen „Deutschland und Frankreich".

Die Optimisten aus dem Anfang dieses Jahrhunderts kamen zu keinen Zweifeln darüber, ob die von ihnen in der Geschichte gesuchte Tendenz auch wirklich in ihr enthalten sei. Sie sahen mit Jubel die vermeintlich letzten Fesseln fallen, welche das zermorschte Feudalwesen noch an den Gliedern der Kulturvölker zurückgelassen hatte, und glaubten damit den Tag der Kultur angebrochen.

Seitdem hat der Optimismus fast alle seine Anhänger verloren. Der Grund war, daß von allen den Blütenträumen jener freiheits- und kursturseligen Zeit kaum einer gereift ist. Die kapitalistische Ära entfaltete sich und brachte so viel Not und Verzweiflung der Massen, so viel Übermut und Niedrigkeit der oberen Klasse, daß die Denker und Dichter, von Schmerz und Ekel übermannt, scharenweise in das Lager des Pessimismus übertraten, dessen schwarze Fahne Arthur Schopenhauer entfaltete.

Wahrlich, die Frage war berechtigt: „Ist es der ganze Mensch mit allen Eigenschaften, der sich entwickelt, oder sind es nur einzelne Seiten desselben, etwa die Intelligenz, während das Gemüt, die Empfindung bei zunehmender Kultur abstumpft, die körperlichen Fähigkeiten verkümmern (...)?"[4]

Dieser Pessimismus, die Verzweiflung an der Vervollkommnung der Menschheit, war bisher für niemanden überwindlich, der die Phantasielosigkeit nicht besaß, deren man bedarf, um irgendeine kommunistische Gesellschaft für möglich zu halten. Er konnte keine wirtschaftliche Zukunft absehen, in welcher Not und Ausbeutung fehlen würden; er konnte keine politische Zukunft absehen,

---

1 Barth, Philosophie der Geschichte, S. 23.
2 Hegel, Philosophie der Geschichte, Werke, 2. Aufl., Bd. IX, Berlin 1841, S. 11) zit. nach Barth, Philosophie der Geschichte, S. 271.
3 Zit. nach Barth, Philosophie der Geschichte, S. 367.
4 Bernheim, Geschichtsforschung und Geschichtsphilosophie, S. 9f.

in welcher die Freiheit aller bestehen würde, ohne in Frechheit auszuarten und daran wieder zugrunde zu gehen.

Die Grundsäulen dieser verzweifelten Weltauffassung hoffe ich mit diesem Werke zerstört zu haben. Mit dem Nachweis, daß eine Gesellschaft der wirtschaftlichen Gerechtigkeit vier glückliche Jahrhunderte lang möglich *war*, sind jene pessimistischen Rückblicke in die Vergangenheit hinfällig geworden, welche aus der vermeintlichen Tatsache, „daß es nie anders war", den Schluß ziehen, „daß es nie anders werden wird". Die „reine Wirtschaft" des Mittelalters bestand trotz aller Störungen der älteren Rechts- und Staatsordnung; sie ging, und das ist das entscheidende, nicht durch eine Entartung zugrunde, die in ihrer eigenen Organisation ihre Ursache hatte, sondern an einer fremden Gewalt, die sie erwürgte.

Und ebenso sind mit dem Nachweis, daß die westeuropäischen Kulturträger eben noch *nicht* alle Fesseln des Urrechts abgestreift haben, daß das Großgrundeigentum noch als das verderblichste Geschöpf dieser Rechtsepoche wie ein Pfahl in unserem Fleische steckt, jene pessimistischen Ausblicke in die Zukunft hinfällig geworden. Wir sind nicht *zu weit* gegangen anno 1789 und 1848, wie wir Pessimisten beinahe schon glauben wollten; sondern wir sind *noch nicht weit genug* gegangen! Noch ein paar Feilenstriche und Hammerschläge an das Tor der großen Bastille der Menschheit: und sie wird als Freie in ihr neues Reich einziehen!

Außer der Feststellung der *Faktoren* und des *Wertresultats* der Geschichte verlangt man vielfach noch von der Geschichtsphilosophie eine systematische Darstellung des *Verlaufs der Geschichte*. Ob es jemals möglich sein wird, eine solche für die *Weltgeschichte* zu geben, bezweifle ich; dagegen sei es versucht, sie für die Geschichte der westeuropäischen Völker zu entwerfen, und zwar vom Standpunkt einer Geschichtsschreibung aus, welche den jetzt zu erwartenden Fortschritt der Wirtschaftsordnung schon mit in Rechnung zieht. Eine solche wird statt in unsere drei oder vier willkürlich begrenzten Perioden die Geschichte nach dem *Rechte* einteilen, welches dem Gesellschaftsleben zugrunde lag, und wird dabei folgende drei Perioden abgrenzen:

I. Die Periode des reinen Urmenschenrechtes.
II. Die Periode des Übergangs und Kampfes.
III. Die Periode des reinen Kulturmenschenrechtes.

Das *Urmenschenrecht* charakterisiert sich dahin, daß es alle Stammfremden schlechthin *ausschließt*; das Kulturmenschenrecht dahin, daß es alle Menschen schlechthin *einschließt*. Jenes beruht auf der Voraussetzung der *Ungleichheit*, dieses auf der Voraussetzung der *Gleichheit* des Rechts.

I. Die Periode des *Urmenschenrechtes* umfaßt folgende Unterabteilungen:
a) die Periode der rein okkupatorischen Wirtschaft bis einschließlich der *Jägerstufe*. Hier ist eine Vermögenssammlung überhaupt, folglich auch Ungleichheit der Vermögen unmöglich. Daher besteht hier innerhalb des gleichen Rechtskreises (Friedenskreises) keine Verschiedenheit der Klassen und politischen Rechte. Der stammfremde Gefangene wird vernichtet (Stufen des Kannibalismus und der Marterung) oder als Blutsbruder adoptiert. Die politische Organisation ist die der absoluten Demokratie.
b) Die Periode der „planmäßigen" Wirtschaft auf der Rechtsgrundlage des *Nomadenrechts*.
α) *Nomadenwirtschaft*. Der Herdenbesitz bildet das erste Vermögen. Die Arbeitskraft stammfremder Gefangener erhält einen Wert. Sie werden nicht mehr vernichtet, sondern zu Sklaven gemacht. *Primäre* Klassenbildung: Freie und Sklaven! Die erzwungene Arbeit ruft Vermögenshäufung und Vermögensverschiedenheiten hervor (Gesetz der Häufung des Reichtums um vorhandene Kerne). Daraus folgt die *sekundäre* Klassenbildung: Freie und Adel. Gesamtergebnis: drei Klassen. Politische Organisation: aristokratische Demokratie mit erblichem Beamtentum auf der Allgemeingrundlage der Sklavenwirtschaft.

β) *Acker-Naturalwirtschaft*. Der Landbesitz führt viel stärkere Vermögensverschiedenheiten herbei als der Herdenbesitz. Der Adel, gestützt auf seine Hausmacht, wird stärker als die freie Gemeinde und unterwirft sie. Unfreie und einfach Freie verschmelzen zu einer beherrschten Klasse, über welcher sich der Adel in der Staffelung eines Feudalsystems aufbaut. Die Wirtschaft beruht durchaus auf *Nomadenrecht*, d. h. auf der Produktion unterworfener Arbeiter, deren Antrieb der Zwang ist.

II. *Die Periode des Übergangs*

Das Kultur-Menschenrecht entsteht mit dem freien Tausch. Es ist als Keim von Anfang an vorhanden als Gleichberechtigung in der Blutsgruppe selbst, im Feuertauschverbande, dann in dem „Frieden" der uralten Handelsmärkte und Messen. Es entwickelt sich von da aus zum „Recht der Kaufleute" und von hier aus weiter zum Recht der Städte. Hier, und zwar in den mittelalterlichen Städten, erstreckt es sich zum ersten Male vom Handel auf die Produktion, und zwar auf die gewerbliche. Jetzt beginnt die Periode des Übergangs, zerfallend in folgende drei Unterabteilungen:

a) Freies Tauschrecht in der *Wirtschaft* unvermittelt neben reinem Nomadenrecht in der *Staatsverfassung* und fast unbeeinflußt davon.

b) Bildung des kapitalistischen Großgrundeigentums auf der Grundlage reinen Nomadenrechtes: und damit Wiedereindringen des letzteren in die Wirtschaft, und fast völlige Vernichtung des Tauschrechtes.

c) Formelle Anerkennung des Tauschrechtes in Gesetz und Verfassung bei Fortbestand des Großgrundeigentums.

Die politische Organisation dieser Stufe ist a) Anarchie, b) ständisch beschränktes Fürstentum und später absoluter Polizeistaat, c) Konstitutionalismus.

III. *Die Periode reiner Tauschwirtschaft*

wird eintreten, wenn mit dem Großgrundeigentum der letzte Rest des Nomadenrechtes aus Staatsverfassung und Wirtschaftsleben ausgemerzt sein werden. Politische Organisation: reine Demokratie.

Wir befinden uns in der letzten Unterabteilung der Periode des Übergangs.

Das Großgrundeigentum als Geschöpf und letzter wirtschaftlicher Rest des dem Tauschrecht fremden Nomadenrechtes stört und zerstört die Harmonie der Funktionen, indem es auf die Landbevölkerung einen einseitigen, dauernd wachsenden Druck ausübt. Es macht durch die aus dieser Ursache unaufhörlich erfolgende Wanderbewegung der ländlichen Bevölkerung die Tauschgesellschaft zu einer solchen, „in welcher stets zwei Arbeiter einem Meister nachlaufen und sich *unter*bieten". Dadurch schafft es sowohl die *materielle* Grundlage für die Krankheitserscheinungen der kapitalistischen Ära: Tiefstand der Löhne, Hypertrophie der Industrie, Exportindustrialismus, Agrarkrisis etc.; als auch die *massenpsychologische* Grundlage, indem es den Interessengegensatz der „kapitalistischen Verkäufer" erzeugt, aus dem die entartete Konkurrenz und die Industriekrisen herzuleiten sind.

Nach Beseitigung des Großgrundeigentums aus dem Wirtschaftsgebiete wird der einseitige Druck und die krankhafte Wanderbewegung der Landbevölkerung verschwinden, und mit ihr die *materielle* und die *massenpsychologische* Grundlage der kapitalistischen Ära, weil die Menschen nicht mehr „kapitalistische Verkäufer", sondern „Käufer-Verkäufer" sein werden in einer Wirtschaft, in welcher „stets zwei Meister einem Arbeiter nachlaufen und sich *über*bieten". Hier wird in den *beiden* Beziehungen, in welche Menschen in der Wirtschaft zu einander treten, in *Kauf und Verkauf*, dieselbe Solidarität der Interessen bestehen, wie sie heute nur beim *Kauf* besteht. Damit ist psychologisch die Möglichkeit der vollen „Harmonie" ebenso gesichert, wie historisch durch die entsprechenden Verhältnisse des Mittelalters und einige moderne Tatsachen (Vineland, Rahaline etc.), ohne daß sich der empirische Charakter der Menschen in den von „Engeln" umzuwandeln brauchte.

Die Ausstoßung des Großgrundeigentums wird aus eigenen Kräften des sozialen Körpers, lediglich durch die Folgen der Freizügigkeit, in kurzer Zeit erfolgen. Um den Prozeß zu beschleunigen, ist die Begründung landwirtschaftlicher Arbeiter-Produktivgenossenschaften die beste Methode „innerer Kolonisation".

Die Gesellschaft der Zukunft wird, wie diejenige des Mittelalters, genossenschaftlich organisiert sein, und zwar derart, daß sich Produktivgenossenschaften zu Siedlungsgenossenschaften, diese zu Verbänden, die Verbände höchster Ordnung zum „Staatswesen" integrieren werden. Hier sind nur Einkommensverschiedenheiten, aber keine groben und fest werdenden *Vermögensverschiedenheiten*, und darum keine *Klassenbildung* mehr möglich. Keine Form der wirtschaftlichen oder politischen Ausbeutung ist hier denkbar. Da jeder Arbeiter den vollen Ertrag seiner Arbeit erhält, ist die Entstehung eines groben Mißverhältnisses zwischen Produktion und Konsumtion undenkbar.

Eine Gesellschaft, deren wirtschaftliches Leben nur durch ihre inneren Gesetze geordnet wird, unter Ausschluß jeder Bevormundung und Leitung von außen; eine Gesellschaft, in der der wirtschaftliche und bürgerliche Wettbewerb alle Kräfte zur höchsten Leistung entwickelt; eine Gesellschaft, die sich auch politisch in Freiheit, Gleichheit und genossenschaftlicher Brüderlichkeit selbst verwaltet: dies ewige Ideal des vor-manchesterlichen Wirtschaftsliberalismus, und der vor-marxistischen Demokratie ist im geheimen gereift. Über ein kurzes wird es die verhüllenden Schleier zerreißen und die Menschheit mündig sprechen.

Diese Gesellschaftsordnung kann nicht wieder versinken, solange die Erde das Menschengeschlecht ernährt. Sie ist das ewig-gleiche Meer, in welchem die tosenden Ströme der Menschheit ihre Ruhe gefunden haben. Hier wird der Staat eine Wohlfahrtseinrichtung für alle sein.

Und diese Demokratie wird Frieden halten nach außen wie nach innen. Ein einziger großer Friedensbund wird die Völker umschließen, die dann erst den Namen „Kulturvölker" werden führen dürfen.

„Friede auf Erden und den Menschen ein Wohlgefallen!"

Das Bevölkerungsgesetz des T. R. Malthus
und der neueren Nationalökonomie

Darstellung und Kritik [1901]

Inhalt

Vorwort 285

  I. Kapitel: Darstellung der Malthusschen Lehre 286
 II. Kapitel: Kritik der Malthusschen Lehre 297
III. Kapitel: Der heutige Malthusianismus 325
IV. Kapitel: Kritik des heutigen Malthusianismus 343
    A. Der prophetische Malthusianismus erster Abart 343
    B. Der prophetische Malthusianismus zweiter Abart 363

Schlußwort 382

Vorwort

Die folgenden Blätter enthalten den Versuch einer Widerlegung des sogenannten „Bevölkerungsgesetzes". Solcher Versuche sind im Laufe des letzten Jahrhunderts eine sehr große Reihe gemacht worden, ohne daß sie Erfolg gehabt hätten. Es besteht daher in wissenschaftlichen Kreisen ein berechtigtes Mißtrauen gegen derartige Arbeiten. Ich möchte darum ins Vorhinein bemerken, daß meine Auseinandersetzungen das Problem mit einer – so weit ich zu sehen vermag – hier noch nicht angewendeten Methode angreifen. Wenn man bisher versucht hat, das Bevölkerungsgesetz durch Tatsachen zu widerlegen, so habe ich meine Argumente zu dem Beweise zuzuspitzen gesucht, daß das „Gesetz" sich selbst widerlegt. Meine Schrift will sozusagen als logisches Sektions-Protokoll angesehen werden. Es war mir wichtiger, Trugschlüsse aufzulösen, als statistische Daten zusammenzutragen „Moors Geliebte kann nur durch Moor sterben": die Ausgeburt einer, wie ich meine, verrenkten Logik kann nur durch gesunde Logik beseitigt werden.

Mein Unterfangen ist ein heikles. Hat doch die Theorie seit ihrem ersten Erscheinen dauernd an Boden gewonnen! Und gilt sie doch namentlich der Deutschen nationalökonomischen Wissenschaft seit *Mohl* und *Roscher* als ein κτῆμα ἐς ἀεί. Elster erklärt in seinem Referat[1]: „daß die meisten Volkswirte in unseren Tagen die Malthussche Lehre „als im wesentlichen richtig anerkennen, zwar nicht in ihren einzelnen Sätzen, wohl aber in ihrem Kern, daß nämlich die Bevölkerung die Tendenz habe, sich schneller zu vermehren, als die Unterhaltmittel ‚anwachsen könnten."

Unter solchen Umständen eine Widerlegung der berühmten Lehre zu versuchen, das ist ungefähr so schwer, wie das Wiederaufnahmeverfahren gegen einen unschuldig Verurteilten durchzusetzen; ja es heißt sich sogar in die prekäre Lage dessen zu versetzen, der ein Dogma anzutasten wagt, einen Lehrsatz, der schon gar nicht mehr auf seine Richtigkeit geprüft, sondern ohne weiteres als Grundlage des nationalökonomischen Denkens anerkannt wird. Dennoch muß es gewagt werden, denn das *Malthussche* Dogma verschließt so viele Pforten der nationalökonomischen und geschichtlichen Forschung, schneidet so viele Fragen an der Wurzel ab, daß seine Richtigkeit immer wieder an den Tatsachen geprüft werden muß, soll unsere Wissenschaft nicht verkümmern.

Ich habe in meinem „Großgrundeigentum und soziale Frage" das Ergebnis meiner Untersuchungen und Gedanken zwar beiläufig und in kürzester Form bereits veröffentlicht, halte es aber dennoch für wünschenswert, die Frage noch einmal aufzunehmen; und zwar erstens, weil derartige Untersuchungen, wenn sie als Teil eines größeren Werkes erscheinen, zumeist der Mehrzahl derjenigen entgehen, an deren Adresse sie gerade gerichtet sind; und zweitens, weil mir die Frage wert erscheint, auf breiterer dogmenhistorischer und statistischer Unterlage behandelt zu werden, als es die Ökonomik jenes umfassenden Werkes gestattete.

Dt. Wilmersdorf, Kaiserallee 119,
Mai 1900

Dr. Franz Oppenheimer

---

1 Elster, in: Handbuch der Staatswissenschaften, 1. Aufl., Bd. II, S. 612; 2. Aufl., Bd. II, S. 752.

I. Kapitel:
Darstellung der Malthusschen Lehre

Für Malthus ist das Gesetz der menschlichen Population nur ein Spezialfall des allgemeinen Gesetzes der organischen Population überhaupt, das er bezeichnet als „the constant tendency in all animated life, to increase beyond the nourishment prepared for it". Er hat das Gesetz von *Dr. Franklin* übernommen:

> „Wäre die Erdoberfläche, sagt er, von anderen Pflanzen frei, so könnte sie nach und nach mit einer einzigen Gattung besät und bedeckt sein, z. B. mit Fenchel, und wäre sie von anderen Bewohnern leer, so könnte sie in wenigen Menschenaltern von einer einzigen Nation wieder angefüllt sein, z. B. mit Engländern.
> Dies ist unwiderleglich wahr. (. . .) Wenn die Keime der Existenz auf dieser Erde sich frei entwickeln könnten, würden sich im Laufe weniger tausend Jahre Millionen Welten füllen. Die Not, jenes gebieterische, allesdurchdringende Gesetz der Natur, hält sie innerhalb der vorgeschriebenen Grenzen zurück. Die Geschlechter der Pflanzen und Tiere schrumpfen unter diesem großen, einschränkenden Gesetze zusammen, und der Mensch kann ihm mit keiner Anstrengung der Vernunft entgehen.
> Bei den Pflanzen und unvernünftigen Tieren ist die Sache einfach. Sie alle werden durch einen mächtigen Instinkt getrieben, ihre Gattung zu vermehren, und dieser Instinkt wird durch keine Fürsorge für ihre Nachkommenschaft zurückgehalten. Wo daher Freiheit ist, wird die Vermehrungsfähigkeit ausgeübt, und die übermäßigen Wirkungen werden späterhin durch Mangel an Raum und Nahrung zurückgedrängt.
> Die Wirkungen dieser Hemmung auf den Menschen sind komplizierter. Zur Vermehrung seiner Gattung durch einen gleich mächtigen Instinkt angetrieben, hemmt die Vernunft sein Vorgehen und legt ihm die Frage nahe, ob er nicht Geschöpfe zur Welt bringen kann, für die er die Unterhaltsmittel nicht zu beschaffen vermag. Hört er auf diese Zweifel, so erzeugt die Hemmung nur allzuoft Laster. *Hört er nicht darauf, so wird das Menschengeschlecht sich beständig über die Unterhaltsmittel hinaus zu vermehren streben.* Aber da kraft des Gesetzes unserer Natur, welche die Nahrung zum Leben des Menschen notwendig macht, die Bevölkerung in Wirklichkeit niemals über das niedrigste Maß von Lebensmitteln, wodurch sie zu erhalten ist, hinauswachsen kann, so muß in der Schwierigkeit, Nahrung zu erlangen, eine starke Hemmung der Volksvermehrung in beständiger Wirksamkeit sein. Diese Schwierigkeit muß irgendwo erscheinen und notwendig in einer oder der anderen der verschiedenen Gestalten des Elends oder der Furcht vor Elend von einem großen Teil des Menschengeschlechts hart empfunden werden.
> Daß die Bevölkerung diese beständige Tendenz zur Vermehrung über die Unterhaltsmittel hinaus hat und daß sie auf ihrem *unvermeidlichen Niveau* durch diese Ursachen zurückgehalten wird, wird aus einer Übersicht der verschiedenen Gesellschaftsstufen, auf denen der Mensch existierte, hinreichend klar hervorgehen."[1]

Wir möchten meinen, daß schon in diesen einleitenden Sätzen der Inhalt des *Malthussch*en Bevölkerungsgesetzes vollkommen klar dargestellt ist *als ein Naturgesetz, das auf jeder Stufe menschlicher Gemeinwirtschaft gewirkt hat und wirken wird, wo nicht etwa „die Stimme der Vernunft" ausreichend gehört wurde oder wird.*

---

1 Malthus, Versuch über das Bevölkerungsgesetz, S. 2–4.

I. Kapitel

Trotzdem ist der Gedankeninhalt der Theorie meistens so sehr mißverstanden worden, daß heute eine Lehrmeinung als „Malthusianismus" bezeichnet wird, die nur Äußerlichkeiten mit der ursprünglichen Theorie gemein hat, aber im Kerne ganz etwas anderes, ja sogar schnurgerade Entgegengesetztes behauptet. Dem Beweis dieser Behauptung wird der zweite Teil dieser Arbeit gewidmet sein. Hier ist es zunächst unsere Aufgabe, die eigentliche *Malthussch*e Theorie als das darzustellen, was sie ist, als das, was wir soeben umschrieben haben.

Diese Aufgabe ist nicht ohne Schwierigkeiten, denn die Darstellung des Bevölkerungsgesetzes durch *Malthus* selbst ist – darüber sind sich auch seine Anhänger von *Mohl* bis auf *von Fircks*[1] einig – in der Form von keiner besonderen Prägnanz und Geschlossenheit. Seine Ausdrücke sind häufig vieldeutig, die Konsequenzen sind oft nicht mit mathematischer Schärfe gezogen, und es fehlt auch nicht an inneren Widersprüchen.[2] Unter diesen Umständen ist es in der Tat nicht ganz leicht, den Gedankeninhalt der Theorie so scharf zu präzisieren, wie für eine endgültige Diskussion erforderlich ist. Die Theorie, mit der man kämpft, verwandelt sich wie Proteus in immer neue Gestalten. Schon die Thesen, die er als Thema probandum am Schluß des zweiten Kapitels aufstellt, sind von viel geringerer Präzision. Sie lauten[3]:

1. „die Volksvermehrung ist notwendig durch die Unterhaltsmittel begrenzt;
2. die Bevölkerung steigt unveränderlich, wo die Unterhaltsmittel steigen, wenn sie nicht durch einige sehr mächtige und auffallende Hemmnisse daran verhindert wird;
3. diese Hemmnisse und die Hemmnisse, die die überlegene Zeugungskraft unterdrücken und ihre Wirkungen auf demselben Niveau mit den Unterhaltsmitteln halten, sind sämtlich in moralischen Zwang, Laster und Elend auflösbar."

Hier fehlt z. B. in These 2 das entscheidende Wort „entsprechend" hinter „unveränderlich", um, wie es in der Anmerkung heißt, „einige äußerste Fälle" mit in die These aufzunehmen. Dadurch verliert die These aber alle Bedeutung. So ist es fast überall.

Dennoch ist über den eigentlichen Wesenskern der *Malthusschen* Theorie schon dann Klarheit zu gewinnen, wenn man sich die Verhältnisse vergegenwärtigt, unter denen sie zuerst erschien, und vor allem die Rolle, die sie als Streitschrift zu spielen bestimmt war. Sie war bekanntlich ein Angriff gegen den Sozialismus *Godwins*.

Die Naturlehre *Adam Smith'* war bei der britischen Arbeiterschaft und einem großen Teile der bürgerlichen Ideologen in starken Mißkredit gekommen. Es hatte sich herausgestellt, daß die Harmonie aller sozialen und wirtschaftlichen Interessen, die nach der Naturlehre aus dem System der freien Konkurrenz folgen sollte, sich nicht einstellen wollte. Das Elend der britischen Arbeiterschaft schrie zum Himmel, und der Sozialismus erhob natürlich wieder sein Haupt, wie immer, wenn der soziale Gradient rapide wächst, d. h. wenn die Differenz der maximalen und minimalen Einkommen derselben Volkswirtschaft stark zunimmt. *Godwin* hatte als namhaftester Vertreter der sozialistischen Auffassung im „Enquirer"[4] sein Gleichheitssystem veröffentlicht, und verfocht darin die beiden Grundprinzipien, die *jedes* sozialistische System notwendigerweise enthalten muß, erstens: das Elend und die Not der Gegenwart sind lediglich Folgen einer mangelhaften sozialen

---

1 Fircks, Bevölkerungslehre und Bevölkerungspolitik, Leipzig 1898.
2 Vgl. z. B. Sötbeer, Die Stellung der Sozialisten zur Malthusschen Bevölkerungslehre, S. 6.
3 Malthus, Versuch über das Bevölkerungsgesetz, S. 20f.
4 Nach Elster, (in: Handbuch der Staatswissenschaften, Bd. II, S. 741) lauten die Titel der beiden in Frage kommenden Worte Godwins: „An inquiry concerning political justice, and its influence on general virtue and happiness, London 1797." – „The Enquirer, reflections on education, manners and litterature, London 1797."

Organisation, oder, wie sich Malthus ausdrückt, „schlechten Regierung"; zweitens: bei einer vernünftigen sozialen Organisation wird alle Not und alles Elend verschwinden.

Man sieht, daß historische Deutung und Zukunftsprophezeiung nur logische Wendungen desselben Hauptsatzes sind, der da lautet: alle Klassenverschiedenheit und die daraus folgende Not sind lediglich *historische Kategorien*. Die Not der Vergangenheit hatte ihre zureichende Ursache; diese Ursache liegt in mangelhaften menschlichen Einrichtungen; sie kann und wird daher beseitigt werden: und darum wird in Zukunft keine Klassenverschiedenheit und keine Not bestehen.

Wer dieser optimistischen soziologischen Theorie eine pessimistische entgegenstellen will, wer also nicht „angebrachter Maßen", also z. B. gegen ein kollektivistisches Ideal, sondern grundsätzlich gegen *jedes* Gleichheitsideal ankämpft, der muß jenem Satze sein Gegenstück entgegensetzen: Not und Elend sind keine historischen, sondern *immanente Kategorien*. Die Klassenverschiedenheit und das daraus folgende Elend der Vergangenheit und Gegenwart hatte ihre zureichende Ursache: diese Ursache ist aber ein *Naturgesetz*, kann und wird daher nicht beseitigt werden, und darum wird auch in alle Zukunft Klassenverschiedenheit mit ihren Folgen bestehen.

Ein solches soziologisches Gesetz mit pessimistischem, d. h. antisozialistischem, antiutopistischem Inhalt hat Malthus zweifellos geglaubt entdeckt zu haben.

Freilich findet es sich in voller Klarheit – so weit hier überall von Klarheit die Rede sein kann – erst in der reifen Theorie, in den späteren erweiterten Auflagen. Im ersten Wurf war die Theorie, wie aus dem Vorwort hervorgeht, augenscheinlich nur eine Darstellung der traurigen Folgen, die aus dem angeblichen Mißverhältnis zwischen dem Wachstum der Bevölkerung und dem ihrer Unterhaltsmittel entstehen müßten, wem je eine Gesellschaft der Gleichheit nach *Godwins* Ideen ins Leben treten sollte.

Wir erfahren aus der Vorrede des Verfassers zur zweiten Auflage, daß die erste Fassung seines Werkes wesentlich ein Zukunftsbild dem andern entgegengesetzt hatte: nämlich dem *Godwin*schen Zukunftsbilde eines Gemeinwesens der sozialen Gerechtigkeit und des blühenden Wohlstandes das traurige Bild einer Gesellschaft, die durch den immer zunehmenden Mangel an Nahrungsmitteln zur bittersten Armut und zur wütendsten Zwietracht kommen müsse. Dann aber wurde *Malthus* darauf aufmerksam, daß dasselbe Prinzip, dessen Wirksamkeit für die Zukunft ihm außer Zweifel erschien, auch in *Vergangenheit und Gegenwart* seine Geltung gehabt haben und haben müsse. Er schreibt S. VII:

> „Im Laufe der Erörterung wurde ich naturgemäß auf eine Prüfung der Folgen jenes Gesetzes für den bestehenden Zustand der Gesellschaft geleitet. Dasselbe schien viel von der Armut und Not, die man unter den niederen Volksklassen jeder Nation findet, sowie die wiederholten Mißerfolge der Bemühungen der höheren Klassen, sie zu erleichtern, zu erklären. Je mehr ich die Sache von diesem Gesichtspunkte betrachtete, desto mehr Gewicht schien sie zu erlangen. Und dieser Grund (...) bestimmte mich, meine Muße zu einer historischen Erforschung der Folgen des Bevölkerungsgesetzes auf die früheren und gegenwärtigen sozialen Verhältnisse zu verwenden."

Läßt sich schon durch diese Erwägung a priori bestimmen, welchen Inhalt die *Malthus*sche Theorie als pessimistische soziologische Lehre haben *mußte*, wenn sie ihren Zwecken der Bekämpfung des Sozialismus genügen sollte, so ergibt auch eine Textkritik a posteriori mit aller Sicherheit das, was wir oben feststellten, nämlich, daß die reife *Malthus*sche Theorie nicht etwa nur eine Zukunftsprophezeiung enthält, *sondern ein angebliches allgemeines Gesetz der menschlichen Gesellschaft, das auf allen Stufen derselben gewirkt hat, wirkt und wirken wird.* Das *Malthus*sche Werk selbst läßt an den entscheidenden Stellen nicht den geringsten Zweifel darüber, daß das Gesetz in diesem Umfang gemeint ist. Es beginnt z. B. sofort mit folgenden Sätzen:

I. Kapitel

„In jeder Untersuchung über die Fortschritte der Gesellschaft bieten sich als Methoden der Erörterung folgende zwei dar; erstens: die Ursachen zu erforschen, die *bisher* den Fortschritt des Menschengeschlechtes zum Glück gehindert *haben*; und zweitens: die Wahrscheinlichkeit der gänzlichen oder teilweisen Entfernung dieser Ursachen für die Zukunft zu prüfen."

Denselben Inhalt haben unter anderem auch noch folgende Stellen:

„Es gibt wenige Staaten, in denen sich nicht die Bevölkerung über das Maß der Unterhaltsmittel zu vermehren strebte. Diese Tendenz hat beständig die Wirkung, die niederen Gesellschaftsklassen der Not zu unterwerfen und eine große und dauernde Verbesserung ihrer Lage zu verhindern."[1] „Es gibt wohl keine bekannte Insel, deren Produktion nicht noch erhöht werden könnte. Dasselbe kann von der ganzen Erde gesagt werden; aber beide sind ihrer dermaligen Produktion *vollkommen entsprechend* bevölkert, und die ganze Erde gleicht in dieser Beziehung einer Insel."[2]

Ebenso schließt z. B. Kapitel 2 mit folgenden Worten:

„Der zweite und dritte Satz (der oben abgedruckten Thesen[3]) werden durch eine Übersicht der direkten Hemmnisse der Volksvermehrung in der *Vergangenheit* und Gegenwart hinreichend begründet werden. Diese Übersicht ist der Gegenstand der folgenden Kapitel."[4]

Weiter: Kapitel 4 beginnt folgendermaßen:

„Eine Geschichte der früheren Wanderungen und Niederlassungen des Menschengeschlechtes und der Motive, die dazu reizten, würde die *beständige* Tendenz der menschlichen Rasse, sich über das Maß der Unterhaltsmittel zu vermehren, auffällig illustrieren."[5]

Noch bezeichnender ist eine Polemik gegen *Condorcet*. Dieser erwägt die Konsequenzen einer immer weiterschreitenden Bevölkerungsvermehrung, nachdem die Menschheit einmal in unabsehbarer Zeit den höchsten Grad von Kultur und Bodenausnutzung erreicht habe. Er fragt, ob dann nicht eine retrograde Bewegung, mindestens eine periodische Schwankung in der Güterversorgung eintreten müsse, ob diese nicht eine unaufhörlich bestehende Ursache periodischen Elends sein müsse? Darauf antwortet *Malthus* mit einer runden Zustimmung im *Prinzip*. Aber

„der einzige Punkt, in welchem ich von *Condorcet* abweiche, betrifft die Periode, wann diese Schwankung eintreten wird. Condorcet meint, sie könne nur in einer unabsehbar weit entfernten Zeit eintreten. Wenn das Verhältnis zwischen der natürlichen Zunahme der Bevölkerung und der Nahrungsmittel auf einem beschränkten Gebiet (...) irgendwie der Wahrheit nahe kommt, so scheint im Gegenteil die Periode, wo die Zahl der Menschen ihre Mittel zu bequemer Subsistenz überschreitet, *schon seit langer Zeit eingetreten* zu sein, und diese notwendige *Schwankung*, diese stets vorhandene Ursache periodischen Elends hat in den meisten Ländern *bestanden*, so lange wir die Geschichte des Menschengeschlechts zurückverfolgen können, und *besteht noch heutigen Tages*".[6]

---

1 Malthus, Versuch über das Bevölkerungsgesetz, S. 16.
2 Ebenda, S. 52f.
3 [siehe im vorliegenden Band S. 287.]
4 Malthus, Versuch über das Bevölkerungsgesetz, S. 21.
5 Ebenda, S. 71.
6 Ebenda, S. 412f.

Mit ganz ähnlichen Worten argumentiert *Malthus* auch gegen das Gleichheitssystem von *Wallace*. Auch dieser meint, es würde aus Nahrungsmangel nicht eher eine Schwierigkeit zu befürchten sein, als „bis die Erde wie ein Garten kultiviert und jeder ferneren Ertragssteigerung unfähig sei". Darauf antwortet Malthus, die Schwierigkeit sei keineswegs eine entfernte, sondern eine *unmittelbar drohende*. In jeder Periode des Fortschritts der Kultur, vom ersten Moment an bis zu der Zeit, wo die ganze Erde einem Garten gleich geworden wäre, müßte sich die Nahrungsmittelnot beständig allen Menschen fühlbar machen, falls sie gleich wären. Die Produktion der Erde würde zwar jedes Jahr steigen, die Bevölkerung aber würde noch schneller steigen, und diese überlegene Zeugungskraft würde notwendig durch die periodische oder beständige Wirksamkeit moralischen Zwanges, herrschenden Lasters oder Elends gehemmt werden.[1]

Und er faßt in dem Schlußkapitel 13 des zweiten Buches unter dem Titel: „Allgemeine Schlüsse aus der vorstehenden Übersicht der sozialen Verhältnisse" seine gesamte Theorie folgendermaßen zusammen:

„Muß es mithin von einem aufmerksamen Betrachter der Menschengeschichte nicht anerkannt werden, *daß in jeder Zeit und in jedem Zustande, indem sich der Mensch befand und in dem er sich jetzt befindet, die Bevölkerungszunahme notwendig begrenzt ist durch die Unterhaltsmittel?* Daß die Bevölkerung unveränderlich wächst, sobald die Subsistenzmittel zunehmen, wenn sie nicht durch mächtige und offenbare Hemmnisse am Wachstum verhindert ist? Daß diese Hemmnisse und die Hemmnisse, welche die Bevölkerung auf dem Niveau der Lebensmittel erhalten, moralischer Zwang, Laster und Elend sind?"[2]

Diese angeführten Sätze – die Belege ließen sich beliebig häufen – lassen, wie gesagt, unserer Meinung nach keinen Zweifel darüber, daß *Malthus* sein Bevölkerungsgesetz nicht als ein solches aufgefaßt haben wollte, welches in irgendeiner nahen oder fernen Zukunft in Wirksamkeit treten würde, sondern als ein solches, *welches das soziale Zusammenleben der Menschheit auf jeder ihrer Stufen beherrscht hat und beherrschen wird*; daß es sich nicht um eine historische Kategorie, sondern *ein immanentes soziales Gesetz* handelt, oder noch besser, um jedes Mißverständnis auszuschließen, um ein *Naturgesetz*; denn es wird ja ausdrücklich auf gewisse, als unveränderlich unterstellte Naturinstinkte des Menschen, auf seinen Geschlechtstrieb begründet.[3]

Malthus hat also sehr wohl begriffen, daß eine sozialistische Auffassung nur durch eine Theorie besiegt werden kann, die nicht nur die sozialistischen Hoffnungen für die Zukunft, sondern auch die sozialistische Erklärung der Vergangenheit und Gegenwart zerstört.

Dementsprechend muß nun auch die *Malthussche* Formel gedeutet werden, die wir oben bereits angeführt haben: „Die beständige Tendenz in allem animalischen Leben sich über die dafür vorhandenen Nahrungsmittel zu vermehren."

Wir haben oben behauptet, daß heute etwas als *Malthussche* Theorie gilt, was ihr nur äußerlich ähnlich, im Kerne aber ihr entgegengesetzt ist. Wenn diese Verwirrung einreißen konnte, so trägt nichts daran die Schuld als das Wort „Tendenz", das fast regelmäßig mißverstanden worden ist. Man ist geneigt mit dem Worte die Vorstellung von etwas Zukünftigem zu verbinden, faßt „Tendenz" auf als die Wahrscheinlichkeit, daß irgend etwas eintritt. Ja es scheint sogar, als wenn *Malthus* selbst hie und da diesen dem Worte anhaftenden Gedankenassoziationen zum Opfer gefallen ist.

Um solchen Irrtümern vorzubeugen, muß hier mit aller erdenklichen Energie festgestellt werden, daß das Wort in diesem Zusammenhang und nach dem, was wir eben aus dem Werke

---

1 Ebenda, S. 408f.
2 Ebenda, S. 405.
3 Vgl. z. B. ebenda, S. 431.

I. Kapitel

Malthus' zitiert haben, eine *ganz andere Bedeutung hat*. Es ist ein *mathematischer Ausdruck von solcher Schärfe*, daß wir in Verlegenheit geraten würden, wenn man uns zumutete, das vorliegende Größenverhältnis genauer und klarer auszudrücken.

Der Gedanke ist nämlich folgender: Es wachsen zwei Größen, nämlich einerseits die Bevölkerung eines gewissen Landstriches, andererseits die daselbst erzeugten Unterhaltsmittel. Aber sie haben verschiedene natürliche Zuwachsraten. Die Bevölkerung würde, wenn kein Hemmnis bestände, in viel weniger Jahren die doppelte Zahl von Köpfen erreichen, als die landwirtschaftliche Produktion die doppelte Masse von Nahrungsmitteln. Nun ist aber die faktische Vermehrung der Bevölkerung eng gebunden an die faktische Verfügung über die Nahrungsmittel; die Volkszahl kann natürlich nicht stärker wachsen als die Nahrungsmittel. Es werden also in jedem Zeitpunkt mehr Menschen ins Leben treten, als jeweilig ernährt werden können, wenn nicht etwa die „moralische Hemmung" in ausreichendem Maße entgegenwirkt, und diese Überschüssigen müssen auf irgendeine Weise durch Not und ihre Folgen beseitigt werden, damit die übrigen am Leben bleiben können.

Hier bezeichnet also „Tendenz" – wir wiederholen es – nicht etwas Zukünftiges, sondern nur das Bestreben einer wachsenden Größe, eine *andere* wachsende Größe zu überholen, an deren Wachstum sie doch mit unzerreißbaren Fesseln geschmiedet ist. Es ist ein exakt mathematischer Ausdruck für das deutlichere bildliche Gleichnis, daß die Bevölkerung „gegen ihren Nahrungsspielraum preßt." Und diese Tendenz soll nicht etwa nur in der Zukunft erscheinen, *es besteht nicht nur eine „Tendenz" zum Eintreten dieser „Tendenz"*, sondern sie hat gewirkt, wirkt und wird immer wirken, solange Menschen gesellschaftlich zusammenleben. Der letzte Zweifel, wie der berühmte Satz gemeint sei, muß übrigens schwinden, wenn man sich erinnert, daß das Gesetz der menschlichen Bevölkerung ausdrücklich durchaus nichts anderes darstellen soll, als einen Spezialfall des *allgemeinen* Gesetzes, wonach „alles organische Leben die Tendenz hat, sich über seine Unterhaltsmittel zu vermehren". Daß dieser für alles *nur okkupatorisch, nicht produktiv* sich nährende Leben unbestreitbare Satz keine bloße Zukunftswahrscheinlichkeit, sondern grausamste Gegenwartstatsache ist (Kampf ums Dasein!) wird ja nirgend bezweifelt.

Diese an sich sehr einfache Theorie wird nun bedeutend kompliziert durch eine Einschränkung oder Erweiterung, die sie durch die Verquickung mit der *Lohnfondstheorie* erhält.

Unter unserer gegenwärtigen Wirtschaftsordnung des privaten Eigentums an den Produktionsmitteln kann – das ist klar – dem „Arbeiter", d. h. dem kapitallosen Mann, die Tatsache nichts nützen, daß *bei gleicher Teilung* der vorhandenen Subsistenzmittel für ihn und seine Familie genügend vorhanden wäre. Für ihn stellt sich die Frage so, ob er mit der in seinem *Lohne* erhaltenen Anweisung auf den Gütervorrat des Marktes so viel *kaufen* kann, wie er gebraucht. Gerade hier setzt bekanntlich der Sozialismus ein, indem er behauptet, dieses System der Entlohnung könne und müsse durch ein besseres ersetzt werden.

Hier entsteht also eine Schwierigkeit der Beweisführung, die nicht gering ist. Die Sozialisten, die *Malthus* bekämpfen will, stellen seinen Beweisen die Behauptung gegenüber, daß es allein das System des privaten Kapitalbesitzes und das aus ihm entspringende Lohnsystem sei, welches Not und Elend erklären könne. *Malthus* kann dieser Behauptung keinen bündigen Beweis aus den Tatsachen, aus der *Induktion* also, gegenüberstellen: denn sein ganzes Material, soweit es zuverlässig ist, stammt aus Ländern kapitalistischer Wirtschaft; [und er faßt sogar vorkapitalistische Wirtschaftsformen (z. B. Sibirien[1]) unter diesem Gesichtswinkel auf]. So bleibt ihm nichts anderes übrig, als den deduktiven Beweis anzutreten, *daß das private Eigentum an den Produktionsmitteln eine Folge aus dem Bevölkerungsgesetze sei, oder mindestens, daß jedes System gleicher Verteilung auf das*

---

1 Ebenda, S. 130.

schnellste wieder zum privatkapitalistischen „entarten" müsse, und zwar unter dem Drucke der überschießenden Bevölkerungsvermehrung.

Er führt[1] gegen *Godwin* aus, daß in einem Systeme der Gleichheit die Bevölkerung sich exzessiv vermehren würde, „schneller, als ein jedes bisher bekannte Volk"[2], daß dann der Mangel an Subsistenzmitteln notwendig zur Aufteilung des Bodens in Privateigentum führen müsse, daß dann die Angehörigen kinderreicher Familien keinen Platz mehr haben würden an der Tafel des Lebens, und sich wieder als *Arbeiter* vermieten müßten, deren Lohn hoch sein würde, wenn der zu ihrem Unterhalte bestimmte Fonds im Verhältnis zu ihrer Anzahl groß – und deren Lohn umgekehrt klein sein würde, wenn der Fonds relativ schwach wäre.

> „Und so ist es offenbar, daß eine nach der denkbar schönsten Weise eingerichtete Gesellschaft, deren leitendes Prinzip das Wohlwollen statt der Selbstsucht ist, (. . .) nach den unvermeidlichen Gesetzen der Natur und nicht nach einem Fehler der menschlichen Institutionen binnen sehr kurzer Zeit zu einer nach einem ähnlichen Plan errichteten Gesellschaft entarten würde, wie die ist, die gegenwärtig in allen bekannten Staaten obwaltet, zu einer Gesellschaft die in eine Klasse von Eigentümern und in eine Klasse von Arbeitern zerfällt und deren Haupttriebfeder die Selbstsucht ist."[3] Das würde „keine dreißig Jahre dauern".[4]

So mußten „in diesem angenommenen Falle einige der Hauptgesetze, welche dermalen die zivilisierte Gesellschaft beherrschen, allmählich durch die gebieterischste Notwendigkeit diktiert werden".[5] „Die Wahrheit ist, daß die menschlichen Einrichtungen zwar die offenbaren und sich aufdrängenden Ursachen vieler Übelstände der Gesellschaft zu sein scheinen, und oft wirklich sind, daß sie aber in der Tat im Vergleich *zu jenen tiefer liegenden* Ursachen des Übels, welche aus den Gesetzen der Natur und den Leidenschaften der Menschen entspringen, nur leicht und oberflächlich sind."[6]

In dieser Weise scheint – *scheint*, denn, wie gesagt, von einer straff vorschreitenden Entwicklung der Gedanken ist in dem Buche nirgends die Rede –, in dieser Weise also scheint *Malthus* das herrschende und von ihm gegen die sozialistischen Angriffe zu verteidigende privatkapitalistische System aus seinem Bevölkerungsprinzip abgeleitet zu haben. Er gewinnt dadurch noch eine weitere starke Position gegen den nächsten Einwand seiner Gegner.

Dieser Einwand geht dahin, daß von einem Pressen der Bevölkerung gegen den Nahrungsspielraum und den Hemmungen des Wachstums nicht eher die Rede sein könne, als bis das betreffende Land, ja, die ganze Erde, in einen „Garten" von so hoher Kultur verwandelt sein werde, daß eine weitere Ertragssteigerung undenkbar sei. Wie aus der oben mitgeteilten Polemik hervorgeht, hatten ja schon *Wallace* und *Godwin* sich selbst den Einwand zunehmender Schwierigkeit der schließlichen Versorgung gemacht und sich damit getröstet, daß diese Schwierigkeit erst in unabsehbarer Zeit eintreten könne.

Demgegenüber kann *Malthus*, wenn man ihm erst einmal seine Prämissen zugegeben und das privatkapitalistische Produktionssystem als *naturgesetzliche* Folge des „Prinzips" anerkannt hat, darauf hinweisen, daß bei einer solchen Gestaltung der Eigentumsverhältnisse nicht das *Produktions*interesse, sondern das *Rentabilitäts*interesse über die Anbaugrenze entscheidet.

---

1 Ebenda, S. 422ff.
2 Ebenda, S. 428.
3 Ebenda, S. 438f.
4 Ebenda, S. 439.
5 Ebenda, S. 432.
6 Ebenda, S. 424.

I. Kapitel

„Die Grenze für die Bevölkerungszunahme eines Volkes, welches alle seine Nahrung auf seinem Gebiet erzeugt, ist da, wo das Land so vollständig angebaut und mit Arbeitskräften versehen ist, daß die Beschäftigung eines anderen Arbeiters darauf im Durchschnitt keine hinreichende weitere Menge von Nahrung erzeugt, um eine Familie von solcher Größe zu ernähren, daß die Volksvermehrung dabei nicht ausgeschlossen ist.

Dies ist offenbar die äußerste praktische Grenze für die Zunahme der Bevölkerung, die bis jetzt kein Volk jemals erreicht hat, noch jemals erreichen wird, da hier kein Spielraum für anderen Lebensbedarf als Nahrung, noch für den Kapitalgewinn angenommen worden ist, der beiderseits nicht unbedeutend sein kann. Dennoch bleibt selbst diese Grenze weit hinter der Produktionsfähigkeit der Erde zurück, die eintreten könnte, wenn alle nicht mit Produktion anderer Bedarfsartikel Beschäftigten mit Nahrungsmittelproduktion beschäftigt wären, d. h. wenn Soldaten, Matrosen, Dienstboten und alle die Verfertiger von Luxusgegenständen sich dem Landbau widmen müßten. Sie würden allerdings nicht den Unterhalt für eine Familie und schließlich nicht einmal für sich selbst produzieren, aber doch noch immer, bis die Erde schlechterdings nichts mehr hergäbe, etwas zum allgemeinen Vorrat hinzufügen und durch die Steigerung der Subsistenzmittel die Möglichkeit gewähren, eine zunehmende Bevölkerung zu ernähren. Die gesamte Bevölkerung eines Landes könnte auf diese Weise während ihrer ganzen Lebenszeit zur Produktion des notwendigsten Lebensbedarfs verwendet werden und für andere Geschäfte irgendwelcher Art bliebe keine Muße.

Allein dieser Zustand der Dinge könnte nur durch die erzwungene Richtung des Nationalfleißes auf einen einzigen Erwerbszweig bewirkt werden. Beim Bestehen des Privateigentums, das, wie man billig annehmen kann, stets in der Gesellschaft herrschen wird, *kann er niemals eintreten.* Wenn das Einzelinteresse eines Grundbesitzers (…) ins Spiel kommt, so kann kein Arbeiter jemals im Ackerbau beschäftigt werden, der nicht mehr als den Betrag seines Lohnes hervorbringt, und wenn dieser Lohn nicht hinreicht, um ein Weib zu erhalten und zwei Kinder bis zum Heiratsalter zu ernähren, so muß offenbar die Bevölkerung wie die Produktion zum Stillstand kommen. Mithin muß an der äußersten praktischen Grenze der Volksvermehrung der Zustand des Landes ein solcher sein, um die letzten Arbeiter in den Stand zu setzen, den Unterhalt von etwa vier Personen hervorzubringen."[1]

Auf diese Weise also kommt, um es zu wiederholen, *Malthus* zu einer Position, die ihm gestattet, dem wuchtigsten Schlage der Gegner – scheinbar – auszuweichen. Wird er darauf aufmerksam gemacht, daß von einem Mangel an Subsistenzmitteln doch offenbar keine Rede sein könne, wo so viel Land noch frei, und so viel mehr noch äußerst extensiv genützt sei, wo also eine fast unendliche Steigerung der Nahrungsmittel möglich sei, so erwidert er, diese Erweiterung der Produktion sei nicht rentabel und daher unmöglich, denn die Rentabilität (Mehrwert) bilde das Movens der privatkapitalistischen Wirtschaft, und diese sei wieder eine notwendige, unvermeidbare Folge aus der übermäßigen Bevölkerungsvermehrung.[2]

Hiermit glauben wir den leitenden Gedankengang der *Malthus*schen Theorie wiedergegeben zu haben. Wenigstens scheint die spätere Wissenschaft ihn vorwiegend derart verstanden zu haben. Eine vollkommene Sicherheit über diesen Punkt wird kaum zu erzielen sein, da, wie gesagt, die Darstel-

---

1 Ebenda, S. 537f.
2 Sötbeer, (Die Stellung der Sozialisten zur Malthusschen Bevölkerungslehre, S. 6) weist mit vollem Recht mit großer Bestimmtheit auf diesen häufig vernachlässigten Bestandteil der Malthusschen Lehre hin. Leider ist seine eigene Darstellung wenig klar. Er scheint hier die „Tendenz" auch als Drohung, als Zukunftsding aufzufassen. Ganz deutlich ist seine Meinung nicht, augenscheinlich eine Folge des Zwanges zu knappster Darstellung.

lung der Entschiedenheit und Straffheit entbehrt, und es auch an Stellen nicht mangelt, die Widersprüche zu enthalten scheinen. Wenn darin ein Vorwurf liegt, so soll er nicht allzuschwer sein. Denn man gewinnt das Verständnis der Lehre nur dann, wenn man erkennt, daß es sich durchaus nicht um die geschlossene Beweisführung eines Thema probandum handelt, sondern durchaus nur um Ableitungen aus einem *a priori für richtig angenommenen Dogma* und um Illustrationen zu diesem Dogma.

Bevor wir dieses angebliche Dogma – wir brauchen das Wort hier ohne jeden Beiklang, rein im Sinne der Mathematik, als einen keines Beweises bedürftigen, weil ohne weiteres einleuchtenden Grundsatz –, bevor wir also dieses Dogma auf seine Wahrheit prüfen, wollen wir noch einige Feststellungen resp. Zugeständnisse machen, um das Feld der Untersuchung möglichst einzuengen.

Erstens wollen wir keinerlei Gewicht auf die bekannte Darstellung legen, daß die Bevölkerung im geometrischen, die Subsistenzmittel aber nur im arithmetischen Verhältnis zu wachsen tendieren. *Malthus* selber hat darauf anscheinend keinen besonderen Wert gelegt. Es war bei ihm mehr ein Zahlenbeispiel zur besseren Illustration seines Hauptsatzes, als eine festgewordene quantitative Schätzung. Wir wollen auch nicht urgieren, daß er an mehreren Stellen dieses Verhältnis als das günstigste annimmt,[1] das auf die Dauer Platz greifen könne.

Ebensowenig legen wir Gewicht auf seine fünfundzwanzigjährige Zuwachsperiode. Es steht heute fest, daß seine aus den amerikanischen Zuwachsverhältnissen abgeleitete Schätzung viel zu hoch war. Dort vermehrte sich eine Bevölkerung, die dank starker Zuwanderung aus Europa in einem ganz unverhältnismäßigen Grade aus jungen, zeugungskräftigen Altersklassen zusammengesetzt war.[2] Und ferner hatte *Malthus* auch die Zahl der unter normalen Verhältnissen der Altersschichtung vorhandenen gebärfähigen Frauen bedeutend überschätzt. Nach *Rümelin*[3] würde bei drei Geburten pro gebärfähiger Frau die Bevölkerung stabil bleiben, bei fünf Geburten sich in 69,6 Jahren und bei sieben Geburten in 35 Jahren verdoppeln. Nach *Wagner*[4] würde der denkbar höchste jährliche Zuwachs 2,8% kaum übersteigen können. Aber das alles zugegeben, wird damit die Wirkung des „Prinzips" nur gemildert, aber nicht aufgehoben, wenn es überhaupt wirksam ist, und wir werden uns deshalb jedes Einwandes aus diesem Punkte enthalten.

Ferner wollen wir feststellen, daß der Grundsatz nicht so starr ist, um nicht zeitweilige Erleichterungen zuzulassen. Offenbar kann eine plötzliche starke Vermehrung der Subsistenzmittel ebenso wie eine plötzliche starke Verminderung der zu ernährenden Volkszahl es bewirken, daß der Spielraum zeitweilig sehr groß wird.

Malthus nimmt von dieser Einschränkung mehrfach Notiz, freilich auch wieder ohne scharfe Fassung der Quantitätsverhältnisse. Ganz im allgemeinen sagt er in der oben bereits angezogenen Anmerkung zu seiner These 2): „Ich glaube, daß es einige Fälle gibt, wo die Bevölkerung nicht auf dem Niveau der Unterhaltsmittel bleibt. Dies sind jedoch nur äußerste Fälle."[5] Dann z. B., wenn er von der außerordentlichen Entvölkerung unter den nordamerikanischen Indianern spricht, die der Theorie zu widersprechen scheine.

„Allein man wird finden, daß die Ursachen dieser geschwinden Verminderung alle in die *behaupteten* drei großen Hemmnisse der Volksvermehrung aufgelöst werden können, und es wurde nicht behauptet, *daß diese Hemmungen, aus besonderen Ursachen mit besonderer Kraft wirkend, in einigen Fällen nicht mächtiger sind, als selbst das Prinzip der Volksvermehrung.*"[6]

---

1 Malthus, Versuch über das Bevölkerungsgesetz, z. B. S. 8f.
2 Rümelin, Reden und Aufsätze (1875), S. 323.
3 Ebenda, S. 319.
4 Wagner, Grundlegung, Bd. II, S. 493.
5 Malthus, Versuch über das Bevölkerungsgesetz, S. 21.
6 Ebenda, S. 50.

I. Kapitel

Ebenso sprechen umgekehrt einige Stellen dafür, daß er es für möglich hält, daß der Spielraum durch plötzliche Vermehrung der Subsistenzmittel zeitweilig weit werden könne, sei es durch Verbesserungen der Agrikultur, sei es durch Erschließung neuer Absatzwege für ein handeltreibendes Volk.

Es ist aber klar, daß *Malthus* eine derartige relative Erweiterung des Spielraumes immer nur für zeitweilig möglich hält. Denn sofort wird die Bevölkerung stärker wachsen, als zuvor, weil weniger durch die positiven Hemmungen ausgerottet werden, und bald wird der Spielraum wieder gepreßt voll sein. Nur, wenn das „moral restraint" in ausreichendem Maße wirkt, kann nach seiner Ansicht der Spielraum *dauernd* schneller wachsen, als die Bevölkerung:

„Ich kann mir leicht vorstellen, daß Großbritannien, bei geeigneter Richtung des nationalen Fleißes, nach Verlauf einiger Jahrhunderte zwei- oder dreimal so viele Bewohner haben könnte, die gleichwohl ausnahmslos besser genährt und gekleidet sein könnten, als jetzt" – *wenn sie nicht „gegen die Stimme der Vernunft ihren Leidenschaften gehorchen"*.[1]

Aber – und damit schließt sich der Ring – bis jetzt ist die „moralische Hemmung" nur ganz ausnahmsweise genügend in Wirksamkeit gewesen.[2] Fast überall haben die positive Hemmung der Not und das negative Hemmnis des die Zeugungskraft herabsetzenden Lasters die nötige Reduktion der überschwellenden Volksmenge vollziehen müssen.[3]

Eine letzte Konzession wollen wir – weniger *Malthus* selbst, der sie ablehnen müßte –, als seinen neueren Anhängern machen, nämlich die, daß das Bevölkerungsgesetz erst in seine eigentliche Wirksamkeit treten soll, wenn das betreffende Land „voll besetzt" ist, d. h. wenn alles Land in Privateigentum – im weitesten Sinne – genommen und, entsprechend den gegebenen Rentabilitätsverhältnissen, auch genutzt wird. Daß der Ausdruck ein wenig bestimmter ist, ist nicht unsere Schuld: er wird viel bei der Diskussion der Frage gebraucht,[4] und wir müssen ihn dadurch zu bestimmen versuchen, daß wir mindestens die westeuropäischen Kulturländer schon als zu *Malthus'* Zeit, um so mehr heute, als „vollbesetzt" betrachten.

Wir kommen demnach zu folgender Fassung der *Malthus*schen Theorie:

Die Bevölkerung jedes vollbesetzten Landes preßte bisher und preßt heute noch, von zeitweiligen Erleichterungen abgesehen, auf die Dauer hart gegen ihren Nahrungsspielraum, wo nicht etwa moralische Selbstbeschränkung die Zuwachsrate in genügendem Maße verminderte oder vermindert. War oder ist das nicht der Fall, so vernichteten oder vernichten Not und Laster die überschießende Volksmenge. Und für alle Zukunft ist gleichfalls das Verschwinden von Not und Laster nur von einer ausreichenden Wirkung der moralischen Hemmung zu erwarten.

Um diese Auffassung an einem Bilde zu verdeutlichen, so gleicht ein Volk einer lebendigen Hecke, neben der eine automatisch arbeitende Riesenschere auf- und niedergeht. Diese Maschinerie steht nicht fest, sondern rückt immer weiter ab, *aber nicht in dem Maße, wie die Hecke nach jener Richtung hinwächst.* So kann sich die Hecke zwar allmählich ausbreiten, aber dennoch werden in jedem Augenblicke Blätter und Zweige abgeschnitten werden: die positive Hemmung! Nur, wenn die Wachstumskraft der Pflanzen entsprechend nachläßt, wird diese Zerstörungsarbeit aufhören können. Bis jetzt aber hat diese Schicksalsschere gewirkt und wirkt fort.

Das sind die Folgerungen aus dem, wie gesagt, dogmatischen Satze, daß „alle Wesen und auch die Menschen die Tendenz haben, sich über das Maß der für sie vorhandenen Nahrungsmittel zu

---

[1] Ebenda, S. 651f.
[2] Vgl. ebenda, S. 199ff. für Norwegen.
[3] Vgl. ebenda, S. 195.
[4] Vgl. z. B. Rümelin, Reden und Aufsätze (1881), S. 571; Fircks, Bevölkerungslehre und Bevölkerungspolitik, S. 313; Mohl, Die Geschichte und Literatur der Staatswissenschaft, Bd. III, S. 504.

vermehren". Um die Theorie in ihren wesentlichen Teilen dargestellt zu haben, bleibt uns nur noch übrig, zu untersuchen, wie *Malthus* dazu gekommen ist, jenen Satz als keines Beweises bedürftigen, ohne weiteres plausiblen Grundsatz zu betrachten.

Diese Sicherheit gibt ihm das „Gesetz der sinkenden Erträge", auch genannt „das Gesetz der Produktion auf Land". Er kommt wiederholt darauf zurück:

> „Das Verhältnis, in welchem die Bodenerzeugnisse zunehmen, ist nicht so leicht zu bestimmen. Davon aber können wir vollkommen überzeugt sein, daß das Verhältnis ihrer Zunahme auf einem beschränkten Gebiete von ganz anderer Art sein muß, als das Verhältnis der Bevölkerungszunahme. Tausend Millionen sind just ebenso leicht alle fünfundzwanzig Jahre zu verdoppeln, wie tausend; aber die Nahrung für die größere Zahl ist keineswegs ebenso leicht zu gewinnen. Der Mensch ist notwendig im Raume beschränkt. Wenn Acker zu Acker gefügt wird, bis alles fruchtbare Land angebaut ist, muß die jährliche Zunahme der Nahrungsmittel von der Melioration des bereits angebauten Landes abhängen. *Dies ist ein Kapital, das nach der Natur allen Grund und Bodens sich nach und nach vermindern muß, statt sich zu vermehren.*"[1]

> „Die Kultur unfruchtbarer Gegenden würde Zeit und Arbeit erfordern, und wer nur im Entferntesten mit landwirtschaftlichen Gegenständen vertraut ist, dem muß es klar sein, daß im Verhältnis, wie die Kultur sich ausdehnt, die Zunahme der früheren Durchschnittsproduktion *allmählich und regelmäßig abnehmen muß.*"[2]

> „Es scheint der Aufmerksamkeit entgangen zu sein, daß je produktiver und bevölkerter ein Land in seinem dermaligen Zustande ist, seine Fähigkeit, die Produktion ferner zu steigern, vermutlich desto geringer sein wird."[3]

Aus diesem Grunde allein erscheint *Malthus* „das entwickelte Hauptprinzip so unwiderleglich, daß, wenn ich mich lediglich auf allgemeine Ansichten beschränkt hätte, ich mich in eine unbezwingbare Festung hätte einschließen können".[4] Nur aus diesem Grunde kann er erklären, daß das „Bevölkerungsprinzip nicht allein durch die Erfahrungen aller Zeiten und Völker allgemein und gleichförmig bestätigt, sondern auch in der Theorie so sonnenklar ist, daß darauf keine leidlich plausible Erklärung gegeben werden kann und folglich kein schicklicher Vorwand zu einem Versuch vorzubringen ist".[5] Und es ist in der Tat nicht in Abrede zu stellen, daß die Folgerung aus dem „Gesetz der sinkenden Erträge" überzeugend aussieht, wenn man dies Gesetz als Prämisse des Schlusses als richtig anerkennt.[6]

Dann nämlich ergibt sich folgende einfache Rechnung: x Menschen erzeugen auf einem bestimmten Bodenareal x mal y Nahrungsmittel, wobei y die für einen Menschen notwendige Nahrung bezeichnen soll. 2 x Menschen erzeugen aber nach dem Gesetz der sinkenden Erträge weniger als 2 x mal y Nahrungsmittel: folglich ist ein Teil überschüssig und muß durch „positive Hemmung" ausgemerzt werden. Denn, wenn alle am Leben blieben, käme auf jeden weniger als y Nahrung, und *alle* müßten chronisch verhungern, wenn nicht so viele ausgerottet würden, daß für jeden gerade wieder y Nahrung übrigbleibt.

---

1 Malthus, Versuch über das Bevölkerungsgesetz, S. 6.
2 Ebenda, S. 8.
3 Ebenda, S. 192.
4 Ebenda, S. IX, X.
5 Ebenda, S. 445.
6 Wir bemerken vorläufig, daß wir das Gesetz durchaus anerkennen.

II. Kapitel:
Kritik der Malthusschen Lehre

Wir haben schon oben ausgeführt, daß von einer eigentlichen Beweisführung für den grundlegenden Satz bei Malthus keine Rede ist, sondern daß die unendlichen historischen, kulturhistorischen und statistischen Erörterungen, die den Hauptteil des ersten und zweiten Buches einnehmen (406 Seiten von 842 der uns vorliegenden Übersetzung), vielmehr Ableitungen aus dem Prinzip sind, als Beweise für das Prinzip. Trotzdem treten sie mit dem Anspruch auf, Beweise zu sein, und darum ist es erforderlich, sie mit einigen Worten zu besprechen.

Es ist hier dem Autor zugute zu halten, daß er seinen grundlegenden Satz für a priori wahr hielt und daher mit gutem Glauben und bestem Gewissen eine „Beweisführung" unternahm und durchführte, die bei genauer Betrachtung nichts ist als eine Kette aneinandergereihter Trugschlüsse, *eine* Petitio principii nach der andern. Es ist nämlich klar, daß die Theorie in seiner Fassung eine Antwort auf jede Frage präformiert bereit hat. Sie muß immer stimmen – wenn man nicht tiefer sieht, sondern sich mit der oberflächlichen rein formalen Erklärung begnügt:

Wächst ein Volk stark, ohne daß viel Elend und Laster sichtbar wird, so wächst der Spielraum zufällig in dieser Periode unter günstigen Verhältnissen schneller als die Bevölkerung; wächst es stark, und treten viel Not und Elend auf, so ist das Prinzip erst recht glänzend gerechtfertigt; wächst es nicht, während viel Not besteht, so ist es stabil oder geht zurück, weil die „Checks" besonders hoch sind, wächst es aber wenig, und steigt augenscheinlich der Wohlstand, so hat die negative Hemmung der moralischen Beschränkung ihr Wunder gewirkt.[1] Es ist tatsächlich kein Fall möglich, für den die Theorie nicht ein formales Schema parat hätte; und es gibt auch tatsächlich keinen ihm vorliegenden realen Fall, auf den *Malthus* nicht naiv und gutgläubig eins seiner bequemen Schemata anwendete. Überall genügt ihm die rein formale Scheinerklärung: eine bestimmte Kombination der angeblich gegeneinander spielenden Kräfte *könnte* das vorliegende Resultat als ihr Ergebnis hervorbringen; – folglich ist diese Kombination vorhanden gewesen! Daß dasselbe Resultat auch aus einer ganz anderen Kombination hätte hervorgehen können, daß z. B. das Resultat: „30" nicht nur aus der Kombination 5 x 6, sondern auch aus der Kombination 3 x 10, 2 x 15, 1 x 30, 1/2 x 60, 19 + 11 usw. entstehen kann, kommt ihm gar nicht in den Sinn.

Unter solchen Umständen kann es ihm auch nicht einfallen, die verschiedenen erhaltenen Tatsachen zu gruppieren und zu untersuchen, ob sich nicht etwa gemeinsame Kennzeichen der einzelnen Gruppen finden, die auf eine andere Erklärung hinweisen. Eine derartige, *induktive* Untersuchung wird durch das Dogma glatt abgeschnitten, das schon seinem Schöpfer so verhängnisvoll wurde, wie vielen seiner Nachfolger. *Malthus* konnte daher nicht zu der Erkenntnis kommen, die schon aus seinem eigenen, richtig geordneten Material hätte springen müssen, von welchem ungeheuren Einfluß gewisse äußere Verhältnisse, z. B. die Verteilung des Grundbesitzes, auf die Wachstumsrate und auf die Zerstörungsrate einer Bevölkerung sind.[2]

Um die geschilderte sonderbare Beweisführung eines Satzes unter stetiger Deduktion aus demselben Satze wenigstens mit einigen Beispielen zu illustrieren, führen wir auswahlsweise seine Worte bezüglich Norwegens an:

> „Es ist nicht zu bezweifeln, daß die allgemeine Herrschaft des vorbauenden Hemmnisses der Volksvermehrung, dank der geschilderten Gesellschaftsverfassung, in Verbindung mit den in der Aushebung für die Armee liegenden Hindernissen früherer Verheiratung mächtig dazu beigetra-

---

1 Vgl. dazu z. B. die sehr charakteristische Stelle: Malthus, Versuch über das Bevölkerungsgesetz, S. 782.
2 Vgl. z. B. ebenda, S. 114, 129, 131, 172, 221, 238.

gen haben, die niedere Volksklasse Norwegens in eine bessere Lage zu versetzen, als nach der Natur des Klimas und Bodens erwartet werden könnte."[1]

Das *kann* ja ganz richtig sein, und wir wollen diese Möglichkeit hier noch gar nicht bestreiten: aber ein *Beweis* für seinen Grundsatz ist es nicht im mindesten, solange nicht die umgekehrte Kausalverknüpfung ausgeschlossen wird, daß der Wohlstand der niederen Volksklassen eine geringere Ehe und Geburtenfrequenz bewirkt! Daß eine solche ausschließende Beweisführung überhaupt nötig ist, kommt *Malthus* nie in den Sinn, weil ihm seine Petitio principii eben als ein bündiger Schluß erscheint.

Und dabei hätte ihm auch zu diesem Punkte schon sein Material derartige Betrachtungen naheliegen müssen, so z. B., wenn er sich (S. 197) über die geringe Geburtenfrequenz Norwegens oder (S. 256, 259) über diejenige der Schweiz im allgemeinen und des Waadtlandes im besonderen verwundert. Die Frage, ob nicht zwischen der sozialen Lage und der Prokreation ein eigener Zusammenhang bestehe, wird gar nicht aufgeworfen, sondern die Tatsache mit demselben allgemeinen Satz erklärt, den sie beweisen soll: Petitio principii!

Ein weiteres Beispiel dieser Schlußmethode betrifft Schweden. Es hat eine enorm viel größere Sterblichkeit als Norwegen – 1 : 34¾ gegen 1 : 48. Die Erklärung macht Schwierigkeiten, denn Schweden ist viel fruchtbarer und augenscheinlich auch gesünder als Norwegen.

„Es ist daher schwer, die große Sterblichkeit in Schweden vollständig zu erklären, ohne daß man annimmt, die Volksgewohnheiten (...) drängten darauf hin, die Bevölkerung zu hart gegen die Grenzen der Nahrungsmittel zu drängen und folglich Krankheiten zu erzeugen, welche die notwendige Folge der Armut und der schlechten Ernährung sind."[2]

Wir könnten die Beispiele häufen, denn es ist überall dieselbe Methode der Beweisführung, ob *Malthus* von den Stämmen spricht, die wir heute als Primitive und Naturvölker bezeichnen, ob er die Kulturvölker des Altertums oder die der Gegenwart untersucht. Aber wir wollen auf diesen Punkt durchaus keinen Wert legen. Dadurch wird allenfalls die geistige Bedeutung und der wissenschaftliche Rang des Autors berührt, aber nicht im mindesten seine *Lehre*. Diese kann richtig sein, wenn auch die sämtlichen a posteriori induzierten „Beweise" *Malthus'* als logische Schnitzer und tatsächliche Irrtümer nachgewiesen werden könnten. In der Tat legen auch seine wärmsten Verteidiger keinen Wert auf diese Beweisführung. Und noch aus einem zweiten Grunde verzichten wir auf die genaue Klarstellung dieses Punktes: er ist nicht vollkommen zu erledigen, ehe nicht das Grundprinzip als solches, der Satz a priori, widerlegt ist, ist dieser aber widerlegt, so fallen seine Anwendungen eo ipso.

Wir werden also jetzt den Versuch machen, die *Malthussche* Lehre nicht von ihren Konsequenzen aus, sondern von der Front aus, *von ihrem grundlegenden Prinzip* aus, anzugreifen.

Es ist bis jetzt, soweit wir die kritische und apologetische Literatur übersehen, vernachlässigt oder wenigstens nicht genügend beachtet worden, daß das grundlegende Prinzip der *Malthusschen* Lehre eine *quantitative* Behauptung enthält, die seine Kontrolle an den Tatsachen sehr vereinfacht. Er selber hat nichts davon bemerkt, wenigstens hat er nirgends auch nur die kleinste Andeutung davon gemacht und ebensowenig irgendwo es unternommen, die quantitative Nachprüfung seines Hauptsatzes an den Tatsachen vorzunehmen, eine Selbstkontrolle, die sich jedem wissenschaftlichen Kopfe ohne weiteres hätte aufdrängen müssen, der sich über diesen Punkt klar gewesen wäre.

Es ist nämlich unbestreitbar, daß das „Pressen gegen den Spielraum" gar nichts anderes bedeuten kann, als die Behauptung, daß mindestens die niederen Klassen[3] der Bevölkerung *auf die Dauer*

---

1 Ebenda, S. 202.
2 Ebenda, S. 211 f.
3 Ebenda, S. 21 Anm.

(also von zeitweiligen Schwankungen abgesehen) *immer auf das Minimum an den Subsistenzmitteln beschränkt bleiben müssen.* Einen anderen Sinn kann es nicht haben, wenn gesagt wird:

> „So kann die Vermehrung des Menschengeschlechtes nur durch die beständige Wirksamkeit des als Hemmung auf die überlegene Kraft wirkenden harten Gesetzes der *Not auf dem Niveau der Unterhaltsmittel erhalten werden.*"[1] Oder: „Das schließliche Hemmnis der Volksvermehrung scheint somit ein Mangel an Nahrungsmitteln zu sein, der *unvermeidlich* aus den verschiedenen Zunahmeverhältnissen entspringt."[2] Oder: „Es ist genau festgestellt, daß die Bevölkerung sich stets auf dem Niveau der Nahrungsmittel halten müsse!"[3]

Wenn dieser Satz überhaupt einen Sinn haben soll, so kann es doch kein anderer sein, als daß stets auf die Dauer, so lange nicht moralische Hemmung ihre Wunder wirkt, auf den Kopf der Bevölkerung stets dieselbe Menge von Subsistenzmitteln fallen muß. Und das gleiche ergibt sich auch aus dem „Prinzip" selbst, oder vielmehr, es ist nur eine andere Fassung desselben. Denn das Prinzip sagt ja nichts anderes, als daß jedes *Minus* an Nahrung so lange die „positiven Hemmnisse" ins Werk setzt, bis das Niveau wieder hergestellt ist, und daß jedes *Plus* an Nahrung die „Tendenz" so lange ungehindert sich durchsetzen läßt, bis das gleiche der Fall ist. Das ganze Gesetz ist also weiter nichts als die Behauptung, daß pro Kopf der Bevölkerung auf die Dauer stets dieselbe Menge an Subsistenzmitteln entfallen muß. Sollte sie etwa nur die Behauptung einschließen, daß die Bevölkerung *verzehrt,* was sie an Nahrungsmitteln herstellt, viel bei reichlicher, wenig bei schmaler Versorgung? Dann wäre das ganze Gesetz nichts als ein läppischer Gemeinplatz, und es würde irgendeine Folgerung auf die Möglichkeiten der Volksvermehrung und auf die soziale Lage der Masse augenscheinlich nicht zulassen.

Diese Feststellung ist so wichtig, daß wir sie noch von einer anderen Seite her sichern wollen, sozusagen mit einem „indirekten Beweis": würde die Vergleichung zweier zeitlich auseinanderliegender Epochen ergeben, daß in der späteren Epoche pro Kopf der Bevölkerung dauernd *weniger* an Subsistenzmitteln entfällt, als in der früheren, so wäre damit das Gesetz als für die *Vergangenheit* unwirksam nachgewiesen: denn dann ist unerklärlich, warum *damals* nicht mehr Menschen existiert haben, die den Spielraum pressend füllten. (Wir reden hier verabredetermaßen nur von „vollbesetzten" Ländern und Perioden von genügender Länge, um Durchschnittswerte zu ergeben.) Wenn sich aber ergibt, daß in der späteren Periode mehr Subsistenzmittel pro Kopf entfallen, so ist damit bewiesen, daß das „Prinzip" für die *Gegenwart* keine Geltung hat: denn dann ist nicht zu erklären, warum *jetzt* nicht mehr Menschen existieren; dann ist der Nahrungsspielraum eben nicht randvoll ausgefüllt, und dann sind vor allen Dingen Not und moralisches Elend, wenn sie noch existieren, aus anderen Ursachen zu erklären; denn der Kampf um die reichlicher gewordene Nahrung kann dann diese Erklärung nicht mehr liefern.

Nach alledem scheint es uns, daß kein berechtigter Widerspruch erhoben werden kann, wenn wir das Bevölkerungsgesetz in dieser neuen, quantitativ festbestimmten, Fassung aussprechen, *daß in einem voll besetzten Lande mindestens in Ansehung der niederen Klassen*[4] *auf die Dauer immer dasselbe Quantum an Nahrungsmitteln auf den Kopf entfallen muß, so lange moral restraint nicht ausreichend gegenwirkt.*

---

1 Ebenda, S. 10.
2 Ebenda, S. 11.
3 Ebenda, S. IX, S. 21 usw.
4 „Es muß bemerkt werden, daß unter einer Zunahme der Unterhaltsmittel hier eine solche verstanden wird, welche die Massen des Volkes befähigt, über mehr Nahrung zu gebieten. Sicherlich kann eine Zunahme stattfinden, welche im damaligen Zustande eines Volkes nicht unter die niederen Klassen verteilt werden wurde." (Malthus, Versuch über das Bevölkerungsgesetz, S. 21 Anm.)

Wir dürfen dann fortan statt von dem weiteren Begriffe der „Subsistenzmittel" von dem engeren der Nahrungsmittel[1] sprechen; denn darüber herrscht ja nirgends eine Meinungsverschiedenheit, daß alle Lebensbedürfnisse mit Ausnahme der Nahrungsmittel um so leichter, d. h. mit um so geringerem Aufwand an Arbeitszeit und Arbeitslast hergestellt werden können, je dichter die Bevölkerung, je größer infolgedessen der Markt und je intensiver daher die volkswirtschaftliche Arbeitsteilung ist. Aus der Versorgung einer wachsenden Volksmasse mit den Lebensbedürfnissen außer Nahrung kann also niemals eine Schwierigkeit entstehen, so lange der Prozentsatz der mit ihrer Herstellung beschäftigten Volksgenossen nicht etwa *sehr stark* dadurch sinkt, daß die steigende Knappheit der Nahrungsversorgung sie massenhaft zur Agrikultur herüberzwingt. Aber sogar bei einem nur *kleinen* Absinken ihrer Prozentzahl würde das an Kopfzahl gewachsene Volk noch immer in alter Ausdehnung mit seinen übrigen Lebensbedürfnissen versorgt werden können, weil die Produktivität jedes einzelnen Gewerbetreibenden mit der Arbeitsteilung wächst, d. h. jeder einzelne bei dichter Bevölkerung mehr Volksgenossen versorgen kann, als bei dünner Bevölkerung.

Wir werden uns also überall da auf das einfache Verhältnis der Kopfzahl zur Nahrungsmittelmenge beschränken dürfen, wo es nicht etwa festgestellt wird, daß die prozentuale Anzahl der Ackerbauern stark anwächst, während diejenige der Gewerbetreibenden stark abfällt. Nur hier könnte von einer zunehmenden Schwierigkeit der Versorgung mit den übrigen Lebensbedürfnissen außer Nahrung allenfalls die Rede sein. Ein solcher Fall ist uns aber aus der Geschichte keines einzigen *wachsenden* Volkes, von denen hier ja allein die Rede ist, bekannt, kann also füglich vernachlässigt werden, und wir sind berechtigt, nur von der pro Kopf entfallenden Quote an *Nahrungsmitteln* zu sprechen.

Wir sehen uns also jetzt auf die einfache Fragestellung beschränkt: *ist tatsächlich die pro Kopf entfallende Lebensmittelquote durchschnittlich gleichgeblieben, seit die Länder „voll besetzt" sind*? Lautet die Antwort bejahend, so ist *Malthus* gerechtfertigt; ist die Quote *gesunken*, so ist die Theorie zwar für die Vergangenheit als falsch nachgewiesen, und es ist dann die Not der Vergangenheit noch einer anderen Erklärung bedürftig, aber dennoch kann die Theorie für Gegenwart und Zukunft vielleicht noch Geltung beanspruchen; es wäre dann nur nötig, den Anfangspunkt der „Vollbesetzung" genauer zu bestimmen. In dieser Beschränkung hätten wir zwar nicht den *vollen* Malthus, aber doch noch immer einen vielleicht theoretisch wertvollen Satz. Ist die Quote aber *gestiegen*, so ist die Theorie als falsch nachgewiesen und verliert in jedem Falle den Anspruch auf den Titel eines „Naturgesetzes".

Um dem Kerne der Frage noch näher zu kommen, müssen wir jetzt schärfer den Begriff der „durchschnittlichen Lebensmittelquote" ins Auge fassen. Es walten hier offenbar im Vergleich zu anderen Bedürfnissen Besonderheiten ob, die aus der menschlichen Natur entspringen. Denn der Mensch braucht nicht nur „im Durchschnitt" täglich soundso viel Mehl und Fleisch, sondern jeder braucht wirklich *täglich* mindestens soundso viel, d. h. es nützt den Einwohnern eines Bezirkes zunächst gar nichts, wenn sie selber eine Mißernte, die Bauern eines Nachbarbezirkes aber so viel Überschüsse erzielt haben, daß „im Durchschnitt" auf jeden Kopf *beider* Bezirke eine genügende Menge Nahrung entfällt: diese Nahrung muß ihnen auch zur rechten Zeit und in ausreichender Menge zugänglich gemacht werden, sonst verhungern sie, während drüben der Segen verfault. Und es nützt einem Jägerstamme ebensowenig, wenn er auf einem Jagdzuge auf einmal so viel Wild erbeutet, daß es 365 mal soviel Menschen, als der Stamm umfaßt, einen Tag ernähren könnte: er wird doch mit Weib und Kind verhungern, wenn dieser glückliche Beutetag der einzige im Jahre ist – sofern er nicht etwa gelernt hat, das Fleisch zu konservieren.

---

1 „Das schließliche Hemmnis der Volksvermehrung scheint somit ein Mangel an Nahrungsmitteln zu sein." (Ebenda, S. 11).

Malthus ist sich über diese Dinge durchaus im klaren. Er sagt bei Besprechung der Tartaren, man finde dort in den Sommermonaten ausgedehnte Steppen unbeweidet, so daß viel Gras verderbe. Aber man dürfe daraus nicht schließen,

> „daß das Land eine viel größere Menge von Einwohnern erhalten könnte, selbst wenn sie Nomaden blieben (...). Die Menge von Nahrung, die in den günstigen Jahreszeiten vorhanden ist, kann von der dürftigen Zahl, die während der schlechten Jahreszeit sich zu erhalten vermag, nicht gänzlich verzehrt werden. Wenn menschliche Arbeit und Fürsorge in der besten Weise geleitet sind, so wird die Bevölkerung, die der Boden ernähren kann, durch den Durchschnittsertrag des Jahres bestimmt; aber unter Tieren und unzivilisierten Völkern wird sie weit unter diesem Durchschnitt sein. Die Tartaren werden es äußerst schwer finden, eine solche Menge Heu zu sammeln und mit sich zu führen, wie zur Ernährung ihres Viehes im Winter nötig ist."[1]

Nun wird niemand bestreiten wollen, daß die Fähigkeit, gewonnene Nahrungsstoffe in eine Dauerform zu bringen, d. h. zeitlichen Überfluß zeitlich zu verteilen – und die Fähigkeit, an einem Orte gewonnene Nahrungsstoffe an andere Orte zu befördern, d. h. räumlichen Überfluß räumlich zu verteilen, daß *beide Fähigkeiten wachsen mit der Größe des Marktes*. Und die Größe des Marktes ist unter den Verhältnissen ungestörter Wirtschaft eine einfache „Funktion" der *Dichte der Bevölkerung*.

Unter *ungestörten* Verhältnissen! Wo eine Wirtschaft durch Machtpositionen politischen Ursprungs gestört ist, da freilich kann die Bevölkerung sehr dicht und dennoch der Markt sehr klein sein. So z. B. wenn kleine Bezirke mit hohen Zollschranken gegeneinander abgesperrt sind,[2] wie das z. B. noch jetzt in China in ausgedehntem Maße der Fall ist (Li-kin-Zölle). Oder ebenso da, wo die Kaufkraft der Masse durch Freiheitsbeschränkung oder excessive Besteuerung sehr tief gehalten wird,[3] oder da, wo die Gewerbe z. B. durch eine egoistische Kolonialpolitik niedergehalten werden, Verhältnisse, wie sie in vielen britischen Kolonien bestanden, zum Abfall der „Vereinigten Staaten" führten; und wie sie noch heute in *Indien* bestehen. *Denn den Umfang des Marktes bestimmt nichts als die Summe von Kaufkraft, die auf ihm zusammenströmt.* Diese aber kann künstlich, durch äußere *politische* Potenzen, *lokal* (extensiv) oder *materiell* (intensiv) beschränkt sein.

Umgekehrt kann eine für unsere Begriffe dünn gesäte Bevölkerung, die ohne unproduktive Vergeudung öffentlicher Mittel und in einer Verfassung lebt, welche die volle Entfaltung aller produktiven Kräfte gestattet, in einer (wieder für unsere Begriffe) erstaunlichen Sicherung ihrer Tagesquote durch Einrichtungen des zeitlichen und örtlichen Ausgleichs leben, wie z. B. die australischen Kolonien. Jedoch darf man hierbei nicht vergessen, daß diese glücklichen Länder ihre „Kapitalbewaffnung" nur zum geringsten Teil ihrer eigenen überschüssigen Produktionskraft, zum größten Teil aber derjenigen dicht besiedelter Länder verdanken, die ihnen Kredit gewähren.

So erklären sich die scheinbar unserer Auffassung widerstreitenden Tatsachen, die z. B. *Julius Wolf* sehr geschickt gegen *Henry George* verwertet,[4] indem er auf den Wohlstand des dünn besiedelten Australien gegenüber den dicht bevölkerten Gebieten Indiens und Chinas hinweist. Das scheint allerdings für Malthus zu sprechen: aber ein Blick auf den Reichtum des dicht bevölkerten England und Deutschland einerseits und auf die bittere Armut der dünn gesäten russischen Bevölkerung andererseits lehrt, daß die vorausgesetzte, durch kein selbständiges Mittelglied beeinflußte Verknüpfung zwischen dichter Bevölkerung und Elend nicht bestehen kann.

---

1 Ebenda, S. 107.
2 Vgl. dazu Smith, Volkswohlstand, S. 176, 194.
3 Ebenda, S. 176.
4 Wolf, Sozialismus und kapitalistische Gesellschaftsordnung, S. 367 und 373.

Jedoch ist hier noch nicht der Ort, auf diese Dinge näher einzugehen. Wir mußten vorangreifen, weil wir im folgenden zumeist von Störungen durch äußere, rein politische Machtpositionen absehen werden. Wir werden uns an die Verhältnisse einer von solchen Störungen freien Volkswirtschaft halten und demgemäß immer so schließen, als bringe eine jede Verdichtung der Bevölkerung auch eine Vergrößerung des Marktes mit sich, die wieder ihre bekannten Folgen größerer Arbeitsteilung und steigender Produktivität mit sich führt. Wir bitten unsere Kritiker, sich dieser einschränkenden Bemerkung an geeigneter Stelle erinnern zu wollen.

Und noch eine Vorwegnahme eines möglichen Einwandes! Nichts ist klarer, als daß die Größe des Marktes zunimmt mit der Leistungsfähigkeit der Transportmittel, z. B. mit dem Ersatz der Frachtwagen durch Eisenbahnen. Es scheint also, als ob unsere Auffassung, als sei die Größe des Marktes eine einfache „Funktion" der Dichte, nicht in vollem Umfange richtig sein könne. Denn sie ist also auch eine „Funktion" der Transportierkraft des Volkes. *Aber diese letztere ist wieder eine Funktion der Dichte!* Ein dünn gesätes Volk kann solche gewaltige Maschinerien nicht herstellen, erstens, weil seine produktive Kraft nicht ausreicht, und zweitens, weil sie nicht rentieren würden. Der wahrscheinliche Einwand aus der ungeheuren Expansion des nordamerikanischen und russischen Eisenbahnnetzes schlägt nicht durch. Denn diese Bauten wurden errichtet wesentlich mit westeuropäischem Kapital, d. h. mit den Überschüssen dicht sitzender Nationen, *und sie hätten nicht rentiert, wenn sie nicht den europäischen Zentren Nahrungsmittel hätten zuführen müssen!* Sie entsprangen dem Produktionsüberschuß und dem Bedürfnis eines *sehr dichten Marktes*; sie sind Anlagen, die ein im *Durchschnitt* dicht besiedelter *Weltwirtschaftskreis* an seiner Peripherie ausführte, weil er sie brauchte. So beweisen selbst diese scheinbar unsere Auffassung widerlegenden Anlagen, daß die Transportmittel, die die Märkte erstrecken, nur der Dichte der Bevölkerung ihre Entstehung verdanken.[1]

Wir werden also im folgenden nicht mehr mißverstanden werden können, wenn wir Verdichtung der Bevölkerung und Wachstum des Marktes der Kürze halber überall gleichsetzen. Und wir werden jetzt ruhig sagen dürfen, daß die Fähigkeit, räumlichen und zeitlichen Überschuß an Nahrungsmitteln derart zu verteilen, daß die Zustellung der Tagesquote an jedermann gesichert ist; *daß beide Fähigkeiten wachsen mit der Dichte der Bevölkerung*. Das ergibt eine Betrachtung von beiden möglichen Standpunkten, dem (volkswirtschaftlichen) der Produktivität ebenso wie dem (für Malthus maßgebenden privatwirtschaftlichen) der Rentabilität. Denn je dichter ein Volk sitzt und je produktiver seine Arbeit ist, um so mehr Zeit und Kraft bleibt ihm übrig für die Errichtung und den Betrieb von Speichern, Mühlen, Bisquit- und Brotfabriken, Eishäusern, Wurst- und Konservenfabriken zur zeitlichen Verteilung und für die Errichtung und den Betrieb von Landstraßen, Kanälen, Eisenbahnen, Häfen und Dampfschiffen zur *räumlichen* Verteilung. Und alle diese Anlagen sind auf der andern Seite nur da *rentabel*, wo ein starker Markt ihre Produkte abnimmt.

Wir haben also zweierlei wohl zu unterscheiden: erstens: diejenige Quote, die sich ergibt, wenn man den Durchschnitts-*Jahresertrag* der Nahrungsmittelerzeugung durch die Kopfzahl der zu Versorgenden dividiert. Dieser Betrag muß vor allem einmal zur vollen Ernährung ausreichen. Dann aber kommt auch die Durchschnitts-*Tagesquote* in Betracht, die regelmäßige und sichere Versorgung der Versorgungsbedürftigen mit ihrer Nahrung. Hängt jene von dem Stande der Agrikultur, der Fruchtbarkeit des Bodens usw. ab, und unterliegt sie durchaus dem „Gesetz der sinkenden Erträge", so hängt die letztere durchaus von der Fähigkeit der örtlichen und zeitlichen Verteilung der Erträge ab, und unterliegt durchaus einem „Gesetz der steigenden Erträge bei steigender Arbeitsteilung". Hieraus ergibt sich, daß die *Malthussche* Theorie, die er ausdrücklich auch auf die

---

[1] Vgl. darüber Oppenheimer, Großgrundeigentum und soziale Frage, S. 172ff. [im vorliegenden Band S. 98].

Primitiven und Naturvölker angewendet wissen will, hier mindestens nicht völlig richtig ist. Denn, wenn z. B. die afrikanischen Ackerbaustämme häufig trotz der größten Ernten am Ende des Jahres an Hungersnot leiden, weil sie nicht imstande sind, mit ihren Mitteln das Korn lange genug aufzubewahren und es darum massenhaft in Bier verwandeln müssen,[1] so leiden sie nicht an der zu starken Bevölkerung, der der Jahresdurchschnitt nicht entspricht, sondern umgekehrt an der zu dünnen Bevölkerung, die nicht imstande ist, den Tagesdurchschnitt zu sichern; sie pressen nicht gegen den Spielraum, weil sie sich übermäßig vermehren, sondern der Spielraum preßt übermäßig gegen sie, weil er sich periodisch zwischen Saat und Ernte zusammenzieht. Es ist nicht das „Gesetz der Produktion auf Land", unter dessen Folgen sie leiden, sondern das umgekehrte Gesetz der Produktion in den Zweigen der Stoffveredelung.

Für manchen, der im Augenblick nicht tiefer sieht, mag sich das wie sophistische Haarspalterei ausnehmen. Denn es scheint zunächst sehr gleichgültig, ob die wachsende Bevölkerung gegen den gleichen Spielraum oder der einschrumpfende Spielraum gegen die gleichgebliebene Bevölkerung preßt. Das mechanische Resultat ist ja auch in beiden Fällen dasselbe: Lebensvernichtung durch Not und Krankheiten! Aber der Unterschied ist doch ein fundamentaler. Denn im ersten Falle muß man eine *Verlangsamung* der Bevölkerungsvermehrung anstreben, um den Jahresdurchschnitt pro Kopf zu vermehren, aber im zweiten Falle muß man eine *Beschleunigung* der Bevölkerungsvermehrung wünschen, damit eine Dichte erreicht wird, die es erst gestattet, jene Einrichtungen zu treffen, die die regelmäßige Zustellung der Tagesquote an jeden Versorgungsbedürftigen allein sichern können.

Wir haben oben auf jenen Einwand verzichtet, der aus dem Gang der Kultur von den primitivsten Stufen der Wirtschaft bis zu dem Augenblicke abgeleitet werden könnte, wo die Länder „vollbesetzt" waren. Wir wollen darum hier nur feststellen, daß bis zu dieser Periode dem „Gesetz der sinkenden Erträge" entgegengewirkt worden ist durch die Fähigkeit einer wachsenden Bevölkerung, die Erträge eines immer größeren Kreises räumlich und zeitlich so zu verteilen, daß die Tagesquote immer gesicherter wurde. Wenn es keinem Zweifel unterliegt, daß die Wirtschaftsstufe des Ackerbaues eine weit größere Menschenmenge auf demselben Areal zu ernähren imstande ist, als die der Hirten, und diese wieder eine weit größere als die der Jäger und Fischer, so ist eine der Ursachen davon, daß jeder aus dieser vermehrten Menschenmenge einer viel größeren *Sicherheit* genoß, *täglich* mit der notwendigen Durchschnittsquote versorgt zu werden, als auf der tieferen Stufe. Und darauf kommt es ja allein an!

Nun unterliegt es ebensowenig einem Zweifel, daß die durchschnittliche Ernährung der Bauern ceteris paribus auch unvergleichlich *besser* ist, als die der Hirten und Jäger. Ob das noch andere Gründe hat, als die bessere Fähigkeit der „Ausgleichung", wollen wir hier nicht untersuchen. Jedenfalls steht fest, daß bis zu dem Augenblicke, wo die Länder „voll besetzt" waren, *die Nachteile einer dichteren Bevölkerung regelmäßig überkompensiert wurden durch die Vorteile einer dichteren Bevölkerung*. Wie war es nun *nach* diesem Zeitpunkt? Schlug jetzt das Verhältnis um?

Nein im Gegenteil! Bis auf den heutigen Tag hat dieselbe Überkompensation ganz ausnahmslos stattgefunden und wird weiter stattfinden, so lange, wie wir die nächsten Jahrhunderte zu übersehen vermögen!

Wir werden für diese Behauptung, vorerst soweit sie Vergangenheit und Gegenwart anlangt, eine Anzahl von Beweisen beibringen.

Zunächst: es ist kein Zweifel, daß *Malthus* schon zu seiner Zeit z. B. Deutschland und das europäische Rußland als „vollbesetzt" angesehen hat. Und es macht keinerlei Schwierigkeiten, zu beweisen, daß beide Länder noch lange nach seinem Tode zeitweilig an Nahrungsmangel gelitten

---

1 Ratzel, Völkerkunde, Bd. II, S. 69.

haben, nicht weil die Bevölkerung so dicht gesät war, daß die übermäßig in Anspruch genommene Erde ihr die Nahrung, die *Jahresquote*, verweigerte, sondern, weil sie noch so dünn gesät war, daß sie die Einrichtungen zur genügenden räumlichen und zeitlichen Verteilung der Gesamternte und Sicherung der *Tagesquote* noch nicht hatte schaffen können. So hatten wir noch 1771/72 in Deutschland eine Hungersnot, die in Kursachsen 150.000, in Böhmen 180.000 Opfer forderte: das ist heute unmöglich, denn wir haben heute in Landstraßen, Eisenbahnen, Kanälen, Häfen und Frachtschiffen Einrichtungen geschaffen, die es ermöglichen, Ungleichheiten der Ernten entfernter Bezirke auszugleichen; und diese Einrichtungen konnten wir nur schaffen, weil das Volk heute so viel dichter sitzt, daß alle diese Einrichtungen volkswirtschaftlich praktikabel und privatwirtschaftlich rentabel geworden sind. Hier haben also bis auf den heutigen Tag die Vorteile dichterer Bevölkerung ihre Nachteile überkompensiert.

Das Gegenstück dazu ist *Rußland*. Es hat heute in seinen europäischen Besitzungen nur etwa den fünften Teil der Dichte Deutschlands, hat ungeheuer viel besten Bodens in vorerst sehr extensivem Betrieb und noch sehr viel ewige Brache. Trotzdem hat es in jedem Jahrzehnt in einer oder mehreren seiner Provinzen vernichtende Hungersnöte zu ertragen. An der *Jahresdurchschnittsquote* liegt das nicht, denn es exportiert auch in Mißjahren ungeheure Mengen Getreide. Es liegt also an dem Mangel an denjenigen Einrichtungen, die es ermöglichen, die Ungleichheiten der verschiedenen Bezirke genügend auszugleichen, an dem Mangel guter Straßen, Kanäle, Eisenbahnen, Häfen und Frachtschiffe. Die kann das Volk erst schaffen, wenn es viel dichter sitzt als heute. Es leidet also Hunger nicht aus Übervölkerung, sondern aus Untervölkerung.

Wir sehen hier davon ab, daß Rußland schon bei der heutigen Dichte sich viel mehr dieser Einrichtungen hätte schaffen können, wenn es besser regiert wäre, d. h. wenn die überschüssige Kraft der Volkswirtschaft nicht auf unproduktive Zwecke verschwendet würde, und wenn die Entfaltung der wirtschaftlichen Kräfte nicht durch Volksfeindlichkeit, Bildungsfeindlichkeit und bürokratische Bevormundung gehemmt würde. Wir dürfen hier ohne Denkfehler davon absehen, weil wir ja nicht eine *bestimmte* Dichte der Bevölkerung mit ihrer Versorgungskraft in quantitative Beziehung setzen wollen. Es ist zwar ganz sicher, daß ein freies und gebildetes Volk, dessen Mittel nicht für unproduktive Zwecke verschwendet werden, schon bei viel geringerer Dichte sich alle jene Einrichtungen schaffen kann (United States!) als ein despotisch regiertes: aber ebenso sicher ist, daß auch für das letztere, wenn die Bevölkerung dicht genug geworden ist, einmal der Zeitpunkt kommt, um sich die Tagesquote zu sichern. Und nur darauf kommt es hier ja an.

Uns erscheint schon dieser Beweis gegen Malthus stark genug, um wenigstens zum Nachdenken über das Prinzip aufzufordern. Es ist wenigstens eine starke Zumutung, an ein „Gesetz" zu glauben, das bisher noch nie in Kraft getreten ist.

Aber wir wollen einen viel größeren Wert statt auf die Tatsache, daß die *Tagesquote* immer besser gesichert wird, auf die viel entscheidendere Tatsache legen, daß auch *die Jahresdurchschnittsquote immer größer wird*, je dichter ein Volk sitzt.

Es ist, um ganz exakt zu denken, nach dem oben Gesagten klar, daß, je besser die Ausgleichsmittel werden, um so kleiner die Jahresdurchschnittsquote werden darf, ohne daß die Tagesquote sich zu vermindern brauchte. Denn um so geringer ist Verlust und notgedrungene Verwendung für andere Nicht-Ernährungszwecke. Es würde demnach nichts Auffallendes haben, wenn eine Vergleichung ergäbe, daß die Jahresdurchschnittsquote einer späteren Periode um ein geringes *gefallen* sei: und um so stärker wird es gegen das *Malthussch*e Prinzip sprechen, wenn wir nachweisen werden, daß diese Quote sehr bedeutend *gestiegen* ist.

Wir haben heute, um diese Tatsache festzustellen, das Mittel der *direkten* statistischen Vergleichung, das *Malthus* seinerzeit noch nicht besaß, da die Statistik noch in den Kinderschuhen steckte. Aber nichtsdestoweniger hätte er schon damals mit seinen geringen statistischen Hilfsmit-

II. Kapitel

teln mindestens feststellen können, daß das Gesetz der Produktion auf Land hier unmöglich in seinem Sinne gewirkt haben konnte.

Unzweifelhaft wußte nämlich *Malthus*, daß die Zahl der Ackerbauern prozentualiter ab-, und die der Gewerbe- und Handeltreibenden (sagen wir kurz der „Städter") prozentualiter zunimmt, wo immer ein Kulturvolk wächst. Und eine einfache Überlegung hätte ihn belehren müssen, daß das nur möglich ist, wenn das Gesetz der sinkenden Erträge *nicht* in Kraft ist. (Von Korneinfuhren sehen wir hier zunächst ab; zu Malthus' Zeit war von regelmäßigen bedeutenden Korneinfuhren in den meisten Ländern noch gar keine Rede. Wir untersuchen hier lediglich die Zeit vom Augenblicke der „vollen" Besetzung bis zu dem Zeitpunkt, wo Kornimporte nötig werden, z. B. Deutschland bis ca. 1875.)

Stellen wir uns nämlich vor, ein Volk habe zur Zeit, als es eben die „vollkommene" Besetzung seines nationalen Areals vollendete, 20% Gewerbetreibende und 80% Bauern gehabt bei einer Gesamtzahl von fünf Millionen Köpfen. Es sei in einer gewissen Reihe von Jahren auf zehn Millionen Köpfe gewachsen. Welchen Prozentsatz von Gewerbetreibenden dürfen wir jetzt erwarten, einen höheren oder einen geringeren?

Wenn das Bevölkerungsprinzip richtig ist, offenbar einen geringeren. Denn im ersten Stadium haben immer vier Bauern je einen Städter mit ihren Überschüssen ernähren können. Jetzt ist nach dem Gesetz der sinkenden Erträge zwar der Gesamternte-Ertrag gewachsen, aber nicht in dem Maße, wie die darauf verwendete Arbeitszeit. Wo früher *ein* Bauer lebte, leben jetzt *zwei*. Der Rohertrag eines jeden ist größer als die Hälfte des einstigen, aber beide zusammen nicht entfernt doppelt so groß, nachdem beide Bauern ihren eigenen Bedarf zurückbehalten haben, bleibt beträchtlich weniger übrig als zuvor; es können also davon nur weniger Städter pro Kopf des Bauern existieren.

Verdeutlichen wir uns den Sachverhalt an einem willkürlich gewählten Zahlenbeispiel. Wir setzen den Ertrag des Bauern der ersten Periode = 1, dann wäre 4/5 der Familienbedarf und je vier Bauern könnten mit je 1/5 Überschuß zusammen eine Städterfamilie ernähren.

Nehmen wir den Ertrag im zweiten Stadium auf 18/10, also immerhin fast doppelt an, so kommt auf jede der zwei Bauernfamilien, die ihn jetzt erwirtschaften, 9/10. 8/10 war angenommenerweise der eigene Bedarf, es bleibt ihr also nur noch 1/10 abzugeben statt vorher 2/10 und es können in diesem Stadium also immer nur acht Bauern je einen Städter ernähren, der Prozentsatz der Städter muß von 20% auf 10% gesunken sein.

Wir zitieren als Autorität für diese Auffassung Malthus selbst:

„Es muß immer richtig bleiben, daß die überschüssige Produktion der Landleute (in weitestem Sinne genommen) die Zunahme derjenigen Klassen mißt und begrenzt, die nicht im Landbau beschäftigt sind. In der ganzen Welt muß die Zahl der Fabrikanten, Kaufleute, Eigentümer und der in den verschiedenen Staatsstellungen beschäftigten Personen genau dieser überschüssigen Produktion entsprechen und kann nach der Natur der Dinge nicht darüber hinausgehen."[1]

Es ist merkwürdig, daß *Malthus*, der dieses straffe Verhältnis der Abhängigkeit der Industrie etc. von der Landwirtschaft so genau kannte,[2] nicht darauf gekommen ist, daran sein Prinzip zu prüfen.

Um jedem Einwande zuvorzukommen, so ergibt auch eine Betrachtung vom Standpunkte der Lohnfondstheorie, resp. der privatwirtschaftlichen Rentabilität kein anderes Resultat. Denn die

---

1 Malthus, Versuch über das Bevölkerungsgesetz, S. 516.
2 Diese Abhängigkeit der „Städterzahl" von den Überschussen der Landwirtschaft ist ein alter Hauptsatz der physiokratischen Wirtschaftslehre (vgl. Smith, Volkswohlstand, S. 182). Er ist von da in die „Naturlehre" übernommen worden (vgl. derselbe, Bd. I, S. 394; Bd. II, S. 196).

unumgängliche Menge von Lebensmitteln ist für den Menschen das Bedürfnis allererster Ordnung, hat den größten „Grenznutzen", noch vor jedem anderen Subsistenzmittel. Wenn die Nahrung knapp zu werden anfängt, muß nach dem Gesetz von Angebot und Nachfrage ihr Preis steigen; in dem Maße wird es für das Kapital rentabler, sich dem Ackerbau zuzuwenden. Gleichzeitig wird die Kaufkraft der Masse für Gewerbeerzeugnisse immer geringer, weil ein steigender Prozentsatz ihres Einkommens auf Nahrung verwendet werden muß; d. h. in Rentabilitätsrechnung übertragen, die Nachfrage nach solchen Waren sinkt, und damit ihr Preis. Also wird auch von dieser Seite her das Kapital von gewerblichen Investitionen abgeschreckt und in agrarische hineingezogen. Es muß also die prozentuale Anzahl der „Städter" sinken, der Bauern steigen. Ja, dieser Vorgang kann gar nicht eher sein Ende finden, wenn das Gesetz der sinkenden Erträge fortwirkt, als bis alle verfügbare Arbeit des ganzen Volkes auf die Erzeugung von Nahrungsmitteln verwendet wird mit Ausnahme derjenigen, die auf die ganz und gar unentbehrliche Fürsorge für Behausung und Bedeckung verwandt werden muß.

Dieses Resultat ist nicht ohne Interesse. Wir hatten im ersten Kapitel rein referierend gezeigt, in welcher Weise *Malthus* unter Heranziehung der Lohnfondstheorie dem ersten Einwand seiner Gegner auszuweichen verstand, der dahin ging, daß offenbar nicht eher von einem Pressen gegen den Spielraum und positiver Hemmung aus diesem Grunde die Rede sein könne, als bis das ganze Land, ja, die ganze Erde, „wie ein Garten" bebaut wäre. Jetzt zeigt sich, daß es sich auch hier um eine gutgläubige Erschleichung handelte. Denn es war nicht in Betracht gezogen worden, daß gerade vom Standpunkte der privatkapitalistischen Wirtschaftsweise aus, unter dem Einfluß dauernd steigender Preise und dauernd steigender Rentabilität des Ackerbaues, gerade jener Zustand der ganz einseitigen Agrikultur sich herausbilden müßte, den *Malthus* nur durch einen souveränen Staatswillen für erzwingbar hielt.

Uns erscheint schon dieser Einwand von durchschlagender Beweiskraft. Bestände wirklich etwas Ähnliches wie das „Gesetz der sinkenden Erträge" *in der Bedeutung, wie sie Malthus faßte*, so würde die erste Folge eines Bevölkerungswachstums nicht die positive Hemmung sein, sondern eine Verschiebung des Schwergewichtes der Berufe nach der Seite der Urproduktion hin. Und das würde nicht nur geschehen in einem Systeme des Staatskommunismus unter dem Zwange der Regierung, sondern ebenso in einem privatkapitalistischen System wie *Malthus* es für unentbehrlich hielt, unter dem Zwange der Preisgestaltung. Erst wenn das Extrem des reinen Agrikulturstaates erreicht wäre, erst dann könnten die Hemmungen anfangen, ihr schreckliches Werk zu vollziehen. Der Einwand seiner sozialistischen Gegner erweist sich also als vollkommen stichhaltig, trotz aller Kunst der dialektischen Verschleierung.

Da nun *Malthus*, wie wir schon oben sagten, zweifellos wußte, daß überall in wachsenden Kulturvölkern die Verhältniszahl der Bauern ab-, und diejenige der Städter zunimmt: so konnte er schon daraus, und ohne jede *direkte* statistische Grundlage, ableiten, daß das „Gesetz der sinkenden Erträge" hier unmöglich in Wirksamkeit sein könne. Denn wovon sollten diese (prozentualiter) wachsenden Scharen von „Fabrikanten, Kaufleuten, Eigentümern und in den verschiedensten Staatsstellungen beschäftigten Personen" leben, wenn nicht von entsprechend gewachsenen Überschüssen der Landwirte?! Hätte nicht jeder einzelne der in der späteren Periode vorhandenen Landwirte, obgleich deren jetzt *mehr* auf *demselben* Areal ihr Gewerbe trieben, mehr an Überschüssen übrigbehalten, als zuvor: wie hätte sonst pro Kopf eines Landmannes *mehr* an durch ihn versorgten Städtern kommen können?!

Greifen wir auf unser obiges Beispiel zurück! Wir hatten vier Millionen Landwirte angenommen mit einem Reinertrage = 1, und einem Selbstverbrauch = 0,8, also einem Überschuß von 0,2. Folglich konnten 20% = 1 Million „Städter" existieren. Nehmen wir an, das Volk wachse, und die Ackerbauproduktion wachse proportional, so daß das Gesetz der sinkenden Erträge gerade kompensiert sei: dann haben wir, wenn die Gesamtzahl sich verdoppelt hat, 8 Millionen

Bauern auf zwei Millionen Städter, also ganz das gleiche Verhältnis. *Ein prozentuales Wachstum der städtischen Elemente ist offenbar nur möglich, wenn der Überschuß pro Kopf der landbauenden Bevölkerung von Epoche zu Epoche größer wird, trotzdem sie sich selbst an Kopfzahl vermehrt,* wenn also das „Gesetz der sinkenden Erträge" nicht bloß kompensiert, sondern sogar überkompensiert wird.

Wenn z. B. in unserem zweiten Stadium die acht Millionen Bauern je 1,6% Reinertrag haben, so bleibt ihnen nach Befriedigung des eigenen Bedarfs von 0,8 je ebenfalls 0,8 freier Überschuß. Dann ernährt je ein Bauer je einen Städter, und dann ist die Verhältniszahl der letzteren auf 50% gewachsen, und das Gesamtvolk hat sich an Zahl vervierfacht.

Aber ist nicht noch ein Einwand möglich? Kann die *Gesamtmenge* des auf dem Lande selbst nicht verbrauchten und darum für die städtische Bevölkerung verfügbaren Überschusses nicht etwa noch aus einem anderen Grunde wachsen? Wird der Überschuß nicht auch dann größer werden, wenn z. B. die Zahl der landbauenden Familien sich *vermindert*? Da uns daran liegt, die Theorie auch aus ihrem letzten Schlupfwinkel zu treiben, so wollen wir auch auf diesen möglichen Einwand eingehen.

Allerdings ist es denkbar, daß die vom Lande nicht verbrauchten und für die Städter verfügbaren Überschüsse bis zu einem gewissen Grade wachsen, wenn die Landbevölkerung sich vermindert. Denn zwar wird nach dem Gesetz der Produktion auf Land unter diesen Umständen der Gesamtertrag an Nahrungsmitteln geringer sein, aber es wird vielleicht so viel weniger verzehrt werden, daß dennoch mehr für die Städter übrigbleibt. Dann könnte also der Prozentsatz der ersteren allerdings ebenfalls wachsen, ohne daß eine Kompensation des „Gesetzes der sinkenden Erträge" stattfände.

Diese Sätze sind die logische Folgerung aus einer Voraussetzung, die lautete: „wenn die Landbevölkerung sich vermindert". Untersuchen wir diese Voraussetzung auf ihre Möglichkeit oder Wahrscheinlichkeit.

In einem Lande, das gänzlich in den Händen selbstwirtschaftender Bauern, also mittlerer und kleinerer Besitzer ist, ist offenbar eine Verminderung der Landbevölkerung eine äußerst unwahrscheinliche, wenn nicht unmögliche Voraussetzung. Denn es wird vermutlich jeder erledigte Hof durch einen Erben besetzt werden; und es ist mehr als wahrscheinlich, daß die geringen Verluste durch Kommassation mehrere Höfe im Falle des Aussterbens oder der Überschuldung mehr als ausgeglichen werden durch Realteilungen anderer Höfe unter mehrere Erben. Denn es ist nicht zu übersehen, daß wir ja immer von wachsenden Völkern sprechen, bei denen auch die Städte wachsen, und bei denen um die Städte herum sich die *Thünen*schen Zonen der intensiveren Wirtschaft, oder, was fast dasselbe sagt, der dichteren Besiedelung, ausdehnen. Es ist auch nicht abzusehen, aus welchem Grunde etwa die Bauern massenhaft zugrunde gehen sollten, ohne daß sich Nachfolger fänden: denn der Geldpreis der Nahrungsmittel muß nach dem *Thünen*schen Gesetz in dem Maße steigen, als entferntere Güter und schlechtere Bodenklassen in den Anbau einbezogen werden müssen, und noch stärker wird ihr Realpreis steigen, da die Industriewaren, die sie kaufen, immer mehr an relativem Tauschwert verlieren, je größer die Produktivität der städtischen Arbeit mit dem wachsenden Markte wird. Daß unter solchen Umständen eine *Verminderung* der Bauernstellen sehr unwahrscheinlich, ja unmöglich ist, leuchtet ein. Viel mehr ist eine starke *Vermehrung* zu erwarten.

Nehmen wir aber, obwohl diese Deduktion nach dem Gesagten schon sehr zweifelhaft erscheint, mit *Malthus* an, daß sich aus wirtschaftlichen Gründen in dem beobachteten Land eine Grundbesitzverteilung entwickelt haben *müsse*, wie sie das England seiner Zeit aufzeigte: mächtigen Latifundienbesitz bestellt von Arbeitern und Pächtern. Hier kann offenbar das Motiv der höheren Rentabilität die Grundherren dazu bringen, die Bevölkerung des platten Landes zu vermindern, um das „produit net" zu vermehren.

Da bekanntlich landwirtschaftliche Maschinen nur in sehr geringem Maße dahin wirken, Arbeiter überflüssig zu machen,[1] so ist eine Verdrängung landwirtschaftlicher Produzenten in großem Maßstabe nur möglich durch Übergang zu Weidewirtschaft und gar zu Forst- und Jagdwirtschaft. Dieser Übergang ist bekanntlich in Großbritannien in großem Umfang bewerkstelligt worden, und wir haben die wirtschaftlichen Motive dafür zu untersuchen.

Offenbar wurde die Produktion von Wolle, Fleisch und Milch, resp. von Holz und Wild rentabler als der Ackerbau, weil ihre Preise anzogen, während die Kornpreise im Verhältnis dazu tief standen. Wie war das möglich? Das Korn (resp. die Kartoffel, die *vermehrte* Arbeit fordert) blieben nach wie vor das Hauptnahrungsmittel der *Masse* des Volkes; Fleisch und Wild blieben nach wie vor die Nahrungsmittel einer kleinen Minderheit; und Holz und Wolle blieben nach wie vor Befriedigungsmittel sekundärer Bedürfnisse, an deren Sättigung erst gedacht wird, wenn der Nahrungstrieb befriedigt ist! Wie konnte unter diesen Umständen der Preis des primären Bedürfnisses der großen Masse im Verhältnis zu solchen der kleinen Minderheit und zu sekundären Bedürfnissen fallen, noch dazu angesichts des Umstandes, daß die Ackerbauproduktion sich absolut verminderte, während die Zahl der zu versorgenden Städter durch den eigenen Nachwuchs und die ausgetriebenen Bauern enorm anschwoll?!

Des Rätsels Lösung heißt: *Kornimport* und *Warenexport*! Die britischen „Städter" tauschten in steigender Progression fremde Ackerbauprodukte für ihre Gewerbeerzeugnisse. Die aus diesem Handel und Gewerbe entstehenden Profite schufen eine reiche Klasse, die für Holz, Fleisch und Jagdgründe höchste Preise anzulegen bereit und befähigt war; und der Bedarf an Wolle für die Textilfabriken steigerte deren Preis, während der Kornpreis auf niederer Stufe stehenblieb. So konnte die Kopfzahl der britischen Ackerbauern sogar absolut sinken, während dennoch diejenige der Städter absolut und relativ enorm stieg.

Ist diese Erfahrung nicht augenscheinlich eine praktische Widerlegung unserer obigen Berechnung und des *Malthusschen* Satzes von der Abhängigkeit der Industrie von den Überschüssen der Landwirtschaft?

Nicht im mindesten! Denn von dem Augenblicke an, wo Britannien regelmäßig der Korneinfuhren bedurfte, hatte es das Stadium der *Nationalwirtschaft* überwunden und war in das Stadium der Internationalwirtschaft, sagen wir der *Weltwirtschaft* eingetreten. Es war in die Stelle einer *Stadt* innerhalb eines viel weiter gedehnten Wirtschaftskreises eingetreten und fortan hatte es die Theorie nur mit diesem größeren Kreise zu tun. Und hier, das lehrt ein flüchtiger Blick, walten nun ganz dieselben allgemeinen Gesetze, wie vorher in der isolierten Nationalwirtschaft.

Stellen wir uns, um diesen Satz zu verstehen, *Thünens* ‚isolierten' Staat oder noch besser ein Stadium vor, in dem die ganze Erde einen einzigen, „voll besetzten" Wirtschaftskreis darstellt. Da ist Export und Import augenscheinlich nicht möglich. Wäre auch alles Land im Eigentum einer Klasse von Latifundienbesitzern, so könnten doch niemals Preisverhältnisse eintreten, die diese Klasse veranlassen könnten, Landarbeiter und Pächter in die Städte zu drängen, um extensivere Landwirtschaft zu treiben; denn dann würde auf der einen Seite der Kornpreis unter der doppelten Wirkung geringeren Angebotes und enorm steigender Nachfrage einen sehr hohen Stand erreichen [wäre doch selbst bei gleichbleibendem Bevölkerungsstande sofort die gleiche Anzahl von Personen mit einem geringeren Gesamternteertrag zu ernähren]; und auf der anderen Seite würde der Preis der Gewerbeerzeugnisse unter der doppelten Wirkung stärkeren Angebotes und verminderter Nachfrage einen sehr tiefen Stand erreichen; es würde die Nachfrage nach Wolle und Holz sich vermindern, weil ein immer größerer Teil der Kaufkraft auf die seltener gewordenen Nahrungsmittel verwendet wird, und weil das Kapital sich aus der Industrie fortzieht, und es würde die Nach-

---

1 Vgl. z. B. Sering, Die Agrarfrage und der Sozialismus, S. 312.

frage nach Fleisch und Wild sich vermindern, weil die industriellen Oberklassen Not leiden: und so würde der eigene Vorteil die Besitzer treiben, immer intensiver Korn zu bauen und zu dem Zwecke immer mehr Landarbeiter anzusetzen.

Kurz und gut, in einer an Zahl wachsenden Wirtschaftsgesellschaft kann sich die Zahl der Landwirte nicht vermindern, weil dann der Markt der industriellen Waren zusammenschrumpfen würde, weil es also für den Bevölkerungszuwachs dann unmöglich wäre, als Städter zu existieren, und zwar abgesehen von dem Mangel an Nahrung vor allem aus Mangel an Absatz für städtische Erzeugnisse.

Demnach ist selbst in denjenigen Ländern, in denen die Zahl der Ackerbauern absolut abgenommen hat, das prozentuale Wachstum der Gewerbetreibenden, das ja Tatsache ist, mit der *Malthusschen* Theorie unvereinbar. Diese Tatsache ist durchaus nicht anders erklärlich, als daraus, daß entweder die Landleute des Weltwirtschaftskreises durchschnittlich mehr oder besseren Boden bebauen – und dann kann von einem Pressen gegen den Spielraum offenbar keine Rede sein – oder daß sie von verkleinerten Gütern so viel mehr an Roherträgen erwirtschaften, daß ihnen nach Abzug ihres Eigenbedarfs immer noch mehr übrigbleibt, als in früheren Perioden – und dann ist offenbar das „Gesetz der sinkenden Erträge" außer Kraft gesetzt! Natürlich kann dasselbe Resultat auch zustande kommen, wenn sich beide Möglichkeiten kombinieren.

Das hätte schon *Malthus* aus den ihm vorliegenden Daten erschließen können. Wir verfügen aber jetzt über ein *direktes, statistisches Beobachtungsmaterial*, das jene Schlüsse nicht nur bestätigt, sondern noch als zu bescheiden dartut.

Jene Schlüsse berechtigten uns nämlich lediglich zu der Feststellung, daß das Ur-Produkt pro Fläche und pro Arbeitskraft viel stärker gestiegen ist, als nach dem „Gesetz der sinkenden Erträge" hätte vorausgesetzt werden dürfen. Wir konnten aber über die absolute Höhe der täglichen Durchschnittsquote pro Kopf der Gesamtbevölkerung daraus nichts erschließen. Sie brauchte nicht gewachsen zu sein. *Die direkte statistische Beobachtung zeigt uns nun aber, daß diese Quote ganz beträchtlich gewachsen ist.*

Das bedeutet also, daß das Gesetz der sinkenden Erträge nicht nur so weit überkompensiert worden ist, um eine stark vermehrte Prozentzahl von „Städtern" zu erhalten, sondern noch darüber hinaus so weit, um Bauern und Städtern eine bessere und reichlichere Nahrung zu gewähren.[1]

Das Areal des Ackerbaues wuchs von 1840 bis 1888 in den Kulturstaaten (Europa, Vereinigte Staaten, Kolonien usw.), von 492 Millionen Acres auf 807 Millionen Acres, d. h. um 65%, während die Körnerernte von 4,119 Millionen Bushels auf 9,122 Millionen Bushels, also um 120%, die Bevölkerung aber nur um ca. 70% anwuchs. Gleichzeitig wuchs in diesen Ländern die Zahl der Ackerbauern von 55 auf 80 Millionen (rot), also um nicht ganz 50%.[2] Diese stark vermehrte Ackerbaubevölkerung produzierte also pro Kopf 114 Bushels Körner im Jahre 1887 gegen je 73 Bushels im Jahre 1840. Obgleich die Zahl gestiegen, produzierten 1887 zwei Mann so viel wie 1870 drei Mann.[3]

---

[1] Wir entnehmen die folgenden Daten zum größten Teile aus: Mulhall, Dictionary of statistics, London 1899. Soweit es sich hier um die ganz großen Zahlenmassen handelt, wollen wir feststellen, daß wir sie lediglich als Schätzungen eines berufenen Schätzers auffassen. Wenn hier auch noch so grobe Detailfehler die Genauigkeit beeinträchtigen sollten, so ist doch die in den Zahlenmassen enthaltene Tendenz so deutlich, daß jeder Zweifel ausgeschlossen ist. Im Übrigen ergeben die sicheren, amtlichen Daten für kleinere Gebiete genau dasselbe Resultat.
[2] Mulhall, Dictionary of statistics, S. 6.
[3] Ebenda, S. 6.

Gleichzeitig wuchs die Produktion von Fleisch um 57%[1] (von 9.120.000 auf 14.303.000 Tonnen).

Es kam pro Kopf der *Einwohner* (nicht der Bauern), also pro Kopf der Konsumenten *Europas* in der Periode 1831–40: 14 Bushels Korn, 1887 aber 16 Bushels! Hier ist Großbritannien miteingerechnet, das 1887 nur noch 8 Bushels pro Kopf produzierte und das eigentlich nicht mit eingezählt werden dürfte, da es heute schon vielmehr den Charakter einer amerikanischen „Stadt" trägt, als einer europäischen Volkswirtschaft, wenn denn „Stadt" und „Stadtgebiet", wie nationalökonomisch anders nicht zu definieren, diejenige arbeitsteilige Wirtschaftsgemeinschaft darstellen, in der die Stadt die Warenversorgung, das Stadtgebiet aber die Nahrungsmittelversorgung übernimmt.[2] Trotzdem ist in Gesamteuropa die Körnerproduktion *pro Kopf um 14% gestiegen*. Gleichzeitig aber wuchs die Produktion der Vereinigten Staaten von 36 auf 42 Bushels, diejenige Kanadas von 14 auf 30 Bushels, Chiles von 5 auf 8, Argentiniens von 2 auf 13, Australiens von 3 auf 15 Bushels pro Kopf, so daß die Überschüsse der erstgenannten Länder in bedeutendem Maße für Europas Nahrungsbedarf verfügbar und auch tatsächlich in Anspruch genommen wurden.[3]

Soweit von der Produktion der Brotfrüchte! Betrachten wir jetzt die *Fleischproduktion*.

In den 60 Jahren von 1830–1889 nahm die Bevölkerung der Kulturwelt um 70% zu (Europa, Vereinigte Staaten, britische Kolonien und La Plata Staaten): aber in derselben Zeit wuchsen die Herden ungleich stärker, mit Ausnahme der Schweine. Mulhall berechnet die Zunahme der Pferde auf 104%, des Rindviehs auf 127%, der Schafe auf 139%, der Schweine nur auf 55%.[4] Das geringe Zurückbleiben der Schweinezucht ist augenscheinlich auf die Bevorzugung der besseren Fleischsorten durch die wohlhabender gewordene Menschheit zu beziehen.

Betrachten wir Europa allein, so ist, auf 1.000 Einwohner berechnet, die relative Anzahl der Pferde genau, und der Rinder fast genau die gleiche geblieben, während die Relativzahl der Schweine und namentlich der Schafe stark zurückging.[5] Es fanden sich von 1830 bis 1887 regelmäßig 11 Pferde auf 1.000 Köpfe der Bevölkerung, während die Zahl der Rinder von 31 auf 32 stieg, um dann auf 30 zu sinken und sich daselbst zu halten. Dagegen ging die Zahl der Schweine von 20 auf 15 zurück, und diejenige der Schafe von 77 auf 58. Von der Bedeutung, die der Rückgang der Schweinezucht hat, haben wir bereits gesprochen. Die Schafe kommen hier, wo es sich um die Schätzung des Nahrungsspielraums handelt, wenig in Betracht, weil sie in früheren Zeiten überwiegend nicht des Fleisches, sondern der *Wolle* wegen gezüchtet wurden.

Selbst, wenn man aber alles Vieh, das 1830 in Europa gezüchtet wurde, als Schlachtvieh betrachten will, ist aus der pro Kopf etwas gesunkenen Gesamtzahl durchaus nicht der Schluß zu ziehen, daß nun auch die Fleischmenge pro Kopf gesunken sei. Im Gegenteil ist sie beträchtlich gestiegen. Denn heute ist das Durchschnittsgewicht beträchtlich höher als früher. Nach dem alten *G. v. Gülich*[6] berechnete man das Durchschnittsgewicht des in England geschlachteten Viehs:

---

1 Ebenda, S. 7.
2 Vgl. A. Smith, Volkswohlstand, Bd. I, S. 165; Bd. II, S. 191.
3 Mulhall, Dictionary of statistics, S. 7.
4 Ebenda, S. 108.
5 Ebenda, S. 110.
6 Gülich, Geschichtliche Darstellung des Handels, der Gewerbe und des Ackerbaus, Jena 1842, Bd. III, S. 86. Er zitiert nach Revue britannique, Sept. 1839, S. 244.

II. Kapitel

	im Jahre 1710	im Jahre 1804
für einen Ochsen:	370 Pfd.	800 Pfd.
" " Kalb:	50 Pfd.	140 Pfd.
" " Hammel:	28 Pfd.	112 Pfd.
" " Lamm:	18 Pfd.	35 Pfd.

Roscher trägt zu diesem Punkte folgende Daten zusammen[1]:

„In England war das mittlere Gewicht eines Schlachtochsen um 1547 unter 400 Pfund (*Rogers*), unter *Jakob I.* 600 Pfund, 1795: 800 Pfd. Die Schöpse hatten sich gleichzeitig von 44–46 auf 80–85 Pfund erhoben (*Eden*). Das Gewicht des bloßen Fleisches war:

	Ochsen	Schlachtkälber	Schafe	
1710:	370	50	28	Pfund (mit
1845:	800	140	80	den Knochen)"

Derselbe Prozeß, der nicht nur das Lebendgewicht vermehrte, sondern natürlich noch viel stärker das Schlachtgewicht (dies beträgt bei mittelmäßig ernährten Stücken 47%, bei halbfetten Ochsen 55%, bei fetten 60% und mehr vom Lebendgewicht[2] – dieser Prozeß hat sich seitdem immer weiter durchgesetzt. *Mulhall*[3] rechnet bereits 600 Pfund durchschnittliches Schlachtgewicht auf das Rind, was also etwa 1.000 Pfund Lebendgewicht entsprechen würde; er nimmt an, daß tausend Rinder (es ist nicht klar ob Kälber eingerechnet, aber das ist wahrscheinlich nicht der Fall) 54 Tonnen Fleisch ergeben, während Major *Craigie* sogar 67 Tonnen berechnet.

An anderer Stelle nennt *Mulhall* als Durchschnittsgewicht eines ausgewachsenen Rindes in England 1.120, eines Schafes 152 Pfund.[4]

In Frankreich wogen durchschnittlich [in] Pfund[5]:

	1847	1885
Ochsen	700	1.030
Kühe	500	740
Schafe	50	80
Ziegen	50	70
Schweine	200	224

In Deutschland rechneten die älteren Gewährsmänner, wie *Meyer, Thaer, v. Flotow*, eine Kuh durchschnittlich zu 4 Ztr. *Koppe* schon zu 500–550 Pfund, *Pabst* zu 600–800 Pfund, während *v. Kirchbach-Birnbaums* Handbuch, II, S. 360 allgemein 1.000 Pfund als Norm angibt.[6]

Betrachten wir einige Länder im einzelnen, wobei wir von Großbritannien seiner eigentümlichen „städtischen" Stellung halber natürlich absehen.

---

1 Roscher, National-Ökonomik des Ackerbaues, S. 518.
2 Brockhaus Konversationslexikon, 14. Aufl., Bd. 14, S. 470.
3 Mulhall, Dictionary of statistics, S. 15.
4 Ebenda, S. 287.
5 Ebenda, S. 289.
6 Roscher, National-Ökonomik des Ackerbaues, S. 96 Anm. 9.

Wir wählen zuerst Frankreich aus. Nach einer Statistik, die *Carey*[1] aus *Moreau de Jonnès'* Statistique de l'agriculture de France anführt, wuchs die Produktion von 1760–1830 folgendermaßen: Es entfielen pro Kopf der französischen Bevölkerung an *Litern*:

	1760	1840
Weizen	150	208
Geringeres Getreide	300	393
Kartoffeln und Gemüse	–	291
	450	832

Diese starke Steigerung hat angehalten. Frankreich produzierte 1887: 19 Bushels Körnerfrüchte pro Kopf[2] = 691 Liter, und 1892 genau 700 Liter[3], eine Steigerung von über 15% gegen 1840.

Hand in Hand mit der Vermehrung der Brotnahrung ging eine *Verbesserung* derselben nach der Qualität. Weizen tritt immer mehr als Volksnahrungsmittel in den Vordergrund. Die Produktion dieses edelsten Getreides pro Kopf der Bevölkerung betrug nach *Moreau de Jonnès*[4]:

1760:	1,60 hl
1764:	1,64 "
1791:	1,90 "
1818:	1,71 "
1839:	2,05 "

Nach *Mulhall* (S. 288) betrug die Produktion von Weizen und Fleisch pro Einwohner in Pfunden:

	Weizen	Fleisch
1840:	326	45
1860:	314	60
1880:	440	73
1889:	417	70

Nach *Moreau de Jonnès* lebten im 18. Jahrhundert nur 33% der französischen Bevölkerung von Weizenbrot, 1839 waren es bereits 60%.[5] Seitdem ist dieser Ersatz des minderwertigen Brotes durch feines Weizenbrot immer weiter fortgeschritten, allerdings unter starker Zuhilfenahme fremden Weizens. Nach *Mulhall*[6] lebten 1888 bereits 86% von Weizenbrot, nur noch 14% von Roggen- und anderem Brot.

In derselben Zeit vervielfachte sich der Ertrag an Kartoffeln. 1815/1820 belief sich die Ernte auf weniger als 2 Millionen Tonnen durchschnittlich, 1883/86 auf mehr als 10 Millionen Tonnen. Und von 1840–1887 stieg auch die Rübenzucker-Produktion von 35.000 Tonnen auf mehr als 400.000 Tonnen.

---

1 Carey, Grundlagen der Sozialwissenschaft, S. 102.
2 Mulhall, Dictionary of statistics, S. 7.
3 Moreau de Jonnès, Statistique agricole, S. 64.
4 Derselbe, Statistique, S. 18.
5 Zit. nach Mulhall, Dictionary of statistics, S. 19.
6 Ebenda, S. 288.

II. Kapitel

Ganz entsprechend wuchs die inländische Fleischproduktion. Hatte sie nach *M. Lavergne* 1790: 39 Pfund pro Einwohner betragen, so stieg sie auf 67 Pfund in 1880/88,[1] ungerechnet Pferdefleisch, von dem Paris allein jährlich 2.000 Tonnen konsumiert.[2]

Betrachten wir jetzt einige *deutsche* Daten!

Die Körnerproduktion stieg von schätzungsweise 10 Bushels per Kopf der Bevölkerung in 1831/40 auf 13 in 1851/60 und 15 in 1887[3] (12,3 in 1886[4]).

Die Fleischproduktion stieg von 60 Pfd. per Einwohner in 1828 auf 67 Pfd. in 1867 und fiel dann wieder etwas auf 64 Pfd. in 1885.[5]

Nach einer anderen Angabe[6] entfielen per Kopf der Einwohner an Pfunden inländischer Produktion:

	Korn	Fleisch
1816:	440	54
1837:	560	60
1852:	750	60
1875:	740	67
1888:	745	64

Die Gesamtproduktion von Nahrungsmitteln im Inlande wuchs aber auch in den letzten Jahren noch stärker, als die bekanntlich rapide wachsende Bevölkerung. *Mulhall* stellt folgende Schätzung an:

Es wurden produziert durchschnittlich in tausend Tonnen:

	1880/82	1883/96
Körnerfrüchte	14.800	17.100
Kartoffeln	21.100	31.000
Fleisch	1.360	1.520

Bringt er diese Zahlen auf einen Generalnenner nach dem Nährwerte (3 Tonnen Kartoffel = 1 Tonne Korn = 1/8 Tonnen Fleisch), so ergibt sich, daß die Nahrungsmittelproduktion um 21% wuchs, von 32.700.000 auf 39.600.000 Tonnen (Kornäquivalent), während die Bevölkerung nur um etwa 15% wuchs.[7] 1880/82 war das Kornäquivalent 14 Cwt. auf den Kopf der deutschen Bevölkerung, 1893/96 aber 15 Cwt., eine Steigerung von ca. 7%. in einem halben Menschenalter in einem sehr „voll besetzten" Lande, das steigende Importe von Korn und Fleisch an sich zieht!

Hätten wir nur die Ziffern für die Gesamtproduktion der zivilisierten Welt angeführt, so wäre daraus zwar ein Argument gegen das „Bevölkerungsgesetz", nicht aber gegen die von *Malthus* angenommene Geltung des „Gesetzes der sinkenden Erträge" herzuleiten gewesen. Denn man hätte

---

1 Ebenda, S. 20.
2 Ebenda.
3 Ebenda, S. 7.
4 Ebenda, S. 22.
5 Ebenda, S. 23.
6 Ebenda, S. 290.
7 Ebenda, S. 722.

annehmen können, daß die Mehrproduktion pro Kopf der Kulturwelt dadurch zustande gekommen sei, daß neues Land, vielleicht auch besseres Land, massenhaft unter den Pflug genommen wurde. Die Zahlen für die beiden alten Kulturländer Deutschland und Frankreich, beide zu *Malthus*' Zeit „voll besetzt", sperren diese Ausflucht. Sie zeigen eine kolossale Steigerung der Binnenlandsproduktion pro Kopf der mittlerweile sehr stark gestiegenen Einwohnerschaft, und das ist schlechterdings nicht anders zu verstehen, als wenn man zugibt, daß jenes Gesetz nicht in Kraft gewesen ist. In der Tat beweist die spezielle Statistik, daß das Ackerland (und überhaupt das Nutzland) einen immer größeren Anteil des nationalen Territoriums einnahm auf Kosten der Wälder, ewigen Weiden und Umländereien; zweifellos wurde also „der Anbau auf immer geringere Bodenklassen gedrängt": und dennoch nahm nicht etwa nur der Gesamtertrag, sondern der Ertrag pro durchschnittliche Ackereinheit und sogar pro Kopf der konsumierenden Bevölkerung in einem schwindelerregenden Maße zu.

In *Frankreich* wuchs die mit Körnern bestellte Fläche von 1801/20 bis 1883/86 von 30 Millionen Acres auf 37 Millionen Acres, also um ca. 24%. Die Ernten aber wuchsen in derselben Zeit von 390 Millionen Bushels auf 740 Millionen Bushels, also um fast 90%!

Speziell das Weizenareal wuchs von 1700–1889, zuerst mit starken Schwankungen, von der Revolution an in ganz gleichmäßiger Steigerung von 12,4 auf 17,6 Millionen Acres, also um ca. 42%: aber die Weizenernten von 83 auf 309 Millionen Bushels, d. h. um 272%. Und von 1818 an, (wo die Zahlen erst *sicher* werden, und das Areal auch nur erst 12,8 Millionen Acres umfaßte) betrug die Steigerung immer noch (309 gegen 142 Mio. Bushels) fast 118%.[1]

Diese Gesamtziffer kann natürlich nur das Ergebnis einer ganz ungeheuren Steigerung der Erträge pro Flächeneinheit sein, trotz der geringeren durchschnittlichen Bodenklasse:

In der Tat steigerte sich der Durchschnittsertrag des Hektars Weizenlandes von etwas über 6 hl im letzten Drittel des 18. Jahrhunderts auf 8,00 hl in 1818 und 13,01 hl in 1833.[2]

Die offizielle Statistik gibt folgende vergleichende Ziffern[3]:

Durchschnittliche Weizenproduktion pro Hektar in hl:

1816/20:	10,22
1821/30:	11,90
1831/40:	12,77
1841/50:	13,68
1851/60:	13,99
1861/70:	14,28
1871/80:	14,60
1881/90:	14,65
1891/95:	15,83

Interessant ist es, hierbei den allmählichen Fortschritt der Agrikultur, die Verbreitung der höheren Technik über das ganze Land an den Ziffern zu verfolgen, die die Spannung zwischen den Maxima und Minima jeder Epoche anzeigen. Die Ziffern sind 1,93; 2,26; 3,58; 6,09; 6,49; 5,76; 5,98; 3,79; 4,11. Wir haben also zuerst eine Periode sehr gleichmäßigen Tiefstandes der Kultur, dann ein rapides Voraneilen der besser bewirtschafteten Güter, die aber allmählich wieder eingeholt werden.

---

1 Ebenda, S. 19.
2 Jonnès, Statistique, S. 18
3 Derselbe, Statistique agricole, S. 108.

Mulhall[1] gibt für die Hauptgetreidearten folgende vergleichende Daten:

Bushels pro Acre:

	Weizen	Hafer	Gerste	Roggen
1815	9,5	16,0	13,2	8,4
1835	14,7	19,1	15,4	13,7
1855	12,5	26,2	20,7	11,0
1875	16,0	24,0	19,1	15,6
1880	16,0	26,4	20,1	15,1
1884	17,8	26,2	20,1	16,7

Ganz ähnliche Zahlen erhalten wir für *Deutschland*. Nach *Roscher*[2] nahmen *Gasser* (1729) und *Bergius* (1773) auf gutem Boden das 5–6te Korn als Ertrag der Weizensaat an. *Nicolas* (1802) auf besten Böden das 7 1/2fache der Aussaat, während *v. Viebahn* (1862) das 9fache als Durchschnitt betrachtet.

Einige genau untersuchte Güter in Westpreußen ergaben preußische Scheffel:

	Raps	Weizen	Roggen	Gerste	Hafer	Erbsen
1772/73	–	319	4.131	3.679	2.721	262
1860/65	1.803	7.437	8.160	4.586	3.881	3.417

Einige weitere auffällige Beispiele entnehmen wir *Carl Jentsch*:

„Die Flur Else im Koburgischen lieferte 1784 nur 135 Fuder Heu und 20 Fuder Klee, jetzt (wahrscheinlich um 1850) lieferte sie 450 Fuder Heu, 600 Fuder Klee und 360 Fuder Rüben. Vor 1789 ernährte sie 170 Rinder und 146 Schafe, jetzt 372 Rinder und 213 Schafe; 1781 erntete man 1.812 Simri Getreide, jetzt erntet man 5.175 Simri und 5.270 Sack Kartoffeln. Der Sachse (der zitierte Schriftsteller) will es nicht glauben, daß rationelle Landwirte das sechste Korn ernteten, er ernte immer noch das vierte. Mir teilte ein Ackerpächter mit, daß er 1866 das achte, 1898 das zehnte Korn geerntet habe."[3]

„1845 konnte mitgeteilt werden, einige Güter hätten im neunjährigen Durchschnitt auf den Morgen 10,2 Ctr. Weizen und 8,5 Ctr. Roggen erzielt, gerade das doppelte des Ernte-Ertrages der reinen Dreifelderwirtschaft."[4]

Nach *Hanssen*[5] wurde auf den schleswig-holsteinischen leibeigenen Hufen selbst in guten Jahren und auf gutem Boden selten mehr als das 3.–5. Korn geerntet.

Nach *Mulhall*[6] wuchs das Ackerland von 23 Mio. Acres in 1816 auf 44 Mio. Acres in 1887. Die Kornerträge wuchsen in derselben Zeit von 296 auf 640 Mio. Bushels, also stärker als das Areal.

---

1 Mulhall, Dictionary of statistics, S. 19.
2 Roscher, National-Ökonomie des Ackerbaues, S. 105.
3 Jentsch, Die Agrarkrisis, S. 22.
4 Ebenda, S. 53.
5 Hanssen, Aufhebung der Leibeigenschaft, S. 24.
6 Mulhall, Dictionary of statistics, S. 21.

Das landwirtschaftlich genutzte Areal überhaupt stieg von 37 Millionen Acres in 1820 auf 69 Millionen Acres in 1888.[1] Trotzdem also auch hier „der Anbau auf geringere Böden gedrängt wurde", wuchsen auch hier die Ernteerträge per Flächeneinheit so stark, daß die pro Kopf verfügbare Quote immer größer wurde, wie wir oben feststellen konnten, trotz des enormen Wachstums der Bevölkerung.

In den 16 Jahren von 1880/82 bis 1894/96 wuchs das mit Körnerfrüchten bestellte Areal von 33.940.000 Acres auf 37.950.000 Acres, und die durchschnittlichen Körnererträge von 14,8 auf 18,6 Mio. Tonnen. Die Gesamtkulturfläche wuchs von 57,5 Mio. Acres auf 65,15 Mio. Acres, die Gesamternten von jährlich 69,8 auf 96,6 Millionen Tonnen. An der Steigerung sind außer Getreide namentlich Kartoffeln (und Zuckerrüben) beteiligt, deren Flächen mäßig, deren Erträge pro Fläche aber enorm zunahmen. Der Durchschnittsertrag an Kartoffeln per Acre stieg von 3,2 auf 4,1 Tonnen, also um 28% in 15 Jahren.

Im ganzen wuchs das Nutzland um 12%, das Gewicht der geernteten Früchte per Acre um 30% (31 Cwt. gegen 24 in 1880/82)[2] während die Bevölkerung um ca. 15% zunahm.

Nach *K. v. Rümker*[3] stiegen im Durchschnitt von ganz Deutschland die Ernteerträge pro ha:

Im Durchschnitt	von 1880/87 kg		von 1888/97 kg	Zunahme kg pro ha
bei Roggen von	986	auf	1.088	102
" Weizen "	1.325	"	1.433	108
" Gerste "	1.301	"	1.350	49
" Hafer "	1.128	"	1.195	67

Die Anbaufläche war dabei gestiegen:

bei Roggen um	67.000	ha
" Weizen "	226.000	"
" Gerste "	4.000	"
" Hafer "	153.000	"

Es betrug die Ernte pro Kopf der Bevölkerung:

1880/7	von Roggen	124,43	von Weizen	53,61
1888/9	"	" 124,86	"	" 54,85

Zieht man Weizen und Spelz zusammen, so lauten die Zahlen für die erste Periode 63,53 kg, für die zweite nur 62,48 kg pro Kopf. Dafür stieg aber der Einfuhrüberschuß von 22,71 auf 30,58 kg, und der scheinbare Gesamtverbrauch von 210,67 auf 217,92 kg pro Kopf der Bevölkerung.

Eine sehr eingehende Untersuchung über die Steigerung der deutschen Fleischproduktion hat *Huckert* (Neisse) angestellt.[4] Er polemisiert gegen *v. d. Goltz*[5], der die Zunahme der *Kopfzahl* des deutschen Viehbestandes (auf Rinder reduziert) in den 20 Jahren von 1873–1892 auf 9,35 %, die

---

1 Ebenda, S. 7.
2 Ebenda, S. 618.
3 Rümker, Kann Deutschland seinen Getreidebedarf noch selbst decken?, S. 191.
4 Huckert, in: Zeitschrift für Sozialwissenschaft, S. 109ff.
5 Goltz, Die agrarischen Aufgaben der Gegenwart, S. 72.

II. Kapitel

Steigerung der Fleischproduktion aber auf ca. 20% berechnet hatte, so daß letztere mit dem Wachstum der Bevölkerung ungefähr gleichen Schritt gehalten hätte. Diese Berechnung wird nach *Huckert* durch zwei Fehler gefälscht. Erstens ist der Reduktionsmaßstab (1 Stück Rindvieh = 10 Schafe = 4 Schweine = 12 Ziegen), den *v. d. Goltz* angewendet hat, hier nicht angebracht, weil er nicht die Relation des Fleischgewichtes, sondern diejenige des Futterbedarfes angibt. Und ferner hat *v. d. Goltz* nicht in Rechnung gezogen, daß das Durchschnittsalter des geschlachteten Viehs in diesen zwanzig Jahren sehr bedeutend gesunken ist, so daß die bei der letzten Viehzählung vorhandene Menge von Häuptern eine viel größere Menge von Fleisch zu Nahrungszwecken repräsentierte, als die bei der ersten Zählung vorhandene. *Huckert* rechnet, daß von 1872/3–1892/3 beim Rindvieh eine Beschleunigung des Umsatzes von wenigstens 25%, bei den Schafen von wenigstens 50%, bei den Schweinen von wenigstens 15% angenommen werden muß.[1] Er setzt auf Grund einer Berechnung, die nach den Berichten der Schlachthöfe von 11 resp. 13 großen deutschen Städten angestellt ist, 1 Rind = 3 1/5 Schweine = 7 Kälber = 12 Schafe = 14 Ziegen.

Danach erhält er folgende Tabelle:

Es wurden geschlachtet in Deutschland (auf Rinder reduziert):

	1873	1892
Rindvieh (inkl. Kälber)	2.407.524	3.338.369
für die Schafe	370.362	382.641
„ „ Schweine	1.936.893	3.767.750
„ „ Ziegen	23.673	31.405
	4.737.452	7.520.165

„Der Zuwachs beträgt also von 1872/3–1892/3: 58,8 %, während Prof. *v. d. Goltz* nur 9,35 % berechnete."[2]

Da nun jedes einzelne Haupt 1892/3 um ca. 10% mehr Fleisch darstellte, als 1872/3, so „bedeutet das eine Gewichtszunahme des Fleisches um 74,7%, während Prof. v. d. *Goltz* 20% berechnete." Da sich die Bevölkerung des deutschen Reiches in derselben Zeit um 21,95 % vermehrt hat, „so heißt das, daß sich der Fleischkonsum durch das eigene und das am Zählungstage vorhandene eingeführte fremde Vieh *in ungefähr 20 Jahren pro Kopf um rund 43%* vermehrt hat."[3]

Für *Preußen* allein ziehen wir folgende Daten aus dem „Statistischen Handbuch für den preußischen Staat" (Bd. I, S. 199; Bd. II, S. 209; Bd. III, S. 240).

Es wurden geerntet im *Durchschnitt des ganzen Staates* auf das Hektar in Kilogrammen:

Jahre	Winterweizen	Winterroggen	Sommergerste	Hafer	Kartoffeln
1879/85	1220	872	1148	994	7109
1881/90	1273	909	1145	1035	7611
1886/95	1388	982	1214	1102	8267
18961	625	1176	1334	1182	9683

---

[1] Huckert, in: Zeitschrift für Sozialwissenschaft, S. 111f.
[2] Ebenda, S. 114.
[3] Ebenda, S. 115.

Dabei war aber natürlich auch hier der Anbau auf geringere Bodenklassen gedrängt, denn das genützte Ackerland wuchs von 17.318.496 ha in 1883 auf 17.349.358 ha in 1893, also um 30.862 ha.

Es wurden geerntet jährlich durchschnittlich *pro Kopf der Bevölkerung* in Kilogrammen:

Jahre	Weizen und Spelz	Roggen	Gerste	Buchweizen	Erbsen u. Ackerbohnen	Kartoffeln	Möhren, Weiß- u. Kohlrüben
1879/85	47	138	37	4,3	14	479	61
1881/90	49	140	37	3,9	13	507	59
1886/95	52	144	37	3,2	13	538	70
1895	57	167	37	2,7	11	573	96

Für *die Fleischproduktion Preußens* geben wir nur kurz folgende Daten, die nach der oben für Deutschland angegebenen Methode beurteilt werden wollen:

Es stieg das Lebendgewicht der *Rinder* vom 10. Januar 1883 bis 1. Dezember 1892 von 2.913.862,5 Tonnen[1] auf 3 456 505,6 Tonnen[2], das der Schweine über ein Jahr von l56.050,4 Tonnen[3] auf 220.237,4 Tonnen[4].

Während also die Kopfzahl der preußischen Bevölkerung um ca. 10% zunahm, nahm das Gesamtlebendgewicht der Rinder um fast 20%, das der Schweine um 41% zu.

Wie stimmen nun alle diese Daten der Ertragsteigerung pro Kopf und Fläche bei rapid wachsenden Völkern zu dem „Gesetz der sinkenden Erträge", das wir ja ausdrücklich als richtig anerkannt haben?

Das Gesetz besteht auch, daran ist kaum ein Zweifel möglich, und wir wollen jedenfalls auf jeden Einwand dagegen verzichten und die Fassung, die Adolf Wagner ihm gibt, rückhaltlos akzeptieren:

„Das Grund- und Bodengesetz, das Gesetz der Produktion auf Land, wie die britische Ökonomik (Senior) es aufgestellt hat und nennt, d. h. daß der Boden, insbesondere der agrarische, die Tendenz hat, von einer freilich nicht festen, sondern etwas elastischen Grenze an eine größere Menge (und bessere Art und Güte) der Bodenprodukte nur unter im allgemeinen progressiv ungünstigeren Bedingungen herzugeben, dieses Gesetz ist eben *keine* Chimäre, kein bloßes Gedankenprodukt der ‚abstrakten deduktiven Nationalökonomie', sondern beruht auf wichtigen festen Erfahrungstatsachen."[5]

Aber dieses Gesetz hat nicht entfernt die Bedeutung, die Malthus ihm beigelegt wissen wollte.

Das hätte, wenn sie überhaupt in Malthus' Sinne und Methode gelegen hätte, ihn schon eine einfache mathematische Betrachtung lehren können.

Wir haben oben seine Theorie auf eine Formel zu bringen versucht: x Menschen erzeugen auf einer bestimmten Bodenfläche xy Nahrungsmittel, wobei y die für *einen* Menschen notwendige

---

1 Statistisches Handbuch für den preußischen Staat, Bd. I, S. 217.
2 Ebenda, Bd. III, S. 252f.
3 Ebenda, Bd. I, S. 217.
4 Ebenda, Bd. III, S. 252f.
5 Wagner, Grundlegung, S. 654.

II. Kapitel

Nahrung bezeichnen soll. 2x Menschen erzeugen aber nach dem Gesetz der sinkenden Erträge weniger als 2xy Nahrungsmittel: folglich ist ein Teil überschüssig und muß durch positive Hemmung ausgemerzt werden.

Das klingt außerordentlich plausibel, muß aber dennoch unrichtig sein. Denn das „Gesetz der sinkenden Erträge" gilt nicht nur für eine *Verdoppelung*, sondern für *jede Vermehrung* der auf einer bestimmten Fläche produzierenden und konsumierenden Menschen. Es ist also die folgende Formel mit ebenso viel Recht daraus abzuleiten:

x+1 Menschen erzeugen weniger als (x+1)y Lebensmittel.

Folglich ist auch der *eine* Mensch schon „überschüssig"; d. h., es *kann sich die Bevölkerung überhaupt nicht vermehren*. Die obige Rechnung macht den logischen Fehler, zu schließen, als bleibe die *Produktionskraft* verdoppelt, während das *Konsumbedürfnis* durch den Ausjätungsprozeß sinke. Das ist aber falsch, denn mit dem konsumierenden *Munde* verschwinden ja auch die produzierenden *Arme*.

Es ergibt sich also aus der Voraussetzung ein unsinniger Schluß, denn tatsächlich wachsen ja die Völker: folglich war die Voraussetzung falsch, das „Gesetz der sinkenden Erträge" *hat nicht die Bedeutung, die ihm Malthus beigelegt wissen wollte!*

Welche Bedeutung hat es denn dann?

Da wir es anerkannt haben, so bleibt uns keine andere Deutung der ihm scheinbar widersprechenden Tatsachen übrig, als daß es durch irgendwelche anderen wirtschaftlichen Bedingungen überkompensiert wurde und wird.

Und diese Bedingung ist nichts anderes, als der *technische Fortschritt*!

Der alte S. Senior faßte sein Gesetz der Produktion auf Land, seinen vierten Elementarsatz, so, daß dem technischen Fortschritt sein volles Recht gewahrt blieb. Er formuliert ihn folgendermaßen:

„*that, agricultural skill remaining the same*, additional labour employed on the land within a given district produces in general a less proportional return, or in other words, that though, with every increase of the labour bestowed, the aggregate return is increased, the increase of the return is not in proportion of the increase of the labour."

Die Einschränkung: agricultural skill remaining the same, *unter der Voraussetzung, daß die landwirtschaftliche Technik die gleiche bleibt*, weist dem Gesetz seinen Rang an als einem *bloßen Rentabilitätsgesetze der landwirtschaftlichen Privatökonomie*. Der Grundbesitzer soll wissen, daß, wenn er vier Mann auf dem Hektar beschäftigt statt vorher einen, sein Ertrag sich nicht etwa vervierfachen wird. Aber es ist damit durchaus nicht der Ertragssteigerung präjudiziert, die eine gänzlich veränderte Technik hervorbringen kann.

Das weiß *Malthus* selbst sehr genau: „Ein verbessertes Kultursystem kann beim Gebrauch besserer Geräte eine lange Zeit die Tendenz einer ausgedehnten Kultur und einer großen Kapitalzunahme, geringere Verhältniserträge zu liefern, mehr als aufwiegen."[1]

Aber diese Erkenntnis bleibt ohne Konsequenzen für sein Denken. Sie taucht auf und verschwindet wieder. Die Frage, ob nicht vielleicht mit dem Wachstum der Bevölkerung die Ausbildung eines „verbesserten Kultursystems" und die Schöpfung „besserer Geräte" irgendwie zusammenhängen könnte, wird nicht gestellt. Das Dogma schneidet sie kurz ab.

Adolf Wagner ist nur scheinbar anderer Meinung, wenn er an der angegebenen Stelle fortfährt:

---

1 Malthus, Versuch über das Bevölkerungsgesetz, S. 540.

> „Es (das Gesetz der Produktion auf Land) läßt sich nicht mit dem Hinweis auf immerwähren-
> den technischen Fortschritt, der eben gerade hier seine, wenn auch nicht durchaus unverrück-
> bare, doch praktisch sehr wirksame Grenze hat, widerlegen. Bestenfalls wird, mit *J. St. Mill* zu
> reden, durch den technischen Fortschritt die *Wirksamkeit* des Gesetzes im konkreten Falle etwas
> hinausgeschoben, das Gesetz aber nicht aufgehoben."

Diese Sätze enthalten, wie gesagt, nur *scheinbar* eine der unseren entgegengesetzte Behauptung. Wir haben nichts anderes behauptet, als daß der technische Fortschritt in der Vergangenheit und bis auf den heutigen Tag jenes Gesetz überkompensiert hat. *Adolf Wagner* will hier nur sagen, daß er das nicht *in alle Zukunft* wird erreichen können. Das haben wir bis jetzt nicht bestritten und wollen es auch gar nicht bestreiten.

Ob in irgendeiner Zukunft einmal das Gesetz der Produktion auf Land in dem *Malthus*schen Sinne in Wirksamkeit treten wird, daß es entweder die überquellende Bevölkerung durch positive Hemmung auf die mögliche Zahl reduziert, oder dadurch, daß es sie zu moralischer Selbstbeschränkung zwingt, das zu entscheiden, brauchten wir prophetische Gaben, deren wir uns nicht rühmen können.

Aber das ist nach den angeführten statistischen Zahlen über jeden möglichen Zweifel erhaben, daß dieses Gesetz bisher im Laufe der menschlichen Geschichte niemals in Wirksamkeit getreten ist und ebensowenig in der Gegenwart irgendwo wirkt; und wir werden weiter unten nachweisen, daß es auch für eine Zukunft, *die der nüchtern wägende wissenschaftliche Geist übersehen kann*, unmöglich in Wirksamkeit treten kann.

Ich habe in meinem „Großgrundeigentum und soziale Frage"[1] die Verhältnisse ausführlich folgendermaßen dargestellt:

> „Der *Malthus*sche Trugschluß löst sich dahin auf, daß das Gesetz der sinkenden Erträge über-
> kompensiert wird durch das Gesetz der Bodenkapazität.
> Das Gesetz der sinkenden Erträge beruht nämlich auf einem Vergleiche, der angestellt wird zwi-
> schen dem Ertrag desselben Ackers, einmal bei intensiverem, einmal bei extensiverem Anbau in
> *derselben* Gesellschaft von gegebener Volksdichte, Arbeitsteilung und Kapitalbewaffnung. Es
> beruht auf der Voraussetzung, daß der mechanische Nutzeffekt der Arbeitseinheit (d. h. der Lei-
> stung einer durchschnittlichen Kraft in der Zeiteinheit) und der Kapitalseinheit beide Male
> *gleich groß ist*.
> Das ‚Gesetz der Bodenkapazität' beruht aber auf einem Vergleiche, der angestellt ist zwischen
> dem Rohertrage desselben Ackers in zwei sehr *verschiedenen* Gesellschaften von sehr verschiede-
> ner Volksdichte, Arbeitsteilung und Kapitalsbewaffnung. Es beruht auf der Voraussetzung, daß
> der mechanische Nutzeffekt der Arbeits- und Kapitalseinheit in jedem der Fälle *sehr verschieden
> groß* ist.
> Das Gesetz der sinkenden Erträge vergleicht die Leistung und den Nutzeffekt zweier gleich
> ernährter, gleich interessierter und mit denselben Werkzeugen (Kapital) bewaffneter Arbeits-
> kräfte: das Gesetz der Bodenkapazität aber vergleicht die Ergiebigkeit der Arbeit eines Wilden,
> der mit dem Grabstocke ein paar Furchen in den Sand zieht, mit derjenigen des Urhufners, der
> seinen Holzpflug führt, mit derjenigen ferner des Bauern, dem kräftige Stiere den Stahlpflug
> durch die geklärte Ackerkrume ziehen, und zuletzt mit derjenigen des Maschinisten auf dem
> Dampfpfluge von vielen Pferdekräften. Sie vergleicht den Nutzeffekt der Arbeit des Urhufners,
> der zwanzig verschiedene Beschäftigungen hatte, mit derjenigen des heutigen Landwirtes, der

---

[1] Oppenheimer, Großgrundeigentum und soziale Frage, S. 202 [im vorliegenden Band S. 113].

II. Kapitel

nur *eine* Beschäftigung hat; und schließlich den Mann, der seinen Boden mit seinem Korn auf Nimmerwiedersehen exportieren muß, mit dem andern, der im Dünger die eigene Bodenkraft zurückerhält und darüber hinaus die Kraft fremder ferner Äcker; sie vergleicht den Mann, der eines Jahres Arbeit für den Pflug zahlen mußte, mit dem Mann, der eines Monats Arbeit dafür opfert.

Je mehr nämlich ein Volk an Zahl zunimmt, um so größer wird die Arbeitsteilung, um so vollkommener die Werkzeuge, mit welchen der Landwirt produziert, um so freier von Nebenberufen seine Zeit für den Hauptberuf: und darum wächst der Rohertrag seines Ackerstückes. Und gleichzeitig wird die Nachfrage nach landwirtschaftlichen Produkten seitens der industriellen Bevölkerung, und das Angebot von Gewerbeerzeugnissen immer größer: und darum wächst in gleichem Maße, von zwei Seiten her, die Kaufkraft der Landwirtschaft, also ihr Reinertrag."

So habe ich mein „Gesetz der Bodenkapazität" begründet, welches lautet: „*Innerhalb gewisser sehr weiter Grenzen wächst die Bodenfläche eines Landes proportional seiner Bevölkerung*. Damit soll gesagt sein: Entsprechend dem Wachstum eines Volkes wächst auch die Zahl der selbständigen Landwirte, welche sein Boden ernähren kann."[1]

„Der Trugschluß *Malthus'* beruht also darauf, daß er zwei ganz verschiedene Größen als gleich angenommen hat: die typische Quaterno terminorum! nämlich die Arbeitseinheit (durchschnittliche Leistung einer durchschnittlichen Arbeitskraft in der Zeiteinheit) in der unentwickelten Gesellschaft und diejenige einer entwickelteren Gesellschaft. So lange man annahm, die in der Arbeitseinheit steckende Arbeit, oder besser, der durch die Arbeitseinheit erzeugte Nutzeffekt sei hier wie dort der gleiche, folgte der Malthusianismus mit Notwendigkeit aus dieser Voraussetzung: eine verdoppelte Bevölkerung würde doppelt so viel Arbeit auf den gesamten Boden verwenden und damit nur weniger als doppelt so viel Ernten erwirtschaften.

Aber die Voraussetzung ist falsch: die Arbeitseinheit in der dichteren Gesellschaft ergibt eine sehr viel größere durchschnittliche Leistung als in der dünner gesäten. Mit dieser Feststellung ist jene einfache Relation zweier wachsender Zahlen, des Menschenwachstums und des notwendig geringeren Erntenwachstums, auf welche der Malthusianismus sein System baute, hinfällig. Die Frage läßt sich jetzt nicht mehr durch eine einfache abstrakte Kalkulation lösen, sondern es sind offenbar drei Fälle theoretisch nötig, wenn man ein späteres mit einem früheren Stadium vergleicht.

1. Die auf den gesamten Boden gewandte Arbeit ist trotz der höheren Leistung der „durchschnittlichen Einheit" nicht ausreichend, um die verteilbare Quote auf der alten Höhe zu halten.
2. Sie ist ausreichend, um die Quote gerade auf der alten Höhe zu halten.
3. Sie ist ausreichend, um die Quote zu erhöhen.

Ist der erste Fall Wirklichkeit, so bleibt der Malthusianismus bestehen, nur quantitativ gemildert. Im zweiten Fall ist das Gesetz der sinkenden Erträge kompensiert, im dritten überkompensiert. Welcher Fall nun Wirklichkeit ist, läßt sich nicht mehr mit unbestimmten, sondern nur noch mit bestimmten Zahlen entscheiden, d. h. nur mit der *Statistik*. Und die Statistik zeigt, daß der dritte Fall der Wirklichkeit entspricht:

---

1 Derselbe, Siedlungsgenossenschaft, S. 259.

Das Gesetz der sinkenden Erträge wird tatsächlich überkompensiert. Die Quote sinkt nicht, sondern wächst.[1]

Auf den einzelnen Stufen verläuft die Überkompensation folgendermaßen:

Zuerst geht der Anbau von immer leichterem zu immer schwererem Boden (*Careys* Gesetz): also steigt die Quote.[2]

Wenn das Land in seinen fruchtbarsten Teilen einigermaßen besiedelt ist, ist die Leistung einer Arbeitseinheit und die Kapitalkraft des dichter sitzenden Volkes bereits so gewachsen, daß nunmehr noch auf sehr lange hinaus der Anbau ungünstigerer Böden größere Roh- und Reinerträge gewährt, als vorher der Anbau günstigerer Böden. Es unterliegt kaum einem Zweifel, daß unter ungestörten Verhältnissen selbst heute noch sehr viel Raum für neue Urbarmachungen in allen alten Ländern wäre. Eine Gesellschaft, die für ihre wirtschaftlichen Zwecke die Arme frei hätte, könnte z. B. in Deutschland noch Tausende von Quadratkilometern Unland in fruchtbarste Äcker verwandeln durch Wasserwerke und Wasserverbauungen,[3] die durchaus nicht großartiger zu sein brauchten als diejenigen, mit denen uns Ägypten, Assyrien und der Inkastaat beschä-

---

1 *Malthus* spricht an einer oben zitierten Stelle von der Möglichkeit, daß die Gesamtsumme der Unterhaltsmittel eines Volkes derart wachsen könne, daß bei gleicher Verteilung auf den Kopf mehr entfiele, als zuvor. Das würde aber das Pressen gegen den Spielraum nicht erleichtern und keine Bevölkerungsvermehrung herbeiführen, wenn die Vermehrung nur den oberen Klassen zugute käme. Es könnte also vielleicht jemand auf den Gedanken kommen, daß die trotz der Quotensteigerung nach wie vor vorhandene Not der unteren Klassen derart zu erklären seI, Sie hätten eben an dem Segen nicht partizipiert. Dieser Gedanke muß aber, kaum aufgetaucht, auch schon wieder versinken, denn die Vorstellung ist geradezu grotesk, als hätten die oberen Klassen, diese schmalen, kopfarmen Schichten, all jene Mehrerträge an Korn und Fleisch allein verzehren können. Es muß also wohl oder übel nach einem anderen Erklärungsgrund für die nach wie vor vorhandene Not gesucht werden, und er dürfte kaum anderswo zu finden sein, als in „*menschlichen* Einrichtungen", wenn er eben nicht in der Kargheit der Natur zu finden ist.

2 Robert v. *Mohl* (Geschichte und Literatur der Staatswissenschaften, 3. Bd., Erlangen 1858, S. 509f.) behauptet merkwürdigerweise von *Carey*, er lasse den Anbau von den besten zu den schlechteren Grundstücken gehen, während C. doch gerade dieser von *Ricardo* vertretenen Auffassung aufs schärfste entgegengetreten ist. Wenn der Anbau auf dem besten Boden beginnen und auf dem schlechteren enden soll, wie *Mohl* ihn sagen läßt, dann freilich ist nicht recht zu verstehen, weswegen die Völker in ihrer Kindheit kärglich und auf vorgeschrittneren Stufen besser leben sollen. Aber *Carey* behauptet das genaue Gegenteil. Überall, sagt er, wo die Ausstattung mit Werkzeugen gering, und vor allen Dingen überall, wo die Kraft der Kooperation infolge dünner Bevölkerung klein ist, da sind die Ansiedler gezwungen, den leichtesten Boden für ihre Niederlassungen zu wählen; erst mit fortschreitender Bevölkerungsdichte erlangen sie die Macht, die Urwälder zu roden und den schweren fetten Boden der Niederungen unter den Pflug zu zwingen. Und darum, sagt er, wachsen die Erträge pro Ackerbauer mit steigender Volksdichte, bis das Land voll besetzt ist. Wenn *Mohl* die von ihm in dieser sonderbaren Weise auf den Kopf gestellte Theorie als ein „gar unklares Erzeugnis" bezeichnet, so liegt in diesem Falle die Unklarheit nicht an dem Kritisierten.

3 Über die Ertragsteigerung des Ackers durch Wasserwerke siehe *Buchenberger*, Agrarwesen und Agrarpolitik, Leipzig 1892, I. Bd., S. 338ff.; ferner: H. v. *Samson-Himmelstjerna*, Über Wasserwirtschaft, [Sammlung gemeinwissenschaftliche Vorträge hrsg. v. *Virchow* und *Holtzendorff*, Neue Folge, 14. Serie, Heft 323] Hamburg 1899, einen wahren Panegyricus der Wasserwirtschaft, der mit etwas zu einseitiger Energie auf sie als die große soziale Panacee hinweist. Er gibt u. a. an, daß im russischen Gouvernement Cherson, das von äußerst strengen Wintern heimgesucht wird (laut der russischen „Landwirtschaftlichen Zeitung" 1880, No. 8), von etwa 150 Morgen ausgesogenen ungedüngten Wiesenlandes gleich im ersten Bewässerungsjahre 1878 fünfunddreißigfältige Weizenernte erzielt wurde; und auch im zweiten Jahre waren – ohne Dünger – die Erfolge überraschende: der Hanf erreichte eine Höhe von 2,85 m und [die] chinesische Rübe (rjedka) ganz kolossale Dimensionen. Nach der Vossischen Zeitung (Nr. 455, 1896) hat sich der Ertrag der durch den Goulburn bewässerten Ländereien in Victoria (Australien) *verzehnfacht*. Die Daten ließen sich beliebig häufen.

men.¹ [Diese Entwicklung würde uns auf lange Zeit von den Ernten des Auslandes unabhängig machen können, ohne daß die Ernährungsquote pro Kopf einer noch so stark wachsenden Bevölkerung zu sinken brauchte.²] *Diese Werke würden eben den Nutzeffekt der Arbeitseinheit viel stärker vermehren, als die Verkleinerung der pro Kopf entfallenden Nutzflächen ihn nach dem Gesetz der sinkenden Erträge vermindert."*³

Wollte man sich *Seniors* Terminologie bedienen, so müßte man das Verhältnis derartig ausdrücken, daß bisher die Fortschritte der landwirtschaftlichen Technik jederzeit groß genug gewesen sind, um das Gesetz der Produktion auf Land überzukompensieren. Und man tut vielleicht noch besser, wenn man, das Wort „Kapital" in seiner eigentlichen Bedeutung als produziertes Produktionsmittel fassend, das Verhältnis derartig darstellt, daß bisher die Kapitalausstattung der landwirtschaftlichen Arbeit jederzeit in einem genügend hohen Grade verbessert worden ist, um jenes Gesetz überzukompensieren. Wir haben oben festgestellt, daß bis zu dem Augenblicke, wo die Länder vollbesetzt waren, die Nachteile einer dichteren Bevölkerung regelmäßig überkompensiert wurden durch die Vorteile einer dichteren Bevölkerung. Und wir hatten den Nachweis zugesagt, daß bis auf den heutigen Tag dieselbe Überkompensation ganz ausnahmslos stattgefunden hat. Diesen Nachweis glauben wir jetzt in einer durchaus nicht mehr anzuzweifelnden Form mit den verschiedensten Methoden erbracht zu haben.

Nun erhebt sich an dieser Stelle der Einwand, daß das doch nicht auf die Dauer so fortgehen könne. Schließlich habe doch einmal trotz aller Vermehrung der Kapitalausstattung und Verbesserung der Technik die Steigerung der Ernteerträge pro Flächeneinheit und pro Kopf der Einwohner eine naturgesteckte Grenze, und dann sei die Übervölkerung eben doch da.

Dieser Einwand bedarf der Erledigung, aber nicht an dieser Stelle. Hier handelt es sich lediglich um die Kritik der eigentlichen *Malthusschen* Theorie. Diese bezog sich allerdings außer auf Vergangenheit auch auf die Zukunft. Aber sie leitete, wie wohl nach dem Gesagten außer Zweifel stehen wird, ihre Zukunftsprophezeiung ab aus einem angenommenen *allgemeinen Naturgesetze der menschlichen Gemeinwirtschaft*.

Dieses allgemeine Gesetz, die Übertragung des für das *okkupierende* wilde Leben gültigen Populationsgesetzes auf das *produzierende* Kulturleben, haben wir als auf einem logischen Schnitzer beruhend nachgewiesen, auf einer groben Täuschung über den Geltungsbereich des „Gesetzes der Produktion auf Land". Mit der Zerfaserung dieses Trugschlusses ist nun auch die besondere *Malthussche* Zukunftsprophezeiung entwurzelt.

Diejenigen Zukunftsbesorgnisse aber, die der oben skizzierte Einwand ausspricht, *sind Schlüsse aus ganz anderen Vordersätzen*, als jene, auf denen *Malthus* fußte. Sie müssen in den folgenden beiden Kapiteln behandelt werden, wo wir die sich für malthusianisch haltenden Bevölkerungstheorien untersuchen werden, die jetzt an unseren Universitäten herrschen, die Theorien, die ich als den „*prophetischen Malthusianismus*" erster und zweiter Abart bezeichnet habe.

Wenn wir diese Darstellung und Kritik der eigentlichen *Malthusschen* Lehre zusammenfassen sollen, so macht es uns Mühe, uns der Ausdrücke der stärksten Verurteilung zu enthalten. Nur die Pietät gegen so viele verstorbene und lebende Meister unserer Wissenschaft, die sich freilich infolge von Mißverständnissen zu *Malthus'* Anhängern rechnen, vermag dem Ausdruck unseres intensiven Widerwillens Zügel anzulegen Es ist fast eine physische Qual, sich durch sein Werk durchzuarbeiten, diese endlosen Wiederholungen, diese Entfaltung einer hohlen Gelehrsamkeit, diesen fast vollkommenen Mangel an logischer Fähigkeit bis zur bitteren Neige auszukosten.

---

1 Vgl. Laveleye, Das Ureigentum, S. 309.
2 [Der in Klammern gesetzte Text weicht vom Originalzitat ab, A.d.R.]
3 Oppenheimer, Großgrundeigentum und soziale Frage, S. 204f. [im vorliegenden Band S. 115].

Es kann kein zusammenhangloseres Denken geben! Auf der einen Seite steht die Bevölkerung, auf der anderen die Ackerproduktion, dort die Nachfrage, hier das Angebot. Daß zwischen diesen Dingen die stärksten Bindungen bestehen und zwar wechselseitige Bindungen, davon ahnt dieser Ökonomist nichts.

Daß sein höchst unzulängliches Werk seit einem Jahrhundert zu immer größerer Geltung, ja zuletzt fast zur Alleinherrschaft in den sozialen Wissenschaften hat gelangen können, ist nur aus zwei Ursachen verständlich.

Erstens, weil es die Theorie war, die alle Verantwortlichkeit für das himmelschreiende Elend der damaligen Arbeiterklasse von den Schultern der Bourgeoisie ab- und auf den Nacken der unverantwortlichen Natur wälzte. Das war zu bequem und zu willkommen, um nicht gekrönt zu werden. Denn „naturgesetzlich handelt der Mensch, und menschlich denkt er dann hinterdrein", sagt *Ludwig Gumplowi[c]z*[1] mit Recht. Immer wird eine Klasse oder Partei die Theorie anerkennen, die ihre Handlung erklärt oder entschuldigt.[2] Das geschieht ausnahmslos mit voller Gutgläubigkeit, naturgesetzlich, und darum können wir die harten Angriffe *Dührings*[3] und anderer Gegner des Malthusianismus, soweit sie vom sittlichen Standpunkt aus geschehen, nicht unterschreiben. Wenn dann noch dazu die Besetzung der Lehrstühle in der Hand jener Klasse ist, der eine Theorie so bequem angemessen ist, dann ist nichts erklärlicher, als daß allmählich die ganze offizielle Wissenschaft sich zusammensetzt aus ihren gutgläubigen Anhängern, denn die Gegner werden naturgemäß als „unwissenschaftlich" und „unmethodisch" ausgeschlossen.

Trotzdem wäre es unmöglich gewesen, daß eine in sich so haltlose und bei der ersten sachlichen und logischen Prüfung zerplatzende Theorie zu solchem Einfluß gelangt wäre, wenn sie nicht zweitens allgemein mißverstanden worden wäre. Was heute an unseren Hochschulen als vermeintlicher Malthusianismus gelehrt wird, ist wenigstens zur größeren Hälfte ein Gegner, der des Schwertes würdig ist, eine Theorie, die wir zwar für falsch halten und uns in den folgenden Kapiteln bemühen werden, als falsch zu erweisen, aber mit der zu kämpfen doch wissenschaftliche Freude ist.

Den eigentlichen Malthusianismus aber glauben wir nicht besser charakterisieren zu können, als mit folgenden Worten:

> „Wenn es so gemeint ist, hört es freilich auf einmal mit aller menschlichen Wissenschaft auf, das große Gebäude der Schlüsse von Wirkungen auf Ursachen ist umgeworfen, und wir mögen unsere Augen nur vor dem Buch der Natur verschließen, da es keinen Nutzen mehr haben kann, es zu lesen. Die wildesten, unwahrscheinlichsten Konjekturen können dann mit ebensoviel Sicherheit wie die richtigsten und erhabensten, auf sorgfältigste und wiederholte Beobachtungen gegründeten Theorien aufgestellt werden. Wir können zu der alten Denkmethode zurückkehren, und Tatsachen zu Systemen zurechtmachen, anstatt Systeme auf Tatsachen zu gründen; und die große und feststehende Theorie *Newtons* wird mit den wilden und exzentrischen Hypothesen *Descartes'* auf demselben Niveau stehen. (...)
>
> Könnte man sie dahin bringen, sich durch etwas ernstes und keusches Denken zu ernüchtern, so würden sie sehen, daß die Sache der Wahrheit und das vernünftige Denken nur leiden kann, wenn man wilde Gedankenflüge und haltlose Behauptungen für geduldige Untersuchung und wohlgestützte Beweise substituiert."

Diese allgemein methodologischen Betrachtungen stammen von *Malthus*.[4] Difficile est . . . !

---

1 Gumplowicz, Grundriß der Soziologie, S. 37.
2 Vgl. meinen Aufsatz: Das soziale Wachstum, in: Neue deutsche Rundschau, 1899, Heft XI, S. 1135 ff.
3 Dühring, Kritische Geschichte der Nationalökonomie, S. 181 ff.
4 Malthus, Versuch über das Bevölkerungsgesetz, S. 415 u. 422.

III. Kapitel:
Der heutige Malthusianismus

Wir haben in den vorigen Kapiteln mehrfach vorausgreifend die These aufgestellt, daß „heute etwas als *Malthussche* Theorie gilt, was ihr nur äußerlich ähnlich, im Kern aber ihr entgegengesetzt ist". Diese These haben wir jetzt zu beweisen.

Wir werden also im folgenden die bevölkerungs-theoretischen Anschauungen einer Reihe bedeutender deutscher Nationalökonomen *darstellen*, und werden hierbei kritisch zunächst nur soweit Stellung nehmen, wie erforderlich ist für den Nachweis, daß tatsächlich die neuere Bevölkerungstheorie der *Malthusschen* „nur äußerlich ähnlich, im Kerne aber entgegengesetzt ist". Daneben werden wir die Ursachen der Selbsttäuschung aufzudecken versuchen, die die beiden verschiedenen Theorien für identisch hält.

Im vierten Kapitel folgt dann die Kritik der in diesem Abschnitt darzustellenden und logisch zu isolierenden neueren Bevölkerungstheorie.

Wilhelm *Roscher*, der die *Malthussche* Theorie bekanntlich als ein κτῆμα ἐς ἀεί bezeichnete, hat sie de facto völlig preisgegeben. Er schreibt:

„Die Möglichkeit einer Übervölkerung wird von den meisten Theoretikern bestritten, und wirklich sind die Klagen darüber in den meisten Fällen eben nur eine abergläubische Ausrede der Trägheit, welche den Druck der Volksvermehrung empfindet, ohne sich dadurch zur Vermehrung der Unterhaltsmittel spornen und helfen zu lassen. Freilich ist diese Trägheit, die ein ganzes Volk beherrscht, selbst wieder eine Tatsache, die nicht ignoriert werden darf. Ich rede von Übervölkerung allenthalben, wo das Mißverhältnis zwischen Bewohnerzahl und Unterhaltsmitteln eine drückende Kleinheit der Durchschnittsportion bewirkt, mag diese nun weiterhin zu auffallender Sterblichkeit oder zu peinlicher Beschränkung der Ehe und Fortpflanzung führen. Solche Übervölkerung ist in der Regel heilbar, durch Erweiterung des Nahrungsspielraums auf dem Wege entweder des Kulturfortschritts im Innern, oder aber der Auswanderung. Es ist namentlich ein überaus fernliegender Gedanke, wie der Erdkreis im ganzen je unheilbar überfüllt werden könnte."[1]

„Daß keine Volkswirtschaft ins Unendliche fortwachsen kann, ist im allgemeinen ebenso leicht zu glauben, wie es im einzelnen schwer ist, die unüberschreitbare Grenze nachzuweisen. Beim Ackerbau war das noch am ersten möglich. Da gibt es Punkte, von denen jeder Praktiker einsieht, daß eine Steigerung des Rohertrages über sie hinaus den Reinertrag absolut verringern müßte. Wäre nun aber ein Volk auch mit seiner ganzen Landwirtschaft auf diesem Punkte angelangt, so bliebe dennoch als Ausweg übrig, Gewerbe, Handel und persönliche Dienste für andere Völker zu treiben. (. . .) Hat unser Volk diese Bahn einmal betreten, so kann offenbar jede Verbesserung unserer Industrie, jeder Fortschritt des Auslandes in Rohstoffproduktion und Fabrikaten- oder Dienstkonsumtion ein absolutes Wachstum unserer Wirtschaft begründen. (. . .) Man muß aber auch hier die ‚angewandte' und einzig praktische Nationalökonomik von der ‚reinen' unterscheiden. Eine stetige Entwicklung wird selbst dann große Schwierigkeiten machen, wenn die ganze Welt ein großes Reich bildet."[2]

Diese Schwierigkeiten werden dann im einzelnen dahin erklärt, daß das eine Volk gar nicht geneigt sein mag, seine Rohstoffproduktion und Fabrikatenkonsumtion zu entwickeln, sondern lieber bei

---

1 Roscher, Grundlagen der Nationalökonomie, S. 612.
2 Ebenda, S. 649.

seinem rohen Zustande beharrt; daß ein zweites, das bisher Abnehmer war, zur eigenen Produktion übergeht, ein drittes sogar außerhalb seiner eigenen Grenzen auf unseren fremden Märkten mit uns in Konkurrenz tritt. Außerdem wird darauf hingewiesen, daß so bedeutende wirtschaftliche Umsetzungen immer mit dem Widerstande der vorher privilegierten Klassen zu kämpfen haben: „Unter diesen Umständen kann aber die langwierige Verzögerung einer notwendigen Reform den Geist des Volkes dermaßen lähmen und vergiften, daß hernach zu gedeihlicher Arbeit weder Lust noch Kraft mehr übrig bleibt." *Roscher* ist sich vollkommen darüber klar, daß selbst die Rohprodukte vermittelst einer geschickteren Technik, und die Veredelungswerte *jederzeit* in stärkerem Verhältnis zunehmen können, als in jenem der bloß arithmetischen Progression. Er gibt also das Gesetz der sinkenden Erträge in der übertriebenen *Malthus*schen Fassung preis.[1] Aber er fährt fort: „Allein, daß auf die Dauer der Zuwachs der Unterhaltmittel mit dem äußersten sinnlichen Mögen und physiologischen Können der Volksvermehrung gleichen Schritt halten werde, ist doch völlig unglaublich. Die letztere Tendenz wird dieserhalb von anderweitigen beschränkt."

Daß hier ein Malthusianismus in Malthus' Sinne nicht besteht, ist ohne weiteres klar. Malthus hielt die Übervölkerung, wenn überhaupt, nur heilbar durch *moralische Beschränkung*. Bei Roscher ist davon keine Rede, sondern er hält jede Übervölkerung „in der Regel für heilbar" *durch Verbesserung der volkswirtschaftlichen resp. sozialen Organisation*.

Da ein fortwährendes Spiel mit dem zweideutigen Wort „Übervölkerung" die eine Hälfte aller der Irrungen und Wirrungen veranlaßt, die wir aufzulösen haben, so wollen wir sofort hier bei der ersten Gelegenheit, die sich uns bietet, die beiden verschiedenen, aber einander fortwährend gleichgesetzten Begriffe scharf umreißen.

Jede „Übervölkerung" ist, das liegt schon im Worte, „relativ". Ein „Über" ist nur denkbar als Korrelativbegriff zu einem „Unter".

Bei Malthus steht die „Übervölkerung" gegen eine Unterversorgung mit Nahrungsmitteln, und zwar nicht gegen eine nur zeitweilige, sondern gegen eine *naturgesetzlich dauernde*. Es besteht, von gewissen, scharf gekennzeichneten Ausnahmefällen abgesehen, immer und überall Übervölkerung. Die Menschenzahl *ist* immer zu groß im Verhältnis zu den *vorhandenen* Nahrungsmitteln, denn sie *wächst* immer zu stark im Verhältnis zu den *möglichen* Nahrungsmitteln.

Die „Übervölkerung" des neueren Malthusianismus ist ein Begriff mit gänzlich verschiedenem Inhalt. Er setzt eine *Überzahl* von Menschen nicht gegen etwas dauerndes, sondern gegen etwas zeitweiliges, und zwar gegen eine *Unter*organisation der Gesellschaft.

Die erste Auffassung stellt ein dauerndes, unheilbares Mißverhältnis fest, das resultiert aus der Kargheit der *Natur*, die zweite ein *zeitweiliges*, heilbares Mißverhältnis, das resultiert aus der Unvollkommenheit *menschlicher Einrichtungen*. Jene meint ein Naturgesetz, diese eine soziale Kategorie.

Beide haben nicht das mindeste miteinander gemein, weder in den Voraussetzungen noch in den theoretischen und praktischen Konsequenzen. Sie müssen also auf das schärfste auseinandergehalten werden. Das hat *Adolf Wagner* versucht, indem er die zweite Auffassung als „*relative* Übervölkerung" bezeichnete, der er die *absolute* der ersten Auffassung entgegenstellte.

Wir haben nicht die Absicht, über Vokabeln zu streiten. Mag man einen scharf umschriebenen Begriff nennen, wie man will, wir werden die Bezeichnung akzeptieren. Aber wir werden gewissenhaft darauf achten, daß der Bezeichnung, wenn es nachher ans Schließen geht, kein anderer als der verabredete Sinn untergelegt wird. Und das geschieht in dieser Frage fortwährend, wie wir weiterhin zeigen werden.

Ob es freilich sehr praktisch ist, den Ausdruck „relative Übervölkerung" da zu brauchen, wo es sich um eine mangelhafte Anpassung einer Volkswirtschaft an die veränderten Existenzbedingun-

---

[1] Ebenda, S. 563.

gen vermehrter Menschenzahl handelt, bleibe dahingestellt. Jedenfalls ergeben sich dann recht eigentümlich aussehende Schlüsse:

So z. B. wird allseitig zugegeben, daß sehr bedenkliche Folgen mangelhafter Anpassung sich gerade da finden, wo eine dünn gesäte Bevölkerung sitzt, und zwar aus dem klaren Grunde, weil ihre wirtschaftliche Kraft nicht ausreicht, die Mittel des örtlichen und zeitlichen Ausgleichs der Erntedifferenzen in genügendem Maße herzustellen und zu benutzen. Dies ist also der Zustand einer „absoluten *Unter*völkerung". Braucht man hier den *Wagnerschen* Ausdruck, so erhält man den Satz: *Wo absolute Untervölkerung besteht, da tritt besonders leicht relative Übervölkerung ein!* Es ist klar, daß diese Terminologie nicht besonders glücklich genannt zu werden verdient.

Das wäre aber gleichgültig, wenn sie nicht auch gefährlich wäre. Denn der Ausdruck verleitet regelmäßig dazu, im eigentlichen *Malthusschen* Sinne nun weiterzuschließen, als seien zu viel Menschen da, wo nur eine mangelhafte Organisation besteht, und fernerhin, eine Verminderung der Menschenzahl anzustreben, wo nur eine Veränderung der Organisation Heilung bringen kann. Denn zwar ist richtig, daß *im Augenblick* der Stauung ein „Bevölkerungsklystier", wie *Max Weber* es nennt, als Wohltat empfunden werden würde, aber es ist nichtsdestoweniger richtig, daß *auf die Dauer* bei einer „auf Untervölkerung beruhenden Übervölkerung" nur eine *Vermehrung der Menschenzahl* die Heilung bringen kann und erstrebt werden muß, bis die Mittel des örtlichen und zeitlichen Ausgleichs der Erntedifferenzen auf die nötige Vollkommenheit gebracht worden sind. Dieser Zeitpunkt aber war bei *Malthus'* Tode noch nirgends überschritten, und kann heute höchstens für Großbritannien als überschritten und für Deutschland als erreicht gelten.

Solche Entgleisungen werden kaum anders als durch eine Neuordnung der Terminologie zu vermeiden sein. Wir haben an dieser Stelle noch nicht davon zu handeln. Hier interessiert uns nur der Nachweis, daß der neuere Malthusianismus mit dem älteren nur durch Trugschlüsse zusammenhängt.

Um auch noch „ex consequentibus" zu beweisen, daß der Begriff der „Übervölkerung", den der neuere Malthusianismus benutzt, mit dem des eigentlichen nichts zu tun hat, wollen wir uns wieder des Ausgangspunktes der *Malthusschen* Untersuchung erinnern:

Der Standpunkt, den Roscher (und mit ihm die anderen Gelehrten) einnimmt, ist nämlich grundsätzlich *derjenige Godwins!*

Auch Godwin hätte nichts dagegen einzuwenden gehabt, wenn jemand den Pauperismus der englischen Arbeiterklasse, die ungeheuerliche Sterblichkeit namentlich ihrer Kinder, den erschreckenden geistigen und sittlichen Tiefstand des gesamten Proletariats und die Absatzstockungen mit ihrem Gefolge von Arbeitslosigkeit, Elend, Prostitution und Kriminalität als Symptome einer „Übervölkerung" bezeichnet hätte. Was ihn von *Malthus* schied, das war die Überzeugung, daß alle diese Übel lediglich auf einer *mangelhaften wirtschaftlichen Organisation* beruhten, während *Malthus* behauptete, daß es sich um eine dauernde, durch keine Organisation zu beseitigende Naturtatsache handelte. *In diesem Streit steht Roscher durchaus auf seiten Godwins*, wenn er auch nicht mit ihm nun gerade die sozialistische Organisation für die heilbringende hält. Darauf aber kommt es hier nicht an. Denn wenn das *Ob?* einer anderen wirtschaftlichen Organisation zugegeben ist, so ist grundsätzliche Einigkeit vorhanden. Das *Wie?* ist erst eine sekundäre Frage! Außerordentlich interessant erscheint uns der letzte oben zitierte Satz von *Roscher* als Zeichen der Verwirrung, die auf diesem Gebiete herrscht. Denn nachdem er ganz augenscheinlicherweise fortwährend das Wort „Tendenz" im Sinne einer Zukunftsmöglichkeit oder Wahrscheinlichkeit benutzt hat, braucht er es hier plötzlich wieder im strengeren *Malthusschen* Sinne als eine „Tendenz, die von anderweitigen beschränkt wird".

Robert von Mohl hält sich ebenfalls für einen warmen, wenn schon nicht unbedingten Anhänger der *Malthusschen* Theorie. „Die Wissenschaft stellt *Malthus* sehr hoch, nicht nur als Denker und Gelehrten, sondern auch als einen der um das Menschenwohl verdientesten."[1] Er „hat das Richtige im wesentlichen gefunden und mit ebensoviel Verstand als Gelehrsamkeit nachgewiesen"[2]. Sein „Hauptverdienst ist, den inneren und notwendigen Zusammenhang nachgewiesen zu haben"[3]. Er denkt also nicht daran, die Theorie aufzugeben, sondern er will sie lediglich weiterführen:

> „Es ist aber ein Gedanke übrig, welcher eine ernsthafte Erwägung zu fordern sich vermißt, weil er glaubt, über *Malthus* hinauszugehen, so wenig er ihn in seinem eigenen Kreise angreift. Dies ist nämlich der Satz, daß die Bevölkerungslehre auf die verschiedenen Wirtschafts- und Gesittigungszustände der Völker Rücksicht nehmen müsse, somit dieselbe nicht kurzer Hand einem einzigen Gesetz unterworfen werden dürfe; mit andern Worten: die von *Malthus* aufgestellte Lehre sei wahr, aber sie sei nicht die ganze Wahrheit."[4]

Schon hier ist festzustellen, daß diese allgemeine Auffassung Malthus nicht erweitert und ergänzt, sondern preisgibt. Das *Malthussche* Gesetz, als *Naturgesetz* gefaßt, fand als solches eben gerade Anwendung „auf die verschiedenen Wirtschafts- und Gesittigungszustände".

Darum ist es zwar sehr richtig und verständig, wenn Mohl seine eigene Bevölkerungstheorie aufstellt, die dahin geht, daß es drei mögliche Zustände gibt, den Zustand einer Untervölkerung, eines Gleichgewichtes und einer Übervölkerung, welche verschiedener Maßnahmen zu ihrer Abhilfe bedürfen: aber das ist eben nicht *Malthussche* Theorie, denn, um es zu wiederholen, *Malthus* glaubt auch da, „wo in einem nach allen natürlichen Verhältnissen zur Ernährung einer weit größeren Menschenmenge geeigneten Land, doch tatsächlich nur eine geringe Anzahl von Menschen vorhanden sei", wo also nach *Mohl* Untervölkerung besteht, seine „Tendenz" in Wirksamkeit.

Mohl hat eben auch das Wort „Tendenz" mißverstanden, das geht aus vielen Stellen klar hervor, z. B. wenn er schreibt: „Die von *Malthus* ganz im allgemeinen und unbedingt in Aussicht gestellte Übervölkerung"[5]: sie ist eben nicht in Aussicht gestellt, sondern sollte jederzeit vorhanden sein, wenn nicht etwa moralische Beschränkung ausreichend entgegenwirkte, was aber bis jetzt so gut wie nirgends der Fall gewesen sei. Ferner, wenn er schreibt:

> „Daß in längst bebauten und bevölkerten Ländern ja zur Verneinung dieser letzteren Frage der Fall einmal eintreten muß, liegt auf der Hand, da sich weitere räumliche Ausdehnung des benutzbaren Bodens und größere Intensivität der Landwirtschaft keineswegs nach Belieben und ins Unendliche steigern lassen."[6] Ebenso Seite 502: „Nicht jede Bevölkerung hat die Mittel des englischen Volkes, die im eigenen Lande nicht zu erzeugenden Lebensbedürfnisse im Auslande zu erkaufen, während eine jede denselben Grad von Vermehrungsfähigkeit hat, welche sich bei den Engländern geltend macht. Muß also nicht früher oder später allerdings ein Mißverhältnis zwischen Lebensmitteln und Menschenzahl bei ihr eintreten, wenn sie ihren Bevölkerungstrieb nicht vernünftig in Schranken hält?"

Das alles ist der reine „prophetische" Malthusianismus und hat mit der *Malthusschen* Theorie selbst nur den Schluß, aber durchaus nicht die Voraussetzung gemeinsam.

---

1 Mohl, Die Geschichte und Literatur der Staatswissenschaft, S. 465.
2 Ebenda, S. 480.
3 Ebenda, S. 503.
4 Ebenda, S. 514.
5 Ebenda, S. 466.
6 Ebenda, S. 493.

III. Kapitel

Betrachten wir nun den „möglichen" Zustand der Übervölkerung, wie ihn sich Mohl vorstellt, der Mechanik nach. Er polemisiert auf Seite 504 gegen den Amerikaner *Everett*:

„Die Grundansicht des Verfassers ist, daß, wie immer das natürliche Verhältnis der Zunahme der Bevölkerung und der Lebensmittel sein möge, eine Übervölkerung doch niemals zu fürchten sei, weil jeder neue Mensch auch eine neue Arbeitskraft sei und eine steigende Bevölkerung namentlich auch eine größere Arbeitsteilung, somit Vermehrung der Reichtumsquellen möglich mache. Der Mensch, meint er, brauche nur zu arbeiten, um zu leben, und zwar um gut zu leben. Der Irrtum liegt hier zu Tage. Zu einer lohnenden Arbeit gehört nicht bloß Bedürfnis und Wille, sondern auch Kapital und entweder Land oder Absatz für die Gewerbeerzeugnisse. Die Frage ist, ob Kapital, neues Land und Warenabsatz immer in gleichem Verhältnis mit beliebiger Vermehrung der Menschen steige? Es ist nun einleuchtend, daß unter günstigen Umständen dies tatsächlich so sein kann, daß es aber keineswegs so sein muß und häufig in der Tat nicht so ist. Kapital ist Ersparnis; die Lust und die Möglichkeit, solches zu machen, hängt mit dem Entstehen neuer Menschen durchaus nicht zusammen. Die Erweiterung des Absatzes von Gewerbeerzeugnissen ist durch tausend Verhältnisse bedingt, von welchen die Lust und die Notwendigkeit zu verkaufen nur ein einzelnes ist. Neues Land für neue Menschen findet sich in länger bevölkerten Gegenden gar nicht. Wo nun aber die günstigen Verhältnisse nicht zusammentreffen mit dem Steigen der Bevölkerung, da ist Übervölkerung, und die Furcht vor einer solchen keineswegs eine unbegründete."[1]

Ähnlich schreibt er Seite 513 gegen *F. Schmidt*:

„Es ist keineswegs richtig, daß größeres Kapital immer mit Notwendigkeit Arbeit und Lebensmittel verschaffe. Wo eine Bevölkerung so groß, und das Land so beschaffen ist, daß die Ernährung zum Teil durch den Absatz der Gewerbeerzeugnisse im Auslande bedingt ist, kann letzterer stocken aus Ursachen, welche mit der Größe des Kapitals nicht das mindeste gemein haben. Jeder Krieg und jede Handelskrise beweist dies."

Die Befürchtungen Mohls beziehen sich also auf eine Stockung der Unterhaltsquellen infolge der zunehmenden Schwierigkeit der Warenerzeugung, des Warenabsatzes und der Nahrungsmittelzufuhr, statt auf eine solche infolge der zunehmenden *Kargheit der Natur*, wie bei *Malthus*. Das sind zwei gänzlich verschiedene Dinge. Außerdem deutet auch er die „Tendenz" als etwas Zukünftiges!

Auch *Gustav Rümelin* glaubt, ein überzeugter Anhänger von *Malthus* zu sein. Er schreibt gleich einleitend: „Die bekannten Sätze von *Malthus* sind ebenso anfechtbar in ihrer statistischen und psychologischen Begründung im einzelnen, als unumstößlich und von einleuchtendster Wahrheit im ganzen"[2], aber er gibt in folgender klarer Auseinandersetzung *Malthus* vollkommen preis:

„Wäre es wirklich so, wie die *Malthus*sche Lehre sagt, daß die Vermehrung der Bevölkerung nur an die der Nahrungsmittel gebunden ist, daß die auf Fortpflanzung bezüglichen Naturtriebe die Kraft und Tendenz haben, die Grenze der Unterhaltsmittel fortwährend zu überschreiten und nur durch Hemmnisse verschiedener Art innerhalb derselben festgehalten werden, *so wäre ein eigentlicher Fortschritt der Menschheit in ihrem wirtschaftlichen Leben wie in ihrer Gesittung nicht denkbar*. Eine stetige Steigerung und Verfeinerung der Bedürfnisse und Lebensgenüsse könnte nicht eintreten, wenn jede Lücke gleich ausgefüllt, jeder Überschuß an Mitteln von dem verstärkten Nachwuchs in Anspruch genommen würde. *Die Gesellschaft bliebe an die erste Stufe*

---

[1] Ebenda, vgl. S. 500 eine ähnliche Polemik gegen *Gray*.
[2] Rümelin, Reden und Aufsätze (1875), S. 305: „Über die *Malthus*sche Lehre".

ihrer Lebensweise gefesselt. Die natürliche Neigung der Menschen, ihre Glückseligkeit im ganzen, ihre Annehmlichkeiten des Lebens zu steigern, muß offenbar über stärkere psychische Kräfte verfügen, wenn es den geschlechtlichen Neigungen nicht gelingt, alle neuen wirtschaftlichen Mittel in ihre Dienstbarkeit zu bringen. An die Stelle des aus dem *Malthus*schen Gesetz folgenden Gesetzes, daß die Gesellschaft die Tendenz habe, jede Steigerung ihrer wirtschaftlichen Mittel mit einer entsprechenden Vermehrung der Bevölkerung zu begleiten, scheint eine andere Regel gestellt werden zu dürfen, *daß jedes zur Gesittung berufene Volk die Tendenz hat, sein Einkommen rascher zu vermehren, als seine Kopfzahl und mit dem Zuwachs an Personen in einer stetig wachsenden Entfernung hinter dem Zuwachs an wirtschaftlichen Mitteln zurückzubleiben.* Denn wenn der Quotient, d. h. die Summe der Bedürfnisse und Lebensgenüsse, für den einzelnen stetig anwachsen soll, so dürfen der Dividendus, das Volkseinkommen, und der Divisor, die Volkszahl, sich nicht in gleicher Proportion vermehren."[1]

Wir konstatieren mit größter Befriedigung, daß der geistvolle und gelehrte Forscher sowohl in der Auffassung dessen, was die *Malthus*sche Lehre im Kerne bedeutet, als auch mit der Ableitung ihrer Folgen durchaus mit uns übereinstimmt. Mit um so größerem Erstaunen lesen wir unmittelbar anschließend an diese runde Preisgabe des gesamten Gedankeninhalts der Theorie die folgenden Worte:

„Es ist dies nicht eine Widerlegung oder Umstoßung der *Malthus*schen Sätze, sondern nur eine verschärftere Fassung. Nach *Malthus* soll und will der Volkszuwachs nur immer gleichen Schritt halten wollen mit der Steigerung der wirtschaftlichen Mittel, nach der obigen Formel kann derselbe nicht einmal bis zu dieser Grenze reichen, sondern muß immer um einen Schritt, dessen Maß selbst im Wachsen ist, dahinter zurückbleiben."

Daß bei einer solchen völlig richtig geschilderten Sachlage von einem Pressen der Bevölkerung gegen ihren Nahrungsspielraum keine Rede sein kann, wenn der „Quotient" dauernd wächst, und daß die doch zweifellos trotz alledem noch immer vorhandene Not vom *Malthus*schen Standpunkte aus dann unerklärbar bleibt, hat *Rümelin* hier nicht bedacht. Das Rätsel, daß *Rümelin Malthus* widerlegt und dennoch sich als seinen Anhänger bekennt, erklärt sich auch hier wieder aus der Mystifikation durch das Wort „Tendenz". Er gibt sich die größte Mühe zu beweisen, daß einmal in Zukunft ein Zustand eintreten muß, der nicht haltbar sein kann, und das erscheint ihm als der Kern der Lehre. Bei einem Jahreszuwachs von 1 Prozent, der nur als ein mäßiges Verhältnis gelten dürfe, würde im Jahre 2000 das deutsche Reich etwa 160 Millionen Menschen haben: das geringste jährliche Wachstum europäischer Völker sei ein Drittel Prozent gewesen. Nehme man auch nur dieses als Grundlage einer Zukunftsberechnung, so werde das deutsche Reich nach weiteren 1.000 Jahren seiner Geschichte eine Einwohnerzahl von 1.200 Millionen und nach 2.000 Jahren von 36 Milliarden haben. Das sei natürlich unmöglich.[2]

In der neuen Folge der Reden und Aufsätze[3] ist Rümelin auf einen etwas anderen Standpunkt gelangt. Hier sieht er die Dinge wesentlich pessimistischer an und steht *Malthus* im allgemeinen viel näher. Zwar nicht so, daß er mit *Malthus* überall da die Übervölkerung als den dauernden Normalzustand betrachtet, wo nicht moralische Selbstbeschränkung ihre Wunder wirkt, denn er schreibt einleitend: „Denn auch die Gegner derselben bestreiten nicht und können nicht bestreiten, daß Zustände der Übervölkerung, wenigstens tatsächlich schon vorgekommen sind und jederzeit vorkommen können": aber er legt doch ein beträchtlich größeres Gewicht als zuvor auf die

---

1 Ebenda, S. 310.
2 Ebenda, S. 326.
3 [Derselbe, in der neuen Folge der Reden und Aufsätze].

III. Kapitel   331

spezielle *Malthus*sche Beweisführung, auf das Verhältnis des Bevölkerungswachstums und des Erntenwachstums nach dem Gesetz der sinkenden Erträge:

> „Das Naturgemäße ist aber in einem längst okkupierten und vollständig angebauten Land, daß der Prozentsatz der Jahreszunahme der Bevölkerung im Laufe der Dezennien stetig sinken müßte und nur infolge außerordentlicher Verhältnisse wieder wachsen könnte, weil die Ernteerträge nicht unbegrenzt in gleichem Verhältnis sich steigern lassen, sondern bei einer bereits intensiveren Kultur immer langsamer zunehmen werden."[1]

Ja, er ist jetzt sogar plötzlich der Überzeugung, daß Malthus noch viel zu günstige Verhältnisse angenommen habe, wenn er glaubte, daß die Nahrungsmittel eines Landes alle 25 Jahre höchstens in der arithmetischen Proportion von 1, 2, 3, 4, 5, usw. anwachsen können; er habe damit

> „für Länder von schon vorgerückter Kultur eine viel zu weite Grenze gesteckt. (...) Es kann ja gar keine Rede davon sein, daß die Erträgnisse der deutschen Landwirtschaft alle Jahrzehnte durchschnittlich um 10% steigen, daß also in 69 Jahren eine Verdoppelung der Mittelernten zu erwarten wäre.
> Es ist sogar zweifelhaft, ob die Agrarstatistik für die letzten 50 Jahre nur überhaupt irgend eine, wenn auch noch so kleine Steigerung der durchschnittlichen Jahreserträge nachweisen kann."[2]

Wir wissen aus den vorher gegebenen statistischen Daten, daß diese Meinung, wenn sie auch vielleicht (?) für Württemberg begründet sein mag, für das ganze Reich so falsch wie nur irgend möglich ist. Es sind die Erträge pro Fläche viel stärker gewachsen als die Kopfzahl der Bevölkerung. Dann aber übersieht *Rümelin*, daß die Intensität der Landwirtschaft nur dann in starkem Maße steigen kann, wenn erhöhte Getreidepreise die vermehrten Auslagen einbringen, und daß in der ganzen letzten Zeit dieser Reiz erhöhter Rentabilität sehr schwach gewesen ist, weil das Getreide billig, d. h. im Überfluß vorhanden war. Und es kommt auch wahrlich – von allen anderen Gesichtspunkten ist hier natürlich nicht die Rede – für die Ernährung der Bevölkerung nicht in Betracht, ob das Getreide in Amerika oder in Deutschland gewachsen ist. Nun weise man, sagt *Rümelin*, auf die Industrie und den Handel als Heimstätten der im Ackerbau nicht unterzubringenden Volkselemente hin und auf die Importe fremder Nahrungsstoffe als Gegenwerte für exportierte Industriewaren, aber das sei ein verhängnisvoller Irrtum:

> „Eisenwaren aber, Gespinste, Maschinen, Papier u.s.w. lassen sich nicht in beliebigen Mengen verkaufen. Das sind sehr triviale Wahrheiten, aber der moderne Fanatismus der Gewerbeförderung und Hintansetzung der Landwirtschaft glaubt sie gleichwohl ignorieren zu dürfen."[3]

Er weist dann auf die ungeheure Produktivität der immer weiter um sich greifenden Großindustrie hin, die die Handarbeit von Hunderttausenden erspare; dieser enorme Überschuß von Händen werde nun noch verstärkt durch die auf dem Lande unanbringlichen Arbeitskräfte. Die Kaufkraft aber wachse nicht entfernt im Verhältnis zur Produktionskraft, denn die Fabrik mache das Handwerk tot, und die große Fabrik die kleine; infolgedessen vermindere sich die Kaufkraft der Volksmasse im Verhältnis zur Bevölkerung, und es sei nicht abzusehen, wo diese steigenden Massen von Produkten Absatz finden sollen.

> „Soll alles durch den Export nach außen ersetzt werden, und liegt es in unserer Hand, diesen beliebig zu erweitern? (...) Daß der Mensch bloß mit gesunden Armen und Beinen Brotfrüchte

---
1 Ebenda, S. 571.
2 Ebenda, S. 583.
3 Ebenda, S. 592.

und Fleisch hervorzubringen vermöge, ist man doch nicht so keck, zu behaupten, aber gegenüber von dem unbestimmten Begriffe von Industrie und Handel, wo es sich nicht um Naturgaben handelt und die Arbeit relativ größeren Anteil hat, hält man derartiges doch nicht für undenkbar, oder glaubt, so weit ein Kapital erforderlich sein sollte, solches auch durch bloße Kreditoperationen ersetzen zu können.

Die elementarsten und trivialsten Wahrheiten, daß zur Erzeugung von Sachgütern neben der Arbeit ein Kapital erforderlich ist, daß eine Vermehrung des Kapitals nur in einer Vermehrung des Vermögens, diese aber nur in Ersparnissen am Einkommen bestehen kann, daß ein Volk seine Zahl nicht rascher vermehren dürfe als sein Einkommen (...) man leugnet sie nicht ab, aber man ignoriert sie."[1]

Und nun zeigt Rümelin, daß wir uns im Jahre 1881 mitten in einer typischen „Übervölkerung" befinden. Er verwechselt die Handels- und Industriekrise nach dem Krach mit einer Übervölkerung und schiebt sie statt auf den unsoliden Bau der Gesamtwirtschaft auf den enormen Geburtenzuwachs der letzten Zeit. Hätte er recht gehabt, so hätten der Tiefstand der deutschen Wirtschaft, die Arbeitslosigkeit, die Kriminaluntersuchungen, die Selbstmordfälle, die Absatzstockungen dauernd weiter zunehmen müssen, denn seit 1881 ist die Bevölkerung wieder um fast 20% gestiegen, und trotzdem leben wir seit einigen Jahren wieder in einer Zeit unerhörter Blüte, unerhört wachsender „Quotienten" an Nahrungs- und Genußmitteln pro Kopf auch der armen Klassen. Es kann also unmöglich der Geburtenzuwachs als Ursache der damaligen Krise herangezogen werden.

Die ganze Verwirrung, in die hier einer der feinsten und universalsten Köpfe des Jahrhunderts verfallen ist, ist nur seiner unklaren Stellungnahme gegenüber *Malthus* zuzuschreiben. Er läßt sich durch das Spiel mit zweideutigen Worten verblenden. Hier ist das Wort „Übervölkerung" der Übeltäter. Daß jede Lokalität „übervölkert" ist, in der nicht die genügende Lebensmittelmenge, resp. nicht die genügende Arbeitsgelegenheit für die kapitallosen Bevölkerungselemente vorhanden ist, ist wohl möglich zu sagen, obgleich es nichts bedeutet. Es ist in diesem Sinne eine reine Tautologie. So war die Stadt Paris zweifellos „übervölkert", als in den Wintermonaten 70/71 die deutsche Armee sie zernierte. Und so kann man sagen, daß z. B. ein Bergwerk „übervölkert" ist, in dem ein durch ein Unglück verschütteter Bergmann verhungert: aber dieser nichtssagende und nur zu Mißbräuchen verleitende Begriff der „Übervölkerung" hat durchaus nicht das geringste zu tun mit dem Spezialbegriff der *Malthusschen* Übervölkerung infolge übermäßiger Zunahme der Volkszahl bei geringerer Zunahme der Subsistenzmittel. *Rümelin* begeht hier genau denselben logischen Schnitzer, dessen sich *Malthus* fortwährend schuldig macht: er sieht eine Übervölkerung in dem Sinne, daß nicht genügend Unterhaltsmittel, resp. nicht genügend Arbeitsgelegenheit vorhanden ist, und erklärt diese „Übervölkerung" ausschließlich aus der gewaltigen Volksvermehrung, während er dies gerade zu beweisen hat. Die Folge davon ist denn auch eine Enttäuschung, wie sie wohl kaum jemals einen hervorragenden gelehrten Staatsmann schmerzlicher getroffen hat.

Nach diesen älteren Vertretern des deutschen Malthusianismus wenden wir uns zu einem der bedeutendsten, jetzt lebenden, Anhänger und Verteidiger der Lehre, zu *Adolf Wagner*. Er schreibt:

„Die große bleibende Bedeutung von *Malthus* liegt darin, daß er jenen optimistischen Ansichten über den unbedingten Segen der Volksvermehrung entgegentrat, die Kehrseite aufdeckte, den notwendigen Zusammenhang zwischen Volkszahl, Dichtigkeit, Vermehrung und Unterhalts- speziell Nahrungsmitteln und deren Beschaffbarkeit und Vermehrung nachwies, die Gefahren zeigte, welche notwendigerweise aus einer Überholung der Nahrungsmittelvermeh-

---

1 Ebenda, S. 594.

III. Kapitel

rung durch die Bevölkerungsvermehrung hervorgehen müßten und nach geschichtlicher Erfahrung hervorgegangen wären, die eigentlich auf den Geschlechtstrieb zurückzuführende starke Volksvermehrungstendenz einerseits, die Schwierigkeiten einer stets damit schritthaltenden Vermehrung der Unterhaltsmittel andererseits hervorhob und eine Lehre von den Hemmungsmitteln (Checks) der Volksvermehrung entwickelte (...). Er empfiehlt allein moralische Selbstbeschränkung und sucht zu beweisen, daß ohne diese unter den starken Antrieben zur Volksvermehrung die letztere stets die Tendenz habe, die Vermehrung der Unterhaltsmittel zu überholen, wo da nichts anderes eintreten könne und werde, als eine Wiederverminderung der Bevölkerung durch Elend und in direkter und indirekter Folge davon durch vermehrte Todesfälle. Diese Sätze sind in ihrem Kern, der das sogenannte *Malthussche* Bevölkerungsgesetz bildet, und in dem wahren Sinne, welchen sie bei *Malthus* selbst haben, *unumstößliche und von einleuchtendster*, in der Tat auch erfahrungsmäßig bestätigter Wahrheit. Leider hat sie Malthus selbst (...) zu sehr zugespitzt, sie zu absolut formuliert."[1]

Hier ist die Theorie im allgemeinen richtig geschildert, wie denn überhaupt die Darstellung dessen, was *Malthus* will, selten etwas zu wünschen übrigläßt; aber auch hier waltet doch das alte Mißverständnis der Theorie. Es ist schon in dieser Darstellung ganz besonders auf die Zukunftsgefahren hingedeutet, wenn auch hier noch die Bedeutung für Gegenwart und Vergangenheit theoretisch zu ihrem Recht kommt.

Aber auch Wagner glaubt schließlich, Malthus nur zu erweitern und zu präzisieren, indem er ihn preisgibt. In dem Moment, wo man die Lehre als „zu sehr zugespitzt, zu absolut formuliert" zugibt, wo man erklärt, daß sich „die viel zu mannigfaltigen Verhältnisse und Einflüsse, um welche es sich handelt, gar nicht unter eine so einfache und knappe mathematische Formel bringen lassen", hat man *Malthus* faktisch aufgegeben. Und ganz besonders tritt das hervor, wenn *Wagner* mit vollem Recht das Bevölkerungsgesetz nicht wie *Malthus* als *Naturgesetz*, sondern als *soziales* Gesetz auffaßt:

„Nur um ein soziales Gesetz kann es sich bei dem Bevölkerungsgesetz handeln. Die Auffassung desselben als ein Naturgesetz kommt nur der gegnerischen Ansicht zugute. Der Hauptteil der *Malthus* so reichlich gewordenen Polemik trifft die naturgesetzliche Auffassung seines Bevölkerungsgesetzes. Wenn man diese aber fallen läßt, so ergibt sich auch, daß diese Polemik und die sogenannte ‚Widerlegung' von *Malthus* nur die Form, nicht den Kern der Sache treffen und in keiner Weise durchschlagen."

Nach dem, was wir im ersten Kapitel auseinandergesetzt haben, scheint uns Wagner mit dieser Fassung nicht ein wertloses Vorwerk, sondern die Akropolis der *Malthusschen* Theorie preisgegeben zu haben. Dementsprechend sind denn auch die Folgerungen, die *Wagner* zieht, zwar sehr richtig und beachtenswert, aber nichts weniger als Malthusianismus. Charakteristisch dafür ist, daß er den Zustand absoluter Übervölkerung, den *Malthus* zweifellos für den auf die Dauer normalen ansah, nur in *„abnormen Zeitlagen"* und unter „besonderen" ungünstigen Umständen als möglich" statuiert, so in Kriegs-Revolutions-Zeiten, dann allgemeiner auf

„*primitiveren* Stufen des Wirtschaftslebens, wo die Bevölkerung auf freie Naturgaben angewiesen ist, einfachen Ackerbau treibt, große Mißernten eingetreten sind, und es an technischen Mitteln, namentlich Kommunikations- und Transportmitteln, auch etwa an Handelseinrichtungen zur Herbeischaffung des Erforderlichen aus der Ferne, sowie an ökonomischen Mitteln zum Einkauf, zur Bezahlung dieses Erforderlichen fehlt (...). Auf *höheren* Wirtschaftsstufen wird

---
[1] Wagner, Grundlegung, Bd. I, S. 453.

gerade ein derartiger *allgemeiner* Zustand, welcher nicht aus vorübergehenden politischen, sondern aus *technischen* und *ökonomischen* Verhältnissen entspringt, sehr selten sein, wenn überhaupt vorkommen. Nur in einzelnen, meist nur in kleineren Volkskreisen und sporadisch und vorübergehend mag er hier und da zu finden sein."[1]

Wir haben schon ausgeführt, daß man, ohne am Kern der Frage gänzlich vorbeizuschießen, immer nur da von „Übervölkerung" sprechen darf, wo ein *dauernder* Zustand besteht. Es scheiden also Kriegs- und Revolutionszeiten aus der Betrachtung aus. Im übrigen sind wir sehr damit einverstanden, daß nach *Wagner* der Zustand einer „absoluten Übervölkerung", d. h. eines schweren Mißverhältnisses zwischen vorhandener Nahrung und Menschenzahl, eigentlich nur da vorkommt, wo eine „Untervölkerung", d. h. eine sehr dünne Besiedelung des betreffenden Landes statthat, so daß hier nicht etwa eine *Beschränkung* der Volksvermehrung, sondern im Gegenteil gerade nur eine möglichste *Beschleunigung* der Volksvermehrung einen Zustand herbeiführen kann, in dem *auf die Dauer* Kopfzahl und Nahrungsmittelmenge im richtigen Verhältnis gehalten werden können, derart, daß nicht nur die Jahresquote, sondern auch die Tagesquote zur Ernährung genügt.

Wagner legt nun aber großen Wert darauf, daß auf hohen Wirtschaftsstufen eine relative Übervölkerung sehr wohl möglich ist. Eine solche liegt vor:

„Wenn die Bevölkerung, insbesondere ihre sogenannten arbeitenden Klassen, bei aller Fähigkeit und allem guten Willen zur Erwerbstätigkeit nicht sichere und genügende Beschäftigung und Erwerb findet und zwar nach Maßgabe folgender drei Reihen von Umständen: einmal nach den gegebenen *ökonomisch-technischen* Verhältnissen der *Produktion*, insbesondere nach den *Bedingungen* für den *Absatz* der Arbeitserzeugnisse und für die erlösten *Preise*, sowie nach denjenigen für den *Bezug* und die *Preise* der bedurften Produkte; ferner nach der gegebenen *Rechtsordnung* für Produktion und Verteilung; endlich aber auch nach den auf Grund der einmal erreichten Lebenshaltung gestellten *Ansprüchen* sowohl inbetreff der Art, des Maßes, des Lastgefühls der Arbeitsleistung, als auch bezüglich der Art, des Maßes, des Lustgefühls der Entlohnung, beziehungsweise der Bedürfnisbefriedigung."[2]

Wagner legt besonderen Wert darauf, daß er die Ansprüche auf Bedürfnisbefriedigung zum ersten Male mit in die Diskussion eingeführt habe. Es ist das auch gewiß ein Verdienst, sobald man sich einmal soweit von *Malthus* entfernt hat wie er, und die Bedingungen der *relativen* Übervölkerung untersucht. Aber daß dies wirklich durchaus nicht mehr *Malthus* ist, geht aus einer fast unmittelbar anschließenden Stelle hervor:

„Ein Symptom oder eine Wirkung der relativen Übervölkerung wird daher auch nicht notwendig und in der Tat auch in Wirklichkeit nur ausnahmsweise die Auslösung der repressiven Tendenzen der Volksvermehrung, eine allgemein größere Sterblichkeit, nicht einmal notwendig eine immer größere Kindersterblichkeit sein. Vielmehr wird sich die Wirkung in einem *Druck auf das Einkommen*, auf die *Löhne*, in einer *Ausdehnung des Arbeitstages*, einer Steigerung des zu übernehmenden *Arbeitsmaßes* zeigen. Selbst darin aber nicht immer direkt, sondern *indirekt*: ein *sonst mögliches Steigen* des Einkommens, *Verminderung* des Arbeitsmaßes wird *unterbleiben*. M. a. W. die ganze Lebenshaltung, nach Arbeitslast und Umfang und Art der Bedürfnisbefriedigung gemessen, wird wieder weiter *herabgedrückt* oder *niedriggehalten*: die eigentlich *kulturfeindliche* Wirkung der Übervölkerung vom Standpunkte des Gesamtinteresses, auch selbst von

---

1 Ebenda, S. 657.
2 Ebenda, S. 658.

demjenigen des volkswirtschaftlichen Produktionsinteresses aus, wenn die Arbeitsfähigkeit und die Arbeitslust unter solchen Verhältnissen, wie leicht möglich, leiden."
Es wird also angenommen, daß „der ‚Lohndruck‘, also die Erhöhung des Arbeitsmaßes, die Verlängerung des Arbeitstages *wesentlich aus diesen Verhältnissen der Bevölkerungsbewegung hervorgeht*. Die letztere ist das mechanische Moment, das sich immer wieder mit elementarer Gewalt im Verteilungsprozeß Geltung verschafft"[1].

Aus diesen Betrachtungen zieht *Wagner* den Schluß,

„daß auch unter unsern heutigen Verhältnissen der Technik, Ökonomik und Kultur mit der Gefahr einer Überholung der Unterhaltsmittel, der Höhe und Zunahme des Volkseinkommens durch die Volksvermehrung gerechnet werden muß: m. a. W. es droht, vom Verteilungsstandpunkte aus betrachtet, *auch für unsere Kulturperiode und gerade bei der hohen Volksdichtigkeit und starken lokalen Bevölkerungskonzentration* derselben Übervölkerung, sobald es nicht gelingt, die Schwierigkeiten, welche ein kompliziertes Arbeitsteilungs- und Verkehrssystem im Nah- und Fernabsatz und Bezug der Produkte unvermeidlich in sich birgt sicher zu überwinden Die hier drohende ‚Übervölkerung‘ ist anderer Art, als diejenige auf niedrigeren Stufen wirtschaftlichen Entwicklung, aber sie ist deswegen doch vorhanden und bietet aus manchen Gründen nur noch mehr Bedenken und ist schwieriger zu vermeiden und zu heilen, als eine Übervölkerung früherer Wirtschaftsperioden."[2]

„Die Frage ist daher immer wieder von neuem, ob für eine fortdauernd wachsende, dabei noch ihre Lebensansprüche und Bedürfnisse steigernde Bevölkerung, sich die nun wieder erforderlich werdenden wirtschaftlichen u.s.w. Voraussetzungen erfüllen und sicher verbürgen lassen? Das wird allerdings durch den erreichten Gesamtfortschritt einerseits erleichtert, aber andererseits durch die größer und anspruchsvoller gewordene Volkszahl und durch die Komplikation der zu erfüllenden Bedingungen schwieriger. Gerade für die Phase der volkswirtschaftlichen Entwicklung in unserer Zeit möchte sich das herausstellen, für die Verhältnisse des wirtschaftlichen Verkehrs hochindustrieller Nationen, trotz aller ‚Wunder der Technik‘ und aller Fortschritte in letzterer. In dieser Hinsicht ist vor dem leichtsinnigen Optimismus der Antimalthusianer jeder Richtung zu warnen. (...)
Gewiß (...) sogar die untersten Kreise der Bevölkerung leben vielleicht, vermutlich selbst, besser als früher oft ihre Vorfahren auf einer niedrigeren wirtschaftlichen Entwicklungsstufe. Aber die *Bedingungen* für die Erwerbs- und damit für die Lebenssicherung sind unendlich verwickelter, und darin liegt es, daß man wohl von einem Damoklesschwert, ohne schwarz zu malen, sprechen darf, welches über unserer modernen Erwerbsgesellschaft, insbesondere z. B. über der in unseren Fabrikgegenden und großstädtischen Verhältnissen lebenden Bevölkerung, welches über Gebieten wie dem Königreich Sachsen, dem Regierungsbezirk Düsseldorf, über großen Teilen Belgiens, über ganz England schwebt. Darüber kommt man mit aller Schwärmerei über den technischen Fortschritt (...) nicht hinweg; ebenso wenig mit dem Trost, daß eben eine immer stärkere Beteiligung am Welthandel stattfinden müsse und Hilfe gewähre."[3]

Wieweit diese Befürchtungen berechtigt sind, soll, wie schon gesagt, im nächsten Kapitel im Zusammenhang mit den gleichlautenden Ansichten der anderen genannten Ökonomisten betrachtet werden. Nur wollen wir hier einen nur scheinbaren Widerspruch klarstellen. Wenn

---

1 Ebenda, S. 661.
2 Ebenda, S. 637f.
3 Ebenda, S. 643f.

Wagner einmal sagt, daß eine verbesserte Organisation der Volkswirtschaft mit erhöhter Produktivität und besserer Verteilung eine „Übervölkerung" bisher regelmäßig behoben habe und auch in Zukunft werde beheben können; und wenn er auf der anderen Seite den übermäßigen Bevölkerungszuwachs als Ursache der Übervölkerung hinstellt (vgl. z. B. § 256, Seite 655): so liegt darin scheinbar ein Widerspruch, denn einmal wird die mangelhafte oder noch nicht vollzogene Anpassung der Volks*wirtschaft* an die vermehrte Volkszahl als Ursache betrachtet; und das andere Mal die vermehrte *Volkszahl* als Ursache der mangelhaften Anpassung der Wirtschaft. Dieser Widerspruch löst sich aber dahin auf, daß immer nur von einer relativen Übervölkerung die Rede ist, die, wenn einmal eingetreten, so lange durch Beschränkung der Volksvermehrung bekämpft werden muß, bis die Volkswirtschaft die Zeit zu der notwendigen Anpassung gefunden hat.

Ferner sei der sorgfältige Bearbeiter des Bevölkerungsgesetzes und seiner Literatur im Handwörterbuch der Staatswissenschaften[1], Ludwig *Elster,* erwähnt. Er gibt auf Seite 723ff. eine Darstellung der *Malthus*schen Lehre, die mit der unseren durchaus übereinstimmt, also namentlich das Gesetz als ein *Naturgesetz* auffaßt, das auf die Dauer überall und auf jeder Wirtschaftsstufe wirke und auch in Zukunft wirken werde.

Er billigt Seite 769 die Theorie: „Den der *Malthus*schen Theorie zu Grunde liegenden Gedanken, den eigentlichen Kern der Lehre, wird man ohne Beschränkung anerkennen müssen; nicht so seine Ausführungen im einzelnen, nicht seine Behauptung der arithmetischen und geometrischen Progression." Wenn es dann aber zur Darlegung seiner eigenen Anschauung kommt, dann zeigt es sich, daß auch Elster nur vermeintlich Anhänger von Malthus ist. Er hat ihn ebenso mißverstanden, wie alle anderen angeführten Autoren.

Das geht schon aus seiner Kritik auf das klarste hervor, besonders charakteristisch bei seiner Darstellung der Ansichten, die der Physiokrat *Mercier de la Rivière* entwickelt hat. Dieser erklärt ausdrücklich, daß unter einer guten „Regierung", wir würden sagen „Gesellschaftsordnung", die Unterhaltsmittel immer stärker wachsen müssen, als die Menschenzahl:

„tous les hommes alors ne naissent que pour être heureux; et par la raison que le dernier degré possible de la multiplication des productions nous sera toujours inconnu, on peut dire que le dernier degré possible auquel l'ordre peut porter la prospérité d'une nation, est une mesure que personne ne peut concevoir".[2]

Aber unter einer schlechten Verfassung, wenn die Kultur Rückschritte macht, dann „il doit toujours et *nécessairement* se trouver plus d'hommes que de productions"; dann bedecken Unglückliche in großer Masse die Erde, die ihr Unglück schleppen, um schließlich von ihm vernichtet zu werden. Dann wird die allgemeine Verarmung zur Ursache des Unglücks des einzelnen.

Das ist grundsätzlich die Auffassung *Godwins*: es ist menschliche Verschuldung, nicht etwa Kargheit der *Natur*, was das Elend erzeugt. Aber *Elster* „findet in diesen Worten, welche doch die Möglichkeit einer Übervölkerung zugeben, Anklänge an *Malthus*": dieselbe Verwirrung, die wir schon mehrfach gekennzeichnet haben. Das zeigt sich noch deutlicher, wenn *Elster* die Auffassung der beiden größten Gegner *Malthus*', *Marx*' und *Lists*, anerkennt:

„Wenn trotzdem sich hier und da eine Übervölkerung zeigt, welche keineswegs mit besonders dichter Bevölkerung zusammenzufallen braucht (hier wird ausdrücklich auf Wagners „relative" Übervölkerung hingewiesen) (. . .) so hängt das zunächst mit der bestehenden Produktionsordnung zusammen. Es ist richtig, daß, wie *Karl Marx* hervorgehoben hat, *jede besondere historische*

---

1 Elster, Handbuch der Staatswissenschaften, Bd. II, S. 703 ff.
2 Mercier de la Riviere, in: Physiocrates, S. 717 f.

Produktionsweise ihre besonderen historisch gültigen Populationsgesetze, oder, um mich der Worte Lists zu bedienen, daß jeder Wirtschaftszustand eine bestimmte Fassungskraft für die Bevölkerung hat; es kann somit Übervölkerung vorliegen, ohne daß ein absoluter Mangel an Unterhaltsmitteln besteht. Änderungen in der Wirtschaftsordnung (…) werden auch im Hinblick auf den Spielraum, welchen die Bevölkerung hat, Wandlungen hervorrufen."[1]

Deutlicher kann die Verwirrung nicht gekennzeichnet werden, als daß nach *Elster* sowohl *Malthus* als seine Gegner Recht behalten. Ist es hier die Doppelbedeutung des Wortes „Übervölkerung", die zu Trugschlüssen Anlaß gibt, so glaubt *Elster* zum Schluß wieder Malthusianer zu sein, weil er das zweideutige Wort „Tendenz" mißversteht. Denn es kommt zuletzt alles auf Zukunftsbefürchtungen hinaus. Wenn auch die zweite Auflage die Zuwachstabellen der ersten (S. 523, Bd. II) und die daran geknüpften Schlüsse nicht mehr enthält, und wenn auch im allgemeinen, namentlich in Beziehung auf Deutschland (S. 768), eine mehr optimistische Auffassung zu bestehen scheint, so bleiben doch die allgemeinen Schlüsse in Kraft:

„Wie glänzend auch die Fortschritte sein mögen, welche uns die Zukunft bringt, der Volksvermehrung wird allezeit eine Schranke gezogen sein, und das Vermehrungsvermögen wird nimmermehr ungehemmt sich entfalten dürfen."

Und er schließt eine Betrachtung der französischen Zuwachsziffern mit folgenden Worten, die unübertrefflich deutlich zeigen, wie sehr er die *Malthussche* Bedeutung des Wortes „Tendenz" mißversteht:

„Hier haben sich die von Malthus gekennzeichneten vorbeugenden Hemmnisse wirksam erwiesen, wie so vielfach auswärts die zerstörenden. Der Satz, daß die Bevölkerung die Tendenz habe, rascher anzuwachsen als die Unterhaltsmittel, bleibt hiervon unberührt und wird seine Geltung allzeit behalten."[2]

Das ist wieder die rein formale Erklärung, wie sie Malthus selber regelmäßig gab, die Petitio principii, die eine Behauptung durch sich selbst beweist. Wir haben darüber oben genug gehandelt.

v. Fircks[3] steht der Rümelinschen Auffassung am nächsten. Er ist „prophetischer Malthusianer" mit gelegentlicher Anwendung auf Gegenwart und Vergangenheit. Nach ihm „ist Übervölkerung vorhanden, wenn das Volkseinkommen nachhaltig nicht zur Ernährung der Bevölkerung genügt. Dieser Zustand ist in einigen Ländern bereits eingetreten, und es zu steht besorgen, daß er sich in einer nicht sehr entfernten Zukunft verallgemeinern wird."[4] Wir erfahren in specie, daß Deutschland zur Zeit nicht als übervölkert anzusehen sei, wie die Hebung des Standard of life beweise. Hier macht *v. Fircks* ausdrücklich gegen *Rümelins* pessimistische Anschauung von 1881 Front.[5] Ebensowenig gelte das für England und Rußland.[6] Die Niederlande dagegen würden um 1950 mit 218 Einwohnern pro qkm übervölkert sein.[7] Noch schlimmer ist Italien daran, es soll „in vielen Landesteilen bereits jetzt übervölkert sein".[8]

---

1 Elster, in: Handbuch der Staatswissenschaften, S. 769.
2 Ebenda, S. 771.
3 Fircks, Bevölkerungslehre und Bevölkerungspolitik, Leipzig 1898.
4 Ebenda, S. 299.
5 Ebenda, S. 300.
6 Ebenda, S. 301.
7 Ebenda, S. 302.
8 Ebenda, S. 303.

Die Begründung seiner Besorgnisse für die Zukunft gibt auch hier die angebliche Schwierigkeit des *Absatzes*:

> „Wo sollen die gewerblichen Erzeugnisse dieser Länder Absatz, wo ihr Bevölkerungszuwachs Aufnahme und Arbeit finden, sobald die Weltmächte zur Erhaltung ihrer Völker dazu genötigt sind, ihren Markt (...) und ihr Gebiet der Einwanderung zu schließen."[1]

> „Dieser Ausblick auf die Zukunft läßt besorgen, daß schon nach Ablauf eines halben Jahrhunderts an viele Kulturstaaten die schwierige Aufgabe herantreten wird, ihrer wachsenden Volkszahl (...) auf Kosten anderer Völker und nötigenfalls durch Anwendung von Gewalt lohnende Beschäftigung zu verschaffen, sei es durch Besitznahme fremder Länder und deren Besiedelung, sei es durch erzwungene Zulassung der heimischen Erzeugnisse auf fremde Märkte und gleichzeitige Sperrung der eigenen Märkte für fremde Waren. Die schwersten Katastrophen sind unausbleiblich, wenn es nicht gelingt, die Vermehrung der europäischen Völker erheblich einzuschränken, und man kann Berechnungen, wie die vorstehenden, nicht deswegen, weil sie in eine mehr oder weniger entfernte Zukunft und deren uns gegenwärtig noch unbekannte Zustände einzudringen versuchen, von der Hand weisen."[2]

Dieselbe Besorgnis, daß es einem Industrievolke an Absatz fehlen könne, atmen auch die folgenden Stellen:

> „Wo es nicht gelingt, die Bevölkerung angemessen einzuschränken, obwohl alles anbaufähige Land besiedelt, und lohnende Beschäftigung im Handel und in der Industrie für eine größere als die darin tätige Zahl von Menschen nicht mehr möglich ist, weil die mehr erzeugten Waren nicht mehr Absatz finden können, da muß der Staat die Auswanderung in die Hand nehmen."[3]

> „Daß ein Volk nicht allein auf den Ertrag seiner Landwirtschaft angewiesen ist, sondern seine Zahl durch gewerbliche Tätigkeit u.s.w. weit über die ihm sonst gesteckte Grenze vermehren kann, ist (...) ohne Bedeutung für die Beurteilung der *Malthusschen* Lehre, denn ein solcher Zustand läßt sich nicht verallgemeinern, da nicht alle Völker ihre Nahrungsmittel im Auslande kaufen können."[4]

Schließlich bekennt sich auch *v. Fircks* ausdrücklich zu „*Malthus*: Der Grundgedanke seiner Lehre bleibt indessen richtig, daß innerhalb eines bestimmten Gebietes die Volkszahl rascher anwachsen kann, als die dort erzeugten Nahrungsmittel".

Auch hier sei nur vorläufig bemerkt, daß das durchaus nicht der „Grundgedanke" *Malthus'* ist; er behauptet, „daß innerhalb eines bestimmten Gebietes die Volkszahl (nicht rascher anwachsen *kann*, sondern) regelmäßig *rascher anwachse*, als die dort erzeugten Nahrungsmittel". Es besteht die „Tendenz", aber nicht nur die Tendenz zu der „Tendenz"!

Die Kritik ersparen wir uns auch hier für das nächste Kapitel.

Da wir nicht beabsichtigen, eine erschöpfende dogmengeschichtliche Abhandlung zu liefern, so wollen wir die *Darstellung* der neueren „malthusianischen" Theorie hier abbrechen. Die Liste ließe sich ins endlose vermehren, da, wie gesagt, wohl ausnahmslos alle deutschen und fast alle auswärtigen Ökonomisten zu dieser Theorie halten. Es wäre interessant, die verschiedenen Varietäten und Übergänge festzustellen: aber neue Gesichtspunkte würden wir nicht finden; und es hieße, den Raum dieser Abhandlung weit überschreiten, wollten wir allen mehr gelegentlichen Äußerungen

---

1 Ebenda, S. 304.
2 Ebenda, S. 307.
3 Ebenda, S. 313.
4 Ebenda, S. 320.

gerecht werden, zumal eine Vollständigkeit der Darstellung doch nicht erreichbar wäre, und für die ältere Zeit von *v. Mohl* und für die neuere von *Elster* und *Adolf Wagner* dogmengeschichtliche Darstellungen von großer Vollständigkeit vorliegen.

Fassen wir die Ansichten der angeführten Autoren zusammen, so zeigt sich zunächst, daß sie sich sämtlich als Anhänger von *Malthus* betrachten, obgleich sie es durchaus nicht sind, soweit die grundlegenden Gedanken in Frage kommen, und daß sie sich untereinander sämtlich als Gesinnungsgenossen betrachten, obgleich recht bedeutende Unterschiede zwischen ihnen bestehen.

Grundsätzlich unterscheiden sie sich alle dadurch von *Malthus*, daß sie, verleitet durch eine falsche Auffassung seines Terminus „Tendenz" das Bevölkerungsgesetz als ein Problem der Zukunft betrachten, statt als das wichtigste Problem jeder Wirtschaftsstufe in Vergangenheit, Gegenwart und Zukunft.

Grundsätzlich lassen sich ferner in ihrer eigenen Stellungnahme zwei verschiedene Auffassungen unterscheiden:

Erstens: die Befürchtungen von Stockungen in der Herstellung der zum Eintausch der nötigen Lebensmittel erforderlichen Tauschwaren durch Mangel an neugebildetem Kapital; ferner durch Stockungen im *Absatz* dieser Waren auf dem Markte, derart, daß ihr Gegenwert in Nahrungsmitteln nicht in genügender Menge und zur rechten Zeit beschafft werden kann.

Dieser bald nur als möglich (*Roscher*), bald als wahrscheinlich (*Wagner*), bald als notwendig (*Rümelin*) vorausgesagte Zustand beruht also auf einem angenommenen Mißverhältnis zwischen der jeweilig vorhandenen Volkszahl und ihrer jeweiligen sozialen Gesamtorganisation. Befürchtet wird hier lediglich eine „*relative*" Übervölkerung, d. h. ein Mißverhältnis *sozialer Art*!

Diese Auffassung hält sich in spezie für malthusianisch, weil sie ihren eigenen Begriff der „Übervölkerung" den durchaus verschiedenen der *Malthusschen* Lehre gleichsetzt: eine echte Quaternio terminorum! Denn bei *Malthus* handelt es sich um eine *absolute* Übervölkerung, um ein Mißverhältnis *naturgesetzlicher Art*, um ein Mißverhältnis zwischen der jeweils vorhandenen Volkszahl und der für sie nicht vorhandenen, sondern *möglichen* Nahrungsmittelmenge.

Die zweite Abart des neueren Malthusianismus hegt ebenfalls eine Befürchtung für die Zukunft allein. Aber sie fürchtet nicht für eine nahe Zukunft eine relative, sondern für eine fernere Zukunft eine absolute Übervölkerung, resultierend nicht aus einem Mißverhältnis zwischen sozialer Organisation und Volkszahl, sondern zwischen Volkszahl und *möglicher* Nahrungsmittelmenge. Sie steht also dem eigentlichen Malthusianismus viel näher als die erste Abart. Sie unterscheidet sich dennoch auf das schärfste dadurch von ihm, daß sie das Mißverhältnis, wie gesagt, erst für die Zukunft erwartet, während es *Malthus* als ein für alle Wirtschaftsstufen gültiges annahm. Daß sich ihre Vertreter trotzdem für Anhänger des eigentlichen Malthusianismus halten, ist Schuld einer Quaternio terminorum, in der das doppeldeutige Wort „Tendenz" die Verwirrung stiftet.

Das sind, in logischer Isolierung, die Elemente der heutigen Bevölkerungstheorie. In der Praxis aber gehen sie fortwährend durcheinander. Der eine Forscher neigt sich mehr der ersten, der andere mehr der zweiten Abart zu: aber sie bekennen sich ausnahmslos zu *beiden*.

Um die Verwirrung nun aber voll zu machen, wird trotz der grundsätzlichen Stellungnahme sehr oft *angebrachter Maßen* auch die eigentliche *Malthussche* Theorie in den Knäuel verschlungen, ganz begreiflich, da sie ja nach wie vor als grundsätzlich akzeptiert betrachtet wird. Sobald eine Stockung, ein deutlicher Stillstand oder Rückgang einer Volkswirtschaft, eine Notlage der Masse, eine besonders auffallende Sterblichkeitsrate oder Kriminalität zu erklären ist, wird vergessen, daß „Tendenz" etwas Zukünftiges bedeuten soll; und man wendet die „Theorie" auf Vergangenheit und Gegenwart an. Natürlich sperrt man sich dadurch den Weg zu jeder kausalen, wissenschaftlichen Unterstützung und Erklärung.

Wir haben dafür oben schon mehrere Beispiele angeführt; vor allem erinnern wir an das Mißgeschick *Rümelins*, der die Handels- und Industriekrise der siebziger Jahre für eine typische Übervölkerung erklärte. Ähnliches findet sich sehr häufig. So z. B. bei *Julius Wolf*.[1]

„Der technische Fortschritt, alle Arbeit der Entdecker und Erfinder hat in ein Faß geschöpft, welches, wenn auch nicht das bodenlose der Danaiden, doch undicht ist, und derart einen Teil der in gewaltigen Strahlen niederprasselnden Flüssigkeit wieder entweichen läßt. Um weniger bildlich zu sprechen: die technischen Errungenschaften des letzten Jahrhunderts sind zum Teil zu Schanden geworden an der maßlosen (. . .) Prokreation. Mit jeder Erfindung, die 10 aus 1 machte, gingen fünf Menschen ins Leben ein, statt vierer oder dreier, die genug gewesen wären. Der europäische Kontinent, im Jahre 1800 mit 175 Millionen Menschen besetzt, hat heute deren 360 Millionen zu versorgen. England (mit Wales), 1751 einer Bevölkerung von 6 1/3 Millionen Menschen ein bescheidenes Wohlleben gewährend, hat heute Pflichten für eine solche von 30 Millionen (. . .). Bloß, um das Lebensniveau des Einzelnen (. . .) *festzuhalten*, mußte die *gesamte* Produktivität der Volkswirtschaft Europas eine Steigerung auf über das doppelte, in England und Sachsen auf weit über das dreifache erfahren."[2]

Auch *Wolf* stützt sich dabei, wie *Malthus*, wesentlich auf das „Gesetz der sinkenden Erträge", wonach wir auf schlechtere Böden gedrängt werden;[3] „wir wollen nun nicht behaupten, daß bisher mit sich vermehrender Bevölkerung schon der Durchschnittsertrag des in der Welt angebauten Ackerbodens oder mit Vieh besetzten Weidelandes zurückgegangen sei, *aber daß, wenn die Zahl der Menschen geringer wäre, wir in der Tat die Maßeinheit landwirtschaftlicher Produkte mit geringerem Aufwande darzustellen* vermöchten, ist zweifellos."[4]

Derselbe Gedanke wird noch einmal anschließend entwickelt:

„Selbstverständlich waren es aber im Durchschnitt mindere Böden, an die man sich wandte. Nun ist trotzdem gewiß, daß die gesteigerte Produktivität auch der Landwirtschaft heute, ungeachtet der Inangriffnahme solcher minderer Böden, auf den Hektar Landes durchschnittlich keinen kleineren, ja selbst einen höheren Ernteertrag fallen läßt, als ihm vor jener Erweiterung des Areals zukam. Daß jedoch, wenn die Arbeit auf die besten Ländereien beschränkt geblieben wäre, wir heute auf ein gleiches Maß von Aufwand in der Landwirtschaft einen größeren Ertrag zu gewärtigen hätten, ist darum nicht minder zweifellos."[5]

Ebenso sind folgende Ausführungen *Gustav Cohns* „eigentlicher" Malthusianismus:

„Wenn wir finden, daß ja alles das, was das menschliche Erbarmen hergibt an die Mitmenschen, einen vergeblichen Kampf bedeutet gegen das Elend, welches sich immer von neuem erzeugt, so wendet sich das Nachdenken dieser Wurzel zu. (. . .) Die sittliche Lebenshaltung, die vernünftige Gestaltung der Bedingungen, unter welchen die Arbeitskraft produziert wird, der Gegensatz menschlicher Ordnung zu natürlicher Unordnung wird als notwendiger Angelpunkt der Besserung ergriffen."[6]

Und in dem Aufsatz: „Über internationale Arbeitsgesetzgebung" schreibt *Cohn*:

---

1 Wolf, Sozialismus und kapitalistische Gesellschaftsordnung, S. 356 ff.
2 Ebenda, S. 357.
3 Ebenda, S. 368 ff.
4 Ebenda, S. 370.
5 Ebenda.
6 Cohn, Volkswirtschaftliche Aufsätze, S. 407.

III. Kapitel

„Indessen, man würde der modernen Technik Unrecht tun, wenn man in ihr *allein* den Grund der entarteten Arbeit der Gegenwart sähe. Teilweise ist diese offenbar viel älter, als die mechanischen Fortschritte, welche die heutige Großindustrie geschaffen haben (. . .). Das bezeugt die Geschichte, das ergibt sich aus dem allgemeinen Gesetze der Bevölkerungszunahme, welches nicht auf die Erfindung der Dampfmaschine gewartet hat, um das Elend fortzupflanzen."[1]

Dasselbe sagt z. B. auch die folgende Stelle: Die Wiedergeburt der Familie ist als ein Problem der Bevölkerungszunahme aufzufassen.

„Weil diese älter ist, als alle moderne Technik und Industrie, älter als alle neuere Kultur, darum sind die Erscheinungen, mit welchen die Fabrikgesetzgebung zu tun hat, *nur die Modifikation von dem, was immer da war*. Denn wenn es ein Naturgesetz ist, daß Trieb und Fähigkeit der Bevölkerungszunahme mit den Unterhaltmitteln durch die Vernichtung des Lebens ins Gleichgewicht gesetzt werden; wenn es ein *Kulturgesetz* ist, daß die Bevölkerungszunahme sich selber mit den Unterhaltmitteln ins Gleichgewicht setzen soll, damit das Elend jener Lebensvernichtung vermieden werde: so erscheinen diejenigen Mißstände, welche sich an die Bevölkerungszunahme knüpfen und vom Kulturstandpunkt aus bekämpft werden, als Äußerung des naturgesetzlichen Elends, welches in mannigfachen Formen und Abstufungen sich darstellt."[2]

Das ist *eigentliche Malthussche* Theorie in Reinkultur. Aber es fehlt unserem Autor jedes Bewußtsein davon, daß er mit jenen Sätzen eine Theorie vertritt, die in Deutschland keinen grundsätzlichen Vertreter hat. Denn er weist (S. 377) ausdrücklich auf die Anerkennung hin, die *Malthus* in England und Deutschland gefunden hat. Diese beruht aber, wie wir genügend gezeigt zu haben hoffen, auf einem Mißverständnis der *Malthusschen* Sätze. Und auch *Wolf* beruft sich ausdrücklich auf *Rümelin, Brentano* usw., glaubt also mit ihnen übereinzustimmen.[3]

In solcher Weise wird die Nationalökonomie in ihrem theoretischen Bemühen durch diesen Grund- und Kernirrtum wie durch einen „bösen Geist im Kreise umhergeführt", während ringsherum die „schöne grüne Weide" echt wissenschaftlicher Problemstellung, echt kausaler Erklärung ist. Und nicht minder gilt das für die zweite Hauptabteilung der Soziologie, für die *Geschichte*.

Überall sperrt auch hier das eigentliche *Malthussche* Dogma die Wege der Untersuchung, setzt an die Stelle kausaler Erklärung die rein *formale* Scheinerklärung durch das Dogma, und erstickt die wissenschaftliche Fragestellung im Keime. So finden wir z. B. in der allgemeinen kulturgeschichtlichen Einleitung des großartigen *Ratzel*schen Werkes über „Völkerkunde": „die Kluft zwischen Besitzenden und Besitzlosen, zwischen Reichen und Armen" zurückgeführt auf die Annahme, daß „im Schutze der Kultur mehr Menschen geboren und erhalten (!) werden, als Raum auf dem Boden ist; (. . .) der Menschen werden viele, der Arbeit ist wenig; darum sind die Arbeitslöhne abnorm gering, das Leben ärmlich, das Elend groß".[4] Es wird z. B. aus dem Bevölkerungs-Prinzip der Unterschied in der Verfassung zwischen warmen und kalten Ländern abgeleitet, und so auch hier der rein kausalen, in die Tiefe der Probleme führenden Untersuchung die Fragestellung abgeschnitten. Das ist um so bedauerlicher, als nur die Kulturgeschichte weit genug zurückgreift, um die wirkliche Erklärung finden zu können, die auf einem ganz anderen als dem populationistischen Felde gesucht werden muß, eine Erklärung, für die *Ratzel* selbst das reichste Material darbietet.[5]

---

1 Ebenda, S. 480.
2 Ebenda, S. 528.
3 Ebenda, S. 362.
4 Ratzel, Völkerkunde, Bd. I, S. 119.
5 Vgl. zu dieser Frage Oppenheimer, Großgrundeigentum und soziale Frage, 1. Buch, 1. Kapitel.

So leidet die Geschichtsforschung bei der Untersuchung der großen Gesamttatsachen, der „Universalgeschichte" im Sinne Schillers; und so leidet sie auch bei der Untersuchung fast aller speziellen Geschehnisse. Eins der wichtigsten Beispiele dafür habe ich in meinem Werke „Großgrundeigentum und soziale Frage" (2. Buch, 3. Kapitel[1]) aufgedeckt.

Für das Verständnis der heutigen Zeit und für die Bekämpfung des Marxismus ist nichts so wichtig als das Verständnis der Bedingungen, unter denen die heutige „kapitalistische Wirtschaftsordnung" sich entwickelte. *Marx* schiebt den Umschwung auf die Entstehung des „Kapitals", die „historische Schule" Deutschlands auf diese in Verbindung mit einer „Übervölkerung". Beide Erklärungen sind sicher falsch. Denn man kann nachweisen, daß das „Kapital" schon Jahrhunderte vor den ersten Anzeichen einer kapitalistischen Ära in durchaus genügender Masse im Privatbesitz „akkumuliert" war, um als Ausgangspunkt des Umschwungs zu fungieren. Und es läßt sich andererseits nachweisen, daß die ersten Symptome der kapitalistischen Wirtschaft bereits in eine Zeit fallen, in der von Übervölkerung gar keine Rede sein konnte, weil der „schwarze Tod" in unaufhörlich einander folgenden Epidemien die Bevölkerung viel mehr als dezimierte.

Man braucht nur die sämtlichen aus jener Zeit vorliegenden Daten chronologisch zu ordnen, um sofort zu sehen, wie in Wirklichkeit das Entstehen der kapitalistischen Wirtschaft zu erklären ist. Eine *grundstürzende Revolution der agrarischen Besitzverhältnisse* vollzog sich von der Mitte des 13. Jahrhunderts an, die vom slawischen Osten nach Westen vorschritt. Der Adel usurpierte die Grundrente, die Bauern strömten massenhaft als kapitallose, „von ihren Produktionsmitteln getrennte Produzenten" in die Städte und erschlossen so dem längst ausreichend gebildeten, längst ausreichend akkumulierten Kapital die Möglichkeit, sie zu exploitieren. Die Zurückbleibenden büßten ihre Kaufkraft ein; infolgedessen gingen die kleinen Städte wirtschaftlich zurück, während die großen Städte, in denen der reich gewordene Junker seinen Bedarf deckte, ungesund anwuchsen. Die Produktivität der Städte, die durch die Zuwanderung potenziert wurde, wurde unermeßlich zu groß für die Kaufkraft des ländlichen Binnenmarktes, und ein Exportindustrialismus mußte sich entwickeln, den nach kurzer Blüte die Sperepolitik der Nachbarstaaten erwürgen konnte.[2]

All das konnte, ja mußte jeder Historiker entdecken, der die einschlägigen Daten in eine chronologische Tafel geordnet hätte: die erste und wichtigste Vorarbeit jeden historischen Versuches. Obgleich aber die einschlägigen Daten sämtlich dem ungeheuren Fleiß und der prächtigen Quellenkritik der deutschen historischen Schule zu verdanken sind, hat dennoch dieselbe Schule jene sich aufdrängenden Schlüsse nicht gezogen. Und daran ist nichts anderes schuld, als die Blendung dieser scharfen Augen *durch das Dogma des Malthusianismus.*[3]

---

1 [siehe im vorliegenden Band]
2 Vgl. meine Aufsätze, „Die Entstehung des Kapitalismus" in: Wiener „Zeit" vom 1. April 99; und: "Kautsky als Wirtschaftshistoriker", „Berliner Zukunft" VII, Nr. 45.
3 Der einzige Verteidiger, den die historische Schule gegen meine Angriffe bisher gefunden hat, ist Carl Ballod (in: Schmollers Jahrbuch, Bd. 23, S. 374). Die Arbeit wimmelt von Mißverständnissen und tatsächlichen Irrtümern, auf die ich an dieser Stelle nicht eingehen darf. Ich kann hier nur sagen, daß sie um die Hauptsache geschickt herum geht, nämlich um meinen Vorwurf, daß die historische Schule 1.) die Verschlechterung der bäuerlichen Lage nicht zur Erklärung des kapitalistischen Umschwungs in den Städte herangezogen hat, und daß sie 2.) diesen Umschwung auf eine „Überbevölkerung" bezogen hat in einer Zeit, in der ganz sicher die Bevölkerung stark zurückgegangen war und durch fortwährende Epedemien auf einer niederen Ziffer zurückgehalten wurde. Die „veränderten politischen Umstände" habe ich mich bemüht als Folge *derselben agrarischen Revolution* nachzuweisen, so daß der Einwand Ballods entfällt.

Es genügt hier, auf diese Rückfälle aus dem neuen „prophetischen" in den älteren „naturgesetzlichen" Malthusianismus hingewiesen zu haben. Ihre kritische Widerlegung ist mit den Ausführungen des zweiten Kapitels vorweggenommen.

Uns bleibt nur noch die Aufgabe, die beiden Abarten des „prophetischen" Malthusianismus als solche, in ihrer eigenen Begründung und ihren Konsequenzen, zu widerlegen. Dieser Aufgabe wenden wir uns jetzt zu.

IV. Kapitel:
Kritik des neueren Malthusianismus

A. Der prophetische Malthusianismus erster Abart

Die Befürchtung, daß ein mit einem bedeutenden Teile seiner Existenz auf Warenexport und Nahrungsimport angewiesenes Volk in irgendeinem Augenblick in schwere Notstände geraten könne, scheint im ersten Augenblicke sehr plausibel. Was würde aus England, das heute schon zu ca. 3/5 von fremdem Korn lebt, wenn ihm im Kriegsfalle die Importe abgeschnitten würden?!

Wir könnten diese Frage ablehnen, denn sie hat eigentlich nichts mit der „Übervölkerung" zu tun. Diese kann rationalerweise nur einen dauernden Zustand bezeichnen: „Sobald die Volkszahl so groß geworden ist, daß nachhaltig, d. h. eine längere Reihe von Jahren hindurch, die Mittel zu ihrer Erhaltung weder aus dem Ertrage der Landwirtschaft und Viehzucht des eigenen Landes, noch durch den Absatz der gewerblichen Erzeugnisse und den dafür bewirkten Eintausch anderer Güter im Auslande, noch durch Handelsgewinne und den Ertrag des im Auslande angelegten Kapitals beschafft werden können ist der Zustand der Übervölkerung eingetreten."[1] Krieg ist aber kein nachhaltiger Zustand!

Dennoch wollen wir den Einwand gelten lassen in der Erwägung, daß eine solche Störung ja jederzeit, ob dauernd oder nicht, die dichte Bevölkerung eines Exportlandes treffen kann und dann eine „relative Übervölkerung" darstellt, solange sie eben dauert.

Als ersten Einwand könnte man der Frage nach den Absatzstockungen die andere Frage entgegenstellen, ob diese einseitige Fundierung einer Volkswirtschaft auf den Exportindustrialismus denn etwas so durchaus Natürliches ist, d. h. mit anderen Worten, ob sie einer immanenten, *ökonomischen Entwicklungstendenz ihre Entstehung verdankt, oder nicht vielleicht einer äußeren Störung*? In der Tat hat [der] Verfasser dieses[2] sich bemüht, mit allen Methoden der nationalökonomischen Untersuchung den Nachweis zu führen, daß hier lediglich die Folge einer äußeren Störung vorliegt. Eine aus politischen, nicht aus wirtschaftlichen Wurzeln erwachsene Einrichtung, eine *feudale Machtposition*, das Großgrundeigentum, hat allein diese Entwicklung zum einseitigen Exportindustrialismus in England und Deutschland erzeugt. Es verhinderte, wo es herrscht, die dichtere Besiedelung des platten Landes unter durchschnittlicher Verkleinerung der Einzelstellen, die sich überall da vollzieht, wo Bauern wirtschaften. Es trieb auf diese Weise die überflüssigen Menschenmassen in die Städte, so daß deren Warenproduktion enorm anwuchs, während ihr Binnenmarkt

---

[1] Fircks, Bevölkerungslehre und Bevölkerungspolitik, S. 288.
[2] Oppenheimer, Großgrundeigentum und soziale Frage [siehe im vorliegenden Band].

nicht wesentlich an Kaufkraft gewann, und erzwang so den Exportindustrialismus. Der hohe Warenpreis des Korns, der daraus folgen mußte, führte Millionen über Millionen jenseits der Ozeane zur Agrikultur: und auch diese Millionen waren zum größten Teile Kinder der europäischen Großgrundbezirke, denen die Heimat die Niederlassung versagt hatte. Als ihre ungeheuren Ernten die Speicher des Mutterlandes zu überfüllen begannen, da fiel der Kornpreis tief, und die Folge davon war, daß der britische Grundbesitzer seine Produktionskosten noch mehr erniedrigte, indem er zur Weidewirtschaft und Jagdwirtschaft überging, noch mehr Menschenmassen in die Exportindustrie hineinpreßte und die Kaufkraft des Binnenmarktes im Verhältnis zur Erzeugungskraft der Industrie noch mehr verringerte.

Wo das Land vorwiegend im bäuerlichen Besitz ist, da geschieht das nicht. Das zeigen z. B. Frankreich und Südwestdeutschland. Da verdichtet sich die rein agrarische Bevölkerung von Generation zu Generation; da wächst also der Binnenmarkt an Umfang und nicht minder an Kaufkraft, weil die Kornpreise regelmäßig steigen,[1] die Warenpreise regelmäßig sinken, die durch städtisches Kapital und städtische Intelligenz befruchtete Landwirtschaft immer ergiebiger wird. Und da der städtischen Industrie viel weniger überschüssige Arbeiter vom Lande her zuwandern, da außerdem eine bäuerliche Bevölkerung keine so „proletarische" Vermehrung zu haben pflegt, wie ein Landarbeiterproletariat, so wächst die städtische Industrie nicht so stark über die Kaufkraft des Binnenmarktes hinaus, um damit die ganze Volkswirtschaft auf die schwankende Basis des Exportindustrialismus drängen zu müssen.

Aus diesen Erwägungen heraus wäre also vielleicht dem Einwande des prophetischen Malthusianismus auszuweichen, indem man sagte, es sei nur nötig, das platte Land in Bauernhände zu bringen. Damit wäre ein Binnenmarkt von so kolossaler Kaufkraft geschaffen, daß Deutschland ganz sicher, und England sehr wahrscheinlich den größten Teil ihres Exportindustrialismus aufgeben müßten, um diesen Riesenmarkt zu versorgen. Die mehr als 90.000 Quadratkilometer, die der preußische Großgrundbesitz belegt, sind bekanntlich die am dünnsten bevölkerten Gebietsteile Preußens; sie ernähren, wenn in Bauernland zerteilt, wie ebenfalls bekannt, drei- bis viermal so viel Menschen als zuvor[2]; hier könnte also ein Binnenmarkt neu geschaffen werden von unendlichem Umfang und riesigster Kaufkraft, sturmfrei gegen politische Verwicklungen, sicher gegen fremde Wareninvasion.

Aber wir wollen auch diesen Einwand nicht erheben, schon aus dem Grunde nicht, weil er sich doch nicht im Rahmen dieser Monographie nach allen Seiten hin verteidigen läßt; vor allem aber, weil wir stärkere Argumente haben, die nicht erst selbst bewiesen werden müssen. Wir nehmen also die Entwicklung Großbritanniens und Deutschlands als gegeben, wenn man will, sogar als *typisch*, als notwendig vom *rein ökonomischen* Standpunkte, an.

Was ist von diesem Standpunkte aus gegen den „prophetischen Malthusianismus" einzuwenden?

Nun, vor allem, daß er im höchsten Maße *unhistorisch* ist. Er hält den Exportindustrialismus für ein *Novum* der Wirtschaftsgeschichte, für ein neues Quale, während es sich nur um ein vermehrtes *Quantum* handelt. Und darum fehlt ihm der Maßstab zur Beurteilung der Erscheinung.

---

[1] Wenn in Frankreich der Bauernstand durch den Preissturz des Korns mitbetroffen wurde, so ist das natürlich kein Argument gegen unsere Behauptung, denn Frankreich ist nur *national* selbständig, *ökonomisch* ist es nur ein Teil des Weltwirtschaftsgebietes und unterliegt den Schwankungen des Weltmarktkornpreises mit, den es nicht verschuldet hat.

[2] Vgl. Sering, Innere Kolonisation, S. 197.

Es handelt sich hier um nichts anderes, als um eine neue Phase des gewaltigen Vorganges, der sich unaufhaltsam vollzieht, seit überhaupt das Stadium der reinen Naturalwirtschaft überwunden ist, des Vorganges der immer weiter fortschreitenden *Integration* ehemals getrennter Wirtschaftskreise zu einer immer höher organisierten (differenzierten) Gesamtwirtschaft. Der Prozeß begann damit, daß ein dörflicher Zimmermann oder Weber die Urproduktion aufgab und Gewerbewaren aus seinem, bis dahin autonomen Wirtschaftskreise „exportierte", um dafür Nahrungsstoffe zu „importieren". Er griff weiter, als sich die erste „Stadt" im engsten Sinne in einer Landschaft herausbildete, um sich mit ihrem ländlichen Nachbargebiet zu einer einheitlichen Stadtwirtschaft zu integrieren. Dann verschmolz eine Vielheit von Stadtwirtschaften zu einer Territorialwirtschaft, dann eine Vielheit solcher zu einer Nationalwirtschaft, und jetzt vollzieht sich ein weiterer Schritt auf dieser Bahn zur *Internationalwirtschaft* mit der deutlichen Tendenz, nicht eher einzuhalten, als bis die wirtschaftenden Einheiten des ganzen Planeten zu einer einzigen, aufs feinste differenzierten und aufs großartigste organisierten *Weltwirtschaft* verschmolzen sind.

In der Internationalwirtschaft nimmt nun ganz Westeuropa, nehmen namentlich Großbritannien und Deutschland, die Stelle ins Riesige gewachsener „*Städte*" ein, d. h. solcher wirtschaftlicher Bildungen, die Gewerbewaren aus- und Nahrungsmittel einführen. Nur von diesem Gesichtspunkte aus ist das Verhältnis richtig zu werten.

Aber die Wissenschaft macht meistens an den Grenzen der Nationalwirtschaft halt und findet so nicht den Maßstab der modernen Wirtschaftserscheinungen. So sagt *Julius Wolf*:

„Der europäische Kontinent, im Jahre 1800 mit 175 Millionen Menschen besetzt, hat heute deren 360 Millionen zu versorgen. England (mit Wales), 1751 einer Bevölkerung von 6 1/3 Millionen Menschen ein bescheidenes Wohlleben gewährend, hat heute Pflichten für eine solche von 30 Millionen. Sachsen, 1816 1.179.000 Menschen zählend, kommt nun für 3 " Millionen auf. Bloß um das Lebensniveau des Einzelnen, wie es zu Beginn des Jahrhunderts gegeben war, *festzuhalten*, mußte die *gesamte* Produktivität der Volkswirtschaft Europas eine Steigerung auf über das doppelte, in England und Sachsen auf über das dreifache erfahren."[1]

Sobald man sich hier klarmacht, daß England, Sachsen und sogar ganz Westeuropa heute „Städte" sind, verliert die ganze Feststellung ihr drohendes Gesicht. Niemand hat je etwas so Bedenkliches darin gesehen, daß London, das 1377 nur 35.200 Einwohner zählte[2], heute deren rund 4 " Millionen beherbergt[3], daß Berlin zwischen 1831 und 1888 von 220.000 auf 1.438.000[4] und seither auf fast 1.800.000 Einwohner anstieg. Jedermann weiß, daß diese Riesenkörper die Einrichtungen des örtlichen und zeitlichen Ausgleichs der Versorgungsmittel mindestens in dem Maße entfaltet haben, wie ihr Versorgungsbedürfnis.

Genau dasselbe zeigt jede Betrachtung der ganze Länder umspannenden „Städte" der modernen Internationalwirtschaft. Um das mit einem Blick zu überschauen, muß man aber die für sie sicherlich vorhandenen Versorgungsschwierigkeiten nicht als ein Novum anschauen, sondern muß sie *vergleichen* mit denen der eigentlichen Städte, der Städte eines kleineren Kreises. Sind die Schwierigkeiten, genügende Nahrungsmittel im Kreise der „städtischen" Wirtschaft selbst regelmäßig zu erhalten, größer oder kleiner geworden? Ist die Schwierigkeit, eine genügende Warenmenge herzu-

---

1 Wolf, System der Sozialpolitik, Bd. 1, S. 357.
2 Mulhall, Dictionary of statistics, S. 445.
3 Ebenda, S. 778.
4 Ebenda, S. 443.

stellen und *abzusetzen*, größer oder kleiner geworden? Nur so gestellt, kann das Problem endgültig gelöst werden.

Da gibt uns schon die Möglichkeit einer politischen Verwicklung einen Fingerzeig. Ein Krieg konnte das Versorgungsgebiet einer Kleinstadt vollkommen verwüsten, so daß die schwerste Teuerung eintrat; ein Aufstand konnte alle Straßen sperren, jeden Warenabsatz unterbinden; eine Belagerung schließlich konnte einer Stadt jede Zufuhr abschneiden. Ist das heute noch möglich? Ist es wahrscheinlich, daß ein Krieg so über alle Erdteile wüten wird, um alle die Länder zu verwüsten, aus denen Großbritannien heute Korn und Fleisch bezieht; und besteht heute noch irgendeine Schwierigkeit, neue Quellen anzuschlagen, wenn eine verstopft wird? *Jeder Schilling, den der Bushel Weizen mehr auf dem Markte trägt, schließt Hunderttausenden von Acres die Exportwege auf!* Und umgekehrt: jede nennenswerte Preismäßigung der Industriewaren erschließt dem Warenabsatz ungeheure neue Märkte. Und hält jemand es für möglich, ganz Großbritannien mit einer so dichten Zernierung zu umgeben, wie sie das deutsche Heer 1870/71 um die Riesenfestung Paris schlang? Das Volk kann, wenn in Not, weil es so dicht sitzt, weil es deshalb so reich ist, Flotte auf Flotte aus dem Boden stampfen, und selbst nach einer schweren Niederlage können wohl einige Kornflotten gekapert oder vernichtet werden, aber niemand kann ernstlich glauben, daß man das *Inselreich* absperren könnte. Hohe Kornpreise sind eine starke Lockung für waghalsige Schiffer!

Sind hier, gegenüber *politischen* Zwischenfällen, augenscheinlich die Schwierigkeiten der Versorgung geringer, statt größer geworden, so gilt dasselbe für rein *wirtschaftliche* Dinge. Die Stadt des Mittelalters konnte der schwersten Hungersnot anheimfallen, wenn eine Mißernte ihr Versorgungsgebiet befiel. Je kleiner das Gebiet, um so wahrscheinlicher war es, daß es in allen seinen Teilen gleichmäßig unter dem Durchschnitt erntete. Das ist für eine der modernen „Riesenstädte" fast undenkbar geworden. Eine planetarisch-allgemeine Mißernte ist noch nicht bekannt geworden, ist sogar meteorologisch wohl unmöglich.

Und gerade so verhält es sich mit der Erzeugung und dem Absatz der Waren. Sie werden immer leichter statt schwerer!

Welche Bedenken hatten die oben angeführten Autoritäten?

Zur vermehrten Waren-Produktion gehört „nicht nur Bedürfnis und Wille, sondern auch Kapital; (. . .) Kapital ist Ersparnis: die Lust und die Möglichkeit, solches zu machen, hängt mit dem Entstehen neuer Menschen durchaus nicht zusammen". So argumentierte von Mohl[1] und ungefähr ebenso *Rümelin*[2].

Freilich ist Kapital Ersparnis, wenn man vom privatwirtschaftlichen Standpunkte ausgeht. Aber von *Mohl* übersieht, *daß es um so leichter ist, Ersparnisse zu machen, je größer das Gesamtprodukt ist.* Und daß dieses „mit dem Entstehen neuer Menschen" *wächst*, kann gar nicht ernsthaft bestritten werden. Mag die Lebensmittelproduktion immerhin dem „Gesetz der sinkenden Erträge" unterliegen: die Stoffveredlung unterliegt sicher einem umgekehrten „Gesetz der steigenden Erträge", wonach sie um so ergiebiger wird, je dichter der Markt, je vollkommener also die Arbeitsteilung! Die Möglichkeit der Kapitalbildung wächst viel stärker als die Volkszahl, und bis jetzt wenigstens ist auch die Lust noch stärker gewachsen. Die „Schatzbildung" hat fast gänzlich aufgehört, fast aller Überfluß wird heute „Kapital", dreht mit im Räderwerk der Produktion. Noch deutlicher wird diese Entwicklung, wenn man „Kapital" im volkswirtschaftlichen Sinne versteht als produziertes Produktionsmittel. Niemand kann zweifeln, daß die Fähigkeit, über die für den sofortigen

---

[1] Mohl, Die Geschichte und Literatur der Staatswissenschaft, S. 504.
[2] Rümelin, Reden und Aufsätze (1875), S. 595.

IV. Kapitel

Gebrauch erzeugten Subsistenzmittel hinaus neue, kräftigere Produktionsmittel für den Konsum einer näheren oder ferneren Zukunft zu schaffen, viel stärker wächst, als die Kopfzahl, aber gar nicht oder nur äußerst wenig wachsen könnte, wenn die Kopfzahl nicht eben auch steigen würde.[1] Und das vollzieht sich um uns herum obgleich die Ansprüche an die momentane Güterversorgung ganz ungemein zugenommen haben!

Wenn das wahr ist, so ist auch diejenige Schwierigkeit der Güterversorgung der modernen „städtisch" gewordenen Länder, die aus der nötigen Kapitalsbeschaffung für eine stets vermehrte Warenproduktion entstehen kann, viel geringer, als sie für die eigentlichen Städte der früheren kleineren Wirtschaftsgebiete war. Denn ihr Markt ist unvergleichlich umfangreicher, daher ihre Arbeitsteilung viel weiter durchgebildet, ihr Gesamtprodukt enorm viel größer, und *daher die Kapitalsbildung außerordentlich erleichtert.*

Ganz dasselbe gilt nun auch von dem *Absatz* der erzeugten Waren. *Mohl* fuhr an der oben zitierten Stelle folgendermaßen fort: „Die Erweiterung des Absatzes von Gewerbeerzeugnissen ist durch tausend Verhältnisse bedingt, von welchen die Lust und die Notwendigkeit zu verkaufen nur ein einzelnes ist." Das ist ganz richtig, aber es ist nicht die Frage, ob Schwierigkeiten *bestehen*, sondern ob die Schwierigkeiten größer oder geringer geworden sind? Und niemand kann zweifeln, daß das letztere der Fall ist.

Um Waren abzusetzen, muß man sie zunächst auf den Markt *transportieren*, ehe man sie verkaufen kann.

Daß nun die Möglichkeit, Waren zu transportieren, mit der Dichte des Marktes zunimmt, ist zunächst außer Zweifel. Und zwar handelt es sich hier um eine Erleichterung des Transportes nach zwei Richtungen hin.

Erstens können *mächtige* Transportmittel, als Kanäle, Berg-Straßen, Eisenbahnen, Häfen, Dampfschiffe usw. nur von einer starken Bevölkerung überhaupt *hergestellt* werden. Nur hier stellt die weitgediehene Arbeitsteilung die erforderlichen Arbeitskräfte zur Verfügung. Und zweitens sind sie auch nur hier rentabel. Nur der starke Markt kann sie ausnützen. Nun unterliegen alle Transportmittel als Nicht-Urprodukte dem „Gesetz der steigenden Erträge", d. h. sie werden „produktiver", oder mit anderen Worten, die Frachtkosten sinken, je dichter der Markt ist, je stärkere Transportmittel er daher ausnützen kann. Dadurch werden immer mehr Waren „transportfähig", resp. es erstreckt sich der Kreis der Absatzmöglichkeit immer weiter.[2] Denn nach außerhalb verkauft kann nur werden, was nach Abzug der Fracht den üblichen Gewinn übrigläßt. Es wächst also die Liste der überhaupt absatzfähigen Waren, und es erweitert sich der Markt der schon vorher in engeren Kreisen absatzfähigen Waren stärker als die Bevölkerung.

Aber es sinkt auch das Risiko des Versandes proportional dazu. Das klingt für den ersten Augenblick paradox; denn es sollte scheinen, als wenn mit der Transportentfernung und der zunehmenden Warenmasse auch die Gefahr steigen sollte. Das ist aber nicht der Fall!

---

1 Wir sehen auch hier und im folgenden von derjenigen Erweiterung des Marktes ab, die eintritt, wenn künstliche Schranken politischer Natur beseitigt werden. Übrigens geschieht auch das regelmäßig nur unter dem Druck steigender volkswirtschaftlicher Arbeitsteilung bei *dichterer Bevölkerung*. So entstand z. B. der Zollverein, und dann das deutsche Reich wesentlich unter solchem Druck.
2 Das verkennt z. B. Julius Wolf (System der Sozialpolitik, S. 367); „die Entfernung der Verbraucher von den Produktionsstätten" nimmt zwar, in reellen Kilometern gemessen, sehr bedeutend zu; aber die *wirtschaftliche* Entfernung, die Transportmöglichkeit auf deutsch, nimmt ebenso schnell ab. Wenn man heute Getreide von Argentinien nach Karlsruhe schaffen kann, so wohnt – ökonomisch – der argentinische Bauer dem süddeutschen Handwerker heute näher, als ein russischer Handwerker dem Landwirt seines Nachbargouvernements, der ihm kein Getreide senden kann.

Die natürliche und die polizeiliche Sicherheit der Transportwege muß nämlich mit der Dichte der Bevölkerung zunehmen. Für die letztere bedarf es keines Beweises. Daß Straßenraub in einem dicht besiedelten Land viel schwerer möglich ist, als in einem dünn besiedelten, dessen Handelsstraßen durch Öden und Urwälder führen, ist klar. Aber auch für die „natürliche" Sicherheit kann man es nicht bezweifeln. Ein dichtsitzendes Volk, das die Kräfte frei hat, um mächtige Transportmittel herzustellen, hat gewiß die Kraft, sie zu erhalten. Es geht zweifellos ein viel kleinerer Teil der Waren auf Eisenbahnen und Dampfschiffen verloren, als seinerzeit auf Landstraßen und Segelschiffen. Man braucht gar nicht an die Schrecken der Handelswege durch die Sahara und die Gobi zu denken: auch auf unseren alten Meßwegen im heiligen römischen Reich deutscher Nation ist sicher allein durch Radbruch und Steckenbleiben in den tiefen, sumpfigen Straßen ein unverhältnismäßig größerer Prozentsatz der versandten Waren verlorengegangen, als heute bei Eisenbahnunfällen. Denn man darf nicht vergessen, daß selbst dann ein großer Teil der Waren für den Kaufmann als „verlorengegangen" rechnet, wenn sie zwar sämtlich unversehrt am Bestimmungsorte anlangen, aber durch unvorhergesehene Unfälle und Aufenthalte die Frachtkosten erheblich über den Anschlag gestiegen sind.

Das Risiko sank also ganz beträchtlich im einzelnen Falle: und, indem die kreisende Warenmasse ins Riesige anschwoll in dem Maße, wie sich der Markt erweiterte, sank es durchschnittlich noch mehr. Was macht es aus, wenn heute ein Güterzug entgleist oder ein Frachtdampfer scheitert?! Der Verlust kann immer nur nach winzigen Bruchteilen eines Prozentes für die Weltwirtschaft, ja für die betreffende Nationalwirtschaft, und sogar für den einen Händler rechnen. Denn jetzt, wo fast stündlich von jedem Ort des Kulturkreises zu jedem anderen ein Frachtzug abgeht, setzt niemand mehr sein ganzes Vermögen auf eine Karte, wie die königlichen Kaufleute des Orients, die eine Karawane aussandten, oder die alten Handelsherren Venedigs, die all ihre Habe einer eigenen Flotte anvertrauten. So trägt die Gemeinwirtschaft ein kleines Risiko und, weil sie es trägt, weil sie „*in sich versichert ist*", können die einzelnen Händler sich *unter* sich versichern, das Einzelrisiko ausgleichen. Das ist nur möglich auf dichtem Markte, und so ist es diesem allein zu danken, wenn heute der Transport aller Waren auch vom Standpunkte der Sicherung gegen Verluste unvergleichlich leichter ist, als je zuvor. Heute stehen für den Kaufmann Transportkosten und Assekuranz als feste, unzweifelhafte Posten in seiner Rechnung, und das *ermöglicht* erst für viele Waren nach vielen Märkten den Export. Und noch eins kommt dazu. Indem eine Bevölkerung dichter wird, Transportmittel herstellt, und sich *ökonomisch* „integriert", schafft sie damit die Vorbedingung auch einer *politischen* Integration von Dauer. Diese tritt ein, die inneren Zollgrenzen fallen, die innere „Befriedigung" des Marktgebietes wird gesichert, und auch damit erleichtert sich der Transport und erweitert sich die Möglichkeit des Absatzes städtischer Waren.

Sollte es mit dem eigentlichen *Absatz*, dem Verkauf, anders sein? Sollten hier die Schwierigkeiten mit der steigenden Dichte zunehmen? Denn nur darum kann es sich ja handeln. Daß Schwierigkeiten *existieren*, leugnet niemand.

Vergleichen wir also wieder die verschiedenen Stufen! Nimmt die Sicherheit, für die Waren der Stadt die genügenden Nahrungsmittel jederzeit eintauschen zu können, ab oder zu?

Die isolierte Stadt ist ihres Wirtschaftsgebietes sicher, das steht fest. Die Transportkosten der schweren Massenware Korn gestatten nur bei excessiven Teuerungspreisen vielleicht (?) einmal einige Exporte in Nachbargebiete gegen Warenimport von daher. Aber ist die isolierte Stadt auch ihrer Nahrung sicher, worauf es uns doch allein ankommt? Erhält sie, wenn sie ihre Waren absetzt, auch immer, unter allen Umständen genug dafür, um im gewohnten Komfort (*Wagner*), oder überhaupt *leben zu können*?

Augenscheinlich nicht! Eine Mißernte, die ihr Gebiet um so leichter ganz treffen wird, je kleiner es ist, kann die Kaufkraft ihrer Erzeugnisse fast auf Null herabdrücken. Sie kann vielleicht im

Nachbargebiet hochwertige, besonders „transportfähige" Waren gegen Korn absetzen, wenn dort Überfluß herrscht: aber die unverhältnismäßigen Transportkosten des Getreides, die die Städter ja auch in Waren zahlen müssen, werden ihnen das Brot unerträglich verteuern. Je weiter sich das Gebiet dehnt, je leistungsfähiger mit dem Wachsen des Marktes die Transportmittel werden, um so sicherer werden die Städter sein, jederzeit genügend Nahrungsstoffe in ihre Speicher führen zu können. Bei einer gewissen Größe des Stadtgebietes, sobald eine *allgemeine* Mißernte unmöglich geworden ist, sind sie zum ersten Male *ganz* sicher vor einer wirklichen Hungersnot. Sie werden in guten Erntejahren nie mehr so viel Korn für wenig Ware erhalten, als zuvor, aber sie werden auch in schlechten nie mehr so viel Ware für wenig Korn hergeben müssen: der Kornpreis ihrer Erzeugung schwankt in immer geringeren Ausschlägen!

Daß sich diese Tendenz zur immer sichereren Nahrungsversorgung der Städter bei immer stabiler werdenden Produktenpreisen bis zur vollen Ausbildung der *National*wirtschaften siegreich durchgesetzt hat, wird niemand bestreiten wollen. Ist nun anzunehmen, daß mit der Ausbildung der *Inter*nationalwirtschaft die entgegengesetzte Tendenz sich durchsetzt? Wird das Gebiet der Weltackerwirtschaft nicht nach wie vor immer größer und vielfältiger, so daß heute schon die Gesamtproduktion vielmehr von den letztjährigen Börsenpreisen als von Wind und Wetter bestimmt wird?! Und erntet man heute nicht fast in jedem Monat des Jahres Früchte, die uns zur Verfügung stehen, weil immer gewaltigere Transportmittel die Fracht von den Antipoden bis zu unseren Mühlen zu einer Bagatelle gemacht haben?! Führen wir heute nicht die Tonne Korn mit weniger Kosten von den westlichen Felsengebirgen bis in die Berliner Speicher als noch vor hundert Jahren von Pommern?!

Hier bleibt unseren Gegnern nur noch ein Einwand:

„Das mag für die Weltwirtschaft als Ganzes richtig sein, aber ist es auch richtig für ein einzelnes Land, das ganz dem Exportindustrialismus verfallen ist? Kann nicht *seine* spezielle Warenerzeugung aus irgend welchen Ursachen in Absatzschwierigkeiten geraten, sei es, daß es nicht genügend neue Märkte erobern kann, um seine wachsende Warenmasse abzusetzen, sei es, daß es sogar seine alten Märkte an auswärtige Konkurrenten verliert?"

Das ist der letzte Zufluchtsort des „prophetischen Malthusianismus" erster Abart.

Das einzige Land, das sich ausgesprochenermaßen bereits unter diesem „Schwerte des Damokles" (*Wagner*) befinden soll, ist Großbritannien. Untersuchen wir also, was diesem bedrohten Lande unter den ungünstigsten Umständen zustoßen kann!

Man tut bekanntlich gut, wenn man eine zu widerlegende Ansicht ad absurdum führt, d. h. die allerungünstigste *formale* Möglichkeit als gegeben annimmt, eine Möglichkeit, die aber niemals *reale* Wirklichkeit werden kann. Stellen wir uns also vor, England verliere mit einem einzigen Schlage, in einer einzigen Nacht sogar, seinen Gesamtabsatz von Waren nach außen, seine Gesamtguthaben bei fremden Nationen und seinen gesamten Frachtverkehr für fremde Rechnung. Eine Phäaken-Mauer mag es von aller Welt isolieren! Das wäre augenscheinlich noch energischer als die von *v. Fircks* befürchtete Zollsperre seitens einiger Weltmächte. Es wäre gleich einem Prohibitivzoll auf alle englischen Produkte in allen Ländern der Welt und gleich einer Konfiskation aller im Ausland angelegten englischen Kapitalien. Das Land sehe sich für seine Warenerzeugung ausschließlich auf den inneren Markt beschränkt und für seine Nahrungsmittelversorgung ausschließlich auf die Erzeugung der eigenen Landwirtschaft angewiesen. Nehmen wir an, das Unglück geschehe im ungünstigsten Momente, unmittelbar vor der Ernte. Was wird geschehen?

Um das abschätzen zu können, muß man sich klarmachen, wieviel Nahrungsmittel das vereinigte Königreich heute noch herstellt, und wieviel also, auf den Kopf berechnet, entfallen würde.

Nach *Mulhall*[1] betrug die Ernte der Hauptfrüchte im vereinigten Königreich 1895–1897:

		1895	1896	1897
Weizen	Tons	960.000	1.460.000	1.410.000
Hafer	Tons	4.360.000	4.070.000	4.090.000
Gerste etc.	Tons	2.120.000	2.220.000	2.110.000
Korn gesamt	Tons	7.440.000	7.750.000	7.610.000
Kartoffeln	Tons	7.060.000	6.250.000	4.110.000
Rüben etc.	Tons	35.600.000	33.000.000	37.200.000
Heu	Tons	12.200.000	11.400.000	14.100.000
Total	Tons	62.300.000	58.400.000[2]	63.020.000

Der Viehbestand belief sich 1897 auf[3]:

Pferde	2.070.000
Rinder	11.000.000
Schafe	30.570.000
Schweine	3.680.000
Ziegen	600.000

Wenn *Mulhall* nach der oben genannten Methode (acht Tonnen Korn = eine Tonne Fleisch, eine Tonne Korn = drei Tonnen Kartoffeln) die Gesamtproduktion des Königreichs an Nahrungsstoffen auf einen Generalnenner bringt, d. h. in Korn ausdrückt, so ergeben sich folgende Zahlen[4]:

	Mengen in Tons:	Kornäquivalent in Tons:
Korn	7.600.000	7.600.000
Fleisch	1.100.000	8.800.000
Kartoffeln	6.200.000	2.100.000
Butter u. Käse	200.000	2.000.000
Fisch	700.000	2.100.000
Total	15.800.000[5]	22.600.000

Hier ist die Fleischproduktion jedoch nach normalen Jahren berechnet, in denen 20% des vorhandenen Hornviehs, 40% der Schafe und 100% der Schweine zur Schlachtung kommen.[6] Man sieht, daß in dem Pferdebestand, der in gewöhnlichen Zeiten nur zu einem winzigen Bruchteile zur Nahrung verwendet wird, und in dem sonst geschonten Schlachtviehbestand an Hornvieh und Schafen noch ungeheure Reserven für ein Notjahr vorhanden wären, wobei nicht zu übersehen ist,

---

1 Mulhall, Dictionary of statistics, S. 616.
2 Mulhall rechnet 59.300.000 Tonnen heraus. Da steckt ein Fehler entweder [in] der Ziffern oder der Addition.
3 Derselbe, Dictionary of statistics, S. 653.
4 Ebenda, S. 720.
5 Mulhall rechnet 15.600.000.
6 Derselbe, Dictionary of statistics, S. 284.

IV. Kapitel

daß mit dem Fortfall allen Außenhandels etc. eine kolossale Menge von Pferden geradezu zu einer unproduktiven Last werden müßten, die man töten würde, schon um sie nicht füttern zu müssen mit einem Futter, dessen Preis kaum noch zu erschwingen wäre.

Aber sehen wir von diesen Möglichkeiten ganz ab! Betrachten wir die Binnenproduktion einmal als starr gegeben ohne wesentliche Reserven. Würde es für das britische Volk geradezu eine Hungersnot bedeuten, wenn sie darauf angewiesen wäre? Würde sie so hart gegen ihren „Spielraum pressen", daß die „repressiven Checks" mit Wucht in Wirksamkeit treten müßten?

Das Land hatte 1897 rund 40 Millionen Einwohner.[1] Es fiel also pro Kopf 0,565 Tonnen Kornäquivalent = 11,3 Cwt.

Vergleichen wir diese Durchschnittszahl mit anderen Ländern tiefster Lebenshaltung:

Rußlands Gesamtproduktion betrug nach *Mulhall*[2] 86.460.000 Tonnen Kornäquivalent auf rot. 106.000.000 Einwohner, also pro Kopf = 16,2 Cwt., davon aber exportierte es 8.800.000 Tonnen Korn (dreijähriger Durchschnitt der letzten Jahre[3]), 10.000 Tonnen Fleisch, ca. 5.000 Tonnen Butter und Käse, zusammen 8.930.000 Tonnen in Kornäquivalent. Es wird also pro Kopf 1.684 Cwt. *exportiert* und bleibt nur ca. 16 Cwt. zurück. *Mulhall* (S. 715) berechnet die Gesamtkonsumtion auf 77 Millionen Tons Kornäquivalent (= 14,5 Cwt. pro Kopf).

Italiens Gesamtproduktion[4] beläuft sich mit Einschluß von Reis, Kastanien, Öl und Wein auf 18.200.000 Tonnen Kornäquivalent. Das ergibt pro Kopf der Bevölkerung von 31.290.000 Menschen = 11,6 Cwt. Dabei führt das arme Land noch 26.000 Tonnen Fleisch = 120.000 Tonnen Kornäquivalent[5] aus, dafür aber 30 Millionen Bushels Weizen ein[6] = 31,6 Liter auf den Kopf = ca. 26 kg. Seine Gesamtkonsumtion berechnet *Mulhall* (S. 715) auf 17.400.000 Tons Kornäquivalent (= 11,12 Cwt. pro Kopf).

Es zeigt sich also, daß die britische Bevölkerung, wenn sie mit einem Schlage auf den zur normalen Konsumtion bestimmten Teil ihrer eignen Jahresproduktion an Korn, Fleisch etc. angewiesen [sein] würde, schon besser dastehen würde, als die italienische heute dasteht. Ja, wenn man bedenkt, daß das englische Vieh ein viel höheres Schlachtgewicht und viel besseres, nahrhafteres Fleisch hat, als das italienische, und daß Reis weniger nahrhaft ist als Weizen, wird die kleine Differenz zugunsten Großbritanniens noch größer.

Auch die Differenz gegen Rußland schrumpft noch stark zusammen, wenn man berechnet, welche Quantitäten Nahrungsstoffe das Land für die Herstellung geistiger Getränke verbraucht. Es werden nicht weniger als 160 Millionen Gallonen Wudki als jährlicher Verbrauch von der Regierung angegeben, in der Tat soll er doppelt so hoch sein, weil viel Schnaps unerlaubterweise gebrannt wird.[7] Nehmen wir nur 300 Millionen Gallonen (á 4,643 l) als Verbrauch an, also 13.630.000 Hektoliter, so zeigt das den ungeheuren Betrag an Korn und Kartoffeln an, der hier der Nahrung entzogen wird. Man rechnet, daß 100 kg Kartoffeln 10 Liter, 100 kg Roggen 30 Liter 100grädigen Spiritus, d. h. 30 resp. 90 Liter Schnaps ergeben. Unser Generalnenner, das Kornäquivalent, ergibt also per Tonne 9 hl Schnaps. Um die oben geschätzte Menge davon herzustellen, sind also 1.514.444 Tonnen Kornäquivalent erforderlich. Damit sinkt die pro Kopf entfallende Summe von Zentnern Kornäquivalent um 0,285 Cwt. auf 14,215 Cwt.

---

1 Ebenda, S. 787.
2 Ebenda, S. 724.
3 Ebenda, S. 723.
4 Ebenda, S. 724.
5 Ebenda, S. 725.
6 Ebenda, S. 713.
7 Ebenda, S. 723.

Hier liegt der Einwand nahe, daß ja auch in England viel Nahrungsstoffe zur Herstellung geistiger Getränke verwendet werden. In der Tat betrug der Wert des einheimischen Produktes an Bier, Schnaps und Cider i. J. 1896 ungefähr 80.000.000 Pfund Sterling = 1.600.000.000 Mark.[1] Aber dieser Einwand schlägt für unser Beispiel nicht durch.

Denn nach einer solchen Katastrophe würde, auch ohne daß eine Regierungsgewalt eingriffe, wenig Korn mehr für geistige Getränke vergeudet werden. Denn der Kornpreis würde ungeheuer in die Höhe schnellen, und die Nachfrage nach geistigen Getränken sich dem Nullpunkt nähern, da die Kaufkraft fast ganz durch das Nahrungsbedürfnis absorbiert wird. Da man nun nicht zum Vergnügen Bier braut oder Schnaps brennt, sondern um an der Differenz zwischen Produktionskosten und Verkaufspreis zu gewinnen, so würde die Produktion geistiger Getränke auf ein Minimum zusammenschrumpfen.

Man sieht also, das britische Volk brauchte nicht einmal nach einem so ungeheuren Schlage zu verhungern. Es hätte an seiner Normalproduktion genug zur Fristung des Lebens und hätte in seinen Herden (und seinem Wildbestande) noch ungeheure Reserven. Aber es hätte noch andere Hilfsmittel, um seine Vorräte *sofort* zu vermehren.

Zuerst den *Fischfang*. Nach der Annahme liegen seine Seeschiffe ohne Fracht, und feiern seine Seeleute. Also sind Schiffsmiete und Matrosenlöhne billiger als je. Auf der anderen Seite erzielt der Fisch höhere Preise als je. Es wird also der Fischfang rentabel selbst auf viel weniger ergiebigen Fischplätzen, als bisher ausgebeutet werden konnten. Hier sind unerschöpfliche Nahrungsquellen anzuschlagen, wenn es Not tut, d. h. wenn es rentiert.

Es fehlt an Werkzeugen zum Fischfang? Und liegt nicht die gesamte Arbeiterschaft brach, die bisher für den Export arbeitete? Liegt nicht das Kapital brach, das ihre Arbeit bisher exploitierte? Werden daher nicht Arbeiter und Kapitalisten sich gegenseitig unterbieten, um nur einen Teil der Aufträge zu erhalten, und werden nicht Netze und andere Requisiten daher zu den billigsten Preisen und in jeder denkbar verwendbaren Menge binnen kürzester Zeit zu haben sein, lange bevor der Erntevorrat erschöpft ist?

Dazu kommt ein zweites, der *Gartenbau*. Wenn der Preis lohnt, kann man massenhafte Frühernten von Obst und Kartoffeln *treiben*, zu jeder Jahreszeit. Nun, hier würde der Preis lohnen, und das beschäftigungslose Kapital würde sich drängen, Ziegel, Glasplatten, Rahmen und Heizanlagen für Treibhäuser massenhaft zu erzeugen, die Arbeiter würden sich drängen, ihre Arbeit für jeden Preis anzubieten, bei dem ihre Familie bestehen kann, und es würden sich Zehntausende von Hektaren mit größter Geschwindigkeit mit Treibhäusern bedecken, *wie sie schon heute fast ganz Guernsey bedecken* und bereits im März würden die ersten massenhaften Ernten den Markt erleichtern. Welche ungeheuren Quantitäten sich auf diese Weise erzeugen lassen, dafür werden wir unten einige Zahlen beibringen.

Das alles, und manches andere würde genügen, um selbst im ersten Jahre die Bevölkerung über Wasser zu halten. Es brauchte niemand durch unmittelbaren Nahrungsmangel aus dem Spielraum hinaus ins Verderben gedrängt zu werden, wenn aller Vorrat gleich und gerecht verteilt würde. Und dafür müßte schlimmstenfalls einer derartigen Katastrophe gegenüber jede Regierung sorgen, gerade wie in einer belagerten Stadt.

Neben der Fürsorge für die Gegenwart und die unmittelbare Zukunft würde aber natürlich auch sofort die Fürsorge für die fernere Zukunft treten. Behördliche Anordnungen sind hier ganz überflüssig; die Ordres, die der Markt durch seine Preisgestaltung erteilt, werden promptest ausgeführt. Der Kornpreis steht ungeheuer hoch und verspricht lange Jahre hoch zu stehen, der Preis aller Fabrikate für den Export ist auf Null gesunken und kann sich nie wieder heben: und so wen-

---

1 Ebenda, S. 719.

IV. Kapitel

det sich Kapital und Arbeit notwendigerweise der Agrikultur zu. Das massenhaft „vagabundierende" Kapital drängt sich zu irgendeiner Bedingung den Grundbesitzern auf, die Arbeiter bieten sich zu den niedrigsten Löhnen an, und die Produkte bringen enormes Geld: da *rentiert die Agrikultur* wieder, und zwar in höherem Grade als je. Und darum wird nicht nur alles Land, das unter der Wirkung der Agrarkrise aus Ackerland in Weide und Forstland verwandelt worden war, wieder unter den Pflug genommen, sondern auch massenhaft Land, das bisher jederzeit unter der Anbaugrenze, d. h. unter der Rentabilitätsgrenze gelegen war. Dieses ungeheuer vermehrte Areal wird mit einem Aufwande von Kapital und Arbeit bewirtschaftet, wie es nie erhört war, denn die Industrie liefert Maschinen, Werkzeuge und Hilfsstoffe zu Preisen, die gegenüber dem Reinertrag gar nicht ins Gewicht fallen können. So sehr nämlich auch die absolute Nachfrage nach all diesen Dingen in die Höhe schnellt, um so viel stärker schnellt das Angebot der einander unterbietenden Fabriken in die Höhe. Großartige Ent- und Bewässerungen werden ausgeführt, Sümpfe trocken gelegt, durch Stauwerke die Schmelzwasser im Gebirge aufgespart, um im Sommer auf die Felder und Wiesen geleitet zu werden. Mit alledem wird der Durchschnittsertrag der Flächeneinheit wahrscheinlich noch gegen den heutigen steigen, obgleich der Anbau auf geringere Böden gedrängt wurde: und das Endergebnis wird sein, daß bereits die nächste Ernte einen ungeheuren Mehrbetrag an Brotfrüchten auf die Tafel der Nation liefert, vollkommen ausreichend, um jedes ihrer Glieder reichlich zu sättigen.

Was hier geschehen würde, wäre nichts anderes als eine schnelle Anpassung des Organismus der Volkswirtschaft an plötzlich veränderte Existenzbedingungen. Plötzlich aus seiner Stellung als „Stadt" eines Weltwirtschaftskreises verdrängt, müßte das Land das unumgängliche Gleichgewicht jeder *Volks*wirtschaft zwischen Ackerbau und Industrie erst wiederherstellen. Das würde durch die Preisbildung automatisch erfolgen, und nach der Einstellung auf den neuen Gleichgewichtszustand würde auch der Nahrungsspielraum wieder ein reichlicher sein, weil die Arbeitsteilung *dank der Dichte der Bevölkerung* stark genug ist, um eine *schnelle* Anpassung zu gestatten.

Stellen wir uns dagegen vor, daß die gleiche Katastrophe eine große Nationalwirtschaft mit *dünner Bevölkerung* und geringer Arbeitsteilung, z. B. Rußland, träfe, so würde der Komfort der Bevölkerung auf viele Jahrzehnte hinaus tief herabsinken, weil das Land, viel zu dünn besetzt, durchaus nicht in der Lage ist, Maschinen und Gebrauchsgegenstände im Umfang des bisherigen Konsums schnell genug herzustellen. Die Leute hätten reichlicher zu essen, aber nicht viel anderes, müßten viele gewöhnte Befriedigungsmittel schmerzlich vermissen. Dabei darf man nicht vergessen, daß fast alles, was Rußland an Geschenken höherer Kultur besitzt, den Kapitalüberschüssen von Ländern dichter Bevölkerung seine Existenz verdankt, englischem, belgischem, deutschem usw. Kapital.

An der oben geschilderten Anpassung der Volkswirtschaft würde es auch nicht viel ändern, wenn sie unter dem Lohnsystem stände. Die Agrikultur und die für diese produzierenden Industriezweige – sind doch auch unzählige Arbeiterhäuser und Wirtschaftsgebäude auf dem Lande neu zu bauen und auszustatten – würden die Arbeiter ansaugen, die in der Exportindustrie überflüssig geworden sind. Nicht eher kann ja der Hochstand der Produktpreise, und daher der Abstrom in die hoch rentabel bleibende Agrikultur sein Ende erreichen, ehe hier nicht der Ausgleich durchaus vollzogen ist.

Freilich würde unter der Wirkung einer so plötzlichen Katastrophe die Lebenshaltung des britischen Volkes, und namentlich die seiner arbeitenden Klassen eine empfindliche Minderung erfahren. Denn einmal würde ungeheuer viel Kapital ganz entwertet sein, zweitens würde die mit viel weniger Arbeitskräften versorgte und für einen kleineren Markt produzierende Industrie viel weniger Produktivität pro Kopf der Bevölkerung besitzen, und schließlich würde die unmäßig steigende Grundrente, in ihrer Monopolstellung gewaltig gestärkt, einen mächtigen Teil der Gesamtproduktion vorwegnehmen. Aber diese Herabdrängung des Standard of life würde sich am Minderverbrauch von Gewerbewaren und denjenigen Nahrungsmitteln zeigen, deren Massenverbrauch im Verhältnis zu weniger glücklichen Völkern man als *Luxusnahrung* bezeichnen könnte: Fleisch, Zucker, Tee und Kaffee, Bier und Spirituosen. Gänzlich ausgeschlossen aber ist es, daß selbst unter einer so unerhörten Katastrophe, wie wir sie voraussetzten, ein absoluter Nahrungsmangel eintreten könnte, der den Bevölkerungsüberschuß aus dem Dasein herausdrängen müßte.

Aber auch hier muß man sich vor allzu schwarzseherischen Anschauungen hüten. Denn der Exportmarkt ist selbst für ein Handelsvolk wie die Briten doch nur von geringer Bedeutung gegen den *Binnenmarkt*. *L. v. Stein*[1] gibt ganz im allgemeinen an, daß „der Wert dessen, was ein Volk von seinen eigenen Produkten selbst verbraucht, sich nach eingehenden Schätzungen zu dem Werte des Exportes verhält wie 10 : 1". *Giffen* schätzt nach *van der Borght*[2], daß nur etwa 1/6–1/8 des gesamten britischen Volkseinkommens aus dem Exporthandel herrührt. Hiermit ist augenscheinlich nicht nur der eigentliche Handel gemeint, sondern die für den Export arbeitende Industrie beigezählt. Denn *Mulhall* berechnet das Einkommen der britischen Nation in 1895 auf 1421 Mio. £[3], den Export britischer Erzeugnisse auf 226 Mio. £ und den Export fremder Erzeugnisse nach fremden Ländern (Durchgangsverkehr) auf 60 Mio. £[4]. Den Gewinn aus Schiffahrt und allem Handel gibt er für ca. 1887 nur auf 30 bzw. 74 Mio. £[5] an, was zusammen nur etwa 1/14 des Gesamteinkommens ausmachte. Also ist die Exportindustrie augenscheinlich in der obigen Ziffer einbegriffen.

Man sieht, daß bei einem so kolossalen Binnenkonsum die Sache nicht allzu gefährlich wäre, namentlich nicht die Freisetzung von Arbeitskräften.

Nun taucht aber die Frage auf, wie lange denn nun ein derart isoliert und auf seine eigene Erzeugung an Nahrungsmitteln angewiesen gedachtes Großbritannien weiter an Volkszahl zunehmen dürfte, um nicht in die äußerste Not zu geraten? Aber diese Frage gehört nicht hierher, wo wir von der Möglichkeit einer „relativen Übervölkerung" aus Ursachen *sozialer* Art handeln, sondern in den nächsten Absatz über den „prophetischen Malthusianismus der zweiten Abart", wo wir von der Möglichkeit einer *absoluten* Übervölkerung aus naturgesetzlichen Ursachen handeln werden. Da wird die Frage ihre Antwort finden.

Nachdem wir uns so an dem *formal* äußersten, real aber undenkbaren Falle des plötzlichen vollkommenen Absatzverlustes vergewissert haben, daß selbst hier eine „Übervölkerung" mit „positiven Hemmungen" im *Malthus*schen Sinne nicht eintreten könnte, wollen wir versuchen, uns klarzumachen, was denn nun wirklich *„realiter"* einem auf Exportindustrialismus gestellten Lande geschehen kann?

Wenn wir hier von vorübergehenden Störungen politischer Natur, als Krieg und Revolution, absehen, so werden *dauernde Störungen im Absatz* gefürchtet, und zwar entweder solche, die entstehen, weil ein früherer Abnehmer Selbstproduzent geworden ist, oder solche, die entstehen, weil ein neuer exportierender Konkurrent auf fremden Märkten auftritt. Schauen wir diesen Gefahren näher ins Auge!

Gesteigerte Konkurrenz auf dem Warenmarkt bedeutet zweifellos sinkende Preise und Gewinne an der *Wareneinheit*. Sie bedeutet aber durchaus noch nicht sinkende Löhne pro Kopf des einzel-

---

1 Stein, Drei Fragen, S. 206.
2 Borght, in: Zeitschrift für Sozialwissenschaft, 1899, Bd. II, S. 422.
3 Mulhall, Dictionary of statistics, S. 747.
4 Ebenda, S. 660.
5 Ebenda, S. 320.

IV. Kapitel

nen Arbeiters und Gewinne pro Kopf des einzelnen Unternehmers. Es kann im Gegenteil die Produktivität der betreffenden Industrie so stark wachsen, daß Arbeitslohn und Gesamtgewinn trotzdem stark steigen, weil die Summe der jährlich hergestellten „Wareneinheiten" pro Arbeiter und Unternehmer stark genug gewachsen ist, um das Sinken des Preises zu überkompensieren. Wenn z. B. der Stückpreis von 3 auf 2 Mark sinkt, aber der Arbeiter statt 300 : 600 Stück jährlich liefern kann, weil er mit besseren Werkzeugen ausgestattet ist, so ist sein Akkordlohn um 33 1/3% *gesunken*, und sein Gesamtlohn dennoch um 33 1/3% ge*stiegen*.

Wann wächst die Produktivität? Wenn der Markt wächst! Denn dann ist höhere Arbeitsteilung rentabel. Ist nun anzunehmen, daß durch das Sinken der Warenpreise infolge der schärferen Konkurrenz der Markt sich erweitert?

Das ist nicht nur anzunehmen, sondern eine *notwendige Folge davon!*

Denn hier geschieht zweierlei. *Erstens* erschließt das Sinken des Preises jedes Massenartikels diesen dem Konsum immer *größerer* Volksschichten, da die Bevölkerungspyramide nach unten hin immer breiter wird. So *intensiviert* sich sozusagen der Verbrauch: die auf derselben Bodenfläche und von derselben Bevölkerungsmenge konsumierte Warenmasse wächst stärker, als der Preis sinkt.

Zweitens extensiviert sich aber auch der Verbrauch; denn, je billiger die Industriewaren hergegeben werden, um so höher wird der relative Kornpreis, der in Waren ausgedrückte Preis der Urprodukte, d. h. es wird die Landwirtschaft rentabler, und daher die landbauende Bevölkerung auch der „voll besetzten Länder" dichter, als ohne die Niederkonkurrierung der Warenpreise geschehen wäre; und aus demselben Grunde werden an der Peripherie des Weltwirtschaftskreises immer neue Flächen in Anbau genommen. Und zwar dies um so schneller, weil ja auch Eisenbahnen, Kanäle, Häfen und Dampfschiffe, Elevatoren und Gefrierapparate etc. Industrieprodukte sind, deren Preis unter der Konkurrenz niederschmilzt, weil also jene ferneren Gegenden immer wirksamer mit dem großen Markte verbunden werden.

Hier kann nie auf die Dauer eine Störung des Gleichgewichtes eintreten, bis die ganze Erde angebaut ist, soweit sie Ernten trägt. Wenn ein Zuviel an Industrie im Weltwirtschaftskreise vorhanden ist, hebt sich der Kornpreis und schafft im In- und Auslande neue kaufkräftige Bauern als Abnehmer. So pendelt in geringen Ausschlägen die Wirtschaft um einen unverlierbaren Gleichgewichtszustand: daß eine Ware, die auf der höchsten bisher erreichten Produktionsstufe hergestellt ist, die also zum Weltmarktpreise verkauft werden kann, keine Käufer findet, *das ist auf die Dauer unmöglich.*

Was vorkommen kann, das ist eine *Krise* bei Überproduktion oder Unterkonsumtion. Aber eine Krise ist nicht *Folge* einer *absoluten* Übervölkerung, sonst könnte sie ja nie verschwinden, ehe das nötige „Bevölkerungsklystier" nicht erfolgt ist, sondern sie ist im Gegenteil *Ursache* einer vorübergehenden *relativen* Übervölkerung, und *ihre* Ursache kann also nur in einer mangelhaften Anpassung der Volkswirtschaft gesucht werden. Damit haben wir hier nichts zu tun, da wir uns ausschließlich mit den angeblichen *Folgen* der „Übervölkerung" zu beschäftigen haben. Die Krise kann aber unmöglich Ursache und Folge zu gleicher Zeit sein.[6]

Zweitens ist die Krise nichts, was dem Exportindustrialismus allein zukommt; sie trifft die auf ihren heimischen Binnenmarkt beschränkte, und auch die künstlich konkurrenzfrei gehaltene

---

[6] Allerdings geht das sehr oft in den Malthusianischen Schriften durcheinander. Es wird zuweilen so argumentiert, als erzeuge eine „absolute" Übervölkerung die Absatzkrise, und diese dann die „relative" Übervölkerung. Da aber eine absolute Übervölkerung außer durch „moral restraint" nicht heilbar sein kann, während die „relative" heilbar ist, so ergibt diese Beweisführung, die natürlich nie so offen auftritt, einen Widersinn. Das Unheilbare kann sich augenscheinlich in nichts Heilbares verwandeln!

Industrie im Gegenteil viel schwerer und mit viel vernichtenderen Folgen für die Lebenshaltung der Massen, als die Weltmarktindustrie. Denn *drittens* ist sich ja heute so ziemlich die ganze Wissenschaft darüber einig, daß mit dem Wachstum der Bevölkerung, der dadurch bedingten Entfaltung der Weltwirtschaft, der damit verbundenen besseren Übersicht über den Markt (Telegraphen!) der mit jeder kleinen Preissenkung verbundenen ungeheuren Verbreitung des Absatzes unter den tieferen Schichten, *und nicht zuletzt mit der immer geringeren Schwankung der Welternte zwischen Maximum und Minimum*: daß mit alledem die Wahrscheinlichkeit häufiger und schwerer Krisen sich immer mehr verringert hat. Und schließlich ist eine Krise wie Krieg und Revolution ja nichts Dauerndes, und hier ist nur von dauernden Folgen der „Übervölkerung" die Rede, nicht aber von vorübergehenden Ursachen!

Und was ferner vorkommen kann, das ist die Bedrängnis *einzelner* nationaler Industrien, weil ihre eigenen Produktionskosten größer sind, als die ihrer Konkurrenten in anderen Ländern. Das kann seine Ursache haben in natürlichen Nachteilen der Marktlage oder der Rohstoffgewinnung; oder in zollpolitischen Maßnahmen anderer Länder (deutsche Zuckergesetzgebung); oder in einem Schlendrian oder üblem Konservatismus, der alte Methoden beibehält, was man jetzt häufig englischen Industriellen vorwirft usw., oder vielleicht (?) auch in höheren Arbeitslöhnen. Vielleicht! Denn bis jetzt scheint es, als wären gerade diejenigen Industrien die konkurrenzmächtigsten, die die höchsten Löhne zahlen. Schon bei reiner Handarbeit leistet der besserernährte Arbeiter entsprechend mehr als der ausgemergelte. Nach Sir Isaak *Lothian* kam das Ausschmelzen einer Tonne Roheisen trotz der niederen Löhne in Frankreich im ganzen weit höher zu stehen, als in Middlesbrough, weil 42 französische Arbeiter nicht mehr leisteten, als 25 englische. Nach *Brassey* (Work and wages) *sanken* die Produktionskosten der North-Devon-Railway in dem Maße wie der Lohn *stieg*. Er bringt gleiche Tatsachen auch aus der Textilindustrie u. a. bei.[1] Ferner sind um so großartigere Maschinerien *rentabel*, je höher der Lohn steht: denn um so mehr Geld ersparen sie; und schließlich kann man verkümmerten und vertierten Proletariern keine komplizierten Maschinen anvertrauen: es ist bekannte Tatsache, daß man den Sklaven nur die allerplumpsten Werkzeuge in die Hand geben durfte!

Aber gleichviel aus welchen Gründen: jedenfalls kann es vorkommen, daß eine Industrie eines Landes ihren Markt an eine fremde verliert. Aber das hat mit „Übervölkerung" nicht das mindeste zu tun. Es gehört unter durchaus keinen andern Gesichtspunkt als der Niedergang des Handwerks gegen die Großindustrie. Es ist ein Phänomen der Konkurrenz, nicht ein solches der Population. Ein Zusammenhang mit dem Bevölkerungszuwachs könnte nur vermutet werden, wenn in dem notleidenden Lande die *Lebensmittelpreise* sehr viel höher ständen, als in den Ländern der Konkurrenz; wenn *aus diesem Grunde* der durchschnittliche Lohn sehr stark über dem des Auslandes stände; und *wenn aus diesem Grunde* wieder *alle Industriezweige leiden würden*. Davon ist aber in Großbritannien keine Rede und kann für übersehbare Zeit auch keine Rede sein, wie oben ausführlich dargetan.

Wenn aber nur eine einzelne Industrie Not leidet, oder wenn auch die ganze Industrie eines Landes in Schwierigkeiten geriete, aber nicht infolge steigender Lebensmittelpreise und Löhne, sondern infolge mangelhafter Wettbewerbsfähigkeit, so ist das nicht Folge einer „Übervölkerung", sondern allenfalls *Ursache* einer solchen. Dann muß entweder die Wettbewerbsfähigkeit wieder erreicht werden, wenn sie durch Unterlassungssünden verlorengegangen war, oder die betreffende Industrie muß preisgegeben werden, wie die englische Seiden- und Zuckerindustrie, und die verfügbar gewordenen Kapitalien und Arbeitskräfte müssen anderen Zweigen der Produktion zugeführt werden.

---

1 Nach Schulze-Gaevernitz, Zum sozialen Frieden, S. 261 ff.

IV. Kapitel

Und das kann immer geschehen, wenn nicht etwa eine tiefe Degeneration des Volkscharakters eingetreten ist, *und es ist bisher immer geschehen*! Denn der Verlust eines Marktes kann nur erfolgen, wenn der Konkurrent billiger verkaufen konnte. Dadurch hat der Konkurrent einen Teil der Kaufkraft freigesetzt, und diese erscheint nun als Nachfrage nach mehr Waren derselben Art oder nach Waren anderer Art auf dem Weltmarkt! So entsteht Raum für Erweiterung einer alten oder Schöpfung einer neuen Industrie,[1] ein Raum, den das überwundene Land um so sicherer ausfüllen kann, je größer sein Kapital und seine Arbeitsteilung, d. h. seine Anpassungskraft, ist. *Und das sind „Funktionen" der Dichte der Bevölkerung*!

Die ganze Auffassung, die wir hier bekämpfen, ist im höchsten Maße *unorganisch* und *unhistorisch*. Sie nimmt an, daß die Produktionskraft der Industrie ad libitum wachsen könne, und stellt sich gleichzeitig den Absatzmarkt als starr vor. Und das ist *unorganisch*! Denn zwischen dem Wachstum der Industrie und dem ihres ländlichen Absatzmarktes besteht eine zwar etwas elastische, aber doch unzerreißbare Bindung. Die Industrie*bevölkerung* kann freilich nur wachsen in dem Maße, wie die agrarischen Überschüsse sich vermehren, und die Industrie*produktion* kann nur wachsen in dem Maße, wie die ländliche Kaufkraft sich vermehrt. So sagen die Malthusianer mit Recht. Aber das ist nur die *eine* Seite der Sache. Umgekehrt *muß* nämlich auch die Agrikultur in dem Maße wachsen, wie das Angebot der Industriebevölkerung sich vermehrt, und muß in demselben Maße die Produktion der Agrikultur wachsen, wie ihre Preise steigen. Und das ist die bisher fast regelmäßig übersehene *andere*, und ebenso gewisse Seite der Sache! Daß hier nie auf längere Zeit ein starkes Mißverhältnis zuungunsten der Industrie eintreten kann, dafür sorgt automatisch die Preisrelation zwischen Industriewaren und Urprodukt, die Rentabilitätsrate zwischen Industrie und Urproduktion!

Ich habe, soviel ich sehen kann, zuerst die von *Thünen*sche Betrachtung umgekehrt und gezeigt, *wie eine Stadt entsteht* und im Wechselverhältnis zu ihrem ländlichen Versorgungsgebiete *wächst*.[2] Mir ergaben sich aus diesen Deduktionen sehr interessante Dinge. Aber für die deutsche Wissenschaft, die ja im allgemeinen der Theorie sehr wenig hold ist, sind diese Ausführungen verhallt.

Wer sie aber einmal durchdacht hat, für den gibt es keine prophetisch-malthusianischen Ängste mehr. Er hat begriffen, durch welchen Mechanismus eine eigentliche Stadt entstehen und wachsen kann, ohne jemals in dauernde Absatznöte kommen zu können, und es macht ihm dann auch keine Schwierigkeit, zu begreifen, wie das der ins Ungeheure erweiterten „Stadt" des modernen Weltwirtschaftskreises auf die Dauer noch viel gewisser gelingen muß.

Unhistorisch aber ist die Auffassung, die wir hier bekämpfen, erstens, weil sie nicht sieht, daß hier nur ein uralter wirtschaftsgeschichtlicher Prozeß sich auf erhöhter Stufenleiter vollzieht, und zweitens, weil auch die jüngste Geschichte der Kulturmenschheitswirtschaft gar nicht anders zu verstehen ist, als unter diesen Gesichtspunkten. Haben sich nicht transatlantische Agrikultur und europäische Industrie genau in der geschilderten Weise gegenseitig vorwärts getrieben? Ist nicht einem zu starken Pendelausschlag nach der Industrieseite hin, der in den sechziger und ersten siebziger Jahren die Produktpreise auf einen unerhörten Hochstand schraubte, sofort der gleiche Ausschlag nach der Ackerbauseite gefolgt, der den Kornpreis ein Jahrzehnt lang niederwarf, so daß die

---

1 Ein sehr gutes Beispiel bietet der Verlust der britischen Zuckerindustrie unter der Wirkung der festländischen Exportprämien, der mehr als wettgemacht wurde durch den Aufschwung der *Zuckerwaren*-Industrie, namentlich der Industrie der gezuckerten Fruchtsäfte (Jams), die nun auf dem Kontinent konkurrenzfrei ist, weil die Zucker-Erzeugungsländer viel höhere Preise für den Rohstoff (Zucker) zahlen müssen, als das exportierende Land.
2 Oppenheimer, Großgrundeigentum und soziale Frage, Buch I, Kap. 2 [siehe im vorliegenden Band].

Industrie einen neuen ungeheuren Aufschwung nahm, bis sie durch ihre steigende Nachfrage die Produktenpreise wieder hob? Stehen wir heute nicht etwa nahe an dem Kornpreise, der es ermöglichen wird, in Argentinien, in Kleinasien, vielleicht später in Sibirien und im Sudan neue Produktionsgebiete und Industriemärkte von riesigster Ausdehnung aus dem Boden schießen zu lassen? Und ist es etwa nicht wahr, daß gerade der Druck auf die Preise der europäischen Industrie, ihre Absatznot, die Kraft gewesen ist, die jene Zukunftsmärkte mit dem Zentralmarkt in absatzfähige Verbindung gebracht hat? Was sonst hat das europäische Kapital bewogen und befähigt, die Welt mit Eisenbahnen und Dampfschiffslinien in immer dichterem Netze zu überspannen? Was sonst hat es bewogen und befähigt, mit seinem Warenangebot in die Natural- oder Manufakturwirtschaft unzivilisierter und halbzivilisierter Völker einzudringen, und ihnen mit neuen Bedürfnissen den Anstoß zur Erweiterung und Vertiefung ihrer eigenen Ackerproduktion, ihrer *Kaufkraft* mitzuteilen? Was anders ist die ganze Kolonialpolitik, selbst die humanst betriebene? Hat Deutschland nicht in seinem afrikanischen Besitz den inneren Frieden und die Sicherheit wesentlich in der Absicht hergestellt, um eine Verdichtung der Bevölkerung und eine Hebung ihrer Kaufkraft zu bewirken?

Und lehrt nicht auch hier die *Statistik* ganz das gleiche?

Der internationale Handel der Kulturwelt hat sich zwischen 1720 und 1889 fast vervierzigfacht, ist von schätzungsweise 88 Millionen £ auf 3.377 gewachsen[1]; in der Dekade von 1850 bis 1860 nahm er allein um 80% zu. Der Außenhandel Großbritanniens wuchs von 1840–1889 von 114 Millionen £ auf 740 Millionen £, also gerade in der Zeit, seitdem die übrigen europäischen Länder anfingen, ihm Konkurrenz zu machen. Seitdem ist er allerdings dem Werte nach nach einer kleinen Abwärtsbewegung stabil geblieben und hat erst 1897 wieder die 745 Millionen erreicht.[2] Noch stabiler blieb der Export britischer Waren, um 234 Mio. £. Aber das ist nicht auf eine Stockung zu beziehen, sondern auf eine Zunahme des „latenten Exports" (*Giffen*), d. h. der Versorgung englischer Schiffe mit *englischen Kohlen* und englischem Proviant; ferner auf einen Preisfall der meisten Handelsartikel, namentlich auch der Urprodukte, so daß eine größere exportierte Warenmasse zu einer geringeren Gesamtwertsumme in der Statistik erschien[3] und die an England liefernden Länder geringere Mengen englischer Fabrikate im Austausch für ihre Rohprodukte erhielten; ferner auf die wachsenden Warenmengen, die Großbritannien als Zins seiner Darlehen vom Auslande erhält, ohne dafür andere Dinge zu exportieren, als Coupons und Quittungen; *und vor allem auf die von Jahr zu Jahr mit der Lebenshaltung der Arbeiterschaft ungeheuer wachsende inländische Konsumtion*. Gerade die letztere beweist schlagend, daß die Industrie floriert; denn sonst könnte keine Macht der Welt, auch keine Trade union, fortwährend steigende Arbeitslöhne erzwingen.

Nach *Leone Levi*[4] stieg der Durchschnittslohn in Großbritannien zwischen 1867 und 1884 von 38 auf 43 £ pro Arbeiter (Jugendliche und Frauen inkl.) und die gesamte Lohnsumme von 419 auf 521 Millionen £, ein Zuwachs von 2 Milliarden Mark für den Binnenmarkt! Nach *Bowley*[5] verhielt sich der allgemeine Durchschnitt der Löhne in 1886 gegen den von 1891 wie 119 : 137. Dieser ungeheure Zuwachs der binnenländischen Kaufkraft, der zum bedeutenden Teile für Gewerbewaren frei blieb, da in derselben Zeit alle Nahrungsmittel stark im Preise sanken, absorbierte einen

---

1 Mulhall, Dictionary of statistics, S. 128.
2 Ebenda, S. 660; vgl. dazu: Zeitschrift für Sozialwissenschaft, 1898, Bd. II, S. 284.
3 Siehe den sehr interessanten Aufsatz von van der Borght, in: Zeitschrift für Sozialwissenschaft, 1899 Bd. II, S. 418: „Der angebliche Stillstand des englischen Exports".
4 Mulhall, Dictionary of statistics, S. 581.
5 Ebenda, S. 817.

IV. Kapitel

großen Teil der britischen Industrie- Produktion, obgleich sie in derselben Zeit enorm stieg, so daß der Export (dem Gewichte nach) nicht mehr in dem Maße steigen konnte, wie in den früheren Jahrzehnten. Daß die Produktion stark stieg, läßt sich daraus erkennen, daß die Zahl der mit Landwirtschaft Beschäftigten regelmäßig sogar *absolut* abgenommen hat, noch von 1881–1891 von 2.561.000[1] auf 2.530.000[2] (hier ist noch Fischfang einbegriffen, der 1881 unter „Various" eingerechnet scheint). Die gesamte Fischerbevölkerung zählt 65.642 Erwerbstätige.[3] Fast der gesamte Zuwachs der Bevölkerung dieser zehn Jahre hat also in Industrie und Handel Unterkommen gefunden, da auch die Zahl der Domestiken (nach *Mulhall* S. 421 und 783) um 107.000 Köpfe zurückgegangen ist. Die Zahlen, die *Mulhall* für das Wachstum der Gewerbe zwischen 1881 und 1891 angibt, sind nicht vergleichbar, zeigen aber jedenfalls ein enormes Wachstum aller städtischen Erwerbe, und namentlich der Industrie. Er zählt 1891 9.020.000 Erwerbstätige in Manufaktur und Bergwerk, während er 1881 dafür nur 5.189.000 angibt. Wahrscheinlich müssen zu der letzteren Zahl jedoch die 964.000 Erwerbstätigen im Baugewerbe zugeschlagen werden (S. 421 u. 783). Wenn die Zahlen richtig sind, die *Mulhall* für die im *Handel* Beschäftigten der beiden Jahre angibt, so wäre sogar hier ein Rückgang zu verzeichnen von 1.946.000 auf 1.660.000, so daß also die eigentliche *Produktion* den ganzen Zuwachs aufgenommen haben müßte. All das beweist schlagend, daß von *allgemeinen* Absatzschwierigkeiten keine Rede sein kann, wenn auch einige Industriezweige unter stärkerem Wettbewerb, eventuell auch unter zollgeschütztem Wettbewerb leiden mögen. Wer auf solche Klagen Schlüsse baut, der verwechselt, wie so häufig, Privatwirtschaftliches mit Volkswirtschaftlichem und das Interesse einzelner „führender Industrieller" mit dem des gesamten Volkes!

Aber die Statistik zeigt noch mehr!

Sie zeigt, daß Großbritannien gerade den stärksten Handelsverkehr mit seinen schärfsten „Konkurrenten" hat, nämlich mit Frankreich, Deutschland und den Vereinigten Staaten. Mit dem reinen Industrieland Belgien ist der Verkehr sogar sehr bedeutend gewachsen. Der britische Export nach Belgien war 1854/60: 2,7%, aber 1881/87: 4,8% des britischen Gesamtexports. Die Tabellen, die *Mulhall* auf S. 132–133 gibt, sind außerordentlich lehrreich. Trotzdem die Gesamtsumme des englischen Exports so maßlos gestiegen ist, partizipieren Frankreich, Deutschland und Amerika noch 1881/87 mit fast denselben Verhältniszahlen am Export und Import wie 1854/60. Großbritannien exportiert also noch immer mit Vorteil in das Marktgebiet seiner auf so vielen Gebieten siegreichen Gegner. Nur das an Händen und Füßen geknebelte, von England zur industriellen Ausbeutung verurteilte *Indien* mit seiner kolossalen Bevölkerung rangiert mit ähnlich großen absoluten Ziffern. Aber selbst in diesem Vasallenreich kommen *auf den Kopf der Bevölkerung* nicht annähernd so viel britische Exportwaren als in den Ländern der „Konkurrenz". Wenn Deutschland 1881/87 10% des Exports Großbritanniens aufnahm, Indien aber 11%, so heißt das, daß Deutschland ein ca. vier Mal so guter Kunde war, denn Indien hatte damals rund 200, Deutschland aber rund 45 Millionen Einwohner.

Ganz Europa partizipiert trotz seiner starken industriellen Entfaltung nach wie vor mit etwas über 40%, die Vereinigten Staaten mit über 12,6% (1854/60 zwar 14,9%, 1861/80 aber nur 10,8%, Ursache: Preissturz des Korns[?]), alle fremden Staaten nach wie vor mit etwas über 70% und alle Kolonien mit nach wie vor etwas unter 30% am *britischen Export*. In dieser Zeit war aber die Gesamtsumme dieses Exports von 980 Millionen £ in den 7 Jahren 1854–60 auf 2.020 Millionen £ in den 7 Jahren 1881–87 gestiegen, hatte sich also mehr als verdoppelt.

---

1 Ebenda, S. 420.
2 Ebenda, S. 783.
3 Handbuch der Staatswissenschaften, Bd. II, S. 623.

Zwischen 1887 und 1897 wuchs der Export immer noch um 4% trotz der enormen Zunahme der Kaufkraft des Binnenmarktes. Und der gesamte Handelsverkehr mit Frankreich wuchs immer noch um 26% mit Deutschland um 12% mit der amerikanischen Union um 23%.¹ In diesen Jahren des schärfsten und so schmerzlich empfundenen Wettbewerbes mit Deutschland, zwischen 1886 und 1896, steigerte Britannien seine Exporte dorthin von 22,6 auf 27,6 Millionen £ Sterling (seine deutschen Importe freilich von 22,1 auf 35,6 Millionen £) und hielt damit nach wie vor die Spitze unter allen Ländern des deutschen Handelsverkehrs, außer Rußland, das uns aber mit Getreide und nicht mit Industrieprodukten versorgt, also mit England nicht konkurriert.²

Es zeigt sich also, daß die besten Kunden von Industrieländern *andere Industrieländer sind*. Läßt das eine andere Deutung zu, als die unsere, daß die Verbilligung der Waren durch den Konkurrenzkampf Kaufkraft freisetzt, die wieder als Nachfrage auf dem Markte erscheint und neue Industrien ins Leben ruft? Auf andere Weise ist es nicht zu verstehen, daß Länder mit einer so gewaltigen und nach allen Ländern bereits exportierenden Industrie, wie Deutschland oder gar England, in immer steigendem Maße fremde Industriewaren aufzunehmen vermögen.³

Sir Robert Giffen, der berühmte englische Statistiker, äußerte sich zu dieser Frage ganz in unserem Sinne in einem, am 17. Januar 1899 in der Royal Statistical Society gehaltenen Vortrage, über den *van der Borght* berichtet:

„Über die Frage, wie weit andere Länder durch ihre Konkurrenz den englischen Export abgeschwächt haben, äußert sich *Giffen* dahin, daß es hier namentlich auf die Vereinigten Staaten und Deutschland ankommt. Der Export der Vereinigten Staaten ist zwar erheblich gewachsen, aber in Gütern, die England und andere Staaten ohnehin aus der Union beziehen müssen, und nicht in den Gütern, die England dahin verkaufen muß, sodaß ein empfindlicher Wettbewerb der Union mit England in dritten Ländern nicht stattfindet. Übrigens dient der amerikanische Export in erheblichem Umfange dazu, die Frachtdienste zu bezahlen, die von fremden Ländern für die Union geleistet werden. *Giffen* schätzt denjenigen Bruchteil des überseeischen Imports und Exports der Vereinigten Staaten, welcher durch fremde Schiffe vermittelt wird, auf 75–80%. Bei Deutschland liegt die Sache anders. Deutschland ist eine „industrielle Macht von demselben allgemeinen Charakter wie England", und zweifellos hat Deutschland in einigen Artikeln und auf einigen Märkten den Platz eingenommen, den früher England inne hatte. Aber das gilt doch nur für einen Teil des deutschen Exports, da *Deutschland in England selbst einen seiner besten Abnehmer findet*⁴ und deshalb auf neutralen Märkten nicht so scharf in Wettbewerb tritt, als es sonst der Fall sein würde.

Im ganzen findet *Giffen* in der neueren Entwicklung nichts bedenkliches. In einigen Richtungen mögen die Klagen über Nachlassen des englischen Exports berechtigt sein. Aber der englische Außenhandel kann sich nicht in allen Richtungen gleichmäßig entwickeln. *Die Energie und Fähigkeit der englischen Produzenten und Kaufleute vermag solche Ausfälle an einzelnen Stellen immer wieder an anderen auszugleichen, und im ganzen führt das Anwachsen der Zivilisation dazu,*

---

1 Mulhall, Dictionary of statistics, S. 661.
2 Ebenda, S. 662.
3 Vgl. dazu die interessanten Tabellen in der Broschüre von W. Lotz, Der Schutz der deutschen Landwirtschaft, Berlin 1900, S. 55ff. Er faßt folgendermaßen zusammen: „Zunächst ersieht jeder Leser, wie wenig der Handel mit den deutschen Kolonien Ersatz für Verlust der Beziehungen zu irgend einem größeren Nachbarstaate bieten konnte. Zweitens ersieht man sofort, daß die hochskultivierten Länder *und zwar auch unsere industriellen Konkurrenten es sind, mit denen wir den größten Umsatz haben.*" (S. 57).
4 Die kursiv gedruckten Stellen sind im Original *nicht* kursiv.

daß innerer und äußerer Handel zusammen in steigender Richtung sich entwickeln, und daß der Wohlstand Englands wächst.[1]

Die hier dargelegte Auffassung *Giffens* fand in der Diskussion im allgemeinen Zustimmung. Nur ein Redner stellte sich anders zu der Frage, ob der englische Export zum Stillstand gekommen sei. Er nahm den Stillstand als vorhanden an, während Deutschland erhebliche Fortschritte im Export zu verzeichnen habe (...). Der Exporthandel sei ein wesentlicher Sporn der industriellen Entwicklung. Industrien, die lediglich für den heimischen Bedarf betrieben würden, würden stagnieren und erheblich an Leistungsfähigkeit verlieren.(?) Der Exporthandel sei von besonderer Wichtigkeit deshalb gewesen, weil er Unternehmungen im Ausland ermutigte und die Eigenschaften entwickelt, welche die Engländer zu einem großen ‚staatenbildenden Volk' machten. Die Verbindung von Industrie und Geldausleihen habe aus England ein großes Handelsvolk gemacht. Würde England infolge eines Nachlassens seiner Industrie weniger geeignet, an Geld und an Gütern dem Auslande große Darlehen zu gewähren, so vermindere sich der Umfang seiner Forderungsrechte an das Ausland, und alsdann werde der ‚unsichtbare' Export mit dem ‚sichtbaren' zusammenschrumpfen."[2]

Man sieht, daß selbst dieser *eine* Gegner *Giffens* keine prophetisch-malthusianischen Argumente geltend machte, sondern nur sehr fadenscheinige ökonomische und namentlich massenpsychologische. Er war augenscheinlich einer der vielen, die das Notleiden *einzelner* Industriezweige mit einer Not der *ganzen* Industrie, Privatwirtschaft und Volkswirtschaft verwechseln. *Giffen* konstatierte demgegenüber nur, daß ein Nachlassen des Außenhandels nicht gleichbedeutend mit einem Nachlassen des Handels überhaupt sei, ein schlagender Hinweis auf den *Binnenmarkt*, den die Exportfanatiker aller Nationen so sehr unterschätzen.

Wie ist diese Geringschätzung zu erklären? Nun, erstens wohl, weil die Ziffern für den Export statistisch leicht zu fassen sind und daher wesentlich mehr imponieren, als die des einheimischen Konsums, der mehr verborgen bleibt. Zweitens auch, weil die für den Export fabrizierenden Industriellen und die exportierenden Kaufleute und Reeder zu den einflußreichsten, am weitesten im Vordergrund stehenden Kreisen gehören. Drittens aber, und das ist wohl die Hauptsache, ist es auch hier ein Dogma, das die Schuld trägt, und zwar das Dogma der *Verelendung der Massen*.

Ganz deutlich wird das bei *Rümelin*.[3] Er sagt, die Kaufkraft wachse nicht entfernt im Verhältnis zur Produktionskraft, denn die Maschine setze die Arbeiter frei, die Fabrik mache das Handwerk tot, und die große Fabrik die kleine; infolgedessen vermindere sich die Kaufkraft der Volksmasse im Verhältnis zur Bevölkerung, und es sei nicht abzusehen, wo diese steigenden Massen von Produkten Absatz finden sollen.

Unsere oben angeführten Zahlen über den Konsum der Massen widerlegen allein schon die Verelendungstheorie. So weit wir sehen können, ist es *Julius Wolfs*[4] Verdienst, diese zuerst mit schlagenden Zahlen namentlich aus der sächsischen und britischen Statistik abgetan zu haben. Seitdem haben sich die Belege zu einer unzerreißbaren Beweiskette gegen die Theorie so sehr gehäuft[5], daß sogar die Sozialdemokratie sie hat fallenlassen. *Schoenlank* war der erste, der sie preisgab, und heute wagt sogar *Kautsky* sie nur noch in einer *Form* aufrechtzuhalten, die das Wesen opfert, nämlich nicht als absolute, sondern nur als „*relative*" Verelendung"[6]. Es wird nicht mehr behauptet, daß die

---

1 Die kursiv gedruckten Stellen sind im Original *nicht* kursiv.
2 Borght, in: Zeitschrift für Sozialwissenschaft, 1899, Bd. II, S. 418ff.
3 Rümelin, Reden und Aufsätze (1881), S. 592f.
4 Wolf, Sozialismus und kapitalistische Wirtschaftsordnung, S. 139ff.
5 Vgl. z. B. May, Das Verhältnis des Verbrauches.
6 Kautsky, Bernstein und das sozialdemokratische Programm, S. 114ff., namentlich S. 116 u. 118.

Kaufkraft der Arbeiter sinke, sondern zugegeben, daß sie *steige*. Aber sie soll dennoch sinken *im Verhältnis zu der viel stärker steigenden Kaufkraft der besitzenden Klassen*.

Das zu beweisen mag schwer sein, die Behauptung mag falsch oder richtig sein, und der Sozialismus mag seine Schlüsse daraus ziehen oder nicht. Aber für uns an dieser Stelle hat nur die Theorie der *absoluten* Verelendung eine Bedeutung. Entspricht sie nicht den Tatsachen, wie jetzt allgemein anerkannt, *so wächst ja der Binnenmarkt um den Zuwachs der absoluten Kaufkraft*. Was das zu bedeuten hat, haben wir oben an dem Beispiel Großbritanniens gezeigt, wo aus dieser „Verelendung" ein Zuwachs des Binnenmarktes von zwei Milliarden Mark in 17 bis 18 Jahren resultierte.

Auch das Dogma der Verelendungstheorie ist wieder hauptsächlich aus einem anderen tiefeingewurzelten Irrtum hervorgegangen, dem Irrtum nämlich, daß „die Maschine Arbeiter freisetzt"[1], wie *Marx* das behauptet hat, um das Vorhandensein der „Reservearmee" aus den Eigenschaften des „Kapitals" zu erklären. Denn das ist bekanntlich der Ring der Beweisführung: das Kapital (nämlich in Gestalt der Maschine) setzt Arbeiter frei, diese drücken als Reservearmee auf den Lohn, folglich schafft sich die Maschine (resp. das sie anwendende Kapital) die Arbeiternot selbst, erzeugt ihr spezielles „Populationsgesetz".

Auch hier ist, soweit wir zu sehen vermögen, *Julius Wolf* der erste gewesen, der die *Marxsche* Statistik zerpflückt, als gänzlich beweisunkräftig aufgezeigt[2] und ihr gegenüber den Nachweis geführt hat, daß noch niemals die kapitalistische Wirtschaft Arbeiter freigesetzt hat, *denn die Zahl der Industrie-Arbeiter vermehrt sich überall stärker als die Bevölkerung*. Es ist eine Verwechslung zwischen der Freisetzung von Arbeitern durch Einstellung leistungsfähiger Maschinen in einer Fabrik oder sogar in einer ganzen Branche, und der Freisetzung von Arbeitern durch die *Gesamtindustrie*. Nur wenn das letztere der Fall ist, kann sich eine Reserve-Armee auf die angegebene Weise bilden; wo es nicht der Fall ist, wo die Industrie-Arbeiterschaft stärker wächst als die Bevölkerung, da muß nicht nur jeder in *einer* Fabrik oder in *einer* Branche freigesetzte Arbeiter eben in einer anderen Fabrik oder *anderen* Branche Unterkunft gefunden haben, sondern es muß auch noch darüber hinaus für ihren gesamten Nachwuchs und *außerdem* noch für eine sehr große Zahl neuer Arbeitskräfte, die aus anderen *Bevölkerungsschichten* stammen, von der „kapitalistischen Industrie" Raum geschaffen worden sein. Denn sonst hätte die Industriearbeiterschaft eben nicht prozentual weit stärker zunehmen können, als die Gesamtbevölkerung. Und wenn es trotzdem dann immer noch eine „Reserve-Armee" gibt, so muß sie wohl oder übel einen *anderen* Ursprung haben, als die Maschine und das Kapital. Daß sich *J. Wolf* die Frage nach dieser anderen Quelle nicht gestellt hat, wobei er sofort auf die *abwandernde Landarbeiterbevölkerung* hätte stoßen müssen, das ist der einzige Grund, warum er nicht von seinem Ausgangspunkt aus in die tiefste Tiefe der Probleme gedrungen ist. Und daran hinderte ihn nichts, als seine Blendung durch das *malthusianische Dogma*![3]

---

1 Das ist allgemeine Annahme, vgl. z. B. Cohn, Volkswirtschaftliche Aufsätze, S. 411, 475–480; List, Das nat. System, hrsg. v. Eheberg, 1887, S. 118; Hertzka, Die Probleme der menschlichen Wirtschaft, I. Bd., Berlin 1897.

2 Wolf, Sozialismus und kapitalistische Gesellschaftsordnung, S. 260ff.

3 Die Kampfweise mancher Gegner zwingt mich häufig, Selbstverständliches auszusprechen, um törichte Aufklärungen überflüssig zu machen, wenn einmal wieder triumphierend meine bodenlose Ignoranz an den Galgen genagelt wird. Ich erkläre also, daß ich weiß, das mancher „freigesetzte Arbeiter" nicht wieder in einer anderen Fabrik oder Branche Unterkunft findet, sondern im Schlamm des fünften Standes untergeht. Ich will nur sagen, daß, wenn das geschieht, seine dauernde Freisetzung nicht durch das „Kapital", sondern durch eine Konkurrenz verschuldet wird, die nicht von anderen, durch das Industriekapital freigesetzten Arbeiten sondern von ganz anderen Leuten ausgeht, die einem ganz anderen Gebiete entstammen. Ob auf diesem Gebiete die „Gesetze der *kapitalistischen* Produktion und Population" gelten. das muß dann wenigstens erst nachgewiesen werden.

So hängt immer ein eingewurzelter Irrtum mit dem anderen zusammen. Leider stirbt aber nicht einer mit dem anderen. Sonst würde heute die Wissenschaft die „Verelendungstheorie" nicht aufgegeben haben und dennoch in der Bevölkerungstheorie nach wie vor so folgern, als wachse der Binnenmarkt nicht.

Für uns aber ist der Binnenmarkt und ein Wachstum ebensowenig eine quantité négligeable wie das Wachstum des Außenmarktes durch Angliederung neuer Gebiete an den Kreis der Weltwirtschaft.

Bisher ist jedenfalls der Prozeß der Extensivierung und Intensivierung des Weltmarktgebietes und der Potenzierung seiner Kaufkraft noch immer stärker vorangeschritten, als die Produktivität der Industrie, so daß zwar die *Wareneinheit* stark im Preise sank, aber dennoch Löhne und Gewinne stiegen, weil jede „Hand" um so viel mehr Wareneinheiten herstellte, und jeder Kapitalist verkaufte, als in einem früheren Stadium.

Und in dieser Weise wird der Prozeß noch jahrhundertelang fortschreiten, und während dieser Zeit wird die Kapitalbildung und die Kaufkraft des Marktes weiter proportional dem Quadrate der Erzeugungsfähigkeit wachsen, aber die Schwierigkeiten des Transports und des Absatzes und das Risiko (auch durch Krisen) proportional dem Quadrate der Erzeugungsfähigkeit *sinken*.[1]

Um es noch einmal in allgemeiner Form zusammenzufassen: wo sich eine Industrie zu schärferer Konkurrenzfähigkeit entfaltet, da wächst eben dadurch das Bedürfnis des Landes nach Nahrungsstoffen, und darum wächst der Kornpreis. Wo eine Industrie in die schärfere Konkurrenz um einen Markt eintritt, da setzt sie eben dadurch den Warenpreis herab. So erhöht die Industrie durch ihr Wachstum selbst von zwei Seiten her die Rentabilität der Urproduktion, vermindert außerdem die Transportkosten und schließt darum dem Ackerbau immer neue Gebiete und Bodenklassen auf, auf denen neue Märkte entstehen.

Dadurch aber gerät die Industrie durchaus nicht etwa in Not; denn, wenn auch der Kornpreis der *Wareneinheit* regelmäßig *sinkt*, so wächst doch die Produktivität noch viel schneller und das Endresultat ist, daß der Gewerbetreibende einen *immer kleineren Teil seiner Gesamtjahres-Produktion für eine bessere Nahrungsversorgung aufwenden muß.* So gewinnen beide: der Landwirt, der sein Korn besser bezahlt erhält und dazu noch mehr von derselben Fläche erntet in dem Maße, wie die Kultur ihm näher rückt, und der Gewerbetreibende, dem immer mehr von seiner Gesamtproduktion für den Eintausch höherer Befriedigungsmittel verbleibt.[2]

Von woher diesem in immer weiteren Kreisen sich vollziehenden ungeheuren Prozeß der Integration irgendeine nachhaltige Schwierigkeit entstehen sollte, ehe die Erde nicht wirklich „voll besetzt" ist, ist nicht abzusehen. Und damit ist der „prophetische Malthusianismus erster Abart" wohl erledigt.

B. Der prophetische Malthusianismus zweiter Abart

Die zweite Abart des prophetischen Malthusianismus habe ich[3] bezeichnet als „den prophetischen Malthusianismus, der mit Zahlen jongliert". Die nicht seltenen Anhänger dieser Auffassung legen kein Gewicht auf die Wirksamkeit des „Gesetzes" in Vergangenheit und Gegenwart, und auch kein

---

1 Mir liegt es durchaus fern, hier etwa ein exaktes Quantitätsverhältnis behaupten zu wollen. Nur ein ungefähres Bild der Maßverhältnisse will ich geben, wie ich sie zu erkennen glaube.
2 Vgl. zu der theoretischen Darlegung Oppenheimer, Großgrundeigentum und soziale Frage, S. 72ff. und den historischen Beleg, S. 352 [im vorliegenden Band siehe S. 45 + 196].
3 Oppenheimer, Großgrundeigentum und soziale Frage, S. 210 [siehe im vorliegenden Band S. 117].

besonderes Gewicht auf eine für die *nächste* Zukunft drohende „relative Übervölkerung". Was sie behaupten, ist, daß in irgendeiner näheren oder ferneren Zukunft einmal eine *absolute* Übervölkerung eintreten wird.

Übrigens findet sich, wie oben gesagt, auch diese Auffassung kaum irgendwo in reinlicher logischer Isolation. Sie entnimmt ihre Argumente und Prämissen je nach Bedarf mit größter Unbefangenheit auch aus der eigentlichen *Malthusschen* Theorie und der ersten Abart des „prophetischen Malthusianismus". Sie bildet eben auch nur einen der vielen Fäden, aus denen sich der gordische Gedankenknoten dessen zusammenwirrt, was man heute, „Bevölkerungsprinzip" nennt. Trotzdem müssen wir sie natürlich hier isoliert betrachten. Ich zitiere fortfahrend einen Passus aus meinem „Großgrundeigentum und soziale Frage":

> „[Die Anhänger dieser Abart des prophetischen Malthusianismus]¹ stützen sich dabei einzig und allein auf die uns bekannten statistischen Zahlen, welche beweisen, daß gegenwärtig alle Völker in irgendeinem Maße wachsen.
>
> Sie bestehen darauf, diese Zahlen als *Ausschnitt aus einer regelmäßigen Reihe* anzusehen, und machen kurzweg den Schluß, daß die Völker in alle Zukunft hinein in irgendeinem Tempo weiter wachsen werden, bis die *ganze Erde* im höchsten denkbaren Maße der Intensität bestellt sein, und dann doch die Ernährungsquote sinken wird.
>
> Die Berechnung, die *Elster* in der oben angeführten Tabelle gibt, wonach durch den Geburtenüberschuß im Jahre 2000: Deutschland 207 und die Nordamerikanische Union gar 581 Millionen Einwohner haben würde. wenn sie in dem augenblicklichen Tempo weiter wüchsen, soll natürlich, wie er sagt, nicht wörtlich genommen werden, aber doch eine Tendenz veranschaulichen, die unleugbar sei.
>
> Es kann natürlich niemandem entgehen, daß man durch genau dieselbe mathematische Berechnung, wenn man sie, statt vorwärts, *rückwärts* richtet, zu den unsinnigsten Anfangszahlen kommt. ‚Man wird natürlich (sagt Elster) mit demselben Rechte und in der gleichen Weise (...) die Bevölkerungszahl dieses oder jenes Landes in einem früheren Jahrhundert berechnen können. Allein ein solches Exempel, welches zu einer sehr niedrigen Volkszahl führen müßte, hat wenig Wert. Denn man vergesse nicht, daß in den früheren Jahrhunderten die Sterblichkeitsziffer eine bedeutend größere war.'²
>
> Es muß gesagt werden, daß die vorwärts gerichtete Rechnung gerade so wenig Wert hat, wie die rückwärts gerichtete. Es ist eine ganz unzulässige Willkür, den kurzen Zahlenreihen, welche uns zur Verfügung stehen, irgendeinen Schluß zu ziehen. Wir wissen nichts Zuverlässiges über den Geburtenüberschuß der Vergangenheit, und ebensowenig etwas über den Geburtenüberschuß der Zukunft. Wir wissen nichts darüber, ob die Periode, aus welcher unsere Zahlen stammen, *einen regelmäßigen oder einen Ausnahmecharakter hat.* Wir wissen durchaus nichts weiter, als daß sich die zivilisierten Völker seit ungefähr einem Jahrhundert vermehren.
>
> Die *Wissenschaft*, d. h. die sicher schreitende, nicht die phantastisch schwärmende, kann hier unmöglich zu einer Voraussage kommen. Ihr Verdikt kann nur sein: Non liquet! Ignoramus!

---

1 [der Text weicht vom Original ab, A.d.R.]
2 Elster, in: Handbuch der Staatswissenschaften.
   In der inzwischen erschienenen zweiten Auflage des Handwörterbuchs hat Elster diese Tabelle und die daran geknüpften Bemerkungen beseitigt. Da ich hier eine Arbeit zitiere, die sich nur der ersten Auflage bedienen konnte, so kann ich diese Stelle nicht streichen. Es hätte auch keinen eigentlichen Grund, denn *Elster* hält, wie oben gezeigt, an dem prophetischen Malthusianismus zweiter Abart nach wie vor fest; und ich polemisiere ja nicht gegen ihn als Person, sondern ausschließlich gegen ihn als Repräsentanten einer ganzen Schule, die jene Tabelle noch heute anerkennt, wie es Elster vermutlich auch noch tun wird.

Will man durchaus Konjekturen in die Zukunft hinein tun, so kann man ja unter anderem auch annehmen, daß tatsächlich die Bevölkerung immer weiter und weiter wachsen wird, bis schließlich der Planet wimmelt wie ein Ameisenhaufen, und nur Krieg, Pest, Not oder weise Selbstbeschränkung die Menschen vor dem Hungertod retten kann. Man *kann* das annehmen: aber man soll sich klar sein, daß das *Dichtung* ist und keine *Wissenschaft*.

Und man soll sich klar sein, daß irgendeine andere Konjektur genausoviel Wert hat, wie diese. Mit demselben Recht mag sich jemand vorstellen, daß bis dahin die Chemie Stein in Brot zu verwandeln gelernt hat, daß die Menschheit die Mittel gefunden hat, neue Weltkörper zu besiedeln etc.

Man braucht aber durchaus nicht zu derartigen Phantastereien zu greifen. Man kann dem Malthusianismus eine andere Hypothese gegenüberstellen, welche mindestens so viel inneren Wahrscheinlichkeitswert hat. Man braucht sich nur auf den uns allen geläufigen Begriff des *Wachstums* zu stellen. Wir wissen, daß ein Körper um so schneller wächst, je jünger er ist; daß die Zunahme seiner Masse und Maße absolut und relativ in einer Kurve verläuft, die schnell vom Maximalpunkt bis zum Nullpunkt fällt, und daß der Nullpunkt erreicht ist, wenn der wachsende Organismus diejenige Größe erreicht hat, *welche sein Nahrungsspielraum erlaubt*. Wir finden heute keine großen Dickhäuter mehr in Sibirien, weil sie dort ihren Nahrungsspielraum nicht mehr haben; und die Riesensaurier sind mit den Riesenwäldern der Kohlenperiode ausgestorben, welche allein den Nahrungsspielraum für solche ungeheuren organischen Massen gewähren konnten.

Diese Auffassung ist die einzige, welche der Organismus haben kann, jene recht gut begründete Hypothese, die die menschliche Gesellschaft für einen echten Organismus hält. Die gegenteilige Annahme eines Wachstums ohne Ende hat genausoviel Wert, als wenn man ‚aus dem Umstande, daß einem jungen Hunde der Schwanz doppelt so lang wuchs, während er gleichzeitig so und so viele Pfunde an Gewicht zunahm (...), die ‚sehr auffallende Konsequenz' herleiten wollte, daß der Schwanz über eine Meile lang und äußerst schwer zu bewegen sein werde, wenn der Hund fünfzig Pfund wiegen werde, weshalb man die *vorbauende Hemmung* einer Bandage als einzige Alternative gegen die *positive Hemmung* fortwährender Amputationen empfehlen müsse.'[1]

Nun steht nichts im Wege, die Industrievölker dieses Jahrhunderts als Körper im Stadium des ersten, stürmischen Wachstums zu betrachten Die Statistik, auf welche sich der Malthusianismus stützt, ist ungefähr gleich alt mit Eisenbahn und Dampfschiff. Ist es nicht klar, daß die Möglichkeit, sich aus einem durch diese Erfindungen ungeheuer erweiterten Kreis mit Unterhaltsmitteln zu versorgen, den Nahrungsspielraum der alten Völker plötzlich ungeheuer erweitert hat? Ist es nicht möglich, daraus den Schluß zu ziehen, daß die modernen Völker mit einer Vermehrung, die gerade jetzt weit über den Durchschnitt hinausreicht, in diesen erweiterten Nahrungsspielraum hineinwachsen? (Auch eine Kuh wird ja schwerer, wenn sie mit einem zwanzig Meter langen Strick an ihren Pfahl gebunden ist, als mit einem zehn Meter langen. Im letzteren Falle ist ihr Nahrungsspielraum $100\,p = 314$ Quadratmeter, im ersteren aber $400\,p = 1.256$ Quadratmeter. Da hat sie nicht nur mehr Futter, sondern kann sich auch das beste aussuchen, und wird darum schwerer).

Wie gesagt, auch diese Auffassung ist nicht zu beweisen: aber ist sie an sich unwahrscheinlicher, als die *Malthussche, die auch nicht zu beweisen ist*? Stimmt sie zu der Tatsache, daß jetzt, nach mindestens 7.000 Jahren verbürgten geschichtlichen Bestehens, die Menschheit diesen Planeten noch lange nicht zu einem Ameisenhaufen gemacht hat, nicht mindestens so gut, wie der Malthusianismus?

---

1 George, Fortschritt und Armut, S. 90f.

Dabei spricht gegen den letzteren noch die bekannte Erfahrung, daß wohlhabende Menschen weniger Nachwuchs haben als arme. Ob sich darin eine moralische oder anderweite Selbstbeschränkung ausdrückt, kann man nicht wissen; wahrscheinlich ist es der Ausdruck des universalen Gesetzes, daß solche Spezies sehr fruchtbar sind, deren Existenz im Kampfe ums Leben besonders stark bedroht ist, und daß solche Organe sich durch ‚Proliferation' ihrer Elementarteile sehr schnell erneuern, welche einer besonders starken Abnutzung ausgesetzt sind. So ‚proliferieren' auch die ‚Proletarier', die den Namen ja von ihrer Kindermenge tragen. Es ist dies eine sehr verbreitete Art der ‚Anpassung'. Derartige Anpassungen verschwinden aber regelmäßig mit der äußeren Beanspruchung, deren Ergebnis sie waren. Gerade wie die Augen der Höhlentiere mit dem Licht verschwanden, dem sie angepaßt waren, so verschwindet die übermäßige Fruchtbarkeit mit der Verminderung der Lebensbedrohung, vielleicht durch spätere Verehelichung, vielleicht, durch Verfettung der weiblichen Eierstöcke, vielleicht durch ein mit dem Wohlstande immer stärkeres Überwiegen des Verstandespoles über den Willenspol, d. h. des Gehirns über den Sexus. Aber der Mechanismus ist ganz gleichgültig; jedenfalls sprechen Erfahrung und Statistik schon heute dafür, daß eine solche Entwicklung wahrscheinlicher ist als der ‚Ameisenhaufen'."[1]

Wir wollen im folgenden einige Belege für die Behauptung beibringen, daß mit dem Wohlstande die Geburtenfrequenz sinkt (was übrigens schon *Malthus* selbst wenigstens in einigen Beispielen gewußt hat).[2]

„Als eine Maßregel zur Herbeiführung der gewünschten Selbstbeherrschung haben *John Stuart Mill* und andere für die Länder mit großem Grundbesitz die Verwandlung der Tagelöhner in kleine selbständige Bauern empfohlen, und allerdings erfüllt das Grundeigentum in hohem Maße die drei erörterten Bedingungen. Der Bauer ist in der Lage, den durchschnittlichen Ertrag eines Grundstückes genau zu übersehen. Er weiß, daß derselbe nur eine beschränkte Anzahl von Menschen zu erhalten imstande ist und er kann die Anzahl dieser Menschen berechnen. Sein Interesse, seine Lage und die seiner Kinder nicht zu verschlechtern, führt ihn dazu, seine Familie nicht über dieses Maß zu vermehren; und so lange das Grundeigentum staatlich geschützt ist, daß sein Verhalten zur Sicherung seiner Lage und der Zukunft seiner Kinder nicht durch das entgegengesetzte Benehmen anderer paralysiert werde. *Dementsprechend findet sich auch in den Ländern mit kleinem bäuerlichen Grundbesitz, wie in der Schweiz, Norwegen und Frankreich, eine viel geringere Zunahme der ländlichen Bevölkerung, als in England mit seinen großen Grundbesitzern und seinen Scharen besitzloser Tagelöhner.*"[3]

Julius Wolf (Breslau) berichtet[4] über eine von der allgemeinen Konferenz der deutschen Sittlichkeitsvereine veranstaltete Umfrage über „die geschlechtlich-sittlichen Verhältnisse der evangelischen Landbewohner im deutschen Reiche". Aus ihr scheint sich eine deutliche Beziehung zwischen der Kinderzahl und dem Wohlstande zu ergeben, derart, daß mit steigendem Wohlstande (und der damit verbundenen höheren Intelligenz) die Geburtenfrequenz *abnimmt*. Die ärmeren ostelbischen Provinzen wissen vom Zweikindersystem nichts, fast ebensowenig die Länder südlich des Mains, namentlich Bayern: in Mitteldeutschland wird es immer häufiger. Fast durchgängig wird berichtet, daß die Bauern weniger Kinder haben als die Arbeiter, und zwar um so weniger, je reicher sie sind. Das soll jedoch durchaus nicht überall die Wirkung „unsittlicher" neu-malthusia-

---

1 [Großgrundeigentum und soziale Frage, S. 210 ff., im vorliegenden Band S. 117 f.]
2 Malthus, Versuch über das Bevölkerungsgesetz, S. 259.
3 Brentano, Das Arbeitsverhältnis gemäß dem heutigen Recht, S. 225 (die kursive Stelle ist im Original nicht kursiv).
4 Wolf, in: Zeitschrift für Sozialwissenschaft, Bd. I, S. 790 ff.

IV. Kapitel

nischer Praktiken sein, sondern die Folge später Heiraten, namentlich von Verwandtenheiraten und „fetter Kost" (S. 796). Dieser Gegensatz ist, wie es scheint, um so schärfer ausgeprägt, je tiefer der Arbeiter wirtschaftlich und sozial unter dem Bauern steht; denn in *Norddeutschland* ist der Arbeiter durchgängig kinderreicher, während sich nach Süden zu, wo der „Landarbeiter" dem Bauern sehr nahe steht, die Unterschiede verwischen.

Gothein teilt mit, daß in dem Jesuitenstaate von *Paraguay* alle Bedingungen für ein rapides Wachstum der Bevölkerung gegeben schienen: ein unendlicher Landbesitz, volle Sorglosigkeit, größte Erleichterung der Eheschließung: „aber gerade das Gegenteil trat ein; die Bevölkerung hat sich von der Gründung bis zur Vernichtung der Mission nahezu stabil erhalten"[1].

„Am auffallendsten ist, daß in Zeiträumen völliger Ruhe und höchster Blüte, wie zwischen 1718 und 1732, die Bevölkerungsziffer doch nahezu unverrückt blieb. Hierzu stimmt es durchaus, daß nur ausnahmsweise und nur an einzelnen Orten die Mitgliederzahl der einzelnen Familien vier überschreitet."[2]

Wie stimmt diese auffällige Stabilität der Volkszahl zu den Befürchtungen, die Elster[3] im Anschluß an *Malthus* und die Sozialisten *Thompson* und *Kautsky* in seinem Referat gerade an die Einführung des sozialistischen Staates knüpft?! Hier brauchte niemand mehr sich zu sorgen, wie er seine Kinder ernähren und großziehen soll und dennoch ist die Vermehrung nicht bedeutend angewachsen.

Sidney und *Beatrice Webb* in ihrem Buche „Industrial democracy", deutsch von *C. Hugo* (Theorie und Praxis der englischen Gewerkvereine) besprechen auch das Fallen der englischen Geburtenziffer, die seit 20 Jahren ununterbrochen andauere. Auf Armut und Entbehrung könne das nicht geschoben werden, da die Löhne gestiegen und die Warenpreise gefallen seien.

„Nach den Untersuchungen von *Quetelet* in Brüssel, *Farr* in London, *Villermé* und *Benoison de Châteauneuf* in Paris kann man nicht länger daran zweifeln, daß die Mehrzahl der Geburten in der ärmeren Klasse stattfindet, und daß die Armut selbst eine unwiderstehliche Verleitung zu einer übermäßig großen und regellosen Geburtenziffer ist." (*Nitti,* Population and the Social System, London 1881)

Die Tatsachen, die jetzt bekannt werden, weisen auf den Schluß hin, daß sich das Fallen der Geburtenziffer nicht in den Sektionen der Gemeinschaft, die kaum zur Existenz genug haben, sondern in denen abspielt, die ein gewisses Maß von Lebensbehaglichkeit genießen. Dafür bringen die *Webbs* einen interessanten Beleg. „Die Hearts-of-Oaks Hilfskasse ist die größte zentralisierte Unterstützungsgesellschaft dieses Landes, die jetzt über 200.000 erwachsene Mitglieder zählt. Nur Leute von gutem Rufe und im Besitz eines Wochenlohns von 24 sh und mehr werden aufgenommen. Die Mitglieder bestehen daher aus Handwerkern und qualifizierten Arbeitern, zu denen einige kleine Ladenbesitzer hinzukommen; der eigentliche Tagelöhner dagegen ist ausgeschlossen." Die Kasse zahlt auch „Wochenbettunterstützungen" von 30 sh pro Wochenbett. Die Zahl der Forderungen stieg langsam von 1866–1880 von 21,76 auf 24,72 zu Hundert. Von 1880 bis *jetzt hat dieselbe fortgesetzt abgenommen und beträgt jetzt 14 und 15 zu 100.*

Also eine Verminderung von 2/5 in dieser besonders haushälterischen Gruppe von Arbeitern, mehr als das doppelte der Reduktion in der ganzen Gemeinschaft. Der Statistiker der Gesellschaft *Hardy* schreibt diese überraschende Abnahme dem bewußten Streben zu, die Größe der Familie zu beschränken.

---

1 Gothein, Der christlich-soziale Staat der Jesuiten, in: Schmollers staats- und sozialw. Forschungen IV, 4, S. 51.
2 Ebenda, S. 52.
3 Handbuch der Staatswissenschaften, Bd. II, S. 769.

Die beiden *Webb*s sind derselben Ansicht und machen sogar darauf aufmerksam, daß das Fallen der Geburtenziffer genau mit dem Zeitpunkte beginnt, wo die Praxis des „Neo-Malthusianismus" durch gerichtliche Verfolgung seiner Propagandisten eine ungeheure Öffentlichkeit fand. Das große Maß von Selbstbeherrschung, Voraussicht und Überlegung, die diese Art von Beschränkung verlangt, gehe über die Kräfte der weniger intelligenten und willensstarken Klassen hinaus, und sei namentlich der sehr armen Klasse, die nur ein Zimmer bewohne, nur schwer erreichbar.[1]

Gumplowicz berichtet über eine Untersuchung *Bertillons*, des Leiters des Pariser statistischen Büros, in der „Revue internationale de sociologie von 1893", in der er auch die Verschiedenheit der Geburtenfrequenz in den einzelnen Gegenden Frankreichs betrachtet.

„Es ergebe sich, (...) daß die Geburtenfrequenz mit dem steigenden Wohlstand des Landes sinke; je reicher das Land, desto geringer die Geburtenfrequenz. Die Normandie, das Tal der Garonne, Gegenden von unerschöpflichem Reichtum, sind zugleich die Teile von Frankreich, welche die geringsten Geburtenziffern aufweisen. Dagegen ist die arme Bretagne die einzige Gegend mit zufriedenstellender und vollkommen genügender Geburtenziffer. Daraus ergibt sich der allgemeine (aber nicht neue) Satz, daß in den Kreisen, wo man um die Erhaltung seines Vermögens besorgt ist, wenig Kinder zur Welt kommen, in denjenigen aber, in denen man mangels eines Vermögens an eine Erhaltung eines solchen nicht denken kann, reichlicher Kindersegen vorhanden ist. Eine weitere Illustration zu dieser These liefert die Stadt Paris selbst, denn in den ärmeren Vorstädten derselben kommt die Geburtenfrequenz derjenigen Deutschlands ganz nahe, dagegen ist in den Bezirken, wo die Reichen wohnen, die Geburtenfrequenz unglaublich schwach. Dabei würde man Unrecht tun, wenn man diesen letzteren Umstand auf Rechnung einer Sittenverderbnis setzen wollte: Es sind lediglich Geldsorgen (Préoccupations d'argent), welche dabei den Ausschlag geben."[2]

Ebenfalls aus Frankreich bringt *Elster*[3] nach *J. v. Tallqvist* eine Tabelle, die die *Bertillon*sche Auffassung vollkommen bestätigt. Die Ziffern beziehen sich auf das Jahr 1881:

Départments	Auf den Kopf der Bevölkerung entfallender Betrag der Mobilarsteuer und derjenigen auf Fenster und Türen in Francs	Anzahl der ehelichen Geburten, die auf 100 verehelichte Frauen entfallen
10	0,75 – 1,21	23,63
9	1,29 – 1,41	21,88
11	1,46 – 1,59	18,06
8	1,65 – 1,73	16,66
9	1,80 – 1,93	15,84
10	1,98 – 2,06	16,33
10	2,13 – 2,42	15,94
9	2,52 – 2,82	17,77
10	2,98 – 4,34	14,73
1 (Seine)	6,73	13,24

---

1 Webb, zitiert in: Zeitschrift für Sozialwissenschaft, Bd. I, S. 372ff.
2 Gumplowicz, Soziologische Essays, S. 125f.
3 Handbuch der Staatswissenschaften, Bd. II, (II. Aufl.), S. 770.

Elster sagt ausdrücklich: „Überall können wir dasselbe beobachten."

Allerdings soll nicht verschwiegen werden, daß bei *exzessiver* Armut auch Fälle sehr geringer Geburtenfrequenz berichtet werden. So teilt *Hanssen*[1] mit, daß die Leibeigenen in Schleswig-Holstein nur geringe eheliche Fruchtbarkeit bei enormer Kindersterblichkeit aufzeigten. „So bewirkte die Leibeigenschaft gerade das, was sie verhindern sollte, einen Mangel an Arbeitskräften."

Jedoch scheint es uns, als wenn gerade diese Tatsache ein interessantes Licht auf unsere Meinung wirft, daß das Wachstum der Bevölkerung in einem organischen Verhältnis zu ihrem „Spielraum" stehe; denn der Spielraum der ehemaligen Leibeigenen war *starr*, nicht durch die Ungnade der Natur, sondern durch menschliche Einrichtungen, nicht durch wirtschaftliche, sondern durch politische Verhältnisse. Da konnte die Progenitur nicht stark sein. Wie aber eine *Erweiterung* des Spielraums sofort einwirkt, zeigt eine andere Notiz:

> „Am Rhein blühte (Ende des vorigen Jahrhunderts) der Getreidehandel, weil das durch die Revolution (...) verwüstete Frankreich der Weizeneinfuhr bedurfte. Das ermutigte die Landwirte zur Produktionssteigerung, und diese beförderte das Wachstum der Bevölkerung, das wiederum zu stärkerer Produktion spornte. In der Markgrafschaft Baden stieg trotz fortwährender Kriegsunruhen die Einwohnerzahl von 160.614 i. J. 1786 auf 196.000 i. J. 1799 und 235.000 i. J. 1805. In der Lausitz, die vom Kriege noch nicht berührt worden war, stagnierte die Bevölkerung bis 1798, wo die neue Bodenkultur eingeführt wurde; von da an stieg sie rasch, in 6 Jahren von 308.341 auf 346.189 Seelen."[2]

Diese Beobachtung scheint eine glänzende Bestätigung der eigentlichen *Malthus*schen Auffassung zu sein, wonach die Bevölkerung sofort „entsprechend" nachwächst, sobald ihr Spielraum sich erweitert; und *Malthus* selbst hätte gewiß nicht gezögert, sie als einen Beweis seiner Theorie in Anspruch zu nehmen. Es liegt aber hier auch nur ein Fall jener „rein formalen" Übereinstimmung vor, die wir oben kennzeichneten, denn die Lebenshaltung jener Landleute ist seither gestiegen. Sie sind also nicht „entsprechend" an Zahl gewachsen.

Wir möchten übrigens nicht mißverstanden werden. *Wir* haben die oben angeführten Tatsachen nicht angeführt, um den prophetischen Malthusianismus zweiter Abart *zu widerlegen*. Ob der Wohlstand die Geburtsfrequenz noch stärker hinabdrücken wird, als die Todesfälle, oder nicht, das ist eine Doktorfrage für sich. Ihre Entscheidung im positiven oder negativen Sinne hätte nur dann einen Wert, wenn der stärkste bekannte Zuwachs die Bevölkerung der Welt in irgendeiner für uns in Betracht kommenden Zukunft soweit vermehren könnte, um eine *„absolute Übervölkerung"* zu erzeugen. Diese letzte Frage wollen wir noch beantworten.

Der englische Geograph *Ravenstein* hat in einem Vortrage[3] vor den vereinigten geographischen und nationalökonomischen Sektionen der „British Association": „Lands of the globe still available for European settlement" eine Schätzung unternommen, wieviel Einwohner die Erde zu ernähren imstande sei.

Er unterscheidet drei Regionen. Erstens die „fruchtbare": „aber sie ist fruchtbar nur insofern, als in ihr das meiste Land enthalten ist, das die Bebauung lohnt. Es kann nicht einen Augenblick angenommen werden, daß das ganze oder auch nur der größere Teil jemals in tragende Fruchtfelder verwandelt werden könnte. Es sind darin Gebirge, die den Landwirt niemals anlocken werden, Sandstrecken, die nur Wald tragen können, und sogar Steppen und arme Savannen, die nur für

---

1 Hanssen, Aufhebung der Leibeigenschaft, S. 29.
2 Jentsch, Die Agrarkrisis, S. 5f.
3 Ravenstein, Proceedings of the Royal Geographical Society, S. 27ff.

einige Viehzucht geeignet sind. In Europa (außer Rußland und der Türkei), wo der Anbau seine äußerste Grenze nahezu erreicht hat, sind nicht ganz 40% der gesamten Fläche unter dem Pfluge, 18% werden als Wiesen und Weiden bezeichnet, und 23% sind mit Wald bestanden. Der Rest (20%) ist mit Wasser bedeckt, bebaut, oder besteht aus wüsten Strecken. Einige dieser Ödländereien könnten gewiß fruchtbar gemacht werden, und es sind dahingehende Bestrebungen in Europa vielfach aufgetreten, aber eine Beschränkung der Waldfläche scheint unangebracht.

Die zweite Region umschließt die Steppen und armen Grasländer; und wie sich in der ‚fruchtbaren' Region verhältnismäßig arme Strecken finden, so existieren in diesen Steppen weite Strecken, die zu hohem Ertrage gebracht werden können, besonders da, wo künstliche Bewässerung möglich ist."

Die dritte Kategorie umfaßt die Wüsten. Die Polarregionen mit ihrer unbedeutenden Bevölkerung sind außer Ansatz gelassen.

Danach kommt *Ravenstein* zu folgender Schätzung. Es sind vorhanden in englischen Quadratmeilen:

a) fruchtbares Land	28.269.000	square-miles
b) Steppen	13.901.000	square-miles
c) Wüsten	4.180.000	square-miles
Summa	46.350.000	square-miles

Wie viel Köpfe können nun auf dieser Gesamtfläche existieren? Unser Geograph gibt uns die Methode an, nach der er vorgegangen ist:

„Natürlich machte ich, als ich an meine Schätzung der möglichen Volkszahl auf diesem Weltkörper herantrat, die Voraussetzung, daß die vorhandene Fläche rationell bewirtschaftet werde, und ich nahm sogar eine geringe Vermehrung der Erträge pro Acre an. Daß eine solche Verbesserung selbst in unserem hochkultivierten Europa möglich ist, beweisen die neuesten statistischen Feststellungen zweifellos. Solche Verbesserungen sollten aber dazu dienen, die Lebenshaltung zu erhöhen; denn es kann nicht bestritten werden, daß Millionen zu schlecht ernährt werden, um die Gesundheit zu erhalten oder gar alle Kräfte des Körpers zur Entfaltung zu bringen. Von diesen Gesichtspunkten ausgehend bin ich in der Lage, *als Basis für meine Schätzung den Lebensstandard zu wählen, wie wir ihn in verschiedenen Klimaten und unter verschiedenen Völkern finden*. Ich wähle für diesen Zweck gewisse charakteristische Länder der alten Kultur, die ihre gegenwärtige Bevölkerung erhalten, ohne auswärtige Nahrungsmittel heranziehen zu müssen."

Das ganze kontinentale Europa bis zum Schwarzen Meere ernährt durchschnittlich 156 Einwohner per Quadratmeile; wenn Frankreich und Deutschland stark Nahrung importieren, so liefern doch andere Länder dieses Bezirks, namentlich Ungarn, Rumänien und Bulgarien, einen bedeutenden Überschuß, der im Augenblick für die Gesamtzahl der Einwohner ausreicht. Ein Defizit mag bestehen, aber das könnte durch bessere Kultur im Südosten mit Sicherheit ausgeglichen werden.

In *Asien* kann Indien, mit 175 Einwohnern auf die Quadratmeile, noch exportieren, während China mit 295, Japan mit 264 Einwohnern sich im Gleichgewicht befinden. *Ravenstein* hält nach diesen Grundlagen im Durchschnitt der ganzen Welt in seiner „fruchtbaren" Region 207 Köpfe pro engl. Quadratmeile für möglich, in den „Steppen" nur 10, und in den „Wüsten" nur 1.

Demnach würde eine Bevölkerung von 5.994.000.000 Menschen auf der Erde möglich sein.[1]

---

1 Ebenda, S. 30f.

IV. Kapitel

Wann wird diese verhängnisvolle Zahl erreicht sein?

Ravenstein schätzt den durchschnittlichen Zuwachs der gesamten Menschheit auf 8% pro Dekade. Wenn das so fortgeht, haben wir im Jahre 1900: 1587 Millionen, 1950: 2.332; 2000: 3.426; und **2072**: 5.977 Millionen Menschen, haben also das Maximum erreicht!

„Das soll keine Prophezeiung sein. Ich habe bereits auf *freiwillige Hemmungen der Bevölkerung* hingewiesen, die ins Spiel kommen werden in dem Maße wie die Kultur wächst, und die Ansprüche an die Lebensbehaglichkeit sich steigern."

In der anschließenden Diskussion fand der Redner keinen grundsätzlichen, d. h. antimalthusianischen Widerspruch. Nur der Vorsitzende der ökonomischen Sektion, der berühmte *Alfred Marshall*, scheint sich, soweit sich aus der kurzen Wiedergabe seiner Worte erkennen läßt, über den Vortragenden in feiner Weise lustig gemacht zu haben. Wenigstens wies er darauf hin, daß ein Mangel an *Feuerungsmaterial* vielleicht in noch früherer Zeit zu befürchten sei, als ein solcher an Nahrung; und daß alle „moral restraint" der vorgeschrittenen Völker nichts helfen könne, wenn die weniger kultivierten nicht ebenso vorsichtig würden.

Fircks[1] nimmt die *Ravensteinschen* Zahlen als Grundlage einer etwas abweichenden Schätzung. Zunächst scheint ihm, was die *Fläche* anlangt, ein Rechenfehler unterlaufen zu sein, denn eine Division ergibt, daß er die „square mile" des Engländers zu ca. 3 qkm rechnet, während sie in der Tat = 2,59 qkm ist.[2] Nach seiner Rechnung umfaßt der Planet:

a) 84,1 Millionen Quadratkilometer fruchtbaren Landes,
b) 39,8 Millionen Quadratkilometer Steppe,
c) 13,2 Millionen Quadratkilometer Wüste (Oasen).

Dagegen ergibt eine korrekte Umrechnung der *Ravenstein*schen Ziffern:

a) 73,2 Millionen Quadratkilometer fruchtbaren Landes,
b) 36,0 Millionen Quadratkilometer Steppe,
c) 10,8 Millionen Quadratkilometer Wüste.

Davon abgesehen erscheinen *v. Fircks* die von *Ravenstein* angenommenen Zahlen für die Maximaldichte zu niedrig. Er schätzt folgendermaßen:

„Wenn allgemein die Ernährung nach den Grundsätzen der Vegetarier stattfände, was allerdings schwerlich in naher Aussicht steht, so könnten wohl, wie bereits in vielen Teilen von China, Japan, Indien, Ägypten u.s.w. geschieht, durchschnittlich hundert Menschen von 1 qkm fruchtbaren Landes ernährt werden. Die Steppe enthält anbaufähige Striche und gestattet ausgedehnte Viehzucht, sodaß sie wohl zwanzig Menschen auf den qkm zu ernähren vermag, wogegen in den Oasen der Wüste (...) höchstens fünf Bewohner auf den qkm Wüste erhalten werden können. Alles in allem würde die Bevölkerung der Erde hiernach höchstens die Zahl von 9.270.000.000 erreichen können, wobei vorausgesetzt ist, *daß alles fruchtbare Land in intensivster Weise*[3] angebaut und ausschließlich zur Erzeugung von Nahrungsmitteln verwertet wird, und die Steppengebiete zur Viehzucht, sowie das Meer und die Binnengewässer durch Fischerei nach Möglichkeit ausgenutzt werden."

Wenn man die *v. Fircks*schen Flächenzahlen richtigstellt, so muß man ungefähr 1,2 Milliarden von seiner obigen Endsumme abziehen, so daß ungefähr 8,1 Milliarden Menschen als höchstmögliche Volkszahl der Erde herauskommen.

---

1 Fircks, Bevölkerungslehre und Bevölkerungspolitik, S. 296.
2 Nach Hübner, Geographisch-statistische Tabellen, S. 59; ebenso nach Noback, Münz- und Gewichtsbuch, 2. Aufl., Leipzig 1877. (Eine Mile of land = 640 Acres á 40,47 acres = 2,59 qkm).
3 Die kursive Stelle ist im Original nicht kursiv.

Aber auch dann noch ist, wie wir bemerken wollen, die im Jahre 1898 erfolgte Schätzung des deutschen Statistikers um 38,3% höher, als die 1890 erfolgte Schätzung des englischen Geographen. Es scheint also beinahe, daß „die Schätzung sehr viel stärker wächst als die Bevölkerung".

Auch in der Schätzung des Zeitpunktes, wann die verhängnisvolle Endzahl erreicht sein wird, weicht *Fircks* von *Ravenstein* etwas ab; während jener einen Zuwachs von 8% pro Dekade schätzt, hält *Ravenstein* einen solchen von 0,5% pro Jahr für die richtige Grundlage einer Zukunftsberechnung, allerdings auch für das Mindestmaß des zu erwartenden Zuwachses:

> „Eine durchschnittliche Bevölkerungsvermehrung um jährlich fünf aufs Tausend darf daher für die Bevölkerung Europas gegenwärtig als mäßig bezeichnet werden und bei gesunden volkswirtschaftlichen Zuständen als Mindestwert gelten. Bei fünf pro Mille Bevölkerungsvermehrung müßte sich die Volkszahl in 139,4 Jahren verdoppeln, in 923,3 Jahren verhundertfachen und in 1.366,3 Jahren vertausendfachen. Die aus Beobachtungen der Gegenwart bestimmte natürliche Bevölkerungsvermehrung von jährlich fünf pro Mille läßt sich, wie ersichtlich, mit den aus dem Altertum und Mittelalter bekannten Volkszahlen nicht in Einklang bringen. Sie ist viel zu hoch. In den europäischen Provinzen des römischen Reichs haben im zweiten Jahrhundert 45 Millionen Menschen gewohnt. Die Volkszahl dieser von der Natur begünstigten Länder ist nach siebzehnhundert Jahren auf 160 Millionen, also im Durchschnitt jährlich um 0,75 aufs Tausend, angewachsen, und sie mögen außerdem noch rund 20 Millionen an andere, namentlich außereuropäische Länder, durch Auswanderung abgegeben haben, sodaß die wirkliche Volksvermehrung der in jenen Gebieten wohnenden Völker auf höchstens 0,82 aufs Tausend zu schätzen ist. Aber auch für die Zukunft ist die aus den Beobachtungen der zweiten Hälfte des 19. Jahrhunderts auf fünf pro Mille bestimmte Mindestzunahme der europäischen Bevölkerung auf die Dauer unmöglich; denn im Jahre 2400 würden die Staaten Europas bereits 4.687 Millionen Einwohner zählen zu deren Erhaltung die Mittel schwerlich aufgebracht werden könnten."

Man sieht, *Fircks* läßt sich durch das äußerst langsame Wachstum der Bevölkerung in der *Vergangenheit* ebensowenig wie seine Genossen im „prophetischen Malthusianismus, der mit Zahlen jongliert" davon abhalten, ein äußerst schnelles Wachstum für die *Zukunft* anzunehmen. Er läßt im übrigen ein wenig mit sich reden, denn er fährt an der zitierten Stelle fort:

> „Selbst die Zahl von 9.272 Millionen bezeichnet vielleicht noch nicht die äußerste Grenze der auf der Erde erhaltbaren menschlichen Bevölkerung, denn bisher sind noch nirgend alle für die Ernährung der Menschen verwertbaren Stoffe der Tier- und Pflanzenwelt vollständig für diesen Zweck verwendet worden. Tiere und Pflanzen sterben ab und fallen der Verwesung anheim, viele brauchbare Nahrungsmittel bleiben unbenützt, weil sie minderwertig oder weniger wohlschmeckend sind. Auch verzehren viele Menschen mehr, als sie zu ihrer Erhaltung bedürfen. Die Gefahr einer Übervölkerung der ganzen Erde liegt hiernach noch fern, wohl aber besteht diese Gefahr für einen Teil der europäischen Staaten."

Wenn jene Rechnungen auf soliden Grundlagen aufgebaut sind, so haben wir also allerdings in einer Zukunft, die die Wissenschaft durchaus in den Kreis ihrer Betrachtungen zu ziehen hat, eine absolute Übervölkerung zu erwarten. Namentlich wir Deutschen, deren Zahl ja mehr als doppelt so stark zunimmt wie in der *Fircks*schen Schätzung, hätten schon in sehr naher Zeit die unangenehme Alternative, zwischen dem Hungertode und dem Ausrottungskriege gegen zunächst alle nicht-kaukasischen Rassen und später gegen die weißen Brüder zu wählen. Und wir müßten eigentlich sehr froh über die Aussicht sein, daß unsere eigenen wimmelnden Heerscharen durch diese Kriege wohltätig dezimiert werden würden.

IV. Kapitel

Es fragt sich also, ob wir in der Lage sind, die Grundlage jener Schätzungen als solide anzuerkennen? Und da müssen wir sagen, daß wir kaum ein schöneres Beispiel von dem munteren „Jonglieren mit Zahlen" kennen, als es in den eben dargestellten Ausführungen geschieht.

Der Geograph ist unschuldig; er hat sich gutgläubig der Theorie bedient, die ihm die Volkswirtschaftslehre an die Hand gegeben hat, und es ist nicht seine Schuld, wenn diese Theorie grundfalsch ist. Er hat, um es kurz zu sagen, den törichten Irrtum akzeptiert, daß die Völker hoher Kultur, die Nahrungsmittel importieren, *dies aus Not tun*, um ein *Defizit* zu decken, ohne dessen Deckung die Jahresdurchschnittsquote unter das Existenzminimum herabsinken würde; und daß die Völker niederer Kultur, die Nahrungsstoffe exportieren, dies tun, weil sie für den Überschuß daheim keine Verwendung haben. Wir wissen aus der oben angeführten Statistik, daß diese Auffassung ebenso falsch ist, wie sie plausibel erscheint: die Völker hoher Kultur importieren Nahrungsstoffe, trotzdem ihre eigene Erzeugung pro Kopf der Bevölkerung ganz wesentlich größer ist, als die der Völker niederer Kultur; sie importieren, um einen volkstümlichen Ausdruck zu gebrauchen, weil sie es sich leisten können, weil sie sich reichlicher und besser ernähren können, weil sie namentlich einen großen Teil der Kornimporte in die „Luxusnahrungsmittel" feiner Fleischwaren und geistiger Getränke umwandeln können. Die Völker niederer Kultur aber exportieren nicht, weil ihre Nahrungsüberschüsse für sie schlechterdings unverwendbar sind, sondern weil sie arm und verschuldet sind, weil sie darben müssen, um ihre Schuldzinsen aufzubringen; weil sie den Schmachtriemen fester ziehen müssen, um wenigstens etwas von höheren Produktiv- und Kulturgütern ins Land zu bekommen.

Von dieser Erkenntnis aus kann es gar keinem Zweifel unterliegen, daß die Grundlage sowohl der *Ravenstein*schen, wie auch der *Fircks*schen Schätzung durchaus nicht tragfähig ist. Wir haben nicht den geringsten Anhaltspunkt dafür, wo die Grenze der Bevölkerungsdichte in einem einzelnen Lande des Kulturkreises, geschweige denn auf dem ganzen Planeten liegt, weil wir eben noch gar nicht wissen, was ein Land trägt, das „in intensivster Weise angebaut wird", wie *v. Fircks* sich oben ausdrückte. Keinesfalls aber besteht unter Fachmännern irgendeine Meinungsverschiedenheit darüber, daß die heutige Bevölkerungsdichte der dichtest besetzten Kulturländer Europas noch ganz bedeutend gesteigert werden kann, ohne daß es nötig wäre, die Ernteüberschüsse auswärtiger Länder für ihre Ernährung in Anspruch zu nehmen.

Wir führen mehrere Deutschland betreffende Stimmen an: *Rümker* in der oben zitierten Abhandlung behauptet glaubhaft, daß ohne weitere Vermehrung der Produktionskosten allein durch sorgfältige, individualisierende, dem Acker angepaßte Auswahl des *Saatgutes* Deutschland noch auf lange Jahre hinaus auch bei weiter im selben Maßstabe wachsender Bevölkerung sein Getreide selbst produzieren könnte. Wir selbst haben auf die mögliche enorme Steigerung der Roherträge durch eine vernünftige Wasserwirtschaft an Stelle unserer geradezu barbarischen Vergeudung aufmerksam gemacht und können uns dabei auch auf *Max Delbrück* berufen, der „von der Kulturtechnik großes erwartet; in umfassendster Weise sind die Wasserkräfte dem Landbau dienstbar zu machen"[1]. *v. d. Goltz* behauptet, im Einverständnisse mit allen praktischen Landwirten zu sprechen, wenn er sage, „daß man imstande ist, durch bessere Kultur die Getreideerträge um 4 bis 8 Zentner pro Hektar durchschnittlich zu steigern". Er berechnet daraus einen möglichen Mehrertrag von 54 " resp. 109 Millionen Zentnern Getreide, wodurch das deutsche Reich nicht nur seinen Bedarf selbst decken, sondern auch noch beträchtlich exportieren könnte.[2]

---

1 Delbrück, Die königliche landwirtschaftliche Hochschule der Zukunft, im Anhang: „Die deutsche Landwirtschaft an der Jahrhundertwende", S. 12.
2 Goltz, Die ländliche Arbeiterklasse und der preußische Staat, S. 66.

Das sei zu erreichen „vor allem durch Verwendung einer größeren Menge von Arbeit auf die Bodenproduktion". Genau derselben Ansicht ist *Buchenberger*, und, wie er zitiert, *Geh. Rat Thiel*.[1] Professor *Max Delbrück*, der Rektor der Landwirtschaftlichen Hochschule in Berlin, schreibt folgendes:

> „Man wird kaum fehlen, die Volkszunahme im neuen Jahrhundert auf eine Verdoppelung zu schätzen: das Ende des 20. Jahrhunderts wird Deutschland mit einer Seelenzahl von erheblich über 100 Millionen sehen. Wer legt sich dem gegenüber die Frage vor, ob die landwirtschaftliche Produktion ausreichen wird, um diese riesige Bevölkerung zu ernähren; oder ob Deutschland in seiner Nahrung alsbald völlig vom Auslande – von der Einfuhr – abhängig, und das Wort vom Industriestaat zur Wahrheit geworden sein wird?"[2]

Er beantwortet diese Frage dahin, daß die Nahrungsmittelproduktion im 19. Jahrhundert bei weitem stärker zugenommen habe, als die Volkszahl; und er nimmt keinen Anstand, ohne weiteres auszusprechen, daß sie auch im 20. Jahrhundert noch einmal verdoppelt werden kann:

> „Ich wage es auszusprechen, daß für die Körnerfrüchte im Durchschnitt eine Verdoppelung der Erträge in Aussicht gestellt werden kann und muß, und daß eine Verdreifachung der Kartoffelerträge keinesfalls außer dem Bereich der Möglichkeit liegt. Vorrat an Kali und Phosphorsäure haben wir im eigenen Lande, und so weit der Stickstoff aus der Einfuhr an Salpeter nicht geliefert werden kann, wird er mit Sicherheit bereit gestellt werden können durch Ausnutzung der Stickstoff sammelnden Eigenschaften der Pflanzen, durch die Kunst der Konservierung des Stickstoffes im Dünger, welche, sagen wir es gerade heraus, noch in den Kinderschuhen steckt. Das 20. Jahrhundert wird das Jahrhundert der Agrikultur-Bakteriologie sein, aus ihr wird die Düngekraft gewonnen werden, welche zur Verdoppelung der Erträge führen wird.
>
> Man hat davon gesprochen, daß das vergangene Jahrhundert ein Jahrhundert der Entwicklung der Technik gewesen ist, daß das neue Jahrhundert neue Erfolge auf diesem Gebiete zeitigen wird. Ich stelle die Behauptung auf, daß die Leistung der deutschen Landwirtschaft sich getrost an die Seite stellen könne, den Leistungen der Industrie. Der Grund und Boden ist eine gegebene, unveränderliche Größe; *aus dieser Größe ist das vierfache erreicht worden in einem Jahrhundert, und für das Ende des 20. Jahrhunderts, mit dem Anfange des 19. verglichen, werden wir eine Verachtfachung der Produktion voraus sagen können.*"

Derartige Anschauungen, wie ebenso die erstaunlichen Tatsachen, die über die Ertragssteigerung der Äcker in allen anderen Kulturstaaten jedermann vorliegen, existieren für den Fanatiker des Malthusianismus nicht, wie es den Anschein hat. Er gleicht jenem „sächsischen Landwirt", den *Jentsch* anführte (s. o.), der es nicht glauben wollte, daß rationelle Landwirte das sechste (!) Korn zu ernten verständen. Für ihn existiert das Weiswort des ältesten und erfahrensten Ackerbauvolkes, *der Chinesen*, nicht, „daß wohl die Ausdehnung des Ackers sich begrenzen lasse, nicht aber seine Ertragsfähigkeit"[3]. Wir möchten ihm eine Bemerkung von *Moreau de Jonnes* entgegenhalten:

> „Il semble, au premier instant, impossible, que la production de froment soit doublée, et cependant c'est précisément ce qui est arrivé, dans les quatre – vingt ans qui viennent de s'écouler. Si, lorsque nos guérets ne rapportaient annuellement que 34 à 35 hl de blé, on avait dit à Mirabeau et à Beausobre, qu'ils devaient en produire 70, sans occuper une surface plus

---

1 Buchenberger, Agrarwesen und Agrarpolitik, Bd. 1, S. 75.
2 Delbrück, Die königliche landwirtschaftliche Hochschule der Zukunft, S. 31ff.
3 Samson-Himmelstjerna, Über Wasserwirtschaft, S. 13.

grande, *ces économistes n'eussent point a joute foi à ce prodige*, dont cependant nous sommes aujourd'hui témoins."[1]

Das wurde 1843 geschrieben! Seitdem hat sich der Durchschnittsertrag des französischen Weizenlandes wieder enorm gehoben, von ca. 13 auf ca. 16 per ha.[2]

Aber das hilft alles nichts! „Das muß doch einmal ein Ende nehmen!" Wenn dieser „Ökonomist" nach hundert Jahren sehen könnte, wie viel *dann* die Felder tragen, er würde ebensowenig an „das Wunder glauben", wie *Mirabeau* und *Beausobre*, und vielleicht wie *Moreau de Jonnès* selbst das glauben würde, was heute doch Tatsache ist. „Wo so ein Köpfchen keinen Ausgang sieht, stellt es sich gleich das Ende vor", sagt *Gustav Rümelin*[3] und „spottet seiner selbst und weiß nicht wie".

Wir wollen aber durchaus keine Zukunftsprophezeiungen wagen auf künftige Mehrerträge der *Ackerwirtschaft* hin. Uns erscheint das Prophezeien auf lange Zeit hinaus mit reinen Vermutungen nicht zu den eigentlichen Aufgaben der *Wissenschaft* zu gehören.

Wenn trotzdem das folgende vielleicht den Eindruck des übertriebensten phantastischen Utopismus machen wird, so kann das niemand mehr bedauern, als wir. *Nichts ist uns unangenehmer* als *„Zukunftsbilder".* Aber wir stehen hier unter dem Zwang, den gänzlich übertriebenen phantastischen Pessimismus der prophetischen Malthusianer zweiter Abart zurückweisen zu müssen, indem wir zeigen, welche Folgen sich in der Tat einstellen müßten, *wenn ihre Voraussetzungen gegeben wären, die durchaus nicht die unseren sind*. Aber, wenn wir denn schon einmal prophezeien müssen, so wollen wir uns wenigstens nur an das halten, was wir als *Gegenwartstatsachen* kennen und wissen. Es handelt sich nicht darum, wieviel der Mensch in irgendeiner Form der *Ackerwirtschaft* an Nahrungsmitteln wird in Zukunft produzieren können, sondern nur darum, wieviel er *heute* schon in der intensivsten Art der *Urproduktion erwirtschaftet*. Das ist der ruhende Pol in der Erscheinungen Flucht. Die intensivste Art der Urproduktion, die wir bisher kennen, ist *die Kultur in geheizten Treibhäusern*.

Man wende uns nicht ein, die Vorstellung sei lächerlich, die ganze Erde, soweit sie fruchtbar sei, könne mit Glasdächern bedeckt werden. Gewiß ist sie das – für unsere Verhältnisse! Denn erstens rentierte es nicht und zweitens wäre nicht Dünger genug für diese Hochkultur vorhanden. Aber diese Voraussetzungen entfallen, wenn einmal jener von den Malthusianern prophezeite Zustand der „absoluten Übervölkerung" eingetreten ist. Dann *rentiert* es, Treibhauskultur im großartigsten Maßstabe zu treiben, denn Nahrung ist das primäre Bedürfnis des Menschen, und der Warenpreis der Bodenprodukte würde in dem Augenblicke hoch genug steigen, um Treibhausprodukte zu bezahlen, in dem die Ackerprodukte nicht mehr ausreichen. Und dann wäre auch Dünger genug vorhanden, da allein im natürlichen Dünger – vom künstlichen ganz abgesehen – der Boden seine Auslagen zurückerstattet erhielte. Es wäre nur ein *beschleunigter* Stoffwechsel zwischen Pflanzenleib und Menschenleib!

Ebensowenig ist an der *technischen* Ausführbarkeit zu zweifeln. Unsere Fähigkeit, Glas, Ziegel, Mörtel, Rahmen und Gartengeräte herzustellen, ist praktisch grenzenlos und unterliegt noch dazu dem Gesetz der steigenden Erträge.

Es ist also geradezu lächerlich, von dem Versagen der rohen *Ackerproduktion* das Gespenst der absoluten Übervölkerung abzuleiten. Kommt es zu einer so wimmelnden Menschenmenge auf diesen Planeten, so kommt es auch, mit mathematischer Sicherheit, zur höchsten denkbaren Intensität der Urproduktion. Daran kann niemand ernsthaft zweifeln.

Wieviel Menschen kann nun auf den Quadratkilometer diese Art der Urproduktion ernähren?

---

1 Jonnès, Statistique, S. 25.
2 Derselbe, Statistique agricole, S. 108.
3 Rümelin, Reden und Aufsätze (1875), S. 329.

Nach *Lothar Meyer*[1] bringt in Guernsey ein einfaches, primitiv konstruiertes Glashaus mit Heizung, das pro Quadratmeter etwa 11 Mark Herstellungskosten machte, pro Quadratmeter in einem Jahre 1–2 Kilo Kartoffeln, 6–8 Kilo Tomaten und im Herbst noch Blumen. Wir dürfen ruhig das Maximum annehmen; denn wir rechnen nichts auf die Blumen; es werden ferner nach *Meyers* Angabe viele Früchte geerntet, ehe sie ihr volles Gewicht erhalten haben, um bei den höheren Anfangspreisen höheren Gewinn abzuwerfen; und schließlich ist hundert Tonnen per Hektar noch bei weitem nicht das heute erreichte Maximum, wie ein unten folgendes Pariser Beispiel zeigen wird. *Es produziert also hier der Quadratmeter 10 Kilo, der Hektar 100 Tonnen und der Quadratkilometer 10.000 Tonnen!*

Der erwachsene arbeitende Mann braucht als Mindestsatz nach *Voit* und *Pettenkofer*[2] pro Tag 137 g Eiweiß, 173 g Fett und 362 g Kohlehydrate (Stärke oder Zucker). Das Fett läßt sich, wenn auch nicht gerade vorteilhaft, durch Kohlehydrate ersetzen, so daß für 100 g Fett 175 g Stärke oder Zucker gereicht wird. 137 g Eiweiß ergeben pro Jahr 50 Kilo. Genau entsprechend berechnet *Keleti*[3] den Eiweißbedarf des Mannes mit jährlich 100, des Weibes mit 75, und des Kindes mit 50 Pfund Eiweiß in resp. 1600, 1200 und 900 Pfund Gesamtnahrung.

Da vegetabilisches Eiweiß (nach *M. Rubner*) weit schlechter ausgenützt wird als tierisches, (es gehen ca. 15–30% verloren beim Pflanzeneiweiß, gegen ca. 2,5–4% beim Tiereiweiß außer Milch, die der Erwachsene auch nur gut ausnutzt, wenn er Käse dazu ißt), rechnen wir einen hohen Durchschnitt von 37,5 Kilo Eiweiß pro Kopf als notwendig. Der Durchschnitt ist hoch, weil die Kinder und Weiber einen größeren Bruchteil der Bevölkerung bilden, als je ein Drittel. (In Deutschland waren 1890/91: 447 pro Mille unter 20 Jahren, und es kamen in den höheren Altersklassen weit über 1.080 Weiber auf 1.000 Männer.[4] Außerdem arbeiten nicht alle, und das Nahrungsbedürfnis alter Leute ist geringer.)

Kartoffeln enthalten bei einem Wassergehalt von ca. 76% 20,2% Stärke und 2,3% Eiweiß. Da selbst Kohl 1,8% Eiweiß enthält, so wollen wir den *durchschnittlichen* Eiweißgehalt der gezogenen Früchte sehr niedrig mit 1,5% annehmen. Dann erzeugt der Quadratkilometer also l50.000 Kilo pflanzliches Eiweiß, kann also, da Stärke und Zucker in überreichem Maße in den Früchten enthalten sind, reichlich 4.000 Menschen ernähren.

Nun wäre eine solche Ernährung, wie schon gesagt, sehr unzweckmäßig, weil sie viel zu voluminös ist. Müßte man doch von Kartoffeln 4.576 Gramm, von Weißkohl sogar 7.625 Gramm zu sich nehmen, um 118 Gramm Eiweiß zu erhalten! Das verdaut kein menschlicher Darm!

Es ist aber kein Grund abzusehen, warum nicht auf einer gegebenen Bodenfläche die gleiche Quantität vegetabilischen Eiweißes in einer besser für die menschliche Ernährung geeigneten Form, d. h. in Verbindung mit weniger Wasser und mit weniger Kohlehydraten, sollte geerntet werden können. Im Gegenteil, wenn man dem Boden weniger Stärke abverlangt, wird er wahrscheinlich mehr Eiweiß hergeben können.

Für den gewöhnlichen Ackerbau steht das außer Zweifel. *Max Delbrück* sagt ausdrücklich[5], daß wir dem Boden ganz dieselbe Menge Trockensubstanz entziehen, ob wir Kartoffeln oder Getreide bauen. Wir sehen keinen Grund, warum dasselbe Verhältnis nicht auch bei Gartenbau sich zeigen

---

1 Meyer, Skizzen von einer landwirtschaftlichen Reise in Nordfrankreich, Südengland und den Kanalinseln (Sep.-Abdruck aus der „illustr. Landw. Zeitung", Berlin 1899, S. 69).
2 Voit und Pettenkofer, vgl. Artikel „Ernährung" in: Encyklaedie der gesamten Heilkunde, 1886, Bd. Vl, S. 542; vgl. auch Lassar-Cohn, Die Chemie im täglichen Leben, Hamburg und Leipzig 1897, S. 87.
3 Mulhall, Dictionary of statistics, S. 192.
4 Ebenda, S. 607, 609.
5 Delbrück, Die königliche landwirtschaftliche Hochschule der Zukunft.

sollte. Versuche in dieser Hinsicht können natürlich nicht wohl existieren, da es bisher für niemanden rentabel sein konnte, Weizen oder Erbsen in intensivstem Gartenbau zu ziehen. Immerhin liegt uns wenigstens ein Zuchtversuch vor. Nach *Kropotkin*[1] hat der bekannte Züchter *Hallet* aus einem einzigen Getreidekorn einen Büschel gezogen, dessen Halme mehr als 10.000 Körner trugen. Er rechnet, daß bei derartigen Resultaten eine Familie von 5 Köpfen auf einem Raum von 100 Quadratmetern leben könnte, also 50.000 Köpfe pro qkm. Das ist natürlich eine ausschweifende Kalkulation, da bei Zuchtversuchen die Körner in großen Abständen gepflanzt zu werden pflegen, um so viel Bodenkraft und Belichtung wie nur möglich zu erhalten. Ein solches Ergebnis läßt sich also nicht ohne weiteres auf Massenproduktion übertragen. Aber es scheint nicht allzu ausschweifend, wenn man den ca. zwölften Teil der Erträge für möglich hält, wie wir, die wir 1.250 Quadratmeter für eine fünfköpfige Familie annehmen.

Dabei darf nicht außer acht gelassen werden, daß wir bisher noch nicht einmal wissen, was intensive *Ackerwirtschaft* in tropischem und subtropischem Klima an Erträgen liefern kann. *Moreau de Jonnès*[2] erzählt nach *Humboldt* von ungeheuren Erträgen in Mexiko, wo das Korn auf den großen Gütern 50–60faches, und von den Antillen, wo der Mais gar 300faches Korn bringt. Nach freundlichen mündlichen Mitteilungen *Lothar Meyers* sind die höchsten ihm aus der Literatur bekannten Kornerträge die von Mais in brasilianischen und argentinischen Wirtschaften. Hier werden Erträge bis zu 5.000 Kilo per Hektar erzielt. Da Mais ca. 10% Eiweiß enthält[3], und mindestens zwei Ernten jährlich erzielbar sind, wenn die Rentabilität es erlaubt, so kämen wir schon bei Ackerwirtschaft auf 1.000 Tonnen Korn und 100 Tonnen Eiweiß pro qkm, so daß es nicht ausschweifend erscheint, ein ähnliches Resultat bei *Treibhauskultur* zu erwarten.

Lassen sich aber Korn und Hülsenfrüchte mit annähernd demselben Erfolge in bezug auf das produzierte Eiweiß anbauen, wie Kartoffel und Gemüse, so ist eine vegetarische Ernährung bei geschickter Anordnung durchaus möglich, wie die heutigen Vegetarianer beweisen. Enthalten doch Erbsen noch mehr Eiweiß, als sogar fettarmes Fleisch: 118 Gramm Eiweiß sind in 529 Gramm Erbsen, aber erst in 538 Gramm fettarmem Fleisch enthalten. Es müßte nur ein Teil des Areals mit Ölpflanzen bebaut werden, um den Kohlenstoff der Stärke zum Teil durch Fett zu ersetzen. Denn 100 Fett rechnen, wie gesagt, in der Ernährung gleich 175 Kohlehydrat, und sind ungemein weniger voluminös, als stärkehaltige Pflanzen.

So scheint uns die Annahme von 4.000 Menschen auf dem Quadratkilometer von *Ravensteins* „fruchtbarem Lande" durchaus nicht übertrieben. Jedoch ist eine weitere Reduktion nötig denn seine erste Region umfaßt ja auch außer Ackerland, Wiesen und Weiden (ca. 58%) Wälder und Ödländereien (23 resp. 19%). Die Ödländereien würden, das darf man annehmen, sehr stark zusammenschrumpfen, wie sie in den Ländern hoher Kultur tatsächlich vor unseren Augen in immer wachsendem Umfange in die Bewirtschaftung einbezogen werden. Wiesen und Weiden produzieren nahezu dasselbe Quantum menschlicher Nahrung wie der Acker. Denn nach *Delbrück* erzielen wir aus 10 pflanzlicher Trockensubstanz = 1 Fleischtrockensubstanz, die aber den achtfachen Nährwert hat wie die pflanzliche. Wir werden also sehr solide rechnen, wenn wir das kulturfähige Land der ersten *Ravenstein*schen Region auf 65%, die Wälder auf 23%, die Ödländereien, Wasserflächen etc. auf 12% annehmen. Da diese Region in toto nach der korrigierten Rechnung 73,2 Millionen qkm umfaßte, so hätten wir also 47,6 Millionen qkm ertragsfähigen Boden, der nach sehr mäßigem Anschlage unter den angenommenen Voraussetzungen 190,4 *Milliarden Köpfe ernähren könnte!*

---

1 Kropotkin, Wohlstand für Alle, S. 296.
2 Jonnès, Statistique, S. 13.
3 Mulhall, Dictionary of statistics, S. 191.

Nun haben wir noch 36 Millionen qkm Steppe und 11 Millionen qkm Wüste.

Daß mindestens die erstgenannte Bodenklasse in weitem Umfange in fruchtbares Land umgewandelt werden *kann* durch die Zufuhr des erforderlichen Wassers, unterliegt keinem Zweifel. Die artesischen Brunnen, die die Franzosen in der Sahara angelegt haben, und die unerhörten Erfolge der mormonischen[1] und profanen Bewässerungsgenossenschaften in Utah und Kalifornien beweisen es für die Neuzeit ebenso schlagend, wie die Bevölkerungsgeschichte Mesopotamiens, des Inkastaates, Palmyras und anderer „Wüstenparadiese" für die Vergangenheit.[2] Diese selbst für unsere Begriffe großartigen Werke sind teils zu wesentlich politischen Zwecken (Sahara), jedenfalls aber mit den Mitteln verhältnismäßig kleiner Körperschaften oder relativ armer Nationen ausgeführt worden. Niemand kann zweifeln, daß, wenn die Bevölkerung wirklich einmal so dicht geworden sein sollte, wie die Malthusianer – nicht wir – prophezeien, wenn also der Nahrungspreis enorm hoch stehen würde, daß es dann technisch und ökonomisch – vom Standpunkte der Produktivität und der Rentabilität – möglich sein würde, durch Wasserwerke sondergleichen Steppen und Wüsten ertragfähig zu machen.

Fircks rechnete oben, daß die Steppen durchschnittlich 20, und die Wüsten durchschnittlich 5 Menschen pro qkm ernähren könnten; das macht durchschnittlich 16,3, oder rund 1/6 des auf dem fruchtbaren Lande Möglichen. Nehmen wir nun an, daß mit allen Verbesserungen der durchschnittliche Ertrag nur auf 1/10 der Ertragsfähigkeit der ersten Region zu bringen sei, und rechnen wir auch hier nur 65% der Fläche als für menschliche Nahrungserzeugung geeignet, so erhalten wir auf 30,5 Millionen qkm nutzbarer Fläche noch einmal 12,2 Milliarden ernährbare Menschen.

Zu einem etwas geringeren Resultat kommen wir, wenn wir diese meliorierten Steppen und Wüsten als die Viehzuchtländer der malthusianischen Zukunft betrachten. Wir wollen diese Rechnung noch machen, um gleichzeitig festzustellen, wieviel menschliche Nahrung heute schon durch intensivste Wiesenkultur als *Fleisch* produziert werden kann.

Heute hält man in Deutschland, auf das ganze Jahr berechnet, bei mittlerer natürlicher Weide 1 Stück Großvieh auf 3 ha. Auf bewässertem Boden 1 Stück auf 1 ha. Auf bewässertem und gedüngtem Boden sehr viel mehr. Ob die Gärtner der Zukunft es rentabel finden werden, einen Teil ihrer Fläche mit Viehfutter im intensivsten Gartenbau zu bestellen, wird von der Richtung der Nachfrage und dem Preise von Milch, Eiern, Fleisch und Tierfett abhängen. Davon wissen wir nichts. Aber wir können getrost in unsere hypothetische Rechnung eines der günstigsten Ergebnisse der Gegenwart einsetzen, das wir finden. Dies ist wieder die Kanalinsel Guernsey. Hier werden auf 2.100 ha Wiesen 1.480 Pferde, 7.260 Rinder, 900 Hammel und 4.200 Schweine ernährt[3] (auf gedüngten Wiesen).

Rechnet man Pferde und Kühe gleich, ein Schaf oder Schwein gleich 1/10 Kuh, so ernähren 2.100 ha = 9.260 Haupt Großvieh, also pro ha 4,4 Haupt Großvieh. Dann kann also der Quadratkilometer 440 Stück Großvieh ernähren. Das ist noch nicht das günstigste Ergebnis, denn auf einigen Rieselwiesen bei Mailand erntet man pro ha 45 Tonnen Heu, also genug für neun Milchkühe[4], alles in heutiger *Ackerwirtschaft*!

Mulhall rechnet, daß 1.000 Stück vorhandene Rinder jährlich 54 Tons Fleisch liefern. Major *Craigie* nimmt sogar 67 Tons an.[5] Rechnen wir im Durchschnitt 60 Tons! Dann würden also 440

---

1 Vgl. meinen Aufsatz: Die Utopie als Tatsache, in: Zeitschrift für Sozialwissenschaft, 1899, S. 190.
2 Vgl. dazu Samson-Himmelstjerna, Über Wasserwirtschaft, S. 35ff. über wenig bekannte „Kulturoasen inmitten trostloser Wüsten und Steppen im russischen Kolonialgebiet", z. B. in Grusinien, im Kuratal usw.
3 Kropotkin, Wohlstand für Alle, S. 298.
4 Nach Sering, Innere Kolonisation, S. 196.
5 Mulhall, Dictionary of statistics, S. 15; vgl. oben S. 45 [im vorliegenden Bd. S. 311].

Rinder per qkm 26.400, 900 Rinder per qkm gar 54.000 Kilo Rindfleisch liefern. Um den ganzen Eiweißbedarf des erwachsenen arbeitenden Menschen (118 g) zu decken, fanden wir 538 g Fleisch erforderlich. Nehmen wir an, daß diese Viehzüchter pro Kopf (Weiber, Kinder, Greise in eins gerechnet,) nahezu ein *ganzes Pfund* Fleisch täglich verzehren sollten, statt ihren Eiweißbedarf zum Teil durch Milch und Pflanzenkost zu decken. Rechnen wir 350 deutsche Pfund = 175 Kilo pro Kopf und Jahr als Eigenverbrauch. Das würde den europäischen Durchschnittsverbrauch, der 61 engl. Pfund = 27,6 Kilo beträgt, mehr als 6 Mal übersteigen, und selbst den enormen Fleischkonsum des Viehzuchtlandes κατ εξοχην, Australiens, mit 276 engl. Pfunden = 125 Kilo, um 40% übertreffen.

Rechnen wir nun ferner, daß pro Kopf noch einmal soviel Fleisch produziert werden muß, um die daneben erforderliche Pflanzenkost und die übrigen Lebensbedürfnisse zu kaufen und heranzutransportieren, so muß pro Kopf 350 Kilo produziert werden.

Dann wären pro qkm 75,4 resp. 154,3 Menschen möglich, je nachdem man die Zahlen von Guernsey oder diejenigen von Mailand zugrunde legt. Das ergäbe eine von den Wüsten und Steppen zu erhaltende Menschenzahl von 2,3 resp. 4,74 Milliarden.

Wenn diese Zahl erheblich hinter der ersten Schätzung zurückbleibt, so hat das seine Ursache darin, daß wir bei jener von *Gartenbau*kultur, und hier nur von intensiver *Wiesen*kultur ausgegangen sind. Würde man dahin gedrängt werden, auch *Viehfutter* unter Glas zu bauen, so würde die Fleischproduktion pro qkm eine ganz andere Höhe erreichen, da nach *Delbrücks* oben zitierter Schätzung aus 10 Pflanzen-Trockensubstanz: 1 Fleischtrockensubstanz gewonnen wird. Und dahin *würde* man natürlich gedrängt werden, wenn die Voraussetzung der Malthusianer einträfe!

Aber wir wollen hier nicht weiter in subtile Rechnungen eintreten, da das Endresultat dadurch nicht wesentlich verändert werden würde, ob wir die Bevölkerung der Steppen und Wüsten *Ravensteins* mit einigen Milliarden höher oder niedriger einschätzen.

Jedenfalls wird die Erde nach diesen Schätzungen unter Hinzurechnung der heute als Steppen und Wüsten fast ertraglosen Ländereien, und unter Einrechnung dessen, was die Flüsse und Seen bei wirtschaftlich-produktiver Ausnützung, und was die Ozeane an Nahrungsmitteln liefern können, stark über 200.000.000.000 Menschen ernähren können, *fast eine viertel Billion!*

Um einen naheliegenden Einwand vorwegzunehmen, müssen wir in Rechnung ziehen, wo der „Wohnboden" für eine so ungeheure Menschenmasse zu schaffen sei. Nun, es gibt Unland und Fels genug, die zu landwirtschaftlichen und gärtnerischen Zwecken nicht geeignet sind. Hier würden sich also die industriellen Ansiedlungen zusammendrängen. Im übrigen kamen in Berlin schon am 1. 1. 1893 auf ein Gesamtweichbild von 63,37 qkm, wovon 1,91 qkm Wasser und 27,07 qkm die noch landwirtschaftlich genutzt wurden, rund 1.600.000 Einwohner. Auf jeden der 34,9 qkm, die von Häusern, Straßen und Eisenbahnen besetzt waren, kamen also 48.270 Menschen. Im Pariser Quartier La bonne nouvelle leben sogar 102.500 Einwohner, berechnet auf den Quadratkilometer des Gesamtweichbildes.[1] Überflüssig zu sagen, daß wir in einer solchen Zusammenpferchung nicht ein Ideal erblicken. Aber von einer „Wohnungsnot" wären wir doch bei einer durchschnittlichen Dichte von höchstens 1.850 Seelen pro qkm noch sehr weit entfernt.

Mit unserer Schätzung ist aber einer weiteren Steigerung durchaus nicht präjudiziert. Es ist uns unmöglich, die Tragweite künftiger technischer Fortschritte zu taxieren. Schon heute hat sich uns eine Reihe von Methoden erschlossen, um den Ertrag des Bodens zu vermehren, deren Effekt noch nicht abzusehen ist: die Beleuchtung der Treibhäuser mit elektrischem Lichte, die Leitung elektrischer Ströme durch den Boden, die Impfung des Bodens mit Bakterien, die den Stickstoff der Atmosphäre assimilieren und so den Boden düngen usw. Schon heute können wir mit chemischen

---

[1] Die Daten aus: Brockhaus, Konversationslexikon.

Methoden Zellulose in assimilierbare Verbindungen überleiten; damit wäre der Ertrag der Felder stark vermehrt, da wir ungefähr so viel Stroh ernten wie Körner.

Aber heute ist das ein wissenschaftlicher Versuch, der nicht praktisch wird, weil er nicht *rentiert*. Sobald er rentiert, und das würde er bei weiter wachsender Dichte, würden hier für neue Milliarden Nahrungsquellen erschlossen werden.

Brechen wir ab! Mag unsere Schätzung noch so phantastisch klingen, mag man ihre ja freilich ziemlich schwankende Grundlage bemängeln: das eine wird niemand bestreiten können, daß sie keinesfalls das heute schon berechenbare in dem lächerlichen Maße *übertaxiert*, wie die *Ravenstein*sche Schätzung es *untertaxiert*. Es ist unter allen Umständen sicher, daß jedes noch so mühsame, noch so viel Arbeit verschlingende, noch so durch Werkzeuge und Hilfsstoffe kostspielige Verfahren der Landwirtschaft zu allgemeiner Anwendung kommen wird, sobald es *rentiert*, und daß es rentieren wird, sobald die Bevölkerung groß genug geworden ist, um durch eine einfachere und billigere Landwirtschaft nicht mehr genügend ernährt werden zu können.

Nun könnte man sagen, daß eine so riesige Zahl von Menschen nur ernährt werden könnte unter Verzicht auf alle höheren Güter der Kultur. Dieser wimmelnde Ameisenhaufen, der alles irgendwie ertragsfähige Land des ganzen Planeten unter Glas gelegt haben würde und seine Behausungen überall auf Fels und absolutem Unland zusammendrängen müßte, um den kostbaren Ackerboden nicht mit unproduktiven Häusern zu besetzen: dieser wimmelnde Ameisenhaufen hätte seine ganze Lebenszeit hindurch für nichts anderes Zeit, als für die Futterversorgung.

Sehen wir zu, inwieweit dies zutrifft.

Kropotkin[1] berichtet von einem Etablissement für Gemüsekultur des Mr. Ponce bei Paris. Er erntet jährlich: 10.000 Kilo Karotten, 10.000 Kilo Zwiebeln, Rettiche und andere kleine Gemüsesorten. 6.000 Köpfe Kohl, 3.000 Köpfe Blumenkohl, 5.000 Körbe Tomaten, 5.000 Dutzend ausgewählte Früchte, 154.000 Köpfe Salat, kurz ein Gesamtertrag von 125.000 Kilo Gemüse und Früchte auf einem Raum von 1,1 ha. (Diese Zahlen übertreffen noch die oben unserer Rechnung zugrunde gelegten Maximalergebnisse von Guernsey um 11,3%.)

Die Bearbeitung dieses Bodens wird von 8 erwachsenen Personen vollzogen; es bestellt also jede durchschnittlich 1.375 qm, es braucht also für den qkm 727 derartige Produzenten. Rechnen wir zu ihnen den üblichen Durchschnitt der von ihnen zu versorgenden Familienmitglieder, so kommen wir auf 2.000–2.500 Urproduzenten, und es bleibt noch Nahrung genug übrig, um 1.500–2.000 Industrielle und Angehörige freier Berufe zu ernähren. Diese Annahme ist sicherlich noch zu ungünstig; denn in einer so dicht gesäten Gesellschaft, und namentlich, wenn der standard of life mit der Dichte so weiter wächst, wie es bisher geschehen, sind arbeitssparende Produktionseinrichtungen von einem Umfang technisch herstellbar und ökonomisch rentabel, von denen wir uns heute ebensowenig einen Begriff machen können, wie der Eisenarbeiter des mittelalterlichen Nürnberg von den Kruppschen Werken in Essen. Um nicht dem Vorwurf utopischer Phantasterei zu verfallen, sei hier nur daran erinnert, daß das Problem der Erzeugung elektrischer Kraft aus dem Stromgefälle der Alpen und Skandinaviens und aus Ebbe und Flut an unsern Küsten technisch längst gelöst ist; jeder Kalkulator kann heute ausrechnen, wie hoch der gewöhnliche Arbeitslohn steigen muß, bis solche Werke auch *ökonomisch* möglich werden. Denn je höher der Lohn, um so rentabler sind mächtige Maschinerien, weil es dem Unternehmer ja nicht im mindesten auf Arbeitsersparnis, sondern lediglich auf *Lohn*ersparnis ankommt.

Bleiben wir aber bei unserer sehr ungünstigen Berechnung, so würden immer noch gegen 1/3–1/2 der Menschheit für die Gewinnung industrieller Rohstoffe und ihre Veredelung, für den internationalen und interlokalen Transport der geschaffenen Güter, und für alle „höheren Dienste"

---

1 Kropotkin, Wohlstand für Alle, S. 300f.

übrigbleiben, unvergleichlich mehr als in der heutigen Gesamtwirtschaft. Aber dieses Prozentualverhältnis gibt kein Bild von der technischen Leistungsfähigkeit. Da muß man sich die absoluten Zahlen vorstellen! Nur auf die 540.658 qkm des *deutschen Reiches* kämen nach dieser Berechnung *allein an Nichturproduzenten* zwischen 52 bis 700 Millionen Menschen (mit Angehörigen). Und daß für derartige Scharen industrieller Produzenten alle jene Werke, die zur Vermehrung und Sicherung der Nahrungsmittelversorgung erforderlich wären, ein Kinderspiel sein würden, (Wasserwerke, Kanäle usw.), das kann doch nicht wohl bezweifelt werden, denn sie unterliegen ja dem Gesetz der *steigenden* Erträge bei zunehmender Dichte der Bevölkerung und zunehmender Arbeitsteilung.

Wir haben jedoch keine Neigung, noch weiter ins Detail dieses sonderbaren Zukunftbildes einzugehen, das wir, wir wiederholen es ausdrücklich, durchaus nicht auf eigenen Antrieb entworfen haben, sondern nur als eine Konsequenz, *die aus Voraussetzungen* folgte, die durchaus nicht die unsern sind! Das bitten wir unsere Kritiker zu beachten!

Mögen also die Völker in dem bisherigen Tempo weiter wachsen oder nicht, mag unsere Rechnung das mögliche sogar stark überschätzen: jedenfalls ist der Zeitpunkt, in dem die höchste mögliche Produktion erreicht und die „absolute Übervölkerung" eingetreten ist, selbst bei Zugrundelegung nur der heutigen Roherträge so fern, daß für eine ernsthafte Wissenschaft die ganze Erörterung ohne jedes Interesse ist. Würde sich doch nach *Fircks*[1] selbst bei einer Zuwachsrate von 0,5% die heutige Volkszahl erst in *929,3* Jahren verhundertfachen, also mit ca. 150 Milliarden noch stark hinter unserer mäßigen Berechnung zurückbleiben!

„Gewiß ist, daß von solchen allgemeinen Zukunftsbetrachtungen kein Weg zu praktischen Schlußfolgerungen für die Gegenwart führt", sagt *Gustav Rümelin*.[2] „Es ist namentlich ein überaus fern liegender Gedanke, wie der Erdkreis im ganzen je unheilbar überfüllt werden könnte", bemerkt *Roscher*.[3] Und *Elster* schreibt: „Bezüglich der Vermehrung der Unterhaltsmittel lassen sich zuverlässige Angaben überhaupt noch nicht beibringen. Wir kennen noch nicht einmal den höchstmöglichen Grad der Intensität des Ackerbaus. Außerdem sind große Gebiete der Erdoberfläche noch unbebaut. Von einem objektiven Mangel an Nahrungsmitteln wird man in absehbarer Zeit kaum sprechen können."[4]

Es ist das also eine Sorge, die wir mit Vertrauen den Nationalökonomen und Politikern des x-ten Jahrtausends überlassen dürfen.

Wenn nämlich die Prophezeiung der Malthusianischen Pessimisten richtig ist, wenn wirklich sich die ersten Zeichen einer absoluten Übervölkerung auf dem in ein Treibhaus verwandelten Planeten zeigen sollten: dann werden die ersten Symptome davon nicht etwa „positive Checks", Vermehrung der Sterblichkeit etc. oder gar absolute Hungersnot sein, sondern das erste Zeichen wird sein ein *auffälliger Knick in einer bisher regelmäßig verlaufenden statistischen Kurve. Die Prozentzahl der Urproduzenten, die bisher regelmäßig gesunken ist, wird zu steigen beginnen*;[5] und dann mögen die Politiker und Staatsökonomen des x-ten Jahrtausends sich die Köpfe zerbrechen, wie sie der „überquellenden Geburtenfrequenz" Herr werden können. Für uns hat die ganze Angelegenheit nicht das mindeste Interesse. Wir fühlen uns lebhaft an die „kluge Else" der *Grimm*schen Volksmärchen erinnert: *Malthus* fing an zu jammern, weil ein ebenso schreckliches wie unwahrscheinliches Zukunftsbild vor seinem geistigen Auge erschien; und alle, die ihm nachgesandt wurden,

---

1 Fircks, Bevölkerungslehre und Bevölkerungspolitik, S. 294.
2 Rümelin, Reden und Aufsätze (1875), S. 330.
3 Roscher, National-Ökonomik des Ackerbaues, S. 612.
4 Elster, in: Handbuch der Staatswissenschaften, S. 768.
5 Unseres Wissens hat zuerst Th. Hertzka diese Konsequenz gezogen. Leider können wir die Stelle nicht angeben, wollen aber nicht versäumen, seine Priorität anzuerkennen.

sahen dasselbe schreckliche Zukunftsbild, stimmten in das Jammergeschrei mit ein und riefen bewundernd: „Was haben wir für eine kluge Else!"

Der prophetische Malthusianismus der zweiten Abart, der mit Zahlen jongliert, hat keine logische und materielle Grundlage, er kann deshalb auch nicht mit logischen und materiellen Gründen widerlegt werden. Er gehört in die Klasse der Glaubensartikel: credo quia absurdum.

Aber selbst wenn man daran festhalten will, ist dieses Dogma für den Historiker, der sich mit vergangenen Dingen beschäftigt, *sicherlich*; und für den Nationalökonomen, der sich mit Vergangenheit, Gegenwart und *allernächster Zukunft* beschäftigt, ebenfalls ohne jede Bedeutung.

„So wenig wie der Einzelmensch sich dadurch von seiner Arbeit für morgen zurückhalten läßt, daß er einmal wird sterben müssen; so wenig wie die Menschheit sich um die verwandten pessimistischen Ausblicke kümmert (Erkaltung der Sonne, Rückkehr der Erde zur Sonne in einer Spiralbahn, Zusammenstoß mit einem Weltkörper etc.): so wenig hat uns der prophetische Malthusianismus zu kümmern."[1]

Schlußwort

Wir stehen am Ende unserer Untersuchung. Schritt für Schritt haben wir uns bemüht, die logischen Trugschlüsse und Erschleichungen nachzuweisen, die materiellen Behauptungen durch Tatsachen zu widerlegen, die die Bevölkerungslehre zusammensetzen. Wir sind sehr gründlich und weitschweifig verfahren: aber wir machen uns fast den Vorwurf, noch nicht gründlich und weitschweifig genug gewesen zu sein. Denn die Bekämpfung eines derartigen logischen Ungeheuers gleicht dem Kampfe gegen die lernäische Hydra. Man kann einem solchen Kraken nicht mit einem wohlgezielten Schlage das Rückgrat brechen; *denn er hat kein Rückgrat*. Und es genügt nicht, die sieben Köpfe nur abzuhauen, sondern man muß sie auch noch ausbrennen; sonst wachsen sie doppelt nach.

Wir haben, um es zusammenzufassen, uns bemüht, nachzuweisen, daß das, was man heute Bevölkerungstheorie nennt, sich zusammenwirrt aus *drei* vollkommen verschiedenen Lehren, vollkommen verschiedenen, weil sie auf gänzlich verschiedenen Erwägungen aufgebaut sind, gänzlich verschiedene Tatsachen betreffen, und zu gänzlich verschiedenen Konsequenzen führen. Wir haben versucht, diese Lehren logisch zu isolieren. Es sind:

1. Die *eigentliche Malthussche Theorie*! Sie enthält ein angebliches *Naturgesetz*, gültig für jede Stufe menschlicher Wirtschaft in Vergangenheit, Gegenwart und Zukunft. Sie beruht auf einer groben Täuschung über den Geltungsbereich des „Gesetzes der Produktion auf Land". Sie ist als solche niemals von der Wissenschaft anerkannt worden und dankt ihr großes Ansehen nur Mißverständnissen der beiden folgenden Lehrmeinungen.
2. Der *„prophetische Malthusianismus"* erster Abart. Diese Lehrmeinung enthält *Zukunftsbefürchtungen* nicht aufgrund eines Naturgesetzes, sondern aufgrund vorausgesetzter sozialer Komplikationen. Sie ist *unhistorisch*, weil sie in den Verhältnissen eines exportierenden Industrievolkes ein wirtschaftliches Novum mit großen Gefahren zu sehen glaubt, obgleich es sich tatsächlich um nichts anderes handelt, als um die Manifestation einer uralten Entwicklungstendenz auf erweitertem Gebiete, und obgleich jene Gefahren zweifellos immer um so *geringer* werden, je größer das umspannte Gebiet ist. Sie ist ferner *unorganisch*, weil sie die wichtigsten Beziehungen zwi-

---

1 Oppenheimer, Großgrundeigentum und soziale Frage, S. 214 [im vorliegenden Band S. 120].

schen der Produktion und ihrem Markt verkennt. Für malthusianisch hält sie sich infolge eines Mißverständnisses der Bedeutung, die das Wort „Übervölkerung" bei *Malthus* hat. Sie setzt ihren eigenen recht unglücklich gewählten Begriff der „relativen Übervölkerung" gleich dem der *Malthusschen „absoluten"* Übervölkerung.

3. Der *„prophetische Malthusianismus"* zweiter Abart, *„der mit Zahlen jongliert".* Er enthält eine Zukunftsbefürchtung, die nicht, wie bei dem vorigen, auf *der Voraussetzung einer mangelhaften Anpassung der Wirtschaftsordnung* an eine gewachsene Volkzahl beruht, sondern wieder, wie bei dem ersten, auf einer *vorausgesetzten Kargheit der Natur*, er unterscheidet sich aber von der eigentlichen *Malthusschen* Theorie dadurch, daß dieses Mißverhältnis nicht die Regel jeder Wirtschaftsgemeinschaft sein, sondern erst in irgendeiner Zukunft eintreten soll. Er hält diese Zukunft für nahe infolge einer grotesken Verkennung der möglichen Nahrungsmittelerzeugung und Volkzahl, und er hält sich für malthusianisch infolge eines Mißverständnisses der Bedeutung, welche das Wort „Tendenz" bei *Malthus* hat, indem ein streng mathematischer Ausdruck als eine vage Zukunftsdrohung gefaßt wird. Diese Meinung kann man nicht widerlegen, da sie keine der Widerlegung fähigen Grundlagen besitzt. Sie kann richtig sein, oder nicht richtig sein: in keinem Falle liegt eine Notwendigkeit vor, sie zu diskutieren, da sie sich auf eine unübersehbare Zukunft bezieht.

Diese drei Theorien verschlingen und durchdringen sich, wie gesagt, zu dem, was man heute „Bevölkerungstheorie" nennt, und bilden einen fast unentwirrbaren Knäuel von Trugschlüssen.

Ob es uns gelungen sein wird, diesen Knäuel so zu entwirren, daß die Wissenschaft das Dogma aufgeben wird? Wir wagen es kaum zu hoffen. Denn „schon viele zogen vor ihm aus, zu wagen den gewalt'gen Strauß", ohne daß es gelang. Freilich hat man sich, soweit ich die antimalthusianische Literatur zu überschauen vermag, bisher viel zu sehr auf die Prophezeiungen eingelassen. Niemand hat die Trugschlüsse der Gegner logisch aufgedeckt, und noch weniger die ganze Frage systematisch von allen Seiten her beleuchtet. Trotzdem fürchte ich, daß es noch lange währen wird, bis der letzte Anhänger des eigentlichen oder prophetischen Malthusianismus bekehrt sein wird. Was *Jhering* von der Aufhebung eines bestehenden Rechtes sagt, das gilt auch von der Zerstörung eines theologischen oder wissenschaftlichen Dogmas: „Es ist, als sollte man einen Polypen losreißen, der sich mit tausend Armen anklammert."

Aber „in magnis voluisse sat est", und es ist ein „magnum" was hier zu leisten ist. Denn das Bevölkerungsprinzip ist heute geradezu der Kern- und Ausstrahlungspunkt aller wesentlichen Irrtümer der gesamten Soziologie. Jeden Weg des wissenschaftlichen und praktischen Fortschrittes sperrt heute ein Wächter, dem jene Theorie die Waffen in die Hand gegeben hat. Ist doch diese grundfalsche und höchst verderbliche Lehre fast das einzige Stück sicheren theoretischen Besitzes, über das der überwiegende und allein einflußreiche Teil der Wissenschaft noch zu verfügen glaubt. So sagt *Gustav Cohn* ausdrücklich: „Das Bevölkerungsgesetz ist nach meiner Überzeugung das unerschütterlichste und wichtigste Naturgesetz der ganzen bisherigen Nationalökonomie."[1]

Wer daher den Malthusianismus aufgrund der oben niedergelegten Ausführungen aufzugeben sich gedrungen fühlt, der muß sich klarmachen, daß er damit die letzte tragende Säule der heutigen theoretischen Nationalökonomie umstürzt, und daß es neuer Substruktionen bedürfen wird, wenn man in Zukunft nicht mehr nur noch von einem *Wissen*, sondern von einer *Wissenschaft* der Volkswirtschaft soll sprechen dürfen.

Ich habe den Grundriß einer solchen, von dem Malthusianischen Irrtum befreiten Soziologie für die beiden Hauptgebiete, Nationalökonomie und Geschichte, in meinem „Großgrundeigentum und soziale Frage" in den gröbsten Zügen zu zeichnen versucht.

---

1 Cohn, Volkswirtschaftliche Aufsätze, S. 530.

Hier dürften sich, so möchte ich hoffen, für die nötig gewordenen neuen theoretischen Substruktionen einige Bausteine auffinden lassen.

Insbesondere muß man sich klar sein, daß nach Preisgebung der *Malthusschen* Theorie das *Problem des Sozialismus*[1] sich wieder in voller Größe aufrollt. Wenn nämlich Not, Elend und Laster in der Welt nicht bedingt sind durch ein ehernes Gesetz der Natur, das nur die Weisheit der gereiften Menschheit dereinst wird überwinden können, dann muß für Not, Elend und Laster der Vergangenheit und Gegenwart ein anderer Erklärungsgrund ausfindig gemacht werden. Und es möchte schwer sein, diesen Erklärungsgrund in etwas anderem zu finden als in der Organisation des Staates und der Gesellschaft. Somit behielte *Godwin* also gegen *Malthus* recht.

Wenn ferner das Bevölkerungsprinzip nicht richtig ist, so ist auch der *Malthussche* Beweis für die Unmöglichkeit einer Gesellschaft der wirtschaftlichen Gleichheit und für die immanente Notwendigkeit derjenigen, sogenannten „bürgerlichen", Wirtschaftsverfassung, die er in Großbritannien seiner Zeit um sich sah, widerlegt. Wer den sozialen Staat heute bekämpfen will, der muß es aus andern Gründen als aus populationistischen tun, aus *technischen* und namentlich *psychologischen*, wie das z. B. auch *Adolf Wagner* korrekterweise versucht. Aber das hat *Malthus* nicht getan; er hat im Gegenteil ausdrücklich ausgesprochen, daß der Staat der Gleichheit als *unbedingt* psychologisch unmöglich nicht betrachtet werden kann; er sei nur *wahrscheinlich* nicht möglich.[2]

Somit ist das ganze Knäuel der sozialen Fragen, das *Alexander-Malthus* mit dem Schwerte seines Prinzips zerhauen wollte, wieder unentwirrt vor unsern Augen; und es erwächst jetzt der Wissenschaft die Aufgabe, die Lösung dieser gewaltigsten aller Fragen von neuem in die Hand zu nehmen.

Für *Malthus* waren politische Verfassung, Grundbesitz-Verteilung, wirtschaftliche Bevormundung durchaus Dinge untergeordneten Ranges.[3] Eine schlechte Verfassung konnte die Leiden des Volkes vermehren, eine gute sie mildern: aber an die Wurzel des Übels reichte keine menschliche Macht; ja die meisten der politischen Übel erschienen ihm sogar als notwendige Folgen seines Prinzips.

Mit der Widerlegung dieses Prinzips für Vergangenheit und Gegenwart treten aber jene „sekundären" Ursachen für uns wieder in die Rolle von Ursachen erster Ordnung ein; und jetzt ist von neuem zu untersuchen, ob nicht doch die menschliche Macht an die Wurzel des Übels reichen kann, ob eine Organisation der Gesellschaft technisch und psychologisch undenkbar ist, in der Not, Elend und Laster als Massenerscheinungen verschwunden sein werden.

Ob eine solche Gesellschaft denkbar ist, darüber kann freilich an dieser Stelle nicht gehandelt werden: wir haben hier nur mit aller Bestimmtheit festzustellen, daß nach dem Fall der *Malthusschen* Theorie es wieder wissenschaftlich erlaubt ist, diese Dinge zu untersuchen. Der Weg war verschüttet, jetzt ist er wieder frei. Ob er zum Ziele führen wird, das muß eben untersucht werden.

---

1 Um Mißverständnissen vorzubeugen sei hier bemerkt, daß Sozialismus nicht etwa gleichbedeutend ist mit Kommunismus oder Kollektivismus. Ich verstehe darunter eine Wirtschaftsordnung ohne Grundrente, Unternehmerprofit und Kapitalzins. In dieser Bedeutung ist der Sozialismus ein Ziel; der Kommunismus oder Kollektivismus nur ein angeblich zu diesem Ziele führender Weg, den ich mit der geltenden Wissenschaft für ungangbar halte.
2 Malthus, Versuch über das Bevölkerungsgesetz, S. 444.
3 Ebenda, vgl. z. B. S. 424, 680f. und oben zitierte Stellen.

Das Grundgesetz der Marxschen Gesellschaftslehre

Darstellung und Kritik
[1903]

Inhalt

Vorwort 389

Thesen 390

Erster Teil
Der Grundpfeiler der Marxschen Gesellschaftslehre 391
I. Kapitel: Das Gesetz der Akkumulation und seine Konsequenzen 391
II. Kapitel: Akkumulationsgesetz und Mehrwertlehre 393

Zweiter Teil
Der Marxsche Beweis 399
III. Kapitel: Die Entstehung des Kapitalverhältnisses 399
IV. Kapitel: Die Reproduktion des Kapitalverhältnisses 401
V. Kapitel: Der Marxsche Kettenschluß 404
   A. Darstellung 404
   B. Kritik 406

Dritter Teil
Die Marxsche Behauptung im Lichte der Tatsachen 412
VI. Kapitel: Die Tatsachen der industriellen Entwicklung 413
VII. Kapitel: Die Tatsachen der landwirtschaftlichen Entwicklung 423
   a) Die Konkurrenz in der Landwirtschaft 425
   b) Die Akkumulation und Zentralisation des Agrikulturkapitals . . 427
   c) Groß- und Kleinbetrieb in der Landwirtschaft 430
   d) Die Freisetzung des Landproletariats 432
VIII. Kapitel: Die Tatsachen des kapitalistischen Gesamtprozesses 438

Vierter Teil
Die Ursache der kapitalistischen Exploitation 441
IX. Kapitel: Grundeigentumsverteilung und ländliche Wanderbewegung . . 441
X. Kapitel: Antikritisches Zwischenspiel 446
XI. Kapitel: Skizze einer Lohntheorie 453

XII. Kapitel: Die Tendenz der kapitalistischen Entwicklung 456

Schlußwort
Die Klassentheorie 463

Vorwort

In Karl Marx' „Kapital" ist das logische Gefüge der Gedanken zum Teil durch Polemiken, zum Teil durch geschichtliche Exkurse und gegenständliche Schilderungen in einem solchen Maße verhüllt, daß das Verständnis des gewaltigen Werkes für alle erschwert und für viele unmöglich gemacht wird. Ich habe mich bemüht, den leitenden Gedankengang des grundlegenden ersten Bandes des „Kapital" aus dem üppigen Beiwerk herauszuschälen; dabei ergab sich wieder unzweideutig, daß die marxistischen Theoretiker völlig im Rechte sind, wenn sie die Lehre von der Entstehung der Reservearmee unbeschäftigter Arbeiter für den Kernpunkt des gesamten Systems erklären: nur von hier aus ist in der Tat ein volles Verständnis der über das ganze Gebiet der Gesellschaftslehre verzweigten Theorie zu gewinnen.

Darum hätte aber auch eine gründliche kritische Untersuchung an diesem Punkte einsetzen müssen. Das ist, soweit ich sehen kann, bisher nicht geschehen. Gerade dieser entscheidende Teil der Marxschen Ökonomik hat zwar manche Anfechtung oder Anzweifelung, aber niemals eine eindringliche wissenschaftliche Kritik erfahren. Die Ursache dürfte wohl darin zu suchen sein, daß es sich hier um Gedanken handelt, die Marx mit nur geringen Änderungen aus der älteren Theorie herübernahm, und die somit die gemeinsame Lehrmeinung sowohl der bürgerlichen wie auch der sozialistischen Wirtschaftswissenschaft bilden.

Die angedeutete Lücke möchte das vorliegende Buch ausfüllen. Angesichts der unbestrittenen Bedeutung der Marxschen Theoretik für die Wissenschaft – um von ihrer gar nicht zu überschätzenden Bedeutung für das öffentliche Leben unserer Zeit zu schweigen – scheint mir eine an ihren Kernpunkt greifende Kritik ein unabweisbares wissenschaftliches Bedürfnis zu sein.

Ich hoffe, durch die von mir vorgenommene Analyse das Marxsche System, das bisher nur Fachmännern im engen Sinne zugänglich war, dem Verständnis auch eines weiteren Leserkreises nähergebracht und damit gleichzeitig den Boden für eine fruchtbarere wissenschaftliche Erörterung vorbereitet zu haben.

Es ist mir eine liebe Pflicht, an dieser Stelle meinem verehrten Freunde *Gregor Itelson* meinen Dank abzustatten für die Winke und Anregungen, die seine wahrhaft produktive Kritik in mündlicher Unterhaltung mir für die Ausgestaltung dieses Buches zukommen ließ.

Berlin-Wilmersdorf,
Oktober 1903

Franz Oppenheimer

Thesen

1. Der Grundpfeiler der Karl Marxschen Gesellschaftslehre, die wichtigste Prämisse ihrer sämtlichen wichtigen Folgerungen, ist das „Gesetz der kapitalistischen Akkumulation".
2. Der von Marx gelieferte Beweis für dieses Gesetz ist unhaltbar.
3. Das „Gesetz der kapitalistischen Akkumulation" besteht nicht.
4. Mit ihrer wichtigsten Prämisse werden die sämtlichen wichtigen Folgerungen der Marxschen Gesellschaftslehre hinfällig. Die Tatsachen der kapitalistischen Entwicklung verlangen eine andere Erklärung und lassen eine solche zu.

In der ersten These befinde ich mich in Übereinstimmung mit den Anhängern Marxens; sie ist ausschließlich gegen seine bürgerlichen Gegner gerichtet, die in der Werttheorie das Zentrum seiner strategischen Stellung erblicken.

Die übrigen Thesen richten sich gegen die Theoretiker des Marxismus.

Erster Teil
Der Grundpfeiler der Marxschen Gesellschaftslehre

I. Kapitel:
Das Gesetz der Akkumulation und seine Konsequenzen

Das Gesetz der Akkumulation ist von Marx selbst an der entscheidenden Stelle folgendermaßen formuliert worden: „Je größer der gesellschaftliche Reichtum, das funktionierende Kapital, Umfang und Energie seines Wachstums, also auch die absolute Größe des Proletariats und die Produktivkraft seiner Arbeit, desto größer die industrielle Reservearmee. Die disponible Arbeitskraft wird durch dieselben Ursachen entwickelt, wie die Expansivkraft des Kapitals. Die verhältnismäßige Größe der industriellen Reservearmee wächst also mit den Potenzen des Reichtums. Je größer aber diese Reservearmee im Verhältnis zur aktiven Arbeiterarmee, desto massenhafter die konsolidierte Übervölkerung, deren Elend im umgekehrten Verhältnis zu ihrer Arbeitsqual steht. Je größer endlich die Lazarusschichte der Arbeiterklasse und die industrielle Reservearmee, desto größer der offizielle Pauperismus. *Dies ist das absolute, allgemeine Gesetz der kapitalistischen Akkumulation.*"[1]

Dieses „Gesetz schmiedet den Arbeiter fester an das Kapital, als den Prometheus die Keile des Hephästos an den Felsen. Es bedingt eine der Akkumulation von Kapital entsprechende Akkumulation von Elend. Die Akkumulation von Reichtum auf dem einen Pol ist zugleich Akkumulation von Elend, Arbeitsqual, Sklaverei, Unwissenheit, Brutalisierung und moralischer Degradation auf dem Gegenpol, d. h. auf seiten der Klasse, die ihr eigenes Produkt als Kapital produziert".[2]

Das Gesetz ist die wichtigste Prämisse für die sämtlichen wichtigen Folgerungen der Marxschen Gesellschaftslehre. Als diese spreche ich an: a) die Zusammenbruchstheorie, b) die Lehre vom kollektivistischen Zukunftsstaat, c) die materialistische Geschichtsauffassung.

a) Wenn das Gesetz richtig ist, so ist der schließliche Zusammenbruch der kapitalistischen Gesellschaft unvermeidbar. Das immer zahlreicher in den Industriezentren zusammengedrängte, durch das Kapital selbst immer straffer organisierte Proletariat muß unter diesen Umständen einmal an einen Punkt getrieben werden, wo die innere Empörung sich in offene Empörung umsetzt, in die „Empörung der stets anschwellenden und durch den Mechanismus des kapitalistischen Produktionsprozesses selbst geschulten, vereinten und organisierten Arbeiterklasse".[3]

b) Ebenso folgt die Lehre vom kollektivistischen Zukunftsstaat aus dem „Gesetz der kapitalistischen Akkumulation".

Kapitalistische Akkumulation ist nämlich unter allen Umständen identisch mit der Zentralisation des Kapitals; denn der kleine Kapitalist unterbietet den „einfachen Warenproduzenten" und wirft ihn aus dem Markte, und ebenso „expropriiert" der große Kapitalist den kleinen.

---

1 Marx, Das Kapital, 4. Auflage, Hamburg 1890, [im folgenden nur: Kapital, Bd. I–III] Bd. I, S. 609.
2 Kapital, Bd. I, S. 611; vgl. Engels, Umwälzung, S. 139.
3 Kapital, Bd. I, S. 728.

Dieser unzweifelhaft vorhandenen „Tendenz der kapitalistischen Wirtschaft" könnte nun aber unter bestimmten Verhältnissen eine Gegenkraft erwachsen, die sie zum Teil oder ganz kompensieren oder gar überkompensieren könnte. Lägen die Dinge derart, daß die große Volksmenge, das „Proletariat" im weitesten Sinne, an den Errungenschaften der modernen Produktivität, wenn auch nur in bescheidenem Maße, seinen Anteil hätte, daß also die Quote der auf den einzelnen Proletarier entfallenden Genußgüter wüchse, so würden fortwährend neue kleine Kapitalien und Kapitalisten (durch „Entsagung") sich bilden und in neu entstehenden, zunächst kleinkapitalistischen Zweigen der Produktion Unterkunft und Beschäftigung finden, bis auch diese Zweige für den großkapitalistischen Betrieb reif wären, und die Expropriation auch hier Platz griffe. Derart würde die Gesamtvolkswirtschaft, dem Meere gleich, immer an der einen Stelle die Küste abnagen, nur um sie an anderer Stelle wieder anzuschwemmen, und der Prozeß könnte je nachdem verzögert oder in indefinitum verlängert werden.

Liegen die Dinge aber so, wie das Gesetz der Akkumulation behauptet, hat in der Tat das Proletariat an den Errungenschaften der modernen Technik gar keinen oder nur einen ganz verschwindenden Anteil, so muß allerdings jener Prozeß der Zentralisation des Kapitals unaufhaltsam mit Riesenschritten fortschreiten und bald einen Zustand herbeiführen, in dem die gesamte Produktion in wenigen Kolossalbetrieben zentralisiert ist – mögen wir uns diesen Zustand nun heute vorstellen können oder nicht –; und das siegreiche Proletariat hat wirklich dann kaum noch etwas anderes zu tun, als die Produktion in gleicher Art fortzuführen und nur die Verteilung der Produkte umzugestalten. Die Bourgeois, die höhnend von Marx und seinen Schülern einen genauen Aufriß des „Zukunftsstaates" verlangen, haben ihn nie verstanden.[1] Er hat eine „Tendenz" dargestellt, die nach seiner Überzeugung sich ohne wesentliches Hindernis, von keiner erheblichen Gegentendenz aufgehalten, durchsetzte, und die zweifellos zu dem Ziele kollektivistischer Wirtschaft führen mußte, wenn sie sich durchsetzte. Mehr brauchte er nicht zu leisten, als diese Tendenz nachzuweisen und zu zeigen, daß sie durch keine erhebliche Gegentendenz kompensiert wird.

So stellt sich das Gesetz der Akkumulation für die kritische Analyse als die wichtigste Prämisse der Marxschen Ökonomik dar. Aus ihr folgt jener verrufene Rest des von Ed. Bernstein so genannten „Putschismus" oder „Blanquismus", der der „Revolution im Heugabelsinne der Gewalt" mindestens als der Geburtshelferin der neuen Gesellschaft nicht entraten zu können glaubt; und aus ihr folgt ferner die Lehre vom „Zukunftsstaat". Wie sehr diese beiden Folgerungen ihrerseits, ins Praktische gewandt, wieder die Taktik der marxistischen Sozialdemokratie beeinflussen, wie sie die eigentlichen Stützen der „Freßlegende" und dadurch das einzige ernsthafte Hindernis der Bildung einer großen demokratischen Volkspartei sind, ist zu bekannt, als daß es hier ausgeführt zu werden brauchte.

c) Das Gesetz der Akkumulation ist ferner Prämisse einer anderen überaus wichtigen nichtvolkswirtschaftlichen Folgerung, und zwar der „materialistischen Geschichtsauffassung".

Die ökonomistische Geschichtsphilosophie, d. h. die Lehre, daß das geschichtliche Geschehen ausschließlich oder weit überwiegend von der Gestaltung der wirtschaftlichen Grundlage bestimmt

---

1 „Wenn die Herren unser Programm kritisieren wollen, (...) sind wir stets bereit, ihnen Red' und Antwort zu stehen. Aber über die Konsequenzen mit ihnen zu streiten, welche die Verwirklichung unserer Forderungen nach sich ziehen könnte, möchte, dürfte, erscheint uns höchst überflüssig. Unsere Ziele sind nicht willkürlich gesetzt, sondern die Ziele der mit Naturnotwendigkeit vor sich gehenden ökonomischen Entwicklung." K(arl) K(autsky) über V. Cathreins „Der Sozialismus", in: Neue Zeit, 1890/1, II. Hbb., S. 638. Ähnlich E. B(ernstein), in einer Anzeige von Wyneken, „Der sozialistische Zukunftsstaat", in: Neue Zeit, 1894/5, Bd. II, S. 249.

wird, erscheint bei Marx/Engels in einer besonderen Zuspitzung, die ich vorgeschlagen habe als die *„produktionistische"* Spielart zu bezeichnen. „Die Produktionsweise des materiellen Lebens bedingt den sozialen, politischen und geistigen Lebensprozeß überhaupt."[1] Noch schärfer drückt Fr. Engels aus, daß die Distribution der Produkte, der zweite Hauptteil aller Wirtschaft, keine selbständige Bedeutung für die Geschichtentwicklung hat, sondern eine unmittelbare „Funktion" der Produktionsverhältnisse ist. Er schreibt[2]:

> „Die materialistische Anschauung von der Geschichte geht von dem Satz aus, daß die Produktion, und nächst der Produktion der Austausch ihrer Produkte, die Grundlage aller Gesellschaftsordnung ist; daß in jeder geschichtlich auftretenden Gesellschaft die Verteilung der Produkte, und mit ihr die soziale Gliederung in Klassen und Stände, sich darnach richtet, was und wie produziert und wie das Produzierte ausgetauscht wird."[3]

Für diese grundsätzliche Auffassung hat das Dioskurenpaar nur einen Beweis beigebracht, eben das Gesetz der Akkumulation, wonach die Verteilung des Gesamtprodukts in der Tat nichts anderes ist als eine unmittelbare Folge der Produktionsweise. Läßt sich das Gesetz als falsch erweisen, so hätte die „produktionistische" Spielart der ökonomistischen Geschichtsauffassung viel an Kredit verloren, und meine eigene Auffassung[4] dürfte erhöhte Beachtung beanspruchen.

Ein Angriff gegen das Gesetz der Akkumulation zielt also auf das Herz nicht nur der ökonomischen, sondern der gesamten soziologischen Auffassung von Karl Marx.

II. Kapitel:
Akkumulationsgesetz und Mehrwertlehre

Die Theoretiker des Marxismus betrachten in Übereinstimmung mit den Auseinandersetzungen des ersten Kapitels das Gesetz der Akkumulation als die Zitadelle ihres Systems, das der Gegner zu erobern hat, der sich vermißt, Marx widerlegen zu wollen. Ihre bürgerlichen Kritiker aber haben, soweit ich sehen kann, durchweg die Theorie des Wertes und Mehrwertes angegriffen,[5] ohne sich jemals ernstlich um das uns beschäftigende Gesetz zu bekümmern. Die einzigen mir bekannten Ausnahmen bilden Wenckstern[6] und Julius Wolf. Wencksterns Kritik hält sich aber auch hier wie überall gänzlich an der Oberfläche. Er wiederholt eigentlich nur einige Argumente aus der sogenannten „Kompensationstheorie", die uns noch beschäftigen wird, oder polemisiert gegen Details, jene Methode, von der Schopenhauer sagt, sie schlage gleichsam die Fenster von außen ein. Dage-

---

1 Marx' Vorwort zur „Kritik der Polit. Ökonomie"; vgl. dazu die sehr guten Erörterungen von Heinrich Cunow, in: Neue Zeit, 1898/9, Bd. II, S. 586f. (in einer Polemik gegen S. Barth).
2 Engels, Antidühring, S. 286, zit. nach Kautsky, Eduard Bernstein, S. 16f.; ebenso scharf, in: Engels, Umwälzung, S. 128.
3 Wie viel Wasser die Dioskuren selbst später, in den reinen Wein dieser strengen Lehre gießen mußten, darüber bei Bernstein (Voraussetzungen des Sozialismus), S. 5ff.
4 Vgl. Oppenheimer, Großgrundeigentum und soziale Frage, S. 491ff. [siehe im vorliegenden Band S. 273]. Ich veröffentliche gleichzeitig eine ausführliche Darstellung meiner „sozial-ökonomischen Geschichtsauffassung", in der Vierteljahrsschrift für wissenschaftliche Philosophie und Soziologie.
5 Vgl. Diehl, Art. Marx, in: Handbuch der Staatswissenschaften, Bd. IV, S. 790 unter E.
6 Vgl. Groß, Karl Marx, S. 39ff.

gen ist Jul. Wolf[1] viel tiefer in die Sache eingedrungen und hat in der Tat den Kern des Problems berührt; leider hat ihn sein damaliger Standpunkt als Anhänger des Malthusianismus gehindert, es ganz zu lösen.[2]

Die übrigen „Bourgeois-" resp. „Vulgärökonomen" wurden aber durch die gleiche Lehre gehindert, das Problem überhaupt zu stellen. Es handelt sich hier um nichts anderes als um die Herkunft der „industriellen Reserve-Armee" – und die ist für den Malthus-Anhänger kein Problem. Es werden eben einfach zuviel Menschen erzeugt!

Das ist einer der Gründe, warum Marxens bürgerliche Gegner mit solcher Einmütigkeit nur die Wert- und Mehrwertlehre angegriffen haben. Ein anderer Grund ist darin zu finden, daß die Mehrwertlehre vom Standpunkte des Klassenkampfes zwischen Bourgeoisie und Proletariat von überragender Bedeutung ist. Darüber mehr im Schlußkapitel!

Hier liegt mir daran, die Erörterung auf den einen entscheidenden Punkt zu begrenzen. Zu dem Zwecke will ich, vor dem Angriff auf das eigentliche Thema dieser Abhandlung, den Beweis erbringen, daß auch die Mehrwertlehre eine Folgerung aus dem Gesetz der Akkumulation ist. Mit dem Gesetz steht und fällt zwar nicht die Lehre vom Wert, wohl aber die Lehre vom Mehrwert.

Die Mehrwertlehre ist gewonnen aus einer ohne lange Erörterung der Gründe und Gegengründe fast axiomatisch angenommenen Arbeitswerttheorie. Die beliebig reproduziblen Waren tauschen sich nach der in ihnen vergegenständlichten gesellschaftlich notwendigen einfachen Arbeitszeit. „Die verschiedenen Proportionen, worin verschiedene Arbeitsarten auf einfache Arbeit als ihre Maßeinheit reduziert sind, werden durch einen gesellschaftlichen Prozeß" (i. e. den Tauschverkehr auf dem Markt) „hinter dem Rücken der Produzenten festgesetzt und scheinen ihm daher durch das Herkommen gegeben."[3]

Nun gibt es auf dem Markte eine Ware, die *Arbeitskraft*, die eine ihr allein eigentümliche Stellung einnimmt. Ihr „Wert", d. h. der Preis, für den sie im Durchschnitt auf dem Markt gekauft werden kann, ist wie bei jeder anderen Ware bestimmt durch die für ihre Reproduktion notwendige Arbeitszeit, verkörpert in derjenigen Menge von Subsistenzmitteln, die erforderlich sind, um die Arbeitskraft des Arbeiters selbst in ihrem Bestande zu erhalten, und ihn zur Aufzucht und Vorbildung von so vielen Kindern zu befähigen, wie zur Reproduktion der Arbeiterklasse nötig sind.

Kauft der Unternehmer diese Ware „Arbeitskraft" für eine Summe des allgemeinen Wertäquivalentes, des Geldes, für einen Lohn also, der die oben bezeichnete Menge von Subsistenzmitteln zu kaufen erlaubt, so hat er sie nach ihrem vollen Werte bezahlt; der Arbeiter darf sich nicht beklagen, daß die Gesetze der freien Konkurrenz ihm gegenüber verletzt worden seien, und der Kapitalist hat das wohlerworbene Recht, die in sein Eigentum übergegangene Ware zu ge- und verbrauchen.

„Der Gebrauch der Arbeitskraft ist die Arbeit selbst. Der Käufer der Arbeitskraft konsumiert sie, indem er ihren Verkäufer arbeiten läßt[4] (. . .) und der Besitzer der Arbeitskraft gibt in der Tat nur den von ihm verkauften Gebrauchswert, indem er seine Arbeit gibt."[5]

Der Gebrauchswert der Arbeitskraft für ihren Käufer, den Kapitalisten, besteht darin, daß sie *Wert bildet*, den Produktionsmitteln Wert zusetzt, und zwar ceteris paribus im Verhältnis der verausgabten Arbeitszeit. Je mehr Stunden der Arbeiter schafft, um so mehr Wert setzt er dem Pro-

---

1 Wolf, Sozialismus und kapitalistische Gesellschaftsordnung, S. 255ff., namentlich S. 267, 273 Anm.
2 Vgl. Oppenheimer, Das Bevölkerungsgesetz des T.R. Malthus, S. 129, 130 [in der vorliegenden Ausgabe S. 362].
3 Kapital, Bd. I, S. 11.
4 Ebenda, S. 139.
5 Ebenda, S. 148.

duktionsmittel zu; und diesen Wert realisiert dann der Kapitalist, als der Eigentümer der Produktionsmittel und der Arbeitskraft auch Eigentümer des fertigen Produkts, durch Verkauf der „Ware".

Marx behauptet nun – und mit Recht –, daß der Arbeiter in allen kapitalistischen Gesellschaften in einem vollen Arbeitstage mehr Wert schafft, zusetzt, als die zur Reproduktion seiner Arbeitskraft nötigen Subsistenzmittel an Wert enthalten. Ist beispielsweise das Quantum von Subsistenzmitteln, das eine Arbeiterfamilie nach den geltenden Gewohnheiten täglich durchschnittlich braucht, in sechs Stunden einfacher Arbeit, „gesellschaftlicher Durchschnittsarbeit", herzustellen, so setzt der Arbeiter auch in sechsstündiger Arbeit den Produktionsmitteln den Wert seines Lohnes zu. Der Kapitalist läßt ihn aber zwölf arbeiten und steckt den Wert, den jener in der zweiten Hälfte des Tages den Arbeitsgegenständen zusetzt, in die eigene Tasche. Dieser während der „Mehrarbeit" geschaffene Wert heißt „Mehrwert" und ist die einzige Quelle allen Profits im weitesten Sinne, d. h. von Zins, Unternehmergewinn und Grundrente.

Ich widerstehe der Versuchung, auf die der Mehrwertlehre zugrunde liegende Werttheorie einzugehen; da ich die Ricardosche Rentenlehre, die die Voraussetzung seiner Arbeitswertlehre ist,[1] für falsch halte, so hätte ich wichtige prinzipielle Bedenken schon gegen den Ausgangspunkt. Ich könnte auch schwer zu beseitigende Einwände gegen die Brauchbarkeit dieser Werttheorie erheben, könnte auf mehrere Stellen hinweisen, wo Marx selbst feststellt, daß auf die Dauer der Lohn nicht hinreicht, um die Arbeitskraft in ihrem Bestande zu erhalten,[2] d. h. daß der Kapitalist sie unter ihrem Werte kauft; wohlverstanden nicht von den zufälligen Schwankungen des Marktes ist hier die Rede, sondern von länger dauernden Zuständen! Ich will auch nicht auf die Aufschlüsse des dritten Bandes eingehen, nicht untersuchen, ob und wie weit Marx selbst gezwungen gewesen ist, den Wein seiner reinen Werttheorie mit dem Wasser der Kostentheorie zu verdünnen.[3]

Sondern ich will hier die Wertlehre annehmen, wie sie geboten ist, und mich begnügen, zu zeigen, daß sie im System des „Kapital" nur eine Prämisse der Mehrwertlehre ist, und daß das Gesetz der Akkumulation ihre zweite Prämisse darstellt.

Marx war nämlich in späterer Zeit ein entschiedener Gegner des „ehernen Lohngesetzes", wie es Malthus aufgrund seines Bevölkerungsgesetzes und nach ihm – zu Agitationszwecken – Ferdinand Lassalle aufstellte. Daß der Lohn auf das absolute Minimum an Subsistenzmitteln naturnotwendig hingravitiere, hat er zwar zuerst ebenfalls geglaubt, aber später bestritten.[4] Nach ihm gravitiert der Lohn gegen das Minimum der „sogenannten notwendigen Bedürfnisse"; und deren „Umfang, wie die Art ihrer Befriedigung ist selbst ein historisches Produkt und hängt daher großenteils von der Kulturstufe eines Landes, unter anderem auch wesentlich davon ab, unter welchen Bedingungen und daher mit welchen Gewohnheiten und Lebensansprüchen die Klasse der freien Arbeiter sich gebildet hat. *Im Gegensatz zu den anderen Waren* enthält also die Wertbestimmung der Arbeitskraft ein historisches und moralisches Element."[5]

Daraus ergibt sich, daß der Fall mindestens denkbar ist eines Landes, in dem die Gewohnheiten und Lebensansprüche der freien Arbeiter eine so große Menge von Subsistenzmitteln konsumieren, daß der gesamte physisch mögliche Arbeitstag durch „notwendige Arbeit" absorbiert wird, so

---

1 Vgl. Marx, Das Elend der Philosophie, S. 19.
2 Kapital, Bd. I, S. 228, 229, 490.
3 Vgl. z. B. Slonimski, Karl Marx' national-ökonomische Irrlehren, S. 89ff. und Herkner, Arbeiterfrage, S. 283ff.
4 Vgl. Engels, Anm. zu: Marx, Das Elend der Philosophie, S. 24 und Bernstein, Zur Geschichte und Theorie des Sozialismus, S. 80, vgl. a. S. 83.
5 Kapital, Bd. I, 134, vgl. auch S. 193.

daß keine Mehrarbeit geleistet, und kein Mehrwert geschaffen wird. Eine solche Gesellschaft wäre nun freilich keine „kapitalistische"[1]: aber es ist ja nicht der Nachweis zu führen, daß Mehrwert (und durch ihn Kapitalismus) *möglich*, sondern daß er *notwendig* ist.

Es ist ferner, wenn man nur von der Werttheorie ausgeht, auch der andere Fall denkbar, daß, wenn der Lohn unter günstigen Umständen immer mehr, und zwar nicht nur nominell, sondern auf Kosten des Profits steigt, neue Gewohnheiten und Lebensansprüche landesüblich werden, d. h. daß die Mehrwertrate fortwährend fällt,[2] bis sie sich dem Nullpunkt mindestens sehr nahe einstellt, so daß die „Ausbeutung" praktisch irrelevant wird. Marx meint, „der Stachel des Gewinns" würde in solchem Falle „abstumpfen", die Akkumulation abnehmen, das für die kapitalistische Exploitation notwendige Verhältnis zwischen Kapital und exploitabler Arbeitskraft sich automatisch wiederherstellen.[3] Er kann aber nicht angeben, bei welcher Rate des Mehrwerts diese Abstufung des Stachels eintreten würde; theoretisch ist wahrscheinlich, daß der Kapitalist nur um so eifriger „spart", wenn sein Kapital sich statt mit 10%, nur noch mit 0,001% verzinst. Und doch wäre dann offenbar von praktischer Ausbeutung kaum noch, und von der Notwendigkeit einer Revolution der Wirtschaft gar nicht mehr die Rede.

Marx selbst mißt übrigens dieser Argumentation – auf die noch zurückzukommen sein wird – nur geringe Bedeutung bei.

Sondern seine entscheidende Auffassung geht ausgesprochenermaßen dahin, daß die Produktion von „Mehrwert" nur so lange aus dem Wertgesetze folgt, wie das „Kapitalverhältnis" als solches existiert. Dies Kapitalverhältnis seinerseits ist aber, unabhängig vom Wertgesetz, durch die historische Entwicklung geschaffen worden und erhält sich, reproduziert sich automatisch, ebenfalls unabhängig vom Wertgesetz, durch den Mechanismus der „kapitalistischen Akkumulation". Würde diese Reproduktion nicht stattfinden, so würde auch die Produktion von Mehrwert aufhören. Demnach steht und fällt also auch die Mehrwerttheorie mit der Behauptung, daß kraft des Gesetzes der kapitalistischen Akkumulation die Reproduktion des Kapitalverhältnisses so lange stattfinden *muß*, bis die Produktionskräfte das Produktionsverhältnis sprengen, bis „die Stunde des Kapitalismus schlägt und die Expropriateure exproppiiert werden", kraft der immanenten Dialektik der Entwicklung.

Die Wertlehre aber ist für das System als logisches Gefüge von durchaus untergeordneter Bedeutung: man kann sie annehmen und dennoch von ihr aus, wie gezeigt, eine nichtkapitalistische Wirtschaft ohne Mehrwert konstruieren; man kann aber auch umgekehrt die Exploitation der Arbeiter vom Standpunkte der Kostenwerttheorie, und sogar ohne jede Werttheorie leiten. Bernstein sagt: „Ob die Marxsche Werttheorie richtig ist oder nicht, ist für den Nachweis der *Mehrarbeit* ganz und gar gleichgültig. Sie ist in dieser Hinsicht keine Beweisthese, sondern nur Mittel der Analyse und der Veranschaulichung."[4]

Genau dieselbe Auffassung von der Bedeutung dieser Lehre für das System finden wir im anderen Lager der Marxisten. Kautsky schreibt[5]:

„In Wirklichkeit hat jedoch die Marxsche Werttheorie mit dem Sozialismus nichts zu tun. (. . .) Die Lehre vom Wert ist nicht die Grundlage des *Sozialismus*, sondern die Grundlage der heutigen *kapitalistischen Ökonomie*. Mit der Widerlegung der Marxschen Werttheorie wäre der Sozia-

---

1 Ebenda, S. 577.
2 Ebenda, S. 475.
3 Ebenda, S. 583.
4 Bernstein, Voraussetzungen des Sozialismus, S. 42.
5 Kautsky über Gustav Groß' „Karl Marx", in: Neue Zeit, Bd. III, S. 282.

lismus noch lange nicht widerlegt; diese Theorie lehrt uns nicht den *Sozialismus*, sondern das Getriebe des *Kapitalismus* verstehen."

Und an anderer Stelle[1]:

„Marx hat das Wesen des Mehrwerts nicht entdeckt. Seit Smith weiß jeder, der sich ernstlich mit Nationalökonomie beschäftigt, daß ein solcher existiert. Aber Marx war der erste, der gezeigt hat, wie der Mehrwert *entsteht*, wie er produziert wird. Damit erst wurde der Mehrwert zum Schlüssel der kapitalistischen Produktionsweise."

Ganz ebenso schreibt Fr. Engels:

„Marx hat daher seine kommunistischen Forderungen nie hierauf (den Mehrwert) begründet, sondern auf den notwendigen, sich vor unseren Augen täglich mehr und mehr vollziehenden Zusammenbruch der kapitalistischen Produktionsweise."[2]

Und noch vor wenigen Monaten schrieb das Zentralorgan der sozialdemokratischen Partei in einem augenscheinlich aus berufenster Feder stammenden Aufsatze zum 20. Todestage des Meisters:

„Die Basis der heutigen sozialdemokratischen Arbeiterpolitik, das ist nämlich die *materialistische Geschichtsauffassung* im allgemeinen und die Marxsche *Theorie* der kapitalistischen Entwicklung im besonderen."[3]

Auch ein nicht-marxistischer Sozialist wie Paul Weisengrün[4] kommt zu demselben Ergebnis, das die einstimmige Überzeugung aller nicht-bürgerlichen Ökonomisten sein würde, wenn nicht ein ungenannter Russe[5] anderer Meinung wäre. Er hält gerade die Arbeitswerttheorie für eine Hauptsäule des Marxschen Systems, namentlich der materialistischen Geschichtsauffassung. „Die Zerstörung dieser Theorie wäre gleichbedeutend mit der Zerstörung des ganzen von Marx errichteten Gebäudes." Seine recht verworrene Beweisführung beruht auf lauter Mißverständnissen.

Die übrigen stehen, wie gesagt, auf dem Standpunkt, daß die Werttheorie für den Gesamtaufbau der Marxschen Lehre von geringer Bedeutung ist. Ich kann mich dieser Auffassung nach dem Gesagten nur völlig anschließen, und so darf ich mir im wesentlichen die folgenden Ausführungen zu eigen machen:

„Die gesamte bürgerliche Ökonomie – und die klerikalen Autoritäten wie Kämpfe, Hitze, Hertling, Cathrein u. a. haben in diesem Punkte nichts andres getan, als die liberalen Ökonomen ausgeschrieben – geht in ihrer Kritik des Sozialismus von der Marxschen Werttheorie aus. Man gibt zu, daß die sozialistischen Forderungen Marx' durchaus zutreffen, wenn seine Werttheorie richtig sei. Marx jedoch ebenso wie Engels und mit ihnen der ganze Sozialismus der Gegenwart haben ihre sozialistischen Forderungen niemals auf die Werttheorie aufgebaut; sie erkennen in der Werttheorie lediglich ein Mittel, den Zersetzungsprozeß der kapitalistischen Gesellschaft zu begreifen, ein Gesetz, das zur Erklärung der gegenwärtigen Erscheinungen dient, und das falsch

---

1 Derselbe, in: Neue Zeit, 1886, S. 55; vgl. auch folgende Stelle: „Daß die Marxsche Werttheorie zum Nachweis der Ausbeutung der Arbeiter überflüssig ist", ist „unanfechtbar". Kautsky, „Problematischer gegen wissenschaftlichen Sozialismus" (in: Neue Zeit, 1900/01, Bd. II, S. 361).
2 Engels, Vorwort zur 3. Aufl. von Marx, Das Elend der Philosophie, S. IX/X.
3 „Karl Marx", Gedächtnisartikel zum 14. März 1903, in: „Vorwärts".
4 Wiesengrün, Das Ende des Marxismus, S. 11 und derselbe, Der Marxismus, S. 221.
5 In: Neue Zeit, 1900/1, S. 337.

oder richtig sein kann, ohne daß dadurch die aus den ökonomischen Tatsachen gezogenen sozialistischen Folgerungen irgendwie berührt werden. Während also die bürgerliche Ökonomie die Folgerichtigkeit der sozialistischen Dialektik zuzugeben genötigt ist, richtet sie ihren Angriff in vollstem Mißverständnis des gesamten modernen Sozialismus gegen einen Punkt des Marxschen „Kapitals", der gar nicht als Ausgangspunkt des Sozialismus anzusehen ist, den Marx selber nicht als den Ausgangspunkt seiner Theorien angesehen wissen wollte. Die ganze angeblich ‚wissenschaftliche' Vernichtung der Sozialdemokraten ist also nichts als ein vollendeter Selbstwiderspruch."[1]

Damit scheint mir dieser Punkt erledigt. Es hat sich also eine im großen gedachte, nicht kleinlich an Einzelheiten nörgelnde Kritik des Marxschen Gedankenbaus ausschließlich gegen sein „Gesetz der Akkumulation" zu richten, und das System wird als im ganzen widerlegt gelten müssen, wenn es gelingt, diese seine Zitadelle zu erobern.

---

[1] „Vorwärts" vom 6. Mai 1903.

Zweiter Teil
Der Marxsche Beweis

III. Kapitel:
Die Entstehung des „Kapitalverhältnisses"
(Die ursprüngliche Akkumulation)

Die Erklärung, die Marx von der *Entstehung* des Kapitalverhältnisses gibt, gehört nicht eigentlich zu unserem Thema der Erklärung für die dauernde *Reproduktion* des Kapitalverhältnisses. Es ist jedoch nötig, auch jene Darstellung hier kurz wiederzugeben, da es auf andere Weise kaum möglich sein dürfte, in den entscheidenden Gedankengang des Meisters einzuführen.

Kapital ist „Mehrwert heckender Wert". „Geld und Ware sind nicht von vornherein Kapital, so wenig wie Produktions- und Lebensmittel. Sie bedürfen der Verwandlung in Kapital."[1] Diese Verwandlung kann nur erfolgen auf Grundlage einer schon bestehenden Klassenscheidung: „Das Kapitalverhältnis während des Produktionsprozesses kommt nur heraus, weil es an sich schon im Zirkulationsakt existiert, in den unterschiedenen ökonomischen Grundbedingungen, worin Käufer und Verkäufer sich gegenübertreten, in ihrem Klassenverhältnis. Es ist nicht das Geld, mit dessen Natur das Verhältnis gegeben ist; es ist vielmehr das Dasein dieses Verhältnisses, das eine bloße Geldfunktion in eine Kapitalsfunktion verwandeln kann."[2]

Welches ist dieses Klassenverhältnis? „Zur Verwandlung von Geld in Kapital muß der Geldbesitzer den freien Arbeiter auf dem Warenmarkt vorfinden, frei in dem Doppelsinn, daß er als freie Person über seine Arbeitskraft als seine Ware verfügt, daß er andererseits andere Waren nicht zu verkaufen hat, los und ledig, frei ist von allen zur Verwirklichung seiner Arbeitskraft nötigen Sachen."[3] „Und diese eine historische Bedingung umschließt eine Weltgeschichte."[4]

Wie wurde also geschichtlich der „freie Arbeiter" geschaffen? Das stellt Marx ausführlich im Kapitel XXIV des ersten Bandes seines „Kapital" dar, das den Titel trägt: „Die sogenannte ursprüngliche Akkumulation". Nach der „Kinderfibel" der Bourgeois-Ökonomie stammt das Kapital aus der eigenen Arbeit der heutigen Besitzer selbst und ihrer Vorfahren, die es durch „previous accumulation" (A. Smith) aus ihrem Einkommen erspart haben. Dem gegenüber zeigt Marx korrekt, daß, wenn ich mich der Terminologie meiner „sozialökonomischen Geschichtsauffassung" bedienen darf, das ursprüngliche Kapital, mit dem der „Verwertungsprozeß" seinerzeit begann, nicht dem „ökonomischen", sondern dem „politischen Mittel" seine Entstehung verdankt.

---

[1] Kapital, Bd. I, S. 680.
[2] Ebenda, S. 8.
[3] Ebenda, S. 131.
[4] Ebenda, S. 133.

„In der Tat sind die Methoden der ursprünglichen Akkumulation alles andre, nur nicht idyllisch. (. . .) Die ökonomische Struktur der kapitalistischen Gesellschaft ist hervorgegangen aus der ökonomischen Struktur der feudalen Gesellschaft. Die Auflösung dieser hat die Elemente jener freigesetzt."[1] „Diese Neubefreiten werden erst Verkäufer ihrerselbst, nachdem ihnen alle ihre Produktionsmittel und alle durch die alten feudalen Einrichtungen gebotenen Garantien ihrer Existenz geraubt sind. Und die Geschichte dieser Expropriation ist in die Annalen der Menschheit eingeschrieben mit Zügen von Blut und Feuer."[2] „Der Ausgangspunkt der Entwicklung, die sowohl den Lohnarbeiter wie den Kapitalisten erzeugt, war die *Knechtschaft des Arbeiters*. Der Fortgang bestand in einem Formwechsel dieser Knechtung, in der Verwandlung der feudalen in kapitalistische Exploitation. (. . .) Historisch epochemachend in der Geschichte der ursprünglichen Akkumulation sind alle Umwälzungen, die der sich bildenden Kapitalistenklasse als Hebel dienen; vor allem aber die Momente, worin große Menschenmassen plötzlich und gewaltsam von ihren Subsistenzmitteln losgerissen und als *vogelfreie Proletarier auf den Arbeitsmarkt geschleudert wurden. Die Expropriation der ländlichen Produzenten, der Bauern, von Grund und Boden bildet die Grundlage des ganzen Prozesses*."[3]

Diese Expropriation schildert Marx nun in seiner meisterhaften Weise anhand der englischen Wirtschaftsgeschichte: die Auflösung der feudalen Gefolgschaften, die Säkularisation der Klöster und ihre Umschaffung in Rittergüter, die „Einhegungen" und das Clearing-System. Sie schufen die „freien Arbeiter", und eine im Interesse der Kapitalisten, d. h. hier der Großgrundbesitzer und industriellen Unternehmer, erlassene und hart durchgeführte drakonische „Blutgesetzgebung" sorgte dann dafür, daß ihr Lohn genügend herabgedrückt wurde, um die gewünschte Profitmarge übrigzulassen und die Akkumulation des Kapitals genügend schnell zu fördern. Was hier wirkt, ist durchaus die nackte Gewalttat und der kaum verschleierte Rechtsbruch unter dem Schutze des Klassenstaates!

Ebenso entsteht das zweite der „Elemente" der „kapitalistischen Gesellschaft", das Kapital selbst in seiner Bedeutung als eine Geldsumme, die für den ersten Produktionsprozeß ausreicht: hier ist es namentlich der offene, kriegerische Raub an den Eingeborenen der Kolonien, der die ersten großen Vermögen in Privathänden aufhäuft, ferner Sklavenjagd und Sklavenhandel. Der Klassenstaat wird gleichfalls im Interesse der herrschenden Minderheit zur Bildung der ersten Kapitalstämme herangezogen: durch Führung von Kolonial- und Handelskriegen zugunsten der Herren, aber mittels der Steuern und des Blutes der Volksmasse, wobei jene sich noch einmal an der Frucht dieses Systems, den Staatsschulden, bereichern; ferner durch das Schutzzollsystem, das nichts anderes ist als eine Besteuerung der Masse zugunsten der Herren – durch unmittelbare Steuerverwendung für ihre Interessen –; und schließlich durch die Einführung der kaum noch formell verschleierten Kindersklaverei zugunsten der Unternehmer. „Wenn das Geld, nach Augier, mit natürlichen Blutflecken auf einer Backe zur Welt kommt, so das Kapital von Kopf bis Zeh, aus allen Poren blut- und schmutztriefend."[4]

Ich habe grundsätzlich dieser Darstellung nichts hinzuzufügen. Sie ist geschichtsphilosophisch vollkommen einwandfrei, und auch in der Darstellung so exakt, wie sie zu Marx' Zeit sein konnte. Wir würden heute die Datierung des Anfangs der kapitalistischen Aera etwas früher ansetzen, weil wir auf umfangreicherem historischen Material bauen können: aber im wesentlichen hat auch die

---

1 Ebenda, S. 680.
2 Ebenda, S. 681.
3 Ebenda, S. 681f. (Die *kursiven* Stellen sämtlich im Original nicht *kursiv*.)
4 Ebenda, S. 725f.

allerneueste Darstellung, die von Sombart[1] keinen neuen Zug in das Bild zeichnen können. Nur eben, daß die koloniale Raubwirtschaft in der Levante schon mit den Kreuzzügen einsetzt, noch vor der Periode der großen Seeschiffahrt des Kolumbus und Vasco da Gama.

Aber eins möchte ich bemerken, weil es mir eine Wurzel des Hauptirrtums zu sein scheint, den ich sogleich angreifen werde, daß Marx diesen riesenhaften Geschichtsprozeß durchaus nur als *Historiker* gewürdigt und dargestellt hat: in welcher *ökonomischen* Umwälzung er gipfelte, hat er aber nicht erkannt, hat, um es scharf zu bezeichnen, seine ökonomisch-theoretische Quintessenz nicht festgehalten. Daß durch diesen ganzen Prozeß eine wirtschaftliche Einrichtung entstand oder vielmehr wiedererstand, die das späte Mittelalter nicht mehr kannte, das *Großgrundeigentum*, als Bezieher einer stetig wachsenden Grundrente, des „inearned increment", im Gegensatz zur mittelalterlichen Grundherrschaft, hat er nicht erkannt, und konnte er wohl auch bei dem damaligen Zustande der geschichtlichen Überlieferung kaum erkennen. Denn das beweisende Material hat erst die deutsche „historische Schule" zutage gefördert.

Jedoch hat dieser Mangel keinen Einfluß auf die Schlüssigkeit der Theorie, insofern sie zeigt, wie die kapitalistische Wirtschaft zum ersten Male *entstand* als ein „durch Sachen vermitteltes gesellschaftliches Verhältnis zwischen Personen"[2]. Wir haben erfahren, wie die Geldsummen des Kaufmanns- und Wucherkapitals entstanden sind, die zur Einleitung der ersten Verwertungsprozesse nötig waren, und wir haben ebenso erfahren, woher die „freien Arbeiter" stammen, ohne deren Anwesenheit auf dem Markte als notgedrungene Verkäufer der Ware „Arbeitskraft" Geld niemals „Kapital" wäre. Wir sehen ein, daß die „Gewohnheiten und Lebensansprüche" dieser Expropriierten stark herabgedrückt sein müssen. Sie werden sich also mit einem Lohn begnügen, der ihrem Anwender „Mehrwert" übrigläßt, oder, in Marx' Auffassung: „die für einen bestimmten Zeitraum verkaufte Arbeitskraft besitzt weniger Wert, als ihr Gebrauch während dieser Zeit schafft". Hier besteht keine Unklarheit, keine Schwierigkeit.

IV. Kapitel:
Die Reproduktion des Kapitalverhältnisses
(Das Gesetz der kapitalistischen Akkumulation)

Das derart durch ursprüngliche Akkumulation, d. h. durch „außerökonomische Gewalt" entstandene Kapitalverhältnis wird nun nach Marx – und damit kommen wir zu unserem eigentlichen Thema – immer wieder reproduziert durch einen von ihm entdeckten Mechanismus, den er als „das Gesetz der kapitalistischen Akkumulation" bezeichnet.

Durch diesen Prozeß entsteht automatisch immer von neuem die Existenzbedingung des Kapitalismus, der „*freie Arbeiter*" in Marx' Sinne.

Wie nämlich Geld nur Kapital werden konnte, sobald aus irgendwelchen Ursachen „freie Arbeiter" in genügender Anzahl auf dem Markte zu finden waren, so kann Kapital nur Kapital bleiben, wenn *jederzeit* „freie Arbeiter" in genügender Anzahl auf dem Markte sich anbieten. Denn wenn jene erste freie Arbeiterschaft sich nicht als solche reproduzierte, so würde der Lohn auf Kosten der Profitrate steigen und sie zuletzt ganz aufzehren, womit Kapital wieder in einfaches Geld zurück-

---

[1] Sombart, Der moderne Kapitalismus, 2 Bde., Leipzig 1902.
[2] Kapital, Bd. I, S. 731.

verwandelt wäre. Das „gesellschaftliche historische Produktionsverhältnis"[1] wäre verschwunden. Der dem Kapitalverhältnis „zugrunde liegende Tatbestand, die Verteilung der Elemente der Produktion selbst, von denen die gegenständlichen Faktoren auf der einen Seite konzentriert sind, die Arbeitskraft davon isoliert auf der anderen"[2], wäre nicht mehr gegeben.

Ein solcher günstiger Ausgang ist aber nach Marx ausgeschlossen. Denn nach seiner Behauptung ist „Arbeitskraft auf Basis der kapitalistischen Produktion immer vorrätig"; es kann sogar „wenn nötig, ohne Vergrößerung der beschäftigten Anzahl Arbeiter oder Masse Arbeitskraft mehr Arbeit flüssig gemacht werden"[3].

Er stellt den Tatbestand, wie er ihn sieht, am ausführlichsten in den folgenden Sätzen dar:

„Im Fortgang der kapitalistischen Produktion entwickelt sich eine Arbeiterklasse, die aus Erziehung, Tradition, Gewohnheit, die Anforderungen jener Produktionsweise als selbstverständliche Naturgesetze anerkennt. Die Organisation des ausgebildeten kapitalistischen Produktionsprozesses bricht jeden Widerstand, *die beständige Erzeugung einer relativen Übervölkerung* hält das Gesetz der Zufuhr von und Nachfrage nach Arbeit, und daher den Arbeitslohn, in einem den Verwertungsbedürfnissen des Kapitals entsprechenden Gleise, der stumme Zwang der ökonomischen Verhältnisse besiegelt die Herrschaft des Kapitalisten über die Arbeiter. Außerökonomische, unmittelbare Gewalt wird zwar noch immer angewandt, aber nur ausnahmsweise. Für den gewöhnlichen Gang der Dinge kann der Arbeiter den ‚Naturgesetzen der Produktion' überlassen bleiben.

Anders während der historischen Genesis der kapitalistischen Produktion. Die aufkommende Bourgeoisie braucht und verwendet die Staatsgewalt, um den Arbeitslohn zu regulieren, d. h. innerhalb der Plusmacherei zusagender Schranken zu zwängen, um den Arbeitstag zu verlängern, und den Arbeiter selbst in normalem Abhängigkeitsgrad zu erhalten. Es ist dies ein wesentliches Moment der sog. ursprünglichen Akkumulation."[4]

„Was aber Anfangs- und Ausgangspunkt war, wird vermittelst der bloßen Kontinuität des Prozesses (...) stets aufs neue produziert und *verewigt* als eigenes Resultat der kapitalistischen Produktion. Einerseits verwandelt der Produktionsprozeß fortwährend den stofflichen Reichtum in Kapital (...) andererseits kommt der Arbeiter beständig aus dem Prozeß heraus, wie er in ihn eintrat, – persönliche Quelle des Reichtums, aber entblößt von allen Mitteln, diesen Reichtum für sich zu verwirklichen."[5] „Der kapitalistische Produktionsprozeß, im Zusammenhang betrachtet, oder als Reproduktionsprozeß, produziert also nicht nur Ware, nicht nur Mehrwert, er produziert und reproduziert das Kapitalverhältnis selbst, auf der einen Seite den Kapitalisten, auf der anderen den Arbeiter."[6]

---

1 Ebenda, S. 731 Anm.
2 Ebenda, S. 9.
3 Ebenda, S. 503.
4 Ebenda, S. 703.
5 Ebenda, S. 533.
6 Ebenda, S. 541. Vgl. auch Bd. III, 2, S. 353: „Wir haben gesehen, daß der kapitalistische Produktionsprozeß eine geschichtlich bestimmte Form des gesellschaftlichen Produktionsprozesses überhaupt ist. Dieser letztere ist sowohl Produktionsprozeß der materiellen Existenzbedingungen des materiellen Lebens, wie ein in spezifischen, historisch-ökonomischen Produktionsverhältnissen von sich gehender, *diese Produktionsverhältnisse selbst, und damit die Träger dieses Prozesses*, ihre materiellen Existenzbedingungen und ihre gegenseitigen Verhältnisse, d. h. ihre bestimmte ökonomische Gesellschaftsform *produzierender und reproduzierender Prozeß*." (Im Orig. nicht *kursiv*).

Die gleiche Behauptung findet sich noch an den verschiedensten Stellen in verschiedener Formulierung, aber immer gleicher Bestimmtheit:

„Die kapitalistische Akkumulation produziert (...), und zwar im Verhältnis zu ihrer Energie und ihrem Umfang, beständig eine relative, d. h. für die mittleren Verwertungsbedürfnisse des Kapitals überschüssige, daher überflüssige oder Zuschuß-Arbeiterbevölkerung."[1] – „Durch den einfachen Prozeß, der einen Teil der Arbeiter beständig ‚freisetzt', durch Methoden, welche die Anzahl der beschäftigten Arbeiter im Verhältnis zur vermehrten Produktion vermindern, wird geschaffen jenes ‚disponible Menschenmaterial', jene vom absoluten Wachstum der Bevölkerung unabhängige Vermehrung von Arbeitern.'[2]
Diese Übervölkerung wird (...) zum Hebel der kapitalistischen Akkumulation, ja zu einer Existenzbedingung der kapitalistischen Produktionsweise."[3]

Diese inhaltsschweren Sätze sind das Ergebnis einer langen, mühevollen Deduktion, die den wichtigsten Inhalt des ersten Bandes des „Kapital" ausmacht. Ich glaube, keinen Widerspruch erwarten zu dürfen, wenn ich diese Deduktion als den folgenden fünfgliederigen Kettenschluß darstelle:

I. Wo Kapital akkumuliert wird, da (wächst verhältnismäßig der konstante und) fällt verhältnismäßig der variable Kapitalbestandteil.[4]
II. Wo das variable Kapital im Verhältnis zum Gesamtkapital fällt, da fällt im gleichen Verhältnis (Lohn und Länge des Arbeitstages als gleich gesetzt) die Zahl der beschäftigten Arbeiter, der „Stellen", wie ich diese Zahl im folgenden nennen werde.
III. Wo die Zahl der „Stellen" im Verhältnis zum Gesamtkapital fällt, da fällt sie auch im Verhältnis zur Zahl der arbeitsfähigen und arbeitswilligen Mitglieder des Proletariats, der „aktiven Arbeiterarmee".[5]
IV. Wo die Zahl der „Stellen" im Verhältnis zum Proletariat fällt, da wächst die Surplusbevölkerung.[6]
V. Wo die Surplusbevölkerung wächst, da wächst auf seiten des Proletariats „Elend, Arbeitsqual, Sklaverei, Unwissenheit, Brutalisierung und moralische Degradation"[7].

Folglich (I–V):

Wo Kapital akkumuliert wird, da wächst auf seite des Proletariats „Elend, Arbeitsqual" usw.

Gibt man sämtliche Prämissen zu, so ist der Schluß unwiderleglich: in allen diesen allgemein-bejahenden Sätzen ist das Prädikat des vorhergehenden das Subjekt des folgenden Satzes.

Ich werde jetzt die Begründung der einzelnen Hauptsätze, wie sie von Marx selbst gegeben ist, in möglichster Kürze wiedergeben, um daran den Beweis zu schließen, daß der gesamte Kettenschluß einer logischen Prüfung nicht standhalten kann.

---

1 Ebenda, Bd. I, S. 594; vgl. auch Bd. III, 1, S. 217.
2 Ebenda, Bd. I, S. 598.
3 Ebenda, S. 596f.
4 Ebenda, S. 585–593.
5 Ebenda, S. 593–600.
6 Ebenda, S. 600–605. „Die Produktion einer relativen Übervölkerung oder die Freisetzung von Arbeitern geht daher noch rascher voran als die ohnehin mit dem Fortschritt der Akkumulation beschleunigte technische Umwälzung des Produktionsprozesses und die entsprechende proportionelle Abnahme des variablen Kapitalteils gegen den konstanten" (Kapital, Bd. I, S. 600).
7 Ebenda, S. 611.

V. Kapitel:
Der Marxsche Kettenschluß

A. Darstellung

a) Hauptsatz I:
Wo Kapital akkumuliert wird, (wächst verhältnismäßig der konstante und) fällt verhältnismäßig der variable Kapitalbestandteil.

Kapital, insofern es Wert, „Mehrwert heckender Wert" ist, besteht aus „konstantem Kapital oder Wert der Produktionsmittel, und variablem Kapital oder Wert der Arbeitskraft, Gesamtsumme der Arbeitslöhne". Dies Verhältnis nennt Marx die „*Wertzusammensetzung* des Kapitals". „Nach der Seite des Stoffs (aber), wie er im Produktionsprozeß fungiert, teilt sich jedes Kapital in Produktionsmittel und Arbeitskraft; diese Zusammensetzung bestimmt sich durch das Verhältnis zwischen der Masse der angewandten Produktionsmittel einerseits und der zu ihrer Anwendung erforderlichen Arbeitsmenge andererseits." Dies Verhältnis nennt er die „*technische*" Zusammensetzung des Kapitals. „Zwischen beiden besteht eine enge Wechselbeziehung. Um diese auszudrücken, nenne ich die Wertzusammensetzung des Kapitals, insofern sie durch seine technische Zusammensetzung bestimmt wird (...): die organische Zusammensetzung des Kapitals."[1]

Diese organische Zusammensetzung muß sich nun nach Marx mit der Akkumulation fortwährend ändern, und zwar derart, daß das variable Kapital fortwährend abnimmt im Verhältnis zum konstanten Kapital. In dem Maße, wie das Kapital sich durch Akkumulation vermehrt, wird ein immer größerer Teil desselben in konstantem Kapital angelegt, also in Arbeitsmitteln: Gebäuden, Maschinen etc.; dem „fixen Kapital" der älteren Ökonomik, und demjenigen Teile des von jener sogenannten „zirkulierenden Kapitals", der in Arbeitsgegenständen besteht, denen die Arbeitskraft Wert zusetzt. Ein immer kleinerer Teil aber wird als variables Kapital verausgabt, d. h. zu Arbeitslöhnen, zur Besoldung von Arbeitern verwendet.

Marx widmet den Ursachen und dem Fortgange dieser Veränderung in der organischen Zusammensetzung des individuellen und damit des Gesamtkapitals eine sehr ausführliche Darstellung. Er zeigt, wie schon im Prozeß der einfachen Konzentration des Kapitals auf dem Wege der Akkumulation die technische Umwälzung eintreten muß, weil die aus Mehrwert neu gebildeten Zusatzkapitalien regelmäßig in den neuesten und besten Arbeitsmitteln angelegt werden und durch ihre Konkurrenz das alte Kapital zwingen, den technischen Fortschritten zu folgen; und wie namentlich der Prozeß der Zentralisation, d. h. Bildung eines größeren Kapitals aus vielen kleineren, sei es durch Vergesellschaftung, sei es durch Aufsaugung der schwachen Kapitalisten durch die starken, die technische Umwälzung beschleunigt.

b) Hauptsatz II:
Wo das variable Kapital im Verhältnis zum Gesamtkapital fällt, fällt im gleichen Verhältnis (Lohn und Länge des Arbeitstages gleich gesetzt) *die Zahl der „Stellen".*

Dieser Hauptsatz ist kein „synthetischer" Satz, der etwas Neues vom Subjekt aussagt, sondern ein „analytischer Satz", der ein konstituierendes Merkmal des Subjekts noch einmal im Prädikat heraushebt.

---

1 Ebenda, S. 576; rekapituliert Bd. III, 1, S. 123f.

Variables Kapital ist nämlich definiert als „Gesamtsumme der Arbeitslöhne". Nenne ich den Durchschnittslohn zu einer gegebenen Zeit l, die Zahl der Beschäftigten („Stellen") s, und das variable Kapital v, so ist v=l·s. Dann ist also s=v:l; oder in Worten ausgedrückt: die Zahl der „Stellen" fällt, wenn der Lohn konstant bleibt, mit dem variablen Kapital. „Wo früher ein Kapitalzuwachs von 20 % genügt hätte, die Nachfrage nach Arbeit um 20 % zu steigern."[1] – „Bisher wurde angenommen, daß der Zu- oder Abnahme des variablen Kapitals genau die Zu- oder Abnahme der beschäftigten Arbeiterzahl entspricht."[2]

Diese Formel gilt also ausdrücklich nur unter der Voraussetzung „sonst gleicher Verhältnisse" des Lohnes und der Länge des Arbeitstages. Wie und wie weit sie sich nach Marx ändert, wenn Lohn und Arbeitstag variieren, wird uns unten noch des näheren beschäftigen. Hier genügt uns, mit Marx vorläufig festzustellen, daß ceteris paribus die Zahl der Arbeiter im gleichen Verhältnis wie das variable Kapital steigen und fallen muß.

c) Hauptsatz III:
Wo die Zahl der „Stellen" im Verhältnis zum Gesamtkapital fällt, da fällt sie auch im Verhältnis zur Zahl der arbeitsfähigen und arbeitswilligen Mitglieder des Proletariats, der aktiven Arbeiterarmee.

Ich führe die entscheidenden Sätze wörtlich an[3]:

„Die spezifisch kapitalistische Produktionsweise, die ihr entsprechende Entwicklung der Produktivkraft der Arbeit, der dadurch verursachte Wechsel in der organischen Zusammensetzung des Kapitals halten nicht nur Schritt mit dem Fortschritt der Akkumulation oder dem Wachstum des gesellschaftlichen Reichtums. Sie schreiten ungleich schneller, weil die einfache Akkumulation oder die absolute Ausdehnung des Gesamtkapitals von der Zentralisation seiner individuellen Elemente, und die technische Umwälzung des Zusatzkapitals von technischer Umwälzung des Originalkapitals begleitet sind. Mit dem Fortgang der Akkumulation wandelt sich also das Verhältnis von konstantem zu variablem Kapitalteil, wenn ursprünglich 1 : 1, in 2 : 1, 3 : 1, 4 : 1, 5 : 1, 7 : 1, so daß, wie das Kapital wächst, statt 1/2 seines Gesamtwerts progressiv nur 1/3, 1/4, 1/5, 1/6, 1/8 usw. in Arbeitskraft, dagegen 2/3, 3/4, 4/5, 5/6, 7/8 usw. in Produktionsmittel umgesetzt wird. Da die Nachfrage nach Arbeit nicht durch den Umfang des Gesamtkapitals, sondern durch den seines variablen Bestandteils bestimmt ist, fällt sie also progressiv mit dem Wachstum des Gesamtkapitals und in beschleunigter Progression mit dem Wachstum dieser Größe. Mit dem Wachstum des Gesamtkapitals wächst zwar auch sein variabler Bestandteil, oder die ihm einverleibte Arbeitskraft, aber in beständig abnehmender Progression. Die Zwischenpausen, worin die Akkumulation als bloße Erweiterung der Produktion auf gegebener technischer Grundlage wirkt, verkürzen sich. Nicht nur wird eine in wachsender Progression beschleunigte Akkumulation des Gesamtkapitals erheischt, um eine zusätzliche Arbeiterzahl von gegebener Größe zu absorbieren oder selbst, wegen der beständigen Metamorphose des alten Kapitals, die bereits funktionierende zu beschäftigen. Ihrerseits schlägt diese wachsende Akkumulation und Zentralisation selbst wieder um in eine Quelle neuer Wechsel der Zusammensetzung des Kapitals oder abermaliger beschleunigter Abnahme seines variablen Bestandteils verglichen mit dem konstanten. Diese mit dem Wachstum des Gesamtkapitals beschleunigte relative Abnahme seines variablen Bestandteils scheint auf der anderen Seite stets rascheres absolutes

---

[1] Ebenda, Bd. I, S. 587f.
[2] Ebenda, S. 600.
[3] Ebenda, S. 593f.

Wachstum der Arbeiterbevölkerung als das des variablen Kapitals oder ihrer Arbeitsmittel. Die kapitalistische Akkumulation produziert vielmehr, und zwar im Verhältnis zu ihrer Energie und ihrem Umfang[1] beständig eine relative, d. h. für die mittleren Verwertungsbedürfnisse des Kapitals überschüssige, daher überflüssige oder Zuschuß-Arbeiterbevölkerung."[2]

d) Hauptsatz IV und V:
> *IV. Wo die Zahl der Stellen im Verhältnis zum (...) Proletariat fällt, da wächst die Surplusbevölkerung.*
> *V. Wo die Surplusbevölkerung wächst, da wächst auf seiten des Proletariats Elend, Arbeitsqual, Sklaverei, Unwissenheit, Brutalisierung und moralische Degradation.*

Die beiden Sätze finden keine ausführliche Darstellung und bedürfen einer solchen auch nicht. Sie sind unleugbare Konsequenzen aus Satz III. Wo die Zahl der Stellen im Verhältnis zur Zahl der arbeitsfähigen und arbeitswilligen Mitglieder des Proletariats sich vermindert, da wächst natürlich die Zahl der Unbeschäftigten, und mit ihr der Druck auf den Arbeitsmarkt, und es muß sich der Lohn, d. h. die materielle Lage der Arbeiterschaft, ebenso verschlechtern, wie ihre physische Ausnützung (Arbeitsqual) und ihre Behandlung innerhalb und außerhalb des Arbeitsprozesses, d. h. ihre soziale Lage.

B. Kritik

Ich lasse Satz I, II, IV und V gelten. Was aber Hauptsatz III anlangt, so kann ich mich nicht davon überzeugen, daß der von Marx für ihn beigebrachte Beweis ausreicht.

„Wo die Zahl der ‚Stellen' im Verhältnis zum Gesamtkapital fällt, da fällt sie auch im Verhältnis zur Zahl der arbeitsfähigen und arbeitswilligen Mitglieder des Proletariats." So lautet der Satz in unserer Formulierung.

Nenne ich die Zahl der Stellen s, das Gesamtkapital k, die Zahl der arbeitsfähigen Proletarier p, so lautet der Satz: Wo die Proportion $s:k$ fällt, da fällt auch die Proportion $s:p$. Da $v = l \cdot s$, (v: das gesellschaftliche variable Kapital, l: der Lohn) l aber in dieser ganzen Betrachtung als konstant gesetzt ist (vgl. oben: Hauptsatz II), so kann man den Satz auch folgendermaßen formulieren: „Wo $v:k$ fällt, fällt auch $v:p$."

Dieser Satz ist der kurz ausgedrückte Inhalt der oben unter „Hauptsatz III" wörtlich angeführten Stelle. Der erste Teil, bis zu den Worten: „verglichen mit dem konstanten" beschäftigt sich mit dem Fallen der Proportion $v:k$; die beiden letzten Sätze: „Diese mit dem Wachstum (...) Zuschußarbeiterbevölkerung" behaupten das entsprechende Fallen der Proportion $v:p$.

Marx ist also der Meinung, das k und p Größen sind, zwischen denen eine Abhängigkeit derart besteht, daß das Wachstum von k eng an dasjenige von p gebunden ist: „Es ist also keineswegs das Verhältnis zweier voneinander unabhängiger Größen, einerseits der Größe des Kapitals, andrerseits der Zahl der Arbeiterbevölkerung."[3]

Wenn eine derartige Abhängigkeit zwischen k und p in der Tat existiert, so ist es jedenfalls eine solche, welche nicht ohne weiteres erkannt werden kann. Denn k und v wachsen auf verschiedene

---

1 „Die relative Überbevölkerung zeigt sich um so auffallender in einem Lande, je mehr die kapitalistische Produktionsweise in ihm entwickelt ist." Kapital, Bd. III, 1, S. 217.
2 Ähnlich Kapital Bd. III, 1, S. 198ff., namentlich S. 204.
3 Ebenda, Bd. I, S. 584.

Weise: k wächst mit der Stufenleiter des Produktionsprozesses und der Größe des absoluten und relativen Mehrwertes und umgekehrt proportional dem persönlichen Verbrauch der Kapitalistenklasse. p aber wächst mit der Bevölkerung je nach dem Überschuß der Geburten plus der Einwanderung über die Sterbeziffer plus der Auswanderung und mit dem prozentualen Wachstum der Erwerbstätigen. Das sind Dinge, die auf den ersten Blick voneinander unabhängig zu sein scheinen.

Marx versucht nun, eine tiefere, sozusagen dynamische Abhängigkeit zwischen k und p aufzudecken. Er stellt folgende Betrachtung an:

„Unterstellen wir, daß, nebst sonst gleichbleibenden Umständen, die Zusammensetzung des Kapitals unverändert bleibt, d. h. eine bestimmte Masse Produktionsmittel oder konstantes Kapital stets dieselbe Masse Arbeitskraft erheischt, um in Bewegung gesetzt zu werden, so wächst offenbar die Nachfrage nach Arbeit und der Subsistenzfonds der Arbeiter verhältnismäßig mit dem Kapital und um so rascher, je rascher das Kapital wächst. Da das Kapital jährlich einen Mehrwert produziert, wovon ein Teil jährlich zum Originalkapital geschlagen wird, da dies Inkrement selbst jährlich wächst mit dem zunehmenden Umfang des bereits in Funktion begriffenen Kapitals, und da endlich unter besonderem Sporn des Bereicherungstriebs, wie z. B. Öffnung neuer Märkte, neuer Sphären der Kapitalanlage infolge neuentwickelter gesellschaftlicher Bedürfnisse usw., die Stufenleiter der Akkumulation plötzlich ausdehnbar ist durch bloß veränderte Teilung des Mehrwerts oder Mehrprodukts in Kapital und Revenue, können die Akkumulationsbedürfnisse des Kapitals das Wachstum der Arbeitskraft oder Arbeiteranzahl, die Nachfrage nach Arbeitern ihre Zufuhr überflügeln, und daher die Arbeitslöhne steigen. Dies muß sogar schließlich der Fall sein bei unveränderter Fortdauer der obigen Voraussetzung. Da in jedem Jahre mehr Arbeiter beschäftigt werden, so muß früher oder später der Punkt eintreten, wo die Bedürfnisse der Akkumulation anfangen, über die gewöhnliche Zufuhr von Arbeit hinauszuwachsen, wo also Lohnsteigerung eintritt."[1]

Hier wird also der Fall untersucht, daß k zeitweilig schneller wächst als p, und daß, weil die Proportion v:k hier als konstant unterstellt wird, auch v entsprechend schneller wächst. In diesem Falle wächst also der Bruch v:p, und die Mehrwertrate sinkt, während der Lohn steigt. Bliebe die Voraussetzung so günstiger Umstände gegeben, so wäre auf die Länge der Zeit das kapitalistische System in seiner Wurzel bedroht; denn die zu Anfang der Lohnsteigerung noch vorhandene Surplusbevölkerung „freier" Arbeiter, die Grundvoraussetzung aller kapitalistischen Akkumulation, würde sich dauernd vermindern, der Lohn würde auf Kosten der Mehrwertrate dauernd steigen, der dem Kapitalverhältnis zugrunde liegende Klassengegensatz würde sich mehr und mehr ausgleichen, statt sich zu verschärfen, kurz, die kapitalistische Wirtschaft würde mehr und mehr verschwinden; und, wenn vielleicht auch das „Kapitalverhältnis" immer wieder reproduziert würde (obgleich bei so hohen Löhnen auch der Arbeiter würde „akkumulieren" können), so wäre doch jedenfalls von der Reproduktion von „Elend, Arbeitsqual" usw. keine Rede mehr.

Dieser günstige Ausgang kann aber nach Marx nicht eintreten. Er schreibt[2]:

„Das Steigen des Arbeitslohnes besagt im besten Fall nur quantitative Abnahme der unbezahlten Arbeit, die der Arbeiter leisten muß. Diese Abnahme kann nie bis zum Punkt fortgehen, wo sie das System selbst bedrohen würde. (...) Ein aus Akkumulation des Kapitals entspringendes Steigen des Arbeitspreises stellt folgende Alternative:

---

1 Ebenda, S. 577.
2 Ebenda, S. 583f.

Entweder fährt der Preis der Arbeit fort zu steigen, weil seine Erhöhung den Fortschritt der Akkumulation nicht stört; es liegt darin nichts wunderbares, denn, sagt A. Smith, ‚ein großes Kapital wächst selbst bei kleinerem Profit im allgemeinen rascher als ein kleines Kapital bei großem Profit.' Oder die Akkumulation erschlafft infolge des steigenden Arbeitspreises, weil der Stachel des Gewinns abstumpft. Die Akkumulation nimmt ab. Aber mit ihrer Abnahme verschwindet die Ursache ihrer Abnahme, nämlich die Disproportion zwischen Kapital und exploitabler Arbeitskraft. Der Mechanismus des kapitalistischen Produktionsprozesses beseitigt also selbst die Hindernisse, die er vorübergehend schafft. Der Arbeitspreis fällt wieder auf ein den Verwertungsbedürfnissen des Kapitals entsprechendes Niveau."[1]

Marx rekapituliert seinen Schluß noch einmal auf der folgenden Seite[2]:

„Wächst die Menge der von der Arbeiterklasse gelieferten und von der Kapitalistenklasse akkumulierten, unbezahlten Arbeit" (i. e. des Mehrwerts) „rasch genug, um nur durch einen außergewöhnlichen Zuschuß bezahlter Arbeit sich in Kapital verwandeln zu können, so steigt der Lohn und (...) nimmt die unbezahlte Arbeit im Verhältnis ab. Sobald aber diese Abnahme den Punkt berührt, wo die das Kapital ernährende Mehrarbeit nicht mehr in genügender Menge angeboten wird, so tritt eine Reaktion ein: ein geringerer Teil der Revenüe wird kapitalisiert, die Akkumulation erlahmt, und die steigende Lohnbewegung empfängt einen Gegenschlag. Die Erhöhung des Arbeitspreises bleibt also eingebannt in Grenzen, die die Grundlagen des kapitalistischen Systems nicht nur unangetastet lassen, sondern auch seine Reproduktion auf wachsender Stufenleiter sichern. Das in ein Naturgesetz mystifizierte Gesetz der kapitalistischen Akkumulation drückt also in der Tat nur aus, daß ihre Natur jede solche Abnahme im Exploitationsgrad der Arbeit oder jede solche Steigerung des Arbeitspreises ausschließt, welche die stetige Reproduktion des Kapitalverhältnisses und seine Reproduktion auf stets erweiterten Stufen ernsthaft gefährden könnte."

Hier ist also der Nachweis zu führen gesucht, daß k auch unter den günstigsten Umständen, die man erdenken kann, niemals auf die Dauer wesentlich schneller wachsen kann als p, oder, mit anderen Worten, daß der Bruch $k:p$ nicht wesentlich wachsen kann. Da hier unterstellt wird, das variable Kapital v wachse pari passu mit dem Gesamtkapital k, so kann danach auch der Bruch $v:p$ nicht wesentlich steigen, der Arbeitslohn bleibt in Grenzen gebannt, die „die Grundlagen des kapitalistischen Systems unangetastet lassen".

Nun bestehen aber in Wirklichkeit noch viel ungünstigere Verhältnisse. Nach unserem Hauptsatz II wächst im Fortgang der Akkumulation v nicht gleichen Schritts mit k, sondern die Proportion $v:k$ *sinkt fortwährend*. Wenn also schon die Proportion $k:p$ nicht wesentlich wachsen konnte, so muß die Proportion $v:p$ mit ungefähr derselben Geschwindigkeit sinken, mit der die Proportion $v:k$ sinkt.

Diese Geschwindigkeit aber ist eine ungeheure, weil sie durch einen fatalen Prozeß, in dem die Wirkung immer wieder zur Ursache wird, fortwährend *beschleunigt* wird. Denn der größere Kapitalist expropriiert durch Unterbietung den kleineren, oder kleinere Kapitale assoziieren sich zu einem großen (Aktiengesellschaften): Zentralisation der individuellen Elemente des Gesamtkapitals;[3] „viele kleinere werden in wenige große Kapitale verwandelt", ein Prozeß, dessen „Spiel-

---

1 Kurze Rekapitulation Bd. III, 1, S. 343: „Die Minimalgrenze des Zinses ist ganz und gar unbestimmbar. Er kann zu jeder beliebigen Tiefe fallen. Indessen treten dann immer wieder gegenwirkende Umstände ein und heben ihn über dies relative Minimum."
2 Ebenda, Bd. I, S. 585.
3 Ebenda, S. 594.

raum also durch das absolute Wachstum des gesellschaftlichen Reichtums oder die absoluten Grenzen der Akkumulation nicht beschränkt ist"[1]. Diese Zentralisation großer Kapitale in einem Betriebe drückt sich technisch naturgemäß aus in einer Erhöhung der Stufenleiter des Produktionsprozesses, d. h. in einem beschleunigten Wechsel der organischen Kapitalzusammensetzung. Dasselbe, wie diese „Attraktion" der individuellen Kapitale bewirkt aber auch ihre „Repulsion", d. h. die Bildung neuer, nach neuer Anlage, nach „Verwertung" in neuen Betrieben verlangender „Zusatzkapitale": Es „reißen sich Ableger von den Originalkapitalen los und funktionieren als neue selbständige Kapitale. Eine große Rolle spielt dabei unter anderm die Teilung des Vermögens in Kapitalistenfamilien"[2]. Diese neuen Kapitale bewaffnen sich naturgemäß mit den vollkommensten zur Zeit vorhandenen Maschinen etc., und zwingen daher die schon länger funktionierenden Kapitale zu der gleichen „technischen Umwälzung", da sie anders den Konkurrenzkampf nicht bestehen könnten. Dadurch wird aber wieder der Prozeß der Zentralisation und „Attraktion" beschleunigt, da schwächere Kapitalisten die technische Umwälzung aus Mangel an Mitteln nicht mitmachen können und infolgedessen expropriiert werden; mit der Zentralisation beschleunigt sich bei den Siegern im Konkurrenzkampfe die Akkumulation und mit ihr die „Repulsion" von Zusatzkapitalen, und so fort in infinitum: eine Beschleunigung der Bewegung, ähnlich wie beim fallenden Körper.

Es fällt also v:k in fortwährend beschleunigter Progression, und so muß auch v:p in ähnlicher Progression sinken, kraft des dargestellten engen Zusammenhangs zwischen k und p. Es drängen sich, mit andern Worten, immer mehr Arbeiter zur Anteilnahme an einem variablen gesellschaftlichen Kapital von gegebener Größe, das ihren „Subsistenzfonds" darstellt. „Einerseits attrahiert das im Fortgang der Akkumulation gebildete Zuschußkapital, verhältnismäßig zu seiner Größe, weniger und weniger Arbeiter, andrerseits repelliert das periodisch in immer neuer Zusammensetzung reproduzierte alte Kapital mehr und mehr früher von ihm beschäftigte Arbeiter."[3] Die Folge ist, daß nicht nur der auf den einzelnen Beschäftigten entfallende Anteil l die Tendenz hat, zu sinken („das Elend stets wachsender Schichten der aktiven Arbeiterarmee"[4]) sondern daß auch eine wachsende Zahl Unbeschäftigter übrig bleibt, „freigesetzt" wird.[5] Und so folgt der Schlußsatz der oben angeführten Stelle richtig aus den Prämissen: „Die kapitalistische Produktionsweise produziert vielmehr, und zwar im Verhältnis zu ihrer Energie und ihrem Umfang, beständig eine relative, d. h. für die mittleren Verwertungsbedürfnisse überschüssige, daher überflüssige oder Zuschuß-Arbeiterbevölkerung."

Das ist der Marxsche Beweis für das Gesetz der Akkumulation. Er steht und fällt mit der Stringenz der Schlüsse, die Marx aus seiner oben dargestellten Alternative gezogen hat. Ich kann mich nicht überzeugen, daß diesen Schlüssen zwingende Kraft innewohnt.

Zunächst könnte man schon gegen die Formulierung der Alternative Bedenken geltend machen. Sie ist nach dem Muster der oberflächlichsten Konstruktionen der klassischen Schule und ihrer „vulgär-ökonomischen" Nachfolger gebaut und m. E. durchaus nicht erschöpfend. Es ist z. B. die Möglichkeit gar nicht ins Auge gefaßt, daß der Preis der Arbeit, ohne „den Fortschritt der Akkumulation (seitens der Kapitalistenklasse) zu stören", so hoch steigt, daß auch die Arbeiter in geringerem oder größerem Maße akkumulieren können. Dann sind sie nicht mehr „freie" Arbeiter

---

1 Ebenda, S. 590.
2 Ebenda, S. 589.
3 Ebenda, S. 610.
4 Ebenda, S. 593.
5 Ebenda, S. 598.

im strengsten Sinne und haben vielleicht in größerer Anzahl sogar die Mittel, ihre Arbeitskraft zu ihrem eigenen Nutzen zu verwerten. Aber lassen wir die Alternative einmal gelten! Nehmen wir also mit Marx an, die Akkumulation werde in der Tat erschlaffen, wenn der Profit einen gewissen Minimalsatz unterschritten habe, und dann werde sich der Gewinnsatz, weil die Bevölkerung weiter wächst, oder Kapital verzehrt wird, wieder auf jenes Minimum erhöhen, an dem der „Stachel des Gewinns abstumpft". Sobald dieser Minimalsatz des Profits erreicht ist, sollen also wirklich k resp. v und p eng aneinander gebundene Größen sein.

Daraus kann man folgern, daß der Bruch k:p resp. v:p, und daher der Arbeitspreis, nicht über ein *völlig unbestimmtes* Maximum wachsen kann. Marx zieht aber Schlüsse, die nur richtig wären, wenn er bewiesen hätte, daß diese Proportion nicht über ein *ganz bestimmtes* Maximum wachsen kann, nämlich über denjenigen Arbeitspreis, der dem Proletariat eben gerade die Befriedigung seines standesgemäßen, allenfalls eines etwas gehobenen Standard gestattet, der ihm aber durchaus nicht gestattet, an den höheren Kulturgütern teilzunehmen, geschweige denn selbst Kapital zu akkumulieren: kurz, über ein Maximum, bei dem das „Kapitalverhältnis" kaum gemildert bestehen bleibt.

Marx hat aber auch nicht den Schatten eines Beweises dafür erbracht, daß jenes unüberschreitbare unbestimmte Maximum des Arbeitspreises mit dem von ihm *behaupteten* bestimmten Maximum zusammenfallen muß. Er hat den ersten Fall seiner eigenen Alternative nicht zu Ende gedacht.

Hier dreht sich alles um ein psychologisches Problem: wie lange kann der Preis der Arbeit fortfahren zu steigen, ohne daß seine Erhöhung den Fortschritt der Akkumulation stört? Oder mit anderen Worten: wo liegt jener Minimalsatz des Gewinns, der nicht unterschritten werden darf, ohne daß der Stachel des Gewinns abstumpft?

Diese Frage kann niemand beantworten. Marx selbst sagt präzis: „Die Minimalgrenze des Zinses ist unbestimmbar; er kann zu jeder beliebigen Tiefe fallen."[1] Und der Zins ist zwar nicht der Profit, aber doch ein Indikator des Profits!

Er nimmt aber, das geht aus seinen Schlüssen deutlich hervor, augenscheinlich an, daß die Grenze nicht sehr tief unter dem heutigen üblichen Profitsatz liegen kann. Diese Anschauung erscheint mir grundfalsch. Man ist vielmehr wohl berechtigt, anzunehmen, daß die Grenze außerordentlich tief liegen wird. Es ist mehr als wahrscheinlich, daß die Kapitalsbesitzer, je mehr der Arbeitspreis steigt und die Mehrwertrate sinkt, um so ängstlicher „entsagen", d. h. um so weniger aus ihrer Revenue konsumieren und um so mehr kapitalisieren werden. Der „Stachel des Gewinns" wird nur um so schärfer, statt sich abzustumpfen. Die Angst des Bourgeois für sich und seine Erben, das „Kapital" angreifen und dann von der Handarbeit leben zu müssen, würde ihn gerade bei sinkender Profitrate spornen, möglichst viel zu akkumulieren, um ein für standesgemäße Lebensweise ausreichendes Vermögen zu erlangen. Adam Smith, der gewiß kein schlechter Psychologe war, ist derselben Meinung und belegt sie durch ein interessantes Beispiel.[2] Und auch wir beobachten noch heute, daß die kleinen Sparer beim dreiprozentigen Kurse der Staatsanleihen sich bemühen, entsprechend mehr zurückzulegen, als seinerzeit beim fünfprozentigen Kurse. Die Akkumulation würde also bei steigendem Arbeitspreise nur noch stärker wachsen, und der Lohn weiter steigen, bis endlich der psychologische Reiz nicht mehr wirkte, und der Bourgeois in heller Verzweiflung auf weitere Akkumulation Verzicht leisten und vielleicht sogar sein geliebtes Kapital aufzuzehren begänne. Wenn wir uns vorstellen, diese Grenze läge bei 0,01% Profit, so wäre die „Mehrarbeit"

---

1 Ebenda, Bd. III, 1, S. 343.
2 Smith, Völkerwohlstand, I. Buch, 9. Kap., S. 103.

vielleicht auf wenige Minuten täglich, und die Rate des Mehrwertes auf 1/72 gesunken; es gäbe vielleicht Trillionäre mit einem trotz alledem ungeheuren Einkommen, das immer noch starke Akkumulation gestattete: aber dann wäre von der „Akkumulation von Elend, Sklaverei, Unwissenheit, Brutalisierung und moralischer Degradation auf dem Gegenpol"[1] doch augenscheinlich keine Rede mehr. Denn der Lohn der Arbeiter wäre nahezu gleich dem von ihnen den Produktionsmitteln zugesetzten Werte, und dieser Wert wäre enorm.

Dieser psychologische Punkt einmal erreicht, würde der Arbeitspreis allerdings sein Maximum erlangt haben, weil von jetzt an das Wachstum von k resp. v eng an dasjenige von p geknüpft bleibt: aber dieser Arbeitspreis kann dann so hoch sein, daß das „Kapitalverhältnis" selbst längst verschwunden ist, das ja an ein bestimmtes Maximum des Arbeitspreises geknüpft ist. Damit ist also nichts gewonnen.

Marx hätte richtig geschlossen, wenn er hätte beweisen können, daß das Wachstum von v *immer* eng an dasjenige von p gebunden war, ist und bleibt: aber er hat allenfalls nur beweisen können, daß *einmal ein Zeitpunkt eintreten wird*, von dem an gerechnet das Wachstum von v eng an dasjenige von p gebunden ist und bleibt. Dabei bleibt aber die Möglichkeit, daß v bis dahin sehr viel schneller wächst als p, so daß der Bruch v:p (und mit ihm der Arbeitspreis) weit über das Maximum hinauswächst, bei dem das Kapitalverhältnis noch bestehen kann.[2]

Es ist nach alledem, wie ich glaube, Marx nicht gelungen, die von ihm behauptete enge Abhängigkeit der Größe k von der Größe p zu erweisen. Dann ist aber auch der aus dieser Abhängigkeit gezogene Schluß ohne Stütze, daß die Proportion v:p mit ungefähr derselben Geschwindigkeit fallen muß, wie die Proportion v:k.

Demnach ist für Hauptsatz III:

„wo die Zahl der ‚Stellen' im Verhältnis zum Gesamtkapital fällt, da fällt sie auch im Verhältnis zur Zahl der arbeitsfähigen und arbeitswilligen Mitglieder des Proletariats"

ein genügender Beweis nicht erbracht.

Somit bricht der Marxsche Kettenschluß in der Mitte auseinander, und sein Schlußergebnis, das Gesetz der kapitalistischen Akkumulation, ist nicht bewiesen.

Die Widerlegung eines Beweises ist noch nicht die Widerlegung einer Behauptung. Ein Beweis kann logisch unhaltbar, und dennoch die Behauptung richtig sein. Damit das Marxsche Gesetz der Akkumulation als völlig widerlegt gelten könne, ist daher noch zu zeigen, daß es nicht nur die Tatsachen der Erfahrung nicht erklärt, sondern daß sogar die Bildung der Surplusbevölkerung nicht derart erfolgt, wie der Fall sein müßte, wenn das Gesetz wirklich existierte.

---

1 Kapital, Bd. I, S. 611.
2 Marx bekämpft gerade mit diesen Erörterungen die gedankenlose Bevölkerungtheorie des Malthus und seiner Anhänger. Er macht aber einen ähnlichen Fehler, wie eine der Richtungen dieser Schule, nämlich wie der „Malthusianismus, der mit Zahlen jongliert", meiner Terminologie (vgl. Oppenheimer, Das Bevölkerungsgesetz des T.R. Malthus, S. 132ff. [im vorliegenden Band siehe S. 363]). Auch diese Lehre zeigt, daß, wenn die Bevölkerung als dauernd wachsend angenommen wird, schließlich einmal ein Zeitpunkt eintreten muß, wo die Erde nicht mehr Nahrung genug für sie hervorzubringen imstande ist; und sie faßt gleichfalls den zeitlich bedingten Satz als absolut und gelangt so zu dem Quiproquo, das Elend der Vergangenheit und Gegenwart aus einem erst in Zukunft erwarteten Mißverhältnis zu erklären. Der Marxsche Beweis kommt ungefähr auf dasselbe hinaus.

Dritter Teil
Die Marxsche Behauptung im Lichte der Tatsachen

Es ist der wesentliche Inhalt der „revisionistischen" Kritik des marxistischen Gedankengangs, zu zeigen, daß das Gesetz der Akkumulation die Prüfung an den Tatsachen nicht aushält. Es wird geleugnet, daß die Konzentration der Kapitale und die Zentralisation der Betriebe überhaupt in dem Maße und vor allem in dem Tempo erfolgt, wie Marx das angenommen hatte;[1] und namentlich sind es die Ziffern der landwirtschaftlichen Berufs- und Betriebsstatistik, die gegen das Gesetz ins Feld geführt werden.

Die nächsten Kapitel stellen sich die gleiche Aufgabe, wollen sie aber mit bisher nicht angewandten Mitteln zu lösen versuchen. Das von Bernstein, Hertz, Jaurès usw. und auch von David[2] gebrauchte Beweisverfahren erscheint mir aus mehreren Gründen nicht recht überzeugend.

Erstens durch die von ihnen angewandte Methode. Sie ist fast durchaus statistisch. Die Statistik ist aber, wie die literarische Fehde Bernstein/Kautsky zeigt, eine außerordentlich plastische Masse. Man kann mit ein wenig dialektischer Jonglierkunst so ziemlich alles statistisch beweisen, so daß der Versuch einer Einigung aufgrund dieses Materials wenig Aussicht hat. Aber auch davon abgesehen, ist sie in diesem Kampfe wenig empfehlenswert. Marx kann nur durch Marx' Methode überwunden werden. Diese Methode ist aber nichts weniger als statistisch. Marx braucht für den eigentlichen Beweis grundsätzlich nur die Deduktion; und wo er seinen Beweis an den Tatsachen prüft, da sind es immer nur die großen, auch ohne statistische Subtilitäten zugänglichen, die jedermann bekannten Tatsachenmassen. Wo er Zahlen bringt, bringt er sie rein illustrativ, nie aber als Beweis. Dafür ist bezeichnend, daß häufig die wichtigsten statistischen Tatsachen als Anmerkungen unter dem Strich gebracht werden.

Den zweiten Mangel der revisionistischen Kampfart erblicke ich im folgenden:

Man betrachtet hier die Marxsche Behauptung von der Tendenz der kapitalistischen Akkumulation durchaus nur als eine Prophezeiung in die Zukunft hinein. Daher stellt sich als kritische Aufgabe der Nachweis, daß die Entwicklung anders verlaufen ist, als Marx voraussah. Dieser Nachweis läßt sich aber kaum anders als mit statistischen Argumenten führen.

Die Zukunftsprophezeiung ist jedoch nur ein Teil der Marxschen Behauptung; und sie ist zwar für die Führung und Schürung des proletarischen Klassenkampfes die wichtigere, aber theoretisch-wissenschaftlich weitaus die unwichtigere Hälfte. Denn Marx gewann das Recht, die „Tendenz der kapitalistischen Produktionsweise" in die Zukunft hinein zu projizieren, nur daraus, daß er die gleiche Tendenz als von Anfang der kapitalistischen Ära an wirksam nachwies: die Akkumulation des Kapitals am einen und des Proletariats am andern Pole und die fortschreitende Simplifizierung der Volkswirtschaft.

---

1 Der erste, der diesen Weg beschritten hat, scheint, wie schon ausgeführt, Julius Wolf zu sein. Dieses bedeutende Verdienst kann ihm nicht bestritten werden. Das über die revisionistische Kampfmethode zu bemerkende gilt auch für ihn.
2 In seinem trefflichen Werke: David, Sozialismus und Landwirtschaft, Berlin 1903.

Das haben die revisionistischen Kritiker nie genügend beachtet. Sie haben das verhängnisvolle Wort „Tendenz" ungefähr so falsch verstanden wie die heutigen Malthusianer die berühmte „tendency of all animated life to increase beyond the nourishment prepared for it": als eine Zukunftsprophezeiung statt als eine wissenschaftliche Erklärung der Tatsachen von Vergangenheit und Gegenwart, die dann allerdings gewisse Schlüsse auch für die Zukunft erlaubt.

Und dieser Irrtum hat Bernstein und die Seinen daran verhindert, das Nächstliegende und, wie sich hoffentlich zeigen wird, Wirksamste gegen die Marxsche Theoretik zu unternehmen, nämlich *die von Marx selbst herangezogenen Tatsachen zu untersuchen, an denen er sein „Gesetz der Akkumulation" erhärtete*, die Tatsachen, durch die er beweisen wollte, daß die Tendenz der kapitalistischen Produktionsweise in der Vergangenheit und Gegenwart in Übereinstimmung mit seiner Deduktion sich durchsetzte.

Diese Untersuchung bildet den wesentlichen Inhalt der nächsten Kapitel.

VI. Kapitel:
Die Tatsachen der industriellen Entwicklung
(Die „Freisetzung" des Arbeiters und die Kompensationstheorie)

Das Gesetz der Akkumulation lautet, aus der wissenschaftlichen Terminologie ins Volkstümliche übersetzt: *„Die Maschine setzt den Arbeiter frei."*

Die ersten drei Hauptsätze des von uns dargestellten und widerlegten Kettenschlusses ergeben nämlich folgenden Satz: „Wo das konstante Kapital im Verhältnis zum Gesamtkapital wächst, da fällt ceteris paribus im gleichen Verhältnis die Zahl der ‚Stellen'." Das konstante Kapital aber ist im wesentlichen die Maschine samt den für sie erforderlichen Grundstücken und Gebäuden.

Daß die Maschine den Arbeiter freisetzt, war zuerst nur die naive Überzeugung der Handwerker und Manufakturarbeiter, die sich von den neu erfundenen arbeitssparenden Maschinen in ihrer Existenz bedroht glaubten – zuweilen nicht mit Unrecht – und sich mit allen Mitteln des Rechtes und der Gewalt gegen ihre Einführung sträubten. In die Wissenschaft aufgenommen wurde diese Meinung nach Marx[1] zuerst von John Barton; dann nahm sie Ricardo in dem nachträglich seinen Untersuchungen einverleibten XXXI. Kapitel in die offizielle Theorie auf. Seitdem gehört sie zum gemeinsamen Besitzstande der manchester-liberalen und sozialistischen Doktrin. Sie hat, verquickt mit dem Malthusschen „Bevölkerungsgesetz" zur sogenannten „Bevölkerungtheorie", alle bürgerliche Wissenschaft auf dürrer Heide im Kreis herumgeführt,[2] und hat, wie ich hoffe, zeigen zu können, auch das großartige System der proletarischen Ökonomik in seinen letzten Konsequenzen abgelenkt.

Auch für Marx stand es außer Zweifel, „daß die Maschine den Arbeiter erschlägt".[3] Er akzeptiert die naive Auffassung der beteiligten Arbeiter, deren Kämpfe gegen den neu erstehenden Feind er mehrfach darstellt,[4] im Prinzip, nur daß ihm natürlich die Maschine nicht als Ding von Stahl,

---

1 Kapital, Bd. I, S. 596 Anm. 79.
2 Vgl. Oppenheimer, Das Bevölkerungsgesetz des T. R. Malthus, namentlich im III. und IV. Kapitel [siehe im vorliegenden Band].
3 Kapital, Bd. I, S. 397; vgl. Engels, Umwälzung, S. 245.
4 Kapital, Bd. I, S. 392ff.

Eisen und Holz, sondern als Werkzeug der kapitalistischen Exploitation die verhängnisvolle Wirkung auf Markt und Kurs der Arbeit ausübt. „Es bedarf Zeit und Erfahrung, bevor der Arbeiter die Maschinerie von ihrer kapitalistischen Anwendung unterscheiden und daher seine Angriffe vom materiellen Produktionsmittel selbst auf dessen gesellschaftliche Exploitationsform übertragen lernt." Aber in dieser Form „setzt sie frei". „Der Dampfwebstuhl hat 800.000 Weber aufs Pflaster geworfen"[1] (inkl. der „von ihnen selbst beschäftigten Familien"[2]). „Die Maschine wirft unaufhörlich Arbeiter aus der Fabrik heraus" (Zitat nach Ure).[3] In der großbritannischen Baumwollindustrie ist von 1861 bis 1868 die Anzahl der Fabriken um 338 gesunken, die Zahl der Spindeln um 1.612.541 gestiegen, die der Arbeiter aber um 50.505 gefallen. Und Anm. 78 zu Seite 595 bringt eine ganze Anzahl von Produktionszweigen, in deren Mehrzahl der Zensus von 1861 einen Rückgang der Arbeiterzahl im Verhältnis zu 1851 nachweist.[4]

Indessen, wie gesagt, Marx legt auf Zahlen kaum irgendein Gewicht. Sie dienen ihm zur gelegentlichen Illustration, aber nicht zum Beweis. Daher tut Julius Wolf ihm entschieden Unrecht, wenn er ihn liederlicher Statistik oder gar absichtlicher Irreführung anklagt. Er wollte keinen andern Beweis als den durch Deduktion, die alle Tatsachen erklärt. Seine Deduktion aber erschien ihm als vollkommen schlüssig. So schlüssig, daß er niemals nachgerechnet hat. Sonst hätte ihm allerdings auffallen müssen, was Wolf[5] ihm aufmutzt, daß jene 14 aus den 431 Berufen des Zensus von 1861 herausgegriffenen Positionen (rund 3 Millionen von rund 13 Millionen Erwerbstätigen) zusammengezählt ein *Plus* beschäftigter Arbeiter ergeben. Dieselbe Gleichgültigkeit gegen statistische Induktion findet sich noch an mehreren Stellen. Z. B stellt er neben die eben angeführten Daten aus der Baumwollindustrie von 1861/68 auch die von 1858, aus denen er hätte berechnen können, daß trotz des enormen Rückgangs in der zweiten Hälfte des Jahrzehnts 1858/68 die Arbeiterschaft dieser Industrie in diesen zehn Jahren im ganzen dennoch von rund 379.000 auf rund 401.000, also um fast 6% gewachsen war. Ferner gibt er selbst (Seite 595, Anm. 78) an, daß die britischen Baumwollwebereien und -spinnereien 1851 371.777, 1861 aber 456.646 Arbeiter beschäftigten. (Eine Berechnung hätte hier eine Vermehrung von ca. 23% ergeben, während gleichzeitig die *Bevölkerung* Großbritanniens nur um 5,6% zunahm.[6])

Da die Textilindustrie das Schulbeispiel für die „Freisetzung der Arbeiter durch die Maschine" ist, so sei es gestattet, hier einige spätere Zahlen anzuführen. Der Rückgang zwischen 1861 und 1868 war eine Folge der „Baumwollteuerung" (cotton-famine), die sich während des amerikanischen Sezessionskrieges einstellte. Nach der Beseitigung dieser Störung, die mit der kapitalistischen Entwicklung Großbritanniens nicht viel zu tun hatte, wuchs die Arbeiterschaft der Baumwollindustrie regelmäßig weiter und regelmäßig, trotz aller Konkurrenz des Auslandes, weit stärker als die Bevölkerung. Sie betrug 1880: 487.000, 1885: 504.000,[7] 1890: 530.000[8]. Während die Bevölke-

---

[1] Ebenda, S. 394. „Daß es aber keine ‚Übertreibung' war, zu sagen, daß der Dampfwebstuhl 800.000 Weber auf das Pflaster geworfen habe, davon kann sich Herr Bertheau durch den Bericht des Committee on Handloomweavers, 1834 und 1835, überzeugen, wo die Gesamtzahl aller Handweber Englands auf eine Million angegeben wird. 1861 waren diese so gut wie verschwunden und betrug die Zahl der Dampfstuhlweber rund 230.000." (Bernstein, Drachentötung in fünf Briefen, in: Neue Zeit, 1894/5, Bd. II, S. 117.)
[2] Kapital, Bd. I, S. 415.
[3] Ebenda, S. 398.
[4] Weitere statistische Details in: Kapital, Bd. I, S. 413.
[5] Wolf, Sozialismus und kapitalistische Gesellschaftsordnung, S. 261.
[6] Die Bevölkerung berechnet nach Mulhall, Dictionary of statistics, S. 444.
[7] Ebenda, S. 159.
[8] Ebenda, S. 678.

rung insgesamt 1851/89 um 31% zunahm, wuchs die Arbeiterzahl der Baumwollindustrie um nicht weniger als 43%.[1]

Man sieht, sogar die Zahlen dieses Schulbeispiels stimmen nicht mit der Theorie [überein, A. d. R.]. Ich habe aber erklärt, auf alle statistischen Subtilitäten verzichten zu wollen und will daher unterstellen, Marx habe in der Tat nachgewiesen, daß in mehreren bedeutenden Zweigen der Volkswirtschaft viele Arbeiter durch die Maschine freigesetzt worden sind.

Mit diesem Zugeständnis ist zunächst für das Gesetz der Akkumulation nichts erreicht. Denn es spricht nicht von einzelnen Zweigen der Volkswirtschaft, sondern von ihrer *Gesamtheit*: es ist „*allgemeines*, absolutes Gesetz der kapitalistischen Akkumulation", und es kann auch nur als solches als Prämisse der uns bekannten wichtigen Folgerungen dienen. Beschränkte sich die Freisetzung z. B. auf die Handweber, so wäre die üble Lage z. B. der Maschinenbauer nicht erklärt.

Es ist aber offenbar nicht ohne weiteres gestattet, vom Einzelzweig einen generalisierenden Schluß auf die Gesamtwirtschaft zu machen. Es muß erst Umschau gehalten werden, ob nicht vielleicht in einigen andern Zweigen der Wirtschaft die Zahl der beschäftigten Arbeiter im Verhältnis zur Bevölkerung gewachsen ist. Nur wenn sich ein solcher Fall von „Kompensation" nicht nachweisen läßt, ist die Generalisierung mindestens vorläufig erlaubt.

Marx wußte aber, daß viele Fälle derartiger Kompensation bestehen, daß die kapitalistische Wirtschaft eine sehr bedeutende Mehreinstellung von Arbeitern in vielen Zweigen mit sich bringt. Er stellt etwa folgende Betrachtung an:

Es kann in einzelnen Zweigen der Volkswirtschaft die Arbeiterzahl wachsen, wenn zwei Bedingungen erfüllt sind. Erstens muß das variable Kapital absolut gewachsen sein, was mit seinem relativen Sinken im Verhältnis zum konstanten sehr wohl vereinbar ist, wie wir wissen. Und zweitens muß der Markt des Produkts sich entsprechend erweitert haben. Das liegt aber, wie Marx zeigt, im Begriffe des Maschinenprodukts, das ja nur konkurrenzfähig ist, wenn es wohlfeiler ist, und das, weil es wohlfeiler ist, größeren Absatz findet, d. h. in viel größerer Masse hergestellt wird[2], und daher auch einer, wenn auch „im Verhältnis zur Produktionsleiter" verminderten, so doch unter Umständen absolut vermehrten Arbeiterzahl zu seiner Herstellung bedarf, nämlich dann, wenn der Absatz stärker gewachsen ist, als die Produktionskraft des Gewerbes.

So kann Marx zu dem Schlusse gelangen:

„Man begreift, trotz der vom Maschinenbetrieb faktisch verdrängten und virtuell ersetzten Arbeitermasse, wie mit seinem eigenen Wachstum, ausgedrückt in Fabriken derselben Art oder den erweiterten Dimensionen vorhandener Fabriken, die Fabrikarbeiter schließlich zahlreicher sein können, als die von ihnen verdrängten Manufakturarbeiter oder Handwerker."[3]

Eine solche Entwicklung des einen Zweiges wirkt aber auf viele andere Zweige zurück:

Vermehrter Absatz nämlich ist erstens nicht möglich ohne vermehrte Produktion der *Arbeitsgegenstände* und *Arbeitsmittel* der einzelnen Zweige. Die Baumwollpflanzungen, die Metall- und Kohlenbergwerke usw. habe eine „ungeheuer schwellende"[4] Arbeiterzahl beschäftigt. „Eine neue Arbeiterart springt mit der Maschine ins Leben, ihr Produzent. Wir wissen bereits, daß der

---

1 Kautsky (Karl Marx' ökonomische Lehren, S. 234) führt die Baumwollindustrie als „ein Beispiel absoluter Abnahme der Zahl der beschäftigten Arbeiter" an. Er vergleicht 1861 und 1871, wo er 456 resp. 450 Tausend zählt. Sein Buch erschien 1887; 1880 aber hatte es wieder 487.000 und 1885 504.000 gegeben. „Kautskys statistische Fabeln!!"
2 Kapital, Bd. I, S. 408.
3 Ebenda, S. 414.
4 Ebenda, S. 408.

Maschinenbetrieb sich dieses Produktionszweiges auf stets massenhafterer Stufenleiter bemächtigt."[1] „Ergreift die Maschinerie Vor- oder Zwischenstufen, welche ein Arbeitsgegenstand bis zu seiner letzten Form zu durchlaufen hat, so vermehrt sich mit dem Arbeitsmaterial die Arbeitsnachfrage in den noch handwerks- oder manufakturmäßig betriebenen Gewerken, worin das Maschinenfabrikat eingeht. Die Maschinenspinnerei z. B. lieferte das Garn so wohlfeil und reichlich, daß die Handweber zunächst, ohne vermehrte Auslage, volle Zeit arbeiten konnten." Ferner wächst mit der Mehrwertmasse die Luxusproduktion und die Klasse der „unproduktiven Diener", und es entstehen ganz neue Zweige der Produktion: Herstellung von „Kanälen, Warendocks, Tunnels, Brücken"[2]. Schließlich „sind Wohlfeilheit des Maschinenprodukts und das umgewälzte Transport- und Kommunikationswesen Waffen zur Eroberung fremder Märkte"[3], und damit ist natürlich wieder die Möglichkeit zur Beschäftigung neuer, absolut vermehrter Arbeiter in der Gesamtindustrie des industriell entfalteten Landes gegeben.

Marx entwickelt also selbst, daß die „Freisetzung" von Arbeitern in einzelnen Zweigen in bedeutendem Maße durch Mehreinstellung von Arbeitern in anderen Zweigen kompensiert wird. Dann ist der verallgemeinernde Schluß von jenen ersten Zweigen auf die Gesamtwirtschaft also nicht erlaubt, sondern es sind drei Fälle möglich:
1. Die Freisetzung in den einen Zweigen überwiegt die Mehreinstellung in den anderen: teilweise Kompensation;
2. Freisetzung und Mehreinstellung gleichen sich aus: volle Kompensation;
3. die Mehreinstellung überwiegt die Freisetzung: Überkompensation.

Ist Fall 1 wirklich, so ist das Gesetz der Akkumulation bewiesen.

Ist Fall 2 wirklich, so ist es noch immer teilweise richtig. Nur läßt sich dann die „absolute" Verelendung nicht mehr daraus ableiten, sondern nur allenfalls eine relative.

Ist aber Fall 3 wirklich, übersteigt die Mehreinstellung in einzelnen Zweigen die Freisetzung in anderen, so stellt sich folgende Alternative:

Entweder sind die in einzelnen Zweigen freigesetzten Arbeiter nach Kraft und Vorbildung fähig, ohne weiteres in diejenigen Zweige überzutreten, die ein überstarkes Bedürfnis nach neuen Arbeitskräften haben, die also, um auf Marx' Boden zu bleiben, einen sehr großen Zuwachs an variablem Kapital haben: dann wird, statt Drucks auf die Löhne, ganz allgemein ein Steigen der Löhne eintreten. – Oder: jene „Freigesetzten" sind nicht fähig, überzutreten: dann wird das Lohnniveau aller anderen Zweige absolut nur um so stärker steigen, da die Konkurrenz jener Klasse nicht eingreift. In den notleidenden Zweigen wird in diesem Falle allerdings ein relativer Pauperismus sich einstellen, der aber erstens streng auf den ergriffenen Personenkreis beschränkt bleibt (da der von den prosperierenden Zweigen so stark angezogene Nachwuchs sich natürlich den notleidenden Zweigen nicht zuwenden wird), und der zweitens keinen gefährlichen Grad erreichen kann. Denn die Handweber z. B. hätten nicht mit Maschinen konkurrieren müssen, die von jämmerlich bezahlten, überanstrengten Arbeitern bedient waren, sondern mit solchen, die von hoch entlohnten Arbeitern in kurzem Werktage bedient waren. So hätte ihnen der Preis ihrer Handarbeit immer noch eine, wenn auch beschränkte, so doch auskömmliche Existenz gesichert, und das Gewerbe wäre friedlich mit seinen Veteranen ausgestorben. Hier hätte also eine Ausgleichung der Lebenshaltung erst allmählich stattfinden können.

Aber in beiden Fällen unserer Alternative würde das durchschnittliche Lohnniveau sich beträchtlich erhöhen und würde weiter steigen, solange unsere Bedingung erfüllt bleibt (also bis

---

1 Ebenda, S. 409.
2 Ebenda, S. 411.
3 Ebenda, S. 416.

„der Stachel des Gewinns abstumpft"). Der Lohn würde, um ganz korrekt zu sein, nicht nur steigen durch Vermehrung seiner Kaufkraft, sondern wirklich durch Verminderung der Mehrwertrate. Er stiege stärker als die Produktivkraft „einfacher gesellschaftlicher Arbeit", während er nach Marx bestenfalls nur weniger steigen kann. Und natürlich wäre bei einem so ungeheuren Hunger des verwertungsbedürftigen Kapitals nach Arbeitskraft auch binnen kurzem jene mit Beginn der kapitalistischen Ära „durch außerökonomische Gewalt" geschaffene Armee vogelfreier Proletarier aufgesaugt, und mit ihr wäre die „Existenzbedingung" der kapitalistischen Wirtschaft, das „Kapitalverhältnis" selbst, verschwunden.

Welcher dieser drei Fälle ist nun Wirklichkeit?
Das Problem ist durch Deduktion nicht lösbar; es ist eine Gleichung mit mehreren Unbekannten. Es wäre unmittelbar nur lösbar durch Zählung; man müßte die Zahl der Arbeitslosen zu verschiedenen Zeitpunkten vergleichen: zeigt sich eine regelmäßige Zunahme, so hat nur teilweise Kompensation, zeigt sich regelmäßige Abnahme, so hat Überkompensation stattgefunden.
Diese Methode ist aber aus mehrfachen Gründen nicht anwendbar.

Erstens reichte das statistische Material zu Marx' Zeit entschieden nicht hin, um diese Frage zu beantworten. Er konnte zu der Zeit, als er die britische Wirtschaftsentwicklung beobachtete, zu dem Eindruck gelangen, daß die Reservearmee regelmäßig wachse. Wir wissen heute, daß diese Erscheinung, wenn sie überhaupt bestand, sicherlich nur eine vorübergehende, akzessorische Erscheinung war; wir wissen, daß die Prozentzahl der offiziellen Paupers sehr bedeutend gefallen,[1] daß die Durchschnittszahl der Arbeitslosen mindestens im Verhältnis zur Gesamtbevölkerung stark gesunken ist, so daß sich also s schneller vermehrt hat als p. Und wir wissen außerdem, daß ein großer Teil des noch heute bestehenden Pauperismus in England in den Kreisen der Eingewanderten herrscht, namentlich der osteuropäischen Juden, von denen es zum wenigsten noch unbewiesen ist, daß ihr Elend dem Kapitalismus überhaupt, geschweige denn dem britischen Kapitalismus zur Last gelegt werden muß.

Alle diese Tatsachen der neueren Wirtschaftsentwicklung dürfen wir unserer programmatischen Erklärung gemäß nicht gegen Marx verwenden, sondern haben uns an das zu halten, was er selbst im „Kapital" von Tatsachen anführt.

Vor allem aber ist folgendes gegen diese Methode zu bemerken, das Verhältnis s : p aus der Zahl der Arbeitslosen zu erkennen:

Es würde zwar gegen Marx entscheiden, wenn sich herausstellte, daß s schneller gewachsen ist, als p; aber es würde selbst dann nicht für ihn entscheiden, wenn er nachgewiesen hätte, daß das umgekehrte Verhältnis Platz ergriffen hat. Wollte man diesen Schluß ziehen, so würde man einen Fehlschluß begehen. Denn es wird ja nicht bestritten, daß sich eine „Reservearmee" auf irgendeine Weise und in irgendeinem Maße bildet, sondern es wird bestritten, daß sie durch den von Marx angeklagten Mechanismus zustande kommt, durch „Freisetzung".

Wir müssen also versuchen, dem Problem von einer anderen Seite näherzukommen.
Da bietet sich uns als bequemes Mittel die Ziffer der „Urbanisierung", der zunehmenden Verstadtlichung der Bevölkerung in allen kapitalistisch sich entfaltenden Ländern und namentlich in dem Marx vor allem interessierenden Lande, in Großbritannien. Er kannte die Tatsachen, die einem Beobachter von solcher Größe natürlich nicht entgehen konnten. Um nur einen Beleg anzuführen, so schreibt er[2] in bezug auf die Periode 1851–61: „781 Städte sind aufgezählt im Zensus von 1861 für England und Wales mit 10.960.998 Einwohnern, während die Dörfer und Landkirchspiele nur 9.105.226 zählen. (. . .) Im Jahre 1851 figurierten 580 Städte im Zensus, deren Bevölkerung unge-

---

1 Wolf, Sozialismus und kapitalistische Gesellschaftsordnung, S. 270.
2 Kapital, Bd. I, S. 607 Anm. 86.

fähr gleich der Bevölkerung der sie umgebenden Landdistrikte war. Während aber in den letzteren die Bevölkerung nur um eine halbe Million wuchs, wuchs sie in den 580 Städten um 1.554.067. Der Bevölkerungszuwachs in den Landkirchspielen ist 6,5%, in den Städten 17,3%. Der Unterschied in der Rate des Wachstums ist der Wanderung vom Land in die Stadt geschuldet. Drei Viertel des Gesamtwachstums der Bevölkerung gehört den Städten."

Er wußte auch, daß diese Wanderung vom Lande keine vorübergehende, auf das eine Jahrzehnt beschränkte Erscheinung war, sondern daß es sich um eine dauernde Tendenz handelte: „Ein Teil der Landbevölkerung befindet sich daher immer auf dem Sprung, in städtisches oder Manufakturproletariat überzugehen."[1]

Wir sind berechtigt, in unserer auf alle statistischen Subtilitäten verzichtenden summarischen Betrachtung der großen Tatsachenmassen städtische Bevölkerung und städtisches Industrieproletariat gleichzusetzen. Wenigstens ist ein Anhänger Marxens der letzte, der behaupten dürfte, daß die eingewanderten Landproletarier etwas anderes geworden seien als Industrieproletarier; und außerdem beweist die eben angeführte Stelle, daß Marx selbst diese Auffassung hatte: „Die Landbevölkerung geht in städtisches oder Manufakturproletariat über." Er setzt also ebenfalls beide Begriffe gleich: denn „Manufaktur" heißt hier, wie ausdrücklich beigefügt, „alle nicht-agrikole Industrie".

Was bedeutet die Tatsache eines solchen Stromes von Landarbeitern in die Industriestätten für das Problem der Freisetzung oder Kompensation?

Die Gesamtindustrie, alle Stoffveredelung zusammengenommen, also Marxens „Manufaktur", hat nicht nur die Zahl ihrer Arbeitsstellen nicht vermindert, sie hat nicht nur für den gesamten Zuwachs der Industriearbeiterbevölkerung und für die neu „Expropriierten" der übrigen Stadtbevölkerung zu jeder Zeit ausreichend neue „Stellen" erschlossen, sondern sie hat auch noch darüber hinaus eine ungeheure Zahl neuer Stellen geschaffen, die von eingewanderten Landproletariern besetzt worden sind.

In der Gesamtindustrie besteht also Überkompensation der „Freisetzung" durch Mehreinstellung!

Das ist noch kein Beweis gegen das Gesetz der Akkumulation selbst. Denn das ist aufgestellt nicht für die Gesamtindustrie, sondern für die Gesamtwirtschaft der kapitalistischen Epoche. Es könnte ja sein, daß alle jene in die Städte einwandernden Landarbeiter durch das *landwirtschaftliche* Kapital freigesetzt worden sind.

Aber es ist ein Beweis ad hominem gegen Marx! Er dürfte diesen Einwand nicht erheben. Wenn er zugeben muß, daß in der Gesamtindustrie Überkompensation stattfindet, so hat er die Partie verloren. Denn er hat die ganze Theorie von der Freisetzung der Arbeiter durch die Maschinerie gewonnen aus der Analyse der *Industrie*. Erst nachträglich hat er die derart erhaltenen Kategorien auf die Landwirtschaft übertragen.

Er spricht denn auch regelmäßig von den durch „große Industrie und Agrikultur" freigesetzten Arbeitern. Daß nur die Agrikultur freisetzt, während in der Industrie Überkompensation stattfindet, hat er nicht gesehen; sonst hätte er seine Theorie nicht aufrechterhalten können. Er hätte also den Einwand nicht erheben dürfen, daß das landwirtschaftliche Kapital allein den Arbeiter freisetzt. Mithin ist die Tatsache der Überkompensation in der Gesamtindustrie ein schlagendes Argumentum ad hominem gegen Marx.

In der Tat zieht auch ein früher als berufener Exeget gepriesener, jetzt allerdings von den Marx-Orthodoxen mit Heftigkeit befehdeter Schüler des Meisters diesen Schluß. Eduard Bernstein sagt:[2]

„Wenn sich, wie in den Hauptindustriestaaten, die industrielle Bevölkerung stärker vermehrt wie die Gesamtbevölkerung, ohne daß die Prozentzahl der Arbeitslosen steigt, so läßt sich die

---

[1] Ebenda, S. 607.
[2] Bernstein, Zur Geschichte und Theorie des Sozialismus, S. 97.

bisherige Erklärung jener Tatsache (der industriellen Reservearmee), nämlich, daß es das ‚Kapital' ist, das sie beständig von neuem schafft, nicht aufrecht erhalten."[1]

Indessen: so leicht ist Marx nicht zu fassen! Daß ein Beobachter von solcher Größe an so wichtigen Tatsachen gänzlich vorbeisähe, ist natürlich ausgeschlossen.

Er erkennt an, daß die Zahl der von der Gesamtindustrie besetzten „Stellen" nicht sinkt, sondern wächst:

„In den Zentren der modernen Industrie – Fabriken, Manufakturen, Hütten und Bergwerken usw. – werden Arbeiter bald repelliert, bald in größerem Umfang wieder attrahiert, sodaß im großen und ganzen die Zahl der Beschäftigten zunimmt, wenn auch in stets abnehmendem Verhältnis zur Produktionsleiter. Die Übervölkerung existiert hier in fließender Form."[2]

Diese Sätze sind voll – man ist fast versucht anzunehmen, absichtsvoller – Dunkelheit. Sie enthalten zwei hier gar nicht hergehörige Bestimmungen, lassen aber dafür die wichtigste Bestimmung im dunkeln.

Daß die Kurve der Stellenzahl „im großen und ganzen" nicht eine aufsteigende Gerade, sondern eine stark bewegte Wellenlinie darstellt, je nachdem Repulsion und Attraktion auf sie einwirken, gehört nicht hierher, sobald zugegeben werden muß, daß die Attraktion „in größerem Umfange" erfolgt. Dann muß *auf die Dauer und im Durchschnitt* trotz aller temporären Rückschläge eben Lohnsteigerung eintreten. Ebensowenig gehört hierher, daß die Arbeiterzahl nur „in stets abnehmendem Verhältnis zur Produktionsleiter" zunimmt. Denn nicht der „virtuell" (im Verhältnis zur Produktionsleiter), sondern nur der „faktisch" durch die Maschine freigesetzte Arbeiter drückt auf den Arbeitsmarkt.

Andererseits fehlt die wichtigste Bestimmung, die der Quantität. Mit der Feststellung, daß die Arbeiterzahl „im großen und ganzen" wächst, ist keine Förderung des Kompensationsproblems möglich. Die entscheidende Frage lautet klipp und klar: Ist s schneller oder langsamer gewachsen als p? Haben prozentual mehr oder weniger Mitglieder des Proletariats „Stellen" gefunden? Die unbestimmte Quantitätsangabe „im großen und ganzen" gestattet beide Auslegungen, führt also nicht einen Schritt weiter.[3]

Marx, in seiner Deduktion befangen, stellt das quantitative Problem nicht, fühlt aber doch heraus, daß ein so starkes Anwachsen des Industrieproletariats schwer mit dem Gesetz der Akkumulation, mit der „Freisetzungstheorie", vereinbar ist, und versucht, sie durch folgende Argumentation zu retten:

---

[1] Bernstein kritisiert in einer Anmerkung zu dieser Stelle Marxens einschlägige Lehre mit auffälliger Schärfe („Verquickung ganz heterogener Gesichtspunkte", „sinnlose Redefloskel"). Es ist schwer zu begreifen, was er an dem ökonomischen Marxismus noch aufrecht erhalten will, wenn er dieses sein Fundament preisgibt. Und ebenso schwer ist zu verstehen, daß er gar kein Bedürfnis empfindet, die hier entstandene Lücke durch eine neue Erklärung „jener Tatsache" zu schließen, wenn er schon meine eigene ablehnen zu müssen glaubt. Es ist einigermaßen betrüblich, daß sich selbst ein Bernstein mit der Redensart abfindet, es gebe keine einheitliche Lohnarbeiterklasse und daher auch keine einheitliche Lohnbewegung etc. (S. 98ff.). Diese Lehre ist ein Verzweiflungsakt unserer dekadentesten Vulgärökonomik. (Davon mehr im 11. Kapitel).
[2] Kapital, Bd. I, S. 606.
[3] Kautsky, in: Neue Zeit, 1886, S. 56, drückt sich ebenso unbestimmt aus: „Denn die Akkumulation und die sie begleitende Konzentration des Kapitals bedingen die Abnahme der Zahl der beschäftigten Arbeiter im Verhältnis zur Ausdehnung des angewandten Gesamtkapitals, eine relative Abnahme, die mitunter so weit geht, daß sie zur absoluten wird; sie bedingen das Anwachsen einer industriellen Übervölkerung, einer Reservearmee."

Es kann zwar ein im Verhältnis zur Bevölkerungzahl sinkendes variables Kapital bei gleichem Lohn nur relativ weniger Arbeiter beschäftigen. Wohl aber ist das möglich bei *sinkendem Lohn*! Und Marx ist ja der festen Überzeugung, daß es in der Tendenz der kapitalistischen Entwicklung liegt, den Lohn zu senken.

Erstens sinkt nämlich mit dem Fortschritt der Akkumulation der Wert der in kapitalistischen Betrieben hergestellten Subsistenzmittel des Arbeiters, daher auch der Wert seiner Arbeitskraft, und, nach der Theorie, damit ihr Preis, der Lohn, wenn auch nicht immer genau proportional. Kräftiger Widerstand der organisierten Arbeiterschaft, namentlich der gewerkschaftliche Lohnkampf, kann unter Umständen einen Teil der gesellschaftlichen Errungenschaften für den Arbeiter sichern.[1] Ferner aber findet das Kapital auch Mittel und Wege, um mit demselben variablen Kapital mehr Arbeitskraft flüssig zu machen, und mit einem größeren variablen Kapital mehr Arbeit zu erwerben, ohne neue Arbeiter einzustellen:

„Der kapitalistischen Produktion genügt keineswegs das Quantum disponibler Arbeitskraft, welches der natürliche Zuwachs der Bevölkerung liefert. Sie bedarf zu ihrem freien Spiel einer von dieser Naturschranke unabhängigen industriellen Reservearmee. Bisher wurde unterstellt, daß der Zu- oder Abnahme des variablen Kapitals genau die Zu- oder Abnahme der beschäftigten Arbeiterzahl entspricht."

[Also wie in unserer Darstellung die vorläufige Annahme konstanter Löhne!]

„Bei gleichbleibender oder selbst verminderter Zahl der von ihm kommandierten Arbeiter wächst jedoch das variable Kapital, wenn der individuelle Arbeiter mehr Arbeit liefert und daher sein Arbeitslohn wächst, obgleich der Arbeitspreis gleich bleibt, oder selbst sinkt, nur langsamer, als die Arbeitsmasse steigt." [Z. B. bei angestrengterer Akkordarbeit.] „Der Zuwachs des variablen Kapitals wird dann Index von mehr Arbeit, aber nicht von mehr beschäftigten Arbeitern. Jeder Kapitalist hat das absolute Interesse, ein bestimmtes Arbeitsquantum aus kleinerer, statt ebenso wohlfeil oder selbst wohlfeiler aus größerer Arbeiterzahl auszupressen.[2] In dem letzten Fall wächst die Auslage von konstantem Kapital verhältnismäßig zur Masse der in Fluß gesetzten Arbeit, im ersten Falle viel langsamer. Je größer die Stufenleiter der Produktion, desto entscheidender dies Motiv. Seine Wucht wächst mit der Akkumulation des Kapitals.

Man hat gesehen, daß die Entwicklung der kapitalistischen Produktionsweise und Produktionskraft der Arbeit (...) denselben Kapitalisten befähigt, mit derselben Auslage von variablem Kapital mehr Arbeit durch größere extensive oder intensive Exploitation der individuellen Arbeitskräfte flüssig zu machen. Man hat ferner gesehen, daß er mit demselben Kapitalwert mehr Arbeitskräfte kauft, indem er progressiv geschicktere Arbeiter durch ungeschicktere, reife durch unreife, männliche durch weibliche, erwachsene Arbeitskraft durch jugendliche oder kindliche verdrängt.

Einerseits macht also, im Fortgang der Akkumulation, größeres variables Kapital mehr Arbeit flüssig, ohne mehr Arbeiter zu werben, andrerseits macht variables Kapital von derselben Größe mehr Arbeit mit derselben Masse Arbeitskraft flüssig und endlich mehr niedere Arbeitskräfte durch Verdrängung höherer."[3]

Auch das letzte liegt nach Marx offenbar in der Tendenz der kapitalistischen Entwicklung selbst; denn da es sich je länger je mehr nur noch um die Bedienung immer vollkommenerer Maschinen

---

1 Kapital, Bd. I, S. 485f., 605.
2 Vgl. dazu ebenda, Bd. I, S. 492 Anm. 15.; ebenda, S. 511.
3 Ebenda, S. 600.

handelt, so ist auch die Möglichkeit gegeben, in steigendem Maße gelernte erwachsene Männer durch Ungelernte, Weiber und Kinder zu ersetzen.[1]

Wenn aber der Durchschnittspreis der Arbeit sinkt, dann kann ein gegebenes variables Kapital mehr Arbeiter beschäftigen; es kann also auch ein relativ zur Kopfzahl der Bevölkerung gesunkenes variables Kapital verhältnismäßig ebensoviel, ja bei starker Lohndepression sogar verhältnismäßig mehr Mitglieder der Industriebevölkerung beschäftigen als vorher. Waren beispielsweise von je hundert Angehörigen der industriellen Proletarierklasse zu einem gegebenen Zeitpunkte zwanzig, sämtlich erwachsene Männer, im Dienste des Kapitals beschäftigt, so waren es zu einem späteren Zeitpunkte, sage: vierzig, wovon, sage: 15 Männer, 10 Frauen und 15 Kinder. Es sind also fünf Männer freigesetzt, in die Reservearmee hinabgeschleudert, und dennoch hat sich die Arbeiterzahl verdoppelt, und zwar nicht nur absolut, sondern sogar im Verhältnis zur gewachsenen Bevölkerung.

Diese Argumentation ist außerordentlich scharfsinnig, aber unhaltbar.

Sie geht erstens von einer falschen Prämisse aus. Wenn das Kapital mehr Arbeiter braucht, als ihm der Bevölkerungszuwachs stellen kann, so kann es unmöglich Männerarbeit durch Frauen- und Kinderarbeit ersetzen. Der Arbeiter schleudert Weib und Kind „unter das Juggernautrad des Kapitals"[2] nur dann, wenn Sklavenvogt Hunger die Peitsche über ihm schwingt. Und das ist nur der Fall, wenn ein Überangebot von Händen auf den Preis der Ware „Arbeitskraft" drückt. Das aber widerstreitet der Voraussetzung, wonach das Kapital mehr Arbeiter braucht, als der Bevölkerungszuwachs liefern konnte.[3] Dann muß nach Marx' eigener oben wiedergegebener klarer Darstellung das Lohnniveau steigen – und dann denkt der Arbeiter nicht daran, Weib und Kind auf den Sklavenmarkt zu führen. Marx argumentiert hier, als wäre der Proletarier rechtlich robotpflichtig, statt, wie seine Grundvoraussetzung, „freier" Arbeiter.

Aber es stimmen fernerhin die Konsequenzen nicht mit den Tatsachen der Wirklichkeit überein:

Wäre nämlich die Marxsche Argumentation richtig, so hätte der durchschnittlich pro Kopf des arbeitenden Proletariats, Gelernte, Ungelernte, Weiber und Kinder insgesamt, gezahlte Geldlohn mehr als verhältnismäßig, in unserem Beispiel also um mehr als die Hälfte, gesunken sein müssen. Denn nach der durchgehenden Voraussetzung ist der Lohn l bestimmt als Quotient des Bruches v/s (variables Gesamtkapital dividiert durch die Zahl der Beschäftigten): l=v/s. Steigt s auf das doppelte, während v sinkt, so wird l kleiner als ".

Nun ist aber notorisch, daß der Geldlohn der Arbeiter in regelmäßigem Steigen begriffen ist. Giffens Arbeiten haben für Großbritannien erwiesen, R. E. Mays, Julius Wolfs, Ed. Bernsteins Untersuchungen[4] für Deutschland so gut wie zur Evidenz erhoben, daß sogar der Reallohn steigt, und die Wucht ihrer Argumente ist so groß, daß selbst Kautsky[5] und seine Anhänger in Österreich, die das neue Parteiprogramm verfaßt haben, nur noch von einer „relativen Verelendung",

---

[1] Dazu Bernstein, Zur Geschichte und Theorie des Sozialismus, S. 99f., der zeigt, daß diese Auffassung nicht allgemeingültig ist. Doch werden natürlich noch heute vielfach Gelernte durch Weiber etc. ersetzt. Vgl. Eulenburg (Conr. Jahrb. 3. F. XXIV, S. 327) am Beispiel der Porzellanfabrikation.

[2] Kapital Bd. I, S. 610.

[3] Das erkennt Marx an anderer Stelle auch an: „Sobald also das Kapital gewachsen wäre in einem Verhältnis zur Arbeiterbevölkerung, daß weder die absolute Arbeitszeit, die diese Bevölkerung liefert, ausgedehnt, noch die relative Mehrarbeitszeit erweitert werden könnte (*das letztere wäre ohnehin nicht tubar in einem Fall, wo die Nachfrage nach Arbeit so stark, also Tendenz zum Steigen der Löhne*), etc." (Kapital, Bd. III, 1, S. 233.) (Die *kursive* Stelle im Original nicht kursiv.)

[4] Vgl. Bernstein, Zur Geschichte und Theorie des Sozialismus, S. 106f.

[5] Kautsky, Eduard Bernstein, S. 116, 128.

vom „wachsenden Grade der Ausbeutung"[1] zu reden wagen. Wir haben dieses Eingeständnis nicht einmal nötig: muß man zugeben, daß der Nominallohn durchschnittlich gestiegen ist – und niemand kann es bestreiten –, dann ist es bewiesen, daß das überverhältnismäßige Wachstum der regelmäßig besetzten Arbeitsstellen in der Industrie vom Standpunkte der Marxschen Theorie aus nur durch ein (im Verhältnis zur Arbeiterbevölkerung) wachsendes variables Kapital erklärt werden kann. Nenne ich s' den Zuwachs der Arbeitsstellen während einer bestimmten Periode, v' den Zuwachs des variablen Kapitals in derselben Zeit, so ist der Lohn am Ende der Periode = $v + v'/s + s'$. Er kann größer sein als v/s nur dann, wenn v'/s' größer ist als v/s, d. h. wenn das variable Gesamtkapital stärker wuchs als die Zahl der Arbeitsstellen.

Indes wollen wir diese erst neuerdings festgestellten Tatsachen unserer Absicht gemäß nicht gegen Marx verwerten. Auch dann dürfen wir seine Erklärung der Tatsache ablehnen, daß die Gesamtindustrie die Zahl der von ihr besetzten „Stellen" so überaus stark vermehrt hat. Denn, ganz abgesehen von der logischen Unhaltbarkeit seiner einen Prämisse, ist er auch den Nachweis schuldig geblieben, daß der durchschnittliche Lohn *im Verhältnis* zum Zuwachs der Stellen gefallen ist, ein Nachweis, den er nie hätte erbringen können. Denn schon in den fünfziger und sechziger Jahren des 19. Jahrhunderts ist der Durchschnittslohn nach Giffen sehr beträchtlich gestiegen, eine Tatsache, die Marx nicht hätte entgehen können, wenn er nachgerechnet hätte.

Aber er hat eben nie nachgerechnet!

Und so kommt er seiner entscheidenden Aufgabe, der Lösung des Problems, ob partielle, volle oder Überkompensation der „Freisetzung" durch Mehreinstellung stattfindet, auch nicht einen Schritt näher.

Es kann mir wahrlich nicht einfallen, die Verfechter der bourgeois-ökonomischen „Kompensationstheorie" zu verteidigen gegen die schlagenden Einwände, die Marx in verachtungsvoller Bitterkeit gegen die Begründung ihrer Theorie erhebt,[2] wonach „alle Maschinerie, die Arbeiter verdrängt, stets gleichzeitig und notwendig ein adäquates Kapital zur Beschäftigung derselben identischen Arbeiter freisetzt"[3].

Aber die Widerlegung einer Begründung ist noch nicht die Widerlegung einer Behauptung. Und Marx hat ebensowenig bewiesen, daß nur eine teilweise Kompensation stattfindet, wie die Mill, MacCulloch, Torrens etc. bewiesen haben, daß volle Kompensation stattfindet. Zu diesem Beweise reichte die von beiden Parteien angewandte deduktive Methode nicht hin; hier mußte einmal *gezählt* werden!

Und so kann denn auch Marx die bourgeois-ökonomische Kompensationstheorie nicht mit sachlichen Gründen überwinden, sondern fertigt sie mit einigen gar nicht zur Sache gehörigen ethisch-humanen Redensarten ab:

„Alle zurechnungsfähigen Repräsentanten der politischen Ökonomie geben zu, daß neue Einführung der Maschinerie pestartig wirkt auf die Arbeiter in den überlieferten Handwerken und Manufakturen, womit sie zunächst konkurriert. Fast alle beächzen die Sklaverei des Fabrikarbeiters. Und was ist der große Trumpf, den sie ausspielen? Daß die Maschinerie, nach den Schrecken ihrer Einführungs- und Entwicklungsperiode, die Arbeitssklaven in letzter Instanz

---

1 Vgl. Jaurès, Aus Theorie und Praxis, S. 32, und Van der Velde, Die Entwicklung zum Sozialismus, S. 35. Die besten Ausführungen zur „relativen Verelendung" hat H. Cunow, einer der verdienstvollsten Mitarbeiter der „Neuen Zeit", gegeben. („Zur Zusammenbruchstheorie", in: Neue Zeit, 1898/9, Bd. II, S. 402.) Vgl. auch Engels, Umwälzung, S. 125; und Kautsky in seiner Abhandlung über das neue österreichische Parteiprogramm, in: Neue Zeit, [ohne Jahr], Bd. I, S. 75 ff.
2 Kapital, Bd. I, S. 403 ff., 604.
3 Ebenda, S. 403.

vermehrt, statt sie schließlich zu vermindern! Ja, die politische Ökonomie jubelt sich aus in dem abscheulichen Theorem (...), daß selbst die bereits auf Maschinenbetrieb begründete Fabrik nach kürzerer oder längerer ‚Übergangszeit' mehr Arbeiter abplackt, als sie ursprünglich aufs Pflaster warf."[1]

Das nennt Eduard Bernstein mit vollem Recht eine „sinnlose Redefloskel" und „Verquickung ganz heterogener Gesichtspunkte".[2]

Fassen wir zusammen:
Marx hat nirgend eine Tatsache für seine grundlegende These beigebracht, daß in der Gesamt*wirtschaft* eine nur partielle Kompensation der „Freisetzung" durch Mehreinstellung von Arbeitern stattfindet.

Dagegen führt er selbst die Tatsachen der „Urbanisierung" an, die beweisen, daß mindestens in der Gesamt*industrie* eine sehr starke Überkompensation stattfindet.

Sein Versuch, diese Tatsachen mit der Theorie in Übereinstimmung zu bringen, ist als mißlungen zu bezeichnen.

Mithin ist das Argumentum ad hominem geführt: das Gesetz der Akkumulation, wie Marx es entwickelt und verstanden hat, ist widerlegt.

Es darf uns aber nicht genügen, *Marx* zu widerlegen, sondern es ist unsere Aufgabe, das von ihm aufgestellte Gesetz als nichtexistierend nachzuweisen.

Zu dem Zwecke wenden wir uns der Prüfung der Frage zu, inwieweit das Gesetz der Akkumulation fähig ist, die Erscheinungen in dem zweiten Hauptzweige der „kapitalistischen Wirtschaft", in der Agrikultur, zu erklären. Dabei wird sich unter anderem ergeben, daß auch jener letzte Einwand unhaltbar ist, auf den sich zwar nicht Marx selbst, wohl aber ein anderer Verteidiger des bestrittenen Gesetzes hätte zurückziehen können, daß nämlich das landwirtschaftliche Kapital an der „Freisetzung" der Landproletarier die Schuld trägt.

VII. Kapitel:
Die Tatsachen der landwirtschaftlichen Entwicklung (Zentralisation, Expropriation und Freisetzung in der Agrikultur)

Marx ist, wie nie bestritten, als Theoretiker Abkömmling der manchesterliberalen Schule, namentlich Ricardos. Wie ungemein er auch dasjenige verfeinert hat, was er von ihrem System beibehält, die Arbeitwerttheorie und die Theorie der „Freisetzung", braucht hier nicht dargestellt zu werden. Das gehört in eine Geschichte der nationalökonomischen Theorie. Genug, daß er nur abstreifte, was von jenen Gedanken der bürgerlichen Klassentheorie diente, und das übrige grundsätzlich beibehielt. Und darunter war der Kern aller Irrtümer des Manchesterliberalismus, sein „Industriezentrismus", wie ich es getauft habe.

„Schon die elementarste Betrachtung mußte den Gemeinplatz ergeben, daß die Industrie nur ein sekundärer Trieb an dem Stamme der Urproduktion ist, daß ihr Wesen nur aus der Urproduk-

---
1 Ebenda, S. 412.
2 Bernstein, Zur Geschichte und Theorie des Sozialismus, S. 97.

tion zu begreifen ist, daß, wie ihr Wachsen und Werden, so auch ihr Blühen und Vergehen nur zu verstehen ist, wenn man Wachsen und Werden, Blühen und Vergehen ihres Mutterbodens, der Landwirtschaft, versteht."[1]

Von diesem einzig möglichen Grundstandpunkte, dem „Geozentrismus", hat sich zuerst der Manchesterliberalismus ganz losgelöst. Er hat immer versucht, aus den Erscheinungen der Industrie allein diese selbst und die der Agrikultur zu begreifen und zu erklären. Das konnte auf die Dauer so wenig glücken, wie die ptolemäische Erklärung der Himmelserscheinungen. Nur eine „kopernikanische Umkehrung"[2] konnte Klarheit in die Verwirrung bringen. Marx' Kapital aber stellt den letzten, mit gigantischer Kraft unternommenen Versuch dar, das verlorene System durch die Aufstellung einer geistvollen Epizyklentheorie zu retten. Er mußte scheitern.

Wie die kopernikanische Lehre, so hat auch der Geozentrismus in der politischen Ökonomie seine Vorläufer gehabt. Noch Adam Smith war, wenn auch bereits schwankend, Geozentrist: er bezeichnet den Punkt, wo die Sackgasse abzweigt. Aber sein größter Vorgänger, François Quesnay, hat an den Anfang unserer Wissenschaft das monumentale Wort gestellt:

> „Il est évident que le gouvernement n'a point d'autres moyens pour faire fleurir le commerce et pour soutenir et étendre l'industrie que de veiller à l'accroissement des revenus, (des Ackerbaus) car ce sont les revenus qui appellent les marchands et les artisans et qui payent leurs travaux. Il faut donc cultiver le pied de l'arbre et ne pas borner nos soins à gouverner les branches; laissons les s'arranger et s'étendre en liberté, mais ne négligeons pas la terre qui fournit les sucs nécessaires à leur végétation et à leur accroissement."[3]

Marx ist „Industriezentrist" par excellence! Ihm ist die Landwirtschaft ein „trade", ein Zweig der Gesamt-"Industrie", wie irgendein anderer. Nichts kann für diese Auffassung bezeichnender sein, als daß er in der schon einmal zitierten, von Julius Wolf[4] so hart beurteilten statistischen Anmerkung[5] die Agrikultur ohne weiteres neben die wahrlich nicht sehr bedeutenden Gewerbszweige der Lichtgießer, Mälzer, Hutmacher usw. stellt.

So überträgt er alle in der Betrachtung der Industrie gewonnenen Kategorien ohne Bedenken auch auf die Landwirtschaft.[6] Das „Gesetz der Akkumulation" wirkt hier in genau derselben Weise wie dort:

Auch in der Landwirtschaft herrscht der Konkurrenzkampf; auch hier ist der kapitalistisch ausgestattete große Betrieb dem kleinen Betriebe des „einfachen Warenproduzenten" überlegen und „expropriiert" ihn durch Unterbietung, und so akkumuliert und zentralisiert sich auch hier das Kapital. In dem Maße, wie das der Fall ist, tritt auch hier der uns bekannte Wechsel in der organischen Zusammensetzung des Kapitals ein, der konstante Bestandteil wächst nicht nur absolut, sondern auch relativ, der variable fällt mindestens relativ, und so werden immer mehr Arbeiter „freigesetzt", die nun zusammen mit jenen „Expropriierten" auf den landwirtschaftlichen sowohl wie auf den industriellen Arbeitsmarkt drücken und das Elend des Proletariats „verewigen".

---

1 Oppenheimer, Großgrundeigentum und soziale Frage, S. 59 [im vorliegenden Band S. 38].
2 Ich wiederhole diesen Ausdruck, den ich zuerst in einem Vortrage: „Die soziale Bedeutung der Genossenschaft" gebrauchte (erschienen als Broschüre, Berlin 1899), weil er meinen marx-orthodoxen Gegnern großes Vergnügen bereitet hat.
3 Quesnay, Œvres, S. 208.
4 Wolf, Sozialismus und kapitalistische Gesellschaftsordnung, Bd. I, S. 259ff.
5 Kapital, Bd. I, S. 595.
6 „Die zahlreichen gelegentlichen Seitenblicke, die er auf die Landwirtschaft wirft, tragen fast durchweg den Charakter der Exemplifizierung auf Gleichartiges" (David, Sozialismus und Landwirtschaft, S. 67).

Fr. O. Hertz[1] verspottet diese Auffassung in seiner burschikosen Art sehr lustig:

„Die ältere sozialistische Theorie erklärt einfach, wie in der Industrie so ist auch in der Landwirtschaft der Großbetrieb überlegen, konkurriert die kleinen Betriebe nieder, Thesis, Antithesis, Synthesis, Expropriation, Akkumulation, Assoziation – fertig!"

Der Spott ist wohlverdient. Denn von der ganzen, so plausibel klingenden Darstellung ist auch nicht das mindeste in Übereinstimmung mit den Tatsachen, und Marx hat auch nicht für eine einzige seiner Behauptungen auch nur einen einzigen Beleg beigebracht, weder für den „Konkurrenzkampf" zwischen Groß- und Kleinbetrieb, noch für die Überlegenheit des ersteren und die „Expropriation" des letzteren durch Unterbietung im Preiskampf; und ebensowenig für die „Freisetzung" von Landproletariern durch das agrikole Kapital.

Es besteht zwar eine enorme „Freisetzung" von Landproletariern: aber nach den von Marx selbst beigebrachten Belegen ist das Kapital daran gänzlich unschuldig; – und es besteht zwar eine starke „Zentralisation" des landwirtschaftlichen Kapitals: aber nach den von Marx selbst beigebrachten Belegen ist die „Konkurrenz" daran gänzlich unschuldig.

a) Die „Konkurrenz" in der Landwirtschaft

Als die Wurzel aller dieser Irrtümer spreche ich die sonderbare Anschauung an, daß auch in der Landwirtschaft große und kleine Wirte im „Konkurrenzkampf" stehen: „Die kleineren und mittleren Pächter (...) werden progressiv in ganz anderem Grad als zuvor von der Konkurrenz des kapitalistisch betriebenen Ackerbaues erdrückt und liefern daher der Klasse der Lohnarbeiter beständig neue Rekruten."[2] Diese Stelle scheint der Herkunftsort der Lehrmeinung zu sein, die, wie es scheint unausrottbar, die agrarpolitischen Anschauungen der marx-orthodoxen Theoretiker bestimmt,[3] die natürlich als so viel kleinere Denker den Meister gerade in seinen Irrtümern übertrumpfen und den „Industriezentrismus" zur Karikatur treiben.

Demgegenüber muß als Ausgangspunkt aller ferneren Betrachtung festgestellt werden, daß ein Konkurrenzkampf im Sinne des in den Gewerben herrschenden *in der Landwirtschaft überhaupt nicht existiert*. Wenn man gewisse Erscheinungen überhaupt als „Konkurrenz" bezeichnen will, so ist es ein Kampf, der mit völlig anderen Mitteln um völlig andere Ziele gestritten wird.

Der Konkurrenzkampf in der Industrie wird, abgesehen von ungesetzlichen und unmoralischen Mitteln, allein geführt durch *Unterbietung* im Preise,[4] wobei es natürlich gleichgültig ist, ob das gleiche Quantum gleicher Ware billiger, oder das gleiche Quantum besserer Ware ebenso billig angeboten wird, worauf Sombart großen Wert legt. Diese Unterbietung ist nur möglich auf dem Boden der Preisbildung, der die Gewerbe trägt. Auf die Dauer wird hier der Preis bestimmt durch die Reproduktionskosten der Wareneinheit in dem *bestausgestatteten* Betriebe, der zu gleichen Bedingungen auf dem Markte zur Konkurrenz zugelassen ist, sei er nun der am günstigsten

---

1 Hertz, Die agrarischen Fragen, S. 60.
2 Kapital Bd. I, S. 671; ebenso Bd. III, 2, S. 341; ähnlich auch Bd. III, 2, S. 290.
3 Vgl. Kautsky, Die Agrarfrage, S. 107, 169, 176; vgl. auch David, Ökonomische Verschiedenheiten, S. 94 f.; Marx, Kapital, Bd. II, S. 450, 454. Kautsky, Die Konkurrenzfähigkeit des Kleinbetriebs in der Landwirtschaft, S. 481, 486: „Die Kleinbetriebe werden von der Konkurrenz der großen nicht in vollem Maße getroffen." Adler, [ohne Titel], S. 717 ist der Meinung, daß „der kapitalkräftige, intensive Großbetrieb unbedingt zunächst den Kleinbetrieb und später auch den Mittelbetrieb vernichtet".
4 Vgl. Kapital, Bd. I, S. 590: „Der Konkurrenzkampf wird durch Verwohlfeilerung der Waren geführt."

gestellte durch seinen Standort (Marktnähe, billige Arbeitskräfte, billige Produktionsmittel, günstige Verbindungen) oder durch seine kapitalistische Ausstattung oder schließlich durch Genie oder Energie seines Leiters. Hier also tendiert die Entwicklung regelmäßig auf Senkung des Preises mit dem Wachstum der Bevölkerung, mit dem Fortschritt der Arbeitsteilung, mit der Entwicklung der Technik. Die Preisbildung erfolgt mehr durch Angebot der Warenproduzenten als durch Nachfrage der Kundschaft. Damit soll gesagt sein, daß die Kundschaft die niedrigeren Preise auf die Dauer – vom einzelnen Markte mit seinem Zufallsverhältnis von Angebot und Nachfrage ist nicht die Rede – weniger erzwingt als akzeptiert: das bestimmende Moment der Preisbildung ist die Konkurrenz der Verkäufer, die sich unter-, nicht die der Käufer, die sich überbieten.

Ganz anders in der Landwirtschaft! Hier wird der Preis auf die Dauer bestimmt durch die Reproduktionskosten (Gestehungskosten am Erzeugungsorte zuzüglich der Transportkosten bis zum Markte) der Wareneinheit in dem *schlechtest ausgestatteten* Betriebe, der zur Versorgung des Marktes unter den gegebenen Verhältnissen der Kaufkraft noch beitragen muß, sei er nun der am ungünstigsten gestellte durch seinen Standort (höchste Transportkosten) oder durch die Qualität seines Bodens. Hier also tendiert die Entwicklung regelmäßig auf *Hebung* des Preises[1] mit dem Wachstum der Bevölkerung, dem Anschwellen der Städte, d. h. des Marktes für das Urprodukt. Die Preisbildung erfolgt hier mehr durch Nachfrage der Kundschaft als durch Angebot der Erzeuger. Damit soll gesagt sein, daß auf die Dauer – vom einzelnen Markte mit seinem Zufallsverhältnis von Angebot und Nachfrage ist auch hier nicht die Rede – die Erzeuger die höheren Preise weniger erzwingen als akzeptieren; das bestimmende Moment der Preisbildung ist die Konkurrenz der Käufer, die sich über-, nicht die der Verkäufer, die sich unterbieten.[2]

Hier interessiert uns vor allem, wie sich das Verhalten der Verkäufer der industriellen Ware zueinander dort, der landwirtschaftlichen zueinander hier gestaltet.

In der Industrie erstrebt jeder kapitalistische Warenproduzent – für die „einfache Warenproduktion" bestehen andere Gesetze, wie sich zeigen wird –, seine Gegner aus dem Markte zu werfen. Seine Waffe ist die Unterbietung. Durch Unterbietung expropriiert der Manufakturleiter den Handwerker, der Fabrikbesitzer beide, der große Kapitalist den kleinen. So wachsen die Betriebe zu immer größerer Stufenleiter, das Kapital akkumuliert und zentralisiert sich mehr und mehr.

Da in der Landwirtschaft von Unterbietung im Preise – abgesehen von einzelnen Konjunkturen auf vereinzelten Märkten – gar keine Rede ist, so fehlt dieser einzige Motor des Preiskampfes hier gänzlich. Der einzelne Besitzer, und sei er der größte Magnat, hat gar keine Möglichkeit, den Marktpreis für Korn und Fleisch auf die Dauer zu erniedrigen;[3] denn seine Produktion verschwindet als ein Tropfen im Meere der Gesamternten. Verkauft er, was er hat, unter dem Marktpreise, so macht er lediglich dem Spekulanten oder Müller ein Geschenk und beeinflußt allenfalls einen *vereinzelten* Lokalmarkt damit; aber an den Marktpreis selbst rührt er nicht auf die Dauer: denn den bestimmt das Verhältnis vom Gesamtnachfrage und Gesamtangebot. Nur ein Welt-Getreide-Trust könnte eine Zeitlang den Preis beeinflussen: und auch ein solcher würde kaum auf Unterbietung der Außenstehenden hinarbeiten; seine Verluste ständen in keinem Verhältnis zu dem möglichen Gewinn.

---

1 Dabei sind lokale Rückschläge natürlich nicht ausgeschlossen. Wenn die Transportpreise plötzlich stark sinken, so können marktnahe Landwirte fast so viel Rente einbüßen, wie marktferne gewinnen. Das ist der Mechanismus der „amerikanischen Konkurrenz". Vgl. dazu Oppenheimer, Großgrundeigentum und soziale Frage, S. 169ff. [im vorliegenden Band S. 96f.]

2 Natürlich weiß Marx das alles ganz genau (vgl. z. B. Das Elend der Philosophie, S. 144–148), aber er wendet es hier nicht an.

3 Vgl. Sering, Die Agrarfrage und der Sozialismus, S. 292ff., vgl. auch Hertz, Die agrarischen Fragen, S. 81f.

Unter diesen Umständen besteht auch gar nicht die Absicht der Unterbietung, besteht gar nicht die psychologische Stimmung zum Konkurrenzkampf unter den Landwirten. Wo keiner des andern Konkurrent ist, wo keiner hoffen kann, durch Niederzwingung seiner Genossen das Monopol des Marktes zu erringen und die Preisbestimmung der Ware dadurch in die Hand zu bekommen, stehen sich die Menschen als *Warenverkäufer ökonomisch* mit ganz anderer Gesinnung gegenüber. Wie sie sich sozial gegenüberstehen, ist eine andere Frage. Aber jeder gönnt dem andern den höchsten Marktpreis, weil er selbst ihn erhält und nur dann erhalten kann, wenn der Nachbar ihn erhält.

Wo kein Preiskampf, keine Unterbietung besteht, da wirft aber auch der Größere den Kleineren nicht aus dem Markte. Da entstehen also auch nicht durch ökonomische Expropriation wenige größere Betriebe an Stelle vieler kleineren.[1]

b) Akkumulation und Zentralisation des Agrikultur-Kapitals

Und dennoch fand sich gerade zu Marx' Zeit in der britischen Agrikultur die starke Tendenz zur Akkumulation und Zentralisation vor. Seit Jahrhunderten war eine Bewegung im Gange und hatte sich seit Beginn der kapitalistischen Ära unverkennbar sehr verstärkt, die darauf hinauslief, viele kleinere landwirtschaftliche Betriebe durch wenige große zu ersetzen: scheinbar ein genaues Gegenstück zu der Bewegung in der Industrie!

Marx läßt die kleinen Wirte im „Konkurrenzkampf" zugrunde gehen. Es beirrt ihn aber nicht, daß er zwei Seiten vor der oben angeführten Stelle selbst konstatiert,[2] daß zu derselben Zeit „der Geldwert des Produktes rasch stieg infolge der seit den letzten zwanzig und ganz besonders seit den letzten zehn Jahren steigenden englischen Marktpreise für Fleisch, Wolle usw." Er ist von seinen industriellen Kategorien so geblendet, daß er den Widerspruch gar nicht empfindet, der darin liegt, daß die kleinen Produzenten bei steigenden Preisen zugrunde gehen sollen. Ob wohl die Handweber bei steigenden Preisen ihrer Ware ebenfalls zugrunde gegangen wären?!

Was hat also den kleinen landwirtschaftlichen Produzenten vom Lande fortgefegt, wenn es nicht der Preiskampf war? Hat ihn das durch die „ursprüngliche Akkumulation" vor langer Zeit einmal gebildete Großkapital *ausgekauft*? Das ist gewiß in einzelnen Fällen geschehen. Aber Marx kann das nicht meinen. Denn er kannte natürlich die Statistik der Eigentumsveränderungen und wußte, daß ihre Zahl viel zu klein war, um die Massenwanderung zu erklären.[3] Außerdem: wären

---

1 „Die Überlegenheit des Großbetriebes über den Kleinbetrieb genügt heutzutage, (...) so viele Bauern und Handwerker zu expropriieren", Kautsky, Erfurter Programm, S. 31.
2 Kapital, Bd. I, S. 669.
3 Marx in der Inauguraladresse der Internationalen Arbeiterassoziation von 1864: „Ihr werdet finden, daß die Zahl der Grundeigentümer in England von 16.934 Personen im Jahre 1851 auf 15066 im Jahre 1861 zusammengeschmolzen ist." (zit. nach Kautsky, Eduard Bernstein, S. 68). Das ist zwar eine „Zunahme der Konzentration" um 11%: aber es sind doch nur höchstens 1868 „expropriierte" Landwirtsfamilien, sagen wir: 10.000 Abwanderer. Woher stammen die übrigen 590.000?
Übrigens sind die Zahlen falsch. Nach Brodrick waren 1876 von 33 Millionen Acres im Domesday Book eingetragenen Bodens in England und Wales rund 14 Millionen Eigentum von zusammen 1704 Grundbesitzern mit je 3000 Acres und darüber. Die restlichen 19 Millionen Acres verteilten sich zwischen rund 150.000 Eigentümer von 1 Acre und darüber und eine Unmasse Eigentümer von kleinen Landfetzen. Mulhall gab 1892 für das ganze Vereinigte Königreich die Zahl der Eigentümer von mehr als 10 Acres Boden auf 176.520 an. (Bernstein, Voraussetzungen des Sozialismus, S. 63.)

die Bauern vom Kapital in Zeiten steigender Produktenpreise ausgekauft worden, so wären sie ja nicht als „vogelfreie Proletarier", von allen Produktionsmitteln entblößt, sondern als – behäbige Kapitalisten in die Städte gewandert, und hätten gewiß „Gewohnheiten und Lebensansprüche" gehabt, deren Befriedigung im Lohne den städtischen Kapitalisten keine große Mehrwertmarge gelassen hätte. Der Auskauf also könnte, wenn er massenhaft vorgekommen wäre, was nicht der Fall, allenfalls eine bedeutende Massenwanderung in die Stadt erklären, aber unmöglich eine Massenwanderung elender Proletarier.

Wir stehen ratlos. Der landwirtschaftliche „einfache Warenproduzent" kann nicht niederkonkurriert worden sein, denn es gibt keinen Preiskampf; er kann auch nicht ausgekauft sein, denn dann gäbe es keine proletarische Abwanderung; er kann auch nicht gewaltsam vertrieben worden sein, denn das wäre „ursprüngliche" und keine „kapitalistische" Akkumulation. Und dennoch ist er verschwunden!

Wenden wir uns an Marx selbst, um das Rätsel zu lösen. Suchen wir die Stellen auf, wo er den Prozeß der Akkumulation auf dem Lande nicht im allgemeinen aus seinem Gesetz ableitet, sondern im einzelnen darstellt. Hier muß sich die Lösung finden.

„In Irland wuchs 1851–1861 die Zahl der Pachthöfe von 15–30 Acres um 61.000, die der Pachthöfe von über 30 Acres um 109.000, während die Gesamtzahl aller Pachten um 120.000 abnahm, eine Abnahme, die also ausschließlich der Vernichtung von Pachten unter 15 Acres, *alias ihrer Zentralisation* geschuldet ist."[1]

Es können nicht viel weniger als eine halbe Million ganz kleiner Pächter verschwunden sein. Ich frage noch einmal: was hat sie „vernichtet" und die Zentralisation des Landkapitals erzeugt? Bei *steigenden* Preisen des Produkts?

Marx schreibt: „Vor der Hungersnot besaß der Ackerbautagelöhner ein Stückchen Land, worauf er Kartoffeln baute und Schweine und Geflügel zog. Heutzutage muß er nicht nur alle seine Lebensmittel kaufen, sondern es entgehen ihm auch die Einnahmen."[2] Wie ist er um das Land gekommen?

„Man konfisziert das (...) Stückchen Land. (...) Der erste Akt der Ackbaurevolution war, auf allergrößtem Maßstab und wie nach einem von oben gegebenen Losungswort, die auf dem Arbeitsfeld gelegenen Hütten wegzufegen."[3]

In England selbst das gleiche Bild! „Die Abnahme der mittleren Pächter ersieht man namentlich aus den Rubriken des Zensus: ‚Pächters Sohn, Enkel, Bruder, Neffe, Tochter, Enkelin, Schwester, Nichte', kurz, die vom Pächter beschäftigten Glieder seiner eigenen Familie. Diese Rubriken zählten 1851: 216.851 Personen, 1861 nur 176.151. Von 1851 bis 1871 haben in England die Pachthöfe von unter 20 Acres sich um mehr als 900 verringert; die zwischen 50 und 75 Acres sind von 8.253 auf 6.370 gefallen, ähnlich bei allen andern Pachthöfen unter 100 Acres. Dagegen hat sich während derselben 20 Jahre die Zahl der großen Pachthöfe vermehrt: die von 300–500 Acres sind gestiegen von 7.771 auf 8.410, die von mehr als 500 Acres von 2.755 auf 3.914, die von mehr als 1.000 Acres von 492 auf 582."[4]

Es handelt sich also überall um *Pächter*! Was ist ein Pächter? Ein Pächter ist ein berufsmäßiger Landwirt, der gegen Entrichtung eines bestimmten jährlichen, meist in Geld festgesetzten, meist

---

1 Kapital, Bd. I, S. 665.
2 Ebenda, S. 672.
3 Ebenda, S. 673.
4 Ebenda, S. 643 Anm. 148.

Dritter Teil

in kurzen Fristen steigerungsfähigen, Betrages auf fremdem Lande, auf dem Eigentum eines andern Eigentümers, Landwirtschaft betreibt.

Hat der kleine Pächter Ähnlichkeit mit dem Handwerker der „einfachen Warenproduktion"? In seinem Betriebe: gewiß! Denn er arbeitet selbst, unterstützt von seiner Familie, allenfalls geringem Gesinde. Er ist nicht Kapitalist: denn „zersplitterte Produktionsmittel sind nicht Kapital".[1] Aber damit ist die Analogie auch erschöpft. Seine Eigentumsverhältnisse sind von denen des mittelalterlichen Handwerkers völlig verschieden.

Er ist gar nicht „einfacher Warenproduzent"! Denn dessen charakteristische Eigenschaft ist nach Marx das Eigentum an den Produktionsmitteln: „Die einfache Warenproduktion ist die ursprüngliche Form dieser Produktionsart. Sie wird dadurch gekennzeichnet, daß die Produzenten einander nicht nur als Freie und Gleiche gegenüberstehen, sondern auch im Besitz ihrer Produktionsmittel sind."[2] Der Pächter aber ist nicht Besitzer der Produktionsmittel; das wichtigste, sein Land, gehört einem Fremden, seinem Grundherrn![3]

Der „einfache Warenproduzent" auf dem Lande, das Gegenstück zu dem Handwerker der Stadt, ist der *selbstwirtschaftende Bauer*, dem die *Produktionsmittel gehören*"[4]; nicht aber der Pächter!

Wenn es *Pächter* waren, auf deren Kosten die „Akkumulation und Zentralisation des landwirtschaftlichen Kapitals" erfolgte, dann schwindet jede Schwierigkeit. Denn Pächter kann man im sogenannten „Rechtsstaate" sehr einfach „expropriieren": man erneuert ihren Vertrag nicht und „setzt" sie schlimmstenfalls durch Polizei oder einen Zug Militär „frei"! Das bedarf keiner tiefsinnigen Ableitung aus dem Wechsel der organischen Zusammensetzung des Kapitals.

Aber bedeutet das „die Expropriation der unmittelbaren Produzenten, d. h. die Auflösung des auf eigener Arbeit beruhenden *Privateigentums*"[5]? Ist diese „Expropriation" von Pächtern etwas, das mit der „geschichtlichen Tendenz der *kapitalistischen* Akkumulation" etwas zu tun hat, deren Inhalt es angeblich ist, den einfachen Warenproduzenten, den selbstwirtschaftenden Eigentümer von Produktionsmitteln kleinen Umfangs, durch Unterbietung im Preiskampf zu „expropriieren"?

Größere Unterschiede als zwischen der Akkumulation in der Industrie einerseits und der Landwirtschaft andererseits sind kaum denkbar. In der Industrie ist der leidende Teil Eigentümer, in der Landwirtschaft Nichteigentümer seiner Produktionsmittel; in der Industrie ist der gewinnende Teil der bürgerliche Emporkömmling, auf dem Lande der juristische Inhaber feudaler Eigentumsrechte; in der Industrie wächst das „Kapital" zuerst neben dem Handwerk empor, akkumuliert sich langsam, und davon die Folge ist die „Expropriation" des Handwerkers, sein Untergang im *ökonomischen Preiskampf* gegen die Unterbietung des Kapitals: auf dem Lande aber wird zuerst der kleine Pächter „expropriiert" und zwar nicht durch Unterbietung, ökonomisch, sondern durch Exmission, juristisch[6]: und damit ist der kapitalistischen Agrikultur überhaupt erst die „Grundbedingung" ihrer Existenz gegeben. Was dort Folge ist, ist hier Ursache, was hier Folge ist, ist dort Ursache!

---

1 Ebenda, S. 669.
2 Kautsky, Die Agrarfrage, S. 60.
3 „Die Erde ist selbst ein Arbeitsmittel." Kapital, Bd. I, S. 142; ebenso Bd. III, 2, S. 309f. und 360.
4 Kapital, Bd. I, S. 680, vgl. auch S. 727: „Wo der Arbeiter freier Privateigentümer seiner von ihm selber gehandhabten Arbeitsbedingungen ist, der Bauer des Ackers, den er bestellt, der Handwerker des Instruments, worauf er als Virtuose spielt." Ebenso Bd. III, 1, S. 156, Bd. III, 2, S. 215, namentlich aber Bd. III, 2, S. 341.
5 Ebenda, Bd. I, S. 726.
6 Vgl. ebenda, S. 395, wo der Prozeß ganz richtig dargestellt ist – aber nur in seinen Anfängen.

Wenn Marx hier Identität erblickte, weil er über diesen entscheidenden Gegensatz fortsah, so ist das Schuld einer simplen Quaternio terminorum. Er sah hier und dort „Expropriation" und beachtete nicht, daß er zwei ganz verschiedene Bedeutungen damit verknüpfte, die ökonomische, von ihm sonst gebrauchte, und die übliche juristisch-legale. Was für eine Verwirrung das ist, ist leicht erkennbar, wenn man sich vorstellt, daß ein durch die Konkurrenz der Warenhäuser „expropriierter" Ladenbesitzer aufgrund der „Expropriations"-Gesetze Entschädigung verlangen wollte. Wer diese Unterschiede sieht – Marx sah sie nicht –, aber für gleichgültig hält, weil beide Methoden schließlich doch zur „Expropriation" führen, mag ein guter Agitator sein, ist aber gewiß ein schlechter Theoretiker: er moralisiert, wo er untersuchen und unterscheiden sollte!

Marx moralisierte im allgemeinen nicht; die „Verquickung der ganz heterogenen Gesichtspunkte" von wissenschaftlicher Untersuchung und sozialer Antipathie ist bei ihm sehr selten. Hier aber schieben sich in der Tat fortwährend die industriellen Kategorien in seine Betrachtung der Agrikultur hinein, bis er den Pächter für einen Bauern ansieht[1] und zum Gegenstück des städtischen Handwerkers macht, und bis ihm die durch juristische Exmission der Pächter erfolgte Zentralisation der Betriebe erscheint als eine durch ökonomische Expropriation erfolgte Zentralisation des ländlichen Kapitaleigentums.

Von der ökonomischen Expropriation eines Bauern ist aber im ganzen „Kapital" keine Rede.

Ich stelle somit fest, daß für die eine Hälfte der Behauptung, die das „Gesetz der Akkumulation" aufstellt, bei Marx kein Beleg beigebracht ist, soweit die Landwirtschaft in Frage kommt: die Akkumulation des Kapitals am einen Pol der gesellschaftlichen Stufenleiter.

c) Groß- und Kleinbetrieb in der Landwirtschaft

In dem Streit um den Revisionismus ist unter Aufwand der ungeheuersten Belesenheit und Gelehrtheit besonders die Frage ventiliert worden, ob der landwirtschaftliche Großbetrieb oder der Kleinbetrieb ökonomisch stärker sei. Namentlich Fr. O. Hertz und neuerdings David haben gegen Kautsky ein unschätzbares Material zusammengetragen. Und dennoch war der Liebe Müh' in diesem Streitfall ganz umsonst. Man hätte sich nur Marx' Kapital anzusehen brauchen, um zu finden, daß er nirgend einen einzigen Beweis für die Überlegenheit des Großbetriebes erbracht hat.[2] Diese Überlegenheit ist lediglich *erschlossen* durch einen Trugschluß, indem man die Zentralisation der Betriebe – zustande gekommen durch juristische Exmission von Pächtern –, gleichsetzte der Zentralisation des Industriekapitals, – zustande gekommen durch ökonomische Expropriation von Handwerkern. Es war nichts als ein grober Analogieschluß, wenn man auch in der Agrikultur die ökonomische Überlegenheit des *Großbetriebes* im Konkurrenzkampf siegen ließ, wie es in der Industrie der Fall ist.

Kautsky schreibt[3]: „Wer unser Ziel als irrig erweisen will, der muß nachweisen, daß unsere Lehre von der ökonomischen Entwicklung eine falsche ist, (...) daß es keinen Fortschritt gibt

---

[1] „In Irland (...) ist der Pächter im Durchschnitt ein kleiner Bauer." (Kapital, Bd. III, 2, S. 165.)

[2] Im Gegenteil! Er hat in späterer Zeit augenscheinlich das Umgekehrte angenommen: „Die Moral von der Geschichte, die man auch durch sonstige Betrachtung der Agrikultur gewinnen kann, ist die, daß das kapitalistische System einer rationellen Agrikultur widerstrebt, oder die rationelle Agrikultur unverträglich ist mit dem kapitalistischen System (obgleich dies ihre technische Entwicklung befördert) und entweder der Hand des selbst arbeitenden Kleinbauern oder der Kontrolle des assoziierten Produzenten bedarf" (Kapital, Bd. III, 1, S. 98).

[3] Kautsky, Erfurter Programm, S. 131.

vom Kleinbetrieb zum Großbetrieb." Verzeihung! Die Beweislast hat der Behauptende: und für die Landwirtschaft haben weder Marx noch seine Schüler einen einzigen Beweis für die Überlegenheit des Großbetriebes erbracht, sondern nur den Schein eines solchen durch doppeldeutige Worte: „Expropriation", Zentralisation etc.

Daß es auch in der Landwirtschaft „einen Fortschritt gibt vom Kleinbetrieb zum Großbetrieb", könnte nur anerkannt werden, wenn im allgemeinen der selbstwirtschaftende freie Eigentümer, der Bauer, vor der „Konkurrenz" des Großbetriebes verschwände. Daß das nicht der Fall ist, hat selbst Kautsky trotz der wunderlichsten Manipulationen mit den statistischen Ziffern schließlich anerkennen müssen.[1] Über die Art, wie er mit ihnen umspringt, mag man bei Fr. O. Hertz[2] nachlesen. Ich habe hier keinen Raum, darauf näher einzugehen. Nur die allererstaunlichste Leistung sei angeführt[3]: Um die Akkumulation und Zentralisation des landwirtschaftlichen „Kapitals" zu beweisen, macht Kautsky erst den Hypothekengläubiger zum wahren Eigentümer des belasteten Gutes – und zeigt dann, daß die Hypotheken sich in den Kassenschränken von immer wenigeren Zentral-Beleihungsinstituten „zentralisieren". Daß diese ihr „Eigentum" sofort in Gestalt von Rentenbriefen wieder „repellieren", die das Hypothekeneigentum über weiteste Schichten kleiner Sparer verteilen, macht ihm keine Skrupel: die Konzentration des Hypothekenmaklergeschäftes verwandelt sich ihm unter der Hand in eine Zentralisation des Hypothekenbesitzes, und diese in eine solche des Grundbesitzes![4]

Ich setze gegen diese höchst gröbliche Analogiespielerei folgende Betrachtung:

Ich stelle mir auf der einen Seite einen freien Handweber im vollen unverschuldeten Eigentum seines Hauses, seiner Werkzeuge und seiner Rohstoffe, im Besitze eines genügenden Vorrats an Subsistenzmitteln vor, auf der andern Seite einen freien, spannfähigen Bauern im vollen, unantastbaren Eigentum seines unverschuldeten Grundstücks und seines Inventars, und lasse nun auf beide das „Großkapital" loskonkurrieren. Nach Ablauf einer bestimmten Zeit ist der Handwerker ein jämmerlicher, verelendeter Proletarier, der Bauer aber hat ein Piano im Wohnzimmer[5] und läßt einen Sohn studieren. Der Handwerker ist am Preissturz seiner Produkte zugrunde gegangen, der Bauer hat von Epoche zu Epoche höhere Preise erhalten, wenn nicht regelmäßig steigend pro Zentner Rohprodukt, so doch sicherlich pro Hektar Fläche!

Hier läßt sich regelmäßig der folgende Einwand vernehmen: „Ist es etwa nicht Tatsache, daß die amerikanische Konkurrenz die Preise für Korn, Fleisch, Flachs, Wolle etc. geworfen hat? Und sind nicht viele Bauern an dieser Konkurrenz zugrunde gegangen? Existiert also Konkurrenz in der Landwirtschaft oder nicht?"

Ich kann unmöglich hier die ganze Agrarfrage und Agrartheorie aufrollen.[6] Nur so viel sei hier bemerkt:

Erstens ist die amerikanische Konkurrenz keine „kapitalistische" und keine Konkurrenz zwischen Groß- und Kleinbetrieb.[7] Sie geht aus von „einfachen Warenproduzenten", selbstwirtschaf-

---

1 Derselbe, Die Agrarfrage, S. 132 ff.
2 Hertz, Die agrarischen Fragen, z. B. S. 71 und vielfach passim.
3 Vgl. meine Anzeige in der Berliner „Zukunft" vom 12. Aug. 1899.
4 Kautsky, Die Agrarfrage, S. 86 ff.
5 Vgl. Hecht, Drei Dörfer der schwäbischen Hard, Leipzig 1895.
6 Vgl. Oppenheimer, Siedlungsgenossenschaft, Teil II, Kap. 1; derselbe, Großgrundeigentum und soziale Frage, I. Buch, Kap. 1 [jeweils im vorliegenden Band], und meine Aufsätze: „Die Agrarfrage", sowie „Die deutsche Wissenschaft und der Kornzoll".
7 „Diese (überseeische) Konkurrenz (...) beruht im entscheidenden Teil nicht auf kapitalistischer Grundlage." David, „Zur Frage der Konkurrenzfähigkeit des landwirtschaftlichen Kleinbetriebs", in: Neue Zeit, 1894/5, Bd. II, S. 679.

tenden, freien Bauern, deren „zersplitterte Produktionsmittel gar nicht Kapital sind"[1]. Zweitens: diese „Konkurrenz" trifft das landwirtschaftliche Großkapital Europas anerkanntermaßen noch schwerer als den europäischen Klein- und Mittelbauern. Drittens: es handelt sich nicht um einen *Preissturz*, wie in den Handwerken, sondern lediglich um einen *Preisrückschlag* im Vergleich mit einer kurzen Periode sehr hoher Preise von Mitte der sechziger bis Mitte der siebziger Jahre des 19. Jahrhunderts. Die Preise selbst für die Gewichtseinheit des Urprodukts sind heute noch höher als vor dieser Hochperiode; und doch waren die damaligen Preise solche, bei denen der Vorfahr des heutigen Bauern in Behagen lebte und emporkam. Viertens: dieser Preisrückschlag ist in sehr bedeutendem Maße kompensiert worden durch Steigerung der Erträge von der Flächeneinheit, durch Verbilligung der Produktionsmittel und der Transportkosten bis zum Markte. Fünftens: an diesem Preisrückschlage sind nur wenig Bauern zugrunde gegangen, und zwar *einzelne*! Die Klasse als solche, und nur darauf kommt es an, hat sich überall vermehrt![2]

Die wenigen einzelnen aber sind zugrunde gegangen – von Unwirtschaftlichkeit abgesehen – an ihrer *Verschuldung*, seltener an der Kauf-, meistens an Erb- und Aussteuerverschuldung. Sie hatten als bleibende Erben ihre Brüder und Schwestern nach dem Verkehrswerte ihres Eigentums abzufinden, einem Verkehrswerte, der häufig nach den hohen Preisen jener Ausnahmeperiode festgestellt war: und darum, nur darum warf sie der Rückschlag der Preise zu Boden. Belege darf ich mir für diese allgemein bekannten und anerkannten Tatsachen hier ersparen, wo es sich um eine Polemik mit Marx, nicht mit seinen Jüngern handelt.

Die Verschuldung aber ist eine Folge des geltenden *Grundeigentumrechtes*. Wir stoßen also auch hier, soweit eine Zentralisation des Grundeigentums durch den Ruin einzelner Bauern zustande gekommen ist, auf dieselbe letzte Ursache, die auch in Großbritannien die Pächter vom Lande fegte: das geltende römisch-rechtliche Grundeigentum,[3] das „quiritische", „private", „privative" Bodenrecht, das nicht nur den Usus, sondern auch den Abusus des Grundeigentums gewährleistet, wie an jeder beweglichen Sache.

d) Die „Freisetzung des Landproletariats"

Wir kommen jetzt zu dem wichtigsten Teile der Erörterungen, die dieses Kapitel zu erledigen hat. Wie erklärt sich die „Freisetzung" des ländlichen Proletariats, dessen Zuwanderung in die Städte und Industriezweige allein jenes Heer „freier" Arbeiter liefert, ohne die das „Kapitalverhältnis" in der Industrie verschwinden müßte. Daß das „Kapital", soweit die Industrie in Frage kommt, an der Bildung der Surplusbevölkerung gänzlich unschuldig ist, hat uns das vorige Kapitel gelehrt: wir werden jetzt mit Marx' eigenen Worten den Nachweis liefern, daß es ebenso unschuldig an der Freisetzung des Landproletariats ist und werden damit das Gesetz der Akkumulation auch aus seinem letzten Zufluchtsorte vertrieben haben.

In der Industrie sollte die „Reservearmee" aus zwei Quellen gespeist werden: die ökonomische Expropriation früher selbständiger Produzenten – und die „Freisetzung" schon früher unselbständiger Arbeiter von seiten des Kapitals.

---

[1] Kapital, Bd. I, S. 669.
[2] Hertz, Die agrarischen Fragen, z. B. S. 28, 29, 35, 55; Bernstein, Zur Geschichte und Theorie des Sozialismus, S. 227ff.
[3] „Jede Kritik des kleinen Grundeigentums löst sich in letzter Instanz auf in Kritik des Privateigentums als Schranke und Hindernis der Produktion." (Kapital, Bd. III, 2, S. 347.)

Daß in der Landwirtschaft die erste Quelle nicht fließt, haben wir soeben gezeigt: es gibt hier keine „ökonomische Expropriation" früher selbständiger Produzenten: wie steht es um die zweite Quelle?

Die Tatsachen, die Marx bringt, beweisen nichts für die Freisetzung früher unselbständiger Arbeiter durch den Prozeß der kapitalistischen Produktion in der Landwirtschaft. Was in den von ihm angeführten Fällen die Landproletarier vom Lande gefegt hat, ist nicht das „Kapital", sondern dasselbe Recht der Grundbesitzer, mit ihrem Eigentum zu tun, was sie wollen,[1] das auch die Pächter „expropriiert" hat.

> „Große Grundeigentümer haben nur zu beschließen, daß keine Arbeiterwohnungen auf ihren Gütern stehen sollen, und sie befreien sich sofort von der Hälfte ihrer Verantwortlichkeit für die Armen."[2] „Eine Pachtung mag noch so groß sein, es existiert kein Gesetz, daß auf ihr eine bestimmte Anzahl von Arbeiterwohnungen, und nun gar anständigen, stehen muß; ebensowenig behält das Gesetz dem Arbeiter auch nur das geringste Recht auf den Boden vor (. . .)."[3] „Den Umfang des Übels mag man aus dem letzten Zensus beurteilen, wonach die Zerstörung von Häusern, trotz vermehrter lokaler Nachfrage für dieselben, während der letzten zehn Jahre in 821 verschiedenen Distrikten von England fortschritt, sodaß, abgesehen von den Personen, die gezwungen wurden, Nichtresidierende (nämlich in dem Kirchspiel, in dem sie arbeiten) zu werden, 1861 verglichen mit 1851 eine um 5 1/3% größere Bevölkerung in einen um 4 % kleineren Hausraum gedrängt wurde."[4] (Es handelt sich hier um die Folgen der unsinnigen britischen Kirchspielarmengesetze.)

All das ist nicht im mindesten Folge einer kapitalistischen Akkumulation, sondern Ausfluß desselben Rechtes, das Wilhelm den Eroberer „berechtigte", soundsoviele Dörfer zu rasieren, um für seine Jagdleidenschaft den New Forest zu schaffen, und dasselbe, was die Herzogin von Sutherland[5] „berechtigte", ihre gälischen Clanverwandten zu vertreiben.

Freilich: die dabei bestehende Absicht war „kapitalistisch". Die Grundherren wollten mehr „Mehrwert" aus ihrem Eigentum herausschlagen. Aber das ist es nicht, um was es sich hier handelt. Das „Gesetz der Akkumulation" spricht nicht von den *Absichten* wirtschaftender Menschen, Mehrwert zu ziehen, sondern von den *Mitteln*,[6] mit denen sie ihn erpressen. Niemand hat schärfer und klarer als Marx selbst festgestellt, daß „Kapital" nur unter ganz bestimmten, historisch gewordenen Verhältnissen als solches funktioniert. Sind diese Verhältnisse nicht gegeben, so bringt es der Besitzer von Produktionsmitteln auch mit der innigsten Absicht nicht fertig, Mehrwert zu erlangen. Die ganze Frage, um die es sich hier handelt, ist die, *unter welchen* historisch gegebenen Bedingungen das „Kapitalverhältnis" sich automatisch reproduziert, so daß die Absicht der Kapitalbesitzer, Mehrwert zu beziehen, sich verwirklichen läßt. Oder mit andern Worten, woher die „freien" Arbeiter stammen, ohne die das „Kapitalverhältnis" nicht existieren kann.

Die von Marx beigebrachten Tatsachen beweisen also nicht für, sondern gegen seine Behauptung – und auf der andern Seite bringt er nicht eine einzige Tatsache bei, die seine Behauptung beweist.

---

1 Kapital, Bd. I, S. 648.
2 Ebenda, S. 649.
3 Ebenda, S. 648.
4 Ebenda, S. 649.
5 Ebenda, S. 695ff.
6 Die Verwechslung von kapitalistischen Zwecken und kapitalistischen Mitteln ist die Grundlage der Engelsschen Kritik gegen Dühring (vgl. Engels, Umwälzung, S. 135, 159ff.). Vgl. dazu meine bereits erwähnte geschichtsphilosophische Abhandlung in der Vierteljahrsschr. f. wiss. Phil. u. Soziologie.

Er sagt zwar entschieden genug: „Sobald sich die kapitalistische Produktion der Agrikultur, und in dem Maße, wie sie sich derselben beschäftigt, nimmt mit der Akkumulation des hier funktionierenden Kapitals die Nachfrage für die ländliche Arbeiterbevölkerung absolut ab."[1] Aber auch diese These ist wie die Zentralisation des landwirtschaftlichen Kapitals nur ein gröblicher Analogieschluß, abgezogen aus der Tatsache der „Freisetzung" von Landproletariern, die „industriezentrisch" erklärt wird, ohne daß die völlige Verschiedenheit der Zusammenhänge beachtet wird. Ein Beleg jedoch für die These wird nirgend beigebracht. Betrachten wir zum Beweise die einschlägigen Stellen:

Akkumulation, das bedeutet Vermehrung des konstanten Kapitals, also zunächst der Maschinerie. Marx ist der Meinung, daß die „Maschinerie im Ackerbau (...) noch intensiver und ohne Gegenstoß auf die ‚Überzähligmachung' der Arbeiter wirkt"[2], als in der Industrie.

Die einzige Stelle, wo Marx m. W. für diese allgemeine Behauptung Tatsachen anführt, ist die folgende:

„Von 1849 bis 1859 z. B. stieg in England der Arbeitslohn der Ackerbauarbeiter. (...) Gleichzeitig fielen die Durchschnittspreise des Getreides um mehr als 16%. Die Pächter schrien nach Herabsetzung der Renten. Es gelang ihnen in einzelnen Fällen. Im Durchschnitt scheiterten sie mit dieser Forderung. Sie nahmen Zuflucht zur Herabsetzung der Produktionskosten u. a. durch massenhafte Einführung des lokomobilen Dampfs und neuer Maschinerie, die zum Teil Pferde ersetzte (...) zum Teil aber auch durch Freisetzung von Ackerbautagelöhnern eine künstliche Überbevölkerung und daher neues Sinken des Lohnes hervorbrachte."[3]

Marx beruft sich hier auf die Privat-Enquête eines John C. Morton, angestellt bei ca. 100 Pächtern aus 12 schottischen und 35 englischen Grafschaften.

Unmittelbar anschließend aber an die oben zitierte allgemeine Behauptung, daß die Maschinerie in der Agrikultur massenhaft Arbeiter freisetzt, berichtet er:

„In England und Wales betrug 1861 die Zahl der in der Fabrikation von Ackerbaumaschinen beteiligten Personen 1.034, während die Zahl der an Dampf- und Arbeitsmaschinen beschäftigten Agrikulturarbeiter nur 1.205 betrug."[4] Es sind also 1861 in höchstens 1.205 landwirtschaftlichen Betrieben höchstens 1.205 Maschinen gleichzeitig in Betrieb gewesen, wenn man auf jeden Betrieb nur eine Maschine und auf jede Maschine nur einen Bediener unterstellt: eine winzige Anzahl im Verhältnis zur Zahl der landwirtschaftlichen Betriebe in England und Wales.[5] Nehmen wir selbst an, alle diese Maschinen seien in der Zeit von 1851–1861 neu aufgestellt worden, so ist es doch eine geradezu skurrile Vorstellung, daß diese paar Maschinen die ungefähr 600.000 Landbewohner überzählig gemacht haben sollen, die in diesem Jahrzehnt nach Marx' eigener Angabe in die Städte strömten. Jede Maschine müßte in jedem der zwölfhundert höchstens beteiligten Betriebe rund fünfhundert Menschen, d. h. mindestens hundert erwachsene Männer ersetzt haben. So viele *beschäftigen* aber kaum die größten britischen Betriebe; die Mehrzahl besteht bekanntlich aus Pachtungen mäßiger Größe[6] mit verhältnismäßig geringem Arbeiterstamm.

---

1 Kapital, Bd. I, S. 607. Ganz im gleichen Sinne ebenda, S. 659f. Anm. 170; Bd. III, 1, 246, ebenda, 2, S. 177.
2 Kapital Bd. I, S. 469; vgl. Kautsky, Karl Marx' ökonomische Lehren, S. 176ff.
3 Kapital, Bd. III, 2, S. 168.
4 Ebenda, Bd. I, S. 469f.
5 Hier, also ohne Schottland und Irland, gab es noch 1891 nach dem offiziellen Zensus 223.610 Farmer (zit. nach Bernstein, Zur Geschichte und Theorie des Sozialismus, S. 184). Für ganz Großbritannien rechnet er (S. 185) eine Million Farmer und Farmerssöhne.
6 „Eine Farm von 1.000 Acres gilt in vielen Grafschaften schon als sehr groß. (...) Die größten Weidewirtschaften für Großvieh belaufen sich auf wenig über 1.000 Acres." Bernstein, Zur Geschichte und Theorie des Sozialismus, S. 191; vgl. auch Slonimski, Karl Marx' national-ökonomische Irrlehren, S. 187.

Damit ist auch jene eine Tatsache, die im übrigen wenig Gewicht hat, da sie der Privat-Enquête eines vielleicht interessierten Fachmanns entstammt, entkräftet. Denn sie bezieht sich auf ungefähr die gleiche Periode, wie die letztangeführten Angaben.

Bekanntlich ist es in unserem Europa allein die Dreschmaschine, die in größerem Maße Arbeiter ersetzt. Sie hat namentlich durch Fortfall des Winterdruschs mit dem Flegel darauf hingewirkt, die Landwirtschaft mehr und mehr zum Saisongewerbe zu machen, worauf Marx mit Recht großen Nachdruck legt, und hat sie derart von der Notwendigkeit, eine ständige Arbeiterbevölkerung zu halten, emanzipiert. Und gewiß ist auf diese Tatsache ein beträchtlicher Teil der Abwanderung zurückzuführen. Aber Marx' eigene Zahlen beweisen klar, daß ein ungeheurer, unerklärter Rest zurückbleibt. Die Abwanderung erfolgt zeitlich lange vor der Einbürgerung der Dreschmaschine und vollzieht sich ganz außer dem Verhältnis zu ihrer Verbreitung.

Die übrigen arbeitsparenden Maschinen aber sind[1] im großen Maßstabe nur unter den exzeptionellen Verhältnissen des amerikanischen Westens verwendbar, wo auf einer tellerflachen Ebene ohne Wellen kein Stein an die Schar des Dampfpfluges oder die Messer der Erntemaschine stößt. Diese Maschinen ersetzen aber nicht faktisch, sondern nur „virtuell", wie Marx sagen würde, Arbeiter. Ebenso bei uns fast ausnahmslos der Dampfpflug in den seltenen Fällen, wo er zur Verwendung kommt. Denn dann dient er der Tiefkultur, die mittels Handarbeit im Feldbau kaum je angewendet wird. Die am häufigsten angewendete Maschine unserer Landwirtschaft aber, die Drillmaschine, fordert schon bei der Aussaat eher mehr als weniger Arbeiter als die Breitsaat mit der Hand; und sie fordert vor allem während der Vegetationsperiode vermehrte Arbeitskraft, da ihr Hauptvorteil, außer der Ersparnis an Saatgut, in der Möglichkeit liegt, die Zwischenräume zwischen den Reihen häufig zu behacken und derart den Boden erstens von Unkraut zu befreien und zweitens in einer dem Wachstum günstigen Weise für Licht, Luft und Wasser durchgängiger zu machen.

Die Maschine kann also nur einen kleinen Teil der Abwanderung erklären.[2] Wie ist es mit der sonstigen Vermehrung des konstanten Kapitals?

„Die Abschaffung der Korngesetze gab dem englischen Landbau einen ungeheuren Ruck. Drainierung auf der größten Stufenleiter, neues System der Stallfütterung und des Anbaus der künstlichen Futterkräuter, Einführung mechanischer Düngapparate, neue Behandlung der Tonerde, gesteigerter Gebrauch mineralischer Düngmittel, Anwendung der Dampfmaschinen und aller Art neuer Arbeitsmaschinerie usw., intensivere Kultur überhaupt charakterisieren diese Epoche. Der Präsident der königlichen Gesellschaft für Agrikultur, Herr Pusey, behauptet, daß die (relativen) Wirtschaftskosten durch die neu eingeführte Maschinerie beinahe um die Hälfte verringert worden sind. Andrerseits ward der positive Bodenertrag rasch erhöht. Größere Kapitalsauslage per Acre, also auch beschleunigte Konzentration der Pachten, war Grundbedingung der neuen Methode."[3]

---

1 Vgl. Sering, Die Agrarfrage und der Sozialismus, S. 305. Viel Material auch bei Hertz, Die agrarischen Fragen, und bei David, Sozialismus und Landwirtschaft.
2 Vgl. David, Sozialismus und Landwirtschaft, S. 253 u. 262: „Die Marxsche Auffassung, die Maschine werde in der Landwirtschaft die gleiche Arbeiter freisetzende Tendenz entfalten wie in der Industrie, entsprang einer unscharfen Beobachtung der englischen Landwirtschaft. Dort wurden in der Tat große Massen von Landarbeitern infolge der Revolutionierung der Landwirtschaft überzählig gemacht und in die Städte gejagt. Die landwirtschaftlichen Maschinen trugen daran aber die geringste Schuld. Es war die Verwandlung von Ackerland in Weide oder gar in Jagdgründe." – In Parenthese: David glaubt steif und fest an die „Freisetzung" in der Industrie. Wie er die Bildung der Reservearmee mit seinen eigenen Angaben über die Aufnahmefähigkeit der Industrie (S. 260) vereinigen will, bleibt mir unverständlich.
3 Kapital, Bd. I, S. 643.

Machen nun diese Verbesserungen, von der Maschine abgesehen, deren Wirkung wir bereits erledigt haben, Arbeiter überzählig? Sicherlich nicht! Sie mögen „virtuell" Arbeiter ersetzen: „faktisch" steigern sie den Arbeiterbedarf der Wirtschaften. Nach Settegast[1] beträgt der Bedarf an *Handarbeitstagen* pro Hektar und Jahr:

bei Körner- und Feldgraswirtschaft	12–20
bei Fruchtwechselwirtschaft	30–50
bei Industriewirtschaft	60–130.

Marx konstatiert denn auch selbst mehrfach,[2] daß „trotz seiner beständigen ‚relativen Übervölkerung' das Land untervölkert ist. Dies zeigt sich nicht nur lokal auf solchen Punkten, wo der Menschenabfluß nach den Städten, Minen, Eisenbahnbauten usw. zu rasch vorgeht, es zeigt sich überall sowohl zur Erntezeit als im Frühling und Sommer während der zahlreichen Momente, wo die sehr sorgfältige und intensive englische Agrikultur Extrahände braucht. Es sind der Landarbeiter stets zu viel für die mittleren und stets zu wenig für die ausnahmsweisen oder temporären Bedürfnisse des Landbaus."[3]

Hier stutzt Marx einen Augenblick. Unter solchen Umständen wäre eine starke Erhöhung der Bestellungs- und Erntelöhne zu erwarten, weil die temporäre und lokale Arbeitsnachfrage viel größer wäre als das gleichzeitige Angebot: ist doch gleichzeitig die Landbevölkerung absolut an Zahl herabgegangen! Aber, so argumentiert er weiter, „der (...) Arbeitsmangel bewirkt keine Erhöhung des Arbeitslohnes, sondern Pressung von Frauen und Kindern in den Feldbau und Herabsteigen zu immer niedrigeren Altersstufen. Sobald die Weiber- und Kinderausbeutung größeren Spielraum gewinnt, wird sie ihrerseits ein neues Mittel zur Überzähligmachung des männlichen Landarbeiters und Niederhaltung seines Lohnes. Im Osten Englands blüht eine schöne Frucht dieses cercle vicieux, das sogenannte Gangsystem."[4]

Das Argument scheint mir aus den oben bereits einmal angeführten Gründen nicht beweiskräftig.

Wächst nämlich die Nachfrage nach Arbeitern in der Campagne der Landwirtschaft stark, während, wie angegeben, die Landbevölkerung sich sogar absolut vermindert: dann ist unmöglich zu verstehen, aus welchen Ursachen Weiber- und Kinderarbeit den Männerlohn gedrückt haben soll. Denn der Arbeiter wirft Weib und Kind nur in der Not „unter das Juggernautrad des Kapitals"! Marx argumentiert auch hier, als wären jene Arbeiter keine „freien" Arbeiter, und als hätte der Gutsherr das unbeschränkte Robotrecht, „Weiber und Kinder in den Feldbau zu pressen". Das widerstreitet aber seiner Grundvoraussetzung, wonach die kapitalistische Wirtschaft nur möglich ist bei dem Vorhandensein einer genügenden Anzahl „freier" Arbeiter.

Die Stelle läßt sich also nur erklären, wenn wir annehmen, Marx habe geglaubt, daß die Maschinerie mehr Arbeiter verdrängt, als die Intensivierung der Agrikultur neu erfordert habe, eine Auffassung, die mit den oben zitierten Stellen übereinstimmt, wonach in der Agrikultur die Maschine „ohne Gegenstoß" wirkt. Dies hätten wir demnach so zu verstehen, daß der Gegenstoß der Intensivierung weit durch den Stoß (der Maschine) überkompensiert werde. Dafür aber hat

---

1 Settegast, Die Landwirtschaft und ihr Betrieb, S. 495. Neuere Ziffern bringt David (Sozialismus und Landwirtschaft, S. 258f.) nach Bensing. Danach „fordert die Rübenwirtschaft das Zehnfache an Arbeitskräften wie die alte Dreifelderwirtschaft"!
2 Z. B. Kapital, Bd. I, S. 674.
3 Ebenda, S. 659.
4 Ebenda, S. 660.

Marx keinen Beweis erbracht und konnte er auch keinen erbringen. Denn jede Umfrage hätte ihn belehrt, daß schon zu seiner Zeit in Großbritannien der mit Maschinen arbeitende intensive Ackerbau mehr Hände gebrauchte, als die maschinenlose Extensivwirtschaft.

Aber vielleicht war es die Agrikultur als kapitalistische „Manufaktur", die die Landbevölkerung so massenhaft freigesetzt hat durch alle die Vorteile, die der kapitalistische Betrieb schon ohne Maschinenverwendung vor dem „einfachen Warenproduzenten" voraus hat: Ersparnis an Werkstätten und an der Abnutzung der Arbeitsmittel, Spezialisierung der Arbeiter, Kombination der einzelnen Arbeitskräfte zu einer Gesamtarbeitskraft, der einzelnen Arbeitstage zu einen Gesamtarbeitstag, Ersparung an faux frais usw.[1] Marx nimmt das in der Tat an:

> „Kooperation und Kombination der Arbeitsmittel in den Händen Weniger rufen, auf die Agrikultur angewandt, (…) große, plötzliche und gewaltsame Revolutionen der Produktionsweise und daher der Lebensbedingungen und Beschäftigungsmittel der Landbevölkerung hervor, in vielen Ländern lang vor der Periode der großen Industrie."[2]

Aber die „Grundbedingung der neuen Methode" war ja, wie wir erfuhren, die „Konzentration der Pachten".

Und diese Grundbedingung ist, wie wir jetzt wissen, durch eine Methode geschaffen worden, die mit der kapitalistischen Produktionsweise und ihren „Tendenzen" nichts zu schaffen hat. Marx selbst fährt an der oben zitierten Stelle fort:

> „Aber dieser Kampf spielt ursprünglich mehr zwischen großen und kleinen Landeigentümern als zwischen Kapital und Lohnarbeit; andrerseits, soweit Arbeiter durch Arbeitsmittel, Schafe, Pferde usw. verdrängt werden, bilden unmittelbare Gewaltakte hier in erster Instanz die Voraussetzung der industriellen Revolution. *Erst werden die Arbeiter von Grund und Boden verjagd, und dann kommen die Schafe.* Der Landdiebstahl auf großer Stufenleiter (…) schafft der großen Agrikultur erst ihr Anwendungsfeld."[3]

Was Marx nur für die „Anfänge dieser Umwälzung der Agrikultur" annimmt, das gilt aber auch, wie gezeigt, für ihren Fortgang, nur mit dem einen Unterschiede, daß der Landraub sich mehr und mehr in legale Formen kleidet.

Wenn die agrikole „Manufaktur" also etwa wirklich Arbeiter überzählig gemacht haben sollte, so ist sie selbst erst entstanden dadurch, daß viel mehr Pächter und Landproletarier vorher anderswie überzählig gemacht worden waren. Wir sehen uns hier also im Zirkel – und außerdem hat Marx auch für diesen Prozeß keine Tatsachen berichtet.

Ich stelle somit fest, daß auch für die andere Hälfte der Behauptung, die das „Gesetz der Akkumulation" aufstellt, bei Marx kein Beleg beigebracht ist, soweit die Landwirtschaft in Frage kommt: für die Akkumulation des Proletariats am anderen Ende der gesellschaftlichen Stufenleiter. Damit ist die Aufgabe dieses Kapitels erledigt.

---

1 Ebenda, S. 288ff.
2 Ebenda, S. 395.
3 Die *kursive* Stelle im Original nicht kursiv.

VIII. Kapitel:
Die Tatsachen des kapitalistischen Gesamtprozesses
(Die Urbanisierung der Bevölkerung)

Wir haben in den ersten Kapiteln dieses Abschnittes die beiden Hauptabteilungen der kapitalistischen Wirtschaft isoliert betrachtet und gefunden, daß das von Marx aufgestellte „Gesetz der Akkumulation" die in beiden zur Beobachtung gelangenden Erscheinungen nicht im mindesten erklärt. Die kapitalistische Industrie erschafft sich ihre Reserve-Armee, die Voraussetzung des „Kapitalverhältnisses" und des Mehrwertes, nicht selbst; diese entsteht vielmehr ausschließlich in der Landwirtschaft; und hier ist es nicht der kapitalistische Produktionsprozeß, der sie freisetzt, sondern das Grundeigentum in seiner primitiven juristischen Gestalt.

Damit ist das „Gesetz der Akkumulation" verurteilt, sowohl vor dem Richterstuhle der formalen Logik, als auch vor dem Forum der Tatsachen. Ich könnte jetzt nach Lösung des negativen Teiles zu dem letzten, dem positiven Teile meiner Aufgabe übergehen, nämlich den ganz anders beschaffenen Mechanismus aufweisen, der nun wirklich die Reproduktion des Kapitalverhältnisses herbeiführt und dadurch die kapitalistische Wirtschaft, die Mehrwert-Presse und das Elend des Proletariats, wenn auch nicht „verewigt", so doch aufrechterhält.

Indes möchte ich noch einmal zurückgreifen, um nun auch aus einer Betrachtung des kapitalistischen Gesamtprozesses einen einfachen und, wie mir scheint, schlagenden Beweis gegen das Gesetz der Akkumulation abzuleiten. Die minutiösen Untersuchungen der beiden letzten Kapitel sind gar nicht nötig, um einen unbefangenen Beurteiler von der Unrichtigkeit der Marxschen These zu überzeugen: er kann sie ohne Mühe auf den ersten Blick aus der zentralen Tatsache des kapitalistischen Gesamtprozesses ablesen, aus der Urbanisierung der Bevölkerung.

Das Gesetz der Akkumulation enthält nämlich eine Quantitätsbestimmung, die eine solche Entscheidung zuläßt. Es sagt aus, daß die „Freisetzung" von Arbeitern erfolgt, „je größer Umfang und Energie des funktionierenden Kapitals".

Vergleichen wir daraufhin Gesamtindustrie und Landwirtschaft eines kapitalistisch entfalteten Landes! Wenn das Gesetz der Akkumulation richtig ist, so muß sich zeigen, daß der kapitalistisch höher entwickelte Hauptzweig, derjenige, in dem das funktionierende Kapital stärker akkumuliert und zentralisiert ist, mehr Arbeitsplätze einzieht, als der schwächer entwickelte.

Man wird versuchen, gegen diese Fragestellung zu protestieren, wird einwenden, daß Marx sein Gesetz für die Gesamtwirtschaft, nicht für ihre einzelnen Hauptzweige aufgestellt habe, daß daher die Gegenüberstellung unzulässig sei.

Der Einwand ist aber abzuweisen. Marx hat sein allgemeines Gesetz der Akkumulation nur gewonnen aus einer Addition der Tatsachen, die, wie er zu sehen meinte, typisch in jedem einzelnen kapitalistischen Betriebe und Zweige sich zeigen: „das Wachstum des gesellschaftlichen Kapitals vollzieht sich im Wachstum vieler individueller Kapitale"[1]. Nichts kann uns also hindern, die Summe wieder in ihre einzelnen Addenden aufzulösen: das Gesetz muß in jeder beliebigen Summe von Einzelbetrieben wirksam sein, wenn es existiert.

Sollte noch jemand zweifeln, so mag Marx wieder selbst entscheiden. Er schreibt: „Sobald sich die kapitalistische Produktion der Agrikultur, *oder im Grade, worin sie sich derselben bemächtigt hat*,[2] nimmt mit der Akkumulation des hier funktionierenden Kapitals die Nachfrage für die länd-

---

1 Kapital, Bd. I, S. 589.
2 Im Original nicht kursiv.

liche Arbeiterbevölkerung absolut ab."[1] Und ferner: „Ähnliche Bewegung (...) in Frankreich, im Maße wie sich dort die kapitalistische Produktion der Agrikultur bemächtigt und die ‚überzählige' Landbevölkerung in die Städte treibt."[2]

Aus diesen Sätzen geht hervor, daß Marx mindestens für den einen isoliert betrachteten Hauptzweig der kapitalistischen Volkswirtschaft, für die Agrikultur, der Überzeugung ist, daß die „Freisetzung" erfolgt entsprechend dem „Umfang und der Energie" der Akkumulation. Und für den anderen Hauptzweig, die „Manufaktur im Sinne aller nicht-agrikolen Industrie", ergibt sich dasselbe, wie ausgeführt, aus seiner Beweismethode: je mehr sich in den einzelnen Betrieben das ursprüngliche Kapital durch „ersparten" Mehrwert akkumuliert; je mehr „repellierte" Kapitalteile in Gestalt neuer Kapitalisten in den Konkurrenzkampf des Produktionszweiges eintreten, die sich natürlich mit den neuesten Produktionsmitteln ausstatten; je mehr schließlich im Prozeß der Zentralisation die von einer Stelle aus verwalteten Kapitalmassen wachsen, um so mehr vermindert sich im Einzelbetriebe das individuelle variable Kapital im Verhältnis zum individuellen Gesamtkapital; die Addition aller dieser Einzelkapitale ergibt ein nicht nur im Verhältnis zur Produktionsleiter, sondern auch zur Bevölkerung vermindertes variables gesellschaftliches Kapital, und so sinkt denn auch in der Gesamtindustrie die Zahl der „Stellen" proportional dem Umfang und der Energie der Akkumulation und Zentralisation.

Nun stößt Marx allerdings auf einen sehr wichtigen Unterschied zwischen der Freisetzung in der Industrie und derjenigen in der Landwirtschaft. In dieser nimmt die Nachfrage für die ländliche Bevölkerung absolut ab, ohne daß ihre Repulsion, wie in der nicht-agrikolen Industrie, durch größere Attraktion ergänzt (!) wäre.[3] Dieser wichtige Unterschied ist schon an früherer Stelle des gleichen Bandes berührt:

„Wenn der Gebrauch der Maschinerie im Ackerbau großenteils frei ist von den physischen Nachteilen, die sie dem Fabrikarbeiter zufügt, wirkt sie hier noch intensiver und ohne Gegenstoß auf die ‚Überzähligmachung' der Arbeiter, wie man später im Detail sehen wird. In den Grafschaften Cambridge und Suffolk z. B. hat sich das Areal des bebauten Landes seit den letzten zwanzig Jahren sehr ausgedehnt, während die Landbevölkerung in derselben Periode nicht nur relativ, sondern absolut abnahm."[4]

Er fährt an der zuerst angeführten Stelle fort: „Ein Teil der Landbevölkerung befindet sich daher fortwährend auf dem Sprunge, in städtisches oder Manufakturproletariat überzugehen, und in der Lauer auf dieser Verwandlung günstige Umstände. (Manufaktur hier im Sinne aller nicht-agrikolen Industrie.) Diese Quelle der relativen Übervölkerung fließt also beständig. Aber ihr beständiger Fluß nach den Städten setzt auf dem Lande selbst eine fortwährend latente Übervölkerung voraus, deren Umfang nur sichtbar wird, sobald sich die Abzugskanäle ausnahmsweise weit öffnen. Der Landarbeiter wird daher auf das Minimum des Salairs herabgedrückt und steht mit einem Fuße stets im Sumpfe des Pauperismus."[5]

Die Tatsache ist richtig! Die „Freisetzung" in der Landwirtschaft ist nicht nur unvergleichlich viel stärker als in der Industrie, sondern sie kommt hier sogar allein vor, wie wir wissen. Aber wir sehen uns vergebens nach irgendeiner Stelle um, wo Marx diese Tatsache aus seiner Theorie zu erklären oder mit seiner Theorie in Einklang zu bringen suchte. Er stellt sie lediglich fest und

---

[1] Kapital, Bd. I, S. 607.
[2] Ebenda, S. 659f. Anm. 170.
[3] Ebenda, S. 607.
[4] Ebenda, S. 469.
[5] Ebenda, S. 607f.

bemerkt gar nicht, daß sie in unvereinbarem Widerstreit zu seinem „Gesetz der Akkumulation" steht.

Jedermann weiß, daß überall, wo der Kapitalismus auch nur seine ersten Schritte getan hat, die Akkumulation und Zentralisation des Kapitals mit dem technischen Fortschritt unvergleichlich schneller in der Industrie vorangegangen ist, als in der Landwirtschaft.

Erfolgte also, wie das Gesetz der Akkumulation aussagt, die Produktion einer wachsenden Surplusbevölkerung im geraden Verhältnis zu der Akkumulation und dem mit ihr verbundenen Wechsel in der organischen Zusammensetzung des Kapitals, so müßte die Industrie einen im Verhältnis zu ihrer Kopfzahl viel stärkeren Anteil an der Reservearmee bilden, als die Landwirtschaft.

Denn sie besteht aus individuellen Betrieben, die durchschnittlich auf viel höherer Produktionsleiter stehen, als die individuellen Betriebe der Agrikultur; ihr Gesamtkapital besteht aus individuellen Kapitalen, die (daher) in viel stärkerem Maße durch Akkumulation und Zentralisation gewachsen sind und (daher) zu einem viel größeren Bestandteile aus konstantem, zu einem viel kleineren Bestandteile aus variablem Kapital zusammengesetzt sind, als die individuellen Kapitale, die das Gesamtkapital der Agrikultur zusammensetzen. Wenn die Überzähligmachung der Arbeiter wirklich irgend etwas mit dem variablen Kapital und seinem relativen Sinken zu tun hätte, so müßte zweifellos die Industrie allein in wesentlich verstärktem Grade die Erscheinungen aufweisen, die die Gesamtwirtschaft, geschweige denn die kapitalistisch so viel weniger entfaltete Agrikultur allein, zeigen.[1] Statt dessen saugt die Industrie noch einen ganz enormen Teil der ländlichen Surplusbevölkerung auf. Und umgekehrt sollte die Agrikultur einen im Verhältnis zu ihrer Kopfzahl viel kleineren Anteil an der Reservearmee bilden: statt dessen setzt sie alljährlich mehr Hunderttausende frei, als nach der Meinung der schlimmsten Schwarzseher jährlich Tausende der Reservearmee zugeschlagen werden.

Die Produktion der Surplusbevölkerung erfolgt also augenscheinlich nicht im geraden, sondern im umgekehrten Verhältnis zu der Kapitalakkumulation.
Und das scheint mir ein unerschütterlicher Beweis gegen das Gesetz der Akkumulation zu sein. Ich sehe keine Möglichkeit, es damit in Einklang zu bringen, und Marx hat den Versuch auch nirgend gemacht.

Daß er nicht einmal stutzte, als er auf die Tatsache stieß, daß in der Landwirtschaft nur Repulsion, aber keine Attraktion stattfindet, läßt sich nur aus seinem absoluten Industriezentrismus begreifen. Ihm war die Agrikultur ein Zweig der Gesamt-Industrie, wie irgendein anderer: die vollkommene Gegensätzlichkeit der Existenzbedingungen beider Hauptzweige der Volkswirtschaft war ihm wohl bekannt, aber in den entscheidenden Überlegungen niemals gegenwärtig.

Nur so ist es zu verstehen, daß ein Geist von solcher Kraft achtlos an diesen ungeheuren Unterschieden der Quantität vorübersah, die bei dem ersten Versuch einer genaueren Beobachtung sich als qualitative stärkster Art herausstellen mußten und die ganze Theorie umgestaltet hätten.

---

[1] „Die Arbeitslosigkeit ist also eine ständige Erscheinung der kapitalistischen Großindustrie, die mit ihr untrennbar verknüpft ist." Kautsky, Erfurter Programm, S. 45; Ursache: Maschine (S. 44).

Vierter Teil
Die Ursache der kapitalistischen Exploitation

IX. Kapitel:
Grundeigentumsverteilung und ländliche Wanderbewegung

Mag Karl Marx noch so sehr geirrt haben in der Erkenntnis und Darstellung des gesellschaftlichen Prozesses, der die Surplusbevölkerung schafft, diese „Masse wohlfeilen Menschenmaterials (taillable à merci et miséricorde)"[1]: zwei Kernpunkte seiner Lehre bleiben davon unberührt.

Erstens, daß diese Bevölkerung „freier" Arbeiter durch die Schuld menschlicher Einrichtungen produziert wurde und reproduziert wird, durch der Verbesserung bedürftige und fähige Mängel der gesellschaftlichen Organisation; daß sie also nicht geschaffen wird durch unerbittliche Gesetze der Natur selbst, wie das der gedankenlose Malthusianismus behauptet.

Zweitens: Daß das Vorhandensein einer die Nachfrage auf dem Arbeitmarkte überschreitenden Bevölkerung freier Arbeiter die einzige Voraussetzung ist jeder nicht auf Sklaverei beruhenden Mehrwertwirtschaft.

Ohne „freie" Arbeiter kein Mehrwert, keine Akkumulation, keine Krösusse und Rockefellers am einen Pol, mögen sie noch so geniale Gauner oder „captains of the industry" sein, trotz Karl Reinhold, Richard Ehrenberg und anderen Anbetern der Carlyleschen „Hero-Worship" in der Ökonomik. Ohne „freie" Arbeiter aber auch keine Akkumulation von Elend am anderen Pol, keine Brutalisierung, kein Pauperismus und [keine, A.d.R.] Kriminalität als Massenerscheinung! Ohne „freie" Arbeiter sogar kein „Konkurrenzkampf" selbst in der Industrie, und keine Krisen!

Es hat Werner Sombart weit abseits geführt, daß er gerade diesen wichtigsten und richtigsten Hauptsatz des sonst von ihm in fast allen Hauptstücken angenommenen Marxschen Systems aufgegeben und durch eine haltlose und widerspruchsvolle „Psychologie der führenden Wirtschaftssubjekte" ersetzt hat, die den Kapitalismus aus dem „kapitalistischen Geist" erwachsen läßt, der irgendwie und irgendwann aus dem Nichts entstanden sein soll.[2] Damit verlor Sombart den einzigen sicheren Führer durch das Labyrinth der soziologischen Erscheinungen, die sozial-ökonomische, ich will aus bekannten Gründen[3] nicht sagen, die materialistische Geschichtsauffassung.

In diesen beiden entscheidenden Punkten stimme ich durchaus mit Marx überein.[4] Der Unterschied unserer Auffassung begrenzt sich auf das Problem der *Herkunft* der Surplusbevölkerung und demzufolge auf die *Prognose* der zukünftigen Entwicklung, die ja bei Marx eine Schlußfolgerung aus seiner Ableitung der Surplusbevölkerung, nämlich aus dem Gesetz der Akkumulation ist.

---

1 Kapital, Bd. I, S. 436.
2 Vgl. meine Anzeige in der „Kultur", 1903.
3 Siehe oben, Seite 8 [im vorliegenden Band S. 392].
4 Oppenheimer, Siedlungsgenossenschaft; derselbe, Großgrundeigentum und soziale Frage, [siehe im vorliegenden Band], und namentlich mein Aufsatz: „Käufer-Verkäufer", Schmollers Jahrbücher, 1900.

Was reproduziert also diese Existenzbedingung aller Mehrwertwirtschaft, den freien Arbeiter, wenn er nicht durch den kapitalistischen Produktionsprozeß reproduziert wird?

Wir haben aus Marx' Kapital einige Quellen der ländlichen Abwanderung kennengelernt, die Exmission der früher selbständigen Pächter und der früher unselbständigen Landarbeiter, Knechte, Insten usw. Diese Austreibung ergab sich uns als Folge eines bestimmten Grundeigentumsrechtes.

Offenbar genügen diese Exmissionen mit Einschluß der Inclosures von ehemaligem Gemeindeeigentum und selbst mit Einschluß so brutaler und umfangreicher „Clearings of Estates", wie sie die Herzogin von Sutherland vollziehen ließ, nicht einmal für Großbritannien, um den dauernden Abstrom der Hunderttausende vom Lande zu erklären. Sie genügen noch weniger für die Länder des europäischen Kontinents, wo genau die gleiche Erscheinung dauernder massenhafter Abwanderung vorhanden ist, ohne daß so gewaltsame Handlungen der Grundeigentümerklasse gleichzeitig in einer Anzahl vorgekommen wären, die die Erscheinung erklären könnte. Wir müssen uns also nach anderen Zusammenhängen umsehen. Es muß, um die dauernde Abwanderung zu erklären, auch eine dauernde Institution auf dem Lande aufgefunden werden.

Diese Institution ist leicht entdeckt. *Die ländliche Massenwanderung ist eine Funktion der Grundeigentumsverteilung.* Man mag vergleichen, was man will, große und kleine Bezirke, ganze Länder und Teile von Kreisen, immer ergibt sich: „Mit dem Umfang des Großgrundbesitzes parallel und mit dem Umfang des bäuerlichen Besitzes in umgekehrter Richtung geht die Auswanderung."[1] Ich verzichte hier auf weitere Belege dafür, die ich an anderer Stelle zusammengetragen habe.[2] Ich halte die Formel aufrecht, die ich, um den Sachverhalt drastisch zu bezeichnen, nicht aber, um eine *exakte* Quantitätsbeziehung festzustellen, aufgestellt habe: „Die Wanderung wächst wie das Quadrat des Großgrundeigentums." Wer die malthusische Weise liebt, mag auch sagen: Wo das Großgrundeigentum in arithmetischer Reihe wächst, wächst die ländliche Wanderung in geometrischer Reihe.[3]

Dieser Zusammenhang zeigt sich überall, wie Max Weber einmal sagte, mit einem „überaus seltenen *statistischen Eigensinn*". Er gibt den Schlüssel für den Mechanismus jeder auf freier Arbeit beruhenden Mehrwertwirtschaft.

Es handelt sich hier um die Grundlage meiner gegen den deduktiven Theoretiker Marx gerichteten Kritik der Ökonomie; und darum ist es notwendig, kurz die Deduktion wiederzugeben, mit

---

1 Goltz, Die ländliche Arbeiterklasse, S. 143.
2 Oppenheimer, Siedlungsgenossenschaft, S. 217 ff.
3 Marx ist gar nicht fern von der richtigen Erkenntnis, wenn er folgendes schreibt: „Auf der anderen Seite reduziert das große Grundeigentum die agrikole Bevölkerung auf ein beständig sinkendes Minimum, und setzt ihr eine beständig wachsende, in den großen Städten zusammengedrängte Industriebevölkerung entgegen. (...) Wenn das kleine Grundeigentum uns eine halb außerhalb der Gesellschaft stehende Klasse von Barbaren (hier ist die Quelle von Kautskys berühmten ‚Barbaren') schafft, die alle Roheit primitiver Gesellschaftsformen mit allen Qualen und aller Misère zivilisierter Länder verbindet, so untergräbt das große Grundeigentum die Arbeitskraft in der letzten Region, wohin sich ihre naturwüchsige Energie flüchtet, (...) auf dem Lande selbst." (Kapital, Bd. III, 2, S. 347 f.). Und Seite 356 desselben Bandes: „Jedoch spielt der Grundeigentümer eine Rolle im kapitalistischen Produktionsprozeß, nicht nur durch den Druck, den er auf das Kapital ausübt, auch nicht bloß dadurch, daß großes Grundeigentum eine Voraussetzung und Bedingung der kapitalistischen Produktion, weil der Expropriation des Arbeiters von den Arbeitsbedingungen ist (...)." Als „Voraussetzung und Bedingung", d. h. Bedingung nicht nur der Produktion, sondern auch der Reproduktion des Kapitalverhältnisses – erscheint hier nicht der Großbetrieb, sondern das Großeigentum in der Landwirtschaft! Aber leider die Erkenntnis bleibt unverwertet!

der ich an anderer Stelle diesen Zusammenhang zwischen Grundbesitzverteilung und Wanderbewegung aus den allgemeinen Prämissen der klassischen Nationalökonomie abgeleitet habe.

Das Axiom der klassischen Schule ist die Lehre vom „wirtschaftlichen Eigennutz", die Dietzel mit den Italienern als das „Prinzip des kleinsten Mittels" bezeichnet, und die ich aus Gründen allgemeinerer Anwendbarkeit folgendermaßen neu formuliert habe: „Die Menschen strömen vom Orte höheren zum Orte geringeren sozialen und wirtschaftlichen Druckes auf der Linie des geringsten Widerstandes."

Aus diesem Summum principium läßt sich die Massenwanderung vom Großgrundeigentum auf das einfachste ableiten:

Stellen wir uns ein Land ohne jedes Großgrundeigentum vor! Schon unter diesen Verhältnissen ganz gleichmäßiger Verteilung des Bodens unter selbstwirtschaftenden Bauern muß bei einem wachsenden Volke eine gewisse, mäßige Wanderbewegung vom Lande in die Städte stattfinden. Denn mit der Zunahme der städtischen, industriellen Bevölkerung durch ihren eigenen Zuwachs verfeinert sich hier die Arbeitsteilung, wächst die pro Kopf hergestellte und verzehrbare Produktenmasse, sinkt also der wirtschaftliche Druck über der Stadt. Dadurch sinkt zwar auch über dem Lande der Druck: denn die dichtere Stadtbevölkerung zahlt höhere Preise für die Ackerprodukte und bietet, dank ihrer inneren Konkurrenz, ihre eigenen Produkte etwas billiger an. Jedoch wird die Druckverminderung über dem Lande zum Teil kompensiert durch die Verkleinerung der (auf den Kopf der dichter gewordenen Bevölkerung entfallenden) Ackerfläche, die nach dem „Gesetz der Produktion auf Land" nicht ohne weiteres die ehemalige Quote von Erzeugnissen pro Kopf liefert.

Dieser geringe Druckunterschied wird immer sofort in Statu nascendi durch eine schwache Wanderbewegung vom Lande fort ausgeglichen; und zwar wandert ein Teil des überschüssigen Nachwuchses in die Städte und ergreift städtische Berufe (Abwanderung); er drückt durch sein konkurrierendes Angebot den Preis der industriellen Erzeugnisse und erhöht durch seine konkurrierende Nachfrage den Preis der Ackerprodukte. Dadurch wird an der Peripherie des Wirtschaftskreises, wo bisher allzu hoher Transportkosten halber kein geregelter Feldbau Platz hatte, ein solcher möglich: und hierhin zieht sich ein anderer Teil des überschüssigen Nachwuchses der Landbevölkerung (Auswanderung). Ein letzter Teil des Nachwuchses bleibt als nicht überschüssig auf der väterlichen Scholle, die nach dem Thünenschen Gesetze entsprechend dem Wachstum des städtischen Marktes nun intensiver bearbeitet wird, d. h. mehr Arbeitskräfte auf der Flächeneinheit beschäftigt.

Es ist also mäßige Aus- und Abwanderung eine notwendige Erscheinung auch jeder „reinen", d. h. großgrundeigentumfreien, entwickelteren Tauschwirtschaft. Hier vollzieht die Wanderbewegung die wichtige Aufgabe, die Druckunterschiede über zwei Gebieten auszugleichen, über denen beiden der wirtschaftliche Druck regelmäßig, aber in verschiedener Progression, absinkt, d. h. in denen die Lebenshaltung der Bevölkerungsmasse regelmäßig steigt.

Dieser sozusagen physiologische Mechanismus der Druckausgleichung funktioniert nun in der pathologischen, der „kapitalistischen", d. h. massenhaftes Großgrundeigentum enthaltenden, Volkswirtschaft folgendermaßen:

Großgrundeigentum ist, von der Seite der Distribution aus angesehen, ein Institut, das den Bebauern des Bodens ein Fixum, dem Inhaber des juristischen Eigentumstitels aber den gesamten oder doch fast den gesamten Wertzuwachs (unearned increment der Engländer) zuweist; denn der Landarbeiter steht in festem Lohn, und der Pächter wird von Epoche zu Epoche um den Rentenzuwachs gesteigert.

Das Landproletariat steht also unter konstantem Druck! Keine Verbesserung der städtischen Arbeitsteilung, die eine Preissenkung der industriellen Erzeugnisse herbeiführt, kein Wachstum des städtischen Marktes, das den Preis der Ackererzeugnisse hebt, kommt den Hintersassen des Großgrundeigentümers zugute.¹ Der Unterschied zwischen dem Drucke, der über dem Lande mit Großgrundeigentum einerseits – und den wachsenden Städten andrerseits in jedem Moment entsteht und ausgeglichen werden muß, ist also ein viel größerer, das „Gefälle" viel stärker, oder mit anderen Worten, die Wanderbewegung ungleich mächtiger.

Dieser Unterschied der Quantität wird noch gesteigert durch eine verschiedene Entwicklung der städtischen Zentren, je nachdem sie von Bauern oder von Großgütern umgeben sind. Die Kleinstadt kann die einfacheren Bedürfnisse ebenso gut und billig anbieten, wie die Großstadt: der Bauer ist daher der treue Kunde der kleinstädtischen Handwerker und Krämer, und die Stadt wächst mit der Dichte der bäuerlichen Bevölkerung und ihrem Wohlstande. Das wirkt wieder auf die Dichte der bäuerlichen Bevölkerung zurück, da mit dem Wachstum des städtischen Marktes in allen Thünenschen Zonen intensivere Wirtschaft Platz greift, d. h. vermehrte Arbeitskräfte Platz finden, oder, was dasselbe sagt, die pro Kopf entfallende und ausreichende Fläche sich verkleinert.

Anders im Großgrundbezirk! Der reiche Grundherr hat verfeinerte Bedürfnisse, die er nur in der Großstadt decken kann, die Kaufkraft der Landproletarier aber wächst nicht oder doch nur um ein geringes. Daher bleiben die Landstädte hier klein und arm, sie stagnieren, und jene wohltätige Wechselbeziehung zwischen Stadt und Bauernschaft, in der ein Keil immer den anderen treibt, bleibt aus. Eine Intensivierung der Landwirtschaft in den Thünenschen Zonen findet nicht statt, und so ist ein noch viel größerer Teil des landwirtschaftlichen Nachwuchses „überzählig".

„Hohe spezifische Dichtigkeit der landwirtschaftlichen Bevölkerung, kräftige Entfaltung von Gewerbe, Handel und Verkehr, und infolge des industriellen Überbaus auch eine erhebliche Steigerung der Besiedelung über die agrarische Basis hinaus sind also die Merkmale einer gesunden und kräftigen Volksentwicklung, wie sie im Westen der Elbe ganz überwiegend zutreffen und glücklicherweise bestimmend gewesen sind für die Entwicklung des deutschen Volkes überhaupt. Hingegen hat sich die Arbeitsverfassung östlich der Elbe unfähig gezeigt, eine derartige Wirtschaftsentwicklung zu zeitigen, ja auch nur die Überschüsse der Bevölkerung festzuhalten: *der Abstand zwischen den Lebens- und Arbeitsbedingungen* der östlichen Landwirtschaft und der industriellen Kultur des Westens *hat eine Spannung hervorgerufen, welche schließlich zur Abwanderung führen mußte.*"²

Man sieht, die statistische Induktion muß eine richtige Deduktion schon bestätigen!

Das ist in summarischer Kürze die Ursache, warum die am meisten untervölkerten Bezirke der Kulturländer, diejenigen des Großgrundeigentums, am stärksten „übervölkert" sind, d. h. unvergleichlich mehr Menschen abstoßen, als die dichter bevölkerten bäuerlichen Kreise unter sonst gleichen Verhältnissen des Klimas, der Bodenqualität und der Absatzverhältnisse. Ich kann hier auf die feineren Einzelheiten des Prozesses nicht eingehen; das Gesagte genügt zum Verständnis der Hauptlinien, und ich habe den gesellschaftlichen Gesamtprozeß, der aus dieser Grundtatsache folgt, so ausführlich dargestellt, daß ich mich beschränken darf, hier darauf zu verweisen.³ Im übrigen sollte, so

---

1 Daß der Druck hier nicht gänzlich konstant ist, sondern daß er – und wie er – im Laufe der Entwicklung dennoch langsam absinkt, davon sofort. Man betrachte die absolute Konstanz hier als vorläufige Annahme, als Folgerung aus der „Idee" des Großgrundeigentums. Unsere Schlüsse verlieren darum nicht an Beweiskraft. Denn der Druck sinkt über Großgrundeigentum so viel langsamer ab als über Bauernland, daß man ihn in der vergleichenden Betrachtung als praktisch konstant setzen darf.
2 Rauchberg, Die deutsche Berufs- und Gewerbezählung vom 14. Juni 1895, S. 376f. (im Original nicht kursiv); vgl. auch S. 378.
3 Oppenheimer, Großgrundeigentum und soziale Frage, I. Buch, Kapitel 3, „Pathologie des sozialen Körpers der Tauschwirtschaft", namentlich die „Theorie des einseitig sinkenden Druckes" [siehe auch im vorliegenden Band].

meine ich, ein einziger Blick auf die verschiedene Entwicklung des bäuerlichen West- und des grundherrlichen Ostdeutschland genügen, um die Wahrheit dieser Ausführungen zu erhärten. Die Entwicklung der Städte und die Verhältnisziffer der Wanderung entsprechen der Deduktion durchaus.[1]

Das ist die Quelle der „Surplusbevölkerung", der „Reservearmee". Nicht die „kapitalistische Produktionsweise" ist die Schuldige; im Gegenteil: die kapitalistische *Industrie* schafft Arbeitsplätze für alle die Hunderttausende, die ohne sie entweder gar nicht zur Entwicklung gekommen wären – die Geburtenrate der Erbuntertanen war vielfach enorm niedrig, die Sterblichkeitsrate ungeheuer hoch[2] – oder die im besten Falle jenseits der Ozeane hätten neues Ackerland aufsuchen müssen; und die kapitalistische *Agrikultur* leistet, wenn auch viel schwächer, das gleiche: sie hält den Prozeß der Landflucht eher auf, als daß sie ihn beschleunigt: denn sie braucht vermehrte menschliche Arbeitskräfte pro Flächeneinheit.[3]

Nein, der Kapitalismus, das Kapital und seine Akkumulation sind unschuldig an diesem Massenvorgang. Die Schuld trägt allein die geltende *Grundeigentumsverteilung*; sie ist nicht nur, wie Marx selbst festgestellt hat, die Ursache der Produktion der „freien" Arbeiter – „die Expropriation des ländlichen Produzenten (...) von Grund und Boden bildet die Grundlage des ganzen Prozesses"[4] –, sondern auch ihrer dauernden *Reproduktion*, und damit der Reproduktion des „Kapitalverhältnisses" selbst, der einzigen Existenzgrundlage aller kapitalistischen Exploitation.

Diese Grundbesitzverteilung ist also nicht nur die Ursache der Exmission von selbständigen Pächtern und unselbständigen Tagelöhnern und Insten, die die Grundlage der von Marx falsch gedeuteten Zentralisation in der britischen Landbevölkerung ausmachte, sondern auch der sozusagen „freiwilligen" Landflucht.

Daher stammt jene Surplusbevölkerung „freier" Arbeiter, jene Maschinenbediener, die die Handwerker und Manufakturarbeiter der vor- und frühkapitalistischen Epoche durch ihr Produkt unterboten und aus dem Markte warfen; daher die Bewerber um die neuen, durch die kapitalistische Industrie neu erschlossenen Arbeitsplätze, die den dort Entwurzelten eine neue, höhere Existenz dargeboten hätten. Nicht die „Maschinerie", sondern die vom ehemaligen Landproletarier bediente Maschinerie hat den Handwerker „freigesetzt"; und vor allem: nicht die Maschine, nicht das „Kapital" war es, das ihm alle neu erschlossenen Stellen sperrte, sondern wieder der Landarbeiter, der um alle diese Stellen mit seinem Hunger-Wettbewerb konkurrierte. Und nur diese Konkurrenz war es schließlich, die den Industrieproletarier zwang, „Weib und Kind unter das Jugger-

---

1 Rauchberg (Die deutsche Berufs- und Gewerbezählung vom 14. Juni 1895, S. 72) deutet eine statistische Tabelle auf S. 71 wie folgt: „Gleich auf den ersten Blick entnehmen wir, daß die spezifische Dichtigkeit in den beiden Hälften unserer Übersicht" (Gegenden mit größter resp. kleinster Durchschnittsfläche der landwirtschaftlichen Betriebe) „im entgegengesetzten Verhältnisse zueinander stehen. Hohe Durchschnitte der landwirtschaftlichen Betriebsfläche bedingen dünnere Bevölkerung, kleine Betriebseinheiten ermöglichen hohe Bevölkerung. Die Regelmäßigkeit des Verlaufs schlägt selbst in jeder der beiden Gruppen durch. Der kulturelle Überbau in den Formen anderer Berufe, welcher durch die Differenz zwischen der spezifisch agrarischen und der allgemeinen Dichtigkeit gekennzeichnet wird, erhebt sich viel höher in der zweiten Gruppe: auch er steht im umgekehrten Verhältnisse zur Größe der landwirtschaftlichen Betriebe. (...) Ist es nötig, die Ziffern noch weiterhin zu kommentieren? Sie lehren eindringlicher, als Worte es vermögen, was die Agrarverfassung des Ostens für die Entwicklung des deutschen Volkes bedeutet. Eine eiserne Fessel ist sie ihm geworden, da es nun in erneuter Jugend seinen gewaltigen Leib recken will."
2 Vgl. Oppenheimer, Das Bevölkerungsgesetz des T.R. Malthus, S. 140 [im vorliegenden Band S. 366]; nach Hanssen, Aufhebung der Leibeigenschaft, S. 29.
3 Daß dieser Mehrbedarf bei uns in Deutschland durch ausländische Wanderarbeiter gedeckt werden darf und kann, deren Konkurrenz den inländischen Landproletarier noch schneller fortfegt, ist natürlich kein Argument gegen die Deduktion. Sie stammen vom polnischen und ungarischen Großgrundeigentum, das sie ausstößt.
4 Kapital, Bd. I, S. 681 f.

nautrad des Kapitals zu schleudern", trotzdem die Nachfrage auf dem Arbeitsmarkte sehr viel stärker wuchs, als die Gesamtbevölkerung durch ihre Zuwachsrate.

Daß diese klare Wahrheit so lange verborgen bleiben konnte, ist lediglich Folge des unseligen Industriezentrismus. Hätten die Landarbeiter einer leiblich verschiedenen Rasse angehört, wären es Neger oder Kulis gewesen, so hätte die Ricardo-Marxsche Theorie von der „Freisetzung durch die Maschine" niemals entstehen können.

X. Kapitel:
Antikritisches Zwischenspiel

Meine Erklärung der Surplusbevölkerung ist mir kürzlich von sehr beachtenswerter Seite bestritten worden, und zwar von Werner Sombart, der, in den Hauptlinien Marxist und als solcher Industriezentrist, die Abwanderung mit Marx auf die Anstöße zurückführt, die seitens der kapitalistischen Industrie auf die Landwirtschaft ausgeübt werden. Er polemisiert gegen mich, freilich auch hier, ohne mich zu nennen. Ich zitiere die Stelle wörtlich, weil ich nirgend bessere Argumente für die bestrittene Behauptung finden könnte:

> „Somit haben wir den Abstrom der Bevölkerung, den *Exodus vom Lande,* als eine mit Notwendigkeit im Gefolge kapitalistischer Produktionsweise auftretende allgemeine Erscheinung kennengelernt. Als eine *allgemeine Erscheinung,* die also gleichermaßen klein- und großbäuerliche Gegenden wie die Gebiete des Großgrundbesitzes betrifft, keinesfalls, wie wohl behauptet worden ist, auf letztere beschränkt bleibt. Es mußte auf diese Allgemeinheit der beregten Erscheinung ohne weiteres theoretisch geschlossen werden, auch wenn wir nicht so reich an Belegen wären für die Tatsache, daß der Abstrom der Bevölkerung aus bäuerlichen Distrikten ebenso vorhanden ist, wie aus Großgüterdistrikten. Vielleicht, daß er sich dort etwas schwächer erweist; aber vorhanden ist er ganz gewiß.
>
> Es genügt, zum Beweis aus dem reichen Zahlenmaterial, das uns zur Verfügung steht, die folgenden Ziffern mitzuteilen, die die Bevölkerungsbewegung durch Wanderung für die einzelnen Gebietsteile Deutschlands während des Jahrfünft 1885–1890 zum Ausdruck bringen. Es ist daraus ersichtlich, daß der Exodus in Gruppe I mit vorherrschendem Großgrundbesitz allerdings am stärksten, daß er aber auch vorhanden ist in Gruppe II und III, den Agrardistrikten mit vorwiegendem Mittel- und Kleinbesitz:

Gruppe	Geburten-überschuß	Bevölkerungs-zunahme	Gewinn oder Verlust durch Wanderung	
			absolut	v. d. Geburten-überschuß
I. Östl. Preußen	851.770	212.666	–639.104	–75,04%
II. Westl. Preußen u. Mitteldeutschland	611.578	531.089	–80.449	–13,15%
III. Süddeutsche Staaten	500.787	347.520	–153.267	–30,61%
IV. Industriezentren	937.688	1.480.191	+542.503	+57,86% "[1]

---

1 Sombart, Der moderne Kapitalismus, Bd. II, S. 151. Die *kursiven* Stellen sind auch im Original *kursiv.*

Soweit Sombart. Dazu bemerke ich folgendes.

Erstens: Sombart rühmt sich, der Entdecker der ersten „ökonomischen Städtetheorie" zu sein. Er findet es „zum Weinen traurig, daß heutzutage (...) so etwas noch erst ausdrücklich ausgesprochen werden muß"[1]. Hätte er meine Werke „Siedlungsgenossenschaft" und „Großgrundeigentum und soziale Frage", die er mit einer eleganten Handbewegung als ihn „unbefriedigend" abtut,[2] wirklich gelesen, wie er behauptet, so hätte er in dem zweiterwähnten eine Theorie der „isolierten Stadt"[3] gefunden, die ich ihm sechs resp. vier Jahre vor seinem Werke vorgeahnt habe. „Ich habe", so steht dort[4] zu lesen, „auf Grund des Thünenschen Schemas, so viel ich sehe zum ersten Male, verfolgt, wie sich eine Stadt aus der Urproduktion entwickelt" (und zwar schon 1896, in der „Siedlungsgenossenschaft"). An anderer Stelle heißt es[5]: „Die Stadt stellt also bei wachsender Bevölkerung ein Minimum dar, welches Bevölkerung ansaugt." Und[6]: „Jedenfalls finden wir also als Eigentümlichkeit eines wachsenden Volkes, daß sich die Zahl der Gewerbetreibenden stärker vermehrt als die der Bauern."

Diese Tatsache ist geradezu das Grundgesetz jeder denkbaren „ökonomischen Städtetheorie", und darum, so meine ich, sollte der erste Entdecker einer solchen sich nicht darüber wundern, daß auch in „Agrardistrikten mit vorwiegendem Mittel- und Kleinbetrieb der Exodus vom Lande vorhanden ist". Freilich: daß Sombart jenen wichtigsten Satz völlig begriffen hat, ist mir einigermaßen zweifelhaft gegenüber der folgenden Stelle: Handwerk ist nur möglich, wenn „*quantitativ die Produktivität der landwirtschaftlichen Arbeit* (...) einen solchen Grad erreicht hat, daß einer genug für zwei Nahrungsmittel und Rohstoffe zu erzeugen vermag. Erst dann offenbar kann die Verarbeitung und Bearbeitung jener zu gewerblichen Erzeugnissen so sehr verfeinert werden, daß nun eine Person sich ausschließlich dieser Tätigkeit widmet."[7] Ich will hoffen, daß dies nur schief ausgedrückt ist: wie es dasteht, ist es vollkommen falsch und zeigt mindestens, daß Sombart seine „Entdeckung" nicht genügend durchgedacht hat. Damit Handwerk möglich sei, ist nur erforderlich, daß der Bauer im Durchschnitt ein wenig mehr Nahrungsmittel und Rohstoffe erzeuge, als für seine eigene Versorgung nötig. Hat jeder Bauer 5% produziert, so lebt ein Handwerker eben von den Überschüssen von 20 Bauern. Wenn Sombart recht hätte, dürften wir in Preußen eben mit dem Handwerk angefangen haben, denn ein preußischer Bauer erzeugt erst seit wenigen Jahren „für zwei" – und in Rußland wäre städtisches Leben noch unmöglich, da es noch ca. 80% Bauern hat, von denen also nur je vier „für fünf" erzeugen.

Doch genug davon! Ich komme jetzt zu meinem zweiten Einwand.

Sombart, der sich gern in den Mantel des Philosophen hüllt, kennt und zitiert das berühmte Kantsche Ideal wissenschaftlicher Vollendung:

„Was die moderne Naturwissenschaft anstrebt, (...) ist die lückenlose *Ersetzung der Qualität durch die Quantität*, die in einer mathematischen Formel ihren letzten und vollkommensten Ausdruck findet. Erst dann, wenn sich für irgend einen Vorgang in der Natur eine mathematische Formel aufstellen läßt, so hat uns Kant belehrt, haben wir das Recht, von naturgesetzlicher Erkenntnis zu sprechen."[8]

---

1 Ebenda, S. 191.
2 Ebenda, Bd. I, S. 154 Anm.
3 Oppenheimer, Großgrundeigentum und soziale Frage, S. 58ff. [im vorliegenden Band S. 37f.].
4 Ebenda, S. 489 [im vorliegenden Band S. 272].
5 Ebenda, S. 70 [im vorliegenden Band S. 44].
6 Ebenda, S. 76 [im vorliegenden Band S. 47].
7 Sombart, Der moderne Kapitalismus, Bd. I, S. 140.
8 Derselbe, Die deutsche Volkswirtschaft im 19. Jahrhundert, S. 159.

Er mag sich einmal im Lichte dieses Kriteriums eigentlicher Wissenschaft seine Behauptung anschauen, daß der Exodus vom Lande „eine allgemeine Erscheinung, aus bäuerlichen Distrikten ebenso vorhanden ist wie aus Großgüterbezirken": eine Behauptung, die er sofort selbst durch die Feststellung illustriert, daß aus dem einen Bezirke mehr als 3/4, aus dem zweiten weniger als 1/7, aus dem dritten weniger als 1/3 des Geburtenüberschusses fortwandert! 75 : 13 : 30!! Dabei ist noch alles in Bausch und Bogen gerechnet, die Abwanderung von den Gütern im Osten nicht getrennt von derjenigen von den Dörfern, das großbäuerliche Bayern (auch großbäuerliches Grundeigentum fällt unter meine Definition des Großgrundeigentums als einer Fläche, die im regelmäßigen Betriebe fremder Arbeitskräfte bedarf) nicht getrennt von den übrigen, klein- und mittelbäuerlichen süddeutschen Staaten!

Das soll eine *Widerlegung* sein? Es ist eine *Bestätigung*, und ich verzichte auf jede andere! Die Wanderung von den Großgüterdistrikten ist krankhaft, ins Ungeheure, gesteigert – und das ist das Merkmal *aller* Krankheit! Es gibt keine der Physiologie fremde Erscheinung in der Pathologie: es gibt nur Steigerung normaler Erscheinungen!

Ich überlasse Sombart die Berechnung,[1] was aus der Reservearmee und der kapitalistischen Wirtschaft geworden wäre, wenn auch aus dem östlichen Preußen statt 75 nur 13% fortgewandert wären, statt 639.000 nur 120.000, wenn also von hier statt rund 390.000 nur rund 72.000 Köpfe, d. h. weniger rund 220.000 Köpfe, oder 70.000–120.000 Arbeiter beiderlei Geschlechts, in dem einen Jahrfünft in die Industriezentren eingewandert wären.[2] Ich will Kraft, Zeit und Raum nicht weiter auf diese Argumente verschwenden.[3]

Ich komme jetzt zu einem zweiten Einwande von marxistischer Seite. Eduard Bernstein schreibt:

„Es ist neuerdings bestritten worden, daß die kapitalistische Produktion aus sich heraus die industrielle Reservearmee schaffe. Tatsächlich biete die Industrie unter dem Kapitalismus

---

1 Vgl. meine ausführliche Anzeige in der „Kultur" (Köln) 1903.
2 Am 14. Juni 1895 waren in Industrie und Handwerk arbeitslos, abgesehen von 69.227 wegen vorübergehender Arbeitsunfähigkeit (Krankheit) Beschäftigungslosen: 97.782 Arbeiter, gleich 2,57% der Gesamtzahl aller Arbeiter dieser Zweige. Am 2. Dezember des gleichen Jahres waren die entsprechenden Ziffern 116.846 und 274.625. Indes haben die Winterzahlen bekanntlich wenig Bedeutung, da sie die regelmäßige Saison-Arbeitslosigkeit einschließen. (Nach dem „konservativen Handbuch".)
3 Die „Statist. Korrespondenz des K. Preuß. Stat. Bür." 1902, No. 37 bringt folgende Mitteilung:
„Von der im Staate geborenen und als ortsanwesend ermittelten, in diesem Sinne als „seßhaft" zu bezeichnenden Bevölkerung haben

Ostpreußen	408.642	Schlesien	306.328
Westpreußen	158.726	Sachsen	114.107
Pommern	187.712	Hessen-N	67.320
Posen	286.032	Hohenzollern	1.428

Köpfe infolge innerer Wanderungen abgegeben, da sich am Zähltage dort um die genannte Zahl weniger aus Preußen gebürtige Personen befunden haben, als im Staatsgebiet aus der betr. Provinz Gebürtige vorhanden waren. Es gewannen durch innere Wanderung:

Berlin	737.848	Hannover	45.947
Brandenburg	177.085	Westfalen	229.979
Schleswig-Holstein	74.896	Rheinland	264.540

Köpfe." Es befanden sich also am Tage der Zählung unter den Einwohnern Berlins und seiner Vororte rund 900.000 nicht in Berlin Geborene, von denen rund 700.000 aus den ostelbischen Provinzen des Großgütertypus stammten. Ihre Kinder sind nicht miteingerechnet, soweit sie schon in Berlin geboren sind!
Kommentar überflüssig!

Arbeitern in steigendem Maße Unterkunft. Die Erscheinung der „Reservearmee" aber sei eine Folge des aus der Feudalzeit übernommenen Großgrundbesitzes und des entsprechenden Bodenrechts, das zur Entvölkerung des flachen Landes bezw. einem kontinuierlichen Strom schlechtbezahlter Mitglieder der Landbevölkerung (Arbeiter, Kleinbauern bezw. deren Söhne etc.) in die Städte führe. Diese Theorie, die mit besonderer Schärfe von Dr. Franz Oppenheimer vertreten wird, kann schon deshalb nicht ohne weiteres von der Hand gewiesen werden, weil in der Tat die wirtschaftlich vorgeschrittenen Länder teils einen relativen, teils aber, und zwar gerade, wo der Großgrundbesitz überwiegt, sogar einen relativen und absoluten Rückgang der landwirtschaftlichen Bevölkerung verzeichnen, dagegen eine beständige Zunahme der industriellen Arbeiterschaft aufweisen. Sie hat also anscheinend die erfahrungsmäßigen Tatsachen für sich, während das empirische Beweismaterial bei Marx unleugbar viele Mängel aufweist.

Indes übersieht Oppenheimer zwei Umstände. Erstens, daß die Zunahme der industriellen Bevölkerung der bezeichneten Länder bis in eine sehr vorgeschrittene Epoche hinein – und, wenn wir, wie billig, alle in den Weltmarkt hineingezogenen Länder in Betracht ziehen, – selbst heute noch zu einem großen Teil auf der *Ablösung* der Industrie aus ihrer alten Verbindung mit der Landwirtschaft und auf *geographischen Verschiebungen, d. h. dem Rückgang der industriellen Arbeit der Landbevölkerung und der Industrie zurückgebliebener Länder* beruht. Die Vorführung einzelner Länder gibt daher kein richtiges Bild der Wirkungen des Kapitalismus. Wir müssen daher entweder das ganze ungeheure Gebiet des Weltmarkts untersuchen oder uns auf die Analyse der Geschichte bestimmter Industrien verlegen. In ersterer wie in letzterer Hinsicht stoßen wir aber auf verschiedene Beispiele, die, wie z. B. die Entwicklung der Baumwollindustrie, Marx recht geben.

Zweitens läßt Oppenheimer außer Betracht, daß wir uns heute in den vorgeschrittenen Ländern schon nicht mehr in der Ära des ungefesselten Waltens des kapitalistischen Systems und der freien Konkurrenz befinden, diesem vielmehr durch Fabrik- und Sanitätsgesetze, Volksschulwesen, Kollektivaktion der Arbeiter und ähnliche Gegenkräfte Schranken gesetzt sind, die eine volle Verwirklichung seiner Tendenzen verhindern.

Wenn also die Wirklichkeit anders aussieht, als es nach den Deduktionen von Marx der Fall sein müßte, so beweist das noch nicht die Unrichtigkeit dieser Deduktionen und die Richtigkeit der Lehre von der Selbstheilungskraft der freien Konkurrenz bezw. dem Verschwinden der industriellen Reservearmee bei Ablösung des Großgrundbesitzes. Oppenheimers Kritik trifft einseitige und übertriebene Folgerungen aus den Marxschen Deduktionen, läßt aber den Kern dieser unberührt. Bei Marx spielen wiederholt in die ökonomische Entwicklung ethische oder ästhetische sowie politische Urteile hinein und bewirken eine Verkennung von Lücken oder selbst Widersprüchen der ersteren."[1]

Soweit Bernstein! Dazu bemerke ich:

Erstens: Wenn zugegeben wird, daß meine Theorie „die erfahrungsmäßigen Tatsachen anscheinend für sich hat, während das empirische Beweismaterial bei Marx unleugbar viele Mängel aufweist"; wenn in der Tat „die Wirklichkeit anders aussieht, als es nach den Deduktionen von Marx der Fall sein müßte"; wenn eingestandenermaßen „bei Marx wiederholt in die ökonomische Entwicklung ethische oder ästhetische sowie politische Urteile hineinspielen und eine Verkennung von Lücken oder selbst Widersprüchen der ersteren bewirken" – dann ist die Beweislast auf seiten der Verteidiger der Marxschen Lehre, nicht auf der meinen. Bernstein hätte zeigen müssen, erstens,

---

[1] Bernstein, Zur Geschichte und Theorie des Sozialismus, S. 79 Anm.

daß meine Theorie falsch, d. h. daß es nicht die Grundbesitzverteilung ist, welche die Reservearmee erschafft, und zweitens, daß Marx' Theorie dennoch, trotz aller „Lücken und Widersprüche", „im Kern" richtig ist. Ich aber hatte bis zu diesem Doppelbeweis keine Verpflichtung gehabt, meinerseits die Marxsche Theorie als solche zu kritisieren.

Zweitens: Bernsteins Einwände gehören zum Teil nicht zur Sache, zum anderen Teile sind sie ohne Beweiskraft, wie ich mich bemühen werde nachzuweisen.

Nicht zur Sache gehörig ist sein „Zweitens". Ich erkenne nicht, inwiefern die „Gegenkräfte des kapitalistischen Systems und der freien Konkurrenz" auf die Art der Bildung der Reservearmee eingewirkt haben sollen. Es kann nur gemeint sein, daß Arbeiterschutzgesetze, Kollektivaktion etc. sie der Quantität nach (durch Verkürzung des Arbeitstages) und der Intensität ihrer Leiden nach (durch Versicherung, gewerkschaftliche Hilfe etc.) eingeschränkt haben: hier aber handelt es sich nicht um Quantität und Intensität, sondern um ihren *Ursprung*! Bernstein, der Kenner Marxens und Englands, kann nicht etwa haben sagen wollen, daß zwar heute die Industrie keine Arbeiter mehr freisetze, das aber früher getan habe. Dies würde gegen die Tatsachen und ihre Darstellung im „Kapital" Zeter schreien und außerdem das „absolute allgemeine" Gesetz der Akkumulation samt seinen Konsequenzen preisgeben.

Nicht zur Sache gehörig ist ferner sein Einwand aus den „geographischen Verschiebungen", insofern es sich um „zurückgebliebene Länder" handelt, die von kapitalistisch entfalteten Wirtschaftsgebieten exploitiert werden. Und zwar aus folgendem Grunde:

In den kapitalistisch noch nicht entfalteten Ländern sind Handwerker und Hausfleiß treibende Bauern ihres Erwerbes beraubt worden, als der Import der kapitalistischen Großindustrie sie konkurrierend unterbot: ein Gegenstück zu dem Ruin des historischen Handwerks im nationalen Gebiete der kapitalistischen Wirtschaften selbst. Die Tatsache und ihre Erklärung sind viel älter als Marx, und er hat nie beansprucht, hierfür eine neue Erklärung gefunden zu haben. Alles liegt auf der Hand.

Was Marx im „Gesetz der Akkumulation" behauptete und bewiesen zu haben glaubte, war die Erklärung der Tatsache, daß „der Arbeiter beständig aus dem kapitalistischen Produktionsprozeß herauskommt, wie er in ihn eintrat – persönliche Quelle des Reichtums, aber entblößt von allen Mitteln, diesen Reichtum für sich zu verwirklichen".[1] Es handelt sich um das Schicksal des *britischen Arbeiters*, des Proletariers selbst. Und dessen Schicksal wird auf dem *Arbeitsmarkte* entschieden, nicht aber auf dem *Warenmarkte*, wie das des selbständigen Handwerkers.

Da nun Bernstein nicht wird behaupten wollen, daß die expropriierten Weber usw. Indiens, Spaniens und der Türkei nach dem Verlust ihrer Existenzgrundlage massenhaft auf den britischen Arbeitsmarkt geworfen worden sind, so ist sein Einwand nicht zur Sache gehörig. Er hätte einen Sinn, wenn man eine Gesamtbilanz der kapitalistischen Weltproduktion aufstellen wollte; dann muß man das dortige Elend auf die Debetseite der Rechnung stellen: aber bei der Betrachtung der Lohn- und sonstigen sozialen Verhältnisse der Proletarier in kapitalistischen Volkswirtschaften „rührt uns" der Ausländer so „wenig" wie Herrn Thiers.[2] Ja, diese Vernichtung des ausländischen Gewerbefleißes hätte im Gegenteil für die englischen Arbeiter eine Ursache stärkster Lohnerhöhungen werden müssen, da der Markt ihres Produktes und damit die Nachfrage nach Arbeitskraft ungeheuer dadurch vergrößert wurde. Die Frage, um die es sich hier handelt, ist, weshalb trotzdem keine entsprechende Lohnerhöhung eingetreten ist.

Wir „müssen also nicht das ganze ungeheure Gebiet des Weltmarkts untersuchen". Er tut hier nichts zur Sache, wo es sich ausschließlich um den nationalen Arbeitsmarkt handelt. Und wir kön-

---

1 Kapital, Bd. I, S. 533, vgl. auch S. 415.
2 Ebenda, S. 407, Anm. 116a.

nen ebensowenig „uns auf die Analyse der Geschichte bestimmter Industrien verlegen". Das ist nämlich unausführbar. Wollten wir z. B. eine Analyse der Textilindustrie Großbritanniens vornehmen, so hätten wir von der Anzahl der heute in der Großindustrie beschäftigten Lohnarbeiter die „expropriierten" Handwerker und freigesetzten Manufakturarbeiter der Branche zu subtrahieren, wofür an sich schon die Statistik nicht ausreicht. Wir müßten aber dann auf der anderen Seite die für den Dienst dieser Industrie neu eingestellten Bergleute in Eisen-, Kohlen-, Kupfer-, Blei- und Zinngruben usw., in Maschinenfabriken und Gasanstalten, die Bauarbeiter, Eisenbahnangestellten, Frachtfuhrleute, Matrosen und Dampfschiffbauer usw. addieren und kämen so in einen Regressus infinitus.

Wollte man es aber dennoch versuchen, so würde man zu seinem Erstaunen ersehen, daß selbst die „verschiedenen Beispiele Marx Unrecht geben". Ich erinnere an die oben angeführten Daten gerade über das auch von Bernstein angeführte Schulbeispiel, die britische Baumwollindustrie. Ihre Arbeiterschaft wächst beträchtlich stärker als die Bevölkerung.

Bleibt als einziger Einwand die „Ablösung der Industrie aus ihrer alten Verbindung mit der Landwirtschaft" im Inlande.

Bernstein will folgendes einwenden: Die Industrie in den Städten hat durch ihre kapitalistische Konkurrenz nicht nur städtische, sondern auch dörfliche Handwerker, und nicht nur solche, sondern auch vielfach „bäuerliche" Elemente expropriiert, die zwar statistisch als „Landleute" gezählt wurden, aber dennoch einen bedeutenden Teil ihres Einkommens aus gewerblicher Nebenbeschäftigung gewannen. Der Verlust dieses Nebeneinkommens brach ihr wirtschaftliches Rückgrat, machte ihre landwirtschaftliche Position unhaltbar und trieb sie in die Städte. Statistisch erscheint es dank dieser rein örtlichen, nicht aber rein beruflichen Verschiebung der Bevölkerung, als sei die Zahl der von der Industrie neu erschlossenen Arbeitsplätze viel stärker gewachsen, als es in Wahrheit der Fall ist.

Ich will gern zugeben, daß hier ein richtiger Gedanke zugrunde liegt. Tatsächlich erscheint durch dieses „statistische Quiproquo"[1] die Zunahme der Industriebevölkerung ein wenig vergrößert. Aber andrerseits ist es offenbar falsch, den ganzen Zuwachs der Städte durch diese örtliche, nicht aber berufliche Verschiebung erklären zu wollen.

Ich will gegen Marx – Bernstein billigerweise mit britischen Ziffern operieren:

Das „Vereinigte Königreich" hatte während der kapitalistischen Epoche folgende Bevölkerungszahlen:

1754: 10.658.000
1801: 15.717.000
1891: 35.003.000[2]
1900: 41.220.000[3]

Macht bis heute einen Zuwachs von rund 30 Millionen Köpfen. Es kommt auf ein paar Hunderttausend nicht an.

Großbritannien war schon 1754 ein stark gewerblich entfaltetes Land und befand sich mitten im Siegeszuge des Kapitalismus. Seine Städte waren schon bedeutend. Die zwölf größten Städte hatten 1801 bereits eine Einwohnerschaft von 1.461.000[4] (1887: 7.434.000).

---

1 Vgl. Pohle, Deutschland am Scheidewege, S. 43, der ganz denselben Einwand gegen mich geltend macht.
2 Mulhall, Dictionary of statistics, S. 444.
3 Hickmann, Taschenatlas, Wien 1900, S. 32.
4 Mulhall, Dictionary of statistics, S. 445.

Aber ich will dem Gegner entgegenkommen. Ich unterstelle, daß 1754 Großbritannien noch durchaus Naturalwirtschaft gehabt habe, keine Stadt, keinen Handwerker, keine Manufaktur, nichts von alledem! Nur Bauern und Großlandwirtschaften! Ich unterstelle ferner, daß volle drei Viertel aller Arbeit jener Bauern etc. der gewerblichen Tätigkeit gewidmet gewesen sei, nur ein Viertel der Landwirtschaft: selbst unter diesen Voraussetzungen könnte die örtliche Verschiebung nur einen städtischen Zuwachs von 7 Millionen Köpfen erklären, d. h. gerade ein Viertel des faktisch erfolgten.

Also auch damit ist nichts anzufangen. Sollte Bernstein etwa bemängeln, daß ich zwei so weit auseinanderliegende Zeitpunkte vergleiche, so bin ich gern bereit, soweit wie er nur irgend wünscht, entgegenzukommen: er wird finden, daß auch ein Vergleich näherer Zeitpunkte immer das gleiche Resultat ergibt. Im übrigen könnte ich dann den Nachweis fordern, daß innerhalb der kapitalistischen Entwicklung Perioden ganz verschiedener Herkunft der ja immer vorhanden gewesenen Reservearmee bestanden haben, ein Nachweis, der angesichts der Kontinuität des Prozesses nicht zu erbringen ist, und der außerdem Marx' „*absolutes, allgemeines* Gesetz der Akkumulation" als nicht absolut und nicht allgemein preisgeben müßte. In der Tat ist der Abstrom der ländlichen Bevölkerung in völlig kontinuierlichem Strome mit nur geringen Schwankungen der Stärke in allen Perioden erfolgt, ohne daß auch nur in einer einzigen die Expropriation der ländlichen Gewerbe auch nur einen bedeutenden Bruchteil der Entwurzelung erklären könnte. Und diese Gleichartigkeit der Entwicklung berechtigt mich, beliebige Endpunkte zu vergleichen. Was allen einzelnen Addenden gemeinsam ist, muß sich in jeder Summe finden.

Einen dritten Einwand, der mir – unglaublicherweise – mündlich und auch auf Druckpapier häufig gemacht worden ist, kann ich mit wenigen Worten abfertigen. Man verweist mich auf Länder ohne „Großgrundeigentum", wie die Schweiz, Frankreich, die Vereinigten Staaten, und weist mir triumphierend nach, daß hier die kapitalistische Entwicklung sich ganz analog wie in Deutschland, Großbritannien oder Rußland verhalte.

Nun habe ich sehr deutlich und präzis erklärt,[1] was ich unter „Großgrundeigentum" verstehe, nämlich: „jedes landwirtschaftlich genutzte Stück Boden, dessen Ertrag derart geteilt wird, daß die darauf wirtschaftlich arbeitenden Subjekte ein unveränderliches oder doch nur wenig veränderliches *Fixum*, der Inhaber des juristischen Eigentumstitels aber den ganzen Rest erhält". Es ist auf der folgenden Seite ausdrücklich ausgesprochen, daß unter diese Definition auch „mittleres und sogar kleines Grundeigentum fällt, wenn zu seinem regelmäßigen Betriebe Lohnarbeiter verwendet werden, wie in Weinbergen, Handelsgärten usw.". Derartiges Großeigentum ist in allen genannten Ländern reichlich genug vorhanden: in Frankreich gab es 1892: 106.000 Betriebe von 40–100 ha und gar 33.000 von mehr als 100 ha.[2]

Doch will ich auf diese definitorischen Feinheiten gar kein Gewicht legen. Denn ich habe an der zitierten Stelle ferner gesagt, daß „dieses Großgrundeigentum kleineren Umfanges seine Fähigkeit, fremde Arbeit auszubeuten, nur da erhalten kann, wo ein bedeutendes agrarisches Großgrundeigentum engeren Sinnes *in demselben Wirtschaftskreise*, (also nicht etwa in denselben politischen Grenzen) vorhanden ist".

Denn die ländliche Abwanderung strömt auswandernd über die politischen Grenzen und drückt auf den Kurs der Arbeit auf den ausländischen Arbeitsmärkten. Ende 1901 befanden sich 1.037.778 Ausländer in Frankreich[3]: es werden wohl nicht ausschließlich amerikanische Millionäre gewesen sein; – die Zahl der Ausländer in der Schweiz schätzt man auf mehr als 10% der

---

1 Oppenheimer, Großgrundeigentum und soziale Frage, S. 103 [im vorliegenden Band S. 61].
2 Kautsky, Die Agrarfrage, S. 202; vgl. auch Bernstein, Voraussetzungen des Sozialismus, S. 63.
3 Zeitschrift des k. stat. Bur. zu Berlin, Nr. 16, 1902.

Kopfzahl der Schweizer Bürger: es werden nicht ausschließlich Sommerfrischler gewesen sein. Die Ausländer in den Vereinigten Staaten, Auswürflinge des europäischen Großgrundeigentums, zählen nach vielen Millionen; – und auf unseren deutschen Arbeitsmarkt drücken Italiener, Böhmen, Holländer, Ungarn und namentlich slawische Erntearbeiter aus Galizien und Russisch-Polen. Wie hoch der Lohn unserer Landarbeiter und damit derjenige der Industriearbeiter springen würde, wenn unsere Ostgrenze gegen diese Hungerkonkurrenz gesperrt würde, ist gar nicht zu berechnen.

Damit ist wohl dieser geistreichste aller Einwände erledigt.

XI. Kapitel:
Skizze einer Lohntheorie

Die Erörterungen des neunten Kapitels ermöglichen es, eines der hoffnungslosesten Probleme der modernen national-ökonomischen Theorie zu lösen, das Lohnproblem.

Die klassische Lohntheorie ist mit Recht vollkommen aufgegeben, namentlich ihre Grundlage, der Lohnfonds, der sich als ein völlig ungreifbarer „Begriff" herausgestellt hat. Sein letzter Rest fristete nur noch als „variabler Bestandteil des gesellschaftlichen Gesamtkapitals" in der Marxschen Theoretik ein einigermaßen prekäres Dasein. Die andere Hälfte der bourgeois-ökonomischen Lohntheorie, das „Bevölkerungsgesetz", schwebt daher haltlos in der Luft.

So steht die heutige Wissenschaft ratlos vor dem folgenden scheinbar unlösbaren Problem: wie ist es zu erklären, daß die industriellen Löhne, mindestens die Nominallöhne, trotz aller Rückschläge in Krisenzeiten, auf die Dauer eine steigende Tendenz haben, obgleich doch das Angebot auf dem Arbeitsmarkte in der Regel, von einzelnen Momenten exaltierter Hausseperioden abgesehen, die Nachfrage übersteigt?

Daß Arbeitskraft eine „Ware" ist, d. h., daß ihr Preis durch das Verhältnis von Angebot und Nachfrage bestimmt wird, läßt sich unmöglich bestreiten. Und dennoch steigt dieser Preis bei dauernd vorhandenem Überangebot der Ware. Unbegreiflich! Die ganze Konkurrenz-Theorie kommt ins Schwanken!

Chevallier[1] behauptet, vielleicht in Anlehnung an Carey[2]/Bastiat, daß der Lohn mit der Produktivität der Arbeit steige. Bei Lichte besehen ist seine Behauptung nichts besseres als eine etwas anspruchsvoll auftretende Umschreibung der Tatsachen, wie sie die neueste Industrieentwicklung darbietet. Er stößt sich nicht daran, daß wir Zeiten steigender Produktivität und dennoch scharf fallender Industrielöhne kennen – ich erinnere nur an die deutsche Entwicklung nach ca. 1450 oder an den Anfang der kapitalistischen Epoche in Großbritannien –, und er gibt vor allem keinerlei Andeutung, wie sich die Parallelität: Produktivität–Lohn im Getriebe des Preiskampfes durchsetzen sollte.

Die deutschen Nationalökonomen, soweit sie sich nicht mit Malthusschen Trugschlüssen abfinden, ziehen sich auf die Behauptung zurück, es gebe gar kein einheitliches Lohnniveau, sondern unzählige ganz verschiedene *Lohnklassen*, jede mit ihrem eigenen Arbeitsmarkte, mit ihren eigenen Ansprüchen und historisch gegebenen Gewohnheiten. Daher sei das Suchen nach einer Theorie *„des"* Lohns gegenstandslos, denn es gebe gar nicht *„den"* Lohn!

---

1 Chevallier, Les salaires au 19. siècle.
2 Vgl. Marx, Kapital, Bd. I, S. 525f.

Ich habe diese Ausflucht oben gegen Eduard Bernstein als „einen Verzweiflungsakt der dekadentesten Vulgärökonomik" bezeichnet und will dieses Urteil hier begründen.

Daß es verschiedene Lohnklassen gibt, war wahrlich keine Entdeckung, die Adam Smith, Ricardo und Marx zu machen versäumen konnten. Hat doch Smith aufs glücklichste und ausführlichste die Bedingungen entwickelt, die zur Differenzierung der Lohnklassen führen mußten: Schwierigkeit, Gefährlichkeit, lange Lehrzeit usw. Aber sie waren denn doch zu gute Köpfe, als daß sie über den Verschiedenheiten die Einheit hätten übersehen können: sie sahen den Wald trotz der Bäume.

Wenn wir die Skala der Lohnklassen in einem gegebenen Augenblick betrachten, so finden wir, daß die Unterschiede ihres Lohnniveaus in der Hauptsache bestimmt sind durch die relative Seltenheit der für die Ausübung der verschiedenen Berufe erforderlichen Eigenschaften: Begabung des Körpers, des Geistes oder Willens – und materielle Ausstattung: lange Lehrzeit, Kapital usw. Das ist sozusagen die Statik der Lohnklassen.

Diese gegenseitigen Beziehungen der Lohnklassen werden aber fortwährend gestört durch Veränderungen in der relativen Seltenheit der persönlichen Vorbedingungen, sei es, daß die Nachfrage nach einem Berufe stärker oder schwächer zunimmt, als die Bevölkerung selbst, sei es, daß gewisse Eigenschaften im Durchschnitt seltener oder häufiger werden, z. B. durch die öffentliche Schulbildung. Diese Gleichgewichtsstörungen tendieren nun immer sofort, und zwar durch das Spiel der freien Konkurrenz, auf Ausgleichung, auf Rückkehr zum statischen Gleichgewicht.

Fortwährend drängt gegen jedes Lohnniveau der Wettbewerb der nächst unteren Klassen, schon unter gewöhnlichen Umständen. Wenn aber, durch irgendeine Veränderung der „relativen Seltenheit", ein höheres Lohnniveau steigt, dann ziehen die unteren Klassen es durch ihren sofort entsprechend stärker einsetzenden Wettbewerb auf die „natürliche Distanz" herab, indem entweder erwachsene Angehörige dieser Klasse einen erhöhten Impuls zu größerer Energiespannung erhalten, oder, indem der Nachwuchs bei der Berufswahl sich der begünstigten Lohnklasse besonders zahlreich zuwendet. Diese Bewegung macht die Gesamtheit aller Lohnklassen zu einem fein differenzierten, aber nichtsdestoweniger einheitlichen Gebilde, das sein dynamisches Gleichgewicht durch alle Störungen hindurch bewahrt. Das ist die Dynamik der Lohnklassen.

Es ist demnach unmöglich, daß irgendeine Lohnklasse falle oder steige, ohne daß alle anderen Lohnklassen in gleicher Richtung beeinflußt werden. Der Sporn des Wettbewerbes wird je nachdem schärfer oder stumpfer, und so stellt sich die natürliche Distanz auf einem tieferen oder höheren Durchschnitt wieder ein.

Dieser Einfluß einer Lohnklasse auf alle anderen ist aus klaren Gründen um so geringer, je höher sie in der Skala steht. Denn um so weniger zahlreich ist sie auch, und so wird der Einfluß namentlich nach unten, auf die großen Massen hin, schnell minimal, bis zur Unmerklichkeit. Je tiefer aber eine Klasse in der Lohnskala steht, um so größer wird der Einfluß, der durch Veränderungen ihres Lohnniveaus auf die anderen Lohnklassen ausgeübt wird. Denn um so zahlreicher ist sie auch, und eine starke Vermehrung oder Verminderung des von ihr ausgehenden konkurrierenden Drängens nach oben wird bedeutende Verschiebungen in den Nachbarklassen hervorrufen, ehe die natürliche Distanz hergestellt ist.

Den größten Einfluß werden also Veränderungen im Lohnniveau der tiefsten, zahlreichsten Lohnklasse ausüben müssen. Man stelle sich vor, durch irgendein Wunder erhöhe sich der Lohn unqualifizierter städtischer Tagelöhner plötzlich auf 3.000 Mark jährlich, zunächst ohne eine Beteiligung der übrigen Klassen. Dann wird aus allen oberen Lohnklassen bis zu denen über 3.000 Mark ein so enormer Zudrang in die Unterklasse eintreten, daß hier der Lohn gedrückt und dort – durch Verminderung des Angebots – gehoben wird, bis sich allmählich – nach einem so plötzlichen Ereignis vielleicht erst nach Jahrzehnten – die natürliche Distanz entsprechend der Seltenheit der Vorbedingungen wiederhergestellt hätte, und zwar auf einem bedeutend erhöhten

Durchschnittsniveau. Umgekehrt muß jede Senkung des Lohniveaus der untersten Klasse eine Senkung der oberen Lohnstufen erzwingen, weil dann die Konkurrenz schärfer nach oben greift.

Dieses Durchschnittsniveau aller Lohnklassen in ihrer natürlichen Distanz voneinander, dieser organische, elastische und doch enge Zusammenhang, das ist dasjenige, was die großen Theoretiker Adam Smith, Ricardo und Marx[1] als „das" Lohniveau betrachtet haben. Wenn sie vom Steigen oder Fallen des Lohnes sprachen, so meinten sie das Steigen und Fallen dieser Pyramide von Lohnstufen, wie sie auch vom Steigen und Fallen des „Profits" sprachen, obgleich ihnen wahrlich nicht entging, daß es sehr verschiedene „Profitstufen" oder „Profitklassen" gab, je nach Risiko, Unternehmerbegabung, Bequemlichkeit, sozialer Ehre einer Unternehmung usw.

Man hat sich lange damit getröstet, daß der *Reallohn* der untersten städtischen Lohnklasse, der „Ungelernten", nicht steigt. Für sie sollte, so meinte z. B. Schönberg, das „eherne Lohngesetz" seine Richtigkeit haben. In den höheren Lohnklassen aber wüchse die „relative Seltenheit", und so stiege hier der Lohn.

Der Trost war von kurzer Dauer! Niemand kann mehr daran zweifeln, daß in Großbritannien der Reallohn auch der Ungelernten sehr beträchtlich gestiegen ist: Giffens Untersuchungen lassen kaum Widerspruch zu. Und auch für Deutschland läßt sich die Tatsache kaum noch bestreiten. Es ist also nichts mit dem ehernen Lohngesetz für die Ungelernten. Und dennoch herrscht fast immer ein Überangebot auf ihrem Teilmarkte?!

Nun: das Problem ist nur für den Industriezentristen unlösbar. Für die „geozentrische" Auffassung bietet es nicht die mindeste Schwierigkeit.

Die niederste Lohnklasse, die zahlreichste und schlechtest gestellte, diejenige, deren Konkurrenz das Emporstreben aller anderen Klassen zurückhält, wird nämlich nicht durch die „Ungelernten" der Industrie gebildet, sondern in jeder Volkswirtschaft mit Freizügigkeit durch die *Landarbeiter*!

Der *ländliche* Arbeitsmarkt ist nun aber nicht überführt, sondern unterführt! Die Nachfrage nach Arbeitskraft wird hier dank der Massenfortwanderung durch das Angebot nicht nur nicht übertroffen, sondern bleibt in einem steigenden Maße unbefriedigt, je mehr die intensive, kapitalistische Agrikultur sich verbreitet. Darum muß auf *diesem* Teilmarkte der Preis der Ware Arbeitskraft regelmäßig steigen – und darum steigt die Lohnklasse der städtischen Ungelernten trotz dem ehernen Lohngesetz, und die höheren Lohnklassen trotz dem Überangebot von Arbeit auf *ihren* Teilmärkten. Die Basis der Lohnpyramide hebt sich, und mit ihr heben sich alle höheren Stockwerke.

Das ist des Rätsels einfache Lösung! Wer Schwierigkeiten hat, sich in abstrakten Formeln zurechtzufinden, kann sich den Vorgang ebenso einfach durch folgende praktische Überlegung klar machen: die Industrie braucht fortwährend Zuzug ländlicher Arbeitskräfte, um ihren Bedarf an „Händen" zu decken. Sie muß daher den Landproletariern immer ein Einkommen anbieten, das ihr bisheriges Lohnniveau genügend übersteigt, um sie zum Fortwandern zu bewegen, wobei übrigens die Industrie auch häufig die Konkurrenz überseeischer Kolonialgebiete zu schlagen hat. Dadurch steigt der Landarbeiterlohn auf ein höheres Niveau, da das Angebot auf diesem Teilmarkte mit der Abwanderung sinkt, und die Grundherren gezwungen sind, höhere Löhne zu bewilligen. Dieses höhere Landlohnniveau muß die Industrie beim nächsten Bedarf wieder überbieten, und so steigt langsam in Stadt und Land der durchschnittliche Lohn aller Stufen, die ihren „natürlichen" Abstand bewahren.

---

1 Siehe Kapital, Bd. III, 1, 120f., die einschlägigen ausgezeichneten Darlegungen zur Lohntheorie.

Das gilt, wohlgemerkt, nur von Wirtschaftsgebieten mit voller Freizügigkeit. Wo aber der freie Zug vom Lande durch die Schollenpflichtigkeit, oder der freie Zug in die Städte durch „Kirchspiel-" und Armengesetze oder zünftlerische Privilegien gehemmt ist, da bilden die Landproletarier eine abgesonderte Lohnklasse für sich, ohne Verbindung mit den städtischen Lohnarbeitern, deren Lohnpyramide unter diesen Umständen wirklich die Klasse der städtischen Ungelernten zur Grundlage hat. Dann kann das Rentenrecht des Großgrundeigentums seine Hintersassen, die hier dem Drucke nicht auszuweichen vermögen, allerdings bis auf oder unter das absolute Existenzminimum herabpressen, wie es z. B. in Irland geschah.

Wenn nun die städtische Entwicklung, der „Kapitalismus", die Fesseln des freien Zuges sprengt, dann vollzieht sich die Ausgleichung zwischen den beiden bisher geschiedenen Lohnklassen mit einem Schlage, explosiv; der gestaute Strom des Landproletariats überschwemmt die Industrie mit seinem Hungerangebot, bietet seine Arbeitskraft zu einem Preise an, der seinen unendlich niederen „historisch gegebenen Lebensansprüchen" genügt, und reißt dadurch fürs erste die städtischen Löhne plötzlich in die Tiefe. Dann erscheint es den industriezentrisch befangenen Volkswirten, als habe der „Kapitalismus" das himmelschreiende Elend, die schmutzige Not, die Brutalität und Verkommenheit in den Städten *entstehen* lassen: in der Tat aber hat er nur das längst auf dem Lande vorhandene, verborgene Elend in den Städten *zum Vorschein kommen* lassen und gerade dadurch den ersten Anstoß zur Besserung und schließlichen Heilung gegeben. Die Zeche bezahlen die ehemaligen städtischen Handwerker und Manufakturarbeiter, deren Lohn bis nahe auf das Niveau irischer Pächter-Proletarier gerissen wird, und die nun plötzlich auch nur noch Kartoffeln und Wasser zu bezahlen vermögen, während ihr Lohn bislang für Fleisch, Weizenbrot und Porter ausreichte.

Das ist der gewaltige Vorgang, der Augen wie die Ricardos und sogar Marxens täuschte.

XII. Kapitel:
Die Tendenz der kapitalistischen Entwicklung

Das große Problem, dessen Lösung nach Marx' eigenem Zeugnis seine gigantische Lebensarbeit gewidmet war, ist die Frage nach den „mit eherner Notwendigkeit wirkenden und sich durchsetzenden Tendenzen"[1] der kapitalistischen Wirtschaft: „Es ist der letzte Endzweck dieses Werkes, das ökonomische Bewegungsgesetz der modernen Gesellschaft zu enthüllen."[2]

Friedrich Engels formuliert das Problem ein wenig anders. Ihm ist es die Aufgabe des wissenschaftlichen Sozialismus, im Gegensatz zur Utopie, „die Mittel zur Beseitigung der entdeckten Mißstände ebenfalls in den veränderten Produktionsverhältnissen selbst vermittels des Kopfes zu *entdecken*, nicht etwa aus dem Kopfe zu *erfinden*"[3]. Hier ist die spezifische Lösung des sozialistischen Dioskurenpaares in der Problemstellung zum Teil schon mitenthalten: die „produktionistische Spielart" der ökonomischen Gesellschaftsauffassung ist als bewiesen, vielleicht auch als beweisfrei unterstellt, während sie doch erst aus der Untersuchung sich ergeben konnte.

Wie das Problem aber von Marx selbst gestellt ist, wird niemand daran etwas erinnern können; es ist allerdings Aufgabe der soziologischen Theorie, eine wissenschaftlich fundierte Prognose der gesellschaftlichen Entwicklung zu gewinnen: und dazu gibt es nur *einen* Weg: die genaue Erkennt-

---

1 Marx, Vorwort zur ersten Auflage des „Kapital", S. VI.
2 Ebenda, S. VIII.
3 Engels, Antidühring, S. 286.

nis der in Vergangenheit und Gegenwart wirksam gewesenen und wirkenden „Tendenzen".[1] Zeigen sich solche von genügender Dauer und Kraft, ungekreuzt durch erhebliche Gegenkräfte, so wird man berechtigt sein, mit einiger Wahrscheinlichkeit den Schluß zu ziehen, daß sie auch in der nächsten Zukunft die Entwicklung beherrschen werden.

Aber die Stellung eines Problems und seine Lösung sind zwei verschiedene Dinge. Die Marx-Engelssche Lösung ist falsch. Sie beruht gänzlich auf dem Gesetz der Akkumulation – und das ist, wie jetzt mit allen Methoden der Kritik nachgewiesen, eine unhaltbare Konstruktion. Es lassen sich daher auch seine Konsequenzen nicht länger verteidigen, weder der kollektivistische „Zukunftsstaat", noch die Zusammenbruchstheorie, noch schließlich die produktionistische Geschichtsauffassung. Die Tendenz, die Marx in der ihn umgebenden Gesellschaft erkannt zu haben glaubte, existiert nicht nur nicht als „mit eherner Notwendigkeit sich durchsetzend"; sie wird auch nicht bloß von Gegenkräften aufgehalten, wie einige revisionistische Marxisten sich und andere überzeugen möchten, da ihnen die Entschlossenheit zu einem radikalen Bruche mit ihrer Vergangenheit mangelt: sondern sie existiert überhaupt nicht!

Ist es möglich, eine andere Tendenz von solcher Kraft und Dauer, so wenig von erheblichen Gegenkräften gekreuzt, zu „entdecken", daß man berechtigt ist, sie mit einiger Wahrscheinlichkeit in die Zukunft zu projizieren; oder mit anderen Worten: ist es möglich, eine wissenschaftlich fundierte Prognose unserer Gesellschaftsentwicklung zu formulieren?

Ich glaube wohl, daß es möglich ist. Die Politik selbst, nach dem geschichtsmaterialistischen Kredo nur einer der Reflexe der Wirtschaftsentwicklung im Bewußtsein der Zeitgenossen, führt uns auf die Spur dieser Tendenz, die wir suchen. Sie dreht sich als um ihren Angelpunkt um das Schicksal derselben Institution, die nach unserer Deutung die einzige Quelle des „Kapitalverhältnisses" und damit des „Kapitalismus" ist: des *Großgrundeigentums*. Soll man es retten, kann man es retten, wie kann man es retten, ohne die Wurzeln der allgemeinen Volkswohlfahrt zu unterbinden? – das ist das Problem aller inneren und fast auch aller äußeren Politik des deutschen Reiches. Denn auch der Exportindustrialismus, der viel gelästerte, mitsamt der Flotten- und Kolonialpolitik ist ja nur notwendig, weil man es für erforderlich hält, zugunsten jener Institution die Kaufkraft des Binnenmarktes zu vermindern, während man gleichzeitig durch Erhaltung des Großgrundeigentums die Expansion der Industrie gewaltig fördert, da es die Quelle ihrer Arbeiterarmee ist. So wird es natürlich notwendig, den Warenexport zu forcieren. Und so ist die Geschichte des Grundeigentums die „Geheimgeschichte"[2] nicht nur der antiken Gesellschaft.

Man muß, so meine ich, schon sehr stark in konservativ-romantischen Anschauungen befangen sein, wenn man heute noch glauben kann, das Institut sei zu retten. Es geht augenscheinlich hoffnungslos zugrunde; und zwar wird es wie zwischen zwei Mühlsteinen zwischen Aus- und Abwanderung, den unvermeidlichen Symptomen seines bloßen Daseins, zerrieben. Die von ihm verschuldete Auswanderung hat jene überseeische Konkurrenz geschaffen, die den Preis sämtlicher Produkte geworfen hat, die eine privatkapitalistische Großlandwirtschaft mit Erfolg produzieren kann: und die Abwanderung entführt ihm die Arbeitskräfte, mit deren Hilfe allein es allenfalls den tödlichen Schlägen der Konjunktur, Lassalles „orphischer Kette", ausweichen könnte, indem es auf die Erzeugung der Weltmarktsprodukte Verzicht leistete und sich der Erzeugung hochwertiger Produkte für einen Nahmarkt, kurz, intensivster Wirtschaft zuwendete. Die Auswanderung bedingt sinkende Preise, die Abwanderung steigende Löhne: das bedeutet die allmähliche Vernichtung der Grundrente von beiden Seiten her.

---

1 „Tendenz, d. h. ein Gesetz, dessen absolute Durchführung durch gegenwirkende Umstände aufgehalten, verlangsamt, abgeschwächt wird" (Kapital, Bd. III, 1, S. 215).
2 Kapital, Bd. I, S. 48, Anm. 33.

Ist zu erwarten, daß diesem Prozeß der Grundrentenvernichtung Gegentendenzen von genügender Dauer und Kraft erwachsen werden? Ich glaube nicht! Noch sind in allen Weltteilen ungeheure Ackerbreiten nicht unter dem Pfluge, noch ist die Mehrzahl der geurbarten Felder höchst extensiv bewirtschaftet. Mag sich der den Marktpreis bestimmende Gestehungspreis des „Grenzbauern" auch erhöhen, wenn er in Zukunft einmal intensiver wirtschaftet, mögen weitere Transportwege zu überwinden sein: diese Erhöhung wird vermutlich auf unabsehbare Zeit hinaus in starkem Maße kompensiert, vielleicht überkompensiert werden durch das unaufhaltsame Sinken der Frachten mit dem rapiden Wachstum namentlich der Schiffsgefäße.

Auf der anderen Seite ist nicht abzusehen, woher die Kraft kommen sollte, die die Steigerung der Landarbeiterlöhne auf die Dauer aufhalten könnte. Die Zuwanderung ausländischer Erntearbeiter ist heute schon so groß, daß sie die Grundbesitzer in ihrer Heimat zu empfindlichen Lohnerhöhungen zwingt: es steigt also das Normalniveau, die Basis der Pyramide, auch hier regelmäßig. Außerdem kann der preußische Staat unmöglich die völlige Slawisierung seiner Ostprovinzen dulden. Es wird also diesseits oder jenseits der Grenze einmal das „non plus ultra" ausgesprochen werden.

Und Zölle sowie ähnliche künstliche Preiserhöhungen können, darüber ist sich alle Wissenschaft im klaren, *auf die Dauer* die Preise nicht heben.

Es wird also in absehbarer Zeit der kritische Punkt erreicht sein, wo auf der überwiegenden Mehrzahl der Großgüter das Rentenbezugsrecht seinen wirtschaftlichen Inhalt verliert, und wo der Staat angerufen werden wird, seine alte herrschende Klasse aus ihrer Notlage zu erlösen, wie er am Anfang des 19. Jahrhunderts angerufen wurde, sie aus einer ähnlichen Notlage zu erlösen, als das Arbeitbezugsrecht gegen die feudalen Hintersassen seinen wirtschaftlichen Inhalt verloren hätte. Dann wird der Boden in das Eigentum von Bauern oder Bauerngenossenschaften[1] überführt werden müssen.

---

1 David, in seiner agrarpolitischen Auffassung ein echter Südwestdeutscher, Schwärmer des Klein- und Verächter des Großbetriebes in der Landwirtschaft, polemisiert in seinem zitierten Werke gegen die landwirtschaftlichen Produktivgenossenschaften (David, Sozialismus und Landwirtschaft, S. 700ff.; vgl. auch Neue Zeit 1894/5, Bd. II, S. 686), die ich namentlich als Überführung aus dem Großgute in das Bauerndorf empfehle, aber auch nach wie vor in bestimmten klimatischen Lagen und unter gewissen historisch gegebenen Verhältnissen für die überlegene Betriebsform halte, weil sie die Vorteile des kleinen mit denen des großen Betriebes, die auch David anerkennt (Sozialismus und Landwirtschaft, S. 101, 104, 109), verbindet. David beruft sich für sein verwerfendes Votum auf den allerdings ausnahmslos eingetretenen Mißerfolg der britischen Ackergenossenschaften (ebenda, S. 582ff.). Wenn man aber genauer hinschaut, so meint er nur das sog. „cooperative farming", d. h. Landgüter, die im Eigentum der Konsumvereine resp. Großhandelsgenossenschaften sind. Das sind aber nichts weniger als „Produktivgenossenschaften", denn es sind mit Lohnarbeitern bewirtschaftete, von einem besoldeten Administrator verwaltete privatkapitalistische Großbetriebe, (die notorisch unergiebigste Wirtschaftsform), die darum nichts genossenschaftliches an sich haben, weil ihr Besitzer ein Konsumverein ist. – Ebensowenig sind, um das hier einzuschalten, die von David nicht angezogenen sog. „productive associations" Produktivgenossenschaften, sondern Aktiengesellschaften kleiner Arbeiterkapitalisten, die durch ein paar Lohnarbeiter oder allenfalls arbeitende Genossen einen Fetzen Land bestellen lassen. Ihr berühmtes Vorbild ist die Gurdonsche Gründung Assington. In beiden Fällen fehlt das Charakteristikum der echten Produktivgenossenschaft: die Bestellung des Gemeineigentums durch alle Genossen und nur durch Genossen, und die volle Verteilung des Reingewinns pro rata der Leistung, wodurch Sorgfalt und Fleiß über das Maß der Taglohnarbeit gesteigert werden (vgl. meinen Aufsatz in: „Genossenschaftlichen Blätter", 1901, Nr. 36). Auf beide Arten darf sich David also nicht gegen mich berufen. Seit 1832 Rahaline (vgl. Oppenheimer, Siedlungsgenossenschaft, S. 405ff.) zerstört wurde, hat es eine echte landwirtschaftliche Produktivgenossenschaft in Großbritannien nicht mehr gegeben: hoffentlich gelingt es Mr. Gray, dem Generalsekretär des Genossenschaftskongresses, seinen zäh verteidigten Plan einer mit meinen Vorschlägen identischen Genossenschaft dieser Art bald durchzusetzen.

Wenn Adolf Wagner, wie seine letzten Schriften[1] beweisen, diesen Ausgang aus politischen Gründen noch immer für ein nationales Unglück hält, so hat der theoretische Ökonomist nicht mit ihm darüber zu rechten: wenn er aber nach jahrelanger Debatte über diesen Punkt das *Großgrundeigentum* immer noch mit dem Argument verteidigt, der *Großbetrieb* sei für die Entwicklung der landwirtschaftlichen Technik unentbehrlich, so kann man nur immer wieder feststellen, daß auch Domänen, Kommunalgüter und große Produktivgenossenschaften Großbetriebe sind, und zwar solche, welche viel mehr Gewähr für eine rationale Musterwirtschaft bieten, als das durch Luxusverbrauch und Erbverschuldung immer wieder des Betriebs- und Meliorations-Kapitals beraubte, immer höher verschuldete Privateigentum.

Wir haben also für die nächste Zeit zu erwarten, daß der Lohn der Landarbeiter langsam aber dauernd steigt, und daß mit dieser ihrer Basis auch die industriellen Lohnklassen sich heben, so daß die materielle und soziale Lage des Proletariats in beiden Hauptzweigen der Volkswirtschaft steigende Tendenz hat.

Im weiteren Fortgang der Entwicklung wird, in dem Maße wie die schwächer fundierten Großbetriebe zusammenbrechen, die Basis der Lohnpyramide immer mehr, statt von Landproletariern, von selbstwirtschaftenden Bauern auf genossenschaftlich besessenem, d. h. unverschuldbarem Boden gebildet werden; und deren Einkommens-Niveau wird immer weiter steigen, dank jenem wohltätigen Wechselverhältnis zwischen Stadt und Land, wie wir es im 9. Kapitel als Charakteristikum der „reinen Wirtschaft" dargestellt haben. Man mag bei David[2] nachlesen, was selbst unter den pathologischen Verhältnissen eines vom Großgrundeigentum verheerten Weltmarktes für alle landwirtschaftlichen Produkte ein reines Bauernland wie Dänemark, ohne Zollschutz, nur durch den Zauberstab der Assoziation zu leisten imstande war und ist.[3]

Je mehr Großgüter in Bauernhände überführt werden müssen, um so höher muß der Lohn der noch übrigen Landproletarier steigen; denn diese innere Kolonisation bedarf ungemein vermehrter Arbeitskräfte: ein Rittergut hat nach der Parzellierung die drei- bis vierfache Bevölkerung![4] So wird die Lebenshaltung der breiten Landbevölkerung noch schneller steigen, ihre Kaufkraft für industrielle Produkte rapide wachsen, die Abwanderung aber mit der „Verbauerung" des Landes sinken; und so wird das städtische Lohn-Niveau und die soziale Klassierung der Arbeiter bei steigender Nachfrage und sinkendem Angebot der Ware Arbeitskraft gleichfalls schnell und dauernd wachsen.

Am Schluß des ganzen Prozesses muß das Großgrundeigentum auch in seinen lebenskräftigsten Exemplaren, den Fideikommissen etc., gänzlich verschwunden sein, vielleicht mit Hilfe der Gesetzgebung. Und dann kann und wird sich die „reine Wirtschaft" einstellen.

Ich habe eine ganze Anzahl von historischen Beweisen dafür beigebracht, daß in einem Wirtschaftskreise ohne Großgrundeigentum, der theoretischen Deduktion genau entsprechend, jede Arbeit ihren „vollen Arbeitsertrag" genießt, d. h. daß weder Grundrente noch Profit zur Erhebung gelangen. Mein eines Beispiel umfaßt vier Jahrhunderte deutscher Geschichte.[5] Niemand hat bisher den Versuch einer Widerlegung unternommen.[6]

---

1 Wagner, Agrar- und Industriestaat, Jena 1902.
2 David, Sozialismus und Landwirtschaft, S. 541ff.; vgl. auch derselbe, Sozialistische Monatshefte 1903, Heft 9, S. 664, über die Produktivität und Rentabilität des Schweizer Kleinbetriebes nach Dr. Laur.
3 Vgl. auch meinen Aufsatz: „Verwirklichte Utopien", in: Berliner Zukunft, 1900, No. 31.
4 Sering, Innere Kolonisation, S. 196.
5 Oppenheimer, Großgrundeigentum, II. Buch, Kapitel 2 [siehe im vorliegenden Band].
6 Vgl. meine Abhandlung: „Käufer-Verkäufer", Schmollers Jahrbuch 1900, S. 158ff.

Aber man mag diesen Zustand des erreichten „Sozialismus" oder besser des „Liberalismus",[1] für ein unerreichbares Ideal halten: das eine wird niemals leugnen können, der den grundlegenden Gedanken dieses Buches annimmt, daß im Fortgang der Entwicklung ein Zustand der Gesellschaft zu erwarten ist, der dem heutigen, immer noch sehr üblen, Zustande von jedem Gesichtspunkt sozialer Betrachtung aus weit überlegen ist und sich dem Ideal einer rationellen Gesellschaftsgestaltung mindestens so weit nähert, wie eine skeptische Betrachtung des menschlichen Charakters irgend erhoffen läßt. Ob alle Blütenträume reifen werden, ist kein Gegenstand der wissenschaftlichen Erörterung mehr, sondern Temperamentssache. Was aber heute mit größter Wahrscheinlichkeit vorausgesagt werden kann, genügt bereits, um alle pessimistischen Gedanken weit zu verbannen. Die Tendenz der kapitalistischen Gesellschaft zeigt nicht erst in den Abgrund der sozialen Revolution, um dann steil zum tausendjährigen Reiche emporzuführen, sondern sie verfolgt eine kräftig aufsteigende Kurve, immer noch zu langsam für uns als leidende und mitleidende, kurzlebige Menschen, aber schnell genug für uns als Historiker, denen die Generationen nur Sekunden des Menschheitstages darstellen.

Und Hebel und Ziel zugleich dieser Entfaltung zu Licht und Glück ist die politische *und wirtschaftliche Freiheit*, das Ideal des alten, sozialen Liberalismus!

Wenn wir behaupten, daß so viele, so schwere und so weitverzweigte Übel ihre einzige Ursache in einer Institution haben, deren quantitative Bedeutung in der modernen Volkswirtschaft auf den ersten Blick viel zu gering erscheint, als daß sie so breite Wirkungen äußern könnte; wenn wir die noch viel kühnere Behauptung wagen, daß mit dem Verschwinden dieser einen Institution sich automatisch ein von so vielen der Besten für unmöglich, ja für undenkbar gehaltener Zustand allgemeiner Wohlfahrt und vernünftiger Gleichheit der Lebensbedingungen einstellen wird, so verlangt das philosophische Gewissen nach einer Aufklärung über das eigenste, innerste Wesen dieser so hart verklagten Einrichtung.

Ich will daher diese im wesentlichen kritische Abhandlung mit einer kurzen Skizze[2] über das Wesen des Großgrundeigentums vom geschichtsphilosophischen Gesichtspunkte schließen. Sie wird, so möchte ich hoffen, manche skeptische Anwandlung beschwichtigen.

Die Bedürfnisbefriedigungmittel der Menschheit als Allgemeinheit sind nur durch *Arbeit* zu gewinnen. Ich nenne die Arbeit und den als äquivalent geschätzten Tausch von Arbeitprodukten das *ökonomische Mittel* der Bedürfnisbefriedigung.

Der einzelne Mensch aber kann seine Bedürfnisse auch dadurch befriedigen, daß er sich die Arbeitprodukte anderer Menschen ohne äquivalente Gegenleistung aneignet. Diese Art nenne ich das *politische Mittel* der Bedürfnisbefriedigung. Das primitive politische Mittel ist der Raub und der Raubkrieg, in der alten Welt in allen Erdteilen gerichtet von Hirten (Nomaden) gegen Ackerbauer. Sein Ziel ist arbeitfreies Einkommen von anderer Bodenarbeit, d. h. *Grundrente*.

Aus dem ungeregelten Raube stammfremder Hirten entfaltet sich durch mehrere Zwischenstufen hindurch die geregelte Besteuerung der Bauern durch einen im Lande festgesetzten Hirtenadel.

---

1 Der Sozialismus ist ein Ziel: eine von allen „Gewaltanteilen" (Rente, Zins, Profit) befreite Volkswirtschaft; der Kollektivismus ist nur ein Mittel zu diesem Ziele, nach Marx, der das Übel in der freien Konkurrenz sucht, das einzige. Jenes Ziel ist aber auch nahezu dasjenige des Alt-Liberalismus der Physiokraten und Adam Smith': Harmonie aller Interessen! Darüber bald mehr in einer Rententheorie. „Dieser Idealzustand ist das eigentliche Endziel der sozialistischen Bewegung. Der gewöhnlich als ‚Endziel' bezeichneten kollektivistischen Produktionsweise kommt demgegenüber nur die Bedeutung eines Mittels zum Zweck zu." (David, Sozialismus und Landwirtschaft, S. 608).

2 Eine ausführliche Darstellung der „sozialökonomischen Geschichtsauffassung" erscheint gleichzeitig in Paul Barths „Vierteljahrsschrift für wiss. Philosophie und Soziologie".

Das Ziel bleibt das gleiche, die Grundrente; nur das Mittel hat sich geändert; es heißt jetzt: der *Staat*! Er ist das entfaltete politische Mittel! Jeder Staat der uns bekannten Weltgeschichte ist entstanden[1] durch politische Unterwerfung von Ackerbauern durch Hirten zum Zwecke der bequemeren, sichereren und reichlicheren Erhebung der Grundrente; demselben Zwecke dient der Rechtsschutz nach innen und der Waffenschutz nach außen: so schützt auch der Imker „seine" Bienen gegen den diebischen Nachbarn und den räuberischen Bären. Alles Staatsrecht hat ursprünglich keinen anderen Zweck, als die Sicherung dieses ersten und für alle Zeit wichtigsten Staatszweckes, der Gewinnung eines möglichst hohen und möglichst dauerhaften arbeitsfreien Einkommens der Herrenklasse.[2]

Arbeitspflicht und Steuerpflicht: das waren die unmittelbaren Quellen dieses „Herreneinkommens", wie es Rodbertus treffend bezeichnet. Seine materielle Projektion war das *Großgrundeigentum*! In seinem Begriff liegt Steuerpflicht oder Arbeitspflicht oder beides eingeschlossen.

Ich habe zeigen können,[3] daß alles Großgrundeigentum der primitiven Staaten nur entstehen *konnte* und nur entstanden ist aufgrund der legalen Herrschaft des Menschen über den Menschen, also aufgrund der Sklaverei resp. Hörigkeit, d. h. durch das politische Mittel. Aus dem ökonomischen Mittel, durch ökonomische Differenzierung, wie fast alle Ökonomisten und Historiker annehmen, ist es nicht entstanden und konnte es nicht entstehen.

Das heutige Großgrundeigentum ist ein unmittelbarer geschichtlicher Abkömmling jenes primitiven Vorfahren. Selbst die modernen, durch Zusammenkauf entstandenen, großen, z. B. Jagdgüter, konnten nur entstehen aufgrund einer Vermögens- und Einkommensverteilung, die massenhaftes *altes* Großgrundeigentum zur Voraussetzung hat, resp. aufgrund des Vorhandenseins massenhafter „freier" Landproletarier, das allein gestattet, aus solchen kapitalistischen Gebilden eine Rente zu erwirtschaften: so in Nordamerika!

Unsere heutige Volkswirtschaft beruht auf dem Grundsatze der menschlichen Gleichheit und Freiheit. Nach dem Naturrechte, den „Menschenrechten", soll kein Mensch mehr eines anderen Menschen Mittel sein dürfen. Unsere Staatsverfassung und Wirtschaftsordnung ist mit anderen Worten der Absicht nach aufgebaut ausschließlich auf dem *ökonomischen Mittel*: nur die eigene Arbeit und der in der freien Konkurrenz des Marktes zur Äquivalenz regulierte Tausch sollen die Mittel der materiellen Bedürfnisbefriedigung schaffen. Es ist eine Ordnung, in der jeder nur für sich, nur unter dem Antriebe seines wohlberatenen Eigennutzes tätig sein soll.

In diese Wirtschaft ragt das Großgrundeigentum als letzter Rest aus einer Verfassung und Wirtschaftsordnung hinein, die auf einer völlig verschiedenen Grundlage beruhte. In ihr war der eine Teil der Menschheit rechtlich verpflichtet, für den anderen Teil ohne Entgelt zu arbeiten; das entfaltete politische Mittel, der Staat, erzwang von der beherrschten Masse das Opfer eines Teiles ihrer Arbeitkraft oder ihres Arbeiterzeugnisses. Das Großgrundeigentum ist *feudale Machtposition*, wie Bann- und Zunftprivilegien, Schollenpflichtigkeit und Robotpflicht, wie Zölle und Prämien, Grundruhr- und Strandrecht. Und Adam Smith wußte genau, warum er die Beseitigung dieser feudalen Machtposition, dieses „Monopols", mit allen anderen forderte.[4] Diese Forderung vor

---

1 Ratzel, Völkerkunde, Bd. I, S. 26. Das wußte schon Herder (Schriften zur Philosophie der Geschichte, 5. Teil, S. 215.
2 Vgl. L. Gumplowi[c]z, Die soziologische Staatsidee, und H. C. (Heinrich Cunow), in: Neue Zeit 1890/1, Bd. II, S. 569 in einer Polemik gegen Schäffle.
3 Oppenheimer, Großgrundeigentum und soziale Frage, I. Buch, Kap. 1 [siehe im vorliegenden Band].
4 Vgl. Smith, Volkswohlstand, S. 432f. Näheres in meiner demnächst erscheinenden Rententheorie [David Ricardos Grundrententheorie, siehe im vorliegenden Band].

allem unterscheidet den alten, sozialen Liberalismus, der ein Menschheitsziel war, von seinem Zerrbilde, dem Manchesterliberalismus des Ricardo und Malthus, der eine Klassentheorie der Bourgeoisie ist.

Man ließ diese Bastion des alten Gewaltstaates, des Feudalwesens, stehen, teils aus Unkenntnis, weil sie, ökonomisch maskiert, dem eigentlichen, notwendigen Eigentum sehr ähnlich war (so in Frankreich 1789); teils, weil sie durch Interessengruppen geschützt war, die mit politischen Mitteln damals nicht überwunden werden konnten (so in Preußen 1811).

Und so ist es denn vom Standpunkte des Geschichtsphilosophen nichts Erstaunliches, daß von dem Augenblick an, wo der „liberale" Staat mit der Freizügigkeit geboren war, der Kampf des Gesellschaftsorganismus gegen den Fremdkörper einsetzte, der Kampf, d. h. die „Krankheit" als ein Prozeß, der auf Ausstoßung der Krankheitsursache tendiert und nicht zur Ruhe kommen kann, ehe die Ausstoßung nicht erreicht ist. Eine feudale Machtposition ist nur im Feudalstaate lebensfähig: im Verfassungstaate muß sie zu Erscheinungen führen, die eins von beiden, den Verfassungsstaat oder den Feudalrest, zerstören. Den Prozeß dieser Krankheit, die wie alle Krankheit gleichzeitig Heilungvorgang ist, nennen wir: „*Kapitalismus!*", einen Prozeß, der entstanden ist und unterhalten wird durch die Wanderbewegung, die nach dem Gesetze vom einseitig sinkenden Drucke überall da eintreten muß, wo großes Grundeigentum und Freizügigkeit nebeneinander bestehen.[1]

Jetzt wird auch verständlich sein, wie eine anscheinend verhältnismäßig so kleine Ursache so große Wirkungen haben kann. Jedermann weiß, wie allgemeine und schwere Erscheinungen ein einziger Splitter, *als Fremdkörper*, im lebenden Organismus auszulösen vermag.

An dieser Krankheit ist der antike Stadtstaat regelmäßig zugrunde gegangen: latifundia Italiam perdidere! Marx war augenscheinlich von dem Bilde dieser „zyklischen Katastrophen" der alten Welt beherrscht, als er den kommenden Zusammenbruch der modernen Gesellschaft mit der Kraft und dem Pathos eines Jesaja schilderte: den Untergang aller Mittelstände in Stadt und Land, die Anhäufung eines ungeheuren, nichtshäbigen Proletariats in schwellenden Riesenstädten voller Krankheit, Not, Unsittlichkeit und Empörung an dem einen Pole – und eines übermütigen Reichtums einer immer kleineren Minderheit am anderen Pole. Hier waltete in der Tat das Gesetz der Akkumulation!

Aber die moderne Gesellschaft beruht nicht auf Sklavenarbeit, sondern auf freier Lohnarbeit. Sie drängt darum nicht ein verkommenes Lumpenproletariat, sondern eine Bevölkerung sittlich und geistig emporstrebender Menschen in den Großstädten zusammen; sie vernichtet die Mittelstände nicht, sondern vermehrt den landwirtschaftlichen und ersetzt wenigstens den städtischen Mittelstand, und sie tendiert daher nicht auf Revolution und Vernichtung, sondern auf Evolution, auf volle, glückhafte Selbstentwicklung aus der Puppe des Feudalsystems, die sie heute noch, schon vermorscht und durchlöchert, aber immer noch schnürend und hemmend, umschließt. Bald wird

---

[1] Man sieht, die Theorie läuft auf das Carey-Rodbertus-Dühringsche „Gewalteigentum" hinaus, das die Kraft hat, „Gewaltanteile" an der Volksproduktion zu erpressen. Sie unterscheidet sich in der Tat von ihren Vorgängern nicht in der Behauptung, sondern nur darin, daß sie zum ersten Male den gesellschaftlichen Prozeß aufdeckt, der zu der Bildung der „Gewaltanteile" führt. Ich bin nun wirklich neugierig, ob Kautsky und die Seinen auch gegen diese „Neuaufwärmung der tausendmal widerlegten Dühringschen Theorie" es wagen werden, die unglückselige Engelssche Streitschrift wieder auszuspielen. Zur Warnung bemerke ich, daß Engels fortwährend die ökonomische Absicht mit dem ökonomischen Mittel verwechselt (vgl. S. 135, 159 usw.). (Vgl. Oppenheimer, Siedlungsgenossenschaft, S. 562.) Dasselbe gilt auch für Herrn Franz Stahl, der mich durch die gleiche Verwechslung zu einer höchst unangenehmen Diskussion über dieses Thema zwang (Sozialistische Monatshefte 1899, S. 402, 630).

sie auskriechen, und dann erst wird die Gesellschaft der vollen bürgerlichen und wirtschaftlichen Freiheit ihre schimmernden Flügel entfalten.

Für diejenigen, die der „dialektischen Methode" vertrauen, mag eine Version der berühmten Marxschen Prophezeiung dieses Kapitel enden:

„Das feudale Bodenmonopol wird zur Fessel der Produktionsweise, die mit und unter ihm aufgeblüht ist. Die Wanderbewegung des Landproletariats entwertet seine Erzeugnisse und vermehrt seine Produktionskosten. Das Großgrundeigentum bricht zusammen. Die Stunde des feudalen Eigentums schlägt. Die Expropriateurs werden expropriiert.
Die feudale Aneignungsweise, daher das feudale Privatgrundeigentum, ist die erste Negation des individuellen, auf eigene Arbeit gegründeten Privatgrundeigentums. Aber die feudale Aneignung erzeugt mit der Notwendigkeit eines Naturprozesses ihre eigene Negation. Es ist Negation der Negation. Diese stellt nicht das Privatgrundeigentum wieder her, wohl aber das individuelle Eigentum auf Grundlage der Errungenschaften der kapitalistischen Ära: der Kooperation und des Gemeinbesitzes der Erde. (...) Hier handelt es sich um die Expropriation weniger Usurpatoren durch die Volksmasse."[1]

Schlußwort
Die Klassentheorie

Wie konnte ein Marx an den entscheidenden Stellen seiner Lehre sich in solche Trugschlüsse verwirren, wie konnte er die Tatsachen so falsch deuten? Die Ehrfurcht gebietet, dem zureichenden Grunde für seine Irrtümer nachzuspüren.

Das, was man die „Vorstellungsseite" des Irrtums nennen könnte, habe ich schon dargestellt: es war der von Ricardo übernommene „Industriezentrismus" der Klassiker. Viel entscheidender aber war das, was man die „Willensseite" nennen könnte:

In Marx dachte und trieb der *Klassenwille* des zum Selbstbewußtsein erwachenden Proletariats; seine Theorie ist die proletarische *Klassentheorie*. Nur, wenn man sie als solche betrachtet, gewinnt man den richtigen Standpunkt für ihre Größe und Bedeutung und für eine gerechte Einschätzung ihrer Irrtümer.

Des Menschen Wille ist streng determiniert – das ist das Axiom jeder Gesellschaftswissenschaft, ohne das sie unmöglich wäre –, aber er dünkt sich frei. Er handelt unter dem Druck objektiv gegebener Verhältnisse naturgesetzlich, glaubt aber dank der bekannten Selbsttäuschung aus sittlichen oder vernünftigen Motiven zu handeln: „Naturgesetzlich handelt der Mensch, und menschlich denkt er hinterdrein."[2]

Das gilt, wie für jedes Individuum, so auch für jede *Klasse*. Eine Klasse, d. h. eine Menschenmasse mit gemeinsamen politisch-wirtschaftlichen Interessen, „strömt" ebenfalls naturgesetzlich, unter dem Druck objektiv gegebener Verhältnisse, „vom Orte höheren zum Orte geringeren Drucks auf der Linie des geringsten Widerstandes"; und auch sie rechtfertigt, menschlich, ihre

---

1 Vgl. Marx, Kapital, Bd. I, S. 728f.
2 Gumplowi[c]z, Grundriß der Soziologie, S. 37.

Handlungsweise vor Vernunft und Sittlichkeit durch eine Klassentheorie, die ihr wie ein Panier im Klassenkampf vorangeht.[1]

So ist die Lehre von den „zyklischen Katastrophen" die Klassentheorie der feudalen Herrenklasse; sie läuft immer darauf hinaus, die „ständische Ordnung" der Gesellschaft als das auf die Dauer unerschütterliche Ergebnis objektiv gegebener Begabungsdifferenzen zu rechtfertigen, möge nun die angeblich höhere Begabung der Herrschenden durch göttliche Gnade erklärt werden: die legitimistisch-theologische Lehre! – oder durch Abstammung von besserem Blute: die Rassentheorien![2]

So ist ferner der „Manchesterliberalismus" die Klassentheorie der Bourgeoisie, eine Lehre, die für den Krieg mit zwei Fronten zugeschnitten ist. Sie rechtfertigt einerseits den Kampf gegen die alte Herrenklasse mit den liberalen Gedanken von Naturrecht und Freiheit und anderseits die wirtschaftliche Ausbeutung der Arbeiterklasse mit den haltlosen Konstruktionen des „ehernen" Lohn- und Bevölkerungsgesetzes, durch die die Verantwortung für die himmelschreienden Greuel der kapitalistischen Produktionsweise auf die Schultern der unverantwortlichen Natur abgewälzt werden sollen.

Auch das Proletariat bedurfte zur Verteidigung seiner politisch-wirtschaftlichen Aktion einer eigenen Klassentheorie, die nach derselben Richtung wies, in der es zu „strömen" gezwungen war. Welches war diese Richtung?

Dem Proletariat war der Kampf aufgezwungen sowohl gegen die alte, noch einen starken Teil ihrer Macht bewahrende Herrenklasse der Feudalität, als auch gegen die neue Herrenklasse der Bourgeoisie. Seine Klassentheorie mußte also sein: erstens antifeudalistisch, d. h. *demokratisch*, und zweitens antimanchesterlich, d. h. sozialistisch, und zwar *kollektivistisch*.

Sie konnte nicht anders als sozialistisch sein, d. h. mußte rechtfertigen das Streben auf – und den Glauben an eine von aller wirtschaftlichen Ausbeutung befreite Staats- und Gesellschaftsordnung, mit anderen Worten an eine dauernde Beseitigung allen „Mehrwerts", allen arbeitsfreien Einkommens in der Gestalt von Zins, Profit und Grundrente. Denn es waren klärlich diese „Herreneinkommen", unter denen das Proletariat litt.

Und die proletarische Klassentheorie konnte auch nicht anders als *kollektivistisch* sein, d. h. mußte rechtfertigen das Streben auf – und den Glauben an eine künftige „*marktlose* Wirtschaft für und durch die Gesellschaft". Denn nichts schien gewisser – selbst die manchesterliche Theorie wagte nicht es zu leugnen –, daß jene Herreneinkommen dem Proletariat abgepreßt wurden durch die verderbliche Macht der „freien Konkurrenz", die auf dem Arbeitsmarkte den Lohn niederdrückte und auf dem Warenmarkte die Ungewitter der Krisen heraufbeschwor, die sich zermalmend über der Arbeiterklasse entluden.

Nur wenn die proletarische Klassentheorie die Verurteilung der „freien Konkurrenz", d. h. die Forderung der marktlosen Wirtschaft enthielt, konnte die Arbeiterklasse den für eine kräftige Führung des Klassenkampfes unentbehrlichen handgreiflichen Gegensatz gegen das Programm derjenigen Klasse gewinnen, die zu allererst zu bekämpfen war, der Bourgeoisie.

---

1 „Die Theorien sind allerdings nicht die treibende Kraft des Klassenkampfes. Diese ist in erster Linie in den materiellen Verhältnissen zu suchen. Das Ziel des Kampfes einer jeden Klasse besteht aber in der Änderung der ihr bisher ungünstigen tatsächlichen Verhältnisse zu ihren Gunsten, und sie wird dies Ziel um so eher und leichter erreichen, je mehr sie von allen Illusionen befreit ist, je mehr ihr Vorgehen den Tatsachen entspricht. Es ist demnach für die sozialistische, wie für jede andere Klassenbewegung trotz ihres materiellen Charakters durchaus nicht gleichgültig, auf welcher theoretischen Grundlage sie fußt." Siehe auch: Kautsky, Anzeige von Marx' „Kapital" in der englischen Ausgabe, in: Neue Zeit, 1887, S. 91.
2 Vgl. meinen Aufsatz: „Das Gesetz der zyklischen Katastrophen", und meine Anzeige von Chamberlains „Grundlagen des XIX. Jahrhunderts".

Eine solche, sowohl antifeudalistische, wie auch antimanchesterliche Klassentheorie bot Karl Marx in seinem „Kapital" dem Proletariat dar.

Sie rechtfertigte nicht nur den radikalsten Kampf der Demokratie gegen die Feudalität, sondern auch den *Sozialismus* durch die Mehrwertlehre, durch den wissenschaftlichen Nachweis des von den Manchesterliberalen hartnäckig bestrittenen Raubes an dem Ergebnis der Arbeit – und den Kollektivismus durch die Aufdeckung jener „Tendenz" der kapitalistischen Entwicklung, alles Kapitalvermögen in immer wenigeren Händen an dem einen Pol, – und alle Arbeitskraft nackt und bloß an dem anderen Pol zu akkumulieren: eine Entwicklung, die in der Tat, wenn sie so verlief, nur zur kollektivistischen Wirtschaft führen konnte.

Genau diese Theorie brauchte die proletarische Klassenbewegung, und darum nahm sie sie begeistert auf. Sie brauchte sie für ihren Klassenkampf. Das wird in unübertrefflicher Präzision durch die folgenden Ausführungen eines der angesehensten marxistischen Theoretiker bestätigt:

> „Für den Standpunkt des Klassenkampfes war das große theoretische Problem: die *Entstehung des Mehrwertes*, d. h. die wissenschaftliche Erklärung der *Ausbeutung*, sowie die *Tendenz* der Vergesellschaftung des Produktionsprozesses, d. h. die wissenschaftliche Erklärung *der objektiven Grundlagen der sozialistischen Umwälzung.*
> Beide Probleme beantwortet bereits der erste Band (des „Kapital"), der „die Expropriation der Expropriateure" als unausbleibliches Endergebnis der Produktion des Mehrwertes und der fortschreitenden Kapitalskonzentration folgert. Damit war das eigentliche theoretische Bedürfnis der Arbeiterbewegung im großen und ganzen befriedigt."[1]

Nichts kann charakteristischer sein, als diese vortrefflichen Ausführungen, welche die Theorie ganz richtig werten nach ihrer Brauchbarkeit „für den Standpunkt des Klassenkampfes".

Von diesem Standpunkt aus gewinnen wir jetzt auch ein leichtes Verständnis für die vom Standpunkte reiner Wissenschaft so sonderbare Tatsache, daß die Bourgeois-Ökonomie durchgehends nicht die Zitadelle des Marxschen Systems berannt hat, sein Akkumulationsgesetz, sondern ein strategisch unbedeutendes Außenwerk, die Mehrwertlehre.

Diese stellt nämlich „vom Standpunkte des Klassenkampfs" zwischen Bourgeoisie und Proletariat die weitaus wichtigste Position dar. Die Anerkennung des „Mehrwerts" als einer Tatsache ist das Schibboleth, das den Sozialisten vom Bourgeois-Ökonomen unterscheidet. Nur solange man diese Tatsache hartnäckig fortzuleugnen versuchte, konnte man die Ablehnung des Sozialismus und die Verteidigung der kapitalistischen Wirtschaft rechtfertigen. Nur aus diesem – natürlich unbewußten – Grunde, nicht aber aus Mangel an Verständnisfähigkeit, wie die Marxisten anzunehmen pflegen, richteten die bürgerlichen Volkswirte ihre Angriffe gegen diesen Teil der proletarischen Lehre. In welcher Gestalt – ob liberal oder kollektivistisch – der Sozialismus gerechtfertigt sein sollte, war ihre geringste Sorge: er sollte überhaupt nicht zu rechtfertigen sein.

> „Es ist das entscheidende Verdienst von Marx und vielleicht das einzige, das allen Angriffen der Kritik und allen harten Schlägen der Zeit widersteht: die sozialistische Idee und die Arbeiterbewegung einander genähert und mit einander verbunden zu haben."[2]

---

[1] Rosa Luxemburg, Stillstand und Fortschritt im Marxismus, in: „Vorwärts", 14. März 1903; ähnlich Kautsky: „Die Wissenschaft hat also noch bedeutendes zu erwarten. Der wissenschaftlichen Bedeutung von Marx kann aber nichts mehr hinzugefügt werden. Durch die Erforschung der historischen und ökonomischen Bewegungsgesetze hat Marx sich an die Seite der größten Denker und Forscher gestellt." (Nekrolog auf Marx, S. 448).

[2] Jaurès, Aus Theorie und Praxis, S. 12.

Das heißt den Nagel auf den Kopf treffen! Daß Marx dem Proletariat eine Klassentheorie bot, wie sie der damalige Zustand des Klassenkampfes gebieterisch erforderte, ist sein geschichtliches Verdienst und ist die Ursache gerade so seines ungeheuren äußeren Erfolges wie der inneren Schwächen seines Systems.

Seines ungeheuren Erfolges! Nur dadurch ist er der vergötterte Lehrer des klassenbewußten Proletariats der ganzen Welt, nur dadurch ist sein „Kapital" die Proletarierbibel geworden. Nur dadurch! Daß er diese proletarische Klassentheorie mit so genialer Kraft aufbaute, das ist, wie ich meine, trotz der entgegengesetzten Meinung der Marxisten, nicht die Ursache, sondern eher ein Hindernis des Massenerfolges gewesen. Die Klassen sind faute de mieux auch mit den miserabelsten Plädoyers der Verteidiger ihrer Interessen zufriedengestellt, wie der Erfolg so elender Geisteserzeugnisse, wie des Malthusianismus und des Chamberlainismus beweist; und auch die Arbeiterklasse hätte unter dem Panier einer logisch und soziologisch viel schwächeren Theorie ebenso gekämpft und gesiegt. Sie hätte aber umgekehrt früher auch eine vollkommenere sozialliberale Theorie abgelehnt, als die Proudhons. Die Zeit war noch nicht reif dafür. Heute, nachdem das Industrieproletariat im wesentlichen in seinem Klassenbewußtsein gefestigt und als Partei organisiert ist, und nachdem andererseits die Bourgeoisie die altliberale Maske so gut wie ganz hat fallenlassen, hat eine sozialliberale Gesellschaftslehre eher Aussichten, von der Volksmasse akzeptiert zu werden. Offiziell wird das freilich erst dann geschehen, wenn es sich nicht länger verbergen läßt, daß die Marxsche Lehre aus einem Sporn zum Hemmschuh des proletarischen Emanzipationskampfes zu werden droht, oder mit anderen Worten: daß sie nach einer anderen Richtung zu weisen beginnt, als die „naturgesetzliche" Strömung einschlagen muß; wenn also Theorie und Taktik in Konflikte kommen, die man durchaus nicht mehr umgehen kann. Dieser kritische Punkt ist, wie ich meine, nicht mehr allzu fern: denn mit dem Marxismus kann die Volkspartei unmöglich das platte Land erobern – und ohne diese Eroberung ist ihr wenigstens in Deutschland der Weg zur politischen Macht versperrt. Der orthodoxe Anhänger der materialistischen Geschichtsauffassung, dem alle Veränderungen des gesellschaftlichen Bewußtseins nur der subjektive Reflex objektiver ökonomischer Veränderungen sind, wird sogar aus dem unaufhaltsamen Vordringen des Revisionismus innerhalb der Sozialdemokratie, und namentlich aus der siegreichen Propaganda des ketzerischen Agrarprogramms erschließen müssen, daß jener kritische Punkt nicht mehr fern sein kann.

Hierin also erblicke ich die Ursache der ungeheuren äußeren Erfolge des Marxschen Systems, aber auch seiner inneren Schwächen. Denn der Klassenwille war es, der den Denker im letzten Augenblicke fortriß und über alle Klüfte der „Vorstellung" forttrug zu seinem lange vor der Gedankenarbeit intuitiv erschauten Ziele, der Fundierung einer kollektivistischen Gesellschaftstheorie: „Ein Dualismus, der darin besteht, daß das Werk" (das „Kapital") „wissenschaftliche Untersuchung sein und doch eine, lange vor seiner Konzipierung fertige These beweisen will. (...) Dieser große wissenschaftliche Geist war doch schließlich Gefangener einer Doktrin."[1] „Der Marxismus schleppt noch gewisse Reste von Utopismus mit sich herum."[2]

Diese Reste muß die Wissenschaft ausscheiden. Aber wenn auch gerade diejenigen Ergebnisse seines Lebenswerkes werden fallen müssen, die der kämpfende Volksmann für die entscheidenden hielt, so bleibt es dennoch eine wissenschaftliche Leistung allererster Ranges, ein Zeughaus des Geistes, aus dem sich noch ganze Geschlechter ihr Rüstzeug holen werden, eine Zyklopenburg, an der nicht nur der objektive Denker, sondern sogar der Klassengegner voll staunender Ehrfurcht emporblickt. Karl Marx wird weiterleben als ein Beobachter von fast beispielloser Schärfe des

---

1 Bernstein, Voraussetzungen des Sozialismus, S. 177.
2 Ebenda, S. 179.

Blicks für das wirtschaftliche Leben seiner Zeit, als ein ökonomischer Denker, der kühne und schöpferische Genialität in der Erfassung der theoretischen Zusammenhänge verband mit der Kraft subtilster, eindringlichster Kritik seiner Vorgänger; als ein Historiker sondergleichen von wahrhaft prophetischer Kraft in der Intuition des geschichtlichen Entwicklungsganges; als ein Philosoph, dessen Denken ebenso breit spannte wie tief bohrte: als ein Wecker der Gewissen voll Kraft, Feuer und tiefster Sittlichkeit. Wie ihn heute die Arbeiterklasse verehrt, so wird ihn dereinst die Menschheit verehren als einen der großen Förderer des Glücks und der Freiheit, als einen ihrer großen Denker.

David Ricardos Grundrententheorie

Darstellung und Kritik
[1903]

Inhalt

Vorwort 473

Erster Teil 479
Darstellung 479

Einleitung 479
I. Abschnitt: Das Thema probandum 479
    A. Der Frühliberalismus und der Feudalstaat („Monopol" und freier Wettbewerb) . . 479
    B. Der Bourgeois-Liberalismus und der Sozialismus 481
        1. Das Gesetz vom sinkenden Nahrungsspielraum 483
        2. Die Verteidigung des Profits 485
        3. Die Verteidigung der Grundrente 487
            a) Der Stand der Rententheorie 487
                α) Die Naturrechtstheorie der Rente 488
                β) Die physiokratische Rentenlehre 488
                γ) Die Monopoltheorien der Rente 491
            b) Das Thema probandum 494
II. Abschnitt: Die Ricardosche Grundrententheorie 495
III. Abschnitt: Der Rodbertussche Angriff 498
    A. Rodbertus' Grundrententheorie 498
    B. Rodbertus' Angriff auf Ricardo 502
IV. Abschnitt: Der Lexis-Diehlsche Rettungsversuch 504
    A. Das Problem der isolierten Insel 504
    B. Der Diehlsche Rettungsversuch (Ricardo und die Monopol-Preis-Theorie) . . 507
        1. Die Okkupation des Bodens 507
        2. Der Zeitpunkt der Krisis 515
    C. Der Lexissche Rettungsversuch 522
V. Abschnitt: Der Prioritätsstreit 524
    A. James Anderson 525
    B. Robert Malthus 526
    C. Edward West 534

Zweiter Teil 537
Kritik 537

VI. Abschnitt: Der Ricardosche Beweis 537
    A. Formale Prüfung 537

1. Das Schließverfahren (der Zirkelschluß) 537
2. Die Prämisse (die Lohnfondstheorie) 538
3. Die Konsequenz (die dritte Lexissche These) 542
B. Materiale Prüfung 544
1. Das Grenzprodukt mit der Rente Null 544
2. Nahrungsspielraum und Grundrente 545
VII. Abschnitt: Die Ricardosche Behauptung 549
A. Widerlegung aus den Tatsachen 549
1. Die Feudalrente 550
a) Die physiokratischen Reste in Adam Smiths Rentenlehre 550
b) Die Entstehung der Feudalrente 556
α) Die „Kinderfibel von der previous accumulation" 556
β) Die Bodensperrung 559
2. Kapitalistische und Feudalrente 566
a) Jones' Grundrentenlehre 567
α) Darstellung 567
β) Widerlegung 572
b) Berens und Diehl gegen Jones 574
c) Nachweis der Identität 577
B. Widerlegung aus der Problemstellung 582
VIII. Abschnitt: Die Monopoltheorie der Grundrente 585
A. Die unvollständige Monopoltheorie 585
1. Das „römische" Grundeigentumsrecht 585
2. Die „freien Arbeiter" 588
B. Die vollständige Monopoltheorie 589
1. Induktiver Beweis der Monopoltheorie (die autochthon-kapitalistische Grundrente) 589
a) Die Rente des kolonialen Grundeigentums 589
α) Die spekulative Bodensperrung 589
β) Henry George 592
b) Die großstädtische Mietsrente 593
c) Die bäuerliche Grundrente im alten Lande 596
α) Adam Smith als erster Entdecker der vollständigen Monopoltheorie . . . 596
β) Ein Gedankenexperiment 599
2. Deduktiver Beweis der Monopoltheorie 601
C. Die Monopoltheorie im System 605
1. Die Monopoltheorie des Lohnes 605
2. Das Problem der Verteilung 607

Schlußwort 611

Vorwort zur zweiten Auflage [1927]

Dieses Buch, das im Jahre 1909 zum ersten Male erschien, ist durch meine späteren Arbeiten in mancher Beziehung überholt worden. Ich will hier die Fortschritte der Auffassung in Kürze auseinandersetzen, wie sie namentlich in der fünften Auflage meiner „Theorie der reinen und politischen Ökonomie", erschienen 1924 als dritter Band meines „Systems der Soziologie", niedergelegt sind:

Das Wort „Grundrente" wird in der Literatur in zwei sehr verschiedenen Bedeutungen gebraucht: in *historischer* Betrachtung bezeichnet es das Einkommen der herrschenden Klassen des Feudalstaates, der weltlichen und geistlichen Großgrundbesitzer. Dies ist identisch mit demjenigen, was Rodbertus die „Herrenrente" nennt, und bezeichnet das *gesamte,* aus dem Eigentum an Großgütern fließende Einkommen.

Der *wirtschaftliche* Begriff der Grundrente aber bezeichnet nur *einen* Teil des aus Grundeigentum fließenden Einkommens, und zwar denjenigen Teil, den der kapitalistische Pächter dem Grundeigentümer als Pacht zahlt: der Pächter, der mindestens das gesamte bewegliche Inventar für den Betrieb beistellt. Das ist bekanntlich der Ausdruck der Tatsache, daß die wirtschaftliche Theorie der Grundrente im klassischen Lande der Bodenbewirtschaftung durch kapitalistische Pächter, in England, ausgebildet worden ist. Diese Rente ist dasjenige, was namentlich Ricardo zuerst seiner Größe nach genau bestimmt hat, die heute sogenannte „Differentialgrundrente". Sie ist auf dem „Grenzboden" bzw. für das letzte, zusätzlich investierte „Grenzkapital" gleich Null, auf allen marktnäheren Böden aber positiv, und zwar um so größer, in je höherer „Rentierungsklasse" der Boden sich befindet, d. h. je fruchtbarer er seiner Natur nach, und je näher er dem Markte ist.

Ich gebe nun ohne weiteres zu, daß es mir in dem vorliegenden Buche nicht immer geglückt ist, die beiden Bedeutungen des Wortes vollkommen scharf auseinanderzuhalten. Meine Absicht war hier mindestens so sehr eine historische wie eine ökonomische. Ich hatte, und nicht nur aus Gründen der antikritischen Notwendigkeit, das Interesse, nachzuweisen, daß die feudale Grundrente kontinuierlich in die moderne übergeht, und zwar nicht nur nach ihrer Quelle, sondern was ganz besonders beweisend ist, nach ihrer Größe. Daran habe ich auch heute noch nicht das mindeste zu ändern.

Dabei ist aber nicht mit genügender Schärfe herausgearbeitet worden, daß die feudale Rente in der modernen kapitalistischen Gesellschaft überall dort, wo, wie in England, das Großpachtsystem besteht, sich spaltet in zwei Bestandteile: die Ricardosche Differentialrente, die dem Besitzer zufließt, und den *Kapitalprofit,* der dem Pächter, als dem Besitzer der zum Betriebe nötigen „produzierten Produktionsmittel", zufließt. In Ländern wie in Deutschland, wo der Regel nach der Großgrundbesitzer sein eigener Pächter ist, d. h. selbst wirtschaftet, fließen die beiden Bestandteile nach wie vor in einer Summe in seine Tasche, sind dem Ursprung nach und grundsätzlich auch der Größe nach noch immer die feudale Herrenrente der Vergangenheit. Aber aus den wichtigsten theoretischen Gründen müssen sie auch hier begrifflich voneinander getrennt werden. Dann erst nämlich, wenn man verstanden hat, daß auch auf dem Grenzboden bzw. für das Grenzkapital, zwar keine Differentialrente, wohl aber Kapitalprofit realisiert wird, ist es möglich, das Wesen und den Ursprung des Profits zu ergründen: des Profits, dessen Wesen und Ursprung noch immer die umstrittensten aller Probleme der theoretischen Ökonomie darstellen. Ich habe in diesem Buche, in dem ich zuerst auf die ungeheure Bedeutung des Monopolbegriffs für die Analyse unserer Wirtschaftsordnung aufmerksam gemacht habe, den Beweis geführt, daß dieser Profit zustande kommt kraft eines *Monopolverhältnisses,* das zwischen demjenigen besteht, der über das Land und die produzierten Produktionsmittel verfügt, und den ehemaligen feudalen Hintersassen, die weder über das eine noch über das andere verfügen, die daher im Marxschen Doppelsinne „freie Arbeiter" sind. Sie befinden sich in der charakteristischen Lage der „einseitigen Dringlichkeit des Austauschbedürfnisses", die jedes Monopolverhältnis begründet und kennzeichnet. Sie können auch nicht kurze Zeit auf das Lohngeld warten, das sie auf keine andere Weise als durch Lohnarbeit erwerben können, während der Grundbesitzer und sogar der kapitalistische Pächter es viel weniger dringlich hat, sein Lohngeld gegen ihre Dienste auszutauschen. Und so entsteht denn auch hier, wie unter jedem Monopolverhältnis, *Mehrwert*: der Besitzer, als der Inhaber eines Einkaufsmonopols, kauft die Dienste unter ihrem „Werte", d. h. dem Verkaufswert der von ihnen erzeugten Produkte, und streicht die Differenz als seinen Mehrwert, als seinen Profit ein. Es bleibt also dabei, was in diesem Buche zuerst klargelegt worden ist, daß Ricardo zwar insofern recht hatte, wie er nachwies, daß der Grundbesitzer bzw. Pächter kein Verkaufsmonopol hat: das Urprodukt (Ricardos „Getreide") steht in der Tat nicht *über*, sondern *auf* seinem „natürlichen Wert", oder, wie wir heute sagen, auf seinem statischen Preise. Der Monopolgewinn wird nicht realisiert durch Aufschlag auf diesen Preis zu Lasten der Konsumenten. Aber es bleibt ebenso dabei, daß dennoch die Grundrente der Gewinn eines Monopols ist, und zwar eines Einkaufsmonopols: der Grundbesitzer kauft die Dienste seiner Arbeiter unter ihrem Werte. Oder, um die in diesem Buche zum ersten Male gefundene Unterscheidung anzuwenden: Ricardo hat sein Thema probandum, die Verteidigung der Grundrente gegen die sozialistische Anklage, daß sie ein Monopolgewinn sei, nur zur einen Hälfte bewiesen. Die Monopol-*Preis*-Theorie ist falsch: aber die Monopol-*Lohn*-Theorie ist richtig.

Die Kontinuität der historischen Erscheinung besteht danach unzweifelhaft. Wo Grundbesitzer und Kapitalisten noch nicht geschieden sind, wie in Osteuropa fast überall, da ist das Herreneinkommen des Grundbesitzers dem Wesen, dem Ursprung und der Höhe nach grundsätzlich noch genau das gleiche wie in der Feudalperiode. In diesem Sinn brauche ich das Wort „Grundrente" hier überall. Einige meiner Kritiker, von denen ich als die sorgfältigsten und um die Erkenntnis der Wahrheit am besten bemühten Eduard Bernstein[1] und Eduard Heimann[2] zu nennen mich verpflichtet fühle, haben aber ihren eigenen, rein ökonomischen Begriff der Grundrente in meinen Begriff hinein mißverstanden: ich will gern zugeben, daß ein großer Teil der Schuld an dieser Verwirrung auf meine Rechnung zu verbuchen ist.

Angesichts dieses Umstandes sah ich mich auch hier wieder vor die Frage gestellt, ob ich dieses alte Buch nicht umarbeiten sollte, um die zugegebenen Unklarheiten zu beseitigen. Ich habe mich auch hier, wie bei allen denjenigen meiner Schriften aus der Periode vor dem ersten Erscheinen meines Lehrbuchs, also wie bei der „Siedlungsgenossenschaft", dem „Großgrundeigentum und soziale Frage", dem „Grundgesetz der Marxschen Gesellschaftslehre", dazu entschlossen, es in seiner Urform neu herauszubringen. Dafür waren mir drei Gründe maßgebend.

Erstens: der unwesentlichste. Ich habe noch sehr viel neue und mir unendlich wichtige Arbeit, und nur noch wenig Zeit vor mir. Der vierte Band meiner Soziologie, die „Sozial- und Wirtschaftsgeschichte Europas von der Völkerwanderung bis zur Gegenwart", wird den Rest meiner Lebensarbeit in Anspruch nehmen. Ich fürchte, mir keinerlei Abwege mehr erlauben zu dürfen.

Zweitens: Ich darf annehmen und sogar fordern, daß jeder, der meine Anschauung über die hier behandelten Probleme kennenzulernen wünscht, sich an die zuletzt erschienene Auflage meines Lehrbuchs, die „Theorie der reinen und politischen Ökonomie", wendet. Hier sind, glaube ich, die beklagten Unklarheiten völlig ausgerottet. Wenn ich eine Neuauflage erleben sollte, werde ich

---

1 Bernstein, Franz Oppenheimer wider Ricardo, in: Archiv für Sozialwissenschaft und Sozialpolitik, Bd. XXXI, H. 1.
2 Heimann, Mehrwert und Gemeinwirtschaft, Kritische und positive Beiträge zur Theorie des Sozialismus, Berlin 1922. Vgl. meinen Beitrag zur Festschrift für Friedrich von Wieser: „Der heutige Stand der Theorie des Sozialismus in Deutschland" zum Schluß (mir liegt bisher nur die Fahnenkorrektur vor; ich kann daher die Seitenzahl nicht angeben).

die hierher gehörigen Kapitel noch einmal auf das sorgfältigste daraufhin überprüfen, ob sie noch einen Rest der bekannten „Eierschalen" an sich tragen. Und das führt mich zu dem

Dritten Grunde: ich darf annehmen, daß die große Mehrzahl der Fachmänner, die meine älteren Schriften vornehmen, es gerade aus dem Grunde tun, um den einigermaßen mühsamen und langwierigen Weg kennenzulernen, auf dem sich meine Lehre allmählich zu ihrer letzten vorliegenden Fassung durchgerungen hat. Mit anderen Worten: ihnen wird gerade an den „Eierschalen" gelegen sein. Und dieser Grund ist für mich der entscheidende.

Zur schnelleren Orientierung gerade dieser Art von Lesern, die ich mir für dieses Buch mehr wünsche als alle anderen, sei es mir gestattet, hier noch einen zweiten Punkt herauszuheben, in dem die Ricardosche Grundrententheorie unzureichend ist:

Er hatte sich in der Einleitung zu seinen „Principles" klar und korrekt die Aufgabe gestellt, das Problem der Distribution zu lösen, d. h. zu erklären, warum das Gesamtprodukt der Volkswirtschaft sich in die drei Ströme des *Lohnes*, als des Einkommens der Arbeiterklasse, des *Profits*, als des Einkommens der Kapitalistenklasse, und der *Grundrente*, als des Einkommens der Grundbesitzerklasse, spaltet – und die relative Größe dieser drei Anteile am Gesamtprodukt zu bestimmen. Diesen Gesichtspunkt hat er bei der Analyse der Grundrente gänzlich aus den Augen verloren. Er stellt in theoretisch einwandfreier Deduktion fest, wieviel Grundrente auf den Hektar oder Acre entfällt. Und schon dadurch ist er vom rechten Wege abgewichen. Denn ein *Einkommen* kann nur auf Personen, aber nicht auf Ackereinheiten entfallen. Er hat übersehen, daß die Grundrente, auch in ihrer Bedeutung als Differentialrente, die ein Mitglied der „Grundbesitzerklasse" einstreicht, das arithmetische Produkt ist aus zwei Faktoren: aus der auf die Flächeneinheit entfallenden Rente einerseits und *der Zahl der Einheiten* andererseits, aus denen sich der Grundbesitz zusammensetzt. Nur den einen Faktor hat er bestimmt, von dem anderen hat er geschwiegen; mit anderen Worten: er hat die zu seiner Zeit bestehende Verteilung des Grundeigentums als „natürlich" *vorausgesetzt*, während seine Aufgabe gewesen wäre, auch sie zu erklären. Auf diese Weise ist nur eine richtige *Teil*theorie herausgekommen, die in dem Augenblick falsch wird, wo sie sich für eine *Voll*theorie hält und ausgibt. Das wird durch ein Beispiel sehr klar werden: nach Ricardo erscheint ein proletarischer Gärtner, der mitten in Großlondon einen Acre allerbesten Bodens zu eigen hat, als ungeheuerlich bevorzugt, da er den zugleich marktnächsten und von Qualität besten Boden bestellt, und umgekehrt erscheint ein Magnat, der etwa in Hochschottland mehrere hunderttausend Acres geringen Roggenboden und Wald besitzt, als zwiefach ungeheuerlich benachteiligt. Und trotzdem war nur das Einkommen des letzteren, als *Klassen*einkommen, Problem.

Bei dieser Gelegenheit will ich auf einen Einwand eingehen, den Bernstein mir („Franz Oppenheimer wider Ricardo") gemacht hat. Er bestreitet, daß Ricardos Rententheorie entstanden sei als „Abwehr gegen die Angriffe des immer mehr erstarkenden zeitgenössischen Sozialismus". Ich kann nicht anders als meine Ansicht durchaus aufrechterhalten. Die ganze Ricardosche Theorie ist beherrscht durch seine Zustimmung zur Malthusschen Bevölkerungstheorie; und gerade seine Teillehre von der Grundrente kommt von der Malthusschen Prämisse, nämlich von dem „Gesetz der sinkenden Erträge", auf einem anderen Wege zu dem Malthusschen Schluß: zu der „Schlußkatastrophe der Menschheit", die eintreten wird, wenn es nicht mehr wirtschaftlich möglich sein wird, noch neue Zusatzkapitale auf dem Boden zu investieren und derart den Nahrungsspielraum zu erweitern. Dann erst wird es „absolute Grundrente" auch auf dem Grenzboden und vor allem für das Grenzkapital geben; und dann wird die Menschheit, und besonders die Arbeiterschaft, in immer wachsende Not geraten, in der die Malthusschen „Hemmungen" ihr furchtbares Werk verrichten müssen.

Nun unterliegt es gar keinem Zweifel, daß das Malthussche Buch seiner Entstehung und seiner Tendenz nach ein ausgesprochen antisozialistisches Kampfprodukt darstellt. Und so muß das auch für das achtzehn Jahre später erschienene Werk Ricardos gelten. Bernstein scheint mir hier die

Empfindlichkeit einer herrschenden und besitzenden Klasse gegenüber solchen Anschauungen stark zu unterschätzen, die sich gegen das Zentrum ihrer Lebensinteressen richten. Sie reagiert schon lange, bevor solche Anschauungen eine systematische Form gefunden, und lange, bevor sie zu politisch gefährlichen Parteibildungen geführt haben.

Zum Schluß noch einen dogmenhistorischen Hinweis zu den überaus wichtigen Sätzen von Adam Smith über den Bodenwert, die auf Seite 216/217 [im vorliegenden Band S. 597] dieses Buches abgedruckt sind. Hier erkennt Smith mit voller Klarheit, daß durch die Existenz massenhaften Großgrundeigentums in der Gestalt namentlich der Fideikommisse der Boden künstlich verknappt, und das heißt auf einen Monopolpreis getrieben wird. Er sieht hier freilich nur die Monopolstellung der Besitzer gegenüber denjenigen Bodenbedürftigen, die die Mittel besitzen, um das Land zu kaufen oder zu pachten: hier handelt es sich um ein *Verkaufsmonopol*, und das Monopolgut ist der Boden selbst. Dagegen denkt er wenigstens hier nicht daran, daß die gleiche Machtposition sich auswirkt gegenüber solchen Bodenbedürftigen, die keine Mittel besitzen, d. h. den Landarbeitern. Hier wirkt sie als *Einkaufsmonopol*. Wenn dort der Preis der Substanz oder der Nutzung über ihren statischen Konkurrenzpreis auf einen Monopolpreis getrieben wird, so wird hier der Lohn unter seinen statischen Konkurrenzpreis auf den Monopollohn gedrückt.

Die gleiche Erkenntnis wie bei Smith finde ich auch bei dem Physiokraten Pereyra in seinen: „Reflexiones sobre la ley agraria" (Madrid 1788)[1]. Er schreibt dort (S. 59 und 60): „Gegenwärtig steigt der Bodenwert. Es ist sicher, daß bei der gegenwärtigen Lage der Dinge der Großgrundbesitzer in allen Pachtkontrakten das Gesetz gibt, und daß die, welche fremdes Land bebauen, sich die härtesten Bedingungen gefallen lassen müssen. Der Ursprung hiervon ist allein das Mißverhältnis zwischen der Zahl der Grundbesitzer und derer, die es nicht sind. Es ist hier gerade so, wie in jedem Handelszweige. Da wir nun vorläufig nicht in der Lage sind, einen so schweren Übelstand durch Unterdrückung der Majorate und der kirchlichen Vinkulationen, der beiden Prinzipien *monopolistischer Gütervinkulierung* (estanco), mit der Wurzel abzuschneiden, ist das einzige anwendbare Mittel die Teilung des Gemeinlandes nach Maßgabe der vorgeschlagenen Bestimmung." Über Jovellanos berichtet Leonhard: „Um so schärfer bekämpft er das *Bodenmonopol*, das die Kirche durch die kanonische Gesetzgebung erlangt hat, welche befiehlt, alles Land, das einmal in ihre Hände gefallen ist, festzuhalten. Energisch betont er, der Boden sei ein Handelsartikel, ein Kaufobjekt wie jedes andere (,informe sobre la ley agraria', S. 62); werde er durch Vinkulationen dem Markte entzogen, so schade das der Rentabilität des landwirtschaftlichen Betriebs; durch das *Monopol* der Kirche sei der Boden in Spanien zu einem ,precio escandaloso' gestiegen; und genau so wie die spanische Landwirtschaft diesem Umstand ihren Tiefstand verdankte, so rühre der Aufschwung des Ackerbaus in den Vereinigten Staaten von Amerika von der Billigkeit des Bodens, von der gesunden Bodenpolitik dieser jungen Republik her." (S. 53) Jovellanos kennt Smith (Leonhard, S. 119); ob auch Pereyra, dessen Schrift nur 12 Jahre nach der „Wealth of Nations" herausgekommen ist, ihn gleichfalls gekannt hat, weiß ich nicht zu sagen.

Die gleiche Erkenntnis finde ich bei keinem Geringeren als Simonde de Sismondi. Er schreibt im zweiten Bande seiner „Etudes sur l'économie politique" (Paris 1838, S. 431): „Die Immobilien sind der handelsmäßigen Zirkulation nicht unterworfen; um sie zu nutzen, behält man sie, aber verkauft sie nicht: sie gelangen nur in Ausnahmefällen zum Verkauf. Wenn man sie alle gleichzeitig zum Verkauf stellen würde, würde ihr Kaufwert ungeheuerlich (démésurement) sinken, ohne daß die Eigentümer oder die ganze Nation deswegen in Wirklichkeit ärmer würden. Denn ihr wirklicher Wert wird nur durch diejenigen Ereignisse berührt, die die Nutzung mehr oder weniger vor-

---

[1] Diese und die folgende Stelle aus Jovellanos entnehme ich dem Werke Rudolfs, Leonhard, Agrarpolitik und Agrarreform in Spanien unter Carl III., München und Berlin 1909, S. 115 bzw. 137.

teilhaft gestalten." Sismondi kommt heute – mit Recht – wieder in größere Aufnahme. Man sollte die klaren Schlüsse, die dieser große Beobachter aus den Tatsachen zieht, im Falle des Bodenmonopols für den Aufbau der in Trümmern liegenden ökonomischen Theorie künftig geradeso heranziehen wie die sehr beachtenswerten Schlüsse, die er aus den Erfahrungen von Zagarolo in bezug auf das Problem des *Kapitals* zieht.[1] Dann würde die heutige Ökonomie nicht mehr dem harten Urteil ausgesetzt sein, das von Scheel in seinem Aufsatz: „Die politische Ökonomie als Wissenschaft" in dem Abschnitt über die englische Freihandelsschule, § 20[2] fällt: „Das Charakteristische dieser Richtung können wir nun noch näher dahin feststellen, daß sie, ob bewußt oder nicht, ganz entschieden die Tendenz zeigt, bestehende wirtschaftliche Machtverhältnisse theoretisch zu formulieren bzw. zu rechtfertigen. Die Voraussetzung der naturrechtlichen Betrachtung der Gesellschaft: daß die miteinander Verträge schließenden Personen und konkurrierenden Kräfte gleich seien, wird angenommen, ohne daß der doch wirklich vorhandenen Ungleichheit und der Notwendigkeit ihrer Beseitigung Rechnung getragen wird, *der Mechanismus der Volkswirtschaft mit den gerade geschichtlich gegebenen Stärkeverhältnissen wird als der natürliche betrachtet.*" Das ist im Kern meine ganze Auffassung. Statt „bestehende wirtschaftliche Machtverhältnisse theoretisch zu rechtfertigen", bemüht sie sich im Gegenteil, sie als entscheidenden Faktor des wirtschaftlichen Kräftespiels zu verstehen, und ordnet sie zu dem Zwecke in die altbekannte Kategorie ein, in die sie in der Tat gehören: in die *Monopole*. Sie macht ernst mit der ex professo vorgetragenen Lehrmeinung der gesamten Klassik, daß alle Monopole die Konkurrenz ablenken und die Verteilung verzerren, und zieht daraus den notwendig sich aufdrängenden Schluß, den die drei großen Meister der klassischen Methode ausdrücklich aus den Tatsachen gezogen haben, die ihnen durch die eigentümlichen Verhältnisse der Vereinigten Staaten dargeboten waren. Adam Smith schreibt (I, Kap. 8): „Hier verursacht die Knappheit an Händen einen Wettbewerb zwischen den Arbeitgebern, die gegeneinander bieten, um Arbeiter zu erhalten, und die auf diese Weise willkürlich (voluntarely) das natürliche Bündnis der Arbeitgeber durchbrechen, das den Zweck hat, jede Lohnerhöhung zu verhindern." Karl Marx hat im 25. Kapitel seines „Kapital" ausdrücklich erklärt, daß in „freien Kolonien", wo jedermann noch Land nehmen könne, Kapitalismus unmöglich sei, weil es keine freien Arbeiter gibt. Hier sind Geld und Produktionsmittel nicht „Kapital", sie „verwerten sich nicht". Und das gleiche sagt Ricardo in einer Stelle, die zugleich die völlig ausreichende Erklärung für die erstaunliche Hebung der amerikanischen Landarbeiterlöhne in den letzten Jahren seit dem Weltkriege enthält: „Wenn hier der Mangel an Arbeitern nicht aus volkreicheren Ländern gedeckt würde, so würde dies Streben" (des Kapitals, schneller anzuwachsen als die Menschenzahl) „den Preis der Arbeit sehr stark in die Höhe treiben" (Ricardo, Grundgesetze, S. 71). In der Tat ist der frühere Druck auf die Löhne der amerikanischen Arbeiter nur dadurch zu erklären, daß aus „volkreicheren Ländern" zu Dutzenden von Millionen Proletarier einströmten – und die jetzige Hebung der Löhne nicht anders als dadurch, daß zuerst der Weltkrieg, und dann eine starke Beschränkung der Einwanderung diesen Druck zum großen Teile aufgehoben hat. Die Folge davon ist, daß die Arbeiter selbst in ungeheurem Maße anfangen konnten, für sich zu „akkumulieren"; die von ihnen gegründeten Banken beginnen bereits, kräftig in die Finanzierungspolitik des Landes einzugreifen, und die Folge ist jetzt schon zum mindesten eine, jeder anderen theoretischen Auffassung als der meinen völlig unerklärliche, Linderung der bisher mit dem Kapitalismus scheinbar essentiell verknüpften Ausbeutung; und die Frage darf gestellt werden, ob nicht beim Fortgang dieser Entwicklung zuletzt das „Kapitalverhältnis" ganz gesprengt werden wird.

---

1 Vgl. Oppenheimer, System der Soziologie, Bd. III, 2 („Theorie der reinen und politischen Ökonomie") S. 599.
2 Scheel, in: Schönbergs Handbuch der politischen Ökonomie, 1. Bd., S. 93.

Es ist charakteristisch, daß gerade dieses schwierigste meiner Bücher ins Spanische übersetzt worden ist. Dort ist die alte große Tradition der formalen Logik und der mit logischen Mitteln geführten Diskussion lebendig geblieben; dort gibt es noch im „Ring" eine Anzahl voll Zuschauern, die imstande sind, jeden Stoß und Gegenstoß, jede Parade und Gegenparade des Zweikampfs der Geister fachmännisch zu beurteilen und sozusagen ästhetisch zu genießen. Nichts hat mir und meiner Lehre den Weg so ungeheuerlich erschwert als der Umstand, daß Männer von solchem Fachverstande und solcher gleichsam Sportfreudigkeit in Deutschland kaum noch existieren.

Frankfurt a. M. den 10. Februar 1927

Franz Oppenheimer

Erster Teil
Darstellung

Einleitung
I. Abschnitt:
Das Thema probandum

David Ricardos Grundrententheorie ist entstanden als Abwehr gegen die Angriffe des immer mehr erstarkenden zeitgenössischen Sozialismus. Sie schloß die letzte theoretische Lücke in der Rüstung der bürgerlichen Ökonomik. Nichts kann besser in ihr Verständnis einführen, nichts besser als leitender Faden durch das labyrinthische Gewirre der miteinander um den Sieg ringenden Theorien über diesen wichtigen Gegenstand dienen, als eine Darlegung der strategischen Position, in der sich damals Angreifer und Angegriffene befanden.

Der Kampf, den um die Wende des achtzehnten Jahrhunderts der neu belebte Sozialismus der Godwin, Wallace, Owen usw. gegen die bürgerliche Ökonomik führte, ist grundsätzlich nichts anderes als die Fortsetzung des Kampfes, den eine Generation zuvor der Frühliberalismus, nämlich die Physiokraten und Adam Smith[1], gegen den Feudalstaat geführt hatte.

A. Der Früh-Liberalismus und der Feudalstaat („Monopol" und freier Wettbewerb)

Der Wesenskern der liberalen Weltauffassung läßt sich, unter Abstraktion von allen Einzelheiten ihrer theoretischen Ausgestaltung, folgendermaßen umschreiben:

Nach dem „Naturrecht"[2] hat jeder Mensch den gleichen Anspruch auf volle wirtschaftliche

---

1 Daß Physiokratie und A. Smith „im *wesentlichen*" identisch sind, hat A. Wagner (Grundlegung, S. 7ff.) mit Recht festgestellt. Die Physiokraten selbst faßten das Verhältnis schon so auf. So schreibt Dupont de Nemours an J. B. Say: „Vous êtes, par la branche de Smith, un petit-fils de Quesnay et un neveu du grand Turgot" (abgedruckt in den „Physiocrates", hrsg. von Eugène Daire, Paris 1846, S. 395).

2 Das Naturrecht, im Keime bereits in der platonischen Philosophie enthalten (August Oncken, Nationalökonomie, Bd.I, S. 32), ist von der stoischen Schule ausgebaut worden (ebenda, S. 47). Die scholastischen Kanoniker bilden es mit katholischem Einschlag weiter aus, fußend namentlich auf Augustinus (ebenda, S. 87ff.); von ihnen übernimmt es in der Neuzeit zuerst Hugo Grotius, der es fortbildet (Ebenda, S. 191), und von hier aus geht die Lehre wieder auf Quesnay und A. Smith über (vgl. die grundlegende Abhandlung von W. Hasbach, Die philosophischen Grundlagen der von François Quesnay und Adam Smith begründeten politischen Ökonomie, [Bd. X, Heft 2 der Staats- und sozialwissenschaftl. Forschungen, Hrsg. G. Schmoller, Leipzig 1890] und Oncken, Nationalökonomie, S. 69 und 348). Vgl. ferner zur Charakteristik der naturrechtlichen Theorie: Taine, Die Entstehung des modernen Frankreich, Bd. I, S. 262f., 284. Zur Geschichte des Naturrechts vgl. ferner Gumplowicz, Geschichte der Staatstheorien, Innsbruck 1905. – Eine treffliche historische Skizze und Charakteristik gibt G. Schmoller, Grundriß der allgemeinen Volkswirtschaftslehre, I. Bd., Leipzig 1900, S. 82ff.

Bewegungsfreiheit, soweit dadurch das gleiche Recht der andern nicht gebrochen wird.¹ Das gesellschaftliche Ideal ist mit andern Worten der freie, völlig entfesselte Wettbewerb: „laissez faire, laissez passer!"² Wenn dieses Ideal erreicht ist, wird sich die „Harmonie aller Interessen"³ verwirklichen nach dem gleichen Gesetze, nach dem Schnee und Regen sich in mathematischen Ebenen anordnen, und nach dem die Materie im freien Raume sich zur vollkommenen Kugel formt. So wie hier die *eine* Schwerkraft die unzähligen, scheinbar regellos bewegten Teilchen in die vollendete Form zwängt, weil jedes auf jedes wirkt: so wirkt im Gesellschaftsleben die *eine* Kraft des wirtschaftlichen Selbstinteresses gleichmäßig auf die unzähligen, scheinbar regellos bewegten Wirtschaftssubjekte und läßt, weil jeder auf jeden wirkt, doch keinem einen andern Weg der Betätigung offen als den, der zur Harmonie, *d. h. zu unendlich vermehrtem und sehr gleichmäßig verteiltem Reichtum, führt.*

Um dieses Ziel des Glücks der Menschheit in Freiheit und Wohlstand zu erreichen, ist nichts anderes erforderlich, als den Wettbewerb völlig zu entfesseln, alle ihm im Wege stehenden Hindernisse zu beseitigen, d. h. alle historisch durch Verletzung des Naturrechts entstandenen und durch die Staatsgewalt aufrecht erhaltenen *Machtpositionen*, die einzelne Personen oder einzelne Klassen zum Schaden aller andern bevorrechten.

Der Nachweis im einzelnen, daß diese feudalen Machtpositionen es sind, die die „Strömung zum Gleichgewicht" hemmen, die Produktion ablenken und lähmen und namentlich die Verteilung der von der Gesamtgesellschaft geschaffenen Genußgüter bis zur krassesten Ungerechtigkeit verzerren, so daß sie allein an der Armut und Not der großen Masse die Schuld tragen, dieser Nachweis ist das Hauptthema der frühen liberalen Ökonomik. Sie entwickelt zum Zweck dieses Nachweises die Lehre von den „*Monopolen*" und den „*Monopolpreisen*".

Jene „Machtpositionen" fallen nämlich, das bedarf keiner weiteren Erörterung, unter den Oberbegriff des „Monopols", d. h. einer Übermacht im wirtschaftlichen Konkurrenzkampfe, die nicht auf einer Überlegenheit der persönlichen Begabung beruht. Darum steht die Erörterung der Monopole und Monopolpreise im Mittelpunkt der liberalen Ökonomik; und ihre genaue Auffassung bildet geradezu den Hauptschlüssel für das Verständnis aller großen Probleme und namentlich des uns hier beschäftigenden Problems der Grundrente. Die grundlegende Anschauung läßt sich in aller Kürze etwa folgendermaßen darstellen:

---

1 „Da mithin sämtliche Bevorzugungs- und Beschränkungssysteme vollständig wegfallen, stellt sich das klare und einfache System natürlicher Freiheit von selbst her. Jeder Mensch genießt, so lange er die Gesetze des Rechtsstaates nicht übertritt, vollkommene Freiheit, sein eigenes Interesse auf seinem eigenen Wege zu verfolgen und seinen Fleiß sowohl wie sein Kapital mit dem eines jeden anderen Menschen oder jeder anderen Menschenklasse in Konkurrenz zu setzen." (Adam Smith. Volkswohlstand, Berlin 1879, Bd. II, S. 200).

2 Vgl. zur Entstehung der Maxime und der Formel: August Oncken, Die Maxime laissez faire et laissez passer, Bern 1886.

3 „Ein Paradies der Gerechtigkeit und der Freiheit, des Glückes und des Reichtums aller, wie Morus es ausmalt, erfüllt auch die Träume des jungen Liberalismus: die Ungerechtigkeit, die durch staatliche Gunst oder historisch überkommene Lebensformen bewirkte Ungleichheit, soll verschwinden. Weg mit den Privilegien, welche die einen bevorteilen, die anderen schädigen; her mit dem „Recht der Arbeit", die auf eigenen Füßen steht und schafft aus eigener Kraft. Weg mit den Steuern, welche die misera contribuens plebs schwer bedrücken; her mit den „impôts justement répartis" (Boisguillebert). Dies sind die großen Ziele der „edelsten Geister" gewesen, welche im 18. Jahrhundert das Programm des laissez faire begründeten" (Dietzel, Theoretische Sozialökonomik, S. 135). Vgl. über Boisguilleberts Harmonielehre, die übrigens noch stark theologisch fundiert ist („La Nature qui n'est autre chose que la providence, hat die Dinge so geordnet, daß alles von selbst in sein gehöriges Gleichgewicht kommt") Oncken, Nationalökonomie, Bd. I, S. 251.

Es gibt zweierlei Arten von „Monopolen", *natürliche*, wie z. B. das Eigentum an Weinbergen besonders geschätzter Lage oder an Werken besonders geschätzter verstorbener Künstler[1]; und *rechtliche*, „verliehene", auf historischen Rechten beruhende. Der Wert der einen wie der andern für ihre Nutznießer besteht in den „*Monopolpreisen*", die sie ihnen abwerfen.

Unter dem Begriffe „Monopolpreis" erscheinen bei A. Smith zwei nahe verwandte, aber doch deutlich zu unterscheidende Dinge, je nachdem es sich um Waren oder Produktionsmittel handelt, die unter dem Schutze des Monopols stehen.

Monopolisierte *Waren* haben einen Preis, der mehr oder weniger hoch über dem „natürlichen Preise", d. h. demjenigen naturgesetzlich notwendigen und naturrechtlich gerechten Preise steht, der sich bei freiem Wettbewerbe aus dem Spiel von Angebot und Nachfrage ergeben würde. Der Monopolpreis ist der „höchste Preis, der dem Käufer abgepreßt werden kann". Die Differenz zwischen natürlichem und Monopolpreise ist der Übergewinn des Verkäufers, den ihm die Konkurrenz nicht abjagen kann. Solche Vorteile haben z. B. die Inhaber von Produktions- (Bannmühlen usw.) und Handelsprivilegien (indische Kompanien, die Nutznießer der Zollpolitik usw.) und von „Naturmonopolen".

An anderer Stelle bezeichnet Smith als „Monopolpreis" den Preis, den der Benutzer für die Leihe eines *Produktionsmittels* zu zahlen hat. „Die Bodenrente ist somit naturgemäß ein Monopolpreis. Sie steht in gar keinem Verhältnis zu dem, was der Besitzer für den Anbau des Bodens angelegt haben mag, oder zu dem, womit er sich billig begnügen könnte, sondern einzig und allein zu dem, was der Pächter zu bezahlen imstande ist".[2] Vorher sagt er ungefähr das gleiche vom „Arbeiter" im allgemeinen.[3]

Drückt bei den Waren der Monopolpreis auf den Konsumenten, so bei dem Produktionsmittel auf den Produzenten. Von seinem Arbeitsmittel durch das Monopol *ausgesperrt*, muß er sich Abzüge von seinem „natürlichen Arbeitslohn", dem vollen Ertrage seiner Arbeit, gefallen lassen, nur um leben zu können.

Soweit jene natürlichen Monopole in Frage kommen, ist der Monopolpreis sehr harmlos. Denn die dadurch begünstigten Erzeugnisse sind lediglich Luxusbedürfnisse sehr reicher Klassen. Dagegen sind die rechtlichen Monopole überaus gefährliche Schädlinge des Wirtschaftslebens, weil sie zugunsten weniger, Bevorrechteter, die große Masse durch die Monopolpreise, die sie ihr „abpressen", ausbeuten und dadurch die Strömung zum Gleichgewicht heillos zerstören. Sie müssen daher aus dem Gesellschaftsorganismus ausgemerzt werden. Ihre Nutznießer dürfen sich nicht auf das historische Recht berufen: denn das Verdammungsurteil ist von der höheren und höchsten Instanz, gleichsam dem Oberappellationsgericht, dem Naturrecht, gefällt worden.

B. Der Bourgeois-Liberalismus und der Sozialismus

Dieses Urteil war in dem zwischen Adam Smith und Ricardo verflossenen Menschenalter in Westeuropa vollstreckt worden. Die als solche erkennbaren Machtpositionen des Feudalstaates waren im wesentlichen beseitigt: Standesvorrechte, Zunft- und Bannrechte, Privilegien einzelner Berufs-

---

[1] Die beiden in der Literatur immer wiederkehrenden Beispiele finden sich schon bei den Physiokraten, z. B. schreibt Le Trosne (in: Physiocrates, S. 892): „Les cantons qui donnent du vin supérieur sont rares", und zwei Seiten später: „Comme personne ne nous apportera des tableaus de Rubens ou de Le Sueur, le prix ne sera qu'augmenter."
[2] Smith, Volkswohlstand, Bd. I, S. 157.
[3] Ebenda, S. 69.

klassen, Zölle und Prämien, Beschränkungen des freien Zuges, Taxen usw. usw. Aber die „Harmonie" aller Interessen wollte sich dennoch nicht einstellen.

Freilich: der Gewinn des Kapitaleigentümers und die Grundrente des Grundeigentümers waren beide ins Unermeßliche gestiegen, und so war in der Tat die Prophezeiung des Liberalismus glänzend bestätigt worden, daß die Wirtschaft des freien Wettbewerbes gewaltige Quellen des Reichtums neu zum Sprudeln bringen werde: aber die dritte Art des Einkommens, der *Lohn*, war augenscheinlich eher gesunken als gestiegen. Die Masse des Volkes litt unendlich; der Sozialismus trennte sich immer entschiedener von dem Liberalismus und forderte immer lauter und drohender, daß nunmehr grundstürzende *wirtschaftliche* Reformen das Werk der Menschheitserlösung vollenden sollten, das die *politischen* nur erst eingeleitet hätten. Das individuelle Grund- und Kapitaleigentum sollte fallen, alle Produktionsmittel in das Eigentum der Gesamtheit übergehen.

Um diese Forderungen zu begründen, bediente sich der Sozialismus, der echte Sohn und gelehrige Schüler des Liberalismus, der von diesem selbst geschmiedeten Waffen. Er forderte den Gegner vor ein Tribunal, vor dem er sich unmöglich weigern konnte, zu erscheinen, vor das Höchstgericht des Naturrechts, und erhob hier die Anklage gegen Grund- und Kapitaleigentum als *Monopole*, die durch ihre Monopolpreise, *Profit* und *Grundrente*, die Volksmasse ausbeuteten, die Produktion lähmten und in falsche Bahnen drängten und die Strömung zum Gleichgewicht heillos störten. Diese wirtschaftlichen Monopole seien in ihrer Wirkung auf die Gesundheit des gesellschaftlichen Organismus die nur noch schlimmeren Gegenstücke der durch den Liberalismus fortgeräumten politischen Monopole, seien daher dem gleichen Verdammungsurteil verfallen und ihnen in den Orkus nachzusenden.

Wie man sieht, legen die Sozialisten weitaus das größte Gewicht ihrer Anklage auf die zweite Art der oben von uns unterschiedenen Monopole. Während A. Smith und vor allem seine Nachfolger in der Regel nur den dem Käufer abgepreßten Monopolpreis der *Waren* ins Auge fassen, als Geschäftsleute, die unter bevorzugten Konkurrenten, und als Bürger, die unter dem hohen Preise zollgeschützter Lebensbedürfnisse leiden: ist den Sozialisten das monopolistische Eigentum an den *Produktionsmitteln*, an Boden und Kapital, die Wurzel aller Übel. Aus allen ihren Schriften klingt immer wieder die eine Klage über den „Monopolpreis" im zweiten Sinne, als den dem Arbeiter abgepreßten Tribut eines großen Teiles seines „natürlichen Lohnes", den er bewilligen muß, weil er sonst, von seinem Produktionsmittel abgesperrt, verhungern müßte.

Wenn man genau hinschaut, sind diese Argumente, mit denen der jüngere antikapitalistische Sozialismus dem Bourgeoisliberalismus zu Leibe geht, noch älter als der Frühliberalismus. Sie entstammen in allem Grundsätzlichen bereits dem älteren, antiagrarischen Sozialismus, der – das Kapital spielte damals noch kaum eine Rolle im Wirtschaftsleben – mit ganz der gleichen naturrechtlichen Begründung das Gemeineigentum an Grund und Boden forderte. Nach G. Adler[1] „wurzelt dieser urwüchsig dem Volke entstammte Sozialismus in der naturrechtlichen Anschauung vom Staate, die durch die politischen Schriften Miltons[2] (1608 bis 1674) rasch populär geworden waren"[3]. Und bereits das Jahr 1649 sah den Versuch der „wahren Leveller" unter Führung Gerard Winstanleys[4] und William Everards, das Gemeineigentum durch Okkupation eines fremden Grundstücks in die Praxis einzuführen. Zwei Jahre später folgte die theoretische Begründung

---

1 Adler, Einleitung zu Spences, Das Gemeineigentum am Boden.
2 Über Milton vgl. Gumplowicz, Geschichte der Staatstheorien, S. 203 ff.
3 Zur „Evolution des Gleichheitsgedankens", vgl. Jul. Wolf, Sozialismus und kapitalistische Gesellschaftsordnung, S. 30 ff., namentlich über den kontinentalen Agrarsozialismus des hohen Mittelalters.
4 So schreibt Adler den Namen an der genannten Stelle. In seiner „Geschichte des Sozialismus und Kommunismus" S. 229/231 schreibt er ihn aber unter Berufung auf W. Hasbach: Gerrard Winstanly.

durch Winstanley in seiner „Law of freedom in a platform or true magistracy restored". Spence, in dem dieser ältere antiagrarische Sozialismus gipfelt, schrieb 1775 die folgenden Worte, die die Aussperrung von den Produktionsmitteln und den daraus folgenden Monopolpreis als Ursache aller gesellschaftlichen Übel brandmarken:

> „So kommt es, daß die Menschen in keinem Teil der Welt, selbst nicht da, wo sie geboren sind, anders leben können denn als Fremdlinge und aufgrund einer Erlaubnis derjenigen, die sich als die Eigentümer des Bodens ausgeben; eine Erlaubnis, für die in den meisten Fällen ein unverhältnismäßig hoher Preis gezahlt werden muß, – wobei schon jetzt viele sich derart einschränken müssen, daß man glauben kann, wenn es so weiter geht, werden nur wenige übrig bleiben, denen diese Vergünstigung zuteil werden kann."[1]

Ganz dieselbe Anklage mit der gleichen Begründung, durch Aussperrung von seinem Produktionsmittel von dem Arbeiter den „Monopolpreis" zu erpressen, erhebt nun der jüngere antikapitalistische Sozialismus gegen den Bourgeoisliberalismus[2] und fordert mit den gleichen naturrechtlichen Argumenten die Abschaffung der Monopole. Das ist so sehr das durchgängige Leitmotiv aller sozialistischen Sekten, so verschieden sie auch sonst in Theorie und Praxis sein mögen, daß wir uns weitere Belege sparen können.

Dieser Anklage konnten die Verteidiger der bürgerlichen Wirtschaftsordnung nicht anders als durch den Nachweis begegnen, *daß das Kapital- und das Grundeigentum nicht abstellbare „Monopole", sondern notwendige Schöpfungen des Naturrechts selbst sind.* Nur so konnte Profit und Grundrente gerettet werden: denn das naturrechtlich Notwendige ist immer auch das ewig Gerechte. *Das ist das Thema probandum der zweiten Generation der deduktiven Theoretik: der „Bourgeois-Ökonomie".*

1. Das Gesetz vom sinkenden Nahrungsspielraum

Um diesen Nachweis zu führen, mußte eine neue Prämisse in den Bestand der „Axiome" der politischen Ökonomie aufgenommen werden: das *„Gesetz vom sinkenden Nahrungsspielraum"*, wie ich es genannt habe.

Schon Turgot hat die Erfahrung der landwirtschaftlichen Rentabilitätsrechnung formuliert, die später als das „Gesetz vom abnehmenden Bodenertrag" (auch „Gesetz der sinkenden Erträge" genannt) eine ausschlaggebende Stelle in der volkswirtschaftlichen Theoretik einnehmen sollte, die Erfahrung, daß, von einem gewissen Punkte an, dem auf einen gegebenen Acker verausgabten Mehraufwand an Arbeit und Kapital *unter sonst gleichen Umständen* kein verhältnismäßiger Mehr-

---

[1] Spence, Das Gemeineigentum am Boden, S. 26; ähnlich Hall i. J. 1805 nach G. Adler, Mehrwertlehre und Bodenreform in England im 18. Jahrhundert und Charles Hall, (Einleitung zum 4. Heft der „Hauptwerke des Sozialismus", S. 23): „Ein kleiner Teil der Nation – hebt Hall an – hat sich in allen Staaten durch Gewalt des Bodens bemächtigt und hat dadurch die Macht, den besitzlosen Klassen – die ohne Arbeitsmittel sind und darum nur mit Erlaubnis der Eigentümer arbeiten können – die Bedingungen der Existenz vorzuschreiben. Und von dieser Macht machen die Eigentümer rücksichtslos Gebrauch, wie die Betrachtung der sozialen Zustände unter dem Regime der Zivilisation zeigt."

[2] Vgl. z. B. Sismondi, Etudes sur l'économie politique, Bd. I, S. 44f.: „C'est la condition d'hommes qui doivent vivre de leur travail, qui ne peuvent travailler qu'autant que les capitalistes les emploient, et qui dans leur oisiveté doivent retomber à la charge de la société. Cette société qui prête tout son appui aux riches ne permet point au prolétaire de travailler à la terre si le propriétaire ou son fermier ne l'y appellent pas. Elle ne lui permet point de travailler aux métiers si le fabricant ou son facteur ne l'appellent pas."

ertrag entspreche.[1] Dieses unbestreitbar richtigen Satzes bemächtigte sich die Bourgeois-Ökonomie; sie erhob ihn aus der Sphäre der privatwirtschaftlichen Rentabilität in diejenige der volkswirtschaftlichen Produktivität, indem sie das „Gesetz des sinkenden Nahrungsspielraums" – nicht etwa aus ihm deduzierte, sondern einfach als sein Korollarium aussprach. Als der „gegebene Acker" erschien hier das gesamte Feldland einer Nation bzw. eines ganzen Wirtschaftskreises; auf dieses kann ein an Zahl vermehrtes Volk zwar, entsprechend seinem Wachstum, mehr Arbeit und Kapital verwenden, erhält aber nur einen proportional minderen Gesamtertrag; mit andern Worten: wachsende Völker stehen unter dem Gesetz des sinkenden Nahrungsspielraums.

Es ist hier noch nicht der Ort, zu untersuchen, ob dieses Gesetz in der Tat als Korollarium des Bodengesetzes ausgesprochen werden darf.[2] Wir wollen die Frage vorläufig offenlassen, ob bei dem Vergleich zweier Perioden im Dasein eines wachsenden Volkes jene einschränkende Bedingung: „unter sonst gleichen Umständen" ohne weiteres als erfüllt betrachtet werden kann; oder ob nicht vielleicht mit dem Wachstum eines Volkes selbst gewisse andere Entwicklungen regelmäßig verbunden sind, die jene Bedingung einzutreten verhindern; ob nicht vielleicht die *Kapitalbewaffnung* jeder einzelnen Arbeitskraft, ob nicht vielleicht der *Wirkungsgrad* jeder einzelnen Arbeitskraft durch vermehrte Arbeitsteilung und Arbeitsvereinigung, ob nicht vielleicht die durchschnittliche *fachmännische Tüchtigkeit* jeder einzelnen Arbeitskraft bei einem wachsenden Volke normalerweise so sehr zunehmen, daß der Ertrag, trotz dem Bodengesetz, proportional der Zahl der Arbeiter oder vielleicht noch stärker wächst. Wäre das etwa der Fall, so dürfte man, ohne das Bodengesetz in seiner Sphäre zu bezweifeln, dennoch ein „Gesetz des *steigenden* Nahrungsspielraums" formulieren.[3]

Senior zum Beispiel, der bekanntlich dem „Gesetz der sinkenden Erträge" seine bekannteste Fassung gegeben hat[4], war durchaus geneigt, daneben das „Gesetz vom steigenden Spielraum" gelten zu lassen. Er schreibt: „The improvements in the art of agriculture always accompany that increase (of agricultural labour) when it is accompanied by an increase of the capital as well as of

---

1 „Saat, die man auf einen Boden wirft, der von natürlicher Fruchtbarkeit, aber gar nicht zugerichtet ist, würde eine fast gänzlich verlorene Auslage sein. Ist der Boden einmal gepflügt, dann wird der Ertrag schon größer sein, – wenn man ihn ein zweites, ein drittes Mal pflügt, so wird der Ertrag nicht nur verdoppelt und verdreifacht, sondern vervierfacht und verzehnfacht, welcher Ertrag sich auf diese Weise in viel stärkerem Verhältnisse vermehrt, als die Auslagen wachsen, und dies bis zu einem bestimmten Punkte, zu welchem das Produkt so groß als möglich ist, verglichen mit den Auslagen.

Ist dieser Punkt überschritten, so wird sich der Ertrag noch vermehren, wenn die Auslagen noch vermehrt werden, aber um weniger, und um immer weniger und weniger, bis die Fruchtbarkeit der Erde erschöpft ist, und die Kunst unfähig ist, noch irgend etwas hinzuzufügen, dann wird ein weiterer Zusatz zu den Auslagen nichts mehr zur Vergrößerung des Ertrages beitragen."

Turgot, Observations sur le mémoire de M. de Saint-Peravy en faveur de l'impôt indirect, couronné par la Société royale d'agriculture de Limoges, zitiert nach Diehl, Sozialwissenschaftliche Erläuterungen zu David Ricardos Grundgesetzen, I. Bd., S. 218.

2 Vgl. Oppenheimer, Bevölkerungsgesetz des T. R. Malthus, S. 55ff. [im vorliegenden Band S. 318] und meine Abhandlung: „Das sog. Gesetz vom abnehmenden Bodenertrage", Jahrb. d. Bodenreform, 1907. III. Bd., 3. Heft, S. 184.

3 K. Diehl, der (Diehl, Sozialwissenschaftliche Erläuterungen, Bd. I, S. 229f.) gegen den Autor mit der seltsamen Behauptung polemisiert, dieser greife das *Gesetz des sinkenden Bodenertrages* an, das er doch an anderer Stelle ausdrücklich anerkenne, wird jetzt wohl einsehen, daß für die Verwirrung nicht der Autor, sondern sein Rezensent die Verantwortung trägt. Man kann eben dieses Gesetz anerkennen und dennoch sein angebliches Korollar, das *Gesetz des sinkenden Spielraums*, bestreiten.

4 Vgl. Adolf Wagner, Grundlegung, S. 654.

the population of a Country; and they always counteract, and *often outweigh* the inferiority or diminished proportional powers of the soil to which they are applied."[1]

Ob die Physiokraten außer Turgot, ob Adam Smith samt seiner Generation das Bodengesetz kannten oder nicht, anerkannten oder nicht: jedenfalls glaubten sie, daß mit dem Wachstum der Bevölkerung und des Marktes und mit der Arbeitsteilung nicht nur die gewerbliche, *sondern auch die landwirtschaftliche Gütererzeugung* stärker wachse als die Kopfzahl; sie glaubten daher an das Gesetz vom steigenden Spielraum.[2] Daher ihr freudiger Optimismus in bezug auf die Zukunft der Menschheit!

Die zweite Generation der deduktiven Schule aber, allen voran Malthus und Ricardo, nahm im Gegenteil das angebliche „Naturgesetz" vom sinkenden Spielraum als Axiom an und schufen sich dadurch eine ganz neue Prämisse für ihre Deduktionen. Dadurch vor allem unterscheidet sich die zweite Generation von der ersten, scheidet sich die „Bourgeois-Ökonomie" von dem Sozialliberalismus[3]; hier allein steckt die logische Wurzel des tiefen Pessimismus, den sie an die Stelle des freudigen Optimismus ihrer Vorgänger setzte, des Pessimismus, der die „frohe Botschaft" des Sozialliberalismus in die „trübe Wissenschaft", die „dismal science" verwandelte[4].

Aber: ob pessimistisch oder nicht, die neue Prämisse war notwendig, um Kapital- und Grundeigentum, Profit und Grundrente gegen die sozialistische Anklage zu verteidigen.

2. Die Verteidigung des Profits

Die Theorie, mit der der Profit verteidigt wurde, fällt anscheinend aus dem Rahmen unserer Aufgabe heraus. Dennoch werden wir sie in aller gebotenen Kürze betrachten müssen, weil sie, wie sich zeigen wird, auch für die Verteidigung der Grundrente von entscheidender Bedeutung ist; wie denn überhaupt in dieser deduktiven Theoretik jede Einzellehre immer in jeder andern ihre Stütze findet.

Die Verteidigung des Profits war eine verhältnismäßig leichte Aufgabe. Denn hier konnten sich die bürgerlichen Vorkämpfer auf eine sozusagen kanonische Theorie stützen, die das Kapital und den Profit grundsätzlich aus naturrechtlichen Prämissen ableitete und rechtfertigte: es war die

---

1 Zitiert nach Berens, Dogmengeschichte, S. 208.
2 Z. B. schreibt Smith (Volkswohlstand, S. 189): „Der infolge der Bodenverbesserung eintretende Überfluß an Nahrungsmitteln, welcher viele Menschen in den Stand setzt, einen Überschuß über den eigenen Gebrauch an andere abgeben zu können (...)" Vgl. auch S. 178, 190 usw. Und James Anderson steht noch 1801 verbis expressis auf diesem Standpunkt, den er auch 1777 einnahm. Vgl. L. Brentanos Ausgabe seiner „Drei Schriften über Korngesetze und Getreidezölle", S. 146, 166ff.
3 Vgl. Hasbach, Die englischen Landarbeiter, S. 58: „So steigen die Preise. Die steigenden Preise reizen zu neuen Einhegungen, und deren Wirkungen verändern und gestalten allmählich in den Köpfen der Theoretiker drei Lehren unserer Wissenschaft: die Lehre von der Grundrente, dem sinkenden Bodenertrage und der Bevölkerung."
4 Vgl. Eisenhart, Geschichte der Nationalökonomik. Jena 1881, S. 100: „Denn wenngleich *Smith* noch des *guten Glaubens* war, daß der treibende Eigennutz des einen immer in der Wachsamkeit des anderen naturgesetzliche Schranken finden und wie ‚von einer höheren Hand über ihm' zum Gemeinwohl zurückgeführt werden würde, und der eine wie der andere auf die Länge den natürlichen Preis seiner Ware oder Arbeit finden werde, so wurde doch bereits *Malthus* zur *pessimistischen* Anerkennung eines natürlichen Übervölkerungsprinzips mit allen seinen Greueln und Ricardo eines ‚ehernen Lohngesetzes' geführt, das die unteren Klassen schließlich immer und überall zum Elende verdamme; nur daß beide diesen Verlauf als das natürliche Verhängnis der menschlichen Geschicke hinnehmen zu müssen glaubten."

bereits von A. Smith im wesentlichen entwickelte *Lohnfondstheorie*. Sie bedurfte nur gewisser Korrekturen durch das „Gesetz vom sinkenden Spielraum", um wieder ganz brauchbar zu werden.

Für Adam Smith ist das Kapital die notwendige Vorbedingung jeder weiter ausschauenden, d. h. jeder höheren Produktion. Der zum Unterhalt der Arbeiter während der Produktionsperiode notwendige Stamm von Subsistenzmitteln, der Lohnfonds, muß aufgehäuft sein ehe die Produktion beginnen kann: „Diese Ansammlung muß augenscheinlich bereits stattgefunden haben, bevor er sich für eine so lange Zeit einer besonderen Beschäftigung widmen kann."[1]

Woher stammt dieser „Lohnfonds"? Aus wirtschaftlichen Tugenden! Er ist Ersparnis[2] des Kapitalbesitzers oder seiner Vorfahren aus dem Ertrage früherer Arbeit. Vielleicht war dieser Ertrag besonders hoch: dann ist das Kapital auch den wirtschaftlichen Tugenden des Fleißes, der Intelligenz usw. verdankt; aber jedenfalls ist es außerdem das Ergebnis vorsichtig wirtschaftender Enthaltsamkeit.

Was kann den Menschen bestimmen, einen Teil seines Arbeitsertrages zu kapitalisieren, statt unmittelbar zu genießen? Nur die Gewißheit größeren Genusses in der Zukunft! Dieser Genuß ist der Kapitalgewinn, der Profit. Gäbe es also keinen Profit, so gäbe es kein Kapital, und gäbe es kein Kapital, so bestünde keine höhere Wirtschaft.

Wie bestimmt sich nun in der Wirtschaft der freien Konkurrenz die *Höhe* des Profits? Auf das einfachste durch das Verhältnis von Nachfrage und Angebot auf dem Markte! Das gesellschaftliche Gesamtkapital stellt, als Gesamtlohnfonds, die Nachfrage nach Arbeit, die Gesamtheit der arbeitsfähigen und arbeitswilligen Arbeiter stellt das Angebot von Arbeit dar. Danach bestimmt sich der Durchschnittslohn, wie der Preis jeder andern Ware; was nach seiner Auszahlung vom Gesamtertrage der Arbeit übrigbleibt, gehört, als Profit, dem Kapital. (Von der Grundrente, als dem den beteiligten Grundeigentümern zufallenden Anteil am Ertrage, kann hier um so mehr abgesehen werden, als, wie sich zeigen wird, Smith über diesen Anteil zu keiner klaren Vorstellung gelangt ist.)

Diese Konstruktion war in allem Grundsätzlichen für die Bourgeois-Ökonomik noch durchaus verwendbar, wie sie denn auch den eigentlich *bürgerlichen*, vom Klasseninteresse diktierten Bestandteil der Smithschen Theoretik ausmacht. Sie leistet alles, was man verlangen konnte, indem sie Kapital und Profit naturrechtlich erklärte und rechtfertigte.

Aber Smith war von diesen Prämissen aus zu einer Ableitung gelangt, die Wasser auf die Mühle des Sozialismus leitete:

Er nahm an, eine Folgerung aus dem von ihm angenommenen Gesetz des steigenden Spielraums, daß in jeder fortschreitenden Gesellschaft der Lohnfonds viel schneller wachsen müsse als die Zahl der Arbeiter, und daß daher der Lohn schnell und dauernd steigen werde.[3]

Nun war in der Tat – niemandem konnte es einfallen, das leugnen zu wollen – das gesellschaftliche Gesamtkapital viel schneller gewachsen als die Zahl der Arbeiter: aber der Lohn war eher gesunken als gestiegen. Wie das erklären, ohne die gesamte Naturrechtstheorie des Kapitals zu opfern?

Hier half Malthus mit dem „Gesetz vom sinkenden Spielraum", das er als das „Bevölkerungsgesetz" formulierte. Danach erschien das *Angebot* von Arbeit auf dem Markte, dank der „Unvorsichtigkeit der Arbeiter", ungeheuer groß, und es war erklärt, warum der Quotient des Bruches: Kapital dividiert durch Arbeiterzahl ($K:p$) so beklagenswert klein blieb. Ricardo stützte diese Deduk-

---

1 Smith, Volkswohlstand, Bd. I., S. 281.
2 Auch dieser Gedanke ist bereits physiokratisch. So z. B. sagt Mercier de la Rivière (L'ordre naturel des sociétés politiques, S. 603): „Tout homme qui ne dépense que le quart ou la moitié de son revenu doit certainement augmenter sa fortune: quel que soit un agent de l'industrie, il ne peut s'enrichir que par cette voie, s'il ne vend des ouvrages qu'à leur prix nécessaire." Auch der Bezug der Grundrente, des produit net, wird regelmäßig mit den „privations" der ersten Okkupanten und Urbarer gerechtfertigt.
3 Vgl. A. Smith, Volkswohlstand, S. 73.

tion, was hier erwähnt werden mag, obgleich es nicht streng zur Sache gehört, noch dadurch, daß er die *Nachfrage* nach Arbeit viel kleiner erscheinen ließ, als Smith angenommen hatte. Zu dem Zwecke spaltete er das Kapital in zwei Teile, von denen nur noch einer, relativ immer mehr sich vermindernder, das *„zirkulierende"* (für Löhne, Roh- und Hilfsstoffe bestimmte) Kapital, die Nachfrage nach Arbeit ausübte, während das *„fixe"* (in Gebäuden und Maschinen angelegte) Kapital keine Nachfrage ausüben sollte.[1]

So war denn durch diese Doppelkorrektur die Lohnfondstheorie des Frühliberalismus den Zwecken der Bourgeois-Ökonomie entsprechend umgestaltet worden: K erschien viel kleiner, p viel größer als bei Smith, und die Verteidigung des Profits war vollendet.[2]

3. Die Verteidigung der Grundrente

a) Der Stand der Rententheorie

Viel schwerer war die Verteidigung der Grundrente, weil hier noch keine unzweideutige naturrechtliche Theorie existierte. Adam Smith, der sich im allgemeinen mehr durch die gewaltige Weite seines alle menschlichen Beziehungen umspannenden Blickes, als durch logische Konsequenz auszeichnete[3], war im besonderen gegenüber dem Problem der Grundrente zu keiner festen Stellung gelangt.[4]

Fünf Ableitungen der Grundrente sind bekannt, und ich zweifle, ob mehr möglich sind; von diesen lag eine noch unter dem wissenschaftlichen Horizont, die modernste, die Ableitung aus der Grenznutzenlehre, wie sie namentlich v. Böhm-Bawerk[5] und H. von Schullern-Schrattenhofen[6] vertreten. Die zweite, die zuerst von Turgot und Dupont de Nemours angedeutete[7], später von

---

1 Marx hat bekanntlich diese Spaltung noch in dem Sinne verstärkt, daß der Lohnfonds *noch* kleiner erschien. Sein „variables" Kapital, das einzig Nachfrage nach Arbeit ausüben soll, umfaßt nur noch das Lohnkapital allein; die Roh- und Hilfsstoffe hat er dem Ricardoschen fixen Kapital zugeschlagen und bezeichnet diese ganze Masse als das „konstante" Kapital.
2 Man findet häufig die Auffassung, die Lohnfondstheorie sei Schöpfung erst der Epigonen von Smith (vgl. z. B. G. Adler, Art. Lohn, in: Elsters Handbuch der Staatswissenschaft, II. Bd., S. 428). Das scheint mir nur cum grano salis zuzugeben. Die Elemente der Division: gesellschaftliches Kapital und Arbeiterzahl, finden sich bereits bei Smith, z. B. sofort in der Einleitung: „Die Anzahl dieser nützlich und produktiv Arbeitenden aber steht (. . .) stets im Verhältnisse zu der Größe des Kapitals, welches dazu angewendet wird, ihnen Beschäftigung zu geben" (Smith, Volkswohlstand, S. 2). Nur die pessimistische Ausbildung und die törichte Überspitzung der Theorie ist das Werk der Epigonen gewesen.
3 „It cannot be denied that there is occasionally a great want of precision and distinctness in the definitions, and in the strictly scientific parts", Mac Culloch, Introductory Discourse, S. 61), vgl. Oncken, Nationalökonomie, S. 80.
4 „There are few chapters in Dr. Smith's great work more unsatisfactory than his chapter on rent." (Mac Culloch, Notes and Dissertations, S. 19, Note III).
5 Böhm-Bawerk, Kapital und Kapitalzins, Bd. II, S. 381ff.
6 Schullern-Schrattenhofen, Begriff und Wesen der Grundrente, Leipzig 1889.
7 Hier erscheint die Rente als Entgelt derjenigen Ausgaben an Arbeit und beweglichen Gütern, die der erste Okkupant auf die Urbarung eines Landgutes angewendet hat (avances foncières). „Ces avances ont été l'oeuvre des premiers propriétaires et forment le titre en vertu duquel ils ont droit au produit net du sol" (in: Physiocrates, S. XLI). Der Unterschied dieser Keimform gegen die ausgebildete Theorie besteht darin, daß in jener die Rente noch nicht als Spezialfall des Profits erscheint, dem gegenüber die Physiokraten sich noch völlig naiv verhalten, der ihnen noch kein Problem ist.

Carey (und Bastiat) zum Mittelpunkt eines neuen Systems gemachte Lehre, die die Grundrente als Einkommensquelle sui generis leugnet, indem sie sie als den Profit des Urbarungskapitals erklärt, hat Smith mit knapper, scharfer Begründung als falsch abgewiesen[1]. Die drei übrigen aber finden sich in seinem System unvermittelt nebeneinander. Es sind die *„Naturrechtstheorie"*, wie wir die Lehre von der Grundrente als *Differentialrente* in diesem Werke bezeichnen werden, die *physiokratische Lehre* von der „Produktion" der Grundrente durch den Boden selbst, und schließlich die *Monopoltheorie*.

α) Die Naturrechtstheorie der Rente

Die Naturrechtstheorie von der Grundrente als Differentialrente, diejenige, die eine Generation später Ricardo ausbaute, findet sich in ihren Elementen fast vollständig schon bei Smith skizziert. Ricardo selbst stellt das in der Einleitung zu dem 24. Hauptstück seiner „Grundsätze" fest, in dem er sich mit der Smithschen Grundrentenlehre auseinandersetzt. Nachdem er die kennzeichnende Stelle angeführt hat, in der der Altmeister allerdings die Hauptsätze seiner (Ricardos) eigenen Theorie in unzweideutigster Formulierung ausspricht, fährt er fort: „Diese Stelle würde natürlich den Leser glauben machen, ihr Verfasser könne die Natur der Rente nicht mißverstanden haben." Da diese Naturrechtstheorie den eigentlichen Gegenstand unserer Untersuchung bildet, können wir es an dieser Stelle mit dem bloßen Hinweis genügen lassen.

β) Die physiokratische Rentenlehre

Die Lehre der Physiokraten im allgemeinen beruht bekanntlich auf der naiven Vorstellung, daß die landwirtschaftliche Produktion sich grundsätzlich von der gewerblichen dadurch unterscheide, daß nur jene einen „Überschuß" über die Auslagen gewähre, das „produit net", während die Gewerbsarbeit gerade so viel koste, wie sie hervorbringe, also „steril" sei. Die physiokratische Rentenlehre im besonderen, dadurch läßt sie sich wohl am kürzesten darstellen und gleichzeitig widerlegen, beruht auf der Verwirrung einer privatwirtschaftlichen Tatsache aus der Kategorie der Rentabilität und einer volkswirtschaftlichen Tatsache aus der Kategorie der Produktivität[2]:

Im Mittelpunkt ihres Systems stand nämlich die überaus wichtige und fruchtbare Erkenntnis, daß alle höhere Wirtschaft und Gesellschaft, daß also Gewerbe, Handel, Wissenschaft und Kunst nur in dem Maße entstehen und wachsen können, wie die landwirtschaftliche Produktion Nahrungsüberschüsse herstellt und vermehrt. Sie werden nicht müde, diesen grundlegenden volkswirt-

---

1 „Die Bodenrente, so könnte man denken, ist oft nichts weiter als der billige Gewinn oder Geldzins für das Kapital, welches der Gutsbesitzer auf die Urbarmachung oder Verbesserung des Bodens verwendet hat. Ohne Zweifel mag dies teilweise, aber kaum je mehr als teilweise, bei manchen Gelegenheiten der Fall sein. Der Gutsbesitzer verlangt eine Rente auch für unangebautes Land, und der vorausgesetzte Zins oder Gewinn auf die Kosten des Anbaues wird dieser ursprünglichen Rente gewöhnlich hinzugeschlagen. Außerdem geschieht dieser Anbau nicht immer auf Kosten des Gutsbesitzers, sondern oft auf die des Pächters; trotzdem aber verlangt auch in letzterem Falle der Besitzer gewöhnlich bei Erneuerung des Pachtvertrages dieselbe Erhöhung der Rente, als ob er all die Kosten selbst bestritten hätte." A. Smith, Volkswohlstand, Bd. I, S. 156.

2 Diese Verwirrung ist eine Hauptursache fast aller Irrtümer der Theoretik. Die Physiokraten selbst kämpften gegen einen solchen Irrtum des Merkantilismus, der die Privatvorteile der Fabrikanten, Kaufleute und Reeder für Nationalvorteile ausgab. „Il faut distinguer le pécule des commerçants de celui de la nation; ces deux parties n'ont rien de commun" (Quesnay, Œuvres; zitiert nach Oncken, Nationalökonomie, S. 367).

schaftlichen Zusammenhang darzulegen.¹ Sie stehen mit andern Worten grundsätzlich auf dem einzig möglichen und fruchtbaren Standpunkt des von mir so genannten „Geozentrismus": es war eine Hauptwurzel fast aller Irrungen der späteren Theorie, daß sie zum „Industriezentrismus" überging, dem ganz aussichtslosen Versuche, „aus den Erscheinungen der Industrie allein diese selbst und die Agrikultur zu begreifen und zu erklären"².

Aber die Physiokratie verfiel in einen andern Irrtum, nämlich diesen volkswirtschaftlichen Überschuß der Nahrungsmittelerzeugung dem privatwirtschaftlichen Überschuß des Grundeigentümers gleichzusetzen.³ Das ist schon an und für sich ungenau, weil der zur Verfügung der Gewerbe usw. stehende Überschuß eine andere Größe ist als die Rente. Sehen wir von dem „Durchgang durch die Geldform" ab, nehmen wir an, daß der Ertrag eines Grundstücks nur in Getreide bestehe und in natura unter Arbeit, Kapital und Grundeigentum geteilt werde, so ist der zur Verfügung der städtischen Elemente stehende Überschuß jene Menge Korn, die Arbeiter, Kapitalist und Eigentümer nicht selbst verzehren, sondern gegen Gewerbswaren usw. vertauschen. Die privatwirtschaftliche Rente aber ist der Kornvorrat, den der Grundeigentümer allein erhält, den Teil eingeschlossen, den er nicht zu Markte bringen, sonden selbst verzehren wird. Das sind also schon der Größe nach ganz verschiedene Dinge.

Wir werden der physiokratischen Lehre noch einige Male begegnen; sie spukt mehr oder weniger verhüllt bis auf unsere Tage in der Theoretik. Hier interessiert uns nur, wie Adam Smith sich zu ihr verhält. Es ist bekannt, daß er sie ex professo bekämpfte und glänzend mit seinem Nachweis widerlegte, daß nur die Arbeit „produziere", die Naturkraft aber, und zwar in allen menschlichen Produktionen in gleicher Art, nur durch die Produktion benützt werde.⁴ Und dennoch konnte er sich von Rückfällen in diese Theorie nicht ganz freihalten. Sie schlägt mehrfach durch, nirgend wohl deutlicher als in dem folgenden Satze: „Die Bodenrente wird für die Benutzung eines produktiven Gegenstandes bezahlt; der Boden, der sie zahlt, produziert sie."⁵ Wir werden im zweiten Teile diese physiokratischen Reste in der Smithschen Theorie noch genauer betrachten müssen.

Wie kommt nun nach der physiokratischen Lehre der Grundeigentümer in den Besitz dieses produit net als seines Privateinkommens, der Grundrente?

Diese Erklärung findet sich in den physiokratischen Schriften wohl nirgends klarer und bei aller Knappheit umfassender als in Turgots berühmtem Schriftchen „Réflexions sur la formation et la distribution des richesses"⁶. Ich setze die Stelle unverkürzt hierher:

---

1 Vgl. z. B. Quesnay, Œuvres, S. 208, 331; Abbé Baudeau, in: Physiocrates, S. 735; Le Trosne, ebenda, S. 1023ff.
2 Vgl. Oppenheimer, Grundgesetz der Marxschen Gesellschaftslehre, S. 68f. [im vorliegenden Band S. 424].
3 Nirgend wohl ist diese naive Verwechslung deutlicher erkennbar als in folgenden Sätzen Quesnays (Œuvres, S. 222): „L'état des habitants des villes est établi sur les revenus, et les villes ne sont peuplées qu'à proportion de revenus des provinces."
4 Adam Smith, vgl. namentlich das neunte Kapitel des vierten Buches, „Von den Agrikultursystemen „.
5 Smith, Volkswohlstand, Bd. II, S. 356; Berens, Dogmengeschichte, S. 66 stellt eine Reihe ähnlicher Stellen zusammen. Mac Culloch schreibt (Principles, S. 36): „His leaning to the system of the Economists – a leaning perceptible in any part of his work – made him so far swerve from the principles of his own system."
6 Übersetzt von V. Dorn, eingeleitet von Heinrich Waentig. Jena 1903. S. 7ff. Turgot war, wie Oncken gezeigt hat, nicht Physiokrat im strengsten Sinne eines Quesnay-Apostels. T. selbst sagte von sich: „Je ne suis point économiste, car je ne voudrais pas de roi" (Oncken, Nationalökonomie, S. 322), und sogar der wenig kritische Dupont de Nemours, der ihn anbetet, nennt ihn einen „philosophe éclectique" (ebenda, S. 473). T. weicht in manchen Dingen von Quesnay ab (ebenda, S. 465): aber in der hier in Frage kommenden Konstruktion von der Entstehung der Gesellschaft ist seine Lehre orthodox: es ist der alte Traum der Stoa vom goldenen Zeitalter als dem Anfang aller Entwicklung, das erst später durch Verderbnis zerstört wird, der *allen* Physiokraten als Ausgangspunkt dient.

„In den ersten Zeiten muß der Grundeigentümer vom Landwirt nicht verschieden gewesen sein.
Bisher haben wir den Grundeigentümer vom Landwirte noch nicht unterschieden, und ursprünglich waren sie es in der Tat nicht. Durch die Arbeit derjenigen, welche als die ersten die Felder bebaut und diese, um sich der Ernte zu versichern, eingezäunt haben, hat das Land aufgehört, Gemeingut aller zu sein, und das Grundeigentum ist entstanden.

Ehe jedoch die Gesellschaft gefestigt und die öffentliche Gewalt oder das Gesetz der Macht des einzelnen soweit überlegen geworden war, um jedem den ruhigen Besitz seines Eigentums gegen alle fremden Eingriffe zu sichern, konnte man das Eigentum an einem Felde nur in der Weise erhalten, wie man es erworben hatte, d. h. indem man fortfuhr, es zu bebauen. Es würde nicht sicher gewesen sein, sein Feld von einem anderen bearbeiten zu lassen, der, nachdem er doch alle Mühe gehabt, nicht verstanden haben würde, daß nicht die ganze Ernte ihm gehören sollte. Außerdem konnte in dieser ersten Zeit, wo jeder arbeitsame Mann soviel Boden fand, als er wollte, niemand sich bewogen finden, für andere zu arbeiten. Jeder Eigentümer mußte also sein Feld selbst bearbeiten oder es ganz aufgeben.

Fortschritt der Gesellschaft. Alle Grundstücke haben einen Herrn.
Die Erde bevölkerte sich, und man machte sie mehr und mehr urbar. Die besten Grundstücke fanden sich mit der Zeit alle besetzt; es blieb für die zuletzt gekommenen nur unfruchtbarer Boden übrig, den die früheren zurückgewiesen hatten. Aber endlich fand jedes Stück Land seinen Herrn, und jene, welche keinen Grundbesitz erwerben konnten, hatten zuerst keinen anderen Ausweg, als den, ihrer Hände Arbeit unter Leitung der ‚besoldeten' Klasse gegen den Überfluß an Gütern des landbauenden Grundbesitzers einzutauschen.

Die Eigentümer fangen an, die Bearbeitung des Bodens auf bezahlte Landarbeiter abzuwälzen.
Da das Land indessen dem Besitzer, der es bearbeitete, nicht allein seinen Unterhalt gewährte, und dazu wessen er bedurfte, um auf dem Tauschwege die Mittel zur Befriedigung seiner anderen Bedürfnisse zu erwerben, sondern überdies noch einen beträchtlichen Überschuß abwarf, so konnte er damit Leute bezahlen, die seinen Boden bearbeiteten, und für die Lohnarbeiter war es gleichgültig, ob sie ihren Unterhalt in diesem oder jenem Berufe gewannen. Das Grundeigentum mußte sich also von der Bodenbearbeitung trennen und tat es auch bald.

Ungleichheit in der Verteilung des Grundeigentums. Gründe, die sie unvermeidlich machen.
Die ersten Grundeigentümer nahmen, wie bereits gesagt, zunächst soviel Boden in Beschlag, wie sie mit ihrer Familie bearbeiten konnten. Ein Mann, der stärker, arbeitsamer und um die Zukunft besorgter war, nahm mehr als einer von entgegengesetztem Charakter; und derjenige, dessen Familie zahlreicher war, der also mehr Arme zur Verfügung hatte, dehnte seinen Besitz weiter aus. Das war schon eine erste Ungleichheit.

Nicht aller Boden ist gleich fruchtbar; zwei Personen, die gleich viel Land besitzen und gleich viel arbeiten, können davon doch einen sehr verschiedenen Ertrag erzielen: zweite Quelle der Ungleichheit.

Die Besitzungen, die von den Vätern auf die Kinder übergehen, teilen sich in mehr oder minder kleine Teile, je nachdem die Familie mehr oder weniger zahlreich ist. In dem Maße, als die Generationen einander folgen, teilen sich die Erbgüter noch weiter, oder sie vereinigen sich aufs neue durch Aussterben der Linien: dritte Quelle der Ungleichheit.

Der Kontrast zwischen der Einsicht, der Tatkraft und vor allem der Sparsamkeit der einen und der Sorglosigkeit, Untätigkeit und Verschwendung der anderen bildet einen vierten Grund der Ungleichheit, und zwar den mächtigsten von allen.

Der nachlässige und sorglose Eigentümer, der schlecht wirtschaftet und in den guten Jahren seinen ganzen Überfluß auf nichtige Dinge verschwendet, sieht sich bei dem geringsten Unfall gezwungen, seinen weiseren Nachbar um Hilfe zu bitten und von Schulden zu leben. Wenn er infolge neuer Unfälle oder fortgesetzter Nachlässigkeit sich außerstande sieht, zurückzuzahlen, wenn er gezwungen ist, neue Anleihen aufzunehmen, wird er endlich kein anderes Rettungsmittel haben, als einen Teil oder selbst sein ganzes Eigentum seinen Gläubigern zu überlassen, die es als Entgelt hinnehmen werden, oder er muß es an einen anderen abtreten im Austausch gegen Werte, mit denen er sich dann von seinen Verpflichtungen freimachen kann.

Folge der Ungleichheit. Der Landwirt vom Grundeigentümer unterschieden.

So gelangen denn die Grundstücke in den Verkehr, werden gekauft und verkauft. Der Anteil des verschwenderischen oder unglücklichen Eigentümers trägt zum Wachstum desjenigen des Glücklicheren oder Weiseren bei, und bei der Ungleichheit der ins Unendliche veränderten Besitzgrößen müssen notwendig viele Grundeigentümer mehr Boden haben, als sie bebauen können. Außerdem ist es nur natürlich, daß ein Mensch den ruhigen Genuß seines Reichtums wünscht und, anstatt seine Zeit mit mühsamen Arbeiten auszufüllen, es vorzieht, einen Teil seines Überflusses Leuten zu geben, die für ihn arbeiten.

Teilung der Produkte zwischen dem Landwirt und dem Grundbesitzer. ‚Reinertrag' oder ‚Einkommen'.

Infolge dieser Einrichtung spaltet sich der Bodenertrag in zwei Teile. Der eine umfaßt den Unterhalt und den Gewinn des Landmanns, die das Entgelt für seine Arbeit und die Bedingung darstellen, unter der er es übernimmt, das Feld des Eigentümers zu bebauen. Was übrigbleibt, ist jener unabhängige und verfügbare Teil, den die Erde über seine Vorschüsse und den Lohn für seine Arbeit hinaus als reines Geschenk demjenigen gibt, der sie bebaut, es ist der Anteil des Eigentümers oder das ‚Einkommen', mit dem dieser ohne Arbeit leben und das er tragen kann, wohin er will."

Das ist die Lehre von der „previous accumulation" in ihrer reinsten klassischen Form, soweit sie die Entstehung des Grundeigentums und der Grundrente anbetrifft. Streng nach dem Naturrecht, ohne das Dazwischentreten irgendeiner außerökonomischen Gewalt, vollzieht sich die Aneignung des Grund und Bodens, bis „endlich jedes Stück Land seinen Herrn gefunden hat".

Dann freilich sind diejenigen, die erst kommen, wenn „die Welt fortgegeben ist", gezwungen, einen Teil des Ertrages abzugeben. Aber das ist nicht im mindesten ein Raub an ihrer Arbeit.[1] Sie erhalten ihren „*natürlichen Arbeitslohn*", denn „der Lohn des Arbeiters ist infolge der Konkurrenz der Arbeiter untereinander auf seinen notwendigen Lebensunterhalt beschränkt. Er fristet gerade sein Dasein".[2] Was aber der Eigentümer erhält, das ist nicht etwa ein Teil des von Naturrechts wegen dem Arbeiter zukommenden *Arbeitsertrages*, sondern lediglich derjenige Teil des Gesamtertrages, der nicht der Arbeit, sondern der mitschaffenden Produktivität der Natur verdankt wird, „den die Erde über seine Vorschüsse und den Lohn für seine Arbeit hinaus als *reines Geschenk* demjenigen gibt, der sie bebaut"[3].

γ) Die Monopoltheorien der Rente

Von hier aus mußte A. Smith, trotzdem er die naturrechtliche Konstruktion von der Entstehung der Rente fast immer vertrat, zur Monopoltheorie gelangen.

Er leugnete nämlich die naive Vorstellung von der Mitwirkung der Natur an der Ackerproduk-

---

1 „La quantité, de revenu que l'on peut acquérir par l'achat d'une terre n'est donc ni *arbitraire* ni inconnue; c'est une mesure manifeste et *limitée par la nature* qui fait la loi au vendeur et à l'acheteur." (Quesnay, Œuvres, S. 401.)
2 Turgot, Betrachtungen, S. 5.
3 Vgl. Dupont de Nemours (in: Physiocrates, 373) „la *livraison gratuite*" und (S. 375): „l'excédant, que la nature accorde *en pur don au* delà des frais de la culture". Hier steckt der kanonische Begriff des "census reservativus" (Oncken, Nationalökonomie, S. 133).

tion ex professo, wie wir sahen. Nur die *Arbeit* erkannte er als produktiv an. Ihm mußte daher der *ganze* Ackerertrag als der „natürliche Lohn" des Arbeiters erscheinen.[1] Diesen natürlichen Lohn konnte dieser aber offenbar nur so lange erhalten, als noch nicht alles Land „seinen Herrn gefunden hatte". War dieser Zeitpunkt aber erst einmal eingetreten, so war das Grundeigentum ein „Monopol" geworden und erzwang seinen „Monopolpreis", die *Grundrente*.

Zumeist hat Smith dieses Monopol augenscheinlich als naturrechtlich entstandenes „Naturmonopol" angesehen. Wir werden aber im zweiten Teile eine Auslassung anführen, in der es sicher als rechtliches, verliehenes, gegen das Naturrecht entstandenes Monopol aufgefaßt wird.

Somit haben wir bereits zwei verschiedene Monopoltheorien in bezug auf die *Entstehung* des Bodenmonopols. Smith trägt aber, wahrscheinlich verführt durch die Doppelbedeutung des Wortes „Monopolpreis", wie schon angedeutet, auch noch zwei verschiedene Theorien in bezug auf die *Wirkung* des Bodenmonopols vor.

Das eine Mal läßt er den *Produzenten*, den Landbauer, durch das Monopol ausgebeutet werden. Hier ist die Rente *Abzug* von dem „natürlichen Arbeitslohne" und wird (unter englischen Verhältnissen) in der Pacht realisiert, wobei es freilich im dunkeln bleibt, wie sich der kapitalistische Pächter mit den eigentlichen Arbeitern abfindet.

Das andere Mal läßt er den *Konsumenten* durch das Monopol ausgebeutet werden. Hier ist die Rente *Aufschlag* auf den „natürlichen Preis" des Urprodukts und wird bei dessen Verkauf realisiert.

Dort also *ist* die Rente selbst der Monopolpreis, hier *entsteht* die Rente *aus* dem Monopolpreise der Nahrungsmittel.

Die Tatsache, daß Smith diese beiden sehr verschiedenen Monopoltheorien nebeneinander vorträgt, ist natürlich der Aufmerksamkeit seiner Schüler und Gegner nicht ganz entgangen.[2] Aber niemand hat, soweit ich sehen kann, mit voller Klarheit erkannt, daß hier eine schärfste begriffliche Unterscheidung nötig ist, die durch entsprechende terminologische Bezeichnungen festgelegt werden muß. Es wird sich im Verlaufe dieser Untersuchung herausstellen, daß nur eine solche begriffliche Unterscheidung den Schlüssel zur Theorie der Grundrente liefern kann.

Ich werde darum im folgenden die zuerst charakterisierte Lehre, die den Produzenten durch einen Abzug von seinem natürlichen Arbeitslohn als geschädigt erklärt, die *Monopol-Lohn-Theorie* nennen.

Die zweite Lehre, die den Konsumenten durch Aufschlag auf den natürlichen Getreidepreis als geschädigt erklärt, werde ich die *Monopol-Preis-Theorie* nennen.

Diese beiden Theorien finden sich also nebeneinander bei Smith. Die Monopol-Preis-Theorie liegt seiner allgemeinen Wertlehre zugrunde, die bekanntlich eine Kostenwertlehre ist: der Preis der Waren bestimmt sich durch ihren natürlichen Arbeitswert mit Aufschlag des üblichen Gewinnsatzes *und der durchschnittlichen Grundrente*. Die Monopol-Lohn-Theorie andererseits findet sich mehrfach in schärfster Formulierung:

„Sobald der Grund und Boden eines Landes Privateigentum ward, verlangten die Besitzer, welche, gleich allen anderen Menschen, gern da ernten, wo sie nicht gesät haben, selbst für den natürlichen Ertrag des Bodens eine Rente."[3] „Diese (...) Rente bildet den ersten Abzug von

---

1 Der Satz ist im Grunde schon physiokratisch. Quesnay schreibt (Œuvres, S. 366): „Le droit naturel de chaque homme se réduit (...) à la portion qu'il peut se procurer par son travail." Ohne ihre unglückliche Rententheorie hätte auch die Physiokratie die Smithschen Konsequenzen aus diesem Satze gezogen.
2 Vgl. z. B. Sismondi: „Die Rente beruht auf dem Rechte des Eigentums oder dem von der Gesellschaft garantierten Monopol, das jeder Grundeigner einerseits den Konsumenten, andererseits den Pächtern gegenüber ausübt (...)"(zit. nach Berens, Dogmengeschichte, S. 97).
3 Smith, Volkswohlstand, Bd. I, S. 52f.

dem Erzeugnisse der auf den Boden verwendeten Arbeit."¹ „Die Bodenrente ist somit naturgemäß ein Monopolpreis. Sie steht in gar keinem Verhältnisse zu dem, was der Besitzer für den Anbau des Landes angelegt haben mag, oder zu dem, womit er sich billig begnügen könnte, sondern einzig und allein zu dem, was der Pächter zu zahlen imstande ist."²

Von solcher Grundauffassung des Wesens der Rente aus konnte Smith nicht anders als zu Schlußfolgerungen auf ihre Berechtigung gelangen, die einer runden Verurteilung mindestens sehr nahe kamen: „Die Grundeigentümer sind die einzigen unter den drei Ständen, deren Einkünfte ihnen weder Arbeit noch Sorge kosten, sondern ihnen sozusagen von selbst und unabhängig von irgendwelchen besonderen Plänen oder Unternehmungen zufließen"³; und dennoch: „Jede Verbesserung der Gesellschaftsverhältnisse ist geeignet, entweder direkt oder indirekt eine Erhöhung der wirklichen Bodenrente, des wirklichen Reichtums des Grundbesitzers, seiner Macht, die Arbeit oder das Arbeitserzeugnis anderer zu erkaufen, herbeizuführen."⁴

Es war nur natürlich, daß sich der jüngere englische Sozialismus dieser – ihrem Ursprung nach ja dem älteren Sozialismus entstammenden – Sätze des Meisters bemächtigte, um scharfe Angriffe gegen die bürgerliche Wirtschafts- und Gesellschaftsordnung zu begründen.⁵

Ganz gleichgültig, ob das Grundeigentum ein „natürliches" oder ein „rechtliches" Monopol war⁶; es mußte fallen.

War es wirklich ein ohne Verletzung des Naturrechts *entstandenes* Monopol, so verletzte es *jetzt* das Naturrecht, wie Smith selbst zugegeben hatte, das Recht jedes Erdgeborenen auf freien Zugang zu den freien Gaben der Natur. Dieses „mit uns geborene" ging dem ererbten Rechte unter allen Umständen voran. Wenn also das private Grundeigentum zu so groben Verschiedenheiten des Besitzes und Einkommens führen *mußte*, dann mußte es entweder aufgehoben und durch das Gemeineigentum ersetzt oder derart durch Gesetze eingeschränkt werden, daß es dem obersten Zweck und Recht der Gesellschaft nicht mehr im Wege stand. So begründeten Agrarsozialisten und Bodenreformer (Paine)⁷ ihre Forderungen.

Die meisten aber bestanden darauf, daß mindestens große Teile des Grundeigentums gar nicht nach dem Naturrecht, sondern *gegen das Naturrecht* entstanden seien. Die großen Güter seien Schöpfungen der erobernden Gewalt, seien „Machtpositionen", die von „Tyrannen" dem arbeiten-

---

1 Ebenda, S. 69.
2 Ebenda, S. 157. Es ist scharf zu beachten, daß Smith hier, obgleich er von der Rente selbst als einem „*Monopolpreis*" spricht, nicht die Monopolpreis-, sondern die Monopollohntheorie vorträgt. Rente ist ihm hier Abzug vom Arbeitslohn.
3 Smith, Volkswohlstand, Bd. I, S. 270.
4 Ebenda, S. 269.
5 Bastiat (Harmonies économiques, Œuvres choisies, S. 298, Paris 1863) schildert die Entwicklung ganz treffend: „La théorie appela la propriété (...) d'abord *monopole nécessaire*, puis *monopole* tout court, ensuite *illégitimité*, et finalement vol."
6 Bei ganz konsequentem Denken müßten diejenigen Agrarsozialisten, die das „Bodenmonopol" als ein „naturgesetzlich entstandenes Naturmonopol" ansehen, Agrarkommunisten –, diejenigen aber, die es als ein Rechtsmonopol ansehen, Bodenreformer sein. Denn ein Naturmonopol wird sich immer wieder durchsetzen: ein Rechtsmonopol aber läßt sich ändern oder beseitigen. Aber, wie schon bei Smith gezeigt, sind die verschiedenen Bedeutungen der Worte Monopol und Monopolpreis bisher nie scharf auseinandergehalten worden, und so hat sich jene reinliche Scheidung nicht vollzogen. Paine z. B. ist Gläubiger des Naturmonopols und dennoch Vertreter einer bodenreformerischen steuerlichen Bodenpolitik, nicht aber des Gemeineigentums an dem Boden.
7 Vgl. G. Adler, Mehrwertlehre und Bodenreform in England im 18. Jahrhundert, Einleitung zu Charles Hall: Die Wirkungen der Zivilisation auf die Massen, Leipzig 1905, S. 20.

den Volke auferlegt worden seien. „Ein kleiner Teil der Nation", so zitiert Adler aus Hall, „hat sich in allen Staaten durch Gewalt des Bodens bemächtigt und hat dadurch die Macht, den besitzlosen Klassen – die ohne Arbeitsmittel sind und darum nur mit Erlaubnis der Eigentümer arbeiten können – die Bedingungen der Existenz vorzuschreiben."[1]

„Durch die Institution des Privateigentums ist (. . .) der gemeinschaftliche Boden, auf den die ganze Menschheit das Recht der Nutznießung hat, in Beschlag genommen worden; eine Minorität hat ihn an sich gerissen. Die gegenwärtige Einrichtung des Besitzes ist also dem natürlichen Gesetz entgegen und beruht im Grunde auf einer Beraubung."[2]

So faßt Considérant Fouriers Anschauung zusammen. Und Ogilvie schreibt:

„Das gegenwärtige System des Grundeigentums ist nicht Zeiten des Handels, der Ordnung und der Ruhe angepaßt, sondern kriegerischen und unruhigen Zeitläufen. (. . .) Und der Grundbesitzer, der jetzt die Macht, mit der ihn eine veraltete Einrichtung bekleidete, dazu mißbraucht, den letzten Heller, den seine Ländereien abwerfen können, herauszupressen und im Verein mit anderen ein Monopol auf diesen (. . .) Besitz auszuüben, ist, unbewußt, von allen Bürgern der schädlichste."[3]

Und er wiederholt unter dem Titel 28:

„Allen diesen widrigen Verhältnissen, die in den meisten Ländern Europas in einem noch höheren als dem hier angegebenen Grade vorhanden sind, kann man nachgehen bis zu ihrer Quelle jenem ausschließlichen Recht auf den kulturfähigen Wert des Bodens, das einige Männer, die in keinem Lande mehr als den hundertsten Teil der Gesamtheit ausmachen, an sich reissen dürfen – ein unerträgliches Vorrecht, durch dessen Wirksamkeit das Glück der Menschheit Menschenalter hindurch in einem höheren Grade gestört und eingeschränkt worden ist als durch alle Tyrannei von Königen, allen Betrug von Priestern, alle Spitzfindigkeiten von Juristen zusammengenommen, obgleich man diese für die größten Übel hält, die die menschliche Gesellschaft quälen."[4]

b) Das Thema probandum

Mit dieser Darlegung dürfte die strategische Position der beiden kämpfenden Parteien ausreichend gekennzeichnet sein. Der Bourgeois-Ökonomie stellte sich danach eine ganz bestimmte Aufgabe. Sie mußte die in Smiths Werken enthaltene Naturrechtstheorie ausbauen und sichern, indem sie gleichzeitig die daneben vorgetragene Monopoltheorie widerlegte. Diese Aufgabe übernahm Ricardo.

Und zwar durfte er sich bei seiner Kritik der Monopoltheorie gänzlich auf die *Monopol-Preistheorie* beschränken; denn gegen die *Monopol-Lohntheorie* war die bürgerliche Theoretik durch die Lohnfondstheorie völlig ausreichend gedeckt. Wird der Lohn durch das (zirkulierende) Gesellschaftskapital einerseits und die Zahl der Arbeiter andererseits bestimmt, so hat die Grundrente

---

[1] Ebenda, S. 23.
[2] Considérant, Fouriers System der sozialen Reform, Herausgegeben von G. Adler, übersetzt von Hugo Kaatz. Leipzig 1906, S. 36.
[3] Ogilvie, Das Recht auf Grundeigentum, S. 32.
[4] Ebenda, S. 47.

auf den Lohn keinen Einfluß, so leidet der Arbeiter als Produzent nicht unter dem Monopol; und Ricardo konnte sich damit begnügen, immer wieder mit Nachdruck festzustellen, daß die Rente mit dem Lohne nichts zu tun habe.[1]

Dagegen war die bürgerliche Theorie gegen einen sozialistischen Angriff aus der Monopol-Preistheorie völlig ungedeckt. Wenn die auf Smith gestützte Behauptung richtig war, daß das Getreide („Getreide" steht hier und im folgenden wie bei den Klassikern selbst immer als Repräsentant aller landwirtschaftlichen Erzeugnisse) auf einem *Monopolpreise* stehe, dann litt der kleine Mann zwar nicht als *Produzent*, d. h. als Lohnempfänger, wohl aber als *Konsument*, als Brotesser, unter dem Grundeigentum.

Das war, volkstümlich ausgedrückt, die Anklage auf Brotwucher, der schwerste und gefährlichste Vorwurf, der gegen eine herrschende Klasse erhoben werden kann.

Demgegenüber unternahm nun Ricardo den Beweis des folgenden *Thema probandum*:

„Die Grundrente fließt zwar dem Eigentümer des Grund und Bodens zu: *aber sie ist keine Folge des Grundeigentums*. Sie ist zwar ein Vorteil aus einem Naturmonopol, aber *dennoch kein Monopolpreis*. Sie wird am Preise verdient, als unerarbeiteter Gewinn, aber *sie ist kein Bestimmgrund des Preises*, der ohne Aufschlag einer Rente, ganz wie der Preis von Tuch und Leinwand, lediglich durch Arbeitslohn, Kapitalersatz und üblichen Kapitalgewinn bestimmt wird. *Der Zehrer zahlt also nur den natürlichen, d. h. notwendigen und gerechten*[2] *Preis*."

Die Kunst, mit der Ricardo diese großbürgerliche Theorie der Rente aufbaute und sicherte, ist schlechthin bewundernswert. Sie gilt nicht mit Unrecht für den festesten Teil der bürgerlichen Ökonomik. Sie ist eine in sich geschlossene, nach allen Seiten scheinbar unangreifbar verschanzte wissenschaftliche Theorie von höchster Überzeugungskraft, die in der Tat alle Tatsachen ihres Gebietes vollkommen zu erklären scheint und darum allen auf sie gerichteten Angriffen zum Trotz sich bisher hat behaupten können.

II. Abschnitt:
Die Ricardosche Grundrententheorie

Die Theorie läßt sich kurz folgendermaßen zusammenfassen:

Wenn ein Volk seßhaft wird, so nimmt es zuerst den Boden erster Qualität in Anbau, bis dieser dank dem Wachstum der Bevölkerung voll besetzt ist. Wächst das Volk weiter, so sieht es sich, da nach dem „Gesetz der sinkenden Erträge" von einer gegebenen Fläche durch Verwendung von mehr Arbeit nicht entsprechend mehr Nahrungsmittel erzeugt werden können, gezwungen, Boden

---

1 Zum Beispiel an folgender Stelle: „Würde der Grundherr auf seine ganze Rente verzichten, so würde davon der Arbeiter nicht den mindesten Vorteil haben. Wäre es den Arbeitern möglich, ihren ganzen Lohn aufzugeben, so würden die Grundherren davon gar keinen Vorteil ziehen; aber der Pächter würde in beiden Fällen alles einnehmen und behalten, was jene nicht genommen hatten." (Ricardo, Grundgesetze, S. 381.)

2 „Necessary" heißt er oft bei Malthus und z. B. bei Mac Culloch (Principles, S. 143), „juste" bei einigen Physiokraten z. B. bei Le Trosne, in: Physiocrates, S. 892. Der letztgenannte Begriff stammt aus dem kanonischen Recht (Oncken, Nationalökonomie, S. 129ff.), das überhaupt der Physiokratie eine Anzahl von Bestandteilen geliefert hat, außer dem prix juste auch die Lehre von Bodenertrage als einem Geschenk Gottes, von der überwiegenden Verdienstlichkeit des Landbaues und der Sterilität der Gewerbe und des Handels (vgl. ebenda, S. 91, 133, 135).

zweiter Qualität zu bebauen. Ist auch dieser besetzt, so kommt der Boden dritter, dann vierter usw. Qualität an die Reihe.

Da nun ceteris paribus, d. h. bei Verwendung gleicher Arbeit und gleichen Kapitals auf die Flächeneinheit, der Boden höherer Qualität einen größeren Reinertrag bringt, als die Böden geringerer Qualität, so entstehen mit dem Wachstum der Volkszahl Ertragsdifferenzen zugunsten der besseren Ländereien.

Wie aus den naturgegebenen Bonitätsunterschieden, so entstehen solche Ertragsdifferenzen auch aus den verkehrsgegebenen Bonitätsunterschieden. Wenn sich nämlich in den mit der Zeit entstehenden Städten ein *Markt* für Ackerprodukte entwickelt, so haben die dem Markte nähergelegenen Grundstücke einen Vorteil. Denn der städtische Käufer ist gezwungen, dem entferntesten, für die Versorgung des Marktes noch notwendigen, Landwirte außer seinen Gestehungskosten auch noch die Kosten des Transportes bis zum Markte zu vergüten: der näherwohnende Landwirt, der ja den gleichen Marktpreis erhält, hat also aus den ersparten Transportkosten einen Vorteil, der seinen Reinertrag gerade so steigert, als bebaue er Land von entsprechend besserer Qualität.

Im folgenden werde ich naturgegebene und verkehrsgegebene Bonität zusammenfassen in dem Ausdruck: „Rentierung", also von Böden höchster und geringster, höherer und geringerer Rentierung sprechen.

Denn eben die aus den Differenzen der Rentierung entspringenden Ertragsunterschiede stellen nach Ricardo die Rente dar. Der Produktionsvorteil des Bodens höherer Rentierung fließt dem Grundeigentümer zu, da weder der Lohnarbeiter noch der kapitalistische Pächter sich seiner auf die Dauer bemächtigen können. Denn der Arbeiter wird durch die Konkurrenz auf dem Arbeitsmarkte auf den gesellschaftlich durchschnittlichen Lohnsatz, der Pächter durch die Konkurrenz auf dem Kapitalsmarkte auf den durchschnittlichen Profitsatz herabgedrückt: wenn also der Ertrag vom Boden geringerer Rentierung Lohn und Profit ersetzt, so muß auf Boden höherer Rentierung ein Plus übrig bleiben, das als Rente dem Eigentümer zufließt. Sie ist „derjenige Teil des Erzeugnisses der Erde, welcher dem Grundherrn für die Benutzung der ursprünglichen und unzerstörbaren Kräfte[1] des Bodens bezahlt wird."

Ertragsdifferenzen, die zur Ursache von Rente werden, entstehen aber nicht nur zwischen Grundstücken verschiedener Rentierung, sondern auch auf dem gleichen Grundstück, und zwar durch die mit steigender Volksdichte dem Eigentümer gebotene Möglichkeit „Zusatzkapital" auf sein Eigentum zu investieren oder investieren zu lassen.

Solange nämlich nur Boden erster Rentierung im Anbau ist, würde die Investition eines höheren als des durchschnittlich verwendeten Kapitals nur Verlust bringen. Denn nach dem Gesetz der sinkenden Erträge bringt jedes Zusatzkapital einen geringeren Reinertrag als das Originalkapital, und so würde der Pächter ein Lucrum cessans zu verzeichnen haben, wenn er sein Zusatzkapital,

---

[1] Diese Wendung hat, seitdem Liebig die Gesetze der Bodenstatik aufgestellt hat, zu vielen Diskussionen Anlaß gegeben (vgl. Diehl, Sozialwissenschaftliche Erläuterungen, 1. Teil, S. 207ff.). Man hat Ricardo den Vorwurf gemacht, daß er die schon zu seiner Zeit vorhandenen Erfahrungen über Raubbau und Bodenanreicherung usw. vernachlässigt habe, ja wollte von diesem Gesichtspunkt aus die ganze Theorie abweisen. Uns will scheinen, als liege hier ein starkes Mißverständnis vor. Ricardo hat augenscheinlich mit dem Worte „unzerstörbar" nichts anderes bezeichnen wollen als den Gegensatz des Ackers, dessen grobe Substanz bleibt, Unterlage der Produktion ist, gegen solches Grundeigentum, dessen grobe Substanz entfernt wird, Gegenstand der Produktion ist, den Gegensatz also des Ackerlandes gegen Bergwerke, Torfstiche, Waldungen usw. Der Eigentümer solcher Grundstücke hat keine unendliche Rentenquelle, sondern sozusagen ein Naturkapital, das nach bestimmter Zeit zerstört sein wird. Und darum ist das Rein-Einkommen, das ihm nach Abzug von Profit und Lohn daraus erwächst, nicht reine „Grundrente".

statt in der Industrie zu höherem Profitsatze, in der Agrikultur zu niedrigerem anwenden wollte. Ein Lucrum cessans ist aber in der kaufmännischen Rechnung des reinen „economical man" gleich einem damnum emergens.

Anders, wenn mit dem Wachstum der Bevölkerung schon Boden zweiter Rentierung mit in den Anbau gezogen werden mußte! Dann ist entweder der Produktenpreis derart gestiegen, daß das auf dieses Land verwendete Kapital trotz geringerer Reinerträge den alten Profitsatz abwirft, oder der Profitsatz ist in Industrie und Agrikultur gleichmäßig entsprechend gefallen. In beiden Fällen lohnt es jetzt, auf Boden erster Rentierung Zusatzkapital zu investieren, wenn nur dessen Reinertrag mindestens gleich ist dem Reinertrag der auf Boden zweiter Rentierung investierten Originalkapitale.

In diesem Falle entstehen zwischen dem Ertrage des Originalkapitals und dem der sukzessive verwendeten Zusatzkapitale, die auf einem Grundbesitz investiert worden sind, gleichfalls Reinertragsdifferenzen – und auch diese fließen als „Rente" zuletzt und auf die Dauer dem Eigentümer zu, dank der Konkurrenz. Auf diese drei Weisen entsteht nach Ricardo die Rente. Immer hat der Boden niedrigster Rentierung, dessen Ernte für die Versorgung des Marktes noch nötig ist, eine Rente von Null; d. h. der „Grenzboden" (resp. das „Grenzkapital") erhält im Produktenpreis nur Gestehungs- und Transportkosten erstattet, nicht aber ein Mehr, die Rente. Diese fließt vielmehr nur Böden höherer Rentierung zu, und zwar entsprechend ihrem natur- und verkehrsgegebenen Bonitätsgrade.

Keineswegs aber ist die Rente ein „Monopolpreis". Ricardo äußert sich darüber ausführlich:

„Steht eine Ware auf einem Monopolpreise, so ist dies der allerhöchste Preis, zu dem sie die Verbraucher zu kaufen willens sind. Waren stehen aber nur dann auf einem Monopolpreise, wenn ihre Menge mittels gar keiner Erfindung vermehrt werden kann und deshalb der Mitbewerb ganz auf einer Seite, unter den Käufern, stattfindet. (. . .) Der Tauschwert einer Ware, welche auf einem Monopolpreise steht, wird daher nirgend durch die Hervorbringungskosten bestimmt.

Roherzeugnisse stehen nicht auf einem Monopolpreise, weil der Marktpreis der Gerste und des Weizens ebenso sehr durch ihre Hervorbringungskosten bestimmt wird, wie der Marktpreis von Tuch und Leinwand. Der einzige Unterschied ist der, daß *ein* Teil des landwirtschaftlichen Kapitals, nämlich derjenige, welcher keine Rente bezahlt, den Preis des Getreides bestimmt, während hingegen bei der Hervorbringung von Gewerbswaren jeder Kapitalteil mit demselben Erfolge angewendet wird; und da keiner derselben Rente bezahlt, so ist jeder in gleichem Grade Bestimmungsgrund des Preises; Getreide und andere Bodenerzeugnisse können zudem, durch Anwendung von mehr Kapital auf den Boden, der Menge nach vermehrt werden, und stehen darum auch nicht auf einem Monopolpreise. Da besteht Mitbewerb so gut unter den Verkäufern wie unter den Käufern. Dies aber ist nicht der Fall bei der Hervorbringung derjenigen seltenen Weine und derjenigen Kunstwerke, von denen wir gesprochen haben; ihre Menge kann nicht vermehrt werden, und ihr Preis ist nur durch die Stärke des Vermögens und Willens ihrer Käufer beschränkt. Die Rente dieser Weinberge kann über jede mit Maß und Ziel angebliche Grenze hinaussteigen, weil, da kein anderes Gelände zur Gewinnung solcher Weine geeignet ist, auch kein anderer mit ihnen in Mitbewerb gesetzt werden kann."[1]

Mit dieser scharfen Stellungnahme gegen die Auffassung, daß Rente das Ergebnis eines Monopolpreises des Getreides ist, steht nicht in mindesten in Widerspruch, daß Ricardo selbst den Besitz von Boden höherer Rentierung als ein Naturmonopol, und die Rente als Ergebnis eines solchen

---

1 Ebenda, S. 218f.

bezeichnet: „Ich sehe die Rente immer als Ergebnis eines teilweisen Monopols an und bin der Ansicht, daß sie niemals den Preis bestimmt, sondern eher eine Folge desselben ist."[1]

Der Monopol*preis* ist nämlich für Ricardo wie für Smith „der höchste Preis, der dem Käufer abgepreßt werden kann". Der Monopolinhaber ist an seiner Festsetzung auf das stärkste beteiligt; er kann, wenn ihn nicht außerwirtschaftliche Rücksichten, die des Gemeinsinns, des Mitleids oder der Furcht, milde stimmen, bei einem so unentbehrlichen Befriedigungsmittel, wie es die Nahrung ist, den Preis bis zur Ausplünderung des Zehrers emportreiben.

Ein solches Monopol hat z. B. der Getreidehändler in einer belagerten Stadt oder während einer Teuerung.

Das Ricardosche Naturmonopol hat einen viel harmloseren Inhalt. Sein Inhaber hat auf die Bestimmung des Preises gar keinen Einfluß. Dieser Preis bestimmt sich, unabhängig von dem bösen oder guten Willen der Produzenten und Grundeigentümer, als „natürlicher Preis" ganz automatisch lediglich aus der Summe von dem Arbeitslohn und dem Kapitalprofit, die auf Herstellung und Transport des auf dem „Grenzboden" erzeugten Produktes verwendet werden müssen, dessen Zufuhr der Markt noch braucht. Kein Teilchen Rente tritt in den Preis ein.

Wenn also auch dem Besitzer von Boden höherer Rentierung aus seinem Naturmonopol ein Vorteil zufließt, so hat dennoch das Getreide keinen Monopolpreis, sondern seinen „natürlichen Preis". Und der „natürliche" ist auch der gerechte Preis. Der Käufer muß sich damit zufriedengeben.

Das gilt indes nur für die regelmäßigen Verhältnisse. Unter gewissen Umständen kann die Rente in der Tat Monopolpreis werden: „Das Getreide und die Roherzeugnisse eines Landes können wohl allerdings für einige Zeit zu einem Monopolpreise verkauft werden, aber sie können es auf die Dauer (permanently) nur dann, wenn nicht mehr Kapital mit Gewinn auf die Ländereien angewendet und darum ihr Erzeugnis nicht mehr vermehrt werden kann. Zu solchen Zeiten wird jedes Stück angebauten Bodens und jeder Teil landwirtschaftlichen Kapitals eine Rente geben, die aber in Wirklichkeit nach der Verschiedenheit des Ertrages verschieden ist."[2]

Diese Einschränkung scheint mir allerdings in ihrem zweiten Teile nur als „casus hypotheticus irrealis" gemeint zu sein. Ricardo will sagen, daß das Getreide auf *die Dauer* niemals Monopolpreis erlangen kann. Da indessen dieser Satz von hervorragender Seite eine abweichende Deutung erfahren hat, so werden wir ihn unten einer genauesten Betrachtung zu unterziehen haben.

III. Abschnitt:
Der Rodbertussche Angriff

A. Rodbertus' Grundrententheorie

Hatte Ricardo die naturrechtliche Seite der zwiespältigen A. Smithschen Rententheorie in der Richtung ausgebaut, daß das Grundeigentum zwar großenteils als Naturmonopol erschien, insofern nicht alles Land von gleicher Bonität und von gleicher Verkehrslage ist, daß aber dennoch das Getreide im regelmäßigen Verlaufe nicht einen Monopolpreis, sondern den „natürlichen" und

---

1 Ebenda, S. 252.
2 Ebenda, S. 219.

daher gerechten Preis erzielte: so baute Rodbertus die Smithsche Monopol-*Lohn*theorie aus, während ihn seine Gesamtauffassung daran hinderte, sich der Monopol-*Preis*theorie zuzuneigen.

Er ist nämlich strenger Anhänger der Arbeitswerttheorie. Danach gravitieren alle Preise gegen denjenigen Wert als Schwingungsmittelpunkt, der durch die auf den Produkten „haftende" (Marx würde sagen: durch die in den Produkten „vergegenständlichte") Kostenarbeit bestimmt wird. Das gilt auch für die Nahrungsmittel. Mithin kann die Grundrente auch nicht, wie Smith annahm, ein *Aufschlag* auf den natürlichen Preis sein, sie ist vielmehr ein *Abzug* vom natürlichen Lohn.

Mit andern Worten: Rodbertus faßt das Grundeigentum selbst als *Monopol* auf, und zwar nicht wie Ricardo als ein harmloses „Naturmonopol", das die Böden höherer Rentierung vor denen niedrigerer Rentierung besitzen, sondern als ein auf *allem* Boden ruhendes künstliches (rechtliches)[1] Monopol ganz in dem Sinne, wie A. Smith das Wort zumeist braucht: als *feudale Machtposition*, die nicht wirtschaftlichen, „natürlichen", naturrechtlichen, sondern außerwirtschaftlichen, politischen, zwangsrechtlichen Wurzeln entstammt.

Um die drei verschiedenen Auffassungen scharf gegeneinanderzustellen: nach der einen, der agrarsozialistischen Rentenlehre Adam Smith', ist das Grundeigentum ein künstliches Monopol und die Grundrente zwiefach ein Monopolpreis: der Arbeiter wird doppelt, als Produzent und als Konsument, geschädigt; – nach Ricardo ist Grundeigentum höherer Rentierung ein Naturmonopol, die Grundrente aber stellt in keiner Weise einen Monopolpreis dar: der Arbeiter wird weder als Produzent noch als Konsument geschädigt; – nach Rodbertus ist das Grundeigentum ein künstliches Monopol und die Grundrente selbst ein „Monopolpreis" (wie bei Smith); aber dennoch steht (wie bei Ricardo) *das Getreide* nicht auf einem Monopolpreise – und darum schädigt das Grundeigentum den Arbeiter nicht als Konsumenten –, nach Rodbertus schädigt es ihn nur als Produzenten.

Rodbertus leitet diese Auffassung geschichtsphilosophisch ab. Gleich Karl Marx verwirft er die naturrechtliche „Kinderfibel von der previous accumulation" als eine unhistorische, haltlose Konstruktion. Smith hatte, wie immer schwankend und zwiespältig, Ricardo aber mit seiner ganzen, fast genial zu nennenden Einseitigkeit, alle Erscheinungen der bürgerlichen Wirtschaft abzuleiten versucht aus einem als Anfang aller Kultur supponierten Zustande der Gesellschaft, in der nur Wirtschaftende gleichen politischen Rechtes und gleichen Vermögens miteinander in Arbeitsteilung und Tauschverkehr eintraten. Rodbertus zeigt, daß eine solche Gesellschaft nie und nirgend bestanden hat. Sondern wir finden überall dort, wo die Arbeit einen solchen Grad der Ergiebigkeit erreicht hat, daß sie Abzüge vom Arbeiterträge ermöglicht, als Anfangszustand allen staatlichen und höheren wirtschaftlichen Gemeinlebens einen Zustand *ungleicher* politischer Rechte und *ungleichen* Vermögens, erzeugt durch erobernde Gewalt. Er stellt fest unter dem Titel „Das Rechtsprinzip der Rente"[2]: „daß, seitdem die Teilung der Arbeit existiert, (...) *Boden und Kapital und deshalb auch das Arbeitsprodukt selbst niemals den Arbeitern, sondern andern Privatpersonen gehört habe*". Und er fährt weiter unten fort: „Die Geschichte vermag uns kein Volk aufzuzeigen, bei dem die ersten Spuren der Teilung der Arbeit und des Ackerbaus nicht auch mit solcher wirtschaftlichen Ausbeutung zusammenfielen, bei dem nicht die Last der Arbeit dem einen und deren Frucht dem andern zugefallen wäre, bei dem mit andern Worten *die Teilung der Arbeit sich nicht in der Form der Unterwerfung des einen unter den anderen gebildet hätte* (...). Die regelmäßige Arbeitsteilung (...) ist überall nur im Schutze der Gewalt entstanden, ist das Produkt des Zwanges von seiten der einen und der Unterwerfung von seiten der anderen."[3]

---

1 Rodbertus, Das Kapital, S. 26.
2 Derselbe, Zur Beleuchtung, S. 120.
3 Ebenda, S. 124f.

Zuerst ergriff diese Herrschaftsorganisation „nicht bloß Boden, Kapital und Arbeitsprodukt, sondern auch noch die Arbeiter selbst"[1]: die Sklavenwirtschaft des Altertums. Hier, namentlich in den Großoikenwirtschaften, waren alle Produktionsmittel, Boden und Kapital samt den Arbeitern, Eigentum des Herrn, war mithin der gesamte Ertrag, nach Abzug des Kapitalersatzes und der Lebensnotdurft der Sklaven, sein „Herreneinkommen", seine „Rente", die bei Rodbertus beides, den Kapitalgewinn und die Grundrente der späteren Zeit, umschließt.

Die Sklaverei ist verschwunden: aber das Grund- und Kapitaleigentum ist geblieben, und darum hat sich an der Klassenlage der Arbeiter nichts Wesentliches geändert. Denn „nach wie vor gehört ihren früheren Herren der Boden und das Kapital der Gesellschaft, nach wie vor also auch das Arbeitsprodukt, wenn die freien Arbeiter in ihrem Dienste arbeiten. Werden also die Grund- und Kapitaleigentümer nicht wirtschaftlich und rechtlich in der Lage sein, (...) ihnen folgenden kurzen Kontrakt zu diktieren: ‚Ihr Arbeiter überlaßt uns das ganze Produkt eurer Arbeit, und ihr erhaltet einen Teil davon zu eurem Einkommen zurück'? Sie werden es wirtschaftlich und rechtlich *können*, und die Arbeiter werden es wirtschaftlich und rechtlich sich gefallen lassen *müssen*, (...) um überhaupt nur einen Lebensunterhalt zu bekommen."[2]

Kapitalgewinn und Grundrente sind also nach wie vor, beides zusammengenommen, „Herreneinkommen", „Rente", d. h. wirtschaftliche Folge eines künstlichen, politisch-rechtlichen Monopols, einer durch „außerökonomische Kräfte" (Marx) geschaffenen Machtposition, nämlich des usurpatorischen, die Volksmasse ausschließenden Eigentums an allen Produktionsmitteln.

Wie spaltet sich nun diese Gesamtrente in der freien Vertragswirtschaft in Kapitalgewinn und Grundrente? Mit andern Worten: nach welchem Schlüssel verteilt sie sich zwischen Kapital- und Grundeigentümern?

Die Antwort ergibt sich aus Ricardo-Rodbertus' Kostenarbeitstheorie. Danach tauschen sich alle Waren durchschnittlich nach der „auf ihnen haftenden" Produktionsarbeitssumme. Da der Lohn als konstante Größe unterstellt wird, so entfallen auf gleiche Wertteile auch gleiche Teile der „Rente" (Gesamtrente).

Nun *berechnet* der Fabrikant seinen Gewinn, seinen Teil der Rente, auf das gesamte von ihm verwendete Kapital als Prozentsatz. In diesem Fabrikationskapital steckt auch der Vorschuß für das Rohprodukt, das ihm der Grundbesitzer geliefert hat. Einen solchen Vorschuß für das Rohprodukt hat der Grundbesitzer seinerseits nicht zu leisten. Dennoch entfällt auf sein Produkt, wenn es die gleiche Kostenarbeit enthält, die gleiche Menge Rente wie auf das Produkt des Fabrikanten. Sie ergibt also im Verhältnis zu dem aufgewendeten Kapital einen höheren Gewinnsatz oder, was dasselbe sagen will, wenn der übliche Gewinnsatz nach dem Fabrikantenprofit berechnet wird, diesen Satz und ein Mehr darüber: dieses Mehr ist die Grundrente.[3]

Diese Grundrententheorie ist unhaltbar, weil sie mit einer von ihr selbst als Tatsache zugegebenen wichtigen Tatsache in Widerspruch steht, nämlich mit dem für das ganze „Fabrikationskapital" gleichen Gewinnsatze.

Wäre nämlich der Kostenarbeitswert der Schlüssel der Verteilung der „Gesamtrente" auf die verschiedenen Gruppen von Eigentümern der Produktionsmittel, dann müßte auch der Fabrikant von Halbfabrikaten einen nicht als „Profit" zu verrechnenden Surplusgewinn haben, ganz wie der

---

1 Ebenda, S. 125.
2 Ebenda, S. 132f.
3 Der Ursprung dieser Theorie dürfte wohl in folgenden Sätzen von A. Smith zu suchen sein: „Das Kapital des Webers z. B. muß größer sein als das des Spinners, weil er nicht nur dessen Kapital samt seinem Gewinne ausbezahlen, sondern auch noch den Arbeitslohn für das Weben vorstrecken muß; und der Gewinn steht immer im Verhältnis zur Größe des Kapitals" (Smith, Volkswohlstand, Bd. I, S. 54).

Grundeigentümer. Denn der Fertigfabrikant *berechnet* ja seinen Gewinn als Prozentsatz auf sein gesamtes Kapital; das ist aber verhältnismäßig größer als das des Halbfabrikanten, weil dieser nur das Urprodukt, der Fertigfabrikant aber das Halbfabrikat kaufen muß, das als höhere Produktionsarbeitssumme einen höheren Wert hat. Für gleichen Zusatz von Produktionsarbeit erhalten beide ganz den gleichen Anteil aus der „Gesamtrente": da aber die Auslagen des Fertigfabrikanten größer sind als die des Halbfabrikanten, so erscheint das Verhältnis von Gewinn zu Kapital, der *Gewinnsatz*, bei diesem größer als bei jenem.

Rodbertus hat diese fatale Konsequenz schon entweder selbst gezogen oder ist von v. Kirchmann darauf aufmerksam gemacht worden. Er bemüht sich denn auch in dem vierten sozialen Briefe sehr, seine Grundrententheorie zu retten. Er schreibt:

> „Nehmen Sie an, die Produktion eines Gutes teilte sich in vier Abschnitte, die gleich viel Arbeit erforderten und besondere Unternehmungen ausmachten! Alsdann würde, wenn in jedem dieser Abschnitte der Wert mit der Arbeitsquantität zusammenfiele, auch der Wert des besonderen Produkts jedes Abschnittes gleich dem des andern sein müssen. Allein der letzte Unternehmer würde, obgleich er nicht mehr Arbeiter beschäftigte als der erste oder zweite, dennoch mehr Kapitalgewinn berechnen müssen. Ebenso würde der zweite Unternehmer weniger Kapitalgewinn zu berechnen haben. Denn in der letzten Unternehmung hätte das erforderliche Material, welches das Produkt schon von mehr Arbeit als das Material der zweiten Unternehmung sein würde, auch einen um so größeren Wert. Deshalb aber würde auch, wenn sich das Produkt jeder der beiden Unternehmungen genau nach der Kostenarbeit, als in beiden Unternehmungen gleich, verwertete, der für Kapitalgewinn übrigbleibende Wertrest in der letzten Unternehmung einen zu niedrigen, in der zweiten einen zu hohen Gewinnsatz geben."[1]

Hier konstatiert er also selbst, daß der Fertigfabrikant ganz so dem Halbfabrikanten gegenübersteht, wie dieser dem Rohproduzenten. Trotzdem soll *hier keine* Rente entstehen. Denn:

> „Die Konkurrenz verlangt gleichmäßige Gewinne, und so wird allerdings der Satz, daß ein der Kostenarbeit äqualer Produktwert hinreiche, um unsere Kapitalrenten abzuwerfen, infolge des Gesetzes der Gleichmäßigkeit der Gewinne bei den einzelnen Unternehmungen, *in welche sich heute die Produktion eines und desselben Gutes teilt*, alteriert."[2]

Rodbertus sieht sich hier also, gerade wie Marx im dritten Bande seines „Kapital", schließlich durch die gleiche unleugbare Tatsache der Gewinnausgleichung zwischen den einzelnen Unternehmungen gezwungen, die scharf zugespitzte Arbeitswerttheorie und damit die ganze Grundlage seines Systems so gut wie völlig preiszugeben. Wie Marx erscheint freilich auch ihm diese Einschränkung nur als eine den Kern der Wertlehre nicht berührende Modifikation. Er glaubt, sich darauf berufen zu können, daß er den Wert niemals genau mit dem Preise des Produkts zusammenfallen, sondern nur den Preis gegen den Arbeitswert hin *gravitieren* läßt:

> „Ich bin (...) niemals der Ansicht gewesen, daß der nach Arbeit bemessene Wert schon in *jedem einzelnen* der aufeinander folgenden Produktionsabschnitte, in welche die Herstellung eines Gutes als in ebenso viele Gewerbe zerfällt, genügte, um den landüblichen Gewinn jedes betreffenden Gewerbes immer genau zu decken."[3]

---

1 Rodbertus, Resümee meiner Rententheorie, in: derselbe, Das Kapital, 1ff.
2 Auch im Original kursiv. Rodbertus, Das Kapital, S. 12.
3 Ebenda, S. 11.

Wir können hier nicht untersuchen, ob die Arbeitswerttheorie mit dieser Einschränkung noch einen brauchbaren Sinn behält: jedenfalls ist die Rodbertussche Grundrententheorie damit völlig ihrer Grundlage beraubt. Denn das ist eben ihre charakteristische Begründung, daß auch die Rohproduktion lediglich „als ein einzelner der aufeinander folgenden Produktionsabschnitte" erscheint, „in welche die Herstellung eines Gutes (...) zerfällt". Was ihr recht ist, muß jedem andern Abschnitte, mit Ausnahme des letzten, billig sein.

Von zweien also eines: entweder sind in einer gegebenen Volkswirtschaft die Kapitalprofite äußerst stark verschieden, je nach der Vollendungsstufe des von dem einzelnen Betriebe verarbeiteten Materials, oder die Rodbertussche Theorie von der Spaltung der Rente ist falsch. Da die erste Ableitung von Rodbertus selbst ausdrücklich für unmöglich erklärt wird, so ist die Theorie auch als ex consequentibus widerlegt abzulehnen.

W. Lexis kommt zu dem gleichen Ergebnis:

„Wenn nun aber bei der bestehenden wirtschaftlichen Ordnung der Marktwert der *einzelnen* Güterarten, aus denen sich das Nationalprodukt zusammensetzt, wie auch der der Teilprodukte auf den einzelnen Fabrikationsstufen sich nicht einmal der Tendenz nach der Kostenarbeit gleichstellt, so ist auch der Rodbertusschen Grundrententheorie der Boden entzogen. Es ist einigermaßen auffällig, daß er dieselbe in der vorliegenden Schrift noch aufrechterhält, nachdem er unmittelbar vorher zugestanden, daß der Wert der Teilprodukte in den Produktionsabschnitten eines Gutes sich nicht nach der Arbeit bemißt. Denn bei der Ableitung seines Rentenprinzips hat er ausdrücklich vorausgesetzt, daß der Wert sowohl des Rohprodukts wie des zusätzlichen Fabrikationsprodukts durch die Kostenarbeit bestimmt wird."[1]

B. Rodbertus' Angriff auf Ricardo

Aber mag auch die Rodbertussche Theorie von der Grundrente falsch sein, so ist doch damit durchaus noch nicht gesagt, daß die Ricardosche richtig ist. Wir haben also mit allem Ernst die Einwände zu untersuchen, die Rodbertus gegen Ricardo geltend macht.

Er gibt zu, daß, das Privateigentum an Grundstücken verschiedener Rentierung einmal als gegeben vorausgesetzt, die Ricardosche Lehre die Tatsachen der *Grundrentendifferenzen* völlig genügend erklärt; aber er wirft ihr vor, daß sie über die *Ursache* der Grundrente nichts aussage:

„Diese Aufstellung läßt sich nicht von dem Grundsatz trennen, daß ein solches unter den ungünstigsten Produktionsverhältnissen angelegtes Kapital niemals Grundrente, sondern immer nur Arbeitslohn und üblichen Kapitalgewinn abwerfen kann, denn würfe dies ungünstiger angelegte Kapital selbst schon Grundrente ab, so wäre zwar jener Mehrgewinn des günstiger angelegten Kapitals die *größere* Grundrente, aber nicht *die* Grundrente."[2] „Dieser Umstand" (die Existenz von Böden verschiedener Rentierung) „erzeugt die Differenz der Grundrente, aber doch nicht die Grundrente. Letzteres würde nur dann geschehen, und also nur dann hätte Ricardo recht, wenn jedesmal der letztangebaute Boden (...) zwar Kapitalgewinn, aber keine Grundrente abwürfe."[3]

---

[1] Lexis, Zur Kritik der Rodbertusschen Theorien, S. 469.
[2] Rodbertus, Zur Beleuchtung, S. 90.
[3] Ebenda, S. 211.

Erster Teil

Gestützt auf diese Darstellung der Theorie glaubt Rodbertus Ricardo dadurch widerlegen zu können, daß er einen Fall konstruiert, wo alle Differenzen der Rentierung ausgeschlossen sind – und dennoch Grundrente erhoben wird. Die berühmt gewordene Konstruktion ist die folgende:

„Nehmen wir eine von aller Welt abgesonderte kreisförmige Insel an – auch einen „isolierten Staat" – in welchem das heutige Grund- und Kapitaleigentum herrscht.
Im Zentrum der Insel liegt die Stadt, in der alle Fabrikation betrieben wird: der Umkreis, das Weichbild der Stadt, dient ausschließlich der Rohproduktion.
Der Staat ist nicht groß. Der Halbmesser vom Mauerring der Stadt bis zum Meeresufer ist nur so lang, daß jeder der nebeneinander liegenden landwirtschaftlichen Gutskomplexe von der Stadtmauer bis zum Ufer reicht. Die Güter mögen – wie unsere größeren norddeutschen Latifundien – 5.000 Magdeburger Morgen enthalten und werden je von einem Wirtschaftshofe aus bewirtschaftet.
Der Acker ist überall von gleicher Bonität. Die Rohprodukte werden an die Städter verkauft und die Fabrikate von den Landwirten wieder zurückgekauft.
Der Wert sowohl des Rohprodukts wie des zusätzlichen Fabrikationsprodukts soll sich genau nach der auf ihnen haftenden Produktionsarbeitssumme richten – d. i. der aufgewendeten Quantität unmittelbarer Arbeit und der nach Maßgabe der Abnutzung der Werkzeuge hinzuzurechnenden Quantität mittelbarer Arbeit – und nach diesem Wert sollen Rohprodukt und Fabrikationsprodukt gegeneinander vertauscht werden.
Die nationale Produktivität ist sowohl im ganzen wie je in der Rohproduktion und Fabrikation so groß, daß über Kapitalersatz und Arbeitslohn hinaus noch ein bedeutendes nationales Einkommen übrigbleibt, das natürlich dem Besitz zufällt oder richtiger, ihm verbleibt, da das Grund- und Kapitaleigentum es mit sich bringt, daß alles Arbeitsprodukt von seiner Entstehung an den Besitzern gehört. Der Satz des städtischen Kapitalgewinns ist natürlich das Ergebnis einer Proportion – derjenigen Proportion, die durch den Wertbetrag, der als Gewinn dem Fabrikbesitzer übrigbleibt, zu dem Wertbetrage, den er zur Erzielung dieses Gewinns hat auslegen müssen, gebildet wird.
Dieser Satz bestimmt natürlich auch den Satz des Kapitalgewinns, nach welchem die Grundbesitzer sich vom Gutsertrage einen Teil als Gewinn von ihrem aufgewendeten Kapital berechnen müssen.
In der vorliegenden Hypothese sind mithin – um die Frage rein zu erhalten – alle Momente ausgeschlossen, die in bezug auf Absatz und Wert der Rohprodukte den einen Grundbesitzer vor dem andern zu begünstigen geeignet sind: sowohl die Verschiedenheit der Güte der Äcker wie die Entfernung vom Absatzorte wie die sogenannte zunehmende Unproduktivität des Bodens. Selbst der Wert sowohl des Rohprodukts wie des Fabrikationsprodukts ist hier als der denkbar normalste vorausgesetzt, denn läßt man diesen Wert bei einem oder dem andern Produkt willkürlich steigen oder fallen, so ist es leicht, Grundrente oder Kapitalgewinn verschwinden zu lassen.
Man kann auch aus dieser abgesonderten Insel ein großes isoliertes Land machen, das ganz und gar aus solchen kreisförmigen Fabrikations- und Ackerbaukommunen besteht, und sich vorstellen, daß die zwischen ihnen liegenden Ausschnitte – die ‚Subseziven' dieses agrarischen Zustandes – mit Holz bestanden wären. Auf dieser Insel nun oder in solchem Lande, in welchem, wie man sieht, keine der Voraussetzungen, die nach Ricardo allein erst die Grundrente zu erzeugen imstande sind, existieren, behaupte ich,
fällt dennoch Grundrente ab,
weil den Grundbesitzern *jedenfalls* noch ein ihren Kapitalgewinn überschießender Reinertrag *verbleibt.*

Weshalb fällt hier dennoch Grundrente ab?
Die Antwort auf diese Frage enthält nach meiner Ansicht allein das sogenannte Grundrentenprinzip, denn man verwechselt dann nicht mehr akzidentelle und wesentliche Erscheinungen, nicht mehr *die* Grundrente mit der *Differenz* der Grundrenten.
So weit mein Problem."[1]

Rodbertus hielt sein Problem vom Standpunkte der Ricardoschen Theorie aus für völlig unlösbar und diese dadurch für widerlegt. Er schließt triumphierend:

„Kein Anhänger Ricardos hat mir hierauf geantwortet oder dies Problem erörtert.
Solange das nicht geschieht, nehme ich an, daß es keiner vermag."

IV. Abschnitt:
Der Lexis–Diehlsche Rettungsversuch

A. Das Problem der isolierten Insel

Nur zwei deutsche Forscher haben, soweit wir zu sehen vermögen, sich eingehender mit dem von Rodbertus aufgestellten Problem beschäftigt: W. Lexis und K. Diehl.

Lexis schreibt: „Auf der von Rodbertus angenommenen Insel (…) gibt es allerdings jedenfalls eine *volkswirtschaftliche* Grundrente, ein Mehrprodukt der landwirtschaftlichen Arbeit. Ob aber bei der Verteilung derselben die landwirtschaftlichen Unternehmer mehr als den normalen Gewinn von ihrem Kapital, also eine privatwirtschaftliche Grundrente beziehen, läßt sich gar nicht allgemein beantworten, sondern hängt von den besonderen tatsächlichen Umständen ab. Gäbe es etwa auf der Insel zerstreute, noch unbenützte Staatsländereien mit gleich guter Marktlage, (…) die jeder, der mit genügendem Betriebskapital ausgestattet wäre, unentgeltlich als Eigentum erhalten könnte, so würde ganz gewiß für niemanden Grundrente abfallen. Aber auch, wenn alles Land bereits unter die Grundbesitzer als Eigentum verteilt, aber noch nicht vollständig angebaut wäre, würde sich im allgemeinen keine Grundrente für dieselben ergeben. Eine solche könnte nur dann erzielt werden, wenn die Grundbesitzer in so geringer Zahl vorhanden wären, daß sie imstande wären, eine Koalition zu bilden, um durch eine *absichtliche* Beschränkung der Produktion gegenüber der steigenden Nachfrage den Produktpreis emporzutreiben. Von diesem Falle wollen wir jedoch absehen und annehmen, daß die Grundbesitzer zahlreich genug seien, um sich stets ernstliche Konkurrenz zu machen. Jeder wird dann sein ganzes Gut möglichst vorteilhaft zu bewirtschaften suchen, anfangs extensiv und bei steigender Bevölkerung immer intensiver. (…) Das in der Landwirtschaft angelegte Kapital wird immer größer, aber so lange der Naturalertrag proportional dem Mehraufwande von Kapital steigt, werden die Grundbesitzer – wieder eine Folge ihrer Konkurrenz – nur den auch in der gewerblichen Produktion üblichen Gewinnsatz von ihrem

---

[1] Ebenda, S. 170 Anm.

Erster Teil

Kapital und nichts darüber hinaus als Grundrente erhalten. Wenn aber die Grenze der der neuen Kapitalzufuhr proportionalen Ertragssteigerung derselben Fläche erreicht ist, wenn also die selbständige Bedeutung des Bodens als Produktionsmittel sich geltend macht, wird bei weiter zunehmender Bevölkerung die privatwirtschaftliche Grundrente auftreten, und zwar von Anfang an aufgrund einer monopolistischen Preissteigerung. Es besteht also auf der Rodbertusschen Insel entweder gar keine Grundrente oder eine monopolistische, während Rodbertus behauptet, daß die Besitzer Grundrente ohne monopolistische Preiserhöhung beziehen."[1]

Diehl schreibt zu demselben Thema in seinem verdienstvollen Kommentar zu Ricardo: „Was das von Rodbertus aufgeworfene Problem anlangt, warum in dem von ihm angenommenen isolierten Staate eine Grundrente abfalle, obwohl alle von Ricardo angenommenen Voraussetzungen, die allein eine Grundrente zu erzeugen imstande sind, fehlen, so dürfte es doch den Anhängern der Ricardoschen Rententheorie nicht allzu schwerfallen, darauf zu erwidern. Allerdings die Bonität der verschiedenen Grundstücke ist hier als gleich angenommen, insofern kann eine aus Fruchtbarkeitsdifferenzen herrührende Differenzialrente nicht entstehen; wohl aber ist die Grundrente in diesem Falle sehr einfach aus einem Prinzip zu erklären, das Ricardo nicht völlig übersehen hat. Ricardo ging bei der Ableitung seines Rentengesetzes ausdrücklich von der Voraussetzung aus, daß noch freier, unangebauter Boden zur Okkupation vorhanden sei – läßt man diese Voraussetzung fallen, wie Rodbertus es tut, indem er eine isolierte Insel annimmt, auf der alles Land bereits vergeben ist und die keinen Verkehr mit dem Auslande hat –: hier ist die Grundrente einfach eine reine Monopolrente, die aus dem Monopol des Bodens als notwendigen Produktionsfaktors entspringt. Die Möglichkeit einer solchen Rente unter solchen völlig veränderten Voraussetzungen hat Ricardo nie bestritten, vielmehr ausdrücklich wiederholt, wie ich oben nachwies, auf die Eventualität einer solchen absoluten Rente hingewiesen."[2]

Wenn man diese beiden Äußerungen zu dem Problem vergleicht, so zeigen sich sowohl Unterschiede wie Übereinstimmungen.

Der erste Unterschied ist der, daß Diehl augenscheinlich mit Rodbertus annimmt, daß auf der Insel unter allen Umständen für die Eigentümer der großen Güter Grundrente abfallen müsse. Im Gegensatz dazu macht Lexis Entstehung und Vorhandensein einer Grundrente erst von dem Eintritt bestimmter Bedingungen abhängig: aller Grund und Boden muß in Anbau genommen und vom Privateigentum okkupiert sein, und das Gesetz vom abnehmenden Bodenertrage muß in Wirksamkeit getreten sein. Lexis, der sich hier überhaupt stark von Rodbertusschen Ideen beeinflußt zeigt (die Unterscheidung zwischen der *volkswirtschaftlichen* Rente, die vorhanden sein könnte, noch ehe die Grundeigentümer *privatwirtschaftliche* Rente ziehen könnten, ist ganz rodbertisch), macht dem Weisen von Jagetzow hier noch eine weitere Konzession; er nimmt nicht ohne weiteres mit Ricardo an, daß das Gesetz des sinkenden Bodenertrages von allem Anfang an – abgesehen von kurzdauernden Rückschlägen dank verbesserter Technik – wirksam sei: sondern er läßt es wie Turgot erst von einem gewissen, nicht näher bestimmten und auch nicht generaliter näher zu bestimmenden Optimum an wirksam werden. Jedenfalls wollen wir festhalten, daß Lexis Bedingungen für denkbar hält, unter denen hier die Handvoll Großgrundbesitzer, die das

---

1 Lexis, Zur Kritik der Rodbertusschen Theorien, S. 472.
2 Diehl, Sozialwissenschaftliche Erläuterungen, 1. Teil, S. 279.

ganze Areal dieser volksreichen und gewerbetätigen fruchtbaren Insel besitzen, keine Grundrente bezieht.[1]

Der zweite Unterschied zwischen Lexis und Diehl ist von viel größerer Wichtigkeit. Lexis führt die Verteidigung Ricardos dadurch, daß er das Problem für falsch gestellt erklärt. Wenn Rente entstehen könne, so könne sie nur als Monopol-Preisrente entstehen. Rodbertus aber habe verlangt, daß man hier das Entstehen von Rente erklären solle, obgleich das Urprodukt auf seinem „natürlichen Preise" stehe. Das sei unmöglich und daher das Problem falsch gestellt.

Auf der andern Seite glaubt Diehl das Problem, gegen dessen richtige Stellung er keine Einwände erhebt, wirklich gelöst zu haben, wenn er das Entstehen der Grundrente hier aus einem Monopolpreise ableitet. Es kann keinem Zweifel unterliegen, daß er damit einem schweren Irrtum verfallen ist. Seine vermeintliche Lösung verletzt eine der von Rodbertus formulierten wesentlichen Bedingungen des gedanklichen Experiments. Rodbertus sagt: „Der Wert sowohl des Rohprodukts wie des zusätzlichen Fabrikationsprodukts soll sich genau nach der auf ihnen haftenden Produktionsarbeitssumme richten (...) nach diesem Wert sollen Rohprodukt und Fabrikationsprodukt gegeneinander getauscht werden." Das heißt: *er schließt den Monopolpreis ausdrücklich aus!* In der Diehlschen „Lösung" aber hat das Urprodukt Monopolpreis, steht über dem Wert der auf ihm haftenden Produktionsarbeitssumme: ergo hat Diehl die Lösung des Problems verfehlt. Und das ist ein schwer begreifliches Versehen. Denn gerade darauf legt Rodbertus den allergrößten Wert, ja es ist geradezu der Kern seiner von Diehl selbst korrekt und liebevoll dargestellten Lehre, daß die Grundrente schon dann entsteht, wenn der Preis des Urprodukts genau mit seinem Kostenarbeitswert übereinstimmt. Ist doch seine ganze Kapitals- und Grundrententheorie eine charakteristische Monopol-*Lohn*theorie: sein „Herreneinkommen" entsteht durch Abzug vom natürlichen Arbeitslohn, nicht durch Aufschlag auf den Nahrungsmittelpreis (Monopol-*Preis*theorie); der Arbeiter wird als Produzent, nicht aber als Konsument geschädigt. Das hätte Diehl in Rechnung ziehen müssen.

So viel von den Unterschieden der Auffassung. Die Übereinstimmung der beiden Forscher besteht namentlich darin, *daß sie vom streng Ricardoschen Standpunkte aus zu argumentieren glauben*, wenn sie Rodbertus mit der Monopol-Preistheorie angreifen. Es fragt sich, ob dieser Glaube berechtigt ist.

Die Frage ist nicht nur für unser Problem von entscheidender Bedeutung, sondern auch von größter allgemeintheoretischer Wichtigkeit. Wir glauben sie mit aller Entschiedenheit im negativen Sinne beantworten zu können: *die Monopol-Preistheorie, wie sie Lexis und Diehl vortragen, ist nicht nur unricardisch, sondern geradezu antiricardisch.* Ricardo hat sie nicht nur nicht gelehrt, sondern hat sie im Gegenteil mit äußerster Schärfe und bewundernswerter Folgerichtigkeit bekämpft und, wie

---

1 Die Maximalzahl der hier möglichen Güter läßt sich übrigens aus den von Rodbertus angegebenen Bedingungen annähernd berechnen. Sie kann nur sehr gering sein. Die Güter sollen einen Flächeninhalt von 5.000 Magdeburger Morgen = 1.250 ha oder 12,5 qkm haben und, wie ausdrücklich bemerkt wird, von einem Wirtschaftshofe aus bebaut werden. Aus landwirtschaftlich-technischen Gründen ergibt sich, daß die Länge dieser ohne großen Fehler als gleichseitige Dreiecke aufzufassenden Kreissektoren nicht mehr als höchstens 12,5 km betragen kann, so daß sie bei einer durchschnittlichen Breite von 1 km das angegebene Flächenmaß haben. Unter der Voraussetzung dieser Länge und Breite sind die Güter schon sehr schlecht arrondiert, da die entferntesten Äcker mehr als 6 km vom Hofe, d. h. selbst bei sehr gutem Boden auf oder jenseits der Rentabilitätsgrenze liegen. Geben wir der zentralen Stadt noch einen Radius von 1 km (3,14 qkm Wohnfläche ist übermäßig reichlich berechnet), so hat die ganze Insel einen Umfang von rund 85 km und einen Flächeninhalt von rund 572 qkm, von denen 569 qkm als Ackerfläche in Betracht kommen, faßt also 45 bis 46 solcher Großgüter zu je 12,5 qkm. Sollen die Güter besser arrondiert sein, etwa zur halben Länge und doppelten Breite, so sinkt der Flächeninhalt auf ein Viertel, und es sind nur noch 11 bis 12 solcher Großgüter vorhanden. Danach mag man ermessen, ob die Koalition zwischen den Grundeigentümern zum Zwecke der monopolistischen Preissteigerung möglich ist, die Lexis erwägt.

wir gezeigt haben, *mußte* er sie bekämpfen. Streng genommen wäre mit dem Nachweis, daß Diehl das Rodbertussche Problem formal verfehlt hat, eine weitere Erörterung seines Rettungsversuchs unnötig; und es bliebe nur noch der Lexissche Versuch zu beurteilen, der ja nicht anders abgewiesen werden kann als durch den Nachweis, daß sich das Rodbertussche Problem dennoch, auch ohne Monopol-Preistheorie, mit den Mitteln der Ricardoschen Lehre lösen läßt.

Dennoch glauben wir, der tieferen Erfassung des gesamten Problems der Grundrente einen nicht kleinen Dienst zu erweisen, wenn wir über jenen formalen Fehler fortsehen und zeigen, daß Diehls Lösung nicht nur nicht rodbertisch, sondern vor allem auch nicht ricardisch ist.

B. Der Diehlsche Rettungsversuch (Ricardo und die Monopol-Preistheorie)

Diehl stellt in seinem schon zitierten Werke seine Auffassung, daß Ricardo die Monopolpreistheorie als Erklärung gewisser realer Erscheinungen zugelassen habe, ausführlich und mit Berufung auf eine Anzahl von Sätzen des Meisters dar. Er schreibt unter dem Titel: „3. Die Rente als absolute Rente. Die Monopolrente" folgendes:

> „Es ist eine Eigentümlichkeit der Ricardoschen Theorie, daß sie die schlechteste Bodenklasse oder richtiger die ungünstigste Kapitalanlage auf dem Boden rentelos sein läßt: die Rente ist unter der Voraussetzung, die Ricardo selbst macht, nur Differentialrente, keine allgemeine Rente. Die Voraussetzungen, von denen er ausgeht, sind die, daß entweder noch Boden schlechtester Qualität frei okkupierbar ist, so daß die Konkurrenz dieser Bodenbebauer untereinander die Bildung eines Monopolpreises unmöglich macht, oder aber, daß, wenn aller Boden okkupiert ist, die neuen Kapitalzusätze immer noch lohnende Erträge abwerfen; ist letzteres aber nicht mehr der Fall, weil weitere Kapitalzusätze nicht mehr vorteilhaft auf den Boden angelegt werden können und deshalb eine weitere Ausdehnung der landwirtschaftlichen Produktion zu den alten Preisen unmöglich ist, dann kommt der Monopolcharakter des Bodens tatsächlich zum Vorschein, und aller Boden bzw. alle Kapitalanlagen auf dem Boden werfen Rente ab. Ricardo leugnet nicht, daß diese Eventualität einmal eintreten kann; aber da er es als eine sehr entfernte Zukunftsmöglichkeit ansah, hat er diesen Fall nicht eingehend behandelt; aber er weist doch deutlich genug auf diese Möglichkeit hin."[1]

Von diesen Sätzen ist nur der erste völlig richtig und in der Tat eine gute und knappe Darstellung der Lehre. Von da an ist aber fast alles unhaltbar, beruht vom Anfang bis zum Ende auf Mißverständnissen der Ricardoschen Theorie. Wir werden dieses harte Urteil sehr sorgfältig zu begründen haben.

1. *Die Okkupation des Bodens*

Diehl sagt: „Die Voraussetzungen, von denen er (Ricardo) ausgeht, sind die, daß noch entweder Boden schlechtester Qualität frei okkupierbar ist[2], so daß die Konkurrenz dieser Bodenbebauer untereinander die Bildung eines Monopolpreises unmöglich macht (...).“ Von dieser angeblichen Voraussetzung Ricardos steht kein Wort in seinen Schriften, und Diehl selbst, der so viel und exakt zitiert, kann keine Stelle anführen, die diesen Sinn auch nur annähernd hätte.

---

1 Diehl, Sozialwissenschaftliche Erläuterungen, 1. Teil, S. 169.
2 Vgl. den fast identischen, oben angeführten Wortlaut; ebenda, S. 279.

Dabei wollen wir noch nicht einmal über den sehr unglücklichen Ausdruck „Boden schlechtester Qualität" rechten, sondern annehmen, daß Diehl hier von Boden spricht, der dem jeweilig in Anbau befindlichen „Grenzboden" an Qualität nachsteht. Aber auch in dieser Fassung steht der Satz weder dem Wortlaut noch dem Sinne nach bei Ricardo, und *kann*, wie wir sehen werden, auch gar nicht dort stehen. Diehl hat in Sätze von ganz anderem Sinne durch schwere Mißverständnisse seine Auffassung hineingelesen. Wir werden diese Sätze sofort zitieren, wollen aber zuvor Diehls Auffassung in dieser Frage noch näher betrachten.

An den folgenden Stellen spricht er augenscheinlich von diesem Gegenstande:

„Absolute Rente könnte nur dann eintreten, wenn aller Boden Monopolbesitz geworden ist – dies ist ein Fall, den Ricardo nur ganz kurz streift, bei seiner grundlegenden Betrachtung aber außer acht läßt."[1]

An anderer Stelle bemerkt er gegen Knies: „Ricardos Behauptung, daß der schlechteste Boden keine Rente trage" (auch hier handelt es sich nicht um den absolut schlechtesten, sondern um den geringsten jeweilig in Anbau befindlichen Boden) „gilt immer nur unter der ökonomischen Voraussetzung, von der er ausgeht, daß Boden noch frei zu haben ist; fällt diese Voraussetzung fort, so hat auch die genannte Behauptung keinen Sinn mehr."[2]

Und auf der folgenden Seite heißt es: „Das, was Ricardo zur Voraussetzung seiner Theorie macht, daß nämlich noch Boden *zur freien Verfügung* der Ansiedler vorhanden ist, worauf er seine Annahme stützte, daß die ungünstigste Bodenanlage keine Rente trüge, (...)."

Besonders charakteristisch ist schließlich folgende Ausführung:

„Es gibt drei hauptsächliche Möglichkeiten betreffs des Vorkommens der Grundrente je nach den ökonomischen Verhältnissen des betreffenden Landes.
a) In neu besiedelten Ländern mit Überfluß an frei okkupierbarem Boden erster Qualität kann es keine Rente geben (...).
b) Die Rente tritt erst bei vorgeschrittener Kultur in Erscheinung, aber nicht als absolute Rente, sondern nur als partielle Rente, d. h. als ein nur gewissen Bodenklassen zukommender Extragewinn.
c) *Erst wenn aller Boden Monopolbesitz geworden ist*[3], gibt es eine allgemeine Rente. Wann dieser Fall eintritt, ist für jedes Land und für jede Zeit quaestio facti (...)."

Mit jenen anderen Stellen zusammengehalten, kann diese Ausführung unmöglich anders gedeutet werden, als daß Diehl von dem Augenblicke an, wo nicht mehr „Boden zur freien Verfügung der Ansiedler steht", allen Boden zum „Monopolbesitz" werden läßt, der eine allgemeine, d. h. absolute Rente, eine Monopol-Preisrente erhält.

Diehl steht mit dieser Meinung nicht allein. Unter andern vertritt auch Lexis die gleiche Auffassung. Wir zitieren aus seiner schon angeführten kritischen Abhandlung „Zur Kritik der Rodbertusschen Theorien" eine sehr charakteristische Ausführung:

„Sehen wir (...) von dem unmittelbaren Gebrauchswert und dem dadurch bedingten Verkehrswert des okkupierten Bodens ab und betrachten denselben nur als Produktionsmittel der notwendigsten Lebensbedürfnisse. Es ist einleuchtend, daß er auch als solcher einen Preis erhalten muß, sobald es in dem betreffenden Gebiete nicht mehr möglich ist, konkurrenzfähigen freien

---

[1] Ebenda, S. 165.
[2] Ebenda, S. 234.
[3] Im Original nicht kursiv.

Boden *unentgeltlich* in Besitz zu nehmen. Wir nehmen dabei zunächst an, daß der ganze Boden des Gebiets von gleicher Güte ist. *Solange unter dieser Voraussetzung* die Okkupation nicht vollständig ist, haben die Grundstücke noch keinen Kapitalwert, und ihre Besitzer beziehen keine privatwirtschaftliche Grundrente, sondern haben nur vermöge ihres Kapitalbesitzes Anteil an der Gesamtrente der Unternehmerklasse. Ist aber kein freier Boden mehr übrig, und nimmt die Bevölkerung weiter zu, so entwickelt sich die privatwirtschaftliche Grundrente. Denn es ist unzweifelhaft, wenigstens von einem gewissen Punkte an, nicht mehr möglich, den Ertrag eines begrenzten Grundstückes fortwährend proportional dem aufgewandten Kapital zu vermehren. Die Grundbesitzer werden also dann imstande sein, für ihre Produkte Preise aufrechtzuerhalten, in denen außer ihrem Kapitalgewinn auch noch ein weiterer Zuschlag zu ihren Gunsten enthalten ist (. . .). Ist der Boden (. . .) von verschiedener Qualität, so erzielen die Besitzer der besseren Grundstücke natürlich höhere Grundrenten, als die der geringeren, (. . .) jedoch kann auch die niedrigste der benutzten Bodenklassen Grundrente abwerfen, *wenn eben kein freier Boden* dieser Gattung mehr vorhanden ist.

So erhält also jedes Grundstück *in einem völlig okkupierten Gebiete* (. . .) einen besonderen Kapitalwert, d. h. der Besitzer desselben ist imstande, zu den Selbstkosten seiner Erzeugnisse, nachdem er bereits seinen eigentlichen Kapitalgewinn in Rechnung gebracht, noch einen größeren oder geringeren Zuschlag zu machen, ohne daß die Konkurrenz der übrigen Grundbesitzer den auf diese Art zusammengesetzten Preis herabdrückte. Der Entstehungsgrund dieser privatwirtschaftlichen Grundrente liegt einfach in der schließlich hervortretenden Monopolstellung des Grundbesitzes, indem sowohl die Grundstücke der besseren Klassen, wie auch in einem begrenzten Kulturgebiete der Boden überhaupt, nur in einer beschränkten Ausdehnung vorhanden sind."[1]

Auch hier besteht ganz zweifellos die gleiche Vorstellung, daß nach voller Okkupation des gesamten Bodens allgemeine, absolute, d. h. Monopol-Preisrente entstehen muß, so daß auch die „niedrigste der benutzten Bodenklassen Grundrente abwerfen muß". Noch klarer ist dieselbe Auffassung in folgenden Worten an anderer Stelle ausgesprochen: „Wenn man indes die bei Ricardo selbstverständliche Voraussetzung annimmt, daß von dem Boden der letzten Klasse noch Überfluß vorhanden sei und *jedermann noch solchen okkupieren könne*, so erscheint die Ansicht der englischen Schule theoretisch gerechtfertigt (. . .)" (daß nämlich die unterste Bodenklasse nur Kapitalgewinn und keine Grundrente mehr abwerfe).

„Stillschweigend liegt freilich bei Ricardo auch die Annahme zugrunde, daß die Grundstücke der letzten Klasse auch in bezug auf ihre Marktlage völlig gleichartig sind. Wenn indes auch diese Bedingung erfüllt wäre, so könnte allerdings dadurch, daß der überschüssige Boden dieser Klasse bereits im Eigentum einzelner Personen stände, auch *für diesen eine Grundrente erzwungen werden*[2], indem die Eigentümer denselben nicht in dem Maße anbauen ließen oder selbst anbauten, wie es der fortschreitenden Nachfrage der Bevölkerung entspräche. Diese Möglichkeit ist aber eben von Ricardo nicht vorausgesetzt."[3]

Wir finden demnach bei beiden Autoren die gleiche Vorstellung, daß nach Übergang allen Landes in das Privateigentum absolute Rente entstehe, m. a. W., daß aller Boden, auch der der untersten der angebauten Klassen, Grundrente abwerfe. Und wir finden ferner, wie gesagt, bei beiden Auto-

---

1 Lexis, Zur Kritik der Rodbertusschen Theorien, S. 470. Im Original nicht kursiv.
2 Im Original nicht kursiv.
3 Art. Grundrente in: Handbuch der Staatswissenschaften, Bd. IV, S. 882f.

ren die Vorstellung, daß sie sich hier in voller Übereinstimmung mit Ricardo befinden. Dieser Glaube ist irrig: er beruht auf der falschen Deutung einiger Ricardoscher Sätze.

Die wichtigste Stelle ist die folgende:

„Nach den allgemein bekannten Grundgesetzen von Begehr und Angebot kann für die Benutzung solchen Bodens aus dem angeführten Grunde keine Rente bezahlt werden, ebenso wie für den Gebrauch von Luft und Wasser oder irgendeiner anderen Gabe der Natur, welche in unbegrenzter Menge vorhanden ist, auch nichts gegeben wird. Mit einer gegebenen Menge von Stoff, mit Hilfe des Druckes der Luft und mit der Federkraft des Dampfes können Maschinen Arbeit verrichten und die menschliche Arbeit sehr bedeutend abkürzen; aber für den Gebrauch dieser natürlichen Hilfsmittel bezahlt man nichts, weil sie unerschöpflich sind und jedermann frei zu Gebote stehen. Auf dieselbe Art machen der Brauer, Brenner, Färber ohne Unterlaß Gebrauch von Luft und Wasser zum Behufe der Hervorbringung ihrer Güter, allein, da ihre Menge grenzenlos ist, so haben sie keinen Preis. Wenn aller Boden die nämlichen Eigentümlichkeiten hätte, wenn seine Flächenausdehnung keine Grenzen hätte, wenn derselbe allgemein von gleicher Beschaffenheit wäre, so könnten für dessen Benutzung keine Lasten bedungen werden, ausgenommen, wo er mit seiner Lage ganz besondere Vorteile gewährete. Es wird demnach bloß aus dem Grunde eine Rente entrichtet, weil der Boden nicht in unendlicher Menge und allgemein gleicher Beschaffenheit vorhanden ist und bei zunehmender Bevölkerung Boden von geringerer Beschaffenheit oder weniger vorteilhafter Lage zum Anbaue genommen wird. Sobald infolge des Fortschreitens der Gesellschaft Boden von Fruchtbarkeit zweiten Grades zum Anbaue genommen wird, so beginnt die Rente unmittelbar auf jenem erster Güte, und der Betrag dieser Rente richtet sich nach dem Unterschiede der Beschaffenheit dieser zweierlei Bodenarten."[1]

Ähnlich heißt es auf Seite 45:

„Wenn nun also gutes Gelände in viel größerem Überflusse vorhanden, als zur Erzeugung der Nahrungsmittel für eine steigende Bevölkerung erforderlich ist, oder auch, wenn ins Unendliche hinaus Kapital ohne Ertragsverminderung auf alten Boden angewendet werden könnte, dann würde kein Steigen der Rente stattfinden können. Denn sie geht ohne Ausnahme aus der Anwendung eines Arbeitszusatzes von einem verhältnismäßig geringeren Erträgnisse hervor."

An einer letzten Stelle kehrt Ricardo die Beweisführung um, um zu zeigen, daß sie auch so noch das gleiche Resultat ergibt:

„Wäre Luft, Wasser, Federkraft des Dampfes und Druck der Luft von verschiedener Art und Beschaffenheit; könnten sie in ausschließlichen Besitz genommen werden und wäre eine jede Art und Beschaffenheit in mäßigem Vorrate vorhanden, dann würden sie so gut wie der Boden eine Rente geben, so wie sie nämlich allmählich mit abnehmender Güte nacheinander in Benutzung genommen würden. Mit jeder Anwendung einer schlechteren Art davon müßte jedesmal auch der Tauschwert der Güter, bei deren Verfertigung sie gebraucht wurden, steigen, weil eben gleiche Mengen von Arbeit immer weniger hervorbrächten."[2]

Man kann diese Stellen mit der Lupe betrachten und wird nie etwas anderes darin finden können, als daß Ricardo unter der Voraussetzung unbegrenzten freien Bodens von gleicher Qualität, der jedermann zur Okkupation offensteht, die Bildung von *Differentialrente* für *unmöglich* erklärt hat: aber wie man aus ihnen herauslesen kann, daß er bei Fortfall dieser Bedingungen die Bildung von

---

1 Ricardo, Grundgesetze, S. 42f.
2 Ebenda, S. 48f.

Monopolrente für nur möglich, geschweige denn für *notwendig* gehalten hat, das vermögen wir nicht zu erkennen.

Ricardo sagt hier klipp und klar, daß auch Luft und Wasser Differentialrente geben würden, wenn sie nicht in unbegrenzter Menge vorhanden wären und angeeignet werden könnten, *und wenn sie von verschiedener Art und Beschaffenheit wären*. Hätte er hier an eine Monopolrente gedacht, so hätte er sich die Hinzufügung dieser letzten Bedingung sparen können; denn nach der einfachen Monopol-Preistheorie genügt die Aneignung des ganzen Vorrats völlig, um die Bildung einer Monopolrente zu erklären. Und umgekehrt würde auch Land keine Differentialrente abwerfen, wenn es, wie Wasser und Luft, in unbegrenzter Menge und, *das ist die entscheidende und darum an erster Stelle angeführte Bedingung, nicht die Aneignung*, in ganz gleicher Art und Beschaffenheit vorhanden wäre.

Der Wortlaut gibt also nicht den geringsten Anlaß anzunehmen, daß Ricardo die Anschauung habe entwickeln wollen, daß nach Okkupation allen Bodens absolute Grundrente entstehen müsse oder auch nur könne. Im Gegenteil, wir sind der Meinung, daß der Wortlaut diese Deutung geradezu ausschließt. Jedenfalls aber wird sie durch den ganzen Zusammenhang der Theorie völlig ausgeschlossen, wie wir jetzt zu zeigen versuchen werden:

Die Erörterung geht, um es noch einmal mit aller Schärfe herzusetzen, um die Frage, ob das Grenzprodukt bei voller Okkupation Grundrente trägt oder nicht. Ist es der Fall, so hat die Monopoltheorie recht; gibt Ricardo zu, daß es unter dieser Voraussetzung der Fall sein kann, so erkennt er die Monopoltheorie für diesen Fall an, und Diehl und Lexis haben ihn richtig verstanden.

Es kann aber gar keine Rede davon sein, daß Ricardo dieses Anerkenntnis macht. Im Gegenteil: er schließt die Okkupation als Ursache des Monopolpreises mit aller Deutlichkeit ausdrücklich aus. Wir können auf weitere Zitate verzichten; nur die sehr kennzeichnende Tatsache sei hier hervorgehoben, daß das „zweite Hauptstück *von der Rente*" sofort in den ersten Worten dieses Leitmotiv des ganzen Systems anschlägt: „Es bleibt aber nun noch zu betrachten übrig, ob die Aneignung von Grund und Boden und die erfolgende Bildung von Rente eine Veränderung im gegenseitigen Tauschwerte der Güter veranlaßt, *unabhängig von der zur Hervorbringung nötigen Arbeitsmenge*." Hier ist das Thema probandum gestellt: *trotz der „Aneignung", d. h. der rechtlichen „Okkupation" kein Monopolpreis!*

Das ist Ricardos Stellung zur Frage der Okkupation. Und *so hat ihn auch Diehl selbst verstanden*. Er schreibt in den ersten Sätzen seines Kommentars zur Grundrententheorie, völlig in Übereinstimmung mit der hier vertretenen Auffassung:

„Wir haben gesehen, daß – nach Ricardo – die auf die Güter verwandte *Arbeitsmenge* für ihren (...) Tauschwert maßgebend ist. (...) Muß aber nicht noch ein weiterer Kostenbestandteil hinzukommen, der nicht, wie das Kapital, auf Arbeit zurückgeführt werden kann und doch auf den Tauschwert von Einfluß ist? Alle Güter entstammen dem *Boden*: dieser steht im Privateigentum *einzelner*; wirkt dieses Privateigentum nicht so, daß noch ein neuer Kosten- und Preisbestandteil hinzukommt, nämlich eine Entschädigung für die Bodenbenutzung? Diese Frage beantwortet Ricardo mit seiner Rententheorie, und zwar *in negativem Sinne*[1]: eine Entschädigung für die Bodenbenutzung bildet keinen allgemeinen Preisbestandteil: es gibt keine allgemeine Rente. *Die Tatsache des privaten Grundeigentums bewirkt keine Änderung des Wertgesetzes*[2]: nach wie vor ist die in den Gütern enthaltene *Arbeit*[3] für den Wert maßgebend."[4]

---

1 Im Orig. nicht kursiv.
2 Im Orig. nicht kursiv.
3 Im Orig. nicht kursiv.
4 Diehl, Sozialwissenschaftliche Erläuterungen, 1. Teil, S. 159.

Hätte Diehl diese vollkommen korrekte und klare Auffassung festhalten können, so wäre er den Schlingen der falschen Okkupationstheorie entgangen. In der Tat behauptet Ricardo immer und überall, daß das „Getreide" *unter allen Umständen* (also auch bei voller Okkupation alles verfügbaren Bodens) auf die Dauer auf seinem natürlichen Preise stehen müsse. Er läßt nur eine einzige Ausnahme zu, diejenige des oben erwähnten „casus hypotheticus irrealis". Darauf werden wir sofort ausführlichst eingehen; hier interessiert uns zunächst nur die Feststellung, daß diese Einschränkung die „volle Okkupation" nicht betrifft.

Von dieser einen Ausnahme abgesehen wiederholt er unaufhörlich als Kernsatz seiner Theorie, daß das Grenzprodukt immer die Grundrente Null trägt: „Dasjenige Getreide, welches durch die größte Arbeitsmenge erzeugt wurde, ist der Bestimmer der Getreidepreise; und die Rente ist *auch nicht im mindesten* ein Bestandteil der letzteren *und kann es auch nicht sein*." Und er fügt in einer Anmerkung hinzu: „Das klare eigentliche Verständnis dieses Grundgesetzes ist, ich bin dessen überzeugt, von der allergrößten Wichtigkeit für die Volkswirtschaftslehre." Er schließt den Absatz mit einer Polemik gegen A. Smith' Wertlehre: „Rohstoffe wandeln in die Zusammensetzung der meisten Güter hinein, aber ihr Tauschwert, so gut wie der des Getreides, wird durch die Hervorbringungsfähigkeit desjenigen Teiles des Kapitals, der zuletzt auf den Boden verwendet wurde und *keine Rente bezahlt*, bestimmt: und darum ist die Rente kein Bestandteil des Preises der Güter."[1]

Weiter unten bemerkt er gegen Say: „Ich sehe die Rente immer als Ergebnis eines teilweisen Monopols an und bin der Ansicht, daß sie *niemals* den Preis bestimmt, sondern eher eine Folge desselben ist."[2] Und noch einmal betont er gegen Malthus: „Die Rente ist die Wirkung und nicht die Ursache des hohen Preises, und es befindet sich *immer* eine Bodenklasse in Anbau, welche gar keinerlei Rente abwirft und deren Getreideerwachs durch seinen Preis bloß den Arbeitslohn und Gewinn einträgt."[3]

Die letztangeführten Worte sind im Ausdruck nicht vollkommen korrekt. Worauf es Ricardo ankommt, ist die in den beiden anderen, eben zitierten Ausführungen enthaltene Feststellung, daß das *Grenzprodukt* oder, was ganz dasselbe sagt, das *Grenzkapital* niemals Rente trägt; und nichts anderes will er sagen, wenn er hier, nicht ganz korrekt, ausspricht, daß der *Grenzboden* niemals Rente trägt. Diese Deutung ergibt sich nicht nur aus dem Zusammenhang zwingend, sondern kann auch unmittelbar belegt werden. Er spricht mehrfach ausdrücklich aus, daß er nur so verstanden werden will. Wir bringen zum Beweise einige charakteristische Stellen. Er schreibt in einem Brief an Mac Culloch:

> „Say versucht zu zeigen, daß es keinen Boden gibt, der keine Rente trägt, und meint, daß ich dann widerlegt sei, wobei er nie den anderen Punkt bemerkt, auf den ich das größte Gewicht lege, *daß in jedem Lande ein Teil des Kapitals, welches auf bereits in Kultur befindlichen Boden verwandt wird, vorhanden ist, für welches keine Rente bezahlt wird*, oder richtiger, daß keine Zusatzrente bezahlt wird infolge der Verwendung solchen zusätzlichen Kapitals."[4]

An Say selbst schreibt er über diese Frage:

> „Mein Gedankengang betreffend Rente, Profit und Steuern basiert auf der Annahme, daß es in jedem Lande Grundstücke gibt, welche keine Rente zahlen – *oder, daß Kapital auf bereits ange-*

---

1 Ricardo, Grundgesetze, S. 51. Im Original nicht kursiv. Vgl. dazu die Bemerkungen gleichen Inhalts S. 296 ebenfalls gegen Smith bei Gelegenheit der Debatte über die Bergwerksrente.
2 Ebenda, S. 252. Im Original nicht kursiv.
3 Ebenda, S. 379. Im Original nicht kursiv.
4 Diehl, Sozialwissenschaftliche Erläuterungen, 1. Teil, S. 170. Im Original nicht kursiv.

baute Ländereien verwandt wird, wofür keine Rente gezahlt wird. Sie antworten auf den ersten Teil des Satzes und erwähnen nicht den zweiten; man darf sie aber nicht trennen."

Dasselbe sagt folgende, gleichfalls von Diehl angezogene Stelle aus den „Principles":

„Wenn es wahr wäre, daß England im Bodenbau so weit vorgeschritten sei, daß es daselbst zurzeit keine Ländereien mehr gäbe, die keine Rente tragen, so würde es nicht minder wahr sein, daß es früher daselbst solche Ländereien gegeben haben muß, und daß es für diese Frage ganz ohne Bedeutung ist, ob es daselbst solche gibt oder nicht; denn es ist, *wenn in Großbritannien Kapital auf Boden verwendet wird, der bloß Ersatz für das Kapital samt dem üblichen Gewinn ergibt, ganz einerlei, ob es auf altem oder auf neuem Boden verwendet wird.*"[1]

Aus diesen Auslassungen ergibt sich unzweideutig: Ricardo *glaubt* zwar, daß sich in jedem „Lande" – wir würden sagen: Wirtschaftskreise – ein angebauter Boden finden wird, der keine Grundrente trägt, aber er kann es nicht beweisen und hat *auch gar nicht nötig*, es zu beweisen. Denn, selbst wenn sich die praktisch unmögliche Feststellung machen ließe, daß der geringste in den Anbau einbezogene Boden eines Landes Grundrente trägt, so wäre gegen seine Theorie noch gar nichts bewiesen, *solange man ihm nicht auch demonstrieren kann, daß das letzte, das heißt das mindest ergiebige Kapital Grundrente trägt.* Erst wenn ihm dieser Nachweis erbracht ist, ist die Monopoltheorie bewiesen; solange aber das Grenzkapital die Rente Null trägt, steht das Getreide auf seinem natürlichen Preise, existiert nur Differentialrente.

Das ist der eigentliche Kern der Ricardoschen Grundrententheorie: nicht, wie so oft mißverständlich angenommen wird, die Herleitung der Rente aus dem Gesetz der sinkenden Erträge, nicht die Ableitung der Rentendifferenzen aus den natur- und verkehrsgegebenen Unterschieden der Rentierung, sondern die Feststellung, daß, wenn schon nicht Grenzboden mit der Rente Null, so doch unter allen Umständen ein Grenzprodukt mit der Rente Null vorhanden sein muß, und daß daher das „Getreide" niemals einen Monopolpreis haben kann.

Daran ändert sich auch nichts, wenn der ganze Boden eines Landes durch das Privateigentum einzelner okkupiert, dem Zugriff „jedermanns" entzogen ist. Ricardo hat das nicht behauptet und *konnte es nicht behaupten*. Lexis stellt es freilich in den angeführten Stellen so dar, als habe Ricardo seine Grundrententheorie unter voller Abstraktion von der ihm wohlbekannten Tatsache aufgestellt, daß die Kulturländer längst in diesem juristischen Sinne „okkupiert" waren. Das heißt nichts anderes, als Ricardo nachsagen, er habe seine Theorie in den leeren Raum gebaut; heißt kaum weniger als einem Physiker nachsagen, er „abstrahiere" bei seinen Untersuchungen über die Mechanik von der Schwerkraft. Nein, Ricardo hatte durchaus die gleiche Absicht, die jeder ernste Forscher hat: *die realen Tatsachen seines Arbeitsgebietes zu erklären.* Nichts lag ihm ferner als derartige logische Spielereien, die von der Wirklichkeit völlig abgelöst waren.[2] Wenn ein berühmter Forscher vom Range eines Lexis, durch Gelehrsamkeit und Scharfsinn gleichmäßig hervorragend, dem scharfsinnigsten Meister der deduktiven Schule derartige Dinge zutraut, dann kann man sich

---

1 Ricardo, Grundgesetze, S. 295. [Der im Original verwandte Begriff „Gewinst" wurde durch „Gewinn" ersetzt, A.d.R.]

2 Fonteyrand beurteilt Ricardo richtiger, wenn er in seiner Einführung zu den œvres complètes (Paris 1882, S. II) schreibt: „Il fait bon marché de tout cet art qui consiste à disposer symétriquement des syllogismes, à jongler avec des prémisses et des conséquences; il veut un triomphe réel au bout de chaque triomphe de logique, et si sa phrase marche, *c'est pour arriver et non pour faire voir en marchant sa grâce et sa souplesse*. En un mot, et jusque dans ses principes, Ricardo écrit sous la dictée des événements et en vue d'un *progrès réel, palpable.*"

allerdings nicht mehr wundern, wenn das Urteil der dii minorum gentium über die deduktive Methode so überaus wegwerfend, ja verächtlich ausfällt!

Ricardo *konnte* diese Theorie von der Entstehung der Monopol-Preisrente durch die Okkupation allen nutzbaren Landes aber nicht nur aus dem Grunde nicht vortragen, weil er damit seine eigene Theorie, die ja angeblich von der allgemeinen Tatsache dieser Okkupation absehen soll, als eine bloße Gedankenspielerei im leeren Raume hingestellt hätte, sondern auch noch aus einem anderen, ebenso durchschlagenden Grunde. Es war ihm aus *psychologischen* Ursachen ebenso unmöglich, der Okkupationstheorie Zugeständnisse zu machen, wie es ihm *logisch* möglich gewesen wäre.

Denn die Lehre, daß die Okkupation des ganzen nutzbaren Landes den Grundeigentümern ein *Monopol* in die Hand gebe, mittels dessen sie die Nichteigentümer ausbeuteten, war die Lehre der *Sozialisten*. Gerade zur Bekämpfung dieser feindlichen Theorie – wir erinnern an die Ausführungen im ersten Abschnitt – schuf Ricardo seine Grundrentenlehre: und da hätte er jene selbst vortragen sollen?!

Die bürgerliche Theorie war gegen die eine Fassung der sozialistischen Okkupationslehre, daß der Arbeiter durch Abzug von seinem natürlichen Arbeitslohn, als *Produzent* ausgebeutet werde, gegen die „Monopol-Lohn-Theorie", durch die Lehre vom Lohnfonds genügend verteidigt. Daher mußte es Ricardos ganzes Bemühen sein, auch die zweite Fassung der sozialistischen Okkupationslehre, die „Monopol-Preis-Theorie" durch den Nachweis zu widerlegen, daß *trotz der Okkupation allen nutzbaren Bodens durch das Privateigentum dennoch die Nahrungsmittel niemals auf die Dauer* (abgesehen von einem einzigen, vielleicht nie eintretenden, gewiß sehr fernen Grenzfall, den wir sofort eingehend darlegen werden), *einen Monopolpreis erhalten können*, d. h. daß der Arbeiter durch die Okkupation auch als Konsument nicht leide.

Diesen entscheidenden Nachweis hat Ricardo, wenn man seine Prämissen, die Arbeitswerttheorie und das Gesetz der sinkenden Erträge, als richtig zugibt, in der Tat in unwiderleglicher Weise geliefert. Die letzten möglichen Zweifel werden hoffentlich im nächsten Kapitel zerstreut werden. Und da liest man in ihn nicht nur Zugeständnisse an die von ihm gerade dadurch widerlegte sozialistische Monopol-Preistheorie hinein, sondern man läßt ihn geradezu vor ihr kapitulieren?!

Der logische Grund des Lexis-Diehlschen Mißverständnisses ist hier wie überall in solchen Streitfragen eine echte Quaternio terminorum, hervorgerufen durch die Zweideutigkeit des Wortes „okkupieren". Okkupieren heißt das eine Mal: den Boden als privates Eigentum mit Beschlag belegen; das andere Mal bedeutet es: unbenutzten Boden in Anbau ziehen. Das erste ist ein rechtlicher, das zweite ein wirtschaftlicher Begriff. Beide müssen für die theoretische Betrachtung auf das schärfste auseinandergehalten werden, wenn auch unter der heutigen Rechtsordnung sehr oft die rechtliche Okkupation zeitlich mit der wirtschaftlichen zusammenfallen mag.

Ricardos Voraussetzung ist nun niemals die Möglichkeit unbeschränkter *rechtlicher*, sondern nur die Möglichkeit unbeschränkter *wirtschaftlicher* Okkupation. Es ist für seine Theorie völlig gleichgültig, ob Grund und Boden, der bisher unter der Anbaugrenze lag und deshalb keine Grundrente abwarf, bereits im Rechtseigentum eines Mitgliedes der Gesellschaft steht oder nicht. Sondern es kommt nur darauf an, daß überhaupt noch Boden von geringeren Klassen, als die bisher angebauten, wirtschaftlich zur Nahrungsmittelproduktion herangezogen werden kann; ja nicht einmal das ist strikte Conditio sine qua non, sondern die eigentliche Bedingung, unter der die Bildung des Monopolpreises und der absoluten Rente unmöglich ist, ist die, daß noch neue Zusatzkapitale, die auf schon angebauten Boden angewendet werden, Erträge bringen. Das ist eben ausführlich nachgewiesen. Wenn Ricardo also von freiem Boden spricht oder freien Boden voraussetzt, so meint er nicht *herrenlosen*, sondern *ungenutzten* Acker.

Das Eigentumsrecht sogar an allem nutzbaren Boden kann aber nach der Ricardoschen Theorie *niemals zu einer Monopol-Preisrente führen*. Nehmen wir den Fall, daß die Böden erster und zweiter

Klasse bebaut seien; aller geringere Boden sei bereits in den Händen von Privatpersonen. Die Bevölkerung wächst, mit ihr die Nachfrage und der Getreidepreis, bis der Punkt erreicht ist, wo der Boden dritter Klasse, wenn er bebaut wird, gerade Arbeitslohn und Kapitalgewinn einbringt, aber noch keine Rente. Jetzt ist der Fall denkbar, daß die Grundbesitzer keine Neigung verspüren, ihr eigenes Kapital auf die Klasse drei zu verwenden und den Boden selbst zu bewirtschaften, oder, daß sie kein eigenes Kapital von genügendem Umfang besitzen. Dann bleibt dieser Boden noch einige Zeit unbebaut, da kein Pächter Rente bieten kann. Aber trotzdem erhält das Getreide keinen Monopolpreis. Denn nun investieren die Pächter der beiden ersten Bodenklassen nur um so mehr „Zusatzkapitale", die ja jetzt trotz der geringeren Erträge rentieren, weil der Preis gestiegen ist – und das Grenzprodukt trägt nach wie vor die Rente Null. Bevölkerung und Getreidepreis steigen weiter, bis der Kapitalist dem Eigner von Boden drei eine – freilich sehr geringe – Rente (wenn man mathematisch deduziert, geradezu ein Differential von Rente) anbieten kann.

(Übrigens ist die Voraussetzung, daß es allein von dem Willen der Eigentümer abhängt, ob Boden drei in Anbau genommen wird, nur teilweise möglich. Die Späteren weisen mit Recht darauf hin, daß eine Pachtung in der Regel Böden geringerer Qualität enthält, für die keine Rente bezahlt wird. Denn die Pacht *bestimmt* sich nach der Rente der besseren Böden, wenn sie auch *berechnet* wird als Durchschnittssatz auf die Gesamtfläche. Diese, der Verfügung des Pächters unterstellten geringeren Böden werden sofort angebaut, sobald der Getreidepreis Arbeitslohn und Profit hereinbringt.)

Umgekehrt würde sich nach Ricardo durchaus nichts ändern, wenn aller noch nicht *wirtschaftlich* okkupierte Boden auch *rechtlich* noch frei wäre, wenn also etwa ein Staatsgesetz das freie Okkupationsrecht durch die bei den Naturvölkern weit verbreitete „Rückennutzung" einschränkte. *Der juristische Eigentumstitel an sich ist wertlos; er erhält seinen wirtschaftlichen Inhalt erst durch die „natürliche" Preisgestaltung.* Ob schon vorher juristisch oder erst bei der wirtschaftlichen Okkupation angeeignet: der Boden trägt immer genau die gleiche Rente. Boden zwei erhält erst Rente, wenn der Getreidepreis zeigt, daß Boden drei angebaut werden muß, ganz gleichgültig, ob Boden vier usw. schon seinen Eigentümer hat oder nicht.

Und so geht es bei steigender Bevölkerung und steigenden Getreidepreisen weiter zu den Böden vierter, fünfter, n-ter Klasse. Und sollte wirklich zuletzt aller Boden des betreffenden Landes „okkupiert", d. h. in den Anbau einbezogen sein, so folgt die Investition neuer Zusatzkapitale auf den Böden aller Klassen. Niemals kann hier Monopolrente entstehen, immer gibt es ein Grenzprodukt mit der Rente Null, immer steht das Getreide daher auf seinem natürlichen Preise. Mit einer einzigen Ausnahme!

2. Der Zeitpunkt der Krisis

In der Tat kann nämlich nach Ricardo einmal ein Zeitpunkt eintreten, wo dennoch auch das Grenzprodukt eine Grundrente von mehr als Null trägt, wo mithin das Getreide über seinen natürlichen Preis hinaus auf einen Monopolpreis getrieben wird und die absolute, die *Monopol*rente das Feld beherrscht.

Wann tritt der Zeitpunkt dieser Krisis ein? Diehl nimmt in dieser Frage eine zwiespältige Haltung ein. Das eine Mal sagt er, daß Ricardo „diese Eventualität (...) als eine sehr entfernte Zukunftsmöglichkeit ansah"[1]; das andere Mal stellt er es so dar, als habe Ricardo diesen Zeitpunkt

---

1 Diehl, Sozialwissenschaftliche Erläuterungen, 1. Teil, S. 169.

in einzelnen Fällen als schon eingetreten betrachtet. Wir führen die in dem letzten Sinne gedeuteten Sätze zuerst an[1]:

„Daß Ricardo eine ‚absolute Rente' anerkennt, geht auch daraus hervor, daß er einmal gerade Amerika, das sonst als Muster eines Landes mit reichlichem ‚rentelosen' Boden gilt, als das Land anführt, wo aller Boden ‚Rente' zahle; diese Rente stellt sich nach Ricardo als Verzinsung des Kaufpreises dar: ‚In Amerika, meine ich, gibt es keinen Boden, für den nicht Rente gezahlt würde, aber dies ist in seinen eigentümlichen Einrichtungen begründet. Die Regierung ist Eigentümerin alles unkultivierten Bodens im Innern des Landes, welchen sie sich bereit erklärt zu verkaufen und tatsächlich täglich verkauft zu dem mäßigen Preise von zwei Dollars für den Acre. – Die Rente muß demnach überall in Amerika mindestens zwei Dollars für den Acre ausmachen; aber diese Tatsache ändert an dem Prinzip nichts.'"

Ist es wirklich notwendig, für diese Sätze die Erklärung in Ricardos Sinne noch ausdrücklich zu formulieren? Er würde antworten, daß diese „Rente" gar keine Grundrente ist, sondern – Steuer. Denn der Begriff der Grundrente verliert jeden Sinn, wenn man ihn nicht auf das Einkommen von Privatsubjekten aus privatem Grundeigentum beschränkt. Als Steuer aber fällt diese Last unter dieselben Gesichtspunkte, unter denen Ricardo die Grundsteuern im allgemeinen behandelt. „Wenn eine Grundsteuer auf alles angebaute Land gelegt wird, so wird sie, wenn sie auch noch so mäßig wäre, eine Auflage auf Erzeugnisse sein und deshalb die Preise der Erzeugnisse steigern. Ist der Boden Nr. 3 zuletzt in Anbau genommen, so wird derselbe, wenngleich er keine Rente bezahlen sollte, nach der Umlage der Steuer nicht mehr bebaut werden und nicht den allgemeinen Gewinnsatz ertragen können, wenn nicht die Preise der Erzeugnisse steigen, bis sie die Steuer vergüten. Entweder wird Kapital von dieser Anlage zurückgehalten, bis der Getreidepreis infolge des Begehres hinlänglich gestiegen sein wird, um den üblichen Gewinn zu geben; oder es wird, wenn es bereits auf solchen Boden angewendet war, denselben verlassen, um eine vorteilhaftere Anlage zu suchen."[2]

Wir dürfen wohl annehmen, daß es nicht erforderlich ist, des breiteren auseinanderzusetzen, wie die Anwendung dieser für ein schon angebautes Land aufgestellten Sätze auf ein Land zu erfolgen hat, das erst erschlossen wird. Niemand wird bezweifeln wollen, daß auch hier, trotz der vom Staate erhobenen sogenannten Rente, die dem Grenzbauern zufließende Privatrente gleich Null ist.

Etwas ernster ist Diehls Hinweis darauf zu nehmen, daß Ricardo mehrfach von einer „ganz geringen Rente" spricht, die der schlechteste Boden abwirft. Diehl zitiert aus einem Briefe an J. B. Say: „Die Rente ist die Wirkung des Monopols, welches die Erde genießt, und muß sich mit dem Werte des Brotes erhöhen und mit den Schwierigkeiten, welche es macht, mehr davon zu bekommen. Aber das letzte Brot, welches diese Schwierigkeiten überwindet, bezahlt nur wenig oder gar keine Rente dem Eigentümer (...)."[3]

Diese Stelle läßt verschiedene Auslegungen im Sinne Ricardos zu. Man könnte daran denken, daß wenn von einem einzelnen Brote die Rede ist, Ricardo sich daran erinnert, daß sein Rentengesetz natürlich nur für den Durchschnitt, d. h. unter der Voraussetzung eines mit dem „Werte" genau übereinstimmenden Preises des Urproduktes Geltung habe. Im einzelnen Falle aber kann natürlich der Preis über dem Werte stehen, und dann wirft das Produkt einer solchen günstigen Periode dem Landwirt ein Surplus, eine sehr geringe Rente, ab.

Uns will jedoch eine andere Erklärung wahrscheinlicher bedünken. Ricardo läßt, wie wir mehrfach darstellten, die Preissteigerung des Getreides zeitlich der Ausdehnung des Anbaus und der

---

1 Ebenda, S. 171f.
2 Ricardo, Grundgesetze, S. 152. [Der in Original verwandte Begriff „Gewinst" wurde durch „Gewinn" ersetzt, A.d.R.]
3 Diehl, Sozialwissenschaftliche Erläuterungen, 1. Teil, S. 173.

Investition neuen Kapitals vorangehen. In dieser Zwischenzeit, bis also die neuen Kapitale bereitgestellt, angelegt und wirksam geworden sind, haben alle Grenzböden und alle Grenzkapitale einen kleinen, schnell vorübergehenden Vorteil an dem den „natürlichen Preis" etwas überschreitenden Getreidepreise. Hier entsteht in der Tat, wenn man es auf Spitz und Knopf nehmen will, auf sehr kurze Zeit ein Differential von Monopolrente. Wenn wir die Briefstelle an Say richtig deuten, dann haben wir hier einen von den Fällen, wo „das Getreide eines Landes wohl für eine Zeitlang zu einem Monopolpreise verkauft werden kann".[1]

Damit dürften diejenigen Stellen befriedigend im Sinne der Naturrechtslehre gedeutet sein, die Diehl als Belege für seine Auffassung anzieht, daß Ricardo die Monopoltheorie in einzelnen Fällen als schon in Kraft befindlich ansieht. Wir wenden uns jetzt zu den viel wichtigeren Sätzen, aus denen nach Diehl hervorgeht, daß Ricardo die Entstehung der Monopolrente „als eine sehr entfernte Zukunftsmöglichkeit ansah"[2]. Es sind deren namentlich zwei:

Die eine haben wir bereits einleitend angeführt; es ist unser „casus hypotheticus irrealis". Wir setzen die ungemein wichtige Stelle noch einmal hierher:

„Das Getreide und die Roherzeugnisse eines Landes können wohl für eine Zeitlang zu einem Monopolpreise verkauft werden; aber sie können es *auf die Dauer* nur, wenn kein Kapital mehr vorteilhaft auf die Grundstücke angelegt werden kann und wenn deshalb ihr Produkt nicht vermehrt werden kann. Dann wird jedes in Bebauung befindliche Stück Land und *jeder Teil* des auf den Boden angewandten Kapitals eine Rente tragen, die natürlich im Verhältnis zur Verschiedenheit des Ertrages verschieden groß ist."[3]

Die zweite Stelle findet sich fast unmittelbar anschließend: „Ich hoffe, ich habe zur Genüge klargemacht, daß, bis ein Land in allen seinen Teilen bebaut ist, und zwar *im höchsten Grade*, immer ein Teil des Kapitals auf Boden verwendet ist, *der keine Rente abwirft*."[4]

In diesen beiden Stellen anerkennt Ricardo, das ist nicht zu bestreiten, allerdings klipp und klar eine Ausnahme von seinem Kernsatz, daß das Grenzprodukt niemals Rente tragen kann; er gibt, mit andern Worten, zu, daß unter bestimmten Bedingungen absolute, Monopolrente entstehen kann.

Worin bestehen diese Bedingungen, wann sind sie gegeben?

Diehl hat in der zu Anfang dieser Betrachtung über die Monopoltheorie angeführten Auseinandersetzung die beiden eben formulierten Unterfragen dieser Hauptfrage zu beantworten unternommen. Es handelt sich jetzt um die zweite der „Voraussetzungen", unter denen, nach Diehl, Ricardo das Entstehen von Monopolrente für möglich erklärt. (Die erste war, wie man sich erinnert, die hoffentlich nunmehr abgetane Okkupationstheorie.) Wir setzen die Worte Diehls noch einmal hierher:

Allgemeine, absolute Rente kann nicht entstehen unter der Voraussetzung, „daß, wenn aller Boden okkupiert ist, die neuen Kapitalzusätze immer noch lohnende Erträge abwerfen – ist letzteres aber nicht mehr der Fall, weil weitere Kapitalzusätze nicht mehr vorteilhaft auf den Boden

---

[1] Ricardo, Grundgesetze, S. 92: „Auf die nämliche Weise kann das Getreide mit jeder Zunahme der Nachfrage danach so hoch steigen, daß es dem Pächter mehr als den allgemeinen Gewinn einbringt. (...) Nachdem das erforderliche Kapital zu seiner Hervorbringung angewendet worden ist (...) wird der Gewinn wieder sein wie zuvor." Auf S. 91 erörtert er den gleichen Fall eines *vorübergehenden* Monopolpreises, wenn der durchschnittliche Profitsatz sinkt.
[2] Diehl, Sozialwissenschaftliche Erläuterungen, 1. Teil, S. 169.
[3] Ricardo, Grundgesetze, S. 219. Kursive Stellen im Original nicht kursiv.
[4] Ebenda, S. 220f. Im Original nicht kursiv.

angelegt werden können und deshalb eine weitere Ausdehnung der landwirtschaftlichen Produktion zu den alten Preisen unmöglich ist, dann kommt der Monopolcharakter des Bodens tatsächlich zum Vorschein und aller Boden resp. alle Kapitalanlagen auf den Boden werfen Rente ab"[1]. In diesen Sätzen ist die erste der beiden Unterfragen völlig richtig beantwortet: in der Tat kann nach Ricardo ein Monopolpreis und absolute Rente nur dann entstehen, wenn „weitere Kapitalzusätze nicht mehr vorteilhaft auf den Boden angelegt werden können".

Dagegen ist die zweite Unterfrage, *wann* die Bedingungen gegeben sind, hier *völlig falsch beantwortet*. Und nur darum gelangt Diehl zu der u. E. irrigen Annahme, Ricardo habe zugestanden, daß irgendwo irgendwann Monopol-Preisrente dauernd bestanden habe, bestehe oder in naher Zukunft bestehen könne. Er deutet die Stelle so, als handle es sich um Dinge, die sich innerhalb der Sphäre der privatwirtschaftlichen Rentabilitätsrechnung abspielen. Zu irgendeiner Zeit machen die landwirtschaftlichen Unternehmer die Entdeckung, daß sie kein neues Kapital auf die Bodenkultur anwenden können, weil es sich nicht mehr rentiert. Sie investieren daher ihr verfügbares Kapital in Handel und Industrie, der Rohertrag der Äcker wächst nicht mehr – und nun entsteht bei weiterer Zunahme der Bevölkerung Monopol-Preisrente, weil das Grenzprodukt (und mit ihm natürlich auch alle unter günstigeren Bedingungen hergestellten Produkte) über ihren natürlichen Preis steigen.

Wir glauben nicht, daß Diehl anders interpretiert werden kann, denn sonst hätte er unmöglich versuchen können, den Rodbertusschen Angriff unter Berufung auf diese Sätze abzuweisen.

Seine Auffassung ist aber unhaltbar. Denn es sind immer nur zwei Fälle möglich, wenn man einen beliebigen Zeitpunkt ins Auge faßt, wo noch ein Grenzprodukt mit der Rente Null vorhanden ist:

Entweder wächst die Bevölkerung nicht: dann entsteht natürlich keine Monopol-Preisrente,
oder die Bevölkerung wächst: dann steigt der Getreidepreis, bis neue Kapitalanwendungen rentabel werden.

Der dritte Fall, der in den strittigen Sätzen Ricardos formuliert scheint, ist *unter normalen Bedingungen* undenkbar, eine Contradictio in adjecto. Er würde, scharf formuliert, lauten:

„Die Bevölkerung wächst unaufhörlich – aber nicht der Getreidepreis, und deshalb sind neue Kapitalaufwendungen auf die Landgüter unrentabel."

Unmöglich kann Ricardo diesen Widersinn gedacht haben. Wie ist also die dunkle Stelle zu verstehen?

Sie bezieht sich eben nicht auf normale Bedingungen, sondern auf die abnormen Bedingungen eines vielleicht „in sehr entfernter Zukunft möglichen" *Grenzfalles*. Die strittigen Sätze ziehen, um es mit einem Worte zu kennzeichnen, *die letzten mathematischen Konsequenzen aus dem „Gesetz des sinkenden Spielraums"*. Ricardo leitet hier aus seinem Rentengesetz die gleiche *tragische Schlußkatastrophe der Menschheit* ab, die Malthus aus seinem „Bevölkerungsgesetz" entwickelte, das ja zu den gleichen Folgerungen führen muß wie das Rentengesetz, weil es eine ihm äußerst nahe verwandte, fast gleichlaufende Ableitung aus der gleichen Prämisse, eben dem Gesetz des sinkenden Spielraums, ist.

Man muß, um die Stelle zu verstehen, einige Sätze aus dem VI. Hauptstück „Von den Gewinnen" heranziehen, die folgendermaßen lauten:

„Das natürliche Streben des Gewinnes ist demnach, zu sinken; denn bei dem Fortschreiten der Gesellschaft und des Volkswohlstandes erlangt man den erforderlichen Mehrbedarf an Nah-

---

[1] Diehl, Sozialwissenschaftliche Erläuterungen, 1. Teil, S. 169.

rungsmittel durch Aufopferung von mehr und mehr Arbeit. (...) Das Steigen des Preises der Bedürfnisse und des Arbeitslohnes hat jedoch auch seine Grenzen; denn sobald der Arbeitslohn (...) der ganzen Einnahme des Pächters gleichkäme, dann müßte auch die Kapitalansammlung ein Ende haben; denn kein Kapital kann alsdann noch irgendeinen Gewinn abwerfen, und keine Vermehrung der Arbeit kann begehrt werden, und folglich wird die Bevölkerung ihren höchsten Standpunkt erreicht haben. Wirklich wird schon lange vor diesem Zeitabschnitte der sehr niedrige Gewinnsatz alle Kapitalansammlung zum Stillstande gebracht haben, und schier das ganze Erzeugnis des Landes, nach Bezahlung der Arbeiter, wird Eigentum der Grundeigentümer, der Zehnt- und Steuererheber sein."[1]

Hier entwirft die „dismal science" das Bild eines *Weltenendes*, der *Götterdämmerung* der menschlichen Gesellschaft. Und auf den gleichen Zeitpunkt beziehen sich auch diejenigen Sätze Ricardos, über deren Auslegung wir hier mit Diehl streiten: auch sie enthalten eine fast *kosmische Perspektive*! Auf die Frage, *kann* und *wann* kann eine Monopolrente entstehen, antwortet er mit schwerem Ernst: „Sie kann entstehen und wird vielleicht entstehen, aber nicht, ehe das unentrinnbare Naturgesetz, das die menschliche Gesellschaft zum Untergang verurteilt hat, in schrecklicher Majestät seinen Gang vollendet hat, allen Anstrengungen der Ohnmächtigen zum Trotze."

Erst wenn die Ergiebigkeit der Ackerproduktion kraft des Gesetzes der sinkenden Erträge so tief gesunken ist, daß der Arbeitslohn fast den ganzen oder, mathematisch deduziert, den ganzen Gewinn verschlungen hat, erst dann kann Monopolrente entstehen. Denn jetzt kann kein neues Kapital mehr gebildet werden, weil „der Stachel des Gewinnes abgestumpft ist"[2], und daher ist die Anlage neuen Kapitals auf den Boden unmöglich; würde aber selbst noch Kapital gebildet, so könnte es doch nicht mehr in der Bodenkultur angelegt werden, weil es nur bei höherem Getreidepreise den üblichen Gewinnsatz ergeben könnte: aber ein höherer Getreidepreis ist hier unmöglich, weil der Lohn bereits seine äußerste denkbare Höhe erreicht hat, so daß die Volksmasse unmöglich einen noch weiter steigenden Preis bewilligen kann. Dementsprechend fährt denn auch Ricardo, an unsere strittige Stelle unmittelbar anschließend, fort:

„Der Pächter kann den Preis seines Getreides nicht erhöhen, weil es, der Annahme gemäß, bereits auf dem höchsten Preise steht, zu welchem es die Käufer nehmen wollen *oder können*."[3]

Das ist der Sinn der Ricardoschen Sätze: Monopolpreis-Rente kann niemals entstehen, *bis nicht der Acker an der absoluten Grenze seiner Ergiebigkeit angelangt ist*. Der Zeitpunkt dieser Krisis ist also an den Eintritt einer auf das genaueste bestimmten Bedingung geknüpft, wie bei einem Denker vom Range Ricardos nicht anders angenommen werden kann. Schon diese Gründe sollten für unsere Auffassung entscheiden, daß die strittigen Sätze nur den von uns unterlegten Sinn haben können.

Zur vollen Evidenz erwiesen wird das aber u. E. durch folgende Indizien:

Erstens: Die Sätze passen nur in unserer Deutung in den Zusammenhang des Kapitels, in dem sie stehen, während sie in der Diehlschen Auffassung diesen Zusammenhang geradezu zerreißen würden. Die ganze zweite Hälfte des XVII. Hauptstückes: „Auflagen auf andere Güter als Roherzeugnisse" ist lediglich dem einen Zwecke gewidmet, nachzuweisen, daß Roherzeugnisse *niemals* – abgesehen von der *einen* Ausnahme – auf einem Monopolpreise stehen *können*. Bereits zwei ganze

---

1 Ricardo, Grundgesetze, S. 92f. Im Orig. nicht kursiv. [Der im Original verwandte Begriff „Gewinst" wurde durch „Gewinn" ausgetauscht, A.d.R.]
2 Marx, Kapital, Bd. I, S. 583f.; vgl. dazu Oppenheimer, Grundgesetz der Marxschen Gesellschaftslehre, S. 36ff. [im vorliegenden Band S. 407f.].
3 Ricardo, Grundgesetze, S. 219. Im Orig. nicht kursiv.

Absätze vor unserer strittigen Stelle untersucht Ricardo die Bedingungen, unter denen eine Ware auf einem Monopolpreise stehen kann, nämlich „nur dann, wenn ihre Menge mittels gar keiner Erfindung vermehrt werden kann und deshalb der Mitbewerb ganz auf einer Seite, nämlich unter den Käufern, stattfindet". Nachdem er an dem bekannten Beispiele edler Weine und seltener Kunstwerke gezeigt hat, daß ihr Tauschwert „nirgend durch die Hervorbringungskosten bestimmt wird", fährt er unmittelbar fort:

> „*Roherzeugnisse stehen nicht auf einem Monopolpreise*, weil der Marktpreis der Gerste und des Weizens ebenso sehr durch ihre Hervorbringungskosten bestimmt wird, wie der Marktpreis von Tuch und Leinenwand. (...) Getreide und andere Roherzeugnisse können zudem, durch *Anwendung von mehr Kapital auf den Boden*, der Menge nach vermehrt werden und *stehen darum auch nicht auf einem Monopolpreise*. Da besteht Mitbewerb unter den Verkäufern so gut wie unter den Käufern."[1]

Dann kommt im nächsten Absatz unsere strittige Stelle.

In den beiden folgenden Absätzen polemisiert Ricardo gegen Buchanan. Er bestreitet dessen These, daß das Getreide und die Roherzeugnisse auf einem Monopolpreise stehen, auf das entschiedenste. Hier findet sich die zweite, von Diehl *für* die angeblich ricardische Monopol-Preistheorie angezogene Stelle, aber *gegen* sie gewendet: „Allein ich hoffe, ich habe zur Genüge klargemacht, daß, bis ein Land in allen seinen Teilen bebaut ist, *und zwar im höchsten Grade*, immer ein Teil des Kapitals auf Boden verwendet ist, der keine Rente abwirft." Daran schließt sich wieder eine Anführung aus Adam Smith, zu der Ricardo ausdrücklich mit Genugtuung erklärt, sie entspreche seiner Auffassung vollkommen, daß das Getreide nicht Monopolpreis haben kann. Und den Schluß des Kapitels bildet eine Polemik gegen Say, der, ebenso wie Buchanan, Anhänger der Monopol-Preistheorie sei.

Wir haben hier also eine Folge von stark sieben Seiten der deutschen Übersetzung, auf denen Ricardo unaufhörlich, entwickelnd und polemisierend, seinen Kernsatz vorträgt, und zwar nicht bloß implizite, sondern mit aller denkbaren Entschiedenheit: „Roherzeugnisse stehen nicht auf einem Monopolpreise!" Und da sollte mitten drin in zwei kurzen Auslassungen von sechs und sechs Zeilen *das genaue Gegenteil* behauptet sein?! Ohne daß Ricardo die Bedingungen, unter denen in irgendeinem Lande Monopol-Preisrente schon entstanden ist oder bald entstehen kann, auf das sorgfältigste bestimmte?! Er sollte über diese Ausnahme so leichthin forthuschen, gleichsam als wünsche er, daß der Leser die Lücke nicht merke?! Wer das glauben kann, kennt diesen zähen Wahrheitssucher sehr schlecht.

Ja, handelte es sich um irgendeine geringfügige Nebensache, so könnte man allenfalls an eine solche Erklärung denken. Aber es handelt sich hier, das hoffen wir in der Erörterung der Okkupationstheorie zur Genüge dargetan zu haben, um das *das ganze System tragende Grundgesetz*. Die Rententheorie ist die logische Prämisse der Arbeitswerttheorie, die nur durch diese Ableitung gegen die Smithsche Kostenwerttheorie zum Siege gelangte: mit dem Nachweis, daß keine Grundrente in den Tauschwert der Waren eingeht, steht und fällt die Wertlehre, und sie wieder ist das Fundament des ganzen übrigen Aufbaues.

Nirgend findet sich in diesem großartigen Gedankenbau ein einziger Satz, der bei billiger Interpretation als Zugeständnis gedeutet werden dürfte, daß trotz alledem irgendwo Monopol-Preisrente entstehen könnte, daß also die Arbeitskosten hier nicht mehr den Tauschwert bestimmen, mit anderen Worten, *daß eine bürgerliche Gesellschaft funktionieren könne, deren Ökonomik von ganz anderen als den von Ricardo entdeckten Gesetzen beherrscht sei*:

---

1 Ebenda, S. 218f. Im Original hier und in den folgenden Zitaten nichts kursiv.

Die Diehlsche Deutung, daß irgendwo irgendwann vor dem Zeitpunkt der Krisis Monopolrente entstehen könnte, zerreißt also den logischen Zusammenhang des Kapitels, während unsere Deutung es erst zur logischen Einheit macht. Weshalb entwickelt wohl Ricardo in den beiden voraufgehenden Absätzen die Lehre, daß *„nur* diejenigen Waren auf einem Monopolpreise stehen, *deren Menge mittels keinerlei Erfindung vermehrt werden kann"*? Doch wahrlich aus keinem andern Grunde, als um zu zeigen, daß auch das Getreide *nur* dann zu einem Monopolpreise gelangen kann, wenn auch seine *„Menge mittels keiner Erfindung vermehrt werden kann"*.

Es ist einfach die Methode des indirekten Beweises, die Ricardo hier anwendet: sein Grundgesetz erleidet nur eine Ausnahme – diese Ausnahme aber ist ein Casus hypotheticus irrealis, irreal mindestens noch für lange Zeiträume: *folglich ist jede Erklärung der Grundrente in Vergangenheit und Gegenwart und nächster Zukunft aus einem Monopolpreise des Getreides widerlegt!* Q. e. d.

Zweitens: Wenn aber doch noch Zweifel bestehen sollten, so müssen sie vor dem klaren Wortlaut Ricardos selbst verschwinden: Die zweite von Diehl als Beleg für seine Auffassung Ricardos angezogene Stelle enthält nämlich *in unzweideutigster,* an Knappheit und Klarheit gar nicht zu überbietender Formel die hier vertretene Meinung: Monopol-Preisrente kann nicht eher entstehen, als *„bis ein Land in allen seinen Teilen bebaut ist, und zwar im höchsten Grade"*. Man braucht Ricardo hier nur so wörtlich zu nehmen, wie er es überall und durchaus beanspruchen kann, und man hat den klaren Sinn in der Hand: Monopol-Preisrente kann nicht eher entstehen, als bis aller nutzbare Boden bis zur absoluten Grenze seiner Ertragsfähigkeit bebaut ist.

Drittens und letztens erscheint uns gerade die Kürze und scheinbare Dunkelheit, mit der Ricardo diese einzige Ausnahme behandelt, als schlagender Beweis für die Richtigkeit unserer Deutung. Ricardo wußte, daß jeder seiner zeitgenössischen, fachmännischen Leser ihn ohne Schwierigkeit sofort seinem vollen Sinn nach verstehen müsse, fasse er sich auch so kurz wie nur denkbar; denn er sprach hier von einem Grenzfall, *der das Denken der bürgerlichen Ökonomen seiner Zeit durchaus beherrschte*[1]*,* der jedem von ihnen fortwährend vor Augen stand, so daß es genügte, ihn nur in Andeutungen zu streifen, um sofort den ganzen Komplex von Problemen dem Leser zum Bewußtsein zu bringen.

Er spricht von der ungeheuren Tragödie des jüngsten Menschheitstages; Diehl aber macht daraus – eine Hilfshypothese zur Erklärung gewisser Schwierigkeiten, die ihm irrigerweise nur aus der von ihm in Ricardo hineinkonstruierten, ganz unricardischen „Monopol-Preistheorie" verständlich erscheinen.

Allerdings wird man billigerweise Diehl zugute rechnen müssen, daß die dunkle Stelle bisher augenscheinlich sehr selten richtig verstanden worden ist. Wie groß die Schwierigkeiten sind, läßt sich an nichts besser erkennen als an der ersten, von S. F. Constancio besorgten, von niemand geringerem als J. B. Say kommentierten französischen Ausgabe. Hier lautet die Übersetzung folgendermaßen: „mais, cela ne peut avoir de durée que lorsqu'il n'est plus possible d'employer de nouveaux capitaux sur les terres d'une manière *productive,* et quand par conséquence les produits ne peuvent être augmentés"[2].

---

1 Mill z. B. hat Ricardo völlig richtig verstanden, vgl. Buch II, Kap. XVI, § 5 (S. 305, der Sötbeerschen Übersetzung, Hamburg 1864) und III, Kap. V, § 2, (S. 339): „Wir können uns ein Land vorstellen, so stark bevölkert, und dessen anbaufähiger Boden so vollständig in Besitz genommen worden, daß die Hervorbringung einer größeren Quantität Produkte *mehr Arbeitskraft erforderte, als dieser Ertrag ernähren würde;* und wenn wir nun weiter voraussetzen, daß dies die Lage der ganzen Welt sei oder eines von auswärtiger Zufuhr abgeschnittenen Landes – dann würden allerdings, wenn die Bevölkerungszunahme fortginge, sowohl der Boden als auch dessen Erzeugnisse zu einem Monopol- oder Seltenheitspreise steigen. Dieser Zustand der Dinge *kann aber in Wirklichkeit niemals irgendwo bestanden* haben (außer möglicherweise auf einer kleinen, von der übrigen Welt gänzlich abgeschnittenen Insel), noch droht *irgend welche Gefahr,* daß er eintreten sollte (...)."

2 Say, in: Ricardo, Principles, Paris 1835, S. 17.

Man vergleiche mit dem englischen Urtext:

„The corn and raw produce of a country may, indeed, for a time sell at a monopoly price; but they can do so permanently only when no more capital can be *profitably* employed on the lands and when, therefore, their produce cannot be increased."[1]

Constancio hat, wie man sieht, in seiner sonst getreuen Übersetzung das englische Wort „profitably" mit „productiv" übersetzt, hat einen Ausdruck aus der Kategorie der Produktivität anstatt eines solchen aus der Kategorie der Rentabilität gewählt. Die Übersetzung ist ohne Zweifel falsch[2], aber der Übersetzer hat sie augenscheinlich gewählt, weil er den Text, wie er ihm vorlag, nicht verstand, während der von ihm unterschobene Text nicht nur einen möglichen, sondern sogar, mit nur geringer Abweichung in der Ableitung, den richtigen Sinn ergab. Denn der kritische Punkt, wo der Boden auch auf die größten Kapitalaufwendungen nichts mehr hergibt, ist auch der Punkt, wo der Profit verschwindet, und wo der Zehrer keinen höheren Getreidepreis mehr bewilligen kann, weil sein Lohn das mathematische Maximum erreicht hat.

Ich selbst habe, wie ich eingestehen muß, lange geglaubt, die Stelle nur dadurch genügend aufklären zu können, daß ich eine kleine Umstellung des Ricardoschen Textes vorschlug.[3]

Mit diesen Ausführungen hoffen wir, unser Urteil über den Diehlschen Kommentar zu den vielumstrittenen Ricardoschen Sätzen gerechtfertigt zu haben.

Fassen wir jetzt unser Urteil über die Diehlsche Verteidigung Ricardos gegen Rodbertus' Angriff noch einmal zusammen:

Diehls Rettungsversuch ist als völlig mißglückt nachgewiesen. Er hat erstens nicht bemerkt, daß er eine der von Rodbertus gestellten wesentlichen Bedingungen des Gedankenexperiments verletzt hat: während Rodbertus den Monopolpreis des Getreides ausdrücklich ausschloß, hat Diehl die Erklärung aus dem Monopolpreise unternommen.

Diese Erklärung ist aber zweitens auch nicht ricardisch. Die einzige Voraussetzung, unter der – als äußerster Grenzfall – nach Ricardo Monopol-Preisrente entstehen kann, ist hier nicht gegeben, sondern im Gegenteil gleichfalls ausdrücklich ausgeschlossen.

Diejenige Monopol-Preistheorie der Grundrente aber, die Diehl als Ricardo angehörig vorträgt, ist nicht nur unricardisch, sondern sogar antiricardisch

Monopol-Preisrente entsteht nach Ricardo weder durch volle, juristische Okkupation des Landes mit dem Inhalt, daß der Boden durch das Privateigentum gegen die freie unentgeltliche Besiedelung gesperrt wird, noch aus Gründen der Rentabilität durch privatwirtschaftlichen Entschluß der Grundeigentümer.

C. Der Lexissche Rettungsversuch

Gegen Lexis läßt sich der Einwand nicht erheben, daß er eine wichtige Bedingung des Gedankenexperiments der isolierten Insel verkannt hat. Er hat ausdrücklich erklärt, seine Verteidigung Ricardos nicht dadurch führen zu wollen, daß er das Problem mit ricardischen Mitteln löste: sondern er

---

1 Ricardo, Principles, London 1821, S. 221.
2 Prof. Alfred Marshall, Cambridge, hatte die Freundlichkeit, mir zu bestätigen, daß die Übersetzung von „profitable" durch „productiv" unmöglich, „absurd" sei.
3 Vgl. meine Dissertation: „Rodbertus Angriff auf Ricardos Rententheorie und der Lexis-Diehlsche Rettungsversuch", Kiel 1908, S. 50ff.

hat den zweiten möglichen Weg betreten, das Problem abzulehnen, weil es falsch gestellt sei, Unmögliches verlange, etwa wie ein Mathematiker die Zumutung ablehnen würde, ein rechtwinkliges und zugleich gleichseitiges Dreieck zu konstruieren.

Als Sachwalter Ricardos und vermeintlich im Geiste seiner Theorie kommt er zu seinem Schlußurteil, das in folgenden drei Thesen formuliert werden kann:

1. Von dem Augenblicke an, wo das Gesetz der sinkenden Erträge in Wirksamkeit ist, besteht auf der isolierten Insel Monopol-Preisrente, d. h. allgemeine absolute Rente.
2. Reine Differentialrente kann hier nicht entstehen.
3. Bevor das Gesetz der sinkenden Erträge in Wirksamkeit ist, besteht hier überhaupt eine Grundrente.

Dazu ist folgendes zu bemerken:

These 1 ist, wenn die in den vorigen Abschnitten enthaltene Kritik der Monopol-Preistheorie zugegeben werden muß, unzweifelhaft unricardisch, als Verteidigung Ricardos also gewiß abzulehnen.

These 2 ist ebenfalls falsch. *Es ist durchaus möglich, aus den Voraussetzungen Ricardos hier privatwirtschaftliche Grundrente, und zwar nicht monopolistische, sondern reine Differentialrente abzuleiten.*

Ricardo selbst hat das Rodbertussche Problem beantwortet und widerspruchsfrei gelöst, lange ehe es gestellt war, und zwar an den oben angeführten Stellen, wo er die Möglichkeit zugibt, daß in einem gegebenen Lande aller angebaute Boden Rente trage, aber feststellt, daß dadurch die Naturrechtstheorie der Rente nicht im mindesten erschüttert werde. Wir haben gesehen, daß das richtig ist. Solange, wenn schon nicht mehr ein Grenz*boden*, so doch ein Grenz*kapital* mit der Rente Null existiert, steht das Getreide immer noch auf seinem natürlichen Preise, gibt es keine Monopolrente.

Ricardo würde den Rodbertusschen Angriff leichthin mit der Erklärung abgetan haben, daß in diesem, wie aus allen Bestimmungen hervorgeht, volksreichen und hochentwickelten isolierten Staate natürlich längst nicht mehr das „Originalkapital" allein auf den Landgütern arbeite, sondern daß es in dem Maße, wie mit der Bevölkerung die Nachfrage und der Getreidepreis stieg, längst durch eine ganze Reihe von „Zusatzkapitalen" ergänzt worden sei. Von jenen trage jeweils das jüngste und daher unproduktivste die Grundrente Null. Und so stehe denn das Getreide auf seinem natürlichen Preise, und Monopolrente sei nicht vorhanden, wohl aber beziehe jeder Grundeigentümer die Summe aller Differenzen zwischen dem jüngsten, unproduktivsten und allen älteren, produktiveren Kapitalen als private Gesamtgrundrente.

Und dagegen dürfte kaum etwas einzuwenden sein.

These 3 ist dagegen aus der Ricardoschen Theorie völlig richtig abgeleitet. Wenn auf dieser Insel, wo schon keine natur- und verkehrsgegebenen Ertragsdifferenzen bestehen können, auch noch darum keine Ertragsdifferenzen zwischen den früher und den später investierten Kapitalen vorkommen können, weil das Gesetz der sinkenden Erträge hier nicht in Kraft ist, und jedes Zusatzkapital die Ergiebigkeit des Originalkapitals besitzt: dann gibt es keinerlei Rentendifferenzen und daher auch keine Differentialgrundrente, d. h., nach Ricardo, überhaupt keine Rente.

Dieses Ergebnis muß uns stutzig machen:

Wir haben nach allen Bestimmungen des Experiments hier einen isolierten Staat von bedeutender Volksdichte und hoher Kultur, mit entwickelter Arbeitsteilung zwischen Urproduktion und Gewerbe. Das ganze Ackerland befindet sich in dem Eigentum von etwa einem Dutzend, höchstens einem halben Hundert Latifundienbesitzern: die sollten hier nicht unter allen Umständen ebenso „große Herren", große Rentenbezieher sein, wie überall sonst in der uns umgebenden Welt?!

Wir glauben nicht, daß viele sich bereit finden werden, die dritte Lexissche These zu unterschreiben. Wir unsererseits müssen, in vollem Einverständnis mit Rodbertus, erklären, daß nach unserer Überzeugung die Magnaten dieser isolierten Insel *unter allen Umständen* ein großes Renteneinkommen beziehen würden.

Hierbei muß erwähnt werden, daß Rodbertus zum wenigsten die Absicht gehabt hat, das Gesetz der sinkenden Erträge aus seinem Problem auszuschalten. Er schreibt in seiner Zusammenfassung:

> „In der vorliegenden Hypothese sind mithin (...) alle Momente ausgeschlossen, die (...) den einen Grundbesitzer vor dem andern zu begünstigen geeignet sind: sowohl (...) *wie die sogenannte zunehmende Unproduktivität des Bodens.*"

Wir können jedoch in den vorhergehenden Sätzen nichts finden, was diese Worte rechtfertigte. Sie können sich nur auf die folgende Ausführung beziehen: „Die nationale Produktivität ist, sowohl im ganzen wie je in der Rohproduktion und Fabrikation, so groß, daß über Kapitalersatz und Arbeitslohn hinaus noch ein bedeutendes nationales Einkommen übrigbleibt (...)." Diese Worte schließen augenscheinlich nur den „Grenzfall" des Gesetzes vom sinkenden Spielraum aus, der ja „auf einer kleinen, von der übrigen Welt gänzlich abgeschnittenen Insel" (vgl. die soeben angeführte Auseinandersetzung St. Mills) denkbar wäre: aber sie schließen das Gesetz der sinkenden Produktivität in den vor dem Grenzfall liegenden Stadien nicht aus.

Nehmen wir aber an, Rodbertus hätte unter die Bedingungen seines Gedankenexperimentes noch expressis verbis die folgende aufgenommen: „jedes Zusatzkapital erbringt den gleichen Roh- und Reinertrag wie das auf dem Boden verwendete Originalkapital". Wenn er dann bei seiner Behauptung geblieben wäre, daß trotzdem den Grundbesitzern hier Rente zufließe, so hätte Ricardo das Problem mit seinen Mitteln nicht lösen können, und es wäre ihm nur noch der eine Ausweg geblieben zu behaupten, daß das Problem falsch gestellt, weil diese letzte Bedingung unmöglich sei.

Wir werden in dem zweiten Teile dieser Abhandlung auf diesen wichtigen Punkt ausführlich zurückkommen. Zuvor wollen wir jedoch die „Darstellung" der Ricardoschen Grundrententheorie durch eine Betrachtung des über ihren Entdecker bestehenden Prioritätsstreits vollenden.

V. Abschnitt:
Der Prioritätsstreit

Wir hoffen, durch die vorstehenden Erörterungen die reine Ricardosche Lehre von der Grundrente mit genügender Schärfe dargestellt und namentlich von den Irrtümern späterer Ausleger gereinigt zu haben, so daß wir zu dem bekannten Streit um die Priorität klar Stellung nehmen können.

Drei Forscher werden als die eigentlichen Entdecker der Rententheorie gepriesen: Anderson, Malthus und West.

A. James Anderson

Für Andersons Priorität ist Mac Culloch wieder und wieder in die Schranken getreten[1], und Berens erkennt sie an (Dogmengeschichte, S. 125ff.), hat aber die Originalschrift nicht in der Hand gehabt. Noch neuerdings hat Jevons[2] geschrieben: „Die Grundrentenlehre ist zuerst entdeckt und klargelegt worden von Dr. Anderson im Jahre 1777."

Die Behauptung ist, darin muß man mit Brentano[3] und Diehl[4] übereinstimmen, unhaltbar. Die Andersonsche Theorie unterscheidet sich von der Ricardoschen in mehreren sehr wesentlichen Punkten.

Zunächst fehlt in den von Brentano herausgegebenen Schriften völlig jeder Hinweis auf die aus *verkehrsgegebenen* Rentierungsunterschieden herrührenden Renten; es ist immer nur von den *naturgegebenen* Rentierungsunterschieden die Rede. Die einzige Stelle, die im ersten Augenblicke auf die verschiedene Marktlage der Grundstücke hinzuweisen scheint, muß bei näherer Betrachtung ebenfalls ausscheiden: „Die Rente ist in der Tat nichts anderes als eine einfache und geistreiche Erfindung zur Ausgleichung des Gewinnes, der aus Feldern von verschiedenem Grade der Fruchtbarkeit und verschiedenen örtlichen Verhältnissen, welche zu einer Erhöhung oder Minderung der Ausgaben für die Bestellung führen, gezogen werden kann." Hier sind unter „örtlichen Verhältnissen" augenscheinlich Verschiedenheiten der Arrondierung, der Höhenlage, der Steigung und ähnliches verstanden, die unter Grundstücken von sonst gleicher Bodengüte bestehen, nicht aber der Marktlage: denn sonst hätte der Zusatz: „welche zu einer Erhöhung oder Minderung der Ausgaben für die *Bestellung* führen" keinen Sinn.

Da es sich aber, wie Anderson selbst betont, hier lediglich um eine Skizze handelt, so wollen wir auf diesen Mangel kein irgendwie bedeutendes Gewicht legen[5] und zugeben, daß einer der wichtigsten Bestandteile der Ricardoschen Lehre in der Andersonschen Darstellung sich in voller Klarheit entwickelt vorfindet, nämlich die Erkenntnis, daß der Preis des Getreides bestimmt wird lediglich durch die Kosten des „Grenzbodens", und daß die Rente daher keinen Bestimmgrund des Getreidepreises bildet, mit andern Worten, daß das Getreide nicht auf einem Monopolpreis stehe.

Nun heißt aber: einen Bestandteil einer Theorie entwickeln noch nicht: die ganze Theorie entwickeln. Und selbst für diesen einen Bestandteil ist Andersons Priorität zweifelhaft. Hume hat gleichzeitig den entscheidenden Gedanken ausgesprochen, allerdings ohne nähere Begründung. Er schreibt in einem Briefe an Smith: „I cannot think that the rent of farms makes any part of the price of the produce, but that the price is determined altogether by the quantity and the demand."[6] Und Smith selbst hatte diesen Gedanken ausgesprochen und nur nicht konsequent festgehalten.

---

1 Nach Lujo Brentano in der Einleitung zu James Andersons „Drei Schriften über Korngesetze und Grundrente", Leipzig 1893, S. VIII/IX, und Berens, Dogmengeschichte, S. 126, der folgenden Satz Mac Cullochs über Anderson zitiert: „He has explained the theory of rent with a sagacity and discrimination that has never been surpassed." In der vor mir liegenden Ausgabe von Mac C. nennt er immer nur West und Malthus als Vorläufer Ricardos 1., S. 141f. in den „Principles" und 2., S. 67 im „Discourse". Es ist klar, daß er hier noch nichts von Anderson wußte: „The first step was made 1815". (Vgl. auch: Mac Culloch, Notes and Dissertations, S. 36.)
2 Zit. nach Brentano, in: Anderson, Drei Schriften über Korngesetze und Grundrente, S. IX.
3 Ebenda, S. XXIII.
4 Diehl, Sozialwissenschaftliche Erläuterungen, 1. Teil, S. 403ff.
5 Um so mehr als Steuart (Berens, Dogmengeschichte, S. 37) und Boisguillebert das schon haben (ebenda, S. 41); vgl. ebenda, S. 172 (Columella usw.)
6 Burton, Life and correspondence of David Hume, II, S. 486, zit. nach Leser, Untersuchungen zur Geschichte der Nationalökonomie, S. 55 Anm. 3.

Die Hauptsache aber ist, daß Anderson Anhänger des Gesetzes vom steigenden Spielraum ist, während Ricardo der Hauptvertreter des ihm entgegengesetzten Gesetzes vom sinkenden Spielraum ist. Und darum ergeben sich die bedeutendsten Unterschiede für die Gesamtauffassung der Grundrente. Während bei Ricardo der Getreidepreis immer steigen muß, da mit steigender Bevölkerung immer schlechterer Boden in die Bebauung einbezogen werden muß, ist bei Anderson davon gar keine Rede, und der Ausblick auf den „Zeitpunkt der Krisis" ist bei ihm daher gar nicht vorhanden. Seine Rententheorie ist gerade so optimistisch gefärbt wie die Ricardosche pessimistisch. Dieser Unterschied ist bei Brentano und namentlich bei Diehl[1] so glücklich und in der Tat völlig ausreichend dargestellt worden, daß wir uns ein näheres Eingehen darauf hier ersparen können. Brentanos Kritik wird allerdings dadurch ungenau, daß auch er sich als Anhänger der Okkupationstheorie bekennt. Er schreibt: „Nach Ricardo ist die Rente eine Monopolrente, bezogen für die ausschließende Aneignung der ‚ursprünglichen und unzerstörbaren Kräfte des Bodens' (...) ganz anders nach Anderson. Gewiß auch nach ihm ist die Rente die Folge eines Monopols, allein sie wird nicht bezogen für die ausschließende Aneignung von unzerstörbaren Bodenkräften."[2] Wir können, um diese unseres Erachtens irrige Darstellung der Ricardoschen Lehre abzuweisen, uns auf die oben gegen Diehl und Lexis geführte Debatte berufen. Angemerkt sei noch, daß auch Brentano Ricardos Wendung von den „ursprünglichen und unzerstörbaren Kräften des Bodens" nach unserer Meinung in einem falschen Sinn auffaßt. Wir haben oben dargelegt, daß Ricardo augenscheinlich mit dieser Wendung nichts anderes hat bezeichnen wollen als den Gegensatz des Ackerbodens, dessen Substanz nicht unmittelbar zur Verkaufsware wird, gegen solche produktiv ausgenutzten Bodenteile, deren Substanz selbst Gegenstand der Förderung und des Verkaufes ist: Bergwerke, Torfstiche, Steinbrüche usw.

B. Robert Malthus

Von anderer Seite wird Malthus als der eigentliche Entdecker der Rentenlehre gerühmt; namentlich Leser[3] will dem Entdecker des Bevölkerungsgesetzes auch die Ehre zugeschrieben haben, der eigentliche Entdecker der Grundrentenlehre zu sein. Dieser Anspruch scheint um so mehr begründet, als in der Tat Ricardo selbst vielfach seinen Freund Malthus als seinen Vorgänger bezeichnet, dem er in dieser Frage außerordentlich viel verdanke.[4] Andererseits steht wieder diesen Äußerungen die Tatsache gegenüber, daß er das ganze Schlußkapitel seiner „Principles" der Polemik gegen Malthus gerade in dieser Frage gewidmet hat.

Wir wollen vorwegnehmend bemerken, daß wir uns in dieser Frage Berens[5] und Diehl[6] anschließen, die übereinstimmend die Priorität Ricardos behaupten; Lesers neuerlicher Versuch, die Berensschen Argumente zu entkräften und Malthus den Ruhm der Erstentdeckung zu belassen, scheint uns wie Diehl völlig mißglückt.

Allerdings stimmen die beiden Theorien in sehr wichtigen Punkten überein. Vor allem in der Ablehnung der Monopoltheorie. Malthus, der einen überaus sicheren Instinkt dafür besaß, was die

---

1 Diehl, Sozialwissenschaftliche Erläuterungen, 1. Teil, S. 408.
2 Brentano, in: Anderson, Drei Schriften über Korngesetze und Grundrente, S. 23.
3 Leser, Untersuchungen zur Geschichte der Nationalökonomie, S. 49ff.
4 Die betreffenden Stellen hat Diehl, (Sozialwissenschaftliche Erläuterungen, 1. Teil, S. 417ff.) zusammengestellt.
5 Berens, Dogmengeschichte, S. 100ff.
6 Diehl, Sozialwissenschaftliche Erläuterungen, 1. Teil, S. 417ff.

Forderung der Stunde sei, hat klar erkannt, daß hier der schwache Punkt der bürgerlichen Verteidigung war, und beginnt seine Auseinandersetzung mit der Kritik der von Say, Sismondi und Buchanan vorgetragenen Monopoltheorie, die in der Aneignung des Bodens die Ursache der Grundrente erblickt.

Natürlich konnte er die Monopoltheorie nur abweisen, indem er die Naturrechtstheorie vortrug. Und so stimmt er denn auch insofern mit Ricardo überein, als auch er die von Adam Smith bereits gegebenen Elemente dieser Theorie ausbaut. Er nennt gleich zu Anfang seiner Abhandlung Smith als seine Quelle und bezeichnet zugleich unzweideutig den Punkt, in dem er von ihm abweicht. Die ganze Stelle illustriert auf das klarste das, was wir im ersten Abschnitt als die strategische Position der bürgerlichen Theoretik bezeichnet haben:

„Obgleich Adam Smith in einigen Teilen des elften Kapitels seines ersten Buches die Rente ganz in ihrem wahren Lichte betrachtet und überhaupt in seinem Werke mehr richtige Ansichten als irgendein anderer Schriftsteller über diesen Gegenstand eingestreut hat, so hat er doch den wichtigsten Grund des hohen Preises der Bodenerzeugnisse nicht mit genügender Genauigkeit erklärt, obgleich er ihn oft streift; und da er gelegentlich den Ausdruck Monopol auf die Bodenrente anwendet, ohne sich dabei aufzuhalten, ihre tieferliegenden Eigentümlichkeiten anzugeben, so läßt er den Leser ohne einen bestimmten Eindruck über den wahren Unterschied zwischen der Ursache des hohen Preises der Lebensmittel und desjenigen monopolisierter Waren."[1]

Soweit die *Konsequenzen* aus der Naturrechtstheorie in Frage kommen, stimmt nun Malthus, das muß zugegeben werden, mit Ricardo völlig überein: die Grundrente ist nicht Aufschlag auf den, sondern Gewinn an dem natürlichen Preise; „die letzten Vermehrungen, die unserem heimischen Bodenerzeugnis hinzugefügt werden, werden zu den Produktionskosten verkauft"[2]. Oder in unserer Terminologie: das Grenzprodukt trägt die Rente Null, und die Böden besserer natur- und verkehrsgegebener Rentierung haben, als eine Art von „Teilmonopol", einen Vorteil an dem „natürlichen" (Malthus sagt häufig: „notwendigen"[3]) Preise des Getreides: dieser Vorteil ist die Grundrente.

Malthus hat auch schon die Lehre von den „Zusatzkapitalen" völlig im Sinne Ricardos entwickelt:

„Aus der vorstehenden Darlegung der Art, wie die Rente sich entwickelt, ergibt sich die Folge, daß die jeweilige Höhe der natürlichen Bodenrente für das jeweilige Bodenerzeugnis notwendig ist, und daß der Preis des Erzeugnisses in jeder fortschreitenden Gesellschaft den Produktionskosten auf dem ärmsten, jeweils in Benutzung stehenden Boden annähernd gleich sein muß oder aber den Kosten, die nötig sind, um auf altem Boden solches zusätzliche Erzeugnis hervorzubringen, das nur den gewöhnlichen Ertrag eines in der Landwirtschaft angewendeten Kapitals mit wenig oder gar keiner Rente abwirft.

Es ist ganz offenbar, daß der Preis nicht niedriger sein kann, oder aber solcher Boden würde nicht angebaut, beziehungsweise solches Kapital würde nicht angewendet. Der Preis kann aber auch niemals wesentlich höher sein, weil der arme Boden, der jeweils in frischen Anbau genommen wird, anfangs wenig oder gar keine Rente abwirft, und weil es für einen Pächter, der Kapi-

---

1 Malthus, Drei Schriften über Getreidezölle, S. 39ff.
2 Ebenda, S. 72.
3 Der Ausdruck stammt von den Physiokraten, bei denen er sehr beliebt ist. Ihnen ist alles mögliche „nécessaire", z. B. eine ihnen liebe Regierungsform usw. Namentlich Mercier de la Rivière zeichnet sich durch solche Deduktionen aus.

tal zur Verfügung hat, immer lohnend ist, es auf seinem Felde anzuwenden, wenn die Vermehrung des Erzeugnisses, die dadurch erfolgt, ihm den vollen, seinem Kapital entsprechenden Gewinn liefert, wenn auch dem Grundeigentümer nichts zufällt."[1]

Die *Konsequenzen* also stimmen, wie gesagt, völlig überein. Aber in den *Prämissen* und in dem *Schlußverfahren* unterscheiden sich die beiden Theorien sehr bedeutend – und der Vergleich fällt durchaus nicht zugunsten der Malthusschen Fassung aus.[2]

Das *Schlußverfahren* ist durch sehr arge *formale* Fehler entstellt, während Ricardos Deduktion hier nur aus einem einzigen Grunde angreifbar ist, den wir im zweiten Teile darstellen werden, und der nicht eigentlich das Verfahren selbst, sondern sein Verhältnis zu den Prämissen betrifft. Schon mit diesem Nachweise, den wir sofort erbringen werden, wird der Anspruch auf die Priorität, den die Malthus-Verehrer erheben, abgewiesen sein: denn nur derjenige hat als Entdecker einer Lehre zu gelten, der sie wirklich richtig abgeleitet hat.

Es wird sich aber auch herausstellen, daß hier nicht die reine Naturrechtslehre vorgetragen wird, sondern eine mit physiokratischen Rudimenten stark versetzte Theorie, so daß auch aus *materialen* Gründen der Malthussche Anspruch abgewiesen werden muß, die reine Naturrechtslehre von der Grundrente entdeckt zu haben.

Diese physiokratischen Rudimente finden sich vor allem in den *Prämissen* der Malthusschen Deduktion. Und daraus ergibt sich der erste schwere Verstoß gegen die formale Logik.

Ricardo nämlich braucht, um seine Theorie zu begründen, nur *eine* Bedingung und nur *eine* Prämisse. Die Bedingung ist die bei jedem „fortschreitenden Volke" ohne weiteres gegebene Zunahme der Bevölkerung; die Prämisse ist lediglich das „Gesetz der sinkenden Erträge". Wenn ein Volk und damit die Nachfrage nach Nahrungsmitteln wächst, dann wird der Anbau auf Böden immer geringerer Rentierung gedrängt, Rente entsteht als Differentialrente zwischen den besseren Böden und dem Grenzboden mit der Rente Null (resp. dem Grenzkapital mit der Rente Null); und ein solcher Boden resp. ein solches Kapital ist immer vorhanden, d. h. das Getreide steht auf seinem natürlichen Preise – bis zu dem von uns gekennzeichneten „Zeitpunkt der Krisis". Das ist die ganze Theorie in nuce.

Malthus aber hat außer der einen Bedingung noch *drei* Prämissen. Da er nur der einen – der Ricardoschen – bedarf, um seine letzten Schlüsse abzuleiten, so liegt hier ein Verstoß gegen das logische Elementargesetz vor: „Principia praeter necessitatem non sunt multiplicanda."

Dieser logische Fehler ist psychologisch daraus zu erklären, daß Malthus die Rentenlehre der Physiokraten noch nicht überwunden hat. Betrachten wir die Prämissen etwas eingehender. Malthus schreibt:

„Man kann sagen, daß es drei Gründe für den hohen Preis der Bodenerzeugnisse gibt.
Erstens und hauptsächlich: diejenige Eigenschaft des Bodens, wodurch er dahin gebracht werden kann, eine größere Menge von Unterhaltsmitteln zu erzeugen, als für die Ernährung der mit seinem Anbau beschäftigten Personen erforderlich ist.
Zweitens: jene die Unterhaltungsmittel auszeichnende Eigenschaft, wodurch sie imstande sind, ihre eigene Nachfrage zu bewirken, d. h. im Verhältnis zu der Menge erzeugter Lebensmittel eine Anzahl Begehrender hervorzurufen.

---

[1] Malthus, Drei Schriften über Getreidezölle, S. 59f.
[2] „Mr. Malthus also, though not quite so comprehensive and methodical, has clearly explained the fundamental principle of rent, but has fallen into some errors in its application" (Mac Culloch, Notes and Dissertations, S. 37).

Und drittens: der verhältnismäßige Mangel an Boden höchster Fruchtbarkeit.
Jene Eigenschaften des Bodens und seiner Erzeugnisse, die hier als die ersten Ursachen für den hohen Preis der Rohstoffe angegeben sind, bilden eine Gabe, welche die Natur den Menschen gewährt. Sie haben nichts mit einem Monopol zu tun und sind doch so unbedingt notwendig für das Vorhandensein der Bodenrente, daß ohne sie auch die höchste Seltenheit oder das vollkommenste Monopol den Preis der Bodenerzeugnisse nicht so über die Produktionskosten steigern könnte, wie das jetzt in der Gestalt einer Rente sich zeigt."[1]

Der erste dieser „Gründe" ist nichts besseres als eine fast unglaubliche Plattheit. Daß der Erdboden mehr Früchte trägt, als seine Bebauer selbst für die Notdurft des Lebens brauchen, ist die *Bedingung* jeder, auch der allerprimitivsten Kultur, ja schon jeder Verdichtung der Bevölkerung auf gegebener Fläche über den Bestand der Hordenwirtschaft hinaus, und daher allerdings auch *unter anderem* Bedingung der Bodenrente. Wäre diese Bedingung nicht gegeben, so wäre es allerdings „klar, daß dann weder eine Bodenrente noch in nennenswerter Weise ein überschüssiges Bodenerzeugnis, das einen sehr hohen Kapitalgewinn bildet, vorhanden sein könnte"[2]. Denn daß die Grundrente aus dem Überschuß des Ertrages über den Verzehr der Arbeiter genommen wird, also nicht vorhanden sein könnte, wenn solcher Überschuß nicht existierte, ist ein Gemeinplatz, der in keine wissenschaftliche Erörterung gehört. Es gibt keinen anderen als Malthus, der derartige Platitüden mit solchem Brustton ex cathedra vorzutragen den Mut – oder den intellektuellen Defekt besäße; und Berens ist solchem Geschwätz gegenüber noch viel zu milde, wenn er sich mit folgenden Worten darüber lustig macht: „Die Folgerung hat keine andere Bedeutung, als die gleich unzweifelhafte Behauptung, daß ohne Boden gleichfalls von keiner Bodenrente die Rede sein könnte: die Hauptursache der Bodenrente der Boden sei."[3] Und er führt die Untersuchung treffend auf ihr Gebiet zurück, wenn er fortfährt: „die entscheidende Frage bleibt immerhin, weswegen denn mitunter nicht jener ganze Überschuß unter Gewinn und Lohn geteilt werde?"

Woran Malthus in seiner diffusen Weise bei dieser „ersten und hauptsächlichen" Ursache der Bodenrente gedacht hat, erkennt man erst, wenn man seine zweite Bedingung heranzieht. Die Vorstellung, daß die Nahrungsmittel sich ihre Nachfrage selbst schaffen, ist ein Hauptsatz der Physiokratie, und eine mißverstandene Reminiszenz an einen physiokratischen Hauptsatz ist denn auch Ursache eins. Wir haben einleitend darauf hingewiesen, daß die Physiokratie noch nicht von der einzig möglichen Basis korrekten nationalökonomischen Denkens, der *geozentrischen*, abgewichen war. Im Mittelpunkt ihres Denkens stand, völlig richtig, die Erkenntnis, daß alle Industrie und aller Handel sich nur in dem Maße bilden und vermehren kann, wie die Nahrungsmittelproduktion Überschüsse herausstellt und vermehrt. Die Urproduktion ist im Bilde Quesnays der Stamm samt den Wurzeln; Industrie und Handel sind die Zweige, die nur gedeihen können, wenn Stamm und Wurzeln gesund sind.

An diese unzweifelhaft richtige Grundanschauung hat Malthus augenscheinlich gedacht, als er seine erste Ursache formulierte. Das wird mehr als wahrscheinlich gemacht durch eine, wenige Seiten später stehende Stelle, in der er ganz in Quesnays Sinne folgendes schreibt:

„Ist nicht vielmehr die Bodenrente das deutliche Kennzeichen einer ganz unschätzbaren Eigenschaft der Erde, womit Gott den Menschen beglückt hat, der Eigenschaft nämlich, daß die Erde mehr Menschen ernähren kann, als zu ihrer Bearbeitung erforderlich sind? Ist sie nicht ein Teil

---

1 Malthus, Drei Schriften über Getreidezölle, S. 42ff.
2 Ebenda, S. 43.
3 Berens, Dogmengeschichte, S. 105.

und, wie wir weiter sehen werden, ein unentbehrlicher Teil jenes überschüssigen Erzeugnisses der Erde, das man mit Recht als die Quelle aller Macht und alles Genusses bezeichnet hat, ohne welches in der Tat weder Städte wären noch Land- und Seemacht, keine Künste und keine Gelehrsamkeit, keine feinere Industrie, keine aus der Fremde herbeigeschafften Annehmlichkeiten und Luxusgegenstände, und nicht jenes zivilisierte und gebildete gesellige Leben, das nicht bloß einzelne erhebt und veredelt, sondern seinen heilsamen Einfluß auf die gesamte Masse der Bevölkerung ausdehnt."[1]

Wir haben oben gesehen, daß die Physiokraten diesen Überschuß der Nahrungsmittelproduktion, das produit net, mit der Rente identifiziert haben. Das war naiv und war gewiß ein Fehler, aber es war doch eine Verwechslung, die bei dem damaligen Stande der Gesellschaft auch scharfen Beobachtern und Denkern geschehen konnte. Malthus aber bekommt es fertig, das produit net der Physiokraten, das bei ihnen die Rente selbst ist, zu einer Ursache, und zwar zu *einer* Ursache der Rente zu machen![2]

Gehen wir jetzt zu Malthus' zweiter Ursache über. Er erläutert sie in folgenden Worten:

„Es ist ebenso klar, daß, wenn die menschlichen Unterhaltsmittel, die das wichtigste Erzeugnis des Bodens bilden, nicht die Eigentümlichkeit hätten, in demselben Verhältnis, wie ihre Menge sich vermehrt, eine vermehrte Nachfrage hervorzurufen, das vermehrte Erzeugnis ein Sinken seines Tauschwertes zur Folge haben müßte. Wie reichlich auch das Erzeugnis eines Landes wäre, so könnte seine Volkszahl unverändert bleiben. Das reichliche Erzeugnis ohne entsprechende Nachfrage und verbunden mit einem sehr großen Getreideeinkommen des Arbeiters, das unter solchen Umständen notwendig sich ergeben würde, könnte den Preis der landwirtschaftlichen Erzeugnisse, wie es bei den Industrieerzeugnissen der Fall ist, auf die Produktionskosten herabdrücken."[3]

Wir sagten schon eben, daß dies die reine Physiokratie ist. Wir werden im zweiten Teil dieser Arbeit, wenn wir uns mit den physiokratischen Resten in der Smithschen Rententheorie zu beschäftigen haben werden, zeigen, daß der Vorstellung immerhin eine richtige Beobachtung zugrunde liegt. Dennoch ist es klar, daß sie innerhalb des Vorstellungskreises der freien Verkehrswirtschaft, *der hier überall zugrunde liegenden Voraussetzung,* völlig verkehrt ist. Denn hier wird überall von einer Prämisse aus deduziert, die an sich unmöglich ist. In einer lediglich vom Marktpreise regulierten Volkswirtschaft nämlich ist es undenkbar, daß die Erzeugung irgendwelcher Güter, seien es nun landwirtschaftliche oder gewerbliche, Korn oder Mousseline, auf die Dauer der Nachfrage voraneilen kann.[4] Jeder Zweig der nationalen Güterproduktion in Landwirtschaft, Gewerbe und Handel entfaltet sich lediglich mit der wirksamen Nachfrage; und die Produktion kann nur insofern einen gewissen Vorsprung vor der Nachfrage haben, als eine künftige Vermeh-

---

1 Malthus, Drei Schriften über Getreidezölle, S. 47f.; vgl. Baudeau, in: Physiocrates, S. 735: Le Trosne schließt sein „Intérêt social" charakteristischerweise mit dem Quesnayschen Bilde: „Ce n'est pas par les feuilles, c'est par les racines qu'on cultive un arbre: les feuilles l'embellissent, et contribuent même à son accroissement; mais c'est la racine qui fournit la sève qu'elles dépensent" (ebenda, S. 1023).
2 Vgl. Ricardo, Grundgesetze, S. 371: „Denn dieser Überschuß ist selbst die Rente."
3 Malthus, Drei Schriften über Getreidezölle, S. 43.
4 Ricardo bemerkt zu dieser Malthusschen Auffassung: „Wir befinden uns nicht in der Notwendigkeit, fortwährend eine größere Menge von einer Ware hervorzubringen, als welche begehrt wird. Würde durch Zufall eine größere Menge hervorgebracht, so würde sie unter ihren natürlichen Preis sinken (. . .): so würde nun das Angebot zurückgehalten, bis es sich der Nachfrage gleichstellte und der Marktpreis auf den natürlichen stiege" (Ricardo, Grundgesetze, S. 375).

rung des Bedarfes mit Sicherheit vorausgesehen werden kann und daher schon zu einer Zeit zu den nötigen Produktionseinrichtungen führt, in der dieser Zuwachs des Bedarfes noch nicht auf dem Markt als Nachfrage erschienen ist. Aber mit dieser einzigen Einschränkung, die kaum eine Einschränkung genannt zu werden verdient, sondern vielmehr nur eine genauere Definition des Begriffes der „wirksamen Nachfrage" darstellt, ist es innerhalb der freien Verkehrswirtschaft ganz unmöglich, daß eine Güterart auf die Dauer in vermehrtem Maße hergestellt wird, ehe die Nachfrage entsprechend gewachsen ist.[1]

Um den Malthusschen Wortlaut zu benutzen, so ist es zwar richtig, daß, *wenn* „das vermehrte Erzeugnis keiner vermehrten Nachfrage begegnet, sein Tauschwert sinken müßte"; aber es ist eben unmöglich, daß das Erzeugnis auf die Dauer vermehrt wird, wenn es keiner vermehrten Nachfrage begegnet. Würden die Kapitalisten, ohne durch steigende Nachfrage dazu veranlaßt zu sein, durch Investition von neuen Kapitalien auf neuen oder alten Boden das Gesamterzeugnis an Nahrungsmitteln zu gegebenen Zeitpunkten sehr bedeutend vermehren, so würde der Kornpreis so tief sinken, daß sie schleunigst ihre Kapitalien wieder zurückziehen würden, um sie in Handel und Gewerbe rentabler anzulegen.

Malthus aber stellt es so dar, als wenn einer jeden solchen Vermehrung des Produktes sofort auf irgendeine geheimnisvolle, von ihm nicht näher bezeichnete Weise eine proportionale Vermehrung der Bevölkerung folgen würde, die den Getreidepreis trotz alledem hielte.

Er bewegt sich hier zweifelsohne in völlig physiokratischen Gedankenkreisen, wenn man auch vergeblich in den Schriften der Ökonomisten nach Sätzen suchen wird, in denen der schiefe Gedanke so überaus dürftig und töricht ausgesprochen wird, wie hier. Und darum haben Berens und Diehl unzweifelhaft recht, wenn sie Malthus zu den *Vorläufern* der reinen Rentenlehre, zu denen rechnen, die die Eierschalen der Physiokratie noch nicht abgestreift haben.[2] Leser versucht seinen Helden vergeblich zu retten, wenn er zeigen will, daß diese physiokratischen Reste sich nur im Anfange der entscheidenden Malthusschen Schrift finden, nämlich da, wo er gegen die Verteidiger der „Monopoltheorie" polemisiert: Say, Sismondi, Buchanan. Denn erstens entwickelt hier Malthus seine eigenen Anschauungen ganz unzweideutig, und zweitens findet sich auch weiterhin noch eine Ausführung, die zwar logisch völlig sinnlos ist, die aber wenigstens psychologisch verständlich ist, wenn man weiß, daß Malthus hier hilflos zwischen der physiokratischen und der bourgeoisökonomischen Rententheorie hin und her tappt:

„In den frühesten Perioden des geselligen Zusammenlebens, oder vielleicht in noch bemerkenswerterer Weise, wenn die Bildung und das Kapital eines alten Gemeinwesens auf frisches, fruchtbares Land übertragen werden, zeigt sich das überschüssige Erzeugnis, dieses gnädige Geschenk der Vorsehung, hauptsächlich in ungewöhnlich hohem Kapitalgewinn und ungewöhnlich hohem Arbeitslohn, tritt dagegen nur in geringem Umfange in der Form der Rente

---

1 „Von was für einer vergrößerten Menge spricht hier Malthus? Wer hat sie hervorzubringen. Wer kann einen Grund haben, sie hervorzubringen, ehe eine Nachfrage nach der Vermehrung vorhanden ist?" (Ricardo gegen Malthus, S. 377).

2 Eugène Daire, der ein Mann von wenig Kritik, aber ein ausgezeichneter Kenner der physiokratischen Lehre war, hat das scharf genug erkannt. Er zitiert freudig den oben angeführten „geozentrischen" Satz und bemerkt dazu: „In diesen Zeilen, in denen Malthus zeigt, wie wenig er Ricardos Meinung teilte, liegt vielleicht die Rechtfertigung der Bedeutung, die die Schule Quesnays der Landwirtschaft beimaß" (Einleitung z. d. „Physiokraten", S. LXVI). Und zwei Seiten vorher sagt er in einer Anmerkung: „Was Ricardo geleistet hat, bestand darin, diese Theorie zu verstümmeln und aus ihr alle Gedanken zu entfernen, durch die Malthus, getreu (adoptant) den Anschauungen der Physiokraten über die Bedeutung der Erde in der Schöpfung des Reichtums, das ‚produit net' des Bodens als Grundursache (base principale) der Rente erklärte."

hervor. Solange fruchtbarer Boden im Überfluß vorhanden und für jeden zu haben ist, der Verlangen danach trägt, wird natürlich niemand einem Grundeigentümer eine Rente bezahlen. Aber es verträgt sich nicht mit den Naturgesetzen und der Begrenztheit sowie der Beschaffenheit des Bodens, daß dieser Zustand der Dinge ein dauernder sein könnte. Verschiedenheiten des Bodens und der Lage müssen naturgemäß in allen Ländern bestehen. Jeder Boden kann nicht der fruchtbarste, jede Lage kann nicht die nächste bei schiffbaren Flüssen und bei Marktorten sein. Nun muß aber die Anhäufung von Kapital bis zu einem Betrag, der nicht mehr ganz auf demjenigen Boden sich verwenden läßt, der die größte natürliche Fruchtbarkeit und die vorteilhafteste Lage hat, notwendigerweise den Kapitalgewinn vermindern, während jene Tendenz, wonach die Volkszahl über die Unterhaltsmittel hinauswächst, nach einiger Zeit den Lohn der Arbeit vermindert.

So sinken die Kosten der Produktion, während der Tauschwert des Erzeugnisses, d. h. die Menge Arbeit und andrer Arbeitserzeugnisse als Getreide, die sich damit kaufen lassen, statt sich zu vermindern, noch steigt. Es wird eine wachsende Anzahl Menschen vorhanden sein, die Nahrung suchen und auf jede Weise, in der sie sich nützlich machen können, ihre Dienste darzubieten bereit sind. Daher übersteigt der Tauschwert der Nahrungsmittel die Produktionskosten (unter welch letzteren auch der volle Gewinn des landwirtschaftlichen Kapitals nach dem zurzeit geltenden Gewinnsatz einzubegreifen ist). Der Überschuß bildet die Rente."[1]

Nach einer Einschiebung, in der er zu beweisen versucht, daß weder das Kapital noch der Lohn diese Rente sich aneignen kann, fährt Malthus fort:

„Sobald das Kapital sich vermehrt hat, und die Arbeit auf den vorzüglichsten Böden eines Landes billiger geworden ist, so lassen sich andere Böden, die in bezug auf Fruchtbarkeit oder Lage weniger günstige Eigenschaften zeigen, mit Vorteil in Besitz nehmen. Da die Kosten des Anbaues, wozu auch der Kapitalgewinn gehört, geringer geworden, kann unfruchtbarer oder vom Markte entfernterer Boden, wenn er auch anfangs keine Rente abwirft, jene Kosten wenigstens vollkommen ersetzen und für den Landwirt hinreichend einträglich sein. Und sobald dann entweder der Gewinnsatz oder der Arbeitslohn oder beide noch weiter gefallen sind, so läßt sich noch ärmerer oder noch weniger günstig gelegener Boden in Anbau nehmen.

Und bei jedem Schritt müssen offenbar, wenn der Getreidepreis nicht fällt, die Bodenrenten steigen. Der Preis des Getreides aber kann nicht fallen, so lange der Fleiß und die Geschicklichkeit der arbeitenden Klassen, unterstützt durch die Kapitalien derer, die sich nicht mit dem Ackerbau beschäftigen, den Pächtern und Grundeigentümern etwas im Tausche zu bieten vermag, wodurch diese veranlaßt werden, ihre Bemühungen in der Landwirtschaft fortzusetzen und ihren steigenden Produktenüberschuß weiter zu erzeugen."[2]

Zu diesen Sätzen ist folgendes zu bemerken:

Erstens: Es ist völlig klar, daß hier eine von der Ricardoschen wesentlich verschiedene Rentenlehre entwickelt ist. Bei Ricardo entsteht die Rente des besseren Bodens erst dann, wenn der Anbau den geringeren Boden einbezogen hat; bei Malthus entsteht sie aber schon, ehe noch der schlechtere Boden „okkupiert" worden ist. Ja, der Anbau des schlechteren Bodens wird bei ihm erst eigentlich möglich, nachdem der Kapitalgewinn und der Arbeitslohn gesunken, und dadurch Rente entstanden ist. Dann nämlich wird das Kapital auf dem geringeren Boden den jetzt üblichen

---

1 Malthus, Drei Schriften über Getreidezölle, S. 48.
2 Ebenda, S. 50f.

geringeren Gewinnsatz erlangen können.

Zweitens: Es ist ferner klar, daß diese Sätze mißverstandene Erinnerungen an die eben gekennzeichnete physiokratische Lehre sind. Denn es wird hier angenommen, daß die Nachfrage nach Korn proportional seiner vermehrten Masse oder stärker zunimmt.

Drittens aber ist völlig klar, daß die Sätze absolut sinnlos sind. Der Fehler liegt darin, daß zwei konträr entgegengesetzte Fälle möglich sind, die einander ausschließen; daß aber nichtsdestoweniger die beiderseitigen Prämissen und Konsequenzen durcheinander gewirrt werden.

Entweder wächst die Bevölkerung nicht; dann braucht kein neues Ackerprodukt erzeugt zu werden, und der Nahrungspreis steigt nicht. Nun kann ja auch in solchem Zustand das gesellschaftliche Kapital – durch Ersparnisse – wachsen. Dann würde nach der orthodoxen Theorie der Lohn steigen und der Profit sinken, der Kornpreis aber bliebe der „natürliche", und Rente könnte nicht entstehen.

Oder die Bevölkerung wächst; dann muß das Ackerprodukt vermehrt werden, entweder durch Anbau von Böden geringerer Rentierung oder durch Verwendung von Zusatzkapitalen auf „alten" Böden. In beiden Fällen entsteht Grundrente als Differenz zwischen den Erträgen der neuen Grenzböden und Grenzkapitale und der besten Böden resp. der ergiebigsten Kapitale.

Beide Fälle schließen sich aus. Malthus aber konstruiert hier eine Zwischenstufe. Zwar wächst die Bevölkerung so stark, daß der Arbeitslohn sinkt; aber dennoch wird weder neuer Boden in den Anbau gezogen, noch werden neue Zusatzkapitale angewendet. Wäre diese Prämisse möglich, dann müßte man die Conklusio zugeben, daß hier Rente entsteht, weil Profit und Lohn sinken, der Preis aber der gleiche bleibt. Die Prämisse ist aber unmöglich, ist sinnlos, und darum auch die ganze Ableitung der Rente.

Ich habe in meiner Abhandlung: „Das Bevölkerungsgesetz des T. R. Malthus, Darstellung und Kritik." (Berlin–Bern 1901) mein Urteil über die Malthussche Bevölkerungstheorie (S. 64 [im vorliegenden Band S. 323]) in folgenden Worten zusammengefaßt: „Wenn wir diese Darstellung und Kritik der Malthusschen Lehre zusammenfassen sollen, so macht es uns Mühe, uns der Ausdrücke der stärksten Verurteilung zu enthalten. (...) Es kann kein zusammenhangloseres Denken geben! Auf der einen Seite steht die Bevölkerung, auf der anderen die Ackerbauproduktion, dort die Nachfrage, hier das Angebot. Daß zwischen diesen Dingen die stärksten Bindungen bestehen, und zwar wechselseitige Bindungen, davon ahnt dieser Ökonomist nichts."

Diehl führt diesen Satz und einen analogen Frank Fetters an, in dem dieser ausspricht: „Auf jeder Seite des Malthusschen Versuches zeigt es sich, daß er nicht, wie zuweilen behauptet wird, ein glänzendes Beispiel der deduktiven Methode in der Nationalökonomie ist"[1]; und Diehl erklärt ausdrücklich, daß er mit dieser Kritik durchaus einverstanden ist.

Ich stelle fest, daß diese Kritik für die Malthussche Rententheorie geradeso gilt, wie für seine Bevölkerungslehre[2]: dieser weit unter dem Durchschnitt landläufiger Denkbegabung stehende Mann verdankt seinen nunmehr ein Jahrhundert alten Ruhm lediglich dem Umstande, daß er den Bedürfnissen der von ihm vertretenen Klasse als ihr Advokat eine theoretische Deckung geschaffen hat[3]. Die bürgerliche Gesellschaft jubelte seinen Ergebnissen zu, weil sie die Last der furchtbaren

---

1 Diehl, Sozialwissenschaftliche Erläuterungen, 2. Teil, S. 65.
2 Berens (Dogmengeschichte, S. 151) schreibt: „Die Rente kann nicht zugleich Folge der Produktion und Distribution, nicht zugleich Folge der Fruchtbarkeit und des Preises, der relativen Vorzüglichkeit und der relativen Mangelhaftigkeit der im Boden mitwirkenden Naturfaktoren sein."
3 Auf niemanden mehr als Malthus paßt das harte Wort Schmollers über die deduktive Theoretik: „Der praktische Idealismus war einst ihr Rechtstitel, sie endete als eine mammonistische Klassenwaffe der Kapitalisten" (Schmoller, Grundriß I, S. 93).

sozialen Verantwortlichkeit von ihren Schultern auf die der unverantwortlichen Natur abwälzte, dachte aber natürlich niemals daran, die Prämissen und das Schlußverfahren genau zu untersuchen, aus denen jene Ergebnisse gewonnen waren.[1]

Hier liegt auch der Schlüssel zu dem Geheimnis, warum Ricardo selbst diese formal unvollkommene und logisch unhaltbare Lehre so überaus günstig beurteilte. Er sah nur, daß Malthus mit seinen eigenen Konklusionen in wesentlichen Punkten übereinstimmte, und vor allem, daß er, gleich ihm selbst, *die Monopoltheorie* von der Rente abwies. Das ließ ihm alle Unterschiede als unbedeutend und alle Denkfehler als Kleinigkeiten erscheinen, und seine fast übergroße Bescheidenheit tat den Rest, um ihn dazu zu bewegen, die Malthussche Stümperei als sein Urbild zu krönen.

In der Tat aber hat erst Ricardo die Rentenlehre in ihrer reinsten und knappsten Form dargestellt, hat erst Ricardo die physiokratischen Reste vollkommen ausgeschieden. Er selbst war sich, wie aus seiner Polemik gegen Malthus hervorgeht, dabei völlig der Unterschiede, ja Gegensätze, bewußt. Von einer Malthusschen Priorität darf daher in Zukunft nicht mehr die Rede sein, wie man denn überhaupt gut tun würde, diesen dürftigen Klassenadvokaten nicht länger mehr in der Ehrentafel der ernsthaften Denker über volkswirtschaftliche Dinge zu führen.

C. Edward West

West ist der abstrakteste aller abstrakten Denker in volkswirtschaftlichen Dingen. Er spinnt beinahe alle seine Prämissen aus den Voraussetzungen des Naturrechts und des economical man heraus.

Das gilt schon von der Grundvoraussetzung seiner ganzen Theoretik, dem Gesetz des sinkenden Bodenertrages, das er schärfer formuliert hat, als irgendeiner seiner Vorgänger: „The principle is simply this, that in the progress of the improvement of cultivation the raising of rude produce becomes progressively more expensive, or in other words, the ratio of the net produce of land to its gross produce is continually diminishing."[2] Er behandelt das Gesetz nicht als gegebene Tatsache der landwirtschaftlichen Erfahrung, sondern leitet es aus dem naturrechtlichen Siedlungsschema ab. Danach besiedeln die Menschen zunächst den besten Boden: würde dieser auf jede Neuverwendung von Arbeit und Kapital immer mit mindestens dem proportionalen Mehrertrage antworten, so würde niemals Boden geringerer Bonität in Angriff genommen worden sein. Nun aber ist überall Boden geringerer Bonität in Angriff genommen worden: folglich muß das Gesetz vom sinkenden Ertrage richtig sein. Q. e. d. Daß das naturrechtliche Siedlungsschema aus einem oder dem anderen Grunde falsch sein könnte, kommt ihm nicht in den Sinn.

Für die Dogmengeschichte noch viel interessanter ist, daß West, soweit wir sehen können, der einzige Theoretiker gewesen ist, der den Versuch gemacht hat, das *Gesetz vom sinkenden Spielraum* deduktiv zu beweisen. Der Versuch ist u. E. mißglückt, aber jedenfalls bleibt ihm das Verdienst, das Problem, das sich hier stellt, als erster und fast einziger klar erkannt zu haben.

Völlig korrekt legt er dar, daß zwei antagonistische Kräfte auf die Produktivität des Ackerbaues einwirken, eine, die sie zu steigern, eine, die sie herabzusetzen tendiert. Die erste ist die Verbesserung der Anbautechnik, dank den Fortschritten der Arbeitsteilung und des Maschinenwesens, die zwar in geringerem Maße als in den Gewerben, aber doch auch hier kräftig auf eine Vermehrung

---

1 „Die Doktrinen überzeugen leicht, wenn sie beweisen, was man wünscht. Wer mit den Konsequenzen übereinstimmt, nimmt die Prämissen gern in den Kauf" (Hasbach, Die allgemeinen philosophischen Grundlagen, S. 55).
2 West, An Essay on the Application of Capital to Land, [ohne Seitenangabe].

des Produktes hinwirkt; die Gegenkraft ist die abnehmende Fruchtbarkeit. Welche von beiden Kräften überwiegt die andere? West unternimmt es, dieses entscheidende Problem mit deduktiven Mitteln zu lösen.

Zu diesem Zwecke stellt er, ganz wie ich es, ohne seine Ausführungen damals schon zu kennen, in meinem „Malthus"[1] getan habe, die drei möglichen Fälle auf: das Gesetz vom sinkenden Bodenertrage wird durch die Verbesserung des „agricultural skill" (Senior) überkompensiert oder kompensiert oder weniger als kompensiert. Im ersten Falle steigt der Spielraum, im zweiten bleibt er gleich groß, im dritten sinkt er. Fall eins und zwei lassen sich durch die Tatsache ausschließen, daß bei allen fortschreitenden Völkern der Kapitalprofit *sinkt*. Das kann nur der Fall sein, wenn entweder die Produktivkraft des Kapitals sinkt, oder wenn sein Anteil am Kapitalerzeugnis dadurch fällt, daß die Löhne steigen. Das letztere ist sicher nicht in solchem Maße der Fall, daß es das Sinken des Profits unter der Voraussetzung erklären könnte, daß die *allgemeine* Ergiebigkeit des Kapitals zugenommen habe: denn dann hätte der Lohn stärker steigen müssen, als diese vorausgesetzte Ergiebigkeit, was offenbar nicht der Fall ist.

Folglich läßt sich das Sinken des Profits nicht anders erklären, als durch das Sinken der Ergiebigkeit der *durchschnittlichen* Kapitalverwendung.

Da nun aber ein Teil des gesellschaftlichen Kapitals, nämlich das industriell-kommerzielle, dank der Arbeitsteilung an Ergiebigkeit äußerst stark zugenommen hat, muß der andere Teil, das landwirtschaftliche Kapital, an Ergiebigkeit noch viel stärker abgenommen haben: nur so läßt sich die Abnahme der durchschnittlichen Ergiebigkeit erklären. Oder, mit anderen Worten, damit ist bewiesen, daß das privatwirtschaftliche Gesetz vom sinkenden Bodenertrage sich in der Volkswirtschaft darstellt als Gesetz vom sinkenden Spielraum.[2]

Diese ganze Argumentation, so geistreich und scharf zugespitzt sie auch ist, steht und fällt mit ihren Prämissen, den Theorien vom Kapital resp. Profit und vom Lohne. Wenn die Bestimmgründe beider Einkommensarten andere sind, als West im Anschluß namentlich an Smith annimmt, dann hängt die Beweisführung gänzlich in der Luft. Wir werden im zweiten Teile auf diese Frage etwas näher einzugehen haben: hier muß es genügen, festzustellen, daß der Westsche Beweis für das Gesetz vom sinkenden Spielraum in bezug auf seine Voraussetzungen der Prüfung noch bedarf.

Nachdem der Ausgangspunkt einmal gegeben war, mußte ein so konsequenter Kopf zu einer der Ricardoschen gleichen Naturrechtstheorie von der Grundrente gelangen. In der Tat entwickelt West die drei Arten, durch die nach dieser Theorie Rente entsteht, vollzählig: durch naturgegebene und verkehrsgegebene[3] Unterschiede der Rentierung und durch Verwendung aufeinanderfolgender Zusatzkapitale; und er erklärt ausdrücklich:

„Es ist die wachsende Unergiebigkeit von Zusatzkapitalien, die auf das Land verwendet werden, die die Rente regelt und fast ganz allein verursacht.

Wenn Kapital in unbegrenzter Menge mit gleichem Vorteile auf Boden verwendet werden könnte, dann würde das Produkt natürlicherweise unbegrenzt sein; und dies würde dieselbe Wirkung auf die Rente haben, wie das Vorhandensein einer unbegrenzten Menge kulturfähigen Landes; in beiden Fällen würde die Rente sehr klein sein. Aber die Notwendigkeit, zu geringerem Lande seine Zuflucht zu nehmen und Kapital mit geringerem Vorteil auf schon angebautes Land zu verwenden, läßt die Rente anschwellen. Wenn im Falle vermehrter Nachfrage nach

---

1 Oppenheimer, Das Bevölkerungsgesetz des T.R. Malthus, S. 60 [im vorliegenden Band S. 322].
2 Es ist vielleicht nicht überflüssig zu bemerken, daß ich die Westsche Argumentation in meiner Terminologie wiedergebe.
3 West, An Essay on the Application of Capital to Land, S. 14.

Getreide das Kapital mit dem gleichen Vorteil wie vorher angelegt werden könnte, dann würde der Gestehungspreis der vermehrten Menge derselbe sein wie zuvor. Und der Wettbewerb würde natürlicherweise bald den Marktpreis auf den Gestehungspreis herabdrücken. Und so könnte die Rente nicht wachsen. Aber bei vermehrter Nachfrage nach Getreide wird, wie ich gezeigt habe, das neu angelegte Kapital mit geringerer Ergiebigkeit angelegt. Daher steigt der Gestehungspreis der neu erforderten Menge, und der Marktpreis dieser Menge muß daher wachsen. Aber das Getreide, das zu den geringsten Kosten hergestellt ist, erzielt natürlich denselben Preis wie das, was mit den größten Kosten hergestellt ist, und infolgedessen wird der Preis alles Getreides durch die vermehrte Nachfrage in die Höhe getrieben. Der Farmer erhält nur den gewöhnlichen Kapitalprofit, und zwar auch für dasjenige Getreide, das zu den höchsten Kosten hergestellt wird; aller überschüssige Gewinst aber alles desjenigen Erzeugnisses, das unter günstigeren Bedingungen hergestellt wurde, fließt dem Grundeigentümer als Rente zu."[1]

Diese Sätze stimmen fast völlig mit der Ricardoschen Darlegung überein. Nur die Behauptung, daß „die Rente sehr klein wäre, wenn entweder jedes Zusatzkapital mindestens den Ertrag des Originalkapitals brächte oder wenn unbegrenztes Land von gleicher Bodenbonität zur Verfügung stände", ist verdächtig. In diesem Falle müßte die Rente, streng genommen, Null sein. Es läßt sich aus dem vorliegenden Schriftchen nicht erkennen, ob West hier eine geringe Konzession an die Monopoltheorie hat machen wollen, oder ob er nur eine allzu harte Ausdrucksweise vermeiden wollte. Je nachdem man sich der einen oder der anderen Auffassung zuzuwenden geneigt ist, wird man West als einen der Entdecker der reinen Naturrechtslehre der Rente oder nur als den Forscher anerkennen, der ihr vor Ricardo am nächsten gekommen ist.

Gegen Ricardos Verdienste um das Problem würde selbst die erste Auffassung nichts beweisen. Denn offenbar hat er die fast gleichzeitig seiner eigenen Arbeit anonym erschienene Schrift „erst nach der Ausarbeitung seiner eigenen Lehre kennengelernt. (. . .) Es liegt hier also ein in der Geschichte der Wissenschaften nicht seltener Fall vor, daß zwei Autoren zu derselben Zeit ganz unabhängig voneinander zu denselben Ideengängen gekommen sind"[2].

Vor allem aber fehlt in dem kleinen, wesentlich praktischen Zwecken, nämlich der Kornzollgesetzgebung, gewidmeten Schriftchen Wests fast alles, was Ricardos Rentenlehre erst recht eigentlich zur *Theorie* erhebt, nämlich die bewußte Einordnung in ein ganzes theoretisches System, die Abstimmung aller anderen Teillehren, z. B. vom Lohne, vom Werte, vom Profit, mit der neuen Prämisse und ihrer Folgerung. Erst Ricardo hat die Lehre von der Grundrente zum Drehpunkt des ganzen Systems gemacht: diese Leistung ist inkommensurabel mit der glücklichen Ableitung der einzelnen Teillehre, wie sie Edward West nach der ihm günstigsten Auffassung geglückt ist.[3]

Wir kommen mithin zu dem Schluß, daß Anderson und vor allem Malthus für die Priorität der Naturrechtstheorie der Rente überhaupt nicht, und West nur in einem sehr bescheidenen Maße in Betracht kommen können. Die Theorie trägt mit Recht den Namen David Ricardos.

---

1 Ebenda, S. 38.
2 Diehl, Sozialwissenschaftliche Erläuterungen, 1. Teil, S. 415, mit dem ich hier völlig übereinstimme. Mac Culloch sagt dazu (Notes and Dissertations, S. 36/7): „it is well known to many of his friends that he (Ricardo) was in possession of the principle (. . .) several years prior to the publication of the earliest of these works" (von West und Malthus).
3 Dasselbe sagt Mac Culloch in seiner Schrift Introductory Discourse, S. 62: „But the investigations of these gentlemen (West and Malthus) though of great importance, were comparatively limited in their object; and it was reserved for Mr. Ricardo to carry his researches into every department of the science, to correct errors sanctioned by the highest authority etc." In den „Notes and Dissertations, S. 36, nennt er freilich umgekehrt Ricardo „less happy in his mode of explaining it".

Zweiter Teil
Kritik

VI. Abschnitt:
Der Ricardosche Beweis

Nachdem wir durch die Erörterungen und polemischen Feststellungen des ersten Teiles die Ricardosche Theorie in ihrer einen Form und ihrem ursprünglichen Sinne wiederherzustellen versucht haben, können wir jetzt auf gesicherter Grundlage ihre Wahrheit selbst untersuchen.

Wir haben an jeder Theorie Behauptung und Beweis gesondert zu untersuchen. Die Widerlegung eines Beweises widerlegt noch nicht die Behauptung. Diese kann immer noch richtig sein, wenn auch der Beweis falsch ist. Umgekehrt ergibt sich freilich implizite aus dem Nachweise von der Unrichtigkeit der Behauptung, daß der Beweis nicht richtig sein kann: aber auch dann verlangt die wissenschaftliche Besonnenheit, daß die Kritik explizite durch Aufdeckung der Fehler im Beweisverfahren vollendet werde.

Wir werden daher in folgendem zuerst den Ricardoschen Beweis und darauf seine Behauptung gesondert untersuchen.

Ich stelle der Auseinandersetzung folgende Thesen voran:
1. Der von Ricardo für seine Grundrententheorie geführte *Beweis* ist schon aus *formalen* Gründen als völlig mißlungen abzulehnen. Das Schließverfahren ist fehlerhaft, eine Prämisse ist falsch, und die Theorie führt zu einer mindestens sehr verdächtigen Konsequenz.
2. Der angebotene *materiale* Beweis an den Tatsachen der kapitalistischen Wirtschaft ist nicht erbracht und nicht erbringbar.
3. Die von Ricardo in seiner Theorie vertretene *Behauptung* ist erweislich falsch.

A. Formale Prüfung

1. Das Schließverfahren
   (Der Zirkelschluß)

Beginnen wir mit der formalen Prüfung. Fragen wir noch nicht, ob die Theorie wahr, sondern zunächst nur, ob sie richtig ist.

Wir haben selbst vielfach die außerordentliche logische Geschlossenheit der Lehre gegenüber den mit ihr streitenden festgestellt und wollen auch hier wiederholen, daß das Schließverfahren ein Wunderwerk menschlicher Logik ist.

Und dennoch haben wir bereits gegen ihre *formale* Richtigkeit ein schweres Bedenken vorzubringen: im Zentrum der Theorie Ricardos steht als Grundlage jeder seiner Ableitungen seine Wert- und Preislehre. Der Getreidepreis ist die Variable, die das Entstehen und alle Veränderungen der Rente bedingt, er ist das Medium, durch das die prima causa, die Volksvermehrung, auf den Anbau einwirkt.

Nun ist diese Werttheorie Ricardos eine Ableitung aus seiner Grundrententheorie. Er führte jene zum Siege gegen die Smithsche Kostentheorie nur dadurch, daß er zeigte, auch alles Urprodukt stehe lediglich auf seinem „natürlichen Preise", sein Wert setze sich nur aus dem Lohn der gegenwärtigen und dem Lohn vergangener Arbeit, dem Profit, zusammen. Diese Werttheorie steht und fällt mit ihrer Prämisse, der Grundrententheorie.

Unter diesen Umständen ist es völlig klar, daß jede korrekte Ableitung aus der Wertlehre immer wieder die Grundrentenlehre ergeben muß, die die Prämisse ihrer Prämisse ist. Jeder Schluß ist im Grunde ein *Zirkel*. Die Prämisse kehrt immer nur zu sich selbst zurück.

Wenn man sich das klarmacht, so wird man zugeben, daß die innere Geschlossenheit der Theorie, ihr Freisein von inneren Widersprüchen, nicht länger als Beweis für ihre Wahrheit bezeichnet werden darf.

2. *Die Prämisse*
   (Die Lohnfondstheorie)

So wenig wie das Beweisverfahren hält die eine Prämisse, die *Lohnfondstheorie*, einer genauen Prüfung stand.

Wir haben im ersten Abschnitt (unter B, 1, b: das Thema probandum) gezeigt, daß Ricardo die bürgerliche Gesellschaft nur gegen solche sozialistischen Angriffe zu verteidigen hatte, die mit der Monopol-Preis-Theorie begründet waren, während sie gegen Angriffe aus der Monopol-Lohn-Theorie durch die Lehre vom Lohnfonds völlig gedeckt war. Sein Beweis ist, mit anderen Worten, im Grunde ein Beweis per exclusionem etwa folgender Formel:

„Die Grundrente könnte entweder aus der Naturrechts- oder der Monopol-Preis- oder der Monopol-Lohntheorie erklärt werden. Die letztere scheidet aus, weil nach der Lohnfonds-Theorie die Grundrente auf den Lohn nicht einwirkt; folglich haben wir nur zwischen den beiden ersten zu entscheiden."

Somit ist die Lohnfondstheorie eine Prämisse der Ricardoschen Grundrententheorie.

Und diese Prämisse ist falsch! Wir haben oben (erster Abschnitt, B, 2: die Verteidigung des Profits) die Lohnfondstheorie folgendermaßen skizziert:

„Für Smith ist das Kapital die notwendige Vorbedingung jeder weiter ausschauenden, d. h. jeder höheren Produktion. Der zum Unterhalt der Arbeiter während der Produktionsperiode notwendige Stamm von Subsistenzmitteln, der Lohnfonds, muß aufgehäuft sein, ehe die Produktion beginnen kann."

Die Konstruktion ist unhaltbar. Sie ist nicht einmal für den berühmten Robinson richtig, der später in dieser Deduktion so viel mißbraucht worden ist. Auch Robinson kann, ohne einen Stamm von Unterhaltsmitteln aufgehäuft zu haben, sehr weitausschauende Arbeit beginnen: er kann dann nur nicht ohne Unterbrechung an dem einen Werke bleiben, sondern muß von Zeit zu Zeit, vielleicht täglich, auf die Suche nach Unterhaltsmitteln ausgehen.

Um das in der Sprache der Theorie auszudrücken: Robinson vollendet allmählich seine weitausschauende Produktion (seine Palisaden oder seine Waffen oder sein Kanoe), trotzdem er keinen „Lohnfonds" aufgehäuft hat. Er lebt nicht von dem ersparten Ertrage *vorhergegangener*, sondern von dem Ertrage *gleichzeitiger „Gütererzeugung"*.

Man könnte dieses Verfahren als „Arbeitsteilung und -vereinigung" in der isolierten Individualwirtschaft bezeichnen. Genau so vollzieht sich die höhere Produktion auch in der Arbeitsteilung und -vereinigung der Volkswirtschaft, *daß die Werkleute aus dem Ertrage der gleichzeitigen Gütererzeugung, nicht aber aus dem Ertrage vorhergegangener unterhalten werden*. Der ganze Unterschied ist nur der, daß sie ohne Unterbrechung am Werke bleiben können, weil andere Werkleute gleichzeitig Unterhaltsmittel und Arbeitsmittel herstellen.

Das gilt gleichmäßig für Gesellschaften jeder denkbaren politischen und ökonomischen Gliederung.

Am einfachsten lassen sich die Verhältnisse in einer indischen Dorfgemeinschaft übersehen. Hier sind der Schmied und der Priester Angestellte der Gesamtheit, leisten ihre Arbeit und werden in naturalibus besoldet, aus dem Ertrage der gleichzeitigen Feldwirtschaft.

Nicht anders im *feudalen Patriarchalstaat*! König Menkuruh von Ägypten soll 40 Jahre an seiner Pyramide gebaut haben: es war durchaus nicht erforderlich, daß alle für den Bau dieses Riesenmonumentes erforderlichen Steine vor Beginn der Bauperiode gebrochen, behauen und angefahren, alle Werkzeuge geschmiedet, und die für die Ernährung, Bekleidung und Behausung der Fronbauern und Kriegsgefangenen erforderlichen Vorräte angehäuft waren; es genügte vollkommen, wenn eine verfügungsberechtigte Gewalt einen gewissen Teil der Gesamtarbeitskraft des ägyptischen Volkes und einen gewissen Teil ihres Gesamterzeugnisses auf Jahre hinaus für den Bau anwies. Die Fronbauern, die die letzten Terrassen der Pyramide mörtelten, lebten nicht von einem Getreide, das vor 40 Jahren gedroschen war, sondern von solchem der letzten Ernte; und die Steine, die sie fugten, waren auch erst soeben in den libyschen Steinbrüchen gewonnen worden. Wenn wir diese Vorgänge in unsere modernen ökonomischen Kategorien einkleiden, so erkennen wir, daß vor Beginn des Werkes nur ein sehr bescheidener Teil des erforderlichen „Kapitals" vorhanden war. Der weitaus größte Teil wurde erst im Laufe der Vollendung selbst neu geschaffen und durch Zwangsanweisung für diesen Zweck zur Verfügung gestellt.

Schließlich erkennen wir, daß auch in der kapitalistischen Verkehrswirtschaft bei lange währenden Unternehmungen mit großem Kapitalbedarf ganz das gleiche geschieht: auch beim Bau des Simplontunnels waren nur die für den ersten Anfang des Werkes erforderlichen Kapitalien vorhanden; die für seine Vollendung nötigen Werkzeuge, Roh- und Hilfsstoffe aber wurden Jahr für Jahr aus der gleichzeitigen Erzeugung des westeuropäischen Kulturkreises ausgeschieden und für dieses Werk bereitgestellt, zwar nicht durch königliches Dekret, aber auf dem Wege der modernen Kreditanweisungen.

Wie Smith zu dieser haltlosen Theorie kam, liegt auf der Hand. Es handelt sich um die Verwirrung einer volkswirtschaftlichen und einer privatwirtschaftlichen Kategorie, ganz analog derjenigen, die wir als Grundirrtum der Physiokratie gekennzeichnet haben: das „Kapital" im volkswirtschaftlichen Sinne als diejenige Gütermasse, die eine Volkswirtschaft dem unmittelbaren Verzehr entzieht, um sie für die Produktion zu verwenden, ist etwas ganz anderes als das „Kapital" in seinem privaten Sinne, nämlich als die den gesamten Unternehmern eigentümlich gehörigen Betriebsfonds.[1] Diese sind in der Tat Rücklagen, „Ersparnisse" aus früheren Produktionsperioden.

---

1 Rodbertus-Jagetzow, Das Kapital, S. 315: „Wenn daher die neueren Nationalökonomen den älteren vorwerfen, daß diese das Geldkapital für das wahre Kapital, das Kapital an sich, genommen haben, so ist den neueren vorzuwerfen, daß sie das Privatkapital für das wahre Kapital oder das Kapital an sich genommen haben. Das ‚Kapital' – in diesem Sinne – ist nur der Rechtsinstitution des Kapitaleigentums wegen notwendig, aber nicht, wie behauptet worden, das Kapitaleigentum des Kapitals wegen! So sind Grundstücke unter allen sozialen Verhältnissen zur Produktion erforderlich, aber nicht ‚Grundbesitz' in dem heutigen Sinne."

Solche eigenen Betriebsfonds sind nun freilich in der Regel für den einzelnen Unternehmer unentbehrlich – nicht einmal immer, denn hervorragend tüchtige Fachmänner erhalten auch dann, wenn sie ganz vermögenslos sind, den Kredit[1], den der Durchschnitt nur dann erhält, wenn er „kreditfähig" ist, d. h. ein eigenes Vermögen zu verlieren hat. Aber dieses Kapital im zweiten Sinne hat entfernt nicht die Bedeutung, die Smith ihm zumaß, und ist vor allen Dingen viel kleiner, als er annahm. Es spielt kaum eine andere Rolle als die des Windkessels an der Feuerspritze; es verwandelt den stoßweise erfolgenden Zufluß der Produktionsmittel in einen gleichmäßigen Abfluß: aber diese selbst stammen zum allergrößten Teil aus dem Kapital im ersten Sinne, sind Teile des Volks*einkommens*, nicht des Volks*vermögens*, Teile der gleichzeitigen, nicht der vergangenen Produktionsmasse.

In dieser Wertung der Lohnfondstheorie befinden wir uns, wie gesagt, in Übereinstimmung mit der herrschenden Theoretik. Wir führen einige bezeichnende Auslassungen an:

Philippovich schreibt: „Die (. . .) Lohnfondstheorie ist durch Hermann, Thornton, Rodbertus, Brentano widerlegt worden. Es läßt sich kein Teil des Volksvermögens bestimmen, der für die feste Begrenzung der Größe aller Lohneinkommen maßgebend wäre, da erstens alle Vermögensgüter der Volkswirtschaft auf dem Wege des Kredits den Produktionszwecken nutzbar gemacht werden können, zweitens die Arbeitsmenge und dadurch die Lohngröße des einzelnen Unternehmens von der technischen Zusammensetzung des Kapitals abhängig, diese aber veränderlich ist, und drittens die endgültige Zahlung der Löhne ja nicht aus dem Unternehmerkapital, sondern aus dem Einkommen der Konsumenten erfolgt (. . .)."[2]

Kleinwächter macht folgende dogmenhistorische Bemerkungen zur Lohnfondstheorie:

„John Stuart Mill hat die Lohnfondstheorie in seinen Principles verfochten, dann aber aufgegeben, Rodbertus (,Das Kapital', vierter sozialer Brief an Kirchmann) hebt hervor, es sei ein Widersinn, zu behaupten, der Arbeiter werde aus dem Nationalkapital erhalten. Nicht aus dem ,Kapital' der Nation werden die Arbeiter während der Produktion erhalten, sondern aus der letzten vorhergegangenen Ernte, oder allgemein ausgedrückt, aus den Ergebnissen der regelmäßig fortlaufenden Produktion. Diese Ergebnisse der regelmäßig fortlaufenden Produktion bilden aber das National-,Einkommen' und nicht das National-,Kapital'; ein letzteres besteht in nichts anderem als in den vorhandenen Werkzeugen und Materialien der Nation. Mithoff, Schönberg u. a. wenden sich hauptsächlich dagegen, den Lohnfonds als eine bestimmte Größe zuzugeben. ,Nicht das Kapital der Unternehmer, das nur Zwischenreservoir ist (Roscher), sondern die Zahlungsfähigkeit der Käufer ist das Kapital, aus dem die Arbeiter erhalten werden'."[3]

Kleinwächter selbst stimmt Rodbertus zu, hält es aber für einen Streit um Worte. Wichtiger ist, daß man als Lohnfonds allenfalls betrachten kann diejenige Menge von Genußgütern, die nach Abzug der Luxusproduktion und der notwendigen Kapitalisation sowie der unproduktiven Verschwendung für die Arbeiterklasse übrigbleibt. Dann kann man Lohnfonds wieder nennen diejenige Summe von Werten, die zur Zusammenfassung einer größeren Anzahl von Arbeitern zur Ver-

---

1 „Kredit" aber heißt auch hier vorwiegend: von dazu Berechtigten ausgestellte Anweisungen auf Produkte der *gleichen* Produktionsperiode.
2 Philippovich, Grundriß der politischen Ökonomie, S. 305.
3 Kleinwächter, Das Einkommen, S. 218f.

fügung stehen. Nach Chevallier[1] war der erste Zerstörer der Lohnfondstheorie Colonel A. Walker. Er selbst macht zu der vorliegenden Frage die Bemerkung[2], daß da, wo viel Kapital sei, im allgemeinen auch reichlich Arbeitsgelegenheit gegeben sei, was scheinbar die Lohnfondstheorie stützen könne. Aber es handelt sich hier nicht um Kapital im engeren Sinne als Lohnfonds, sondern um Kapitalanlagen überhaupt, und das habe mit dem wages fund nichts zu tun. Der Vorrat an „zirkulierendem Kapital" (dem eigentlichen Unternehmerkapital im engeren Sinne) diene nur dazu, die Lohnzahlungstermine einander zu nähern.

In der deutschen Wissenschaft hat der Lohnfonds kaum noch Anhänger. Schönberg faßt den Stand der Theorie kurz und knapp folgendermaßen zusammen:

„Der Lohnfonds, d. h. der Fonds, aus dem definitiv der Lohn gezahlt wird, ist nicht das Kapital der Unternehmer – dieses ist nur eine Art Vorschußkasse – sondern das Einkommen und Vermögen der Konsumenten der Arbeitsleistung. (Es war ein verhängnisvoller Irrtum des Smithianismus und der Manchesterschule, dies zu verkennen und anzunehmen, daß der ‚Lohnfonds' das Unternehmerkapital sei, und daß daher durch die Höhe dieses Kapitals und die Zahl der Arbeiter auch die Höhe des durchschnittlichen Arbeitslohnes bestimmt sei, daß nur eine Erhöhung des Unternehmerkapitals eine Erhöhung der Arbeitslöhne ermögliche usw.)."[3]

Schmoller schreibt hierüber:

„Die Lohnfondstheorie ist einmal eine Folge der Überschätzung der Quantitätswirkung auf den Wert und dann eine Verwechslung der letzten Ursachen, welche die Nachfrage nach Arbeit bestimmen, mit einer untergeordneten Mittelursache. Jene liegen in der Kaufkraft der Konsumenten für Arbeitsleistungen; nur ein Mittel der Ausführung hierfür ist das Kapital der Unternehmer; keiner derselben hat sich eine ganz feste, jedenfalls auszugebende Summe für Arbeitsbezahlung reserviert; er zahlt dem Arbeiter, was er muß; er stellt so viel Arbeiter an, wie er nach dem Stand der Technik und dem wahrscheinlichen Absatz braucht; hat er nicht genügend eigenes Kapital, so gibt es ihm der Kredit; er hat nur jederzeit für die nächsten Wochen Dispositionen zu machen, was er für Lohnzahlungen braucht, und wie er das Kapital hierfür schaffe."[4]

Adolf Wagner seinerseits erkennt der Lohnfondstheorie einen berechtigten Kern zu, aber auch nicht mehr.[5] Es können nie mehr Arbeiter beschäftigt werden, als mit und an dem jeweils gegebe-

---

[1] Chevallier, Les salaires au 19. siècle, S. 202. Wenn damit Francis Amasa Walker gemeint ist, so ist das falsch. Sein Buch über „The wages question" ist erst 1876 erschienen (vgl. Lippert, Art. Walker in: Handbuch der Staatswissenschaften, Bd. VII, S. 612). Die Priorität scheint Rodbertus zu gebühren, der den Trugschluß auf das klarste aufgelöst hat: „In der Tat ist so auch der wirkliche Verlauf der nationalen Produktion. Erst während die Arbeiter auf irgendeiner oder auf allen Produktionsstufen die Arbeit vornehmen, für die sie nach einem Tage, einer Woche oder einem Monate gelohnt werden, werden zugleich, in derselben Zeit, während desselben Tages, derselben Woche oder desselben Monats auf der letzten Produktionsstufe auch die Lohn- und Einkommensgüter fertig, mit denen sie für diesen Zeitraum gelohnt werden. Gegen diese wird das Produkt, das sie in der betreffenden Produktionsperiode, bei der es fraglich ist, ob der Lohn dafür zum Einkommen oder auch zum Kapital gehört, herstellen, vertauscht. Sie werden mithin erst von dem Produktwert, den sie in der betreffenden Periode herstellen, aber nicht von einem, der bereits beim Beginn derselben hergestellt wäre, gelohnt." (Rodbertus, Das Kapital, S. 297.)
„Das Kapital an sich wird überhaupt nicht ‚erspart' oder ‚angesammelt', sondern in richtiger Einteilung der nationalen Arbeit produziert. Es ist Resultat und nicht Bedingung der Arbeit." (Ebenda, S. 134).
[2] Ebenda, S. 205.
[3] Schönberg, Art. Lohnfonds, in: Handbuch der Staatswissenschaften, Bd. I, S. 867.
[4] Schmoller, Grundriß der allgemeinen Volkswirtschaftslehre, II. Teil, S. 301.
[5] Wagner, Theoretische Sozialökonomik, S. 142f.

nen „Naturalkapital" arbeiten können. Das ist zweifellos richtig, aber niemand hat schärfer als Wagner selbst zwischen Privatkapital einerseits und „Volks-", „National-", „Sozialkapital" andererseits unterschieden, zwischen dem ersteren als „historisch-rechtlicher" und dem letzteren als „rein-ökonomischer" Kategorie.[1] Von diesem Gesichtspunkt aus lehnt denn auch er die *privatkapitalistische* Lohnfondstheorie als „unzulänglich" ab.[2] Nur diese aber wird hier bekämpft, weil nur aus ihr die uns hier beschäftigenden Konklusionen abgeleitet werden können. Mit diesen Belegen mag es genug sein. Zweifellos ist die Lohnfondstheorie falsch. Da sie aber Prämisse des Ricardoschen Beweises ist, so ist dieser hinfällig.

Mindestens eins ist sicher: selbst wenn man zugeben wollte, daß die Monopol-Preis-Theorie durch Ricardo widerlegt worden ist, so steht nach dem Sturz der Lohnfondslehre die *Monopol-Lohn-Theorie* ungeschwächt auf dem Plane. Wer die Naturrechtslehre der Rente heute sichern wollte, müßte zuerst und vor allem die Monopol-Lohn-Theorie als falsch erweisen.

Wir denken aber im Gegenteil nachweisen zu können, daß die Naturrechtstheorie falsch ist, und nur die Monopol-Lohn-Theorie die Rente erklären kann.

3. Die Konsequenz
   (Die dritte Lexissche These)

Wie die Ricardosche Grundrententheorie in ihrem Schlußverfahren fehlerhaft, in ihrer einen Prämisse, der Lohnfondstheorie, sicher falsch ist, so führt sie auch, rein deduktiv zu Ende gedacht, zu einer Konsequenz, die, gelinde ausgedrückt, schwer verdächtig erscheint.

Wir sprechen von der in der dritten Lexisschen These enthaltenen Konsequenz. Sie lautet in unserer Formulierung:

„Wenn auf der isolierten Insel, wo schon keine natur- und verkehrsgegebenen Ertragsdifferenzen bestehen können, auch noch darum keine Ertragsdifferenzen zwischen den früher und den später investierten Kapitalen vorkommen können, *weil das Gesetz der sinkenden Erträge hier nicht in Kraft ist*, und jedes Zusatzkapital die Ergiebigkeit des Originalkapitals besitzt: dann gibt es keinerlei Rentendifferenzen und daher auch keine Differentialgrundrente, d. h. nach Ricardo, überhaupt keine Rente."

Wir haben bereits oben ausgeführt, daß das Rodbertussche Problem mit dieser Zufügung für Ricardo unlösbar wird. Trotzdem würde auch er kaum zu leugnen gewagt haben, daß die wenigen Magnaten, denen das gesamte Feldland dieser Insel zu eigen ist, ein bedeutendes Renteneinkommen genießen würden. Es bliebe ihm also nur der eine Ausweg, das Rodbertussche Problem als falsch gestellt abzulehnen, indem er behauptete, daß diese letzte Bedingung unmöglich erfüllt sein könne.

Beachten wir wohl: wir befinden uns hier in der Sphäre der abstraktesten Deduktion. Hier ist jede als *möglich* zugegebene Annahme auch als Prämisse *zulässig*. Wir haben also zu untersuchen, ob die Lexissche Annahme *möglich* ist. Wenn sie sich als möglich erweist, dann ist die zweite Prämisse der Lexisschen These, nämlich die Ricardosche Grundrententheorie, als Gesamtkonzeption *mindestens als sehr verdächtig nachgewiesen*. Wir persönlich würden keinen Anstand nehmen, zu sagen, daß sie bereits damit *widerlegt* wäre. Da aber bei einem Gedankenexperiment die Quaestio

---

1 Derselbe, Grundlegung, Bd. I, S. 315f.
2 Ebenda, Bd. II, S. 225f.

facti unmöglich ist, die schließlich allein über die Wahrheit einer Folgerung entscheiden kann, so wollen wir uns damit genügen lassen, auszusprechen, daß die Ricardosche Grundrententheorie stark erschüttert ist, wenn die Möglichkeit zugegeben werden muß, daß auf dieser isolierten Insel von Anfang an bis zu der Zeit der Beobachtung die Zusatzkapitale immer mindestens den Ertrag des Originalkapitals ergeben haben.

Ist diese Annahme möglich?

Sie ist nicht nur möglich, sondern Ricardo muß sie gegen sich gelten lassen. Er erkennt – wie seine ganze Schule – die Tatsache an, daß das Gesetz der sinkenden Erträge zeitweilig durch Fortschritte der landwirtschaftlichen Technik überkompensiert werden kann, so daß der Nahrungsspielraum eine Zeitlang nicht enger, sondern weiter wird. Diese Einschränkung ist am knappsten von Senior formuliert worden: „that, agricultural skill remaining the same, additional labour employed on the land (...) produces in general a less proportional return"[1]. Auch Malthus, der ja auf jenes Gesetz seine Bevölkerungstheorie baute, ließ die gleiche Einschränkung gelten: „Ein verbessertes Kultursystem kann beim Gebrauch besserer Geräte *eine lange Zeit hindurch* die Tendenz einer ausgedehnten Kultur und einer großen Kapitalzunahme, geringere Verhältniserträge zu liefern, *mehr als* aufwiegen."[2]

Ricardo steht ganz auf demselben Standpunkte. Er führt im zweiten Hauptstück von der Rente folgendes aus: während in fortschreitenden Gesellschaften mit wachsendem Kapital und deshalb zunehmender Volkszahl *in der Regel* der Getreidepreis und damit die Grundrente wachse, sinken beide, wenn in Zeiten des Rückganges das Kapital und deshalb die danach „sich regelnde" Volkszahl abnehmen. Das zur Zeit unproduktivste „Grenzkapital" wird zurückgezogen, der unergiebigste Grenzboden verlassen, und die Gesamtgrundrente des Landes fällt deshalb um die Differenz des Ertrages zwischen dem früher angewendeten und dem jetzt noch notwendigen Grenzkapital bzw. Grenzboden.

Indessen kann auch in Zeiten „natürlicher Fortschritte des Volkswohlstandes und der Bevölkerung" unter einer bestimmt bezeichneten Bedingung der Kornpreis und die Rente ebenso, wie in Zeiten des Niedergangs, sinken; und zwar: „wenn diese Zunahme" (des Wohlstands und der Bevölkerung) „*von solchen hervorstechenden Verbesserungen im Ackerbaue begleitet* ist, welche ebenso eine Verringerung der Notwendigkeit des Anbaues ärmeren Bodens oder der Auslage des nämlichen Kapitals für den Anbau der fruchtbareren Bodenteile bewirken"[3].

An einer anderen Stelle spricht er ganz in demselben Sinne von der Möglichkeit, wie der allgemeine Gewinnsatz auch in Zeiten des natürlichen Fortschritts steigen könne, während er sonst nach seiner Ansicht in solchen Fällen sinkt, und nur in Zeiten großen Kapitalverlustes und entsprechender Volksabnahme steigt. Aber wie denn überhaupt Rente und Kapitalgewinn immer im umgekehrten Sinne schwanken, daß jene steigt oder fällt, wie dieser fällt oder steigt, so entspricht auch der einen Ausnahme des Fallens der Rente in Zeiten des Fortschritts das Steigen des Gewinnes:

> „Das natürliche Streben des Gewinnes ist demnach, zu sinken; denn bei dem Fortschreiten der Gesellschaft und des Volkswohlstandes erlangt man den erforderlichen Mehrbedarf an Nahrungsmitteln durch Aufopferung von mehr und mehr Arbeit. Diesem Streben, dieser Schwerkraft des Gewinnes, wird zum Glücke von Zeit zu Zeit entgegengewirkt durch die Verbesserungen im Maschinenwesen, welche mit der Hervorbringung der Bedürfnisse zusammenhängen,

---

1 Senior, zit. nach A. Wagner, Grundlegung der politischen Ökonomie, Bd. II, S. 654 Anm.
2 Malthus, Versuch über das Bevölkerungsgesetz, S. 57.
3 Ricardo, Grundgesetze, S. 51f. Im Original nicht kursiv. Ebenso Mac Culloch, Principles, S. 200, und derselbe, Notesand Dissertations, S. 23.

sowie durch Entdeckungen in der Landwirtschaftslehre, welche uns instand setzen, einen Teil der früher nötig gewesenen Arbeit aufzugeben und deshalb den Preis des ersten Bedürfnisses der Arbeiter herabzusetzen."[1]

Aus dieser Stelle geht hervor, daß Ricardo ebenfalls mit der realen Möglichkeit rechnete, daß das Gesetz der sinkenden Erträge durch technische Verbesserungen überkompensiert werde.

Er kann daher den Fall nicht ausschließen, der in der dritten Lexisschen These behandelt wird. Die Möglichkeit ist nicht zu bestreiten, daß lange Zeit hindurch, sagen wir vom Zeitpunkt der ersten Besiedlung bis zu einem Zeitpunkt hochentwickelter gesellschaftlicher Arbeitsteilung und Kultur, sich „solche hervorstechenden Verbesserungen im Ackerbau" derart aneinandergereiht haben, daß immer die jüngste den Spielraum aufs neue erweiterte, bevor noch die Volkszahl stark genug gewachsen war, um den durch die vorletzte erweiterten Spielraum auszufüllen. Das ist genau das, was Malthus, gewiß ein unverdächtiger Zeuge gerade auf diesem Gebiete, in seiner oben zitierten Bemerkung ausspricht.

Die der dritten Lexisschen These zugrunde liegende eine Prämisse, daß das Gesetz der sinkenden Erträge ausgeschaltet gedacht werde, könnte mithin Ricardo nicht als unmöglich ablehnen. Er müßte also in der Tat erklären, daß hier keine Rente entstehen könnte, und das ist eine Annahme, die wir nicht den Mut haben, zu teilen.

Damit ist unsere erste These bewiesen: der formale Beweis der Ricardoschen Grundrentenlehre ist unhaltbar.

Betrachten wir jetzt den materialen Beweis aus der angeblichen Übereinstimmung der Theorie mit den Tatsachen der uns umgebenden Wirtschaftswelt.

B. Materiale Prüfung

Die Anhänger Ricardos preisen sämtlich die erstaunliche Übereinstimmung der Tatsachen mit der Theorie. Demgegenüber werden wir jetzt unsere zweite These beweisen, daß eine solche Übereinstimmung, wenn sie besteht, gewiß nicht nachgewiesen worden ist, noch nachgewiesen werden kann.

1. Das Grenzprodukt mit der Rente Null

Ricardos grundlegende Behauptung ist, wie wir ausführlich darzulegen versucht haben, diejenige, daß immer ein Grenzboden mit der Rente Null vorhanden sei, sein müsse – solange unser „Zeitpunkt der Krisis" noch nicht eingetreten ist. Um diese Behauptung hat sich, wie wir wissen, in der Regel der Streit gedreht.

Ließe sich nachweisen, daß in einem sich selbst mit Nahrungsmitteln versorgenden Wirtschaftskreise auch der schlechteste in Anbau befindliche Boden resp. das unergiebigste Zusatzkapital Rente trägt, so wäre die Naturrechtstheorie widerlegt, und nur eine der beiden Monopoltheorien könnte die Erscheinung erklären. *Eine solche Prüfung wird aber durch die Ricardosche Rententheorie selbst als völlig unmöglich ausgeschlossen.* Es ist kein einziger Fall denkbar, in dem Ricardo die Tatsache anerkennen müßte, daß das Grenzkapital eine Rente von mehr als Null trägt.

---

1 Ricardo, Grundgesetze, S. 92. Im Original nicht kursiv, [der im Original verwandte Begriff „Gewinst" wurde durch „Gewinn" ersetzt, A.d.R.].

Schon seine Definition der Grundrente macht das unmöglich. Er scheidet aus einer realen Geldsumme, der Pacht des Landlords oder dem Gesamtreineinkommen des selbstwirtschaftenden Grundeigentümers, einen nur theoretisch, *nicht aber rechnerisch* bestimmbaren Teil aus, den er allein als Rente bezeichnet, während der Rest als Profit gilt. Würde man es fertigbekommen, den schlechtesten und zugleich marktfernsten angebauten Boden eines geschlossenen Wirtschaftskreises ausfindig zu machen, und versuchte man, aus den Büchern des Eigentümers nachzuweisen, daß dieser dennoch Rente erhält, so würde Ricardo leicht eine Rechnung aufmachen können, in der der gesamte Ertrag als der Profit des auf den Boden investierten Kapitals erschiene, also nichts für die Rente übrigbliebe. Und wäre es sogar möglich, den stringenten Nachweis zu liefern, daß auf diesem Boden schlechtester Rentierung dennoch unzweifelhaft Rente gewonnen wird[1], dann würde sich Ricardo immer noch in seine völlig unangreifbare Zitadelle zurückziehen und den Nachweis verlangen, daß in diesem Wirtschaftskreise nicht irgendwo ein „Zusatzkapital" auf den Boden verwendet ist, das nur Profit, aber die Rente Null bringt.[2] Und dieser Nachweis ist völlig unmöglich zu führen, da keinerlei Bestimmung darüber existiert, noch existieren kann, welche Summe auf einem gegebenen Boden als Original-, und welche als Zusatzkapital angesehen werden soll.

Es zeigt sich also hier, daß auch die vielgerühmte „Übereinstimmung der Ricardoschen Grundrentenlehre mit den Tatsachen" nicht so viel für ihre Wahrheit beweist, wie man anzunehmen geneigt war. Das ist selbst einem so ausgezeichneten Kenner des Rentenproblems, wie es Berens war, nicht klar geworden. Nachdem er im Schlußwort zu seiner Untersuchung die Ricardosche Theorie gepriesen hat als „die einzige, die sowohl alle Tatsachen zu erklären vermag, als auch unseren sonstigen Vorstellungen vom Leben am meisten zu entsprechen scheine"[3] – stellt er es drei Seiten später selbst als so gut wie unmöglich hin, „die Grundrente im Ricardoschen Sinne rein auszuscheiden", und zitiert billigend den folgenden Satz von Mac Culloch: „Es sind fast unüberwindliche Hindernisse, welche einer genauen Ermittlung des Verhältnisses der Rente zum Ertrage entgegenstehen."

Wie kann man aber ernstlich von einer Übereinstimmung der Theorie mit den Tatsachen sprechen, wenn man selber eingestehen muß, daß die Tatsachen gar nicht festgestellt werden können?!

2. *Nahrungsspielraum und Grundrente*

Vielleicht nicht ganz unmöglich, aber doch auch fast hoffnungslos schwierig wäre der Versuch, die Ricardosche Rententheorie an der Bewegung gewisser statistischer Tatsachenmassen zu prüfen.

Wenn „hervorstechende Verbesserungen des agricultural skill" den Nahrungsspielraum erweitern, dann muß nach Ricardo die Grundrente sinken. Das ergibt sich nicht nur implizite aus dem Zusammenhange der Theorie, sondern wird auch explizite mehrfach festgestellt. So an der oben

---

1 Dann gibt es immer noch ein Hintertürchen, durch das die Theorie entschlüpfen kann. Mac Culloch hat es entdeckt. Es könnte ja vielleicht vorkommen, daß für die schlechtesten Äcker Rente gezahlt wird; aber das wäre in diesem Falle nur eine *Scheinrente*. *Allein* verpachtet würden sie keine Rente bringen, aber sie liegen im Gemenge mit besseren, und der Pächter zahlt eine Durchschnittspacht: „but they appear to yield rent, because rent is paid not for them but for the more fertile spots intermixed with them" (Principles, S. 145). Ebenso: Notes and Dissertations, S. 29.
2 Damit widerlegt Mac Culloch (Notes and Dissertation, S. 28) bereits alle Einwände aus einer supponierten Quaestio facti.
3 Berens, Dogmengeschichte, S. 380.

zitierten Stelle und ferner in der bekannten Polemik gegen Smith. Dieser hatte behauptet, die Rente müsse *steigen*, wenn es gelinge, den Weizen in der Nahrung der Arbeiterschaft allgemein durch Kartoffeln zu ersetzen. Ricardo zeigt, daß sie im Gegenteil *fallen* müsse: denn, wenn eine so viel ergiebigere Feldfrucht die Nahrung der Masse werde, müßten die Äcker geringerer Rentierung aufgegeben werden, und die Rente müßte um die Differenz des Ertrages zwischen dem früheren und dem jetzigen Grenzboden fallen.

Könnte man nun mit Evidenz nachweisen, daß bisher, mindestens seit einer längeren Zeit, „hervorstechende Verbesserungen des Ackerbaus" den Nahrungsspielraum der Kulturvölker immer schon von neuem erweitert haben, bevor noch die vorhergehende, früheren „Verbesserungen" verdankte, Erweiterung durch die nachwachsende Bevölkerung aufgefüllt war; und könnte man andererseits mit ebensolcher Evidenz nachweisen, daß trotzdem die Grundrente in der gleichen Beobachtungsperiode regelmäßig gestiegen ist: dann wäre die Ricardosche Rententheorie widerlegt.

Nun, wir glauben, daß sich der erste Nachweis mit aller Sicherheit erbringen läßt. Mindestens seit dem Beginn der kapitalistischen Wirtschaft, seit Aufhebung der feudalen Bindungen, hat sich der Nahrungsspielraum der politisch mündigen Völker regelmäßig mehr erweitert, als die Bevölkerung zunahm.

Das ergibt sich erstens aus der unmittelbaren statistischen Beobachtung. Abgesehen von Großbritannien, das völlig zur „Stadt" eines internationalen Weltwirtschaftskreises geworden ist, hat sich sogar die in jeder politisch gesunden Nationalwirtschaft erzeugte Menge von Nahrungsmitteln weit stärker vermehrt als die Bevölkerung; mit anderen Worten: die im Inland hergestellte, auf den Kopf des Einwohners entfallende Quote ist stark angewachsen. Und als noch viel bedeutender erweist sich diese der Volksvermehrung in weitem Abstande vorauseilende Vermehrung des Ackererzeugnisses, wenn man Volkszahl und Produktionsmenge des jeweiligen *Welt-Getreidemarktes* zu verschiedenen Zeitpunkten miteinander vergleicht: und das ist augenscheinlich die einzig zulässige Methode.[1] Denn hier handelt es sich lediglich um die Versorgung mit Nahrungsmitteln: und dafür ist die in anderem Zusammenhang sehr wichtige Frage gleichgültig, ob das „Korn" innerhalb oder außerhalb der politischen Grenzen eines bestimmten Landes gewachsen ist.

Mit derselben Sicherheit, wie man die Tatsache des steigenden Nahrungsspielraums unmittelbar statistisch beobachten kann, kann man sie auch mittelbar aus der zunehmenden „Urbanisierung" der Bevölkerung *erschließen*. Die Tatsache, daß überall die städtische Bevölkerung viel schneller wächst als die ländliche, beweist, daß jeder Bauer heute einen viel größeren Überschuß an Nahrung abzugeben hat als früher. Wäre das Gesetz vom sinkenden Spielraum wahr, dann müßte die Verhältniszahl der Städter ab- statt zunehmen. Vor dieser Tatsache stutzte schon Stuart Mill[2], und

---

1 Vgl. dazu die ausführliche Darstellung in meiner Abhandlung: Das Bevölkerungsgesetz des T. R. Malthus [siehe im vorliegenden Band], und meinen antikritischen Aufsatz: „Ein neues Bevölkerungsgesetz" in Barths Vierteljahrsschrift für wissensch. Philosophie und Soziologie, 1904. Hier habe ich die von Julius Wolf-Breslau in seinem Aufsatze: „Ein neuer Gegner des Malthus" (Zeitschrift für Sozialwissenschaft, Bd. IV, S. 256ff.) gegen meine Statistik beigebrachten Bedenken zu widerlegen versucht. Sie beruhen hauptsächlich auf dem oben gekennzeichneten Fehler: Wolf hatte, statt des hier allein in Frage kommenden *internationalen*, immer noch die *nationalen* Wirtschaftskreise ins Auge gefaßt. Diese Widerlegung trifft auch die gleichen Bedenken, die Heinrich Dietzel in seiner Abhandlung „Der Streit um Malthus' Lehre" in der „Festschrift für Adolf Wagner" erhoben hat. Ich hoffe demnächst die ganze Frage noch einmal in größerer Ausführlichkeit und mit eingehender Begründung behandeln zu können.

2 Vgl. Berens, Dogmengeschichte, S. 213.

Passy widerlegte Malthus/Ricardo bereits durch sie: „Und nun, gerade das Gegenteil ist eingetroffen. Von den Jahrhunderten der Unwissenheit und Armut an haben gerade die gewerbetreibenden Klassen an Zahl und Reichtum zugenommen."[1] Seit ihren Zeiten hat die Verstadtlichung der Bevölkerung geradezu ungeheuerliche Dimensionen angenommen, und damit ist die Tatsache, daß der Spielraum steigt, nicht fällt, zur Evidenz erwiesen.[2]

Ist denn nun in der gleichen Periode die Grundrente gestiegen oder gefallen? Ist das erstere der Fall, so ist Ricardos Rententheorie widerlegt.

Wir möchten mit Bestimmtheit behaupten, daß sie im allgemeinen sehr stark gestiegen ist, trotz einzelner sehr bedeutender und sehr langer Rückschläge. Selbst in Großbritannien, wo der Preis des Urprodukts dank der unbehinderten überseeischen Konkurrenz sehr tief steht, dürfte das Durchschnittseinkommen aus einem gegebenen Grundstück noch bedeutend höher sein, als vor Beginn der kapitalistischen Ära, also etwa im Anfang des 18. Jahrhunderts.[3] Für Deutschland und die übrigen Kontinentalstaaten würde der Vergleich noch ganz andere Differenzen ergeben. Die Güterpreise und die Hypothekarbelastung, die im allgemeinen nur einen Teil der kapitalisierten Grundrente darstellt, sind hier überall ungemein stark gestiegen.

Nun hat zwar Ricardo selbst bestimmt angenommen, daß die eigentliche Rente in England stark gestiegen war: seine ganze Theorie ist ja darauf zugespitzt, diese von den Feinden des Grundeigentums behauptete Tatsache – nicht etwa zu bestreiten, sondern *naturrechtlich zu erklären*; und so hätte man gegen ihn selbst ein sehr starkes Argumentum ad hominem. Aber sein heutiger Anhänger brauchte das nicht gegen sich gelten zu lassen. Denn wie schon oben gesagt, die „Rente" im engeren Sinne läßt sich aus dem „Gesamteinkommen" der Grundherren gar nicht unzweifelhaft ausscheiden. Ein Ricardianer wird fast immer in der Lage sein, zu behaupten, daß das Einkommen aus einem gegebenen Grundstücke zwar insgesamt viel höher sei, als zuvor, daß es sich aber aus einer viel kleineren Grundrente und einem viel größeren Kapitalgewinn zusammensetze, einem Kapitalgewinn, der sogar nur eine sehr geringe Vergütung für das neu investierte Kapital darstelle. Und man wird diese Behauptung fast nie und nirgend mit Sicherheit zahlenmäßig widerlegen können. Und fände sich selbst ein Grundstück, auf das niemals Kapital verwendet wurde, und das trotzdem eine viel höhere Rente bringt, als etwa vor einem Jahrhundert, dann wird fast immer der Einwand möglich sein, dieses Grundstück sei durch die Fortschritte des Transportwesens in eine höhere Klasse der verkehrsgegebenen Rentierung aufgerückt. Auf die gleiche Weise könnte ein Ricardianer die enorme Steigerung der Güterpreise und Hypothekenlast erklären: vermehrtes Kapital in Gebäuden, lebendem und totem Inventar, Drainage usw., bessere Verkehrslage; und das alles noch gefördert durch das Sinken des Zinsfusses, das die Kapitalisierungssumme des Gesamteinkommens erhöht hat. Hier kreuzen sich allzuviel Einflüsse, als daß ein einzelner isoliert und ziffernmäßig bestimmt werden könnte.

---

1 Zit. nach Berens, ebenda, S. 144.
2 Pohle und Ed. Bernstein haben versucht, die Massenabwanderung anders zu deuten. Es sei ein „statistisches Quidproquo" (Pohle); die Stadt habe lediglich die ehemals dörflichen *Gewerbe* an sich gezogen; der Bauer habe seinen „Hausfleiß" aufgegeben und kaufe Gewerbsprodukte, die er früher selbst herstellte, bei Handwerkern und Händlern, die jetzt in der Stadt wohnten. Ein an sich richtiger Gedanke! Aber diese Erklärung reicht nicht entfernt hin, um mehr als einen geringen Teil der tatsächlichen Abwanderung zu erklären: es sind im Laufe der Zeit viel mehr Landkinder in die Städte gezogen, als zu Anfang der kapitalistischen Ära überhaupt auf dem Lande vorhanden waren! (Vgl. Oppenheimer, Grundgesetz der Marxschen Gesellschaftslehre, S. 119ff. [im vorliegenden Band S. 451]).
3 Vgl. dazu Wolf, Sozialismus und kapitalistische Gesellschaftsordnung, S. 514ff., namentlich die sehr instruktive Kurve der englischen Grundrente, S. 516.

Dasselbe gilt mutatis mutandis für den fast genau entgegengesetzten Fall, mit dem Rodbertus Ricardo zu widerlegen sucht, indem er zeigt, daß in Preußen in einer Periode starker Bevölkerungszunahme der Getreidepreis nicht, wie zu erwarten, stieg, sondern sank:

„Die Bevölkerung nimmt von 1817 bis 1843 um 50 Prozent, um 5 Millionen Einwohner zu. Man darf rechnen, daß der Getreide- und Kartoffelbedarf dieses Bevölkerungszuwachses, auf Roggenwert veranschlagt, 30 Millionen Scheffel Roggen gleich ist, die von 5.000 Quadratmeilen unseres Staats neu gewonnen werden mußten. Möglich, daß dies auf neu urbar gemachtem Boden, möglich, daß es infolge neuer Kapitalanlage auf schon bisher bebautem Boden geschehen ist. Jedenfalls hätte bei einem solchen Bevölkerungszuwachs und einem so großen Mehrbedarf desselben die Ricardosche Theorie sich bewähren, und der Getreidepreis bedeutend steigen müssen. Aber es hat gerade das Gegenteil stattgefunden. Während die Bevölkerung in einem Zeitraum von 26 Jahren um 50% steigt, fällt der Getreidepreis um 30%. Und das ist nicht genug. Dasselbe Land vermag noch außerdem steigend mehr Getreide an das Ausland abzugeben. Von Anfang der dreißiger Jahre bis Anfang der vierziger Jahre steigt auch die Ausfuhr allein des Weizens um etwa 20%. Ich habe die Durchschnittsausfuhr dieser Kornart für die Jahre 1815 bis 1877 nicht ausfindig machen können. Aber sie muß viel geringer gewesen sein, als die um das Jahr 1831."[1]

Auch hier könnte Ricardo sich herausziehen: die betrachtete Periode ist eben eine solche „hervorstechender Verbesserungen im Ackerbau" gewesen!

Wir wollen daher auf den fast aussichtslosen Versuch, mit solchen statistischen Feinheiten etwas zu beweisen, verzichten und das Zugeständnis machen, daß die Ricardosche Theorie von der *Acker*rente durch Tatsachen aus der *kapitalistischen* Wirtschaftsordnung nicht mit Sicherheit widerlegt werden kann.

Aber – und dieses Ergebnis rechtfertigt die lange Betrachtung, die wir soeben angestellt haben –: wenn der Gegner Ricardos aus den Tatsachen der uns umgebenden Wirtschaftsordnung keinen Beweis *gegen* die Theorie der Grundrente ableiten kann, *so kann der Anhänger Ricardos aus ganz denselben Gründen auch keinen Beweis für die Theorie daraus ableiten*. Die immer wiederholte Behauptung, daß die Ricardosche Grundrententheorie als wahr gelten müsse, weil sie mit den Tatsachen völlig übereinstimme, ist unbeweisbar. Vielmehr ist es unmöglich, hier die für die Wahrheit jeder Theorie entscheidende Prüfung an den Tatsachen vorzunehmen – soweit es sich um Tatsachen der kapitalistischen Wirtschaftsordnung handelt.

Der Ricardosche *Beweis* für seine Grundrentenlehre ist aus formalen und materialen Gründen als völlig mißglückt abzulehnen.

Von den Prämissen ist die eine, die Lohnfondstheorie, zweifellos und anerkanntermaßen, eine weitere, das Gesetz vom sinkenden Spielraum, zwar nicht anerkanntermaßen, aber ebenso zweifellos falsch. Das Schließverfahren ist ein Zirkel. Die weitere Deduktion führt zu einer mindestens schwer verdächtigen Konsequenz. Die Prüfung an den Tatsachen der kapitalistischen Wirtschaft ist unausführbar.

---

1 Rodbertus, Zur Beleuchtung, S. 300.

VII. Abschnitt:
Die Ricardosche Behauptung

A. Widerlegung aus den Tatsachen

Der Ricardosche Beweis ist widerlegt. Die Ricardosche Behauptung steht danach ohne Stütze. Aber sie könnte trotz alledem wahr sein.

Wie lautete seine Behauptung? *"Die Grundrente ist eine reine Schöpfung des Naturrechts. Sie ist in keiner Weise ein Monopolpreis."*

Könnte man beweisen, daß die Grundrente dennoch ein Monopolpreis ist, so wäre auch Ricardos Behauptung widerlegt.

Ricardos ganze Beweisführung ist auf den Nachweis zugespitzt, *daß das Getreide nicht auf einem Monopolpreise, sondern auf seinem natürlichen Preise stehe*. Das kann er zwar nicht beweisen, aber wir haben zugestehen müssen, daß wir es nicht widerlegen können. Hier kommen wir also nur zu einem „non liquet".

Aber nehmen wir selbst an, Ricardo könnte beweisen und habe bewiesen, daß das *Getreide* nicht auf einem Monopolpreis stehe: ist damit schon bewiesen, daß die *Grundrente* kein Monopolpreis ist?

Nicht im mindesten! Wenn sie nicht Aufschlag auf den natürlichen Getreidepreis zu Lasten des Konsumenten ist, kann sie noch immer Abzug vom natürlichen Lohne zu Lasten des Produzenten sein.

Diese Feststellung ist von der allergrößten Bedeutung und muß streng festgehalten werden, um zu Ricardo die richtige Stellung zu gewinnen.

In der Tat ist seine Theorie richtig, soweit sie die Bestimmungsgründe des Kornpreises betrifft: der „Grenzbauer" bzw. das „Grenzkapital" hat die Rente Null. Aber man hat nur dann das Recht, den so bestimmten Preis des Getreides (Kosten des Grenzprodukts plus Kosten des Transportes bis zum Markte) als den *„natürlichen Preis"* im strengsten Sinne zu bezeichnen, wenn man bewiesen hat, daß auch der Lohn der an seiner Herstellung beteiligten Arbeiter und der Profit des beteiligten Kapitals auf ihrem „natürlichen", d. h. in diesem Zusammenhange: ihrem naturgesetzlich bestimmten und naturrechtlich gerechten Satze stehen.[1]

Das nahm Ricardo an, gestützt auf die Lohnfondstheorie. Sobald diese preisgegeben wird, fehlt für die Bestimmung von Lohn- und Profithöhe jeder naturrechtliche Maßstab, und der Ausdruck „natürlicher Preis des Getreides" erhält einen ganz anderen Sinn. Das Wort ist dann nur noch eine *Erklärung*, aber nicht mehr gleichzeitig eine *Rechtfertigung*. Die Ricardosche Lehre von den Bestimmgründen des Getreidepreises erklärt dann nur noch, wie hoch sich dieser Preis stellen muß, wenn der Arbeitslohn *als gegeben* angenommen wird, als „gegebener Substitutionswert", wie Böhm-Bawerk[2] sich ausdrückt.

Aber sie sagt dann nichts mehr darüber aus, ob nicht dieser gegebene Lohn *durch einen Abzug gekürzt ist*, der aufgrund eines Monopols „erpreßt wird". Wenn das aber der Fall ist, dann ist die Rente Monopolpreis, obgleich das Getreide auf seinem natürlichen Preise steht. Denn dieses Wort bedeutet dann nur noch denjenigen Preis, der sich in der kapitalistischen Gesellschaft bei freier Konkurrenz ergibt.

---

[1] Bei den Physiokraten wird der „natürliche" oder „notwendige" Preis gelegentlich auch als „gerechter Preis" bezeichnet, so z. B. bei Le Trosne, in: Physiocrates, S. 892.

[2] Böhm-Bawerk, Kapital und Kapitalzins, Bd. II, S. 186, rechnet unter die „Aufwände für die ersetzlichen Produktionsmittel von gegebenem Substitutionswert: *Lohnarbeit*, Rohstoffe, Werkzeugabnutzung usw.".

Wenn also auch die Monopol-Preis-Theorie falsch ist, kann doch immer noch die Monopol-Lohn-Theorie richtig sein!

Wir wiederholen, daß Ricardo nur die erste dieser beiden möglichen Monopoltheorien zu widerlegen nötig hatte, weil die bürgerliche Wirtschaftsordnung gegen die zweite, die Monopol-Lohn-Theorie, durch die Lohnfondstheorie völlig gedeckt war. Nach dieser erschien der „natürliche Arbeitslohn" als eine Größe, auf deren Bestimmung nur Kapital und Arbeiterzahl, nicht aber die Grundrente, einwirkten.

Aber die Lohnfondstheorie ist falsch und aufgegeben, wie wir zeigen konnten. Die starke Bastion ist zusammengestürzt, die die bürgerliche Theoretik gegen die Monopol-Lohn-Theorie schützte, und die Bresche steht den sozialistischen Angreifern unverteidigt offen zum Einmarsch. Würde ihre Belagerungsarmee nicht durch die Marxsche einseitig antikapitalistische Theorie auf einer anderen Stelle festgehalten, wo der Angriff völlig aussichtslos ist, sie wäre längst mit fliegenden Fahnen in die Zitadelle selbst eingezogen.

Denn die Wahrheit der Monopol-Lohn-Theorie läßt sich unwiderleglich beweisen, sowohl für die *Entstehung (a)* als auch für das *Wesen (b)* der heutigen Grundrente.

a) Es läßt sich unwiderleglich beweisen, *daß die Grundrente nicht aus naturrechtlichen Beziehungen zwischen Mensch und Mensch, sondern, dem Naturrecht entgegen, durch Gewalt, Unterwerfung und Rechtsbruch entstanden ist; daß sie Monopolpreis ist, und zwar nicht eines „Naturmonopols", sondern eines Rechtsmonopols, einer feudalen Machtposition.*

b) *Und es läßt sich weiterhin unwiderleglich nachweisen, daß alle Grundrente innerhalb der bürgerlichen, kapitalistischen Wirtschaftsordnung Folge dieser feudalen Machtposition ist.* Und zwar ist sie zum großen Teil ihre unmittelbare Fortsetzung und in der Tat mit ihr identisch, zum übrigen Teile die unmittelbare Folge dieses ersten, ursprünglich feudalen Teiles der kapitalistischen Grundrente.

1. *Die Feudalrente*

Die folgenden Ausführungen gelten für alle präkapitalistische Grundrente, namentlich auch für das in der „kapitalistischen Sklavenwirtschaft"[1] den Grundeigentümern zugeflossene „Herreneinkommen".

Da aber das Wort „Grundrente" aus der Feudalordnung auf uns gekommen ist; da ferner ein bedeutender Teil der in den kapitalistischen Gesellschaften erscheinenden Grundrente auf solche Grundstücke und auf die Rechtsnachfolger solcher Personen entfällt, die bereits in der feudalen Gesellschaft die damals sogenannte Grundrente bezogen; und da schließlich in diesen Fällen eine unzweifelhafte historische Kontinuität besteht – werden wir unsere Betrachtung im wesentlichen auf die *feudale* Grundrente im engeren Sinne richten. Darunter verstehen wir im folgenden die Grundrente, die von Anbeginn der feudalen Staatsbildung an bis zur Auflösung des Feudalsystems bezogen wurde, also z. B. in Frankreich bis zur Revolution von 1789.

a) *Die physiokratischen Reste in Adam Smith' Rentenlehre*

Wir wissen keine bessere Einführung in das neue Problem zu finden, das sich hier vor uns aufrichtet, als eine genauere Betrachtung der physiokratischen Reste in der Adam Smithschen Grundrentenlehre.

---

1 Vgl. Oppenheimer, Der Staat, III. Abschnitt, d, S. 93ff. [erscheint in Band 2 dieser Edition, A.d.R.]

Wir haben in dem ersten Abschnitt unserer „Darlegung" bereits festgestellt, daß diese Lehre von Widersprüchen wimmelt.[1] Nicht weniger als drei, eigentlich sogar vier verschiedene Rentenlehren fanden wir in dem berühmten „Wohlstand der Völker" vorgetragen: die physiokratische Theorie von der „Produktion" der Grundrente durch den Boden, die Naturrechtstheorie von der Rente als Differentialrente, und die Monopoltheorie, die, wie wir zeigen konnten, wieder in zwei verschiedenen Varianten auftritt, als Monopol-Preis- und als Monopol-Lohntheorie.

Ein Genius vom Range eines Smith macht sich nicht ohne zureichenden psychologischen Grund so grober Widersprüche schuldig. Die Irrungen großer Denker verlangen nicht nur Ehrfurcht, sondern auch die peinlichste Aufmerksamkeit; denn dort, wo sie zaudern und schwanken, findet sich häufig der verschüttete Anfang des Weges zur Wahrheit. So scheint es mir, als könne nichts der wahren Lösung des Problems der Grundrente so nahe führen, wie die Aufdeckung der psychologischen Ursachen, die Smith davon abhielten, aus seinen eigenen Prämissen den zwingend sich ergebenden logischen Schluß zu ziehen. Unterziehen wir zu diesem Zwecke seine Anschauungen über die Grundrente einer genauesten Betrachtung.

Im XI. Kapitel der „Natur und Ursachen des Volkswohlstandes", „Von der Bodenrente" stehen gleich zu Anfang, noch in der allgemeinen Einleitung, folgende Sätze:

> „Nur solche Bodenerzeugnisse können gewöhnlich zu Markte gebracht werden, deren durchschnittlicher Preis zum Ersatze des bis dahin auf sie verwendeten Kapitals samt dessen Gewinn genügt. Beträgt der Preis mehr als sie, so wird der Überschuß naturgemäß die Bodenrente darstellen; beträgt er nicht mehr, so kann die Ware zwar zu Markte gebracht werden, aber dem Gutsbesitzer keine Rente abwerfen. Und ob der Preis derart mehr beträgt oder nicht, wird stets von der Nachfrage abhängen.
>
> Es gibt einige Bodenerzeugnisse, für welche die Nachfrage immer groß genug sein muß, um den genannten höheren Preis zu erzielen; und wiederum gibt es andere, für welche die Nachfrage zuweilen wohl, zuweilen aber nicht groß genug hierzu ist. Die ersteren werden somit dem Grundbesitzer stets eine Bodenrente abwerfen, während die letzteren dies je nach verschiedenen Umständen zuweilen tun und zuweilen nicht tun werden.
>
> Es ist somit zu beachten, daß die Bodenrente an der Bildung der Warenpreise auf eine andere Weise teilnimmt, als Arbeitslohn und Kapitalgewinn. Hoher oder niedriger Lohn und Gewinn sind die Ursachen, hohe oder niedrige Bodenrente dagegen ist die Wirkung eines hohen oder niedrigen Preises. Weil hoher oder niedriger Lohn und Gewinn bezahlt werden muß, um eine bestimmte Ware zu Markte zu bringen, ist der Preis hoch oder niedrig; und weil dieser Preis hoch oder niedrig ist, weil er viel, oder wenig, oder gar nicht mehr beträgt, als zur Bezahlung dieses Lohnes und Gewinnes notwendig ist, wirft er eine hohe oder niedrige oder gar keine Rente ab."[2]

Es kann gar keinem Zweifel unterliegen, daß Absatz 1 und 3 dieser Auseinandersetzung mit Absatz 2 in unvereinbarem Widerspruch stehen. Jene beiden stimmen im wesentlichen durchaus mit Ricardos Rentenlehre überein und sind in der Tat ihr Keimling gewesen: Absatz 2 dagegen behauptet etwas, was mit Ricardos Lehre und mit den Prämissen, aus denen die ganze Erörterung abgeleitet ist, unversöhnlich ist.

Ganz gleichgültig, um welche Bodenerzeugnisse es sich handelt – Absatz 2 spricht bekanntlich von den Nahrungsmitteln – gelten immer dieselben Gesetze der Grundrente. Entsteht sie über-

---

[1] „The views of Dr. Smith, with respect to the rent of land are partly just and partly erroneous" (Mac Culloch, Introductory Discourse, S. 58).
[2] Smith, Volkswohlstand, Bd. I, S. 157f.

haupt, wie Ricardo und die Absätze 1 und 3 behaupten, aus einem Gewinn am „natürlichen Preise", dann gilt das auch für die Nahrungsmittel. Dann wird also auch Boden höchster Bonität, der so marktfern liegt, daß der Preis gerade noch Arbeitslohn und Durchschnittsgewinn zuzüglich der Transportkosten deckt, auf dem Nullpunkt der Grundrente stehen, und noch marktfernerer Boden wird trotz höchster Bonität unter dem Nullpunkt des Anbaus stehen. Den ersteren könnte nur der Eigentümer selbst bewirtschaften, da kein Pächter ihm ohne Verlust Pacht bezahlen könnte; den letzteren kann nicht einmal der Eigentümer ohne Verlust selbst bewirtschaften, da sein Kapital ihm in gewerblicher Anlage höheren Gewinn brächte. Selbst wenn Adam Smith den Nachweis erbringen könnte, daß in keinem entwickelten Lande Böden so niedriger Rentierung vorhanden sind, müßte er, der immer für den Freihandel mit Lebensmitteln eintritt, den Einwand gelten lassen, daß sie im Auslande, über See etwa, vorhanden sind und den Nullpunkt der Rentenbildung darstellen.

Dieselben Gründe gelten gegen die folgende Stelle: „Der Wert seiner (des oberirdischen Grundeigentums) Produkte und seiner Rente steht im Verhältnis zu seiner absoluten und nicht zu seiner relativen Fruchtbarkeit."[1]

Nach den im Absatz 1 und 3 entwickelten Theorien bestimmt umgekehrt nur die relative, nicht aber die absolute Fruchtbarkeit die Rente. Boden höchster absoluter Fruchtbarkeit dicht am Markt trägt noch keine Rente, wenn die Nachfrage nicht stark genug ist, um den Lohn und Gewinn zuzüglich eines Mehr als Preis anzubieten; und Boden höchster absoluter Fruchtbarkeit fern vom Markte trägt auch bei hohem Preise noch keine Rente, während marktnaher Boden viel geringer Qualität schon solche in erheblicher Höhe tragen kann.

Aus derselben Zwiespältigkeit der Grundanschauung wächst die Unterscheidung, die Smith zwischen der Bergwerksrente und der Feldrente macht.[2] Man wird Ricardo völlig recht geben, wenn er ausspricht:

„Das ganze Grundgesetz von der Rente ist hier bewunderungswürdig und durchsichtig auseinandergesetzt, aber jedes Wort ist auf die Bodenrente ebenso anwendbar wie auf die Bergwerksrente; und dennoch behauptet er, es verhalte sich anders mit Grundeigentum oberhalb der Erdrinde."[3]

Ohne diese Zwiespältigkeit der Grundanschauung über das Wesen der Rente hätte Smith auch nicht zwischen der Grundrente des Ackers und der des Wohnhauses einen Unterschied aufzufinden vermeint:

„In manchen Beziehungen gleicht zwar die Rente von Häusern der Bodenrente, in einer jedoch unterscheidet sie sich wesentlich von ihr. Die Bodenrente wird für die Benutzung eines produktiven Gegenstandes bezahlt; der Boden, der sie zahlt, produziert sie. Die Hausrente dagegen wird für die Benutzung eines unproduktiven Gegenstandes bezahlt; weder das Haus, noch der Grund, auf welchem es steht, produzieren etwas."[4]

Wir haben diese letzte Stelle schon einmal als Beweis dafür zitiert, daß Smith noch physiokratische Reste mit sich herumträgt. Auch die übrigen soeben angeführten Sätze sind physiokratische Rudimente.

---

1 Ebenda, S. 189.
2 Ebenda, S. 179ff.
3 Ricardo, Grundgesetze, S. 297.
4 Smith, Volkswohlstand, Bd. II, S. 356.

Unsere Frage spitzt sich also dahin zu, warum Smith, der doch in allem übrigen die physiokratische Theorie bekämpfte und glänzend widerlegte, in der Grundrentenfrage vor ihr kapitulierte oder wenigstens mit ihr kompromittierte.

Die Antwort ist sehr einfach: *Weil die physiokratische Anschauung im Kerne richtig ist, zwar nicht für die kapitalistische, aber wohl für die feudale Wirtschaft.* Das ist der richtige Kern, den wir ihr oben zubilligten!

In der feudalen Naturalwirtschaft steht die Masse der dem Grundherren zufallenden Grundrente in der Tat „im Verhältnis zu der absoluten und nicht zu der relativen Fruchtbarkeit" des Bodens. In der feudalen Wirtschaft werfen die Nahrungsmittel in der Tat dem Grundbesitzer stets eine Rente ab, denn nach ihnen „besteht immer eine größere oder geringere Nachfrage. Sie können immer eine größere oder kleinere Menge von Arbeit erkaufen oder beherrschen, und es wird immer jemand zu finden sein, der zu arbeiten bereit ist, um sie zu erlangen. Die für Nahrungsmittel erkaufbare Arbeitsmenge ist freilich infolge der zuweilen bestehenden hohen Arbeitslöhne nicht immer gleich derjenigen, welche dieselben Nahrungsmittel bei sehr großer Sparsamkeit unterhalten könnten; aber sie können stets so viel Arbeit erkaufen, als sie nach Maßgabe des in der Gegend für den Unterhalt der betreffenden Art von Arbeit gebräuchlichen Satzes zu unterhalten vermögen"[1].

Faßt man die feudale Naturalwirtschaft allein ins Auge, dann hat Smith auch in der oben erwähnten Streitfrage gegen Ricardo recht, wo es sich um die Annahme handelt, daß eine viel ergiebigere Feldfrucht (die Kartoffel) eine weniger ergiebige (den Weizen) als allgemeine Massennahrung ersetze. Da in der feudalen Wirtschaft die Arbeiter im wesentlichen nur den landesüblichen Unterhalt bekommen, wird hier der dem Grundbesitzer zufallende Rest des Gesamtertrages, seine Rente, größer[2], während sie nach der Ricardoschen Voraussetzung kleiner werden muß.

Aus dieser Betrachtung geht mindestens eins mit voller Klarheit hervor: *daß für die gesellschaftliche Tatsache, die in der Feudalperiode als Grundrente bezeichnet wurde, ganz andere Gesetze gelten als diejenigen Gesetze, die nach Ricardo für die kapitalistische Grundrente Geltung haben sollen.*

Sind denn nun Feudalrente und kapitalistische Rente identisch?

Wir werden diese Frage unten eingehend untersuchen. Hier interessiert uns nur, daß Smith sie für einen sehr bedeutenden Teil der von ihm beobachteten Grundrente bejahen *mußte* und bejaht hat.

Das Problem der Grundrente stellt noch heute im wesentlichen die Frage, aufgrund welcher Gesetze ein verhältnismäßig wenig zahlreicher sozialer Stand, derjenige der Grundbesitzer, einen verhältnismäßig ungeheuer großen Anteil des gesamten Erzeugnisses der Volkswirtschaft unter dem Titel *Grundrente* beziehen darf.

Dieses Problem stellte sich zu Smith' Zeit mit noch ganz anderer Wucht und noch ganz anderer Klarheit, als es sich uns heute stellt. Denn noch war selbst in Großbritannien der Stand der Rentenbezieher de facto die herrschende Klasse, und fast im ganzen übrigen Europa war er es sogar noch de jure. In Frankreich, Deutschland und in ganz Osteuropa bestand die feudale Wirtschaftsordnung noch in alter Kraft: es darf nie vergessen werden, daß Smith nur eben noch den Anfang der großen französischen Revolution erlebt hat; er starb am 17. Juli 1790. Aber seine ganze Lern- und Lehrzeit fällt noch in die Feudalepoche; Kapitalbesitz und Geschäftsprofit begannen erst ganz langsam und allmählich klassenbildend zu wirken, während Grundeigentum und Grundrente das Bild der Gesellschaft noch völlig beherrschten.

---

1 Ebenda, Bd. I, S. 159.
2 Ebenda, S. 174.

Kein Wunder daher, daß Smith überall da, wo er das feudale Grundeigentum und die feudale Grundrente ins Auge faßte, mit den Physiokraten ging, die ja noch ein von der Feudalrente im strengsten, eigentlichsten Sinne beherrschtes Gesellschaftsbild vor Augen hatten.

Nun fanden sich aber nicht nur in dem verkehrswirtschaftlich schon entwickelteren politisch freien Großbritannien, sondern auch in den wirtschaftlich weniger entwickelten Feudalstaaten Europas, die Smith beobachten konnte, Grundrenten, die augenscheinlich nicht feudalen Ursprungs waren. Freie Bauerngüter auf gutem Boden oder in guter Verkehrslage brachten ihren Besitzern Einkünfte, die augenscheinlich über den gewöhnlichen Arbeitslohn und Kapitalzins hinaus ein Mehreinkommen enthielten, das nichts anderes sein konnte als eben Grundrente. Ferner mußte einem Beobachter wie Smith das enorme Steigen der Grundwerte und Grundrenten in London und anderen Gewerbe- und Handelsstädten einen starken Eindruck machen; und es fanden sich auch bei Kohlen- und Erzgruben, bei Steinbrüchen und Waldungen usw. noch eine ganze Anzahl anderer Beispiele, wo Grundrente anscheinend unter der Wirkung rein ökonomischer Kräfte, im Spiel von Angebot und Nachfrage des Marktes, vor den Augen des Beschauers entweder entstand oder sich wenigstens vermehrte.

Kein Wunder, daß Smith, wenn er diese Erscheinungen betrachtete, sie, wie alle anderen, rein ökonomisch scheinenden naturrechtlich ableitete und erklärte.

Nun zeigte sich aber bei jeder genaueren Betrachtung, daß auch die ursprünglich feudale Rente gleichen oder wenigstens sehr ähnlichen Gesetzen folgte, wie die rein kapitalistische. Darum schwankte Smith ohne Entscheidung zwischen den beiden Theorien, die beide für einen Teil der gesellschaftlichen Tatsachen richtig schienen. Hier ist der psychologische Grund seiner Zwiespältigkeit aufgedeckt.

Nirgend scheint mir diese Zwiespältigkeit selbst *und ihr psychologischer Grund* klarer zum Ausdruck zu gelangen, als in den folgenden Sätzen:

> „Der Boden, welcher eine gewisse Menge von Nahrung, Kleidung und Wohnung erzeugt, kann immer eine gewisse Menge von Menschen ernähren, kleiden und beherbergen; und welcher Art auch der dem Grundbesitzer zufallende Teil sein mag, so wird er ihm doch immer eine verhältnismäßige Herrschaft über die Arbeit dieser Menschen verleihen und über die Güter, mit denen diese Arbeit ihn versorgen kann."[1]

Man achte darauf, wie vorsichtig, fast hilflos er sich hier mit den unbestimmtesten Ausdrücken weitertastet, ganz im Gegensatz zu der bei ihm gewöhnlichen Präzision seines Ausdruckes. „*Welcher Art auch der dem Grundbesitzer zufallende Anteil sein mag,* so wird er ihm doch immer eine verhältnismäßige *Herrschaft* über die Arbeit dieser Menschen verleihen."

Mir scheint, als könne man hier zwischen den Zeilen deutlich erkennen, daß Smith eine jener feudalen, von ihm mit so viel Liebe geschilderten[2] Großoikenwirtschaften, etwa Hochschottlands, vorgeschwebt hat, deren adliger Grundherr, ohne Getreide auf den zu weit entlegenen Markt zu schicken, dennoch eine große Rente bezog. Er unterhielt auf seinem Eigentum eine große Menge höriger Bauern, die ihm die Naturalien eines bedeutenden Hofhaltes lieferten, und ernährte damit wieder ein Gefolge kriegerischer Mannen, die ihm zu Beute verhalfen, und geschickter Künstler und Handwerker, die ihm den barbarischen Luxus seiner Zeit herstellten. Konnte er auch kein Getreide, vielleicht nicht einmal Vieh auf einen Markt senden, so konnte er doch Wachs, Honig, Pelzwerk, vielleicht Häute, Pech und dergl. an Händler oder auf dem nächsten Markte verkaufen

---

1 Ebenda, S. 189.
2 Ebenda, S. 423f.

und erhielt dadurch und durch Kriegsdienst auch Geld genug, um fremde hochwertige Waren eintauschen zu können.

Augenscheinlich war die Klassenlage eines solchen Feudalhäuptlings mutatis mutandis ganz dieselbe wie die seines späten Nachfahren, der über keinerlei feudale Dienste mehr gebot, sondern seine „Rente" von freien Pächtern einzog, oder als Selbstwirtschafter beim Verkauf seiner Bodenprodukte auf dem Markte realisierte. Beide verfügten ohne eigene wirtschaftliche Tätigkeit über ein Einkommen, wie ihre Zeitgenossen es nicht entfernt besaßen; beide hatten die Herrschaft über alle Güter, die ihrer Zeit als wertvoll galten; und bei beiden hieß das Einkommen, aufgrund dessen sie diese Herrschaft ausüben konnten, *Grundrente*.

Den hier bestehenden Widerspruch hätte Smith nur lösen können, wenn er die naturrechtliche „Kinderfibel von der previous accumulation" auch für das Kapital preisgegeben hätte. Dazu war die Zeit noch nicht reif. Und so vertuscht er den Widerspruch durch Halbheiten und Unklarheiten:

„Nach Nahrung besteht immer eine größere oder geringere Nachfrage. Sie kann immer eine kleinere oder größere Menge von Arbeit erkaufen oder beherrschen, und es wird immer jemand zu finden sein, der zu arbeiten bereit ist, um sie zu erlangen. Der Grund und Boden jedoch erzeugt in fast allen Lagen eine größere Menge von Nahrung als zum Unterhalte all der für ihr zu Marktebringen aufgewendeten Arbeit nötig ist, auch wenn diese Arbeit in der freigiebigsten Weise unterhalten wird. Ebenso ist der Überschuß stets mehr als genügend zur Wiedererstattung des in dieser Arbeit angelegten Kapitals zuzüglich seines Gewinnes. Etwas wird mithin immer für eine dem Gutsbesitzer zufallende Bodenrente übrigbleiben."[1]

Die Erschleichung liegt auf der Hand. Er setzt die Nachfrage nach Nahrung, die jemand durch Anbieten seiner *Arbeit* ausübt, gleich der Nachfrage nach Nahrung, die eine Bevölkerung durch Anbieten eines bestimmten *Marktpreises* ausübt. Und er setzt den Überschuß an Nahrung, der nach seiner Meinung, die wir nicht bestreiten wollen, „immer" nach Deckung des Unterhalts der *Feldarbeit* übrigbleiben muß, gleich einem Überschuß, der nach Deckung aller für das *Zu-Markte-Bringen* erforderlichen Arbeit übrigbleiben soll. So blieb Smith hilflos in dem Widerspruch der Tatsachen stecken.

Ricardo konnte demgegenüber konsequent sein, weil er den Widerspruch überhaupt *nicht ahnte*. Er sah überhaupt nur die eine Reihe der Tatsachen, die kapitalistische: die feudale entzog sich seiner Aufmerksamkeit völlig.[2]

Aber, um gerecht zu sein: er hatte es auch schwerer, als Smith es gehabt hatte, diese Seite des Problems zu erkennen. Das zwischen den beiden liegende Menschenalter hatte die Struktur der europäischen, namentlich der britischen, Gesellschaft auf das stärkste verändert. Die französische Revolution mit ihren Folgen hatte in ganz West- und Mitteleuropa Grundeigentum und Grundrente aus ihrer alles beherrschenden Stellung im Vordergrunde der gesellschaftlichen Bühne zurücktreten lassen. Die Feudalherrschaft war gebrochen und bei dem kurzen Gedächtnis der Völker auch schon vergessen. Der Ursprung der Rente aus feudaler Eroberung war nicht mehr leben-

---

[1] Ebenda, S. 158f.
[2] Das geht aus einer Stelle seiner Polemik gegen die physiokratische Auffassung Malthus' auf das klarste hervor: „Er scheint mir als ein allgemeines Gesetz (...) aufzustellen, daß die Rente mit der Zunahme der Ergiebigkeit des Bodens steige und mit der Abnahme derselben falle. Malthus würde ohne Zweifel recht haben, wenn, auf einem gegebenen Landgute, im Verhältnisse als der Boden reichlichen Ertrag lieferte, an die Grundherrn ein größerer Anteil vom ganzen Erzeugnisse bezahlt würde: aber es ist das Gegenteil der Fall" (Ricardo, Grundgesetze, S. 373).

dig im Bewußtsein der Zeitgenossen, und jeder Tag senkte ihn in tiefere Vergessenheit und rückte das Problem der Grundrente in eine Beleuchtung, in der es nur viel schwerer erkannt und gelöst werden konnte. Weil die adligen Güter mehr und mehr in die Hände bürgerlicher Emporkömmlinge gerieten, weil ferner, wie die Städte wuchsen, die Massen sich in immer geringerem Maße von der ländlichen, in immer steigendem Maße von der städtischen Grundrente bedrückt fanden; weil schließlich alter Grundadel und neuer Geldadel immer mehr – am schnellsten und gründlichsten wieder in Großbritannien – zu einer einzigen solidarischen Nobilität zusammenschmolzen, deshalb verlor man oben und unten immer mehr das Bewußtsein von dem feudalen Ursprung großer Teile der Grundrente.

Nichts kann dafür charakteristischer sein, als die Wendung des Sozialismus. Der erste britische Sozialismus ist vorwiegend *antiagrarisch*. Hall[1] und Spence[2] richteten ihre Angriffe fast ausschließlich gegen die Rente als feudale Machtposition, d. h. gegen den adligen Großgrundbesitz als den einzigen Störenfried der Tauschgesellschaft, ohne dessen Vorhandensein der Kapitalbesitz eine harmlose Institution sein würde, wie sie mit mehr oder weniger Klarheit nachzuweisen sich bemühten.

Allmählich aber wird der Sozialismus unter der Wirkung der gesellschaftlichen Verschiebungen, die wir soeben geschildert haben, ganz überwiegend, ja fast ausschließlich *antikapitalistisch*. Für Rodbertus bereits ist Kapitalprofit und Grundrente eins: Rente, Herreneinkommen; ihm erscheint die Grundrente sogar als ein nur rechnerischer Überschuß über den Kapitalprofit. Und für Karl Marx ist „Grundrente" nichts anderes als der „Mehrwert" des landwirtschaftlichen Kapitalismus. Der Agrarsozialismus erlebte seine Auferstehung erst wieder in einem Lande, in dem die Rolle der Grundrente im Verteilungsprozeß wieder so offen zutage lag, wie in der präkapitalistischen Zeit Europas: in dem ebenfalls noch präkapitalistischen Kalifornien. Henry George war der Genius, der ihn neu entdeckte.

b) *Die Entstehung der Feudalrente*

α) Die Kinderfibel von der „previous accumulation"

Wie ist denn nun die präkapitalistische Rente entstanden?

Wir haben im ersten Teile die naturrechtliche Konstruktion von der Entstehung des Grundeigentums mit Turgots Worten wiedergegeben. Da sie in mancher Beziehung nicht ganz korrekt und vollständig ist, wollen wir von seinen Prämissen aus das Schlußverfahren selbständig anstellen.[3]

Wir setzen mit ihm voraus eine geringe Anzahl von politisch freien und wirtschaftlich gleichgestellten Volksgenossen, die ein weites leeres Gebiet zu okkupieren beginnen. Nehmen wir an, um die Untersuchung nicht zu komplizieren, alles Land sei von gleicher Güte. Wieviel Land wird jeder dieser Ursiedler okkupieren?

Wenn wir heute, sagen wir, 100.000 ha Land an 100 Familien überweisen, so wird sich jede 1.000 ha nehmen; denn jeder weiß, daß in absehbarer Zeit durch Zuwanderung oder durch Nachwuchs das Land einen Seltenheitswert erhalten wird, und daß er dann in der Lage sein wird, als

---

1 Hall, Die Wirkungen der Zivilisation auf die Massen, Leipzig 1905.
2 Spence, Das Gemeineigentum am Boden, Leipzig 1904.
3 Die Deduktion ist in voller Ausführlichkeit enthalten in: Oppenheimer, Großgrundeigentum und soziale Frage, S. 16ff. [im vorliegenden Band S. 15ff.]. Hier folgen nur die Hauptpunkte.

Herr desselben von den späteren Ankömmlingen ein arbeitsfreies Einkommen, die Grundrente, zu genießen. Die Naturrechtler nahmen an, daß die Mitglieder der Urgesellschaft von den gleichen Erwägungen beseelt waren und darum soviel Land, wie nur irgend möglich, für sich „okkupierten". Diese Vorstellung ist unhaltbar.

Wo wenig Menschen und viel Land vorhanden ist, da ist der Boden „freies Gut", wie Luft und Wasser, und hat daher keinen Wert. Niemand aber „wirtschaftet" mit dem Wertlosen. So wenig, wie jemand auf den Gedanken kommen kann, sich einen Vorrat von Luft und Wasser hinzulegen, so wenig kann er unter den hier vorgestellten Verhältnissen den Gedanken fassen, sich einen Vorrat von Land hinzulegen, mit anderen Worten Terrainspekulant zu werden.

Um größere Grundstücke, die man nicht selbst nutzt, gegen die Bebauung durch andere aussperren zu können, dazu gehören zwei Bedingungen: eine politische und eine wirtschaftliche. Die politische Bedingung ist das Vorhandensein einer Staatsordnung, die den Okkupanten in seinem Rechtsanspruch schützt, und eine solche Rechtsordnung ist durch unsere Voraussetzung ausgeschlossen. Das Naturrecht erkennt nur das Recht auf dasjenige „Eigentum" an, das dem „eigenen Tun" entspringt, nur solches Recht ferner, das dem gleichen Recht der anderen keinen Eintrag tut. Wie sollte unter solchen Umständen irgend jemand den Anspruch auf die Dauer durchsetzen können, daß ihm kraft des „Rechtes der ersten Okkupation" ein großes Gelände zu Eigentum gehöre, das er selbst nicht angebaut hat? Niemand würde sich um solchen Anspruch kümmern, die Gesamtheit würde nicht für, sondern gegen den angeblich Berechtigten auftreten. In der Tat finden wir denn auch wohl bei allen primitiven Völkern das Recht der Okkupation auf den wirklich produktiv genutzten oder wenigstens zur Produktion vorbereiteten Boden beschränkt und finden, daß das Eigentumsrecht bei Nichtnutzung nach kurzer Zeit erlischt: das ist der Inhalt des germanischen Rechtsinstituts der „Rückennutzung"[1].

Aber wäre selbst solche Rechtsordnung als gegeben vorstellbar, so fehlte doch jedes *wirtschaftliche* Motiv, das den „Ursiedler" zur Okkupation eines großen Geländes bewegen könnte. Auf unabsehbare Zeit hinaus ist nach der Voraussetzung jedem künftigen Mitgliede einer noch so vermehrten Volkszahl die Besitznahme eines eigenen Grundstückes für seine Zwecke aus dem unendlichen Landvorrat gewährleistet. So lange das aber der Fall ist, kann das „hingelegte" Terrain keinerlei Wert erhalten. Selbst wenn also der Ursiedler bereits die Motivation des Sombartschen „homo sapiens lombardstradarius" hätte, würde er diese Spekulationsidee als zwecklos fallenlassen.

Man kann nun aber solches Terrain auch nicht dadurch nutzen, daß man andere für sich arbeiten läßt. „Wo jeder arbeitsame Mann soviel Boden fand wie er wollte, konnte niemand sich bewogen fühlen, für andere zu arbeiten", sagte Turgot. Wenigstens würde sich niemand bereit finden, einem anderen für einen geringeren Ertrag Arbeit zu leisten, als er selbst als freier Eigentümer erzielen würde. Ja, er würde sogar für die Aufgabe seiner Selbständigkeit einen höheren Lohn verlangen; und, da er natürlich für einen Fremden weder so fleißig noch so sorgfältig arbeiten wird, wie für sich, so wäre das Resultat für den „Anwender" ein sehr ungünstiges. Er müßte den Luxus, sich einen Arbeiter zu halten, mit einem Teil seines eigenen Arbeitsertrages erkaufen. Also auch dieses Geschäft würde der homo lombardstradarius als unrentabel fallenlassen.

Danach ist es also auch aus rein ökonomischen Gründen unmöglich, daß das Maß der Urhufe größer ausfalle, als der Arbeitskraft einer bäuerlichen Familie entspricht. Ja, nicht einmal das Maximum der durch diesen Faktor bestimmten Größe ist denkbar. Denn wozu sollte der Urbauer sich

---

1 Vgl. dazu Laveleye, Das Ureigentum, Leipzig 1879; mit unzähligen Belegen.

anstrengen, um ein „produit net" hervorzubringen? Man kann Getreide, und noch dazu unter so primitiven Verhältnissen, nicht lange aufbewahren: es geht schnell zugrunde. *Man kann aber hier auch Getreide nicht verkaufen.* Es gibt noch keinen Markt. Die paar Handelskarawanen, die vielleicht schon durch das Land ziehen, handeln noch kein Korn, sondern Pelze, Hörner, Elfenbein, Goldkörner und derartige Seltenheiten. Danach bestimmt sich also, unter den hier vorausgesetzten Verhältnissen, das Maß der Urhufe noch nicht einmal nach dem Maximum der Arbeitskraft einer bäuerlichen Familie, sondern lediglich nach dem Maximum ihres Bedarfes. Das absolute Maß wird sich je nach Kopfzahl, Bodengüte und Beschaffenheit der Werkzeuge usw. verschieden gestalten: aber unter keinen Umständen wird es den Umfang eines heutigen mittelbäuerlichen Betriebes überschreiten.

Aus dieser Betrachtung geht unseres Erachtens mit vollkommenster Sicherheit hervor, daß die Bildung irgendeines, dieses sehr bescheidene Maß irgendwie erheblich überschreitenden, Großgrundeigentums unter der Voraussetzung der Previous accumulation durchaus ausgeschlossen ist und bleibt, *solange freies Land noch verfügbar ist.*

Bis hierher stimmen wir, wie man sieht, mit Turgot in der Entwicklung sehr nahe und im Resultat völlig überein.

Was geschieht aber nun, wenn durch den geschilderten Prozeß „alles Land seinen Herrn gefunden hat"? Dann sehen sich nach Turgot die Nachkommenden gezwungen, bei den Grundeigentümern Arbeit anzunehmen, um nicht zu verhungern. Der Grundbesitz ist, nicht für Turgot, wohl aber für Smith, zum „Monopol" geworden und erzwingt den „Monopolpreis", die Grundrente.

Das klingt in der Tat prima facie ungemein plausibel: *wenn* einmal alles Land „okkupiert" war, dann mußten die von Turgot geschilderten Verschiebungen im Grundbesitz und der gesamten gesellschaftlichen Struktur in der Tat unfehlbar eintreten. Und damit war dann die Grundrente naturrechtlich abgeleitet und gerechtfertigt: sie war zwar als „Monopolpreis" anerkannt, aber als der Preis eines *Naturmonopols*, nicht eines „verliehenen" Monopols: und was die Natur selbst erzwingt, muß der Mensch hinnehmen.

Aber: so plausibel die Lehre auch ist, sie ist doch falsch, ist „Kinderfibel"[1], wie Marx sie bitter nennt.

Denn die Bedingung, an die die Entstehung der Grundrente hier geknüpft ist, *war zu Turgots Zeit noch nicht gegeben.* Sie ist auch heute noch nicht gegeben und kann, wie ich an anderer Stelle zu zeigen versucht habe[2], wahrscheinlich überhaupt niemals, mindestens erst in einer Jahrtausende vor uns liegenden Zeit eintreten.

Noch heute ist, trotz der ungeheuren Vermehrung der Bevölkerung, die die seit dem Erscheinen der „Réflexions" verflossenen anderthalb Jahrhunderte gebracht haben, nicht einmal in den meistbevölkerten größeren Kulturstaaten Westeuropas jener Zustand erreicht, in dem alles Land „okkupiert" wäre, wenn jener naturrechtliche Vorgang der Aneignung sich ungestört vollzogen hätte: die Zahl der landwirtschaftlich genutzten Hektare dividiert durch die Zahl der im Hauptbe-

---

1 „Ein ursprünglicher Naturzustand, ein Übergang desselben in die sog. bürgerliche Gesellschaft aufgrund bestimmter Triebe und Verträge, ein gesellschaftlicher Zustand mit Regierung, Finanzen, Arbeitsteilung, Verkehr, Geldwirtschaft, verschiedenen sozialen Klassen, wie er dem 17. und 18. Jahrhundert entsprach, wird ohne weiteren Beweis als selbstverständlich vorausgesetzt" (Schmoller, Grundriß der allgemeinen Volkswirtschaftslehre, I. Teil, S. 83).

2 Oppenheimer, Großgrundeigentum und soziale Frage, I. Buch. 2. Kapitel, 3: „Physiologie des sozialen Körpers der Tauschwirtschaft", S. 57 ff. [im vorliegenden Band S. 37 f.].

ruf landwirtschaftlichen Bevölkerung ergibt überall eine Zahl, größer als die der in Urzeiten pro Kopf genutzten Ackerfläche.[1]

Selbst nach dieser Probe auf das Exempel müßte demnach die Turgotsche Konstruktion abgelehnt werden: sie muß es aber um so kräftiger, weil unser Divisionsexempel mit ganz anderen, noch viel schlagenderen Zahlen angestellt werden muß, wenn es korrekt sein soll. Die nationalen Grenzen haben in der naturrechtlichen Spekulation gar keine Rolle zu spielen[2], denn freie Wanderung und freie Besitznahme des noch nicht genutzten Landes sind ihre Voraussetzungen. Man hat demnach die Summe des überhaupt erreichbaren freien Landes durch die Zahl der überhaupt vorhandenen Bevölkerung zu dividieren – und da kommt man auf einen Quotienten, der noch viel weiter über das Maß einer bäuerlichen Nahrung herausgeht. Ravenstein[3] berechnete die auf der Erde vorhandene nutzbare Fläche auf 73,2 Millionen Quadratkilometer = 7,32 Milliarden Hektaren. Die Gesamtbevölkerung dürfte jetzt höchstens 1,8 Milliarden Köpfe umfassen. Danach entfallen auf den Kopf der heute lebenden Menschheit, Gewerbetreibende, Handeltreibende, freie Berufe usw. mitgezählt, über 4 Hektar, und auf die Familie von 5 Köpfen nicht weniger als 20 Hektar = 80 Morgen „fruchtbaren Landes"; und davon sind rund 1/3 Ödung und Wald, 2/3 Ackerland und Wiese[4]: die Hufe wäre also 53,3 Morgen groß.

Wenn also selbst die menschliche Entwicklung sich so hätte vollziehen können, daß sich Hufe neben Hufe legte, ohne daß jemals eine volkswirtschaftliche Arbeitsteilung zwischen Stadt und Land eingetreten wäre, die einen großen Teil der Bevölkerung von der unmittelbaren Bodennutzung unabhängig machte: selbst dann wäre noch heute erst etwa die Hälfte des Planeten mit Bauern besetzt.

β) Die Bodensperrung

Unmöglich könnte daher die „Okkupation", wie sie Turgot aus dem Naturrecht konstruiert, selbst heute noch zur Bildung eines größeren Grundeigentums, eines Stammes besitzloser Arbeiter, und einer Grundrente führen.

Und dennoch sind alle diese Erscheinungen nicht nur jetzt gegeben, sondern sie waren es bereits

---

1 Nach der Erhebung von 1893 hatte z. B. Deutschland über 35 Millionen Hektar „landwirtschaftliche Fläche", ohne Forstfläche und Ödungen usw. und nach der Berufszählung von 1895 rund 17,8 Millionen „zur Berufsart Landwirtschaft gehörige Bevölkerung (erwerbende und nicht erwerbende)". Es kämen also auf den Kopf rund 2 Hektar oder auf die Familie von fünf Köpfen rund 10 Hektar gleich 40 Morgen. Die altgermanische Hufe umfaßte aber nur etwa 30 Morgen. Freilich hatte der Hufner freie Weide und Waldnutzung: aber dafür hat der moderne Bauer unverhältnismäßig höhere Erträge von der Flächeneinheit, die er viel intensiver bebauen kann, weil er dank der gesellschaftlichen Arbeitsteilung viel bessere Methoden und Werkzeuge hat und alle Kraft und Zeit auf den Ackerbau verwenden kann, während die Urhufner nicht nur Bauern, sondern Krieger, Jäger, Richter und Universalhandwerker sein mußten. Niemand wird bestreiten wollen, daß heute eine *durchschnittliche* Hufengröße von 40 Morgen für Deutschland nicht etwa nur das Minimum der „bäuerlichen Nahrung", sondern sogar geradezu das Maximum dessen darstellt, was eine bäuerliche Familie *ohne Lohnarbeiter* bestellen kann. Und die gäbe es hier ja nicht! (Die Zahlen nach der amtlichen Veröffentlichung: die deutsche Volkswirtschaft am Schlusse des 19. Jahrhunderts, herausgegeben vom Kaiserl. Statist. Amt Berlin 1900, Tabelle 10 [Anbaufläche] und 13 [landw. Bevölkerung].)
2 Die Physiokraten nehmen denn auch wie Smith grundsätzlich immer den Standpunkt der Internationalwirtschaft ein. Vgl. z. B. Dupont de Nemours in dem Briefe an Say, [in: Physiocrates,] S. 399.
3 Vgl. Oppenheimer, Das Bevölkerungsgesetz des T.R. Malthus, S. 142ff. [im vorliegenden Band S. 369].
4 Ebenda, S. 155 [im vorliegenden Band S. 377f.].

in Zeiten, in denen die Dichte der Bevölkerung unendlich viel geringer war als heute. Nichts anderes kann das erklären, als die „Okkupation" des Bodens. Wie ist das Rätsel zu lösen?

Auf die einfachste Weise in der Welt! Wir stoßen hier auf denselben Trugschluß aus dem doppeldeutigen Worte „Okkupation", mit dem wir schon einmal zu tun hatten:

Alle die von Turgot geschilderten gesellschaftlichen Tatsachen können in der Tat nur eintreten und müssen eintreten, wenn alles erreichbare Land „okkupiert" ist. Erst, wenn kein „freies Land" mehr vorhanden ist, kann der Boden Wert erhalten; erst dann ist Verschuldung möglich, erst dann kann es durch sie oder durch Zersplitterung unter viele Erben hier, und durch Zusammenschlagen mehrerer zusammengekaufter oder zusammengeheirateter Höfe dort zu groben Verschiedenheiten des Bodenbesitzes kommen; erst dann kann es besitzlose Arbeiter geben, die sich den Monopolpreis der Grundrente gefallen lassen müssen.

Von welcher Art die Okkupation des erreichbaren Landes ist, ob wirtschaftliche Vollbesetzung allen Bodens durch selbstwirtschaftende Bauern, *oder ob rechtliche Aussperrung allen noch nicht genutzten Landes durch eine privilegierte Person oder Klasse*: die Folgen sind immer die gleichen.

Da unsere Betrachtung gezeigt hat, daß von der Okkupation im ersten Sinne auch heute noch nicht die Rede sein kann, so können wir schon per exclusionem schließen, daß es sich nur um die Okkupation im zweiten Sinne gehandelt haben kann. *Die Rente kann nur entstanden sein, weil aller erreichbare Boden durch ein rechtliches Monopol, eine Machtposition, gegen die wirtschaftliche „Okkupation" der selbstwirtschaftenden Bauern gesperrt war.*

Und dieser Schluß wird durch die Weltgeschichte voll bestätigt.

Ich habe den Prozeß eingehend mehrfach dargestellt[1] und muß für die Einzelheiten darauf verweisen. Hier seien nur die Hauptpunkte wiederholt.

Alle höheren Staatswesen und vor allem die uns in der Frage der heutigen Grundrente vor allem interessierenden Staaten Westeuropas, sind ursprünglich Schöpfungen der Eroberung[2]: in England unterwarfen Angelsachsen und Normannen, in Frankreich, Belgien und Holland Römer und Franken, im deutschen Stammlande wieder die Franken, im ostelbischen Kolonisationsgebiet deutsche Ritter, in Italien Franken, Longobarden und Normannen, in Spanien Westgoten, Mauren und Franken die Urbevölkerung und gründeten über ihnen ihren „Staat". Sie selbst bildeten die Herrenschicht, und die Besiegten hatten ihnen einen bestimmten Teil ihres Arbeitserzeugnisses, ihres „natürlichen Lohnes" abzutreten. Dieses Erzeugnis war in jenen primitiven Verhältnissen im wesentlichen ein agrarisches, der Tribut also nichts anderes als – Grundrente.

---

1 Oppenheimer, Großgrundeigentum und soziale Frage, I. Teil. 1. Kap.: „Die Entstehung des Großgrundeigentums" und derselbe, Der Staat, II. Abschnitt: „Die Entstehung des Feudalstaates" [siehe im vorliegenden Band].

2 Vgl. Rodbertus-Jagetzow, Zur Beleuchtung der sozialen Frage, S. 240: „Gehen Sie doch, mein verehrter Freund, so weit Sie können, in der Geschichte zurück! Wie finden Sie hier die Grundeigentums- und Anbauverhältnisse? Wo Sie nur noch Spuren des Ackerbaus finden, finden Sie auch bereits ein Eigentumsnetz über den Boden der Nation von einem Ende zum andern geworfen. Über jeder Masche dieses Netzes thront schon ein Eigentümer, und in allen Maschen zusammen befindet sich sämtlicher angebauter wie unangebauter Boden zerstreut und verteilt. Lassen Sie 1/100 des Landes erst angebaut sein, die übrigen unangebauten 99/100 sind nichtsdestoweniger auch schon im Eigentum. So haben sich die Grundeigentumsverhältnisse bei allen Nationen entwickelt, denen wir unsere Kultur zu danken haben." – Vgl. Gumplowicz, Soziologische Essays, S. 66: „Und zwar besteht und liegt das Wesen des Eigentums (wir sprechen zunächst nur vom Eigentum an Grund und Boden) in der gewaltsamen Ausschließung einer unterjochten Bevölkerung von der Nutznießung des dem Sieger vorbehaltenen Grund und Bodens."

Die Eroberervölker zerfallen zumeist bereits im Wanderstadium in drei soziale Klassen: einen herdenreichen Adel, der häufig das Patriarchat innehat (die „Fürsten der Stammhäuser" nennt sie die Bibel); die Gemeinfreien; und die Sklaven, deren größter Teil im Eigentum der Großen steht. Daraus ergeben sich bei der Niederlassung im eroberten Gebiete primitive Bodenbesitzverschiedenheiten schon in einem Stadium, wo von einer Seltenheit des Bodens ebensowenig die Rede sein kann, wie von einer Vorstellung, davon, daß ungenutzter Boden irgendeinen „Wert" haben könne. Die großen Sklavenbesitzer okkupieren mehr Land zu Eigentum als die Gemeinfreien, weil sie für ihre nicht rechtsfähigen Sklaven Siedelland nehmen müssen.

Die Abgaben, die diese mitgebrachten ehemaligen Weidesklaven, und die Abgaben, die die im eroberten Gebiete vorgefundenen frisch unterworfenen Bauern ihren Herren zu leisten haben, sind augenscheinlich beide nur aus der Monopol-Lohn-Theorie zu erklären. Sie sind offenbar und unverhüllt Abzüge vom „natürlichen Arbeitslohn" des Ackerbauern, eingezogen aufgrund einer *rechtlichen Machtposition*, die vom „Staatsrecht" statuiert und durch die Herrschaftsgewalt gesichert wird. Ganz dasselbe gilt von den Abgaben, die die kleinen Gemeinfreien von ihren wenigen Sklaven erhalten, bzw. von der Arbeit, die diese ihren Herren lediglich gegen Gewährung des Lebensunterhaltes leisten. Hier ist der Embryo des „Mehrwerts".

Nun führt eine überall ganz gleich verlaufende, weil aus der Grundlage dieser Staatswesen selbst notwendig folgende Entwicklung, die wir hier nicht darstellen können, allmählich zu einer überaus starken Vermehrung des Umfanges und der politischen und militärischen Macht jenes primitiven Großgrundeigentums der Anfänge. Die Grundherren depossedieren die Zentralgewalt, reißen alle Macht an sich und drücken nun auch die Gemeinfreien in Abhängigkeit herab, durch Mißbrauch der Amtsgewalt, der Steuer- und der Heerbannpflicht usw.

„Den Rest aber gibt dem Stande der Gemeinfreien die formelle Delegation oder tatsächliche Usurpation des wichtigsten Kronregals, der Verfügung über das noch nicht okkupierte Land. Das gehört ursprünglich dem ‚Volke', d. h. den Freien zur gesamten Hand; aber nach einem wohl überall geltenden Urrecht hat der Patriarch die Verfügung darüber. Auch dieses Verfügungsrecht geht mit den anderen Kronrechten an den ‚Landesherrn' über – und damit hat er das Mittel in die Hand bekommen, den Rest der Freien zu erdrosseln. Er erklärt das gesamte noch unbebaute Land für sein Eigentum, *sperrt es gegen die Okkupation freier Elemente*, gewährt nur denen noch den Zugang, die seine Oberherrschaft anerkennen, d. h. sich in irgendeine Art von Abhängigkeit, von Hörigkeit begeben.

Das ist der letzte Nagel zum Sarge der Gemeinfreiheit. Bisher war die Gleichheit in der Vermögenslage einigermaßen gewährleistet. Und wenn der Bauer zwölf Söhne hatte: das Erbgut blieb unzersplittert, denn elf rodeten sich neue Hufen in der Gemeinen Mark oder dem noch nicht an die Gemeinden aufgeteilten Volkslande. Das ist fortan unmöglich; die Hufen zersplittern, wo viele Kinder aufgezogen wurden, andere werden zusammengelegt, wo Erbsohn und Erbtochter die Ehe eingingen: jetzt gibt es ja ‚Arbeiter', die die größere Fläche bestellen helfen, nämlich jene Halb-, Viertel- und Achtelhufner. So wird die freie Dorfschaft in Reiche und Arme zerklüftet; schon das löst das Band, das bisher das Bündel Pfeile unzerbrechlich machte; und wenn dann gar Unfreie in die Dorfgemeinde eindringen, weil ein allzu arg geplagter Genosse, dem Druck weichend, sich dem Herrn ‚kommendierte', oder weil der Herr einen durch Tod oder Überschuldung des Inhabers erledigten Hof mit einem seiner Hörigen besetzte, dann ist jeder soziale Zusammenhalt gelöst, die durch Klassen- und Vermögensgegensätze zerspellte Bauernschaft dem Machthaber wehrlos preisgegeben."[1]

---

1 Oppenheimer, Der Staat, S. 120f. [erscheint in Band 2 der vorliegenden Edition, A.d.R.]

Von jetzt an ist die eigentliche Hörigkeit mit ihrer Bindung des Arbeiters an die Scholle überflüssig geworden. Man kann ihm die „Freiheit" geben – und gibt sie ihm. Der Zweck, ihn zu Abgaben von seinem Arbeitsertrage, zur Zahlung einer Rente zu zwingen, ist jetzt auch gesichert, wenn der Mann persönlich frei ist. Denn sein Produktionsmittel ist, soweit es ihm irgend erreichbar, gegen ihn *gesperrt*: er muß die Bedingungen des Eigentümers annehmen oder verhungern.[1]

Die historische Betrachtung bestätigt also unseren deduktiven Schluß in jeder Hinsicht: die „Okkupation" allen erreichbaren Bodens, aus der die Grundrente folgen mußte, ist nicht durch *wirtschaftliche Nutzung,* sondern durch *rechtliche Sperrung* erfolgt. Das Bodenmonopol ist kein „Naturmonopol", sondern ein rechtliches, ein „verliehenes" Monopol; es ist nicht entstanden aus naturrechtlichen, sondern aus das Naturrecht verletzenden Beziehungen zwischen den Menschen, aus Versklavung, Mißbrauch der Amtsgewalt und Usurpation der Existenzbedingungen; das große Grundeigentum und seine Folge, die Grundrente, ist nicht „ökonomisches", sondern „politisches Mittel"[2].

Als Turgot und Smith dachten und schrieben, steuerte in ganz Osteuropa, östlich der Elbe, der Bauer seinem Feudalherren noch die primitive unverhüllte Monopolrente in Arbeitstagen oder Produkten; er war noch schollengebundener Unfreier. In Westeuropa war er freilich im allgemeinen politisch frei: aber sein Produktionsmittel war durch die feudalen Mächte: Krone, Kirche und Adel, völlig gesperrt. Es gab zwar noch überaus viel *ungenutztes*, aber durchaus nicht mehr *herrenloses* Land: und so mußte er sich den Zugang zu seinem Produktionsmittel, die Möglichkeit einer Existenz überhaupt, durch die Abgabe der Grundrente erkaufen.

Somit ist der Turgotsche Trugschluß aufgelöst. Er beobachtete gesellschaftliche Erscheinungen, die allerdings nur aus der „Okkupation" allen Bodens erklärt werden konnten. Aber er sah nicht, daß es zwei toto coelo verschiedene Methoden der Okkupation gibt, und schob so der einen, der *ökonomischen,* zu, was die andere, die *politische*, verursacht hatte.

---

1 Vgl. Rodbertus-Jagetzow, Zur Beleuchtung der sozialen Frage, S. 140: „Auch war mit der Aufhebung der Sklaverei oder der Leibeigenschaft die moralische oder rechtliche Verpflichtung des Herrn, sie zu füttern oder für ihre Notdurft zu sorgen, fortgefallen. Aber ihre Bedürfnisse waren geblieben; sie mußten leben. Wie sollten sie mit ihrer Arbeitskraft für dies Leben sorgen? Von dem in der Gesellschaft vorhandenen Kapital nehmen, und damit ihren Unterhalt produzieren? Aber das Kapital in der Gesellschaft gehörte schon anderen als ihnen, und die Vollstrecker des ‚Rechts' hätten es nicht gelitten. Mit nackten Händen aus dem Schoße der Erde sich das Material graben, um sich daraus erst ein eigenes neues Kapital zu bilden? Aber wenn dies auch gelungen wäre, selbst der Boden, auch der unbebaute, gehörte schon anderen als ihnen, und die Vollstrecker des ‚Rechts' hätten es abermals nicht gelitten. Was blieb ihnen also in dieser Lage zu tun übrig? Nur eine Alternative: entweder das Recht der Gesellschaft umzustürzen, oder unter den ungefähren früheren wirtschaftlichen Bedingungen, wenn auch in veränderter rechtlicher Stellung, zu ihren früheren Herren, den Grund- und Kapitalbesitzern, zurückzukehren, und als Lohn zu empfangen, was sie früher als Futter bekommen hatten."

2 Es gibt zwei grundsätzlich verschiedene Mittel, mit denen der vom Trieb der Lebensfürsorge gelenkte Mensch seine Bedürfnisse befriedigen kann: eigene Arbeit (und äquivalenter Tausch): *das ökonomische Mittel;* und unentgoltene Aneignung fremder Arbeitskraft oder Arbeitserzeugnisse durch Raub, Krieg und kriegerische Unterwerfung: *das politische Mittel*. Sofort bei der Staatsbildung bemächtigt sich die erobernde Herrenklasse des Bodens und seiner Bebauer und legt ihnen den Tribut der Grundrente auf. „Im Anfang war die Grundrente!" (Vgl. Oppenheimer, Das Grundgesetz der Marxschen Gesellschaftslehre, S. 136ff. [im vorliegenden Band S. 460f.], und die ausführliche Darstellung in Oppenheimer, Der Staat, S. 14ff. [erscheint in Band 2 der vorliegenden Edition, A.d.R.])

Und so kann also das feudale Grundeigentum, so kann die feudale Grundrente, *nicht* aus dem Naturrecht abgeleitet werden. Das feudale Grundeigentum ist zweifellos Rechtsmonopol, die feudale Grundrente zweifellos Monopolpreis, Abzug vom natürlichen Lohne.¹

Man muß kleines Grundeigentum, das dem ökonomischen Mittel, und großes Grundeigentum, das dem politischen Mittel allein seine Entstehung verdankt, grundsätzlich scharf auseinanderhalten. Die Physiokraten haben beide völlig verschiedenen Formen zusammengeworfen und dadurch die Verwirrung erzeugt, die bis auf den heutigen Tag nicht nur die bürgerliche, sondern sogar die sozialistische Theoretik abgelenkt hat: sie sprachen *alles* Grundeigentum schlechthin, kleines wie großes, heilig mit der Begründung, die nur für das kleine Geltung hat, das große aber verurteilt, sobald man sich seiner Geschichte bewußt wird.

Dabei lag ihnen in einem hochberühmten, zur Zeit Quesnays schon fast ein Jahrhundert alten philosophischen Hauptwerke die richtige naturrechtliche Theorie des Grundeigentums vor. Georg Adler berichtet:

„Locke hält es in seinem ‚Treatise on government' (1689) aus allgemein naturrechtlichen Gründen für selbstverständlich, daß die Erde allen Menschen gemeinsam gehöre, – da aber jeder Mensch ein Eigentum an seiner eigenen Person habe, so gebühre es sich, daß das, was er durch seine Hände geschaffen habe, sein eigen werde. Aber ‚dasselbe Gesetz der Natur, das uns auf diese Weise Eigentum gibt, *begrenzt auch dieses Eigentum:* soviel jemand zu irgendwelchem Nutzen für sein Leben verwenden kann, ehe es verdirbt, soviel darf er durch seine Arbeit als Eigentum aussondern, – was darüber hinausgeht, ist mehr als sein Anteil und gehört den anderen'. Demnach ist eine Bodenfläche, die so groß ist, daß ein Mann sie bebauen kann, sein Eigentum, durch seine Arbeit sondert er dies Bodenstück gleichsam aus dem Gemeingut ab! ‚Das Maß des Eigentums des Menschen hat die Natur deutlich gegeben mit der Ausdehnung seiner Arbeit und seiner Bedürfnisse: keines Mannes Arbeit könnte alles bezwingen oder sich aneignen; noch könnten seine Genüsse mehr als einen kleinen Teil davon konsumieren, so daß es unmöglich für einen Menschen wäre, auf diese Weise in die Rechte eines anderen überzu-

---

1 Das gilt uneingeschränkt auch für das Herreneinkommen der Grundbesitzer in der kapitalistischen Sklavenwirtschaft. Nur mit der interessanten Variante, daß der Preis der *Arbeit* hier als Preis des *Arbeiters*, des Sklaven, erscheint. Je höher der Sklavenpreis, um so niedriger die Rente, und umgekehrt. Das war bereits den Physiokraten aufgefallen. Le Trosne (in: Physiocrates, S. 1021) schreibt: „Mais ce renchérissement (des nègres) renchérit les frais de culture, *diminue le produit net* (. . .)." Und Halle (Baumwollproduktion und Pflanzungswirtschaft, S. 368) deutet aufgrund der gleichen Tatsache bereits vorsichtig auf naheliegende theoretische Ableitungen hin: „Der Preis des Sklaven bemaß sich angesichts der starken Nachfrage und des durch das Einfuhrverbot beschränkten Angebots nicht nach dem Durchschnittsertrag oder der unteren Grenze der Rentabilität der Wirtschaft, sondern nach dem höchstmöglichsten Ertrag unter den günstigsten Bedingungen der besteingerichteten Großbetriebe in fruchtbarster Gegend. Die kaufkräftigsten Abnehmer der Sklavenhändler waren von Haussespekulationsgesinnungen erfüllt, und damit kamen die Sklavenverkäufer in die Lage, einen großen Teil der Rente der besten Betriebe durch den Sklavenpreis für sich zu kapitalisieren.
Wir haben da das eigentümliche Phänomen, daß, was sonst Grundrente ist, hier sich im Sklavenpreis äußert. Dadurch erklärt sich neben den schon angeführten Gründen der niedrige Preis von Grund und Boden, der zwischen 1850 und 1860 nicht entfernt im Verhältnis zu den steigenden Baumwollpreisen heraufgeht."
Daß die Grundrente der kapitalistischen Sklavenwirtschaft nackteste Monopolrente ist, kann nicht bestritten werden. Darum wirft ihr Schwanken umgekehrt wie der Sklavenpreis ein scharfes Schlaglicht auf den Charakter der Feudalrente engerer Bedeutung und der kapitalistischen Verkehrsrente, die ebenfalls umgekehrt wie der Preis der Arbeit schwanken.

greifen oder zum Nachteil seines Nächsten ein Eigentum zu erwerben. *Dieses Maß beschränkte in den ersten Zeitaltern der Welt den Besitz jedes Menschen auf eine sehr bescheidene Grenze, auf so viel, als er für sich erwerben konnte, ohne jemand zu schädigen. Und heute noch, so voll auch die Welt erscheinen mag, könnte man ohne Nachteil jedermann Eigentum in diesem Umfang zuerkennen.*"[1]

Warum haben die Physiokraten diese überzeugende Darlegung ihres größten Meisters[2] nicht aufgenommen?

Weil sie – natürlich unbewußt und gutgläubig – im Grunde dennoch Klassenadvokaten waren. Sie vertraten das landed interest gegen das von dem Merkantilismus übermäßig geförderte moneyed interest. Unmittelbare oder mittelbare Nutznießer der Grundrente als Mitglieder der privilegierten Klasse des späten Feudalstaates, kamen sie gar nicht auf den Gedanken, daß das Einkommen ihrer Klasse aus einem brüchigen Rechtstitel fließen könne. Und so läßt sich ihre gesamte Theorie mit allen ihren Wunderlichkeiten auf das einfachste aus dem πρωτον [ψ]ευδος dieser klassenmäßigen Selbsttäuschung ableiten: die spätfeudale Staatsordnung, mit ihrem Monarchen, ihrem Adel und ihrer Grundrente muß aus diesen Prinzipien abgeleitet, durch sie gerechtfertigt, als „naturnotwendig" dargetan werden.

Zu dem Zwecke wird zunächst nach uraltem Muster[3] die „autorité tutélaire" deduziert. Sobald das Grundeigentum erfunden ist, bedarf es eines Spezialschutzes, den das mobile Eigentum, das sich dauernd unter der Aufsicht des Eigentümers befindet, nicht braucht. So entsteht „der Staat", natürlich als Monarchie, wobei jeder der Schüler Quesnays seinen politischen Neigungen Sonderopfer darbringt: fast die einzige grundsätzliche Verschiedenheit dieser Apostel des einen Meisters. Hier finden sich alle Spielarten, vom Vernunftmonarchismus bis zum leidenschaftlichen Legitimismus, von der Propaganda des Konstitutionalismus bis zu der des aufgeklärten Despotismus.

Ihr *Wissen* um die allgemeine Tatsache, daß der Staat durch Unterwerfung, nicht durch Vertrag entstanden ist, stört sie nicht im mindesten. Sie deduzieren, daß nur zwei Fälle möglich seien, entweder „l'ordre naturel" unter der „schützenden Autorität", oder das Chaos der Anarchie, in dem alle Kultur zugrunde gehen muß. Ich zitiere von hundert gleichlaufenden Stellen nur eine einzige aus Duponts „Avis au lecteur" zu Quesnays „Analyse du Tableau économique", die diese Zusammenhänge vorbildlich zeigt: „Il (Quesnay) a vu que ce *produit net* était nécessaire et indispensable à la société, que s'il n'y avait point de *produit net*, il ne pourrait y avoir aucune sûreté de possession ni même d'existence pour quelque individu que ce soit, puisqu'il n'y aurait point alors d'autorité tutélaire pour protéger le droit de propriété de chacun et réprimer la cupidité des méchants. De sorte que (. . .) sous l'aspect étendu où cettes grandes matières doivent être envisagées, *sans produit net, il ne pourrait point y avoir de culture.*"[4]

Das ist die *politische* Rechtfertigung der Grundrente: weil sie allein das Mittel darstellt, aus dem der „Staat" als Schutzmacht erhalten werden kann, weil ohne ihn das Chaos der Anarchie herr-

---

1 Adler, in: Hall, Die Wirkungen der Zivilisation auf die Massen, S. 15f. Im Orig. nicht kursiv.
2 Vgl. Hasbach, Die allgemeinen philosophischen Grundlagen, S. 48ff.
3 Die Fabel von der „natürlichen" Entstehung des Staates aus dem Schutzmotiv stammt gleichfalls aus der stoischen Philosophie. Cicero schreibt (de officiis II, cap. 21): „Hanc enim ob causam maxime *ut sua tuerentur*, respublicae civitatesque constitutae sunt. Nam etsi *duce naturae* congregabantur homines, tamem spe custodiae rerum suarum urbium praesidia quaerebant." Grotius übernahm den Gedanken mit vielen anderen in sein Naturrecht. (Oncken, Nationalökonomie, S. 191.)
4 Quesnay, Œuvres, S. 441.

schen und jede Kultur im Keime ersticken würde[1], ist sie naturnotwendig, durch die „lois naturelles" geheiligt.

Wirtschaftlich wird sie gerechtfertigt, wie wir sahen, aus den Prinzipien des Eigentums: sie erscheint diesen Philosophen als das Ergebnis eigener Arbeit und eigener Kapitalverwendung, d. h. „Entbehrung" (privation) des ersten wirtschaftlichen Okkupanten. Sie ist, wie oben gezeigt, der gerechte Lohn der von diesem angewandten „avances foncières", d. h. der Arbeit und Kosten der ersten Urbarung.

Um aber die Grundrente ganz aus der Sphäre des Wirtschaftskampfes herauszuheben, erscheint sie schließlich als produit net, als „pur don", als „livraison gratuite" der Natur, als derjenige Teil des Gesamtproduktes, *der keiner beteiligten Arbeit,* sondern lediglich der Güte des Schöpfers *seine Entstehung verdankt,* auf den also keine beteiligte Arbeit gerechten Anspruch erheben kann; er bleibt der classe disponible (classe sociale, nennt sie l'Abbé Baudeau[2] mit klarer captatio) als gerechter Anteil für die Mühe der Staatsverwaltung, nachdem sowohl der Unternehmer wie der Arbeiter *seinen* durch die Konkurrenz bestimmten, „gerechten" Anteil seiner Wirtschaftsarbeit erhalten hat.

Hier ist die „Willenswurzel" der naiven Theorie von der ausschließlichen Produktivität der Urproduktion – zu der sonderbarerweise auch Bergwerke usw. gerechnet werden, obgleich hier keine natürliche réproduction statthat – und der „Sterilität" der Gewerbe; hier die Willenswurzel der krausen Verschlingungen des „tableau économique". Auch hier stellte sich die Logik in den Dienst der Psychologik, des *Klassenwillens.*

So wurde alles verzerrt. Die Staatstheorie ist gröblich falsch: zwischen Anarchie und ordre naturel gibt es noch ein drittes, den auf Unterwerfung begründeten Staat der Wirklichkeit, der die Funktionen der autorité tutélaire genügend ausübt, um Eigentum und Kultur zu gewährleisten;[3] und dasjenige Grundeigentum, das ein „produit net" abwirft, ist nicht durch ökonomische, sondern durch politische „Okkupation" entstanden und daher von dem Naturrecht verdammt, da es die Freiheit in sämtlichen drei Arten des Eigentums, dem persönlichen, mobilen und Grundeigentum verletzt.[4]

---

1 Vgl. Mercier de la Rivière, zitiert von Daire, in: Physiocrates, S. XIII: „La propriété foncière est établie sur la nécessité dont elle est aux deux premières propriétés qui sans elles deviendraient nulles; dès qu' il y aurait plus d' hommes que de subsistances le besoin les mettrait dans le cas de s' entrégorger, et alors il n'existerait plus ni propriété mobilière, ni propriété personelle ni société." Der Bourgeois-Liberalismus hielt diese Auffassung getreulich fest, vgl. z. B. Mac Culloch, Principles, S. 50f., der einen langen Panegyricus auf das Grundeigentum wie folgt abschließt: „Without its protection the rich man would become poor and the poor man would never be able to become rich – *all would sink to the same bottomless abyss of barbarism and poverty.*"
2 Baudeau, in: Physiocrates, S. 668ff.
3 Vgl. Oppenheimer, Der Staat, S. 40 und 53f. [erscheint in Band 2 dieser Edition, A.d.R.]. Die Herrenklasse der Eroberer übernimmt in der Tat den Grenzschutz nach außen und Rechtsschutz nach innen aus denselben Gründen des Selbstinteresses, aus denen der Imker den Schutz „seiner" Bienen übernimmt, die er doch „ausbeutet". Aber es ist gerade so verkehrt, den Staat *nur* als Organisation dieser Schutzfunktion aufzufassen, wie es verkehrt ist, ihn *nur* als Organisation der „Ausbeutung" aufzufassen. Er ist seiner *Entstehung* nach *nur* Ausbeutung, seinem *Wesen* nach sofort außer Ausbeutung auch Organisation des Grenz- und Rechtsschutzes, und seine Entwicklung besteht der Hauptsache nach in der allmählichen Ausstoßung der ersten „Komponente", d. h. des „politischen Mittels".
4 Die Schüler der Physiokraten eine Generation später erkannten das mit aller Klarheit und zogen blutig die Konsequenz. Sieyès schreibt: „Warum sollte der Dritte Stand nicht alle Familien, die den närrischen Anspruch erheben, einer Eroberrasse zu entstammen und Eroberrechte geerbt zu haben, in die Frankenwälder zurückschicken? Hätte es keine Polizei gegeben, so hätte sich Cartouche vielleicht auf einer großen Heerstraße niedergelassen und vielleicht einen Mautschranken errichtet; wäre er dazu aber gesetzlich berechtigt gewesen? Und hätte er dieses Monopol – was einst sehr oft der Fall war – einem ehrlichen Nachfolger verkauft –, wäre dasselbe in des letzteren Händen rechtmäßiger geworden?" (zit. nach Taine, Entstehung des modernen Frankreich, Bd. I, S. 376).

Und daher sind alle weiteren Ableitungen aus diesen falschen Konsequenzen des ersten richtigen Prinzips nichts besseres als eben eine – Kinderfibel!

2. *Kapitalistische und Feudalrente*

Die Feudalrente ist also sicher Monopolpreis! Damit ist, so sollte man annehmen, die Ricardosche Theorie bereits widerlegt. Denn sie will nicht nur die Rente der kapitalistischen Gesellschaftsordnung, sondern jede Rente ableiten und erklären. Sie beruht auf dem „Gesetz der sinkenden Erträge", das in jeder denkbaren menschlichen Gesellschaft richtig ist. Mag sie geordnet sein, wie sie wolle: immer wird der fruchtbarere Boden seinem Eigentümer mehr Rohertrag bringen als der weniger fruchtbare dem seinen. Und wo ein Markt besteht, wird der marktnähere Boden seinem Eigentümer einen höheren Reinertrag erbringen. Ricardo selbst hat zweifellos sein Rentengesetz als ein Grundgesetz jeder Wirtschaftsgesellschaft aufstellen wollen, und Diehl legt ihn richtig aus, wenn er schreibt:

> „Die Grundrente ist nicht beschränkt auf eine bestimmte wirtschaftliche Rechtsordnung, sondern kommt vielmehr in allen denkbaren Gesellschaftsformationen vor.
> Die Grundrente in dem Ricardoschen Sinne ist das Ergebnis *natürlicher* Produktionskostendifferenzen; da diese aber unabhängig von irgendwelcher Rechtsordnung sich vorfinden, ist die Grundrente auch nichts etwa der privaten kapitalistischen Wirtschaftsordnung Eigentümliches. Vielmehr muß sie sich finden, ganz gleich, ob der Boden im Privateigentum Einzelner oder im Gemeineigentum des Volkes steht, oder wie die Rechtsverhältnisse an Grund und Boden auch geordnet sein mögen."[1]

Wenn aber in jeder denkbaren Gesellschaft Grundrente vorhanden sein muß; und wenn die feudale Grundrente der Monopolpreis eines Rechtsmonopols unzweifelhaft gewesen ist, dann ist, so sollte man meinen, die Ricardosche Grundrentenlehre widerlegt, die behauptet, daß jede, also auch die feudale Grundrente, das Ergebnis rein naturrechtlicher Beziehungen ist.

Der Schluß scheint unanfechtbar. Trotzdem ist er, und zwar mit zwei verschiedenen Begründungen, angefochten worden, einerseits von Richard Jones[2], anderseits von Berens[3], dem sich Diehl[4] genau anschließt. Alle drei erklären feudale und kapitalistische Grundrente für verschieden und lehnen daher den Schluß auf die Ungültigkeit der Ricardoschen Lehre als eine Quaternio terminorum ab.

Sie unterscheiden sich aber in der Begründung sehr bedeutend. Jones erkennt die feudale Rente als echte Rente, *und zwar als Monopolrente*, an: er behauptet aber, daß die kapitalistische Verkehrswirtschaft eine grundstürzende Änderung aller Verhältnisse mit sich brachte, die die Monopolrente in naturrechtliche Rente verwandelte.

Berens und Diehl aber leugnen, daß die feudale Rente überhaupt „Rente" gewesen sei. Sie unterscheide sich von der kapitalistischen „wie Gewicht und Farbe"[5]. Zwei ganz verschiedene gesellschaftliche Bildungen trügen zufällig den gleichen Namen.

---

1 Diehl, Sozialwissenschaftliche Erläuterungen, 1. Teil, S. 245.
2 Richard Jones, An Essay on the distribution of wealth and on the sources of taxation, London 1831.
3 Berens, Dogmengeschichte, S. 240ff.
4 Diehl, Sozialwissenschaftliche Erläuterungen, 1. Teil, S. 248.
5 Berens, Dogmengeschichte, S. 242.

Beide Einwände bedürfen der sorgfältigsten Prüfung. Wir werden dabei folgendermaßen vorgehen:

Große Teile der kapitalistischen Rente sind sicher in ununterbrochener geschichtlicher Kontinuität aus der feudalen hervorgegangen, nämlich die auf die ehemals feudalen Großgüter des Adels fallende Grundrente. Wir werden vorläufig alle anderen kapitalistischen Renten nicht-feudalen Ursprungs aus dem Spiele lassen und uns auf die Frage beschränken: *Sind jene ursprünglich feudalen kapitalistischen Renten mit ihren Vorläufern identisch oder nicht?*

Wenn diese Frage bejaht werden muß, dann ist die Ricardosche Theorie durch Tatsachen widerlegt: denn dann ist die Monopol-Lohn-Theorie bewiesen, nicht nur für die Feudalrente, die dann als echte Grundrente dargetan ist, sondern vor allem auch für bedeutende Teile der kapitalistischen Gesamtgrundrente.

Um die Monopol-Lohn-Theorie ganz zum Siege zu führen, bliebe dann nur noch übrig, nachzuweisen, daß sie auch den Rest der kapitalistischen Gesamtgrundrente ableiten kann. Könnte sie es etwa nicht, so wäre sie zwar nicht falsch, aber unzureichend; sie gäbe nur eine Teilerklärung, und es müßte nach einer übergeordneten Theorie Umschau gehalten werden, die *alle* Erscheinungen ihres Gebietes zu erklären vermag.

Sind also feudale und „ursprünglich feudale" Rente dem Wesen und der Entstehung nach identisch?

a) Jones Grundrentenlehre

α) Darstellung

Richard Jones gehört in die Ahnenreihe zweier hervorragender soziologischer Schulen: er ist einerseits historischer und ethnologischer Soziologe im guten Sinne, ein Mann, der entschlossen ist, die Ergebnisse der reinen Deduktion immer wieder an den in möglichster Vollzähligkeit gesammelten Tatsachen zu kontrollieren und die einzelne Wirtschaftserscheinung aus den gesamten Gesellschaftsverhältnissen des betreffenden Volkes zu der betreffenden Zeit zu verstehen. Er gehört andererseits zu jener *„sozialliberalen Schule"*, die gleich der bourgeois-ökonomischen, von Malthus und Ricardo eingeleiteten, aber in divergenter Richtung von Adam Smith abzweigt. Für den Gegensatz ist bestimmend die Stellung dieser Denker zum „Gesetz vom sinkenden Spielraum". Alle, die es akzeptieren, sind der bourgeois-ökonomischen, alle, die es ablehnen, der sozialliberalen Schule zuzurechnen.

Jones ist eine der frühesten Erscheinungen dieser zweiten Richtung, die in Carey ihren stärksten Ausdruck fand und dann über Dühring, H. George und Hertzka zu den von mir selbst vertretenen Gedankenreihen führt. Bastiat, in vielem ein Anhänger, wenn nicht Nachahmer Careys, nimmt in mancher Beziehung eine Zwischenstellung zwischen Bourgeois-Ökonomik und Sozialliberalismus ein.

Gleich allen Sozialliberalen und namentlich gleich Carey, dem er auch in der Vorliebe für das Zusammentragen massenhafter geschichtlicher und völkerkundlicher Tatsachen ähnlich ist, ist auch Jones Gläubiger der „Interessenharmonie": eine notwendige Folge aus dem Umstande, daß er an das Gesetz vom steigenden Nahrungsspielraum glaubt; wir haben gesehen, daß derselbe Glaube an einen „unendlichen" (indefinite)[1] Fortschritt bei Smith aus derselben Prämisse folgte. Gleich

---

1 Jones, An Essay on the distribution of wealth and on the sources of taxation, S. 141.

Carey verabscheut er die „miserable philosophy"[1], die er auch einmal „dismal" nennt; und gleich ihm führt er die Überzeugung von einem göttlichen Weltenplan gegen die Verelendungsphilosophie ins Feld.

Namentlich Ricardo behandelt er mit unverhohlener Verachtung. Er wirft ihm, wir wissen: nicht mit Unrecht vor, von einem allzu kleinen Beobachtungsmaterial aus rücksichtslos draufloszuschließen und alle entgegenstehenden Tatsachen zu vernachlässigen. Malthus dagegen behandelt er rücksichtsvoller. Er lehnt zwar das Bevölkerungsgesetz ab, macht aber Malthus gewisse Konzessionen, als wenn dieses ganze angebliche Gesetz nicht mit dem von ihm entschieden bestrittenen Gesetz vom sinkenden Spielraum zusammenbräche. Er skizziert[2] ein Bevölkerungsgesetz, das dem von Julius Wolf in seinem oben zitierten Aufsatz: „Ein neuer Gegner des Malthus"[3] vermeintlich neu entwickelten, außerordentlich ähnlich sieht. Er nimmt namentlich, gleich Wolf, an, daß bei steigender Bildung und steigendem Wohlstande die physiologische „Potenz" der Volksvermehrung nicht mehr in dem Maße wirklich aktuell wird, um Störungen hervorzurufen, während in rohen Gesellschaftszuständen tatsächlich die Bevölkerung leicht einmal über ihren Spielraum hinauswachsen könnte. Wenn er Malthus unverdienterweise mit so viel höherer Achtung behandelt als Ricardo, so hat das zwei Gründe: erstens ist er im Herzen ein Anhänger des „landed interest", und sein Buch verfolgt eingestandenermaßen den Zweck, dieses gegen Ricardo zu verteidigen, der, wie wir wissen, einen Gegensatz des Grundeigentums gegen Kapitaleigentum und Arbeit konstatiert hatte. Je schwieriger es wird, den Lebensunterhalt eines wachsenden Volkes aus dem Acker herauszuholen, weil man zu immer geringeren Böden seine Zuflucht nehmen muß, desto höher steigt nach Ricardo die Rente, desto mehr sinkt der Kapitalprofit und der Reallohn der Arbeit. Das bestreitet Jones auf das heftigste und versucht immer wieder, das Gegenteil zu demonstrieren. Den zweiten Grund, warum Jones sich Malthus mehr zuneigte als Ricardo, erblicke ich darin, daß auch er noch physiokratische Reste mit sich herumschleppt. Er schreibt:

„Die Kraft der Erde, selbst der rohesten Anstrengung des Menschen mehr als den für die Erhaltung des Bebauers selbst notwendigen Ertrag zu liefern, befähigt ihn, noch einen Tribut zu bezahlen; daher stammt die Rente."[4]

Und in einer Anmerkung[5] nimmt er für Malthus gegen Ricardo in der entscheidenden Frage Partei, ob die Rente ein reiner Gewinn und eine neue Schöpfung von Reichtum ist. Ricardo bestreitet es, Malthus nimmt es mit den Physiokraten an, und Jones stellt sich auf Malthus' Seite.

Was nun den direkten Angriff von Jones auf die Ricardosche Rententheorie anlangt, so versucht Jones in dem einzig erschienenen, die Rente behandelnden Bande seines groß angelegten, auf drei Bände berechneten Systems die Widerlegung sowohl a posteriori aus den Tatsachen, wie auch den immanenten Gegenbeweis.

Um zuerst von der formalen Prüfung zu sprechen, so leugnet Jones, wie gesagt, das Gesetz vom sinkenden Spielraum. Seine Argumente zu diesem Punkte ähneln den von Rodbertus, Carey, Henry George und mir selbst in meinen ersten Publikationen gebrauchten außerordentlich. Er zeigt, daß Verbesserungen im „agricultural skill" den Ertrag sehr stark vermehren können, und entwickelt sogar eine eigene, mir sonst nicht wieder vorgekommene, sehr feine und fruchtbare Unterscheidung zwi-

---

1 Ebenda, S. XIII.
2 Ebenda, S. XVII, XXXIII, 234.
3 Wolf, Zeitschrift für Sozialwissenschaft, 4. Jahrg., 1901, S. 256ff.
4 Jones, An Essay on the distribution of wealth and on the sources of taxation, S. 4.
5 Ebenda, S. 213.

schen zusätzlichem und Hilfskapital (additional und auxiliary capital)[1]. Aber es gelingt auch ihm nicht, seine Argumente bis zur vollen Überzeugungskraft zu entwickeln; das konnte erst geschehen, nachdem man ausdrücklich terminologisch, so, wie es mir zuletzt geglückt ist, zwischen dem Gesetz des sinkenden *Ertrages* und dem des sinkenden *Nahrungsspielraums* unterschieden hatte.

Die zweite Prämisse der Rentenlehre, die Lohnfondstheorie, erkennt er an; und das ist m. E. die Hauptursache, warum es ihm nicht geglückt ist, Ricardo ganz zu widerlegen. Denn so lange kann man die Monopol-Lohn-Theorie nicht reinlich entwickeln. Davon weiter unten.

Was nun die Prüfung der Beweisführung selbst anlangt, so kann sich Jones an logischem Scharfsinn mit Ricardo nicht messen. Er polemisiert vielfach gegen ihn mit ungenügenden Gründen und ungenügendem Verständnis. So namentlich gegen die Ricardosche Behauptung, daß bedeutende Fortschritte des Ackerbaus die Rente erniedrigen müßten.[2] Hier ist Ricardo nicht mit der Auseinandersetzung zu widerlegen, daß solche Fortschritte sich nur sehr langsam verbreiteten, so daß die Rente gleichbleiben oder gar steigen könne. Ricardo würde das ohne weiteres zugeben können, ohne sein Prinzip aufzugeben; denn er selbst gibt an, daß, sobald die Bevölkerung genügend nachgewachsen ist, aus solchen Verbesserungen, die zuerst eine Senkung der Rente hervorbrächten, schließlich doch ihre Erhöhung folge.

Dann versucht Jones etwa mit denselben Argumenten, die wir im 6. Abschnitt unter B. 2 unter dem Titel: „Nahrungsspielraum und Grundrente" entwickelt haben, die Ricardosche Lehre ex consequentibus zu widerlegen. Er zeigt gleichfalls, daß das Gesetz des sinkenden Spielraums unmöglich richtig sein könne, da in fortschreitenden Ländern die Zahl der industriellen Bevölkerung viel stärker wachse, als die der bäuerlichen Bevölkerung, und daß daher die hier zweifellos stattgehabte sehr bedeutende Erhöhung der Rente unmöglich nach dem Ricardoschen Prinzip erklärbar sei. Aber er kommt nicht zu der Erkenntnis, daß ein stringenter Beweis für diese Auffassung unmöglich zu führen ist, weil die Ricardosche Theorie einen solchen überhaupt nicht zuläßt.

Ungleich stärker ist sein Angriff aus den Tatsachen der nichtkapitalistischen Rente. Er verwirft die Kinderfibel von der Previous accumulation, soweit sie das Grundeigentum anlangt, mit Entschiedenheit, während er sie leider für das Kapital beibehält. Er hält die Konstruktion von der allmählichen *wirtschaftlichen* Okkupation des ganzen Bodens für eine abstrakte Möglichkeit, die niemals Wirklichkeit gewesen sei. In der Tat sei der Boden regelmäßig *rechtlich* angeeignet und so der Bebauer zu dem Tribut der Grundrente gezwungen worden[3]: also Monopol-Lohn-Theorie in voller Klarheit!

Über die Art, wie diese Appropriation sich vollzogen hat, macht er sich aber Vorstellungen, die der heutige ethnologisch geschulte Soziologe mindestens für die überaus große Mehrheit der vorliegenden Fälle entschieden ablehnen muß. Obgleich er einige Tatsachen der Eroberung und Unterwerfung anführt und leidlich würdigt, z. B. die dorische Unterwerfung der Peloponnes-Staaten[4] und die „skythischen" Staatsbildungen in Osteuropa und Asien[5], nimmt er doch als allgemeine Regel an, daß innerhalb der Völker selbst durch eine notwendige Rechtsentwicklung (er nennt sie „natural")[6] sich eine privilegierte, über das Grundeigentum ausschließlich verfügende Klasse bildet. Das bekannte Schutzmotiv, das seit der Stoa immer für derartige Gedankengänge herhalten muß, spielt dabei eine bedeutende Rolle; aber auch der Wucher wird, vielleicht in Erinnerung an die Joseph-Sage, für die Erklärung herangezogen. So kommt er zu der wunderlichen

---

1 Ebenda, S. 224ff.
2 Ebenda, S. 204ff.
3 Ebenda, S. 4.
4 Ebenda, S. 76.
5 Ebenda, S. 110.
6 Ebenda, S. 82.

Vorstellung, daß z. B. in Rußland die Leibeigenschaft der Landbevölkerung sich aus dem System der „Serfs", d. h. arbeitspflichtiger Hintersassen, entwickelt habe, während zweifellos umgekehrt dieses System die Folge vorhergegangener politischer Unterwerfung ist. Wie es scheint, bestimmen ihn die auch heute noch nicht genügend aufgeklärten Verhältnisse der hochschottischen Clans[1] zu der Annahme, daß das große Grundeigentum im allgemeinen „gradually" aus dem Gemeineigentum der Volksmasse sich herausgebildet habe.

Doch das sind Irrtümer, die in diesem Zusammenhange von geringer Bedeutung sind. Jedenfalls vertritt er die Monopol-Lohn-Theorie in ihrer reinsten Fassung. Das Land wird durch das „feudale" Grundeigentum gesperrt, und die Volksmasse muß den Tribut der Grundrente bezahlen.

Zu dem Wort „feudal" ist eine Bemerkung zu machen. Jones bestreitet auf das entschiedenste, daß es sich bei den Renten, die die Bauern an ihre Grundherren zahlten, um feudale Abgaben gehandelt habe. Er versteht nämlich unter Feudalabgaben lediglich die *lehnsrechtlichen* Leistungen; außerdem nimmt er das Wort Feudalsystem in seinem engeren Sinne, wie es sich im *entfalteten* Feudalstaat ausgebildet hat. Ich kann auf diese Streitfrage hier nicht eingehen, muß vielmehr auf meine Abhandlung „Der Staat" verweisen, in der ich die Entwicklung vom primitiven zum entfalteten Feudalstaat genau dargestellt habe. Der Widerspruch von Jones gegen die Bezeichnung Feudalabgaben für die Grundrente der Feudalzeiten braucht uns jedenfalls nicht zu beunruhigen. Denn diese Abgaben sind es, die das ganze Feudalsystem wirtschaftlich tragen, dürfen also zweifellos als feudal bezeichnet werden; und schließlich läuft der Streit nur um einen Disput über den Umfang eines Begriffes hinaus. Wir wollen also konstatieren, daß dasjenige, was wir feudale Grundrente nennen, von Jones nicht derartig bezeichnet wird. Der psychologische, wahrscheinlich unbewußte Grund für seine auffällig enge Definition liegt augenscheinlich darin, daß er Bedenken trug, die kapitalistische Grundrente des von ihm verteidigten modernen Grundeigentums als eine ursprünglich feudale Machtposition den Angreifern zu denunzieren.

Um zum Thema zurückzukehren, so sei wiederholt, daß Jones die vorkapitalistische Rente als Monopolpreis, als Abzug vom natürlichen Arbeitslohn der Landbauern auffaßt. Er ordnet das zu seiner Zeit zugängliche Tatsachenmaterial in zwei Hauptabteilungen, die „peasant-rents" und die „farmers-rents". Die erste Gruppe umfaßt die Grundrenten, die von solchen Landbauern gezahlt werden, die „ihren eigenen Unterhalt aus dem Acker zu holen haben", während farmers-rents von kapitalistischen Unternehmern gezahlt werden, die aus ihrem „Lohnfonds", d. h. durch ihre Vorschüsse, die Arbeiter unterhalten. Diese zweite Gruppe umfaßt nur einen winzigen Teil der Erdoberfläche, die erste vielleicht 99% davon. Und so müssen denn die primitiven Gesetze der Rente hier aufgesucht werden.

Die peasant-rents gliedert er in vier Abteilungen: die Arbeit- oder Leibeigenenrenten (labor- or serf-rents), die in Diensten und Leistungen der Leibeigenen auf dem Herrenacker abgetragen werden; zweitens die Teilpächterrenten (métayer-rents); drittens die ryot-rents, so genannt nach dem indischen Beispiel: Renten, die die Untertanen an den Fürsten zahlen, der der Eigentümer des ganzen Landes ist; und schließlich Kätnerrenten (cottier-rents), vertreten namentlich in Irland, gezahlt von nichtkapitalistischen Kleinpächtern an den Grundeigentümer. Überall schließen die folgenden, wie ein Leitmotiv immerfort wiederkehrenden Sätze die Darstellung der einzelnen Abteilungen:

---

[1] Vgl. Schmoller, Grundriß der allgemeinen Volkswirtschaftslehre, I. Teil, S. 374 und Sismondi, Etudes sur l'Economie politique, Paris 1837, S. 211ff., nach dessen Darstellung es sich um nackte Usurpation des Bodeneigentums durch die Clanhäuptlinge unter Duldung der englischen Regierung gehandelt hat: „C'est par un cruel abus des formes légales, c'est par une usurpation inique (...)" (S. 229). Dieser Mißbrauch, diese Usurpation war nur möglich, weil sie sich auf die englischen Bajonette stützte, die eine unvernünftige Rechtsauslegung den Titularinhabern eines uralten Gemeineigentums zur Verfügung stellte.

„Die Existenz der Renten unter einem dieser Systeme hängt in keinem Grade von dem Vorhandensein verschiedener Bodenqualitäten oder von verschiedenen Erträgen des Kapitals und der Arbeit ab, die verwendet werden. Wo kein genügender Lohnfonds vorhanden ist, um die Arbeiter zu ernähren, da müssen sie ihre Lebensmittel selbst aus der Erde hervorbringen oder Hungers sterben. Und dieser Umstand würde sie den Grundbesitzern tributpflichtig machen und Renten entstehen lassen, und zwar bei wachsender Volkszahl sehr hohe Renten, wenn auch alle Böden von völlig gleicher Bonität wären.

Bauernrenten können aus zwei Ursachen wachsen, erstens aus einer Zunahme des Gesamtertrages, die der Grundbesitzer ganz oder zum Teil für sich nimmt. Oder sie können, wenn der Ertrag gleich bleibt, wachsen durch Vermehrung des Anteils des Grundbesitzers."

In seiner Schlußzusammenfassung über diese nichtkapitalistischen Renten verspottet Jones in folgender Weise die Lehre Ricardos und seiner Schüler:

„Stellen wir uns einen Augenblick die Wirkung einer Rede vor, die ein Philosoph der Ricardoschen Schule vor einer Versammlung halten würde, die sich zusammensetzt aus fürstlichen Grundeigentümern solcher Ländereien, die von ryots, und den Eigentümern solcher Ländereien, die von Leibeigenen, Teilpächtern oder Kätnern bebaut werden. Er würde ihnen versichern, nach Herrn Mac Culloch, daß die Ausdehnung und der Reichtum ihrer Gebiete *in keiner Weise* ihre Fähigkeit beeinflusse, eine gewerbliche Bevölkerung zu unterhalten und zu beschäftigen: daß in den frühesten Stadien der Gesellschaft (und das sind ja gerade die, die ihnen am vertrautesten sind) niemals irgendwelche Renten gezahlt wurden: daß sie erst dann auftauchen, wenn es nötig wird, Böden von geringerer Fruchtbarkeit anzubauen. Er würde ferner die Grundherren darüber belehren, daß keine Verbesserung ihres Einkommens jemals auf irgendeine Weise durch Verbesserung im Ackerbau oder Vermehrung der Bodenfruchtbarkeit erzielt werden kann. Er würde ihnen im Gegenteil mitteilen, daß jede Vermehrung ihrer Rentensumme *gänzlich* aus der Notwendigkeit hervorgehen muß, mit wachsender Bevölkerung zu Böden geringerer Fruchtbarkeit überzugehen. Daß ferner die wachsende Unergiebigkeit des Ackerbaues und der Wohlstand der Landbesitzer immer Hand in Hand vorwärts ginge; daß ihr Einkommen immer im umgekehrten Verhältnis zu dem durch Arbeit und Kapital erzielten Bodenertrage stehen muß, und daß ihre Renten deshalb wachsen würden, in dem Maße, wie der Nutzen der Landwirtschaftsarbeit sinkt, und sich vermindern würde, wie dieser Nutzen steigt. (...) Wir können uns die Verblüffung des Zuhörerkreises dieser verschiedenen Grundherren lebhaft vorstellen. Sie würden wissen, daß sie, wie ihre Väter, von einer Bauernbevölkerung umgeben seien, die ihnen einen Teil ihres Arbeitsertrages abtritt als Tribut für die Nutzung des Bodens, von dem sie ihre Nahrung ziehen, und zu dem sie Zugang haben müssen, um nicht zu verhungern. Die Grundherren würden infolgedessen empfinden, daß ihr Einkommen als Grundeigentümer weder seinen Ursprung noch seine Dauer dem Vorhandensein verschiedener Bonitätsstufen verdanke. (...) Es ist schwierig, sich vorzustellen, daß in einem Kreise von diesen Erfahrungen unser Vortragender Gläubige finden würde. Seine Zuhörerschaft würde geneigt sein, zu glauben, daß der Philosoph, den sie hörten, von irgendeinem anderen Planeten herabgefallen sein müsse, und daß er die verschiedenen Behauptungen, die er ihnen plausibel zu machen versuchte, unmöglich aus einer Anschauung der Tatsachen abgeleitet haben könnte, mit denen sie aus dem täglichen Leben vertraut sind."[1]

---

[1] Jones, An Essay on the distribution of wealth and on the sources of taxation, S. 81 ff.

In dem zweiten Teile geht nun Jones zu der Analyse der „farmers-rents" über.

Wenn sich eine Kapitalistenklasse gebildet hat, reich genug, um den Lohnfonds für eine ganze Produktionsperiode vorzuschießen dann ändert das Grundeigentum völlig seinen Charakter. *Es hört auf, Monopol zu sein!*

> „Eine der unmittelbaren Folgen dieser Wandlung" (der Entstehung von Privatkapital, das sich dem Ackerbau widmet) „ist die Möglichkeit, dasjenige Kapital und diejenige Arbeit, die in Ackerbau angelegt waren, nach Belieben auf andere Betriebszweige zu übertragen. Solange der Pächter selbstarbeitender Bauer war, der mangels anderer Unterhaltsfonds gezwungen war, seinen Unterhalt selbst dem Boden zu entziehen, war er durch die Not an die Scholle gefesselt. (. . .) Aber wenn die Anwender der Arbeiter einen genügenden Fonds aufgehäuft haben, um sie zu unterhalten, *dann ist diese Bindung an die Scholle gebrochen*: und, falls nicht durch Anwendung der Arbeiterklasse in der Agrikultur ebenso viel verdient werden kann, wie von ihrer Arbeit in den verschiedenen anderen Erwerbszweigen, die in solchem Gesellschaftsstande im Übermaß vorhanden sind, dann wird das Geschäft des Ackerbaus verlassen werden. *Grundrente besteht in solchen Fällen lediglich aus Surplus-Gewinnen* (. . .)."[1]

Hier ist also die Ricardosche Theorie als für die Verkehrswirtschaft richtig anerkannt. Sie ist Jones nur zu *eng*! Sie gilt nicht für die 99% aller auf diesem Planeten bezogenen Grundrenten, sondern lediglich für das eine Prozent der kapitalistischen Pächterrente. Jene ist Monopolpreis, diese „natürlicher" Übergewinn am Preise.

Wenn Jones recht hätte, wäre die Ricardosche Grundrentenlehre also für den vollen Umfang derjenigen Wirtschaftsordnung wahr, den sie allein erfüllen will, für die freie Verkehrswirtschaft. Dann wäre in der Tat „nur der Beweis geliefert, daß in dem wirklichen Verlaufe die Erscheinung der Rente unter den vielfach störenden Verhältnissen von Eroberung, Gewalt, Bedrängnis usw. nicht in ihrer ganzen Deutlichkeit zutage treten konnte. Das zwingt aber eben zu der Abstraktion, zu der Ausscheidung aller Momente, welche die Spuren des zu erforschenden Prinzips verwischen könnten (. . .)"[2].

Prüfen wir also die Jonessche Theorie genau.

β) Widerlegung

Die von Jones gegebene Ableitung über Entstehung und Wesen der feudalen Rente, seiner „peasant-rents", unterschreiben wir mit den oben gegebenen Einschränkungen vollkommen und halten einen Widerspruch dagegen für äußerst unwahrscheinlich.

Dagegen ist seine Theorie von dem Umschwung aller Verhältnisse mit dem Augenblicke, wo Kapital und eine kapitalbesitzende Pächterklasse entsteht, durchaus unhaltbar.

Sie beruht ganz auf der *Lohnfondstheorie* in ihrer naivsten, in der Tat ausschweifendsten Gestalt und muß mit ihrer Prämisse fallen.

Jones nimmt nicht nur an, sondern erklärt ausdrücklich[3], daß der kapitalistische Pächter den *ganzen Unterhaltsfonds* für seine Arbeiterschaft *während der ganzen Produktionsperiode* zur Verfügung hat und „vorstreckt". Nur aus dieser Voraussetzung kann er den Schluß ziehen, daß der Unternehmer, falls ihm eine zu hohe Rente abverlangt wird, sein Kapital *samt den Arbeitern* „nach

---

1 Ebenda, S. 188; die hier kursiven Stellen sind im Original nicht kursiv.
2 Berens in seiner Polemik gegen Jones, (Dogmengeschichte, S. 240ff.).
3 Jones, An Essay on the distribution of wealth and on the sources of taxation, S. 187.

Belieben auf irgendeinen anderen Erwerbszweig übertragen kann". (Wie überaus naiv diese Anschauung bleibt, selbst *wenn* die Lohnfondstheorie richtig wäre, kann hier nur angedeutet werden. Man kann investierte Kapitalien und vor allem mit dem Boden verwurzelte Menschen nicht so einfach „übertragen", wie ein Guthaben von einem Bankkonto auf das andere.)

Die Voraussetzung ist aber falsch: die Lohnfondstheorie hat sich als völlig unhaltbar erwiesen, mindestens in diesem naiven Sinne. Auch in der Landwirtschaft braucht der Unternehmer nur einen Teil des Kapitals in der Hand zu haben, das während der Produktionsperiode gebraucht wird. Ja, es ist auch hier sogar möglich, daß ein besonders geschätzter und daher kreditfähiger, aber völlig kapitalloser Pächter eine Pacht erhält. Wenn der Grundeigentümer ihm das mit vollem Inventar eingerichtete Gut unmittelbar vor der Ernte übergibt, so braucht er überhaupt kein bares Geld. Er bekommt im Notfall von irgendeinem Getreidehändler der Nachbarschaft auf das in Halm und Ähren stehende Getreide, d. h. auf *ein Produkt der laufenden Produktionsperiode*, die kleine Summe vorgestreckt, die zum Hereinbringen der Ernte nötig ist, und kann dann das ganze Jahr hindurch von dem Erlöse die Wirtschaft betreiben.

Doch das sind Ausnahmefälle! Im allgemeinen wird der Pächter eine stattliche Summe baren Geldes oder einen entsprechenden offenen Kredit haben müssen, um eine Pachtung zu übernehmen. Aber sie ist *niemals* so groß, daß er seine Arbeiter das ganze Jahr daraus allein unterhalten kann. Er hat, wo Viehhaltung besteht, schon während der Produktionsperiode selbst regelmäßige Einnahmen aus Milch, Butter, Fleisch, Wolle usw. und selbst dort, wo reiner Getreidebau besteht, hat er in dem Maße, wie die Ernte sich entwickelt, *Kredit*; und das heißt auch nichts anderes, als daß er das noch nicht genußreife Produkt der *laufenden* Produktionsperiode verwertet, d. h. *bedingungsweise verkauft*.

Das Kapital also, das er einbringt, und das er, wie wir einmal annehmen wollen, bei Aufgabe der Pacht unverkürzt wieder herausnehmen kann, ist nur ein Teil der Summe, die erforderlich wäre, um seine sämtlichen Arbeiter in anderen Berufszweigen zu beschäftigen. Damit fällt Jones' Schluß in sich zusammen, daß das durch kapitalistische Pächter bewirtschaftete Grundeigentum nicht mehr Monopolcharakter habe.

Denn – das ist nur die andere Seite der Sache – denjenigen Teil ihres Unterhaltes, den der Pächter ihnen nicht aus seinem Privatkapital vorstreckt, sondern aus den laufenden Erträgen der Wirtschaft unmittelbar als Naturalleistung oder in erlöstem Gelde oder mittelbar auf dem Wege des Kredits vereinnahmt und an sie ausgibt: diesen Teil ihres Unterhaltes *holen die Arbeiter geradeso durch ihre eigene Arbeit aus dem Boden, wie serf, métayer, ryot und cottier. Und darum sind sie geradeso „an die Scholle gefesselt"*, wie diese, wenn sie die Freizügigkeit haben.

Wenn das Grundeigentum dem *Pächter* gegenüber nicht als Monopol wirkt – dem *Arbeiter* gegenüber wirkt es unverändert als Monopol.

Das Dazwischentreten des Geldkapitals verhüllt den Charakter der Grundrente als eines Monopolpreises nur, aber es ändert ihn nicht. Das zu erkennen ist Jones nur durch die unglückliche Lohnfondstheorie verhindert worden. Und so kommt er schließlich zu der Verteidigung des englischen Systems der kapitalistischen Großpachtung, auf die das ganze Werk zugespitzt ist.

Er war nicht Sozialist, sondern bürgerlicher Harmonist, und er griff Ricardo nicht etwa darum an, weil er die kapitalistische Grundrente verteidigt hatte, sondern *weil ihm die Verteidigung nicht genügte*. Erschien bei Ricardo das Grundeigentum zwar als ein notwendiges Übel, aber doch als ein *Übel*, so wollte er es als ein segensreiches *Gut* dartun. Und so schließt denn der vorliegende Band mit der Feststellung, daß „in keiner Beschaffenheit der Gesellschaft, während keiner Periode des Fortschrittes der Zivilisation die wahren Interessen der Bodeneigentümer aufhören, mit denen der Bebauer und der ganzen Gesellschaft identisch zu sein".

Für uns aber, die wir uns nicht mehr durch die Lohnfondstheorie dazu verführen lassen, die farmers-rents für eine ganz andere gesellschaftliche Formation zu halten als die peasant-rents, dient die nachgewiesene Übereinstimmung zwischen beiden als erster Beweis dafür, daß diejenigen Teile der kapitalistischen Grundrente, die in historischer Kontinuität aus der feudalen Grundrente entstanden sind, dem Wesen nach mit ihr identisch sind.

b) Berens und Diehl gegen Jones

Jones hatte behauptet, daß die Ricardosche Theorie zu eng sei: sie erkläre nur die farmers-rents, nicht aber die ungleich wichtigeren peasant-rents. Das wollen Berens und Diehl nicht gelten lassen: die Lehre Ricardos habe die von ihm behauptete allgemeine Gültigkeit für jede denkbare menschliche Gesellschaft.

Zu dem Ende müssen sie behaupten, daß jene feudalen Renten überhaupt nicht unter den wissenschaftlichen Begriff der „Grundrente" fallen. Sie seien toto coelo von dieser verschieden, und man dürfe sich durch den Gleichklang des doppeldeutigen Wortes nicht dazu verführen lassen, sie gleichzusetzen.

Diehl schreibt in fast wörtlicher Übereinstimmung mit Berens:

„Jones unterscheidet die *peasant-rents* und *farmers-rents* und rechnet zu der ersten Kategorie alle die Renten, welche bezahlt werden von solchen Bauern oder Landarbeitern, die in irgendeinem Abhängigkeitsverhältnis vom Grundherrn stehen. Es handelt sich aber hierbei gar nicht um ‚Rente' im nationalökonomischen Sinne, sondern um Abgaben und Steuern, die der Grundherr vom Bauern erhält, Abgaben, die teils Gegenleistungen darstellen für Dienste, welche der Grundherr den Bauern leistet, teils einfache Lasten sind, die der mächtige Grundherr dem schwachen Bauern auferlegt."

Dieselbe Behauptung stellt Diehl unmittelbar anschließend Thorold Rogers, dem berühmten englischen Wirtschaftshistoriker, entgegen, der in seinem Werk „The Economic Interpretation of History", London 1888, die Ricardosche Rententheorie mit der vollen Schale seines Hohnes übergossen hat. Gleich Jones erklärt Rogers die Grundrente für eine feudale Machtposition[1], ein „perennierendes Übel der Vorzeit": er schiebt den Pauperismus auf „Gesetze, eingerichtet und aufrechterhalten im Interesse gewisser Klassen. Die meisten der Probleme, die unsere Gesellschaft heimsuchen, haben einen historischen Ursprung, nur einige eine in der Gegenwart liegende Ursache; aber das ist selten". In specie ist die Rente entstanden aus feudaler Unterwerfung; „da der Bauer der wehrloseste aller Arbeiter ist, so muß er sich darein ergeben, entweder unter dem Vorwande eines Schutzgeldes oder eines Lösegeldes für Nichtausrauben Tribut an bewaffnete Leute zu bezahlen, die sich zu seinen Herren aufwerfen"[2].

Seine Auseinandersetzung gipfelt in folgendem Satze: „Niemand, der etwas weiß von der früheren ökonomischen Geschichte, kann daran zweifeln, daß die Rente ursprünglich und jahrhundertelang eine Steuer (tax) war, die vom Starken dem Schwachen auferlegt war, in Anbetracht eines wirklichen oder behaupteten Schutzes des Bauern."[3]

Diehl bemerkt gegen beide: „Damit ist aber ein ganz neuer Ausgangspunkt gegeben; wer eine Geschichte der Grundeigentumsverhältnisse schreiben will, muß natürlich auch diese Zustände in Betracht ziehen, wer aber das ökonomische Wesen der ‚Rente' erklären will, kann sehr wohl,

---

1 Rogers, The Economic Interpretation of History, S. 7.
2 Ebenda, S. 47.
3 Ebenda, S. 172.

wie Ricardo, sich auf die Erscheinung beschränken, die sich bildet bei freien Grundeigentümern und freien Bauern, kurz, kann sich beschränken auf die kapitalistische Gestaltung der Grundeigentumsverteilung und kann die vorkapitalistischen Zustände außer acht lassen.[1] Jones hätte also die eingehende Schilderung der Sklaven, Schollenpflichtigen und Leibeigenen mit ihren Tributen, Abgaben, Diensten usw., die er alle ‚rents' nennt, sich sparen können, soweit es ihm darauf ankam, die Ricardosche Auffassung der Rente zu bekämpfen. Wenn er solche Abgaben der verschiedensten Form ‚Rente' nennt, ist es leicht, Ricardo gegenüber zu behaupten: ‚Die Notwendigkeit, welche diese Bauern zwingt, eine Rente zu zahlen, ist gänzlich unabhängig von irgendeinem Unterschied in der Qualität des Bodens, den sie besitzen, und würde nicht beseitigt, wenn alle Bodenklassen gleich wären.'"[2]

Diehl nennt die Jones-Rogersschen Einwände gegen Ricardo einen „Kampf gegen Windmühlen". Er ist schwer im Irrtum. Um im Cervantesschen Bilde zu bleiben, so gleicht sein eigenes Bemühen dem unglücklichen Zweikampf des edlen Ritters von der Mancha für die Jungfrauenschaft seiner Dulcinea.

Seine eigene Behauptung nämlich ist, wie wir sofort nachweisen werden, durchaus falsch: die feudale Rente und die kapitalistische, „ehemals feudale" Rente sind ihrem Wesen und ihrem Ursprung nach völlig identisch.

Wären sie es aber, wie Diehl mit Berens behauptet, in der Tat nicht, dann fänden sich die beiden Forscher in einem Dilemma, aus dem wir keinen Ausweg sehen:

Wenn nämlich in jeder denkbaren Gesellschaft Grundrente existieren muß; wenn aber die feudale Rente nicht „Grundrente" in diesem Sinne gewesen ist: wo steckte dann in der feudalen Gesellschaft die Grundrente?

Berens und Diehl werden die Antwort geben, daß der Grundherr, der guten Ackerboden besaß, mehr Rente bezog, als sein Standesgenosse von schlechtem: denn entweder konnte er auf der Quadratmeile entsprechend mehr Hörige ansetzen, wenn jeder von seiner kleineren Hufe doch soviel Naturalien zu liefern hatte, wie der Hörige des anderen Seigneur von seiner größeren Hufe; oder er schnitt zwar die Hufen in herkömmlicher Größe, legte aber ihren Inhabern einen entsprechend größeren Kanon auf.

Unzweifelhaft richtig! Aber beweist das etwas für Ricardo? Nicht im mindesten. Jones, der den Einwand für unsinnig, aber – wie es scheint, eben deshalb – für möglich hielt, äußert sich dazu folgendermaßen:

„Man macht mich darauf aufmerksam, daß diejenigen, die daran festhalten, daß die Grundrente immer aus ungleichen Erträgen gleichen Kapitals erwächst, sich immer noch weigern könnten, anzuerkennen, daß die geschichtlichen Aufschlüsse über Ursprung und Wesen der peasant-rents eine Widerlegung ihrer engen Theorie sind. Ich würde den Einwand nicht vorausgesehen haben, aber ich kann mir ihn als möglich vorstellen.
Unzweifelhaft gibt es oft unter den Arbeit- oder Produktrenten der abhängigen Pächterschaft einen Bruchteil, der der überlegenen Qualität des Bodens zugeschrieben werden muß. Der

---

[1] Rodbertus bemerkt zu diesem Problem folgendes (Zur Beleuchtung, S. 240f.): „Ich weiß nun wohl, daß Sie mir einwenden werden, man müsse den nationalökonomischen Ursprung der Grundrente von dem historischen unterscheiden. Aber gesetzt, dieser Unterschied wäre zulässig – was ich aus bereits früher angeführten Gründen nicht glaube –, so darf man doch schon bedeutenden Zweifel gegen eine nationalökonomische Theorie hegen, die eine das Leben aller Völker beherrschende Tatsache, den Bezug von Grundrente, aus angeblichen Tatsachen erklären will, die niemals im Leben einer Nation vorgekommen sind."
[2] Diehl, Sozialwissenschaftliche Erläuterungen, 1. Teil, S. 248.

Grundherr einer hörigen Pächterschaft erhält mehr Arbeit von der gleichen Fläche, wenn das Land gut ist, und ebenso beziehen die Grundherren von Ryots, Teilpächtern und Kätnern höhere Geld- oder Naturalrenten von gutem als von schlechtem Boden. Aber: wie wir wissen, hat solche Differenz mit dem Ursprung oder der Form aller dieser Renten gar nichts zu tun und besteht inmitten der Wirkung der Ursachen, die ihre Veränderungen bestimmen, als eine Größe, die weder von den Zahlern noch von den Empfängern der Rente erkannt oder wenigstens beachtet wird."[1]

Ich wüßte nicht, was Berens und Diehl darauf erwidern sollten. Und so bleibt unser obiges Dilemma ungelöst:

Entweder ist die Feudalrente die in jeder denkbaren Gesellschaft notwendig vorkommende Grundrente. Dann ist sie „Monopolpreis" – das ist gar nicht zu bestreiten. Sie könnte ja auch gar nicht „Übergewinn am natürlichen Preise" sein, weil die Rente samt den Rentendifferenzen schon in den rohesten Gesellschaftsanfängen besteht, wo von einem Markte und einem Getreidepreise noch gar keine Spur existiert. Somit wäre die Monopol-Lohn-Theorie hier erwiesen, und zwar speziell in der Rodbertusschen Fassung: die Ricardosche Lehre kann zwar die Entstehung der *Rentendifferenzen*, aber nicht der *Rente selbst* erklären.[2]

Oder: die Feudalrente ist keine echte Grundrente. Dann muß in der Feudalperiode eine andere, echte Grundrente bestanden haben, und Berens und Diehl haben die Pflicht, sie aufzuweisen.

Keiner von beiden hat dies Problem auch nur gesehen. Aber das ist nicht das schlimmste Versehen:

Beide haben nämlich in ihrem Eifer, Ricardo zu verteidigen, übersehen, daß sich unter den vier von Jones aufgeführten Arten der „peasant-rents" auch eine befindet, die für den *deutschen* Nationalökonomen ganz zweifellos *„kapitalistische"* Rente ist, nämlich die *cottier-rent*. Der englische Nationalökonom, der die Grundrente in ihrer reinen Form nur als kapitalistische Großpächterrente kannte, mochte die Kätnerrente der irischen Kleinpächter von der kapitalistischen Rente noch trennen: für den nichtbritischen Volkswirt, der die kapitalistische Rente unter den verschiedensten Verkleidungen zu erkennen gelernt hat, ist diese Unterscheidung gänzlich unzulässig.

Die Renten, die der irische Pächter zahlt, sind ohne jeden Zweifel kapitalistische Renten, reine Geldrenten, gezahlt von freien Rechtssubjekten, weder „Abgaben und Steuern", noch „Gegenleistungen für Dienste". Und diese Renten sind Abzug vom natürlichen Arbeitslohn der auf den tiefsten Grad menschlicher Entwürdigung und menschlichen Elends herabgedrückten Bauern. Das ist die Basis der Rente, die „absolute Rente"; und über ihr, nicht aber über dem Ricardoschen Nullpunkt, bauen sich nun die Übergewinne derjenigen Eigentümer auf, die Böden besserer naturgegebener und verkehrsgegebener Rentierung besitzen.

---

1 Jones, An Essay on the distribution of wealth and on the sources of taxation, S. 324.
2 Vgl. Rodbertus-Jagetzow, Das Kapital, S. 24: „Ebenso beginnt Ricardo, indem er von der Teilung des Bodens unter verschiedene Grundbesitzer und von seiner verschiedenen Beschaffenheit und Absatzentfernung ausgeht, offenbar schon mit der Differenz der Grundrenten, ehe er noch die Grundrente überhaupt erklärt hat. Die Theorien des einen wie der anderen stehen auf dem Kopf:" Und ebenso in der Anmerkung S. 191: „Ich kann nicht oft genug darauf aufmerksam machen, daß die Ricardosche Grundrente nichts als dies Präzipuum und deshalb auch nicht die Grundrente, sondern nur eine Differentialgrundrente ist."
Spöttisch sagt dasselbe Carey (Grundlagen zur Sozialwissenschaft, S. 127): „Er wird ohne weiteres ein Schüler Ricardos und gibt zu, daß der Grund, weshalb Preise für die Benützung des Landes bezahlt werden, darin liegt, daß das eine Land andere Eigenschaften habe als das andere; während er es doch höchst töricht finden würde, wenn ihm jemand zu beweisen suchte, daß Preise für Ochsen bezahlt werden, weil ein Ochse schwerer ist, als der andere, daß Mieten für Häuser bezahlt werden, weil das eine zwanzig, das andere nur zehn Personen beherbergen kann, oder daß für Schiffe Fracht bezahlt wird, weil das eine mehr laden kann als das andere."

Diese eine Tatsache einer zweifellos kapitalistischen Monopolrente widerlegt die Ricardosche Theorie bereits vollkommen. Aber wir wollen uns damit nicht begnügen. Wir wollen mit aller Evidenz nachweisen, daß auch die britischen farmers-rents und die von selbstwirtschaftenden Eigentümern ehemals feudaler Grundherrschaften heute bezogenen kapitalistischen Renten mit den früheren feudalen Renten *durchaus identisch sind.*

c) *Nachweis der Identität*

Unsere Betrachtungen haben uns der Lösung dieses entscheidenden Problems bereits sehr nahe geführt.

Wir haben gezeigt, daß die *primitive* Feudalrente diejenige, die in Diensten und Abgaben rechtlich verpflichteter Hintersassen an die Großoikenwirtschaft ihres Grundherrn besteht, unverhüllter Monopolpreis, Abzug vom „natürlichen Lohn", Folge außerökonomischer Gewalt, des „politischen Mittels" ist. Und wir haben gezeigt, daß diese primitive Feudalrente, nachdem die Sperrung des ganzen noch freien Landes durchgesetzt war, überging in die *späte* Feudalrente, nämlich diejenige, die rechtlich mehr oder minder freie Hintersassen in *Geld* an die „Rentei" eines Großgrundeigentümers bezahlten. Zwar war dieses Geldverhältnis noch nicht rein, sondern, z. B. in Frankreich, noch mit zahlreichen entschieden feudalen Lasten, Diensten und Naturalabgaben verquickt: aber es steht der Grundrente der ausgesprochen kapitalistischen Zeit, d. h. der Zeit nach dem Falle der feudalen Privilegien, doch schon so überaus nahe, daß man an der Identität beider Einkommen auf den ersten Blick kaum zweifeln würde.

Wir fanden dann in den cottier-rents der irischen Kleinpächter eine zweifellos kapitalistische Form der Grundrente, die ebenso zweifellos Monopolrente ist.

Widerlegte der Nachweis des Monopolcharakters der Feudalrente den Anspruch der Ricardoschen Lehre auf die Allgemeingültigkeit überhaupt, so widerlegt der Nachweis des Monopolcharakters der cottier-rents seinen Anspruch sogar auf die Allgemeingültigkeit in dem engen Rahmen der freien Verkehrswirtschaft.

Wie steht es nun um die farmers-rents und ihr kontinentales Gegenstück, die Grundrente selbstwirtschaftender Großgrundeigentümer auf ehemals feudalem Besitz? *Sind auch sie dem Ursprung und dem Wesen nach mit der echt feudalen Monopolrente identisch?*

Was den *Ursprung* anlangt, so ist die Frage bereits beantwortet. Sie verdanken nicht wirtschaftlicher, sondern rechtlicher „Okkupation" ihre Entstehung, sind *gegen* das Naturrecht durch Aussperrung des Bodens gegen seine Bebauer entstanden.

Daraus sollte man bereits auf ihr *Wesen* schließen können. Es wäre wunderlich, wenn sie nicht gerade so „Monopolrenten" sein sollten, wie ihre Vorläufer.[1]

Da das aber hartnäckig bestritten wird, so werden wir jetzt den stärksten Beweis für die Identität dieser „ehemals feudalen" mit den echt feudalen Renten erbringen, der denkbar ist.

Sie sind in solchem Maße identisch, daß sich fortwährend, und vor unseren Augen, eine in die andere verwandelt, die „Abgaben verschiedenster Art" in „Renten im nationalökonomischen Sinne", und diese in jene, und zwar durchaus im Rahmen unserer Rechts- und Wirtschaftsordnung, lediglich durch legitimen Vertrag zwischen „freien Grundeigentümern und freien Bauern",

---

[1] Vgl. Rodbertus-Jagetzow, Zur Beleuchtung, S. 139: „Ist die Theorie richtig, so muß sich der nationalökonomische Grund der Rente auch in ihrem ersten historischen Ursprunge nachweisen lassen, wie dieser erste historische Ursprung sich auch zu allen Zeiten in den nationalökonomischen Gründen der Rente fortsetzen muß."

und ohne daß die außerökonomische Macht des „mächtigen Grundherrn" die Waage dabei irgend beschwerte.

Nicht nur, daß im Laufe der geschichtlichen Entwicklung tausendfach die „Abgaben verschiedenster Art" in echte „Grundrente" übergegangen sind und noch heute überall übergehen: auch der umgekehrte Weg ist ungezählte Male beschritten worden und wird noch heute beschritten.

Ja, es könnte sich, durchaus im Rahmen der von Berens und Diehl selbst festgestellten Bedingungen der freien Verkehrswirtschaft, *ein „ökonomischer" Grundrentenbezieher von heute ohne weiteres zurückverwandeln in einen Grundrentenbezieher der Feudalzeit einer beliebigen Periode*, voller oder überwiegender Naturalwirtschaft; das Grundeigentum könnte wieder eine „villa" im Sinne des Kapitulars Karls des Großen werden.

Orientieren wir uns an diesem zwar nur gedachten, aber wohl denkbaren Grenzfall:

Ein z. B. russischer Großgrundbesitzer, glühender Verehrer Henry Georges und Tolstois, ist von der Ungerechtigkeit, der Antisozialität seines Rentenbezuges tief durchdrungen. Wie sich davon loslösen? Er weiß aus „Anna Karenina" und „Auferstehung", wie schwierig die Reform einzuleiten und durchzuführen ist. Er studiert Ricardo und jauchzt sein „Heureka!". Grundrente ist ausschließlich der bei dem Verkaufe auf dem Markte realisierte Übergewinn am Preise! Beschluß: es wird grundsätzlich nur noch so viel Korn und Vieh verkauft, wie nötig, um den – auch nach George ganz legitimen – Gewinn am investierten Kapital, der ja nach Ricardo keine Rente ist, samt der Amortisationsquote hereinzubringen; alles andere wird dem Markte nicht mehr zugeführt, sondern in der Eigenwirtschaft verbraucht.

Zu dem Zwecke einigt sich der junge Graf Ljowin oder Nechljudow im freien, gerecht abgewogenen Vertrage mit seinen bisherigen Tagelöhnern auf folgender Grundlage: jeder erhält soundso viel Morgen Land und Wiese, von schlechteren Klassen mehr, von besseren weniger, dafür gibt er „Abgaben verschiedenster Art": Geld nur für vorgeschossenes Kapital, aber für die „ursprünglichen und unzerstörbaren Kräfte des Bodens" nur bestimmte Mengen von Weizen, Hafer, Heu, Honig, Obst, Flachs, Wolle, Häuten usw. und soundso viele Arbeitstage ohne Lohn.

Der junge Graf gewinnt nun Maurer, Schlosser, Glaser, Töpfer, Zimmerleute, Weber, Färber, Gerber, Schuster, Schneider, Gold- und Silberschmiede, einen Arzt, einen Architekten, Bildhauer, Maler, Schauspieler und Tänzerinnen usw. gegen völlig freie Station inkl. Kleidung usw. und einen sehr geringen Barlohn. Diesen kann er aus seinem nach der Theorie harmlosen Kapitalgewinn entnehmen, mag nun sein Kapital in Staatspapieren oder Aktien oder zinsbringend in den Häusern und dem Inventar seiner Bauern angelegt oder auf dem Markte realisierter Profit sein. Nun hat er nach Diehl keine Rente mehr. Denn von einem Gewinn am natürlichen Marktpreise ist keine Rede.[1] Trotzdem wird er finden, daß sein Einkommen ganz dasselbe ist, wie zuvor (von der Minderergiebigkeit einer so wenig arbeitsteiligen Wirtschaft darf wohl hier abgesehen werden). Er hält Tafel wie früher, er hält Pferd und Wagen wie früher, baut ein neues Schloß und läßt sich neue Möbel und Kutschen, neue Kleider und Schuhe, neuen Schmuck und neue Kunstwerke anfertigen (die Rohstoffe, die sein Boden nicht trägt, auch Fabrikate, die seine familia domestica nicht herstellen kann, bezahlt er aus seinem Kapitalgewinn): kurz, er ist Grandseigneur wie zuvor – aber, nach Diehl, er hat keine Rente mehr! Sonderbar, daß sein Einkommen dadurch nicht kleiner geworden ist!

Was ist hier geschehen? Nichts anderes, als daß sich der kapitalistische Geldrentenbezieher in den feudalen Naturalrentenbezieher zurückverwandelt hat. Nicht der kleinste ökonomische Unter-

---

1 Diehl darf nicht einwenden, daß ja die Bauern ihre Produkte auf den Markt bringen: das taten nämlich die hörigen Bauern der Feudalzeit auch, und zwar immer. Etwas „Markt" gab es von Anfang an, wenn er auch nur durch einige Hausierer dargestellt wurde; und ehe Getreide „Ware" wurde, waren es Pelze, Wachs, Honig und Produkte des Hausfleißes: Leinewand, Tuche usw.

schied ist zu finden, zwischen unserem glücklichen Löser des praktischen Problems der Grundrente und dem hochschottischen Than der Vorzeit. Nur, daß Graf Nechljudow andere Befriedigungsmittel eines hohen sozialen Standard herstellen oder eintauschen wird, als Macduff zu seiner Zeit.

Unser Held könnte auch den Begriff der Grundrente weniger wissenschaftlich exakt fassen, könnte alles aus dem Verkauf seiner Bodenerzeugnisse gewonnene Geld als Grundrente im landläufigen Sinne verwerfen und darum den Markt ganz meiden: dennoch bliebe alles beim alten! Es bleiben ihm, ganz wie dem Than von Fife, immer noch Tauschwaren genug, auf die keine landwirtschaftliche Arbeit verwandt ist, und die von den Differenzen der Ackergüte ganz unabhängig sind, also keine „Rente" abwerfen können, wenn Ricardo und Diehl recht haben. Er geht dann eben noch eine Epoche weiter in der Wirtschaftsgeschichte zurück und vertauscht an Hausierer oder ihre modernen Nachfolger, die Geschäftsreisenden, nur edle Pelze aus seinen Wäldern und Erzeugnisse des Hausfleißes seiner Pächter: Leinewand, Wolltuche usw.

Das ist ein konstruierter Fall, gewiß! Aber es gibt in der kapitalistischen Wirtschaft starke Annäherungen daran. Der geniale Orthopäde Hessing in Göggingen verbraucht den ganzen bedeutenden Rohertrag seiner Garten- und Feldwirtschaft, seiner Waldungen und Viehställe im Hause, und zwar durchaus nicht ausschließlich kapitalistisch zum Verkaufe an seine kranken Pensionäre, sondern zum großen Teile „feudal" im Dienste seiner fürstlichen Baulust.

Aber was in unserem erdachten Beispiel aus ethischen, hier aus ästhetischen Motiven geschieht: genau dieselbe Verwandlung aus Naturalrente in kapitalistische Rente vollzieht sich täglich vor unseren Augen aus den einfachsten ökonomischen Motiven, aus dem „Selbstinteresse". Ein Beispiel:

Nehmen wir einen jungen, unvermählten Gutsbesitzer, der frugal mit der geringsten Dienerschaft auf seinem Erbgute lebt, also nur einen sehr geringen Teil der Gutserzeugnisse verbraucht und daher eine sehr bedeutende „Rente" realisiert. Wenn er im Laufe der Zeit sich ein Weib nimmt, ein Dutzend Kinder aufzieht, viele Gäste aufnimmt, die entsprechende Dienerschaft samt Erziehern und dergl. und einen großen Marstall von Reit- und Kutschpferden hält und die Nahrung für Haushalt und Stall von den Feldern und aus den Ställen resp. aus Wald und Fluß oder See gewinnt; wenn er ferner ein großes Stück Feldland als Gemüse- und Obstgarten ausschließlich zum eigenen Gebrauch und als Ziergarten und Park einrichtet – dann wird nach Diehl seine „Grundrente" um den ganzen Betrag kleiner, den er weniger als in seiner Junggesellenzeit auf dem Markte über seinen Kapitalgewinn hinaus an seinen Bodenerzeugnissen eingenommen hat. Der arme Mann! Glücklicherweise hat er ein ausgezeichnetes Mittel an der Hand, um seine „Grundrente" mit einem Schlage um einen ungeheuren Betrag zu vermehren; er braucht nur Schloß, Jagd und Park nebst Fischerei zu verpachten und selbst mit seiner ganzen Familie nebst Dienerschaft nach der Hauptstadt zu ziehen: dann hat er mehr „Grundrente" . . . ob mehr Einkünfte und vor allen Dingen einen eben so hohen Lebensstandard, kommt, wie es scheint, nicht in Betracht.

Diehl macht hier eine Unterscheidung ohne Unterschied. Er verwechselt die Art, wie die Grundrente sich realisiert, mit ihrem Wesen als Einkommen, und glaubt darum, die feudale Naturalrente sei im Wesen etwas anderes gewesen als die kapitalistische Geldrente. Sie sind aber völlig identisch, so identisch, daß sie, wie gezeigt, sich auch in der höchstkapitalistischen Gesellschaft ohne weiteres vertreten können und täglich vertreten. Ob freie oder unfreie Arbeit, ob rechtliche Arbeitspflicht oder freier Arbeitsvertrag, ob Selbstverbrauch oder Verkauf auf dem Markte: das Endergebnis wird nicht geändert. *Es bleibt immer dieselbe Wertsumme aus derselben Quelle mit derselben Bestimmung*: einem an der Arbeit nicht beteiligten Wirtschaftssubjekte aus dem Titel seines Eigentumsrechtes ein Einkommen zu gewähren.

Am deutlichsten und in der Tat für jeden, der sehen will und kann, unzweifelhaft zeigt sich diese Identität der feudalen und der kapitalistischen Rente in solchen Zeiten, wo mit der fortschreitenden

Differenzierung des ökonomischen Mittels ein regelmäßiger Markt für Lebensmittel und Geldwirtschaft entsteht. Dann verwandelt die Feudalrente ihr „ökonomisches Wesen" nicht, wie Diehl meint, sondern sie *maskiert* es überall dort in geldwirtschaftliche Formen, wo die Nachfrage des Marktes hingelangt. Außerhalb dieser verhältnismäßig kleinen Kreise und für alle noch nicht marktgängigen Produkte innerhalb dieser Kreise behält sie aber ihre alte Form. Und ich möchte den Nationalökonomen oder Wirtschaftshistoriker sehen, der in solchen Übergangszeiten feststellen könnte, was Rente im Ricardoschen und was Rente im Rogersschen und Jonesschen Sinne ist. Selbst dort, wo eine staatliche Aktion die Untertänigkeit oder Sklaverei mit einem Schlage aufhob, hatte sie es immer nur mit mehr oder weniger großen Resten der alten Institution zu tun. Die ersten Grundherren, die im mittelalterlichen Deutschland ihre Hörigen freisprachen und auf Pacht setzten: die holsteinischen, preußischen, böhmischen, ungarischen, baltischen, russischen, südstaatlichen Großgrundbesitzer, die im 18. oder 19. Jahrhundert die Staatsaktion vorwegnahmen, indem sie sich mit ihren Leibeigenen oder Sklaven einigten: was bezogen sie vor-, was nachher? Und worin unterschieden sie sich in ihrem Einkommen und ihrer sozialen Stellung von den benachbarten Großgrundbesitzern, die das alte Verhältnis festhielten? Wenn die Diehlsche Definition richtig wäre, könnte man den Widerstand des Grundadels gegen alle diese Maßnahmen nicht verstehen: denn ihre „Rente" im Diehlschen Sinne wuchs ja sichtlich mit jedem emanzipierten Bauern, der Rente bezahlte, und mit jedem Stück Land, das sie für die Marktproduktion frei bekamen.

Den stärksten Beweis aber für die Identität der beiden Renten gibt die Tatsache, daß überall, wo solche Agrarreformen stattfanden, die alten Abgaben und Leistungen, die in der Großoikenwirtschaft unmittelbar verzehrt worden waren, so genau wie möglich nach dem inzwischen entstandenen Marktpreise der Arbeit und der Produkte in Geld umgerechnet wurden. So geschah es, als im frühen germanischen Mittelalter die Grundherrschaften ihre hörigen Bauern auf Geldzinse setzten, und ganz genau ebenso – von der regelmäßigen „Plusmacherei" des Grundadels bei derartigen Maßnahmen mag hier abgesehen werden – verfuhr man bei der Emanzipation der Gutsuntertanen in Preußen und bei derjenigen der Leibeigenen in Rußland wie auch bei der Befreiung der Sklaven in Brasilien. Abgesehen von Akten der Revolution oder der kriegerischen Unterwerfung, wie sie sich in Frankreich 1789 oder beim Friedensschlusse der Nord- mit den Südstaaten nach dem Sezessionskriege vorfinden, wo die Feudalherren resp. Sklavenhalter ohne Entschädigung auf ihre Rechte verzichten mußten, war es bei allen diesen Vorgängen der Befreiung der Landbebauer von ihrer Arbeitspflicht der oberste Gesichtspunkt, die Grundrente der Herrenklasse wenigstens unvermindert zu erhalten. Das ging zuweilen so weit, daß man den expropriierten Herren nicht nur den vollen Ersatz des Lucrum cessans bewilligte, sondern ihnen sogar den Fortbezug einer „Rente" in modern kapitalistischem Sinne dadurch gewährleistete, daß man die Reform nicht auf die ganze Landbevölkerung erstreckte, nur zu dem Zwecke, um eine genügende Anzahl von Arbeitern übrigzulassen, die zwar nicht mehr aus gesetzlicher Pflicht, aber aus wirtschaftlicher Not den Herrenacker bestellen mußten. Das war z. B. der Inhalt der Hardenbergschen Ausführungsgesetze zur Steinschen Agrarreform.

Doch davon abgesehen: weder den Berechtigten, noch den Verpflichteten, noch schließlich den mit der Ausführung der Reform betrauten Beamten konnte jemals ein Zweifel daran aufsteigen, daß die alte und die neue „Rente" völlig identisch waren ihrem Entstehungsgrunde, ihrer Höhe und ihrem Zwecke nach. Und sie waren es auch in der Tat! Die Rente ist selbst in ihrer höchst entfalteten kapitalistischen Form ökonomisch ganz das gleiche wie in ihrer primitivsten Feudalform: das Recht, ohne Gegenleistung eine bestimmte Menge genußreifer Güter aus dem Erzeugnis des Bodens zu entnehmen, und zwar als echten Monopolpreis: „so viel der Bebauer irgend zahlen kann". Ob diese Entnahmen vorwiegend unmittelbar, aus den Arbeitserzeugnissen der Hintersassen selbst, und nur zum kleinen Teile mittelbar, durch Tausch des Überschusses dieser Arbeitserzeugnisse gegen fremde geschieht, wie in der primitiven Periode, – oder vorwiegend mittelbar, durch das Medium des Geldes, das die Hintersassen steuern oder der Markt bezahlt, macht für das „ökonomische Wesen" der Rente grundsätzlich gar keinen Unterschied.

Ebensowenig macht es ökonomisch einen Unterschied, ob die Rente von freien oder unfreien Bauern gezahlt wird, worauf Diehl so großen Wert legt. Es gab z. B. auf den mittelalterlichen Grundherrschaften neben den Hörigen geringen Rechtes Censualen, die vielleicht oder wahrscheinlich gar nicht Hörige, sondern nur eine Art von freien Hintersassen waren, und schon früh auch unzweifelhaft freie Pächter, auch Zeitpächter. War nun die von den echten Hörigen gezahlte Grundrente etwas anderes als die von den freien Pächtern gezahlte?

Doch warum noch mehr Zeit und Kraft auf einen Beweis verschwenden, der überhaupt keiner Worte bedürfen sollte? Niemand kann ernstlich zweifeln, daß die feudale Naturalrente und die feudale Geldrente höriger Bauern absolut identisch ist mit der Pacht und der Wirtschaftsgrundrente, die der Rechtsnachfolger des alten Feudalbesitzers, der moderne Großgrundbesitzer, aufgrund freier Pacht- oder Arbeitsverträge erhält. Diejenigen Teile der heutigen kapitalistischen Gesamtgrundrente, die auf die Eigentümer ehemals feudaler Großgüter fallen, sind also zweifellos Monopolpreis.

Um die Entstehung dieses Teiles der kapitalistischen Gesamtgrundrente einwandfrei zu erklären, muß das „naturrechtliche" Schema durch das „gewaltrechtliche" ersetzt werden.

Die naturrechtliche Konstruktion betrachtete den Bodenanbau als eine Abhängige der Marktgröße, d. h. des Getreidepreises. Nur so weit konnte sich die Kulturzone dehnen, wie die kaufkräftige Nachfrage reichte. Jenseits dieser Grenze war unbebaute Wildnis, die keinen Ertrag und keine Rente brachte.

In Wahrheit aber vollzog sich die Entwicklung nach dem folgenden, ganz andersartigen Schema:

So weit das Land reicht, ist es von „autarkischen Großoikenwirtschaften" belegt. Schon in Zeiten, wo noch nicht die ersten Anfänge eines städtischen Marktes für Nahrungsmittel bestehen, ist ein größerer oder geringerer Teil der Fläche eines jeden solchen Großbesitzes angebaut; ein Teil des Ertrages dient dem Unterhalt des Bebauers, der Rest geht in natura an die Kämmereiverwaltung des Herrn, als seine „Rente".

Irgendwo entsteht nun eine Stadt, wächst und dehnt den Kreis ihrer kaufkräftigen Nachfrage nach „Getreide" weiter und weiter. Wie wird die Nachfrage befriedigt? Es gibt keinen *herrenlosen* Boden in irgend erreichbarem Umkreise. Will die Stadt Getreide haben, so muß sie es also von dem Bodeneigentümer kaufen: und der gibt es nur her, wenn ihm der „Grenznutzen" des angebotenen Preises höher erscheint als derjenige der bisher von ihm bezogenen Naturalrente.

Die Grundrente *entsteht* also nicht, wie Ricardo glaubte, in dem Augenblicke, wo ein Grundstück höherer Rentierung in die Zone des Marktpreises einrückt; es trug sie lange vorher, und trug sie sogar schon in einer Höhe, die der naturgegebenen Rentierungsdifferenz anderen Grundstücken gegenüber entsprach. Der ganze Unterschied der Marktwirtschaft gegen die Großoikenwirtschaft besteht darin, daß in jener die Masse des dem Herrn des Bodens zufallenden Erzeugnisses einen weiteren Weg durchläuft, ehe sie als sein Einkommen verbraucht werden kann: *sie geht durch die Geldform*: der Herr verkauft seinen Anteil, statt ihn unmittelbar, mit Garde und Dienerschaft, zu verzehren, und kauft für den Erlös Genußgüter.

Für diejenigen Teile der kapitalistischen Gesamtgrundrente, die auf das ehemals feudale Großgrundeigentum entfallen, ist mit diesen Betrachtungen die Monopol-Lohn-Theorie erwiesen. Wenn sie auch noch imstande ist, die nicht ursprünglich feudalen Teile der kapitalistischen Gesamtgrundrente, nennen wir sie die „autochthon-kapitalistische" Grundrente, zu erklären, dann kann sie als völlig bewiesen gelten. Vermag sie diese Aufgabe nicht zu lösen, so wäre sie nur als teilweise richtig nachgewiesen, und man müßte nach einer übergeordneten Theorie Umschau halten, die alle Erscheinungen zu erklären vermag.

Für einen Teil der autochthon-kapitalistischen Grundrente, nämlich für die *großstädtische Mietsrente*, braucht dieser Beweis nicht erst erbracht zu werden. Sie ist von jeher als unzweifelhafter Monopolpreis angesehen worden, und wird es noch heute.

Adam Smith schreibt ohne Umschweife: „Daß die Hausmieten in London teuer sind, entsteht nicht nur (...) hauptsächlich aus der Teuerung der Grundrente, *indem jeder Grundbesitzer wie ein Monopolist handelt* (...)."[1]

Dieselbe Anschauung vertreten heute noch Adolf Wagner[2], Gustav Schmoller[3], Karl Bücher[4] und wohl die Mehrzahl aller lebenden Hochschullehrer. Und sie beweist sich in der Tat selbst. Es bleibt also nur noch nachzuweisen, daß die *ländliche* „autochthon-kapitalistische" Grundrente der Neuzeit nur aus der Monopol-Lohn-Theorie erklärlich ist, sowohl des ehemals nicht feudalen bäuerlichen Grundeigentums in den Ländern des ehemaligen Feudalsystems, wie auch des modernen Groß- und Mittelgrundeigentums in den überseeischen Kolonisationsgebieten.

Dieser Nachweis wird im folgenden Abschnitt geführt werden. Vorher aber bleibt uns noch übrig, die Ricardosche Theorie auch noch aus der Problemstellung zu widerlegen.

B. Widerlegung aus der Problemstellung

Wir haben unsere Kritik jetzt weit genug gefördert, um eine Behauptung aufstellen zu können, die zu Anfang unserer Erörterung unverständlich gewesen wäre.

Die Ricardosche Theorie löst ein Problem, das ihr gar nicht gestellt ist.

Welches Problem zu lösen war, darüber war sich Ricardo durchaus klar. Die allerersten Sätze, die er in die Welt schickte, der Anfang zur Vorrede der ersten Auflage seiner „Principles", stellen es in unübertrefflicher Klarheit und Schärfe dar:

„Das Erzeugnis der Erde oder mit anderen Worten alles dasjenige, was von ihrer Oberfläche mittels der vereinigten Anwendung von Arbeit, Maschinen und Kapital bezogen wird, verteilt sich unter *drei Klassen von Mitgliedern des Gemeinwesens*: nämlich unter die Eigentümer des Bodens, unter die Eigner des Kapitals oder Vermögensstammes, welches zur Bebauung des Bodens erforderlich ist, und unter die Arbeiter, durch deren Gewerb- und Betriebsamkeit derselbe bebaut wird."

„Indessen", fährt er fort, „es sind, je nach dem verschiedenen Zustande der Gesellschaft, die verhältnismäßigen Anteile an dem ganzen Erzeugnis der Erde, welche einer jeden von *jenen Klassen* unter dem Namen Rente, Gewinn und Arbeitslohn zufallen, wesentlich verschieden. (...) Die Darlegung der Gesetze, welche diese Verteilung anordnen, ist die Hauptaufgabe der Volkswirtschaftslehre."[5]

Das ist unübertrefflich gesagt und umreißt das Problem, dessen Lösung die Volkswirtschaftslehre zu finden hat, mit vollster Präzision.

Im Fortgang der Untersuchung verliert aber Ricardo das Problem so gut wie ganz aus den Augen. Die *sozialen Klassen*, um deren Anteile am Gesamtprodukt es sich handelt, deren Mitglie-

---

1 Smith, Volkswohlstand, Bd. I, S. 127.
2 Wagner, Grundlegung, S. 488ff.; derselbe, Theoretische Sozialökonomik, S. 401.
3 Schmoller, Grundriß der allgemeinen Volkswirtschaftslehre, I. Teil, S. 380: „Das Grundeigentum hat nirgends einen so monopolartigen Charakter erhalten als im Zentrum der größeren Städte."
4 Bücher, Die wirtschaftlichen Aufgaben der modernen Stadtgemeinden, Leipzig 1898.
5 Ricardo, Grundgesetze, S. XXIX. Die kursiven Stellen sind im Orig. nicht kursiv.

der vorwiegend von Grundrente, vorwiegend vom Kapitalgewinn, vorwiegend vom Lohn leben, verschwinden in ihrer geschlossenen Einheit, und mit ihnen der soziologische Gesichtspunkt. Es gibt plötzlich nur noch einzelne Gesellschaftsatome, die nach ganz anderen Gesichtspunkten in ganz andere „Klassen" eingeteilt werden, so daß statt der realempirischen Tatsache der sozialen Klassen, deren Wider- und Zusammenspiel das ganze Gesellschaftsleben beherrscht, plötzlich blutleere, nirgend greifbare, rein aus der Abstraktion gewonnene „Klassen" vor uns stehen, die uns in diesem Zusammenhange gar nicht interessieren. Statt der Grundbesitzerklasse, die, wenn auch ihre Grenzen nach unten nicht haarscharf gezogen werden können, doch eine lebendige, in gemeinsamer Handlung gemeinsame Interessen vertretende Einheit ist, statt dieser Grundbesitzerklasse, die vorwiegend aus Grundrente ihr Einkommen bezieht, wird uns als Klasse der Grundbesitzer eine Addition der sämtlichen Gesellschaftsmitglieder untergeschoben, die irgendein Stück Boden, groß oder klein, zu Eigentum besitzen. Derart rückt der Zwergparzellant, der auf einem Viertel Morgen eigenen Ackers noch nicht die Hälfte der für seine Küche nötigen Kartoffeln zieht, in eine „Klasse" mit dem Herzog von Westminster, dem halb London, oder dem Duke of Sutherland, dem halb Schottland zu eigen ist.[1] Dasselbe gilt für die Klasse der Kapitalisten, in die der armseligste Proletarier durch Ricardo erhoben wird, wenn er zwei Pfund auf einer Sparkasse hat. Das heißt alles Lebendige auseinanderreißen, alles Charakteristische verwischen, alle Wahrheit verschütten.

Gewiß, auch der Splitter Grundrente, der den Arbeitslohn des Zwergparzellanten, auch das Stäubchen Kapitalgewinn, das den Arbeitslohn des Industrieproletariers vermehrt, müssen von einer ökonomischen Theorie erfaßt und erklärt werden. Und zu dem Zwecke muß man gewiß und unerläßlich zur rechten Zeit sein Augenmerk von den Einkommensberechtigten auf das Wesen des Einkommens selbst richten. Aber man darf das Problem niemals so vollkommen aus dem Auge verlieren, wie Ricardo es tat.

Nirgend zeigt sich das so deutlich und rächt sich das so schwer, wie in der Frage der Grundrente. Was war hier zu erklären? Nach seiner eigenen Feststellung das Einkommen der Grundbesitzerklasse! Dieses Einkommen ist offenbar das Produkt aus zwei Faktoren: der durchschnittlichen auf die Ackereinheit entfallenden Rente *multipliziert mit der Zahl der in den Händen der Grundbesitzerklasse befindlichen Ackereinheiten*. Ricardo hat den ersten Faktor allein untersucht und meisterhaft bestimmt, den zweiten hat er überhaupt nicht gesehen! Und doch ist er für das Verständnis allen sozialen Zusammenhangs, selbst für die Wirtschaft allein, viel wichtiger als die Abstufung der Grundrente je nach der Rentierung der Einheit. Oder entscheidet über die Güterversorgung und Klassenangehörigkeit eines „Mitgliedes des Gemeinwesens" das Eigentum von fünfzig Quadratmetern allerbesten Bodens dicht an der Weichbildgrenze der reichsten Weltstadt etwa mehr als das Eigentum von zehntausend Hektaren schlechtesten Roggen- oder gar Kiefernbodens dicht an der Grenze des durch den Marktpreis bestimmten Anbaukreises?

Auch hier wieder beruht der Denkfehler auf derselben Verwirrung zwischen einer volkswirtschaftlichen Kategorie der Produktivität und einer privatwirtschaftlichen Kategorie der Rentabilität, die wir schon dreimal festgestellt haben; einmal bei den Merkantilisten bei der Frage des Fabrik- und Handelskapitals und der Bedeutung des Bargeldes; einmal bei Adam Smith bei der Frage des Lohnfonds, und einmal bei den Physiokraten bei der Frage des produit net. Ja, im Grunde handelt es sich hier bei Ricardo noch immer um den letzten Rest dieses physiokratischen Kernirrtums, den er in allem übrigen so konsequent abgeschüttelt hat.

---

[1] Die Physiokraten ließen sich diesen Fehler nicht zuschulden kommen. Wo sie von „Klassen" sprechen, geschieht es im soziologischen, nicht im statistischen Sinne. So z. B. nennt l'Abbé Baudeau (in: Physiocrates, S. 609) im Kap. III der „Introduction à la philosophie économique" die Grundbesitzerklasse „classe des *nobles* ou des propriétaires"!

Man kann nicht scharf genug betonen und nicht streng genug festhalten, daß die Grundrente nur als Privateinkommen von privaten Wirtschaftssubjekten [ein] Problem ist. *Rente ist Einkommen.* Einkommen kann nur ein Mensch haben, nicht aber ein Acker.

Das klingt wie Wortklauberei, denn offenbar setzt sich die Gesamtgrundrente, die ein Privatmann bezieht, aus denjenigen Überschüssen zusammen, die seine Grundstücke nach Abzug von Lohn und Profit übriglassen. Und dennoch liegt hier die Wurzel aller Ricardoschen Irrtümer. Indem er seinen Blick ganz von den Eigentümern, die die Rente bezogen, *fort*, und ganz auf die Äcker, die sie abwerfen, *hin* richtete, verlor er das eigentliche Problem völlig aus den Augen.

Diese Vertauschung der Sphären hat die unglaublichste Verwirrung gestiftet, so daß es eine fast hoffnungslose Aufgabe ist, die Ricardosche Theorie aus den Gehirnen ausroden zu wollen. Selbst bei den geschworenen Gegnern der Grundrente, den Bodenreformern, ist die Vorstellung nicht auszurotten, daß die Ricardosche Differentialrente die ganze Bodenrente ist, und sie sind ebensowenig davon zu überzeugen, daß, nach dem Verschwinden der Monopolrente, die vielleicht (?) noch übrigbleibenden Splitter von Differentialrente nicht im mindesten mehr ein soziales Problem darstellen würden.[1] Wie weit die Verkennung des Problems geht, zeigt wohl am deutlichsten eine Stelle bei Diehl, wo er zeigt, daß von „zwei selbstwirtschaftenden Landwirten, die beide ohne Hilfskräfte ihr Stück Land bewirtschaften",[2] und bei denen auch alle übrigen Umstände der Kapitalbewaffnung usw. gleich sind, doch der Eigentümer des fruchtbareren Bodens einen Extragewinn, die Grundrente, einsteckt. Die Grundrente, die als feudales Herreneinkommen [ein] Problem war (und ist), abgeleitet von dem Einkommen zweier Kleinbauern!

Mehr kann man in der Tat nicht erwarten.

In Parenthese: Diehl hat natürlich völlig recht, wenn seine Voraussetzungen einmal gegeben sind. Er irrt nur, wenn er meint, daß sie immer gegeben sein müssen. Wie es möglich ist, daß von zwei selbstwirtschaftenden Landwirten der auf besserem Boden sitzende dennoch nur seinen Arbeitslohn ohne Grundrente, und zwar nicht mehr als sein Genosse auf dem schlechteren Boden erhält, und das alles ohne „Zukunftsstaat" und „single tax", durchaus auf dem Boden der „freien Konkurrenz" und der „natürlichen Freiheit", davon im letzten Abschnitte dieser Erörterung.

Um den Faden wieder aufzunehmen: Ricardo hat den einen der beiden Faktoren, aus deren Multiplikation sich das zu Erklärende, das gesamte Grundrenteneinkommen der gesamten, vorwiegend von Grundrente lebenden Klasse, erst ergeben konnte, nicht der Untersuchung für wert gehalten, und zwar den wichtigeren Faktor. *Wie gelangte diese Zahl von Bodeneinheiten in das Eigentum dieser Klasse?* Die Frage, so gestellt, ist für den größten und wichtigsten Teil der Bodeneinheiten bereits beantwortet. Sie lautet: durch außerökonomische Gewalt, durch das politische Mittel! Die Grundrente als Klasseneinkommen von diesen Grundstücken ist mithin zweifellos *Monopolpreis,* nicht rein ökonomische Kategorie. Wie es mit dem Rest der Grundstücke steht, bleibt noch zu untersuchen.

Wie immer diese Untersuchung ausfalle, eins steht schon jetzt fest: Ricardo hat ein Problem gelöst, das ihm gar nicht gestellt war. Er sollte das Gesetz entdecken, demzufolge ein bestimmter Teil des Nationalproduktes auf eine *soziale Klasse von Personen* entfällt. Und er hat anstatt dessen

---

1 Vgl. meine Polemik mit Pohlman in der „Deutschen Volksstimme" 1905, Heft 2, S. 36.
2 Diehl, Sozialwissenschaftliche Erläuterungen, S. 279.

das Gesetz nachgewiesen, demzufolge ein bestimmter (*aber ein ganz anders bestimmter!*) Teil des Nationalproduktes auf eine *agronomische Klasse von Böden entfällt*.

Somit läßt die Ricardosche Theorie das Problem selbst unberührt.

Fassen wir zusammen:

1. Der Ricardosche *Beweis* ist völlig verfehlt: falsche Prämissen, das Verfahren ein Zirkel, die Konsequenz verdächtig.
2. Die Ricardosche *Behauptung* ist falsch: die feudale Rente, die mit den wichtigsten Teilen der kapitalistischen Rente identisch ist, ist nicht „naturrechtlich" aus einem Übergewinn am Marktpreise erklärbar.
3. Die Theorie im ganzen verfehlt völlig das ihr gestellte Problem.

VIII. Abschnitt:
Die Monopoltheorie der Grundrente

Im folgenden werde ich diejenigen Teile der gesellschaftlichen Gesamtgrundrente, die in der modernen freien Verkehrswirtschaft an die Rechtsnachfolger feudaler Grundeigentümer fallen, als „feudal-kapitalistische", und alle anderen Teile als „autochthon-kapitalistische" Grundrente bezeichnen.

Mit unserem Nachweis, daß feudale und feudal-kapitalistische Grundrente nicht nur dem Ursprung nach, sondern überhaupt identisch sind, haben wir Ricardos Rententheorie widerlegt. Aber damit ist die Monopoltheorie noch nicht bewiesen.

Sie ist noch nicht einmal für die feudal-kapitalistische Grundrente vollendet. Denn bisher wissen wir nur so viel, daß diese der Monopolpreis eines Rechtsmonopols ist; aber es bleibt uns noch die Aufgabe, den *gesellschaftlichen Prozeß* in seinem Mechanismus genau klarzustellen, durch den sie unter den völlig veränderten Verhältnissen der freien Verkehrswirtschaft in die Taschen der Grundeigentümer geleitet wird.

Dasselbe bleibt auch noch für die autochthon-kapitalistische Grundrente zu leisten.

Und erst dann kann das Problem als völlig gelöst betrachtet werden, wenn alle, sowohl die feudal-, wie die autochthon-kapitalistische Grundrente als das Ergebnis eines und desselben gesellschaftlichen Prozesses erwiesen ist. Denn für alle kapitalistische Grundrente darf natürlich nur ein Gesetz angenommen werden.

A. Die unvollständige Monopoltheorie

1. Das „römische" Grundeigentumsrecht

Mit wenigen Ausnahmen, von denen wir sofort ausführlich handeln werden, haben bisher alle Vertreter der Monopoltheorie der Grundrente in dem *herrschenden Rechte des Grundeigentums* die einzige Ursache der von ihnen beklagten oder angeklagten gesellschaftlichen Schäden erblickt.

Dieses Bodenrecht, dem man es ansieht, daß es nur von der Herrenklasse eines durch Eroberung entstandenen, auf Unterwerfung begründeten Staatswesens den Untertanen auferlegt werden konnte, verdankt in der Tat seine feinste formale und schroffste praktische Ausgestaltung dem berühmtesten Eroberervolke der Weltgeschichte, den Römern[1]. Dieses „private", „privative", „quiritische" Grundeigentumsrecht läßt sich kurz durch zwei Züge kennzeichnen: es gestattet erstens die Okkupation beliebig großer Flächen und gibt zweitens dem Eigentümer das Recht des „usus et abusus" wie an jeder beweglichen Sache, vor allem auch das Recht des Nichtgebrauchs. Es unterscheidet sich namentlich durch die letzte Bestimmung sehr stark von dem ursprünglichen Bodenrechte fast aller freien Völker, das den Besitz eines Grundstücks nur so lange gewährleistet, wie es wirtschaftlich genützt wird (Rückennutzung), und auch außerdem noch das Obereigentum der Gesamtheit, zunächst des Geschlechtes, aber auch der weiteren politischen Verbände, sichert.

Dieses Recht soll also nach der Meinung der meisten Vertreter der Monopoltheorie die einzige Wurzel aller Übel sein.

Diese „unvollständige Monopoltheorie der Grundrente" – die Bezeichnung wird unten gerechtfertigt werden – ist sehr alt. Schon die Gesetzgeber, die sich in der ganzen mittelländischen Periode, dem „Altertum" unserer üblichen Geschichtseinteilung, an dem in der kapitalistischen Sklavenwirtschaft unlösbaren Problem einer praktischen Bodenreform[2] abmühten, ließen sich, mehr oder weniger bewußt, von jener Auffassung leiten: die angeblich mosaische Gesetzgebung vom Jobeljahr, die lykurgische, solonische, gracchische Reform, sie alle zielen auf eine Änderung des geltenden Bodenrechtes mit dem Inhalt, die Vereinigung allzu großen Grundeigentums in einer Hand zu verhindern und das kleine Grundeigentum gegen Verschuldung und Aufsaugung zu sichern.

Mit der Entstehung der freien Verkehrswirtschaft und des Kapitalismus steht diese unvollständige Monopoltheorie sofort in charakteristischer Ausbildung vor uns. Wir haben in der Einleitung den frühenglischen Agrarsozialismus gekennzeichnet und gezeigt, daß er erst spät durch den *antikapitalistischen* Sozialismus verdrängt wurde.[3] Auch in Deutschland fand schon vor der

---

1 „Die römisch-rechtliche Okkupationstheorie, die alles individuelle Eigentum aus einem individuellen Willensakt ableitet, ist für das ursprünglich meist durch soziale Gemeinschaften okkupierte und verteilte Grundeigentum, und vielfach auch für alle spätere Eigentumsverteilung gänzlich falsch; sie stammt aus den kriegerischen Beuteerinnerungen von Männern, die nach Gajus „maxime sua esse credebant, quae ex hostibus cepissent'." [Schmoller, Grundriß der allgemeinen Volkswirtschaftslehre, I. Teil, S. 389.] „Wie die Eroberung in allgemein politischer Hinsicht, so beherrschte im Wirtschaftlichen der Begriff der gewaltsamen Aneignung, der Besitzergreifung, des ‚rapere' und ‚occupare' die Erwerbstätigkeit der Römer. Es ist das Beute- oder, wie man heutzutage sagt, das Ausbeuteprinzip, welches allem zugrunde liegt. Nicht, weil man etwas, was vorher nicht da war, erzeugt hat, sondern weil man die Macht hat, sich dauernd im Besitz einer Sache zu behaupten, wird einem diese Sache zu Eigentum zugesprochen. So hat der wirtschaftliche Begriff der Arbeit im modernen Sinne den Römern gefehlt." (Daher heißt Arbeit auch nicht im Singular „labor", sondern im Plural „operae": die Arbeit *der* Sklaven" (Oncken, Nationalökonomie, Bd. I, 61 f.).

2 Vgl. die von G. Adler zu Ogilvies, Das Recht auf Grundeigentum, verfaßte Einleitung „Bodenreformer früherer Zeiten".

3 Wir bringen aus der Frühzeit des Sozialismus noch einen Beleg, der die „naturrechtliche" Prämisse und ihre Konsequenz, die Monopoltheorie, in charakteristischer Ausbildung zeigt. Charles Hall schreibt (Die Wirkungen der Zivilisation auf die Massen, S. 35): „Das Wesen, das die Erde und alle darauf lebenden Kreaturen erschuf, richtete die Erde so ein, daß sie die für die Existenz jener Kreaturen nötigen Dinge hervorbringt: und es erschuf jene Kreaturen so, daß ihr Dasein von den Dingen, die die Erde hervorbringt, abhängen mußte. Es ist daher klar, daß der Schöpfer das Land zum Gebrauch der Geschöpfe bestimmte, die er darauf setzte. Folglich, daß kein Geschöpf von dem Besitz des einen oder anderen Teiles der Erde, und zwar in dem Umfang, der für seine Versorgung mit Lebensbedürfnissen erforderlich ist, abgeschnitten werden darf. Eben dies aber haben bei dem System, das bei den meisten Nationen Europas gilt, die Personen, die sich im ausschließlichen Besitz des Grundeigentums befinden, nicht nur die Macht, zu tun, sondern sie tun es tatsächlich, und indem sie die Leute des hinreichenden Maßes der Lebensbedürfnisse berauben, vernichten sie somit alljährlich große Mengen von ihnen."

kapitalistischen Ära diese Monopoltheorie ihre Vertreter. Zachariä schrieb wörtlich: „Alle die Leiden, mit welchen zivilisierte Völker zu kämpfen haben, lassen sich auf das Sondereigentum an Grund und Boden, als auf ihre Ursache, zurückführen."[1] Er war als Augenzeuge einer vorwiegend noch feudalen Gesellschaft natürlich Anhänger der Monopol-Lohn-Theorie; er sieht „die Grundrente als einen Abzug von dem Lohn an, welcher, wenn Grund und Boden keinen Eigentümer hätten, dem Arbeiter ganz zufallen würde"[2]. Fast alle Sozialisten, mit Ausnahme namentlich des größten von ihnen, Karl Marx, standen auf dem gleichen Standpunkt; und selbst die neueren Vertreter der bürgerlichen Ökonomik nähern sich ihm immer mehr. Wie wir sahen, sind wohl alle bedeutenderen lebenden Vertreter der bürgerlichen Volkswirtschaftslehre aller Schulen wenigstens für das *städtische* Grundeigentum Anhänger der Monopoltheorie, wonach das Eigentum *allein* die Ursache der beklagten Erscheinungen ist. Brentano bekennt sich sogar auch für das landwirtschaftliche Eigentum, unter ausdrücklicher Verwerfung der Ricardoschen Lehre, zu der Monopol-Lohn-Theorie, die das Grundeigentum als solches verantwortlich macht:

> „Nur für das Verhältnis zwischen einem gleichberechtigten kapitalistisch rechnenden Pächter und einem gleichberechtigten kapitalistisch rechnenden Grundeigentümer ist es richtig, (...) daß sich die Höhe der Rente nach der Differenz in den (...) Eigenschaften des Bodens richte. Die Sache stellt sich anders, sobald die (...) Beteiligten von verschiedener Macht sind. (...) Die Verschiedenheit der Macht kann beruhen auf einer Verschiedenheit des Rechts, wie im Mittelalter, oder *einer Verschiedenheit der wirtschaftlichen Lage.* (...) Denn wenn der Boden auch nicht das Monopol zur Ausbeutung unzerstörbarer natürlicher Bodenkräfte im Sinne Ricardos geben kann, (...) so gibt er doch ein Monopol zur selbständigen und unabhängigen Betätigung der Arbeitskraft. Und derjenige, der auf diese Betätigung angewiesen ist, um davon zu leben, ist gern bereit, für die Gewährung der Gelegenheit zu dieser Betätigung durch Überlassung eines Grundstücks eine Rente oder deren Kapitalwert, einen Kaufpreis zu zahlen, die außer allem Verhältnis stehen zu der Rente, welche Kapitalien in anderen Anlagen abwerfen. (...) Somit ergibt sich: die Rente ist ein Preis, der für die Überlassung (...) des ungestörten Gebrauchs eines Stückes Land gezahlt wird. Sie wird, wo an verfügbarem Lande Mangel ist, für Land jeder Art gezahlt, auch für das schlechteste. (...) Wo die Rechtsgleichheit zur Grundbedingung der Wirtschaftsorganisation geworden ist, wird sie bestimmt einerseits durch die verschiedene (...) Qualität des Grundstücks, andererseits durch die verschiedene wirtschaftliche Qualität des Nachfragenden, nämlich die Dringlichkeit seines Bedürfnisses (...)."[3]

Das alles ist unbestreitbar richtig. Aber es sagt uns nichts über den Mechanismus, der, das Grundeigentum und sein Recht einmal gegeben, die Grundrente in die Taschen der Eigentümer leitet.

Offenbar reicht die Tatsache des Grundeigentumsrechtes allein nicht aus, um das zu erklären. Der ungeheuerste Latifundienbesitz in einem leeren Lande bringt dem Eigentümer keinen Pfennig Grundrente. Es muß also noch etwas anderes zu dem Eigentumsrecht hinzutreten. Die Diagnose der bisherigen Monopol-Lohn-Theoretiker war *richtig*, aber sie kann nicht *vollständig* sein.

---

1 Zit. nach Rodbertus, Zur Beleuchtung der sozialen Frage, S. 85.
2 Ebenda.
3 Brentano, Einleitung zu; Anderson, drei Schriften über Korngesetze und Grundrente, S. XXXIIIff.

2. Die „freien Arbeiter"

Karl Marx stand der letzten Erkenntnis nahe. Er schreibt: „Das bloße juristische Eigentum am Boden schafft dem Eigentümer keine Grundrente. Wohl aber gibt es ihm die Macht, seinen Boden so lange der Exploitation zu entziehen, bis die ökonomischen Verhältnisse eine Verwertung desselben erlauben, die ihm einen Überschuß abwirft, sei es, daß der Boden zur eigentlichen Agrikultur verwandt werde, sei es zu anderen Produktionszwecken, wie Bauten usw."[1]

Wie müssen die „ökonomischen Verhältnisse" beschaffen sein, um dem Eigentümer „die Verwertung zu erlauben"? Diese Frage hat Marx dahin beantwortet, daß nur dann Grundrente (und Profit) an das Eigentum fallen könne, wenn sich auf dem Arbeitsmarkte „freie Arbeiter" in genügender Anzahl anbieten, „freie" Arbeiter in seinem besonderen bitterspöttischen Doppelsinn, daß sie einerseits *rechtlich* als freie Kontrahenten über ihre Person verfügen dürfen, und daß sie andererseits *wirtschaftlich* „frei", d. h. entblößt sind von allem eigenen Besitz, von allen „zur Verwirklichung ihrer Arbeitskraft nötigen Sachen"[2].

Nur diese scharfe Formulierung gehört Marx zu eigen; und es ist sein Verdienst, diese wichtigste Erkenntnis in den Mittelpunkt eines ganzen Systems gestellt zu haben. Aber die Erkenntnis selbst liegt völlig auf der Hand und ist daher auch so alt wie die wissenschaftliche Nationalökonomie. Niemals hat ein Zweifel darüber bestanden, daß alles, was Marx „Mehrwert" nennt, nur zustande kommen kann, wenn das besteht, was Marx das „Kapitalverhältnis" nennt, d. h. ein Zustand des Arbeitsmarktes, bei dem „das Angebot gänzlich auf Seiten besitzloser Arbeiter steht". Schon Turgot besitzt diese Erkenntnis, wie wir zeigten, allerdings ohne den geringsten Versuch einer Erklärung: es ist ihm einfach Tatsache, daß die Arbeiter „durch die Konkurrenz" auf den notdürftigen Lebensunterhalt herabgedrückt werden. Nachdem Smith das Angebot der Arbeit durch seine Skizze einer Lohnfondstheorie zu erklären versucht hatte, diente das Gesetz vom sinkenden Spielraum der Bourgeoisökonomie zur Erklärung der dauernden Überfüllung des Arbeitsmarktes mit „freien" Arbeitern.

Hierin also stimmen Sozialismus und bürgerliche Theoretik überein; erst in der Frage nach der Herkunft der freien Arbeiter scheiden sich die Geister. Marx verwarf das „Bevölkerungsgesetz" des Malthus und stellte sein eigenes „Gesetz der kapitalistischen Akkumulation" auf, demzufolge das „Kapitalverhältnis", wenn es erst einmal durch „außerökonomische Gewalt" gesetzt ist, sich automatisch im kapitalistischen Produktionsprozeß immer wieder reproduzieren muß. Ich habe das Gesetz, Beweis und Behauptung, als falsch nachgewiesen.[3]

Woher stammen also die „freien Arbeiter", deren Angebot auf dem Arbeitsmarkte den „Mehrwert" jeder Form, speziell den uns hier interessierenden Teil, die Grundrente, erzeugt? Woher stammen sie, wenn ihr unleugbares Vorhandensein sich weder aus der bürgerlichen Bevölkerungslehre, noch aus der sozialistischen Akkumulationstheorie ableiten läßt? Erst durch die Beantwortung dieser Frage wird die bisher unvollständige Monopol-Lohn-Theorie ihre Vollendung erhalten.

---

1 Marx, Kapital, Bd. III, 2, S. 289f.
2 Ebenda, Bd. I, S. 131; vgl. Oppenheimer, Grundgesetz der Marxschen Gesellschaftslehre, S. 22ff. [im vorliegenden Band S. 399].
3 Vgl. Oppenheimer, Grundgesetz der Marxschen Gesellschaftslehre, Teil 2 und 3 [siehe im vorliegenden Band].

B. Die vollständige Monopoltheorie

Für das „feudal-kapitalistische" Grundeigentum bedarf die Frage, woher seine freien Arbeiter stammen, keiner langen Untersuchung. Sie sind ihm durch denselben historischen Prozeß überkommen, der das feudale Eigentum selbst erschuf. Es sind die Nachkommen der ehemaligen Untertanen, der „serfs", Teilbauern usw..

Wenn aber auch ihre *Herkunft* keiner Untersuchung bedarf, so erhebt sich die ebenso bedeutsame Frage: *warum bleiben sie?* Warum entziehen sie sich nicht sämtlich durch Fortwanderung dem „Monopole" und dem von ihm ausgeübten wirtschaftlichen Zwange, den Monopolpreis abzutreten? Hat doch die kapitalistische Ära nicht nur das formelle Recht der Freizügigkeit innerhalb der Grenzen derselben Nation vollendet, indem sie es von seinen letzten polizeilichen Hemmungen befreite, sondern vor allem auch die Freizügigkeit über die politischen Grenzen hinaus rechtlich, durch das Völkerrecht, und praktisch, durch die modernen Verkehrsmittel, erst zur fast schrankenlosen Bewegungsfreiheit erhoben! Unendliche Strecken neuen Siedellandes haben sich den Hintersassen des ehemals feudalen Grundeigentums namentlich in Nordamerika, aber auch in Südamerika (Argentinien, Brasilien), Australien, Südafrika und in Asien (Sibirien) erschlossen. Warum haben sie sich nicht sämtlich ihres Rechtes der Freizügigkeit bedient, um sich dorthin zu flüchten und freie, von Grundrente nicht beschwerte Eigentümer zu werden?

Nun, wir wissen, daß sehr große Teile dieser abhängigen Bevölkerung in der Tat dieses Mittel ergriffen haben; es genügt, anzuführen, daß nicht weniger als rund zwanzig Millionen Menschen, weit überwiegend „Hintersassen" des ehemals feudalen europäischen Großgrundeigentums, in dem einen neunzehnten Jahrhundert sich in Nordamerika niedergelassen haben: die ungeheuerste Völkerwanderung aller bekannten Geschichte. Aber noch größere Massen sind zurückgeblieben, das Reservoir hat sich nicht ganz entleert. Warum nicht?

1. Der induktive Beweis der Monopoltheorie
   (Die autochthon-kapitalistische Grundrente)

a. Die Rente des kolonialen Großgrundeigentums

Weil alles neue unbebaute Land immer wieder durch das Bodenmonopol gegen die kapitallose Kleinsiedlung gesperrt wird, sobald die Möglichkeit eines Grundrentenbezuges in solche Nähe rückt, daß eine Bodenspekulation aussichtsvoll erscheint.

Wo immer der europäische Hintersasse Bauernland finden könnte, dessen Ernten in absehbarer Zeit einen Getreidemarkt erreichen könnten, da findet er es bereits weithin gesperrt durch papierene Titel, hinter denen die Staatsgewalt drohend Wache hält. Und so bleibt ihm nur der Bruch auf lange hinaus mit dem Kulturkreise, nur die Naturalwirtschaft in der „Wüste", wie sie z. B. die Mormonen in Utah der „Zivilisation" vorzogen, oder die Zahlung eines Tributes an den Grundeigentümer, die Grundrente. Sein Arbeitseinkommen wird nur gerade so hoch sein, um noch ein genügendes Gefälle vom Orte seiner Herkunft zum Orte seiner neuen Ansiedlung zu lassen; denn sonst bliebe der Eigentümer im Kolonialgebiet ohne Ansiedler und ohne Rente überhaupt.

α) Die spekulative Bodensperrung

Es ist kaum nötig, die allgemein bekannte Tatsache dieser modern-kapitalistischen Sperrung alles unerschlossenen Siedellandes durch Spekulanten, durch „Landhaie", wie der Amerikaner sie nennt, mit Tatsachen zu belegen. Nur einige charakteristische Notizen mögen sie illustrieren:

Sering berichtet von der Bodenpolitik der Vereinigten Staaten von Nordamerika zur Zeit ihrer Gründung:

„Zur selben Zeit, wo die französischen Bauern die Güter des Adels untereinander teilten, trieb die Regierung der amerikanischen Freistaaten einen krämerhaften Handel mit dem ihr anvertrauten Gute, dem Lande der Nation. (…) Das grundlegende Gesetz vom 19. Mai 1796 bestimmte, daß, sobald eine gewisse Fläche vermessen sei, diese an den Meistbietenden, aber nicht billiger als für zwei Dollars pro Acre und nicht in kleineren Stücken als 9 englische Quadratmeilen (23,3 qkm) verkauft werden sollte."[1]

Das betrifft die alten Staaten im Osten und Süden der Union. Ein halbes Jahrhundert später war Henry George Zeuge des gleichen Prozesses im Westen. Er fragt:

„Nun, warum kann diese unbeschäftigte Arbeit auf dem Lande keine Verwendung finden? Nicht weil alles Land in Benutzung wäre. Obgleich alle Anzeichen, die in älteren Ländern als Beweise von Übervölkerung angesehen werden, sich schon in San Franzisko bemerkbar machen, so ist es müßig, von Übervölkerung in einem Staate zu sprechen, der, bei größeren Hilfsmitteln der Natur als Frankreich, noch nicht eine Million Einwohner hat. Innerhalb weniger Meilen von San Franzisko ist unbenutztes Land genug, um jedem Manne Beschäftigung zu geben, der ihrer bedarf. Ich will keineswegs sagen, daß jeder unbeschäftigte Mann Landmann werden oder sich ein Haus bauen könnte, wenn er das Land hätte, wohl aber, daß genug dies tun könnten und würden, um den übrigen Beschäftigung zu geben. Was ist es also, das die Arbeit verhindert, sich auf diesem Lande zu beschäftigen? Einfach, daß es monopolisiert und auf Spekulationspreisen gehalten wird, die nicht nur auf den gegenwärtigen Wert begründet sind, sondern auf den erhöhten Wert, der mit dem künftigen Wachstum der Bevölkerung erst kommen soll."[2]

Wieder fünfzig Jahre später sind einige Länder an der Ostküste Südamerikas in die „grundrentenfähige Zone" eingerückt, und der gleiche Prozeß sperrt ihre Äcker gegen die Kleinsiedelung:

„Gegen die argentinische Regierung wird von sachverständiger Seite der Vorwurf erhoben, daß die Landpolitik nichts weniger als glücklich gewesen sei und der Einwanderung, der Bildung eines Kleinbauerntums und damit einer dichten Besiedlung des Landes in keiner Weise Vorschub geleistet habe oder leiste.
Es wird gesagt: ‚Die Regierung hat es leider nicht verstanden, große und gute Terrains dem Lande zu erhalten. Anstatt größere Strecken guten Ackerbaulandes tüchtigen Kolonisten billig zu verkaufen und dem Lande damit einen großen Aufschwung zu geben, hat man es vorgezogen, große Strecken an einzelne Leute zu verkaufen. Diese Ländereien sind jahrelang unbenutzt geblieben und bilden heute die Latifundien, die schuld sind, daß das Land an jenen Punkten nicht so vorwärts kommt, wie es der Fall sein sollte. Im besten Falle wird ein Stückchen kolonisiert, aber nur, um aus dem Reste einen höheren Preis zu erzielen. Was heute noch relativ billig vom Staate und auf einer Auktion verkauft wird, sind Ländereien, die für den Ackerbau schwer sich eignen und früher von den ‚Protegidos' verschmäht worden sind; billig und schlecht.'
Diese Latifundienwirtschaft steht vor allem einer schnellen, starken Einwanderung hemmend im Wege. Wenn in letzter Zeit die Einwanderung sich auch vermehrt hierher richtet, so ziehen

---

1 Sering, Die landwirtschaftliche Konkurrenz Nordamerikas, S. 111 ff.; vgl. auch Hall, Die Wirkungen der Zivilisation auf die Massen, S. 68.
2 George, Fortschritt und Armut, S. 240.

den größten Vorteil doch die Landbesitzer daraus, die ihre Ländereien zu hohen Preisen losschlagen können."[1]

Dasselbe vollzieht sich in Brasilien nach Karl Bolle:

„So ist denn die Besiedelung der weiten fruchtbaren Einöden mit zahlreichen bäuerlichen Elementen über Gebühr erschwert. Auch will man gar keinen Kleingrundbesitzerstand haben. Die Großen und Mächtigen erwerben unter irgendwelchen Scheintiteln Latifundien in der Größe kleiner Fürstentümer, und hier wollen sie mit Arbeitern wirtschaften, nicht jedoch selbstwirtschaftende Bauern zu Nachbarn haben, die sich nicht wenigstens zur Ernte bei ihnen verdingen."[2]

Nicht anders ist es in Kanada, nicht anders in Südafrika und Australien, nicht anders wird es im Sudan, in Sibirien, in Anatolien sein, sobald diese Gebiete an den Welt-Getreide- und den Welt-Arbeitsmarkt angeschlossen sein werden. Nur eine Ausnahme gibt es in aller Welt: Neuseeland! Hier ist die Politik eines im besten Sinne demokratischen Staates mit aller Tatkraft darauf gerichtet, das aus früheren Zeiten noch vorhandene kapitalistische Großgrundeigentum einzuengen und womöglich zu vernichten.[3] Die Folgen für die Gesundheit des sozialen Körpers sind denn auch fast wunderbar zu nennen. Hier herrscht nahezu die „reine Wirtschaft" meiner Terminologie, d. h. der rationelle „Sozialismus".

In allen anderen Ländern aber des europäischen Kulturkreises ist das Recht der unbeschränkten Okkupation gewährleistet, und die Spekulation mit dem Boden feiert ihre Orgien.

Unzweifelhaft ist daher dieses Recht die *Bedingung* der Grundrente in diesen Ländern, und insofern hat die bisherige Monopol-Lohn-Theorie recht. Aber ist es auch die *Ursache* der Grundrente?

Wir haben soeben auseinandergesetzt, daß die rechtliche Sperrung des Bodens überall da, wo sie zulässig ist, sofort einsetzt, „sobald die Möglichkeit des Grundrentenbezuges in solche Nähe rückt, daß eine Bodenspekulation aussichtsvoll erscheint". Wann ist dieser Zeitpunkt gegeben?

Wir haben die Erklärung bereits gegeben: Grundrente kann überall nur dort entstehen, wo freie Arbeiter in genügender Anzahl sich anbieten, um die Gestehungskosten des Getreides, *deren wichtigsten Bestandteil die Arbeitskosten darstellen*, so tief zu drücken, daß (bei gegebenem Marktpreise und gegebenen Transportkosten) Grundrente übrigbleibt.

Neues Land rückt also erst dann in die *„grundrentenfähige"* Zone ein, wenn „freie Arbeiter" in genügender Menge vorhanden sind.

Wir sehen uns also wieder vor unsere Frage gestellt: woher kommen diese freien Arbeiter? Im Lande selbst können sie nicht entstanden sein, wie folgende Betrachtung zeigt:

Wo ein weites Gebiet nur wenig Menschen beherbergt, da kann offenbar nur unter *einer* Bedingung hohe Grundrente von rechtlich-freien Arbeitern „erpreßt" werden: wenn *ein* Mann *alles* Land besitzt; dann sind auch spärlich gesäte Arbeiter „ryots" und müssen sich allen Bedingungen des fürstlichen Grundherrn fügen, um nicht zu verhungern. Diese Voraussetzung gilt aber nicht für die kapitalistische Verkehrswirtschaft.

Wo aber viele Grundeigentümer wenn auch noch so großer Latifundien das Land unter sich teilen, da konkurrieren sie um die wenigen freien Arbeiter; die Konkurrenz steht „ganz auf ihrer

---

[1] Zeitschrift für Sozialwissenschaft, Bd X, (1907), S. 319.
[2] Karl Bolle, in: Zeitschrift für Sozialwissenschaft, Bd. IX, (1906), S. 697.
[3] Vgl. André Siegfried, La nouvelle Zélande, Paris 1904, Kap. XIV: „C'est ainsi qu'en nouvelle Zélande, le mouvement en faveur de la nationalisation du sol a tourné court pour se transformer en une croisade contre la grande propriété" (S. 160).

Seite", wie Ricardo sich ausdrückt, und der Arbeitslohn steht dicht am Arbeitsertrage, d. h. die Grundrente steht dicht an Null.

In dieser Lage befindet sich aber jede Grundeigentümerklasse in einem weiten, menschenarmen Gebiete auf unabsehbare Zeit hinaus, *wenn die Arbeiterbevölkerung nur durch ihren natürlichen Zuwachs zunimmt.* Denn jede Steigerung des Getreidepreises auf dem Zentralmarkte, und vor allem jede Verminderung der Frachtkosten vermehrt die mit dem Zentralmarkt verbundene Fläche viel schneller, als die Bevölkerung selbst zu wachsen vermag. Man denke an die unendlichen Ackergebiete, die die sibirische Bahn oder jede argentinische Strecke neu erschlossen hat.

Hier könnte also niemals irgend jemand auf den Gedanken kommen, Land zu Spekulationszwecken auszusperren. Der homo lombardstradarius am wenigsten: denn hier wäre niemals ein Geschäft zu machen. Keine Bodenspekulation ist denkbar, *wo nicht die freien Arbeiter in genügender Anzahl von auswärts einströmen.*[1] Das römische Recht der unbeschränkten Okkupation ist nur die *Bedingung*, die Masseneinwanderung aber die *Ursache* der Bodenspekulation und somit der Grundrente.

β) Henry George

Das hat, wie alle Anhänger der Monopol-Lohn-Theorie, auch Henry George, der mächtige Wecker, nicht erkannt. Er hielt das Eigentumsrecht für die Ursache der Grundrente, die ihm daher als der Monopolpreis eines *Rechtsmonopols* erschien, und bekannte sich folgerichtig zur Bodenbesitzreform:

> „Kurz, die Rente ist der Preis des Monopols, das daraus entsteht, daß natürliche Elemente, die die menschliche Arbeit weder schaffen noch vermehren kann, in den Besitz einzelner kommen."[2]

Es kann hier nur angedeutet werden, aus welchen Gründen seine *Therapie,* seine Fortsteuerung der Grundrente durch die schon von den Physiokraten, freilich mit ganz anderer Begründung, empfohlene „single tax", verfehlt ist: sie ist praktisch unmöglich durchzusetzen, weil sie alle Grundbesitzer in Stadt und Land, also die Mehrheit der Bevölkerung der meisten Nationen, gegen sich hat; und sie ist theoretisch falsch, weil sie auf der falschen, ricardischen Anschauung beruht, daß alle Rente nur Differentialrente sei. Ihr Ertrag würde, wenn sie sich durchführen ließe, sofort auf Null oder doch fast auf Null fallen, weil kein spekulatives Engagement mehr aufrechterhalten werden könnte und „so viel Boden auf den Markt käme, daß er den Monopolpreis nicht länger würde halten können"[3].

Diese Fehlgänge beruhen darauf, daß seine *Diagnose* – nicht falsch, aber – unvollständig war. Wohl war es richtig, daß das angeklagte Bodenrecht der unbeschränkten Okkupation die Bedin-

---

1 „In neuen Ansiedelungen, wo Künste und Kenntnisse verfeinerter Länder eingeführt werden, hat wahrscheinlich das Kapital ein Streben nach schnellerem Anwachsen als die Menschenzahl, und *wenn der Mangel an Arbeitern nicht aus volkreicheren Ländern gedeckt würde,* so würde dies Streben den Preis der Arbeit sehr stark in die Höhe treiben." (Ricardo, Grundgesetze, S. 71).
In aufblühenden Ländern, wie den amerikanischen Kolonien „the scarcity of hands occasions a competition among masters who bid against one another, in order to get workmen, and thus voluntarily break through the natural combination of masters not to raise wages". (Smith, Volkswohlstand, Kap. 8).
2 George, Fortschritt und Armut, S. 147.
3 Smith, Volkswohlstand, S. 432. Wir kommen auf diese Stelle sofort zurück.

gung der ungeheuren Grundrenten war, die George in Kalifornien entstehen sah, die Bedingung der Riesenvermögen, die sich aus der Spekulation mit dem Boden bildeten, und die Bedingung von „Fortschritt und Armut". Aber die *Ursache* war doch auch hier die Masseneinwanderung landloser, kapitalloser „freier" Arbeiter.

Daß George das nicht erkannte, darf ihm nicht zum Vorwurf gemacht werden. Unmöglich konnte er in der Wanderung ein eigenes Problem sehen. Sie mußte ihm, wie allen Beobachtern in neuen Ländern, als etwas schlechthin „Natürliches", immer Gegebenes erscheinen, als die natürliche Folge der absoluten Übervölkerung der allzu dicht besiedelten Gebiete Europas und des amerikanischen Ostens.

Uns, an den Quellen dieses Riesenstroms lebendiger Menschen, erschien aber die Wanderung nichts weniger als „natürlich". Nicht nur, daß uns ihre Hände schmerzlich bei der Arbeit auf unseren Äckern fehlten[1]; nicht nur, daß ihre „überseeische Konkurrenz"[2] uns eine schwere agrarische Preiskrise brachte:

Wir sahen auch, daß sie nicht, wie George angenommen hatte, aus unseren am dichtesten bevölkerten, sondern aus unseren ohnedies schon menschenärmsten Gebieten abströmten[3], *aus den dünn besiedelten, ehemals feudalen Großgüterbezirken Europas.* Großbritannien, dann Ostdeutschland und Süditalien, dann das slawische Osteuropa waren die Quellgebiete der kalifornischen Wanderung: die Stammgebiete des ehemals feudalen Großeigentums, soweit es nicht, wie in Frankreich, den Niederlanden, Westdeutschland und Norditalien, durch eine bäuerliche Siedelung schon ersetzt war.

Uns erschien daher jene Wanderung nichts weniger als „natürlich". Wir[4] erkannten den Zusammenhang zwischen der Verteilung des Bodeneigentums und der Landflucht, den ich durch die annähernde Formel zu verdeutlichen versucht habe: „Die Wanderbewegung aus zwei verglichenen Bezirken verhält sich wie das Quadrat des in ihnen enthaltenen *Großgrundeigentums*." Und so enthüllte sich uns die Grundrente Kaliforniens und aller anderen überseeischen Kolonisationsgebiete als *die Folge der primitiven feudalen Grundeigentumsverteilung in Europa.*

b) Die großstädtische Mietsrente

Wir wenden uns jetzt zu dem zweiten, überaus wichtigen Bestandteil der autochthon-kapitalistischen Grundrente, der großstädtischen Mietsrente. Daß sie Monopolpreis ist, ist unbestreitbar, und, wie wir wissen, unbestritten. Dabei ist allerdings auffällig, daß einige der gelehrten Volkswirte, die auf diesem Standpunkte stehen, trotz alledem den Monopolcharakter der landwirtschaftlichen Grundrente leugnen; denn offenbar sind beide mindestens überaus nahe verwandt. Die städtische Mietsrente nimmt gerade so die „natur- und verkehrsgegebenen Vorteile der Rentierung" eines angelegten Kapitals für sich in Anspruch, wie die ländliche Grundrente. Wenn in der Stadt auch die Ackerbonität nur eine geringe Rolle spielt, nur insofern ein *Baugrund* besser, d. h. billiger bebaubar ist als ein anderer, so wird doch die *Schönheit* der Lage sehr hoch bezahlt; und vor allem bringen die *verkehrsgegebenen* Vorteile der Lage zum Markte die größten Renten. Das

---

1 Sering, Innere Kolonisation, S. 8; Goltz, Die ländliche Arbeiterklasse, S. 156.
2 Vgl. zu der Ausdehnung des nordamerikanischen Getreide-Areals: Sering, Konkurrenz, S. 60, und Buchenberger, Agrarwesen und Agrarpolitik, Bd. II, S. 554.
3 Vgl. Oppenheimer, Siedlungsgenossenschaft, S. 217 ff.; Sering, Konkurrenz, S. 98 f.
4 „Mit dem Umfang des Großgrundbesitzes parallel und mit dem Umfang des bäuerlichen Besitzes in entgegengesetzter Richtung geht die Auswanderung", Goltz, Die ländliche Arbeiterklasse, S. 143.

sind Analogien, die zu denken geben sollten, wenn man schon die Mietsrente als Monopolpreis anerkennt.[1]

Doch das nebenbei! Jedenfalls wird auch hier die Monopoltheorie erst vollendet sein, wenn wir den Mechanismus genau durchschaut haben, der den Preis des Monopols in die Taschen der städtischen Grundeigentümer leitet.

Die Verhältnisse in einer Großstadt liegen ganz ähnlich, wie in einem neuen weiten Kolonisationsgebiet. Die Zunahme der städtischen Bevölkerung durch ihren eigenen Geburtenüberschuß ist im Verhältnis zu dem vorhandenen Baulande viel zu klein, selbst unter den denkbar günstigsten hygienischen Verhältnissen, als daß jemals eine erhebliche Grundrente hier entstehen könnte. Niemand, und sei er Sombarts homo sapiens lombardstradarius in der höchsten Potenz, wird auf den Gedanken kommen, hier Spekulationsterrain hinzulegen, d. h. gegen die sofortige Bebauung mit Mietshäusern abzusperren: denn, wie lange er auch warten möge, niemals wird er in dem erzielten Verkaufspreise seinen eigenen Anschaffungspreis samt Zins und Zinseszins, seinen „Buchpreis", wiedererhalten. Und wo er nicht starke Aussichten hat, mehr als den Buchpreis zu realisieren, da „spekuliert" gerade der lombardstradarius nicht.

Auch hier kann nur die Massenzuwanderung von landlosen Wohnbedürftigen die Grundrente ermöglichen. Der Zusammenhang ist genau der gleiche wie im neuen Kolonialagrargebiet:

Die Massenwanderung ist die *Ursache* der Spekulation mit dem Grund und Boden, das Recht der Okkupation beliebig großer Flächen ist nur ihre *Bedingung*.

Sobald die Massenzuwanderung in die Städte zur dauernden gesellschaftlichen Erscheinung geworden ist, können spekulative Köpfe den Zeitpunkt mit einiger Genauigkeit berechnen, in dem ein beliebiges Grundstück in der Peripherie für das Wohnbedürfnis der Bevölkerung wird herangezogen werden müssen, und den Mietspreis, den es unter der Annahme einer bestimmten Bauordnung mindestens bringen wird. Wenn der danach berechnete Verkaufspreis (die kapitalisierte Grundrente der Zukunft) bedeutend größer ist, als der höchste voraussichtliche Buchpreis (Erwerbspreis des Grundstückes samt Zins und Zinseszins, Steuern, Kosten usw. für die längste wahrscheinliche Wartezeit): dann „legt der Spekulant das Terrain hin".

Sobald die ländlichen Eigentümer erst hinter diese Art von Spekulation gekommen sind, verwandeln auch sie sich in Menschen mit der Psychologie von Lombardstreet. Und so wird die wachsende Stadt durch einen Ring von „Terrains" umschlossen, die so lange gegen die Bebauung gesperrt werden, bis sie „ihren Preis" bringen. Und zwar stuft sich der Bodenpreis nach außen so ab, daß – bei sonst gleicher Annehmlichkeit der Lage, Güte der Wohnung, Bequemlichkeit der Versorgung mit anderen Lebensbedürfnissen usw. – der Mietsbedürftige an jedem Punkte dieses Ringes ungefähr die gleiche Last zu tragen hat, natürlich nicht in Geld, wohl aber in Geld und Transportlast an Fahrgeldern und Zeitverlust zusammengenommen. Nur, daß von innen nach außen der Bodenpreis sich so abstuft, daß gerade noch ein genügendes „Gefälle" bleibt, genau wie wir es im Kolonialgebiet sahen.

Und genauso wenig wie dort kann der Wohnungsbedürftige sich dem Monopol entziehen. Allerdings ist in der weiteren Umgebung der Stadt jenseits der Grenze, bis zu der die Spekulation noch auf einen Gewinn rechnen kann, Bauland in ungeheurer Menge für billigsten Preis zu haben, gerade so wie im Kolonialgebiet jenseits der Grenze, bis zu der die Spekulation rationellerweise greift, unendliches freies Land vorhanden ist. Aber sowenig der kapitallose Einwanderer jenes Ackerland besiedeln kann, weil er dadurch auf unabsehbare Zeit hinaus den Zusammenhang mit dem Getreidemarkte aufgeben müßte: sowenig kann der Arbeiter jenes Bauland besiedeln, weil er dann den Zusammenhang mit der Stadt, seinem Arbeitsmarkte, aufgeben müßte. Denn von jen-

---

1 Vgl. zu dieser Frage A. Weber, Boden und Wohnung, Zweiter Leitsatz S. 22ff.

seits des Ringes ist seine Arbeitsstätte mit den ihm verfügbaren Mitteln an Zeit und Geld nicht mehr regelmäßig täglich erreichbar. Es bleibt ihm also, wie dem Siedler im Kolonisationsgebiet, nichts anderes übrig, als dem Monopolisten den Monopolpreis zu zahlen.[1]

Hier handelt es sich um einen Monopolpreis mehr im Sinne der Monopol-Preis-, als der Monopol-Lohn-Theorie. Die Wohnung steht der „Ware" näher als dem Produktionsmittel, und ihre Miete ist eher ein Aufschlag auf den „natürlichen Preis" zu Lasten des Konsumenten, als ein Abzug vom „natürlichen Lohn" zu Lasten des Produzenten. Die reine Wohnstätte des Arbeiters steht der Ware, dem Konsumartikel, die reine Werkstatt dem Produktionsmittel näher. Aber, ob Aufschlag oder Abzug: beide Male ist die in der Miete gezahlte reine Bodenrente ein echter Monopolpreis, und zwar „so hoch, wie er dem Mieter irgend abgepreßt werden kann".

Es ist hier nicht der Ort, zu untersuchen, wie dieses Monopol der Bodeneigentümer in einer und um eine schnell wachsende Großstadt noch durch „Übermonopole" infolge unzweckmäßiger Bauordnungen und städtischer Verwaltungsprivilegien gesteigert werden kann. Das Monopol nimmt dem kleinen Mieter überall ungefähr den gleichen Teil seines Einkommens, nämlich ungefähr alles, was dem Durchschnittseinkommen seiner Klasse abgepreßt werden kann, ohne den gewohnheitsmäßigen standard of life allzusehr zu beeinträchtigen. Wo nur Kleinhäuser zugelassen sind, kann der Mieter unter günstigen Umständen eine einigermaßen heimatliche Wohnung für den gleichen Preis erhalten, den er dort, wo die Mietskaserne zugelassen ist, für eine eingebaute, luft- und lichtarme Wohnung im Massenquartier bezahlen muß. Wo alle Verwaltungsmacht in die Hände der Hausbesitzer gelegt ist, kann, indem man die „Regulierung" der Blocks hinhält, die Aufschließung neuen baureifen Geländes zugunsten der Haus- und zuungunsten der Terrainbesitzer derart verzögert werden, daß die Mieter noch stärker ausgebeutet werden, als unter einer gerechten Gemeindeverfassung. Wo sehr ungleichmäßiges Gelände eine Stadt umgibt, ist die Spekulation, deren Gegenstand überall recht eigentlich „fungible Werte" sind, erschwert, und die Mieten können tiefer stehen als dort, wo sehr gleichmäßiges Gelände die Spekulation erleichtert. Schließlich kann auch die Ordnung des öffentlichen Verkehrswesens von großem Einfluß sein: wo ein Staatsmonopol der Eisenbahnen besteht, da kann es, im Interesse der Terrainbesitzer angewendet, den Spekulationsring noch verstärken, während es umgekehrt, im Interesse der Volksmasse

---

[1] Weber (ebenda, S. 33ff.) will zeigen, daß ein „Monopol" der städtischen Grundbesitzer nicht bestehe. Er tritt zu dem Zwecke den statistischen Nachweis an, daß in der Regel das Angebot von Baustellen der Nachfrage voraneile, nicht nur durch genügenden Aufschluß neuer Straßen, sondern auch durch Angebot von älteren Wohnungen resp. schon früher bebauten Grundstücken im Innern der Städte. Nehmen wir die Tatsachen als gegeben: dann entscheiden sie wohl gegen v. Mangoldts „Theorie vom schmalen Rande", die hier vorwiegend bekämpft wird (man kann sie als eine Theorie vom „Übermonopol" bezeichnen), aber nicht im mindesten gegen die Monopoltheorie an sich.

Weber sagt, unter diesen Umständen sei die „wirksame Konkurrrenz" (Ebenda, S. 36) auf der Seite des Angebots gegeben, und nimmt augenscheinlich an, wo das der Fall sei, stehe der Preis auf seiner „natürlichen" Höhe. Er übersieht dabei aber, daß dieses Preisgesetz nur für die „beliebig reproduzierbaren" Waren Geltung hat. Hausgrundstücke sind aber nicht beliebig reproduzierbar, haben keinen „natürlichen Wert", sei es nun ein Arbeits- oder ein Kostenwert. Sie haben einen Marktwert auf Grund ihres Monopols, der sich, trotz einzelner Rückschläge, auf die Dauer nicht herabsetzen wird, solange mit der Zuwanderung seine Entstehungsursache gegeben ist; und es bedarf keiner Verabredung zwischen den einzelnen Eigentümern, um sie an dem Monopolpreise festhalten zu lassen. *Sie konkurrieren nur auf der Basis dieses Monopolpreises*, dieses „Wertes, der schon da ist, ehe die Grundrente gefordert wird." (Ebenda, S. 39).

Weber, der mit Recht behauptet, daß städtische und ländliche Grundrente im Wesen identisch seien, wird gegenüber dem hier geführten Nachweise, daß die ländliche Grundrente ein Monopolpreis ist, gewiß geneigt sein, seine Ausführungen noch einmal zu überdenken.

angewendet, ihn durch billigen Schnellverkehr in Verbindung mit einer gemeinnützigen Besiedlung geradezu sprengen könnte. Wo dagegen konkurrierende Eisenbahnunternehmen bestehen, da kann ihr Wettbewerb, etwa zur Erschließung entfernter, billig erworbener Gelände, sehr herabdrückend auf die städtischen Mieten wirken, während ein Trust aller Linien natürlich noch viel schlimmer wäre, als ein schlecht angewandtes Staatsmonopol. So wirken Verfassung und Verwaltungsrecht wie Verwaltungspraxis[1] vielfach mildernd oder verschärfend hier, wie auch sonst überall, ein: aber sie wirken doch nur auf der Basis der Grundursachen, die die Städte schwellen machen und die Spekulation überhaupt ermöglichen: *auf der Basis des privaten Grundeigentumsrechtes und vor allem der Masseneinwanderung in die Großstädte.*

Und so stehen wir denn wieder vor der Frage: woher kommen diese Massen? Und wieder lautet die Antwort: *vom ehemals feudalen Großgrundeigentum!* In den „alten Ländern" – so wollen wir die europäischen Staaten nennen, die durch das Feudalstadium gegangen sind – ist es die *Abwanderung* seiner Hintersassen in die Großstädte, in den Kolonialgebieten ist es ihre *Auswanderung*: immer dieselben Objekte des immer gleichen Monopols aus immer derselben Quelle!

c) Die bäuerliche Grundrente im alten Lande

So bleibt uns nur noch ein letzter Bestandteil der autochthon-kapitalistischen Grundrente abzuleiten: die *bäuerliche Grundrente* im „alten Lande".

Auch sie ist nicht anders zu erklären, wie alle bisher betrachtete, feudal- und autochthon-kapitalistische Grundrente. Auch sie ist die unmittelbare Folge der Fortdauer des ehemals feudalen Großgrundeigentums.

Hier können wir uns auf die Autorität eines wahrhaft „klassischen" Zeugen berufen. Kein Geringerer als Adam Smith selbst hat diesen Zusammenhang als erster dargestellt.

α) Adam Smith als erster Entdecker der vollständigen Monopoltheorie

Die überaus wichtigen Sätze, in denen diese Erkenntnis enthalten ist, sind, so weit ich sehen kann, kaum je beachtet worden. Sie stehen allerdings an einer Stelle, wo sie niemand sucht, weit entfernt von den grundlegenden Kapiteln über die Dreiteilung des Gesamterzeugnisses im allgemeinen und über die Grundrente im besonderen. Sie finden sich im dritten Buche, viertes Kapitel, das die Aufschrift trägt: „Wie der Handel der Städte zu dem Fortschritt des flachen Landes beiträgt", also sehr versteckt und in so kurzer Fassung, daß sie dem von der naturrechtlichen Vorstellung befangenen Leser kaum auffallen werden. Und, zweitens, freilich: es sind Sätze, die als ein coup de génie plötzlich aus dem Geiste hervorsprangen, um ebenso schnell wieder zu versinken. Für das System im ganzen und die Rentenlehre im besonderen sind sie nicht weiter verwertet worden.

---

1 Vgl. dazu Eberstadt, Städtische Bodenfragen, Berlin 1894; Zur Bildung der Bodenwerte, Düsseldorf 1902; Rheinische Wohnverhältnisse, Jena 1903; Das Wohnungswesen (in: Handbuch der Hygiene, IV. Bd.), Jena 1904; Die Spekulation im neuzeitlichen Städtebau, Jena 1907; Handbuch des Wohnungswesens, Jena 1909. Ferner: Abendroth, Die Großstadt als Städtegründerin, Berlin 1905; Albrecht, Die Wohnungsnot; Bücher, Die wirtschaftlichen Aufgaben der modernen Stadtgemeinden, Leipzig 1898; Heiß, Wohnungsreform und Lokalverkehr, Göttingen 1903; Howard, Gartenstädte in Sicht, Jena 1907; Mangoldt, Die städtische Bodenfrage, Göttingen 1907; Voigt, Grundrente und Wohnungsfrage in Berlin, Jena 1901; Zimmermann, Die Wohnungsfrage (Sonderabdruck aus dem „Türmer", 1905) usw.

Der Zusammenhang ist der folgende:

Smith schildert die geschichtliche Entstehung der großen Güter ganz ähnlich, wie wir es oben getan haben, und stellt namentlich die *Sperrung des unangebauten Landes* durch den Eroberer-Adel ausdrücklich fest:

„Als die germanischen und skythischen Völkerschaften die westlichen Provinzen des römischen Reiches überschwemmten, (...) erwarben oder usurpierten die Häuptlinge und Heerführer jener Völkerschaften den meisten Boden dieser Länder für sich selbst. *Das meiste davon war unangebaut, aber kein Teil dieses Bodens, ob urbar gemacht oder nicht, blieb ohne Eigentümer. Alles wurde in Besitz genommen, und das meiste durch einige wenige große Eigentümer.*"[1]

Smith zeigt weiter, wie diese feudale Usurpation verewigt wurde durch die Bestimmungen des *Erstgeburtsrechtes und der Fideikommisse*, die eingeführt wurden, um den Grundbesitz als „Werkzeug der Macht und Herrschaft" zu erhalten. Diese Gesetze sind noch heute in Kraft, obgleich ihre Ratio völlig verschwunden ist, denn „im gegenwärtigen Zustande Europas ist der Eigentümer eines einzigen Morgen Landes in seinem Besitze gerade so sicher, wie der von hunderttausend". Aber „überall in Europa waren früher die Grundbesitzer auch die Gesetzgeber, und deshalb wurden auch alle auf den Boden bezüglichen Gesetze derart ersonnen, wie sie für das Interesse der Grundbesitzer am zuträglichsten schienen"[2]; und so bestehen jene Gesetze noch fort, die die primitive Aussperrung des Bodens verewigen. Ohne diese Gesetze „hätten sie bald wieder durch Erbgang oder Verkauf in kleine Stücke zerfallen können", und „das Übel wäre zwar groß, aber doch nur vorübergehend gewesen"[3].

Von diesen Feststellungen aus kommt er nun, wie gesagt, zu Schlüssen über das Wesen und Entstehen der autochthon-kapitalistischen Grundrente, die der Wahrheit mindestens sehr nahe kommen, wenn sie sie nicht ganz enthalten. Er schreibt:

„In Europa verhindern Erstgeburtsrecht und Fideikommisse aller Art die Zerteilung großer Landgüter und dadurch die Vermehrung der kleinen Grundbesitzer. (...) Diese *Gesetze entziehen dem Markte soviel Land, daß stets mehr Kapitalien zum Kaufe da sind, als Land zum Verkaufe, und letzteres mithin stets zu einem Monopolpreise* verkauft wird." Und wenige Zeilen weiter: „Boden ist in Nordamerika beinahe umsonst (...) zu haben, ein in Europa, wie in jedem Lande, wo der sämtliche Boden lange Zeit im Privatbesitz war, ganz unmögliches Vorkommnis. *Vererbte sich Grundbesitz jedoch unter allen Kindern zu gleichen Teilen, so würde bei dem Tode jedes Eigentümers, der eine zahlreiche Familie hinterläßt, das Gut in der Regel verkauft werden. Es käme dann so viel Boden auf den Markt, daß er den Monopolpreis nicht länger behaupten könnte.*"[4]

Das ist die Auslassung, von der im ersten Abschnitt die Rede war, in der Smith das Grundeigentum ausdrücklich nicht als *Naturmonopol* im Sinne der Kinderfibel, sondern als feudale Machtposition, als *Rechtsmonopol* auffaßt.

Wie aus den unmittelbar an beide Stellen anschließenden Sätzen hervorgeht, hat Smith hier eine besondere Seite des Bodenmonopols ins Auge gefaßt, die Wirkung nicht auf den Pächter, auch nicht auf den Arbeiter, sondern auf den *Landkäufer*. Die Sätze lauten:

„Die Rente bezahlt niemals die Zinsen des Kaufgeldes und ist außerdem mit Reparatur- und anderen Kosten belastet, denen die Geldzinsen nicht unterworfen sind." Und korrespondierend

---

1 Smith, Volkswohlstand, S. 396f.. Im Original nicht kursiv.
2 Ebenda, S. 407.
3 Ebenda.
4 Ebenda, S. 432. Im Original nicht kursiv.

schließt die zweite Stelle folgendermaßen: „Die reine Bodenrente würde den Zinsen des Kaufgeldes näherkommen, und ein kleines Kapital in Grund und Boden ebenso gewinnbringend angelegt werden können wie in irgendeiner anderen Beschäftigung."

Smith, der mit Recht den kleinen Eigentümer für den „fleißigsten, verständigsten und erfolgreichsten aller Kultivatoren"[1] hielt, beklagte es, daß das Anlage suchende Kapital kleinerer Unternehmer durch den hohen Bodenpreis in die Gewerbe und den verdächtigen Fremdhandel getrieben würde.

Hier ist also weder vom Abzug vom Arbeitslohn, noch vom Aufschlag auf den Preis die Rede, sondern eher von einem Abzuge von dem Gewinn eines Kaufkapitals.

Dennoch kann kein Zweifel daran bestehen, daß Smith hier für einen Augenblick die Erkenntnis besessen hat, daß in der durch das ehemals feudale Großgrundeigentum bewirkten *Aussperrung* sehr großer Teile des Ackerlandes die eigentliche Ursache der kapitalistischen Grundrentenbildung zu suchen ist. Er sagt wenigstens mit dürren Worten, daß alles ursprünglich nicht feudale Land durch die bloße Tatsache, daß so vieles Land durch das ursprünglich feudale Grundeigentum aus dem Markte ausgesperrt ist, einen höheren Preis erhält. Nun wußte aber Smith natürlich, daß der Preis des Landes nichts anderes ist als die kapitalisierte Grundrente[2]: wenn er also annahm, ohne jene Aussperrung würde das Land billiger sein, so kann das nur bedeuten, es würde weniger Rente bringen.

Ja, wenn man ihn wörtlich nimmt, so sagt er sogar, daß es ohne das Vorhandensein massenhaften agrarischen Großgrundeigentums im gleichen Wirtschaftskreise auch keine bäuerliche Grundrente geben könnte. Denn ohne das würden die bäuerlichen Grundstücke den Monopolpreis nicht länger halten können. Der „Monopolpreis" aber ist nach Kapitel XI eben die – Grundrente. Also würden, wörtlich genommen, die bäuerlichen Grundstücke die Grundrente verlieren.

Man könnte ja bezweifeln, ob er hier so weit hat gehen wollen, ob er das Wort „Monopolpreis" nicht eher in dem Sinne des Preises des Bodens als einer „nicht beliebig reproduziblen Ware" gebraucht hat, ohne sich darüber klarzuwerden, daß er damit das Problem der Grund*rente* berührte. Aber dagegen spricht seine Bezugnahme auf Nordamerika, wo das Land „nahezu umsonst" zu haben ist. Denn er konnte nicht übersehen, daß hier der Bauer „nahezu" den „vollen Ertrag seiner Arbeit" bezog, wenn er im Bodenpreise keine kapitalisierte Grundrente zu bezahlen hatte, die „Abzug von seinem natürlichen Lohn" war. Übrigens ist die Frage auch nur literarhistorisch von Belang, ob Smith die Konsequenz aus seinen Sätzen selbst geahnt oder gar gewollt hat, oder nicht. Sie bedarf keiner Autorität zu ihrem Schutze, sondern verteidigt sich selbst – und keine Autorität könnte sie retten, wenn sie sich nicht selbst verteidigen könnte.

Hier fehlt nur noch ein einziger Schritt zur vollen Wahrheit: die Erkenntnis, daß die von den Arbeitern des ehemals feudalen Grundeigentums verdienten Löhne *die Basis, den Bestimmgrund bilden aller übrigen Löhne*, der landwirtschaftlichen sowohl wie der industriellen, des gesamten internationalen Wirtschaftskreises der heutigen Kulturwelt, *soweit die Wanderung sich erstreckt*. Das zu erkennen wurde Smith nur durch seine unglückliche Lohntheorie verhindert.

---

1 Ebenda.
2 Wenn Smith sagt, daß die Rente die Zinsen des Kaufpreises nicht decke, so ist das kein Widerspruch gegen diese Behauptung. Er meint hier die Pächterrente und meint den üblichen Zinssatz. Der Käufer muß für die Sicherheit der Anlage und die Annehmlichkeit des Landaufenthaltes mitbezahlen und natürlich auch einen Teil des in der nächsten Zeit zu erwartenden Wertzuwachses vergüten, der sich vorerst nicht verzinsen kann, aber später beim Verkauf mit Zinsen zurückerwartet wird.

β) Ein Gedankenexperiment

Der Smithsche Gedanke von der Bedeutung der Aussperrung für den Bodenmarkt ist von so großer Wichtigkeit im Zusammenhange dieser Erörterung, daß ich vorziehe, etwas näher auf ihn einzugehen. Was würde geschehen, wenn „soviel Boden auf den Markt käme, daß er den Monopolpreis nicht länger halten könnte"? Versuchen wir, uns wieder an einem Grenzfall zu orientieren! Wählen wir unser Deutschland zum Schauplatze dieses Gedankenexperimentes:

Dabei darf es kein Hindernis ausmachen, daß Smith ausschließlich das fideikommissarisch gebundene Großgrundeigentum im Auge hatte, das in Großbritannien das Feld beherrscht, während bei uns das freie Allod die vorwiegende Regel bildet, dessen Teilbarkeit durch kein gesetzliches Hindernis behindert wird. Es wird aber durch die „goldenen Klammern unserer Hypothekengesetzgebung", wie Max Weber sich treffend ausdrückte, zu fast ebenso „unzerreißbaren Einheiten" gemacht[1], wie die britischen estates. Die Folgen dieser enormen Bindung, die Aussperrung des Bodens gegenüber der Nachfrage der eigentlichen Landbebauer, sind daher annähernd die gleichen, wie in Großbritannien. Was würde in Deutschland geschehen, wenn eine plötzliche Aufteilung des deutschen Großgrundbesitzes in Bauernstellen auf den Bodenpreis im allgemeinen und auf den der bäuerlichen Grundstücke im besonderen wirken würde? Nehmen wir an, der ostelbische Grundadel sehe keine Möglichkeit mehr, der „Leutenot" Herr zu werden.[2] Die Becken billiger Arbeitskräfte in Rußland, Galizien, Ruthenien, Ungarn seien erschöpft, entweder durch Auswanderung nach Amerika oder durch eine Agrarreform, wie sie ja in Rußland sicher eintreten wird. Die Einfuhr von Kulis erweist sich als unmöglich: das Volk leistet verzweifelten Widerstand gegen diese Bedrohung seiner Rasse, und die Regierung, die bereits die Verslawung des ganzen Ostens nur sehr widerwillig hat geschehen lassen müssen, hat doch weder das Gewissen noch die Macht, der alten Herrenklasse auch dieses letzte Opfer noch zu bringen. Der Lohn steigt immer höher, die Arbeiter werden immer seltener, und die Rente sinkt entsprechend.

In dieser verzweifelten Situation wendet sich die Grundeigentümerklasse zum letzten Male an ihren eigenen Ausschuß, den Staat, mit dem Rufe, sie zu retten, ganz wie sie sich von ihm retten ließ, als der ökonomische Niederbruch der Gutsuntertänigkeit nicht mehr aufzuhalten war.[3] Es gibt nur noch ein Mittel: Ablösung des Großgrundeigentums aus Staatsmitteln. Es wird beschlossen und durchgeführt: das ganze Land, bis zur Ostgrenze, wird in Bauernstellen umgelegt.

Der Großbetrieb eignet sich für keine Produktion, die Qualitätsarbeit erfordert. Viehzucht und Feldgartenkultur sind dem klein- und mittelbäuerlichen Betriebe viel mehr angemessen. Darum kann der Bauer pro Arbeitskraft nur bedeutend weniger Land gebrauchen als der Großgrundbesitzer. Nach den Erfahrungen der preußischen Ansiedlungskommission leben auf der Fläche eines parzellierten Rittergutes etwa dreimal so viel Menschen nach wie vor der Zerteilung. Mit anderen

---

1 „Die Hypothekenverfassung macht die großen Güter zu fast unzerreißbaren Einheiten" (Sering, Innere Kolonisation, S. 96).
2 Es wird dahin kommen! Das englische Beispiel führt eine beredte Sprache. „Jetzt klagen Gutsbesitzer und Pächter über die fehlenden Hände, aber das Mittel, das beide anwenden, ist eine weitere Verminderung der beschäftigten Arbeiter, und zwar durch Vergrößerung der Gutsbetriebe, Ausdehnung der Maschinenarbeit und Zunahme der Weide. Damit zeigt sich unzweideutig, daß der Großbetrieb die Krisis aus sich selbst nicht zu überwinden vermag (...) *der landwirtschaftliche Großbetrieb ist also mit einer starken, gesunden, kaufkräftigen ländlichen Bevölkerung unverträglich*. Wenn diese aber für ein gesundes Gemeinwesen unumgänglich notwendig ist, dann entsteht die Frage, ob der Großbetrieb andere Vorteile bietet, welche die modernen Völker nicht entbehren können" (Hasbach, Die englischen Landarbeiter, S. 379f.). Hasbach verneint diese Frage.
3 Vgl. Buchenberger, Agrarwesen und Agrarpolitik, S. 126f.

Worten: ein Drittel des ehemaligen Großgrundeigentums verschluckt die ganze ehemalige Gutsarbeiterschaft. Zwei Drittel bleiben frei für andere Bewerber. Da der Staat, um überhaupt Siedler zu gewinnen, das Land sehr billig, für einen Rekognitionspreis, abgeben muß – er kann es auch, da er als Steuerfiskus reichlich wieder einnimmt, was er an dem Zins des Kaufkapitals einbüßt –, so saugt das hier entstandene gewaltige Minimum des wirtschaftlichen Druckes aus Nordwestdeutschland alles Gesinde der Großbauern und aus Mittel- und Süddeutschland die jüngeren Söhne und zahllose Klein- und Zwerglandwirte an. Die nordwestdeutschen Großbauern verlieren ihre Grundrente, weil sie, wenn überhaupt, nur noch zu enormen Löhnen Arbeiter erhalten; und die mittel- und südwestdeutschen Grundstücke verlieren ihren Monopolpreis, weil alle landhungrigen Elemente abgeströmt sind, so daß die gerade hier oft bis zur Tollheit geschraubte Nachfrage nach Ackerland auf Null sank, während gleichzeitig das Angebot sich vermehrte, weil viele Parzellen, die verlassen wurden, zum Verkauf stehen.

Aus dieser Betrachtung, die kaum angefochten werden dürfte, ergibt sich, daß Smith in der Tat recht hatte, wenn er das Vorhandensein massenhaften agrarischen Großgrundeigentums für die Grundrente des bäuerlichen Grundeigentums im alten Lande verantwortlich machte.

Fassen wir unsere Ergebnisse zusammen:

Der induktive Beweis der Monopoltheorie für alle in der freien Verkehrswirtschaft zur Erscheinung kommende Grundrente ist erbracht, sowohl für die feudal-kapitalistische, wie auch für die autochthon-kapitalistische in ihren sämtlichen Erscheinungsformen.

Das „römische" Grundeigentumsrecht ist nur die *Bedingung* der Grundrente; *ihre Ursache aber ist die primitive Grundeigentumsverteilung.* Die allerletzte, die prima causa, bis zu der wir gelangen können, ist die „außerökonomische Gewalt", das „politische Mittel" meiner Terminologie, das vor Jahrtausenden unsere Staaten erschuf.

Als der „Staat" durch Eroberung und Unterwerfung entstand, entstanden gleichzeitig aus derselben Wurzel die beiden Ursachen der Grundrente: das *Recht* der Sperrung des Bodens, und die *primitive Grundbesitzverteilung,* die jenem Recht erst den wirtschaftlichen Inhalt gibt, indem sie „landlose Arbeiter" schafft, die die Grundrente abtreten müssen.

Das Recht allein erzeugt keine Grundrente, wenn es auf neue Länder übertragen wird: die landlosen Arbeiter müssen erst zuwandern – wo nicht etwa Sklaven importiert werden dürfen. Die Einwanderung allein schafft auch noch keine Grundrente, wo jenes Recht nicht besteht: darum existiert sie in Neuseeland kaum in Ansätzen, weil hier das Staatsrecht die Latifundien einengt, die *juristische* Okkupation erschwert und die *wirtschaftliche* erleichtert. Nur wo jene beiden Geschwister, die erstgeborenen Zwillinge der erobernden Gewalt, einander ergänzen, entsteht Grundrente, *kann und muß Grundrente entstehen.*

Das ist das letzte Geheimnis der Grundrente, dem bisher, so weit ich sehen kann, nur A. Smith nahegekommen ist.[1]

---

[1] Das ist cum grano salis zu verstehen. *Die Zusammenhänge* zwischen Grundbesitzverteilung, Wanderung und Bodenpreissteigerung in den Städten und über See sind von Agrarpolitikern und Statistikern immer wieder festgestellt worden. Wir nennen nur Goltz, „Die ländliche Arbeiterfrage und ihre Lösung", und, „Die ländliche Arbeiterklasse; und vor allem Max Sering in seinen beiden grundlegenden Werken: „Die landwirtschaftliche Konkurrenz Nordamerikas" und „Die innere Kolonisation im östlichen Deutschland" für Deutschland; und Hasbach: „Die englischen Landarbeiter in den letzten hundert Jahren und die Einhegungen", z. B. S. 56ff., für englische Verhältnisse. Aber keiner dieser Forscher scheint jemals den Versuch gemacht zu haben, diese neuen überaus wichtigen Erkenntnisse zum Prüfstein der *Theorie* von der Grundrente zu machen.

2. Deduktiver Beweis der Monopoltheorie

Der soeben ausführlich erbrachte induktive Beweis für die Monopoltheorie der Grundrente findet sich in Kürze bereits in meinem Werke: „Die Siedlungsgenossenschaft"[1]. Alles Wesentliche ist dort bereits aufgrund der mir erreichbaren historischen und statistischen Tatsachen entwickelt worden; ich lege die gleichen Gedanken heute nur ausführlicher und in, wie ich hoffe, viel glücklicherer Formulierung vor. Ferner werden sie, wie ich annehme, dadurch an Beweiskraft gewonnen haben, daß ich jetzt nicht mehr bloß, wie damals, in der Hauptsache nur unser Deutschland, sondern den ganzen Kreis der Internationalwirtschaft der Betrachtung unterzogen habe. Dadurch wird ein gewisser, mir immer wieder gemachter Einwand unmöglich, nämlich daß der Kapitalismus ja auch in Ländern ohne Großgrundeigentum gerade so herrsche, wie in den ehemals feudalen Staaten.[2] Unsere Betrachtung der internationalen Wanderbewegung weist diesen Einwand a limine ab.

Zwei Jahre später, in meinem „Großgrundeigentum und soziale Frage" ließ ich dem induktiven Beweise der Monopoltheorie den deduktiven folgen.

Ich ging, wie nicht anders möglich, von den Prämissen der klassischen Theoretik aus; und die Deduktion ergab, wie *jede* richtige Deduktion aus richtigen Prämissen, die völlige Bestätigung der Induktion. Dadurch war freilich noch kein stringenter Beweis für die Wahrheit der Grundaxiome der klassischen Ökonomik erbracht: denn aus der Wahrheit der Conclusio läßt sich nach den Regeln der formalen Logik nicht auf die Wahrheit der Prämissen rückschließen – aber es war doch ihre Wahrheit mit überaus großer Wahrscheinlichkeit erwiesen.

Um den Beweis der Monopoltheorie zur vollen Unerschütterlichkeit zu vollenden, wird es erforderlich sein, diesen deduktiven Beweis in seinen Hauptzügen hier zu wiederholen, wobei wegen aller Beweise und Einzelheiten auf jene sehr ausführliche Darstellung verwiesen werden muß, die ich heute noch bis auf unwesentliche Einzelheiten voll verantworte.

Ich stelle das Ergebnis voraus:

In unserer bürgerlichen Gesellschaftsordnung besteht nur noch ein einziges *primäres* „Monopol": das ehemals feudale Großgrundeigentum. Alle anderen Monopole, sowohl das des autochthon-kapitalistischen Grundeigentums, wie auch des Kapitaleigentums, sind nur von jenem abgeleitet, *sekundär*, können sich nur erhalten, so lange es besteht, und müssen fallen, wenn es fällt.

Die Untersuchung zerfällt in zwei Kapitel: die „Physiologie" und die „Pathologie des sozialen Körpers der Tauschwirtschaft".

In dem ersten versuchte ich abzuleiten, wie sich eine vom „politischen Mittel" nicht im mindesten gestörte, lediglich und durchaus vom „ökonomischen Mittel" beherrschte Gesellschaft entwickeln müßte. Ich akzeptierte, mit anderen Worten, und zwar im vollen Bewußtsein ihrer Irrealität, die Prämisse der „Kinderfibel von der previous accumulation". Aus dieser Voraussetzung und zunächst unter Zugrundelegung des v. Thünenschen Schemas vom „isolierten Staat" ergab sich als Konsequenz die volle „Harmonie aller Interessen": ein stetig steigender und doch – bei gleicher Leistung – sehr gleichmäßig verteilter Wohlstand in Stadt und Land. Es konnte sich weder Profit noch, was uns hier allein interessiert, irgendwelche Grundrente bilden. Der Boden erhielt niemals, selbst unter der Annahme der ungünstigsten äußeren Umstände, einen Seltenheitspreis, d. h. Wert.

---

1 Oppenheimer, Die Siedlungsgenossenschaft, Zweites Buch: I. Kapitel (Die Agrarfrage); II. Kap. (Die kapitalistische Latifundienbildung der Neuzeit), namentlich von S. 213 an.
2 Vgl. Oppenheimer, Das Grundgesetz der Marxschen Gesellschaftslehre, S. 121f. [im vorliegenden Band, S. 452].

Nicht einmal *Differentialrente* konnte in irgendeinem Maße entstehen, das ein soziales Problem hätte darstellen können.[1]

Da diese Behauptung den Ricardianern besonders kühn erscheinen wird, sei folgendes bemerkt: die naturrechtliche „Harmonie der Interessen" verlangt allerdings, daß aus den bonitäts- und verkehrsgegebenen Unterschieden der Rentierung keine erheblichen Differenzen des Einkommens der einzelnen Grundbesitzer folgen. James Anderson hat dieses letzte Problem der Grundrente ganz trefflich in folgenden Worten bezeichnet:

„Die *Rente* ist in der Tat nichts anderes, als eine einfache und geistreiche Erfindung zur Ausgleichung des Gewinnes, der aus Feldern von verschiedenen Graden der Fruchtbarkeit und verschiedenen örtlichen Verhältnissen (. . .) gezogen werden kann."[2]

Dieser Ausgleich kann sich aber auch ohne Rente vollziehen durch *Abstufung der Größe des jedem Wirte gehörigen Grundstücks* derart, daß auf gutem Boden und in Marktnähe auf den einzelnen entsprechend weniger, auf schlechterem Boden und in Marktferne auf den einzelnen entsprechend mehr Land entfällt. Und das ist hier der Fall. Indem unter den ungestörten Verhältnissen der „reinen Wirtschaft" der Nachwuchs auf den ungünstigeren Böden in stärkerem, auf den günstigeren in geringerem Maße ab- und auswandert, wird die einzelne Hufe jederzeit annähernd diejenige *„natürliche Größe"* haben (dieser neueingeführte Terminus bedarf wohl in diesem Gedankenzusammenhange keiner Rechtfertigung), die jedem Eigentümer auf jeder Bodenklasse und in jeder Besiedlungszone dennoch bei gleicher Leistung ungefähr das gleiche Reineinkommen abwirft.[3]

Im zweiten Kapitel, der Pathologie, ließ ich die irreale Voraussetzung der „Kinderfibel" fallen und führte die reale Voraussetzung des ehemals feudalen Grundeigentums in die Deduktion ein, indem ich annahm, in einem gegebenen Augenblick sei ein großer Teil des Bauernlandes durch Eroberer angeeignet und zinspflichtig gemacht worden. Ich ließ aber im übrigen alle anderen Institutionen der freien Verkehrswirtschaft, namentlich Vertragsfreiheit und Freizügigkeit, unverändert bestehen.

Dabei ergab sich eine zwiefache Wirkung dieses „Monopols" auf die Wirtschaftsordnung, eine auf das nicht unmittelbar bereits von ihm okkupierte *Land*, und eine auf die ihm untergeordnete *Bevölkerung* seiner eigenen „Hintersassen", wenn der feudale Ausdruck gestattet ist.

---

1 Die Differentialrente der „Weinberge besonders geschätzter Lage" und hervorragend günstiger städtischer Grundstücke sind ausführlich in meiner Polemik gegen Pohlmann (Deutsche Volksstimme, 1905, Heft 2, S. 36ff.) behandelt.

2 Anderson, Drei Schriften über Korngesetze und Grundrente, S. 164.

3 Adolf Wagner (Theoretische Sozialökonomik, S. 378) entwickelt einen ganz ähnlichen Gedanken: „Dächte man sich hier z. B. den landwirtschaftlichen Boden an Genossenschaften zur Benutzung oder selbst an bloße ‚Arbeitsabteilungen' der gesamten ‚sozialistischen Arbeitsgemeinschaft' vergeben, so müßte, gerade um Gleichheit der Arbeitsbedingungen, der Arbeitsmühe, des Arbeitsergebnisses herbeizuführen und festzuhalten, auf die Güte- und Lagedifferenzen des Bodens bei dessen Zuteilung Rücksicht genommen, der Genossenschaft auf schlechtem Boden mehr, auf gutem Boden weniger Landmaß zum Genuß der Produkte, umgekehrt der Arbeitsabteilung dort weniger, hier mehr Landmaß, um von beiden gleiche Arbeitsmengen zu beanspruchen, zuerteilt werden."
Wie sich diese Dinge „naturgesetzlich" von selbst ergeben, mag folgende Feststellung Laveleyes zeigen (Laveleye, Das Ureigentum, S. 82): „Dieser Teil (die „Hufe") war, da er zur Befriedigung der Bedürfnisse einer Familie ausreichen mußte, um so größer, je weniger fruchtbar das Land war. So betrug er in der Rhein- und Lahngegend 30 Morgen, in der Trierer Gegend 15, im Odenwald 40 und in der Eifel 160 Morgen. Das gesamte Wirtschaftsfeld hieß auch wohl Mannwerk, d. h. was ein Mann bebauen kann, um daraus seinen Lebensunterhalt zu gewinnen."

Was das Land anlangt, so ergab sich, daß vom Augenblick der Aussperrung an alles erreichbare Land *Wert*, *Seltenheitswert* erhält, und zwar nicht nur das Großgrundeigentum selbst und alles von der Monopolisierung verschonte Bauernland, sondern auch aller erreichbare Boden jenseits des Kreises der Sperrung von dem Augenblick an, wo das Wachstum der Bevölkerung ihn in den Wirtschaftskreis einzubeziehen zwingt.

Das führt erstlich zu einer tiefgreifenden wirtschaftlichen Differenzierung innerhalb der Bauernschaft.[1] In kinderreichen Familien zersplittert das Erbgut zu Parzellen, die ihren Mann nicht mehr ernähren; so bildet sich ein Stamm von Lohnarbeitern, die bei glücklicheren Familien Arbeit annehmen müssen; und dadurch gibt der gleiche Prozeß die wirtschaftliche Möglichkeit, mehrere Bauernhufen zusammenzuschlagen, selbst ehe noch die Freizügigkeit der feudalen Hintersassen erkämpft ist. Und so entsteht hier sekundäres „Großgrundeigentum kleineren Umfangs" und – *Grundrente*. Selbst der kleine und Mittelbauer, der ohne regelmäßige fremde Lohnarbeit sein Grundstück bewirtschaftet, bezieht hier bereits Grundrente.

Das könnte stutzig machen. Läßt sich diese Behauptung noch mit der Monopol-Lohn-Theorie vereinigen? Wenn Grundrente immer Abzug vom natürlichen Arbeitslohn ist: wie kann derjenige Rente beziehen, der keine fremden Arbeiter beschäftigt?!

Die Frage löst sich dahin, daß auch diese Rente ein Abzug vom natürlichen Arbeitslohn ist, aber in diesem Falle ein nur *rechnerischer*. Von dem Augenblicke an, wo der Lohn des Ackerknechtes zum „üblichen Lohn" für die Ackerarbeit geworden ist, kann sich auch der freie Bauer seine Ackerarbeit nicht höher anrechnen und behält derart denselben Mehrgewinn als Rente übrig, den der Ackerknecht seinem Arbeitgeber abtreten muß.

Sobald der Boden Seltenheitswert erhalten hat, erhält er auch einen *Preis*. Er wird verkäuflich, und zwar gegen ein Vielfaches der Rente; dieser Fuß der „Kapitalisierung" ist je nach den zeitlichen Verhältnissen verschieden, aber zu jeder Zeit in ziemlich engen Grenzen bestimmt. Sobald man mit einer bestimmten Geldsumme eine bestimmte Rente kaufen kann, ist für das mobile Kapital die unerschütterliche Grundlage seiner eigenen Profitbestimmung gegeben. Je nach Sicherheit und Annehmlichkeit der Anlage, je nach der Wahrscheinlichkeit von außerordentlichen Gewinnen usw. wird sich der Profit der *einzelnen* Kapitalanlage der Grundrente mehr oder weniger annähern: *aber der „Durchschnittsprofit" ist sicherlich eine „Funktion" der mit dem gleichen Kapital zu erwerbenden Grundrente*.

Bestimmt sich auf diese Weise jeweils die *Höhe* des Profits, so gibt die zweite Rückwirkung der Monopolisierung des Bodens, die auf die *Bevölkerung* der Großgrundbezirke, die *Möglichkeit* des Profits überhaupt mit der unter der Voraussetzung der Freizügigkeit notwendig gegebenen *massenhaften Landflucht* dieser Bevölkerung.

Das Großgrundeigentum nämlich stellt einen „Ort konstanten Druckes"[2] dar, während sonst überall: über den städtischen Gewerben, über dem Bauernlande im alten, und über dem autochthon-kapitalistischen Ackerlande im neuen Wirtschaftsgebiete (Kolonisationsländer) der Druck regelmäßig sinkt: nach dem nie bestrittenen „Gesetz des kleinsten Mittels"[3] (von mir als „Gesetz der Strömung" neu formuliert) muß daher vom Ort höheren zum Ort geringeren Druckes ein Abstrom stattfinden, der um so stärker ist, je größer die Druckdifferenz, das Gefälle, ist.

Die Massen strömen *abwandernd* in die Industriebezirke, *auswandernd* in die Kolonisationsgebiete. Überall bieten sie sich für einen Lohn an, der nur um ein Geringes höher ist als der Lohn ihres Herkunftsortes zuzüglich der Transportkosten und Spesen bis zum Arbeitsorte. Dadurch ent-

---

[1] Vgl. die oben zitierte Deduktion Turgots, die dasselbe Resultat hat.
[2] In Wirklichkeit ist es ein Ort langsamer sinkenden, also nur *relativ* konstanten Druckes, da die Abwanderung als „Landflucht" die Löhne der Zurückbleibenden allmählich erhöht.
[3] Vgl. Dietzel, Theoretische Sozialökonomik, S. 177.

steht in den Städten das von Marx so bezeichnete „Kapitalverhältnis": „zwei Arbeiter laufen einem Unternehmer nach und unterbieten sich", und Produktionsmittel werden „Kapital, d. i. Mehrwert heckender Wert". Doch das kann hier nur angedeutet werden.[1]

Dagegen interessiert uns, daß durch die gleiche Wanderung nun auch auf allem „autochthonkapitalistischen" Grundbesitz Rente entstehen muß, im altbesiedelten Bauernbezirk überall da, wo bislang „freie" Arbeiter nicht in genügender Zahl vorhanden waren, und im neuen Kolonisationsgebiet überall da, wo es zulässig ist, größere Grundstücke rechtlich zu „okkupieren". Derart enthüllt sich die Grundrente in Colorado und Argentinien als eine Funktion der Grundrente in Rußland und Unteritalien; denn daher wandern die Arbeiter aus, die dort die Weizenfelder bestellen.

Der Anbau dehnt sich so weit, daß jeweils die *Grenzbauern die Rente Null haben!* Sie erwerben nur eben das Einkommen des unselbständigen Ackerknechtes ihrer Gegend und etwa den Profit ihres geringen Kapitals.

Insofern hat also, wie schon oben gesagt, *Ricardo recht!* Das „Getreide" steht auf seinem „natürlichen Preise" – wenn man mit ihm den *üblichen* Arbeitslohn als *„natürlichen"* unterstellt. Die Monopol-Preis-Theorie ist unhaltbar; das Getreide *hat* nicht, sondern die Rente selbst *ist* „Monopolpreis". Sie ist nicht Aufschlag auf den Preis zu Lasten des Konsumenten, sondern Abzug vom Lohn zu Lasten des Produzenten. *Die Ricardosche Theorie von der Bestimmung des Getreidepreises ist durchaus vereinbar mit der Monopol-Lohn-Theorie!* Nur darf sie sich nicht gleichzeitig als Erklärung des Ursprungs und des Wesens der Grundrente geben wollen.

So kommt also die Deduktion zu ganz dem gleichen Ergebnis wie die Induktion: ein stärkerer Beweis für die Wahrheit der hier vertretenen Monopoltheorie der Grundrente dürfte sich nicht erbringen lassen.

Wir haben in der Einleitung den theoretischen Kampf zwischen der bürgerlichen und der sozialistischen Wirtschaftserklärung als einen Prozeß dargestellt, der vor dem Höchstgericht des Naturrechts verhandelt wird. Der spätere, antikapitalistische Sozialismus hatte gegen die bürgerliche Gesellschaftsordnung dieselbe Klage „wegen Monopols" angestrengt, die der ältere, antiagrarische Sozialismus und sein rechter Vetter, der Frühliberalismus, gegen die feudale Gesellschaftsordnung erhoben und siegreich durchgefochten hatten.

Ricardos Grundrentenlehre war die Verteidigung des Angeklagten gegen den einen Hauptpunkt der Anklage, insoweit sie sich gegen das Grundeigentum und seine Folge, die Grundrente, richtete. Unsere Kritik Ricardos ist als Duplik des Anklägers aufzufassen: wenn sie als berechtigt anerkannt werden muß, so hat der Angeklagte die Aufgabe, erstens: die hier vorgetragene Monopoltheorie zu widerlegen, und zweitens: eine neue, richtige Naturrechtstheorie zu entwickeln, mit anderen Worten, die Grundrente als legitime Schöpfung des „ökonomischen Mittels" zu erweisen.[2] Ehe diese Doppelaufgabe nicht gelöst ist, wird die Monopoltheorie als bewiesen zu gelten haben.

---

1 Näheres in Oppenheimer, Großgrundeigentum und soziale Frage, an der bezeichneten Stelle und ausführlicher in derselbe, Das Grundgesetz der Marxschen Gesellschaftslehre, Kap. 9 [siehe jeweils im vorliegenden Band].

2 Das letztere hat die österreichische Schule der Grenznutzentheoretiker versucht, namentlich Böhm-Bawerk und Schullern-Schrattenhofen in ihren oben zitierten Abhandlungen. Hier ist nicht der Ort, nachzuweisen, aus welchen Gründen der Versuch abzuweisen ist. Nur so viel sei angedeutet, daß er schon an der Tatsache der feudalen Rente scheitern muß. Nach Böhm-Bawerk soll die Grundrente daher kommen, daß man bei dem Preise eines Grundstücks die entfernten Nutzungen gering oder gar nicht mit einschätzt. „Dies ist der letzte Grund, warum es eine Grundrente als reines Einkommen gibt (. . .) die theoretische Erklärung der Grundrente fällt also in ihrem Schlußstücke mit der Erklärung des Kapitalzinses andauernder Kapitalstücke zusammen: die Grundrente ist geradezu nichts anderes als ein Spezialfall von Kapitalrente aus andauernden Gütern" (Böhm-Bawerk, Kapital und Kapitalzins, Bd. I, S. 380f.). Ganz abgesehen davon, daß diese Erklärung vor der Tatsache der feudalen Rente zerbricht, enthält sie noch eine petitio principii: denn das zu

C. Die Monopoltheorie im System

Die Monopoltheorie der Grundrente ergibt, sozusagen als ihr Korollarium, eine Lohntheorie.

Die klassische Ökonomik ließ den Lohn durch das Verhältnis zwischen dem gesellschaftlichen Gesamtkapital und der Zahl der Arbeiter bestimmt werden. Diese Theorie ist, wie gezeigt, falsch und aufgegeben. Der Lohn ist nicht eine Funktion des Kapitals, sondern der Rente. Was ursprünglich die Rente nicht nimmt, nimmt der Lohn. Erst spät, und auch dann erst auf einem sehr kleinen Teile der Erdoberfläche, beansprucht auch der Profit seinen Teil. Die Monopoltheorie der Rente fordert also eine ergänzende *Monopoltheorie des Lohnes*.

1. Die Monopoltheorie des Lohnes

Kraft dieses engen Zusammenhanges der beiden Einkommensquellen mußten wir diese Theorie des Lohnes schon in nuce mitentwickeln.

Wir haben gezeigt, daß die spekulativen Eigentümer des autochthon-kapitalistischen Großgrundeigentums, um ihre Güter „verwerten" zu können, die Hintersassen des ehemals feudalen Großgrundeigentums in Europa dadurch heranziehen müssen, daß sie dem Menschenstrom durch Gewährung etwas höherer Löhne, als in seiner Heimat gezahlt werden, ein gerade genügendes Gefälle bereiten.

Ganz das gleiche gilt von den autochthon-kapitalistischen Eigentümern des Bodens im alten Lande und, was nicht streng hierher gehört, von den kapitalistischen Unternehmern des ganzen internationalen Wirtschaftskreises in Industrie und Handel.

Ich habe bereits vor fünf Jahren eine auf dieser grundlegenden Erkenntnis aufgebaute Lohntheorie in skizzenhafter Form der Wissenschaft vorgelegt[1], die, wie ich annehme, geeignet sein

---

Erklärende wird vorausgesetzt. Wenn der Preis eines Grundstücks, wie unbestritten, der kapitalisierte Wert der ihm zufallenden Rente ist, so ist das Problem, aus welchen Gründen ein Grundstück *überhaupt* einen Preis erhält: Böhm-Bawerks Theorie könnte höchstens erklären, warum der Preis geringer ist, als der Rente und dem Kapitalisationsfuß entspräche. Schließlich setzt die Theorie die Kapitalstheorie Böhms als ihre Prämisse voraus, die sicher falsch ist, wenn die hier vorgetragene Monopoltheorie richtig ist. Denn danach ist der Kapitalprofit umgekehrt „ein Spezialfall" der Grundrente. Und das dürfte a priori das wahrscheinlichere sein, weil eben die Rente viel älter ist, als der Profit.

Bei v. Schullern-Schrattenhofen kommt noch das fast unglaubliche πρωτον ψευδος hinzu, daß er die Grundrente aus dem Grunde für ein „wirtschaftliches Gut" erklärt, weil sie „Wert" habe (derselbe, Begriff und Wesen der Grundrente, S. 8), obgleich er selbst richtig die „Güter" als „nützliche *Gegenstände*" bezeichnet hat (ebenda, S. 1). Er verwechselt also das Problem des Teilungsschlüssels mit dem Problem der *Bedürfnisbefriedigung* durch Produkte. Die Frage der Grundrente geht nicht danach, aus welchen *psychologischen* Gründen die Menschen nach den „Gegenständen", aus denen sie besteht, *streben*, sondern danach, aus welchen *gesellschaftlichen* Gründen sie sie aus dem Gesamterzeugnis *ausgefolgt erhalten*. Ferner spielt hier (ebenda, S. 46ff.) das Gesetz vom sinkenden Ertrage eine sehr merkwürdige Rolle, indem es als wirkend vorgestellt wird unter Bedingungen, die aus rein wirtschaftlichen Gründen nie eintreten können. Und schließlich spuken hier alle bösen Geister der alten Theoretik: die physiokratische Lehre von der Produktivität des Bodens, die Sayschen „services" usw. in naivster Unverhülltheit. Die Grenznutzentheoretiker mögen erst die Monopol-Theorie der Rente widerlegen: dann wird es Zeit sein, ihre eigene Lehre unter die Lupe zu nehmen. Hier ist nicht der Ort dafür.

[1] Oppenheimer, Das Grundgesetz der Marxschen Gesellschaftslehre, 11. Kapitel: „Skizze einer Lohntheorie" [siehe im vorliegenden Band].

dürfte, die durch den Zusammenbruch der Lohnfondstheorie entstandene Lücke in der Systematik zu schließen. Ich habe diese Skizze inzwischen weiter ausgebaut und kann die Theorie heute in einer Form vorlegen, die mich befriedigt.[1] Sie lautet in Kürze folgendermaßen:

An einem gegebenen Orte und zu einer gegebenen Zeit sind sämtliche Arbeitslöhne, von dem tiefsten bis zum höchsten, bestimmt durch den Lohn des unqualifizierten Landarbeiters der Nachbarschaft. Über dieser Grundlage staffeln sie sich „entsprechend der relativen Seltenheit der Vorbedingungen"[2].

Der Lohn des Landarbeiters seinerseits ist wieder bestimmt durch den Lohn des „Grenzkulis". Darunter verstehe ich denjenigen freizügigen Hintersassen des feudalen Großgrundeigentums Osteuropas, den gerade eben noch, als letzten, die westliche Nachfrage nach Arbeit von seiner Heimat loslösen kann.[3] Dieser Grenzkulilohn ist nahezu mathematisch bestimmbar; hier ist Lassalles ehernes Lohngesetz furchtbarste Wirklichkeit; hier hat das Monopol das Einkommen des Landarbeiters bis ungefähr auf das physiologische und gewiß auf das soziale Minimum gepreßt.

Auf welche Weise bestimmt dieser Minimallohn des Grenzkuli den Lohn des weiter westlich sitzenden Landarbeiters? Durch seine Zuwanderung auf den ländlichen Arbeitsmarkt! Der Grundbesitzer des Westens zahlt seinem Landarbeiter nicht mehr für die gleiche Leistung, als ihn der Grenzkuli an Lohn und Transportspesen kostet. Verlangt jener mehr, so wird dieser herangezogen.[4]

Nach dieser Theorie bestimmt sich also der Arbeitspreis auf jedem Punkte des Weltarbeitsmarktes ganz ebenso, wie nach der Ricardoschen Rentenlehre der Getreidepreis auf jedem Punkte des Weltgetreidemarktes: der nackte Selbstkostenpreis des „Grenzproduktes" vermehrt um die Kosten des Transportes bis zu diesem Punkte.

Das ist sozusagen die Statik der Lohnpyramide: den Nullpunkt der Skala bildet das Einkommen des Grenzkuli am Orte des höchsten sozialen Druckes. Der Landarbeiterlohn jedes Punktes im ganzen Weltarbeitsmarkt ist gleich diesem Lohn zuzüglich der Transportspesen – immer unter der Voraussetzung gleicher Leistung – und das ist immer wieder der Nullpunkt einer örtlichen Sonderskala der Löhne, über dem sich die Löhne der qualifizierten Arbeiter „je nach der relativen Seltenheit der Vorbedingungen" aufbauen.

Sehen wir von anderen Einflüssen ab, die diesen Gleichgewichtszustand stören, und zu immer neuer Anpassung an neu geschaffene Verhältnisse führen[5], und betrachten wir nur den Einfluß, den die Ansaugung der Landarbeiter in die westeuropäischen und überseeischen Ackergebiete und die Industriebezirke ausübt: also die *Dynamik* der Lohnbewegung.

Der Anstoß braucht nicht immer vom überseeischen Ackerbezirk oder von der Industrie auszugehen, wie es im ersten Anfang weitaus überwiegend der Fall war: auch der westlicher sitzende

---

1 Ausführlich in meinem Vortrage: „Wesen und Entstehung des Kapitalismus", der soeben in der „Rivista di Scienza", Mailand 1908, erschienen ist.
2 Vgl. Dietzel, Theoretische Sozialökonomik, S. 254f.
3 Die Grenzzone dieser Grenzkulis, der „Ort des höchsten sozialen Druckes", liegt zur Zeit weit östlich von Lemberg in Ruthenien. Dorther kamen 1907 die letzten Erntearbeiter nach Westdeutschland.
4 All das ist cum grano salis aufzufassen. Ich weiß natürlich, daß diese Darstellung nur eine „Tendenz" zeichnet, die sich nicht immer sofort durchsetzt. Andere Motive (Patriarchalbewußtsein, Nationalgefühl, Widerwille gegen fremde Sprache und Unart) können ihre Wirkung verzögern, vielleicht im einzelnen Falle verhindern. Aber im ganzen und auf die Dauer setzt sie sich eben doch in der Regel durch, wie die Erfahrung zeigt, und eine Theorie leistet alles, was man von ihr fordern kann, wenn sie die *Regel* entdeckt.
5 Vgl. Oppenheimer, Das Grundgesetz der Marxschen Gesellschaftslehre, S. 124 [im vorliegenden Band S. 454].

kontinentale Unternehmer der Landwirtschaft kann, auch ohne daß ihm Leute wegwanderten, neuer Hände bedürfen, wenn er zu intensiverer Kultur übergeht (Rübenwirtschaft).

Aber jedenfalls bedeutet jede erhöhte Nachfrage erhöhte Löhne. Denn jede neue Nachfrage schließt gerade so neue entferntere Produktionsstätten von Ackerkulis dem Arbeitsmarkt an, wie jede neue Nachfrage nach Korn neue entferntere Produktionsstätten von Getreide dem Getreidemarkt. Die Wanderbewegung ergreift eine neue Zone, das „Grenzgebiet des höchsten Druckes" ist ostwärts verschoben, die Transportkosten wachsen, und mit ihnen der Lohn jedes Punktes weiter westwärts.

Das ist die Lösung des Geheimnisses, warum der Lohn der industriellen Arbeiter überall steigt, obgleich der Arbeitsmarkt überall in der Regel „überfüllt" ist: ein für die industriezentrische Anschauung ganz unlösbares Rätsel! Denn wie kann der Preis einer Ware – und Arbeitskraft ist ja nichts als eine Ware! – steigen, wenn das Angebot die Nachfrage regelmäßig überwiegt?!¹

Das ist die Dynamik der Lohnbewegung. Zwischen den ruthenischen Ackerknechten und dem höchstqualifizierten Mechaniker des Steeltrust besteht ein elastischer aber unzerreißbarer Zusammenhang der Löhne. Wenn dieser steigt, zieht er jenen mit; aber umgekehrt hängt auch der Grenzkuli als regulierendes Schwergewicht an den Füßen des emporstrebenden Westlers und läßt ihn nur langsam empor.

So ist also die Höhe jedes besonderen Arbeitslohnes zu gegebener Zeit und an gegebenem Ort bestimmt.

2. Das Problem der Verteilung

Mit dieser Theorie des Lohnes haben wir die Grundlage gewonnen, auf der sich eine einigermaßen bestimmte Theorie der *Verteilung* aufbauen läßt, des Kernproblems der Volkswirtschaftslehre, dem sie seit dem Zusammenbruch der Lohnfondstheorie in fast hoffnungsloser Resignation gegenübersteht.

Zu dem Zwecke machen wir dieselbe Konstruktion einer „stationären", störungsfreien Volkswirtschaft, wie sie die klassische Schule für ihre analogen Entwicklungen gebrauchte²:

Wir abstrahieren von allen Störungen durch das Wachstum der Bevölkerung, durch Krisen, durch Erntedifferenzen, durch falsche Berechnungen oder bewußt unwirtschaftliche Handlungen einzelner, durch politische Einflüsse (Zölle, Kriege usw.). Wir unterstellen eine *kapitalistische* Volkswirtschaft im Beharrungszustande, zusammengesetzt aus lauter Subjekten mit der Psychologie von Lombardstreet, die ihr Interesse kennen und verfolgen „wollen, können und dürfen"³, ungehindert durch eine störende Rechtsordnung, unbeirrt durch Haß, Liebe oder Patriotismus.

Wir sind uns dabei durchaus bewußt, keine Formeln entwickeln zu können, die sich jemals an realen Größen des täglichen Wirtschaftslebens buchstäblich werden verifizieren lassen. Wir wollen nichts anderes, als was die klassische Theoretik wollte: die „Tendenz"⁴ bestimmen, die gewisse

---

1 Ebenda, S. 123 [im vorliegenden Band S. 453].
2 „Der Leser weiß wohl, daß wir die zufälligen Veränderungen ganz außer Betracht lassen, welche von schlechten und guten Jahreszeiten oder vom Begehre herrühren, welcher zufolge plötzlicher Erscheinungen im Stande der Bevölkerung steigt oder fällt. Wir sprechen vom natürlichen und ständigen, nicht aber vom zufälligen und schwankenden Preise des Getreides" (Ricardo, Grundgesetze, S. 87 Anm.).
3 Vgl. Wagner, Grundlegung, Bd. I, S. 174, und Dietzel, Theoretische Sozialökonomik, S. 68.
4 Vgl. Wagner, ebenda, S. 179.

Größen haben, einen bestimmten Gleichgewichtszustand zu erreichen. Wir bleiben uns ferner völlig der Tatsache bewußt, daß diese Tendenz fortwährend von unzähligen Störungen gekreuzt wird, die immer neue sekundäre Anpassungen erzwingen. Wir rechnen sozusagen mit dem luftleeren Raume[1], wie ein Physiker, der die Parabel einer Geschoßbahn berechnet, ohne sich vorläufig um Luftwiderstand, Winddruck, Eigenschwingung des Geschützrohres zu kümmern. Wenn die Rechnung fertig ist, wird er die „Störungen" in sie einführen[2], um berechnetes und beobachtetes Ergebnis möglichst einander anzunähern[3]. Ganz wird das nie gelingen, und trotzdem wird kein praktischer Artillerist sagen wollen, daß die Parabelrechnung überflüssig ist. Sie ist im Gegenteil die Grundlage seiner Praxis.

Unter diesen ausdrücklichen Vorbehalten werden wir jetzt den Versuch wagen dürfen, die Anteile zu bestimmen, die die drei Arten des Einkommens: Grundrente, Profit und Lohn, in der stationären kapitalistischen Wirtschaft aus dem Ertrage einer beliebigen Unternehmung zu beanspruchen haben. Als dieser Ertrag ist hier, wo die Löhne nicht als „Kosten" erscheinen, natürlich das Gesamtprodukt selbst oder sein (hier fester) Geldwert zu verstehen, vermindert lediglich um den Wert der *sachlichen* Produktionskosten: Roh- und Hilfsstoffe samt den korrekten Abschreibungen.

Der Anteil, den die Lohnarbeit zu erhalten hat, ist durch unsere soeben entwickelte Lohnformel bestimmt. Wir haben also nur noch entweder den Anteil des Grundeigentums, die Grundrente, oder denjenigen des Kapitaleigentums, den Profit, zu bestimmen, um das Problem der Verteilung für jede beliebige Einzelunternehmung, und das heißt für die Gesamtwirtschaft, gelöst zu haben.

Der Anteil der Grundrente ist, wie wir wissen, generell nicht bestimmbar, da sie, je nach Bodengüte und Marktnähe, für jeden einzelnen Betrieb verschieden hoch ist.

Dagegen ist der Anteil des Profits generell leicht zu bestimmen. Es ist jedoch erforderlich, zuvor den Begriff des Profits genau zu definieren.

In dem landläufigen, kaufmännischen Begriffe des Unternehmergewinns werden zwei Einkommensteile zusammengefaßt, die aus ganz verschiedenen Quellen stammen und daher wissenschaftlich streng geschieden werden müssen: *der Lohn der qualifizierten Unternehmerarbeit*, – und der *Profit des investierten Kapitals*. Der erstere bestimmt sich nach unserer allgemeinen Lohnformel: die Basis ist der ortsübliche Lohn der Landarbeiter am Platze; darüber staffelt sich die Pyramide sämtlicher Lohnstufen, auch die der Unternehmerlöhne, „je nach der relativen Seltenheit der Vorbedingungen": und dazu rechnet z. B. auch die Neigung eines Unternehmers, sich in einer vom Zentrum der Zivilisation entfernten, weniger komfortablen und abwechslungsreichen Gegend niederzulassen. Je weniger Unternehmer zu solchem Verzicht bereit sind, um so geringer ist die Konkurrenz, um so höher der „Unternehmerlohn".

---

1 Vgl. Thünen, Der Isolierte Staat, S. 275. „Wie der Geometer mit Punkten ohne Ausdehnung, mit Linien ohne Breite rechnet, die doch beide in der Wirklichkeit nicht zu finden sind, so dürfen auch wir eine wirkende Kraft von allen Nebenumständen und allem Zufälligen entkleiden, und nur so können wir erkennen, welchen Anteil sie an den Erscheinungen hat, die uns vorliegen."
2 Vgl. Rossi, Cours d'Economie politique, Bd. I., S. 33, zit. nach Bergmann, Geschichte der nationalökonomischen Krisentheorien, S. 115 Anm. 4: „Mais ces déductions sont-elles parfaitement légitimes, ces conséquences toujours vraies? Il est incontestablement vrai qu'un projectile lancé sous un certain angle décrit une certaine courbe; c'est une vérité mathématique. Il est également vrai que la résistance opposée au projectile par le fluide qu'il traverse modifie plus ou moins en pratique la déduction spéculative; c'est une vérité d'observation. La déduction mathématique est-elle fausse? nullement; mais elle suppose le vide."
3 Vgl. Wagner, Grundlegung, Bd. I, S. 179.

Es wird heute vielfach versucht, allen Unternehmergewinn als Lohn qualifizierter Arbeit auszugeben.[1] Wir werden uns vor dieser Verwirrung, die jeder Blick auf den Zins von Obligationen, Hypotheken und Staatsschulden und die Dividende von Aktien ad absurdum führt, hüten, werden aber auch andererseits in dieser Betrachtung den reinen Profit des Kapitals streng von dem Lohn der Unternehmerarbeit trennen.

Die in irgendeinem landwirtschaftlichen, industriellen oder kommerziellen Unternehmen realisierte *Profitmasse* ist gleich der *Profitrate* multipliziert mit dem investierten Kapital. Wenn die Profitrate z. B. 10% ist, dann ist die Profitmasse eines mit einer Million Mark ausgestatteten Unternehmens 100.000 Mark. Was bestimmt nun die Profitrate?

In unserer realen, nichtstationären, nicht-störungsfreien Volkswirtschaft ist die Profitrate *nicht* für alle Unternehmungen gleich. Denn die Anlage des gleichen Kapitals gewährt nicht überall dieselbe Sicherheit, dieselbe soziale Achtung, dieselben Annehmlichkeiten, dieselbe Aussicht auf außergewöhnliche Konjunkturgewinne. Deshalb stuft sich jetzt die Pyramide der Profite „nach den relativen Nachteilen der Anlage" ähnlich ab, wie die Pyramide der Löhne „nach der relativen Seltenheit der Vorbedingungen".

Von alledem kann in der stationären, störungsfreien Volkswirtschaft keine Rede sein. Krisen, Konjunkturschwankungen usw. sind ausgeschlossen. Risiken werden durch Assekuranz auf die Gesamtheit verteilt, und es ist nicht abzusehen, aus welchen Gründen hier etwa der Erzeuger von Korn und Fleisch in höherer sozialer Achtung stehen soll, als der von Stiefelwichse. Hier ist also die Profitrate als überall *mathematisch gleich* anzunehmen, namentlich da die Vermehrung des Gesamtgewinns eines Unternehmers, die aus einem unangenehmen Wohnsitz usw. folgt, nach unserer Darlegung lediglich seinen „Lohn" beeinflußt.

Die Profitrate läßt sich nun folgendermaßen bestimmen:

Wir haben Betriebe, deren Gesamteinkommen sich lediglich in Arbeitslohn und Profit spaltet, während die Grundrente nichts erhält. Es sind das die „Grenzgrundstücke" mit der Rente Null. Wenn wir von ihrem „Ertrage" im obigen Sinne die nach unserer Lohnformel bestimmten Arbeitskosten absetzen, so stellt der Rest die Profitmasse dar. Dividiert man diese Summe in das investierte Kapital des Betriebes, so erhält man die Profitrate.

Damit ist das Problem der Verteilung aufgelöst, da von den drei Addenden zwei bestimmt sind. Man braucht nur für jede beliebige Unternehmung die Summe aller Arbeitslöhne nach unserer Lohnformel, und die Profitmasse durch Multiplikation der ein für alle Male gegebenen Profitrate mit dem investierten Kapital zu bestimmen: der Rest des Gesamtbetrages fällt der Grundrente zu. Sie zieht alles an sich, was den Ertrag aus Gründen der natürlichen Bonität oder der besseren Verkehrslage über das Mindestmaß steigert, bei dem Arbeit und Kapital sich noch betätigen können.

Die *Basis* aller Arbeitslöhne, und dadurch aller Grundrenten und Profite im ganzen internationalen Wirtschaftskreise ist also der Lohn des *Grenzkuli*.

Dieser Lohn des Grenzkuli aber ist Abzug vom „natürlichen Arbeitslohn", erpreßt durch das Rechtsmonopol des ehemals feudalen Großgrundeigentums im Grenzgebiete des sozialen Drucks.

Dieses Rechtsmonopol, dieser Feudalrest ist die Ursache der kapitalistischen Wirtschaft, die letzte Wurzel der „sozialen Frage".

Wie weit unsere Formel auf die „Tendenzen" auch der nichtstationären realen kapitalistischen Wirtschaft ein Licht zu werfen geeignet ist, soll hier nicht weiter untersucht werden; und ebensowenig, wie weit sie dem praktischen Staatsmanne Richtungslinien geben könnte. Sie stehe hier als

---

[1] Vgl. z. B. Reinhold, Der Weg des Geistes in den Gewerben, I. Bd.: „Arbeit und Werkzeug", Leipzig 1901; Ehrenberg, Sozialreformer und Unternehmer, Jena 1904.

letztes Ergebnis dieser Untersuchung, deren Quintessenz sie in kürzester Form darstellt. Vielleicht kann sie später einmal als Ausgangspunkt für einen Versuch zur Lösung des höchsten und letzten Problems unserer Wissenschaft, desjenigen des *Wertes* dienen. Die Denker der alten Schule vermeinten diesen höchsten Begriff erfliegen zu können: aber man kann ihn nur gewinnen, wenn man die nächst untergeordneten Begriffe des Lohnes, des Profites und der Grundrente zuerst entwickelt und zueinander in die rechten Beziehungen stellt. Nur so läßt sich – vielleicht! – eine zureichende Wertlehre *als letztes Ziel* erreichen: aber als Prämisse, auch nur als vorläufige Arbeitshypothese, ist ein aus der Luft gegriffener Wertbegriff verderblich: dessen zum Zeichen seien nur Ricardo, Rodbertus und Marx genannt.

Schlußwort

Die Wissenschaft hat mehr als ein halbes Jahrhundert die Ricardosche Formel für die Verteilung als ihr kostbarstes Besitztum angesehen: und diese Formel war nicht im mindesten exakter als die unsere. Auch sie hatte zwei feste Punkte, auf denen sie ruhte, das Grenzgrundstück mit der Rente Null, und den Minimallohn des Arbeiters, der gerade die Notdurft deckte. Daß dieser zweite Pfeiler zusammenstürzen mußte, haben wir mehrfach nachgewiesen: er ruhte auf der Lohnfondstheorie und dem Gesetz vom sinkenden Spielraum.

Unsere Formel ist hoffentlich solider fundiert. Zum wenigsten ruht sie auf einer Lohntheorie, die bisher nur Zustimmung, aber meines Wissens noch keine Gegnerschaft gefunden hat und in der Tat überaus einfach, einleuchtend und in Übereinstimmung mit den Tatsachen ist. Sollte unter diesen Umständen unsere Formel wirklich ganz ohne Wert für die wissenschaftliche Klärung sein?

Wir sind doch der Meinung, daß das nicht der Fall ist. So allgemeine „Gesetze"[1] haben ihren gar nicht hoch genug zu schätzenden Wert darin, daß sie *alle Einzelforschung orientieren*. Niemand kann rein induktiv arbeiten: er braucht zum wenigsten Arbeitshypothesen, heuristische Prinzipien, die ihm andeuten, welche Materien für ihn von Wert sind. Ohne solche Prinzipien muß jeder Versuch einer wissenschaftlichen Beherrschung der Welt unter der ungeheuren Masse der Tatsachen verschüttet werden. So haben denn auch die exaktesten Forscher auf unserem Wissensgebiete immer wenigstens einige der deduktiv gewonnenen Gesetze festgehalten und als Mittel der Orientierung benutzt[2], leider allerdings häufig die unsolidesten, wie das Gesetz vom sinkenden Spielraum.

Niemand wird heute mehr daran denken, die Gesetze der Nationalökonomie allein aus gewissen a priori erlangten Prinzipien abzuleiten: vestigia terrent. Jedes Resultat muß auf das sorgfältigste durch die Quaestio facti an den historischen und statistischen Tatsachen geprüft werden, ehe es akzeptiert werden darf. Aber darum ist die Deduktion noch nicht entbehrlich. Sie ist der einzige Kompaß durch den unendlichen Ozean der Tatsachen, ein Kompaß, der selbst immer wieder kontrolliert werden muß, ohne den aber das Fahrzeug der Induktion nie zum Ziele gelangen kann, ohne den es an verborgenen Klippen scheitern muß. Induktion und Deduktion sind rechtes und linkes Bein der Wissenschaft; nur ihr Zusammenwirken sichert den Fortschritt.[3]

„Kurz, nicht Deduktion oder Induktion, sondern Deduktion *und* Induktion (...)"[4], sagt Adolf Wagner, dem in diesem Ergebnis wie auch in seiner Begründung durchaus beizustimmen sein wird:

---

1 Im Sinne von Wagner, Grundlegung, Bd. I., S. 188ff., und Schmoller, Grundriß der allgemeinen Volkswirtschaftslehre, I. Teil, S. 109; vgl. auch Dietzel, Theoretische Sozialökonomik, S. 70.
2 Vgl. Wagner, Grundlegung, Bd. I, S. 17 und 167.
3 Vgl. Carey, Grundlagen der Sozialwissenschaft, S. 32f. „Goethe hat die zwei Methoden schön bezeichnet, indem er sagt, daß die Synthese und Analyse ,die Systole und Diastole des menschlichen Gedankens und für diesen gleichsam ein zweiter Respirationsprozeß seien, niemals getrennt, immer pulsierend.' ,Der Fehler der a priori-Methode', sagt der Schriftsteller, dem wir diesen Satz entlehnen, ,wenn sie sich von dem rechten Weg verirrt, liegt nicht darin, daß sie den Tatsachen vorausschreitet und die langsameren Schlüsse der Erfahrung antizipiert, sondern darin, daß sie sich mit ihren eigenen Aussprüchen begnügt, oder nur eine teilweise, hastige Vergleichung mit Tatsachen anstellt, was Bacon ,notiones temere a rebus abstractas' genannt hat. Wenn die Wissenschaft eins und unteilbar ist, muß auch die Forschungsmethode ebenso sein.'"
4 Vgl. Wagner, Grundlegung, Bd. I, S. 18 und S. 166ff., 193. Und Schmoller sagt ganz das gleiche: „Was wir erreicht haben, ist ebenso sehr Folge deduktiver als induktiver Schlüsse. Wer sich überhaupt über die zwei Arten des Schlußverfahrens (...) ganz klar ist, wird nie behaupten, es gebe die Wirklichkeit erklärende Wissenschaften, die ausschließlich auf der einen Art ruhen" (Grundriß, I., S. 109). Vgl. auch Dietzel, a. a. O., S. 73: „Es heißt nicht aut-aut, sondern et-et. Wirtschaftshistoriker und Wirtschaftstheoretiker dürfen sich nicht feindlich gegenüber stehen, sondern sollten begreifen, daß sie aufeinander angewiesen sind."

Die „Krisis", die die britische Ökonomik, die Theorie des ökonomischen Individualismus und Liberalismus, durchzumachen hat, und „die ihre Grundlagen erschüttert", ist in der Tat nicht durch ihre Methode an sich verschuldet, sondern durch „Fehler in und bei der *Anwendung* der Methode".[1]

Ich glaube dieses Urteil bekräftigt zu haben, indem ich die Fehler in den Prämissen und im Schließverfahren aufdeckte, die die britische Ökonomik abgelenkt haben.

Ihren *beiden* Schulen ist gemeinsam die falsche Prämisse von der Entstehung des Kapital- und Grundeigentums durch „previous accumulation" ohne Dazwischentreten der außerökonomischen Gewalt, des „politischen Mittels".

Die jüngere, bourgeois-ökonomische Schule hat dann noch die Prämisse des Gesetzes vom sinkenden Spielraum dazu gewählt. *Es kann kein Zweifel mehr daran bestehen, daß auch dieses Gesetz falsch ist.* Und in der Tat ist auch seine wichtigste Ableitung, das „Bevölkerungsgesetz", die tragende Säule aller Bourgeois-Ökonomik, von allen ernst zu nehmenden Theoretikern in seinem eigentlichen Sinne, als Erklärung der *Vergangenheit und Gegenwart* des Kapitalismus, *aufgegeben worden*. In dem Sinne, wie ein Adolf Wagner es noch anerkennt, als eine *Zukunftsmöglichkeit* oder Wahrscheinlichkeit[2] mag es vielleicht gelten: aber in diesem Sinne ist es hier auch gar nicht strittig, sondern nur in dem ersten. Und hierin stimmt auch Wagner mit uns überein: denn, was morgen *sein wird*, kann unmöglich die Ursache sein dessen, was gestern *war* und heute *ist*.

Ich habe in drei „logischen Obduktionsprotokollen" an den drei wichtigsten Theorien von Malthus, Marx und jetzt von Ricardo die Fehlschlüsse, Erschleichungen usw. genau nachgewiesen, mit denen sich jene Denker weiterzuhelfen mußten, um eine notdürftige Übereinstimmung der aus ihren falschen Prämissen gewonnenen Schlüsse mit den Tatsachen herbeizuführen.

Und ich habe schließlich, indem ich von der historisch beglaubigten wahren Prämisse der durch das politische Mittel gesetzten Klassen- und Vermögensunterschiede ausging, durch ein bisher nicht bestrittenes Beweisverfahren Ergebnisse erhalten, die mit der Wirklichkeit so weit, in der Tat überraschend genau, übereinstimmen, wie man das in irgendeiner Wissenschaft beanspruchen kann. Wenn mein Verfahren als logisch richtig anerkannt werden muß, dann ist die deduktive Methode in ihren Grenzen völlig rehabilitiert.

In ihren Grenzen! Man hat mich einen „rein deduktiven" Kopf genannt, vielleicht gescholten: vor fünfzig Jahren haben Arbeiter von meinem Schlage die Induktion in den Vordergrund gestellt[3], als die Deduktion unumschränkt herrschte und beinahe Orgien feierte. Heute aber, in einer Zeit der Verachtung der Deduktion, war es umgekehrt die Aufgabe, die alte Deduktion gerade mit deduktiven Mitteln anzugreifen, um die Fabel zu zerstören, daß die *Methode an sich* nichts leisten könne. So wurde ich zur vorwiegend deduktiven Arbeit durch die Zeit gezwungen, hoffe aber, mich da, wo ich sie brauchte, der Induktion ausreichend bedient zu haben. Jedenfalls bekenne ich freudig, der induktiven Forschung anderer Ungeheures zu danken.

Die ersten Konzeptionen, die mich zu meinen Studien anregten, verdanke ich der „exakten" historischen und statistischen Forschung. Ich nenne nur einige der wichtigsten: die Zusammenhänge zwischen Grundbesitzverteilung und Wanderbewegung danke ich v. d. Goltz und namentlich Sering, die Tatsachen der primitiven Staatsbildung der soziologisch-geographischen Schule,

---

1 Vgl. Wagner, Grundlegung, Bd. I, S. 190ff.
2 Derselbe, Theoretische Sozialökonomik, S. 55: „Dieser Hinweis auf die Gefahr (...) ist der unumstößliche Kern in der Malthusschen Lehre." Eine Gefahr ist aber etwas Künftiges.
3 „Nur zeitweise, nach dem jeweiligen Stande der Erkenntnis, kann das eine Verfahren etwas mehr in den Vordergrund der einzelnen Wissenschaft rücken" (Schmoller, Grundriß der allgemeinen Volkswirtschaftslehre, I. Teil, S. 109).

namentlich Ratzel und Gumplowicz, die Tatsachen der mittelalterlichen Wirtschaftsentwicklung, die vielleicht die stärkste Stütze meiner Gesamtauffassung darstellen, neben Lamprecht vor allem G. Schmoller. Kein noch so genialer Mensch würde derartige Regelmäßigkeiten aus der Psychologie des „economical man" „deduzieren" können, *wenn die Induktion sie nicht vorher aufgefunden hätte*; erst dann vermag der deduktiv begabte Kopf sie für das System zu verwerten. Kein besserer Beweis dafür ist zu finden, als das Faktum, daß die drei ähnlichen Theorien der Grundrente von West, Malthus und Ricardo fast gleichzeitig erschienen: sie beruhten sämtlich, wie Em. Leser bemerkt[1], auf den massenhaften Tatsachen, die die Parlamentsenquête von 1814 über die englische Agrarkrise ans Licht geführt hatten.

Schopenhauer zeigt meisterhaft, daß all unser vernunftmäßiges Denken immer in letzter Linie auf eine klare *Anschauung*, auf eine Tatsache also, zurückgehen muß, um Wert zu haben. Die Volkswirtschaftslehre macht darin keine Ausnahme. Von Tatsachen muß die Deduktion ausgehen, zu Tatsachen muß sie zurückkehren. Ohne die verdienten Männer, die die Tatsachen ans Licht fördern, sichten, ordnen und zusammenstellen, bliebe alle Deduktion ein Kompaß ohne Schiff, wie alle Induktion ohne deduktive Leitung ein Schiff ohne Kompaß ist.

Es gibt keine guten und schlechten *Methoden*, es gibt nur gute und schlechte *Denker* und Forscher. War Adam Smith deduktiver oder induktiver Denker? Keines von beiden, weil er beides war.[2] Wo er Tatsachen brauchte, stellte er sie induktiv fest, z. B. überall da, wo er fremde Prämissen untersuchte oder sich selbst neue schuf; wo er ein fremdes Schließverfahren untersuchte, brauchte er natürlich die hier einzig mögliche Deduktion; und wo er induktiv zu Ergebnissen kam, da suchte er sie deduktiv, um im umgekehrten Falle induktiv zu verifizieren. Er ging mit beiden Füßen!

Zwei Schulen haben das letzte Menschenalter der Nationalökonomie beherrscht: die materialistische Geschichtsauffassung des Marxismus, die die Geschichte aus der Wirtschaft, und die historische Schule der Ökonomik, die die Wirtschaft aus der Geschichte begreifen will. Die erstere ist einseitig deduktiv, die letztere einseitig induktiv. Und es ist meine feste Überzeugung, daß der Bau der Wissenschaft, daß *das System* der Volkswirtschaftslehre nur an dem Punkt errichtet werden kann, wo die beiden Richtungen sich kreuzen.[3]

Es war mein Bestreben, mich diesem Punkte, so weit es mir vergönnt war, zu nähern, indem ich aus induktiv gewonnenen Prämissen deduktiv folgerte und die Resultate an der Induktion verifizierte. Die Übereinstimmung war überraschend genau. Wenn mein Verfahren anerkannt werden muß, hat der unfruchtbare Streit um die Methode keinen Boden mehr.

---

1 Leser, Untersuchungen zur Geschichte der Nationalökonomie, S. 86ff. Dieser Zusammenhang ist übrigens schon Eugen Dühring aufgefallen. Vgl. Dühring, Kritische Geschichte der Nationalökonomie, S. 198.
2 Vgl. Wagner, Grundlegung, Bd. I, S. 17.
3 Vgl. meine Anzeige von Sombarts „Moderner Kapitalismus", Sep.-Abz. aus der „Kultur", Halbmonatsschrift, Heft 17, Köln 1903, S. 1ff.

Die soziale Frage und der Sozialismus

Eine kritische Auseinandersetzung mit der marxistischen Theorie
[1913]

Inhalt

Statt eines Vorwortes: Offener Briefwechsel mit Herrn Karl Kautsky 619

Erster Teil: Die soziale Frage

I. Soziale Frage und Monopol 626
    Der Wert 626
    Der Mehrwert 628
    Die Bodensperre 631

II. Wesen und Entstehung des Kapitalismus
    Erster (nationalökonomischer Teil) 643
    Wesen des Kapitalismus 643
    Zweiter (soziologischer) Teil 654
    Entstehung des Kapitalismus 654

III. Robinson, der Kapitalist 662

IV. Innere Kolonisation 665

Zweiter Teil: Der Sozialismus

V. Liberaler Sozialismus und Marxismus 674

VI. Die Marxsche Lehre von Wert und Mehrwert 677
    Die Wertlehre 678
    Der Mehrwert 682

VII. Die wissenschaftlichen Grundlagen des Marxismus und Revisionismus 687

VIII. Kautsky als Agrartheoretiker 699

IX. Kautskys Zukunftsstaat 711

Vorbemerkung: Die unter II, VII, VIII und IX abgedruckten Kapitel sind wenig veränderte ältere Arbeiten. Die übrigen erscheinen hier zum ersten Male.

I.

Herrn *Karl Kautsky,*
Herausgeber der „Neuen Zeit"
Berlin-Friedenau

Sehr geehrter Herr!

Sie haben kürzlich in Ihrem Blatte ausgesprochen, daß Sie meinen Mut bewundern. Ich kann das Kompliment nicht annehmen, da ich mir nicht bewußt bin, mehr getan zu haben, als mir meine Pflicht als Gelehrter vorschrieb, nämlich die Wahrheit zu suchen und zu sagen, auch wenn sie der anerkannten Lehrmeinung der gewaltigsten Autorität widerspricht. Verehren Sie und ich unseren gemeinsamen Meister Marx nicht gerade aus dem Grunde, daß er diesen „Mut" gegen die Autoritäten seiner Zeit bewährte? Und ist dem Wahrheitssucher nicht gegen Marx erlaubt, was Marx etwa gegen Stuart Mill und Ricardo erlaubt war?

Aber ich wünsche, mir das Kompliment zu verdienen. Und darum habe ich die Ehre, Sie zu ersuchen, daß Sie persönlich mit mir die Klinge kreuzen mögen. Bisher hat mich Ihr geschätztes Organ der richterlich-kritischen Bemühung von jüngeren Herren anvertraut, die außerhalb Ihres Kreises unbekannt sind und jedenfalls keinen wissenschaftlichen Namen einzusetzen haben, wie Sie und ich. Was dabei herausgekommen ist, war gewiß subjektiv von der ehrlichsten Absicht und dem besten Willen zur Wahrheit eingegeben; aber Sie werden entschuldigen, wenn ich als der Beklagte und regelmäßig aufs härteste Verurteilte mich nicht davon überzeugen kann, daß auch objektiv Recht gesprochen worden ist. Ich habe die Empfindung, daß, nicht der Absicht nach, wohl aber dem tatsächlichen Ergebnis nach, die Worte genau Anwendung finden, die Karl Marx im Vorwort zur zweiten Auflage seines „Kapital" niederschrieb!

„Die gelehrten und ungelehrten Wortführer der deutschen Bourgeoisie haben das ‚Kapital' zunächst totzuschweigen versucht, wie ihnen das mit meinen früheren Schriften gelungen war. Sobald diese Taktik nicht länger den Zeitverhältnissen entsprach, schrieben sie, unter dem Vorwand, mein Buch zu kritisieren, Anweise ‚Zur Beruhigung des bürgerlichen Bewußtseins'."

Durch einige leichte Abänderungen des Textes läßt sich, meiner Empfindung nach, der Wortlaut genau der Situation anpassen, in der ich mich seit nunmehr achtzehn Jahren der von Ihnen geleiteten Richtung gegenüber befinde.

Von einem Manne Ihrer wissenschaftlichen Autorität und Vergangenheit habe ich solche objektiven Mißgriffe nicht zu befürchten, und deshalb wage ich die in der Tat sehr „mutige" Bitte, daß Sie persönlich das kritische Schwert zur Hand nehmen mögen.

Es ist wahr, daß ich vor fast einem Jahrzehnt einmal gegen die Ihren sehr grob geworden bin. Ich benutze diese Gelegenheit, um dafür mein Bedauern auszusprechen. Nicht etwa, um Ihnen einen Vorwand zu nehmen, der Ihnen ermöglichen würde, dem von mir erbetenen Waffengange auszuweichen, sondern weil ich in der Tat zu der Überzeugung gelangt bin, daß der Mensch im Durchschnitt nur das tut, sagt und schreibt, was ihm der Druck und Zug seiner sozialen Umwelt aufzwingt. „Die Menschen sind Somnambulen", sagt Gabriel Tarde. Ich begreife heute vollkommen, daß die Schüler von Karl Marx jeden Angriff gegen die Lehre ihres Meisters zunächst als freche Anmaßung empfinden.

Sie werden hoffentlich meine ergebene Bitte nicht aus dem Grunde ablehnen zu müssen glauben, daß ich Ihres Schwertes unwürdig sei. Meine persönliche Ehrenhaftigkeit steht, so hoffe ich, außer Frage; und in der Republik der Wissenschaft hat der Geringste, wenn er ihren Regeln folgt, alle Rechte ihrer Fürsten.

Da die wissenschaftliche Fechtkunst leider ganz und gar verfallen ist, ist es mir wohl gestattet, die, um im Bilde zu bleiben, Kampfregeln aufzuzählen, die die Ritterlichkeit eines ehrlichen Kampfes einerseits und die menschliche Logik anderseits vorschreiben, zwei Instanzen, die wir beide unbedingt anerkennen.

Zuerst ist des Gegners Beweisführung korrekt, *ja liebevoll*, ihrem vollen Inhalt nach und zwar in eindeutiger logischer Formel darzustellen. Dann folgt zuerst die Untersuchung des *Beweises* nach Prämissen und Schlußverfahren. Wird behauptet, daß ein Fehler begangen sei, so ist der immanente Gegenbeweis zu führen, d. h. der Fehler unzweideutig nach Art und Namen zu bezeichnen. Dann folgt die Prüfung an den Tatsachen, die Quaestio facti, die in jedem Fall nötig ist. Sie ist nötig, wenn der Beweis als fehlerhaft nachgewiesen war, weil trotzdem noch die Behauptung wahr sein könnte; und sie ist ebenso nötig, wenn der immanente Gegenbeweis nicht geführt werden konnte, weil es doch immer möglich wäre, daß ein besonders geschickter Trugschluß unentdeckt geblieben ist.

Wenn sich ergibt, daß der Beweis formal unantastbar ist, und daß die Behauptung mit den Tatsachen übereinstimmt, so muß die Konklusion unbedingt angenommen werden.

Nach dieser Methode habe ich mich nach bestem Wissen und Gewissen bemüht, einige Marxsche Hauptsätze kritisch zu widerlegen und positiv durch andere zu ersetzen. Ein Schüler des Meisters kann mir nicht weigern, sich mir auf diesem Boden zu stellen: *denn es ist die mathematisch-deduktive Methode des „Kapital"*, deren ich mich bedient habe. Ich kann und darf fordern, daß man meine Kritik und meine eigenen Behauptungen und Beweise nach diesem einzig wissenschaftlichen Verfahren untersucht. Ich kann es insbesondere von dem Herausgeber der „Neuen Zeit" fordern, der amtlich verpflichtet ist, die ökonomische Wissenschaft mit rein wissenschaftlichen Mitteln zu pflegen.

Um die Erörterung zu erleichtern, erlaube ich mir, nach alter guter Sitte eine Anzahl von Thesen zu formulieren.

These 1   Die Marxsche Lehre vom Wert beruht auf unvollständiger Induktion der Tatsachen, gibt daher nur eine Teilerklärung der Werterscheinung und versagt daher gegenüber der Prüfung an den übrigen Tatsachen.

These 2   Diese unvollständige Induktion der Tatsachen zeigt sich namentlich in der völligen Vernachlässigung des Monopolwertes.

These 3   Die Marxsche Lehre vom Mehrwert beruht auf einer Quaternio terminorum. Der verdoppelte Terminus medius ist der Begriff „Arbeitskraft".

These 4   Der Marxsche Beweis für das Gesetz der kapitalistischen Akkumulation beruht auf einer „Erschleichung".

These 5   Die in demselben Gesetz enthaltene Behauptung von der Reproduktion der Reservearmee und des Kapitalverhältnisses widerstreitet der Tatsache der „Verstadtlichung" der Bevölkerung.

These 6   Der von Marx angebotene Beweis für die „Tendenz der kapitalistischen Entwicklung" in der Agrikultur beruht auf einer zwiefachen Quaternio terminorum. Die verdoppelten Termini medii sind die Begriffe „Expropriation" und „Bauer".

These 7   Der von Kautsky angebotene Beweis für das gleiche Gesetz beruht auf einer zwiefachen Erschleichung, indem zuerst das Hypotheken-Eigentum dem Grundeigentum, und dann das Hypotheken-Maklergeschäft dem Hypotheken-Eigentum gleichgesetzt wird.

Damit komme ich zu meinen eigenen Behauptungen:

These 8   Der absolute immanente Wert der Produkte beruht nicht auf der in ihnen verkörperten *Arbeitszeit*, sondern auf dem in ihnen verkörperten *Arbeitswert*.

These 9 Wo kein Monopol besteht, d. h. unter völlig freier Konkurrenz, kann kein Mehrwert entstehen.
These 10 Mehrwert entsteht immer dort, und nur dort, wo ein Monopol, d. h., wo zwischen Kontrahenten ein „Monopol-Verhältnis" besteht.
These 11 Der gesellschaftliche Mehrwert (Grundrente und Kapitalprofit) ist Folge eines gesellschaftlichen Klassen-Monopol-Verhältnisses zwischen Kapitalistenklasse und Proletariat.
These 12 Dieses Klassen-Monopol ist konstituiert durch die Monopolisierung des Grund und Bodens, deren Rechtsform das große Grundeigentum ist.
These 13 Dieses Klassen-Monopol ist entstanden durch außerökonomische Potenzen, nämlich durch kriegerische und geistliche Gewalt.
These 14 Wo es besteht, besteht eine freie Verkehrswirtschaft mit einseitig sinkendem Druck, daher massenhafte Abwanderung von Landproletariern, daher Kapitalismus.
These 15 Der Kapitalismus ist mithin nicht eine normale Phase der gesellschaftlichen Entwicklung, sondern Folge einer außerökonomischen Störung.
These 16 Durch ausreichende innere Kolonisation ist die Boden-Monopolisierung zu zerbrechen und der Kapitalismus zu entwurzeln.

Das dürfte für den Anfang als Grundlage einer wissenschaftlichen Debatte ausreichen. Was meine Person anlangt, so bin ich entschlossen, sie in dem achtungsvollen Geiste zu führen, der Gelehrten ansteht, die nichts wollen, als die Wahrheit. Und ich verpflichte mich hiermit vor aller Welt, alle Konsequenzen zu ziehen, die sich ergeben sollten, wenn es Ihnen gelingt, meine Thesen zu widerlegen.

In der sicheren Hoffnung, daß Sie, sehr verehrter Herr, kein Bedenken tragen werden, den Handschuh aufzunehmen, den ich Ihnen in aufrichtigster Gesinnung zuwerfe, habe ich die Ehre zu zeichnen mit ausgezeichneter Hochachtung

Ihr sehr ergebener
Dr. Franz Oppenheimer

Berlin-Lichterfelde-W[est]
im Mai 1912

II.
[Antwortschreiben Karl Kautskys auf oben abgedruckten Brief, A. d. R.]

Sehr geehrter Herr!

Eben von einer Ferienreise heimgekehrt, finde ich Ihr neuestes Buch vor, für dessen Übersendung ich Ihnen danke. Ich werde es durcharbeiten, sobald meine Zeit es erlaubt. Bisher habe ich nur Ihren offenen Brief an mich gelesen, der in dem Buche die Stelle einer Vorrede vertritt. Er hat mir nichts anderes entlockt als ein verwundertes Lächeln.

Sie fordern mich zu einem „Waffengang" mit Ihnen heraus und versichern, Sie seien meines „Schwertes nicht unwürdig". Sie wollen die „leider ganz und gar verfallene wissenschaftliche Fechtkunst" neu beleben und den Kampf nach den Regeln „der Ritterlichkeit" führen. Das ist eine Sprache, die mehr an Don Quichotte als an Karl Marx erinnert. Und ebenso erinnert an die Zeit des Rittertums der Glaube, durch eine Disputation von Vertretern zweier verschiedener wissenschaftlicher Anschauungen könne man zu einer zwingenden Entscheidung über die Richtigkeit der einen oder anderen kommen. Disputationen dieser Art waren üblich im Zeitalter der Scholastik und des Talmudismus. Heinrich Heine hat sie bereits höchst drastisch persiffliert in den Figuren des Mönches und des Rabbi, die in der Aula von Toledo vor dem König und der Königin disputierten, um festzustellen, welches der wahre Gott sei.

Mir ist kein ernster Gelehrter unserer Tage bekannt, der eine Herausforderung nach Art der Ihren geäußert oder akzeptiert hätte. Und sicher gibt es in der ganzen modernen Wissenschaft kein grundlegendes Problem, das durch ein Turnier eine entscheidende Lösung gefunden hätte. *So einfach liegen die modernen Probleme der Ökonomie und des Sozialismus nicht, wie sie Ihnen erscheinen, der Sie glauben, die Regeln der „Ritterlichkeit eines ehrlichen Kampfes" und „menschlicher Logik" genügten, sie zu entscheiden.*

Diskussionen können sehr wertvoll und fruchtbringend dort werden, wo Leute, die auf gemeinsamem Boden standen, sich voneinander entfernen. Auch da wird ihre Diskussion kaum jemals das Ergebnis haben, den einen oder den anderen von der Unrichtigkeit seines neuen Standpunktes zu überzeugen, aber sie kann erkennen lassen, ob bloße Mißverständnisse vorliegen, ob Differenzen der Methode, der Kenntnis oder Einschätzung der Tatsachen. Sie wird fast nie zu einer Verständigung, sondern eher zu einer Erweiterung der Kluft führen, aber gerade durch diese Erweiterung kann sie jeden der beiden Standpunkte schärfer und klarer zum Ausdruck bringen. Und Klarheit ist stets ein großer Gewinn.

Ganz anders liegt die Sache dort, wo Vertreter zweier grundverschiedener, von Anfang an getrennter Anschauungen einander gegenübertreten. Der Marxismus verfügt über eine reiche Literatur, nicht minder die Bodenreform; und jene besonderen Auffassungen der letzteren, die Sie vertreten, haben Sie auch schon in manchem Bande dargelegt. Wie sollte da eine kurze Diskussion mehr Klarheit bringen, als durch das Studium jener Literatur zu gewinnen ist? Oder wie vermöchte eine derartige Diskussion einen Beweis für die Richtigkeit der einen oder anderen Anschauungen erbringen können, der zwingender wäre als ihre grundlegenden Werke?

Die Bedeutung einer wissenschaftlichen Auffassung wird nicht durch einen Disput festgestellt, sondern durch ihren schließlichen Erfolg, worunter natürlich nicht das ephemere Lob der Presse zu verstehen ist, sondern die dauernde Befruchtung wissenschaftlichen Forschens und praktischen Wirkens.

Ihr Fehdebrief ist also für einen Mann moderner Wissenschaft schon sonderbar genug. Noch kurioser ist aber die Tatsache, daß Sie nicht etwa die gesamte marxistische Richtung zum Kampfe herausfordern, sondern einzig mich für würdig erachten, mit Ihnen „die Klingen zu kreuzen", und daß Sie alle meine Kollegen als „jüngere Herren . . ., die keinen wissenschaftlichen Namen einzusetzen haben", ablehnen. Sie erklären also selbst die Cunow, Karski, Eckstein, Otto Bauer, Konrad Schmidt – um nur ein paar Ihrer Kritiker aufs Geratewohl zu nennen – für unwürdig, dem Dr. Franz Oppenheimer die Schuhriemen zu lösen.

Diese Art der Selbsteinschätzung verstärkt in meinen Augen nur den donquichottischen Charakter Ihrer Herausforderung. Ihren Sancho Pansa haben Sie auch schon gefunden in der „Nationalliberalen Korrespondenz", die auf Ihre Unüberwindlichkeit schwört.

An unserer Haltung ändert natürlich Ihr Fehdebrief nichts. Wir werden Ihr Buch behandeln wie jedes andere. Sollte es eine Besprechung lohnen, wird es einer von uns besprechen. Ob das geschieht, hängt von dem sachlichen Inhalt des Buches ab und nicht von Ihren persönlichen Wünschen, mögen diese in noch so eigenartigen Formen vorgebracht werden.

Friedenau, August
K. Kautsky

III.
Noch ein Wort an Herrn Karl Kautsky, Herausgeber der „Neuen Zeit". Von Dr. Franz Oppenheimer

Sehr geehrter Herr!

Sie haben die Aufforderung zur öffentlichen Diskussion, die ich an Sie gerichtet habe, abgelehnt mit Gründen, die mir sehr schwach erscheinen.

Zwischen „Vertretern zweier grundverschiedener, von Anfang an getrennter Anschauungen" sei von einer Debatte grundsätzlich kein Ergebnis zu erwarten. Danach nehmen Sie an, meine Angriffe richteten sich gegen Ihre besondere „*Anschauung*" von der sozialen Entwicklung und ihrem Ziele. Mit Verlaub: das ist ein schwer verständlicher Irrtum. Meine Kritik richtet sich nicht gegen Ihre Anschauung, sondern gegen das *logisch-wissenschaftliche Fundament* dieser Anschauung, das Marx gelegt hat. Darf ich Ihnen und den übrigen Lesern dieser Zeilen einige nicht unwichtige Tatsachen ins Gedächtnis rufen?

Der Sozialismus ist uralt. Aber bis auf Marx war er „utopistisch". Man „postulierte" ihn aus ethischen oder naturrechtlichen Voraussetzungen, und man „konstruierte" die Ordnung der Zukunftsgesellschaft „aus dem Kopf". Erst Marx „erhob den Sozialismus von der Utopie zur Wissenschaft", indem er ihn als den Endzustand der gesellschaftlichen Entwicklung mathematisch deduzierte. Diese Deduktion läßt eine Prüfung nicht nur zu, sondern fordert sie geradezu heraus. Wer sich dieser Methode bedient, deren Beweiskraft jeder anderen unendlich überlegen ist, der ist dafür auch ohne ausdrückliche Herausforderung verpflichtet, ihre Ergebnisse gegen jeden Angreifer zu verteidigen, der den „immanenten Gegenbeweis" anbietet, das heißt behauptet, in den Prämissen oder dem Schlußverfahren seien Fehler unterlaufen.

Sie und die Ihren haben sich aber nicht mit dieser stillschweigenden, von der Methode untrennbaren Herausforderung an jedermann begnügt, sondern Sie haben seit einem halben Jahrhundert eine solche immanente Kritik unzählige Male *ausdrücklich provoziert*. Immer und immer wieder haben Sie triumphierend der „Vulgärökonomik" gegenüber betont, daß Ihre eigene Auffassung auf dem wissenschaftlichen Felsgrunde unerschütterlicher logischer Sätze ruhe. „Herr Professor, zwischen mich und Sie steht die Wissenschaft", soll ein schlichter Arbeiter in einer Debatte einmal einem „Vulgärökonomen" entgegnet haben. Von diesem Standpunkt aus haben Sie immer wieder in die Welt hinaus geschmettert: „Wer wagt es, Rittersmann oder Knapp? Wer widerlegt die wissenschaftliche Grundlage unserer sozialistischen Anschauung?" „Wenn die Herren unser *Programm* kritisieren wollen, sind wir stets bereit, ihnen Red' und Antwort zu stehen. (...) Unsere Ziele sind nicht willkürlich gesetzt, sondern die Ziele der mit Naturnotwendigkeit vor sich gehenden ökonomischen Entwicklung." Das schreibt ein Ihnen gewiß nicht unbekannter K. K. in der „Neuen Zeit", 2. Halbband 1890/91, Seite 638. Und solcher Stellen sind unzählige zu finden.

Mir scheint, das ist eine klare Aufforderung, und zwar offenbar eine Aufforderung zur Diskussion mittels der auch von Marx gebrauchten Methode der Deduktion, das heißt nach den Regeln der diskursiven Logik. Sie wollten doch offenbar den Gegner nicht zu einem Schimpfduett auffordern, zu einer Lungenprobe, um herauszufinden, wer es länger aushalten könne, den anderen als Ignoranten, Streber, Utopisten, Sykophanten, „Marxpfaffen" bzw. „Marxfresser" zu titulieren? Sollte irgendwo diese Absicht bestehen, so erkläre ich schamübergossen vorweg, daß ich „kneife". Ich kenne die diesbezügliche Begabung einiger Personen aus Ihrer Orthodoxie allzugut – auch Sie selbst haben sie ja in letzter Zeit mehrfach schmerzlich am eigenen Leibe erfahren müssen –, als daß ich mich auf eine Mensur nach diesem Holzkomment einlassen möchte. Nein, ich bin nicht vergnügungssüchtig! Die neueste vornehme Leistung des „Vorwärts", der unter dem Stichwort „Vergebliche Reklame" in der ihm eigenen anmutigen und ritterlichen Art über mein offenes

Schreiben an Sie referiert, hat mir gezeigt, daß ich gegenüber Kämpfern von solcher natürlichen Ausstattung keinerlei Aussichten auf Erfolg habe.

Von Ihnen aber nehme ich an, daß Sie die Absicht hatten, mit den Waffen der Wissenschaft zu kämpfen, als Sie jene öffentliche Herausforderung ergehen ließen. Und darum hat es mir, um Ihre Worte zu zitieren, mehr als „ein verwundertes Lächeln entlockt", als ich in Ihrer Antwort las, eine solche öffentliche Herausforderung zur Disputation über Thesen sei „unter ernsten Gelehrten unserer Tage" nicht mehr Gebrauch. Ei, ei, mein verehrtester Herr K. K.: die Thesen haben ja Sie aufgestellt, und der Herausforderer sind ja Sie selber. Und jetzt beklagen *Sie* sich über Herausforderung? Jetzt behaupten *Sie*, solche Fragen ließen sich durch eine Disputation nicht entscheiden?

Nein, so geht es denn doch nicht! Sie haben jedermann herausgefordert, Ihr „Programm zu kritisieren", das heißt mit wissenschaftlichen Argumenten zu widerlegen; und ich hätte, auch wenn ich nur der Repräsentant von jedermann wäre, bereits das Recht, zu verlangen, daß Sie mir mit wissenschaftlichen Argumenten „Red' und Antwort stehen". *Aber ich habe noch ein besseres Recht darauf!* Sie und die Ihren haben mich *persönlich* herausgefordert, nicht einmal, sondern viele Male! Ich weiß nicht, auf wie vielen Parteitagen mein Name genannt worden ist, und wahrlich nicht, um mir Komplimente zu machen; der „Vorwärts" hat mich erst vor einigen Monaten als den „Modesoziologen" der Berliner Universität verhöhnt, und Sie persönlich haben vor etwa Jahresfrist in der „Neuen Zeit" vor aller Öffentlichkeit meinen „Mut bewundert". Wenn Sie mir jetzt nach unendlichen, immer wiederholten Provokationen nicht stehen wollen, so habe ich meinerseits wahrlich keine Veranlassung, *Ihren* Mut zu bewundern. Sie erfreuen sich einer besonders wirksamen „Immunität" – es gibt für den Nichtmarxisten keine Möglichkeit, sich gegenüber Ihren Angriffen vor Ihrem Publikum zu verteidigen: denn dieses Publikum liest „bürgerliche" Blätter grundsätzlich niemals, und die Ihren sind dem Gegner gesperrt. Und es hat noch niemals als besonders mutig gegolten, wenn ein öffentlicher Ankläger oder Angreifer sich hinter seiner Immunität versteckte. Es ist ferner noch niemals als Beweis besonders hohen Mutes betrachtet worden, wenn ein Ritter „auf einmal keine Zeit mehr hatte", sobald der mit schmetternden Fanfaren zum Turnier herausgeforderte Gegner in die Schranken eintrat.

In Summa: auch als persönlich Herausgeforderter „kritisiere ich Ihr Programm"; ich behaupte, daß das „Ziel der mit Naturnotwendigkeit vor sich gehenden ökonomischen Entwicklung" ein anderes ist als das, das Marx deduzierte; und zwar nörgele ich nicht wie die „Marxtöter" vor mir an den Konsequenzen herum, sondern biete den tausendmal geforderten immanenten Gegenbeweis an. Ich behaupte, daß das System logischer Sätze, auf dem als ihrem Fundament Ihre „Anschauung" beruht, brüchig ist; ich behaupte, daß in dem berühmten Rechenexempel sich eine ganze Anzahl von Fehlern befindet, die ich so genau bezeichnet habe, daß die Entscheidung über Ja oder Nein keine Schwierigkeiten hat, wenn nur der ehrliche Wille zur Wahrheit gegeben ist.

Demgegenüber bleibt, so scheint mir wenigstens, einem Marxisten, d. h. einem *wissenschaftlichen Sozialisten*, kein anderer Weg, als meine Kritik unter die Lupe zu nehmen. Können Sie mich widerlegen und Marx rechtfertigen – und wer möchte daran zweifeln? –, dann habe ich meine wohlverdiente europäische Blamage weg. Müßten Sie aber – setzen wir das Unmögliche einmal als möglich voraus – meine Kritik als berechtigt anerkennen, dann allerdings wären Sie als *wissenschaftlicher* Sozialist verpflichtet, Ihre „Anschauung" aufzugeben oder wenigstens so lange vom Dienste zu suspendieren, bis ein neuer, haltbarerer logischer Unterbau sie wieder zur „Wissenschaft" erhoben hätte.

Wenn Sie aber die Prüfung der von Ihnen herausgeforderten Kritik der marxischen Sätze mittels der marxischen Methode a limine ablehnen, dann verlassen Sie eben dadurch den Boden der Wissenschaft, und Ihre „Anschauung" vom Sozialismus kehrt reuig von der Wissenschaft zur Utopie zurück. Und dann allerdings sind Sie vor meinen Angriffen in Zukunft sicher. Denn Ihre „Anschauung" ist mir gar nicht mehr interessant, wenn sie nicht Sache der Wissenschaft, sondern des *Glaubens* ist. Über Glaubensfragen, über den „wahren Gott" mögen sich der Rabbi und der Mönch streiten, die Sie so lustig anführen. Wenn es Sie selig macht, zu *glauben*, daß unsere Gegenwart sich in einen Zustand der Gesellschaft hineinentwickeln wird, in dem der Markt, die Konkurrenz, das Geld als Wertmesser usw. nicht mehr vorhanden sind, so habe ich so wenig etwas dagegen zu bemerken, wie gegen den Glauben, der die Vegetarianer, die Esperantisten, und sämtliche sonstigen anderen . . .aner und . . .isten selig macht.

Aber ich nahm bisher an, Sie seien nicht Utopist, sondern Marxist, d. h. wissenschaftlicher Sozialist. Sollte ich mich darin getäuscht haben, dann allerdings müßte ich zugeben, daß ich einigermaßen „donquichottisch" gehandelt habe, wie Sie schreiben. Denn ich hätte dann geglaubt, gegen einen gepanzerten Riesen anzureiten, und es würde sich herausstellen, daß es nur eine Windmühle war, die unaufhörlich klappert, aber kein Mehl gibt.

So, und nun mögen Sie tun, was Sie wollen – und dürfen. Denn von Rechts wegen sind Sie meines Wissens als Herausgeber des einzigen offiziellen wissenschaftlichen Organs Ihrer Partei amtlich verpflichtet, wissenschaftliche Angriffe *mit wissenschaftlichen Mitteln* abzuwehren. Aber das ist Sache Ihres Gewissens und Ihrer Partei!

Wollen Sie wissenschaftlich argumentieren, so werden Sie mich immer bereit finden. Wollen Sie aber den mir aufgedrungenen Kampf mit jenen anderen Mitteln fortsetzen oder fortsetzen lassen, weil Ihnen persönlich solches Handwerk nicht reinlich genug sein dürfte, so überlasse ich Ihnen dieses Feld ohne Kampf. „Wer schimpft, hat unrecht", und ich bin sicher, daß bei solchem Vorgehen erst einige, und dann immer mehr von denen, die es angeht, zu der Überzeugung kommen werden, daß Ihnen die antikritischen Trauben zu hoch hängen. . .

Und nun zum Schluß noch ein ganz kurzes Wort über die „grundverschiedene, von Anfang an getrennte Anschauung", die ich angeblich der Ihren gegenüber vertrete: Sie nennen mich einen „Bodenreformer". Was Sie darunter verstehen, weiß ich nicht; ich kenne das Wort nur als einen Sammelbegriff, der die verschiedensten Theorien zusammenfaßt. Und ich weiß, daß ich von jedem der mir bekannten Bodenreformer theoretisch unendlich viel weiter entfernt bin als von Karl Marx. Ich bin Marxist! Freilich nicht in dem Sinne, in dem Sie es wohl verstehen, als unbedingter Anhänger jedes einzelnen Marxschen Satzes, wohl aber in dem einzigen wissenschaftlichen Sinne, daß ich im wesentlichen auf den von Marx gelegten Fundamenten weiter zu bauen versucht habe. Ich habe in dieser Schrift festgestellt, daß ich in neun Hauptpunkten auf dem Boden der Marxschen Theorie stehe und nur in zweien von ihr abweiche. Ja, selbst meine „bodenreformerischen" Anklänge sind purer Marxismus und sogar Kautskyismus: denn Marx und ihm folgend Sie selbst stellen ausdrücklich fest, daß da, wo jedermann Zugang zu freiem Boden hat, Produktionsmittel sich nicht verwerten, d. h. nicht „Kapital" sind. Marx und Sie glauben, daß nur in Kolonialgebieten diese Bedingung gegeben sei, die den „Kapitalismus" ausschließt; ich behaupte, daß sie überall gegeben ist, wo der Grund und Boden nicht durch Sperrung des größten Teils der Fläche monopolisiert ist, und diese Behauptung stützt sich auf ein elementares Divisionsexempel von solcher Einfachheit, daß der jüngste Sextaner es nachrechnen kann. Wir sind also *grundsätzlich*-theoretisch gänzlich einer Meinung, und Sie brauchen nur das kleine Divisionsexempel nachzurechnen, um festzustellen, ob Sie auch *angebrachtermaßen* mit mir einer Meinung zu sein haben.

Das, meine ich, sollte auch in der „kurzen Diskussion" entschieden werden können, für die allein Sie allenfalls Raum und Zeit zu haben angeben.

Dr. Franz Oppenheimer

Erster Teil:
Die soziale Frage

I. Soziale Frage und Monopol

Seit drei Jahrhunderten stellt die soziale Sphinx der Menschheit ihre drohende „Frage": „Was ist die Ursache der sozialen Not?" – Und seit drei Jahrhunderten erklingt immer wieder die gleiche Antwort: *„Das Monopol"*. Immer hat der Sozialismus erklärt, das arbeitslose Einkommen, der „Mehrwert", sei ein Monopolgewinn – und das Eigentum sei ein Monopol.

Was der ältere, der „utopistische Sozialismus" ausgesprochen hatte, der jüngere, der „wissenschaftliche Sozialismus" hat es wiederholt. *In den ersten beiden Absätzen des Erfurter Programms der deutschen Sozialdemokratie von 1891 findet sich das Wort „Monopol" mit seinen Ableitungen nicht weniger als dreimal:*

> „Die ökonomische Entwicklung der bürgerlichen Gesellschaft führt mit Naturnotwendigkeit zum Untergang des Kleinbetriebs, dessen Grundlage das Privateigentum des Arbeiters an seinen Produktionsmitteln bildet. Sie trennt den Arbeiter von seinen Produktionsmitteln und verwandelt ihn in einen besitzlosen Proletarier, indes die Produktionsmittel das *Monopol* einer verhältnismäßig kleinen Zahl von Kapitalisten und Großgrundbesitzern werden.
> Hand in Hand mit dieser *Monopolisierung* der Produktionsmittel geht die Verdrängung der zersplitterten Kleinbetriebe durch kolossale Großbetriebe, geht die Entwicklung des Werkzeugs zur Maschine, geht ein riesenhaftes Wachstum der Produktivität der menschlichen Arbeit. Aber alle Vorteile dieser Umwandlung werden von den Kapitalisten und Großgrundbesitzern *monopolisiert*."

Leider ist es dort wie hier beim *Wort* geblieben. Auch der wissenschaftliche Sozialismus, wie ihn Marx und seine Jünger vertreten, hat es versäumt, den *Inhalt* des Wortes auszuschöpfen. In Marxens Lebenswerk, dem gewaltigen „Kapital" wird es einige Male im Vorübergehen gebraucht, aber nirgend wird es erklärt, nirgend der Versuch gemacht, den Begriff zur Lösung der großen Rätselfrage zu verwerten. Wir werden später sehen, daß einzig und allein dieses Versäumnis den großen Denker in die Irre führte.

Denn der Begriff des Monopols ist in Wahrheit der Hauptschlüssel, der alle versperrten Pforten der nationalökonomischen Wissenschaft öffnet. Wenn Einfachheit der Wahrheit Siegel ist, dann ist die Lösung, die wir jetzt zeigen werden, gewißlich wahr: denn jedes Kind kann, muß sie verstehen.

Der Wert

Wo kein Monopol besteht, da herrscht wirtschaftliche Vernunft und Gerechtigkeit. Denn da tauscht sich Wert haarscharf gegen Wert; da erhält jeder Arbeitende genau den Gegenwert seiner Arbeit, nicht mehr und nicht weniger; da gibt es, mit anderen Worten, keinen *Mehrwert* auf der einen, und keinen Minderwert auf der anderen Seite. Und zwar wird das bewirkt durch die arg verschrieene „freie Konkurrenz".

Wo freie Konkurrenz besteht, da wenden sich die Arbeitskräfte denjenigen Erwerbszweigen zu, in denen bei hohen Preisen mehr als das durchschnittliche Einkommen erzielt wird, und dann steigt das Angebot, sinken die Preise und das Einkommen. Und umgekehrt wenden sich, wo freie Konkurrenz besteht, die Arbeitskräfte von denjenigen Zweigen ab, in denen bei niederen Preisen weniger als das durchschnittliche Einkommen erzielt wird – und dann sinkt das Angebot, steigen die Preise und die Einkommen. Wenn in einer Stadt die Zimmerleute mehr verdienen als die Tischler, dann ziehen einige Tischler fort, und der Lohn der Zurückbleibenden wird höher; und einige Zimmerleute ziehen zu, und der Lohn dieser Arbeiterklasse wird geringer. Wenn im ganzen Lande die Rechtsanwälte mehr verdienen als die Ärzte, dann studieren mehr junge Leute die Rechte, und weniger die Medizin, und nach einiger Zeit ist das Einkommen der beiden Berufe wieder im Gleichgewicht.

Auf diese Weise bewirkt die freie Konkurrenz, daß sich auf die Dauer und im Durchschnitt ein Tag Zimmermannsarbeit haarscharf gegen einen Tag Tischlerarbeit tauscht, daß sich auf die Dauer und im Durchschnitt eine Stunde gewöhnlicher Rechtsanwaltsarbeit gegen eine Stunde gewöhnlicher Arztarbeit tauscht. Den Preis der Waren, bei dem dieses Gleichgewicht besteht, nennt man ihren „natürlichen" oder ihren „gerechten" Wert.

Nimm an, ein selbständiger Tischlermeister stelle jährlich 300 Stühle einer bestimmten Sorte her. Jeder Stuhl koste ihn selbst an Holz und sonstigen Auslagen zehn Mark, er hat also 3.000 Mark Selbstkosten im Jahre. Ein Stellmacher am gleichen Orte stelle jährlich fünfzig Karrenwagen her, jeder Wagen koste ihn selbst an Material und sonstigen Auslagen 60 Mark, er habe also ebenfalls 3.000 Mark Selbstkosten im Jahre. Dann muß der Wagen 60 plus 60, zusammen 120 Mark einbringen, wenn der Stuhl 10 plus 10, zusammen 20 Mark kostet. Denn dann stehen beide Waren auf ihrem natürlichen Werte, weil beide Meister für gleiche Arbeit gleiches Einkommen haben: jeder von beiden verdient im Jahre 3.000, an jedem der 300 Arbeitstage 10 Mark. Und wenn der Stellmacher einen Karren, das Ergebnis von 6 Arbeitstagen, für 60 Mark verkauft, dann kann er dafür 6 Stühle, das Ergebnis von ebenfalls 6 Arbeitstagen, zurückkaufen. *Gleiche Zeiten gleichwertiger Arbeit haben sich getauscht*, es ist auf keiner Seite Mehrwert oder Minderwert entstanden; die Forderung der wirtschaftlichen Vernunft und Gerechtigkeit ist erfüllt.

Die gleiche Vernunft und Gerechtigkeit verlangt aber, daß gleiche Zeiten *ungleichwertiger* Arbeit ungleiches Einkommen eintragen. Wenn ein besonders starker und gewandter Mann im Akkordlohn doppelt so viel vor sich bringt wie ein anderer, der schwach und ungeschickt ist, dann verdient er doppelten Lohn, und es tauscht sich eine Stunde seiner Arbeitszeit gegen zwei Stunden des anderen. Wenn ein besonders geschickter Jäger hundert Hermelinpelze erbeutet, während sein weniger geschickter Kamerad nur fünfundzwanzig erlangt, so erzielt er den vierfachen Gewinn, und eine Stunde seiner Arbeitszeit tauscht sich gegen vier Stunden des anderen. Wenn ein Arzt besonders beliebt ist, so verdient er hundertmal soviel wie ein unbegabter Rechtsanwalt; und der Anwalt muß, wenn er den Geheimen Rat konsultiert, den Ertrag von hundert Stunden seiner Arbeitszeit gegen eine Stunde hingeben.

Auch in diesen Fällen steht, wo nicht etwa noch außerdem ein Monopol einspielt, jede Leistung, jede Ware auf ihrem *natürlichen und gerechten Werte*, und es entsteht beim Tausch weder Mehr- noch Minderwert. Eine Stunde höherer Arbeit hat eben den doppelten oder vierfachen oder sogar hundertfachen Wert wie eine Stunde gewöhnlicher durchschnittlicher Arbeit, und darum tauschen sich auch hier, wenn auch nicht mehr gleiche *Arbeitszeiten*, so doch gleiche natürliche *Arbeitswerte*. Das ist gerecht, und das ist auch vernünftig und im allgemeinen Vorteil. Es wäre ungerecht, wenn der Fleißige nicht mehr verdiente als der Faulpelz, der Begabte nicht mehr als der

Unbegabte, und es wäre auch für die Allgemeinheit schädlich. Denn dann würde kaum jemand mehr fleißig sein, und kaum jemand würde noch das Streben haben, seine Begabung zur höchsten Leistungsfähigkeit zu entwickeln. Und darunter müßten alle leiden.

Auf diese Weise bewirkt die verschriene freie Konkurrenz durch die Ausgleichung der Preise die Ausgleichung der Einkommen nach dem Werte der Arbeit.

Der Mehrwert

Was geschieht nun aber, wenn die Konkurrenz nicht frei wirken kann?

Dann besteht ein Monopol. Denn ein Monopol ist nichts anderes als eine wirtschaftliche Vorzugsstellung, die darauf beruht, daß die Konkurrenz nicht frei wirken kann.

Irgendein Produkt steigt auf einen Preis, der höher ist als sein natürlicher Wert, weil die Nachfrage stärker ist als das Angebot. Wenn die Konkurrenz eingreifen kann, dann wird das Angebot steigen, und der Preis wieder auf den natürlichen Wert sinken; das haben wir beobachtet. Wenn sie aber nicht eingreifen kann, dann hält sich der Preis auch auf die Dauer und im Durchschnitt über dem natürlichen Werte; diesen Durchschnittspreis über dem natürlichen Werte nennt die Nationalökonomie einen „Monopolwert"; das Produkt, bei dessen Produktion die Konkurrenz nicht frei eingreifen kann, nennt sie ein „Monopolprodukt", und die Vorzugsstellung, die der Produzent infolge des Ausschlusses der Konkurrenz hat, nennt sie ein „Monopol".

Ein solches Monopol kann auf verschiedene Weise begründet sein, und es ist wichtig, sich die verschiedenen Arten des Monopols einzuprägen.

Das Monopol kann erstens darauf beruhen, daß ein vielfach begehrtes Produkt *unvermehrbar* ist. Dann kann die Konkurrenz natürlich nichts tun, um das Angebot zu vermehren. Und hier müssen wir wieder zwei wichtige Fälle unterscheiden.

Erstens kann die vorhandene Menge des unvermehrbaren Gutes aus natürlichen Gründen kleiner sein, als erforderlich wäre, um die gesamte Nachfrage zu sättigen. In diesem Falle besteht ein sog. „natürliches Monopol". Ein solches hat z. B. der Eigentümer eines besonders beliebten Weinberges. Niemand außer dem Besitzer des Schlosses Johannisberg kann echten Johannisberger Schloßabzug erzeugen; da viele den Wein begehren, erhält jede Flasche auch auf die Dauer einen hoch über dem natürlichen Wert stehenden Preis, einen „Monopolwert", das heißt, den natürlichen Wert vermehrt um einen hohen „Monopolgewinn".

Zweitens kann zwar die vorhandene Menge des unvermehrbaren Gutes an sich über und über ausreichen, um die gesamte Nachfrage zu sättigen; aber der gesamte Vorrat findet sich in dem Besitze eines oder weniger Individuen, die sich vertragsmäßig, oder – auch das ist möglich und häufig – stillschweigend darüber einigen, den Vorrat gegen die Bedürftigen zu *sperren* und nur dann Teile davon herauszugeben, wenn ihnen über den natürlichen Wert ein Monopolgewinn bezahlt wird. Hier spricht man von einem Monopol durch *Sperrung* oder schlechthin von „*Monopolisierung*". Was dabei geschieht, wollen wir an einem Beispiel betrachten:

Nimm an, in einer belagerten Stadt sei genug Korn und Mehl vorhanden, um die Bevölkerung ein Jahrzehnt lang reichlich zu ernähren, und sie habe in spätestens drei Monaten bestimmt Entsatz zu erwarten. Ist der Vorrat auf alle Haushaltungen gleichmäßig verteilt, so kann es keine Teuerung und Hungersnot geben. Wenn aber der ganze Vorrat in dem Besitz eines oder weniger Händler ist, so können diese ihn *aussperren*: sie weigern sich, das Korn zum normalen Preise zu verkaufen, und geben es nur mit einem Extragewinn ab, d. h. sie verwandeln es in ein Monopolgut. Da die Konkurrenz von außen nicht mit billigerem Angebot eingreifen kann, beziehen sie ihren Monopolgewinn, solange die Belagerung, der Ausschluß der Konkurrenz und die Sperre dauern.

Das sind die Fälle von Monopol, die beruhen auf der absoluten *Unvermehrbarkeit* eines Produktes, sei diese nun dauernd, wie beim Schloßwein, oder vorübergehend, wie beim Korn in der belagerten Stadt.

Es kann aber auch eine von Natur aus *beliebig vermehrbare* Ware zur Monopolware werden, wenn die Konkurrenz trotz hohen Preises nicht eingreifen *darf*, weil es ihr verboten ist.

Ein solches Verbot kann *gesetzlich* sein. Das ist der Fall z. B. eines Patentes. Das ist ein „verliehenes" Monopol. Solange es dauert, darf niemand außer dem Patentinhaber die Patentware herstellen oder ohne seine Erlaubnis verkaufen, und so lange bringt sie um einen Monopolgewinn mehr als den natürlichen Preis.

Ein solches Verbot kann aber auch auf *Privatvertrag* beruhen; wenn die Produzenten sich verabreden, bei Vertragsstrafe ihre Produktion einzuschränken, so steht auch hier der Wert des Produktes auf die Dauer um einen Monopolgewinn über seinem natürlichen Wert. Das ist die Praxis z. B. der Kartelle und Trusts.

Die drei zuletzt genannten Arten des Monopols kann man als „*rechtliche*" Monopole zusammenfassen und der ersten Art, dem „natürlichen" Monopole, gegenüberstellen. Denn dieses allein beruht auf natürlicher Seltenheit des Monopolproduktes, alle andern aber auf künstlicher Seltenheit, die durch das öffentliche Recht (bei Patenten usw.) oder durch das private Eigentumsrecht (bei der Sperrung und dem Vertrags-Monopol) hergestellt ist.

Das Mehreinkommen, das der „Monopolist" aus den Monopolgewinnen bezieht, heißt der „*Mehrwert*". Es heißt Mehrwert, weil es um so viel „mehr wert" ist, als der natürliche Wert der geleisteten Arbeit. Wenn z. B. ein Monopolist jährlich 300 Tage gewöhnlicher Arbeit leistet, so wäre er gerecht entgolten, wenn er für den Erlös das Erzeugnis von 300 Tagen anderer gewöhnlicher Arbeit eintauschen könnte. Wenn er aber sein Erzeugnis, dank seiner Monopolstellung, so hoch verkauft, daß er das Erzeugnis von 1500 Tagen gewöhnlicher Arbeit dafür einkaufen kann, so hat er 1200 Tage Mehrwert erhalten; der wirkliche Wert seiner Arbeit ist fünfmal so hoch, wie ihr natürlicher, gerechter Wert.

Woher stammt dieser Mehrwert? Er kann aus keiner anderen Quelle stammen, als aus der Arbeit dessen, der die Monopolware kauft. Der Monopolist kann für seine Ware nur Mehrwert erhalten, wenn sein Käufer für die seine den entsprechenden Minderwert erhält. Ein Beispiel wird uns das klar zeigen:

Ich nehme ein Zwanzigmarkstück und kaufe mir ein Monopolprodukt, z. B. einen patentierten Rasierhobel. Was gebe ich? Was bekomme ich zurück?

Ich gebe eine Ware, die unter keinem Monopol steht, denn jedermann darf Gold graben oder waschen, so viel er finden kann. Nimm an, es koste gerade zwanzig Stunden gewöhnlicher „gesellschaftlich durchschnittlicher" Arbeit, um die etwa 6 Gramm Gold herzustellen, die in einem Zwanzigmarkstück enthalten sind. Ich bezahle also den Wert von zwanzig Stunden Arbeit. Was bekomme ich dafür zurück?

Der Rasierapparat wird, wenn das Patent erloschen ist, wenn die Konkurrenz eingreifen darf, für sage fünf Mark käuflich sein. Er kostet also nur fünf Stunden gesellschaftlich notwendiger Arbeit; trotzdem wird er heute, wo er noch Monopolware ist, für zwanzig Stunden gesellschaftlich notwendiger Arbeit verkauft. Der Patentinhaber erhält mithin fünfzehn Mark Mehrwert, ich erhalte für mein Gold fünfzehn Mark Minderwert.

Das gleiche vollzieht sich jedesmal, wo eine Monopolware gegen eine Nicht-Monopolware getauscht wird, d. h. wo zwischen zwei Tauschenden ein „*Monopolverhältnis*" besteht. Jedesmal erhält der Monopolist einen Mehrwert, erhält sein Vertragsgegner einen Minderwert.

Das ist die Ursache allen Mehrwerts in der modernen Gesellschaft. Es gibt keine andere Art, wie Mehrwert entstehen kann. Es ist auch bisher niemals der Versuch gemacht worden, die Entstehung von Mehrwert anders zu erklären, mit einer Ausnahme: Karl Marx. Wir werden später zeigen, daß seine Erklärung nicht stichhält.

Somit hat der Sozialismus, der alte, wie der neue, grundsätzlich recht gehabt, wenn er seit drei Jahrhunderten immer wieder auf die Frage nach der Ursache der sozialen Not geantwortet hat: *„Das Monopol!"*

Denn die soziale Frage ist nichts anderes als die Frage des Mehrwerts.

Die wissenschaftliche soziale Frage lautet: *„Was ist die Ursache des Mehrwerts?"*

Und die praktische soziale Frage lautet: *„Wie ist die Ursache des Mehrwerts und damit er selbst zu beseitigen?"*

Viele Toren und einige Lügner wollen den Völkern einbilden, es gebe gar keinen Mehrwert. Jedermann erhalte auch heute schon genau den Gegenwert seiner Arbeit. Wir wollen uns mit ihnen nicht aufhalten. Unzweifelhaft gibt es ganze Klassen, die viel mehr als den Gegenwert ihrer Arbeit erhalten, und unzweifelhaft erhält die ungeheure Mehrheit aller Schaffenden viel weniger als den Gegenwert ihrer Arbeit. Was jene „mehr" erhalten, das ist arbeitsfreies Einkommen, ist „Mehrwert" – was die Masse weniger erhält, ist Abzug von ihrem Arbeitsertrage, ist „Minderwert".

Jeder *Arbeiter* in Stadt und Land, arbeite er mit den Muskeln am Pfluge oder der Drehbank, oder mit dem Gehirn am Schreibtisch, am Reißbrett oder an der chemischen Retorte, ist durch unsere Gesellschaftsordnung gezwungen, einen sehr großen und täglich wachsenden Teil dessen abzugeben, was er an Werten schafft. Was sie alle zusammen abgeben, ist *Mehrwert*, und in ihn teilen sich die oberen Klassen; sie nennen den Riesentribut *Grundrente* und *Kapitalprofit*.

Was zwingt die Arbeiter, den Mehrwert-Tribut abzutreten?

In früheren Zeitaltern zwang sie das *Gesetz* dazu. Sie waren im Altertum Sklaven, im Mittelalter Hörige. Und Sklave wie Höriger waren kraft Rechtens, gesetzlich, gezwungen, ihrem Herren einen Teil dessen abzugeben, was sie an Werten schufen. Diese Gesetze existieren nicht mehr. Unsere Arbeiter sind freie Bürger. Wenn ihnen aber keine gesetzliche Einrichtung den Tribut abzwingt, so kann es nur eine wirtschaftliche, so kann es nur ein Monopol sein.

Und zwar muß es eine besondere Art von Monopol sein, nämlich ein gesellschaftliches *Klassen-Monopol*, d. h. eine auf dem Ausschluß der freien Konkurrenz beruhende, sehr breit und tief begründete wirtschaftliche Vormachtstellung, die zwischen der Oberklasse als Gesamtheit auf der einen Seite und der Arbeiterklasse als Gesamtheit auf der anderen Seite ein gesellschaftliches *Klassen-Monopol-Verhältnis* konstituiert. Nur, wenn die Dinge so liegen, ist es erklärlich, daß bei jedem Tausch zwischen einem Mitgliede der Oberklasse und einem der Unterklasse dieses für seine Arbeitsleistung, seinen „Dienst", ohne weiteres einen Minderwert, und jenes für sein Tauschgut, das Lohngeld, einen Mehrwert erhält; daß jener unentgoltene Arbeitszeit hergibt, dieser unentgoltene Arbeitszeit einstreicht.

Das ist denn auch im wesentlichen die Ansicht von Karl Marx. Er nennt das „Kapital" ein „gesellschaftliches Klassenverhältnis". Dieses „Kapitalverhältnis" besteht überall da, wo alle Produktionsmittel in dem Eigentum der Oberklasse stehen, der die „freie" Arbeiterschaft gegenüber steht. Und zwar „frei" im doppelten Sinne. Die Arbeiter müssen erstens *politisch* frei, d. h. rechtlich befugt sein, den Dienstvertrag abzuschließen. (Wo sie das nicht sind, besteht nicht Kapitalismus, sondern Sklaverei oder Hörigkeit.) Und sie müssen zweitens *wirtschaftlich* „frei" sein, d. h. los und ledig, ohne eigene ausreichende Produktionsmittel.

Und darin hat Karl Marx völlig recht. Nur unter der Voraussetzung, daß diese gesellschaftliche Klassenscheidung besteht, kann Mehrwert im großen entstehen. Wo sie nicht besteht, gibt es keinen Mehrwert und daher kein „Kapital": denn nur dann kann man Produktionsmittel „Kapital" nennen, wenn sie ihrem Eigentümer Mehrwert, Profit, abwerfen.

Leider hat Karl Marx seinen genialen Gedanken nicht genügend vertieft. Er hat zweierlei nicht erkannt. *Erstens, daß sein gesellschaftliches „Kapitalverhältnis" ein charakteristischer Sonderfall des Monopolverhältnisses ist*; und zweitens hat er seine tiefste Wurzel nicht aufzufinden vermocht.

Uns stellt sich jetzt die Aufgabe: *„Wo, in welcher gesellschaftlichen Einrichtung steckt das Klassen-Monopol?"*

Gelingt es uns, diese Aufgabe zu lösen, so ist die soziale Frage in ihrem wissenschaftlichen Teile beantwortet.

Und damit wird auch über ihre praktische Lösbarkeit wenigstens grundsätzlich Klarheit geschaffen sein.

Handelt es sich nämlich um ein *„natürliches"* Klassen-Monopol, das auf der natürlichen Unvermehrbarkeit eines seltenen wichtigen Dinges beruht, dann wird grundsätzlich nichts Entscheidendes geleistet werden können. Wir werden froh sein müssen, zu lindern; Heilung ist in diesem Falle nicht möglich.

Handelt es sich aber um ein *rechtlich* fundiertes Klassen-Monopol, dann ist Heilung nicht nur möglich, sondern sicher. Dann ist weiter nichts nötig, als daß man die Rechtsinstitution aufhebt, in der das Monopol verwurzelt ist. Dann entfällt das Klassen-Monopol-Verhältnis, und der Mehrwert verschwindet gerade so, wie wenn ein Patent erlischt.

Wir wollen die tröstliche Antwort sofort geben, indem wir uns vorbehalten, später den Weg aufzuzeigen, der uns zu der Lösung geführt hat, und die Beweise, die die Lösung unerschütterlich stützen.

Das Klassen-Monopol beruht auf der Monopolisierung des Grund und Bodens. Es ist Boden-Monopol.

Und zwar ein *durch Sperrung* entstandenes Monopol: das Klassen-Monopol, das allein Mehrwert verursacht, beruht auf der Aussperrung des Bodens. *Die Oberklasse hat die Unterklasse vom Boden ausgesperrt!*

Die Bodensperre

Der Grund und Boden ist ein Monopolgut. Darüber besteht keine Meinungsverschiedenheit. Aller Grund und Boden der Kulturwelt hat seinen Eigentümer; Hunderte von Millionen sind ohne Grund und Boden. Da sie ihn aber dringend, die Landleute als Produktionsmittel, die Gewerbetreibenden als Standfläche für ihre Werkstätten, und alle als Wohnstätte brauchen, sind die Nichtbesitzenden gezwungen, den Besitzenden einen Monopolwert dafür zu bezahlen, der täglich wächst, und zwar entweder als Kaufpreis oder als Leihepreis: Pacht oder Miete, oder als Abzug von ihrem Arbeitslohn.

Welcher Art ist dieses Monopol?

Da es sich um ein *unvermehrbares* Gut handelt, kommen nur zwei Arten des Monopols in Betracht, das „natürliche", durch absolute Seltenheit, und das rechtliche durch Sperrung.

Bisher haben alle Volkswirte geglaubt, das Bodenmonopol sei ein „natürliches", beruhe auf absoluter Seltenheit. Der Vorrat sei schon seit Urzeiten für die Bedürfnisse der Menschheit viel zu klein.

Das ist aber ein Irrtum, und zwar *der* Irrtum, aus dem alle anderen Irrtümer der Volkswirtschaft folgen. *Das Bodenmonopol ist nicht ein „natürliches" durch absolute Seltenheit, sondern ein „rechtliches" durch Sperrung.*

Die Dinge liegen genau wie mit der Monopolisierung des Korns in unserer belagerten Stadt. Der Vorrat ist für die augenblicklichen Bedürfnisse der Völker unermeßlich viel zu groß, so groß, daß er auf unabsehbare Zeit hinaus selbst dann ausreichen wird, wenn die Menschheit sehr stark an Zahl wächst – und dennoch ist der Grund und Boden durch „Sperrung" in ein Monopolgut verwandelt worden. Der ganze Vorrat befindet sich in den Händen einer kleinen Klasse, die eben dadurch zur „Oberklasse" geworden ist – und diese Oberklasse bezieht daher ihren Mehrwert von den Ausgesperrten, *solange die Sperrung dauert.*

Daß der Vorrat an Grund und Boden im Verhältnis zu den gegenwärtigen Bedürfnissen der Menschheit ungeheuer groß ist, läßt sich durch ein einfaches Divisionsexempel beweisen. Wir müssen geradeso vorgehen, wie es der Kommandant der belagerten Stadt tun müßte, wenn die Teuerung aufträte. Er müßte den Bedarf pro Kopf und den Gesamtvorrat an Korn feststellen und dann mit der Zahl der Köpfe in die Zahl des Kornvorrates dividieren. Zeigt sich dann, daß der Quotient kleiner ist als der Bedarf, so hat die Teuerung eine „natürliche" Ursache; zeigt sich umgekehrt, daß der Quotient größer ist als der Bedarf, so liegt Sperrung, Monopolisierung vor, und er wird seine Maßnahmen danach zu treffen haben.

Wie groß der Bedarf an Land unter primitiven Verhältnissen ist, wissen wir genau. Er beträgt pro Familie überall in der Welt durchschnittlich 7–8 ha. Von dieser Fläche holt die Arbeit einer bäuerlichen Familie Nahrung genug, um reichlich zu leben, und diese Fläche ist auch ungefähr das Höchstmaß dessen, was der primitive Bauer in der Zeit bebauen kann, die ihm Jagd, Fischfang, Krieg, Handwerksarbeit usw. übriglassen. Die altgermanische Hufe war z. B. 30 Morgen gleich 7 1/2 ha.

Da unter primitiven Verhältnissen die bäuerlichen Familien sehr kopfreich sind, die Zahl von 5 Kindern durchschnittlich nicht zu hoch gegriffen ist, so ist der Bedarf mit ungefähr 1 ha pro Kopf zu schätzen.

Wie groß ist nun der Vorrat?

Nach dem englischen Geographen Ravenstein hat die Erde nach Abzug der Ozeane, der Eiskappen, der Wüsten, Steppen, Gebirge usw. 7,32 Milliarden ha „fruchtbares Land". Setzen wir davon ein volles Viertel für Waldungen ab, so bleiben immer noch etwa 5,5 Milliarden ha Acker und Wiesenland.

Da die Zahl der Menschen heute maximal mit 1,8 Milliarden geschätzt wird, so kämen auf den Kopf etwa 3 ha, das Dreifache des Bedarfs. Damit ist bewiesen, daß die Teuerung des Bodens nicht auf natürlicher Knappheit, sondern auf Sperrung beruht.

Gegen diese Rechnung könnten Einwände erhoben werden. Nicht alles auf der Erde vorhandene Land sei auch für den Ackerbau zugänglich. In den Tropen können die Kinder der gemäßigten Zone nicht arbeiten. In vielen Teilen der gemäßigten Zone seien die politischen Verhältnisse nicht sicher genug usw. usw.

Wir wollen diesen Einwänden gerecht werden und unsere Rechnung an einem der dichtest bevölkerten Länder der Welt, an unserem Deutschland, aufmachen. Wir wählen dieses Beispiel, weil das gewonnene Resultat selbstverständlich für alle Länder geringerer Bevölkerungsdichte, d. h. für den weitaus größten Teil des Kulturgebietes, mitentscheiden wird.

Daß der Vorrat Deutschlands an Land für Wohn- und Werkstätten-Boden jedes denkbare Bedürfnis weit überschreitet, ist ohne weiteres klar und unbestritten. Die Gesamtfläche ist 54 Millionen ha. In der verschwenderischsten Gartenstadt würde mit Straßenland usw. auf die Familie höchstens 1/2 Morgen, auf den Kopf 1/10 Morgen entfallen, so daß auf dem ha 40 Köpfe Platz hätten. Für die 64 Millionen Deutsche würden also 1.600.000 ha als Wohn- und Gartenland völlig ausreichen; und Werkstättenland brauchten die Gewerbetreibenden nicht entfernt soviel. Ein Zwanzigstel der Gesamtfläche wäre für diese beiden Zwecke über und über genug.

Dagegen waren bisher die Volkswirte sämtlich der Meinung, daß für die Zwecke der Landwirtschaft der Grund und Boden in allzu geringem Vorrat vorhanden ist und deswegen „natürliches" Monopol sei. *Aber auch das ist falsch!* Man hat eben niemals nachgerechnet. Rechnet man nach, fragt man, wieviel Land eine Bauernfamilie braucht und bestellen kann, dann zeigt sich sofort, daß auch in den Ländern der dichtesten Bevölkerung und höchsten Kultur viel mehr solcher Familien Platz haben, als heute darin leben.

Wir werden diese Berechnung jetzt aufmachen. Wir werden zuerst fragen: *wieviel Land braucht eine deutsche Bauernfamilie*, um das *Mindestmaß* an Landfläche festzustellen, das sie haben muß, um von ihrer Arbeit eine mittelständische Existenz zu führen. Und wir werden dann fragen: *wieviel Land kann eine Bauernfamilie ausreichend bestellen,* um das Höchstmaß des vernunftgemäßen Bedarfs festzustellen.

Wieviel Land braucht eine Bauernfamilie?

Nun, das ist natürlich sehr verschieden, je nach der Güte des Bodens, nach der Nähe des Absatzmarktes, nach dem Stande der Landeskultur. Um eine anständig-mittelständische Existenz zu führen, muß eine Bauernfamilie auf schlechtem Sandboden mehr Land haben als auf schwerem Schwemmboden, fern vom Markte oder wenigstens von der Eisenbahn mehr als in ihrer Nähe, in Ostpreußen mehr als im Rheinlande. Wir können also nur ein national-*durchschnittliches* Mindestmaß festzusetzen versuchen.

Wir werden kaum Widerspruch finden, wenn wir behaupten, daß in Ländern höherer Kultur *durchschnittlich* ein Hektar pro Kopf, d. i. fünf Hektar pro Familie zu anständig-mittelständischer Existenz ausreichen. Dafür sprechen unter anderem folgende Tatsachen:

Der altgermanische Bauer konnte so viel Land nehmen, wie er wollte. Er nahm im Durchschnitt 7 1/2 ha gleich 30 Morgen Acker. Davon waren aber nur 2/3 gleich 5 ha jährlich unter dem Pfluge, das letzte Drittel lag brach. Er bebaute also nur 5 ha und zog davon Nahrung genug, um seine sehr zahlreichen Kinder zu „Riesen" aufzufüttern. Freilich hatte er noch Jagd, Fischfang und Viehweide in der Mark: aber dafür trug auch sein Land noch nicht die Hälfte dessen, was es heute trägt.

Sismondi sagt in seinen „Nouveaux Principes" von der Campagna: „cinq arpents nourrissaient une famille et formaient un soldat".[1] Da ein Arpent nicht ganz 34 a hat, so war die für eine Familie ausreichende Fläche 1,7 ha.

Das règlement organique von 1830, das die rumänischen Bauern regulierte, bewilligte den einzelnen Familien im Maximum 7,5 ha, und zwar nur den Spannfähigen, die vier Ochsen besaßen, und auch diesen nur in den von Natur ärmeren Landesteilen (Walachei), während sie in den reicheren (Moldau) 4,5 ha erhielten. Solche, die nur 2 Ochsen besaßen, erhielten rund 5, auf dem reicheren Lande unter 3 ha, und die ohne Viehbesitz nur 3 1/3 bzw. 2 1/4 ha. Rumänien aber ist noch heute ein Land sehr primitiver Ackerkultur mit wenig Städten, schlechten Straßen und geringem Eisenbahnnetz, dessen Bauern noch immer zum großen Teile Dreifelderwirtschaft treiben, d. h. jährlich nur 2/3 ihres Landes bebauen. Wenn sie mit ihren sehr kinderreichen Familien von so kleiner Landfläche *notdürftig* existieren können, dann muß doch wohl ein deutscher Bauer auf durchschnittlich 5 ha *anständig* leben können? Denn er bebaut jährlich sein ganzes Land, zieht von ihm viel größere durchschnittliche Erträge, bekommt für sein Erzeugnis viel höhere Preise, zahlt für seine Bedürfnisse an Gewerbeerzeugnissen viel geringere Preise, und hat durchschnittlich viel weniger Kinder zu ernähren.

Auch heute noch wird dieses Landmaß von agrarischen Autoritäten ersten Ranges für völlig ausreichend erklärt.

Max Sering sagt in einem soeben gehaltenen Vortrage über Rußland:

„Lange Zeit schob man alle Schuld an dem zunehmenden Elend der russischen Bauernschaft ausschließlich auf die ungenügende Landausstattung, die sie bei der Emanzipation erhalten hatte. Es ist aber festgestellt, daß nur 23% aller Bauernwirtschaften im Jahre 1905 weniger als 5 ha umfaßten. *Das Land wird eben nicht richtig ausgenutzt.*"[2]

---

1 Sismondi, Etudes sur l'Economie politique, übersetzt: „Fünf Morgen ernährten eine Familie und bildeten einen Krieger heran."
2 Politik der Grundbesitzverteilung in den großen Reichen. Veröffentlichungen des Königl. Preuß. Landes-Ökonomie-Kollegiums, Heft 9, Berlin 1912, S. 20.

Daraus geht hervor, daß Sering selbst in einem Lande von relativ so primitiver Landwirtschaft und so schlechten Verkehrsverhältnissen wie Rußland 5 ha für eine Bauernfamilie für ausreichend hält; und dabei hat eine russische Bauernfamilie durchschnittlich viel mehr als 5 Köpfe. Rußland hat heute die größte Geburtsziffer von allen europäischen Staaten und trotz enormer Kindersterblichkeit die größte Zuwachsziffer.

In derselben Sitzung des Landes-Ökonomie-Kollegiums referierte Dr. Frost-Christiania über die agrarischen Verhältnisse der drei skandinavischen Staaten. Er sagte dabei folgendes:

„Die Grenze für die Selbständigkeit eines landwirtschaftlichen Betriebes liegt unter den rauheren klimatischen Bedingungen des Nordens naturgemäß höher als bei uns im Westen (Deutschlands), oder gar in den westlichen Nachbarländern, wie Holland und Belgien, wo schon ein Betrieb von 2 ha unter Umständen selbständig sein kann. *Im Norden kann man als Selbständigkeitsgrenze etwa 4–5 ha annehmen.* In Dänemark etwas weniger, in Schweden und Norwegen etwas mehr."[1]

Hier wird das von uns bezeichnete Landmaß ausdrücklich für Deutschland als ausreichend bezeichnet. Und die deutsche Statistik bestätigt unsere Auffassung gleichfalls durchaus:

Die folgende Tabelle enthält die neuesten Zahlen über die ländlichen Verhältnisse in Deutschland aus den Veröffentlichungen über die Berufs- und Gewerbezählung vom Jahre 1907.

Betriebe insgesamt Größenklasse	Zahl der Betriebe	Fläche insgesamt ha	Landwirtschaftl. Fläche ha	Davon „Hauptbetriebe" Zahl	Landwirtschaftl. Fläche ha
bis 0,5 ha	2.084.060	619.066	359.553	89.166	24.400
0,5–2 ha	1.294.449	1.872.936	1.371.758	369.224	462.317
2–5 ha	1.006.277	4.306.421	3.304.878	718.905	2.446.400
5–10 ha	652.798	5.997.626	4.607.090	589.266	4.182.257
10–20 ha	412.741	7.770.895	5.814.474	391.704	5.528.591
20–50 ha	225.697	9.186.590	6.821.299	219.243	6.635.966
50–100 ha	36.494	3.436.421	2.500.804	35.418	2.428.803
100–200 ha	10.697	2.241.658	1.499.225	10.373	1.458.699
200–500 ha	9.389	4.156.773	3.003.938	9.276	2.970.715
500–1000 ha	3.129	2.824.444	2.053.882	3.096	2.032.166
1000 u. darüber	369	693.656	497.973	365	491.366
Summa:	5.736.082	43.106.486	31.834.874	2.436.036	28.661.680

Nach diesen Zahlen gab es 1907 rund 5 3/4 Millionen landwirtschaftliche Betriebe überhaupt. Diese belegten rund 43 Millionen ha Fläche insgesamt; davon waren aber nur rund 32 Millionen „landwirtschaftlich genutzte Fläche", d. h. Äcker, Gärten (ohne Ziergärten), Wiese, reiche Weide, Weingärten und Weinberge.[2]

Von diesen 5 3/4 Millionen landwirtschaftlicher Betriebe überhaupt waren nahezu 3/5, nämlich rund 3,3 Millionen „Nebenbetriebe", d. h. solche, die ihrem Inhaber nur als Nebenerwerb dienen.

---

1 Frost-Christiania, [in: Veröffentlichungen des Königl. Preuß. Landes-Ökonomie-Kollegiums] S. 37.
2 Der Rest von rund 11.300.100 Hektaren wird eingenommen von forstwirtschaftlich genutzter Fläche: 7.680.000 Hektaren, geringer Weide und Hutung: 1.061.000 Hektaren, Öd- und Unland: 1.471.000, sonstige Fläche (Haus, Hof, Wege, Ziergärten, Wasserflächen usw.): 1.059.209 ha. Die Zahlen nach der Statistik des Deutschen Reiches, Bd. 212 1 a) S. 4–6. S. 246ff.

Nur rund 2,4 Millionen waren „Hauptbetriebe", d. h. solche, von denen ihr Inhaber sein Einkommen ganz oder zum größten Teil bezieht. Sie belegten von der landwirtschaftlichen Nutzfläche etwa 9/10, nämlich rund 28,7 Millionen ha. Diese sind es, die uns hier allein interessieren.[1]

Die erste Klasse mit einer Nutzfläche von weniger als 0,5 ha oder 2 Morgen hat schon 89.000 Hauptbetriebe. Der Durchschnitt ist etwas über 1/4 ha oder ein Morgen.

Die zweite Klasse mit einer Nutzfläche von 0,5 bis 2 ha hat 370.000 Hauptbetriebe mit der Gesamtfläche von 462.000 ha. Der Durchschnitt ist etwas unter 1,3 ha oder 5 Morgen.

Die dritte Klasse mit einer Nutzfläche von 2–5 ha hat 719.000 Hauptbetriebe mit der Gesamtfläche von 2 1/2 Millionen ha. Der Durchschnitt ist 3,4 ha oder 14 Morgen.

Diese drei kleinsten Klassen zusammen umfassen fast die Hälfte der Hauptbetriebe, nämlich rund 1.180.000 von rund 2.400.000. *Fast die Hälfte aller Deutschen, die von der Landwirtschaft ihren Haupterwerb haben, bewirtschaften mithin weniger als 5 ha. Sie haben etwas über 1/10 der gesamten nutzbaren Fläche der Hauptbetriebe inne, durchschnittlich kommt auf jeden weniger als 2 1/2 ha.*

Wir dürfen aber unbedenklich weiter gehen und mindestens die nächste, mit Vorsicht auch die darauf folgende Größenklasse mit heranziehen. Denn wir haben ja ausdrücklich erklärt, daß auf geringerem Boden und in schlechterer Verkehrslage 5 ha pro Familie nicht ausreichen: *nur im Durchschnitt* reicht diese Fläche aus.

Die vierte Klasse mit einer Nutzfläche von 5–10 ha hat 590.000 Hauptbetriebe mit der Gesamtfläche von 4,2 Millionen ha. Der Durchschnitt ist 7 ha. Gegen die Einbeziehung dieser Klasse wird niemand etwas einwenden können.

Diese vier Klassen zusammen umfassen rund 1.767.000 Hauptbetriebe von im ganzen 2,4 Millionen. *Das sind fast dreiviertel aller Hauptbetriebe! Sie haben zusammen etwa ein Viertel der landwirtschaftlichen Fläche aller Hauptbetriebe inne; durchschnittlich entfällt auf jeden von ihnen rund eine Nutzfläche von 4 ha.* Wir sind also noch immer nicht auf unserem Durchschnitt von 5 ha.

Ziehen wir daher unter Vorbehalt nun auch noch die fünfte Klasse mit in unsere Rechnung ein:

Die fünfte Klasse mit einer Nutzfläche von 10–20 ha hat 392.000 Hauptbetriebe mit der Gesamtfläche von 5 1/2 Millionen ha. Der Durchschnitt ist 14 ha.

Diese fünf Klassen zusammen umfassen rund 2.160.000 Hauptbetriebe von im ganzen 2,4 Millionen. *Das sind 90%, neun Zehntel aller Hauptbetriebe. Sie haben zusammen 12,6 Millionen ha, 44%, etwas über vier Zehntel, der landwirtschaftlichen Fläche inne; durchschnittlich entfällt auf jeden von ihnen eine Nutzfläche von rund 5,8 ha.*[2]

---

1 Es handelt sich bei den Nebenbetrieben zum allergrößten Teil um kleine Gartenparzellen, wie sie von städtischen Arbeitern nebenher bebaut werden, um Deputatland landwirtschaftlicher Tagelöhner und Dienstland von Beamten (Förstern, Lehrern, Pfarrern usw.).

2 Als Vergleich einige außerdeutsche Ziffern, die wir den mehrfach benutzten Veröffentlichungen des Königl. Preuß. Landes-Ökonomie-Kollegiums entnehmen:

In *Dänemark* sind von 249.983 landwirtschaftlichen Betrieben 133.602=53,5% unter 5 ha, und 180.217=72,1% unter 15 ha.

In *Schweden* sind von 349.793 Betrieben 313.333 unter 20 ha.

In *Norwegen* sind von 141.273 Betrieben 103.153=73% unter 5 ha, 124.326=88% unter 10 ha und 136.144=96% unter 20 ha. (Die Ziffern nach S. 35).

In Frankreich waren 1892 von rund 5,7 Millionen land- und forstwirtschaftlicher Betriebe (hier wird nicht wie in Deutschland, nur die landwirtschaftlich genutzte Fläche, sondern die Gesamtfläche gezählt; die Zahlen der Kleinbetriebe würden daher nach deutscher Berechnung größer erscheinen) nicht weniger als 4.065.000=71% unter 5 ha und 5.283.000=93% unter 20 ha. Über 40 ha hatten nur 2,4% der Betriebe, die aber 37,1% der Gesamtfläche und 37,0% der landwirtschaftlich benutzten Fläche belegten. (Veröffentlichungen des Königl. Preuß. Landes-Ökonomie-Kollegiums, S. 51).

Wir haben noch andere Ziffern, die uns beweisen, daß selbst auf den kleineren Flächen eine Familie existieren kann[1]:

Im ganzen wurden als Inhaber von landwirtschaftlichen Betrieben gezählt 1907 rund 2,4 Millionen selbständige Landwirte im Hauptberuf. Davon waren fast 2 Millionen ohne Nebenberuf, nur etwas über 1/2 Million gab einen solchen an. Und zwar gab es in Betrieben mit weniger als 2 ha landwirtschaftlicher Fläche 319.000, in denen mit 2–5 ha Fläche 495.000 ohne Nebenberuf. Mithin leben über 800.000 Haushaltungen auf Flächen von *weniger* als 5 ha rein von der landwirtschaftlichen Produktion. *Das ist mehr als ein Drittel* aller Hauptbetriebe ohne Nebenberuf.

Nach dem, was oben gesagt wurde, dürfen wir den größten Teil der Betriebe von 5–20 ha Nutzfläche unbedenklich mit einbeziehen. Von ihren Inhabern waren nicht weniger als 809.000 ohne Nebenberuf. Zusammengerechnet wären also stark *zwei Drittel* aller kleineren Hauptbetriebsinhaber der Landwirtschaft ohne Nebenberuf.

Daß diese Elemente zum weitaus größten Teile in, wenn auch bescheidener, so doch gesicherter und auskömmlicher, „mittelständischer" Existenz leben, ist gewiß, und am wenigsten dürften es die Verteidiger unserer Wirtschaftsordnung bestreiten. Denn, wollten sie behaupten, daß diese Zwerg- und Kleinbauern proletarische Existenzen seien, so blieben wenig Nicht-Proletarier übrig. Wir haben in Deutschland im ganzen fast 18 Millionen, mit Angehörigen über 32 Millionen, „Arbeiter" und 472.000, mit Angehörigen 793.000, ihnen sozial gleichstehender Elemente der Abteilung D (häusliche Dienste, Lohnarbeit wechselnder Art usw.); ferner gibt es rund 1.265.000 häusliche Dienstboten; das sind schon 35 Millionen *unselbständiger Proletarier*.

Nun sind von den *Selbständigen* notorisch viele Kleinmeister, namentlich viele der „Alleinmeister"[2], in Industrie, Handel usw. nicht besser- oder schlechtergestellt als Arbeiter: wenn nun auch noch die Hälfte aller selbständigen hauptberuflichen Landwirte ohne Nebenberuf eine „proletarische" Existenz zu führen hätte, dann wäre unserer Ordnung in der Tat der Stab gebrochen.

Aber, wie gesagt, gerade diese kleinen Landwirte sind notorisch zum größten Teile gedeihliche Bürger, der beste Teil unserer Volkskraft; keine Klasse stellt entfernt so viel Rekruten wie sie: der sicherste Beweis, daß sie satt zu essen haben. Wie erklärt es sich, daß von so kleinen Fetzen Land, wie viele von ihnen doch nun einmal nur haben, ein so hoher Reinertrag erwirtschaftet werden kann?

Die Antwort lautet: *Arbeitsintensiver Betrieb, namentlich in der Viehzucht.*

Auch dafür einige Zahlen der deutschen Statistik:

Es waren beschäftigt *pro ha* der landwirtschaftlichen Fläche folgender Größenklassen[3]:

Größenklasse ha	Am 12. Juni 1907		Höchstzahl der im letzten Jahre (13.6.06 bis 12.6.07) gleichzeitig Beschäftigten:	
	Arbeitende überhaupt	dav. ständige Arbeitskräfte	überhaupt	dav. nicht-ständige Arbeitskräfte
unter 0,5	5,6	2,4	7,3	2,2
0,5–2	1,7	0,9	2,7	0,7
2–5	0,9	0,64	1,1	0,3
5–20	0,44	0,34	0,6	0,2
20–100	0,22	0,16	0,3	0,13
100 u. mehr	0,17	0,11	0,2	0,09

---

1 Statistisches Jahrbuch für das Deutsche Reich 1911, S. 38f.
2 1907: 1.463.518 ohne Angehörige. (Statistisches Jahrbuch für das Deutsche Reich, 1909, S. 75).
3 Berechnet nach Statistik des Deutschen Reiches Bd. 211, Tab. 4, S. 456.g

Man erkennt aus der Tabelle ohne Schwierigkeit, daß die Arbeits–Intensität auf den kleinsten Betrieben am größten ist und regelmäßig mit der Größe der Betriebe schnell absinkt. Aber mit anderen Worten: je kleiner der Betrieb, um so mehr Arbeit wird auf den Hektar verwendet.

Lassen wir der Vorsicht halber die kleinste Klasse unter 0,5 ha außer unserer Berechnung, da die Angaben darüber nicht immer zuverlässig sind, und da sie eine Anzahl von Forstbetrieben umschließt, deren forstmännisches Personal hier als landwirtschaftliche Arbeitskräfte gezählt sind.

Dann zeigt sich immer noch, daß die Zwergbauern (0,5–2 ha) pro ha zweimal soviel *ständige Arbeitskräfte* beschäftigen wie die Kleinbauern (2–5 ha), viermal soviel wie die Mittelbauern (5–20 ha), achtmal soviel wie die Großbauern (20–100 ha) und *zehnmal so viel* wie die Großgrundbesitzer (über 100 ha). Die übrigen Kolonnen ergeben ungefähr das gleiche Resultat.

Nun sind diese Zahlen nicht durchaus günstig zu beurteilen. Unzweifelhaft drückt sich in ihnen eine gewisse Rückständigkeit der Technik, der notgedrungene Verzicht auf maschinelle Hilfe, der Mangel an Zugvieh von genügender Zahl und Güte mit aus. Mit anderen Worten: hier, namentlich in den kleinsten Betrieben, besteht zweifellos eine gewisse *Verschwendung* von menschlicher Arbeit.

Aber es wäre gründlich verkehrt, alles auf diese eine Erklärung zu stellen. Dagegen spricht die zunehmende Blüte der kleinen Landwirte allzu entschieden. Nein, der größte Teil dieser ungeheuren Arbeitsverwendung ist nicht Arbeitsverschwendung, sondern produktive, rentable, rationelle Anlage. Der kleine Wirt arbeitet schon dort, wo er die gleichen Früchte baut, wie der große, mit unverhältnismäßig mehr Sorgfalt, Liebe und Interesse und holt darum unter sonst gleichen Verhältnissen[1] höhere Erträge aus dem Acker. Vor allem aber ist seine Betriebsrichtung schon in der Pflanzenzucht *viel intensiver*: er bebaut einen viel größeren Anteil seiner Fläche gartenmäßig und in Hackfruchtkultur; und gar in der *Viehzucht* ist sein Vorsprung ungeheuer.

Nach der Berufszählung von 1907 entfielen *auf den Hektar* landwirtschaftlich genutzter Fläche der folgenden Größenklassen an Nutztieren[2]:

Größenklasse	Pferde	Rindvieh	Schafe	Schweine	Ziegen
unter 2 ha	0,04	0,76	0,24	2,53	1,56
2–5 ha	0,07	0,95	0,11	0,94	0,13
5–20 ha	0,13	0,76	0,14	0,61	0,04
20–100 ha	0,13	0,57	0,25	0,39	0,01
100 u. mehr	0,09	0,33	0,62	0,20	0,001

Die Berechnung ist so angestellt, daß wir die Zahl der in jeder Größenklasse vorhandenen Nutztiere dividiert haben durch die *Gesamtgröße* der zu jeder Klasse gehörigen landwirtschaftlichen Fläche. Dadurch ist die Klasse der Parzellen- und Zwergbauern (unter 2 ha) viel zu ungünstig weggekommen. Denn hier hält fast 1/3 sämtlicher Betriebe überhaupt keine Tiere, während die viehlosen Betriebe in allen übrigen Größenklassen so gering an Zahl sind, daß sie vernachlässigt werden können. Trotz dieser ungünstigen Berechnung springt die ungeheure Überlegenheit der Parzellenbetriebe ins Auge, namentlich in der Schweine- und Ziegenzucht, während natürlich hier die Pferdehaltung sehr gering ist.

---

1 Daß der Großbetrieb noch heute im eigentlichen Ackerbau vielfach intelligenter und namentlich mit stärkerer Kunstdüngung wirtschaftet, ist sicher. Aber der Kleinbauer holt den Vorsprung reißend schnell ein. Sering schreibt (in: Veröffentlichungen des Königl. Preuß. Landes-Ökonomie-Kollegiums, S. 29) von der „Überlegenheit der bäuerlich-familienhaften über die herrschaftliche Arbeitsverfassung, die nur durch besondere Intelligenz des einzelnen Großlandwirts ausgeglichen zu werden vermag". Ähnlich Frost, ebenda, S. 38.
2 Berechnet nach dem Statistischen Jahrbuch für das Deutsche Reich, 1911, S. 34f.

Lassen wir aber auch hier die kleinste Klasse aus der Rechnung, so zeigt sich, daß nur in der Schafhaltung der Großbetrieb allen anderen überlegen ist. Und diese ist als Großschafhaltung ein charakteristisches Kennzeichen des extensiven, landverschwendenden Betriebes. Überall sonst ist die Viehhaltung um so stärker, je kleiner der Betrieb.

Die Kleinbauern halten pro ha fast so viel *Pferde*, wie die Großgrundbesitzer; Mittel- und Großbauern halten, was sehr für die höhere Intensität ihrer Ackerwirtschaft gegenüber dem Großbetriebe spricht, halb mal soviel wie die Großgrundbesitzer (13 : 9).

Was die *Rinderhaltung* anlangt, so hält der Kleinbauer pro ha ungefähr ein Drittel mehr als der Mittelbauer, nicht ganz doppelt soviel wie der Großbauer und *dreimal soviel wie der Großbesitzer*[1].

Schweine hält der Kleinbauer pro ha um die Hälfte mehr als der Mittelbauer, fast dreimal soviel wie der Großbauer, *fast fünfmal soviel wie der Großbesitzer*.

Die Zahlen über die *Ziegen* sprechen für sich selbst.

Leider fehlt hier jeder Nachweis über das *Nutzgeflügel*, in dessen Haltung bekanntlich die kleineren Betriebe den größeren ebenfalls ungeheuer überlegen sind. Der kleinste Parzellenbesitzer hält wenigstens sein Volk Hühner, die er von den Abfällen seines Tisches und Stalles füttert.

Der *Parzellen- und Zwergbesitz* hat mit rund 1.700.000 ha etwa 5% der deutschen Nutzfläche inne. Er ernährt darauf rund 1.700.000 Haupt Großvieh (Pferde und Rinder): das sind 7% des Gesamtbestandes (von rund 23,5 Millionen). Also selbst diese Größenklasse, von der man es am wenigsten erwarten sollte, hat mehr Großvieh, als ihrer Fläche entspricht. Von den Schweinen ernährt er mehr als 4 1/3 Millionen, das sind fast 25% der Gesamtzahl (rund 18,87 Millionen). Von den Schafen ernährt er fast 5%, von den Ziegen 73%.

Der *Kleinbetrieb* (2–5 ha) hat etwa 10,6% der Fläche. Er ernährt vom Großvieh 14,5%, von den Schweinen etwa 15%.

Der *Großbetrieb* aber (über 100 ha) hat etwa 22% der Fläche. Er ernährt vom Großvieh weniger als 13%, von den Schweinen 7,4%, von den Schafen allerdings 48%. Da man aber 12 Schafe gleich einem Haupt Großvieh rechnet, so ist damit sein ungeheures Defizit nicht im entferntesten gedeckt, ganz abgesehen von Ziegen und Geflügel. Es zeigt sich, daß der Großbetrieb für alles Lebende, Mensch und Tier, nur eine sehr beschränkte Fassungskraft besitzt.

Damit dürfte unsere Behauptung völlig erhärtet sein, daß durchschnittlich 1 ha pro Kopf und 5 ha pro Familie unter den Verhältnissen westeuropäischer Kultur hinreichen, um den Landwirten eine anständig-mittelständische Existenz zu gewähren: Wir haben gesehen, daß die ungeheure Mehrheit aller deutschen Landwirte mit dieser Fläche auslangt, und wir haben gesehen, durch welche Mittel sie ihr die nötigen Erträge entreißen: Arbeitsintensität, namentlich in der Viehzucht! Die kleinen Betriebe, selbst sehr kleine, können eine Familie voll beschäftigen und auskömmlich ernähren.

Nachdem wir so das *Mindestmaß* der bäuerlichen Hufe für deutsche Verhältnisse festgestellt haben, wollen wir nach dem *Höchstmaß* fragen:

Wieviel Land kann eine bäuerliche Familie ohne Hilfskräfte bestellen?

Wir fragen: *ohne Hilfskräfte!*

Denn wir gehen von der Voraussetzung aus, daß das deutsche Nutzland ungefähr gleichmäßig verteilt, nirgend durch das Groß-Bodeneigentum gesperrt wäre. *Unter dieser Voraussetzung aber*

---

1 Dabei ist die Rinderhaltung bei uns durch die Zölle, namentlich auf Futtermittel, viel kleiner als sie sein könnte. Nach Frost (Veröffentlichungen des Königl. Preuß. Landes-Ökonomie-Kollegiums, S. 37) halten in Dänemark, das sein Vieh mit zollfreiem amerikanischen Getreide füttert, die Großbauern 30–40, die Kleinbauern 10–25, und die *Kleinbauern und Arbeiter* 5–10 Stück Kühe (Vieh) im Stalle!

gäbe es keine landwirtschaftlichen Arbeiter, weder im Haupt- noch im Nebenberuf. Alle Berufsangehörigen der Landwirtschaft hätten ausreichend Land, und es wäre noch viel übrig. Das zeigt folgende Berechnung:

Deutschland hat, wie wir wissen, rund 32 Millionen ha „landwirtschaftlich genutzter Fläche". 1907 aber lebten in Deutschland von der Landwirtschaft als dem Hauptberuf im ganzen nur rund 17 Millionen Köpfe[1]. Es kommen also pro Kopf nicht ein, sondern fast 2 ha, pro Familie nicht 5, sondern fast 10 ha reiner Nutzfläche, das Doppelte dessen, was wir als ausreichend bezeichnen konnten.

Das dürfte genügen, um zu beweisen, daß es bei Fortfall der Bodensperre keine landwirtschaftlichen Arbeiter geben würde. Der Bauer müßte sich mit den Kräften seiner Familie allein behelfen. Auf eine 5 köpfige Familie dürfen im Durchschnitt höchsten zwei volle landwirtschaftliche Arbeitskräfte gerechnet werden, eine der Mann, eine halbe die Frau, eine halbe die Kinder.

Wieviel Land können diese zwei Arbeitskräfte in einer Bauernwirtschaft von gehöriger Intensität mit gehöriger Viehhaltung höchstens bestellen?

Hier dürften 10 ha gleich 40 Morgen selbst auf leichtem Boden die Obergrenze sein. Nach unserer Tabelle[2] braucht der Kleinbetrieb auf 5 ha durchschnittlich 3,2, der Mittelbetrieb auf 10 ha 3,4 *ständige* Arbeitskräfte; in der Zeit des größten Arbeitsbedarfs braucht der Kleinbetrieb auf 5 ha durchschnittlich 5,5, der Mittelbetrieb auf 10 ha 6 Arbeitskräfte.

Danach dürfte die Fläche von durchschnittlich 5 ha wie das Mindestmaß des Bedarfs auch ungefähr das Höchstmaß der Leistungsfähigkeit einer Bauernfamilie ohne Gesinde und Hilfskräfte darstellen, wenn die Viehhaltung nicht vernachlässigt werden soll. Nach unserer Tabelle[3] müßte ein solcher Betrieb durchschnittlich halten 5 Haupt Großvieh, 5 Schweine und entweder ein Schaf oder eine Ziege, abgesehen von dem Nutzgeflügel. Wenn der Mann 20 Morgen Land, wovon ein größerer Teil Garten, Kartoffel- und Rübenland ist, jährlich düngen, pflügen, eggen, walzen, säen, behacken, einernten, einfahren, dreschen usw. soll, und wenn die Frau außer der Hilfe in der Landwirtschaft, die sie zu leisten hat, und außer der Hauswirtschaft, täglich 5 Haupt Großvieh (wovon 2–4 Kühe täglich 2 mal zu melken sind) zu füttern, für fünf Schweine zu kochen, und ihr Geflügel zu betreuen hat, dann haben beide mit Einschluß der Kinder sehr reichlich zu tun.

Wir sehen denn auch aus der ersten Tabelle, daß die Großbauern-Betriebe viele ständige Arbeitskräfte brauchen, die nicht der Familie angehören können. Nehmen wir den Durchschnitt der Klasse 4 (5–20 ha) mit rund 13 ha, so sind hier allein an ständigen Arbeitern 13 mal 0,34 =4,4 und im Meistbedarf 7,8 Arbeitskräfte erforderlich; und in der nächsten Klasse (20–100 ha) wären auf dem Durchschnitt von 60 ha 9,6 ständige und im Meistbedarf 18 Arbeitskräfte erforderlich.

Wir sehen also: die durchschnittliche Fläche von 1 ha pro Kopf wäre eine bäuerliche „Hufe" im alten Wortsinne. Das Wort soll nach Grimm mit „Behuf" d. i. Bedarf verwandt sein – und für einen bäuerlichen Familienbedarf langt diese Hufe auch aus. Und sie erfüllt auch die zweite Forderung eines rationellen Landmaßes, nämlich: die Leistungsmöglichkeit einer bäuerlichen Familie voll auszunützen.

Da nun Deutschland rund 32 Millionen ha landwirtschaftliche Fläche und nur rund 17 Millionen landwirtschaftliche Bevölkerung hat, so könnten alle diese Menschen als selbständige, mittelständisch-gedeihliche Bauernfamilien seßhaft sein, *und fast die Hälfte des gesamten Nutzlandes bliebe noch unbesetzt*, 15 Millionen ha, eine Fläche, die noch auf überaus lange Zeit ausreichen

---

1 Und zwar 16.920.671 Köpfe von der Landwirtschaft im engeren Sinne, und 322.264 Köpfe von Gärtnerei und Tierzucht. Außerdem 364.590 Köpfe von Forstwirtschaft und Jagd, und 73.651 von Fischerei.
2 [siehe im vorliegenden Band S. 636]
3 [siehe im vorliegenden Band S. 637]

würde, um dem Nachwuchs der Landbevölkerung Raum zu geben. Wir wachsen jetzt jährlich um rund 900.000 Köpfe; die Landbevölkerung stellt etwa ein Viertel der Gesamtbevölkerung dar; ihr Wachstum ist also statistisch mit 225.000 Köpfen anzuschlagen. Da sie aber kinderreicher ist als die Städter, wollen wir ihr 300.000 Köpfe Zuwachs zubilligen. Dann würden selbst bei Zinses-Zinsberechnung 40–45 Jahre vergehen müssen, ehe das deutsche Nutzland völlig besetzt wäre, selbst wenn wir annehmen, daß *alle* Landkinder ohne Ausnahme Landleute werden (was eine unmögliche Voraussetzung ist). Inzwischen aber wäre ganz Deutschland unter der Annahme dieser Volksvermehrung auf weit über 100 Millionen Köpfe angewachsen – und unter dieser Voraussetzung wäre die durchschnittliche Hufe von 5 ha schon wieder viel zu groß. Intensität des Ackerbaus und Größe der Viehhaltung wären so sehr gestiegen, daß vielleicht 3 ha durchschnittlich gebraucht würden und bestellt werden könnten; die 32 Millionen Landbevölkerung brauchten dann zusammen auch nur rund 20 Millionen ha, und es wäre wieder Platz für 20 Millionen neuer Landwirte.

Wer das bestreiten wollte, müßte annehmen, daß die Bodenkultur jetzt plötzlich in ihrem unglaublich schnellen Fortschritt ein für allemal haltmacht, und würde sich damit in Gegensatz zu allen landwirtschaftlichen Autoritäten stellen. Max Delbrück behauptet, daß die deutsche Landwirtschaft im 19. Jahrhundert ihre Ackererträge vervierfacht hat, und hält es für unbedingt gewiß, daß sie sie im 20. Jahrhundert mindestens noch einmal verdoppeln wird. Aber dazu gehört außer Kunstdünger und sonstiger Technik vor allem mehr Arbeit auf der Flächeneinheit. Oder mit anderen Worten: der Bauer des 21. Jahrhunderts wird weniger Boden brauchen und bestellen können als der des zwanzigsten. Man kann über das Tempo dieser Entwicklung streiten, aber nicht über diese Entwicklung selbst.

Indessen: lassen wir die Zukunft aus dem Spiele!

Für die Gegenwart ist klar, daß der Vorrat an Nutzland selbst im dicht besiedelten Deutschland über und über für das Bedürfnis ausreicht.

Trotzdem hat weit über die Hälfte aller in der Landwirtschaft hauptberuflich tätigen Deutschen überhaupt kein Land, und unzählige Parzellen-, Zwerg-, Klein- und kleine Mittelbesitzer haben nicht genug Land, um ihre ganze Arbeitskraft nutzbringend darauf anzuwenden, so daß sie entweder darben oder Nebenberufe betreiben müssen.

Von jenen 17 Millionen landwirtschaftlicher Bevölkerung gehörte weit über die Hälfte dem Stande der landwirtschaftlichen Arbeiter und Beamten an. Es gab mittlere Beamte[1] in Landwirtschaft und Gärtnerei mit ihren Angehörigen rund 181.000, Dienerschaft im Hause der Landwirte rund 153.000, und Arbeiter rund 9.336.000, alles samt Angehörigen, also Unselbständige insgesamt 9.670.000, so daß Selbständige (inkl. der leitenden Beamten samt Angehörigen) nur 7.570.000 übrigbleiben.

Statt 32 Millionen mittelständischer Existenzen ernährt das deutsche Nutzland also nur 17 Millionen überhaupt, und davon nur höchstens 7 1/2 Millionen anständig, wenn wir nämlich unterstellen, daß auch die kleinsten Parzellenwirte ohne Nebenerwerb schon anständig leben können, was natürlich nur in Ausnahmefällen möglich ist. Mindestens 10 Millionen von den 17 leben als Proletarier, *weil sie entweder zu wenig oder gar kein Land besitzen*!

Damit ist unsere Behauptung unwiderleglich bewiesen: *das Monopol des Grund und Bodens ist kein „natürliches", beruhend auf der Seltenheit, sondern ein „rechtliches", beruhend auf der Sperrung des an sich überreichen Vorrates.*

---

1 Die höheren leitenden Beamten zählen mit unter den „Selbständigen", deren Hauptteil die Besitzer bilden. Statistisches Jahrbuch für das Deutsche Reich, Jahrgang 1909, S. 10f.

Dieses Monopol des Grund und Bodens ist im *Rechte* verankert, im Rechte, mehr Grund und Boden zu Eigentum zu besitzen, als man mit den Kräften der eigenen Familie bewirtschaften will und kann. Wie ein Recht nach Stammler überhaupt immer die *Form* ist, durch die sich ein *wirtschaftlicher Inhalt* schützt und erhält, so ist die *rechtliche Form* des Boden-Monopols das *Großgrundeigentum*.

Nicht das Grundeigentum im allgemeinen ist die Ursache der sozialen Not, wie die Bodenreformer und viele andere geglaubt haben, und glauben, sondern das *Groß*-Grundeigentum, gerade wie in unserer belagerten Stadt nicht das Korneigentum der Schuldige war, sondern das *Groß*-Korneigentum – das im übrigen nur unter seltenen Bedingungen schädlich sein kann. Denn Korn ist in der Regel eine Ware, deren Angebot durch die Konkurrenz vermehrt werden kann.

Der Grund und Boden aber kann niemals durch die Konkurrenz vermehrt werden. Und deshalb ist massenhaftes Großeigentum *schon unter gewöhnlichen Umständen* ein Monopol und erpreßt den Mehrwert der Grundrente.

Die Juristen wissen lange, daß es bestimmte, mächtige Abarten des Eigentums gibt, deren Wesen nicht, wie sonst beim Eigentum, darin besteht, daß der Eigentümer es gebrauchen kann, wie er will, sondern deren Wesen und Wert darin besteht, *daß der Eigentümer alle anderen daran hindern darf, es zu gebrauchen,* um sie zu zwingen, ihm den Mehrwert abzutreten. Solch ein „privatives", d. h. „beraubendes" Eigentum ist vor allem das Großgrundeigentum, das rechtliche Gehäuse der Bodenmonopolisierung. Sein Zweck und Wert beruht nur darauf, daß es die Masse hindert, selbst Land zu besitzen; daß er dadurch eine Klasse von Landarbeitern erschaffen hat und fortbestehen läßt; daß er auf diese Weise zwischen den großen Landeigentümern und den Landarbeitern das Klassen-Monopolverhältnis geschaffen hat und aufrechterhält, das diese zwingt, jenen den Mehrwert der Grundrente abzutreten.

Wäre der Vorrat an Land nicht in wenigen Händen monopolisiert, sondern ungefähr gleichmäßig verteilt, so könnte ebensowenig eine Bodennot und ein Bodenwucher auftreten, wie in der belagerten Stadt eine Getreidenot und ein Getreidewucher auftreten könnte, wenn der überreiche Kornvorrat ungefähr gleichmäßig verteilt wäre. Die Not und der Wucher treten in beiden Fällen nur ein, weil der Vorrat sehr ungleichmäßig verteilt ist, so daß die vielen gezwungen sind, ihr notwendigstes Lebensbedürfnis von den wenigen zu jedem erschwinglichen Preise zu erwerben; und sie sind in beiden Fällen dazu gezwungen, weil die Konkurrenz nicht eingreifen kann, den Vorrat zu vermehren, das eine Mal nicht, weil das Korn nicht von außen hereingebracht werden kann, und das andere Mal nicht, weil der Boden überhaupt künstlich nicht vermehrt werden kann. Wo aber die Konkurrenz nicht eingreifen kann oder darf, da ist Monopol und – Mehrwert.

Würde die Monopolisierung *nur zum kleinen Teil* aufgehoben, d. h. würde dem Volke nur ein Teil des großen Grundeigentums zugänglich gemacht, so wäre der ganze Rest der Großbesitzer bankrott, das Eigentumsrecht daran ohne jeden wirtschaftlichen Inhalt und Vorteil. Das geht aus folgenden Berechnungen klar hervor:

Die beiden großbäuerlichen Klassen unserer Tabelle, die Betriebe mit einer Fläche von 20–50 ha und von 50–100 ha, zählen zusammen rund 260.000 Betriebe mit einer landwirtschaftlichen Nutzfläche von rund 9,3 Millionen ha.[1] Nun haben wir erfahren, daß es auch gerade rund 9,3 Millionen landwirtschaftliche Arbeiter samt Angehörigen gibt. *Würde man also auch nur das Großbauernland verteilen, so würde man fast die gesamte Landarbeiterbevölkerung als mittelständische*

---

1 Hier dürfen wir die Betriebe insgesamt, nicht mehr nur die Hauptbetriebe, in Rechnung setzen, weil es keinem Zweifel unterliegt, daß auf Flächen von solcher Größe eine Familie leben kann. Es ist für uns gleichgültig, daß manche großen Bauerngüter, wie auch Rittergüter, Schankwirten, Müllern, Brauern, reichen Kaufleuten, Rentnern, Beamten usw. nur als „Nebenerwerbsquelle" dienen.

Bauernbevölkerung seßhaft machen können – und es gäbe in ganz Deutschland fast keinen einzigen Landarbeiter mehr.

Dann aber lägen die gesamten sieben Millionen ha landwirtschaftliche Fläche, die der Großbetrieb im engeren Sinne heute bestellt, völlig brach, und die Besitzer wären bankrott, wenn es ihnen nicht gelänge, die sämtlichen nötigen Arbeiter aus dem Auslande einzuführen.

Noch eine andere kleine Berechnung:

Der deutsche Großgrundbesitz beschäftigte am 12. Juni 1907 einschließlich der Betriebsleiter und Beamten im ganzen 1.237.329 Arbeitskräfte, wovon rund 834.000 ständige. Die *Höchstzahl* der im vergangenen Jahre gleichzeitig beschäftigten Arbeitskräfte belief sich auf 1.469.685, wovon rund 632.000 nichtständige. Wir rechnen hoch, wenn wir auf reichsdeutsche Arbeiter 1,1 Millionen rechnen (der Rest sind auswärtige Wanderarbeiter[1]. Unter diesen deutschen Arbeitskräften befinden sich viele Kinder und Jugendliche; unter den Erwachsenen werden die Männer wenig zahlreicher sein als die Weiber; alles in allem rechnen wir wieder sehr hoch, wenn wir annehmen, daß jene 1,1 Millionen reichsdeutsche Arbeitskräfte des Großbesitzes zusammen 600.000 Familien zu je 5 Köpfen darstellen.[2]

Würde man diese Arbeiter mit je 5 ha pro Familie als selbständige Bauern ansiedeln, so würde von den 7 Millionen Nutzfläche des Großbesitzers mehr als 4/7 brachliegen, weil der Rest keinen einzigen Arbeiter mehr hätte. Diese Berechnung entspricht auch exakt der alten Erfahrung, daß ein Rittergut nach der Parzellierung 2–3 mal soviel Menschen (und Vieh) ernährt wie vorher.

Es würde mithin genügen, drei Siebentel des Großgrundeigentums zu verteilen, um dem Rest den letzten Arbeiter zu nehmen und dadurch seinem Eigentumsrecht den wirtschaftlichen Inhalt völlig zu rauben. Ja, es würde schon genügen, ein Zehntel *mit einem Schlage* aufzuteilen, um so viel Arbeiter abzusaugen, daß der Lohn der Übrigbleibenden hoch genug emporschnellen würde, um den größten Teil der übrigen neun Zehntel zu ruinieren.

Damit dürfte unzweifelhaft erwiesen sein, daß die Bodensperrung in der Rechtsform des Großgrundeigentums zwischen den Großgrundeigentümern (Großbauern und Großgutsbesitzern) einerseits und der Landarbeiterschaft andererseits das Klassen-Monopolverhältnis hergestellt hat und aufrechterhält, und daß aus dieser Quelle der eine Hauptteil des gesellschaftlichen Mehrwertes stammt, die *Grundrente*.

Dasselbe gilt nun aber auch für den zweiten Hauptteil des gesellschaftlichen Mehrwertes, für den Kapitalprofit. Auch der Kapitalprofit ist ein Klassen-Monopolgewinn, und zwar stammt er gleichfalls aus der Bodensperre, steht mit ihr und wird mit ihr fallen. Wenn die Grundrente unmittelbare Folge der Bodensperre ist, so ist der Kapitalprofit ihre mittelbare, abgeleitete, sekundäre Folge.

Wir haben oben den Marxschen Kernsatz angeführt und gebilligt, wonach das Kapital ein „gesellschaftliches Klassenverhältnis" ist. Produktionsmittel sind *nicht* „Kapital", d. h. Mehrwert heckender Wert, werfen *keinen* Profit ab, wenn das gesellschaftliche „Kapitalverhältnis" nicht

---

[1] Nach der Statistik der Deutschen Feldarbeiter-Zentrale hat sie 1911: 386.000 ausländische Landarbeiter mit Legitimation versehen. Das ist aber nur die Mindestziffer. In der Tat kommen mehr herein.

[2] Diese Schätzung wird durch folgende Erwägung gestützt: der Großgrundbesitz belegt in Deutschland rund 10 Millionen ha gleich 100.000 qkm Fläche insgesamt. Die reinen Großgrundbesitzbezirke sind diejenigen Bezirke Deutschlands, die am dünnsten bevölkert sind. Mecklenburg-Strelitz hatte z. B. 1910 nur 36,3, Schwerin 48,7 Köpfe pro qkm insgesamt mit Bauernschaften und Städten. Wenn wir auf das Areal des Großgrundeigentums *allein* nur auf Tagelöhner usw. 30 Köpfe pro qkm rechnen, so ist das reichlich. Nach Sering übersteigt die Bevölkerung der Gutsbezirke nur selten 20–30 Köpfe pro qkm und sinkt in einzelnen Fällen bis auf 4 herab.

besteht. Nur, wenn die Kapitalistenklasse im Besitz aller Produktionsmittel der Klasse der *„freien Arbeiter"* gegenübersteht; nur, wenn die Arbeiter selbst, los und ledig, aller Produktionsmittel entbehren, so daß sie ihre Arbeit zum Minderwert an die Kapitalisten verkaufen müssen: nur dann erhalten diese Mehrwert, Profit, und nur dann sind ihre Produktionsmittel „Kapital". Denn nur das heißt Kapital, was Profit abwirft.

Und nun behaupten wir und werden es beweisen: *ohne die Bodensperre gäbe es vielleicht „Arbeiter", aber keine „freien" Arbeiter.* Wäre nicht der Boden durch das Großgrundeigentum gesperrt, so gäbe es keine Menschen, die gezwungen sind, ihre Arbeit zum Minderwert zu verkaufen – und dann gäbe es natürlich auch keinen Mehrwert, keinen Profit, und das Eigentum an den Produktionsmitteln wäre nicht „Kapital".

II. Wesen und Entstehung des Kapitalismus
Erster (nationalökonomischer) Teil

Wesen des Kapitalismus

Unter Kapitalismus verstehen wir eine vom Kapital und seinen Interessen im wesentlichen beherrschte Gesellschaftsordnung. Und so stellt sich uns die Frage nach dem Wesen des Kapitalismus zunächst als Frage nach dem Wesen des Kapitals. Was ist Kapital? Der gebildete Mensch antwortet gemeinhin mit der Erklärung der alten Ökonomisten: Kapital ist ein Stamm von Produktionsmitteln; und zwar wird gewöhnlich als Kapital im engeren Sinne das produzierte Produktionsmittel vom unproduzierten, dem Grund und Boden, unterschieden. Nach dieser engeren Definition ist Kapital also alles Erzeugnis der produktiven Arbeit, das nicht zum unmittelbaren Verzehr als Genußgüter, sondern zur Herstellung anderer Genußgüter bestimmt ist, also Werkstätten und Fabriken, Werkzeuge und Maschinen, Rohstoffe, wie Gewebsfasern, Metalle, Farben, und schließlich Hilfsstoffe, wie Kohle, Schmieröl usw. Dazu kommt, als eine der wichtigsten Kapitalarten, das Geld, Edelmetall in gemünzter oder ungemünzter Form.

Diese Definition des Kapitals ist nicht gerade falsch, aber sie ist völlig ungenügend. Sie ist rein beschreibend, indem sie gewisse äußerliche Kennzeichen unter einen Begriff bringt, aber sie ist insofern ungenügend, als sie das eigentliche Problem, das in dem Worte Kapital begriffen liegt, nicht einmal streift. Dieses Problem lautet in allgemeinster Fassung: wie ist die Eigenschaft des Kapitals zu verstehen, daß es seinem Eigentümer einen Gewinn abwirft, den Profit? So stellt sich uns jetzt die Frage nach dem Wesen des Kapitalismus wieder in einer neuen, noch präziseren Fassung: als die Frage nach der Entstehung des Kapitalprofites.

Daß hier überhaupt ein Problem liegt und gar das Zentralproblem aller modernen Volkswirtschaft, wird häufig übersehen. So sei mir gestattet, es mit um so größerer Ausführlichkeit vor Augen zu rücken.

Die Tatsache, daß die Verfügung über eine gewisse Menge Kapital, sei es an Geld oder an Maschinen usw., ihrem Eigentümer eine je nach der Sicherheit der Anlage höhere oder geringere Profitmasse einbringt, ist so sehr die Voraussetzung aller beruflichen Tätigkeit des Kaufmanns, daß er wenig geneigt ist, sie kritisch zu betrachten. Sie ist ihm das a priori Gegebene, der ruhende Pol in der Erscheinungen Flucht, die sichere, selbst keiner Prüfung und keines Beweises bedürftige Grundlage, auf der alle seine Berechnungen und Handlungen ruhen. Der Profit erscheint ihm als etwas schlechthin „Natürliches". Wenn man ihn fragt, wie denn der Profit zustande kommt, so pflegt er zu antworten: „Das Kapital arbeitet", und betrachtet den Profit naiv als den Arbeitslohn des Kapitals.

Nun mag man wohl im volkstümlichen bildlichen Sinne von der Arbeit des Kapitals sprechen: aber im wissenschaftlichen Sinne sollte man einen so irreführenden Ausdruck vermeiden. Arbeit wird geleistet mittels Muskeln und Hirn: das Kapital aber hat weder Gliedmaßen noch ein Denkzentrum. Es arbeitet nicht, es läßt nur arbeiten; und selbst dieser Ausdruck ist noch bildlich, denn nicht es, sondern sein Besitzer läßt arbeiten; und die Leute, die wirklich mit Muskeln und Hirn arbeiten, arbeiten mit und an dem Kapital.

Die Griechen nannten den Zins: τόκος, das Geheckte; schon aus dem Worte geht hervor, daß ihnen der Profit als die Frucht des Kapitals erschien, die es trägt, wie der Apfelbaum den Apfel, oder wie die Kuh das Kalb. Ein geistreicher Amerikaner, Upton Sinclair, charakterisierte diese Auffassung folgendermaßen: nach der landläufigen Meinung ist der erste Silberdollar das Männchen und der zweite das Weibchen; wenn man sie zusammenlegt, so bekommen sie nach Ablauf eines Jahres so und so viele kleine niedliche Kupferpfennige, die nun allmählich auch zu Silberdollars heranwachsen. Hier ist die naive Symbolistik der Anschauung noch viel klarer als bei dem Arbeitssymbolismus des Kapitals. Geld und Maschinen sind nicht männlich und weiblich, haben keine Zeugungsorgane und können keine Jungen kriegen. Und doch hat das Kapital die im höchsten Maße paradoxe Eigenschaft, sich zu vermehren, wie ein Lebewesen. Wodurch erhält es diese Eigenschaft? Was macht tote Goldstücke, tote Maschinenmassen fruchtbar und zeugungskräftig? Das ist das Problem des Profites, des Kapitals und des Kapitalismus.

Versuchen wir, uns zu orientieren! Ist ein Stamm von Produktionsmitteln unter allen Umständen Kapital? Offenbar nicht! Das größte Vermögen an Produktionsmitteln, produzierten und unproduzierten, also an Kapital im Sinne jener ersten Erklärung, kann unter Umständen für ihren Eigentümer gänzlich ohne Wert sein. Das ausschließliche Verfügungsrecht über Quadratmeilen des fruchtbarsten Bodens in einem Lande, das entweder keine Arbeiter oder keine Absatzmöglichkeit besitzt, bringt seinem Eigentümer keine Grundrente. Ebensowenig bringt der Besitz einer Tonne Goldes dem Robinson Profit, und er würde nicht die Spur reicher werden, wenn ihm jemand eine mit allen Maschinen, Roh- und Hilfsstoffen verschwenderisch ausgestattete Maschinen- oder Textilwarenfabrik auf seine Insel stellte, aber keine Arbeiter dazugäbe. Die einfachste Dorfschmiede oder ein Webstuhl wären ihm viel nützlicher. Denn durch ihre Benutzung würde er zwar noch immer keinen Profit, wohl aber einen höheren Arbeitslohn gewinnen, einen höheren Arbeitslohn, ausgedrückt in mehr und besseren Genußgütern.

Profit von einem Stamm produzierter Produktionsmittel kann also, das ist das erste Ergebnis unserer Betrachtung, nur da zustande kommen, wo eine Anzahl von Menschen gesellschaftlich verbunden sind und in wirtschaftlicher Arbeitsteilung produzieren. Der Profit ist eine gesellschaftliche Kategorie. Da nun aber Produktionsmittel nur dann als Kapital bezeichnet werden, wenn sie Profit abwerfen, so ist auch Kapital eine gesellschaftliche Kategorie. Nur innerhalb der Gesellschaft sind Produktionsmittel Kapital; aus der Gesellschaft isoliert, verwandelt sich das Kapital wieder in einfache Produktionsmittel.

Sind denn nun Produktionsmittel in jeder Gesellschaft „Kapital"? Offenbar nicht! Die Gesellschaftsorganisationen der Buschmänner, der wandernden Mongolen und vieler noch weit höherstehender Völker kennen keinen „Profit", also auch kein „Kapital". Es gibt also nicht-kapitalistische und kapitalistische Gesellschaften. Und so erhebt sich denn die weitere Frage, durch welche bestimmenden Eigenschaften eine Gesellschaft den Charakter als kapitalistische erhält? Wie muß eine Gesellschaft beschaffen sein, damit das Eigentum an Produktionsmitteln den Eigentümern einen Profit abwerfe?

Um diese Frage zu lösen, müssen wir uns klarzumachen versuchen, was denn der Profit ist? Das haben wir bisher nicht untersucht. Bisher haben wir nur gefragt, wie das Kapital zum Profit kommt. Jetzt fragen wir: was ist der Profit?

Nun, der Profit ist augenscheinlich ein Teil des Arbeitsertrages. Ich lege 10.000 Mark in Aktien eines Elektrizitätswerkes an. Ein Jahr lang arbeiten Direktoren, Ingenieure, Buchhalter und Arbeiter; ich selbst gehe spazieren oder mache eine ganz andere Arbeit. Am Jahresschluß wird mir meine Dividende ausgezahlt. Sie ist augenscheinlich ein Teil von dem Gesamtarbeitsertrage jener Produzenten. Sie geben mir einen Teil ihres Arbeitsertrages ab. Warum tun sie das? Warum haben sie den Rechtsvertrag so abgeschlossen, daß sie nun verpflichtet sind, es zu tun?

Aus persönlicher Freundschaft für mich tun sie es nicht, das ist einmal klar. Sie müssen sich also wohl in einer gewissen Zwangslage befunden haben, als sie den Arbeitsvertrag abschlossen. Was kann das für eine Zwangslage gewesen sein? Gesetzlicher Zwang, wie bei Sklaven und Hörigen, bestand nicht: es sind freie Kontrahenten. So muß es denn wohl ein wirtschaftlicher Zwang gewesen sein. Worin besteht dieser Zwang?

Die alten Ökonomisten, vor allem Adam Smith, gaben darauf folgende Antwort: der Arbeiter braucht, um erfolgreich arbeiten zu können, Produktionsmittel; da er selbst keine besitzt, so ist er gezwungen, dem, der sie besitzt, einen Leihpreis für die Kapitalnutzung zu zahlen, den Profit.

Das ist in der Tat einfach genug, aber doch erst der Anfang der Lösung. Denn hier wird noch etwas vorausgesetzt, was augenscheinlich selbst wieder seine Ursache hat: die Scheidung der Gesellschaft in solche Menschen, die Produktionsmittel besitzen, und solche, die keine besitzen. Nur, wenn diese Scheidung gegeben ist, kann es zu jener Abgabe oder jenem Abzuge vom Arbeitsertrage kommen, den wir Profit nennen. Wären alle Menschen gleichmäßig mit Produktionsmitteln ausgestattet, so brauchte keiner dem anderen etwas abzugeben, brauchte sich keiner vom andern etwas abziehen zu lassen. Jenes gesellschaftliche Verhältnis zwischen Besitzenden und Nichtbesitzenden ist also die Grundlage des Kapitalismus; und darum nennt Marx es kurz und glücklich: das „Kapitalverhältnis".

Wie kommen also die Kapitalisten zu ihrem ausschließlichen Kapitalbesitz?

Darauf antwortete die alte Ökonomik folgendermaßen: das Kapital ist das Ergebnis wirtschaftlicher Tugenden seines Eigentümers oder seiner Vorfahren. Es ist Ersparnis aus früherem Arbeitslohn, Schöpfung überdurchschnittlichen Fleißes, überdurchschnittlicher Intelligenz und Kraft und überdurchschnittlicher Enthaltsamkeit gegen die Versuchung zur Verschwendung.

Auf diese Weise war der Profit nicht nur erklärt, sondern auch naturrechtlich gerechtfertigt, als „Entbehrungslohn", wie Marx ihn später mit bitterem Hohne zu nennen pflegte, als Ergebnis wirtschaftlicher und sittlicher Kraftäußerung. Er erschien geradezu als der Lohn früherer Arbeit.

Aber auch mit dieser Hilfserklärung war das Problem noch nicht völlig gelöst. Bisher ist nur erklärt, daß sich Kapital in dem Privateigentum einer Minderheit befindet, und daß der Arbeiter gezwungen ist, dem Kapitaleigentümer einen Teil seines Arbeitsertrages als Leihpreis abzugeben; aber noch ist kein Wort darüber gesprochen worden, wie hoch dieser Leihpreis ausfällt, welchen Teil des mit seiner Hilfe hergestellten Arbeitsertrages er fordern darf, um noch „gerecht" zu sein. Und das ist doch eigentlich die uns interessierende Hauptsache.

Denn die theoretische Untersuchung, die wir hier führen, dient doch einem im höchsten Maße praktischen, uns alle leidenschaftlich interessierenden, uns alle persönlich unmittelbar auf das entscheidendste angehenden Problem, nämlich nach dem Maßstabe der Verteilung des Ertrages zwischen Kapital und Arbeit. Wäre dieser Maßstab der Arbeit sehr günstig, betrüge der Abzug vom natürlichen Arbeitslohn nur einen geringen Bruchteil, dann wäre es anders. Dann würden wir alle das Problem mit der gleichen akademischen Ruhe betrachten, wie etwa die Frage nach der Bewegung einer Kurve höheren Grades, oder nach der Artzugehörigkeit einer neuen auf Kerguelenland gefundenen Flechte oder nach der Sanskritwurzel eines altkeltischen Wortes.

Aber der Maßstab ist der Arbeit augenscheinlich nicht günstig. Lange Zeit hindurch hat es sogar geschienen, als sinke der Arbeitslohn in dem gleichen Maße, wie der Ertrag der kapitalbewaffneten Arbeit stieg; und selbst in den vorgeschrittensten Ländern kann es leider keinem Zweifel unterliegen, daß der Lohn der Arbeit nicht entfernt mit ihrer Ertragsfähigkeit Schritt hält. Mit anderen

Worten: der Profit verschlingt einen immer wachsenden Teil des natürlichen Lohnes. Und das hat die furchtbarsten Konsequenzen. Wenn wir selbst die entsetzlichen sozialpathologischen Erscheinungen: die grauenhafte Sterblichkeit namentlich der Kinder, das Verbrechen, die Prostitution, den Pauperismus, das Wohnungselend, die Verbitterung, nicht dem „Kapitalismus" aufs Schuldkonto setzen wollten; zwei rein wirtschaftliche Erscheinungen kann ihm keiner seiner Verteidiger abdisputieren, die Krisen, die wie Hagelwetter über die Saatfelder der Arbeit hinfahren, und die erstaunliche Tatsache, daß wir Kulturvölker nur einen kleinen Teil unserer technischen Kraft ausnützen können, daß wir, mit anderen Worten, nur einen kleinen Bruchteil des uns heute schon erreichbaren Wohlstandes genießen können, weil die Volksmasse mit ihrem Lohn nicht zurückkaufen kann, was sie bei voller technischer Bewaffnung herstellen könnte.

Was bestimmt also den Verteilungsmaßstab zwischen Arbeit und Kapital?

Adam Smith löst diese Schicksalsfrage mit der Lohnfondstheorie.

In der freien Verkehrswirtschaft gibt es nur eine Kraft, die über den Verteilungsmaßstab zwischen zwei Kontrahenten entscheidet: Angebot und Nachfrage im freien Wettbewerb! Je nach dem Verhältnis dieser beiden Kräfte auf einem gegebenen Markte hat der Käufer oder Verkäufer Vorteil oder Nachteil. Ganz ebenso entscheiden sie über Profit und Lohn.

Betrachten wir den Markt als Arbeitsmarkt, so stellen die Arbeiter das Angebot, das Gesamtkapital die Nachfrage nach Arbeit dar; betrachten wir ihn als Kapitalmarkt, so repräsentieren umgekehrt die Arbeiter die Nachfrage, das Gesamtkapital das Angebot; das angebotene Gesamtkapital nennt man den Lohnfonds. In ihn teilt sich die Gesamtarbeiterschaft. Der Durchschnittslohn ist mithin der Quotient des Bruches: Lohnfonds dividiert durch Arbeiterzahl.

Gibt es also viel Kapital und wenig Arbeiter, so steht der Lohn hoch; gibt es wenig Kapital und viel Arbeiter, so steht er tief. Smith, der Optimist war, nahm an, daß in jeder „fortschreitenden Gesellschaft" das Kapital schneller wachse als die Arbeiterschaft, und daß daher der Lohn eine dauernd steigende Tendenz haben müsse. Da er zudem noch in der Zeit des Präkapitalismus, mindestens des Frühkapitalismus lebte, noch vor der Maschinenära, ehe noch die Scheidung zwischen Bourgeoisie und Proletariat zur unüberbrückbaren Kluft geworden war, so betrachtete er noch ganz kleinbürgerlich den Arbeiter als den künftigen „Meister" und legte der ganzen Frage keine große Bedeutung bei.

Formal war jedenfalls alles glatt gelöst: das Kapital entsteht aus wirtschaftlicher Tugend; der Arbeiter befindet sich in der wirtschaftlichen Zwangslage, es mieten zu müssen, weil er es braucht, und die Höhe des Leihpreises stellt sich fest durch die Konkurrenz. Das war die Lohnfondstheorie erster Stufe, die sozialliberale. Aber sie genügte bald nicht mehr. Das Kapital wuchs in den Händen der Bourgeoisie ins ungeheure, ohne Zweifel viel stärker als die Arbeiterzahl, und dennoch erfüllte sich Smiths Hoffnung nicht, daß der Lohn schnell steigen müsse. Im Gegenteil, er schien, wie gesagt, eher zu sinken, und zwar ungeheuerlich zu sinken.

Wie das erklären?

Betrachten wir das Problem noch einmal ganz nahe. Nach der Grundauffassung mußte sich der Lohn bestimmen durch nichts anderes als das Verhältnis zwischen Kapitalangebot und Arbeitsangebot. Das geschah augenscheinlich nicht, denn das gesellschaftliche Gesamtkapital wuchs unleugbar viel schneller als die Zahl der Arbeiter; und dennoch sank der Lohn, anstatt zu steigen, wie man hätte annehmen müssen. Das zwang dazu, entweder die ganze Konkurrenzlehre aufzugeben oder Hilfserklärungen aufzusuchen. Den ersten Weg konnte der Liberalismus nicht wählen, da er dann sofort – Sozialismus gewesen wäre, es blieb ihm also nur der zweite, die Hilfserklärungen.

Wie diese Hilfserklärungen ausfallen mußten, war grundsätzlich gegeben. Das Kapitalangebot mußte möglichst klein, das Arbeitsangebot möglichst groß erscheinen: dann war der niedere Lohn erklärt.

Zu dem Zweck spaltete zunächst Ricardo das gesellschaftliche Gesamtkapital in zwei Teile, von denen nur der eine als Lohnfonds angesehen wurde, während der andere aus der Betrachtung ausschied. Das fixe, das ist das in Gebäuden, Maschinen usw. angelegte Kapital, sagte er, stellt keine Nachfrage nach Arbeitskraft dar, sondern das tut nur das zirkulierende, das für Roh- und Hilfsstoffe und vor allem für die Löhne bereitgestellte Kapital.

Auf diese Weise hatte man einen sehr großen und täglich wachsenden Teil des Kapitals forterklärt, und schon dadurch erschien das Kapitalverhältnis für die Arbeiter viel ungünstiger als zuvor. Aber auch das genügte noch nicht, daß das Kapitalangebot klein war; es mußte auch noch das Arbeitsangebot übergroß erscheinen. Diese zweite Hilfshypothese schuf Robert Malthus mit seinem berühmten „Bevölkerungsgesetz". Er behauptete, daß die Arbeiterklasse durch ihre Unvorsichtigkeit, zu viele Kinder zu erzeugen, die Zahl der Arbeiter weit über das geringe Maß vermehre, das das zirkulierende Kapital beschäftigen könne. Darum müßten Tausende zugrunde gehen, und die Übrigbleibenden erhielten einen Lohn, der gerade die Existenzbedürfnisse decke.

Da haben Sie die Lohnfondstheorie zweiter Periode, die bourgeois-ökonomische. Sie unterscheidet sich von derjenigen der ersten Periode, um es noch einmal zu wiederholen, dadurch, daß sie erstens nur noch einen Teil des Kapitals als Lohnfonds gelten läßt, und daß sie zweitens ein aus einem Naturgesetz folgendes Überangebot von Arbeitskräften annimmt.

Diese modifizierte Lohnfondstheorie ging dann in wieder umgeänderter Gestalt in die Marxsche Soziallehre ein. Er ließ nur einen noch kleineren Teil des gesellschaftlichen Gesamtkapitals als Lohnfonds gelten, nämlich das von ihm so genannte variable Kapital, das nichts anderes mehr umfaßte, als die zur Lohnzahlung bestimmten Fonds. Roh- und Hilfsstoffe aber schlug er dem fixen Kapital zu und nannte diese ganze Masse das konstante Kapital. Derart war der „Lohnfonds", das Kapitalangebot, noch einmal bedeutend verkleinert.

Auch das übermäßig große Arbeitsangebot der Bourgeoislehre übernahm Marx, nur leitete er es nicht aus einem Naturgesetz ab – denn dann hätte er ja anerkennen müssen, daß die kapitalistische Gesellschaft ewig sei –, sondern aus einem „spezifischen Bevölkerungsgesetz der kapitalistischen Epoche", seinem „Gesetz der kapitalistischen Akkumulation".

Danach wächst das konstante, in Maschinen, Gebäuden, Rohstoffen usw. angelegte Kapital mit so enormer Geschwindigkeit, daß das variable Kapital, der Lohnfonds, relativ zur Arbeiterzahl sinkt. Es bleibt also für den einzelnen nur das Existenzminimum, und Tausende gehen außerdem noch zugrunde. Wir sehen, grundsätzlich ist Marx auch noch nicht über den Versuch hinausgelangt, den Lohn aus dem Verhältnis von Angebot und Nachfrage zwischen Kapital und Arbeiterzahl zu erklären. Das ist die sozialistische Lohnfondstheorie.

Beide Bevölkerungsgesetze stimmen mit den Tatsachen, die zu erklären waren, ganz ordentlich überein. Der Augenschein zeigte, daß immer mehr Arbeiter vorhanden waren, als Beschäftigung finden konnten: ein Teil, die „Reserve-Armee", lag immer beschäftigungs- und existenzlos auf dem Pflaster und drückte durch ihre Hungerkonkurrenz auf den Lohn der Beschäftigten. Es war mithin in der Tat das Kapitalverhältnis genau so gegeben, wie Ricardo es einmal volkstümlich ausdrückte: „Es laufen immer zwei Arbeiter einem Unternehmer nach und unterbieten sich", bis auf das Existenzminimum und weniger herunter. Unter diesen Umständen mußte der Profit den ganzen Rest erhalten.

So gut, so schön! Aber eine Theorie muß, um richtig zu sein, nicht nur alle Tatsachen erklären, sondern sie muß auch in sich wahr sein, d. h. aus unanfechtbaren Voraussetzungen durch richtige Schlüsse abgeleitet sein. Da die beiden Lohnfondstheorien, die bourgeois-ökonomische und die sozialistische, einander widersprechen, so kann bestenfalls eine von beiden wahr sein – wenn sie nicht etwa beide unwahr sind.

Lassen wir einmal den verhältnismäßig geringen Unterschied beiseite, der zwischen der Bourgeois-Ökonomik und Marx in der Frage des Kapitalangebotes besteht (zirkulierendes oder variables Kapital), so ist doch der Gegensatz in der Frage des Arbeitsangebotes ein geradezu kontradiktorischer. Für Malthus ist das Bevölkerungsgesetz ein Naturgesetz, eine ewige Kategorie, für Marx ein Gesellschaftsgesetz, eine historische Kategorie. Wer hat Recht?

Nun, Malthus hat einmal sicher unrecht.[1]

Die Malthussche Theorie hat zur Voraussetzung das bekannte „Gesetz der Produktion auf Land", auch genannt „das Gesetz der sinkenden Erträge". Danach wächst der Ertrag eines Ackerstückes bei Verwendung von mehr Arbeit nicht entsprechend dem Mehraufwande, sondern in einem geringeren Maße. Wenn ich z. B. auf demselben Grundstück statt einem drei Arbeiter beschäftige, so wird der Ertrag nicht dreimal, sondern etwa nur 2 1/2 oder 2 mal so groß sein. Aus dieser Voraussetzung leitet nun Malthus das Gesetz des sinkenden Nahrungsspielraums ab. Irgendein Volk wächst in einer beliebigen Zeit auf seine dreifache Zahl, kann also dreimal so viel Arbeit auf seinen Boden verwenden. Nach dem eben genannten Gesetz bringt aber diese Arbeit weniger als dreimal soviel Ertrag, oder mit anderen Worten: die auf den einzelnen Kopf entfallende Quote an Nahrungsmitteln ist gesunken. Nun hat aber jedes Kulturvolk, das wir kennen, im Laufe seiner Geschichte seine Einwohnerzahl nicht nur verdreifacht, sondern verdreißig- und verdreihundertfacht; es muß also schon längst, schon vor Jahrhunderten, bei jedem von ihnen der Zustand erreicht gewesen sein, in dem die auf den Kopf entfallende Quote an Nahrungsmitteln gerade das Existenzminimum deckte. Von da an mußte alles weitere Wachstum das Ergebnis haben, daß die Quote durchschnittlich unter das Existenzminimum fiel. Hätte aber jeder einzelne nur diese ungenügende Durchschnittsquote erhalten, so wären alle zugrunde gegangen. Darum konnte sich die Natur nur dadurch helfen, daß sie der großen Masse gerade das Existenzminimum gewährte und einer gewissen anderen Anzahl alle Existenzmittel überhaupt entzog. Diese Unglücklichen mußten eben zugrunde gehen; „sie fanden am Tisch des Lebens kein Kuvert gedeckt" und bekamen überhaupt nichts zu essen; sie wurden ausgerottet durch Hunger, Kriege, Seuchen und Laster.

Als Folge dieses Naturgesetzes müßte sich nach Malthus der Zustand der kapitalistischen Lohnwirtschaft selbst dann immer wieder automatisch herstellen, wenn er einmal beseitigt worden wäre. Denn die kapitallosen Massen stehen im heftigsten Konkurrenzkampfe um die Lebensmöglichkeit, sind bei Strafe des Hungertodes gezwungen, das Existenzminimum als Lohn zu akzeptieren. Und so bleibt der ganze Rest der mit der Arbeitsteilung rastlos wachsenden Erzeugungskraft für Güter, kraft unerbittlichen Naturgesetzes, immer als Profit in der Hand der Kapitalistenklasse.

Das ist die Malthussche Lehre. Daß sie grundfalsch ist, dafür hat jeder von Ihnen die Beweise in der Hand. Wir sind alle Zeugen davon, daß in allen Kulturländern die städtische Bevölkerung in einem ganz ungeheuerlichen Maße stärker zunimmt als die ländliche. Wäre das Malthussche Gesetz richtig, so müßte es umgekehrt sein. Denn das Volk wäre gezwungen, einen immer größeren Teil seiner Arbeitskraft auf den Landbau zu verwenden, um die nötige Menge von Nahrungsmitteln für jeden zu erzeugen. Statt dessen tritt das Umgekehrte ein: auf einen Bauern fallen immer mehr Städter; und das beweist schlagend, daß jeder Bauer, trotz dem Gesetz der sinkenden Erträge, heute nach Abzug seines eigenen Bedarfes mehr Nahrungsmittel verkaufen kann als früher.

Die unmittelbare statistische Beobachtung ergibt ganz das gleiche Resultat. In allen Kulturländern wächst das Ackerprodukt unverhältnismäßig viel stärker als die Bevölkerung. In Deutschland hat es sich vervierfacht, während die Bevölkerung sich verdoppelte. Ausnahmen bilden nur schlecht verwaltete Länder, wie Rußland und Ostindien: aber hier ist es nicht die Kargheit der

---

1 Vgl. zum folgenden die ausführliche Darstellung in meinem Buche: Das Bevölkerungsgesetz des T. R. Malthus, Darstellung und Kritik. Berlin-Bern 1901 [siehe im vorliegenden Band]; ferner meinen Aufsatz: Das sogen. Gesetz vom abnehmenden Bodenertrag, Jahrb. d. Bodenreform, hrsg. von A. Damaschke, III. Jahrg., Bd. 3 (1907).

Natur, sondern die Knebelung der Wirtschaftskräfte durch eine ausbeuterische und tyrannische Regierung, die die Schuld daran trägt, wenn die Nahrungsmittel nicht ausreichen.

Ist denn das Gesetz der sinkenden Erträge nun falsch? Nein, im Gegenteil, es ist völlig richtig. Aber es gilt nur unter einer Einschränkung, die Malthus vernachlässigte; es gilt nur unter der Voraussetzung, daß die auf den Ackerbau verwandte Arbeit mit gleichen Werkzeugen und Methoden betrieben wird. Wendet man aber bessere Werkzeuge und Methoden an, so kann der Ertrag des Ackerstückes viel stärker wachsen als die darauf verwendete Arbeit. Nun, wenn man ansieht, mit welchen Werkzeugen und Methoden eine sehr dünne Bevölkerung einerseits und eine sehr dichte Bevölkerung andererseits ihren Acker bebaut, so sieht man die gewaltigsten Unterschiede. Von dem einfachen Grabstock bis zum Dampfpfluge, vom Lendentuch des Handsäers bis zur Drillmaschine, vom Steinmesser bis zur Mähmaschine, vom Dreschschlitten bis zum Dampfdreschsatz, von der Wasserfurche bis zur systematischen Drainage, vom Raubbau in der Brandwirtschaft bis zur Anreicherung der Bodenkraft durch künstliche Düngung sehen wir einen unendlichen Fortschritt der Werkzeuge und der Methoden des Ackerbaues und erkennen, daß beides Schöpfungen sind der gewerblichen Arbeitsteilung, die ihrerseits wieder diese Höhe nur erreichen konnte bei großer Dichte der Bevölkerung.

Unvergleichlich breiter fundiert und geistvoller aufgebaut als das Malthussche Bevölkerungsgesetz, das ich mich gewöhnt habe als das Bevölkerungsgeschwätz zu bezeichnen, ist das Marxsche Bevölkerungsgesetz. Ich habe bereits angedeutet, wie das Marxsche Bevölkerungsgesetz begründet ist: der Lohnfonds wächst weniger stark als die Bevölkerung, infolgedessen bleibt ein immer größerer Teil der Arbeiter, die „Reservearmee", unbeschäftigt, und hält durch ihre Hungerkonkurrenz die Löhne der übrigen tief. Daß die Behauptung falsch ist, kann wieder jeder von Ihnen aus unzweifelhafter eigener Erfahrung sofort feststellen; und wieder ist es dieselbe große Tatsache, durch die schon Malthus widerlegt wurde, das ungeheure Anschwellen der Städte auf Kosten der Landbevölkerung, die sogenannte Verstadtlichung der Bevölkerung, die auch Marx ad absurdum führt. Daß die Bewohner der heutigen Großstädte in überwiegendem Maße Fabrikarbeiter sind, kann niemand bestreiten und ebensowenig, daß der industrielle Kapitalismus ganz unvergleichlich höher entfaltet ist, als der landwirtschaftliche. Das Industriekapital wird zu einem ungeheuer viel größeren Prozentsatz in Gebäuden, Maschinen, Roh- und Hilfsstoffen, also in konstantem Kapital investiert, und so bleibt nur ein viel geringerer Teil als variables Kapital, als Lohnfonds, übrig. Wenn Marx also recht hätte, so müßte die Gesamtindustrie im Verhältnis zur Bevölkerung immer weniger Arbeiter beschäftigen, und die Arbeitslosen müßten sich in den Städten in ganz ungeheuerlichen Massen anhäufen oder auf das Land abgestoßen werden. Statt dessen haben wir, wie Sie alle wissen, ohne ein statistisches Werk aufschlagen zu müssen, genau das Gegenteil: die Industrie mit ihrem ungeheuren konstanten Kapital beschäftigt eine dauernd im Verhältnis zur Gesamtbevölkerung ungemein wachsende Zahl von Arbeitern, während das Land mit seinem großen variablen Kapital eine im Verhältnis zur Gesamtbevölkerung rapid sinkende Zahl von Arbeitern beschäftigt. Das Marxsche Bevölkerungsgesetz stimmt also ebensowenig mit den Tatsachen überein wie das Malthussche.

Darin liegt schon die Gewißheit eingeschlossen, daß auch der Beweis, den Marx für sein angebliches Gesetz der Bevölkerung in der kapitalistischen Gesellschaft erbracht hat, der logischen Prüfung nicht standhalten kann: und das ist in der Tat nachweisbar. Ich habe zeigen können, daß in dem Marxschen Beweise eine logische Erschleichung vorhanden ist.[1]

---

[1] Oppenheimer, Das Grundgesetz der Marxschen Gesellschaftslehre, Darstellung und Kritik, Berlin 1903 [siehe im vorliegenden Band]. Eine kurze Darstellung dieser Kritik findet der Leser im dritten Aufsatz des zweiten Teiles der vorliegenden Schrift.

Diese beiden Erklärungen von Malthus und Marx müssen also preisgegeben werden, und so stehen wir wieder vor der Frage: was bringt den Arbeiter dem Kapitalbesitzer gegenüber in die wirtschaftliche Zwangslage, ihm einen bedeutenden Teil seines natürlichen Arbeitsertrages abgeben zu müssen? Oder, wie wir jetzt präziser sagen können, woher stammt dieses dauernde Überangebot kapitalloser Arbeiter auf dem Arbeitsmarkt, das den Leihpreis des Kapitals dauernd so hoch und den Mietpreis der Arbeit dauernd so tief hält? Warum laufen immer zwei Arbeiter einem Meister nach und unterbieten sich? Warum laufen nicht umgekehrt immer zwei Meister einem Arbeiter nach und überbieten sich?

Den meisten unter den Lesern wird der Satz des griechischen Weisen vertraut sein: „Nicht durch die Dinge werden die Menschen in Verwirrung gesetzt, sondern durch ihre Meinung über die Dinge." Das gilt auch für diese wichtigste Frage unseres gesamten Staats- und Wirtschaftslebens. Wir brauchen nämlich nur alles vergessen: was uns an Theorien und Meinungen über diese Frage vorgetragen worden ist, brauchen nur unsere Augen weit zu öffnen: und wir haben die Lösung in der Hand. Und wir haben wieder nur den gewaltigen Tatsachenkomplex ins Auge zu fassen, der uns schon zweimal dazu diente, die älteren Theorien als unrichtig abzuweisen: die gewaltige Tatsache der Verstadtlichung unserer Bevölkerung.

Jeder von uns weiß, ohne ein statistisches Buch aufzuschlagen, daß in allen industriell entfalteten Ländern seit dem Beginn der kapitalistischen Ära eine ungeheure Vermehrung und gleichzeitig eine unerhörte Verschiebung der Bevölkerung stattgefunden hat, dergestalt, daß der gesamte gewaltige Zuwachs an Köpfen, und sogar noch etwas mehr, die Bevölkerung der Städte vermehrt hat, während das platte Land an Einwohnerzahl sogar noch absolut eingebüßt hat. Es ist also zunächst einmal das eine völlig gewiß, daß jenes ungeheure Überangebot auf dem städtischen Arbeitsmarkt ausschließlich erzeugt wird durch die massenhafte Zuwanderung landgeborener Proletarier in die Städte. Die städtische Industrie hat, entgegengesetzt der Marxschen Behauptung, für den allergrößten Teil dieser Zuwanderer Beschäftigung erschlossen: während z. B. in den Jahren von 1882–1895 die Zahl der deutschen Gesamtbevölkerung um etwa 14% wuchs, wuchs die Zahl der von der Industrie beschäftigten Arbeiter um ca. 44%, also dreimal so stark: aber die Zuwanderung war doch noch stärker als die Aufnahmefähigkeit der gewaltig wachsenden Industrie, und so blieb immer noch eine Reservearmee übrig; daher laufen immer noch zwei Arbeiter einem Meister nach und unterbieten sich; und der Lohn stieg, wenn überhaupt, nur sehr langsam.

Erstes Resultat: das Überangebot auf dem Arbeitsmarkte, das den hohen Profitsatz ermöglicht und den Kapitalismus in seiner gefährlichen Gestalt unterhält, stammt vom Lande! Wenn wir etwas genauer hinsehen, so finden wir, daß diese Behauptung einer näheren Bestimmung bedürftig ist. Die Massenabwanderung ergießt sich in die Städte nicht gleichmäßig aus allen Ackerbaubezirken, sondern ganz vorwiegend aus einer ganz bestimmten Kategorie von Ackerbaubezirken. Und wieder haben wir alle die Daten in der Hand, ohne ein statistisches Buch aufschlagen zu müssen. Uns allen ist bekannt, *daß die Landflucht als Massenerscheinung beschränkt ist auf die Gebiete mit Großgrundeigentum.* Wir wissen, daß z. B. in Deutschland die sehr dicht besiedelten kleinbäuerlichen und mittelbäuerlichen Bezirke des Südens und Westens regelmäßig und zum Teil bedeutend an Bevölkerung zunehmen, während die viel schwächer besiedelten großbäuerlichen Bezirke des Nordwestens in sehr beträchtlichem, und die äußerst dünn besiedelten Großgutsbezirke des deutschen Ostens in einem ganz ungeheuerlichen Maße ihren Nachwuchs abstoßen, so daß die letztgenannten vielfach, trotz großer Fruchtbarkeit ihrer Bewohner, absolut an Volkszahl verlieren. Eine einzige Zahl zur Illustration: zwischen 1885 und 1890 hat der Süden und Westen Deutschlands 13%, der Nordwesten 30%, der Osten 75% seines Geburtenüberschusses an die Industriebezirke abgegeben.

Hier besteht ein Zusammenhang, der längst unbestrittenes Gemeingut der nationalökonomischen Wissenschaft ist. Je mehr von der landwirtschaftlichen Fläche eines Reiches, eines Landes, einer Provinz, eines Kreises durch großes Grundeigentum belegt ist, um so stärker ist die Landflucht seiner Bevölkerung, und zwar wächst sie nicht im einfachen, sondern in einem viel stärkeren Verhältnis. Ich habe, um den Sachverhalt einigermaßen zu veranschaulichen, die Formel aufgestellt: die Landflucht aus zwei gegebenen Bezirken verhält sich wie das Quadrat des darin enthaltenen Großgrundeigentums.

Das ist nichts als eine Tatsache. Tatsachen werden erst Wissenschaft, wenn man sie erklärt hat. Wie ist diese Tatsache der massenhaften Abwanderung der auf dem Großgrundeigentum ansässigen Landbevölkerung zu erklären? Es ist klar, daß sie nicht aus den Eigenschaften der Landwirtschaft im allgemeinen erklärt werden kann: denn dann müßten ja auch die viel dichter mit Menschen besetzten Bauernbezirke in mindestens gleichem Maße ihren Nachwuchs ausstoßen. Folglich muß es an den Eigentumsverhältnissen liegen; denn nur durch sie unterscheiden sich Bauernbezirk und Grundherrenbezirk. Sehen wir also zu, durch welchen wirtschaftlichen Inhalt ihres beiderseitigen Besitzrechtes sich Bauern-Eigentum und Junker-Eigentum grundsätzlich unterscheiden.

Nun, das ist sehr einfach! Wir betrachten, da wir von kapitalistischen Gesellschaften reden, nur solche, in denen die Bevölkerung, die Arbeitsteilung und daher der allgemeine Reichtum steigt. Von diesem Reichtumszuwachs fällt unter sonst gleichen Umständen auf jeden Hektar Land die gleiche Menge, und zwar erhöht sie natürlich das Einkommen des Eigentümers. Im Klein- und Mittelbauerbetriebe ist der Eigentümer mit dem Arbeiter identisch, beim Großeigentümer (und dazu gehört, streng genommen, auch der Großbauer) sind Eigentümer und Arbeiter aber verschiedene Personen. Dort erfreut sich also der Ackerer selbst der Vermehrung seines Einkommens, hier aber geht er völlig leer aus, sein Einkommen bleibt das gleiche, wie sehr auch der allgemeine gesellschaftliche Reichtum wachsen möge.

Wenn wir den Inbegriff aller im Verhältnis zu anderen Berufen auf einem bestimmten Berufe lastenden ungünstigen sozialen und wirtschaftlichen Bedingungen als „sozialen Druck" bezeichnen wollen, dann können wir den bezeichneten Unterschied folgendermaßen ausdrücken: die bäuerliche Bevölkerung befindet sich an einem Orte *regelmäßig sinkenden*, die Tagelöhnerschaft des Großbesitzes aber befindet sich an einem Orte *gleichbleibenden sozialen Druckes*.

Das ist der wirtschaftliche Inhalt des Großgrundeigentums!

Es ist ein Ort konstanten sozialen Drucks, d. h. gleichbleibender Ungunst der Existenzbedingungen, während sonst über allen anderen Berufen einer fortschreitenden Gesellschaft der Druck regelmäßig in dem Maße absinkt, wie der allgemeine Reichtum mit der Bevölkerung und der Arbeitsteilung steigt.

Nun strömen aber die Menschen, das ist seit Adam Smith das Grundgesetz aller theoretischen Ökonomik, vom Orte höheren zum Orte geringeren Druckes. Damit haben wir aus den wirtschaftlichen Eigenschaften des Großgrundeigentums selbst die Erscheinung der Landflucht auf das klarste abgeleitet.[1]

Wir haben hier also ein drittes Bevölkerungsgesetz, das wir zum Unterschiede von dem bourgeois-ökonomischen Malthusschen und dem kommunistischen Marxschen das liberal-sozialistische Gesetz der kapitalistischen Bevölkerung nennen mögen. Im Gegensatz zu seinen beiden Vorgängern stimmt es mit den Tatsachen der uns umgebenden Welt auf das genaueste überein und läßt sich ferner aus unbestrittenen Prämissen einwandfrei ableiten, darf also als vollkommen wahr betrachtet werden.

Nun erinnern wir uns, daß die beiden ersten Bevölkerungsgesetze nur zu dem Zwecke ersonnen worden sind, um das rätselhafte Verhalten des Lohnes zu erklären. Sehen wir nun einmal zu, wie unser Bevölkerungsgesetz das Lohnproblem lösen kann. Und da sehen wir sofort, daß der Lohn,

---

[1] Vgl. die ausführliche Darstellung in: Oppenheimer, Großgrundeigentum und soziale Frage, Berlin 1898, I. Teil, 3. Kap. „Die Theorie des einseitigen Druckes", S. 97–182 [im vorliegenden Band S. 58–107].

den das Großgrundeigentum seinen Arbeitern gönnen muß, der bisher immer vergeblich gesuchte „Bestimmungsgrund" aller übrigen Löhne ist, auch derjenigen der allerhöchsten Lohnklassen.

Denn das wissen wir ja schon, daß alle Arbeitseinkommen zueinander in einem bestimmten Verhältnis stehen, das durch die Konkurrenz festgesetzt wird. Je höher eine einzelne Lohnklasse durch eine besondere Gunst der Konjunktur steigt, um so eifriger streben die unteren Schichten, sich dazu emporzuarbeiten. Wenn z. B. plötzlich eine starke Nachfrage nach Chauffeuren ihre Löhne sehr treibt, dann bemühen sich alle energischen und tüchtigen Schlosser und Maschinenbauer, das Examen zu bestehen. Das hat, ich bitte das festzuhalten, einen Prozeß der *Ausgleichung* zur Folge. Der Lohn der Chauffeure sinkt, und der der Schlosser usw. steigt, weil die Konkurrenz oben stärker und unten schwächer wurde. Ganz der gleiche Prozeß vollzieht sich fortwährend ausgleichend zwischen allen Lohnniveaus; immer greift die Konkurrenz niederziehend nach oben, vor allem auch dadurch, daß die meisten Eltern ihre Kinder eine Stufe höher zu schieben versuchen, und dadurch wirkt sie hebend nach unten. Und so stehen alle Lohnklassen in einem wohl elastischen, aber doch festen Zusammenhang; die Differenzen zwischen ihnen werden bestimmt durch die freie Konkurrenz, und zwar entsprechend der relativen Seltenheit der Vorbedingungen, die für einen bestimmten Beruf erforderlich sind. Das gilt nicht nur für die Handarbeiter: der preußische Staat bekommt keinen Lehrer mehr für 300 Mark, seit der Tagelöhner 600 Mark verdient; und wenn der Tagelöhner 5.000 Mark verdienen würde, dann würde niemand mehr Jura oder Medizin studieren, wenn er nicht mehr als 3.000 Mark verdienen könnte.

Den stärksten Einfluß hat natürlich die unterste Lohnklasse, da sie die zahlreichste ist und am leidenschaftlichsten nach oben strebt. Als die unterste hat man bis jetzt immer die *städtischen* Tagelöhner angesehen. In der Tat ist aber die niederste Lohnklasse diejenige der *Landarbeiter*. Wo sie massenhaft in die Städte strömen, da zerrt ihr Wettbewerb alle städtischen Lohnklassen so weit herab, wie der Seltenheit der Vorbedingungen entspricht.

Der Lohn des Landarbeiters ist, das wissen wir jetzt, gleich dem Ertrage des von ihm bebauten Landes abzüglich eines Teiles, den er dem Eigentümer seines Produktionsmittels abtreten muß, der an den Großgrundeigentümer fallenden Grundrente. Durch seine Konkurrenz zerrt er nun auch die städtischen Tagelöhner bis fast auf das gleiche Niveau herab, und so bleibt, da alle Arbeit gleicher Art den gleichen Ertragswert haben muß, auch dem Eigentümer der städtischen Produktionsmittel an dem Lohne jedes Arbeiters ein entsprechender Gewinn; und diesen Abzug an der Gewerbearbeit nennt man eben den Profit!

Man sieht, der Profit ist, mathematisch ausgedrückt, nichts als eine „Funktion" der Grundrente. Je höher die Grundrente, um so höher auch der Profit! Und, je höher der Lohn der Landarbeiter, um so geringer die Rente, um so geringer auch der Profit, und um so höher der Lohn der städtischen Arbeiter bis zum Ingenieur und Kassierer hinauf.

Und dieser ist noch nicht einmal durch den Lohn des *deutschen* Landtagelöhners bestimmt! Sondern durch den Lohn des ruthenischen und russischen Ackerssklaven derjenigen entferntesten Bezirke dieser Länder, aus denen eine Auswanderung in die westlichen Kulturländer statthat. Hier erst ist das alleruntersten Lohnniveau, hier erst der Nullpunkt der Lohnskala, und daher das tiefste Fundament des Kapitalismus der ganzen Welt. Erst, wenn wir den geschilderten Prozeß der Lohnbildung und Lohnausgleichung als *internationalen Prozeß* betrachten, erst dann enthüllen sich uns die letzten Geheimnisse des Kapitalismus.

Der Zusammenhang ist der folgende: die Industrie des Westens saugt Landarbeiter ab. Dadurch gerät der Großgrundbesitzer in Leutenot. Er sieht sich gezwungen, aus dem weiteren Osten Landarbeiter heranzuziehen. Der höchste Lohn, den er bewilligen kann, ist klar bestimmt. Wenn der „Sachsengänger" ihm, Lohn, Transportkosten und Agentengebühren zusammengerechnet, nicht teurer zu stehen kommt, als der Lohn des heimischen Landarbeiters, dann kann er ihn gebrauchen, im anderen Falle ist er zu teuer. Es hängt also unter sonst gleichen Umständen nur von der zu überwindenden Transportentfernung ab, wie weit die wirksame Nachfrage des westlichen Arbeitsmarktes reichen kann. Jenseits dieser Grenze wird keine Nachfrage nach Landarbeitern mehr ausgeübt. Nennen wir das entfernteste Gebiet, bis zu dem die Nachfrage reicht, das „Grenzgebiet des höchsten Druckes", und den letzten Tagelöhner, der noch abwanderungsfähig ist, den „Grenzkuli", so ist es nach dem vorher Gesagten völlig klar, daß sein Lohn das Normalniveau aller anderen, auch der höchsten Lohnklassen aller anderen, auch der höchst entwickelten Länder der Welt, bestimmen muß, die mit dem Grenzgebiete des höchsten Druckes durch massenhafte Zuwanderung verbunden sind.

Denjenigen unter den Lesern, die sich mit der theoretischen Nationalökonomie beschäftigt haben, wird auffallen, daß dieses Gesetz der Bestimmung des Arbeitspreises eine vollkommene Parallele zu dem allgemein anerkannten Gesetz der Bestimmung des Getreidepreises darstellt. Auch hier besteht eine durch die zu überwindende Transportentfernung genau bestimmte Grenze, bis zu der die wirksame Nachfrage des Welt-Marktes reicht; alles Land, das jenseits dieser Grenze liegt, kommt für die Versorgung des Marktes nicht mehr in Betracht. Und das Einkommen des „Grenzbauern", der bekanntlich nur seine Selbstkosten, aber keine Grundrente bezieht, ist das Normalniveau, auf dem sich der Getreidepreis und die Grundrente aller, auch der höchst entwickelten und entferntesten Länder aller Welt, aufbaut.

Gerade so ist das Einkommen des „Grenzkuli" das Normalniveau, der Nullpunkt, der Lohnskala der ganzen Welt, soweit sie, kraft der Wanderung der Arbeitskräfte, einen einzigen Arbeitsmarkt darstellt. Und dieser Nullpunkt ist denn nun auch in einer anderen Beziehung ein Nullpunkt, nämlich der Nullpunkt des standard of life, der Lebenshaltung. Das berüchtigte „eherne Lohngesetz", hier ist es buchstäbliche, traurigste Wahrheit. Der Grenzlohn der Grenzkulis ist das Minimum, bei dem Menschen in der tiefsten Erniedrigung gerade noch Leib und Seele zusammenhalten können. Und damit haben wir eine ziffernmäßige Bestimmtheit der Lohnskala gewonnen, die nichts mehr zu wünschen läßt.

Kehren wir nach dieser Abschweifung zu unserem Thema probandum zurück; wir hatten behauptet, daß der Lohn des Grenzkulis den Lohn aller anderen Arbeiter des ganzen Kulturkreises bestimmt. Wie geschieht das? Durch die Auswanderung! Die Druckunterschiede der Klassenlage *wirken über die politischen Grenzen fort*, und daher strömen denn auch die Arbeiter auswandernd über die Grenzen ihrer Vaterländer oder besser: Stiefvaterländer und bieten sich den Kapitalbesitzern solcher Länder, die kein Großgrundeigentum größeren Umfanges aufweisen, als ausbeutungsfähiges Material dar. So z. B. existiert der schweizerische, der französische und vor allen Dingen der nordamerikanische Kapitalismus nur dadurch, daß die Länder des Großgrundeigentums ihm in Überzahl kapitallose Proletarier hinwerfen. Im besonderen hat der nordamerikanische Kapitalismus erst die Iren und Engländer, dann die aus Ostelbien ausgewanderten Deutschen, dann die Italiener massenhaft exploitiert und nährt sich jetzt bis zum Bersten von den Profiten, die ihm die Einwanderer aus den slawischen Staaten, vor allem die Russen, und hier vor allem wieder die russischen Juden, die Ungarn, die Donauslawen, und immer noch die Italiener abzutreten gezwungen sind. Alle die Länder, die ich genannt habe, sind Länder massenhaften Großgrundeigentums, und ihre Auswandererzahl steht genau im Verhältnis zu der relativen Größe, die diese agrarische Form des Besitzes bei ihnen einnimmt. Kleinbäuerliche Länder, wie Frankreich, die Schweiz, Westdeutschland, Norditalien, Norwegen und Dänemark haben zu den ungeheuren Auswanderermassen, die das Land zwischen Atlantik und Pazifik mit ihrer Arbeit zum „Land der unbegrenzten Möglichkeiten" gemacht haben, nur winzige Bruchteile beigetragen.

Wenn wir die von uns gewonnenen allgemeinen Gesetze des Lohnes auf diese Länder, z. B. Nordamerika, anwenden, so erkennen wir sofort, daß der Nullpunkt des amerikanischen Arbeitslohnes derjenige ist seiner tiefststehenden „Unqualifizierten", d. h. der der Sprache und der Gesetze noch unkundigen Heimarbeiter in den Schwitzhöllen des Eastend. Alle anderen Löhne bis empor zu dem sehr beträchtlichen Einkommen etwa eines Maschinenbauers des Stahltrust, stehen nur so hoch über diesem Nullpunkt, wie es der Seltenheit der Vorbedingungen entspricht. Was aber bestimmt diesen Nullpunkt? Es ist das Einkommen des Grenzkulis in dem Gouvernement Rostow oder in der Dobrudscha, vermehrt um die Transportkosten bis nach New York!

Man hat der hier vorgetragenen Theorie des Kapitalismus, für die ich allein verantwortlich bin, den Einwand gemacht, daß alle die beklagten Erscheinungen auch in solchen Ländern sich finden, die kein Großgrundeigentum haben. Ich hoffe, man wird mir nach dieser internationalen Betrachtung des Weltarbeitsmarktes zugeben, daß dieser Einwand keiner Widerlegung wert ist.

Hiermit hat der Ökonomist seine Aufgabe gelöst. Er hat die ihn interessierende Erscheinung bis auf ihre letzte ökonomische Wurzel in einer Eigentumsinstitution zurückgeführt. Fassen wir an diesem Punkte unsere Ergebnisse noch einmal zusammen:

So lange noch irgendwo innerhalb eines durch Wanderung verbundenen internationalen Weltarbeitsmarktes ein massenhaftes Großgrundeigentum ein Gebiet konstanten sozialen Druckes unterhält, muß auch in allen Gebieten regelmäßig sinkenden Druckes dieses Marktes der Lohn aller gewerblichen und landwirtschaftlichen Arbeit niedriger sein als ihr Ertrag; und so lange verbleibt die Differenz zwischen Arbeitsertrag und Arbeitslohn den Eigentümern der Produktionsmittel in diesen Gebieten des sinkenden Druckes: den Landeigentümern als Grundrente, den Eigentümern der produzierten Produktionsmittel als Profit. Denn so lange laufen hier immer zwei Arbeiter einem Meister nach und unterbieten sich; und darum sind hier so lange Produktionsmittel „Kapital", d. h. Mehrwert heckender Wert. Und darum besteht hier so lange der „Kapitalismus" mit allen seinen traurigen Erscheinungen.

Zweiter (soziologischer) Teil

Entstehung des Kapitalismus

Wir haben im ersten Abschnitt das Problem des Kapitalismus so weit geführt, wie es der Ökonomist mit seinen Mitteln führen kann. Diese Untersuchung enthüllte uns das Großgrundeigentum als die letzte erkennbare Ursache der sozialen Übel, die wir als Kapitalismus zu bezeichnen pflegen.

Nun entsteht natürlich die Frage, wie es denn zu begreifen sein soll, daß von allen Formen des wirtschaftlichen Eigentums gerade *diese eine* so merkwürdige, so überaus verderbliche Wirkung ausüben soll? Was ist denn die Ursache davon, daß gerade das Großgrundeigentum, *und nur dies allein*, nicht nur im eigenen Lande, sondern auch jenseits der Grenze und gar jenseits der Ozeane das gesamte wirtschaftliche Leben der Menschheit in so verhängnisvolle Bahnen drängen kann? Diese Frage kann nicht mehr mit rein ökonomischen Mitteln gelöst werden, sie bedarf der historischen Betrachtung. Was ist das Großgrundeigentum in historischer Beleuchtung? Was ist sein Entstehungsgrund, was ist sein Seinsgrund?

Ich muß hier ein wenig ausholen. Die ganze alte Ökonomik versuchte die Erscheinungen der uns umgebenden Wirtschaft abzuleiten aus einer naturrechtlichen Konstruktion. Was der Humanismus erstrebte als sein letztes Ziel, das ersehnte Ende der weltgeschichtlichen Entwicklung, das setzten die Physiokraten, Adam Smith und seine Schüler an ihren Anfang. Sie ließen die Gesellschaft beginnen als ein Aggregat von lauter freien und gleichberechtigten Bürgern. Von dieser Konstruktion aus leiteten sie nun alle Erscheinungen der uns umgebenden Welt ab, vor allem die großen klassenbildenden Kategorien des Kapitaleigentums und des Großgrundeigentums.

Wie sie sich die Entstehung des Kapitaleigentums dachten, haben wir schon geschildert: sie ließen es entstehen aus wirtschaftlichen Tugenden, Fleiß und Sparsamkeit. Ganz ähnlich entstand nach ihrer Meinung das Grundeigentum aufgrund des jedem Bürger gleichmäßig zustehenden Okkupationsrechtes durch größere wirtschaftliche Umsicht. Irgendein kluger Mensch okkupierte eine größere Fläche, mietete eine Anzahl seiner Mitbürger als Arbeiter gegen festen Lohn, und steckte den Mehrwert als Grundrente in seine eigene Tasche.

Wenn wir einen Augenblick über diese Erklärung nachdenken, so werden wir finden, daß sie ganz unmöglich ist. So lange jeder das gleiche Okkupationsrecht hat, gibt es natürlich keine landwirtschaftlichen Arbeiter, die bereit sind, einem Mitbürger Lohnarbeit zu leisten für einen Ertrag, der kleiner ist, als sie ihn auf eigenem Lande erarbeiten können. Wenn aber der „umsichtige" Großokkupant gezwungen sein sollte, seinen Arbeitern gerade so viel Lohn zu geben, wie sie selbst auf eigenem Lande verdienen können, dann würde er nicht nur keinen Vorteil, sondern Schaden von dem Geschäft haben, das er unternommen hat. Denn kein Mensch arbeitet für einen Fremden so gut, wie für sich selbst. Oder, mit anderen Worten, er wäre gezwungen, seinen Arbeitern mehr als ihren Arbeitsertrag an Lohn zu bezahlen, und würde bei der Geschichte schmerzlich zusetzen.

Nun könnte ja ein unternehmender Mann seinen Mitbürgern erklären: „Ich okkupiere alles Land, das unser Stamm beherrscht, und gestatte keinem von euch, es ohne meine Erlaubnis zu bebauen. Diese Erlaubnis gebe ich euch aber nur, wenn mir jeder von euch das Zehntel oder Fünftel seiner Ernte abgibt." Wenn der umsichtige Mann diese seine Absicht seinen Mitbürgern gegenüber durchsetzen kann, dann allerdings ist es eine glatte Sache, wie man sich kaufmännisch ausdrücken würde. Aber ich fürchte, er kann es nicht durchsetzen. Er ist einer gegen sehr viele, und sie würden ihn auslachen oder, falls er Ernst machen wollte, einfach totschlagen. Denn seine Absicht liefe ja ganz klar darauf hinaus, die vorausgesetzte wirtschaftliche und gesellschaftliche Gleichheit aller durch eine Usurpation ihrer Existenzgrundlage zu vernichten. Eine solche Gesellschaft von Freien und Gleichen – wir kennen solche von primitiven Stufen der Hackbauern – gewährleistet zwar jedem ihrer Mitglieder das Okkupationsrecht, aber nur in einem sehr rationell begrenzten Umfang: er darf so viel aus dem allgemeinen Vorrat an Land nehmen, wie er braucht und bearbeiten kann; ungenütztes Land aber fällt überall, nach kurzer Respektfrist, dem Gemeineigentum und der Gemeinverfügung wieder anheim, selbst wenn es schon okkupiert und bearbeitet gewesen war.

Unter diesen Voraussetzungen kann also auch der Klügste gar nicht auf den Gedanken kommen, mehr Land zu okkupieren; denn es hat nicht den geringsten „Wert", hat trotz seiner unendlichen Gebrauchsnützlichkeit ebensowenig einen Wert wie die atmosphärische Luft; und niemand kommt auf den Gedanken, das Wertlose monopolisieren zu wollen.

Nun treffen wir aber überall, wo ein Kulturvolk eben aus dem Nebel seiner Vorgeschichte heraustritt, bereits Großgrundeigentum bedeutenden Umfanges, trotzdem das Volksgebiet noch ungeheuer viel ungenütztes Land besitzt. Wie konnte dieses Institut entstehen, wenn so gar kein wirtschaftliches Motiv erkennbar ist, und so gar keine politische Möglichkeit gegeben ist, es zu schaffen?

Ja, wenn die Tatsachen so durchaus nicht mit der logischen Beweisführung übereinstimmen wollen, dann wird wohl die Beweisführung falsch sein. Hier liegt's an der Voraussetzung. Die Wirtschaft fängt eben *nicht* an als eine Gesellschaft von Gleichen und Freien, sondern als eine Gesellschaft von Ungleichen; von Freien, die über Unfreie herrschen. Alle höhere Wirtschaft fängt an im Staate. Der primitive Staat ist überall nichts anderes als diejenige Rechts- und Wirtschaftsordnung, die ein siegreiches Volk einem besiegten Volk aufgezwungen hat. Und der praktische Inhalt dieser Wirtschaftsordnung ist überall nichts anderes als die Verpflichtung der Besiegten, den Siegern einen Teil ihres Arbeitsertrages abzutreten.[1] Da es sich zunächst bei den Besiegten immer

---

[1] Vgl. Oppenheimer, Der Staat, [erscheint in Band 2 dieser Edition].

um Ackerbauvölker handelt, so besteht diese Steuer in einem Teil des Bodenertrages; und es ist dabei völlig gleichgültig, ob diese Steuer, die Grundrente, als Abgabe eines Teils seines Arbeitsertrages von dem hörigen Bauern direkt an seinen einzelnen Herren geleistet wird, oder ob der hörige Untertan als Arbeiter auf Herrenland frondet und von dem Herren seinen notdürftigen Unterhalt erhält. Immer handelt es sich um Großgrundeigentum und um die Abgabe davon, die Grundrente.

Das moderne Großgrundeigentum ist ein direkter Abkömmling jener primitiven Schöpfung der Eroberung. Es ist also die Schöpfung „außerökonomischer Gewalt", ein Feudalinstitut, ganz wie die übrigen Feudalinstitute, die Hoheitsrechte, Bannrechte, Strandrechte, Privatsteuerrechte, Zunftrechte usw. usw., die mit dem Feudalstaat verschwunden sind. Das Großgrundeigentum ist der letzte Feudalrest in unserer, im übrigen ganz auf den freien Tausch gleichwertiger Gegenstände aufgebauten Wirtschaftsgesellschaft. Es ist eine fremde Machtposition, ein dem innersten Wesen unserer Wirtschaftsgesellschaft fremdes „Monopol" im Sinne von Adam Smith.

Jetzt verstehen wir, warum das Großgrundeigentum so verhängnisvoll auf die Verkehrswirtschaft einwirkt: es ist ein *Fremdkörper*, der krankheitserzeugend wirkt, ein noch nicht ausgestoßener Rest aus einer sonst völlig überwundenen Vorzeit! Und so stellt sich uns jetzt die Kette der Zusammenhänge folgendermaßen dar: in unserer, ganz auf die Bedürfnisbefriedigung durch eigene Arbeit aufgebauten Gesellschaft steht noch ein Rest einer auf Eroberung beruhenden Gesellschaft aufrecht, in der die Bedürfnisbefriedigung der herrschenden Klasse nicht durch eigene, sondern durch fremde, und zwar rechtlich leistungsverpflichtete, Arbeit geschah. Dieser Feudalrest ist das Großgrundeigentum. Die Verteilung des auf ihm durch die Arbeit gewonnenen Gesamtertrages geschieht noch genau nach dem Muster jener primitiven Zeit des Faustrechtes und der kriegerischen Ausbeutung des mit dem Schwerte zum Knechte gemachten Menschen: der Arbeiter erhält ein Fixum, das gerade das Existenzminimum deckt, der Grundherr aber den ganzen, mit dem allgemeinen Reichtum enorm gewachsenen Rest. Darum ist das Großgrundeigentum zu jenem Orte hohen, gleichbleibenden Druckes geworden. Hier zieht sich eine lückenlose Ursachenkette von der fernsten Vorzeit bis auf unsere Gegenwart.

Wie kommt es aber, so dürfte man fragen, daß der Kapitalismus, dessen Ursache in so ferner Vorzeit entstand, erst in so sehr später Zeit zur Entfaltung gelangt ist? Warum findet sich in Altertum und Mittelalter keine Spur davon? Mit der Beantwortung dieser Frage werden wir unser Thema völlig erschöpft haben, soweit das in dem Rahmen eines kurzen Aufsatzes überhaupt möglich ist.

Die Lösung des Rätsels liegt in *einem* Worte: „Freizügigkeit". Nur, wenn die Hintersassen des feudalen Grundeigentums die Möglichkeit haben, den Ort des konstanten sozialen Druckes zu verlassen, um in Orte niedrigeren Druckes abzuströmen, nur dann können natürlich die Erscheinungen des Kapitalismus zustande kommen. Solange der Landarbeiter an die Scholle gefesselt ist, solange Aus- noch Abwanderung gesetzlich unzulässig ist, können weder in den Überseegebieten noch in den Gewerbestädten zwei Arbeiter einem Meister nachlaufen und sich unterbieten: so lange gibt es hier also keinen Profit, und so lange sind Produktionsmittel kein „Kapital".

Wir verstehen jetzt, warum der Kapitalismus eine ganz der Neuzeit angehörige Erscheinung ist. Das Altertum, das ganz auf der Sklavenarbeit aufgebaut war, konnte ihn ebensowenig entwickeln wie das frühe und das späte Mittelalter, das den Arbeiter des Plattlandes an die Scholle fesselte. Die volle politische Freiheit, repräsentiert durch das wichtigste aller Rechte, die Freizügigkeit, mußte erst errungen sein, der Feudalismus aus der Verfassung ausgemerzt sein, damit der Kapitalismus zur Herrschaft gelangen konnte.

Dieser Gedankengang ist in unübertrefflicher Weise von Marx in etwa folgender Form ausgesprochen worden: „Ein Neger ist ein Neger: unter bestimmten gesellschaftlichen Verhältnissen wird er zum Sklaven; Geld und Produktionsmittel sind Geld und Produktionsmittel: unter bestimmten gesellschaftlichen Verhältnissen werden sie zu Kapital. Worin besteht das gesellschaftliche Kapitalverhältnis? Darin, daß an dem einen Pole der sozialen Stufenleiter sich alles Kapital befindet, während an dem anderen Pole sich die ‚freien Arbeiter' finden, frei in einem doppelten Sinne: sie sind frei, entblößt von allem eigenen Kapitalbesitz, und daher gezwungen, sich dem Kapitalisten auszuliefern, und sind zweitens frei, weil sie als politisch freie Bürger das Recht haben, über ihre Arbeitskraft nach Belieben zu verfügen."

Wir haben also hier bereits die wichtigste Bestimmung in voller Klarheit: ehe nicht der Arbeiter frei ist, kann wohl von Ausbeutung die Rede sein – denn auch der Sklave und der hörige Bauer werden ausgebeutet – aber nicht von *kapitalistischer* Ausbeutung.

Wenn wir die Freizügigkeit in die Rechnung einsetzen, dann bietet das geschichtliche Verständnis des Kapitalismus keine Schwierigkeiten mehr. Er entsteht und verschwindet mit der Freizügigkeit, und verstärkt sich und schwächt sich ab genau in dem Maß, wie die Hemmungen des freien Zuges schwächer oder stärker werden.

Eine kurze historische Skizze wird uns das auf das deutlichste zeigen und uns außerdem noch manchen wertvollen Aufschluß über wichtige Teilprobleme des Gebietes gewähren.

In Deutschland erringt um die Wende des 10. Jahrhunderts der Bauer praktisch die Freizügigkeit. Aber es existiert zu dieser Zeit hier kein Großgrundeigentum, sondern nur die sozial harmlose „Großgrundherrschaft". Das ist eine Institution, bei der ein Grundherr das Recht auf gewisse, recht niedere, feste Bezüge von seinen Bauern hat: aller Überschuß über diese feste Grenze hinaus fließt in die Tasche der Bauern selbst. Wenn wir uns der Bestimmung erinnern, die wir vorhin gegeben haben, so werden wir erkennen, daß eine solche Großgrundherrschaft keinen Ort konstanten wirtschaftlichen Druckes darstellt; denn des Bauern Einkommen steigt ja mit der Bevölkerung und Arbeitsteilung in gleichem Schritte. Wir haben im Gegenteil hier einen Ort regelmäßig *sinkenden* sozialen Druckes, gerade wie über den Städten und dem völlig freien Bauernlande; und daher findet auch kein Abstrom des Landvolkes von der Scholle statt, es gibt keine Arbeiter, die den Besitzern von Produktionsmitteln nachlaufen, und darum keinen Kapitalismus.[1]

Nun erreicht dieser sozial äußerst gesunde Zustand um die Wende des 14. Jahrhunderts sein Ende, die Großgrundherrschaft verwandelt sich in das echte Großgrundeigentum, wird aus einem Orte sinkenden zu einem solchen konstanten sozialen Druckes. Und zwar vollzieht sich diese Veränderung unter dem Einfluß neuer erobernder Gewalt, neuer Knechtschaft. Die deutschen Ritter haben das Slavengebiet mit dem Schwerte erobert und die Eingeborenen zu Hörigen gemacht, die sie noch ganz nach dem alten Schwertrechte behandeln; d. h. sie legen ihnen nicht ein für allemal bestimmte feste Leistungen auf, wie sie die Grundherren des Stammgebietes im Westen beziehen, sondern sie lassen ihnen nur das für ihre Lebensfristung Unentbehrliche und nehmen alles andere für sich. Also echtes Großgrundeigentum und ein Ort hohen konstanten Druckes! Diese Umwälzung wirkt in gleichem Sinne auch auf das Stammland zurück; der westdeutsche Bauer kann nicht mehr, wie bisher, durch Auswanderung nach dem Osten ausweichen, denn der Osten ist gegen bäuerliche Einwanderung fortan durch das Großgrundeigentum *gesperrt*; und so muß sich denn auch der Bauer des Westens darein fügen, daß seine Grundherren auch seine Lasten und Steuern und Zinsen fortwährend, bis zu seiner völligen Verarmung, vermehren. Aber hier bleibt wenigstens die Freizügigkeit noch eine Zeitlang erhalten, und so lange haben wir denn auch in Deutschland . . . Kapitalismus! Eine gewaltige Abwanderung von dem platten Lande in die Städte findet statt, zwei Arbeiter laufen einem Meister nach und unterbieten sich, Produktionsmittel werden Kapital, der Profit entsteht, und die führenden Kapitalisten dieser ersten kapitalistischen Periode, die Fug-

---

1 Vgl. die ausführliche Darstellung in: Oppenheimer, Großgrundeigentum und soziale Frage, II. (historischer) Teil, 2. Kapitel, S. 283–390 [im vorliegenden Band S. 157–218].

ger, die Welfer, die Römer, und wie sie alle heißen, die großen Kaufleute und Bergherren von Augsburg, Nürnberg, Freiberg usw. häufen in kürzester Zeit unerhörte Reichtümer. Das dauert solange wie die Freizügigkeit und erreicht mit ihr sein Ende. Die Großgrundeigentümer beginnen unter der Wirkung der Abwanderung ihrer Hintersassen bald genug an der „Leutenot" zu leiden und setzen die Schollenbindung durch, und damit ist dann auch der junge Kapitalismus erwürgt. Die Bauernkriege, die das Schicksal der Bauern besiegeln, versetzen auch ihm den Todesstreich. Deutschland verfällt in Stagnation, und der Kapitalismus erwacht erst in dem Augenblicke zum Leben, zu seiner zweiten Periode, die wir jetzt beobachten, wo mit der revolutionären Ära die Freizügigkeit von neuem errungen wird. Warum hat Großbritannien einen Vorsprung von einem halben Jahrhundert vor Deutschland? Weil es die Freizügigkeit ein halbes Jahrhundert vor uns erkämpfte. Nicht eher begann in England der Siegeslauf des Kapitalismus, als bis die Beschränkungen des freien Zuges in die Städte, die Zunftrechte, das Lehrlingsgesetz der Elisabeth u. a. gefallen waren; und er erreichte seine volle Entwicklung nicht eher, als bis auch die letzte Hemmung des freien Zuges vom Lande fort ihnen gefolgt war, die Kirchspielgesetze. Und in Deutschland setzt die gleiche Entwicklung nicht eher ein, als bis durch die Stein-Hardenbergsche Gesetzgebung die Freizügigkeit des Landvolkes hergestellt ist.

Das gleiche gilt von Rußland: der russische Kapitalismus feierte seinen Geburtstag an dem Tage, an dem Kaiser Alexander den Emanzipationsukas unterschrieb; und in die Vereinigten Staaten wurde er mit dem ersten Schiffe importiert, das verhungerte irische Kulis an den Strand spie. Das ist die Entstehung des Kapitalismus.

Vielen Lesern wird die Untersuchung Werner Sombarts über den Kapitalismus bekannt sein. Er stellt die kühne Behauptung auf, daß er in dem Augenblicke entstanden sei, als in dem Bewußtsein einzelner Menschen der Wille entstand, einen Stock von Produktionsmitteln zu „verwerten", d. h. in Kapital zu verwandeln. Aus unserer Betrachtung wird zur Gewißheit, daß diese Erklärung falsch ist. Nicht der noch so innige Wille, Arbeitskräfte auszubeuten, schafft den Kapitalismus, sondern nur die mit dem „Kapitalverhältnis" gegebene Möglichkeit. Wenn freie Arbeiter in Marx' Sinne vorhanden sind, dann, nur dann sind Produktionsmittel Kapital; und das ist eine Bedingung, die dem Willen ihres Besitzers völlig entzogen ist; er kann sie, ja er muß sie ausnützen, wenn sie gegeben ist, aber er kann sie nicht herbeiführen.

Der schlagendste Beweis für die Wahrheit dieser Ausführungen liegt darin, daß der Kapitalismus sich nirgend entwickelt hat, wo entweder keine Zuwanderung von Ackerkulis stattfinden konnte, oder wo ein Gebiet sich einer so glücklichen Grundeigentumsverfassung erfreute, daß jeder Arbeitsfähige ohne große Umstände und Kosten zu eigenem Landbesitz gelangen konnte. In solchen Gesellschaften war natürlich der unverkürzte Arbeitsertrag des freien Bauern der Nullpunkt der Lohnskala, und entsprechend hoch standen auch die übrigen Löhne, so hoch, daß sie den Eigentümern der produzierten Produktionsmittel reinen Mehrwert übrigließen. Ein solches Gemeinwesen war zum Beispiel lange Zeit der Mormonenstaat Utah, dank den von Brigham Young erlassenen genialen Landgesetzen.[1] Sehr nahe steht diesem Standpunkt ferner Neuseeland, dessen Regierung einerseits der Einwanderung von Ackerkulis den entschlossensten Widerstand entgegenstellt und andererseits das noch vorhandene Großgrundeigentum durch Sonderbesteuerung derart ängstigt, daß die Eigentümer froh sind, es loszuschlagen, so daß es die Regierung ihren arbeitsfähigen landlosen Bürgern für nahezu nichts überlassen kann. Vor allem aber war Westeuropa, und hier wieder Deutschland, im hohen Mittelalter fast vier Jahrhunderte hindurch ein solches Land ohne Großgrundeigentum und daher ohne Kapitalismus, und zwar in der Zeit, in der nur die Großgrundherrschaft bestand, die, wie wir wissen, ein Ort ständig sinkenden,

---

[1] Vgl. Oppenheimer, Die Utopie als Tatsache, in: Zeitschrift für Sozialwissenschaft, Bd. II (1899), S. 190ff.

nicht aber gleichbleibenden sozialen Druckes war. Das war aber nicht etwa eine Zeit des Stillstandes und der allgemeinen Armut, sondern im Gegenteil eine Zeit von so ungeheuer schnell steigendem Reichtum und von so reißendem Kulturwachstum, daß ihr, nach Gustav Schmoller, kaum das 19. Jahrhundert an die Seite gestellt werden kann. Die Bevölkerung, die Arbeitsteilung und daher die Reichtumserzeugung wuchs enorm schnell. Aber dieser Segen verteilte sich mit einer für unsere Begriffe unverständlichen Gleichmäßigkeit auf alle Mitglieder der Gesellschaft: wie es keine wachsende Grundrente gab, so gab es auch keinen Profit; es liefen immer zwei Meister einem Arbeiter nach und überboten sich und der Lohn der Arbeit wuchs in voller Parallelität zu ihrem Ertrage.[1]

Und so läßt sich denn auch aufgrund dieser geschichtlichen Tatsachen behaupten, daß da, wo kein Großgrundeigentum wachsende Rente zieht, kein Kapitalismus möglich ist, sondern daß hier ein Zustand voller Gesundheit des sozialen Körper bestehen muß, den ich als die „reine Wirtschaft" bezeichnet habe. Das ergibt nicht nur unsere Formel, wonach der Profit gleich Null sein muß, wenn die Rente gleich Null ist, sondern wir können es auch ohne weiteres aus einer praktischen Betrachtung erschließen:

Stellen wir un zu dem Zwecke einmal vor, was z. B. aus dem amerikanischen Kapitalismus werden würde, wenn einmal ein paar Jahre lang die Einwanderung stockte. Heute speien die Auwandererschiffe Jahr für Jahr eine volle Million Menschen, d. h. rund 4–500.000 proletarische Arbeitskräfte an den Strand, die mit ihrer Hungerkonkurrenz den einheimischen Arbeiter angreifen. Stellen wir uns vor, das würde durch irgendwelche Revolution der Eigentumsverhältnisse in Europa auch nur auf 4, 5 Jahre verhindert. Dann wäre natürlich der Kampf zwischen Gewerkschaften und Trusts ohne weiteres zugunsten der Gewerkschaften entschieden. Der Lohn der amerikanischen Arbeiter würde enorm steigen, ihre vermehrte Kaufkraft würde als vermehrte Nachfrage nach allen möglichen Bedürfnissen einer erhöhten Lebenshaltung auf dem Industriemarkt erscheinen und neue Nachfrage nach neuen Arbeitern erzeugen. Dadurch würde der Lohn wieder steigen und so weiter, bis in der Tat nicht mehr zwei Arbeiter einem Meister nachliefen und sich unterböten, sondern zwei Meister einem Arbeiter nachliefen und sich überböten. Der Lohn würde auf Kosten des Profites steigen, der Profit zugunsten des Lohnes fallen; ob der Profit ganz und gar verschwinden würde, so daß Produktionsmittel überhaupt nicht mehr Kapital wären, wollen wir dahingestellt sein lassen: jedenfalls würde er aber so tief sinken, und der Lohn so hoch steigen, daß von einem Kapitalismus im Sinne einer schweren Sozialkrankheit nicht mehr die Rede sein könnte.

Was aber von der Auswanderung gilt, das muß in verstärktem Maße auch von der inländischen Abwanderung gelten; in verstärktem Maße, weil die Zahl der Abwanderer immer ganz ungeheuer viel größer gewesen ist als die Zahl der Auswanderer, so daß ihr Druck auf den Lohn der schon beschäftigten städtischen Arbeiter noch stärker war als über See.

Damit wäre ich am Schlusse meiner Ausführungen, wenn ich nicht noch eine ganz kurze Nutzanwendung der gewonnenen Gesetze machen wollte. Es handelt sich um die sozial-ethische Bewertung, die der politische und wirtschaftliche Liberalismus, und namentlich seine vornehmste Schöpfung, die freie Konkurrenz, verdienen. Wir wissen, daß man den Liberalismus auf das härteste angeklagt hat, weil er es war, der diese angeblich höllische Macht entfesselt hat, die an dem ganzen Elend der kapitalistischen Anfänge allein die Schuld tragen soll. Bei dieser Gelegenheit empfing regelmäßig das „Kapital" im engeren Sinne, das Handels- und Gewerbekapital, die härtesten Stöße der sittlichen Entrüstung, während die Landwirtschaft und gar die Großlandwirtschaft sich gern in der bengalischen Beleuchtung des Unschuldskindes, kein Engel ist so rein, darstellte. Nun, so viel wissen wir jetzt, daß hier die Fabel von Wolf und Lamm wieder einmal Wirklichkeit

---

1 Vgl. derselbe, Großgrundeigentum und soziale Frage, S. 350 [im vorliegenden Band S. 194].

geworden ist: der Wolf, der oben am Strom der Wanderbewegung steht, klagt das Lamm an, ihm das Wasser zu trüben, und er würde es mit Vergnügen fressen, wenn er nur könnte.

Aber ich denke, noch mehr beweisen zu können als nur das, daß der Liberalismus und die freie Konkurrenz an allen jenen Greueltaten unschuldig ist. Sie sind im Gegenteil die Kräfte des Segens, die ganz allein das durch die feudale Gewaltpolitik geschaffene Massenelend bereits unmeßbar gemildert haben; und es erscheint mir zweifellos, daß sie in absehbarer Zeit dahin gelangen werden, es ganz aufzuheben.

Nicht wahr, das klingt bis ins Ungeheuerliche paradox? Und doch werden wir sofort erkennen, daß es buchstäbliche Wahrheit ist, wenn wir uns nur erinnern wollen, was wir über die Zusammenhänge der einzelnen Lohnklassen festgestellt haben. Wir sahen dort, daß durch die freie Konkurrenz der Arbeiter untereinander ein Prozeß der Ausgleichung sich derart vollzieht, daß der Lohn der oberen Klassen herabgezogen, der der unteren aber gehoben wird. Wenden wir diesen allgemeinen Satz auf die Verhältnisse der frühkapitalistischen Periode an. Orientieren wir uns an dem berühmtesten Beispiel, an Großbritannien. Hier haben wir in der vorkapitalistischen Zeit in den Städten einen Stand von Handwerkern, die ihr bescheidenes Brot haben. Das Gewerbe entfaltet sich langsam; je länger, je mehr füllt es sich unerträglich beengt und gehemmt durch die Fesseln des Feudalsystems, und nach langen schweren Kämpfen gelingt es dem Liberalismus, die Burg der Gegner zu brechen. Der freie Zug der Bevölkerung wird mit manchen anderen Rechten gewonnen. Die Abwanderung setzt ein, erst tröpfelnd, dann, in dem Maße, wie die städtischen Gewerbe Brotstellen erschließen, immer mächtiger. Die Hungerkonkurrenz reißt die Löhne und Arbeitseinkommen der alten städtischen Handwerker und Arbeiter in die Tiefe, und alle Pforten der Hölle scheinen sich aufgetan zu haben. Den ersten Beobachtern, Malthus, Ricardo und ihren sozialistischen Zeitgenossen, erschienen diese furchtbaren Erscheinungen als ein wirtschaftsgeschichtliches Novum, als etwas noch nie Dagewesenes, das jetzt mit einem Mal, wie aus dem Nichts gestampft, in den Gewerbezentren selbst entstanden sei. Und auch heute noch blendet dieser alte Irrtum die Augen fast aller Volkswirte. Es war aber ein Irrtum! All diese himmelschreiende Not, all dieses schmutzige Elend, all diese grauenhafte Erniedrigung ganzer Volksmassen waren nicht im mindesten Nova, sondern uralte Tatsachen; und sie waren nicht erst soeben in den Städten *entstanden*, sondern sie waren nur soeben auf dem städtischen Schauplatz *erschienen*, nachdem sie all die Zeit an einer Stelle zusammengedrängt waren, auf die die Blicke der städtischen Volkswirte nie gefallen waren.

Diese Stelle war das platte Land! Hier, auf den Besitzungen der großen Feudalherren, in den Höhlen der hörigen Bauern, fern von den Stätten, auf die die Augen der ersten Beobachter des Wirtschaftslebens wie hypnotisiert gerichtet waren, hatte menschliches Elend längst den höchsten Grad erreicht, der denkbar ist, bis zur Vernichtung der Reproduktionskraft der Rasse. Denken wir an die Schilderungen, die Labruyère von den französischen Bauern, die Gray von den irischen, E. M. Arndt von den deutschen, und die Kropotkin von den russischen Bauern der präkapitalistischen Zeit gibt, von jenen menschenähnlichen Tieren, die in Erdhöhlen wohnen, schwarzes Brot essen und den Acker ihrer Herren umwühlen, denken wir an jene „Wilden", von denen Taine erzählt, an jene zottigen Bauern der Auvergne, die herabsteigen von ihren Berghöhlen, blutgierig, verelendet, wie hungrige Wölfe!

Bis die Revolution ihnen das Recht der Freizügigkeit gab, hatten diese Ackerssklaven ihr eigenes Dasein geführt, fern jeder Kultur, gelöst aus dem Zusammenhang mit dem übrigen Volke. Niemand hatte ihrer acht, niemand wußte etwas von ihren Leiden, die wie in einem verborgenen Reservoir Jahrhunderte hindurch aufgesammelt wurden. Als dann aber der trennende Deich durch die städtische Revolution durchbrochen wurde, als die Freizügigkeit erkämpft war, da ergoß sich mit einem Male diese ganze ungeheure Masse alten, aufgehäuften Elends über die Städte und ihre unglücklichen Bewohner. Und nun freilich riß die Hungerkonkurrenz dieser auf das äußerste denkbare Maß menschlicher Entwürdigung herabgedrückten Unglücklichen auch die Löhne der alten städtischen Arbeiter in die Tiefe; hatten sie vorher in anständigen Häusern gelebt, so mußten sie sich jetzt mit denselben Schweineställen begnügen, an die ihre Wettbewerber von Jugend an gewöhnt waren; und hatten sie bis jetzt von Rindfleisch und Weißbrot gelebt, so mußten sie sich jetzt ebenso wie sie mit Kartoffeln und Schwarzbrot ernähren, und furchtbar war für sie der Sturz. Aber man darf doch dabei nicht, wie es regelmäßig geschieht, übersehen, daß ganz der gleiche Prozeß, der Hunderttausende in das tiefste Elend stürzte, andere Hunderttausende aus dem tiefsten Elend erlöste. Denn für jene feudalen Hintersassen, die ihrem Kerker entronnen waren, war das Elend von Manchester und Liverpool immer noch ein Emporstieg.

Kurz und gut, was den Beobachtern bis jetzt regelmäßig als ein Prozeß erschien, der nichts als Elend und Not über die Welt brachte, das war in der Tat ein Prozeß der *Ausgleichung* zwischen zwei, bis dahin durch eine unüberschreitbare Grenze geschiedenen, Klassen der Bevölkerung, einer relativ hoch, und einer unglaublich tief stehenden, die plötzlich miteinander in Verbindung gebracht wurden. Man hat bis jetzt immer nur die eine Seite gesehen, den Niedergang der höheren Klasse, aber man kann dem Vorgang nur gerecht werden, wenn man auch die Rückseite der Medaille ansieht, nämlich den Aufstieg der unteren Klasse. Für die Einwanderer war der Prozeß der Ausgleichung ein Segen, wie er für die alten Städter ein Fluch war. Dieser Prozeß der Ausgleichung erfolgte zuerst mit ungeheurer Gewalt, so lange, bis der Überschuß der in den Großgrundbezirken aufgestauten Proletariermassen abgeströmt war. Dann begann unter der Wirkung der freien Konkurrenz, dank der durch die Abwanderung und Auswanderung sich immer mehr verschärfenden Leutenot, die Hebung der Landarbeiterlöhne, die seitdem ohne Ende fortgeschritten ist, und mit der sich der Lohn der städtischen Arbeiter regelmäßig mitgehoben hat. Diesem Prozeß ist kein Ende abzusehen. Die Löhne werden immer weiter steigen, zunächst durch den immer höheren Aufschlag von Transportkosten, den die Heranführung der Grenzkulis bedingt, und dann hoffentlich in nicht allzu ferner Zeit durch eine Umwälzung der Eigentumsverhältnisse in den Grenzgebieten des sozialen Druckes im äußersten Osten, durch die sie aus Orten gleichbleibenden in Orte sinkenden Druckes verwandelt werden. Und auch dieser letzte Hammerschlag, der die Fesseln der mündig gewordenen Menschheit ganz zerbrechen wird, wird geführt werden von dem arg verlästerten Liberalismus, dem Widerpart und Besieger des Feudalstaates.

Wir sehen also: die freie Konkurrenz ist völlig unschuldig. Sie hat vom ersten Tage ihres Wirkens an den *Durchschnittslohn* der menschlichen Arbeit in immer steigendem Maße erhöht: es war nicht ihre Schuld, daß der Durchschnitt im Anfang viel niedriger sein mußte, als das bisherige Einkommen der städtischen Arbeiterschaft, so daß sie jahrzehntelang in schwere Not geriet, bis die freie Konkurrenz das Durchschnittslohnniveau wieder so hoch hatte heben können, wie ihr Sonderlohnniveau vor der großen Ausgleichung gestanden hatte. Um die ganze Menschheit zu erlösen, mußte der Liberalismus vor allem die entwürdigten Sklaven des Großgrundeigentums erlösen. Der städtische Arbeiter jener Zeit mußte die Zeche bezahlen. Und das war gewiß traurig für ihn. Aber was bedeutet das Leid einer Generation gegen den Fortschritt eines ganzen Volkes? Eine Generation ist nur ein Laubkleid am Stamme des Volkstums; der Frühling bringt es, der Herbst wirft es nieder. Was macht es aus, wenn ein Sommersturm einen Teil der Zweige und Blätter vorzeitig vom Stamme schleudert? Wenn nur der Stamm selbst, der eigentlich Lebende, der ewige Erneuerer, durch den Sturm der Todfeinde ledig wird, die sein Mark bedrohen!

Und nun können wir mit einem Worte bezeichnen, was denn der Kapitalismus ist. Er ist der Bastard aus der widernatürlichen Verbindung der beiden von allem Anfang an feindlichen Mächte, deren Kampf die Weltgeschichte erfüllt, ja bedeutet: der uralten, auf Eroberung beruhenden Herrschaft, die den Feudalstaat und als seine erste und wichtigste Einrichtung das große Grundeigentum schuf, und der Freiheit, die in langen Kämpfen das erste und wichtigste aller Menschenrechte errang, die Freizügigkeit. Wir verstehen nun, warum der Kapitalismus eine „Spottgeburt von

Dreck und Feuer" ist, warum er eine Art seltsamer „Doppelpersönlichkeit" besitzt. Der tugendsame Bürger mit dem grausamen Verbrecher zusammengekoppelt! Darum preisen ihn die einen verzückt als Spender allen Reichtums, die andern schelten ihn als Urheber allen Elends. Wir aber wissen jetzt, wie diese Doppelpersönlichkeit zu verstehen ist: aller Fluch, den der Kapitalismus über die Menschheit gebracht hat, ist Erbteil von seiner Mutter, der urtümlichen Gewalt, die den Menschen zum Objekt fremder Willkür erniedrigte: und aller Segen ist Erbteil des Vaters, des Geistes der Freiheit. Und so gilt von ihm, was Richard Dehmel von seinem „Bastard", dem Sohne des Sonnengottes und des Vampirweibes, sagt: „Jetzt weist du, Herz, was immer so in deinen Träumen bangt und glüht, wie nach dem ersten Sonnenschimmer die bange Nacht verlangt und glüht, und was in deinen Lüsten nach Seelen lechzet wie nach Blut, und was dich treibt von Brunst zu Brunst aus dunkler Nacht zu lichter Glut?" Bastard von Knechtschaft und Freiheit, ist es sein historischer Beruf, die Menschheit durch neue Knechtschaft zur vollen Freiheit zu führen und dabei selbst zugrunde zu gehen.

III. Robinson, der Kapitalist

Die älteren Nationalökonomen waren der Meinung – und Karl Marx ist ihnen hierin, wie in so vielen anderen Dingen gefolgt –, daß der „Kapitalismus" eine normale Phase der Wirtschaftsentwicklung sei. Wenn die Dichte der Bevölkerung, die Arbeitsteilung usw. einen bestimmten Grad erreicht habe, erst dann könne, dann müsse aber auch der Kapitalismus sich einstellen.

Wenn unsere Darlegungen richtig sind, dann ist diese Anschauung falsch. Dann ist der Kapitalismus die Folge einer außerökonomischen *Störung* des normalen Wirtschaftsverlaufes, nämlich der durch Waffengewalt geschaffenen Bodensperre, die das Klassen-Monopol-Verhältnis setzte.

Wir können auf unser Exempel die Probe machen. Wenn wir diese Dinge richtig gedeutet haben, so müssen sich alle wesentlichen Erscheinungen des Kapitalismus schon *unter den allereinfachsten Verhältnissen zeigen*, schon in der Zweiergesellschaft, wenn nur die beiden Bedingungen gegeben sind, die wir als für den Kapitalismus nötig bezeichnet haben: die *Bodensperre* und die „*Freiheit*" des Arbeiters im Marxschen Doppelsinne. Diese Probe wollen wir anstellen, und sie wird unsere Darstellung durchaus bestätigen: wenn der eine von zwei Einsiedlern den ganzen Boden sperren kann, so hat er das Monopolverhältnis statuiert und kann den Monopolgewinn des Mehrwerts in irgendeiner ihm beliebigen Form erpressen. Orientieren wir uns daher nach alter Methode an Robinson und Freitag, trotz allem Spott, den Friedrich Engels, Karl Marxens Adjutant, Apostel und Testamentsvollstrecker, in völliger Verkennung ihres Wertes über diese Art der Betrachtung ausgeschüttet hat.[1]

Robinson lebt mit Freitag in genossenschaftlichem Wirtschaftsverbande; sie tauschen nicht Güter, sondern nur Dienste und fragen nicht nach der Äquivalenz. Jeder gibt, was er kann, und nimmt, was er braucht, als Mitglieder einer durch die Not geschaffenen Familie.

Aber Robinson könnte, statt des genossenschaftlichen Systems, auch das der Sklaven- und Hörigenwirtschaft, oder das kapitalistische System, und hier für sich die Rolle des Kapitalisten oder des Mietsagrariers oder des Grundbesitzers wählen.

Robinson, wäre er statt in England in Alabama oder Louisiana aufgezogen worden, hätte es für durchaus gerecht halten können, Freitag zu seinem Sklaven zu machen, weil er einer Sklavenrasse

---

[1] Marx selbst dachte nicht so geringschätzig davon. Vgl. derselbe, Kapital, Bd. I, S. 43.

angehörte. Und er hätte sich auch hier wieder auf das eigene Zugeständnis des Knechtes berufen können, der ja die fremdartige Erscheinung, den bärtigen weißen Mann in der seltsamen Tracht, als ein höheres Wesen anerkannte und verehrte.

Indessen: Robinson ist als Christ in einem Lande aufgewachsen, in dem die Sklaverei als verwerflich gilt. Er weist also den Gedanken, Freitag zu seinem Sklaven zu machen, weit von sich. Er will ihn, als freien Kontrahenten, gerecht nach der Sitte seiner Heimat behandeln, in der nur freie Menschen in freiem Verkehr miteinander kontrahieren.

Hier gilt das Recht des bürgerlichen Eigentums an Grund und Boden und an Kapital, mit ihrem Anspruch auf Grundrente und Kapitalprofit. Robinson hält beide Formen des Eigentums für legitime Schöpfungen des Naturrechts; und hält darum Profit und Grundrente für eben legitime Anteile an dem Gesamterzeugnis.

Er hat daher nicht im mindesten das Bewußtsein, Freitag „auszubeuten", wenn er ihm folgenden Vortrag hält:

„Nach dem Rechte der ersten Okkupation gehört mir diese ganze Insel. Ich, als der Grundeigentümer, verbiete dir, darauf zu jagen, zu fischen, zu pflanzen, zu wohnen. Ich bin aber bereit, dir die Erlaubnis zu alledem zu geben, ja sogar, dir meine von mir gefertigten Werkzeuge und Waffen dazu zu leihen, wenn du mir den größten Teil deines Arbeitsertrages abtrittst. Willst du das nicht, so magst du als freier Mann, der du bist, dein Glück anderswo suchen."

Worauf Freitag erwidern könnte, daß er ja gar nicht „anderswohin" gehen *könnte*, wenn Robinson ihm nicht gestatten wollte, sich wenigstens ein Boot zu zimmern, wozu er Nahrungsmittel, Werkzeuge und einen Baumstamm benötige. Er sei also völlig in der Lage eines Sklaven, und seine sogenannte „Freiheit" sei keinen Pfifferling wert. Im Gegenteil, als Sklave habe er wenigstens einen sittlichen Anspruch darauf, im Alter oder während Krankheiten ernährt zu werden: Robinson möge ihn also lieber zum Sklaven machen.

Aber Robinson weist diesen Vorschlag mit Entrüstung von sich und spielt statt dessen mit seinem „freien Kontrahenten" alle Tragödien des politisch-ökonomischen Monopolverhältnisses durch.

Zuerst macht er ihn nach irisch-englischem System zu seinem Pächter und setzt als Grundherr die Pacht fest. Dann kündigt er ihm die Pacht und mietet ihn, nach osteuropäischem System, gegen einen von ihm festgesetzten Lohn als Tagelöhner für die eigene Landwirtschaft.

Dann beschäftigt er ihn ebenfalls gegen einen von ihm festgesetzten Lohn als industriellen Arbeiter.

Und zuletzt läßt er ihn sich als industriellen „Unternehmer" etablieren und setzt ihm die Miete für die Werkstatt und die Hütte und den Zins für das Leihekapital fest, das er ihm – in Gestalt von Werkgütern – „vorstreckt".

Wir erkennen, daß, wenn Robinson seinen Anspruch durchsetzen kann, der Eigentümer der ganzen Insel zu sein, er einen „Monopolgewinn" einstreichen kann, der, wenn er will, Freitags ganzen Arbeitsertrag verschlingt, außer der unbedingten Lebensnotdurft. Als Schüler Ricardos und Malthus' wird er ihm, streng nach dem „ehernen Lohngesetz" (*wahrscheinlich ist die Insel „übervölkert"!*) gerade das Existenzminimum zuweisen. Es bleibt derselbe Sklavenunterhalt, gleichgültig, ob er als Futter eines menschlichen Arbeitstieres oder als Lohn eines Arbeiters bezeichnet wird; und es bleibt immer derselbe Mehrwert, gleichgültig, ob ihn die Theoretik als „Herreneinkommen" eines sklavenhaltenden Großoikenbesitzers oder als Grundrente eines Grundherren, als Zins eines Leihkapitalisten, oder als Profit eines industriellen Unternehmers zu registrieren hat.

Wir erkennen ferner, daß die absolute Größe der Insel für den Mechanismus, den wir studieren, völlig bedeutungslos ist. Ob sie 20 ha oder 200.000 ha Ackerland umfaßt: wenn Robinson nur sein Recht der ersten Okkupation durchsetzen kann, so hat er das Klassenmonopolverhältnis konstituiert, so ist Freitag „freier" Arbeiter und hat den Mehrwert abzutreten.

Wenn aber Robinson seinen Anspruch, alleiniger Eigentümer der ganzen Insel zu sein, nicht durchsetzen kann?

Freitag erklärt eines schönen Tages: „Ich mache nicht mehr mit. Ich bin bereit, mich dem Rechte zu unterwerfen, das du selbst mir als das höchste Recht darstellst. Danach reicht das Eigentum eines Menschen nur so weit, wie seine Arbeit ihm die Natur angeeignet hat. Darum respektiere ich dein Feld, daß du geurbart und bebaut, dein Haus, das du errichtet, deine Herde, die du gezähmt und aufgezogen, deine Geräte, Werkzeuge, Waffen und Kleider, die du angefertigt hast. Aber ich weigere mich, dein angebliches Recht auf den übrigen Grund und Boden, auf das wild wachsende Holz, auf die wild schweifenden Tiere anzuerkennen. Ich werde mir abseits von dir ein Feld bereiten, eine Hütte bauen, Tiere zähmen, Waffen, Geräte, Werkzeuge und Kleider selbst fertigen. Solltest du versuchen, mich dabei zu stören, so werde ich Gewalt mit Gewalt abwehren. Ich bin stärker und gewandter als du – und die Insel ist groß genug für uns beide und für viele andere, die kommen mögen."

Robinson wird sich wohl oder übel dieser Logik fügen müssen; ja, wenn er klug ist, wird er nicht schmollen, sondern seine Arbeit mit der Freitags vereinigen, weil dann beide mehr haben werden, als wenn jeder für sich vereinzelt tätig ist. Sie werden den Ertrag nach gerechtem Maßstab teilen – und von einem „Mehrwert" für Robinson wird keine Rede mehr sein, denn Freitag ist von dem Augenblick an kein „freier" Arbeiter mehr, wo er Zugang zu ausreichendem Landbesitz hat.

Die alten Nationalökonomen haben die Erde gern als eine Insel bezeichnet, die im Ozean des Weltenraums schwimmt, ohne Möglichkeit des Verkehrs mit anderen „Inseln" ihrer Art.

Nun, auf dieser Erdinsel liegen die Verhältnisse genau wie auf Robinsons Eiland. In jedem Lande der Welt ist der „Staat" so entstanden, daß ein paar Hundert oder Tausend wohlbewaffnete, wohl disziplinierte Robinsons ein paar Tausend oder Hunderttausend schlecht bewaffnete, zersplitterte, abergläubische Freitags unterworfen und das ganze Land für sich mit Beschlag belegt haben, entweder als gemeinschaftliches Eigentum der Oberklasse wie in Peru und Sparta, oder als gesondertes Großgrundeigentum der einzelnen Kriegsedelinge, wie überall sonst in der Welt. Solange diese Sperrung besteht, besteht auch das Klassenmonopolverhältnis.

Solange die Unterklasse unfrei ist, ist dieses Klassen-Monopolverhältnis im Staatsrecht begründet, und der Mehrwert, den es abwirft, heißt das „Herreneinkommen" eines Sklavenhalters oder die Taille oder der Grundzins eines Feudalherrn. Wenn aber die Unterklasse die Freiheit und mit ihr als ihren besten Inhalt die Freizügigkeit erlangt hat, heißt der Mehrwert Grundrente oder Profit. Die Freizügigkeit zerstreut die „freien" Arbeiter über das ganze Gebiet und zwingt sie, da sie zu eigenen Produktionsmitteln nicht gelangen können, ihre Arbeit jedem zu einem Minderwert anzubieten, der Produktionsmittel besitzt.

Zuerst überwiegt der Tribut an den Grundeigentümer, die Grundrente. Aber allmählich kommt eine immer wachsende Schicht von Mitgliedern der Oberklasse empor, die produzierte Produktionsmittel besitzen: jüngere Söhne der Grundbesitzer, die mit ihrem Erbteil in die Städte gezogen sind, glückliche Kaufleute, erfolgreiche Wucherer, geschickte Handwerker und Künstler, die Ersparnisse zurücklegen konnten, glückliche Krieger und Piraten, die ihre Beute in die Heimat gebracht haben. Diesen bieten sich die ehemaligen Hintersassen des Großgrundeigentums, die die Bodensperre an eigener Bauernschaft hindert, notgedrungen gegen einen Lohn an, den die Konkurrenz ihrer Genossen nicht viel höher steigen läßt als den Lohn der Landarbeiter. Und darum bleibt den Kapitalisten der gleiche Mehrwert an jedem Arbeiter wie dem Grundherrn.

Die Bodensperrung hat das kapitalistische Klassen-Monopolverhältnis geschaffen, und es wird dauern, solange sie besteht. Und sie wird bestehen, solange die zahllosen Freitags das angebliche Recht der wenigen Robinsons anerkennen. Sobald sie sich dessen weigern, verschwindet das Kapitalverhältnis und der Mehrwert; und die Menschheit ist erlöst.

Wir sagten in der Einleitung: Die Lösung der praktischen sozialen Frage hängt davon ab, ob das Monopol, das den Mehrwert bedingt, ein natürliches oder rechtliches ist, ob es ruht auf einer Kargheit der Natur oder auf menschlicher Satzung. Im ersten Falle ist eine Heilung der sozialen Not unmöglich, und wir müssen zufrieden sein, wenn wir lindern können: im zweiten Falle ist die Heilung sicher. *Denn ein Recht kann man aufheben!*

Das Monopol der Bodensperre ist ein privates Eigentumsrecht. Das kann man aufheben, durch Expropriation mit oder ohne Entschädigung.

Aus tausend Gründen ist die Entschädigung vorzuziehen. Und so lautet die Forderung der Stunde: *Innere Kolonisation im größten Maßstabe und im schnellsten Schrittmaß*!

IV. Innere Kolonisation

Alle Welt in Deutschland schwärmt heute für die „innere Kolonisation": Parteien, Regierung und Agrarier. Sie ist die „höchste gegenwärtige Staatsaufgabe" (Präsident Dr. Metz). Sie wird endlich anerkannt als das einzige Mittel, der ungeheuren Entvölkerung des Ostens durch die „Landflucht" der Tagelöhner ein Ende zu machen, Volkszahl, Landeskultur und Steuerkraft der östlichen Provinzen zu heben, die stagnierenden Kleinstädte zu entwickeln, indem man sie mit kaufkräftigen Kunden umgibt – und schließlich, gegen das vordringende Slawentum einen Damm aufzurichten. Wir haben, das schrieb ich schon vor fünfzehn Jahren, nur die Wahl zwischen *Kolonisation und Polonisation*.

Darüber ist sich, wie gesagt, alle Welt einig. In der Theorie! In der Praxis aber versteht man unter „innerer Kolonisation" zwei sehr verschiedene Dinge. Die Agrarier verstehen darunter eine Kolonisation, die den Großgrundbesitz fördert und festigt, nämlich durch die Ansiedlung von Landarbeitern statt selbständiger Bauern, und zwar womöglich auf den „Außenschlägen" der großen Güter. Damit wären zwei Fliegen mit einer Klappe geschlagen: erstens wäre diese wirtschaftliche „Schollenbindung" zahlreicher Arbeiter ein gutes Mittel gegen Landflucht und Leutenot, und zweitens bekämen die Grundherren die für sie in der Regel ertraglosen, ja, oft genug schlimmer als ertraglosen Ländereien auch noch hoch aus der Staatskasse bezahlt.

Die Agrarpolitik, und zwar gerade die konservativ gerichtete Wissenschaft, vertreten durch Männer wie Schmoller und Sering, will eine ganz andere Kolonisation. Sie will den Großgrundbesitz energisch verkleinern und an seine Stelle wirkliche, selbstwirtschaftende freie Bauern setzen. Sering forderte erst kürzlich in einem im Königlichen Ökonomie-Kollegium am 11. Februar 1910 gehaltenen Vortrage „eine *energische Initiative* zur Mehrung des Klein- und Mittelbesitzes"[1]. Auf diesem Standpunkt steht auch die Regierung, wie sich aus vielen Dingen schließen läßt, z. B. aus ihrem Widerstande gegen die Pläne der ostpreußischen Landschaft, die auf die Kolonisation im Agrariersinne hinauswollen.

Zuerst trat dieser Gegensatz an die Öffentlichkeit eines kleineren Kreises, als der Leiter der ostpreußischen Landschaft, Geh. Rat Kapp, die eben dargestellten, großagrarischen Interessen gegen die von der Regierung unterstützte Ostpreußische Landgesellschaft durchzusetzen versuchte, die die Bauernkolonisation auf parzellierten Großgütern betrieb. Dann kam es über die gleiche Frage

---

1 Er sagt (Sering, in: Veröffentlichungen des Königl. Preuß. Landes-Ökonomie-Kollegiums, S. 31): „So ist der Mahnruf durchaus berechtigt, den der bekannte Landwirt Dr. Lothar Meyer kürzlich unter dem Eindruck seiner frischen englischen Beobachtungen veröffentlichte, daß man unter den jetzigen sich überstürzenden Zeitverhältnissen bei uns die Kolonisation gar nicht schnell und energisch genug betreiben könne."

zum Schisma im Bunde der Landwirte, und zwar explodierte der Widerstreit hier an der Frage der „Restgüter". Die Großagrarier wollen überall „kreisfähige" Rittergüter bestehen lassen, angeblich, weil die neu angesetzten Bauern nicht imstande seien, die Last und Verantwortung der Selbstverwaltung zu tragen. Die Bauern ihrerseits protestierten entrüstet gegen diese niedrige und in der Tat unverdiente Einschätzung und gegen die Verstümmelung der inneren Kolonisation, die lebensschwache Gemeinden ohne natürlichen Mittelpunkt, und neben ihnen ebenso lebensschwache Rittergüter erschaffen würde, nur um die ungerechte und sehr drückende rechtliche Vorzugsstellung des Großgrundeigentums zu verewigen. Da der Bund der Landwirte sich trotz scharfer Warnungen in dieser Frage für die Großagrarier und gegen die Bauern entschied und damit zeigte, daß wenigsten im preußischen Osten seine angebliche Bauernfreundlichkeit nichts als Maske ist,[1] traten die Gekränkten und Geschädigten aus und zum „Bauernbund" zusammen.

Trotzdem alle wissenschaftlichen Autoritäten und alle Sachkenner aus der Verwaltung in dieser Frage auf der Seite der Bauern und der bäuerlichen Kolonisation stehen, scheint der politische und außerpolitische Einfluß der Agrarier auch hier wieder stark genug zu sein, um ihren Willen gegen Vernunft und Staatsinteresse durchzusetzen. Zwar hat der Bund der Landwirte *nachträglich* einige – ungefährliche – Verbesserungen der Kreisordnung vorgeschlagen, um die Secessio plebis zu stoppen; aber Restgüter werden jetzt, wie es scheint, viel mehr gebildet als früher. Und ebensowenig hat man auf großagrarischer Seite auf die Kappschen Pläne Verzicht geleistet.

Kein Wunder, wenn die Verfechter der *echten* inneren Kolonisation sich aus patriotischen Beweggründen nunmehr gezwungen sehen, die Flucht in eine sozusagen beschränkte Öffentlichkeit anzutreten. Der erwähnte Führer des Bauernbundes, Dr. Böhme, tut es mit notgedrungener grober Deutlichkeit; die hohen Beamten befleißigen sich selbstverständlich eines möglichst sanften Tones. Aber die schwere Besorgnis um die Zukunft der Reform und damit des Landes und seines Volkstums klingt doch sehr vernehmlich durch die Zeilen.

Dr. Metz, Präsident des Oberlandeskulturgerichts, Wirkl. Geh. Rat, ein Mann, der sechzehn Jahre hindurch an leitender Stelle der inneren Kolonisation gedient hat, schreibt im Vorwort zu seiner Broschüre: „Die (. . .) Erfahrungen lassen mich befürchten, daß die Wege, die in neuerer Zeit zur Durchführung der bäuerlichen Kolonisation eingeschlagen wurden, auf die Dauer nicht zu gedeihlichen Ergebnissen führen können." Er stellt immer wieder fest, daß die öffentlichen Verwaltungskörperschaften im Osten nicht (wie Kapp vorschlug) die Träger der Aktion sein dürfen, weil sie ihr erstens „ablehnend oder doch teilnahmslos gegenüberstehen"[2] (S. 10), und zweitens als Vertreter der Landverkäufer Partei seien. Präsident Metz „vermag die Hoffnung nicht zu teilen, daß die Großgrundbesitzer von ihrer Abneigung gegen die innere Kolonisation geheilt werden können" (S. 12). Daß man in Pommern „glaubt, es sei bereits zu viel geschehen, ist öffentliches Geheimnis, obgleich doch in 17 Jahren noch nicht einmal 3,2% der Fläche der Großgüter aufgeteilt sind".

Ähnliche Sorgen klingen aus der vortrefflichen Rede, die der Regierungspräsident von Schwerin am 25. Febr. 1911 in der Konferenz der brandenburgischen Landräte zu Berlin gehalten hat.[3] Er betont in der Einleitung den Gegensatz deutlich genug für den, der die Dinge kennt: „Auf-

---

1 Vgl. Böhme, Die Stellungnahme des Bundes der Landwirte zur Ansiedlerbewegung und der inneren Kolonisation, Würzburg [ohne Jahr].
2 Metz, Die Zukunft der inneren Kolonisation im östlichen Deutschland, Berlin 1910; auch Max Sering spricht (in: Veröffentlichungen des Königl. Preuß. Landes-Ökonomie-Kollegiums, S. 32) von „Widerständen, die in jedem einzelnen Falle natürlich in sachliche Gründe gekleidet werden". Er spricht hier nicht von der Kolonisation im allgemeinen, sondern besonders von der Aufteilung der Domänen.
3 Schwerin, Schriften zur Förderung der inneren Kolonisation, Berlin 1911.

gabe dieser Politik ist es an sich nicht, irgendeinem bestimmten Stande oder einer bestimmten Bevölkerungsklasse zu helfen, also etwa für den Großgrundbesitzer oder Bauern Arbeiter zu schaffen." Und er sagt offen (S. 11): „Trotzdem kann und soll nicht verschwiegen werden, daß eine ihrem Umfange nach befriedigende innere Kolonisation nicht durchgeführt werden kann ohne eine wesentliche Verminderung des Großgrundbesitzes, die ihn indessen auf keine geringere Fläche zu beschränken braucht, als sie vor der Deklaration von 1816 im Großbetrieb bewirtschaftet wurde."

Der Widerstand der Großagrarier ist begreiflich: *denn es geht um ihre Existenz!* Die Verfechter der wahren Bauernkolonisation sind im Irrtum, wenn sie glauben, daß ihre Lieblingsmaßregel irgend großzügig durchgeführt werden könnte, *ohne den Großgrundbesitz gänzlich zu ruinieren.* Wenn man in Preußen eine Million ha Großgrundbesitz mit einem Schlage in Bauerngüter parzelliert, wie Sering forderte, dann ist der ganze Rest bankrott.[1]

Schon die politische Seite der Sache ist nicht zu vernachlässigen. Die Macht der konservativen Partei in Deutschland ruht fast ausschließlich auf der Gefolgschaft, die ihr die Gutshintersassen mehr oder weniger freiwillig leisten. Bauernbezirke sind ihr viel weniger sicher, wie mancher seit alters nationalliberale oder freisinnige bäuerliche Wahlkreis, und wie die Nachwahlen zum Reichstage zeigen. Die wirtschaftlichen und politischen Interessen des Großgrundbesitzes weichen doch vielfach von denen des mittel- und kleinbäuerlichen Besitzes ab; jener ist mehr an Getreide- und Futterzöllen interessiert, dieser mehr an Vieh- und Fleischzöllen, braucht aber billige Futtermittel; und, was das Politische anlangt, so zeigt die Gründung des Bauernbundes, daß der selbstbewußter gewordene Bauer sich immer heftiger gegen die Vorherrschaft des Großbesitzes in der ländlichen Selbstverwaltung Preußens auflehnt. Eine wirklich starke innere Kolonisation würde mithin die konservative Herrschaft in vielen Wahlkreisen des Ostens erschüttern.

Viel wichtiger aber ist, daß sie den Großbesitz wirtschaftlich an seiner schwächsten Stelle angreifen würde, der Arbeitsversorgung. Schon heute besteht eine täglich wachsende „Leutenot", dank der ungeheuerlichen Landflucht der Landarbeiterbevölkerung, und gerade diese Landflucht will die Kolonisation ja zu hemmen versuchen. Das würde ihr auch gelingen; die auf den angekauften Gütern seßhaft gemachten Bauern würden dem Lande erhalten bleiben – aber auf den nicht angekauften Gütern würde die Leutenot unerträglich werden. Ein Gut hat nämlich nach allen Erfahrungen zwei bis dreimal soviel Bewohner nach wie vor der Parzellierung; mit anderen Worten: jede durchgreifende Innenkolonisation muß fatalerweise das ohnehin schon fast entleerte Reservoir der Landarbeiter viel stärker abzapfen, als mit der Existenz der noch bestehenden Großbetriebe vereinbar scheint. Denn selbst angenommen, (was unwahrscheinlich ist), daß es möglich wäre, die Lücken in der Arbeiterschaft durch vervielfachte Einfuhr ausländischer Wanderarbeiter zu füllen, so würde doch durch diese ungeheuer verstärkte Nachfrage auf ihren Arbeitsmärkten ihr Lohn so hoch steigen, daß die Rente ihrer Anwender entsprechend, und vielfach gewiß auf und unter Null fallen müßte.

Die Innenkolonisation scheint mir danach eine jener Maßnahmen zu sein, die sich nur in ganz großem Stil oder überhaupt nicht durchführen lassen. Und man kann es den Großagrariern gewiß nicht übel nehmen, wenn sie trotz aller akademischen Verbeugungen – Serings Antrag wurde einstimmig angenommen – dennoch nach dem Grundsatz handeln: Principiis obsta!

Aber sehr merkwürdig ist, daß die Linke, „von Bassermann bis Bebel", immer noch nicht begriffen hat, daß hier der Schlüssel der feindlichen Stellung ist. Bisher fassen sie die Innenkolonisation augenscheinlich als eine der unzähligen „Wohlfahrtsbestrebungen" auf, die man anstandshalber unter-

---

1 Schmoller verlangte schon vor vielen Jahren die Ansiedlung von 150–200.000 spannfähigen bäuerlichen Familien und der entsprechenden Zahl von Häuslern. Das würde 2–3 Millionen ha beanspruchen.

stützt, die aber im Grunde gleichgültig sind; *sie ist aber das einzige friedliche Mittel zur Eroberung der politischen Macht.*

Und sie ist gleichzeitig, auch darüber sind sich die Parteien der Linken augenscheinlich noch nicht klar, das gewaltigste Mittel zur Hebung der Volkswirtschaft, der allgemeinen Wohlfahrt und der Versöhnung der Klassen miteinander. Um das zu beweisen, möchte ich mich der bewährten wissenschaftlichen Methode bedienen dürfen, mir die Maßregel als voll durchgeführt vorzustellen, um dann die daraus folgenden gesellschaftlichen Verschiebungen und Veränderungen zu betrachten.

Die erste Folge wäre eine ungeheure Verdichtung der Bevölkerung in den jetzigen ostelbischen Gutsbezirken. Heute geht sie nach Sering bis auf 4 Köpfe pro qkm heran und steigt im allgemeinen nur selten über 20–30 Köpfe. Nach Durchführung der Reform hätten wir pro qkm der landwirtschaftlichen Nutzfläche 100, auf die Gesamtfläche also ca. 70 Köpfe rein landwirtschaftlicher Bevölkerung. Dazu muß man aber durchschnittlich noch ein gutes Teil Nicht-Landwirte zurechnen, die erfahrungsgemäß in den Dörfern und Landgemeinden von Gewerben und Handel im Dienste der Bauern leben: wir kommen also auf eine durchschnittliche Dichte von etwa 80–90 Köpfen pro qkm allein der ehemaligen Gutsbezirke.

Dafür einen Beleg, den wir H. Borchert entnehmen: „Einer der fruchtbarsten Kreise der ganzen Monarchie mit starkem Großbesitz, Pyritz, ernährt auf 104.488 ha 43.626 Einwohner. 2,4 ha geben also nur einer Person Unterhalt. Der gebirgige Kreis Wittgenstein im südlichen Westfalen gilt für sehr arm, besteht zu über 50% aus Wald, hat wenig Industrie, schlechte Verkehrsmittel, rauhes Klima. Neben zwei großen Standesherrschaften, die größtenteils Wald besitzen, gehört der Boden Kleinbauern. Der Kreis ernährt auf 48.742 ha 22.480 Einwohner. Es genügen dort also 2,1 ha des viel schlechteren Bodens für einen Einwohner. In dem fast rein agrarischen Kreise Lippstadt in Westfalen leben 39.053 Einwohner, größtenteils Kleinbauern, auf 50.041 ha, also ein Einwohner auf 1,28 ha."[1]

Aber das ist noch nicht alles. Die *durchschnittliche* Bevölkerung der Ostprovinzen würde noch mehr steigen, weil im Gefolge der Innenkolonisation auch die Klein- und Mittelstädte stark an Einwohnerzahl zunehmen. Ich habe vor 14 Jahren in meinem „Großgrundeigentum und soziale Frage" zuerst auf diesen Zusammenhang aufmerksam gemacht; seitdem ist er unzählige Male statistisch bestätigt worden und kann heute als Gemeingut der Wissenschaft bezeichnet werden. Wo nämlich das Großgrundeigentum vorherrscht, können die Landstädte sich nicht entfalten, weil Zahl und Kaufkraft der Landarbeiter nicht zunimmt, während der Gutsherr seinen verfeinerten Bedarf in den Großstädten einkauft; wo aber Bauern sitzen, da wächst unaufhörlich Zahl und Kaufkraft derjenigen ländlichen Bevölkerung, die fast ausschließlich und mit Vorteil in den kleineren Städten kauft, und darum wachsen diese selbst an Zahl und Wohlstand.

Auch dafür einige Belege:

„An der glänzenden Entwicklung, die Deutschland in den letzten 40 Jahren genommen hat, haben die meisten der kleineren Städte des Ostens keinen Anteil. Sie sind in dieser Zeit entweder wirtschaftlich nicht gewachsen oder sogar absolut zurückgegangen. Es wäre nicht richtig, hierfür den Rückgang der Bevölkerung auf dem Lande allein verantwortlich zu machen, aber einen ganz wesentlichen Grund bildet dies. Unsere kleineren Städte sind im allgemeinen solche, die auf den Verkehr und den Verbrauch des umliegenden Landes angewiesen sind. Der Großgrundbesitz in seiner heutigen Gestaltung bietet ihnen diese Voraussetzung im allgemeinen nicht. In den kleinen Städten ist vielfach eine Verteuerung der Lebensbedürfnisse eingetreten. Es fehlt häufig in ihrer Umgebung an der genügenden Anzahl von Kleinwirten, die für den

---

1 Borchert, Innere Kolonisation in Pommern, Anklam 1907.

naheliegenden Markt produzieren. Der Großgrundbesitz verkauft sein Vieh und sein Getreide nicht mehr in der Kleinstadt, sondern ist auf einen weiteren Absatz angewiesen. Fehlt vielfach der Lieferant für die Kleinstadt, so ist der Käufer in noch höherem Maße geschwunden. Auch hier ist der Großgrundbesitzer nur in geringem Maße Abnehmer. Die Zahl der Gutstagelöhner und der ländlichen Mieterbevölkerung ist sehr zusammengeschrumpft. Der Ausländer, der an ihre Stelle getreten ist, deckt den Ausfall nicht annähernd. Was der Inländer verzehrte, nahm er im allgemeinen aus der Nachbarstadt. Was er ersparte, trug er auf ihre Sparkasse und belebte damit Handel und Wandel. Der Ausländer ist in seinen Bedürfnissen sehr viel anspruchsloser. Er verbraucht wenig aus der Stadt und sucht möglichst viel in barem Gelde in die Heimat abzuführen. Welche Summen hierbei in Frage kommen, ergibt sich, wenn man rechnet, daß jeder Ausländer 100 Mark im Laufe der Saison erspart, was wohl sehr niedrig angeschlagen ist; dann sind das aber nach den vorher angegebenen Zahlen 60–70 Millionen im Jahre. Wie sie im ganzen unserem Nationalvermögen verlorengehen, so im besonderen unseren Landstädten. Dementsprechend deckt sich das Gebiet des Rückganges der kleinen Städte fast genau mit dem des Überwiegens oder der sehr starken Vertretung des Großgrundbesitzes in den betreffenden Kreisen."[1]

Wie sehr aber umgekehrt eine kräftige Bauernkolonisation die Landstädte entwickelt, dafür bringt Schwerin einige schlagende Ziffern:

„Daß auch die Landstädte einen wesentlichen Vorteil von der Aufteilung von Großgütern haben, könnte man schon daraus schließen, daß die statistischen Nachweisungen aus den Rentengutskolonien eine ganz bedeutende Steigerung der Viehhaltung in ihnen und der aus ihnen stammenden Spareinlagen erweisen, eine wirtschaftliche Entwicklung, die fast ausnahmslos den kleineren Städten zugute kommt. Mehr als hierauf dürfen wir aber noch auf die Zahlen bauen, die uns Untersuchungen aus der Provinz Posen vor Augen führen. Ich möchte Ihnen die Wirkung an einigen Städten zeigen, die mir seit 20 Jahren aus eigenem Augenscheine bekannt sind, und zwar zunächst zwei Mittelstädten, von denen die eine, Gnesen, mit einem Kranze deutscher Ansiedlungen umgeben worden ist, die andere, Rawitsch, wo dies nicht der Fall ist.

	1885	1905	
Gnesen	15.775	23.726	+ 50,57%
Rawitsch	12.919	11.404	– 11,73%

Sodann zwei kleine Städte mit den gleichen Verhältnissen, Jannowitz, mit zahlreichen Ansiedlungen in der Umgegend, Zerkow, ohnedem.

	1885	1905	
Jannowitz	1.215	1.891	+ 55,64%
Zerkow	1.924	1.631	– 15,23%

Diese Untersuchungen sind auf je 7 weitere Städte ausgedehnt und haben, während die Nichtansiedlungsstädte insgesamt nur 8,47% Bevölkerungszuwachs aufwiesen, für die Ansiedlungsstädte einen solchen von 47,40% ergeben, die Zunahme der selbständigen Handwerksmeister in diesen letzteren betrug 1885–1905 29,66%. Der gesamte Marktverkehr hat ein anderes Bild

---

[1] Schwerin, Schriften zur Förderung der inneren Kolonisation, S. 7.

bekommen. Die Zufuhr von landwirtschaftlichen Erzeugnissen: Gemüse, Gartenfrüchte, Obst, Eier ist reichlich. Der Auftrieb von Vieh, besonders von Schweinen, ist stark gesteigert. Die Spareinlagen in 6 der 7 Städte sind um 235% gestiegen. Die städtischen Grundstückswerte sind um durchschnittlich 25% gestiegen."[1]

Damit wären nach verschiedener Richtung hin sehr bedeutsame und heilsame volkswirtschaftliche Veränderungen verknüpft:

Erstens: würde sich in dieser verdichteten, stetig an Kaufkraft wachsenden Landbevölkerung der deutschen Industrie ein ungeheurer, sehr aufnahmefähiger, der ausländischen Konkurrenz fast unzugänglicher neuer Binnenmarkt erschließen, um so mehr, als sich immer deutlicher herausstellt, daß die Bauernwirtschaften produktiver sind als die Großgutsbetriebe. Sie züchten und produzieren, wie wir soeben vernahmen[2], unverhältnismäßig mehr Vieh, Eier, Geflügel, Obst usw. als die Großgrundbesitzer, und es scheint neuerdings sogar, als wenn sie durchschnittlich mehr verkäufliches Getreide von der Fläche zu holen lernen. Dieses vermehrte Angebot von Urprodukten erscheint auf dem städtischen Markte natürlich als vermehrte Nachfrage nach Industrieerzeugnissen. Die Gewerbe würden also mit einer langen Periode gewaltig wachsender Nachfrage und guter Preise zu rechnen haben.

Zweitens könnte man nunmehr ohne Gefahr daran denken, die Kornzölle allmählich abzubauen, während man die Viehzölle vielleicht noch aufrechterhalten könnte. Die kleinen Mittel-Bauern sind, wenn überhaupt, an Kornzöllen sehr wenig interessiert; und jedenfalls wird dieses ihr geringes Interesse durch ihr Interesse an hohem Fleischkonsum überwogen. Die Herabsetzung der Brotpreise vermehrt aber naturgemäß die Kaufkraft der Volksmasse für Fleisch.

Drittens würde man im nationalen Interesse die weitere Zulassung slawischer Wanderarbeiter verhindern können, da die klein- und mittelbäuerlichen Wirtschaften keiner Hilfskräfte bedürfen.

Schließlich würde mindestens auf Jahrzehnte hinaus die Massenabwanderung der Landkinder in die Industriebezirke aufhören; denn massenhaft wandern nur Landproletarier ab, und die gäbe es jetzt nicht mehr. Unter diesen Umständen würde der Druck auf die städtischen Arbeitermärkte verschwinden, *und die Industrie würde, bei stark wachsender Nachfrage nach Arbeitern und gleichzeitig stark schwindendem Angebot von Arbeitern viel höhere Löhne bezahlen müssen und können.*

Das aber wäre das Ende des Kapitalismus! Wenn Marx Recht hat – und er hat in diesem Punkte unzweifelhaft recht –, daß der Kapitalismus nur dort bestehen kann, wo „freie" Arbeiter in Massen vorhanden sind, dann kann hier der Kapitalismus keinen Bestand mehr haben. Denn hier gibt es keine „freien" Arbeiter mehr.

Auf Jahrzehnte hinaus ist eher eine Rückwanderung aus den Städten aufs Land, als eine Abwanderung vom Lande in die Städte zu erwarten. Denn der Vorrat an Land ist nach Lösung der Bodensperre so übergroß, daß jedermann Bauernschaft erwerben kann, der es wünscht. Was aber vielleicht doch von Landkindern in die Städte wandert, das sind wohlhabende Bauernsöhne und nicht verhungernde Kulis. Und in den Städten selbst steht der Lohn so hoch, daß die industriellen Arbeiter, auch ohne zu darben, genug Ersparnisse machen können, um sich selbst in den Besitz genügender Produktionsmittel zu setzen, sei es als Alleinmeister, sei es durch Zusammenschluß in der Produktivgenossenschaft. Wer aber Produktionsmittel für sich beschaffen kann, der ist kein „freier" Arbeiter.

Ist das „Utopismus"?

---

1 [ebenda, S. 10f., A.d.R.]
2 Ein sehr schlagendes Beispiel dafür bringt Borchert: Auf dem im Kreise Naugard gelegenen, 644 ha großen Rittergut Korkenhagen waren vorhanden nach der Aufteilung 248 (vorher 129) Menschen, 52 (15) Pferde, 238 (70) Rinder, 597 (49) Schweine, dagegen 67 (704) Schafe.

Das dürfen vielleicht bürgerliche Ökonomisten behaupten, denen der Sozialismus überhaupt als Utopie erscheint. Aber Sozialisten dürfen das nicht behaupten, am wenigsten Marxisten, die wissen, daß „Kapital" und „freie Arbeiter" zwei untrennbare Wechselbegriffe sind, und am allerwenigsten – *Karl Kautsky*. Denn er hat genau den gleichen Gedanken ausführlich wie folgt entwickelt.

„Eine wirklich ausreichende Unterstützung aller Arbeitslosen muß nämlich völlig das Kraftverhältnis zwischen Proletariat und Bourgeoisie, zwischen Proletariat und Kapital verschieben; sie macht das Proletariat zum Herren der Fabrik. Wenn die Arbeiter sich heute dem Unternehmer verkaufen, wenn sie sich von ihm ausbeuten und knechten lassen müssen, so ist es eben das Gespenst der Arbeitslosigkeit, die Hungerpeitsche, was sie dazu zwingt. Hat dagegen der Arbeiter die Sicherheit der Existenz, auch wenn er nicht in Arbeit ist, so ist nichts leichter für ihn, als das Kapital matt zu setzen. Er braucht dann nicht mehr den Kapitalisten, während dieser ohne ihn seinen Betrieb nicht fortsetzen kann. Ist es so weit, dann wird der Unternehmer bei jedem Konflikt mit seinen Arbeitern den Kürzeren ziehen und gezwungen sein, nachzugeben. Die Kapitalisten können da wohl fortfahren, Leiter der Fabriken zu sein, aber sie werden aufhören, ihre Herren und Ausbeuter zu sein. Erkennen aber die Kapitalisten, daß sie nur noch das Risiko und die Lasten des kapitalistischen Betriebes zu tragen haben, dann werden diese Herren die ersten sein, welche auf die Fortführung der kapitalistischen Produktion verzichten und darauf drängen, daß man ihnen ihre Unternehmungen abkauft, die sie ja doch nicht mehr mit Vorteil betreiben können. Wir haben ähnliche Vorkommnisse schon gehabt. So waren, um ein Beispiel zu nennen, in Irland zur Zeit, als die Pächterbewegung ihren Höhepunkt erreicht hatte, die Grundbesitzer nicht imstande, ihre Renten einzutreiben; da waren es die Landlords selbst, die danach verlangten, daß man allen Grundbesitz von Staatswegen ankaufe. Das Gleiche hätten wir unter dem proletarischen Regime von dem kapitalistischen Unternehmertum zu erwarten. Auch wenn dieses Regime nicht von sozialistischen Theorien geleitet würde und nicht von vornherein darauf ausginge, die kapitalistischen Produktionsmittel in gesellschaftlichen Besitz zu bringen, würden die Kapitalisten selbst verlangen, daß man ihnen ihre Produktionsmittel abkaufe. Politische Herrschaft des Proletariats und Fortführung der kapitalistischen Produktionsweise sind miteinander unvereinbar."[1]

Der Gedankengang deckt sich mit dem unseren völlig; sobald der Arbeiter nicht mehr „frei" ist, ist der Kapitalismus tot. Durch welche praktischen Maßnahmen der jetzt bestehende Druck der Reserve-Armee auf die Löhne aufgehoben worden ist, ist natürlich gleichgültig. Ob das durch eine Arbeitslosenversicherung oder durch Aufhebung der Bodensperre geschieht: sobald es keine massenhaften Proletarier mehr auf den städtischen Arbeitsmärkten gibt, die die „Hungerpeitsche" treibt, ihre Dienste zum Minderwert anzubieten, ist der Kapitalist geliefert, und der Kapitalismus erwürgt.

Das kann und wird die innere Kolonisation leisten: die Sprengung des Bodenmonopols, damit des Klassen-Monopolverhältnisses in jeder seiner Auswirkungen, auch des Kapitalverhältnisses, die Beseitigung allen „Mehrwerts".

Und sie wird kommen, die innere Kolonisation, ob wir Zeitgenossen mitwirken oder nicht. Denn das Monopol stürzt bald unter seinem eigenen Gewicht zusammen. Die Landflucht dezimiert Jahr für Jahr die Arbeiterschaft des Großgrundeigentums; immer höher, unaufhaltsam, steigen die Löhne: sie müssen in absehbarer Zeit den Punkt erreichen, wo die Rente verschwindet –

---

1 Kautsky, Die soziale Revolution, Berlin 1907, S. 72; vgl. unten das Kapitel „Kautskys Zukunftsstaat".

und dann hat die Rechtsform des Großgrundeigentums ihren wirtschaftlichen Inhalt verloren, und die wertlos gewordene Position wird verlassen.

Wahrscheinlich aber werden wir nicht einmal diese kurze Spanne Zeit abwarten müssen. Die Entwicklung wird voraussichtlich abgekürzt werden durch eine Umwälzung der agrarischen Besitzverhältnisse im Grenzgebiet des sozialen Druckes, vor allem in Rußland.

Rußland hat seit der Revolution während des japanischen Krieges mit unerwarteter Energie den einzigen Weg beschritten, der noch zur Rettung des Staates führen konnte.[1] Die Verwurzelung des Landproletariats mit der Scholle ist durch eine innere Kolonisation von ungeheuerem Umfang bereits weithin durchgeführt und wird hoffentlich nicht wieder durch den Tschin verdorben werden. Nach Sering (Innere Kolonisation, S. 23) sind in den letzten 4–5 Jahren durch den Staat selbst und unter seiner Vermittlung (namentlich durch die Bauernbank) 9,9 Millionen ha in bäuerlichen Besitz oder Betrieb übergeführt worden. Das ist mehr als die gesamten deutschen Großbauern (9,3), und erheblich mehr als der deutsche Großgrundbesitz (7,0 Millionen ha) besitzen. Dazu kommt „eine Außenkolonisation in Sibirien, welche jährlich mehrere hunderttausend russische Auswanderer aufzunehmen vermag und tatsächlich aufnimmt". Es werden durchweg selbständige und lebensfähige Bauernstellen von 10–20 ha Umfang geschaffen.

Dieser ungeheuren inneren Kolonisation dankt Rußland seine Beruhigung und wird ihr hoffentlich bald Wohlstand, Freiheit und Recht verdanken.

Aber auch für Deutschland bedeutet diese friedliche Umwälzung der Besitzverhältnisse im Osten die Morgenröte einer neuen Zeit:

Unsere Großlandwirtschaft braucht je länger je mehr ausländische Feldarbeiter, um selbst bei der geringen Intensität ihrer Betriebe ihre Äcker zu bestellen und ihre Ernte einzubringen. Nach der Statistik der deutschen Feldarbeiter-Zentrale ist in den Jahren 1908–1911 die Zahl der ausländischen Arbeiter, die von ihr mit Legitimation versehen werden, von 473.000 auf 693.000 angewachsen; von der letztgenannten Zahl entfielen 386.000 auf die Landwirtschaft. Das ist, wie schon gesagt, eine Mindestziffer, denn es kommen genug unlegitimierte über die Grenze.[2] Diese Wanderarbeiter sind fast durchaus im Großbetriebe beschäftigt. Da er 1907 im ganzen nur noch 834.000 ständige Arbeiter beschäftigte, die sich seitdem bestimmt nicht vermehrt haben, deckt er seinen Arbeitsbedarf bereits fast zu einem Drittel durch fremde Arbeitskräfte.

Nun führt die Landflucht nach dem Gesetz vom einseitig sinkenden Druck immer mehr von den reichsdeutschen ständigen Arbeitern fort. Soll der Betrieb auch nur aufrecht erhalten werden (er müßte von Rechtswegen intensiviert werden), so müßte mithin eine immer größere Zahl fremder Wanderarbeiter herangezogen werden können. Aber das wird immer schwerer und kostspieliger und wird bald ganz unmöglich werden. 1907 kamen nach Thüringen schon Ruthenen aus dem fernsten Hinterlande; 1910 hat man, wie die ostpreußische Landwirtschaftskammer nach Sering berichtet, schon nach Südrußland übergreifen müssen. Aber auch diese Becken voller „Grenzkulis" werden bald nichts mehr hergeben. Die großartige Kolonisationsarbeit, die Rußland in Europa leistet, verwandelt Millionen und Millionen von Proletariern in wohlhäbige Elemente, die an keine Wanderarbeit mehr denken; Sibirien saugt jährlich Hunderttausende ab, Kanada und Argentinien bieten dem kostbaren Menschenmaterial geradezu Großgrundbesitz fast kostenlos an, Neuseeland und Australien schicken sich an, ihnen nachzueifern. Wie lange noch, und trotz aller Maßnahmen unserer Regierung verbreitet sich auch im deutschen Landarbeiterstande die Kunde

---

1 Vgl. meinen Aufsatz: „Was uns die russische Agrarreform bedeutet", in: Patria, Jahrbuch der „Hilfe", Jahrg. 1907.
2 Vgl. Schwerin, Schriften zur Förderung der inneren Kolonisation, S. 5.

von dem neuen Dorado der Bauern in Kanada[1]: muß man da nicht mit Sering fragen: *„Wie denkt man sich die weitere Entwicklung?"*[2]

Will man chinesische Kulis zu Hunderttausenden importieren? Die Frage stellen, heißt sie verneinen; „selbst der verrückteste Agrarier", um mit dem Fürsten Bismarck zu sprechen, kann das nicht wollen.

Was also tun, wenn das große Menschenreservoir im Osten nicht mehr die Massen hergibt, die der Großbetrieb braucht? *Dann wird die innere Kolonisation die einzige Rettung der Großbesitzer vor dem völligen Bankrott sein,* und sie werden sie vom Staate fordern, wie sie Anfang des 19. Jahrhunderts die Ablösung der Gutsuntertänigkeit vom Staate forderten. Damals, wie jetzt, hatte eine unverständige Arbeitsverfassung sich selbst ad absurdum geführt.

Mögen sie heute Widerstand leisten und denken: nach uns die Sintflut! Was kommen muß, kommt dennoch, und aller Widerstand, der die notwendig gewordene Reform verzögert, wird nichts anderes bewirken, als daß sie explosiv erfolgt und die Mehrzahl der dann lebenden Großwirte ökonomisch ruiniert. Denn heute könnten sie noch zu guten Preisen verkaufen: werden aber die Arbeitskräfte erst einmal wirklich knapp, dann steigen die Löhne enorm, die Grundrente stürzt krisenhaft, und ihr kapitalisierter Wert fällt so tief, daß wahrscheinlich nicht einmal die Hypotheken mehr überall gedeckt sind, und das eigene Vermögen der Besitzer vielfach gänzlich verloren ist.

Das ist die „Tendenz der gesellschaftlichen Entwicklung" in der Landwirtschaft, und nicht die Entwicklung zum Großbetriebe, wie Marx annahm.[3] Bodensperre und Freizügigkeit sind unvereinbar. Das Großgrundeigentum geht zugrunde an den Folgen seiner eigenen Existenz, an der Fortwanderung seiner Hintersassen. Das Klassen-Monopol verschwindet, der feudale Fremdkörper, der Rest erobernder Gewalt, wird aus dem Organismus der auf Gleichheit aufgebauten freien Gesellschaft genau so ausgestoßen, wie unser Körper einen Splitter ausstößt; und alle die Fieber- und Schmerzerscheinungen des Kapitalismus dürfen uns nicht daran irre machen, daß es ein großartiger Vorgang der *Heilung* ist, der sich vollzieht.

Die Freizügigkeit zerbricht zuletzt die Bodensperre – und damit verschwindet der gesellschaftliche Mehrwert, und in freier Konkurrenz steuert sich eine Wirtschaft des Reichtums und der Gerechtigkeit. Wir brauchen weder auf die Freiheit noch auf die Gleichheit zu verzichten, die Zukunft bringt uns beide vereint, den *liberalen Sozialismus*!

---

1 Ein einziges kanadisches Auswanderbüro soll nach privater Mitteilung mehrere hundert Agenten in Deutschland beschäftigen.
2 „Die östlichen Reservaire, aus denen die slawischen Arbeiter stammen, sind groß, aber nicht unerschöpflich. So weist denn auch der letzte Jahresbericht der Feldarbeiter-Zentralstelle auf die Gefahr hin, die sich daraus ergibt, daß diese Reservaire durch die Auswanderung nach Amerika sich zu erschöpfen drohen." (Schwerin, Schriften zur Förderung der inneren Kolonisation, S. 7.)
3 Vgl. unten „Kautsky als Agrartheoretiker".

Zweiter Teil:
Der Sozialismus

V. Liberaler Sozialismus und Marxismus

Die bisher vorgetragenen Anschauungen bilden das Grundgerüst des *liberalen Sozialismus*.

Er ist *Sozialismus*, weil er der Glauben an und das Streben auf eine *von allem Mehrwert erlöste* Wirtschaftsordnung ist, eine Ordnung, *in* der alle Arbeit ihres vollen Ertrages sicher, *aus* der Grundrente und Kapitalprofit verschwunden sind.

Es ist *liberaler* Sozialismus, weil er dieses Ziel erreichbar hält nicht durch Beseitigung, sondern gerade erst durch die volle Entfesselung der zu Unrecht verschrieenen freien Konkurrenz. Dadurch vor allem unterscheidet er sich von dem kollektivistischen Sozialismus, wie Marx ihn lehrte.

Gegen den liberalen Sozialismus verfängt kein einziger der Einwände, die man gegen den Marxismus erhoben hat. Eine Gesellschaft der freien Konkurrenz ohne Bodensperre ist ohne weiteres vorstellbar; und niemand kann zu behaupten versuchen, „daß die Menschen Engel sein müßten", um in solcher Ordnung zu leben.

Der liberale Sozialismus beruht auf einem niemals, auch von Marx nicht, bestrittenen Gesetz der Volkswirtschaft, das den folgenden Inhalt hat:

Die freie Konkurrenz gleicht auf die Dauer alle Einkommen entsprechend der Qualifikation aus, *soweit nicht Monopole einspielen*. Die durch Monopole verursachten Unterschiede des Einkommens kann sie aus dem klaren Grunde nicht ausgleichen, weil jedes Monopol gerade darauf beruht, daß die Konkurrenz nicht eingreifen kann.

Wenn es also gelingt, aus der Wirtschaftsordnung alle Monopole zu entfernen, so muß die freie Konkurrenz alle Einkommen entsprechend der Qualifikation ausgleichen – d. h. den Zustand des rationellen Sozialismus herbeiführen. Das ist die ganze Theorie des liberalen Sozialismus.

So einfach und einleuchtend sie ist, so wird es doch wünschenswert sein, sie gegen die ungeheure Autorität der Marxschen Lehre dadurch zu verteidigen, daß diese in einigen wichtigen Punkten als irrig nachgewiesen wird. Das soll sofort geschehen. Zuvor aber wollen wir, als ehrfurchtsvolle Schüler des großen Meisters, dieser gewaltigen Theorie den Zoll der Dankbarkeit darbringen, indem wir zeigen, daß der Bau unserer eigenen Auffassung fast überall auf den Fundamenten errichtet ist, die Marx selbst gelegt hat.

Marxisch ist zunächst das *Ziel* der Theorie: „den Sozialismus nicht aus dem Kopfe zu erfinden, sondern mittels des Kopfes in den immanenten Entwicklungstendenzen der kapitalistischen Gesellschaft selbst zu entdecken". Indem Marx selbst diesem Ziele nachstrebte, hat er den Sozialismus „von der Utopie zur Wissenschaft" erhoben: ich habe mir das gleiche Ziel gesteckt, habe zu zeigen gesucht, daß die kapitalistische Gesellschaft durch ihre eigene Entwicklungstendenz dem Zustande des Sozialismus, *d. h. der von allem „Mehrwert" erlösten Gesellschaft*, zugetrieben wird; daß der Sozialismus, um wieder mit Marx zu sprechen, im Schoße der kapitalistischen Gesellschaft reift und zu seiner Zeit zum Lichte geboren werden wird, ob die Zeitgenossen nun Geburtshilfe leisten oder nicht. Ich unterscheide mich von Marx nur darin, daß ich mir die innere Ordnung und Gestaltung dieses Sozialismus der Zukunft anders vorstelle als er; – und ich unterscheide mich von den jetzt lebenden Marxisten nur dadurch, *daß ich an eine viel schnellere Verwirklichung dieses Menschheitsideales glaube, als der Gläubigste unter ihnen*. Ich zweifle nicht daran, daß die meisten von uns noch Bürger dieses Zukunftsstaates sein werden, wenn wir nur den Willen haben, der zum Ziele führt. Aber, trotz dieser Unterschiede: ich hoffe, der orthodoxeste Marxist wird mir nicht bestreiten wollen, daß die von mir vorgetragene Theorie *wissenschaftlicher Sozialismus* im strengsten marxistischen Sinne ist.

Marxisch ist zweitens die allgemeine geschichts-, staats- und rechtsphilosophische Grundlage, auf der das Werk ruht. Ich bin rechtgläubiger Bekenner der *materialistischen Geschichtsauffassung*, insofern sie lehrt, daß die geschichtlichen Massenbewegungen verursacht sind nicht durch Gedanken und Wollungen von „Helden", sondern durch Massenhandlungen zur Befriedigung von Massenbedürfnissen, namentlich von „ökonomischen" Massenbedürfnissen; daß die Ideologien nicht die Ursache, sondern die Folge, sozusagen die Reflexe, dieser Massenbewegungen sind, und daß sich daher der „ideologische Oberbau der Gesellschaften mit ihrem materiellen Unterbau gesetzmäßig umwälzt". Da auch die soziologischen Theorien Teile dieses ideologischen Oberbaues sind, denke ich ziemlich geringschätzig von ihrer Einwirkung auf den geschichtlichen Fortschritt; und ich würde nicht die geringste Hoffnung haben, meine Theorie angenommen und angewandt zu sehen, wenn ich nicht aus mancherlei Dingen zu der Überzeugung gelangt wäre, daß der Unterbau gerade jetzt weit genug umgewälzt ist, um eines neuen wissenschaftlichen Oberbaues zu bedürfen. Mit anderen Worten: mir erscheint die Volkspartei an einem Punkte angelangt zu sein, wo sie mit der Marxschen Lehre in ihrer alten Form nicht mehr lange wird ausreichen können.

Marxisch ist drittens die Methode. Ich bediene mich, wie er, lediglich der logischen Ableitung aus bestimmten uns gemeinsamen Voraussetzungen, namentlich aus dem Prinzip des wirtschaftlichen Selbstinteresses, während historische und statistische Daten fast nur illustrativ verwendet werden. Nebenbei gesagt hat diese Gemeinsamkeit der Methode den unendlichen Vorteil, daß Meinungsverschiedenheiten ohne weiteres entschieden werden können, wenn nur auf beiden Seiten der gute Wille dazu gegeben ist. Denn es handelt sich hier um nichts anderes als um logische Rechenexempel, die nach bestimmten, unerschütterlichen Regeln nachgeprüft werden können. Dadurch sollten sich die wissenschaftlichen Kämpfe in der Ökonomik von Glaubensstreitigkeiten zu ihrem Vorteil unterscheiden, die niemals zum letzten Austrag gebracht werden können, weil die streitenden Teile von verschiedenen Voraussetzungen ausgehen und sich verschiedener Methoden der Beweisführung bedienen. Leider erlebe ich seit 18 Jahren, daß die Vertreter des wissenschaftlichen Marxismus meine Beweisanträge und Behauptungen nach der Methode von Theologen behandeln, statt sie entweder zu widerlegen oder zu akzeptieren.

Marxisch ist viertens die Wertauffassung: eine reine „objektive" Arbeitswert-Theorie, unter Ablehnung jeder „subjektiven", wie jeder „Kostenwert-Theorie". Also *grundsätzlich* volle Übereinstimmung, und Abweichung von Marx nur in der Ausgestaltung. Davon wird sofort ausführlich gehandelt werden.

Marxisch ist fünftens meine Auffassung vom „Mehrwert". Es unterliegt für mich keinem Zweifel, und ich stelle es ohne irgendeinen Versuch der Beschönigung hin, daß – bis auf winzige und harmlose Splitter – alles „arbeitsloses Einkommen" aus Grund- und Kapitaleigentum „Mehrwert" ist, d. h. unbezahlte Arbeit, die der „freie Arbeiter" leistet, und der „Kapitalist", d. h. der Eigentümer der Produktionsmittel, sich aneignet.

Marxisch ist sechstens meine Auffassung vom Wesen des „Kapitals". Hier stehe ich ohne Vorbehalt auf dem Boden seiner Auffassung, seiner größten und in der Tat genialen Leistung, daß das Kapital ein „gesellschaftliches Verhältnis" ist. Nur dort, wo das „gesellschaftliche Kapitalverhältnis" besteht, d. h. wo am einen Pole der sozialen Stufenleiter alle Produktionsmittel im Besitz einer kleinen Klasse angehäuft sind, während am anderen Ende die „freien Arbeiter" sich befinden, los und ledig, frei von allen zur Verwirklichung ihrer Arbeitskraft im eigenen Interesse nötigen Sachen – nur dort kann das Eigentum an Produktionsmitteln Mehrwert abwerfen, nur dort sind sie „Mehrwert heckender Wert", nur dort also „Kapital". Wo jene Klassenscheidung nicht besteht, die das Kapitalverhältnis begründet und erhält, da gibt es wohl Produktionsmittel, aber weder Kapital noch Kapitalismus.

Marxisch ist siebentens meine *Analyse der kapitalistischen Gesellschaft*, wenigstens in allem Prinzipiellen. In vielen Einzelheiten weiche ich von ihm ab, vor allem in der Wertlehre, aber grundsätzlich bekenne ich mich als seinen Schüler auch darin, daß die kapitalistische Wirtschaft nur verstanden werden kann als *Mehrwertpresse*. Nicht die Befriedigung menschlicher Bedürfnisse ist ihr Zielpunkt, sondern die Erlangung und Anhäufung von Mehrwert: das entscheidet über ihre sozialen Inhalte und ihre ideologischen Formen; daraus entstehen die kapitalistische Konkurrenz mit all ihren duftigen Blüten, daraus die wirtschaftlichen Krisen, daraus die plutokratische Korruption der Trusts, daraus fast die gesamte Innen-und Außenpolitik nicht minder wie die unter heuchlerischem Romantizismus nur schlecht verborgene Brutalität der Gesinnungen, die Rückwärtserei in allem Kulturlichen, die Flucht ins feudal-klerikale Mittelalter, der hohle Ästhetizismus der Intellektuellen usw.

Marxisch ist achtens meine Auffassung von der geschichtlichen Entstehung, in seinen Worten von der „*Produktion des Kapitalverhältnisses*". Jene Klassenscheidung zwischen Besitzenden und „freien Proletariern" ist nicht, wie der alte Liberalismus behauptete, die „naturnotwendige", in der Organisation der Gesellschaft selbst fatalerweise unvermeidbar begründete Folge der „natürlichen Verschiedenheiten der Begabung", d. h. der sogenannten „ursprünglichen Akkumulation" des Vermögens; sondern diese Lehre ist in der Tat das, was Marx sie nannte, eine „Kinderfibel"; und die Klassenscheidung ist in der Tat geschaffen worden durch „*außerökonomische Gewalt*", durch gesetzwidrigen Raub und „gesetzliche" Usurpation des Grund und Bodens und der übrigen Produktionsmittel, durch Mißbrauch, durch *Klassengesetzgebung, Klassenjustiz und Klassenverwaltung*.

Marxisch ist neuntens die entschiedene Ablehnung des sog. Malthusschen Bevölkerungsgesetzes, das die kapitalistische Not aus einem angeblichen ewigen Naturgesetz abzuleiten sich vermaß.

In diesen neun Hauptpunkten und in zahlreichen Nebendingen stehe ich fest auf dem Boden der Marxschen Lehre. Nur in zwei wichtigen Punkten weiche ich von ihr ab – und daraus folgt nun allerdings eine ganz verschiedene Auffassung von dem Entwicklungsgange der kapitalistischen Gesellschaft, und daraus wieder eine grundverschiedene politische und wirtschaftliche Taktik.

Der eine dieser Punkte ist bereits gestreift worden[1]: er betrifft die Reproduktion des Kapitalverhältnisses.

Marx nahm an, daß das Kapitalverhältnis, wenn es erst einmal durch außerökonomische Gewalt gesetzt sei, sich automatisch in dem und durch den kapitalistischen Produktionsprozeß reproduzieren müsse, und zwar durch einen Mechanismus, den er genau dargestellt und als das „Gesetz der kapitalistischen Akkumulation" bezeichnet hat. Es sagt in unendlich verfeinerter Analyse und Auffassung im Grunde dasselbe, was früher die Arbeiter selbst und viele Theoretiker, z. B. Ricardo, annahmen: das Kapital als „konstantes Kapital", d. h. in seiner Gestaltung als Maschinerie, „setzt in steigendem Maße Arbeiter frei", wirft sie aus ihrer Beschäftigung; diese Freigesetzten bilden die „Reserve-Armee", die durch ihre Hungerkonkurrenz den Lohn der Beschäftigten niederhält und niemals, selbst unter den günstigsten denkbaren Umständen, so hoch steigen läßt, daß die Proletarier selbst genügende Ersparnisse machen können, um Produktionsmittel zu erwerben und der Mehrwertpresse zu entrinnen.

---

1 Vgl. oben Seite 48f. [im vorliegenden Band S. 649f.].

Es fällt mir nicht bei, die *Tatsachen* zu bestreiten, die Marx hier zu erklären versucht: in der Tat ist in allen kapitalistischen Gesellschaften regelmäßig eine Reserve-Armee unbeschäftigter Arbeiter vorhanden, die den Lohn der Beschäftigten niemals über jenen Punkt steigen läßt, bei dem das Kapitalverhältnis dadurch gesprengt wird, daß der Proletarier selbst Produktionsmittel erwerben kann – aber ich bestreite, daß die Marxsche *Erklärung* richtig ist. Die Reserve-Armee ist da und wirkt auf den Lohn und die Lebenshaltung des Proletariats genau so, wie Marx es darstellte – aber sie entsteht und ersetzt sich nach meiner Meinung aus einer anderen Ursache.

Es wurde schon gezeigt, daß die Marxsche Erklärung mit der großartigen gesellschaftlichen Tatsache der „Verstadtlichung der Bevölkerung" unvereinbar ist.

Nehmen wir nämlich selbst an – was nicht wahr ist –, daß die Freisetzung des Proletariats in der Landwirtschaft im Verhältnis zu dem daselbst funktionierenden Kapital erfolgte, so müßte doch die Freisetzung in der Industrie nach dem Gesetze der Akkumulation ungleich stärker sein. Denn sie besteht aus lauter Einzelbetrieben, in denen die kapitalistische Ausstattung viel bedeutender ist, in denen namentlich das konstante Kapital ungleich stärker im Verhältnis zum variablen wächst als in den Betrieben der Agrikultur. Folglich müßte die Industrie viel mehr Arbeiter in die Reserve-Armee abstoßen als die Landwirtschaft, wenn Marx' Erklärung der Wahrheit entspräche. In der Tat ist es aber umgekehrt: die Industrie setzt, als Ganzes genommen, überhaupt keine Arbeiter frei, sondern eröffnet im Gegenteil viel mehr neue Arbeitsstellen, als dem Wachstum der Gesamtbevölkerung entspricht; während z. B. die deutsche Bevölkerung zwischen zwei Zählungen um 14% wuchs, wuchs die städtische Arbeiterschaft um mehr als das Dreifache, nämlich 44%.

Die Freisetzung kann daher mit den Veränderungen in der „organischen Zusammensetzung" des Kapitals nichts zu tun haben. Und eine genauere Betrachtung zeigt, daß sie mit dem Kapital überhaupt nichts zu tun hat. Die Wanderung vom Lande ist nämlich relativ am geringsten dort, wo die Landwirtschaft hochkapitalistisch betrieben wird (denn dazu braucht es stark *vermehrter* Handarbeit gerade zur Ausnützung der meisten Maschinen) – und die Wanderung ist am stärksten dort, wo noch keine oder schwache kapitalistische Landwirtschaft besteht; nirgends hat sie z. B. eine so ungeheuerliche Ausdehnung erlangt wie in Irland, solange es von kleinen, kapitallosen Pächtern bewirtschaftet wurde. *Die Wanderung vom Lande und die Bildung der industriellen Reserve-Armee ist also die Folge nicht der kapitalistischen Bewirtschaftung, sondern der Bodenbesitzverteilung.*

Wir werden auf diesen wichtigen Gegenstand noch einmal zurückkommen, um zu zeigen, daß der von Marx gelieferte Beweis vor der logischen Prüfung ebensowenig standhält wie seine Behauptung vor der Prüfung an den Tatsachen.

Für jetzt verlassen wir ihn, um uns dem zweiten Gegenstande zuzuwenden, in dem wir von dem Meister abweichen: es handelt sich um seine Lehre vom *Wert* und vor allem vom *Mehrwert*.

VI. Die Marxsche Lehre vom Wert und Mehrwert

Zwei Behauptungen sollen im folgenden bewiesen werden:

Erstens: die Marxsche Lehre vom Werte ist unvollständig. Sie erklärt nur einen Teil der Werterscheinung.

Zweitens: aus dieser unvollständigen Wertlehre läßt sich der Mehrwert nicht zutreffend ableiten. Die Marxsche Ableitung ist falsch.

Die Wertlehre

Wir haben die Lehre vom Werte bereits in dem einleitenden Kapitel dieses Buches in ihren größten Zügen dargestellt. Hier wollen wir sie noch einmal etwas ausführlicher entwickeln, um dann die Marxsche Auffassung dagegen zu stellen.

Die Frage nach dem „Werte" ist die Frage, warum sich auf dem Markte eine bestimmte Menge einer Ware A auf die Dauer und im Durchschnitt gegen eine andere bestimmte Menge einer anderen Ware B tauscht. Was verursacht gerade dieses Austauschverhältnis? Warum tauscht sich nicht doppelt oder x mal so viel von A gegen halb oder 1 xtel so viel von B?

Wer darauf antworten wollte, das hänge nur von dem Verhältnis von Angebot und Nachfrage ab, würde die Frage nicht lösen, sondern nur um einen Schritt weiter hinausschieben. Denn dann müssen wir sofort fragen: Was verursacht gerade dieses Verhältnis von Angebot und Nachfrage? Warum wird auf die Dauer und im Durchschnitt gerade so viel von Ware A und soviel von Ware B zu Markte gebracht, warum nicht mehr oder weniger? Hier kann nicht der bloße Zufall walten; das anzunehmen verbietet die auffällige Regelmäßigkeit der Erscheinungen über Raum und Zeit. Hier waltet offenbar ein Gesetz.

Wir kennen dies Gesetz bereits: *in den Waren tauschen sich gleiche Arbeitswerte.*[1]

Wir wollen die Wahrheit dieses Gesetzes noch einmal an den uns interessierenden Fällen prüfen. Dabei haben wir uns zu erinnern, erstens, daß nicht alle Arbeit den gleichen Wert hat und schafft, sondern daß es Personen von höherer und geringerer Qualifikation des Arbeitsvermögens gibt; und zweitens, daß es zwei wohl unterschiedene Gruppen von Waren gibt; nämlich solche, bei deren Herstellung und Verkauf die Konkurrenz frei wirken kann und darf, und solche, bei denen sie nicht frei wirken kann oder darf. Die ersten heißen die „beliebig vermehrbaren" Waren und stehen auf ihrem „natürlichen" Werte; die anderen heißen die „Monopolwaren" und stehen auf einem „Monopolwerte" über dem natürlichen Werte.

Wie immer diese verschiedenen Bedingungen sich kombinieren mögen: in jedem Falle tauschen sich in den Waren gleiche Arbeitswerte:

Tauschen sich natürliche Werte gegeneinander, die von gleichwertiger Arbeit, d. h. von Menschen gleicher Begabung, Vorbildung und Ausstattung, kurz von gleicher Qualifikation, hergestellt sind, so tauschen sich *gleiche Arbeitszeiten* in den Waren, „ein Tag Zimmermannsarbeit gegen einen Tag Tischlerarbeit" – denn hier hat gleiche Arbeitszeit den gleichen Wert.

Tauschen sich natürliche Werte gegeneinander, die von ungleichwertiger Arbeit, d. h. von Menschen ungleicher Qualifikation hergestellt sind, so tauschen sich ungleiche Arbeits*zeiten*, aber immer noch gleiche Arbeits*werte* in den Waren; denn das Produkt einer Arbeitsstunde von doppelt so wertvoller Arbeit tauscht sich gegen das Produkt von zwei Stunden halb so wertvoller Arbeit:

Nimm an, die Durchschnittsarbeit eines Lastträgers sei gerade so qualifiziert und wertvoll wie die eines kleinen Schuhmachermeisters. Jeder verdiene pro Arbeitsstunde eine halbe Mark. Dann tauschen sich, wenn der Lastträger sich ein Paar Stiefel machen läßt, sage 20 Stunden Schuhmacherarbeit exakt gegen 20 Stunden Lastträgerarbeit. Wenn aber ein besonders starker Lastträger im Akkordlohn das Doppelte leistet wie der Durchschnitt; wenn also seine Arbeitsstunde eine ganze Mark wert ist, dann tauschen sich 20 Stunden Schuhmacherarbeit gegen nur zehn Stunden dieser höher qualifizierten Lastträgerarbeit.

---

[1] Dieses Gesetz ist zuerst vom Verfasser in seiner „Theorie der reinen und politischen Ökonomie", Berlin 1910, 2. Aufl. 1911, entdeckt worden. Diese *„Arbeitswert*-Theorie des Wertes", wie ich sie nennen will, ist von der Ricardoschen *„Arbeits*-Theorie" ebenso streng zu unterscheiden, wie von der Marxschen *„Arbeitszeit*-Theorie".

Beim Tausch von natürlichen Werten gegeneinander bewährt sich mithin unser Wertgesetz durchaus.

Tauscht sich schließlich ein Monopolwert gegen einen natürlichen, so tauschen sich, selbst wenn die Tauschenden von gleicher Qualifikation sind[1], ebenfalls ungleiche Arbeits*zeiten*, aber dennoch gleiche Arbeits*werte*.

Nimm wieder an, das Einkommen eines Mannes, der mit durchschnittlicher Qualifikation natürliche Werte herstellt, betrage für je zehn Stunden an 300 Tagen fünfzehnhundert Mark. Dann hat die Arbeitsstunde den Wert von einer halben Mark.

Ein anderer Mann, ebenfalls von durchschnittlicher Qualifikation, erfreut sich des Besitzes an einem Monopol, z. B. einem Patentrecht, das er ererbt hat. Sein Jahreseinkommen ist bei gleicher Arbeitszeit fünfzehntausend Mark. Dann hat jede Arbeitsstunde den Wert von fünf Mark.

Kauft der erste für fünf Mark ein Produkt des zweiten, so gibt er den Ertrag von zehn Arbeitsstunden für den von einer Arbeitsstunde hin; dennoch tauschen sich gleiche Arbeits*werte*: denn zehn Stunden der Arbeit des ersten sind fünf Mark wert, und eine Stunde der Arbeit des zweiten ist gleichfalls fünf Mark wert.

Hier empören sich der gesunde Verstand und das gesunde Gefühl: *wie können gleiche Zeiten gleicher Arbeit ungleichen Wert haben?*

Ich will die Antwort mit einem Gleichnis geben, das die Verhältnisse sehr gut verdeutlicht: auf einer „richtigen" Waage, deren Arme gleich lang sind, „zieht" ein Kilogramm links genau ein Kilogramm rechts, und das Züngleich steht in der Mitte. Auf einer „unrichtigen" Waage aber, deren Arme ungleich lang sind, zieht ein Kilogramm am längeren Arm mehr als ein Kilogramm am kürzeren. Hat der eine Arm zehnmal die Länge des anderen, so zieht ein Kilo hier zehn Kilo dort: die „Dezimalwaage"!

Nun muß man sich klar machen, daß der „Wert" einer Ware nicht angibt, wieviel sie sozusagen wirtschaftlich *wiegt*, sondern wieviel sie auf der Marktwaage von einer anderen Ware, insbesondere dem gemünzten Golde, „zieht".

Ist die Waage richtig, d. h. besteht freie Konkurrenz auf beiden Seiten, so zieht ein wirtschaftliches Gewicht gerade so viel wie es wiegt.

Ist aber die Waage unrichtig, d. h. besteht ein Monopol, so hängt die Monopolware am längeren Hebelarm und zieht daher mehr als sie wiegt. Das heißt: eine Stunde Monopolistenarbeit kauft auch im Durchschnitt viele Stunden gleich qualifizierter anderer Arbeit.

Gewiß liegt darin in der Regel[2] eine empörende Ungerechtigkeit, gerade so groß und empörend, als wenn sich ein Kaufmann wissentlich einer unrichtigen Waage bedient und seinen Kunden trotz geeichter Wiegegewichte falsches Warengewicht zuwiegt. Und gewiß sollte die Marktpolizei die eine falsche Waage ebenso konfiszieren wie die andere: aber das sind Dinge, die uns da nicht irre machen dürfen, wo wir die Werterscheinungen nur erst untersuchen und erklären.

Und da zeigt sich uns: mag die Waage falsch oder richtig sein, *die Gesetze der Waage gelten ohne Ausnahme!* Am gleichen Hebelarm stellen sich gleiche Gewichte, am ungleichen Hebelarm ungleiche Gewichte ins „Gleichgewicht". Bei freier Konkurrenz stellen sich gleiche „natürliche" Werte, unter dem Monopolverhältnis stellen sich ungleiche „natürliche" Werte ins Gleichgewicht, d. h. haben *gleichen Wert*!

---

1 Danach lassen sich die übrigen, noch möglichen Fälle leicht berechnen, die sich ereignen, wenn sich Monopolwert gegen Monopolwert tauscht oder wenn sich Monopolwert gegen natürlichen Wert zwischen Produzenten von verschiedener Qualifikation tauscht. Sie interessieren uns hier nicht weiter.

2 In der Regel! Es gibt auch gesellschaftlich nützliche und gerechte Monopole, die Patente und ähnliches, die den Erfindergeist anstacheln und auf die Dauer der Gemeinschaft nützen.

Hier sei es gestattet, eine Nutzanwendung einzuschalten: der kollektivistische Marxismus will die Waage der freien Konkurrenz ausschalten, weil er sie für richtig hält und daher den Gesetzen der Waage die Schuld an der Ungerechtigkeit der Wirtschaft zuschreibt; der *liberale Sozialismus aber will die Waage der freien Konkurrenz, die heute gefälscht ist, richtig machen*, indem er die Waagschalen an gleich langen Hebelarmen aufhängt, d. h. das Klassen-Monopol vernichtet.

Die Arbeitswert-Theorie des Wertes bewährt sich somit in allen denkbaren Fällen und darf daher als richtig angesehen werden.

Dagegen bewährt sich die Marxsche Arbeitszeit-Theorie der Werte nur an einem Teil der denkbaren Fälle und ist somit als unvollständig und, weil sie sich für vollständig hält, als falsch zu bezeichnen. Sie beruht auf „unvollständiger Induktion der Tatsachen".

Um die Theorie eines Wissensgebietes zu schaffen, muß man die sämtlichen, zur Zeit bekannten Tatsachen dieses Gebietes zusammentragen und nach ihren Kennzeichen sichten und in Gruppen ordnen. Das nennt man eine „vollständige Induktion der Tatsachen". Wer das versäumt, macht sich des methodischen Fehlers einer „unvollständigen Induktion" schuldig. Er wird, wenn er sonst richtig vorgeht, eine richtige *Teiltheorie* zustande bringen: aber es wäre fast ein Wunder zu nennen, wenn es ihm gelänge, eine richtige *Gesamttheorie* zu schaffen, trotzdem er wichtige Tatsachen nicht in seine Betrachtung einbezogen hat. Wer nur die Erscheinungen der Reibungselektrizität kennt und nichts von denen der Berührungselektrizität weiß, müßte ein Gott sein, um eine vollständige Theorie des Gebietes aufzustellen.

Marx hat sich in seiner Theorie des Wertes des methodischen Fehlers der unvollständigen Induktion schuldig gemacht.

Er spricht nämlich nirgends von den Monopolwerten, untersucht nirgends den Inhalt und die Wirkung des Monopols überhaupt.[1] Und das ist aus zwei Gründen sehr sonderbar.

Erstens findet sich die Unterscheidung zwischen natürlichen und Monopolwerten bei den klassischen Nationalökonomen, die Marx genau kannte und besser verstand als die meisten anderen. Sie findet sich vor allem bei Ricardo, dem Marx in so vielen anderen Dingen gefolgt ist. Ricardo erwähnt sie freilich nur im Vorübergehen, um dann nur noch von den natürlichen Werten der beliebig vermehrbaren Waren zu sprechen; aber er begründet doch sein Vorgehen, und zwar damit, daß es sich bei den Monopolwaren nur um eine kleine, unwichtige Gruppe von Gütern handle. Er denkt nämlich nur an die sog. „natürlichen" Monopolgüter, den seltenen Edelwein usw., läßt aber die „rechtlichen Monopolgüter" ganz unberücksichtigt.

Marx ist ihm hierin nicht nur gefolgt, sondern hat ihn noch überboten, indem er die Klasse der Monopolwaren überhaupt nicht mehr erwähnte. Und das ist sehr merkwürdig aus dem zweiten Grunde, weil Marx nicht bürgerlicher Ökonomist war, sondern Sozialist. Der Sozialismus aber hat von jeher, wie schon erwähnt, das *Monopol* als Ursache der sozialen Not angeklagt.

Nun, jedenfalls hat Marx die Monopolwerte nicht in die Rechnung einbezogen, sondern hat überhaupt nur den Wert der beliebig vermehrbaren Waren untersucht, den „natürlichen Wert" – *und so mußte seine Werttheorie notwendig unvollständig bleiben*. Sie gibt nur für den einen Teil der Werterscheinung die Erklärung, nicht aber für den anderen Teil. Und Marx konnte sich von seinem einseitigen Ausgangspunkt aus noch nicht einmal die Aufgabe stellen, das Gesetz zu finden, das *alle* Werterscheinungen beherrscht.

So entstand seine „Arbeitszeit-Theorie".

---

[1] Das Wort „Monopol" findet sich zum erstenmal auf Seite 273 des ersten Bandes, aber auch nur nebenbei. (Marx, Das Kapital, Hamburg 1890).

Wir wissen, daß bei freier Konkurrenz sich in den Waren gleichqualifizierter Produzenten gleiche *Arbeitszeiten* tauschen, weil eben in diesem einen Falle gleiche Arbeitszeiten gleiche Arbeitswerte darstellen. *Marx sieht in dem Einzelfalle das Gesamtgesetz*; nach seiner Meinung tauschen sich immer und unter allen Umständen gleiche Arbeits*zeiten* in den Waren. Der Wert ist Arbeitszeit, die in der Ware verkörpert ist.

Natürlich sieht er selbst sofort, daß das nur in einzelnen Fällen genau stimmt, und muß Korrekturen anbringen.

Erstens nämlich gibt es Arbeit, deren Zeitaufwand überhaupt keinen Wert schafft. Wenn ein Bergsteiger zehn Stunden noch so hart und angespannt gearbeitet hat, hat er doch keinen Wert geschaffen. Daraus folgt die erste Korrektur, die Marx an seiner Lehre anbringen muß: nur *gesellschaftlich-notwendige* Arbeit schafft Wert entsprechend ihrem Zeitaufwande.

Zweitens liegt es auf der Hand, daß höher qualifizierte, „komplizierte" Arbeit in gleicher Zeit höheren Wert schafft als niedriger qualifizierte. Daraus folgt die zweite Korrektur, die Marx anbringen muß: nur *gesellschaftlich-durchschnittliche* Arbeit schafft Wert entsprechend ihrem Zeitaufwande. Marx muß die Arbeit von höherem Werte auf solche von geringerem Werte umrechnen, indem er ihr entsprechend mehr Arbeitsstunden anrechnet, als sie wirklich geleistet hat.

Man erkennt, wovon Marx hier abstrahiert: von dem verschiedenen *Werte* gleich langer Arbeitszeit. Er rechnet alle Arbeit von verschiedenem Werte auf einen Generalnenner um, nämlich auf gesellschaftlich-notwendige und gleichzeitig gesellschaftlich-durchschnittliche Arbeitszeit. Dadurch wird die Arbeitszeit-Theorie innerhalb gewisser Grenzen praktisch brauchbar, etwa wie ein Barometer, das der Messung des Gasdruckes dient, unter bestimmten Korrekturen, innerhalb gewisser Grenzen, auch für die Messung von Höhendifferenzen praktisch brauchbar wird. Aber die Arbeitszeit-Theorie ist wie das Barometer praktisch brauchbar nur so lange, wie man nicht vergißt, *von welchen näheren Bestimmungen man abstrahiert hat*.

Marx hat aber sich niemals klargemacht, von welchen Bestimmungen er mit seiner Arbeitszeit-Theorie des Wertes abstrahiert hatte. Sonst hätte er die richtige Arbeitswert-Theorie des Wertes finden müssen, die er fast schon in der Hand hatte, die einzige, die keiner Korrektur, keiner Umrechnung und Abstraktion bedarf.

Wir sagen: er hatte sie schon fast in der Hand. Denn das soll nie vergessen werden: Marx hat sich um die Aufklärung des Wertproblems die unsterblichsten Verdienste erworben. Er hat es zum ersten Male in einer Form gestellt, die seine Lösung überhaupt erst möglich machte. Er zuerst hat mit voller Klarheit erkannt, daß der Wert nicht eine Eigenschaft der Waren, sondern *eine gesellschaftliche Erscheinung* ist; daß er nichts anderes ist als der Ausdruck bestimmter gesellschaftlicher Beziehungen zwischen Menschen, die untereinander im Warentausch-Verkehr stehen. Das war eine schlechthin geniale Leistung und das ist in der Tat die *allgemeine* Lösung des Problems.

Als er aber dann den nächsten Schritt zur *speziellen* Lösung tat, da hat er einen wichtigen Teil jener gesellschaftlichen Beziehungen, die sich als Warenwert ausdrücken, außer acht gelassen.

Er sagt folgendes: „Sieht man vom Gebrauchswert der Warenkörper (d. h. von ihren geometrischen, physikalischen, chemischen oder sonstigen natürlichen Eigenschaften) ab, so bleibt ihnen nur noch eine Eigenschaft, die von Arbeitsprodukten."[1]

Das ist ein Irrtum! Freilich, so weit nur die *wirtschaftlichen* Beziehungen der Gesellschaft in Frage kommen, bleibt der Ware nur die eine Eigenschaft, Arbeitsprodukt, und zwar in der Tat Produkt gesellschaftlicher Arbeit, zu sein. Aber es gibt außer den wirtschaftlichen Beziehungen noch andere innerhalb der Gesellschaft, nämlich *politisch-rechtliche*. Und unter diesem Gesichtspunkte haben die Waren innerhalb der wirklichen menschlichen Gesellschaft noch eine zweite Eigen-

---

1 Marx, Kapital, Bd. I, S. 4 (die eingeklammerten Worte S. 3.).

schaft, die ihnen bleibt, wenn man von allen ihren natürlichen Eigenschaften absieht; sie sind *Rechtsobjekte, Eigentumsobjekte*. Und auch diese gesellschaftlichen Beziehungen finden ihren Ausdruck in Werterscheinungen. Das hat Marx übersehen.

Dies nur als eine Andeutung, um den Punkt aufzuzeigen, wo der Meister vom geraden Wege abirrte. Ich hoffe, in kurzer Zeit der Fachwelt eine eindringendere Darstellung und Kritik der Marxschen Wert- und Mehrwertlehre vorzulegen, als sie mir Raum und Absicht dieser Arbeit verstatten.

Was uns hier einzig noch interessiert, ist der Nachweis, daß Marx von seiner unvollständigen Arbeitszeit-Theorie des Wertes aus den „Mehrwert", sein eigentliches und letztes Problem, nicht richtig ableiten konnte.

Der Mehrwert

Wir wissen, wie leicht der Mehrwert abzuleiten ist: wo sich ein Tausch unter dem Monopolverhältnis vollzieht, da erhält der Monopolist den Mehrwert, der Vertragsgegner den Minderwert.

Da Marx die Monopolwerte ganz aus seiner Rechnung läßt, kann er diese einfache Lösung unmöglich finden. Im Gegenteil: er erklärt es ausdrücklich für unmöglich, den Mehrwert aus dem Tausch, er nennt das den „Zirkulationsprozeß", zu erklären. Denn der Produzent kauft Rohstoffe, Maschinen, Dienste seiner Arbeiter zu ihrem „natürlichen Werte" und verkauft das Produkt wieder zu seinem natürlichen Werte. Da kann nirgend Mehrwert entstehen: „Man mag sich drehen und wenden wie man will, das Fazit bleibt dasselbe. Werden Äquivalente ausgetauscht, so entsteht kein Mehrwert, und werden Nicht-Äquivalente ausgetauscht, so entsteht auch kein Mehrwert. Die Zirkulation oder der Warenaustausch schafft keinen Wert."[1]

Hier stehen wir scheinbar vor einer völlig unlösbaren Aufgabe, die Marx selbst folgendermaßen stellt:

„Kapital" (d. h. Mehrwert, der Geld erst in Kapital verwandelt), „kann also nicht aus der Zirkulation entspringen, und es kann ebensowenig aus der Zirkulation nicht entspringen.
Ein doppeltes Resultat hat sich also ergeben.
Die Verwandlung des Geldes in Kapital ist auf Grundlage dem Warenaustausch immanenter Gesetze zu entwickeln, so daß der Austausch von Äquivalenten als Ausgangspunkt gilt. Unser nur noch als Kapitalistenraupe vorhandener Geldbesitzer muß die Waren zu ihrem Wert kaufen, zu ihrem Wert verkaufen, und dennoch am Ende des Prozesses mehr Wert herausziehen, als er hineinwarf. Seine Schmetterlingsentfaltung muß in der Zirkulationssphäre und nicht in der Zirkulationssphäre vorgehen. Das sind die Bedingungen des Problems. Hic Rhodus, hic salta!"

Marx gibt den Ökonomisten hier eine Nuß zu knacken, die für gewöhnliche Kinnbacken allzu hart ist. Sein „Problem" erinnert an die Aufgabe, die im Märchen der Königssohn der klugen Bauerntochter stellt: sie sollte zu ihm kommen, nicht nackt und nicht bekleidet, nicht gegangen, nicht geritten, nicht gefahren, nicht auf dem Wege und nicht außer dem Wege.

Um so größer ist dann der Triumph, wenn das scheinbar unlösbare Problem dann doch gelöst wird, und zwar folgendermaßen:

Wer den Tauschwert einer Ware bezahlt hat, hat das Recht, sie zu verbrauchen, d. h. ihren Gebrauchswert zu benutzen. Kaufe ich einen Rock zu seinem Tauschwert, so darf ich ihn auftragen.

---

1 Ebenda, S. 126.

Nun „findet der Geldbesitzer auf dem Markte eine Ware, deren Gebrauchswert die eigentümliche Beschaffenheit besitzt, Quelle von (Tausch-) Wert zu sein, deren wirklicher Verbrauch also selbst (...) Wertschöpfung ist". Diese Ware ist die Arbeitskraft der „freien Arbeiter".

Als Ware hat die Arbeitskraft den Wert aller anderen Waren: die durchschnittliche notwendige gesellschaftliche Arbeitszeit, die in ihr vergegenständlicht ist. Das ist die Arbeitszeit, die nötig ist, um diejenigen Waren („Nahrung, Kleidung, Heizung, Wohnung usw.") herzustellen, die der Träger der Arbeitskraft braucht, um unter den gegebenen klimatischen und sozialen Bedingungen sich und seine Familie so zu erhalten, wie der „freie" Arbeiter dieser Gesellschaft das gewöhnt ist. „Der Wert der Arbeitskraft löst sich auf in den Wert einer bestimmten Summe von Lebensmitteln."[1]

Zu diesem ihrem Werte kauft der Geldbesitzer die Ware Arbeitskraft. Er erwirbt damit das Recht auf ihren Gebrauchswert, die wertschaffende Arbeit. „Der Käufer der Arbeitskraft konsumiert sie, indem er ihren Verkäufer arbeiten läßt." In der Arbeit setzt die Arbeitskraft den Rohstoffen Wert zu und *zwar entsprechend der Arbeitszeit.*

Nimm nun an, der Wert der Arbeitskraft sei sechs Stunden durchschnittliche gesellschaftliche Arbeitszeit. Das heißt: die „Lebensmittel", deren der Arbeiter bedarf, um seine Arbeitskraft wiederherzustellen, seien in sechs Stunden solcher Arbeit herstellbar. Dann setzt er in sechs Stunden seiner Arbeit den Rohstoffen, die er verarbeitet, auch den Wert seiner Arbeitskraft zu. Hört er jetzt auf, so hat der Geldbesitzer noch keinen Mehrwert verdient, ist noch nicht Kapitalist geworden.

Aber der Arbeiter hört nicht auf, darf noch nicht aufhören; der Kapitalist hat ja nicht sechs Stunden Arbeitsleistung, sondern die *Arbeitskraft* gekauft, und deren Gebrauchswert ist noch nicht durch sechs Stunden konsumiert. Der Arbeiter kann, ohne sich sofort zu zerstören, zwölf Stunden arbeiten und wird gezwungen, zwölf zu arbeiten. Er leistet somit sechs Stunden „*Mehrarbeit*". In diesen setzt er den Rohstoffen ebensoviel Wert zu wie in den ersten sechs Stunden notwendiger Arbeit, und dieser Wert der Mehrarbeit fließt als „*Mehrwert*" in die Taschen des Geldbesitzers, der nun endlich zum Kapitalisten geworden ist, weil sein Geld sich „verwertet", d. h. Profit abwirft.

Fabelhaft geistreich! *Aber leider ganz und gar falsch!* Wort für Wort, Begriff für Begriff falsch!

Der Geldbesitzer kauft gar keine „Arbeitskraft" und kann auch gar keine kaufen, weil „Arbeitskraft" gar keine „Ware" ist, die in den Tauschverkehr eintritt. Und weil sie gar keine Ware ist, so hat sie keinen „Wert". Der Geldbesitzer kann sie daher nicht zu ihrem Wert kaufen und nach ihrem Gebrauchswert vernutzen. Und daher kann auf diese Weise kein Mehrwert entstehen.

Hier ist Marx in die Schlinge eines doppeldeutigen Wortes gefallen. Er erklärt, das Wort „Arbeitskraft" im Sinne von „Arbeitsvermögen" brauchen zu wollen – aber unvermerkt schiebt sich ihm ein anderer Sinn unter; hier bedeutet „Arbeitskraft" die während der Arbeit aufgewendete oder geleistete Kraft. Und das sind zwei ganz verschiedene Dinge.

Der Kenner der älteren ökonomischen Literatur weiß, daß ein großer Teil aller Irrtümer und Streitfragen dadurch verursacht worden ist, daß im Begriff der „Arbeit" sich die verschiedensten Bedeutungen verwirrten. Wenn z. B. Adam Smith den Wert durch die „Arbeit" bestimmt sein läßt, so meint er das eine Mal die im Produkt verkörperte (embodied) Arbeit, das zweite Mal die ersparte Arbeit, das dritte Mal die von dem eigenen Gegenwert beherrschte (commanded), d. h. eintauschbare Arbeit, und hier wieder spricht er bald von dem Arbeitserzeugnis und bald von der Lohnarbeit. Ricardo hat einen Teil dieser Konfusion aufgeklärt, aber eben nur einen Teil: seine „Arbeits-Theorie" des Wertes verwirrt immer noch Arbeitsleistung und Arbeitsvermögen. Marx hat auch hier, dank seinem genialen Scharfblick, schon die Wahrheit in der Hand gehabt, indem er unterschied zwischen „Arbeitsvermögen" und „Arbeitszeit", die ja nichts anderes bedeutet als

---

[1] Ebenda, S. 129ff. [einschließlich der Zitate oben, A.d.R.].

durchschnittliche gesellschaftliche *Arbeitsleistung gemessen an der Zeit*. Leider ist er dann doch in die Ricardosche Verwirrung zurückgefallen, wie jetzt zu zeigen sein wird.

Wir haben – abgesehen von der „Lohnarbeit" – drei verschiedene Begriffe streng zu unterscheiden, die drei ganz verschiedenen Wissenschaften angehören.

1. „Arbeit" ist ein Begriff der *Physik*. Er bedeutet nichts anderes als eine Leistung von soundso viel Kilogramm-Metern oder Kilowatt in soundso viel Stunden.

2. „Arbeitsvermögen" ist ein Begriff der *Physiologie*: „Unter Arbeitskraft oder Arbeitsvermögen verstehen wir den Inbegriff der physischen und geistigen Fähigkeiten, die in der Leiblichkeit, der lebendigen Persönlichkeit eines Menschen existieren, und die er in Bewegung setzt, so oft er Gebrauchswerte irgend einer Art produziert."[1] So definiert Marx selbst.

3. „Arbeitsleistung" ist erst ein Begriff der *Ökonomik*. Denn „Arbeitsleistung" ist eine *Ware*, die zu Markte gebracht, verkauft und gekauft wird, ihren Gebrauchswert und ihren Wert hat.

Das Arbeitsvermögen ist die materielle Bedingung sowohl der menschlichen „Arbeit" im physikalischen, wie auch der „Arbeitsleistung" im ökonomischen Sinne, aber sie ist weder das eine noch das andere. Es wird zwar bei der Arbeit und Arbeitsleistung „in Bewegung gesetzt", aber es wird dabei nicht verbraucht, gerade so wenig, wie die Substanz einer Dampfmaschine durch die Arbeit verbraucht wird, die sie leistet.[2] Der „Inbegriff der physischen Eigenschaften" einer Lokomotive, die am Montag 1.000 km zurückgelegt hat, ist am Dienstag früh noch vorhanden. Und eben so besitzen ein Arzt oder ein Lastträger am Dienstag noch den „Inbegriff der physischen und geistigen Fähigkeiten", die sie am Montag in Bewegung setzten, um ihre ökonomische Arbeitsleistung als Ware zu verkaufen.

Das Arbeitsvermögen ist nichts als eine Kraftmaschine, d. h. eine Einrichtung zur Umformung von Energie. Sie „leistet" zwar „Arbeit", aber sie schafft keine Energie. Sondern die in der Arbeit verbrauchte lebendige, spezifische Energie hat ihre Quelle und Ursache nur in der anderen spezifischen Energie, die ihr regelmäßig zugeführt werden muß, um ihre Arbeitsleistung zu erhalten. Bei der Maschine besteht diese Zufuhr z. B. in der Steinkohle, bei dem Arbeitsvermögen in den „Lebensmitteln" im weiteren Sinne, die nach örtlicher und zeitlicher Gewohnheit erforderlich sind, um den Arbeitenden in vollem Besitze seiner sämtlichen „physischen und geistigen Fähigkeiten" zu erhalten. Freilich besteht der Unterschied, daß die organische Kraftmaschine des Menschen einen Teil der zugeführten Substanz und Energie dazu benutzt, um sich selbst zu reparieren, wo sie abgenutzt ist, während die anorganische Maschine das nicht vermag: aber das berechtigt noch lange nicht, das Arbeitsvermögen mit der Arbeitsleistung zu identifizieren. *Jenes ist auch hier im wesentlichen der Umformer, dieses die umgeformte spezifische Energie.* Das sind grundverschiedene Dinge; Marx aber hat sie zusammengeworfen, weil er, wie schon gesagt, unvorsichtigerweise beide mit dem gleichen Worte „Arbeitskraft" bezeichnete. Daher seine Irrtümer im einzelnen:

---

1 Ebenda, S. 130.
2 Um wahrscheinlichen Einwänden vorzubeugen, will ich ausdrücklich erklären, daß ich natürlich weiß, daß aller Gebrauch auch Verbrauch, alle Nutzung auch Abnutzung ist. Wenn man die Dinge technisch, resp. physiologisch, anstatt ökonomisch anschaut, wird in der Tat während jeder Arbeitsleistung ein Teil der Maschine, resp. des Arbeitsvermögens „verbraucht"; und wird ferner in der Tat während der gesamten Arbeitsperiode im Laufe der Jahre die ganze Maschine, resp. das ganze Arbeitsvermögen „verbraucht", unterliegt dem „materiellen und moralischen Verschleiß", um mit Marx zu reden, d. h. der Abnutzung und dem Veralten. Aber nicht das hat Marx gemeint, als er von dem Verbrauch der „Arbeitskraft" sprach, sondern er war der Meinung, daß die Arbeitskraft in jeder betrachteten Periode, in jeder „Zeitfrist", für die ihr Eigentümer sie veräußert, in jedem Arbeitstage oder jeder Arbeitswoche, in ihrer Gänze zur Ausgabe gelangt und von dem Käufer verbraucht wird.

Das Arbeitsvermögen ist kein Objekt der Ökonomik, ist keine Ware, hat daher weder Gebrauchswert noch Tauschwert. Das gilt wenigstens von der Gesellschaft, von der allein wir hier handeln, der „freien Verkehrsgesellschaft" oder „kapitalistischen Gesellschaft", wo „freie Arbeiter" im freien Vertrage über ihre Arbeit verfügen. Nur in der Sklavenwirtschaft ist die „Arbeitskraft" eine Ware: hier hat sie sowohl Tauschwert wie Gebrauchswert. Das sagt Marx selbst so klar wie nur möglich:

„Der Eigentümer der Arbeitskraft" (d. h. der Arbeiter) „verkauft sie stets nur für bestimmte Zeit; denn verkauft er sie in Bausch und Bogen, ein für alle Male, so verkauft er sich selbst, verwandelt er sich aus einem Freien in einen Sklaven, aus einem Warenbesitzer in eine Ware. Er als Person muß sich beständig zu seiner Arbeitskraft als seinem Eigentum und daher seiner eigenen Ware verhalten, und das kann er nur, soweit er sie dem Käufer nur vorübergehend, für einen bestimmten Zeittermin, zur Verfügung stellt, zum Verbrauch überläßt, also durch ihre Veräußerung nicht auf sein Eigentum an ihr verzichtet."[1]

Danach handelt es sich bei dem Vertrage über die „Arbeitskraft" in juristischer Sprache nicht um einen Kauf-, sondern um einen Mietvertrag. Denn beim Kaufvertrag geht die Substanz der Ware in das Eigentum des Kontrahenten über, beim Mietvertrage erwirbt er nur die Nutzung, während der Verkäufer seine Ware, zu der er sich „beständig als seinem Eigentum verhält", dem Käufer nur vorübergehend zur Verfügung stellt, ohne „durch ihre Veräußerung auf sein Eigentum an ihr zu verzichten".

Bei jedem Mietvertrage müssen wir zwischen Substanz und Nutzung unterscheiden. Orientieren wir uns an einem Beispiel:

Ein Landwirt mietet eine Dreschmaschine. Der Vermieter veräußert die Substanz auf bestimmte Zeit, behält sich aber das Eigentum vor. Der Mieter erwirbt die Nutzung. Worin besteht die Nutzung? *In der Arbeitsleistung, gemessen an der Arbeitszeit!*

Ein Geldbesitzer mietet einen Arbeiter auf Zeitlohn, der Vermieter (der Arbeiter) veräußert seine Substanz, sein Arbeitsvermögen, auf bestimmte Zeit, behält sich aber das Eigentum vor. Der Mieter erwirbt die Nutzung! Worin besteht die Nutzung? *In der Arbeitsleistung, gemessen an der Zeit!* Die Analogie ist vollkommen.

Es handelt sich also um einen Mietvertrag. Was ist denn nun beim Mietvertrag die „Ware"? Die Substanz oder die Nutzung?

Unbedingt nur die Nutzung! Nicht nur nach der einhelligen Ansicht der „bürgerlichen" Wissenschaft, sondern vor allem nach der Ansicht von Marx selbst. Denn „Ware" wird ein Ding erst dadurch, daß es für den Verkauf bestimmt wird. Ein Ding, das im Eigentum seines Besitzers zu bleiben bestimmt ist, ist Gebrauchswert, d. h. Gut, aber keine Ware. Nur *die* Dreschmaschine ist Ware, die verkauft werden soll, nicht die, die nur zur Vermietung bestimmt ist; nur *das* Arbeitsvermögen ist Ware, das verkauft werden soll (das z. B. des Arbeitsochsen, des Sklaven), aber nicht das, das nur zur Vermietung bestimmt ist.

Was aber nicht Ware ist, hat nach Marx' eigenen Worten keinen Wert, kann auch keinen haben. Denn der Wert ist ja der Ausdruck eines gesellschaftlichen Verhältnisses zwischen Warenbesitzern. Hier gelangt aber keine Ware zum Austausch, es kann daher kein Wert entstehen.

Die Arbeitskraft hat also keinen Wert, weil sie keine Ware ist. Und damit ist der Marxschen Ableitung des Mehrwerts die Grundlage völlig entzogen.

Was Ware ist und daher Wert hat, ist nichts anderes als die *Nutzung*, d. h. die Arbeitsleistung des Arbeitsvermögens. Worin besteht, näher betrachtet, diese Nutzung? Das sagt uns Marx selbst

---

1 Marx, Kapital, Bd. I, S. 130.

mehrfach sehr klar; wir müssen nur die Vorsicht walten lassen, an Stelle des doppelsinnigen Wortes „Arbeitskraft" diejenige seiner zwei Bedeutungen einzusetzen, die jeweils am Platze ist. „Der Eigentümer der *Arbeitsleistung* verkauft sie stets nur für bestimmte Zeit."[1] „Der Kapitalist hat die *Arbeitsleistung* für bestimmte Zeitfrist gekauft."[2]

Nun dürfen wir nicht nur, sondern müssen nach Marx alle Arbeit umrechnen auf gesellschaftlich notwendige und durchschnittliche Arbeit. Welche Arbeitsleistung welcher Qualifikation der Kapitalist also auch kaufen mag: *er kauft niemals etwas anderes als gesellschaftliche Arbeitszeit*!

Was ist der Wert dieser Arbeitszeit? Das heißt: wofür kann man sie auf dem Markte kaufen? Das ist unser letztes Problem.

Unsere scharfe Trennung der Begriffe macht es uns unmöglich, die Lösung anzunehmen, die Marx aufgrund ihrer Verwirrung gefunden zu haben glaubt. Der Wert der Arbeits*zeit* (resp. Arbeits*leistung*) kann unmöglich in der zur Reproduktion des Arbeits*vermögens* notwendigen Arbeitszeit begründet sein, so wenig wie der Wert der Maschinenarbeit in der zur Reproduktion der Maschine notwendigen Arbeitszeit begründet ist. Die Maschine hat ihre bestimmte gesellschaftliche Reproduktions-Arbeitszeit und danach ihren Wert, und die Maschinenarbeit hat eine andere gesellschaftliche Reproduktions-Arbeitszeit und danach ihren anderen Wert.

Was ist also der Wert der Ware Arbeitszeit? Worin ist er begründet?

Nach Marx ist der „Wert aller Waren bestimmt durch die zur Produktion, also auch Reproduktion, notwendige Arbeitszeit"[3]. Danach wäre also der Wert der Arbeitszeit bestimmt – durch die Arbeitszeit, die zur Produktion der Arbeitszeit notwendig ist. Diese Folgerung ist ein offenbarer Unsinn.

Wer hilft uns weiter? Wie finden wir den Wert der „Arbeitszeit", d. h. der Arbeitsleistung, reduziert auf durchschnittliche gesellschaftliche Arbeit, gemessen an der Zeit?

Nun, wir wollen uns daran erinnern, daß jede Ware je nach dem gesellschaftlichen Verhältnis der Kontrahenten zueinander ihren „natürlichen" Wert oder einen Mehrwert erzielen kann, auch im Durchschnitt und auf die Dauer, abgesehen von den zufälligen Schwankungen des Preises. Das gilt natürlich auch für die Ware „Arbeitsleistung".

Ihr natürlicher Wert ist offenbar der Wert ihres Erzeugnisses, d. h. dessen volles Äquivalent in Gebrauchswerten anderer Art, in denen der gleiche Gesamt-Arbeitswert verkörpert ist. „Der natürliche Lohn des Arbeiters ist sein Erzeugnis", sagt Adam Smith. Und das geht auch aus unserer allgemeinen Formel für den Warenwert hervor. Wenn der Wert der Ware gleich ist dem Wert der in ihr verkörperten Arbeitsleistung, so ist der Wert der Arbeitsleistung gleich dem Wert der Ware, in der sie verkörpert ist.

Diesen ihren natürlichen Wert erhält aber die Ware Arbeitsleistung wie jede andere Ware nur dann, wenn auf beiden Seiten die Konkurrenz frei wirken *kann* und *darf*.

Kann oder darf auf einer Seite die Konkurrenz nicht frei wirken, so besteht hier, wie wir wissen, ein Monopol. Ist der Verkäufer der Arbeitsleistung der glückliche Monopolist, so erhält er für seine Ware mehr als den natürlichen Wert, einen Mehrwert. Das kann in vereinzelten Fällen vorkommen.[4] In der Regel aber ist, dank dem Klassen-Monopolverhältnis, umgekehrt der Käufer der Arbeitsleistung der Monopolist, und darum erhält er für seinen Gegenwert, das Lohngeld, den

---

1 Ebenda, S. 130.
2 Ebenda, S. 159.
3 Ebenda, S. 133.
4 Grenzt aber an Erpressung, z. B. wenn der einzige Lotse, der draußen ist, von einem in Seenot befindlichen Schiff eine ungeheure Gebühr fordert. Das ist der „Monopolisten-Lohn", wie ich ihn nenne (Vgl. Oppenheimer, Theorie der reinen und politischen Ökonomie, S. 403).

Mehrwert, und der Verkäufer muß sich für seine Ware mit einem Minderwert begnügen. Das ist der „Monopol-Lohn".

Damit ist der Wert der „Arbeitszeit", d. h. der gesellschaftlich durchschnittlichen Arbeitsleistung, gemessen an der Zeit, abgeleitet, und zugleich das Rätsel des Mehrwerts völlig gelöst.

Der Geldbesitzer bzw. Kapitalist gewinnt ihn, trotz Marx, *im Zirkulationsprozeß*, und zwar, weil unter einem Monopolverhältnis kontrahiert wird. Ein Beispiel wird das klarer machen:

Wir nehmen wieder an, in den 6 Gramm Gold eines Zwanzig-Markstücks seien zwanzig Stunden durchschnittlicher gesellschaftlicher Arbeit verkörpert, und zwanzig Mark seien der Wochenlohn eines Arbeiters von durchschnittlicher gesellschaftlicher Qualifikation, der täglich 10, also wöchentlich 60 Stunden Arbeitszeit zu leisten habe. Dann kauft der Kapitalist für 20 Stunden gesellschaftlicher Arbeit 60 Stunden gesellschaftlicher Arbeit. Er gewinnt einen Mehrwert von 40 Stunden gesellschaftlicher Arbeit, im Tausch und durch den Tausch, gerade so wie unser Patentinhaber für 5 Stunden gesellschaftlicher Arbeit 20 erhielt. Umgekehrt erhält der Arbeiter für 60 Stunden nur 20 Stunden, gerade so wie der Käufer des Patentartikels für 20 Stunden nur 5 Stunden erhielt.

Damit ist die gestellte Aufgabe völlig gelöst.

VII. Die wissenschaftlichen Grundlagen des Marxismus und Revisionismus

Nach der orthodoxen materialistischen Geschichtsauffassung sind alle ‚Ideologien' seelische Reflexe der wirtschaftlichen und namentlich der Produktionsverhältnisse der Gesellschaft, in der sie bestehen. Zu den Ideologien gehören auch die Gesellschaftstheorien, und es ist nicht uninteressant, von diesem Standpunkt aus, den die sozialistischen Theoretiker beider Lager nicht ablehnen können, das Aufkommen und den Kampf des Revisionismus gegen den Marxismus zu erklären. War der Marxismus in seiner ursprünglichen schroffen Fassung der Ausdruck jener tiefen und breiten Kluft, die scheinbar unüberbrückbar den Fabrikarbeiterstand von den bürgerlichen Klassen schied, so ist der Revisionismus augenscheinlich entweder ein Zeichen davon, daß mindestens ein Teil der Arbeiterschaft diese Kluft zusehends flacher und schmaler werden sieht, oder aber ein Zeichen davon, daß sich dem Sozialismus Elemente angeschlossen haben, die nicht so hoffnungslos weit von der Stellung der besitzenden Klassen geschieden sind.

Der Revisionismus behauptet das erste; er ist der Meinung, daß die Arbeiterschaft emporgekommen ist und alle Aussicht hat, weiter emporzukommen. Und er behauptet infolgedessen, mit seinem evolutionistischen, reformerischen Programm die Interessen gerade des Fabrikproletariats zu vertreten. Der orthodoxe Marxismus aber verficht die zweite Meinung, die gegnerische Theoretik sei der Ausdruck dafür, daß sich an den ursprünglich reinen Sozialismus als einen politischen Agglomerationskern kleinbürgerliche Elemente in Masse angeschlossen hätten. Diese seien noch nicht zum Bewußtsein des Klassengegensatzes zwischen ihnen und der Großbourgeoisie gelangt, hätten infolgedessen noch nicht die ideale revolutionäre Stimmung, würden aber noch zu ihr erzogen werden, wenn ihre Expropriation durch das Großkapital genügend weit fortgeschritten sein werde. Während also der Revisionismus sich als Fortschritt über Marx hinaus empfindet, wird er vom orthodoxen Marxismus als Rückfall in die längst überwundene kleinbürgerliche Harmonieseligkeit, in den Utopismus, angeklagt.

Läßt sich diese Streitfrage entscheiden? Ich glaube wohl. Denn das Forum, vor dem beide Teile Recht nehmen zu wollen bekennen, ist nicht das des Willens, des politischen Ideals, und noch weniger das einer etwaigen Offenbarung, sondern es ist das Forum der diskursiven Wissenschaft. Beide Teile berufen sich auf Tatsachen und ihre logische Verknüpfung. Und so muß doch wohl eine Einigung erreichbar sein, wenn denn richtig angewandte Logik eindeutige Resultate ergibt. Betrachten wir daher zunächst die marxistische Lehre, insofern sie sich zu den Konsequenzen zuspitzt, die der Revisionismus angreift, als logisch-wissenschaftliches System; sehen wir zu, inwiefern die Konsequenzen tatsächlich aus den Prämissen folgen, oder mit anderen Worten: wie Karl Marx die von ihm vorgefundenen, den Klassenkampf seiner Zeit beherrschenden Forderungen der proletarischen Massenbewegung ihres Charakters als Zielsetzungen entkleidet und zu Resultaten eines mit kausaler Zwangsläufigkeit abrollenden gesellschaftlichen Prozesses erhoben hat. Denn das ist ja das Große an dem Marxschen System. Dadurch hat er den entscheidenden Schritt von der Utopie zur Wissenschaft getan, daß er das notwendige *Ziel* des Wollens der Arbeiterklasse nachgewiesen hat als das notwendige *Resultat* der gesellschaftlichen Entwicklung.

Das Programm jedes mit dem jungen Kapitalismus sich ausbildenden, mit ihm sich vermehrenden, mit ihm zu immer größerer sozialer politischer Macht emporsteigenden Fabrikproletariats war, wie mir scheint, klar gegeben. Es mußte, je mehr es sich als eigene Klasse zu fühlen begann, sich um so schärfer und rücksichtsloser ein Programm schaffen, das sich sowohl dem Programm der Feudalaristokratie als auch dem der Bourgeoisie auf das deutlichste entgegensetzte. Denn gegen beide Klassen, sowohl den immer noch überaus kräftigen, die Politik der beiden wichtigsten Länder, England und Deutschland, mächtig beeinflussenden Feudalismus, wie auch gegen die Bourgeoisie hatte das Proletariat klarerweise seinen Emanzipationskampf zu kämpfen und mußte sich daher ein Programm, eine Klassentheorie schaffen, die sowohl antifeudalistisch als [auch] antikapitalistisch war. Damit waren die Elemente einer solchen Klassentheorie ohne weiteres gegeben. Sie mußte *antifeudalistisch* sein, d. h. demokratisch, mußte darin mit dem Liberalismus übereinstimmen, daß sie die Beseitigung aller auf Geburt usw. beruhenden Vorrechte, aller feudalen Machtpositionen, anstrebte und die volle Gleichberechtigung und Freiheit aller Bürger eines Gemeinwesens sich zum Ziel setzte. Sie mußte aber auch zweitens *antiliberal* sein, um den Klassenkampf gegen die Bourgeoisie mit voller Kraft führen zu können. Dieser Gegensatz gegen den Liberalismus konnte bei der Übereinstimmung in den politischen Forderungen ausschließlich auf wirtschaftlichem Gebiet gesucht werden. Hier ging die Auffassung nicht nur des Proletariats, sondern auch der Bourgeoisie selbst dahin, daß das eingestandenermaßen große Elend der Arbeiterschaft bezogen werden müsse auf die freie Konkurrenz, die in ihrer Wirkung auf den Arbeitsmarkt den Lohn in der Nähe des Existenzminimums hielt – und in ihrer Wirkung auf den Warenmarkt jene Ungewitter der Krisen heraufbeschwor, die sich am zerstörendsten und verderblichsten wieder auf die Arbeiterklasse entluden. Wenn die freie Konkurrenz das zu bekämpfende Übel war, so mußte das wirtschaftliche Ideal des Proletariats klarerweise auf eine konkurrenzlose, d. h. *marktlose* Wirtschaft hinauslaufen. Die Klassentheorie des Proletariats mußte also nicht nur demokratisch, sondern auch kollektivistisch oder gar kommunistisch ausfallen.

Das war denn auch schon vor Marx die *Forderung* der Sozialisten, namentlich der großen Utopisten, vor allem eines Owen und Cabet. Aber es waren eben nur Forderungen, Forderungen vom Standpunkte sittlicher Prämissen. Das Streben zum Kollektivismus hin erschien hier gegründet auf die Voraussetzungen, die das Naturrecht der Menschen auf Existenz, die das Naturrecht der Gleichheit usw. betrafen. Und so waren diese Forderungen leicht für denjenigen abzulehnen, der diese Prämissen des Naturrechts leugnete.

So stand der Kampf, als Marx auftrat. Sein Werk bedeutet den ungeheuren Fortschritt über den alten Sozialismus hinaus, daß er die wirtschaftliche Komponente des proletarischen Klassenprogramms, den Kollektivismus, nicht mehr aufgrund ethischer oder naturgesetzlicher Prämissen postulierte, sondern als das naturnotwendige Ergebnis einer kausalen Entwicklung nachwies. Dieser Beweis hat zum Angelpunkt das von ihm so genannte „Gesetz der Akkumulation".

Der entscheidende Gedankengang ist, um es noch einmal zusammenzufassen, der folgende: Marx fragt: Was ist Kapital? und antwortet: Kapital ist Mehrwert heckender Wert, d. h. eine Summe Geld oder ein Stamm von produzierten oder unproduzierten Produktionsmitteln, der, in der Gütererzeugung angewendet, sich nicht nur seinem Werte nach selbst wiedererzeugt, sondern seinem Anwender über seinen eigenen Arbeitslohn hinaus noch einen Mehrertrag übrigläßt, der natürlich nur aus dem Arbeitsertrag anderer Leute stammen kann. Und er fragt sich nun, wie kann denn eine Geldsumme oder ein Stamm von Produktionsmitteln diese an und für sich paradoxe Eigenschaft erlangen, fremde Arbeit auszubeuten? Die Ursache kann nur in bestimmten gesellschaftlichen Verhältnissen gesucht werden. Ein Neger ist ein Neger: unter bestimmten gesellschaftlichen Verhältnissen wird er zum Sklaven. Ebenso ist Geld Geld und Produktionsmittel sind Produktionsmittel: unter bestimmten gesellschaftlichen Verhältnissen werden sie zu Kapital, d. h. zu Mehrwert heckendem Wert. Welches sind diese Verhältnisse? Das bezeichnet Marx mit aller erdenklichen Klarheit. Damit Geld Kapital werde, muß der *„freie Arbeiter"* in genügender Menge auf dem Arbeitsmarkte seine Arbeit anbieten, der freie Arbeiter in einem spezifisch marxischen Doppelsinn genommen, nämlich frei erstens politisch, so daß er als freier Bürger über seine Arbeitskraft verfügen kann, und frei zweitens wirtschaftlich, d. h. entblößt von allen eigenen Produktionsmitteln, so daß er gezwungen ist, seine Arbeitskraft denen zur Verfügung zu stellen, die die Produktionsmittel besitzen; ist diese Bedingung gegeben, so ist es klar, daß Produktionsmittel Mehrwert abwerfen müssen. Denn dann laufen, um einen Ricardoschen Ausdruck zu benutzen, immer zwei Arbeiter einem Meister nach und *unter*bieten sich, so daß der Lohn hinter dem Ertrag der geleisteten Arbeit zurück-, und dem Meister Mehrwert übrigbleibt. Wären aber umgekehrt freie Arbeiter nicht im Überschuß auf dem Arbeitsmarkt zur Verfügung, so würden umgekehrt zwei Meister einem Arbeiter nachlaufen, würden sich *über*bieten und würden aus dem Ertrag der Gesamtarbeit durchschnittlich keinen größeren Vorteil haben als den Lohn ihrer eigenen qualifizierten Werkleiterarbeit. Nur wenn immer zwei Arbeiter einem Meister nachlaufen und sich unterbieten, ist es augenscheinlich möglich, daß eine ganze Wirtschaftsentwicklung nach dem Typus der kapitalistischen abläuft, so daß der gesamte oder doch fast der gesamte Zuwachs der gütererzeugenden Kräfte einer Minderheit zugute kommt; umgekehrt aber würden, das ist gar nicht zu bezweifeln, in einer Gesellschaft ohne Überfluß an freien Arbeitern sich alle Vorteile der Arbeitsteilung und des mit ihr verknüpften technischen Fortschritts mit großer Gleichmäßigkeit über alle Schichten des Volkes verteilen.

Dieses gesellschaftliche Verhältnis: daß auf der einen Seite große Stämme von Produktionsmitteln sich in der Hand einiger weniger Mitglieder der Gesellschaft befinden, während auf der anderen Seite ein die Verwertungsbedürfnisse des Kapitals regelmäßig übersteigender Überschuß freier Arbeiter vorhanden ist, nennt Marx das *Kapitalverhältnis*, weil es dasjenige gesellschaftliche Klassenverhältnis ist, ohne dessen Vorhandensein Geld usw. niemals Kapital, „Mehrwert heckender Wert", sein könnte. Solange dieses Kapitalverhältnis besteht, ist die Exploitation des Proletariats durch die Bourgeoisie verewigt. Wenn es einmal beseitigt sein wird, hat Geld aufgehört, Kapital zu sein.

In dieser grundlegenden Behauptung stimme ich mit Marx vollkommen überein, und stimmt, soweit ich sehen kann, auch fast die gesamte bürgerliche Wissenschaft mit ihm überein. Denn wer überhaupt die Tatsache des Profits zugibt, kann gar nicht leugnen, daß er nur da entstehen kann, wo freie Arbeiter im Überschuß vorhanden sind. Theoretisch unterscheiden sich Bourgeoisökonomen und Sozialisten nicht in dieser Grundauffassung, sondern in der Erklärung der Entstehung dieser Armee freier Arbeiter. Die Bourgeoisökonomen erklären sie malthusianisch. Marx weist den Malthusianismus mit Recht ab und gibt eine andere Erklärung, die uns jetzt beschäftigen wird:

Er unterscheidet mehrfach sehr scharf zwischen der ersten Entstehung, der *Produktion*, jener freien Arbeiterarmee und ihrer *Reproduktion*. Die Produktion vollzog sich als isolierter historischer

Prozeß im Laufe des 15. und 16. Jahrhunderts durch *außerökonomische Gewalt*, durch Privilegierung einzelner Zunftmeister in den Städten auf Kosten der Gesellen, die fortan nicht mehr zur Meisterschaft gelangen konnten, und namentlich durch Verjagung der unmittelbaren Produzenten auf dem platten Lande vom Grund und Boden durch die Vorgänge der Säkularisation der Klöster, des Bauernlegens und der Auflösung der feudalen Gefolgschaften. Diese gewaltsam expropriierten Elemente bildeten die ersten freien, d. h. los und ledig auf den Arbeitsmarkt geschleuderten, Exploitationsobjekte der städtischen Bourgeoisie. Diese hatte inzwischen, ebenfalls durch außerökonomische Gewalt, große Stämme von Produktionsmitteln resp. große Geldsummen in wenigen Händen akkumuliert, und zwar durch gewaltsame Ausbeutung der Kolonien, durch Sklavenjagd und Sklavenhandel, durch Beteiligung an Staatsanleihen, deren Zinsen durch die außerökonomische Staatsgewalt von den Bürgern eingetrieben wurden, usw.; und so war denn das Kapitalverhältnis hergestellt. Zehntausende oder Hunderttausende Proletarier drängten sich um die wenigen Arbeitsplätze, die die noch schwachen Kapitalien jener Zeit eröffnen konnten, und so sank der Lohn bis auf einen Stand, der den Ausbeutern der neuen Klasse von Proletariern genügend Mehrwert übrigließ.

Das ist die *Produktion* des Kapitalverhältnisses, das „die ursprüngliche Akkumulation" des Kapitals! Auch hierin schließe ich mich Marx grundsätzlich noch völlig an, wenn auch seine historische Darstellung im einzelnen heute der Berichtigung bedürfen wird aufgrund der neueren geschichtlichen Untersuchungen, namentlich der deutschen historischen Schule. Aber darin hat er unzweifelhaft recht, wenn er die erste Kapitalbildung nicht mit der klassischen Schule auf Unterschiede der wirtschaftlichen Begabung, der Energie, Tüchtigkeit, des Fleißes, der Fähigkeit usw. zurückführt, sondern auf außerökonomische Gewalt. Bis hierhin gehe ich also unbedingt mit Marx zusammen. Aber von hier ab scheiden sich die Wege. Marx ist nämlich der Ansicht, daß das Kapitalverhältnis, einmal gesetzt, sich durch innere Kräfte immer wieder *automatisch reproduziert*, so lange, bis die kapitalistische Wirtschaft in die sozialistische, die er voraussagt, hineingereift ist. Hier ist der Schlüssel seiner strategischen Stellung. Hier muß Marx angegriffen werden, wenn man ihn widerlegen will, wie das denn auch seine eigenen Schüler jederzeit hervorgehoben haben. Nicht in der Wertlehre, die alle bourgeoisökonomischen Kritiker bisher allein berannt haben, sondern im Gesetz der Akkumulation, d. h. in der Erklärung für die dauernde Reproduktion der Armee freier Arbeiter, steckt die Zitadelle der marxischen Systematik.

Sein Beweis ist der folgende: Stellen wir uns vor, es wachse in einer Periode einmal das Kapital durch Akkumulation beträchtlich schneller als die Bevölkerung, und zwar bleibe die Teilung des Kapitals in Lohnfonds (variables Kapital) und fachliches (konstantes) Kapital während dieser ganzen Periode unverändert, dann wird auch der zum Lohnfonds bestimmte Teil des Gesamtkapitals stärker wachsen als die Bevölkerung. Die Folge davon muß sein, daß dann die Unbeschäftigten, d. h. die Mitglieder der Reservearmee, in Brotstellen gelangen, und daß der Lohn sämtlicher Schichten mehr oder weniger steigt. Würde diese Disproportion zwischen Kapital und exploitabler Arbeitskraft zugunsten der Arbeitskraft dauernd bestehen bleiben, so würde das Kapitalverhältnis zuletzt verschwinden.

Dies aber kann nach Marx nicht eintreten. Es ist unmöglich, daß das Gesamtkapital längere Zeit hindurch wesentlich stärker wächst als die Bevölkerung, so daß auch der Lohnfonds nicht längere Zeit hindurch stärker wachsen kann als die Kopfzahl der daran zu beteiligenden Lohnarbeiter: sondern es sind die Zahl k des Gesamtkapitals und die Zahl p der aktiven Arbeiterarmee funktionell eng aneinander gebundene Größen. Diesen wichtigsten Satz seiner Theorie beweist Marx mit folgender Alternative:

> „Entweder fährt der Preis der Arbeit fort zu steigen, weil seine Erhöhung den Fortschritt der Akkumulation nicht stört; es liegt darin nichts Wunderbares, denn, sagt A. Smith (. . .), ‚ein

großes Kapital wächst selbst bei kleinerem Profit im allgemeinen rascher als ein kleines Kapital bei großem Profit'. (...) Oder die Akkumulation erschlafft infolge des steigenden Arbeitspreises, weil der Stachel des Gewinnes abstumpft. Die Akkumulation nimmt ab. Aber mit ihrer Abnahme verschwindet die Ursache ihrer Abnahme, nämlich die Disproportion zwischen Kapital und exploitabler Arbeitskraft. Der Mechanismus des kapitalistischen Produktionsprozesses beseitigt also selbst die Hindernisse, die er vorübergehend schafft. Der Arbeitspreis fällt wieder auf ein den Verwertungsbedürfnissen des Kapitals entsprechendes Niveau."

Marx steht hier mit der liberalen Ökonomik auf dem gemeinsamen Boden der „Lohnfondstheorie", wonach der Lohn sich ergibt durch Division der Arbeiterzahl in den für die Besoldung der Lohnarbeit bestimmten Kapitalfonds. Und er behauptet gerade so wie die nachklassische Ökonomik, daß der Quotient dieses Bruches, der Durchschnittslohn des einzelnen Arbeiters, kraft unzerbrechlicher Gesetze sich durch leichte Schwankungen hindurch *ewig* auf einer Höhe dicht am Existenzminimum halten müsse. Nur hat das „ewig" für Malthus, Ricardo und ihre Nachbeter die absolute Bedeutung des Wortes, weil sie jene Gesellschaftsgesetze für Naturgesetze halten; für Marx aber gilt das Wort „ewig" nur für so lange, wie die kapitalistische Gesellschaft selbst besteht, die er samt ihren „Gesetzen" nur für eine „historische Kategorie" hält.

Also ein „Bevölkerungsgesetz", das eine „ewige" (in diesem historischen Sinne) Disproportion zwischen Lohnfonds und Kopfzahl des Proletariats feststellt, ähnlich wie der Malthusianismus. Während aber bei Malthus in plumper Vergewaltigung aller Tatsachen und aller Logik das Mißverhältnis daraus entsteht, daß die *Menschen* sich zu *stark* vermehren, leitet es Marx umgekehrt daraus her, daß das *Lohnkapital* im Verhältnis zur Kopfzahl sich zu *schwach* vermehrt.

Gibt man ihm den aus seiner Alternative gezogenen Schluß als richtig zu, so gibt es kein Entrinnen mehr vor seinen weiteren Schlußfolgerungen. Dann muß man zunächst das Gesetz der Akkumulation selbst zugeben, nicht nur insoweit, daß sich das „Kapitalverhältnis" immer automatisch reproduziert, so daß an dem einen Pole der gesellschaftlichen Skala das durch den Mehrwert verstärkte Kapital, an dem anderen Pole der „freie Arbeiter" nackt und bloß und kapitallos wieder herauskommt, der weiteren Exploitation widerstandslos preisgegeben; sondern sogar in seiner schroffsten Fassung, wonach sich das Kapitalverhältnis immer ungünstiger gegen das Proletariat stellt, so daß seine Lage immer trauriger wird. Denn in der Wirklichkeit liegen die Dinge für die Arbeiterschaft noch ungleich ungünstiger als in dem hier angenommenen Falle. Hier war, wie man sich erinnert, unterstellt, daß das Gesamtkapital sich während der ganzen Beobachtungsperiode in gleichem Verhältnis in konstantes und variables Kapital teilen solle. In der Wirklichkeit aber teilt sich in dem Maße, wie die Akkumulation fortschreitet, das Kapital zu einem immer größeren Prozentsatz in konstantes und zu einem immer geringeren Prozentsatz in variables Kapital. Denn mit dem Wachstum des Kapitals wächst naturgemäß die Größe und Kraft der Maschinerie, der dafür benötigten Gebäude und Hilfsstoffe, und der von ihr verarbeiteten Rohstoffe resp. Halbfabrikate, während eine im Verhältnis zur Masse des Produktes immer verringerte Zahl von Arbeitern diese Maschinerie bedient. Wenn also schon unter der Voraussetzung relativ gleichbleibenden variablen Kapitals der Durchschnittslohn auf die Dauer nicht wachsen kann, so muß er sogar rapid fallen, wenn das variable Kapital sich verhältnismäßig stark vermindert, ohne daß das Gesamtkapital entsprechend stärker wachsen kann.

Ist dies aber richtig, so ist der folgende Kettenschluß gerechtfertigt:

I. Wo Kapital akkumuliert wird, da (wächst verhältnismäßig der konstante und) fällt verhältnismäßig der variable Kapitalbestandteil.
II. Wo das variable Kapital im Verhältnis zum Gesamtkapital fällt, da fällt im gleichen Verhältnis (Lohn und Länge des Arbeitstages als gleichgesetzt) die Zahl der beschäftigten Arbeiter, der „Stellen", wie ich diese Zahl im folgenden nennen werde.

III. Wo die Zahl der „Stellen" im Verhältnis zum Gesamtkapital fällt, da fällt sie auch im Verhältnis zur Zahl der arbeitsfähigen und arbeitswilligen Mitglieder des Proletariats, der „aktiven Arbeiterarmee".
IV. Wo die Zahl der „Stellen" im Verhältnis zum Proletariat fällt, da wächst die Surplusbevölkerung.
V. Wo die Surplusbevölkerung wächst, da wächst auf seiten des Proletariats „Elend, Arbeitsqual, Sklaverei, Unwissenheit, Brutalisierung und moralische Degradation".

Folglich (I–V):

„Wo Kapital akkumuliert wird, da wächst auf seiten des Proletariats Elend, Arbeitsqual" usw.
Diese Deduktion rekapituliert Marx in den berühmten Worten:

„Je größer der gesellschaftliche Reichtum, das funktionierende Kapital, Umfang und Energie seines Wachstums, also auch die absolute Größe des Proletariats und die Produktivkraft seiner Arbeit, desto größer die industrielle Reserve-Armee. Die disponible Arbeitskraft wird durch dieselben Ursachen entwickelt, wie die Expansivkraft des Kapitals. Die verhältnismäßige Größe der industriellen Reserve-Armee wächst also mit den Potenzen des Reichtums. Je größer aber die Reserve-Armee im Verhältnis zur aktiven Arbeiterarmee, desto größer der offizielle Pauperismus. *Dies ist das absolute allgemeine Gesetz der kapitalistischen Akkumulation.*"

Gibt man die Deduktion bis hierher zu, so kann man sich auch nicht mehr weigern, die ferneren marxischen Konsequenzen zuzugeben, die den revolutionären und kollektivistischen Inhalt der sozialdemokratischen Theorie bestimmen. Aus dem von ihm aufgestellten Gesetz folgt, wenn es der Wirklichkeit entspricht, mit mir zwingend erscheinender Logik sowohl die Zusammenbruchstheorie und der Revolutionarismus wie auch der berühmte und berüchtigte Zukunftsstaat.

Wenn es nämlich wahr ist, daß das funktionierende Kapital sich fortwährend durch akkumulierten Mehrwert vermehrt, so sind die noch existierenden Mittelstände der „einfachen Warenproduzenten" geliefert. Der kapitalstärkere Betrieb arbeitet unvergleichlich billiger, unterbietet sie, wirft sie aus dem Markte und drückt sie ins Proletariat hinab. Diese Tendenz ist unleugbar wenigstens in der Industrie vorhanden. Sie muß ohne Gnade zum „Zusammenbruch" aller nichtkapitalistischen Produzenten führen, wenn ihr nicht etwa eine Gegenkraft erwächst, die immer neue Mittelstände ins Feld stellt.

Eine solche Neubildung könnte aber augenscheinlich nur dann in einem Umfange entstehen, der genügen würde, jene Tendenz merklich aufzuhalten oder gar zu kompensieren, wenn das Gesetz der Akkumulation nicht wirkte. Wäre nämlich die Arbeiterschaft an dem Mehrertrag der volkswirtschaftlichen Produktion stärker beteiligt, als das Gesetz der Akkumulation es behauptet, so würde der Prozeß des Zusammenbruchs der Mittelstände sich entweder gar nicht oder nur sehr abgeschwächt vollziehen. Dann würde einerseits die steigende Kaufkraft der Arbeiterschaft fortwährend neue Zweige der Bedürfnisdeckung ins Leben rufen, die selbstverständlich zum großen Teile entweder als handwerksmäßige oder als kleinkapitalistische Betriebe ins Leben treten würden. Auf der anderen Seite würden die höheren Schichten der Arbeiter und die besonders sparsamen energischen Individuen aller Schichten des Arbeiterstandes imstande sein, durch „Entsagung" die kleine Kapitalmenge aufzubringen, die zur Einleitung und ersten Fortführung dieser immer neu auftauchenden Kleinbetriebe nötig wäre. Derart würde also die gesamte Wirtschaft, dem Meere gleich, die Küste des Mittelstandes immer an einer Stelle abnagen, um sie an anderer Stelle wieder anzuschwemmen, und der Prozeß der Simplifizierung der Volkswirtschaft, die Reifung des Zukunftsstaates im Schoße des Kapitalismus, würde je nachdem verzögert oder gänzlich hintangehalten werden.

Gilt aber das Gesetz der Akkumulation, d. h. wächst die Kaufkraft der Arbeiterschaft nicht oder doch nur ganz wenig, so kann nichts den Schwund der alten Mittelstände einfacher Warenproduzenten aufhalten oder ersetzen. Und dann vollzieht sich eine grandiose *Simplifikation* der Gesellschaft, die binnen kurzem dahin führen muß, daß sich als soziale Klassen nur noch die beiden Stände der Kapitalisten und Lohnproletarier gegenüberstehen: eine ungeheure Mehrheit, ausgebeutet durch eine winzige, immer mehr zusammenschmelzende Minderheit; eine grandiose Simplifikation, die sich ökonomisch darstellt als die Monopolisierung der gesamten Produktion durch einige wenige riesenhafte Großbetriebe und entsprechend als eine außerordentlich weitgehende Egalisierung des Bedarfs der proletarischen Masse. Diese Kolossalbetriebe würden von besoldeten Beamten im Auftrage der Kapitalmagnaten geleitet werden, die ihrerseits den ungeheuren „Mehrwert" einstreichen.

Ist dieser Zustand einmal erreicht, und wirkt das Gesetz der Akkumulation immer weiter ohne Hemmung mit dem Ergebnis, das Elend und die Erniedrigung des Proletariats nur noch zu steigern, dann muß allerdings der Moment eintreten, wo die durch das Kapital selbst immer straffer organisierte und gegliederte, immer massenhafter in einigen wenigen Industriezentren zusammengedrängte Arbeiterbevölkerung zu dem Entschluß und, weil keine zahlreiche Klasse mit anderen Interessen mehr existiert, zu der Macht kommt, sich die Ausbeutung nicht länger gefallen zu lassen.

Der Erfolg dieser Revolution würde aber nichts anderes sein als die Geburt der *marktlosen Staatswirtschaft*, des kollektivistischen oder gar kommunistischen Gemeinwesens.

Das siegreiche Proletariat hätte ja nichts weiter zu tun, als den gesamten, auf das äußerste simplifizierten Organismus der Produktion zu übernehmen, mit denselben Beamten und Arbeitern fortzuführen und nur die Verteilung des Gesamtproduktes in der Weise umzugestalten, daß der erzielte Mehrwert nicht mehr in die Tasche der Kapitalisten, sondern der sämtlichen beteiligten Arbeiter geleitet würde.

Dieser Punkt ist von der größten Wichtigkeit und ist, wie mir scheint, nur selten völlig verstanden worden. Noch heute verlangt nicht nur der vulgäre Gegner, sondern auch die bürgerliche Wissenschaft häufig von Marx und seinen Schülern einen genauen Aufriß der zukünftigen marktlosen Gesellschaft. Dieses Verlangen ist unberechtigt. Denn Marx glaubte ja mit aller Gewißheit, eine Tendenz, die berühmte „Tendenz der kapitalistischen Produktionsweise" nachgewiesen zu haben, die, ungekreuzt von irgendwelchen Gegenkräften, zu einer derartigen Simplifizierung der Wirtschaft führen mußte. Ob wir uns das vorstellen können oder nicht, ist ganz gleichgültig. Wenn die Entwicklung in der Tat sich so vollzog, wie Marx sie sah, so führte sie eben zu einem Zustand, der die marktlose Wirtschaft bereits prästabiliert enthielt; diese wurde tatsächlich im Schoße der kapitalistischen Gesellschaft ausgetragen, und Geburtshelferin Gewalt hatte in der Tat nur einige Handgriffe zu leisten, um sie als lebendiges Wesen in die Welt zu setzen.

Freilich bleiben auch unter dieser Voraussetzung noch sehr große Schwierigkeiten übrig, denen die wissenschaftliche Phantasie ziemlich ratlos gegenübersteht.

Denn der erste Erfolg der erfolgreichen Revolution soll doch eine radikale Änderung der volkswirtschaftlichen Verteilung sein: der bisherige „Mehrwert" fließt fortan nicht mehr dem Kapital, sondern der Arbeit zu. Dementsprechend muß sich dann aber auch die Erzeugung ändern, denn die Nachfrage richtet sich auf ganz neue Ziele. Die Nachfrage nach persönlichen „Diensten" von Dienstboten, Prostituierten usw. schrumpft fast auf Null zusammen, ganz abgesehen von zahllosen Gemeinde- und Staatsbeamten, die überflüssig werden; und ebenso hört alle oder fast alle Nachfrage nach Luxuserzeugnissen auf, während die Nachfrage nach den Bedürfnissen des bürgerlichen Behagens ungeheuer anschwillt, sobald die Bevölkerungsmasse ein so stark vermehrtes freies Einkommen erlangt hat. Der Bau der volkswirtschaftlichen Erzeugung muß also trotz aller Simplifikation der kapitalistischen Ära vielfach um- und ausgebaut werden; und es ist in der Tat kaum abzusehen, wie diese Aufgabe geleistet werden soll, wenn mit dem Markte und der freien Konkurrenz der gewaltige Regulator aller Erzeugung, der *Preis*, verschwunden ist, dessen Fallen uns anzeigte, daß wir von einer bestimmten Ware zu viel, dessen Steigen, daß wir zu wenig hergestellt hatten.

Immerhin mögen sich, nehmen wir es einmal an, diese Schwierigkeiten allenfalls überwinden lassen, wenn der Bau in seinen Hauptzügen erst einmal feststeht. Diese Hauptzüge aber sollte, so glaubte Marx bewiesen zu haben, die kapitalistische Produktionsweise selbst herauszuarbeiten die „Tendenz" haben, indem sie die Erzeugung ad maximum simplifizierte.

Aus dieser Theorie ergibt sich unzweideutig auch die Taktik der Arbeiterpartei. Sie kann nichts anderes sein als die Vorbereitung für den großen Augenblick, in dem es gilt, die im Schoße des Kapitalismus gereifte neue Gesellschaft durch Durchtrennung ihrer Nabelschnur zu selbständigem Leben zu führen. Diese Vorbereitung hat erstens zu geschehen durch Pflege und Verbreitung des Klassenbewußtseins in derjenigen Schicht der Bevölkerung, die augenscheinlich allein berufen ist, das Geburtshelferamt zu übernehmen, in dem Proletariat. Es muß sich als eine *Klasse* fühlen lernen, deren Lebensinteressen denen aller anderen Klassen polar entgegengesetzt sind. Man kann mit einzelnen Gliedern dieser anderen Klassen, der „einen reaktionären Masse", paktieren, um andere zu schwächen und die Stoßkraft des gesamten reaktionären Blocks zu verringern; aber man kann sich nicht mit ihm versöhnen; denn nur das Proletariat hat vom Zusammenbruch und der Entwicklung der Zukunftsgesellschaft Vorteile zu erwarten, alle anderen Parteien, auch die radikalen bürgerlichen Demokraten, nur Nachteile. Zweitens folgt aus diesem Vorbereitungswerke, daß man auf dem Boden der gegebenen Gesellschaft alles akzeptieren und erstreben kann, was die ökonomische und soziale Lage des Proletariats zu heben geeignet ist, und zwar nur aus dem Grunde, weil dadurch die Kampfkraft der Bataillone für den entscheidenden Moment gestärkt wird. In diesem Sinne kann man Sozialpolitik und Kommunalpolitik treiben, kann man ferner die ökonomischen Arbeitergenossenschaften und Gewerkschaften nicht nur dulden, sondern sogar fördern, aber, und das ist das Entscheidende, immer nur als *Mittel*, nicht aber als *Zweck*.

Das sind die wissenschaftlichen Grundlagen des orthodoxen Marxismus, und man wird zugeben müssen, daß es ein imponierender logischer Bau ist. Die sämtlichen Konsequenzen folgen mit zwingender Kraft aus der Prämisse des Gesetzes der Akkumulation, und das ganze Gebäude hat sich doch so stark erwiesen, daß vier Jahrzehnte hindurch kein irgendwie erfolgreicher Angriff es treffen konnte.

Es war nämlich der alt gewordenen bürgerlichen Ökonomik nicht möglich, eine genügende Kritik der marxischen Konstruktion zu bieten, und zwar aus einem einleuchtenden Grunde: Marx ist nur vom Gesetz der Akkumulation aus zu besiegen. Und dieses Gesetz der Akkumulation stammt in seinem hauptsächlichen Gedankeninhalt aus dem Arsenal der bürgerlichen Schule selbst, nämlich von Ricardo. Der populär ausgedrückte Inhalt des Gesetzes lautet: die Maschine setzt den Arbeiter frei; und das war bereits Ricardos ganz ähnlich begründete Anschauung, wie es auch heute noch die Anschauung, so viel ich weiß, aller Vertreter der bürgerlichen Theorie ist. Von diesem Standpunkt aus aber ist gegen das Gesetz der Akkumulation und somit gegen Marx nichts zu unternehmen.

Statt dessen hat die Bourgeois-Ökonomik immer und immer wieder die Marxsche Werttheorie berannt: eine ganz nutzlose Mühe, wie die Anhänger Marx' jederzeit mit Recht betont haben. Die Werttheorie ist ein Außenwerk der Gedankensetzung, mit dessen Fall die Zitadelle noch nicht einmal bedroht, geschweige denn erobert ist. Ob sie richtig oder falsch ist, das berührt die Gültigkeit der „Tendenz der kapitalistischen Produktionsweise" nicht im mindesten. Die Wertlehre gibt Marx den Schlüssel für die eigentümlichen Verwicklungen der kapitalistischen Wirtschaft, diese an sich als gegebene Tatsache betrachtet. Aber ihr Schicksal, das Ziel ihrer inneren Bewegung, ihrer „Dialektik", erschließt sich erst mit dem Verständnis des Gesetzes der Akkumulation. Das ergibt sich auf das einfachste schon daraus, daß nach Marx' eigenen Worten ein Mehrwert nur so lange im kapitalistischen Reproduktionsprozeß herauskommen kann, wie das „Kapitalverhältnis" selbst sich reproduziert, oder mit anderen Worten, wie das Gesetz der Akkumulation gültig ist. Somit stellt sich der wichtigste Teil der Wertlehre, die Mehrwertlehre, gleichfalls als die logische Konsequenz aus jenem Grundgesetze der gesamten Marxschen Gesellschaftslehre dar.

Ist denn nun dieses Gesetz wahr?

Wir haben einen ungeheuren Kettenschluß vor uns, beginnend mit der unbestreitbaren Feststellung, daß überall da, wo Kapital akkumuliert wird, der konstante Kapitalbestandteil verhältnismäßig auf Kosten des variablen wächst. An diesen ersten Ring hängen sich die vier anderen, die ich oben als Beweis des Gesetzes der Akkumulation dargestellt habe, und daran wieder die anderen, die den Zusammenbruch der Mittelstände, die Simplifikation des sozialen und ökonomischen Aufbaues der Gesellschaft deduzieren und zu dem letzten Schluß einer durch die Revolution entbundenen marktlosen Wirtschaft führen.

Mögen alle anderen Ringe dieser Kette von Zyklopenhämmern geschmiedet und geschweißt sein: wenn auch nur ein einziger brüchig ist, so fällt nach den Gesetzen des Denkens das ganze Beweisgebäude zusammen. Und ich hoffe in der Tat, den einen Ring als nicht tragfähig nachgewiesen zu haben. Es ist Satz III des oben dargestellten Kettenschlusses.

Ich bestreite[,] daß die von Marx gegebene „Alternative" einen schlüssigen Beweis für seine Behauptung darstellt, daß das Gesamtkapital einer Gesellschaft in seinem Wachstum eng an das Wachstum der aktiven Arbeiterarmee gebunden sei, so eng, daß der Bruch: „Lohnfonds dividiert durch die Kopfzahl" niemals einen Durchschnittslohn ergeben könne, der den Arbeitern das Ansammeln von eigenem Kapital gestatte.

Sehen wir uns die Alternative genau an. Ich glaube nicht, daß sie irgend jemand befriedigen kann, der nicht an sich von der Wahrheit der hier ausgesprochenen Behauptung überzeugt ist. Es steckt in ihr eine unbewußte Erschleichung.

Folgendes ist richtig: wenn bei einer im Verhältnis zum Wachstum der Arbeiterbevölkerung übermäßigen Kapitalvermehrung die Gewinne fortwährend fallen, während der Lohn fortwährend steigt, dann muß allerdings einmal der Zeitpunkt eintreten, wo der Anreiz zu weiterer Kapitalsakkumulation auf Null sinkt; dann vermehrt sich das Kapital nicht mehr, bis nicht etwa die weiter erfolgende Bevölkerungsvermehrung mit ihrer Konkurrenz um die Brotstellen den Lohn wieder so weit herabgedrückt hat, daß der „Stachel des Gewinns" steigender Profite die Kapitalisten zu neuer Akkumulation anregt.

Das ist ganz richtig. Aber die entscheidende Frage ist die, *bei welchem Tiefstand des Profits und welchem Hochstand des Lohnes die Akkumulation aufhört*. Marx macht hier einen logischen Sprung, den bisher keiner seiner Kritiker entdeckt hat. Er nimmt ohne weiteres an, daß jener kritische Punkt schon erreicht wird bei einem Lohnstande, der den Arbeitern noch keine eigene Kapitalbildung gestattet, bei einem Lohnstande also, der nur ganz wenig über den zu seiner Zeit üblichen gestiegen wäre. Hätte er das bewiesen, so wäre in der Tat das Gesetz der Akkumulation mit seinen sämtlichen Konsequenzen logisch unanfechtbar.

Aber er hat auch nicht den leisesten Versuch gemacht, das zu beweisen. Er hat gar nicht gesehen, daß das Ergebnis seiner Alternative ein ganz anderer, nur äußerlich ähnlicher Satz war, als derjenige, der ihm als Thema probandum gegeben war. Er erklärte, Satz A beweisen zu wollen, beweist aber B, und schließt dann weiter, als ob er A bewiesen hätte. Das Thema probandum (Satz A) lautete: „Die Kapitalakkumulation muß aufhören, sobald die Lohnsteigerung den Punkt erreicht hat, über dem das Proletariat selbst zur Kapitalbildung gelangen kann." Bewiesen ist aber lediglich Satz B: „Die Kapitalbildung muß aufhören, sobald die Lohnsteigerung den Profit derart geschmälert hat, daß der Stachel des Gewinns stumpf wird." Dafür, daß der kritische Punkt in Satz A mit dem kritischen Punkt in Satz B zusammenfällt, ist keinerlei Beweis erbracht oder auch nur versucht. Beide Sätze sind nur durch eine Erschleichung gleichgesetzt. Aus Satz B läßt sich aber das Gesetz der Akkumulation nicht im mindesten ableiten. Wenn es wahr ist, wie Marx selbst sagt, daß der

Zins bis auf jeden denkbaren Satz fallen kann, und wenn der Zins ein Indikator des Profits ist, wie nicht zu leugnen, so ist damit die Möglichkeit gegeben, daß die Profitrate sehr tief sinkt, und der Lohn sehr bedeutend, weit über das mit der Aufrechterhaltung des Kapitalverhältnisses erträgliche Maß steigt, ohne daß die Akkumulation erschlafft. Oder mit anderen Worten: es ist möglich, daß die Akkumulation in einem für die weitere Ausdehnung der kapitalistischen Produktion völlig genügenden Maße steigt, weil, wie Marx selbst sagt, große Kapitalien bei kleinem Profit immer noch schneller wachsen können als kleine Kapitalien bei großem Profit – und daß dennoch der Lohn der Arbeiterschaft gleichfalls stark wächst, so stark, daß von der Akkumulation von Elend, Brutalisierung usw. nicht mehr die Rede sein kann, ja daß sogar die Arbeiter in die Lage versetzt werden, aus den Überschüssen ihres Lohnes selbst Kapital zu bilden und so in das Eigentum von Produktionsmitteln zu gelangen, die ihnen gestatten, ihre Arbeitskraft zum eigenen Vorteil zu verwerten. Und dann sind sie nicht mehr „freie Arbeiter", und dann kann die „kapitalistische Gesellschaft" nicht mehr bestehen.

Wenn diese Erwägungen – und sie scheinen mir zwingend – begründet sind, so ist demnach die Marxsche Deduktion widerlegt; ihre letzten Konsequenzen verlieren die logische Grundlage: Gesetz der Akkumulation, Zusammenbruchstheorie, Revolutionarismus und Zukunftsstaat sind nicht mehr als bewiesen, als notwendige „Tendenz der kapitalistischen Produktionsweise" zuzugeben, bis etwa ein neuer, schlüssiger Beweis erbracht wird. Dies sind die wissenschaftlichen Grundlagen des Marxismus.

Diese geschlossene Theorie ist in ihrer wichtigsten Grundlage, dem deduktiven Beweise für das Gesetz der Akkumulation, auch von der revisionistischen Doktrin nicht angetastet worden, die wir jetzt zu betrachten haben werden. Ihr Hauptangriff richtet sich wohl auf jenes alles beherrschende Grundgesetz, aber nicht a priori, sondern a posteriori, nicht auf seine Prämissen, sondern auf seine Konsequenzen.

Den ersten Anstoß zu solcher Kritik der wissenschaftlichen Wahrheit der orthodoxen Lehre gaben taktische Meinungsverschiedenheiten.

Die proletarische Bewegung in ihrer Jugendperiode erwartete den, um den populären Ausdruck anzuwenden, großen Kladderadatsch sehr bald; sie ähnelte der Urchristenbewegung, mit der die Sozialdemokratie überhaupt so viele Berührungspunkte hat, wenn sie auch keineswegs mit ihr identisch ist, auch darin, daß die ersten Apostel gar nicht daran zweifelten, sie selber würden das tausendjährige Reich noch erleben. Sie sahen damals das Tempo, in dem sich die Simplifizierung der Volkswirtschaft, das Zusammenschmelzen der Mittelstände, die Proletarisierung der Volksmassen, die Akkumulation des Kapitals in immer wenigeren Händen vollziehen sollte, als ein so reißend schnelles an, daß man den Zeitpunkt der entscheidenden proletarischen Revolution auf den Eintritt der nächsten oder spätestens übernächsten Krise, auf den „nächsten Donnerstag", bestimmen zu können glaubte. Und von diesem Standpunkt aus erschien natürlich alle Gegenwartsarbeit als lächerliche Flickerei.

Aber es verstrich einer der vorausgesagten Termine nach dem andern, ohne daß der erwartete Zusammenbruch eintrat, und es wurde immer klarer, daß die Entwicklung der kapitalistischen Produktionsweise, wenn sie überhaupt zu dem von Marx bezeichneten Ziele führte, nicht Jahre, sondern Jahrzehnte, vielleicht Jahrhunderte dazu brauchen würde. Und damit rückte die Gegenwartsarbeit in ein ganz anderes Licht. Es handelte sich jetzt vor allem darum, das Schicksal leidender Menschen schon in der Gegenwart erträglicher zu gestalten, wenn man ihnen nicht mehr für eine *nahe* Zukunft Hoffnungen machen konnte. Es handelte sich ferner darum, den organisierten Genossen etwas mehr zu bieten als Verheißungen, weil es sonst augenscheinlich nicht möglich gewesen wäre, die Riesenpartei zusammenzuhalten.

Darum entbrannte jetzt der taktische Kampf immer stärker. Die parlamentarische Betätigung in der Reichs- und Staatspolitik, in der Kommunalpolitik, die Selbsthilfe in Gewerk- und Genossenschaften wurde einer wachsenden Zahl von Sozialisten ein immer wichtigerer Teil der proletarischen Klassenpolitik. Nur mühselig konnte den Anhängern der alten starren Lehre erst das tolerari posse und schließlich die laue Förderung dieser „kleinbürgerlichen" Taktik abgerungen werden. Die Veröffentlichung von Eduard Bernsteins Aufsätzen über die Bedeutung von Raum und Zeit in der sozialen Bewegung gab endlich dieser bis dahin rein taktischen Strömung den Anfang einer theoretischen Begründung: der Revisionismus war geboren.

Den Revisionismus in der Sozialdemokratie wird man am besten definieren als diejenige politisch-taktische Auffassung, welche die Gegenwartsarbeit in den Parlamenten und städtischen Vertretungen, in Gewerkschaften und Genossenschaften, nicht mehr als Mittel, sondern als Ziel ansieht. Die Definition wird bestritten werden. Selbst Bernstein und David bekennen sich ja offiziell immer noch zum Endziel, d. h. dem Traum von der kollektivistischen Zukunftsgesellschaft. Dennoch glaube ich meine Erklärung aufrechterhalten zu können. Denn bei diesen Theoretikern ist das letzte Ideal so sehr in die Ferne gerückt, erscheint durch praktisch so unendliche Zeit- und Raumgrößen von der Gegenwart getrennt, daß es für Taktik und Strategie des kämpfenden Proletariats nur etwa noch als Symbol, als Banner in Betracht kommt, nicht mehr als Richtungspunkt des Aufmarsches.

Was unterschied die Revisionisten anfangs von den notgedrungenermaßen gemäßigt gewordenen Marxisten, mit denen sie im Kampfe liegen? Nichts anderes als eine graduelle Verschiedenheit in der Beurteilung des Tempos, in dem sich die soziale Entwicklung zum Zukunftsstaat hin vollzieht! Ein Kautsky sieht diese Entwicklung doch immer noch deutlich fortschreiten, zwar nicht in dem ursprünglich geglaubten, aber doch immerhin noch in einem beträchtlichen Tempo, während Bernstein, David und Genossen dieses Tempo für ein äußerst langsames ansehen. Damit ist die „Quantität in die Qualität umgeschlagen", die Gegenwartsarbeit wird mindestens für denjenigen Zeitraum, den praktische Politik allein überspannen darf, aus einem Mittel zum Selbstzweck; und in bezug auf die Schürung des Klassenkampfs muß eine gemäßigtere Anschauung Platz greifen. Denn wenn die Aufschürung der Klassenkampfgegensätze vom Standpunkt des orthodoxen Marxismus aus geradezu sittliche Pflicht ist, weil nichts natürlichere Aufgabe des Feldherrn sein kann, als seine Truppen am Vorabend der Schlacht mit dem Feuer der Begeisterung, mit der Glut des Hasses zu erfüllen, so wird dieselbe Taktik zur Frivolität, sobald man erkannt hat, daß die entscheidende Schlacht ad Kalendas Graecas vertagt ist. Denn dann ergibt sich bis dahin die Notwendigkeit eines möglichst friedlichen Zusammenwirkens der ausgebeuteten mit den ausbeutenden Klassen; und die Schür- und Hetzarbeit wird zur rohen Demagogie, zur unnützen Störung des politischen und namentlich des ökonomischen Fortschrittes. Damit ist natürlich nicht etwa ausgesprochen, daß ein Revisionist den unzweifelhaft vorhandenen ökonomischen Klassenkampf vertuschen sollte; er soll ihn nur nicht unnütz verschärfen, zumal die ökonomischen Gegensätze selbst stark genug sind, um ihn insoweit aufrechtzuerhalten, wie für den Bestand der Arbeiterpartei als Vertretung einer gesonderten Klasse irgend erforderlich ist.

Derart ist, soviel ich erkenne, der Revisionismus entstanden zuerst als taktischer Gegensatz gegen die alte Auffassung, und zwar als Spiegelbild einer sich sänftigenden sozialen Entwicklung.

Was aber zuerst rein taktisch-strategische Stimmung war, das mußte allmählich zur wissenschaftlichen Selbstbesinnung werden. Der Revisionismus mußte sich wissenschaftlich-logische Grundlagen schaffen. Und dies konnte zunächst kaum etwas anderes werden als eine Art von Halbmarxismus, der versucht, durch Kompromisse aller Art von Marx festzuhalten, was zu halten ist, und dennoch für die neue evolutionäre Taktik die Grundlagen zu gewinnen. Diesen wissenschaftlichen Revisionismus pflegt man nach seinem Urheber Bernsteinianismus zu nennen.

Er wendet sich naturgemäß vor allem gegen das marxische Gesetz der Akkumulation, und zwar, wie gesagt, gegen seine Konsequenzen. Er prüft es an den Tatsachen der Wirtschaft. Er bestreitet, daß die Tendenz der kapitalistischen Entwicklung bestehe, wie sie Marx festgelegt hat. Zwar findet in der Industrie die Expropriation der kleineren und die Akkumulation und Zentralisation der größeren Kapitalien statt, ganz wie Marx es sah, aber es erwächst dieser Kraft eine Gegenkraft, die sie aufhält, vielleicht gänzlich kompensiert oder gar überkompensiert: die Schaffung neuer Mittelstände durch das Emporblühen neuer Zweige des Gewerbefleißes, die zunächst handwerksmäßig oder kleinkapitalistisch beginnen. Es findet ferner zwar eine ungeheure Vermehrung der Proletarier im Sinne der *Produktion* statt, d. h. abhängiger unselbständiger Arbeiter im Solde des Kapitals, aber diese Proletarisierung ist nicht gleichzeitig Proletarisierung vom Standpunkt der *Verteilung* aus. Diese „Proletarier" führen eine immer weniger „proletarische" Lebensweise. Es steigt nicht nur der Nominallohn, sondern auch der Reallohn durchschnittlich ziemlich stark, und mit ihm die soziale Lage, die Klassierung des Arbeiters. *Vor allem aber wollen die marxischen Gesetze durchaus nicht passen für das zweite große Hauptgebiet der Volkswirtschaft, für die Agrikultur.* Hier ist von einer Simplifizierung der Volkswirtschaft, von einer Zentralisation der Großbetriebe, von technischer Überlegenheit der Großbetriebe über die kleinen, von einem Verschwinden der Mittelstände und der kleinen Betriebe augenscheinlich gar nicht die Rede; und so muß denn schon diese Teilentwicklung zu einer ganz anderen Taktik des politischen Kampfes, und zu dem Zwecke wahrscheinlich zu einer gründlichen Umgestaltung des Programms führen, weil ohne die breiten Massen des platten Landes die Eroberung der politischen Macht unmöglich, und der Sieg der sozialen Demokratie ad infinitum hinausgeschoben ist.

Um diesen Punkt dreht sich der Kampf Bernstein–Kautsky, ein Kampf, in dem nach meiner Anschauung beide recht und beide unrecht haben.

Um mit Kautsky zu beginnen, so hat er vor seinem Gegner voraus die Einheit des Denkens, die Übereinstimmung von Prämissen und Konsequenzen. Er ist Verteidiger der alten riesenhaften Denkerfestung, die Marx selbst erbaut hat, und hat seine Stärke in der Überzeugung, daß das erstrebte Endziel der Arbeiterbewegung gleichzeitig das notwendige Endergebnis der sozialen Entwicklung selbst ist. Aber seine Schwäche liegt in den Tatsachen. Es wird je länger je mehr unmöglich, die Tatsachen der neueren Entwicklung mit dem System in Übereinstimmung zu bringen. Es will nichts klappen. Die Entwicklung verläuft in der Tat ganz anders, als sie verlaufen müßte, wenn Marx recht hätte. Und so führt Kautsky einen rechten Fanatikerkampf gegen die Tatsachen, die wohl oder übel auf dem Prokrustesbett der Theorie gestreckt werden müssen. Was er, natürlich gutgläubig, mit den beklagenswerten Ziffern der Statistik für Manipulationen anstellt, dafür will ich nur ein Beispiel anführen. Um zu beweisen, daß es ganze Zweige der Volkswirtschaft gibt, in denen die Arbeiterzahl nicht nur relativ, sondern absolut zusammenschmilzt, vergleicht er die Ziffern der englischen Baumwollindustrie von 1861 mit denen von 1871, wobei sich in der Tat ein Rückgang ergibt. Das Buch, in dem sich diese Vergleichung findet, „Karl Marx' Ökonomische Lehren", ist im Jahre 1887 in Stuttgart erschienen. Kautsky hätte also schon die Zahlen von 1880 und 1885 haben können, aus denen sich ihm ergeben hätte, daß die Zahl der englischen Baumwollweber von 1861 bis 1885 *etwa dreimal so stark gewachsen ist wie die englische Gesamtbevölkerung*. Er verschweigt das, wie er auch verschweigt, daß der Rückgang zwischen 1861 und 1871 einzig und allein hervorgerufen ist nicht durch die kapitalistische Entwicklung, sondern durch den *amerikanischen Sezessionskrieg*, der die englische Baumwollmanufaktur einfach dadurch lahmlegte, daß jahrelang keine Baumwolle auf den Markt kam.

Der Revisionismus umgekehrt findet sich in glücklicher Übereinstimmung mit den Tatsachen. Aber – fehlt ihm leider das geistige Band. Es fehlt ihm die theoretische Grundlage. Er hat das Gesetz der Akkumulation aufgegeben, und damit ist ihm nicht nur für die Zusammenbruchstheorie, die er verwirft, sondern auch für das Endziel, das er theoretisch immer noch anerkennt, das Fundament abhanden gekommen. Er hat alle Berechtigung zum Bekenntnis der demokratischen Elemente, die er enthält: aber er hat jede Berechtigung verloren, die marktlose Wirtschaft als notwendiges Resultat der Entwicklung zu erwarten. Er kann es nur noch postulieren, vom Standpunkt der sozialen Teleologie aus fordern, wie das denn Bernstein auch in seinem bekannten Vortrag „Wie ist wissenschaftlicher Sozialismus möglich?" wirklich getan hat. *Und damit ist denn glücklich der Sozialismus von der Wissenschaft zur Utopie* heimgekehrt! Wenn die sozialistische Gesellschaftsordnung einer fernfernen Zukunft nicht mehr als das Resultat einer ehernen kausalen Notwendigkeit, sondern als das Ziel bewußter menschlicher Zwecksetzungen hingestellt wird, so ist eben damit die wissenschaftliche Basis geopfert.

So steht der Kampf momentan. Die eine Partei ist im Besitz einer Theorie, die mit den Tatsachen nicht stimmt, die andere Partei im Besitz von Tatsachen, die mit ihrer Theorie nicht stimmen. Die um Kautsky sind sympathisch durch ihr starkes Vertrauen auf das reine Denken und den inneren Zusammenhang logischer Sätze – und unsympathisch durch ihre Vergewaltigung aller unbequemen Tatsachen; die Bernsteinianer sind sympathisch durch ihre Anerkennung der Tatsachen als schließlich letzter Instanz der Wissenschaft – und unsympathisch durch die theoretische Bedürfnislosigkeit, die immer noch die Konsequenzen festhält, nachdem sie die Prämissen preisgegeben hat.

VIII. Kautsky als Agrartheoretiker

Für die sozialdemokratische Partei ist die Aufstellung eines zugkräftigen, für Bauern und Landtaglöhner gleich lockenden Agrarprogrammes zur wichtigsten Frage ihrer Existenz geworden. Auf dem Frankfurter Parteitage angeregt, wurde ein solches in Breslau vorgelegt und entfesselte einen Debattensturm, der fast zur Spaltung geführt hätte. Es gelang damals, den Riß zu überkleistern; aber die folgenden Parteitage haben doch nicht gewagt, wieder an das heiße Eisen zu rühren.

Ein Hauptgrund für diese kluge Enthaltsamkeit war freilich, daß es damals der Sozialdemokratie zum erstenmal zum Bewußtsein kam, wie wenig ihre Theoretiker von der Landwirtschaft verstanden oder wenigstens gesprochen hatten. „Wohl haben Marx und Engels auch Bedeutendes über agrarische Verhältnisse gesagt, aber in der Regel nur in gelegentlichen Bemerkungen oder kurzen Artikeln. (. . .) Einstimmig wurde daher in Breslau erklärt, eine eingehende theoretische Erforschung der agrarischen Verhältnisse sei notwendig."

Dieser Aufgabe hat sich kein Geringerer unterzogen als Karl Kautsky[1]. Man mag über den wissenschaftlichen Wert der übrigens außerordentlich fleißigen und scharfsinnigen Arbeit denken, wie man will: unter allen Umständen rechtfertigt die Bedeutung der Frage und des Autors eine genauere Betrachtung des Werkes. Die marxistische Doktrin ist, wie lange bekannt, von der agrarischen Seite her leichter angreifbar als von der industriellen; und darum liegt es im Interesse der wissenschaftlichen und der politischen Aufklärung, daß man diese erste zusammenhängende, von einer Parteiautorität herrührende Darstellung des Agrarwesens und der Agrarpolitik scharf unter die Lupe nimmt.

Kautsky ist „unentwegter" Marxist! Er sagt: „Die Ursache dieser Zweifel (an dem Marxismus) scheint mir mehr in den Personen der Zweifler als in der angezweifelten Lehre begründet zu sein."[2] Zwar gibt er zu, daß die Sozialdemokratie enttäuscht worden ist, wenn „sie erwartete, die ökonomische Entwicklung werde ihr auf dem Lande ebenso vorarbeiten wie in der Stadt, und der Kampf

---

1 Kautsky, Die Agrarfrage, Stuttgart 1899.
2 [Ebenda, S. 8]

zwischen Klein- und Großbetrieb zur Verdrängung des Kleinbetriebes führen". Sie hat vielmehr erkennen müssen, „daß der Kleinbetrieb in der Landwirtschaft keineswegs im raschen Verschwinden ist, daß die großen landwirtschaftlichen Betriebe nur langsam an Boden gewinnen, stellenweise sogar an Boden verlieren. Die ganze ökonomische Theorie, auf die sie sich stützt, erscheint falsch, sobald sie versucht, ihre Ergebnisse auf den Landbau anzuwenden. Sollte aber diese Theorie für die Landwirtschaft wirklich nicht gelten, so würde das nicht nur die bisherige Taktik, sondern die ganzen Grundsätze der Sozialdemokratie völlig umwandeln müssen."[1]

Nun besteht allerdings „kein Zweifel – und das wollen wir von vornherein als erwiesen annehmen – die Landwirtschaft entwickelt sich nicht nach derselben Schablone wie die Industrie; sie folgt eigenen Gesetzen. Aber damit ist keineswegs gesagt, daß die Entwicklung der Landwirtschaft einen Gegensatz bilde zu der der Industrie und mit ihr unvereinbar sei. Wir glauben vielmehr zeigen zu können, daß sie beide demselben Ziele zueilen. (...) Will man im Sinne der marxischen Methode die Agrarfrage studieren, dann darf man sich nicht nur die Frage vorlegen, ob der Kleinbetrieb in der Landwirtschaft eine Zukunft hat; wir müssen vielmehr alle die Veränderungen untersuchen, denen die Landwirtschaft im Verlauf der kapitalistischen Produktionsweise unterliegt. Wir müssen untersuchen, ob und wie das Kapital sich der Landwirtschaft bemächtigt, sie umwälzt, alte Produktions- und Eigentumsformen unhaltbar macht und die Notwendigkeit neuer hervorbringt." Kautsky zweifelt nicht daran, daß er die Richtigkeit der marxischen Doktrin auch für die Urproduktion erhärtet habe. Die Vorrede schließt mit den Worten: „Die Tatsachen der landwirtschaftlichen Entwicklung haben die stärksten Zweifel an dem ‚Marx-Dogma' hervorgerufen. Wie weit diese berechtigt sind, soll die vorliegende Schrift zeigen."

Die entscheidende Frage ist:

Kann die der Industrie eigentümliche „Tendenz" zum großkapitalistischen Betrieb nach Wesen und Bedingungen der landwirtschaftlichen Urproduktion auch in der Landwirtschaft Platz greifen?

Ich will auf jeden historischen und statistischen Einwand gegen das behauptete „Entwicklungsgesetz" in der Industrie verzichten und unterstellen, daß in der Industrie tatsächlich Akkumulation und Zentralisation des Kapitals auf der einen und Expropriation und Proletarisierung auf der anderen Seite ungekreuzt durch Gegenkräfte und unaufhaltsam fortschreiten. Weiter kann man dem Gegner kaum entgegenkommen. Vermögen nun dieselben ökonomischen Vorgänge in der Landwirtschaft dieselben Ergebnisse herbeizuführen?

In der Industrie wird das aus der „ursprünglichen Akkumulation" herrührende Stammkapital zur Heranziehung „freier Arbeiter" verwendet; diese Arbeiter schaffen „Mehrwert", der zum Teil konsumiert, zum Teil akkumuliert und zum Kapital geschlagen wird, um als neues konstantes Kapital der technischen Vermehrung und Verbesserung der Arbeitsmittel oder als neues variables Kapital der Heranziehung neuer freier Arbeiter zu dienen. Auf beiderlei Art wächst der Unternehmergewinn, wird weiter akkumuliert – und so fort in infinitum. Hand in Hand damit geht die Zentralisation des Kapitals; denn mit der steigenden Arbeitsteilung und der Vervollkommnung der technischen Hilfsmittel sinken die Produktionskosten der Wareneinheit bedeutend. Folglich kann der kapitalistische Unternehmer den kleinen konkurrierenden „einfachen Warenproduzenten" unterbieten und schließlich vom Markte verdrängen: der Expropriierte wird freier Arbeiter und ist verurteilt, seinem Besieger von nun an gleichfalls Mehrwert zu steuern. Als Hebel der Expropriation der Kleinen durch die Großen wirkt also in der Industrie die preiserniedrigende Wirkung der freien Konkurrenz. Ist der Preis so tief herabgedrückt, daß der einfache Warenproduzent außer seinen Selbstkosten trotz Überarbeit und Unterkonsum seinen Lebensunterhalt nicht mehr findet, so

---

1 [Ebenda, S. 4]

muß er endgültig den Kampf aufgeben, ist expropriiert und als selbständige wirtschaftliche Existenz ausgelöscht.

In der Landwirtschaft hat die „ursprüngliche Akkumulation" einer Anzahl von Privatpersonen das Eigentum an größeren Bodenflächen verschafft, und der größere Landbesitz wirft zweifellos ebenfalls „Mehrwert" ab, sei es als Steuer Höriger oder als Zins freier Pächter oder als Überschuß über den Lohn freier Arbeiter. Ein Teil dieses Mehrwertes kann zweifellos ebenfalls akkumuliert und als konstantes oder variables Kapital produktiv angelegt, kapitalisiert werden: ebenfalls mit dem Erfolg, durch Verbesserung der Produktionsmittel und Vermehrung der Arbeitskräfte die Produktivität der Acker- und Arbeitseinheit und so den Mehrwert zu steigern. *Aber resultiert daraus ebenfalls stets ein Preissturz?* Werden die Preise für Korn und Fleisch etwa durch den Konkurrenzkampf zwischen Großgrundbesitzern und Bauern heruntergedrückt, bis der Bauer schließlich trotz Überarbeit und Unterkonsum seinen Lebensunterhalt nicht mehr finden kann?

Kautsky entwickelt, zwar scholastisch verschnörkelt, aber richtig, wie verschieden die Preisbildung für Industrieprodukte und für Landwirtschaftsprodukte vor sich geht. Er weiß sehr wohl, daß der Preis der Industriewaren auf die Dauer durch die *geringsten* Reproduktionskosten bedingt ist, d. h. durch die Preisstellung der technisch am höchsten ausgestatteten Betriebe: der Preis der Landwirtschaftsprodukte dagegen durch die *höchsten* Reproduktionskosten, d. h. durch die Kosten, die der Ankauf und die Zufuhr desjenigen für die Versorgung des Marktes noch nötigen Urproduktes erfordern, das unter den ungünstigsten Verhältnissen gewachsen ist. Wer besseren Boden hat oder dem Markte näher ist oder mit mehr Kapital wirtschaftet, verkauft nicht billiger, sondern steckt einen höheren Gewinn ein: die Differentialgrundrente. Von einem Unterbieten kann also keine Rede sein, wenigstens nicht im Sinne der industriellen Konkurrenz. Das Bedürfnis, für das die Landwirtschaft zu sorgen hat, ist das stärkste Existenzbedürfnis der Menschheit, der Markt für ihre Erzeugnisse daher von einer ungeheuren, keinem Gewerbeerzeugnis auch nur entfernt zukommenden Größe und von einer Elastizität, die kaum Grenzen hat. Keine noch so große Ernte ist denkbar, die nicht schließlich Abnehmer fände, und zwar aus dem einleuchtenden Grunde, weil die Majorität der Menschheit nie ganz satt wird. Bei dieser Marktlage ist es ausgeschlossen, daß ein einzelner Betrieb, selbst wenn er das Undenkbare ausführte, nämlich unter dem Marktpreise zu verkaufen, einen irgendwie bemerkenswerten oder gar nachhaltigen Preisdruck ausüben könnte.

Bedingt schon das einen großen Unterschied, so wird die Unähnlichkeit dadurch noch größer, daß fast jeder industrielle Betrieb die Möglichkeit und die Tendenz hat, seine Produktion so zu vergrößern, daß er den ganzen Absatz allein monopolisiert. Diese Absicht kann selbst dem Eigentümer des größten Latifundium der Welt nicht im Traume kommen; denn die gewaltigste und geschickteste Kapitalinvestierung kann seine Ernteerträgnisse niemals in dem Maße steigern, daß er den Markt auch nur wesentlich stärker als zuvor beeinflussen könnte. Seine Produktionskraft bleibt im Verhältnis zur Weltproduktion unendlich klein, ob er auch seine Erträge verzehnfache.

Bestimmt also in der Industrie die Preisfestsetzung des am besten ausgestatteten Wettbewerbers den Preis, so entscheidet in der Landwirtschaft nur das Verhältnis von Gesamtangebot zu Gesamtnachfrage über den jeweiligen Marktpreis, während der durchschnittliche Preis sich, jeder Einzelwillkür entzogen, nach Ricardo-Thünens Theorie automatisch bildet. Daher ist auch die psychologische Stellung der „Konkurrenten" in beiden Zweigen der Produktion toto coelo verschieden: dem Industriellen ist jeder Wettbewerber ein Gegner, den er vernichten muß, um nicht von ihm vernichtet zu werden; der Landmann aber sieht in seinem Nachbarn den Genossen in Freud und Leid, der mit ihm in Geduld hinzunehmen hat, was das Wetter und der Markt Gutes oder Böses bringen. Eine „Konkurrenz" nach Art der industriellen besteht für die Landwirtschaft allenfalls zwischen ganzen Ländern, die unter verschiedenen Natur- und Arbeitsverhältnissen produzieren, aber niemals zwischen Einzelpersonen im selben Lande, also auch nicht zwischen dem Bauern und dem Großgrundbesitzer.

Mag man die gemeinsame Beschickung desselben Marktes also Konkurrenz nennen oder nicht: so viel ist jedenfalls sicher, daß derjenige Mechanismus der freien Konkurrenz in der Landwirtschaft nicht existiert, der durch billigere Reproduktionskosten den kleinen Unternehmer unterbietet und aus dem Markte wirft.

Das alles scheint Kautsky nun gar nicht zu sehen. Er konstatiert erstaunt, daß die „Konkurrenz" auf dem Lande nicht gefürchtet wird. „Aber nicht überall sind größere Güter in der Nähe, die Gelegenheit zu Nebenverdienst geben. Oft werden solche Güter, weit entfernt, als Konkurrenten betrachtet zu werden, geradezu ersehnt." Doch muß ihm das als Ausnahmefall erscheinen, denn an anderer Stelle sagt er: „daß die große Mehrheit der landwirtschaftlichen Bevölkerung auf dem Warenmarkte nicht mehr als Verkäufer von Lebensmitteln, sondern als Verkäufer von Arbeitskraft und als Käufer von Lebensmitteln in Betracht kommt. Die Kleinbetriebe hören auf, als Konkurrenten des Großbetriebes aufzutreten" und: „Je schärfer die Konkurrenz des bäuerlichen Betriebes mit dem Großbetrieb (und mit überseeischem Betrieb), je mehr er den Konkurrenzkampf nur durch Überarbeit und Verzicht auf alle Bedürfnisse der Kultur, mitunter selbst auf notwendige Lebensbedürfnisse, durch freiwillige Degradierung zur tiefsten Barbarei führen kann, desto mehr verliert auch die bäuerliche Scholle die Kraft, ihren Besitzer an den Boden zu fesseln." Ich glaube nicht, daß es möglich ist, diese Stellen anders zu verstehen als so, daß Kautsky tatsächlich das Bestehen einer Konkurrenz zwischen Groß- und Kleinbetrieb wenigstens annähernd im Sinne der Industrie für vorhanden hält. Aus derselben Wurzel heraus gewinnt für ihn die alte Streitfrage, ob der Groß- oder Kleinbetrieb in der Landwirtschaft die überlegene Form sei, eine ganz neue Bedeutung. Die Agrarökonomie hatte sich bisher mit dieser Frage weniger von dem Gesichtspunkt aus befaßt, welche der beiden Betriebsformen der anderen im wirtschaftlichen Wettkampf den Garaus machen werde, als von dem Gesichtspunkt des höchsten nationalwirtschaftlichen Reinertrages und allenfalls der politischen Stabilität. Der praktische Agrarpolitiker wollte wissen, ob die Versorgung des Gesamtvolkes besser durch Großbetriebe oder durch Kleinbetriebe oder durch eine Mischung beider – und in welchem Verhältnis – gesichert sei; auch, ob vielleicht politische Notwendigkeiten erforderten, eine selbst wirtschaftlich minderwertige Klasse der Landbevölkerung zu erhalten oder zu vermehren. Kautsky aber glaubt, daß es sich um eine Frage der Konkurrenzfähigkeit handle! Und doch kann davon keine Rede sein. Ein unverschuldeter Bauer auf ausreichendem Boden könnte inmitten der intensivsten Hackfruchtkultur ruhig Brandwirtschaft treiben, ohne die „Konkurrenz" zu spüren. Er würde nur weniger Korn verkaufen können und wäre ärmer, als er bei vernünftiger Wirtschaft sein könnte: aber seine Existenz wäre nicht bedroht.

Was die Frage der technischen Überlegenheit des Großbetriebes anlangt, die Kautsky natürlich bejaht, so hat er sich die überflüssige Mühe gegeben, zu beweisen, daß der Großbetrieb *ceteris paribus* dem Kleinbetrieb überlegen sei. Das hat seit Adam Smith und Arthur Young kaum jemand mehr bezweifelt. Aber über die entscheidende Tatsache, daß jene „Gleichheit der übrigen Verhältnisse" nicht herstellbar ist, gleitet er leicht hinweg. Daß alle Nachteile des Bauernbetriebes: der Mangel an Kapital, die Belastung mit Gebäudeunkosten, der Mangel an Fachbildung, durch die unendliche Überlegenheit der Arbeitsleistung vielleicht aufgewogen, ja wahrscheinlich heute schon überwogen werden; daß der Bauer fleißig, sorgsam und sparsam, der Tagelöhner unfleißig, sorglos und unwirtschaftlich arbeitet, kann nicht durch die Behauptung aus der Welt geschafft werden, daß der Bauer durch „Überarbeit und Unterkonsum" zur „Barbarei" zurückgelangt ist. Mindestens hätte der Schüler von Marx, in dessen System die „Reserve-Armee" eine so entscheidende Rolle spielt, doch der Tatsache Gewicht beilegen müssen, daß auf dem Lande eine Reserve-Armee nicht existiert. Und daher kommt es ja gerade, daß der Tagelöhner so minderwertige Arbeit leistet: treibt ihn doch weder das Zuckerbrot des Eigeninteresses, noch die Peitsche der Arbeitslosigkeit!

Die richtige Theorie kennt also weder in der Landwirtschaft „Konkurrenz" zwischen Klein- und Großbetrieb, noch besteht jener Mechanismus, der in dem Gewerbe die kleinen Betriebe durch Unterbietung, durch Verlust ihres Absatzmarktes an die großen Betriebe, vernichtet. Aber das stammt nicht von Marx[1] und gilt daher für unseren Autor nicht. Ich will mich deshalb auf den Standpunkt stellen, daß die Theorie falsch ist, und nur unmittelbar an die Tatsachen appellieren. Sollte sich da irgend etwas von Akkumulation und Zentralisation im landwirtschaftlichen Betriebe herausstellen, so will ich Theorie Theorie sein lassen und die Waffen strecken.

Kautsky kennt natürlich die Statistik. Er muß zugeben, daß sich die Klein- und Mittelbetriebe in Deutschland und England, den Ländern der kapitalistischen Wirtschaft κατ' ἐξοχήν, vermehren, während die Großbetriebe von 1882 bis 1895 in Deutschland nur sehr unbedeutend (um 70 Betriebe über 100 ha und um 45.538 ha Areal) zugenommen, in England 1885 bis 1895 sogar bedeutend abgenommen haben. Die Parzellen- und Zwergbetriebe (unter 2 ha) zeigen in Deutschland von 1882 bis 1895 eine Zunahme von 174.536 Betrieben, allerdings bei einer Abnahme ihres Gesamtareals von ungefähr einem Zehntel Prozent; die Kleinbetriebe (2 bis 5 ha) wuchsen um 34.911 Betriebe und ungefähr 96.000 ha Areal, die Mittelbetriebe (5 bis 20 ha) um 72.199 Betriebe und 563.477 ha Areal; die Großbauernbetriebe (20 bis 100 ha) wuchsen an Zahl um 257, verloren aber 38.333 ha Areal. Diese Zahlen sprechen nicht gerade für „Akkumulation und Zentralisation".[2]

Da konnte Marx selbst fünfzig Jahre früher doch mit ganz anderen Ziffern aufwarten, Ziffern, die wenigstens den täuschenden *Schein* hervorriefen, daß die Tendenz der kapitalistischen Entwicklung in der Landwirtschaft ganz dieselbe sei wie in der Industrie.

Aber es war eben nur ein Schein, und konnte ja auch nichts anderes sein als ein Schein: denn das ist ganz und gar unmöglich, daß Tatsachen einer so unzweifelhaft richtigen Theorie widersprechen können, wie es die von der Verschiedenheit der Konkurrenz in Industrie und Landwirtschaft ist.

Ich habe die Tatsachen, auf die Marx sich in diesem Punkte stützt, unter die Lupe genommen und habe feststellen können, daß keine einzige seine Auffassung beweist, daß vielmehr jede einzige das Gegenteil beweist.[3]

Zwar vollzog sich um die Mitte des 19. Jahrhunderts in der Tat eine reißende Konzentration der britischen landwirtschaftlichen Großbetriebe auf Kosten von Hunderttausenden „expropriierter" Kleinbetriebe. Aber das geschah, wie Marx selbst feststellt, ohne sonderbarerweise davor zu stutzen, in einer Zeit stark *steigender* Produktpreise! Er hätte bei einiger Aufmerksamkeit selbst sehen müssen, daß von einer „Niederkonkurrierung" bei steigenden Preisen doch nicht gut die Rede sein kann! Aber er war von seinen industriellen Kategorien völlig geblendet.

Wie löst sich das Rätsel? Was hat die Kleinbetriebe expropriiert, obgleich gar keine Konkurrenz zwischen ihnen und den Großbetrieben bestehen kann, und noch dazu bei steigenden Preisen?

Das Rätsel löst sich verblüffend einfach, wenn man die Stellen im „Kapital" nachschlägt, wo von dem Prozesse gehandelt wird. Unter all den „Expropriierten" war *kein einziger Bauer*! Es waren

---

1 Womit nicht gesagt werden soll, daß Marx das nicht kennt und weiß. Vgl. Marx, Das Elend der Philosophie, S. 144ff.
2 Seit dem ersten Abdruck dieser Arbeit (12. Aug. 1899) hat sich die gleiche Tendenz unverändert durchgesetzt. Nach der Berufszählung von 1907 wuchs die Zahl der Parzellen- und Zwergbetriebe (unter 2 ha) in Deutschland gegen 1895 um rund 142.000. Die der Kleinbauernbetriebe (2–5 ha) verlor 10.000, dafür wuchs die der Mittelbauernbetriebe (5–20 ha) um nicht weniger als 67.000, während die großbäuerlichen Betriebe (20–100 ha) fast 20.000 und der Großgutsbetrieb (über 100 ha) 1.500 verloren; das sind etwa 6% aller vorhandenen Großbetriebe.
3 Oppenheimer, Das Grundgesetz der Marxschen Gesellschaftslehre, Kap. 7, S. 71ff. [im vorliegenden Band S. 425].

sämtlich *Pächter*! Pächter aber sind nach Marx selbst gar keine „einfachen Warenproduzenten", zu deren Charakteristik das *Eigentum* an ihren Produktionsmitteln gehört. Und diese Pächter wurden ferner nicht „expropriiert", wie die städtischen Handwerker, durch die überlegene *wirtschaftliche* Kraft des konkurrierenden Großbetriebes, der sie aus dem Markte wirft, weil er billiger liefern kann; sondern sie wurden „expropriiert" durch das *politische* Recht des Landlords, sie zu exmittieren. Nur von solcher *Exmission* ist an allen einschlägigen Stellen die Rede. Und somit wirkte zu dem Ziele der Konzentration in der Landwirtschaft nicht im mindesten der „Kapitalismus", sondern ausschließlich *das feudale Bodeneigentumsrecht*!

Kautsky besitzt nicht einmal Ziffern, die den *Schein* einer Akkumulation und Konzentration des „Grundkapitals" erwecken könnten. Er muß daher die „Tendenz", die die hartnäckigen Tatsachen nicht zeigen wollen, in sie hineininterpretieren, und das tut er mit der folgenden Klitterung:

Er erklärt zunächst den Hypothekengläubiger für den eigentlichen Besitzer des Gutes und den Wirt für dessen bloßen Verwalter. „Dem Hypothekengläubiger fällt tatsächlich dieselbe Rolle zu, die im Pachtsystem der Grundbesitzer spielt." Das ist eine verblüffende Behauptung! Kautsky hat jedenfalls einige bis über den Gutswert verschuldete Landwirte im Auge, die tatsächlich ja nur die Verwalter ihrer Gläubiger sind. Aber diese Ausnahme darf doch nicht zur Regel gemacht werden. Es ist kein Unterschied zwischen der Hypothek auf einem Fabrikgrundstück und der Hypothek auf einem Rittergut. Kautsky selbst führt an, daß „der Zuwachs der Grundrente beim Pachtsystem dem Gutsbesitzer, beim Hypothekarsystem aber dem tatsächlichen Unternehmer und nominellen Grundbesitzer" und nicht dem „eigentlichen Besitzer (dem Hypothekarier) zufällt" – und das ist schon keine quantité négligeable. Wenn Kautsky nicht durch Voreingenommenheit verhindert wäre, die Rolle des „unearned increment", des Rentenzuwachses, in der modernen Grundbesitzgeschichte als der Ursache, und der Hypothekarverschuldung als der Folge richtig zu würdigen: er würde sich wohl besonnen haben, Hypothekengläubiger und Eigentümer, Gutsbesitzer und Pächter für identisch zu erklären.

Aber er braucht eben seine Definition für die weitere Beweisführung. „Beim Hypothekarsystem ist der Prozeß der Konzentration des Grundbesitzes, oder, wenn man genau sein will, der Grundrente deutlich sichtbar." Nun folgt eine summarische Aufzählung der Kapitalien, die die genossenschaftlich organisierten, die staatlichen und provinziellen Bodenkreditinstitute, die Hypothekenaktienbanken (in Pfandbriefen) und die Sparkassen, Versicherungsgesellschaften, Stiftungen und Korporationen in Hypotheken angelegt haben. „Diese Zahlen zeigen schon eine enorme Konzentration der Grundrente in wenigen zentralen Instituten an; die Konzentration nimmt aber noch rasch zu." Darauf folgen Zahlen auf Zahlen, und endlich kommt der triumphierende Schluß: „Das sind Zahlen, die wohl deutlich darauf hinweisen, daß das marxistische Dogma für das Grundeigentum nicht minder gilt als für das Kapital!" Hinc illae lacrimae! Also, um die „Konzentration des Grundeigentums" zu beweisen, mußte die Hypothek zum „eigentlichen Grundeigentum" avancieren, und der „Gutsbesitzer" zum „kapitalistischen Pächter" herabsinken! Mag man Kautsky noch so weit entgegenkommen; seine Zahlen beweisen nach der Seite der Betriebsart durchaus nichts anderes als die unbestrittene Konzentration der Kapitalien im Bank- und Kreditgeschäft und natürlich auch eine Zunahme der Bodenverschuldung.

Er sieht nicht, daß die Hypothekenbanken nichts sind als Vermittler zwischen den kreditbedürftigen Landwirten und dem großen Publikum der Sparer; und daß das *Eigentum* an den Hypotheken in Gestalt der Pfandbriefe nicht den Banken, sondern eben den Sparern gehört. Die Konzentration des Hypotheken-*Makler*geschäftes verwandelt sich ihm unter der Hand in die Zentralisation des Hypotheken-*Eigentums*, und dieses in eine Zentralisation des *Grundeigentums*.

Mit solchen Mitteln kann man alles beweisen!

In sozialdemokratischen Schriften wird überhaupt nicht selten ein bedenkliches logisches Spiel mit dem Worte „Konzentration" getrieben. Bald bedeutet es Betriebs- und bald Besitzkonzentration. Damit ist allen Trugschlüssen Tür und Tor geöffnet. Wäre Betriebskonzentration auch immer Besitzkonzentration, so wäre damit immer die Nebenwirkung der Expropriierung und der Proletarisierung verbunden. Das ist aber durchaus nicht der Fall. Im ehemaligen Mormonenstaate Utah ist z. B. fast die gesamte Produktion und das gesamte Verkaufsgeschäft in Aktiengesellschaften organisiert: eine fast beispiellose Betriebskonzentration! Aber die Aktien sind sehr gleichmäßig unter fast alle Mitglieder der Gesellschaft verteilt. Und die britischen Konsumvereine, die deutschen Kreditgenossenschaften, die englisch-amerikanischen building societies stellen gewaltige Betriebskonzentrationen dar, ohne daß damit eine Besitzkonzentration verbunden wäre.

Besser begründet ist, wenn Kautsky gelegentlich feststellt, daß eine „Konzentration" in der Landwirtschaft auch ohne Vergrößerung der Bodenfläche stattfinden kann: nämlich durch Verwendung einer größeren Anzahl von Menschen- und Maschinenkräften, d. h. durch intensivere Kultur. Dagegen ist es nicht überzeugend, wenn er in Anlehnung an einzelne Wahrnehmungen Rudolf Meyers behauptet, daß die Zahl der Güter in der Hand eines Besitzers im Wachsen sei. Das würde eine Konzentration des Eigentums nur dann darstellen, wenn nicht etwa Erbteilung oder Dismembrierung an anderer Stelle entgegengesetzt wirkten. Da wir keine Besitzstatistik haben, läßt sich darüber nicht weiter rechten.

Unbestritten soll freilich bleiben, daß die Fideikommisse, Majorate und die dem freien Verkehr entzogenen Herrschaften des hohen Adels und der regierenden Häuser schnell wachsen. Das ist sicherlich eine Eigentumskonzentration. Aber gerade hier zeigt sich der Unterschied gegenüber den Industrieverhältnissen im hellsten Licht. Der größere Industrielle verdrängt den kleineren, *weil* er an der Wareneinheit einen *größeren Gewinn* erzielt; der Großbesitzer kauft den Bauern oder kleineren Gutsbesitzer aus, *obgleich* er an der Bodeneinheit einen *kleineren Gewinn* erzielt. Der Landhunger der Magnaten ist nach Sering „lediglich ein Streben nach Erweiterung einer ohnehin schon übermäßigen Machtsphäre, ohne irgend welche volkswirtschaftliche oder technische Rechtfertigung".

Das Kapital in Industrie und Handel konzentriert sich *kraft ökonomischer Überlegenheit*: das Grundeigentum konzentriert sich *trotz ökonomischer Minderleistung*, weil durch politische Verhältnisse die Grundbesitzer zu einem Reichtum gelangt sind, dessen Erträgnisse sie trotz hoher Lebenshaltung nicht zu verbrauchen imstande sind, und weil die Großgrundbesitzer politische Gründe haben, ihre Überschüsse nicht den besser rentierenden Gewerbezweigen, sondern einer sehr niedrig verzinslichen Anlage zuzuführen. Wenn man sich vorstellt, daß irgendwo mit dem Besitz vieler Windmühlen großer politischer Einfluß verbunden wäre, und daß gewisse Familien infolge politischer Vorgänge sich im Eigentum vieler solcher Mühlen befänden, so daß ihnen trotz den durch die Dampfmühlen gedrückten Preisen jährlich ein Überschuß in der Hand bliebe, so würden diese Familien gewiß auch geneigt sein, Dampfmühlen zu erwerben und wieder in Windmühlen zu verwandeln: aber niemand würde in dieser Entwicklung die ökonomische Überlegenheit der Windmühlen, und in dieser Handlungsweise ökonomische Absichten erblicken. Genau so handeln aber die großen Landmagnaten, – und gewiß zum Teil in der richtigen Überzeugung, daß mit der Besitzvergrößerung auch ihr Einfluß auf die Gesetzgebung und damit ihre materiellen Einkünfte wachsen werden.

Um marxisch zu reden, so ist diese Konzentration des Grundeigentums nichts anderes als eine unmittelbare Folge der „ursprünglichen Akkumulation", ohne das Dazwischentreten irgendeiner noch so kleinen ökonomischen Potenz, während in Industrie und Handel die ursprüngliche Akkumulation nur den winzigen Keim des späteren Vermögens gelegt hat, und die weitere Entwicklung durch rein ökonomische Kräfte vor sich ging. Im übrigen ist diese Art der Konzentration relativ viel zu gering, als daß sie für die marxistische Doktrin als Beweis herangezogen werden könnte.

Besteht die „Konzentration des Grundbesitzes" auf der einen Seite, bewiesen durch die Anhäufung der Hypotheken bei einzelnen Großbankinstituten, so verlangt das Marxsche Dogma auf der anderen Seite den Nachweis der „Expropriierung und Proletarisierung" des kleinen Betriebes durch den großen. Kautsky will auch diesen Beweis nicht schuldig bleiben. Zwar weicht der Bauer nicht von seiner Scholle, aber er wird nach Kautsky dennoch proletarisiert und mindestens insoweit auch expropriiert, wie er Hypotheken aufgenommen hat. Er ist ja dann, wie wir wissen, nichts als „Pächter", und zwar proletarischer Pächter. Man könnte erwarten, daß Kautsky alle Kraft auf diesen Punkt gerichtet hätte. Dazu gehörte eine eingehende Schilderung des Status a quo, d. h. des Zustandes, in dem der Bauer in die kapitalistische Ära eintrat, und der Nachweis, daß dieser Zustand sich vorteilhaft von dem Status ad quem unterscheidet, den er jetzt erreicht hat. Ich erwartete genaue statistische Angaben, etwa eine Berechnung, um wieviel sich die bäuerliche Stelle durchschnittlich in dieser Zeit verkleinert hat, wieviel von den Hauptfrüchten auf den Morgen damals geerntet wurde und wieviel jetzt; die durchschnittlichen Preisunterschiede dieser Hauptfrüchte zwischen damals und jetzt; wie sich Steuern und andere öffentliche Leistungen und Lasten von damals auf heute verändert haben usw. Daraus hätte sich dann eine ungefähre Bilanz, eine Vergleichsmöglichkeit ergeben.

Nichts davon wird uns gezeigt. Wir hören zuerst, daß die Vermehrung der bäuerlichen Stellen wenig oder nichts beweise. Die Akkumulation und Konzentration in Handel und Gewerbe brauche auch nicht mit einer statistisch beweisbaren Verminderung der Betriebe zusammenzugehen. Die aus der eigentlichen Produktion geworfenen Elemente suchten im Kramhandel, in Flickarbeit und in Hilfsgewerben ihre Zuflucht oder würden unter dem Anschein der Selbständigkeit Hausindustrielle, d. h. Lohnarbeiter ihrer Besieger. Das trifft für Handel und Gewerbe gewiß vielfach zu, und ich will es sogar für einen Teil der Parzellenbesitzer in der Landwirtschaft gelten lassen. Aber wie sich Kautsky die Zufluchtsorte derjenigen ländlichen Klasse vorstellt, deren starke Zunahme gerade den statistischen Stein des Anstoßes bildet, der Klasse der Mittelbetriebe, das ist mir ein Rätsel. Werden da Kramhandel und landwirtschaftliche Reparaturgewerbe getrieben, oder geht man auf Lohnarbeit? Aber „die Bauern sind durch die kapitalistische Entwicklung proletarisiert worden"! „Diese Blüte wurzelt im Sumpf, sie erwächst nicht aus dem Wohlstand der Bauernschaft, sondern aus der Bedrängnis der gesamten Landwirtschaft."

Als Status a quo erhalten wir auf Seite 8 ein Stimmungsidyll nach Sismondi mit Bezug auf schweizerische und oberitalienische Bauern im Zustande der Naturalwirtschaft. Dagegen entrollt uns Seite 25 das furchtbare Elend der französischen Bauern gegen Ende der Feudalzeit nach der bekannten Schilderung von Labruyère. Das Idyll ist wahrscheinlich als Ausgangspunkt zu nehmen, wenn die kapitalistischen Greuel an den Schandpfahl gestellt werden sollen, das Elend, wenn die Feudalzeit an die Reihe kommt. Jedenfalls bleibt der Zustand der Landbevölkerung zu Anfang der kapitalistischen Ära gänzlich unaufgeklärt und die Behauptung, der Kapitalismus habe die Bauern heruntergebracht, unkontrollierbar.

Erfährt man also nicht, ob die bäuerlichen Zustände sich verschlechtert haben, so auch nicht einmal, ob sie tatsächlich schlecht, das heißt proletarisch sind. Kautsky macht sich diesen Beweis sehr leicht – zu leicht nach meiner Meinung. Er entnimmt den Untersuchungen des „Vereins für Sozialpolitik" einige Beispiele sehr niedriger Lebenshaltung von Bauern, fügt ein paar Beispiele aus England, Frankreich und Amerika hinzu – und erklärt sich für befriedigt. Daß man solchen Beispielen hundert Beispiele des Gegenteils entgegenstellen könnte, ist ihm gleichgültig. Ich erinnere nur an die friesischen Marschbauern, an die Gartenbauern im Rheinland, die Milchproduzenten um Berlin, die Tabakbauern in der Hardt, die Hecht geschildert hat, an den unerhörten Wohlstand vieler kleiner Farmer in Kalifornien usw. Diese Dinge sind ja statistisch schwer zu fassen. Aber, so viel ist doch unbestreitbar, daß gerade der Bauer heute durchschnittlich materiell und sozial auf ganz anderer Höhe steht als sein Vorfahr vor den Freiheitskriegen – nicht nur im Osten, sondern auch im Westen Deutschlands; und ferner hat man doch den Eindruck, daß von einer eigentlich proletarischen Existenz bei der großen Mehrzahl unserer Bauern nicht die Rede sein kann. Und: selbst wenn sie bestünde, wäre sie doch sicher nicht auf die Weise Kautskys zu erklären. Folgt man ihm, so hat nämlich die Geld- und Warenwirtschaft in mehrfacher Beziehung höchst verderblich auf den Bauern eingewirkt. Zuerst dadurch, daß sie seine Naturalwirtschaft, seine Hausindustrie „ruinierte" und ihn für den Absatz seiner Produkte und den Einkauf seiner gewerblichen Bedürfnisse auf den Markt anwies. Er brauchte mehr Geld als vorher: und damit war seiner Auswucherung durch Geldgeber und Zwischenhändler, seiner dinglichen Verschuldung und Steuerüberlastung das Tor geöffnet. Nun ist es richtig, daß eine sich auch gewerblich selbst versorgende Bauernwirtschaft auf ausreichendem Boden eines groben Behagens sicher ist, so lange äußere Störungen fern bleiben. Aber solche äußeren Störungen warteten nicht erst auf die Geldwirtschaft, um in den geschlossenen Mikrokosmos der Naturalwirtschaft einzubrechen. Die Naturalabgabe, die der Grundholde der Karolingerzeit seinem Grundherrn zu entrichten hatte, entzog ihm gerade so sehr einen Teil seiner Ernte, als wenn er sie verkauft und das Geld an die Rentei abgeliefert hätte; und ebenso stand es mit dem kirchlichen Zehnten, der vom Rohertrag geliefert werden mußte. Als die Geldwirtschaft sich aber durchsetzte, und Zinse und Zehnten in Geld fixiert waren, *da sanken sie sogar absolut*, weil eine ausgebreitete Falschmünzerei Schrot und Korn der Denare enorm verringert hatte; und im Verhältnis zum gesteigerten Ertrag der Hufe sanken sie sogar auf eine lächerliche Abgabe, einen kleinen „Rekognitionszins" herab, der dann zwei Jahrhunderte lang trotz vordringender Geldwirtschaft und Warenproduktion stabil verblieb. Die Hypotheken (Gülten) sind ebenfalls viel älter als die Geldwirtschaft. Getreidegülten haben sich bis tief in die Neuzeit hinein neben den Geldgülten erhalten. Endlich[,] der Wucher ist uralt! Daß alle diese Dinge später in Deutschland vielfach zum Ruin des Bauernstandes ausschlugen, aber sehr lange, bevor die „kapitalistische Produktion" auch nur in ihren ersten Ansätzen vorhanden war, sei nur kurz erwähnt.

Und nun die „Vernichtung der bäuerlichen Industrie"! Ich will nicht einwenden, daß dieser Vorgang im allgemeinen als volkswirtschaftliche Arbeitsteilung und damit als Ausdruck des Kulturfortschrittes betrachtet wird. Die fortwährende Abspaltung der einzelnen Tätigkeiten, die der Urhufner in seinem Lebenserwerb vereinigte, zu gesonderten Berufen hat ja erst den Zustand der Technik gestattet, den jedermann für die materielle Grundlage der höheren Kultur ansieht. Aber das ist kein Einwand gegen Marx/Kautsky, die ja die „kapitalistische Ära" als ökonomisch-notwendige Phase der Wirtschaft betrachten und ihre produktiv-technischen Glanzseiten nicht leugnen. Man muß aber fragen, wie denn die kapitalistische Warenproduktion den bäuerlichen Hausfleiß für den Eigenverbrauch zu „ruinieren" vermochte, da doch diese verschiedenen Erzeugnisse gar nicht auf dem Markte zusammentrafen? Tatsache ist, daß der Bauer seine gewerbliche Eigenproduktion freiwillig aufgab, offenbar, weil er seine Zeit in der Landwirtschaft besser anwenden konnte als in gewerblicher Arbeit. Und daß er sich hierin nicht verrechnet hat, beweist das in allen Kulturländern mit Warenproduktion unaufhörlich erfolgende und auch Kautsky bekannte Wachstum der Ernteerträge im Verhältnis zur Ackereinheit, das höhere Schlachtgewicht und die höhere Milchergiebigkeit des Zuchtviehs. Es ist unmöglich, sich ein Bild davon zu machen, wie und warum diese fortschreitende Arbeitsteilung den Bauern materiell geschädigt haben sollte. Die Agrargeschichte des frühen Mittelalters lehrt, daß genau derselbe Vorgang der fortschreitenden Berufsteilung und Warenproduktion den deutschen Bauern binnen zwei Jahrhunderten aus einem gehetzten, armseligen Sklaven zum wohlhabenden, sozial hochstehenden Manne gemacht hat.

Die überseeische Konkurrenz ist für Kautsky ein Ergebnis der kapitalistischen Wirtschaft mit ihren Eisenbahnen und Dampfschiffen. Ohne mit ihm darüber zu streiten, ob hierbei Ursache und Wirkung nicht verwechselt sind, begnüge ich mich damit, festzustellen, daß sie den Bauern nicht geschädigt hat. Denn die Preise der wichtigsten Bodenprodukte sind trotz des Preissturzes der siebziger und achtziger Jahre noch jetzt wesentlich höher als am Anfang der kapitalistischen Ära in Preußen; und dabei sind doch die Ernteerträge im Verhältnis zur Flächeneinheit bedeutend gewachsen! Also auch die überseeische Konkurrenz kann nicht als Ursache der Proletarisierung der Bauern herangezogen werden.

Doch genug des grausamen Spieles! Kein Sachkenner leugnet, daß viele Bauern des westlichen Europas sich tatsächlich in übler, meinetwegen in „proletarischer" Lage befinden. Aber diese Notlage hat nichts mit der kapitalistischen Entwicklung zu tun. Wo ein Notstand besteht, der weder auf Selbstverschuldung noch auf Unglücksfälle zurückgeführt werden kann, *ist fast immer das Erbrecht verantwortlich.* Wo die Hufe geteilt wird, entstehen Zwergbesitzer, die nicht leben und nicht sterben können und dann entweder als Bauern dem Viehwucher oder als Hausindustrielle der Ausbeutung verfallen oder Wanderarbeiter oder Tagelöhner werden; und Erb- und Aussteuerverschuldung schaffen da, wo die Erbgüter ohne Anerbenprivilegien übernommen werden, Betriebe, die den Boden ausrauben müssen, um nur Steuern und Zinsen zu erschwingen, und die so erst recht zugrunde gehen. Auch hier gibt dann der Wucher nur den Genickfang. Wenn die überseeische Konkurrenz viele Mittelwirte ebenso ruinieren konnte wie die Großbesitzer, so war das nur dadurch möglich, daß in den zwei Dezennien der ausnehmend hohen Produkt- und Bodenpreise (1855–1875) auch die Bodenverschuldung entsprechend gestiegen war. Wenn unsere Bauern nicht schon in weitem Umfang das Zweikindersystem angenommen hätten, wäre die Notlage gewiß noch viel verbreiteter: so aber zeigt die ländliche Verschuldungsstatistik, daß es durchschnittlich dem Kleinbesitz heute noch immer besser ergeht als dem Großbesitz, den eine viel höhere Verschuldung, die Kaufverschuldung, ganz vorwiegend bedrängt. Kautsky weist der unheilvollen Wirkung der Erbverschuldung nicht die entscheidende Rolle für die bäuerliche Notlage an, die ihr zukommt. Er erklärt sie, wenn auch mit vorsichtiger Verklausulierung, aus der „kapitalistischen Produktion", und zwar mit Hilfe eines Fehlschlusses. Nämlich: erst die kapitalistische Produktion hat, indem sie die feudalen Fesseln sprengte, dem Bauern durch Ablösung aller dinglichen Lasten das „volle Eigentum" an seiner Hufe gegeben. Das Erbrecht ist aber Ausfluß des vollen Eigentumes, folglich ist die Erbverschuldung Folge der kapitalistischen Ära – quod erat demonstrandum!

Aber das Eigentumsrecht war schon lange vor der kapitalistischen Revolution soweit frei, daß wenigstens der west- und süddeutsche Bauer über sein Eigentum von Todeswegen verfügen und es mit Grundschulden belasten konnte. Die freie Erbteilung ist fast durchweg die Regel und wird vielfach von den Grundherren sogar begünstigt, weil sie dann Kurmede und Besthaupt vervielfacht erhalten. Im Nordwesten wird der bäuerlichen Bevölkerung das „Anerbenrecht" erst aufgezwungen. Wir haben schon im Anfang des dreizehnten Jahrhunderts weitgehende Besitzersplitterung und Verschuldung im Westen. Also auch das „freie Eigentum" ist älter als der Kapitalismus, ebenso wie Geldwirtschaft, Steuerlast, Wucher, Hypothekarkredit und Arbeitsteilung.

Die letzte Wurzel der erdrückenden Erbverschuldung ist aber nicht das Erbrecht an sich, sondern das Erbrecht unter den bestimmten Verhältnissen sehr hohen Bodenpreises. Bauernland steht namentlich im Westen darum so enorm hoch im Preise und muß daher im Erbgang darum so unwirtschaftlich hoch belastet werden, weil der deutsche Boden in ungeheuerem Umfang durch den Großbesitz in Anspruch genommen ist. Wenn Gutsland, nachdem es parzelliert ist, zwei- bis dreimal soviel Menschen faßt, die von der Landwirtschaft leben, als vorher; Gutsland aber außerordentlich schwer aufgeteilt werden kann, weil es entweder rechtlich durch Fideikommisse und ähnliches oder faktisch durch die „goldenen Klammern" unserer Hypothekengesetzgebung fast unangreifbar gemacht ist: dann ist es eben doch nur diese weitgehende Bindung und Aussperrung des Bodens, die den hohen Verkehrswert von Bauernland und damit seine hohe Verschuldung verursacht. Diese Erscheinung gehört aber nicht der kapitalistischen Produktionsweise, sondern der vorkapitalistischen „ursprünglichen Akkumulation" an.

Kautsky hat sich die Aufgabe gestellt, zu „untersuchen, ob und wie das Kapital sich der Landwirtschaft bemächtigt, sie umwälzt, alte Produktions- und Eigentumsformen unhaltbar macht und die Notwendigkeit neuer hervorbringt".

Als er am Schluß seiner Untersuchungen angelangt war, glaubte er die gestellte Frage bejahen zu können:

> „Wo aber haben wir das bewegende Moment zu suchen, das jene Änderung in der Produktionsweise notwendig macht? Die Antwort kann nach dem Ausgeführten nicht schwer fallen. Die Industrie bildet die Triebkraft, nicht nur ihrer eigenen, sondern auch der landwirtschaftlichen Entwicklung. Wir haben gesehen, daß es die städtische Industrie war, die die Einheit von Industrie und Landwirtschaft auf dem Lande zerstörte, die den Landmann zum einseitigen Landwirt machte, zum Warenproduzenten, der von den Launen des Marktes abhängt, die die Möglichkeit seiner Proletarisierung schuf. Wir haben weiter gefunden, daß die Landwirtschaft der Feudalzeit sich in eine Sackgasse verrannte, aus der sie durch eigene Kraft sich nicht herausarbeiten konnte. Es war die städtische Industrie, die die revolutionären Kräfte schuf, die gezwungen und imstande waren, das feudale Regime niederzureißen und damit nicht nur der Industrie, sondern auch der Landwirtschaft neue Bahnen zu eröffnen. Es war die Industrie, die dann die technischen und wissenschaftlichen Bedingungen der neuen rationellen Landwirtschaft erzeugte, sie durch Maschinen und Kunstdünger, durch das Mikroskop und durch das chemische Laboratorium revolutionierte und dadurch die technische Überlegenheit des kapitalistischen Großbetriebes über den bürgerlichen Kleinbetrieb herbeiführte."

Kautsky rekapituliert dann, daß der Parzellen- und zum Teil auch der Kleinbesitzer sich immer mehr dem industriellen Proletarier nähert, weil er auf Lohnarbeit und Hausindustrie angewiesen ist, während der Mittel- und Großwirt als Warenproduzent sich immer mehr gezwungen sieht, einen industriellen Nebenerwerb zu ergreifen. Auch die überseeische Konkurrenz wälzt die bestehenden Besitz- und Produktionsverhältnisse gewaltig um und zwingt die notleidenden Betriebe zu dem „rationellsten Mittel, Vereinigung von Industrie und Landwirtschaft".

> „So kehrt die moderne Produktionsweise (...) am Ende des dialektischen Prozesses wieder zu ihrem Ausgangspunkt zurück: zur Aufhebung der Scheidung von Industrie und Landwirtschaft. Aber war im primitiven bäuerlichen Betriebe die Landwirtschaft das ökonomisch entscheidende und führende Moment, so hat sich jetzt das Verhältnis umgekehrt. Die kapitalistische Großindustrie herrscht: und die Landwirtschaft hat ihren Geboten Folge zu leisten, ihren Bedürfnissen sich anzupassen. Die Richtung der industriellen Entwicklung wird maßgebend für die landwirtschaftliche. Ist die erstere dem Sozialismus zugewandt, so muß auch die letztere sich ihm zuwenden. (...) Die reine Landwirtschaft hört in der kapitalistischen Gesellschaft auf, ein Element des Wohlstandes zu sein. Damit hört aber auch die Möglichkeit für die Bauernschaft auf, wieder auf einen grünen Zweig zu kommen. Wie die landwirtschaftliche Bevölkerung der Feudalzeit geraten auch diese Elemente in eine Sackgasse, aus der sie sich durch eigene Kraft nicht befreien können. (...) Wie am Ende des achtzehnten Jahrhunderts wird es auch diesmal die revolutionäre Bevölkerung der Städte sein müssen, die ihnen die Erlösung bringt und ihnen die Bahn öffnet zur weiteren Entwicklung."[1]

So wie diese abschließenden und zusammenfassenden Sätze, ist das ganze Buch ein unhistorisches und unorganisches Gewebe von wahren, halbwahren und falschen Behauptungen und Vorstellungen. Unhistorisch: weil die vermeintlich in der „kapitalistischen Wirtschaft" entdeckten Entwicklungstendenzen so alt sind wie die Wirtschaft und namentlich die Tauschwirtschaft überhaupt; weil die vermeintlichen historischen Kategorien in Wahrheit immanente ökonomische Kategorien

---

1 [Kautsky, Die Agrarfrage; diverse Zitate aus dem Text, ohne Seitenangabe, A.d.R.]

sind, die nur veränderte Form und, entsprechend der höheren Integration und Differenzierung des sozialen Lebens, höhere Intensität angenommen haben. Es ist natürlich richtig, daß sich „das Kapital in diesem Jahrhundert der Landwirtschaft bemächtigt hat": aber es ist falsch, die Behauptung so zu wenden, als sei Ähnliches nicht auch schon vorher, in der vorkapitalistischen Ära, erfolgt. Als der Eisenpflug den Holzpflug verdrängt hatte, da war ebenfalls, um mit Kautsky zu reden, ein Teil der „bäuerlichen Hausindustrie ruiniert", und der bisher sich selbst versorgende Landmann wurde vom städtischen Schmiede oder wenigstens vom Eisenhändler „abhängig", wie dieser vom Bergmann. Und als Benediktiner und Zisterzienser die germanischen und slawischen Waldwüsten kolonisierten und landwirtschaftliche Musteranstalten schufen, da waren es auch Geldkapital und Wissenschaft der Städte, die die Landwirtschaft umwälzten und neue Produktionsformen erzeugten. Aber der Marxismus schneidet alle Fäden, die unsere hochentwickelte Wirtschaft mit ihren Vorstufen verbinden, ab und mutet uns zu, alles, was sich seit dem Jahre 1500 an neuen Formen entwickelt oder auch nur eigentümlich entwickelt hat, als spezifische Charakterzüge der kapitalistischen Wirtschaft anzusehen: die Eisenbahn und die Naturwissenschaft, den künstlichen Dünger und die Besiedelung Nordamerikas.

Unorganisch ist es im höchsten Grade, wenn man in arger Einseitigkeit immer nur die Impulse betrachtet, die von der Industrie der Landwirtschaft gegeben werden, nicht auch die, die von der Landwirtschaft aus die Industrie bewegen. Kautsky bekennt sich doch zu einer organischen Auffassung der Gesellschaft: jede organische Beziehung beruht aber auf Gegenseitigkeit!

Unorganisch und unhistorisch zu gleicher Zeit aber ist die Vernachlässigung der mächtigen Beziehungen zwischen Staatsform und Wirtschaftsform. Die Unterwerfung einer Menschengruppe durch die andere, das Herrenrecht der Ungleichheit, hat alle Kulturstaaten der uns bekannten Geschichte begründet. Kautsky selbst nennt den Staat eine „Herrschaftsinstitution": aber die Wirtschaft beruht auf dem Recht der Gleichheit. Da diese beiden in der Wurzel verschiedenen Kräfte miteinander im Kampfe stehen, solange ein Staatsleben existiert, hat sich immer als jeweilige Resultante der Kräfte die geltende Staats- und Wirtschaftsordnung ergeben.

Gewiß soll und muß der Wirtschaftsforscher von den Einwirkungen der Herrschaftsinstitution abstrahieren: „Er muß die kapitalistische Produktionsweise in ihrer Eigenart, in ihren klassischen Formen, gänzlich losgelöst von den sie umgebenden Resten und Keimen anderer Produktionsformen, erforschen." Aber eine solche Abstraktion, eine solche methodisch-notwendige Isolierung der Wirtschaft aus ihrem politischen Milieu, erreicht man nicht dadurch, daß man einfach dekretiert: „Im Jahre 1500 beginnt die kapitalistische Wirtschaft!" Mit ein paar ungeheuren Sammelbegriffen, wie „Feudalzeit" und „kapitalistische Ära", die nichts bedeuten, weil sie zu viel bedeuten sollen, ist eine so große Aufgabe nicht zu lösen, sondern nur durch eine sorgfältige und möglichst bis zum Augenblick der Staatenbildung zurückgehende Auseinanderlegung aller der verschlungenen politischen und ökonomischen Fäden, die Kette und Einschlag zu unserer Gegenwart gegeben haben.

Ich fasse mein Urteil zusammen: mit nicht gewöhnlichem Wissen, Fleiß und Scharfsinn ist hier der Versuch gemacht worden, die Landwirtschaft in Geschichte, Entwicklung, Technik und Statistik in die Schablone der marxistischen Doktrin zu pressen, und dieser Versuch ist mißlungen, ja, er ist gegen den Marxismus ausgeschlagen. Kautsky hat der wissenschaftlichen Nationalökonomie einen Dienst erwiesen, als er jene Doktrin auf die Mensur stellte. Das ist ihr verhängnisvoll geworden; aber es war mutig und ehrlich von ihm.

IX. Kautskys Zukunftsstaat

Karl Kautsky, der wissenschaftliche Führer der Sozialdemokratie, läßt in zweiter Auflage sein Buch „Die Soziale Revolution" erscheinen.[1] Es zerfällt in zwei erweiterte Vorträge, die betitelt sind: 1. „Sozialreform und soziale Revolution" und 2. „Am Tage nach der Revolution".

Der erste Abschnitt entwickelt in ruhiger, leicht verständlicher Darstellung den bekannten Standpunkt Kautskys, der die Revolution im sozialen Sinne, entgegen seinen, auf die „Evolution" vertrauenden Gesinnungsgenossen, nach wie vor für notwendig erklärt. Natürlich nicht unbedingt „im Heugabelsinne der Gewalt". Eine Revolution ist nach Marx die „Umwälzung des ganzen ungeheuren juristischen und politischen Überbaues der Gesellschaft, die aus der Veränderung ihrer ökonomischen Grundlagen hervorgeht"; Kautsky legt sich für einen noch etwas engeren Begriff fest. Er will unter Revolution verstanden wissen jene Umwälzung des Oberbaues, die der Eroberung der politischen Macht durch eine neue Klasse folgt. Diese „Revolution" kann unter Umständen friedlich verlaufen, während einfache „Reformen", d. h. Auseinandersetzungen zwischen regierenden Klassen, den Charakter der fürchterlichsten Bürgerkriege annehmen können: aber Kautsky, obgleich ein ausgesprochener Mann des Friedens, scheut natürlich auch nicht vor der Aussicht zurück, daß im letzten Augenblick die Gewalt als Geburtshelferin der fertig ausgebildeten neuen Gesellschaft auftreten werde, um sie aus dem Schoße der alten Gesellschaft zu entbinden. Auch bei der Geburt pflegt ja Blut zu fließen, und Kautsky faßt denn auch die Geburt der neuen Gesellschaft als den revolutionären Abschluß einer langen Evolution auf: ein altes, aber immer gutes Bild. Daß die Revolution in diesem Sinne, und nicht die Evolution, sich als notwendig erweisen wird, daran zweifelt Kautsky keinen Augenblick. Er hält daran fest, daß die Klassenlage der Arbeiterschaft sich, wenn überhaupt, nur in einem ganz verschwindenden Maße absolut gebessert habe, und daß sie, im Verhältnis zu dem ungeheuren ökonomischen Aufstieg der oberen Klassen, relativ unvergleichlich schlechter geworden sei. Ebensowenig wie die ökonomischen Gegensätze sieht er die sozialen, die Klassengegensätze, sich mildern; zwar wächst die Demokratie in Parlamentarismus, Genossenschaft, Gewerkschaft, Kommunal- und Sozialpolitik: aber es wachsen auch die Gegenkräfte in mindestens gleichem Maße, die großen Kapitalvereinigungen, der Militarismus; und im gleichen Schrittmaß, wie die sozialdemokratische Vertretung in den Parlamenten zunimmt, zerfällt auf der anderen Seite die mögliche bürgerliche Bundesgenossin, die Demokratie, in immer ohnmächtigere und immer reaktionärere Splitter.

Wenn man die Dinge so sieht, kann man natürlich an ihre allmähliche Lösung nicht glauben, und so erwartet denn Kautsky in einer nicht näher bestimmten, aber augenscheinlich – auch darin ist er schwarzer Pessimist – sehr fernen Zeit die Eroberung der politischen Macht durch die Arbeiterklasse. Über die Mittel dazu zerbricht er sich nicht viel den Kopf: vielleicht wird der Massenstreik bis dahin seine Organisation wirksam ausgestaltet haben; vielleicht wird ein großer Krieg den westeuropäischen Feudalkapitalismus zusammenschlagen, wie die napoleonischen Kriege den westeuropäischen, und der japanische Krieg den russischen Agrarfeudalismus; aber kommen wird es einmal, denn die Zahl der Lohnproletarier wird ja zu einer immer gewaltigeren Mehrheit innerhalb der Kulturvölker, und ihre Organisation und Disziplin wird ja augenscheinlich immer stärker. Mit diesen Waffen muß sie eines Tages siegen!

Ich will hier die tatsächlichen und statistischen Grundlagen dieser gesamten Auffassung nicht bekritteln, obgleich sie, wie immer, wenn Kautsky mit Statistik arbeitet, äußerst bedenklich sind: sondern ich will mich auf seinen Standpunkt stellen. Das Proletariat soll tatsächlich zu irgend-

---

[1] Kautsky, Die soziale Revolution, Berlin 1907.

einer gegebenen Zeit die politische Macht erobern: was fängt sie „am Tage nach der sozialen Revolution" mit der politischen Macht an? Kautsky bestimmt seine Aufgabe in streng wissenschaftlicher Weise. Er will „die auftauchenden Probleme in ihrer einfachsten Form untersuchen, in der sie sich in Wirklichkeit nie zeigen werden, und will von allen komplizierenden Umständen abstrahieren". Selbstverständlich kann der historische Verlauf nicht so einfach sein, daß die Menschheit sich abends als kapitalistische Gesellschaft zu Bett legt, um morgens als sozialistische zu erwachen: aber eine reine Deduktion muß, darin ist Kautskys Methode unzweifelhaft gerechtfertigt, von solchen Störungen durch Raum und Zeit absehen; und sie kann ebenso wenig darauf Rücksicht nehmen, daß zu dem Zeitpunkt der erfolgreichen Revolution die technische und ökonomisch-soziale Grundlage der Gesellschaft wesentlich von der heute gegebenen verschieden sein wird. Wenn man sich überhaupt ein Bild von dem Zukunftsstaat oder wenigstens vom Übergang in den Zukunftsstaat machen will, so muß man nach der von Kautsky gewählten Methode vorgehen.

Was wird das Proletariat also am Tage nach der sozialen Revolution anfangen?

Es wird zunächst eine Reihe demokratischer Forderungen durchführen, die die Demokratie selbst nicht hat durchsetzen können: das allgemeine Wahlrecht zu allen Körperschaften, Trennung von Staat und Kirche, Aufhebung aller erblichen Vorrechte, volle Entfesselung der Selbstverwaltung, Beseitigung des Militarismus zunächst durch Volksbewaffnung, später womöglich auf dem Wege internationaler Vereinbarung durch Abrüstung. Ferner Umwälzung des Steuerwesens, d. h. Abschaffung aller indirekten Steuern und ihren Ersatz durch direkte, namentlich progressive Einkommens- und Vermögenssteuer, schließlich Demokratisierung des Schulwesens. Die demokratische Schule würde, nebenbei gesagt, in Deutschland jährlich 1 1/2 bis 2 Milliarden erfordern – fast das Doppelte des heutigen Militär-Budgets.

All das ist, die Voraussetzung einmal gegeben, möglich. Nun folgen die spezifisch proletarischen Programmpunkte. Der erste ist eine ausreichende Unterstützung der Arbeitslosen. Dadurch wird das Kraftverhältnis zwischen Bourgeoisie und Proletariat so verschoben, daß der Bourgeois zwar noch der Leiter der Fabriken, aber nicht mehr ihr Herr und Ausbeuter sein wird. Die Unternehmer werden nur noch das Risiko und die Lasten des kapitalistischen Betriebes zu tragen haben, aber bei enorm steigenden Löhnen und unendlich gehobener Klassenlage der Arbeiter keinen wesentlichen Vorteil mehr daraus ziehen können. Sie werden daher darauf drängen, daß ihnen der Staat ihren unrentabel gewordenen Besitz ablöse, gerade so, wie die irischen Landlords auf dem Höhepunkt der Pächterbewegung das Verlangen an die Regierung stellten, sie abzulösen. Auch das läßt sich noch hören. Die Großbetriebe werden also, je nach ihrer besonderen Art, entweder vom Staate oder von den Gemeinden oder von Gewerkschaften oder von Genossenschaften übernommen werden; und zwar würde Kautsky den Auskauf der Konfiskation vorziehen. Er scheint sich allerdings nicht recht klar gemacht zu haben, daß unter den von ihm vorausgesetzten Verhältnissen all diese Großbetriebe – für die landwirtschaftlichen Großbetriebe gilt dasselbe – kaum noch einen erheblichen Wert repräsentieren können. Denn ihr Wert ist die kapitalisierte Rente; und wenn die Rente so ungeheuer absinkt, muß der Wert folgen. Die Herrschaft des Proletariats und die Verschiebung des Kraftverhältnisses zwischen Kapitalist und Arbeiter bedeutet also bereits die rein wirtschaftliche, nicht juristische, Konfiskation des größten Teils des Produktivkapitals.

Anders stehe es mit dem Geldkapital. Dieses könnte man ohne Schwierigkeit mit einem Federzug exproprieren, weil der Geldkapitalist im Wirtschaftsleben keine persönlichen Funktionen zu erfüllen hat. Aber Kautsky will auch hier von der direkten Konfiskation Abstand nehmen. Bei der Übertragung der privat-kapitalistischen Betriebe auf gesellschaftliche werden die Inhaber der Obligationen, Aktien usw. ohnehin Gläubiger des Staates respektive der Gewerkschaften und Genossenschaften. Ein Gesetz braucht nur zu bestimmen, daß alle Schuldverschreibungen auf den

Namen lauten müßten,¹ und der Staat hätte für eine progressive Einkommens-, Vermögens- und Erbschaftssteuer eine fast vollkommene statistische Unterlage und könnte diese Steuer allmählich so hoch schrauben, daß sie einer Konfiskation der großen Vermögen nahe oder gleichkäme.

Auch das ist, immer von der gegebenen Voraussetzung aus, noch denkbar, und Kautsky hat auch darin recht, wenn er eine solche allmähliche Konfiskation der plötzlichen Expropriation aller großen Vermögen vorzieht.

„Sie ermöglicht es, den Vorgang der Konfiskation auf Jahrzehnte auszudehnen, so daß sie erst für die neue Generation voll wirksam wird, die unter den neuen Verhältnissen herangewachsen und nicht mehr darauf angewiesen ist, mit Kapitalien und Zinsen zu rechnen. Die Konfiskation verliert so ihre Härte, sie wird anpassungsfähiger und schmerzloser."²

Aber nun kommen die Schwierigkeiten, die Kautsky selbst nicht verkennt: „Die Schwierigkeiten für das proletarische Regime liegen nicht auf dem Gebiete des *Eigentums*, sondern auf dem der *Produktion*."

Die erste Frage ist: wie soll man im Zukunftsstaat die Arbeiter zur Arbeit heranziehen? Das Mittel der Hungerpeitsche steht dem neuen Regime nicht zur Verfügung, noch weniger das Mittel des physischen Zwanges; nie wird sich ein siegreiches Proletariat eine zuchthäuslerische oder kasernenmäßige Reglementierung gefallen lassen. Aber es bedarf deren auch nicht, andere Mittel stehen zu Gebote, die Arbeiter an der Arbeit zu halten.

Hier rechnet Kautsky zunächst auf die große Macht der Gewohnheit. Sehr wenige Menschen würden sich ohne jede Arbeit auf die Dauer glücklich fühlen. Wenn die Arbeit den abstoßenden Charakter der Überarbeit verliert, und die Arbeitszeit auf ein vernünftiges Maß herabgesetzt ist, so wird schon die Gewohnheit hinreichen, eine große Menge von Arbeitern bei der Arbeit festzuhalten. Ferner rechnet er auf die Disziplin des Proletariats: „Wenn es möglich ist (bei Ausständen), durch die Kraft der Disziplin die Arbeiter aus den Fabriken herauszuholen, so wird es auch möglich sein, sie dadurch dort festzuhalten." Hier merke ich an, daß mir doch ein ganz kleiner psychologischer Unterschied zwischen einer Disziplin zu bestehen scheint, die den Menschen veranlaßt, die Arbeit niederzulegen, und einer solchen, die ihn veranlaßt, sie festzuhalten. Im ersten Falle geht sie mit der natürlichen Trägheit des Menschen eines Weges, im zweiten wirkt sie ihr schnurstracks entgegen. Kautsky ist denn auch bedenklich, ob diese beiden Antriebe, Gewohnheit und Disziplin, ausreichen werden, um das Problem zu lösen, und sucht neue Unterstützung. Dabei kommt er auf den berühmten Fourierschen Utopismus von der „Anziehungskraft der Arbeit": man wird trachten müssen, die Last zur Lust zu machen durch Verkürzung der Arbeitszeit usw. Bei Fourier hatte diese Idee noch einen gewissen Sinn, denn er wollte die Arbeiter fortwährend zwischen den verschiedensten Arbeiten wechseln lassen, um der Eintönigkeit vorzubeugen; davon ist natürlich bei Kautsky keine Rede, kann auch keine Rede mehr sein, da alle qualifizierte Arbeit heute viel mehr als zu Fouriers Zeit Spezialität ist, und man unmöglich etwa in einer großen Textilfabrik oder in einem Kohlenbergwerk alle zwei Stunden neue Arbeiterschichten einstellen kann. Wie sich übrigens Kautsky die Verannehmlichung der Arbeitsräume in den von ihm ausdrücklich genannten Bergwerken vorstellt bleibt sein Geheimnis. Der Kohlenhäuer³ vor Ort wird auch im sozialistischen Staat halb nackt, auf dem Bauche liegend, von Kohlenstaub bedeckt, seine Arbeit verrichten müssen, wenn man nicht auf die Steinkohlenproduktion überhaupt verzichten will. Kautsky fühlt denn auch wohl das Utopistische seines Gedankens heraus, denn er kommt dann

---

1 Kautsky schreibt „auf den Inhaber": augenscheinlich ein Lapsus calami.
2 Derselbe, Die soziale Revolution, S. 78.
3 [= Bergmann, A.d.R.]

mit einem letzten Hilfsmittel, das allerdings das Problem lösen wird; es ist aber leider kein Mittel aus der sozialistischen Apotheke, sondern aus der Hexenküche des Liberalismus. *Er will die Löhne abstufen!* „Den nötigen Ausgleich kann man dadurch herbeiführen, daß man dort, wo sich zu viel Arbeiter melden, die Löhne herabsetzt, dadurch in jenen Industriezweigen, wo es an Arbeitern mangelt, den Lohn erhöht, bis man es erreicht, daß jeder Arbeitszweig soviel Arbeiter hat, als er braucht." Wenn man diesen Gedanken zu Ende denkt, so ist die Konsequenz, daß ein Arbeiter, der sich für den vielleicht trotz Gewohnheit, Disziplin und travail attractif am stärksten begehrten „Industriezweig", nämlich das dolce far niente meldet, gar keinen Lohn erhält, und das heißt denn doch wohl „Hungerpeitsche"? Daß Kautsky diese höchst gefährliche Stelle von dem Dampf der Marxschen Werttheorie umbrodeln läßt, wird vielleicht überzeugten Marxisten dieses Einschmuggeln der verruchten freien Konkurrenz in die sozialistische Gesellschaft unsichtbar machen: einen Gegner wird es kaum bekehren. Wir werden noch mehrfach auf bedeutende Schwierigkeiten stoßen, die nur durch das Wiedereinführen der freien Konkurrenz gelöst werden können. Zunächst wollen wir, der Disposition des Buches folgend, sehen, wie Kautsky die zweite schwierige Frage löst, die der sozialistische Staat am Tage nach der sozialen Revolution zu lösen haben wird, nämlich diejenige nach der Steigerung der Produktion.

Will man nämlich, so sagt Kautsky, die Masse der Arbeiterschaft auch ohne Zwang bei der Arbeit festhalten, so muß man, wie gesagt, die Arbeitszeit verkürzen und die Löhne erhöhen. Wie soll das geschehen? Bei gleichmäßiger Verteilung des gesamten Nationaleinkommens könnte man freilich den Arbeiterlohn heute schon verdoppeln: aber einerseits muß die Funktion, die heute der Kapitalist erfüllt, dann der Staat selbst erfüllen: er muß einen großen Teil des Nationaleinkommens „kapitalisieren", d. h. einen bedeutenden Teil der Arbeit nicht auf die Herstellung von Gütern des unmittelbaren Verzehrs, sondern von Gütern zum Zweck der weiteren Gütererzeugung verwenden. Ferner werden die Staatsausgaben mit der Vermehrung der vom Staat übernommenen Kulturlasten (Schulen usw.) so enorm wachsen, daß aus dieser Quelle für die Erhöhung des Lohnes wenig oder nichts übrigbleiben würde.

Hier will Kautsky nach der Methode der amerikanischen Trusts helfen. Man legt alle kleinen, produktionsschwachen, veralteten Betriebe still und beschäftigt sämtliche Arbeiter nur in solchen Riesenbetrieben, die mit den vollkommensten Maschinen usw. ausgestattet sind. Dadurch wird die pro Kopf hergestellte Gütermenge – und das bedeutet im sozialen Staate auch die pro Kopf verteilbare Gütermenge – ungeheuer wachsen, und gleichzeitig wird, auch das ist schon eine Errungenschaft der modernen Trusts, die Gütereinheit bei stark verminderten Kosten hergestellt werden, so daß der für die Verteilung verfügbare Reinertrag auch von dieser Seite her stark wächst.

Das läßt sich, wenn man die Voraussetzung, die Eroberung der politischen Macht, zugibt, wieder hören; die Schwierigkeiten wären in der Tat schon heute nicht mehr absolut unüberwindlich und werden es mit jedem Tag weniger, da wirklich, wie Kautsky mit Recht betont, der Schwerpunkt der Gütererzeugung sich in immer steigendem Maße auf die Großbetriebe verlegt. Aber ich habe hier eine Anmerkung zu machen, die von bedeutender Wichtigkeit ist: Kautsky, dieser oberste Professor der Marxschen Hochschule, hat in der Tat das „nationalökonomische Erstaunen" noch nicht empfunden, das genauso die Schwelle zu einem wahrhaft wissenschaftlich begründeten Sozialismus darstellt, wie das „philosophische Erstaunen" die Schwelle zur wissenschaftlichen Philosophie.[1] Es gibt eine Begründung des Sozialismus, die jeden, der sie einmal erfaßt hat, unbedingt zu dem *Wunsch* bringen muß, den Sozialismus verwirklicht zu sehen, so große Zweifel ihm auch an der Verwirklichung dieses Zustandes bestehen bleiben mögen. *Und diese Begründung bezieht sich gerade auf die Vermehrung der Produktion im sozialistischen Staat!*

---

1 Vgl. Oppenheimer, Theorie der reinen und politischen Ökonomie, S. 589ff., namentlich S. 594: ‚Der rationelle Sozialismus'.

Es gibt nämlich zwischen Gütererzeugung und Güterverteilung zwei Beziehungen von Ursache und Wirkung, die reziprok verlaufen. Die eine liegt auf der Hand und ist denn auch überall zur Grundlage weiterer Untersuchungen gemacht worden: *es kann nicht mehr an Gütern verteilt werden, als vorher hergestellt worden ist.* Auch Kautsky kennt nur diese eine Beziehung und will deshalb die Gütererzeugung vermehren, um den „Lohn" zu vermehren; das aber heißt im sozialistischen Staat nichts anderes, als die auf den Kopf entfallende Quote genußreifer Güter. Aber auch er ahnt nichts von der zweiten verborgenen Beziehung, die umgekehrt rückwärts von der Verteilung zur Erzeugung der Güter geht, und die lautet: *es kann nicht mehr an Gütern hergestellt werden, als nachher verteilt werden kann*!

Im kapitalistischen Staat erfolgt die Produktion nicht zum Zwecke der Güterversorgung der Gesamtheit, sondern zum Zwecke der Vermögensvermehrung der Unternehmer. Nicht die höchste *Produktivität* für die Volkswirtschaft, sondern die höchste *Rentabilität* für die einzelne Privatwirtschaft ist ihr Endzweck. Darum ist die mächtigste Maschine, die in der kapitalistischen Ära aufgestellt werden kann, diejenige, deren Produkt die vorhandene *kaufkräftige* Nachfrage decken kann, aber niemals die ungleich gewaltigere Maschinerie, die die *absolute* Nachfrage decken könnte. Man stelle sich beispielsweise vor, daß eine einzige Schuhfabrik alle anderen deutschen Schuhfabriken niederkonkurriert habe und den Markt allein versorge, und ferner, daß das durchschnittliche Einkommen der Deutschen so groß sei, um jedem alle drei Jahre ein Paar neue Stiefel zu gestatten (Export sei unmöglich). Dann wird die Maschinerie bei einer Leistungsfähigkeit von 22 Millionen Paar Stiefeln jährlich ihre äußerste Produktionsgrenze erreicht haben. Im Augenblicke aber, wo jeder Deutsche durchschnittlich, entsprechend dem Konsum der wohlsituierten Klassen, sich jährlich zwei Paar neue Stiefeln anschaffen kann, ist die Produktivitätsgrenze dieser Maschinerie auf das sechsfache gestiegen. Nach dem von Kautsky selbst so beredt erörterten Gesetz der Produktivität sind aber für diese versechsfachte Erzeugung sehr viel weniger als sechsmal soviel Unkosten notwendig.

Allgemein gesprochen: unsere Herrschaft über die Naturkräfte, die sich wirtschaftlich in der Herstellung ungeheuer leistungsfähiger Maschinen äußert, hat bisher keine sichtbaren *technischen* Grenzen gefunden; so weit das *Technische* in Frage kommt, läßt sich die Produktivität beliebig steigern: aber sie hat eine *volkswirtschaftliche* Grenze gefunden; das Gesetz der Rentabilität hindert uns, die heute schon *virtuell* vorhandenen, produktivsten Maschinen faktisch aufzustellen und dadurch die Gütererzeugung auf das vielfache der heutigen zu vermehren, weil diese Güter heute zwar einem leidenschaftlichen *Bedürfnis*, aber leider keiner kaufkräftigen *Nachfrage* begegnen.

Und was schränkt diese Nachfrage ein? *Unser Lohnsystem!* Indem das Lohnsystem die Kaufkraft der Massen auf nur einen Bruchteil der von ihnen hergestellten, und auf einen noch viel geringeren Bruchteil der von ihnen herstellbaren Güter einschränkt, setzt es der Produktivität starre *soziale* Schranken, die weit vor den *technischen* Schranken liegen. Der privatwirtschaftliche Unternehmer kann nicht mehr herstellen, bei Strafe des finanziellen Zusammenbruchs, als die Kaufkraft der Masse später aufnehmen wird. Das ist die Rückwärtsbeziehung zwischen Erzeugung und Verteilung, von der der marxistische Theoretiker nichts ahnt.

Vielleicht wird ein Bild dem nationalökonomisch weniger geschulten Leser näherbringen, was hier vorliegt. Er vergleiche den Markt mit einem vollkommen geschlossenen Kessel, in den oben ein Zuflußrohr hinein, von dem unten ein Abflußrohr herausführt. Das Zuflußrohr ist die Gütererzeugung, das Abflußrohr der Güterkonsum, die Güter selbst mögen die oben zu- und unten abströmende Flüssigkeit darstellen. Ich kann nun das Zuflußrohr oben im Querschnitt verzehnfachen, verhundertfachen, vertausendfachen: wenn ich nicht gleichzeitig das Abflußrohr entsprechend vergrößere, so gelingt es mir nicht, mehr Flüssigkeit durch den Kessel zu treiben. Versuche ich es, einen Druck auszuüben, so wird die Flüssigkeit zurückstrudeln: das sind die unverkäuflichen Güter, die dem Fabrikanten auf dem Halse bleiben; und wenn ich den Druck sehr stark steigere, so kann es geschehen, daß der ganze Kessel mit einem „Krach" auseinanderbirst. Der Markt ist gesprengt, die Krise ist da.

Genau das hat nun die kapitalistische Wirtschaft getan. Sie hat das Zuflußrohr fortwährend erweitert, indem sie die Produktivität des Fabrikkapitals fortwährend vermehrte. Nun hat sich zwar auch das Abflußrohr erweitert, durch die Vermehrung der Bevölkerung zuerst, durch den Export auf fremde Märkte an zweiter Stelle, und, was auch Kautsky nicht leugnen wird, durch die durchschnittliche Vermehrung der Kaufkraft jedes Einzelnen. Aber diese Erweiterung des Abflußrohres ist nicht entfernt in dem Maße erfolgt, wie die des Zuflußrohres; Zeugnis davon sind die dauernden Stockungen und Krisen, denen wir ausgesetzt sind. Was aber für unsere Betrachtung von viel größerer Bedeutung ist: das Zuflußrohr konnte nicht entfernt so sehr erweitert werden, wie unsere technische Kraft das erlaubt hätte. Denn mehr, als unten abfließt, kann man oben doch nicht hereinbringen.

Nun heißt aber Beseitigung des kapitalistischen Lohnsystems, d. h. Eroberung des Mehrwertes durch die Arbeiterklasse, nichts anderes, als daß das Abflußrohr sich automatisch in genau demselben Maße erweitert, wie das Zuflußrohr. Wenn es nur noch Arbeiter[1] gibt, und jeder Arbeiter berechtigt ist, als Lohn seiner Arbeit den vollen Wert der von ihm in den Marktkessel hineingeschütteten Güter aus dem Marktkessel wieder abzuzapfen, dann ist die soziale Schranke der Produktivität gefallen, und die Menschheit stößt in der Frage der Güterversorgung nur noch auf die technische Grenze der Produktivität; die aber weicht mit jedem Tage weiter vor uns zurück; wir können heute schon von einer fast grenzenlosen Herrschaft des Menschengeschlechts über die Naturkräfte sprechen.

Fällt das Lohnsystem und der Mehrwert, so ist es vollkommen gleichgültig für die regelmäßige Funktion des Marktes, welches Quantum von genußreifen Gütern der durchschnittliche Arbeiter herstellt. Stellt er Güter her, die nach dem heutigen Wertmaßstabe 3.000 Mark repräsentieren, und nimmt er andere Güter im selben Werte aus dem Markt, so funktioniert der Markt, d. h. die Verteilung, nicht regelmäßiger, als wenn jeder Arbeiter Güter hineintut, die nach dem heutigen Wertmaßstab 3 Millionen Mark repräsentieren, und den gleichen Wert in anderen Waren herausnimmt. Solange die absolute technische Grenze der Produktivität oder jene psychologische Grenze nicht erreicht ist, bei der der Mensch, mit Gütern aller Art voll gesättigt, eine Mehrnachfrage nicht mehr ausübt, kann nach Fortfall des Lohnsystems der Wohlstand der Menschen, das heißt ihre Versorgung mit genußreifen Gütern, bis zu einem Grade gesteigert werden, der für unsere Begriffe übermenschlich ist. Die Möglichkeit, jedem Mitgliede der Gesellschaft ein durchschnittliches Einkommen zu gewähren, wie es heute der Millionär hat, ist durchaus gegeben.[2]

Das ist die logische Begründung der Notwendigkeit des Sozialismus; und sie verstanden zu haben, ist das „nationalökonomische Erstaunen". Aber da es im Marx nicht zu finden ist, wird Kautsky vermutlich darüber die Achseln zucken: „Quod non est in actis!"

Kommen wir nach diesem Exkurs zu unserem kritischen Tage und Kautskys Buch zurück! Die nächste Schwierigkeit ist die der Ordnung dessen, was Kautsky den „Zirkulationsprozeß" nennt. Er meint damit die geregelte Zufuhr der Rohstoffe, Halbfabrikate usw. zu denjenigen Betrieben, die die endgültigen Genußgüter herstellen, usw.

---

1 „Arbeiter" bedeutet selbstverständlich in einer Gesellschaft, wie sie hier vorgestellt wird, jede unmittelbar und mittelbar an der Produktion beteiligte Person. Der Standpunkt von Marx, daß nur der mit der Hand Arbeitende Werte schafft, ist unhaltbar.

2 Das „Gesetz der sinkenden Erträge" darf nicht dagegen angeführt werden. Denn die Versorgung mit *Nahrung* wird in der künftigen Gesellschaft dem Quantum pro Kopf nach nur wenig mehr erfordern als heute. Der Mehrverbrauch wird sich fast ausschließlich an Gewerbsprodukten befriedigen: die aber unterliegen unbestritten dem „Gesetz der steigenden Erträge" bei wachsender Kooperation.

„Das Proletariat allein kann diese Regelung der Zirkulation dieser Produkte durchführen, durch Aufhebung des Privateigentums an den Betrieben, und es *kann* sie nicht bloß, es *muß* sie durchführen (. . .) es muß die Höhe der Produktion jeder einzelnen gesellschaftlichen Produktionsstätte auf Grundlage einer Berechnung der vorhandenen Produktivkräfte (Arbeiter und Produktionsmittel) und des vorhandenen Bedarfs festsetzen und dafür sorgen, daß einer jeden Arbeitsstätte, nicht bloß die notwendigen Arbeiter, sondern auch die notwendigen Produktionsmittel zugeführt, und die fertigen Produkte an die Konsumenten abgesetzt werden."[1]

Hier haben wir das berüchtigte statistische Amt. Kautsky selbst erklärt die Aufgabe nicht für einfach. „Sie ist die schwierigste unter jenen, die dem proletarischen Regime zufallen, und wird ihm manche harte Nuß zu knacken aufgeben. Aber man darf die Schwierigkeit auch nicht übertreiben." Er meint mit Recht, daß jetzt schon eine gewisse Proportionalität der einzelnen, ineinandergreifenden Betriebe bestehe, und man könne um so leichter an das historisch gegebene anknüpfen, als die großen und Riesenbetriebe heute schon bei weitem überwiegen und nach der schon oben geschilderten Methode in einige Riesentrusts zusammengefaßt werden können. Wenigstens gilt das für die Produktion der Produktionsmittel. Bei den Konsumartikeln herrsche allerdings der Kleinbetrieb im wesentlichen vor, indessen sei der notwendige Konsum ein ziemlich beständiger, leicht zu berechnender; und der Konsum der Luxusartikel werde im sozialistischen Staate, wo die Mode keine Klassenauszeichnung mehr sei, seinen sprunghaften Charakter einbüßen. Auch das kann man bis zu einem gewissen Grade zugeben.

Trotzdem bleiben hier Schwierigkeiten, die Kautsky nicht erwähnt. Ich will nicht einmal die Möglichkeit bestreiten, daß sich im Laufe der Zeit eine leidlich brauchbare Statistik der wichtigeren Produkte gewinnen ließe, obgleich mir das sehr zweifelhaft ist. Ich will ferner nicht anführen, daß die natürlichen Schwankungen in den Erntemengen die schönsten statistischen Berechnungen durchkreuzen werden, und ebensowenig, daß durch die doch zu erwartende Verdichtung der Bevölkerung alle Zahlen unsicher würden; schlimmstenfalls würden einige Waren eine Zeitlang im Übermaß produziert werden und entweder vernichtet werden müssen oder irgendwie „billiger" abgegeben werden müssen, um damit zu räumen; und auf der andern Seite würde eine Zeitlang die Nachfrage nach einer aus irgend welchen Gründen stärker als berechnet begehrten Ware nicht befriedigt werden können. Das alles wäre kein Unglück, da doch die durchschnittliche Güterversorgung ungemein stark gewachsen wäre. Jeder *Not* könnte man unter allen Umständen vorbeugen. Auch jene Schwierigkeiten, die sich daraus ergeben, daß einerseits die Nachfrage der expropriierten Kapitalistenklasse nach den von ihnen bisher konsumierten Erzeugnissen rapid absinkt, während andererseits der Konsum der Arbeiterschaft sich intensiviert und verfeinert, lassen sich ebenfalls als lösbar denken. Natürlich nicht ohne Verluste an Nationaleinkommen, aber doch ohne ernste Krisen. *Und jedenfalls wäre, wenn der Sozialismus auf keinem anderen Wege erreichbar wäre, selbst eine der mechanischen Gleichmacherei ziemlich nahekommende Güterverteilung dem heutigen Zustand weit vorziehbar,* wenn nur die Masse und Qualität dieser Güter wesentlich über dem heutigen Zustande gehalten werden kann.

Aber nun kommt der Hauptknacks! Ein solches statistisches Amt kann natürlich nur dann, wenn auch mit tausend Schwierigkeiten, funktionieren, wenn die ganze Produktion zentralisiert ist. *Das wird aber in Kautskys Zukunftsstaat nicht der Fall sein!* Er läßt zunächst einmal *sämtliche Bauern* in ihrem Eigentum. Die bäuerlichen Wirtschaften sollen sogar durch das neue Regime eine Stärkung erfahren:

---

[1] Kautsky, Die soziale Revolution, S. 92.

„Es bringt ihnen Aufhebung des Militarismus, Steuerentlastung, Selbstverwaltung, Verstaatlichung der Schulen und Wegelasten, Aufhebung der Armenlasten, Verstaatlichung der Hypotheken, vielleicht auch Herabsetzung der Hypothekenzinsen."

Dazu kommen einige kleine Betriebe, die übrigbleiben werden, z. B. Friseure, Schornsteinfeger, Künstler usw. Wie soll die Produktion dieser Betriebe ohne bürokratische Einmischung von Seiten der Zentralbehörde so geregelt werden, daß sie die statistischen Berechnungen nicht zerstört? Man kann sich ja allenfalls noch vorstellen, daß die Behörde jedes Jahr bei den Bauern feststellen läßt, welche Fläche sie im neuen Produktionsjahr mit Korn, Kartoffeln usw. zu bestellen gedenken, wieviel Vieh sie zu halten gedenken, und dann den Rest der notwendigen Produktion auf die Staatsbetriebe verteilt. Aber es gibt ja außer den Bauern und den Staatsbetrieben noch eine sehr große Anzahl von Betrieben, die zwar „vergesellschaftet", aber durchaus nicht „verstaatlicht" sind: die gewerkschaftlichen und kommunalen Betriebe, die großen bäuerlichen Produktivgenossenschaften usw. Wie soll deren Produktion bestimmt werden? Von oben her? Ja, dann haben wir doch, wenn nicht den Zuchthaus-, so doch den Kasernenstaat. Denn wenn eine bestimmte Anzahl von Arbeitern eine bestimmte Menge bestimmter Produkte herstellen muß, dann müssen sie eben an bestimmten Maschinen eine bestimmte Zahl von Stunden täglich arbeiten, und der Privatinitiative der technischen Leiter bleibt nicht der mindeste Spielraum. Sie werden Beamte, die weiter keine Aufgaben haben, als etwa, wie Lokomotivführer, zu einer bestimmten Sekunde an einer bestimmten Stelle anzulangen. Das wird ihre höchste Tugend sein. Würden sie etwa durch technische oder organisatorische Neuerungen eine Vermehrung der Produktivität ihrer Fabrik erzielen, so würden sie wahrscheinlich vom Zentralbüro aus gerüffelt werden müssen.

Allen diesen Schwierigkeiten wäre ja abzuhelfen, wenn man dasselbe Prinzip der freien Konkurrenz, das die Zuweisung der Arbeiter an die einzelnen Produktionsstätten durch Erhöhung resp. Erniedrigung des Lohnes bewirken soll, auch hier einführte. Dann brauchte man überhaupt kein statistisches Amt. Dann würde Sinken des Preises einer Ware anzeigen, daß zu viel, und Steigen, daß zu wenig davon produziert war. Und zwar würde diese „Selbststeuerung", wie ich sie genannt habe, voraussichtlich mit viel weniger Reibung und Verlusten arbeiten als das Zentralarbeitsamt, und zugleich den ungeheuren politischen Vorteil haben, daß sie nicht eine unkontrollierbare Macht in die Hände einiger Männer legt, die ruhig unbedingte Engel sein dürften, und dennoch fortwährend von den Vorwürfen des Nepotismus und der Parteilichkeit umschwirrt werden würden.

Nun, Kautsky muß am besten wissen, was mit dem Marxschen Kollektivismus vereinbar ist. Wenn zwar der Preis der Ware Arbeit im Zukunftsstaat durch die freie Konkurrenz festgestellt werden darf, aber nicht der Preis der übrigen Waren, so hat das gewiß seine, in dem Kern des Mysteriums begründeten Ursachen, vor denen dem Laien nichts anderes übrig bleibt als das „credo quia absurdum".

Das absurdeste und darum wahrscheinlich das heiligste dieser Geheimnisse ist aber die Stellung des Geldes in dieser Gesellschaft. Das Geld soll erhalten bleiben, aber es soll seinen Charakter als „*Wertmesser*" einbüßen. Ich muß annehmen, daß Kautsky hier einen wieder im tiefsten Kern des Mysteriums begründeten Unterschied zwischen Wert- und Preismesser macht: denn wenn das Geld auch nicht „Preismesser" sein soll, d. h. nicht die Fähigkeit verleihen soll, eine bestimmte Menge beliebiger Waren von bestimmtem Preise für den Privatverzehr zu entnehmen, dann sehe ich wirklich nicht ein, aus welchem Grunde ein Arbeiter durch höheren Lohn angelockt werden sollte, eine weniger begehrte Arbeitsstellung anzunehmen, oder durch geringeren Lohn veranlaßt werden sollte, eine beliebte Arbeitsstelle aufzugeben. Wenn nämlich die Genußmittel keinen Preis haben, so weiß weder der Arbeiter, noch der Beamte der Zentralmagazine, welche Mengen von welchen Gütern er den Käufern für die dargebotene Menge Geldes aushändigen soll. Und wie sollen ferner die Waren einen Preis erhalten? Etwa durch Festsetzung seitens der Zentralbehörde?

Dann wird es erst recht sich ereignen, daß die begehrten Güter schnell vergriffen werden, während die weniger begehrten als Ladenhüter liegenbleiben. Und wenn das der Fall ist, wird dann die Zentralbehörde nicht die Ladenhüter im Preise herabsetzen und wenigstens vorläufig die begehrten Waren im Preise heraufsetzen? Und was ist das dann anderes, als daß der vorn hinausgeworfene Markt und die Preisbildung im Wettbewerb der Käufer durch die Hintertür wieder hereingekommen ist?

Man sieht, es bleiben doch immerhin noch einige kleine Schwierigkeiten übrig, die Kautsky zum Teil unterschätzt, zum Teil nicht sieht, weil er eben weniger Volkswirt als Exeget der Marxschen Schriften ist.

Hoch angerechnet werden soll es ihm in jedem Falle, daß er den Mut hatte, die heikle Frage anzufassen, wenn ich auch nicht glaube, daß er einen einzigen unbefangenen Leser, der auch nur die Anfänge volkswirtschaftlicher Bildung besitzt, davon überzeugen wird, daß dieses mixtum compositum von Zentralisation und Dezentralisation, von offiziell marktloser, behördlich geregelter Produktivwirtschaft und freiem Konsum, daß diese unmittelbare, ohne „Warentausch" erfolgende Güterverteilung, unter Einschiebung des Geldes, das aber seinen Charakter als Wertmesser eingebüßt hat, auch nur eine einzige Woche bestehen könnte, – selbst wenn es einmal eingeführt werden könnte, und selbst wenn der durchschnittliche Mensch so durch Gewohnheit und Disziplin lenkbar und so gutartig wäre, wie Kautsky schon für den Anfang annimmt.

Quellenverzeichnis

Die von Oppenheimer häufig zitierten Quellen wurden in den Fußnoten mit einem Kurztitel wiedergegeben. Dieser Kurztitel wird nachfolgend durch eine [eckige Klammer] kenntlich gemacht.

Quellen zu: Großgrundeigentum und soziale Frage. Zweite, unveränderte Auflage, Jena 1922

Arndt, Ernst Moritz, Versuch einer [Geschichte der Leibeigenschaft] in Pommern und Rügen nebst einer Einleitung in die alte teutsche Leibeigenschaft, Berlin 1803.
Arnold, Wilhelm, Das [Aufkommen des Handwerkerstandes] im Mittelalter, Basel 1861.
Derselbe, Zur [Geschichte des Eigentums] in den Städten, Basel 1861.
Barth, Paul, Die [Philosophie der Geschichte] als Soziologie, 1. Teil, Leipzig 1897.
Beer, Adolf, Allgemeine Geschichte des Welthandels, Wien 1860.
Below, Georg von, Die Entstehung der deutschen Stadtgemeinde, Düsseldorf 1889.
Derselbe, [Zur Entstehung] der deutschen Stadtverfassung, in: Historische Zeitschrift, Bd. 58 (1887), Bd. 59 (1888).
Derselbe, Der [Ursprung] der deutschen Stadtverfassung, Düsseldorf 1892.
Bergmann, Eugen von, Die Wirtschaftskrisen – [Geschichte der nationalökonomischen Krisentheorien], Stuttgart 1895.
Bernheim, Ernst, Geschichtsforschung und Geschichtsphilosophie, Göttingen 1880.
Brederlow, von, [Geschichte des Handels] und der gewerblichen Kultur der Ostseereiche im Mittelalter bis zum Schlusse des 16. Jahrhunderts mit besonderem Bezug anf Danzig als Quartierstadt des Hansebundes, Berlin 1820.
Brentano, Lujo, Das Arbeitsverhältnis gemäss dem heutigen Recht, Geschichtliche und ökonomische Studien, Leipzig 1877.
Derselbe, Die [Arbeitergilden] der Gegenwart, 2 Bände, Leipzig. 1871/72.
Broglio d'Ajano, Graf Romolo, Die [Venetianische Seidenindustrie] und ihre Organisation bis zum Ausgange des Mittelalters, Stuttgart 1893.
Brünneck, Wilhelm von, Die Leibeigenschaft in Ostpreussen, in: Zeitschrift für Rechtsgeschichte, VIII, 1887.
Derselbe, Die Leibeigenschaft in Pommern, in: Zeitschrift für Rechtsgeschichte, IX, 1888.
Bücher, Karl, [Die Bevölkerung von Frankfurt a/M.] im 14. und 15. Jahrhundert, Sozialstatistische Studien, Bd. 1, Tübingen 1886.
Derselbe, Die Frauenfrage im Mittelalter, Tübingen 1892.
Carey, Charles Henry, Die [Grundlagen der Sozialwissenschaft], 3 Bde., München 1863.
Dühring, Eugen, Kursus der National- und Sozialökonomie, 3. Aufl., Leipzig 1892.

Eberstadt, Rudolf, Magisterium und Fraternitas – Eine verwaltungsgeschichtliche Darstellung der [Entstehung des Zunftwesens], Leipzig 1897.

Ehrenberg, Rudolf, Das Zeitalter der Fugger, 2 Bde., Jena 1896.

Elster, Ludwig, (Hrsg.), Handbuch der Staatswissenschaften, 2 Bde., 2. Aufl., Jena 1899.

Engels, Friedrich, Der [Ursprung] der Familie, des Privateigentums und des Staates, Hottingen–Zürich 1884.

Derselbe, Herrn Eugen Dührings Umwälzung, Hottingen 1886.

Frensdorff, Die Stadt- und Gerichtsverfassung Lübecks, Lübeck 1861.

George, Henry, Fortschritt und Armut, 6. Aufl., Jena 1920.

[Geschichte des Sozialismus] in Einzeldarstellungen, hrsg. von Eduard Bernstein und Karl Kautsky, Stuttgart 1895.

Gierke, Otto, Das deutsche [Genossenschaftsrecht], l. Teil, Rechtsgeschichte der deutschen Genossenschaft, Berlin 1868.

Gothein, Eberhard, Die [Lage des Bauernstandes] am Ende des Mittelalters, vornehmlich in Südwestdeutschland, in: Westdeutsche Zeitschrift, 4. Jahrg., 1885.

Handbuch der Staatswissenschaften, 2 Bde., 2. Aufl., Jena 1899.

Hanssen, Georg, Agrarpolitische Abhandlungen, Leipzig 1880.

Derselbe, Die [Aufhebung] der Leibeigenschaft und die Umgestaltung der gutsherrlich-bäuerlichen Verhältnisse überhaupt in den Herzogtümern Schleswig-Holstein, St. Petersburg 1861.

Hasbach, Wilhelm, Die englischen Landarbeiter in den letzten hundert Jahren und die Einhegungen, Leipzig 1894.

Hegel, Karl, [Städte und Gilden] der germanischen Völker im Mittelalter, 2 Bde., Leipzig 1891.

Herkner, Heinrich, [Drei Dorfgemeinden] der badischen Hard, in: Neue Deutsche Rundschau, V, 1895.

Hüllmann, Karl Dietrich, Geschichte des Ursprungs der [Stände] in Deutschland, Berlin 1830.

Inama-Sternegg, Karl Theodor von, Deutsche Wirtschaftsgeschichte, 2 Bde., Leipzig 1879 und 1891.

Kaerger, Karl, Die Arbeiterpacht, ein Mittel zur Lösung der ländliche Arbeiterfrage, Berlin 1893.

Kloeden, Karl Friedrich von, Beiträge zur [Geschichte des Oderhandels], Berlin 1845 (und folgende Jahre).

Derselbe, Über die Entstehung, das Alter und die früheste Geschichte der Städte [Berlin und Kölln], Berlin 1839.

Knapp, Georg Friedrich, Die [Landarbeiter] in Knechtschaft und Freiheit, Leipzig 1891.

Kuntze, Ernst, Die Kölner Richerzeche, in: Zeitschrift für Rechtsgeschichte, IX., 1888.

Derselbe, [Die deutschen Städtegründungen] oder Römerstädte und deutsche Städte im Mittelalter, Leipzig 1891.

Lamprecht, Karl, Das [Schicksal] des deutschen Bauernstandes bis zu den agrarischen Unruhen des 15. und 16. Jahrhunderts, Preuss. Jahrbücher, Heft 2, 1885.

Derselbe, Deutsches [Wirtschaftsleben] im Mittelalter, Bd. 1 u. 2, Leipzig 1886.

Derselbe, Die [Entwicklung] des deutschen, vornehmlich des rheinischen Bauernstandes während des Mittelalters und seine Lage im 15. Jahrhundert, in: Westdeutsche Zeitschrift, Jahrg. 6, Heft 1, 1887.

Laveleye, Emile de, Das Ureigentum, hrsg. von Karl Bücher, Leipzig 1879.

Lippert, Julius, [Kulturgeschichte] der Menschheit in ihrem organischen Aufbau, 2 Bde., Stuttgart 1886.

Marx, Karl, Das [Kapital (I–III)] – Kritik der politischen Ökonomie, 4. Aufl., Berlin 1890.

Maurer, Georg Ludwig von, Geschichte der [Städteverfassung] in Deutschland, 4 Bde., Erlangen 1869–71.

Meitzen, August, Siedelung und [Agrarwesen] der Westgermanen, Ostgermanen, der Kelten, Römer, Finnen und Slawen, Bd. 1 und 2, Berlin 1895.

Merklinghaus, O., Die [Bedeverfassung] der Mark Brandenburg bis zum 14. Jahrhundert, in: Forschg. z. brandbg. preuss. Geschichte, Bd. 8, 1895.

Meyer, Richard, [Lehrbuch der Handelsgeschichte] auf Grund der Wirtschafts- und Sozialgeschichte, Wien 1894.

Müller, Heinrich, [Die schweizerischen Konsumgenossenschaften], ihre Entwicklung und ihre Resultate, Basel 1896.

Nitzsch, Karl Wilhelm, Ministerialität und Bürgertum im 11. und 12. Jahrhundert – Ein Beitrag zur deutschen Städtegeschichte, Leipzig 1859.

Noël, Octave, [L'Histoire du Commerce] du Monde depuis les temps les plus reculés, Paris 1891.

Oppenheimer, Franz, Freiland in Deutschland, Berlin 1895.

Derselbe, Die [Siedlungsgenossenschaft] – Versuch einer positiven Überwindung des Kommunismus durch Lösung des Genossenschaftsproblems und der Agrarfrage, 3. Auflage, Jena 1922.

Rietschel, Sigfried, [Markt und Stadt] in ihrem rechtlichen Verhältnis – Ein Beitrag zur Geschichte der deutschen Stadtverfassung, Leipzig 1897.

Roepell, Richard, Geschichte Polens, 4 Bde., Hamburg 1840, Gotha 1863, 1869.

Sattler, C., Handelsrechnungen des deutschen Ordens, Leipzig 1887.

Schäfer, Dietrich, Das Buch des Lübeckischen Vogts auf Schonen, Halle 1887.

Schäffle, Dietrich, Kapitalismus und Sozialismus, Tübingen 1870.

Schanz, Georg, Zur Geschichte der deutschen Gesellenverbände, Leipzig 1877.

Schmoller, Gustav, [Straßburgs Blüte] und die volkswirtschaftliche Revolution im l3. Jahrhundert, Straßburg 1875.

Derselbe, [Straßburg zur Zeit der Zunftkämpfe] und die Reform seiner Verfassung und Verwaltung im 15. Jahrhundert, Straßburg 1875.

Derselbe, Die Straßburger [Tucher- und Weber]zunft. Urkunden und Darstellung, Straßburg 1879.

Derselbe, Das brandenburgisch-preussische [Innungswesen] von 1640–1806, in: Forschg. zur brandbg.-preuss. Geschichte, Bd. 1, ohne Jahr.

Derselbe, Die Epochen der Getreidehandelsverfassung und -politik, in: Jahrbuch f. Gesetzgbg., Verwaltung und Volkswirtschaft, Neue Folge, XX.

Schönlank, Bruno, [Soziale Kämpfe] vor 300 Jahren – Altnürnbergische Studien, Leipzig 1894.

Schulze-Gävernitz, Gerhard von, [Zum sozialen Frieden] – Eine Darstellung der sozialpolitischen Erziehung des englischen Volkes im 19. Jahrhundert, 2 Bde., Leipzig 1890.

Sering, Max, Die landwirtschaftliche [Konkurrenz] Nordamerikas, Leipzig 1887.

Derselbe, Die [innere Kolonisation] im östlichen Deutschland, Leipzig 1893.

Sickel, Wilhelm, Die Entstehung der fränkischen Monarchie, in: Westdeutsche Zeitschrift, 4. Jahrg., Heft 3 und 4,

Smith, Adam, Natur und Wesen des Völkerwohlstandes, ins Deutsche übersetzt von Dr. Ernst Grünfeld, Jena 1920.

Derselbe, [Wealth of Nations, hrsg. von Loewenthal, ohne Ort und Jahr].

Sohm, Rudolf, Die Entstehung des deutschen [Städtewesen]s, Leipzig 1890.

Stahl, Friedrich Wilhelm, Das deutsche Handwerk, Bd. 1, Giessen 1874.

Steffen, Gustaf, Streifzüge durch Grossbritannien, Stuttgart 1896.

Stein, Lorenz von, Die [drei Fragen] des Grundbesitzes und seiner Zukunft – Die irische, die kontinentale und die transatlantische Frage, Stuttgart 1861.

Stieda, Wilhelm, Zur Entstehung des deutschen [Zunftwesen]s, Jena 1876.

Sugenheim, Samuel, Geschichte der Aufhebung der [Leibeigenschaft] und Hörigkeit in Europa bis um die Mitte des 19. Jahrhundert, St. Petersburg 1861.

Thünen, Johann Heinrich von, [Der isolierte Staat] in Beziehung auf Landwirtschaft und Nationalökonomie, 2. Aufl., Jena 1921.
Webb-Potter, Die britische Genossenschaftsbewegung, hrsg. von Lujo Brentano, Leipzig 1893.
Wiebe, Preisrevolution im 16. Jahrhundert, Leipzig 1895.
Wittich, Werner, Die [Grundherrschaft] in Nordwestdeutschland, Leipzig 1896.
Wolf, Julius, Sozialismus und kapitalistische [Wirtschaftsordnung] – Kritische Würdigung beider als Grundlegung einer Sozialpolitik, Stuttgart 1892.

Quellen zu: Das Bevölkerungsgesetz des T. R. Malthus und der neueren Nationalökonomie, Berlin-Bern 1901

Bernstein, Eduard, Voraussetzungen des Sozialismus und die Aufgaben der Sozialdemokratie, Stuttgart 1899.
Buchenberger, Adolf, Agrarwesen und Agrarpolitik, Leipzig 1982.
Carey, Charles Henry, Die Grundlagen der Sozialwirtschaft, 3 Bde., München 1863.
Cohn, Gustav, Volkswirtschaftliche Aufsätze, „Arbeit und Armut", Stuttgart 1882.
Delbrück, Die königliche landwirtschaftliche Hochschule der Zukunft, Festrede, Berlin 1900.
Dühring, Eugen, Kritische Geschichte der Nationalökonomie, Leipzig 1899.
Elster, Ludwig, (Hrsg.), Handbuch der Staatswissenschaften, 2 Bde., 2. Aufl., Jena 1899.
Fircks, Arthur von, Bevölkerungslehre und Bevölkerungspolitik, Leipzig 1898.
George, Henry, Fortschritt und Armut, 6. Aufl., Jena 1920.
Goltz, Theodor Freiherr von der, Die agrarischen Aufgaben der Gegenwart, Jena 1894.
Gülich, Gustav von, Geschichtliche Darstellung des Handels, der Gewerbe und des Ackerbaus, 3 Bde., Jena 1842.
Gumplowicz, Ludwig, Grundriß der Soziologie, Wien 1885.
Handbuch der Staatswissenschaften, 2 Bde., 2. Aufl., Jena 1899.
Hanssen, Georg, Die [Aufhebung] der Leibeigenschaft und die Umgestaltung der gutsherrlich-bäuerlichen Verhältnisse überhaupt in den Herzogtümern Schleswig-Holstein, St. Petersburg 1861.
Huckert, Egon, Zeitschrift für Sozialwissenschaft, III. Jahrg., Heft 2.
Jentsch, Karl, [Die Agrarkrisis] – Besteht eine solche und worin besteht sie?, Leipzig 1899.
Jonnès, Moreau de, [Statistique] des cèrèales de la France – Le blè. Extr. du Journal des Économistes, Paris 1843.
Derselbe, [Statistique agricole] de la France publièe par le ministère de l'agriculture, Paris 1897.
Kautsky, Karl, Eduard Bernstein und das sozialdemokratische Programm, Stuttgart 1899.
Kropotkin, Peter Alexejewitsch, Der Wohlstand für Alle, Zürich 1896.
Laveleye, Emile de, Das Ureigentum, hrsg. von K. Bücher, Leipzig 1879.
Malthus, Thomas Robert, Versuch über das Bevölkerungsgesetz; nach der 7. Ausgabe des englischen Originals ins Deutsche übersetzt von F. Stöpel, Berlin 1879.
May, R. E., [Das Verhältnis des Verbrauches] der Massen zu demjenigen der kleinen Leute, der Wohlhabenden und Reichen und die Marxistische Doktrin, in: Schmollers Jahrbuch XXIII. 1, Leipzig 1899.
Mohl, Die Geschichte und Literatur der Staatswissenschaft, Bd. 3, Tübingen 1858.
Mulhall, Dictionary of statistics, London 1899.
Ratzel, Friedrich, Völkerkunde, Leipzig und Wien 1894/95.
Roscher, Wilhelm, Grundlagen der Nationalökonomie, 12. Aufl., Stuttgart 1875.

Derselbe, [National-Ökonomik des Ackerbaues] und verwandter Urproduktionen, 11. Aufl., Stuttgart 1885.
Rümelin, Gustaf, Reden und Aufsätze, Tübingen 1875.
Derselbe, Reden und Aufsätze, Freiburg i. Breisgau und Tübingen 1881.
Rümker, Kurt von, Kann Deutschland seinen Getreidebedarf noch selbst decken? In: Mitteilungen des landwirtschaftlichen Instituts der Universität Breslau, Heft 2, 1899, S. 151ff..
Samson-Himmelstjerna, Über Wasserwirtschaft, in: Sammlung gemeinwissenschaftlicher Vorträge, hrsg. von Virchow und Holtzendorff, Neue Folge, 14. Serie, Heft 323, Hamburg 1899.
Schulze-Gaevernitz, Gerhard von, [Zum sozialen Frieden] – eine Darstellung der sozialpolitischen Erziehung des englischen Volkes im 19. Jahrhundert, 2 Bde., Leipzig 1892.
Sering, Max, Die Agrarfrage und der Sozialismus, in: Schmollers Jahrbuch 1899.
Derselbe, Die innere Kolonisation im östlichen Deutschland, Leipzig 1893.
Smith, Adam, Natur und Wesen des [Volkswohlstand]es, Bd. II, Berlin 1879.
Sötbeer, Heinrich, Die Stellung der Sozialisten zur Malthusschen Bevölkerungslehre, Berlin 1886.
Statistique agricole de la France publièe par le ministère de l'agriculture, Paris 1897.
Stein, Lorenz von, Die drei Fragen des Grundbesitzes und seiner Zukunft – Die irische, die kontinentale und die transatlantische Frage, Stuttgart 1881.
Wagner, Adolf, [Grundlegung] der politischen Ökonomie, 3. Aufl., Leipzig 1893.
Wolf, Julius, System der Sozialpolitik, Bd. 1, Stuttgart 1892.
Derselbe, Sozialismus und kapitalistische Gesellschaftsordnung – Kritische Würdigung beider als Grundlegung einer Sozialpolitik, Stuttgart 1893.
Zeitschrift für Sozialwissenschaft, Jahrgänge 1898 und 1899.

Quellen zu: Das Grundgesetz der Marxschen Gesellschaftslehre, Berlin 1903

Bernstein, Eduard, Drachentötung in fünf Briefen, in: Neue Zeit, II, 1894/5.
Derselbe, Der sozialistische Zukunftsstaat, in: Neue Zeit, II, 1894/5.
Derselbe, Voraussetzungen des Sozialismus und die Aufgaben der Sozialdemokratie, Stuttgart 1899.
Derselbe, Zur Geschichte und Theorie des Sozialismus, Berlin-Bern 1901.
Cunow, Heinrich, Zur Zusammenbruchstheorie, in: Neue Zeit, 1898/9.
Chevallier, Henry Charles, Les salaires au 19. siècle, Paris 1887.
David, Eduard, Ökonomische Verschiedenheiten, in: Neue Zeit, II, 1894/5.
Derselbe, Zur Frage der Konkurrenzfähigkeit des landwirtschaftlichen Kleinbetriebs, in: Neue Zeit, II, 1894/5.
Derselbe, Sozialismus und Landwirtschaft, Berlin 1903.
Engels, Friedrich, Herrn Eugen Dührings [Umwälzung], Hottingen 1886.
Goltz, Theodor Freiherr von der, [Die ländliche Arbeiterklasse] und der preußische Staat, Jena 1893.
Groß, Gustav, Karl Marx, Leipzig 1896.
Gumplowicz, Ludwig, Grundriß der Soziologie, Wien 1885.
Derselbe, Die soziologische Staatsidee, 2. Aufl., Innsbruck 1902.
Handbuch der Staatswissenschaften, 2 Bde., 2. Aufl., Jena 1899.
Hanssen, Georg, Die Aufhebung der Leibeigenschaft und die Umgestaltung der gutsherrlich-bäuerlichen Verhältnisse überhaupt in den Herzogtümern Schleswig-Holstein, St. Petersburg 1861.

Hecht, Moritz, Drei Dörfer der schwäbischen Hard, Leipzig 1895.
Herder, Johann Gottfried, Schriften zur Philosophie der Geschichte, Cottasche Ausgabe 1827/30.
Herkner, Heinrich, Arbeiterfrage, 3. Aufl., Berlin 1902.
Hertz, Friedrich Otto, [Die agrarischen Fragen] im Verhältnis zum Sozialismus, Wien 1899.
Hickmann, A. L., Geographisch-Statistischer Taschenatlas, Wien 1900.
Jaurès, Jean, Aus Theorie und Praxis, Soz. Studien, Berlin 1902.
Kautsky, Karl, Nekrolog auf Marx, in: Neue Zeit, I, 1883.
Derselbe, Über V. Cathreins „Der Sozialismus", in: Neue Zeit, II, 1890/1.
Derselbe, Das Erfurter Programm, Stuttgart 1892.
Derselbe, Die Agrarfrage, Stuttgart 1899.
Derselbe, Eduard Bernstein und das sozialdemokratische Programm, Stuttgart 1899.
Luxemburg, Rosa, Stillstand und Fortschritt im Marxismus, in: „Vorwärts" vom 14. März 1903.
Marx, Karl, Das [Kapital, Bd. I–III] , 4. Aufl., Hamburg 1890.
Derselbe, Elend der Philosophie, 3. Aufl., Stuttgart 1895.
Mulhall, Dictionary of statistics, London 1899.
Oppenheimer, Franz, Die Siedlungsgenossenschaft, Jena 1896.
Derselbe, Die Agrarfrage, Neue Deutsche Rundschau, VIII, Heft 4, 1897.
Derselbe, Großgrundeigentum und soziale Frage, Berlin 1898.
Derselbe, Die soziale Bedeutung der Genossenschaft, Berlin 1899.
Derselbe, Das Bevölkerungsgesetz des T.R. Malthus und der neueren Nationalökonomie, Berlin 1901.
Derselbe, Käufer-Verkäufer, in: Schmollers Jahrbücher, 1900.
Derselbe, Verwirklichte Utopien, in: Berliner Zukunft, Nr. 31, 1900.
Derselbe, Theorie der reinen und politischen Ökonomie, Berlin 1910, 2. Aufl. 1911.
Derselbe, Das Gesetz der zyklischen Katastrophen, in: Neue Deutsche Rundschau, XIII, Heft 12, ohne Jahr.
Derselbe, Anzeige zu Chamberlains „Grundlagen des XIX. Jahrhunderts", in: Frankfurter Zeitung, 1902, Nr. 119, 120, 122.
Derselbe, Die deutsche Wissenschaft und der Kornzoll, in: Neue Deutsche Rundschau, XIV, Heft 1, 1903.
Pohle, Ludwig, Deutschland am Scheidewege, Leipzig 1903.
Quesnay, François, Œuvres, hrsg. von A. Oncken, Frankfurt-Paris 1888.
Ratzel, Friedrich, Völkerkunde, Leipzig und Wien 1894/95.
Rauchberg, Heinrich, Die deutsche Berufs- und Gewerbezählung vom 14. Juni 1895, Berlin 1901.
Sering, Max, Die [innere Kolonisation] im östlichen Deutschland, Leipzig 1893.
Derselbe, Die Agrarfrage und der Sozialismus, Sep.-Abdr. aus Schmollers Jahrbuch (ohne Jahr).
Settegast, Die Landwirtschaft und ihr Betrieb, Breslau 1885.
Slonimski, Karl Marx' national-ökonomische Irrlehren, Berlin 1897.
Smith, Adam, Natur und Wesen des Volkswohlstandes, Bd. II, Berlin 1879.
Sombart, Werner, Der moderne Kapitalismus, 2 Bde., Leipzig 1902.
Derselbe, Die deutsche Volkswirtschaft im 19. Jahrhundert, Berlin 1903.
Stahl, Franz, in: Sozialistische Monatshefte 1899, S. 402, 630.
Velde, Emile van der, Die Entwicklung zum Sozialismus, ohne Ort 1902.
Wagner, Adolf, Agrar- und Industriestaat, Jena 1902.
Wiesengrün, Paul, Das Ende des Marxismus, Leipzig 1899.
Derselbe, Der Marxismus, Leipzig 1900.
Wolf, Julius, Sozialismus und kapitalistische Gesellschaftsordnung. Kritische Würdigung beider als Grundlegung einer Sozialpolitik, Stuttgart 1893.

Quellen zu: David Ricardos Grundrententheorie. Zweite, lediglich neu eingeleitete Aufl., Jena 1927

Abendroth, Alfred, Die Großstadt als Städtegründerin, Berlin 1905.
Adler, Georg, Geschichte des Sozialismus und Kommunismus, Leipzig 1899.
Adler, Georg, Einleitung zu Spences: Das Gemeineigentum am Boden, Hauptwerke des Sozialismus und der Sozialpolitik, Heft 1, Leipzig 1904.
Derselbe, Die Wirkungen der Zivilisation auf die Massen, Leipzig 1905.
Derselbe, Bodenreformen früherer Zeiten, in: Ogilvies, William, Das Recht auf Grundeigentum, Hauptwerke des Sozialismus und der Sozialpolitik, Heft 7, Leipzig 1906.
Derselbe, in: Elsters Wörterbuch d. Staatswissenschaften, Bd. 2, Jena 1899.
Albrecht, Heinrich, Die Wohnungsnot in den Großstädten und die Mittel zu ihrer Abhilfe, München/Oldenburg 1891.
Anderson, Drei Schriften über Korngesetze und Grundrente, Leipzig 1893.
Bastiat, Frederic, Harmonies économiques, Œuvres choisies, Paris 1863.
Berens, Versuch einer kritischen [Dogmengeschichte] der Grundrente, Leipzig 1868.
Bergmann, Eugen, Die Wirtschaftskrisengeschichte der nationalökonomischen Krisentheorien, Stuttgart 1895.
Bernstein, Eduard, Franz Oppenheimer wider Ricardo, in: Archiv für Sozialwissenschaft und Sozialpolitik, Bd. 31, Heft 1, ohne Ort und Jahr.
Böhm-Bawerk, Eugen von, Kapital und Kapitalzins, Innsbruck 1887–1889.
Bolle, Karl, Zeitschrift für Sozialwissenschaft, Bd. 9, ohne Ort 1906.
Brentano, Lujo, [Drei Schriften über Korngesetze und Getreidezölle], Sammlung älterer und neuerer staatsw. Schriften des In- und Auslandes, Nr. 4, Leipzig 1893.
Derselbe, Einleitung zu Andersons „Drei Schriften über Korngesetze und Grundrente", Leipzig 1893.
Buchenberger, Adolf, Agrarwesen und Agrarpolitik, Leipzig 1982.
Bücher, Karl, Die wirtschaftlichen Aufgaben der modernen Stadtgemeinden, Leipzig 1898.
Burton, Edward, Life and correspondence of David Hume, zit. nach E. Leser, Untersuchungen zur Geschichte der Nationalökonomie, Heft 1: Robert Malthus als Entdecker der modernen Grundrentenlehre, Jena 1881.
Carey, Charles Henry, Grundlagen der Sozialwissenschaft, München 1863.
Chevallier, Henry, Les salaires au 19. siècle, Paris 1887.
Cicero, De officiis II., ohne Ort und Jahr.
Considérant, Victor, Fouriers System der sozialen Reform, Hrsg. von G. Adler, Leipzig 1906.
Das Wohnungswesen, Handbuch der Hygiene, IV. Bd., Jena 1904.
Die Spekulation im neuzeitlichen Städtebau, ohne Autorenangabe, Jena 1907.
Diehl, Karl, [Sozialwissenschaftliche Erläuterungen] zu David Ricardos Grundgesetzen der Volkswirtschaft und Besteuerung, I. Teil, 2. Aufl., Leipzig 1905.
Dietzel, Heinrich, Über das Verhältnis der Volkswirtschaftslehre zur Sozialwirtschaftslehre, Berlin 1882.
Derselbe, Theoretische Sozialökonomik, Leipzig 1895.
Dupont de Nemours, Pierre Samuel, in: Physiocrates, hrsg. von Eugène Daire, 2. Aufl., Paris 1846.
Eberstadt, Rudolf, Städtische Bodenfragen, Berlin 1894.
Ehrenberg, Richard, Sozialreformer und Unternehmer, Jena 1904.
Eisenhart, Hugo, Geschichte der Nationalökonomik, Jena 1881.
Elster, Ludwig, (Hrsg.), Handbuch der Staatswissenschaften, 2 Bde., 2. Aufl., Jena 1899.

George, Henry, Fortschritt und Armut, 5. Aufl., Berlin 1892.
Goltz, Theodor Freiherr von der, [Die ländliche Arbeiterklasse] und der preußische Staat, Jena 1893.
Derselbe, Die agrarischen Aufgaben der Gegenwart, Jena 1894.
Gumplowicz, Ludwig, Soziologische Essays, Innsbruck 1899.
Derselbe, Geschichte der Staatstheorien, Innsbruck 1905.
Derselbe, in: Taine, Entstehung des modernen Frankreich, 2. Aufl., Leipzig ohne Jahr.
Hall, Charles, Die Wirkungen der Zivilisation auf die Massen, in: Hauptwerke des Sozialismus und der Sozialpolitik, hrsg. von G. Adler, Heft 4, Leipzig 1905.
Halle, Ernst von, Baumwollproduktion und Pflanzungswirtschaft, Leipzig 1897.
Handbuch des Wohnungswesens, ohne Autorenangabe, Jena 1909.
Hasbach, Wilhelm, [Die allgemeinen philosophischen Grundlagen] der von François Quesnay und Adam Smith begründeten politischen Ökonomie, in: Staats- und sozialwissenschaftl. Forschungen, Hrsg. von G. Schmoller, Bd. 10, Heft 2, Leipzig 1890.
Derselbe, Die englischen Landarbeiter in den letzten hundert Jahren und die Einhegungen, Leipzig 1894.
Heimann, Eduard, [Mehrwert und Gemeinwirtschaft] – Kritische und positive Beiträge zur Theorie des Sozialismus, Berlin 1922.
Heiss, Klemens, Wohnungsreform und Lokalverkehr, Göttingen 1903.
Jones, Richard, An Essay on the distribution of wealth and on the sources of taxation, London 1831.
Kleinwächter, [Das Einkommen] und seine Verteilung, Leipzig 1896.
Laveleye, Emile de, Das Ureigentum. Leipzig 1879.
Le Trosne, Guillaume François, in: Physiocrates, hrsg. von Eugène Daire, 2. Aufl., Paris 1846.
Leonhard, Rudolf, Agrarpolitik und Agrarreform in Spanien unter Carl III., München und Berlin 1909.
Leser, Emanuel, [Untersuchungen zur Geschichte der Nationalökonomie]: Robert Malthus als Entdecker der modernen Grundrentenlehre, Heft 1, Jena 1881.
Lexis, Wilhelm, [Zur Kritik der Rodbertusschen Theorien], Jahrbuch für Nationalökonomie u. Statistik, Neue Folge, IX. Bd., 1884.
Malthus, Thomas Robert, Versuch über das Bevölkerungsgesetz, Berlin 1879.
Derselbe, [Drei Schriften über Getreidezölle] aus den Jahren 1814 und 1815, Übersetzt und herausgegeben von Emanuel Leser, Sammlung älterer und neuerer staatswissenschaftlicher Schriften des In- und Auslandes, Nr. 6, Leipzig 1896.
Mangoldt, Hans von, Die städtische Bodenfrage, Göttingen 1907.
Marx, Karl, Das Kapital, 4. Aufl., Hamburg 1890.
Mac Culloch, John Ramsay, Introductory Discourse, London/New York, ohne Jahr.
Derselbe, Notes and Dissertations, ohne Ort und Jahr.
Derselbe, Principles, ohne Ort und Jahr.
Mercier de la Rivière, Paul Pierre, L'ordre naturel et essentiel des sociétés politiques, in: [Physiocrates], hrsg. von Eugène Daire, 2. Aufl., Paris 1846.
Ogilvie, William, Das Recht auf Grundeigentum, hrsg. von G. Adler, Leipzig 1906.
Oncken, August, Die Maxime laissez faire et laissez passer, Bern 1886.
Derselbe, Geschichte der [Nationalökonomie], Leipzig 1902.
Oppenheimer, Franz, Die Siedlungsgenossenschaft, Leipzig 1896.
Derselbe, Großgrundeigentum und soziale Frage, Berlin 1898.
Derselbe, Das Bevölkerungsgesetz des T. R. Malthus, Berlin-Bern 1901.
Derselbe, Grundgesetz der Marxschen Gesellschaftslehre. Darstellung und Kritik, Berlin 1903.

Derselbe, in „Deutsche Volksstimme", Heft 2, 1905.
Derselbe, Der Staat, in: „Die Gesellschaft", hrsg. von M. Buber, Bd. 14/15, Frankfurt a. M. 1907.
Derselbe, Das sog. Gesetz vom abnehmenden Bodenerträge, in: Jahrb. d. Bodenreform, Bd. 3, Heft 3, 1907, S. 184.
Derselbe, Rodbertus Angriff auf Ricardos Rententheorie und der Lexis-Diehlsche Rettungsversuch, Dissertation, Kiel 1908.
Derselbe, System der Soziologie, III, 2, [Theorie der reinen und politischen Ökonomie], ohne Ort und Jahr.
Philippovich, Eugen von, Grundriß der politischen Ökonomie, 2. Aufl., Bd. 1, Freiburg und Leipzig 1897.
Physiocrates, hrsg. von Eugène Daire, 2. Aufl., Paris 1846.
Quesnay, François, Œuvres, hrsg. von A. Oncken, Frankfurt-Paris 1888.
Reinhold, Karl, Der Weg des Geistes in den Gewerben, Bd. 1, Leipzig 1901.
Rheinische Wohnverhältnisse, ohne Autorenangabe, Jena 1903.
Ricardo, David, Principles, 3. Aufl., London 1821.
Derselbe, Grundgesetze, hrsg. von Baumstark, Leipzig 1877.
Derselbe, Principles, 2. Aufl., Paris 1835.
Rodbertus-Jagetzow, Karl, Briefe und sozialpolitische Aufsätze, hrsg. von P. Meyer, Berlin 1881.
Derselbe, Das Kapital, hrsg. von Th. Kozak, Berlin 1884.
Derselbe, [Zur Beleuchtung] der sozialen Frage, hrsg. von Moritz Wirth, 2. Aufl., Berlin 1890.
Rogers, Thorold, The Economic Interpretation of History, London 1888.
Say, Jean Baptiste, in: Ricardo, Principles, 2. Aufl., Paris 1835.
Scheel, Hans von, in: Schönbergs Handbuch der politischen Ökonomie, 3. Aufl., 1. Band, ohne Ort und Jahr.
Schmoller, Gustav, Grundriß der allgemeinen Volkswirtschaftslehre, I. Bd., Leipzig 1900.
Schullern-Schrattenhofen, Hermann von, Untersuchungen über [Begriff und Wesen der Grundrente], Leipzig 1889.
Senior, Nassau William, zit. nach A. Wagner, Grundlegung der politischen Ökonomie, 3. Aufl., Leipzig 1893.
Sering, Max, Die landwirtschaftliche [Konkurrenz] Nordamerikas, Leipzig 1887.
Derselbe, [Innere Kolonisation] im östlichen Deutschland, Leipzig 1893.
Siegfried, André, La nouvelle Zélande, Paris 1904.
Sismondi, Jean Charles Léonard Simonde de, Etudes sur l'Economie politique, Paris 1837.
Smith, Adam, Volkswohlstand, Berlin 1879.
Spence, Thomas, Das Gemeineigentum an Boden, Heft 1, Leipzig 1904.
Taine, Entstehung des modernen Frankreich, 2. Aufl., Leipzig ohne Jahr.
Thünen, Johann Heinrich von, [Der isolierte Staat] in Beziehung auf Landwirtschaft und Nationalökonomie, 2. Aufl., Rostock 1842.
Turgot, Anne Robert Jacques, [Betrachtungen] über die Bildung und Verteilung des Reichtums, eingeleitet von Heinrich Waentig, Jena 1903.
Derselbe, Observations sur le mémoire de M. de Saint-Peravy en faveur de l'impôt indirect, couronné par la Société royale d'agriculture de Limoges; zitiert nach Diehl, [Sozialwissenschaftliche Erläuterungen] zu David Ricardos Grundgesetzen, Leipzig 1905.
Wagner, Adolf, [Grundlegung] der politischen Ökonomie, Bd. I, Leipzig 1892, Bd. II, Leipzig 1894.
Derselbe, Theoretische Sozialökonomik, Leipzig 1907.
Weber, Adolf, Boden und Wohnung, Leipzig 1908.
West, Edward, An Essay on the Application of Capital to Land, London 1815, a Reprint of economic tracts, hrsg. von Jacob H. Hollander, Baltimore 1903.

Wolf, Julius, Sozialismus und kapitalistische Gesellschaftsordnung, Stuttgart 1892.
Derselbe, Ein neuer Gegner des Malthus, in: Zeitschrift für Sozialwissenschaft, Bd. 4, 1904.
Zeitschrift für Sozialewissenschaft, Bd. 4 (1904), Bd. 10 (1907).
Zimmermann, Waldemar, Die Wohnungsfrage, Sonderabdruck aus dem Türmer, 1905.
Zur Bildung der Bodenwerte, ohne Autorenangabe, Düsseldorf 1902.

Quellen zu: Die Soziale Frage und der Sozialismus. Zweite, unveränderte Auflage, Jena 1913

Böhme, Gustav, Die Stellungnahme des Bundes der Landwirte zur Ansiedlerbewegung und der inneren Kolonisation, Würzburg ohne Jahr.
Borchert, Hermann, Innere Kolonisation in Pommern, Anklam 1907.
Kautsky, Karl, Die Agrarfrage, Stuttgart 1899.
Derselbe, Die soziale Revolution, Berlin 1907.
Metz, Dr., [Die Zukunft der inneren Kolonisation] im östlichen Deutschland, Berlin 1910.
Marx, Karl, Das [Kapital (I–III)], 4. Aufl., 3 Bde., Hamburg 1890.
Derselbe, Das Elend der Philosophie, 3. Aufl., Stuttgart 1895.
Oppenheimer, Franz, Großgrundeigentum und soziale Frage, Berlin 1898.
Derselbe, Die Utopie als Tatsache, in: Zeitschrift für Sozialwissenschaft, Bd. II, 1899, S. 190ff.
Derselbe, Das Bevölkerungsgesetz des T. R. Malthus – Darstellung und Kritik, Berlin-Bern 1901.
Derselbe, Grundgesetz der Marxschen Gesellschaftslehre, Berlin 1903.
Derselbe, Das sogenannte Gesetz vom abnehmenden Bodenertrag, in: Jahrbuch der Bodenreform, hrsg. v. A. Damaschke, Bd. III, 1907.
Derselbe, Was uns die russische Agrarreform bedeutet, in: Patria, Jahrbuch der Hilfe, Jahrg. 1907.
Derselbe, Theorie der reinen und politischen Ökonomie, Berlin 1910, 2. Aufl. 1911.
Derselbe, Der Staat, in: Die Gesellschaft, Bd. 14 u. 15, hrsg. von Martin Buber, Frankfurt 1912.
Politik der Grundbesitzverteilung in den großen Reichen, Veröffentlichungen des Königl. Preuß. Landes-Ökonomie-Kollegiums, Heft 9, Berlin 1912, S. 20.
Schriften zur Förderung der inneren Kolonisation, Heft 10, Berlin 1911.
Schwerin, von, Schriften zur Förderung der inneren Kolonisation, Heft 10, Berlin 1911.
Sering, Max, Die innere Kolonisation im östlichen Deutschland, Leipzig 1893.
Statistik des Deutschen Reiches, Bd. 211, Tab. 4, S. 456.
Ebenda, Bd. 212, S. 4–6, S. 246ff.
Statistisches Jahrbuch für das Deutsche Reich, 1909, S. 10f., S. 75.
Ebenda, 1911, S. 34f., S. 38.

Gewichte und Maße

Acre = 4.046,7 qm
Bushel = 36,349 l
Cwt. (Hundredweight) = 50,802 kg

Namenverzeichnis

Die kursiv gesetzten Zahlen beziehen sich auf Namen aus den Fußnoten.

Abendroth *596*
Adalbero v. Trier 214
Adler 482, *483, 487, 493,* 494, 563, *564,* 586
Albrecht *596*
Anderson *485,* 524–526, 602
Arndt *140,* 142
Arnold *169, 170, 175–176, 178,* 189, *198, 215*
Atkinson 117
Attila 124, 126
Augustinus *479*
Avogadros 31

Ballod *342*
Barnim I. 229
Barth 205, *277, 393, 460*
Barton 413
Bassermann 667
Bastiat 453, 488
Bastiat-Schulze *258*
Baudeau *530,* 565, *583*
Baudeau, Abbé 489
Bauer 622
Beausobre *375*
Bebel 667
Beer *163,* 206, 208, 209, 211, 229, *230*
Belisar 234
Below, v. 36, 149, *152–154, 162,* 166, *170, 171, 175,* 189, *198*
Bensing *336*
Berens *485, 492,* 525–526, 529, 531, 545, *546,* 566, *572,* 574, 575, 576, 577
Berg, Graf v. 216
Bergius 315
Bergmann *91, 608*
Bernheim *276,* 277
Bernstein *361,* 392, *393,* 395, 396, 412–414, *418, 419,* 421, *423,* 427, 432, *434,* 448–450, 451, 466, 474, *547,* 697–701
Bertillon 368
Bismarck 126, 673

Bodzanta v. Krakau 237
Böhlau 238
Böhm-Bawerk 487, *549, 604–605*
Böhme 666
Boileau 203
Boisguillebert *480,* 525
Boleslaw d. Rote 234
Bolle 591
Bonaparte 124
Borchert 668, *670*
Borght, van de 354, *361*
Bowley 358
Brabant, v. 210
Brassey 356
Brederlow, v. 197, 208–211, *230*
Brentano *140, 172, 173, 174, 175,* 177, *178,* 184, 189, *194, 210,* 247, *255, 257,* 341, *366, 485,* 525, 526, 540, 587
Brescia, v. 197
Brodrick 427
Broglio d'Adjano *161, 262*
Brünneck *232,* 234, 235, 236, 237
Bruno v. Trier 123, 214
Buchanan 527, 531
Buchenberger *322, 374,* 599
Bücher *162,* 177, *184,* 185, *188,* 190–194, 196, 197, *198,* 202– 204, 222, 243, 246, 248, *251,* 255, 256, *258,* 260, 582, *596*
Buchez 180
Burton 525

Cabet 688
Caesar 14, 22, 25
Candis 120
Carey 225, *244,* 312, 353, 488, 567–568, *576, 596*
Carly 33, 48, 50, *70, 71,* 112, 117, 205, *322*
Carlyles 122
Cathrein *392,* 397
Caveleye *21, 25, 128, 130*

Chamberlain   464
Chateauneuf, de   367
Chevallier   453, 541
Chilperich   138
Chloter I.   136
Clairvaux, Bernard v.   125
Cobdan   106
Cohn   340, *362*, 383
Condorcet   289
Conradin   *38*
Constancio   521, 522
Craigie   311, 378
Crassus   147
Crüger   270
Cunow   *393, 422, 461,* 622

Daire   *531*
Darwin   123
David   412, *424*, 430, *431, 435–436, 458,* 459, 697
Delbrück   373, 374, 376–377, 379, 640
Descartes   324
Diehl   *393, 484, 496,* 504–508, 511, 513, *515–516,* 525–526, 531, 533, *536,* 566, 574–576, 578–579, 584
Dietrich v. Bern   126
Dietzel   443, *480,* 596, *603,* 606–607
Don Quichotte   621
Dorn   *489*
Dschinghis-Khan   124
Dühring   13–14, 18, 117, 274, 324, *433,* 567
Duke of Sutherland   147
Dürer   219

Eberstadt   *168,* 172, *190,* 596
Eckstein   622
Eduard III.   172
Eheberg   *362*
Ehrenberg   215–216, *217,* 250, *257,* 260–261, 441, 609
Eisenhart   *485*
Elster   109–110, 118, 285, *287,* 336–337, 339, 364, 367–369, 381
Engels   14, *19,* 20, 22–23, 126, 274, *391,* 393, *395,* 397, 413, *433,* 456, *462,* 662, 699
Everad   482
Everett   329

Falke   259
Farr   367
Fetter   533
Fircks, v.   287, *295,* 337–338, *343,* 349, 371–373, 378, 381

Flotow, v.   311
Fonteyrand   517, 518, 520–522
Fourier   713
Frank   256
Franklin   286
Freitag   662–664
Frensdorf   *207*
Friedrich II.   146, 177, 234
Frost-Christiania   634, *637–638*
Fugger   219, 260–262

Galilei   123
Gasser   315
Gay-Lussacs   31
George   43, 95, 117, *119,* 301, *365,* 556, 567–568, 578, 590, 592, 593
Gierke   15, 16, *141, 142,* 174, *179*–180, *183, 185–190,* 193, 263
Giffen   354, 358, 360–361
Godwin   287–288, 292, 327, 336, 384, 479
Goethe   7
Goltz v. der   316, 373, *442,* 593, *600,* 612
Gothein   *241–242,* 367
Grahus   27
Gray   660
Grimm   53
Groß   *393*
Grotius   *479*
Gülich, v.   310
Gumplowicz   324, 368, *461, 463,* 479, 482, 560, 613
Gunstein   159
Gützkow, v.   237

Hall   *483, 493,* 494, 556, *564, 586, 590*
Halle   *563*
Hallet   377
Hanssen   25, *130, 154,* 315, 369, 445
Hardy   367
Hasbach   *479,* 482, 485, *534,* 564, 599, *600*
Häusler   197
Hecht   *431*
Hegel   152, 166, *173*–174, *175,* 178, 189, 197, *198, 201, 203, 208, 209, 226,* 277
Heimann   474
Heine   621
Heinrich d. Löwe   208
Heinrich II.   212
Heinrich V.   169
Heinrich v. Worms   177
Heinrich VII.   259
Heiß   *596*
Herder   277, *461*

Herkner *244, 395*
Hermann 540
Herodot 129, 158, 170, 207
Hertling 397
Hertz 412, 425, *426*, 430–*432*, 435
Hertzka 117, *362, 381*, 567
Hessing 579
Hickmann *451*
Hildebrandt *229*
Hitze 397
Holbein d. Ä. 219
Holbein d. J. 219
Holstein, Graf v. 229
Holtzendorff *322*
Hostaden, v. 219
Howard *596*
Hübner 371
Huckert 316–317
Hugo 367
Hüllmann 140, *149*, 177, 189
Hume 525
Hunger *195*

Inama-Sternegg 14, 17, *26*, 127–*128*, *130*, 134, *138*–*139*, 141–142, 144–145, *149*–150, 152, 154–156, 160–164, 166–169, 173–174, 176, 186, 198, 200–202, 206, 208–209, *240*, 242
Irmion, Abbé *141*
Itelson 389
Iwan III. 207

Jagello v. Litauen 235
Jagetzow 505
Jakob I. 311
Jaurès 412, *422*, 465
Jentsch 315, *369*, 374
Jesus 123, 197
Jevons 525
Jhering 383
Johnston 71
Jones 566–576
Jonnès, de 112, 312, *314*, 374–375, 377
Jovellanos 476
Justinian 234

Kämpfe 397
Kantzow 194, 208, 234
Kapp 665, 666
Karl d. Große 95, 131, 139, 140, 142, 143, 146, 160, 161, 165, 166, 207, 578
Karl d. Kahle 137, 142
Karl II 111
Karl IV. 230

Karl V. 260
Karli 159
Karlmann 138
Karski 622
Kasimir d. Große 234, 235
Kautsky 269, *342*, 362, 367, *392*–*393*, 396–*397*, 412, *415*, *419*, 421–*422*, 425, 427, 430–431, *434*, *440, 452, 464*–*465*, 619–622, 671, 697–719
Keleti 376
Kietze 208
Kirchbach-Birnbaum 311
Kirchhoff 197
Kirchmann 540
Kleinwächter 540
Kloeden 170, *172, 207, 210, 229, 231*–*233*
Knapp *186*
Knies 508
Knud 208
Kolumbus 401
König Aethelred 212
König Kanut 208
König Svend 208
Kopernikus 123
Kraft 219
Kropotkin 377, *378*, 380, 660
Kruse *190*
Kuntze *165*

Labruyère 660, 706
Lamprecht 6–7, 22, 127–*129*, 136, *138*–*139*, 141, *145*, *148*, 150–152, 154–156, 160–162, 164, *167, 171*, 194, 195–196, *198*–202, 209, 211–212, *214*–*216*, 223, 229, 233, 236, 238, *240*–243, *245*–*246*, 256
Lassalle 93, 258, 270
Lassar-Cohn *376*
Laveleye *241*, 243, *323, 557, 602*
Lavergne 313
Le Play 129
Le Trosne *481, 489, 530, 549, 563*
Lees 227
Leonhard 476
Leser 526
Levi 358
Lexis 502, 504, 505, 506, 508, *509*, 511, 513, 522, 526
Liebig *496*
Lippert 18–20, *22*–*24*, 36, 127, *129, 158, 163*, *541*
List 336
Ljowin 578–579
Locke 563
Lothian 356

Lothringen, Herzog v.   164
Lotz   *360*
Ludwig d. Fromme   138–139
Ludwig d. Kind   144
Ludwig v. Ungarn   235
Luxemburg   *465*

Macduff   579
Madatsch   61
Mahomed   124–126
Malthus   44, 395, *411*, 462, 485, 486, *495*, 512, 518, 524, 526–529, 531–535, 543, 547, *555*, 567, 588, 612–613, 642, 647, 648–650, 663, 691
Mangoldt   *596*
Markgräfin Agnes   229
Marmor   197
Marshall   371, *522*
Marx   77–78, *155*, 224, *259*, 269, 274, 336, 342, 362, 385–467, 477, *487*, 499–500, *519*, 556, 587, 610, 612, 619–699, 702–704, 711, 716
Matiezka   *128*
Maurer   *135, 159, 163,* 189, *191, 192*
May   *361,* 421
Mc Culloch   *244,* 422, *487,* 489, *495,* 512, 525, *528, 536, 543,* 545, 571
Medici   260
Meitzen   *21, 24–26, 127,* 129–130, *132–133, 135–141,* 154–155, *207, 233*
Menkuruh, König   337
Mercier de la Rivière   336, *486,* 527, *565*
Merovech   132
Metz   665, 666
Meyer Helmbrecht   194
Meyer, Lothar   376, 377, *665*
Meyer, Richard   *206–211,* 215–216, 229
Meyer, Rudolf   705
Mill   320, 366, 422, *519,* 540, 546
Miltiades   219
Milton   482
Mirabeau   375
Mithoff   540
Mohl   285, 287, *295, 322,* 327, 328–329, 339, 346–347
Morton   334
Morus   243, *480*
Moses   124
Moyenmoutier, Abt v.   164
Mulhall   *309–313,* 315, *345,* 350–351, 354, *358–360, 376*–378, *414, 451*
Müller   215

Nasse   *261*
Nechljudow   578, 579

Nemours, de   *479,* 487, *491, 559*
Nester   23
Newton   120, 324
Nicolas   315
Nietzsche   102
Nitsch   163
Nitti   *367*
Noback   *371*
Noel   *230*
Notker   170

Ogilivie   494, *586*
Omar   126
Oncken   *479–480,* 487–488, *491, 495, 564, 586*
Otto d. Große   234
Owen   180, 479, 688

Paine   493
Pereyra   476
Pettenkopf   376
Philippovich   540
Phillipp II.   111
Pippin   138
Plinius   *132*
Poe, E. A.   94
Pohle   *451,* 547
Pohlmann   *602*
Posidonius   127
Prokop   234
Proudhon   466
Pubner   376

Quesnay   91, 424, *479,* 488–489, *491*–492, 529, *531,* 563–564
Quetelet   367

Rathgen   *211*
Ratzel   *303,* 341, *461,* 613
Rauschberg   *444, 445*
Ravenstein   369, 370–373, 379, 380, 559, 632
Reinhold   441, *609*
Reuenthal, v.   194
Ricardo   33, *322,* 413, 423, 455–456, 462–463, 468–613, 619, 646–647, 660, 663, 676, 680, 683, 691, 694, 701
Richard   212
Rietschel   *154,* 166, 170–*71*
Robinson   538, 662, 663–664
Rodbertus-Jagetzow   461, 499–506, 522, 524, *539–541,* 548, *560, 562,* 568, *575–577, 587,* 610
Roepell-Caro   *207–208, 210, 230, 234,* 236
Rogers   *194, 259,* 574
Roscher   285, 311, 315, 325–327, 339, 381, 540

Rossi *608*
Rousseau 18
Rudolf v. Habsburg 177
Rümelin 294, *295*, 329, 330–332, 337, 339–341, 346, 361, 375, 381
Rümker, v. 316

Saint-Peravy, de *484*
Samson-Himmelstjerna, v. *378, 322*
Sancho Pansa 622
Sattler *209, 230*
Say 91, *479*, 512, 517, 521, 527, 531
Schäfer *210, 262*
Schanz *178, 186, 221*, 224, 226, *253, 255, 258*–*259*, 262
Scheel 477
Schiller 342
Schmidt, F. 329
Schmidt, Konrad 622
Schmoller 31, 102, 156, *160*, 165, *168*, 173, *175*, *178, 183, 186*, 188–*190*, *194*, *199*, 196–197, 218, 221, 225, 227, *247–248*, 251, 253–254, 256, *258, 260, 479, 533*, 541, *558, 570*, 582, *586, 596, 612*–613, 659, 665, *667*
Schoenberg 189
Schoenlank 361
Schöffle *258*
Schönberg 540–*541*
Schönlank *255, 259, 262*
Schopenhauer 123, 277, 613
Schullern-Schrattenhofen *604–605*
Schulze-Delitzsch 269–270
Schwerin, von 666, 669, *671, 673*
Senior 319, 323, 484, *543*
Sering *116*, 236, *243, 308, 310, 344, 378, 426, 435, 459*, 590, *593, 599–600*, 612, 633, *637*, 665–668, 671, 673
Settegast 436
Sickel 133–134, *144*
Siegfried *591*
Sieyès 565
Sismondi 477, *483, 492*, 527, 531, *570*, 633, 706
Slominski *334, 395*
Smith, Adam 33, 38, 43, 52, ,56, 101–102, 106–107, 182, 186, 270, 287, *301, 305*, 399, 408, 410, 424, 454–455, 461, 476–477, *479*–481, 482, 485–489, 491–493, 495, 499, 512, 525, 527, 535, 538, 540, 546, 551–555, *559*, 562, 567, 582–583, *592*, 596–598, 600, 613, 646, 651, 654, 656, 660, 683, 686, 690, 702
Sohm *154, 165, 167, 171, 198*
Sombart 6, 401, 441, 446–447, 658
Somerland *211*

Sötbeer *293*
Spence *482*–483, 556, 558
Spencer 8
St. Mill 524, 619
Stahl *186, 190, 247, 253, 255, 259, 260, 462*
Steffen *244*
Stein v. 14, *132*, 354
Steuart *525*
Stieda *152*, 168, *172*, 177, 184, *185–186*, *188*–189, 225, *260*
Stirner 102
Stoss 219
Sugenheim *111, 132, 140–142, 148, 241*
Sutherland, Herzogin 433

Tacitus 17, 22, 128, 133
Taine *479*, 565, 660
Tallquist 368
Tamerlan 126
Thegan 143
Themistokles 219
Thiers 450, 452, 454
Thompson 367
Thorer 159
Thornton 540
Thünen v. 37–38, 42, 47, 63, 68, 73, 308, *608*, 701
Tolstoi 578
Torrens 422
Trimelchio 147
Tucker 91
Turgot *483*–485, 487, 489, *491*, 505, 556–560, 562, 588

Ure 414

Vasco da Gama 401
Viebahn, v. 315
Villérme 367
Virchow, v. *322*
Voigt *596*
Voit 376

Waenting *489*
Wagner 294, 318–320, 326, 332–336, 339, 348, 349, 384, 459, *479*, *484*, 541, 542–*543*, 582, *602*, *607–608, 611*–612
Waldemar IV. 208
Waldemar v. Brandenburg 229
Walker 541
Wallace 290, 292, 479
Wälser 219
Watenmül, v. 227

Watt   123
Webb-Potter   180, *256*, 367
Weber, Alfred   *594*, 595
Weber, Max   14, 99, 209, 259, 266, 327, 442, 599
Wenckstern   393
West   524, 534–535
Wiebe   225
Wiedenfeld   12, 13, 103, 123
Wiesengrün   397
Wieser   474
Wilden   189
Wilhelm d. Eroberer   212, 433
Wirminghaus   *112*
Wistanley   482

Wittich   *155*, 156, *231*, *242*
Witzlaw II.   236
Wolf   18, *111*, *116–117*, *194–195*, 197, 248, 259, 301, 340–341, 345, *347*, 361–362, 366, 393–394, *412*, 414, *417*, 421, 424, *482*, *546–547*, 568
Würtemberg, Graf v.   216
Wyneken   *392*

Young   165, 658, 702

Zachariä   587
Zeus   168
Zimmermann   *596*